תורה כפשוטה

ספר במדבר

אליהו עסיס

מהדורת סלם

תורה כפשוטה

במדבר

TANACH STUDY
מגיד

Elie Assis
The Profound Peshat: Numbers

אליהו עסיס
תורה כפשוטה: ספר במדבר

עורך אחראי: ראובן ציגלר
עורכת ראשית: אוריה מבורך
עורכת משנה: אפרת גרוס
עריכה: אברהם שמאע
הגהה: אביחי גמדני
עימוד: אסתר באר
עיצוב כריכה: שמואל לעסרי

ספרי מגיד, הוצאת קורן
ת״ד 4044 ירושלים 9104001
טל׳: 02-6330530 פקס: 02-6330534
www.korenpub.co.il

מסת״ב ISBN 978-965-526-368-8

נדפס בישראל Printed in Israel 2024

This series is dedicated to our parents

Marjorie and Sammy Salem

Whose love for family, Torah and Israel inspire us always.
Our love for Tanach is to your credit.

חַכְמוֹת נָשִׁים בָּנְתָה בֵיתָהּ
(משלי יד, א)

וְזֹרֵעַ צְדָקָה שֶׂכֶר אֱמֶת
(משלי יא, יח)

Sefer Bemidbar is dedicated to our daughter

Marjorie

May you continue to grow in your own beautiful way.

יְקָרָה הִיא מִפְּנִינִים
(משלי ג, טו)

With love and appreciation,
Rochelle & Jesse Salem

לזכר

אבי ואמי

יום טוב וקלרה ז"ל

תוכן העניינים

חלק א

חלק ב: ביאור

במדבר

נשא

בהעלותך

שלח לך

קרח

חקת

בלק

פינחס

מטות

מסעי

מבוא

מבוא

המסגרת הכרונולוגית של הספר

ספר במדבר מספר על קורות העם במדבר, החל מהחודש השני של השנה השנייה לצאתם ממצרים בהיותם חונים במדבר סיני (א׳, א), עד הגיעם לערבות מואב בשנת הארבעים לפני הכניסה לארץ (כ״ב, א). זוהי תקופה של שלושים ותשע שנה. אך הספר מתרכז בשתי תקופות קצרות: בשנה השנייה של העם במדבר, ובשנת הארבעים. פרקים א׳-ט״ו מתפרסים על תקופה של מספר חודשים בלבד בתחילת השנה השנייה, ואילו מפרק כ׳ ועד סוף הספר, מתוארות התרחשויות בשנת הארבעים. בתווך מסופר רק על סיפור המרד של קורח ועדתו (ט״ז-י״ז). על כל תקופת הנדודים, בין השנה השנייה לבין תחילת שנת הארבעים במדבר, אין אנו יודעים כמעט דבר.

הספר בהקשרו

ספר במדבר הוא המשכו של ספר שמות מבחינת העלילה. ביניהם נמצא ספר ויקרא המכיל חוקים שנמסרו למשה בסיני לאחר בניית המשכן (ויקרא א׳, א; ז׳, לח; כ״ה, א; כ״ז, לד). ספר שמות מסתיים עם הקמת המשכן בחודש הראשון בשנה השנית. ספר במדבר מתחיל חודש לאחר הקמת המשכן, ומתאר את סידור המחנה סביב המשכן, וממשיך בכך את נושא בניית המשכן בספר שמות. שמות מסתיים בכיסוי הענן את המשכן בסיום בנייתו (מ׳, לד), ואירוע זה שב ונזכר בבמדבר ט׳, טו: ״וּבְיוֹם הָקִים אֶת הַמִּשְׁכָּן כִּסָּה הֶעָנָן אֶת הַמִּשְׁכָּן לְאֹהֶל הָעֵדֻת וּבָעֶרֶב יִהְיֶה עַל הַמִּשְׁכָּן כְּמַרְאֵה אֵשׁ עַד בֹּקֶר״. בסוף שמות נאמר בקצרה שהיעלות הענן מעל המשכן הוא סימן לבני ישראל לנסוע (מ׳, לו-לח), והדבר חוזר בפירוט בבמדבר ט׳, טו-כג.

סופו של ספר במדבר עוסק בהכנות האחרונות לקראת כניסת העם לארץ וירושתה במלחמה מידי הכנענים, בעת חניית העם בערבות מואב (כ״ב, א). הספר הבא בתורה, ספר דברים, פותח בנאומי משה לקראת כניסתם לארץ, שנישאו באותו מקום (א׳, ה). בסופו של ספר דברים הם עדיין במקום זה, בסוף תקופת ימי משה, ובהכנה לכניסה לארץ (ל״ב, מט; ל״ד, א, ה-ח).

התוכנית שבספר במדבר – להיכנס לארץ, לכבוש אותה ולהתנחל בה לאחר המסע במדבר – מתממשת בספר יהושע. הציווי לכבוש את הארץ ולהכרית את יושביה (ל״ג, נב-נג), מיושם ביהושע ו׳-י״ב. הציווי לחלק את הארץ בין השבטים (ל״ג, נג - ל״ד, יד), מתממש ביהושע י״ג-י״ט. ההוראה לייעד ערים ללוויים (ל״ה, א-ח), מקוימת ביהושע כ״א, א-מ. ה׳ מצווה לייעד ערי מקלט (ל״ה, ט-לד), ושוב הוא מצווה זאת גם את יהושע, ויהושע מצווה את העם, והעם מקיים (יהושע כ״א, א-ט). בתגובה לתלונתן של בנות צלופחד, ה׳ מצווה שהן תקבלנה נחלה (כ״ז, א-יא), ובעת חלוקת הארץ מבקשות בנות צלופחד לממש את הבטחת

משה, וכך נעשה (יהושע י״ז, ד-ו). שניים וחצי השבטים ביקשו לקבל את נחלתם בעבר הירדן המזרחי, ומשה הסכים בתנאי שילכו חלוצים לפני ישראל למלחמה (במדבר ל״ב). יהושע דורש מהם שימלאו את התחייבותם למשה, והוא מצידו מתחייב למלא את התחייבות משה לתת להם את הנחלה בעבר הירדן (יהושע א׳, יב-טו). הם נענים לדרישתו (א׳, טז-יח), והוא עומד בהתחייבות ומשחרר אותם לעבר הירדן המזרחי בתום הכיבוש (כ״ב, א-ה). היותם של שבטים אלה בארץ נפרדת משאר השבטים הייתה סיבת חששו של משה שירפו את לב העם (במדבר ל״ב, ו-טו), והיותם בארץ נפרדת היא הסיבה שהעם חשד בהם שהם חטאו כשבנו את המזבח (יהושע כ״ב, יג-כ). לאחר הסבר השבטים למשה שכוונתם טובה, יושרו ההדורים (במדבר ל״ב, טז-לב), ולאחר שהשבטים מסבירים לעם שכוונתם אינה לחטוא בבניית המזבח, שוב מיושרים ההדורים (יהושע כ״ב, כא-לד). אכן ברור כי ספר יהושע מתכתב עם הנאמר בבמדבר, והוא מממש את התוכניות שעלו בו.

חלקי הספר, מבנהו, ומשמעותו

כאמור, תחילתו של ספר במדבר, העוסק בקביעת סדר המחנה סביב המשכן ובנשיאתו של המשכן על ידי הלוויים, בחנוכת המזבח ובסדרי הנסיעה, היא המשך ישיר של פרקי המשכן בספר שמות, וחלק מהותי מעניינם. המשכו של הספר עוסק במסע במדבר, ובהכנות לכניסה לארץ. מדוע אם כן התוכן של תחילת הספר כלול בספר במדבר ואינו חלק מספר שמות? שאלה מהותית זו קשורה בשאלת המבנה של הספר, ובשאלה כיצד כל יחידותיו מתאחדות למשמעות כוללת אחת. שאלה זו קשורה להבחנה שעל אף שיש עלילה מתמשכת אחת מבראשית עד יהושע, החלוקה בין הספרים היא חלוקה מהותית; לכל ספר מאפיינים משלו, ומסרים ייחודיים. מה אפוא טיבו של ספר במדבר? מהם העקרונות שעל פיהם נבחר מה יסופר בספר זה? מתוך מה שֶׁכָּלול בספר ודרך סידור הסיפורים והחוקים – מה ניתן ללמוד על מטרתו של הספר?

חלוקת הספר לחלקים תסייע להבהיר את טיב הארגון של חלקי הספר והיחסים ביניהם, ותקרב אותנו להבנת משמעותו. מבין האפשרויות השונות, הדרך המובהקת ביותר לחלק את הספר היא על פי תאריכים. מלבד התאריך של חג הפסח (ט׳, א) שאינו מהותי מבחינת המבנה של הספר, יש בספר שלושה תאריכים בלבד, ועל פיהם נחלק הספר לשלושה חלקים, שכל אחד מהם פותח בתאריך:

א׳, א - י׳, י – אחד בחודש השני בשנה השנייה: ההכנות לקראת הכניסה לארץ.

י׳, יא - י״ט, כב – עשרים בחודש השני בשנה השנייה: תחילת המסע לארץ, החטאים בתבערה ובקברות התאווה, כישלון העם בחטא המרגלים, מרד קורח, ושהייה במדבר למשך דור.

כ׳, א - ל״ו, יג – האחד בחודש הראשון, כנראה בשנת הארבעים: חידוש המסע, התמודדויות והצלחות בדרך עד הכניסה לארץ, והכנת העם לכיבושה ולחלוקתה.

חלוקה זו נתמכת ביסודות תוכניים נוספים. מיד לאחר תחילת המסע בשנה השנייה (י׳, יא) מסופר על תלונות העם בתבערה ובקברות התאווה, ועל רצונם לאכול בשר (י״א). הסיפור מלווה בתיאור קשיי ההנהגה של משה. מיד לאחר סיפור זה מסופר על דיבורם של מרים ואהרן במשה ועל עונשה של מרים (י״ב). לאחר מכן נאמר שמשה שולח מרגלים מפארן/קדש לרגל את הארץ (י״ג, א [כו]). במפתיע, רצף דומה חוזר בתחילת המסע השני לארץ בשנת הארבעים בפרק כ׳. מיד עם תחילת המסע (כ׳, א), מתלונן העם על מחסור במים, ותוך כך הנהגתו של משה עומדת במבחן (כ׳, א-יב). אך בעוד שבשנה השנייה משה קיבל סיוע להנהגתו, בשנת הארבעים הוא חוטא ומתבשר על הפסקת הנהגתו. במקביל לחטא מרים בדיבור רע במשה בשנה השנייה, בשנת הארבעים מסופר על מותה של מרים (כ׳, א). מיד לאחר אירועים אלה, במקביל לשליחת המרגלים מקדש לכנען, שולח משה מלאכים מקדש להידיין עם מלך אדום לעבור בגבולו (כ׳, יד). אם כן, תיאורי תחילת המסע לעבר כנען בשנה השנייה ובשנת הארבעים אנלוגיים זה לזה. על המשמעות של האנלוגיה הזו נעמוד להלן בפירוש. חשוב לענייננו כאן הוא לראות שעצם האנלוגיה מחזקת את החלוקה המוצעת, ומעמידה את התחלת המסע לעבר כנען בשנה השנייה בניגוד לתחילת המסע המחודש לעבר כנען בשנת הארבעים.

שלושת החלקים של הספר משקפים שלושה שלבים נבדלים. תוכנו העיקרי של החלק הראשון הוא ההכנה של העם לקראת המסע במדבר לעבר הארץ; בשלב זה העם נמצא בסיני. לקראת המסע לשֵם המלחמה על הארץ נספר העם, ונקבע מבנה המחנה שבתוכו המשכן, וסביבו הכוהנים ומשה והלוויים למשפחותם, ומסביב שבטי ישראל בארבע רוחות לפי סדר קבוע הן במנוחה הן במסע. שבט לוי מחליף את הבכורות ומתקדש, וניתנים לכל משפחה תפקידים בנשיאת המשכן בעת המסע, ויחד עם זאת נספרים גם הלוויים לצבא עבודת המשכן (ג׳-ד׳; ז׳). את המשכן נושאים בעגלות שתרמו הנשיאים (ח׳, ב-ט). בהיות חלק זה המשכה של בניית המשכן בשמות, מפורטת חנוכת המזבח על ידי הנשיאים (ח׳, א, י-פט). לקראת הנסיעה נמסרות לעם הוראות הנסיעה והחנייה על פי הענן והחצוצרות (ט׳, טו - י׳, י). עתה מוכן העם לנסיעה מסיני לעבר קָדֵש.

החלק השני מתחיל בנסיעת העם מסיני לקדש במטרה להיכנס לארץ. חלק זה רווי בתלונות ובחטאים של ישראל: תלונת העם בתבערה, ובכי העם על תאוותם לאכול בשר במקום את המן (י״א). הנפילה הגדולה היא חטאו של העם בסיפור המרגלים, שבו נחשף חוסר אמונה שה׳ ינצח במלחמותיהם, ואף מאיסתם בארץ. עונשם הוא שדור היוצאים ממצרים לא ייכנס לארץ. התוכנית המקורית השתבשה, דור היוצאים ימות במדבר, ורק בדור הבא תתממש התוכנית להיכנס לארץ המובטחת, בחלוף ארבעים שנה (י״ג-י״ד). חלק זה מתאר את הכישלון של העם להיכנס לארץ, בשל חטא העם, והוא נקודת המפנה של הספר.

בחלק השלישי מתחדש המסע בתחילת שנת הארבעים, ומדובר, כנראה, בדור החדש שייכנס לארץ. חלק זה מתאר את הנסיעה מקדש לערבות מואב, התחנה האחרונה לפני הכניסה לארץ. אולם במפתיע, המסע של הדור השני רצוף קשיים וכישלונות. בתחילת המסע מתה מרים, אחות משה. כמו הדור הראשון, גם הדור השני חוטא בתלונות על ה׳ על מחסור במים

(כ׳, ב-ג), וכנגד משה על שלא הביאם אל הארץ הטובה (כ׳, ד-ה). בגלל חטאי העם, נכשלים גם משה ואהרן במי מריבה, ועונשם הוא שלא ייכנסו לארץ (כ׳, יב-יג). למרות מאמצי השכנוע של משה, אדום אינו מאפשר לישראל לעבור בגבולו, ולאחר איום של מלך אדום הוא נאלץ לסבוב ארץ זו (כ׳, יד-כא). כישלונו של משה נפתח בשליחת מלאכים לאדום, כישלון המזכיר את המפלה בשליחת המרגלים לרגל את הארץ בשנה השנייה. עוד מסופר במסע שסביב אדום בשנת הארבעים, על תלונות העם בדרך, על מחסור במים, על לחם קלוקל, ועל מגפת הנחשים (כ״א, ד-ו). בעת הזאת מסופר על מות אהרן (כ׳, כב-כט), ועל מינוי יהושע במקום משה (כ״ז, יב-כג). חטא העם בבעל פעור מדגים בצורה החמורה ביותר שגם הדור השני חטא (כ״ה). ניכר כי הכוונה ברצף סיפורי זה להראות שגם המסע של הדור השני בשנת הארבעים היה רצוף בחטאים ובקשיים, אך הפעם צלח העם את הדרך. הדור הראשון לא נכנס לארץ בשל הכישלון להתמודד עם הקשיים, ואילו הדור השני הצליח למרות הקשיים.

כמו שהחלק הראשון הוא הכנה של העם לקראת המסע, בחלק השלישי כלולה הכנה של העם לקראת הכניסה לארץ. הכנה זו כוללת הוראות למי לחלק את הארץ לנחלות ואיך לחלקה (כ״ו, א - כ״ז, יא; ל״ב; ל״ה, ל״ו); מינוי יהושע למנהיג במקום משה (כ״ז, יב-כג); ציווי ה׳ להוריש את הארץ ולהשמיד מתוכה את העבודה הזרה (ל״ג, נ-נו). סיפור המלחמה במדיין מכין את העם להתייחסות נכונה למלחמות (ל״ב). בסיפור זה לומד העם שהמלחמה היא לאומית ואלוהית, ובהתאם נגזרות מכך הלכות על חלוקת שלל בין הלוחמים לבין מי שלא נלחם ולבין משרתי הקודש, וכן קורבנות לה׳. מכיוון שהמלחמה היא מלחמת קודש, ישנן הלכות מפורטות על טומאה וטהרה – טומאת מת וטומאת כלים שנלקחו בשלל. סיפור בלק ובלעם מדגים כיצד ה׳ שמר על ישראל וסיכל את כוונותיהם הרעות. בעיקר למד העם בדרך קשה מאוד, על ההתמודדות עם הפיתוי שיש בהתערבות בבנות מדיין ומואב, ושהתערבות זו מביאה לעבוד את עבודת הבעל, שהיא העבודה הזרה הראשית של הכנענים בארץ. בעימות הראשון נכשל העם, ועל בשרו למד להיזהר מנפילות כאלה כשייכנס לארץ. חלק זה מכין אפוא את העם להתמודדות עם האוכלוסייה האלילית בארץ, מכין אותו להתייחסות נכונה למלחמה, ועורך לו הוראות מפורטות כיצד לחלק את הארץ.

המסר הכללי של מבנה הספר הוא שה׳ מצוי בקרב העם באמצעות משכנו. אולם כאשר העם חוטא, הוא נענש, אף שה׳ בקרבו, ובעצם משום שה׳ בקרבו. ולמרות התוכנית להיכנס לארץ, שהיא מימוש הבטחות ה׳ לאבות, הכניסה לארץ מתעכבת עד להענשת דור החוטאים. ורק כאשר קם דור חדש, ימשיך המסע עד להגיעו אל סף הארץ המובטחת בערבות מואב, אף שגם הוא חטא וחווה כישלונות.

עיון מעמיק חושף משמעות מורכבת יותר. לקראת הנסיעה, סידור המחנה וחלוקת תפקידי הנושאים בקודש בחלק הראשון של הספר (א׳-ד׳), מעצבים את המדרג בין המעמדות: כלל העם, הלוויים והכוהנים. חשיבות עבודת הקודש היא המבדילה את העם משבט לוי, וגם מבדילה בין המשפחות השונות של בני לוי, ובינם לבין הכוהנים. לצד הצגת המדרג בפרקים אלה, התורה ביקשה גם להגביל מדרג זה, או להראות כיצד הוא משרת את טובת העם,

ולעיתים אף להציג לו מדרג מנוגד. כך למשל בחמשת החוקים בפרקים ה׳-ו׳, הבאים לאחר פרשת סידור המחנה ועבודות הלוויים בפרקים א׳-ד׳, בא חוק אשם מעילות המראה כיצד נכנס כוהן לנעליו של נגזל כדי להביא כפרה למועל (ה׳, ה-ח). גם בפרשת סוטה, באמצעות הכוהן הסוטה נענשת אם חטאה, או חוזרת ללא פגע לביתה (ה׳, יא-לא). ברכת כוהנים היא דוגמה מובהקת ליתרון שיש לעם בזכות היות כוהן ה׳ בקרבם (ו׳, כב-כז). לעומת אלה, חוק הנזיר מציג עיקרון של ״שבירת״ המדרג, ועל פיו כל אדם, איש או אישה, יכול להתקדש ולהידמות לכוהן. בכך באופן מובהק עולה יסוד הממתן את המדרג הקבוע (ו׳, א-כא). מיתון מפתיע למדרג הקבוע הוא פרשת חנוכת המזבח (ז׳). המצופה הוא לכאורה שהכוהנים יהיו במרכזה של חנוכת המזבח. אך במקום זאת, הנשיאים של כל השבטים מביאים את הקורבנות שבכל יום, ושוב נמצא איזון למול מעמד הכוהנים. משמעותי מאוד הדבר, שהנשיאים הם גם אלה שתורמים את העגלות ואת השוורים לנשיאת המשכן. בכך נוצר איזון משמעותי בין הלוויים השומרים על המשכן ונושאים אותו, ובין הנשיאים, נציגי העם, שתורמים את העגלות שבהן יישאו הלוויים את המשכן. איזון מעניין נוסף בין העם לבין הלוויים עולה בפרשת הקדשת הלוויים (ח׳, ה-כב). הלוויים מקודשים על ידי הכוהנים כשליחי ה׳ לעבוד במשכן, אולם בנוסף לזה הלוויים מקודשים על ידי העם להיות נציגיהם לעבוד בבית ה׳ עבורם. בכך יש איזון מסוים למול מעמד הלוויים. מצד אחד ה׳ ממנה אותם, כי הם שליחיו לעבוד במקדשו, ומצד שני העם ממנה אותם כי הם שלוחיהם לעבוד עבורם כנציגיהם בעבודות ה׳ שלהם. לא בכדי לקראת סופו של חלק זה יעלה נושא הפסח, המבליט את יחסי הקִרבה של העם בכללו אל ה׳ (ט׳, א-יד). בסיפור זה עולה תחושת הקיפוח של אלה שלא יכלו להשתתף בברית הפסח עם ה׳, ובתגובה ה׳ הורה באופן תקדימי שיהיה פסח שני, שבו הם יוכלו להשתתף ולהרגיש חלק מעם ה׳. הסיפור הזה מדגים את הקשר של העם בכללו אל ה׳, ולא באמצעות הלוויים או הכוהנים.

התורה מציגה מדרג נוקשה, ועם זאת, היא גם מפתיעה במקומות מסוימים שבהם המדרג אינו קיצוני, ומעמדות אחרים בלתי צפויים, אומנם אינם נוגסים במעמד הכוהנים והלוויים, אבל מכל מקום הם עומדים בצורה בולטת מולם. נראה לי שהמטרה בהצגה זו מכוונת להדגיש, שמשום שה׳ שוכן בקרב ישראל, הדבר מחייב כינונו של מדרג ביחס לקִרבה אל הקודש. אבל כדי שיהיה ברור שרק ה׳ נשגב לבדו מעל כל יצור, התורה מבקשת לומר שהמדרג הוא יחסי, ויש בו נזילות. אין פלא אפוא שהחלק הראשון של הספר נחתם בהובלת העם על ידי הענן על פי ה׳ (ט׳, טו-כג).

נושא המעמדות בעם, שעלה בחלק הראשון, עולה גם בחלקו השני של הספר, אך הפעם מעמדו של משה נמצא במרכז. חלק זה מכיל ערעורים על מעמדו של משה מצד גורמים שונים בעם, אך מנגד מעמדו מתחזק שוב ושוב מאת ה׳. משה עצמו מתלונן על תפקידו בסיפור תבערה (י״א, יד-טו), ואז ה׳ מייחד שבעים זקנים שיישאו יחד עימו את משא העם (י״א, טז-יז). בעקבות זאת, מרים ואהרן מדברים במשה, וה׳ מחזק את ייחודו כנביא, וכמי שקשור לה׳ באופן מיוחד (י״ב). סיפור קורח הוא ערעור על מעמדו של אהרן ככוהן, ושל משה כמנהיג (ט״ז, ג,

יב–יד). הסיפור מסתיים בְּמות המורדים, ובחיזוק מעמד אהרן הכוהן, וחיזוק מעמדו של משה כמנהיג העם. כמו בחלק הראשון, שוב בחלק השני עולה שאלת המדרג, והפעם ביחס לאהרן ולמשה. כאמור, משה ואהרן מקבלים תמיכה גורפת מאת ה׳ כנגד הערעורים השונים בחלק זה. כפי שנראה בהמשך, בנקודה זו יחול שינוי מהותי בחלק השלישי.

החלק השלישי המתאר את המסע ואת ההכנה לכניסה לארץ מתרכז תוך כדי זה גם במעמדו של משה. קיים מתח בין היחס למעמדו של משה בחלק השני למעמדו בחלק השלישי. לעומת שלושת הסיפורים בחלק השני, שבהם חיזק ה׳ את מעמדו הייחודי והבלעדי של משה כנגד כל הערעורים, החלק השלישי מציג תמונה הפוכה. בחלק זה מוצג משה כמי שחטא, ואינו מצליח במשימותיו, ואף נכשל בחלקן. זאת במגמה להראות שהעם יכול להמשיך את המסע לארץ בלעדיו. החלק השלישי נפתח בחטאם של משה ואהרן, ובעונשם שלא יוכלו להוביל את העם בכניסה לארץ. אחר כך מסופר על חוסר ההצלחה של משה במשא ומתן עם אדום לעבור בגבולו, ובעקבות זאת נאלץ העם להקיף את ארץ אדום. במלחמה בערד משה לא מעורב, גם בנדר העם וגם בניצחון על ערד. ההתערבות של משה במכת הנחשים היא קטנה, וכמו כן מקומו של משה בכיבוש עבר הירדן המזרחי הוצנע, אף שבוודאי היה לו מקום מרכזי. חוסר ההצלחה של בלעם לקלל את ישראל הוא משום שה׳ הגן עליהם, ומשה אינו מוזכר כלל. בחטא בעל פעור, משה אינו מצליח להשיב את חרון אפו של ה׳ בדרך שאמר לו ה׳, ובמקום זאת פינחס הוא זה שהצליח לעשות זאת. ניכר כי ברצף הסיפורי הזה ביקשה התורה להיפרד ממשה, מבלי להשאיר תחושת חסר גדול בעם, ולהראות לעם את יכולתו להתנהל מבלעדי משה. על רקע מותו של אהרן, ותהליך הפְּרֵדה ממשה, לומד העם לסמוך על אלעזר ועל פינחס, וכן על יהושע מחליפו של משה. אם כן בחלק השני ביקשה התורה להאדיר את משה ולהציג את ייחודו הבלעדי, ומאידך גיסא היא מבקשת להמעיט את התלות של העם במשה בחלק השלישי, ומלמדת שניתן להמשיך במסע בלעדיו. נדמה לי שהכוונה בכך היא להראות שהתלות הבלעדית של העם היא בה׳ לבדו. ואף שמשה היה יוצא דופן במנהיגותו, וחד פעמי ביחס ה׳ אליו, אף הוא בן אנוש, והקשר של העם עם ה׳ ימשיך גם אחריו, זאת לאחר הכנה של העם בחלק זה, והכנה של משה בספר דברים.

נמצא אפוא, שבטרם ייכנס העם לארץ, נעשות הבחנות המגדירות קבוצות שונות בחברה, ונקבעים המדרג והיחסים שביניהן, ובראש העם מצוי המעמד הבלתי מעורער של משה ואהרן, כפי שחווה העם בצורה ממשית. ועם זאת, לאחר מכן, חווה העם את התהליך של הפְּרֵדה ממשה ואהרן, ואת החלפתם ערב הכניסה לארץ. נראה כי השהות של ישראל במדבר, בטרם הוא נכנס לארץ המובטחת, מעוררת שאלות והגדרות של זהות ומעמד. ספר במדבר מתאר את הארגון של המחנה לקראת הכניסה לארץ, ובתוך כך הוא מגדיר את התפקיד הייחודי של הכוהנים ושל המשפחות השונות של לוי, והיחס של העם אליהם. היחסים המדרגיים מורכבים, ודומה שהספר מבקש להדגיש מצד אחד את המדרג, אך גם לטשטש אותו בדרכים שונות, כדי לשקף את הרעיון שה׳ לבדו נישא ומוביל את העם. משמעות דומה עולה ביחס למשה. מצד אחד מודגש עד כמה ייחודי ובלעדי משה בקשר שלו עם ה׳, וה׳ לא מאפשר למעמדו

להתערער. ועם זאת, בחלקו האחרון של הספר יש טשטוש גם במעמד משה, מתוך כוונה להכין את העם לחיים ללא משה. גם עיקרון זה של היפוך במעמדו של משה נועד לשקף את הרעיון שה' הוא המנהיג הבלעדי של העם.

בחלק האחרון של הספר יש הכנה לקראת הבאות, שוב בדרך של הצגה דיאלקטית של העתיד להתרחש. סיפור בלעם ובלק מלמד על השמירה האלוהית את עמו, אך מיד אחריו סיפור בעל פעור המלמד שהדרך לכישלון נתונה דווקא בידי ישראל, אם יחטאו. סיפור בעל פעור הוא אזהרה חמורה מפני הצפוי ומפני הסכנה שבהתערבות ובנישואים עם בנות זרות, ואימוץ עבודתן הזרה. הציווי להילחם באויבים מתרסן באמצעות הגבלות של חוקים שונים של טומאה וטהרה, וציוויים מפורטים כיצד לחלק שלל. גם דיני ירושת הארץ ושאלת הזכאות לה, מקבלים תיקונים לאור בעיות שמתעוררות. רק לאחר כל זאת ניתן להיכנס לארץ.

היחסים בין החוקים לבין הסיפורת ומשמעותם

בספרים שמות ודברים החוקים מרוכזים בקובץ אחד (שמות כ"א-כ"ג; דברים י"ב, א - כ"ו, טו). לעומת זאת, ספר במדבר מתייחד בכך שחוקים מפוזרים לכל אורכו של הספר, ומופיעים לרוב לסירוגין: סיפורת או רשימות לצד חוקים. לאחר תיאור המחנה בפרקים א'-ד', באים בפרקים ה'-ו' חמישה חוקים: דיני שילוח צרוע, מעילה, סוטה, נזיר, וברכת כוהנים. דין סידור המנורה על ידי אהרן בח', א-ג, בא לאחר קורבנות הנשיאים בפרק ז'. דין פסח שני בא לאחר סיפור מעשה של אנשים שלא קיימו את הפסח בזמנו לאונסם, ט', א-יד. לאחר סיפור המרגלים (י"ג-י"ד), בא קובץ חוקים על חובת הבאת מנחות ונסכים עם הקורבנות, דין הפרשת חלה, דינם של חוטא במזיד לעומת שוגג והדגמתו בסיפור המקושש, ודין חובת ציצית (ט"ו). לאחר סיפור מרד קורח ועדתו (ט"ז-י"ז), בא קובץ חוקים הכולל הגדרת חובות וזכויות של הכוהנים והלוויים, ודין פרה אדומה (י"ח-י"ט). בקשת צלפחד לקבל נחלה (כ"ז, א-ה) נענית בחיוב על ידי ה', ויחד עם זאת נמסרים דיני ירושה במקרה שאין לאדם בנים (כ"ז, ו-יא). לאחר סיפור מינוי יהושע (כ"ז, יב-כג), באה פרשת קורבנות במעגל מועדי השנה, ודיני הפרת נדרים ושבועות של נשים (כ"ח - ל', א; ל', ב-יז). בעקבות המלחמה במדיין (ל"א, א-טז), ה' מצווה להשלים את פעולת ההריגה; וכן על טיהור הלוחמים מטומאת מת, טיהור הכלים, ודינים שונים הקשורים בחלוקת השלל (ל"א, יז-נד). לאחר רשימת המסעות במדבר (ל"ג, א-מט), באים ציוויי ה' להוריש את תושבי כנען (ל"ג, נ-נו), לחלק את הארץ לגבולותיה (ל"ד, א-טו), מי יחלקה (טז-כט), לתת ללוויים ערים לשבת (ל"ה, א-ח), ולהקצות ערי מקלט, בצירוף חוקים הנוגעים לכך (ל"ה, ט-לד). תלונת בני יוסף שירושת בנות צלפחד תביא לגריעה משטחם, נענית בתשובת ה', ובחוק שנשים יורשות חייבות להינשא בתוך השבט, ושנחלה לא תעבור משבט לשבט (ל"ו).

חלק מהחוקים הם תוצאה ישירה של הסיפור שסופר. אולם במקרים רבים התפרסות החוקים נראית תחילה כמחוסרת סדר. במיוחד הדברים אמורים ביחס לקובצי החוקים בפרקים: ה'-ו'; ט"ו, י"ח-י"ט. האם ניתן לעמוד על טבעו המיוחד של מבנה זה של הספר?

נראה כי השילוב הייחודי בין הסיפורים והרשימות לבין החוקים בספר מדגים את התפיסה שהסיפורים אינם סיפורי עבר בלבד, אלא יש להם יישומים תמידיים ונגזרות לעתיד ולכל הדורות. השילוב הזה מראה כיצד החוקים הם חלק אינטגרלי של החיים עצמם.*

יתר על כן, עיון מדוקדק ופרטני ביחידות השונות ילמד על מבנה עומק ביחס בין הסיפורים לבין החוקים. דיון שיטתי ומעמיק נערוך במקומות המתאימים בתוך הפירוש, וכאן נוכל רק להדגים את הרעיון הכללי. מבנה העומק שחוזר בין הסיפורים לבין החוקים, משקף מגוון של יחסים ביניהם: לעיתים היחס הוא יחס של חיזוק הרעיון המובע בסיפור על ידי חוק הסמוך לו, ולעיתים הרעיון של הסיפור דווקא יצומצם, ולעיתים אף יתהפך על ידי החוק שבא אחריו, ובכך היחסים בין הסיפורים או הרשימות לבין החוקים באים להביע משמעות דיאלקטית.

אציין כמה דוגמות אשר בכוחן לאפיין את סוגי היחסים בין החוקים לבין מה שקדם להם, והדברים להלן לעיתים יחזרו על דברים שהוצגו לעיל בעיסוק במבנה הספר ובמטרתו. נתחיל באפשרות הפשוטה שציינתי, שהחוק הוא תוצאה ישירה של שאלה שעלתה והפתרון לא היה ידוע. דוגמה פשוטה לכך היא הבעיה שמעלות בנות צלופחד שאין להן אחים, ולכן ייגרע שם אביהן אם לא תירשנה אותו (כ״ז, א–ה). במענה לכך ה׳ מחוקק חוק שבנות יורשות אם אין בנים (כ״ז, ו–יא). כהשלמה לכך במענה לתלונת בני יוסף שבשל ההוראה לבנות צלופחד ייגרע שטח מנחלת השבט, מורה ה׳ שהן תתחתנה עם בני דודיהן, ואז לא תיסוב נחלה משבט לשבט. בדומה לכך חוק פסח שני בא לאחר תלונת אנשים טמאים שלא יכלו לעשות את הפסח בזמנו (ט׳, א–יד).

לעיתים חוק בא לחזק את הסיפור שלפניו. כך למשל קורח ועדתו ערערו על כהונת אהרן, והחוקים הבאים אחרי הסיפור באים לחזק את מעמד הכוהנים (י״ח–י״ט). בווריאציה לכך, החוקים לאחר חטא המרגלים באים לחזק רושם מוטעה שעלול לעלות מהסיפור שלפניו. חטא המרגלים גרר עונש של ה׳ שכל הדור ימות במדבר, ורק הדור הבא ייכנס לארץ לאחר ארבעים שנה (י״ג–י״ד). עונש זה, המשנה את תקוות העם וציפיותיו, עלול לגרור ספק בעצם מימוש ההבטחה להיכנס לארץ, ועל כן מיד לאחר סיפור זה באים חוקים על חיוב להביא מנחות ונסכים ועל הפרשת חלה אשר יתקיימו לאחר הכניסה לארץ (ט״ו, א–כא), וכך החוקים מקרבים את המציאות אשר התרחקה מהעם, ומבטיחים שהנסיעה של העם לארץ המובטחת תתרחש, אם כי בדור הבא.

יש מקרים שבהם חוק מציג ניגוד לסיפור, או מיישם אותו באופן מורכב. פרקים א׳–ד׳ קובעים מדרג של המחנה, ולפיו השבטים השונים חונים בכיוונים שונים, ויהודה בגלל חשיבותו חונה בצד מזרח. אוהל מועד הוא מרכזו של המחנה, ומחנה לוויה הוא במרכז סביב אוהל מועד. בקרב הלוויים למשפחת קהת הבכורה, אחריה גרשון ואחריה מררי. לפניהם במעמדם הם הכוהנים היושבים בצד מזרח לאוהל מועד. החוקים בפרקים ד׳–ה׳ מציגים יחסים מורכבים למה שתואר קודם. החוק על שילוח טמאים הוא תוצאה ישירה של מבנה המחנה שבמרכזו

* דה וו, עמ׳ 29. בווריאציה אחרת ראו ונהם, עמ׳ 17.

המשכן, ובשל קדושת המחנה טמאים צריכים להישלח מחוצה לו. החוק מאשש את המדרג שעלה קודם לו. בשל המדרג בין הכוהנים לבין העם, הכוהן ממונה על בדיקת אישה סוטה, וניקויה מעוון, או הענשתה. הוא האחראי על התהליך שתוצאתו הוצאת הסוטה מקרב ישראל, אך גם על חזרתה לביתה אם לא חטאה. יש לשים לב שהמדרג אינו פועל למען השכבות הגבוהות בסולם אלא למען השכבות הנמוכות יותר בסולם המעמדי. כך עולה גם בדין אשם גזלות, במקרה שאין נגזל להשיב את הגזלה, התורה מאפשרת לכוהן להיכנס לנעליו של הנגזל כדי לקבל את הפיקדון, וכך לא רובץ החטא על המועל. לנוכח כל אלה, הדין המפתיע ביותר הוא דין נזיר. המדרג בין הכוהנים לבין העם מצטמצם באמצעות מצוות נזיר, המאפשרת לכל אדם להתקדש ולהיות נזיר, ובכך להידמות בכמה עניינים לכוהן, ואפילו לכוהן הגדול. יחס דיאלקטי קיים גם בקביעה שהענן קובע את המסעות והחניות על פי ה׳ (ט׳, טו–כג), אך מיד אחר כך מודגשת המרכזיות של הצד האנושי במסעות בהלכות על תקיעת הכוהנים בחצוצרות, כדי לסמן לכל דגל במחנה מתי עליו להתחיל את הליכתו במסע (י׳, א–י). אם נתקדם לקראת סופו של הספר, המדיינים מחטיאים את ישראל ובשל כך ישראל נענשים, אבל למדיינים מגיע עונש על כך, ועל כן ישראל מצטווים להילחם נגדם. אולם מיד לאחר מכן הם מצטווים בחוקים נוקשים לחלק את השלל בין הלוחמים ובין אלה שלא נלחמו, ובכך הלחימה מתרסנת בחוקים מגבילים לאחריה.

אסתפק בדוגמאות אלה לעת עתה, ודומני שההסברים שהעלינו כאן, ובסעיף הקודם על מבנה הספר ומשמעותו, מספיקים לבסס את הטענה שיש סדר מופתי בספר במדבר, ועליו נעמוד לאורך הפירוש בפירוט. השילוב של החוקים לאורך כל הספר נועד לעצב את משמעותם של הסיפורים או הרשימות שקדמו להם באופן מתוחכם, כהצגת השלכות ותוצאות, כסייג או אף כניגוד, על מנת להציע אמת מורכבת שרק תתבהר באמצעות שילוב סיפור וחוק.

שיטת הפירוש

במדרשים המצויים בידנו כגון תנחומא ורבה, ובמדרשים רבים המצויים בספרות תורה שבעל פה, בעיקר בתלמודים, חכמים השתמשו בדרך הדרש על מנת לבאר את התורה. לעומתם חכמים רבים בימי הביניים בספרד, אשכנז, צרפת וביזנטיון העלו על נס את פירוש הפשט. ישנם אפיונים ייחודיים לכל פרשן, ולכל אסכולה שהתפתחה בגלויות השונות של ישראל במהלך קורות עמנו, ולא כאן המקום לפרוס יריעה זו. ניתן בהכללה לאפיין את תנועות הפשט בתקופה זו בהתרכזות בפירוש המדויק של המילה כמו גם בתשומת לב לתחביר של צירופים שונים. חכמים אלה עשו מהפכה ביחס לכתבי הקודש. הם יישמו מידע חדש שהתפתח על השפה העברית, בעיקר מתוך השוואה לערבית ולארמית, על מנת לפרש מילים באופן שיטתי ומדויק. התנ״ך הפך להיות ספר נלמד באופן שיטתי, וכדרכה של תורה התווכחו ויכוחים ערים במטרה להבין את כתבי הקודש. עם זאת רק לעיתים רחוקות פרשנים ידונו באופן שיטתי ושלם בהסתכלות כוללת על יחידות רחבות (רמב״ן לעיתים, ואברבנאל, יוצאים דופן), בשאלות רחבות של משמעותם של הסיפורים, מתוך עיון מדוקדק בפרטים, והצטרפותם לרעיון שלם.

שאלות מעין אלו הן קומה נוספת על הפרשנות הקיימת, ובשום אופן אינן סותרות אותה, ולא באות במקומה. בפירוש שלפניכם אני הולך בכיוון זה. אם הפרשנות של ימי הביניים מתרכזת בעיקר בשאלה מה כתוב, כאן נעסוק בעיקר בשאלה "למה". שאלות שתישאלנה תדיר – למה עניין מסוים מסופר בהרחבה ועניין אחר בקצרה? מדוע התורה חוזרת על עצמה? איך לבאר סתירות בכתוב? איך להסביר את הרציפות והסדר של הכתוב? כיצד מעוצבת דמות? מה המשמעות של הכתוב? מה המשמעות של הספר?

התשובות לשאלות שתישאלנה חייבות לעלות מתוך הכתובים עצמם. לא באמצעות מה שלא סופר, ולא באמצעות כתוב במקום אחר, ואפילו לא באמצעות אנלוגיות למקומות אחרים במקרא, ובוודאי לא על סמך מקורות חוץ מקראיים. כל אלה יכולים לסייע בדיון, לחדד את ההבנה, לרמוז לכיוונים של פרשנות, אבל לא יכולים לבוא במקום מה שכתוב. המשמעות של הכתוב חייבת להיות מושלמת מהכתוב בו. בעת החדשה גישות ספרותיות תרמו תרומה מכרעת לניתוח המקרא. כמו שבימי הביניים התחדדו שיטות בבלשנות ולשון על ידי חכמים מתוך זיקה למה שהיה מקובל בעולמם, כך גם בימינו אינטראקציה למדנית בניתוח טקסטים יצרה הזדמנויות חדשות להבין את דברי קודשנו. הבנת היחידה מתוכה, הבניית המשמעות הכוללת מתוך כלל הפרטים של הכתוב, מאירות באורות חדשים ובזוויות חדשות את התורה. אכן בכל יום יהיו בעינינו כחדשים.

עם זאת אין כוונת הפירוש לדבר גבוהה גבוהה, ליודעי חן, במושגים מקצועיים שאינם תמיד נחלת הכלל. כמו כן אין כוונה לפרוס את כל הניתוחים והפירושים שקדמו. היה נכון, כמעט על כל משפט להוסיף הערת שוליים, ולהציע את הנאמר בכל סוגיה. אלא שהדבר היה מכביד על הקורא, ומאריך מאוד את הפירוש. הכוונה היא להציע פירוש פשט, על פי העקרונות שפרסתי לעיל, בלשון השווה לכל נפש. שאפתי לכתוב בדרך תמציתית וישירה, למען ירוץ הקורא בו, לאחר שלמד ועיין בפרשנות של גדולי חכמינו. באמתחתי כתב יד, הכולל דיונים והתייחסויות למה שנכתב, שיצא לאור בע"ה בלעז, והרוצים יעיינו שם. לטובת הלומד, כללתי בסוף כל פרשייה פירושי מילים. גם כאן המטרה לא הייתה לתת מידע שלם, הכולל ניתוח לשוני, אלא לתת ביאורים קצרים, והמבקשים להעמיק בביאורי המילים יעיינו בפירושים המצויים. כאן בחרתי את הפירוש המסתבר והמקובל ביותר, ורק במקרים של ספקות, כללתי כמה אפשרויות. המגמה הראשית של הפירוש הזה לפשוט את משמעותם של כתבי קודשנו. אני מתפלל שהדברים יהיו לרצון, ואזכה לחשוף את עומק כוונת מקראות התורה בפני קוראיי, ושילכו עימי באהבתי הגדולה לדברי תורתנו.

השימוש בספר שלפניכם

ספר זה מחולק לשניים למען נוחות הלומדים. בחלק הראשון מופיע ספר במדבר בצירוף פירושי מילים. בחלק השני כלול פירוש העניין מתחת לפסוקים של המקרא שאליו הוא מתייחס. החלק הראשון נועד לקריאה רציפה של התורה בבתי הכנסיות וללימוד רצוף של פסוקי התורה בצירוף פירושי המילים, והחלק השני נועד ללימוד מעמיק של הפסוקים. צירפנו את פסוקי התורה בחלק הפירוש גם כן, כדי שהלימוד יהיה צמוד לפסוקים.

יש הבדלים רבים בעיצוב המקרא בשני החלקים. בחלק הראשון המקרא מופיע על פי חלוקת המסורה, ובכלל זה החלוקה לפתוחות ולסתומות, וכן לפרשות ולעליות, כדרך שבה כתובים חומשים בכלל, וחומש קורן בפרט. כמו כן, הוספנו את ברכות העלייה לתורה ואת ההפטרות. לעומת זאת, בחלק השני החלוקה של פסוקי התורה היא תוכנית ויש בה הבחנה בין סיפורת לבין שירה. השירה כתובה בדרך של התקבולת המקראית, כך, למשל, בנאומי בלעם ובשירת הבאר. כך יובחן בנקל העיצוב השירי המיוחד של התורה, המאיר את השירה באופן משמעותי. לעומת זאת, השמטנו את הטעמים מהפסוקים בחלק זה. בחלק הפירוש ישנן הערות שוליים והערות סיום. מה שנצרך יותר לקריאה שוטפת מופיע בעמוד, ומה שהוא לתוספת מידע או הפניה למקורות, מופיע בהערות סיום בסוף הספר כדי להקל על רצף הקריאה.

הקמץ הקטן

מבחינה היסטורית, הקמץ הגדול והקמץ הקטן הן שתי תנועות שונות: הקמץ הגדול מוצאו מתנועת a קצרה, ואילו הקמץ הקטן מוצאו מתנועת u קצרה. במסורת הטברנית שתי התנועות האלה הזדהו. אבל במסורת הבבלית ובמסורת הספרדית (שהיא המסורת הישראלית) - מבחינים בין שתי התנועות: **הקמץ הגדול הגוי כפתח (a), ואילו הקמץ הקטן הגוי כחולם (o).**

עובדה זו יוצרת קושי בקריאה. הקורא צריך לזהות את הקמץ הקטן ולהבדיל בהגייה בינו ובין הקמץ הגדול. במהדורות שונות של סידורים וחומשים עיצבו את הקמץ הקטן באופן שונה (למשל, רגל ארוכה). אבל הסימון הזה הוא חידוש של המדפיסים ואינו מקורי.
הכלל הבסיסי הוא שהקמץ הקטן הוא תנועה קטנה, ולכן הוא בא בהברה סגורה לא מוטעמת.

1. הברה סגורה לפני הטעם, כגון: וּלְאָכְלְכֶם, כְּשָׁמְעוֹ, כָּתְנוֹת, עָזִּי.
2. הברה סגורה אחרי הטעם, כגון וַיָּקָם, וַתָּשָׁב.
3. במילה מוקפת - המילה איבדה את ההטעמה שלה (בגלל ההקפה) ולכן בא קמץ קטן במקום חולם, כגון כָּל־ (כאשר המילה מוטעמת, הניקוד הוא: כֹּל), בְּתָם־לְבָבִי, לֶאֱכָל־לֶחֶם.

קמץ בהברה פתוחה

לעיתים, קמץ שמבחינה היסטורית מוצאו מ־u קצרה (כמו שאר המקרים של קמץ קטן) – בא בהברה פתוחה. יש שני סוגים של קמץ כזה:

א. בהברה שנפתחה, כלומר הברה שהייתה סגורה בעיצור גרוני, ובשל גרוניותו של העיצור נוצרה אחריו תנועה חטופה או תנועה קטנה, ולכן ההברה הסגורה המקורית הפכה פתוחה. התוצאה היא קמץ שאחריו חטף קמץ או קמץ קטן (כשהקמץ הראשון אינו בא לשם יידוע). כגון: צָהֳרַיִם, נָעֳמִי, יָעֳמַד, וְחָלָיִים, כָּאֳנִיּוֹת סוחר, בָּאֳנִיּוֹת; וכן פָּעָלְךָ, תָּעָבְדֵם.

ב. הקמץ בא במקום שווא ומדגיש את איכות התנועה: קָדָשִׁים (במקום *קֳדָשִׁים או *קְדָשִׁים), שָׁרָשִׁים (במקום *שֳׁרָשִׁים או *שְׁרָשִׁים).

במקרים האלה נחלקו הדעות. לפי המסורת הספרדית, כל אלה הם קמצים גדולים, שהרי הם בהברה פתוחה, והם הגויים a. לפי דעת חוקרי לשון, זהו קמץ קטן והוא הגוי o. הרב מרדכי ברויאר כתב: "ואפשר, שמי שקורא בתורה לפני מתפללים בהברה ספרדית – שאין בידם מסורת אבות של ספרדים – הרי זה רשאי לסמוך על השיטה הזאת", ולהגותו o.

קמצים מן הסוג הזה, שהדעות חלוקות בקריאתם, סומנו במהדורה זו בקמץ רגיל לא בסימן המיוחד המציין קמץ קטן, כמו המסורת הספרדית. כך עצתו של ידידי פרופ׳ עופר, שניאות בטובו לכתוב דברים אלה על הקמץ הקטן.

* * *

ראשיתו של חיבור זה בנסיעה משותפת ממנהטן לברוקלין עם ג׳סי סלם, לקראת שבת שבה הזמין אותי להרצות בפני בני קהילתו. באותה נסיעה עסקנו בעניינים שונים בלמדנות בתורה, וסיפרתי לו על התוכנית שלי לכתוב פירוש לתורה. ג׳סי התלהב מהרעיון ואמר שהוא רוצה לעזור. חלפו להן כמה שנים, וג׳סי, תלמיד חכם בזכות עצמו ואיש רב פעלים, פנה אליי וביקש שנקדם את הרעיון. הוא פנה להוצאת קורן בבקשה להוציא פירוש זה לאור. אני מודה לו מקרב לב על החזון, על הדחיפה ועל התמיכה בהוצאה הספר, ואני מברך אותו שימשיך לעשות חיל בתורה ויצליח בעסקיו. ישלם לו ה׳ כגמולו הטוב. פירוש זה לספר במדבר, הראשון מחמישה חומשי תורה, הוא בזכותו.

אני מודה להוצאת קורן על שהאמינו בפרויקט זה והשקיעו רבות להצלחתו. למת׳יו וליהושע מילר. לראובן ציגלר העורך האחראי על עצותיו המחכימות. לאוריה מבורך הוקרה מיוחדת על תרומתה הנכבדה בניהול הפרויקט המסובך, על הנעימות, המקצועיות והיעילות, ובמיוחד על החיזוק שקיבלתי מהתלהבותה מהפרויקט. לאריה גרוסמן על המסירות הגדולה שלו לפרויקט. בזכותו הוא מתגשם. לאפרת גרוס, עורכת המשנה של הספר, הוקרה רבה על עבודתה המקצועית, המסורה והמדויקת. זהו הספר השני שאני זוכה לעבוד עליו עימה. אני

מודה לד"ר אברהם שמאע על העריכה המעולה של הספר. לאביחי גמדני על ההגהה המדויקת, לאסתר באר על העימוד המורכב והיפהפה, ולשמואל לעסרי על העיצוב של העטיפה ברגישות ובהבנה מעמיקה של מגמת הספר. תודה גם לתלמידיי במחלקה לתנ"ך באוניברסיטת בר אילן בשנים האחרונות, שלמדו איתי את ספר במדבר, ולבני קהילתי בפסגת זאב, אהבת ישראל, שעימם אני לומד את פרשת השבוע בכל שבת אחר הצוהריים. הדיונים, השאלות והקושיות שעלו בשיעורים סייעו לי לחדד, לדייק ולבחון את הדברים עד שעלו בגרסתם הנוכחית. תודה לכולכם מקרב לב.

ראשיתו של הפירוש על התורה החלה לפני שנים רבות מאוד, וטמונה באהבת התורה שהטמיעו בי הוריי, יום טוב וקלרה ז"ל. ולא פחות מכך, בביטחון שלהם בי שהמריצני ללמוד, ללמד, ליצור ולממש. אין קץ לגעגוע ולהוקרת התודה על כל הטובה שעשו עימי. להם אני מקדיש חיבור זה.

תודה מיוחדת לאהוביי ולשותפיי, לחנה, יום טוב, שלומי, ליאור, אליה ובניה, שהכול בזכותם ובעבורם. יצליח ה׳ דרכם בטוב ושנותם בנעימים, אורך ימים ושנות חיים ושלום.

אסיים בברכת ה׳ על כל הטובה אשר גמלני, ובהגיעי ביום ירושלים בשנה זו לגיל שישים, על שהחייני וקיימני והגיעני לזמן הזה: "אוֹדְךָ בְּיֹשֶׁר לֵבָב בְּלָמְדִי מִשְׁפְּטֵי צִדְקֶךָ, הוֹדוּ לַה׳ כִּי טוֹב כִּי לְעוֹלָם חַסְדּוֹ" (תהלים קי"ט, ז; קל"ו, א).

יום רביעי בשבת, פרשת במדבר
יום ירושלים, כ"ח באייר, תשפ"ד

ספר במדבר

ברכות התורה

נוסח ספרדים

קודם מברך:

עולה: רַבָּנָן, בָּרְכוּ אֶת יְהֹוָה הַמְּבֹרָךְ.

קהל: בָּרוּךְ יְהֹוָה הַמְּבֹרָךְ לְעוֹלָם וָעֶד.

עולה: בָּרוּךְ יְהֹוָה הַמְּבֹרָךְ לְעוֹלָם וָעֶד.

בָּרוּךְ אַתָּה יְהֹוָה, אֱלֹהֵינוּ מֶלֶךְ הָעוֹלָם
אֲשֶׁר בָּחַר בָּנוּ מִכָּל־הָעַמִּים, וְנָתַן לָנוּ אֶת תּוֹרָתוֹ.
בָּרוּךְ אַתָּה יְהֹוָה, נוֹתֵן הַתּוֹרָה.

לאחר הקריאה מברך:

עולה: בָּרוּךְ אַתָּה יְהֹוָה, אֱלֹהֵינוּ מֶלֶךְ הָעוֹלָם
אֲשֶׁר נָתַן לָנוּ תּוֹרָתוֹ תּוֹרַת אֱמֶת
וְחַיֵּי עוֹלָם נָטַע בְּתוֹכֵנוּ.
בָּרוּךְ אַתָּה יְהֹוָה, נוֹתֵן הַתּוֹרָה.

נוסח אשכנז וספרד

קודם מברך:

עולה: בָּרְכוּ אֶת יהוה הַמְּבֹרָךְ.

קהל: בָּרוּךְ יהוה הַמְּבֹרָךְ לְעוֹלָם וָעֶד.

עולה: בָּרוּךְ יהוה הַמְּבֹרָךְ לְעוֹלָם וָעֶד.
בָּרוּךְ אַתָּה יהוה, אֱלֹהֵינוּ מֶלֶךְ הָעוֹלָם
אֲשֶׁר בָּחַר בָּנוּ מִכָּל הָעַמִּים, וְנָתַן לָנוּ אֶת תּוֹרָתוֹ.
בָּרוּךְ אַתָּה יהוה, נוֹתֵן הַתּוֹרָה.

לאחר הקריאה מברך:

עולה: בָּרוּךְ אַתָּה יהוה אֱלֹהֵינוּ מֶלֶךְ הָעוֹלָם
אֲשֶׁר נָתַן לָנוּ תּוֹרַת אֱמֶת וְחַיֵּי עוֹלָם נָטַע בְּתוֹכֵנוּ.
בָּרוּךְ אַתָּה יהוה, נוֹתֵן הַתּוֹרָה.

א א וַיְדַבֵּר יְהוָה אֶל־מֹשֶׁה בְּמִדְבַּר סִינַי בְּאֹהֶל מוֹעֵד בְּאֶחָד לַחֹדֶשׁ הַשֵּׁנִי בַּשָּׁנָה **א במדבר**
ב הַשֵּׁנִית לְצֵאתָם מֵאֶרֶץ מִצְרַיִם לֵאמֹר׃ שְׂאוּ אֶת־רֹאשׁ כָּל־עֲדַת בְּנֵי־יִשְׂרָאֵל ספירת העם
ג לְמִשְׁפְּחֹתָם לְבֵית אֲבֹתָם בְּמִסְפַּר שֵׁמוֹת כָּל־זָכָר לְגֻלְגְּלֹתָם׃ מִבֶּן עֶשְׂרִים שָׁנָה
ד וָמַעְלָה כָּל־יֹצֵא צָבָא בְּיִשְׂרָאֵל תִּפְקְדוּ אֹתָם לְצִבְאֹתָם אַתָּה וְאַהֲרֹן׃ וְאִתְּכֶם
ה יִהְיוּ אִישׁ אִישׁ לַמַּטֶּה אִישׁ רֹאשׁ לְבֵית־אֲבֹתָיו הוּא׃ וְאֵלֶּה שְׁמוֹת הָאֲנָשִׁים אֲשֶׁר
ו יַעַמְדוּ אִתְּכֶם לִרְאוּבֵן אֱלִיצוּר בֶּן־שְׁדֵיאוּר׃ לְשִׁמְעוֹן שְׁלֻמִיאֵל בֶּן־צוּרִישַׁדָּי׃
ז ח ט לִיהוּדָה נַחְשׁוֹן בֶּן־עַמִּינָדָב׃ לְיִשָּׂשכָר נְתַנְאֵל בֶּן־צוּעָר׃ לִזְבוּלֻן אֱלִיאָב בֶּן־
י חֵלֹן׃ לִבְנֵי יוֹסֵף לְאֶפְרַיִם אֱלִישָׁמָע בֶּן־עַמִּיהוּד לִמְנַשֶּׁה גַּמְלִיאֵל בֶּן־פְּדָהצוּר׃
יא יב יג לְבִנְיָמִן אֲבִידָן בֶּן־גִּדְעֹנִי׃ לְדָן אֲחִיעֶזֶר בֶּן־עַמִּישַׁדָּי׃ לְאָשֵׁר פַּגְעִיאֵל בֶּן־עָכְרָן׃
יד טו טז לְגָד אֶלְיָסָף בֶּן־דְּעוּאֵל׃ לְנַפְתָּלִי אֲחִירַע בֶּן־עֵינָן׃ אֵלֶּה קריאי הָעֵדָה נְשִׂיאֵי קְרוּאֵי
יז מַטּוֹת אֲבוֹתָם רָאשֵׁי אַלְפֵי יִשְׂרָאֵל הֵם׃ וַיִּקַּח מֹשֶׁה וְאַהֲרֹן אֵת הָאֲנָשִׁים
יח הָאֵלֶּה אֲשֶׁר נִקְּבוּ בְּשֵׁמוֹת׃ וְאֵת כָּל־הָעֵדָה הִקְהִילוּ בְּאֶחָד לַחֹדֶשׁ הַשֵּׁנִי
וַיִּתְיַלְדוּ עַל־מִשְׁפְּחֹתָם לְבֵית אֲבֹתָם בְּמִסְפַּר שֵׁמוֹת מִבֶּן עֶשְׂרִים שָׁנָה וָמַעְלָה
יט כ לְגֻלְגְּלֹתָם׃ כַּאֲשֶׁר צִוָּה יְהוָה אֶת־מֹשֶׁה וַיִּפְקְדֵם בְּמִדְבַּר סִינָי׃ וַיִּהְיוּ שני
בְנֵי־רְאוּבֵן בְּכֹר יִשְׂרָאֵל תּוֹלְדֹתָם לְמִשְׁפְּחֹתָם לְבֵית אֲבֹתָם בְּמִסְפַּר שֵׁמוֹת
כא לְגֻלְגְּלֹתָם כָּל־זָכָר מִבֶּן עֶשְׂרִים שָׁנָה וָמַעְלָה כֹּל יֹצֵא צָבָא׃ פְּקֻדֵיהֶם לְמַטֵּה
רְאוּבֵן שִׁשָּׁה וְאַרְבָּעִים אֶלֶף וַחֲמֵשׁ מֵאוֹת׃
כב לִבְנֵי שִׁמְעוֹן תּוֹלְדֹתָם לְמִשְׁפְּחֹתָם לְבֵית אֲבֹתָם פְּקֻדָיו בְּמִסְפַּר שֵׁמוֹת לְגֻלְגְּלֹתָם
כג כָּל־זָכָר מִבֶּן עֶשְׂרִים שָׁנָה וָמַעְלָה כֹּל יֹצֵא צָבָא׃ פְּקֻדֵיהֶם לְמַטֵּה שִׁמְעוֹן תִּשְׁעָה
וַחֲמִשִּׁים אֶלֶף וּשְׁלֹשׁ מֵאוֹת׃
כד לִבְנֵי גָד תּוֹלְדֹתָם לְמִשְׁפְּחֹתָם לְבֵית אֲבֹתָם בְּמִסְפַּר שֵׁמוֹת מִבֶּן עֶשְׂרִים שָׁנָה
כה וָמַעְלָה כֹּל יֹצֵא צָבָא׃ פְּקֻדֵיהֶם לְמַטֵּה גָד חֲמִשָּׁה וְאַרְבָּעִים אֶלֶף וְשֵׁשׁ מֵאוֹת
וַחֲמִשִּׁים׃
כו לִבְנֵי יְהוּדָה תּוֹלְדֹתָם לְמִשְׁפְּחֹתָם לְבֵית אֲבֹתָם בְּמִסְפַּר שֵׁמֹת מִבֶּן עֶשְׂרִים
כז שָׁנָה וָמַעְלָה כֹּל יֹצֵא צָבָא׃ פְּקֻדֵיהֶם לְמַטֵּה יְהוּדָה אַרְבָּעָה וְשִׁבְעִים אֶלֶף
וְשֵׁשׁ מֵאוֹת׃
כח לִבְנֵי יִשָּׂשכָר תּוֹלְדֹתָם לְמִשְׁפְּחֹתָם לְבֵית אֲבֹתָם בְּמִסְפַּר שֵׁמֹת מִבֶּן עֶשְׂרִים
כט שָׁנָה וָמַעְלָה כֹּל יֹצֵא צָבָא׃ פְּקֻדֵיהֶם לְמַטֵּה יִשָּׂשכָר אַרְבָּעָה וַחֲמִשִּׁים אֶלֶף
וְאַרְבַּע מֵאוֹת׃
ל לִבְנֵי זְבוּלֻן תּוֹלְדֹתָם לְמִשְׁפְּחֹתָם לְבֵית אֲבֹתָם בְּמִסְפַּר שֵׁמֹת מִבֶּן עֶשְׂרִים

פירושי מילים

(פרק א׳, ב) **שאו את ראש** – הרימו את ראש, במובן תספרו, כך גם שמות ל׳, יא; במדבר א׳, מט. **לגלגלתם** – לראשיהם – לספור כל אחד מהם כנראה על ידי מחצית השקל, ראו שמות ל׳, יב-יד. (ג) **תפקדו** – תספרו. (יז) **נקבו** – צוינו (וכן דה״א ט״ז, מא). (יח) **ויתילדו** – מסרו מידע על תולדותיהם.

לא שָׁנָה֙ וָמַ֔עְלָה כֹּ֖ל יֹצֵ֥א צָבָֽא׃ פְּקֻדֵיהֶ֖ם לְמַטֵּ֣ה זְבוּלֻ֑ן שִׁבְעָ֧ה וַחֲמִשִּׁ֛ים אֶ֖לֶף
וְאַרְבַּ֥ע מֵאֽוֹת׃
לב לִבְנֵ֤י יוֹסֵף֙ לִבְנֵ֣י אֶפְרַ֔יִם תּוֹלְדֹתָ֥ם לְמִשְׁפְּחֹתָ֖ם לְבֵ֣ית אֲבֹתָ֑ם בְּמִסְפַּ֣ר שֵׁמֹ֗ת
לג מִבֶּ֨ן עֶשְׂרִ֤ים שָׁנָה֙ וָמַ֔עְלָה כֹּ֖ל יֹצֵ֥א צָבָֽא׃ פְּקֻדֵיהֶ֖ם לְמַטֵּ֣ה אֶפְרָ֑יִם אַרְבָּעִ֥ים
אֶ֖לֶף וַחֲמֵ֥שׁ מֵאֽוֹת׃
לד לִבְנֵ֣י מְנַשֶּׁ֔ה תּוֹלְדֹתָ֥ם לְמִשְׁפְּחֹתָ֖ם לְבֵ֣ית אֲבֹתָ֑ם בְּמִסְפַּ֣ר שֵׁמ֗וֹת מִבֶּ֨ן עֶשְׂרִ֤ים
לה שָׁנָה֙ וָמַ֔עְלָה כֹּ֖ל יֹצֵ֥א צָבָֽא׃ פְּקֻדֵיהֶ֖ם לְמַטֵּ֣ה מְנַשֶּׁ֑ה שְׁנַ֧יִם וּשְׁלֹשִׁ֛ים אֶ֖לֶף
וּמָאתָֽיִם׃
לו לִבְנֵ֣י בִנְיָמִ֔ן תּוֹלְדֹתָ֥ם לְמִשְׁפְּחֹתָ֖ם לְבֵ֣ית אֲבֹתָ֑ם בְּמִסְפַּ֣ר שֵׁמֹ֗ת מִבֶּ֨ן עֶשְׂרִ֤ים
לז שָׁנָה֙ וָמַ֔עְלָה כֹּ֖ל יֹצֵ֥א צָבָֽא׃ פְּקֻדֵיהֶ֖ם לְמַטֵּ֣ה בִנְיָמִ֑ן חֲמִשָּׁ֧ה וּשְׁלֹשִׁ֛ים אֶ֖לֶף
וְאַרְבַּ֥ע מֵאֽוֹת׃
לח לִבְנֵ֣י דָ֔ן תּוֹלְדֹתָ֥ם לְמִשְׁפְּחֹתָ֖ם לְבֵ֣ית אֲבֹתָ֑ם בְּמִסְפַּ֣ר שֵׁמֹ֗ת מִבֶּ֨ן עֶשְׂרִ֤ים
לט שָׁנָה֙ וָמַ֔עְלָה כֹּ֖ל יֹצֵ֥א צָבָֽא׃ פְּקֻדֵיהֶ֖ם לְמַטֵּ֣ה דָ֑ן שְׁנַ֧יִם וְשִׁשִּׁ֛ים אֶ֖לֶף וּשְׁבַ֥ע
מֵאֽוֹת׃
מ לִבְנֵ֣י אָשֵׁ֔ר תּוֹלְדֹתָ֥ם לְמִשְׁפְּחֹתָ֖ם לְבֵ֣ית אֲבֹתָ֑ם בְּמִסְפַּ֣ר שֵׁמֹ֗ת מִבֶּ֨ן עֶשְׂרִ֤ים
מא שָׁנָה֙ וָמַ֔עְלָה כֹּ֖ל יֹצֵ֥א צָבָֽא׃ פְּקֻדֵיהֶ֖ם לְמַטֵּ֣ה אָשֵׁ֑ר אֶחָ֧ד וְאַרְבָּעִ֛ים אֶ֖לֶף וַחֲמֵ֥שׁ
מֵאֽוֹת׃
מב בְּנֵ֣י נַפְתָּלִ֔י תּוֹלְדֹתָ֥ם לְמִשְׁפְּחֹתָ֖ם לְבֵ֣ית אֲבֹתָ֑ם בְּמִסְפַּ֣ר שֵׁמֹ֗ת מִבֶּ֨ן עֶשְׂרִ֤ים
מג שָׁנָה֙ וָמַ֔עְלָה כֹּ֖ל יֹצֵ֥א צָבָֽא׃ פְּקֻדֵיהֶ֖ם לְמַטֵּ֣ה נַפְתָּלִ֑י שְׁלֹשָׁ֧ה וַחֲמִשִּׁ֛ים אֶ֖לֶף
וְאַרְבַּ֥ע מֵאֽוֹת׃
מד אֵ֣לֶּה הַפְּקֻדִ֡ים אֲשֶׁר֩ פָּקַ֨ד מֹשֶׁ֤ה וְאַהֲרֹן֙ וּנְשִׂיאֵ֣י יִשְׂרָאֵ֔ל שְׁנֵ֥ים עָשָׂ֖ר אִ֑ישׁ
מה אִישׁ־אֶחָ֥ד לְבֵית־אֲבֹתָ֖יו הָיֽוּ׃ וַיִּהְי֛וּ כָּל־פְּקוּדֵ֥י בְנֵֽי־יִשְׂרָאֵ֖ל לְבֵ֣ית אֲבֹתָ֑ם מִבֶּ֨ן
מו עֶשְׂרִ֤ים שָׁנָה֙ וָמַ֔עְלָה כָּל־יֹצֵ֥א צָבָ֖א בְּיִשְׂרָאֵֽל׃ וַיִּֽהְיוּ֙ כָּל־הַפְּקֻדִ֔ים שֵׁשׁ־מֵא֥וֹת
מז אֶ֖לֶף וּשְׁלֹ֣שֶׁת אֲלָפִ֑ים וַחֲמֵ֥שׁ מֵא֖וֹת וַחֲמִשִּֽׁים׃ וְהַלְוִיִּ֖ם לְמַטֵּ֣ה אֲבֹתָ֑ם לֹ֥א
הָתְפָּקְד֖וּ בְּתוֹכָֽם׃

משמרת הלוויים

מח מט וַיְדַבֵּ֥ר יְהוָ֖ה אֶל־מֹשֶׁ֥ה לֵּאמֹֽר׃ אַ֣ךְ אֶת־מַטֵּ֤ה לֵוִי֙ לֹ֣א תִפְקֹ֔ד וְאֶת־רֹאשָׁ֖ם לֹ֣א
נ תִשָּׂ֑א בְּת֖וֹךְ בְּנֵ֥י יִשְׂרָאֵֽל׃ וְאַתָּ֡ה הַפְקֵ֣ד אֶת־הַלְוִיִּם֩ עַל־מִשְׁכַּ֨ן הָעֵדֻ֜ת וְעַ֣ל כָּל־
כֵּלָיו֮ וְעַ֣ל כָּל־אֲשֶׁר־לוֹ֒ הֵ֜מָּה יִשְׂא֤וּ אֶת־הַמִּשְׁכָּן֙ וְאֶת־כָּל־כֵּלָ֔יו וְהֵ֖ם יְשָׁרְתֻ֑הוּ
נא וְסָבִ֥יב לַמִּשְׁכָּ֖ן יַחֲנֽוּ׃ וּבִנְסֹ֣עַ הַמִּשְׁכָּ֗ן יוֹרִ֤ידוּ אֹתוֹ֙ הַלְוִיִּ֔ם וּבַחֲנֹת֙ הַמִּשְׁכָּ֔ן יָקִ֥ימוּ
נב אֹת֖וֹ הַלְוִיִּ֑ם וְהַזָּ֥ר הַקָּרֵ֖ב יוּמָֽת׃ וְחָנ֖וּ בְּנֵ֣י יִשְׂרָאֵ֑ל אִ֥ישׁ עַל־מַחֲנֵ֖הוּ וְאִ֥ישׁ עַל־

פירושי מילים

(נב) **איש על מחנהו ואיש על דגלו** – נראה כי בהקשר זה, הדגל מסמן את המיקום של שלושה שבטים שחנו ברוח אחת, היינו למשל יהודה, יששכר וזבולון היו במחנה אחד, בצד המזרחי. מחנה מתייחס למיקום של כל אחד מן השבטים (רש"י). אפשר גם כי המושגים דגל ומחנה הם חופפים (מושקוביץ).

נג דִּגְלוֹ לְצִבְאֹתָם׃ וְהַלְוִיִּם יַחֲנוּ סָבִיב לְמִשְׁכַּן הָעֵדֻת וְלֹא־יִהְיֶה קֶצֶף עַל־עֲדַת
נד בְּנֵי יִשְׂרָאֵל וְשָׁמְרוּ הַלְוִיִּם אֶת־מִשְׁמֶרֶת מִשְׁכַּן הָעֵדוּת׃ וַיַּעֲשׂוּ בְּנֵי יִשְׂרָאֵל
כְּכֹל אֲשֶׁר צִוָּה יהוה אֶת־מֹשֶׁה כֵּן עָשׂוּ׃

ב א ב וַיְדַבֵּר יהוה אֶל־מֹשֶׁה וְאֶל־אַהֲרֹן לֵאמֹר׃ אִישׁ עַל־דִּגְלוֹ בְאֹתֹת לְבֵית אֲבֹתָם — ב שלישי סדר המחנה
ג יַחֲנוּ בְּנֵי יִשְׂרָאֵל מִנֶּגֶד סָבִיב לְאֹהֶל־מוֹעֵד יַחֲנוּ׃ וְהַחֹנִים קֵדְמָה מִזְרָחָה דֶּגֶל
ד מַחֲנֵה יְהוּדָה לְצִבְאֹתָם וְנָשִׂיא לִבְנֵי יְהוּדָה נַחְשׁוֹן בֶּן־עַמִּינָדָב׃ וּצְבָאוֹ וּפְקֻדֵיהֶם
ה אַרְבָּעָה וְשִׁבְעִים אֶלֶף וְשֵׁשׁ מֵאוֹת׃ וְהַחֹנִים עָלָיו מַטֵּה יִשָּׂשכָר וְנָשִׂיא לִבְנֵי
ו יִשָּׂשכָר נְתַנְאֵל בֶּן־צוּעָר׃ וּצְבָאוֹ וּפְקֻדָיו אַרְבָּעָה וַחֲמִשִּׁים אֶלֶף וְאַרְבַּע מֵאוֹת׃
ז ח מַטֵּה זְבוּלֻן וְנָשִׂיא לִבְנֵי זְבוּלֻן אֱלִיאָב בֶּן־חֵלֹן׃ וּצְבָאוֹ וּפְקֻדָיו שִׁבְעָה וַחֲמִשִּׁים
ט אֶלֶף וְאַרְבַּע מֵאוֹת׃ כָּל־הַפְּקֻדִים לְמַחֲנֵה יְהוּדָה מְאַת אֶלֶף וּשְׁמֹנִים אֶלֶף
י וְשֵׁשֶׁת־אֲלָפִים וְאַרְבַּע־מֵאוֹת לְצִבְאֹתָם רִאשֹׁנָה יִסָּעוּ׃ דֶּגֶל מַחֲנֵה
יא רְאוּבֵן תֵּימָנָה לְצִבְאֹתָם וְנָשִׂיא לִבְנֵי רְאוּבֵן אֱלִיצוּר בֶּן־שְׁדֵיאוּר׃ וּצְבָאוֹ
יב וּפְקֻדָיו שִׁשָּׁה וְאַרְבָּעִים אֶלֶף וַחֲמֵשׁ מֵאוֹת׃ וְהַחוֹנִם עָלָיו מַטֵּה שִׁמְעוֹן וְנָשִׂיא
יג לִבְנֵי שִׁמְעוֹן שְׁלֻמִיאֵל בֶּן־צוּרִישַׁדָּי׃ וּצְבָאוֹ וּפְקֻדֵיהֶם תִּשְׁעָה וַחֲמִשִּׁים אֶלֶף
יד טו וּשְׁלֹשׁ מֵאוֹת׃ וּמַטֵּה גָּד וְנָשִׂיא לִבְנֵי גָד אֶלְיָסָף בֶּן־רְעוּאֵל׃ וּצְבָאוֹ וּפְקֻדֵיהֶם
טז חֲמִשָּׁה וְאַרְבָּעִים אֶלֶף וְשֵׁשׁ מֵאוֹת וַחֲמִשִּׁים׃ כָּל־הַפְּקֻדִים לְמַחֲנֵה רְאוּבֵן
מְאַת אֶלֶף וְאֶחָד וַחֲמִשִּׁים אֶלֶף וְאַרְבַּע־מֵאוֹת וַחֲמִשִּׁים לְצִבְאֹתָם וּשְׁנִיִּם
יז יִסָּעוּ׃ וְנָסַע אֹהֶל־מוֹעֵד מַחֲנֵה הַלְוִיִּם בְּתוֹךְ הַמַּחֲנֹת כַּאֲשֶׁר יַחֲנוּ
יח כֵּן יִסָּעוּ אִישׁ עַל־יָדוֹ לְדִגְלֵיהֶם׃ דֶּגֶל מַחֲנֵה אֶפְרַיִם לְצִבְאֹתָם יָמָּה
יט וְנָשִׂיא לִבְנֵי אֶפְרַיִם אֱלִישָׁמָע בֶּן־עַמִּיהוּד׃ וּצְבָאוֹ וּפְקֻדֵיהֶם אַרְבָּעִים אֶלֶף
כ וַחֲמֵשׁ מֵאוֹת׃ וְעָלָיו מַטֵּה מְנַשֶּׁה וְנָשִׂיא לִבְנֵי מְנַשֶּׁה גַּמְלִיאֵל בֶּן־פְּדָהצוּר׃
כא כב וּצְבָאוֹ וּפְקֻדֵיהֶם שְׁנַיִם וּשְׁלֹשִׁים אֶלֶף וּמָאתָיִם׃ וּמַטֵּה בִּנְיָמִן וְנָשִׂיא לִבְנֵי בִנְיָמִן
כג כד אֲבִידָן בֶּן־גִּדְעֹנִי׃ וּצְבָאוֹ וּפְקֻדֵיהֶם חֲמִשָּׁה וּשְׁלֹשִׁים אֶלֶף וְאַרְבַּע מֵאוֹת׃ כָּל־
הַפְּקֻדִים לְמַחֲנֵה אֶפְרַיִם מְאַת אֶלֶף וּשְׁמֹנַת־אֲלָפִים וּמֵאָה לְצִבְאֹתָם וּשְׁלִשִׁים
כה יִסָּעוּ׃ דֶּגֶל מַחֲנֵה דָן צָפֹנָה לְצִבְאֹתָם וְנָשִׂיא לִבְנֵי דָן אֲחִיעֶזֶר בֶּן־
כו כז עַמִּישַׁדָּי׃ וּצְבָאוֹ וּפְקֻדֵיהֶם שְׁנַיִם וְשִׁשִּׁים אֶלֶף וּשְׁבַע מֵאוֹת׃ וְהַחֹנִים עָלָיו מַטֵּה
כח אָשֵׁר וְנָשִׂיא לִבְנֵי אָשֵׁר פַּגְעִיאֵל בֶּן־עָכְרָן׃ וּצְבָאוֹ וּפְקֻדֵיהֶם אֶחָד וְאַרְבָּעִים
כט ל אֶלֶף וַחֲמֵשׁ מֵאוֹת׃ וּמַטֵּה נַפְתָּלִי וְנָשִׂיא לִבְנֵי נַפְתָּלִי אֲחִירַע בֶּן־עֵינָן׃ וּצְבָאוֹ
לא וּפְקֻדֵיהֶם שְׁלֹשָׁה וַחֲמִשִּׁים אֶלֶף וְאַרְבַּע מֵאוֹת׃ כָּל־הַפְּקֻדִים לְמַחֲנֵה דָן מְאַת
אֶלֶף וְשִׁבְעָה וַחֲמִשִּׁים אֶלֶף וְשֵׁשׁ מֵאוֹת לָאַחֲרֹנָה יִסְעוּ לְדִגְלֵיהֶם׃

פירושי מילים

דגלו – יחידה צבאית (שמות רבה טו, ז: "אין דגלים אלא צבאות"). ההוראה היסודית של המילה היא כנראה נס, או תורן גבוה הנראה למרחוק ודומה לזה משמעות המילה באכדית להביט. (נג) **קצף** – זעם, כעס. (ב', ב) **דגלו** – ראו א', נב. **באֹתֹת** – הסימנים המסמנים את מקום החנייה. (יז) **יד** – מקום (ראו דברים כ"ג, יג). **על ידו לדגליהם** – כל אחד ואחד במקומו לפי מקום דגלו.

אלה פקודי בני־ישראל לבית אבתם כל־פקודי המחנת לצבאתם שש־ לב
מאות אלף ושלשת אלפים וחמש מאות וחמשים: והלוים לא התפקדו לג
בתוך בני ישראל כאשר צוה יהוה את־משה: ויעשו בני ישראל ככל אשר־ לד
צוה יהוה את־משה כן־חנו לדגליהם וכן נסעו איש למשפחתיו על־בית
אבתיו:

רביעי ג

תולדות אהרן

ואלה תולדת אהרן ומשה ביום דבר יהוה את־משה בהר סיני: ואלה שמות ג א ב
בני־אהרן הבכר | נדב ואביהוא אלעזר ואיתמר: אלה שמות בני אהרן ג
הכהנים המשחים אשר־מלא ידם לכהן: וימת נדב ואביהוא לפני יהוה ד
בהקרבם אש זרה לפני יהוה במדבר סיני ובנים לא־היו להם ויכהן אלעזר
ואיתמר על־פני אהרן אביהם:

לקיחת הלווים במקום הבכורות ומשמרתם

וידבר יהוה אל־משה לאמר: הקרב את־מטה לוי והעמדת אתו לפני אהרן ה ו
הכהן ושרתו אתו: ושמרו את־משמרתו ואת־משמרת כל־העדה לפני ז
אהל מועד לעבד את־עבדת המשכן: ושמרו את־כל־כלי אהל מועד ואת־ ח
משמרת בני ישראל לעבד את־עבדת המשכן: ונתתה את־הלוים לאהרן ט
ולבניו נתונם נתונם המה לו מאת בני ישראל: ואת־אהרן ואת־בניו תפקד י
ושמרו את־כהנתם והזר הקרב יומת:
וידבר יהוה אל־משה לאמר: ואני הנה לקחתי את־הלוים מתוך בני ישראל יא יב
תחת כל־בכור פטר רחם מבני ישראל והיו לי הלוים: כי לי כל־בכור ביום יג
הכתי כל־בכור בארץ מצרים הקדשתי לי כל־בכור בישראל מאדם עד־
בהמה לי יהיו אני יהוה:

חמישי

ספירת הלוויים, תפקידיהם ומיקומם

וידבר יהוה אל־משה במדבר סיני לאמר: פקד את־בני לוי לבית אבתם יד טו
למשפחתם כל־זכר מבן־חדש ומעלה תפקדם: ויפקד אתם משה על־פי טז
יהוה כאשר צוה: ויהיו־אלה בני־לוי בשמתם גרשון וקהת ומררי: ואלה יז יח
שמות בני־גרשון למשפחתם לבני ושמעי: ובני קהת למשפחתם עמרם יט
ויצהר חברון ועזיאל: ובני מררי למשפחתם מחלי ומושי אלה הם משפחת כ
הלוי לבית אבתם: לגרשון משפחת הלבני ומשפחת השמעי אלה הם כא
משפחת הגרשני: פקדיהם במספר כל־זכר מבן־חדש ומעלה פקדיהם שבעת כב
אלפים וחמש מאות: משפחת הגרשני אחרי המשכן יחנו ימה: ונשיא בית־אב כג כד
לגרשני אליסף בן־לאל: ומשמרת בני־גרשון באהל מועד המשכן והאהל כה
מכסהו ומסך פתח אהל מועד: וקלעי החצר ואת־מסך פתח החצר אשר כו

פירושי מילים

(ג׳, ז) **משמרת** – שמירה. לעיתים מופיע במשמעות של ׳תפקיד׳, זו המשמעות כאן. הלוויים עושים את תפקידם לשרת את אהרן, וכן הם עושים את עבודתם במקום העם – ״משמרת כל העדה״. (יב) **פטר** – פתיחה, בקיעה (ראו משלי י״ז, יד). הראשון היוצא מהרחם, ובכך פותח את רחם האם. (טו) **פקוד, תפקדם** – ספור. (כה) **משמרת** – תפקיד.

כז עַל־הַמִּשְׁכָּן וְעַל־הַמִּזְבֵּחַ סָבִיב וְאֵת מֵיתָרָיו לְכֹל עֲבֹדָתוֹ׃ וְלִקְהָת
מִשְׁפַּחַת הָעַמְרָמִי וּמִשְׁפַּחַת הַיִּצְהָרִי וּמִשְׁפַּחַת הַחֶבְרֹנִי וּמִשְׁפַּחַת הָעָזִּיאֵלִי
כח אֵלֶּה הֵם מִשְׁפְּחֹת הַקְּהָתִי׃ בְּמִסְפַּר כָּל־זָכָר מִבֶּן־חֹדֶשׁ וָמָעְלָה שְׁמֹנַת אֲלָפִים
כט וְשֵׁשׁ מֵאוֹת שֹׁמְרֵי מִשְׁמֶרֶת הַקֹּדֶשׁ׃ מִשְׁפְּחֹת בְּנֵי־קְהָת יַחֲנוּ עַל יֶרֶךְ הַמִּשְׁכָּן
ל לא תֵּימָנָה׃ וּנְשִׂיא בֵית־אָב לְמִשְׁפְּחֹת הַקְּהָתִי אֱלִיצָפָן בֶּן־עֻזִּיאֵל׃ וּמִשְׁמַרְתָּם
הָאָרֹן וְהַשֻּׁלְחָן וְהַמְּנֹרָה וְהַמִּזְבְּחֹת וּכְלֵי הַקֹּדֶשׁ אֲשֶׁר יְשָׁרְתוּ בָּהֶם וְהַמָּסָךְ
לב וְכֹל עֲבֹדָתוֹ׃ וּנְשִׂיא נְשִׂיאֵי הַלֵּוִי אֶלְעָזָר בֶּן־אַהֲרֹן הַכֹּהֵן פְּקֻדַּת שֹׁמְרֵי מִשְׁמֶרֶת
לג הַקֹּדֶשׁ׃ לִמְרָרִי מִשְׁפַּחַת הַמַּחְלִי וּמִשְׁפַּחַת הַמּוּשִׁי אֵלֶּה הֵם מִשְׁפְּחֹת מְרָרִי׃
לד לה וּפְקֻדֵיהֶם בְּמִסְפַּר כָּל־זָכָר מִבֶּן־חֹדֶשׁ וָמָעְלָה שֵׁשֶׁת אֲלָפִים וּמָאתָיִם׃ וּנְשִׂיא
בֵית־אָב לְמִשְׁפְּחֹת מְרָרִי צוּרִיאֵל בֶּן־אֲבִיחָיִל עַל יֶרֶךְ הַמִּשְׁכָּן יַחֲנוּ צָפֹנָה׃
לו וּפְקֻדַּת מִשְׁמֶרֶת בְּנֵי מְרָרִי קַרְשֵׁי הַמִּשְׁכָּן וּבְרִיחָיו וְעַמֻּדָיו וַאֲדָנָיו וְכָל־כֵּלָיו
לז לח וְכֹל עֲבֹדָתוֹ׃ וְעַמֻּדֵי הֶחָצֵר סָבִיב וְאַדְנֵיהֶם וִיתֵדֹתָם וּמֵיתְרֵיהֶם׃ וְהַחֹנִים לִפְנֵי
הַמִּשְׁכָּן קֵדְמָה לִפְנֵי אֹהֶל־מוֹעֵד ׀ מִזְרָחָה מֹשֶׁה ׀ וְאַהֲרֹן וּבָנָיו שֹׁמְרִים מִשְׁמֶרֶת
לט הַמִּקְדָּשׁ לְמִשְׁמֶרֶת בְּנֵי יִשְׂרָאֵל וְהַזָּר הַקָּרֵב יוּמָת׃ כָּל־פְּקוּדֵי הַלְוִיִּם אֲשֶׁר
פָּקַד מֹשֶׁה וְאַהֲרֹן עַל־פִּי יְהוָה לְמִשְׁפְּחֹתָם כָּל־זָכָר מִבֶּן־חֹדֶשׁ וָמַעְלָה שְׁנַיִם

ששי — ספירת הבכורות ופדיונם

מ וְעֶשְׂרִים אָלֶף׃ וַיֹּאמֶר יְהוָה אֶל־מֹשֶׁה פְּקֹד כָּל־בְּכֹר זָכָר לִבְנֵי יִשְׂרָאֵל
מא מִבֶּן־חֹדֶשׁ וָמָעְלָה וְשָׂא אֵת מִסְפַּר שְׁמֹתָם׃ וְלָקַחְתָּ אֶת־הַלְוִיִּם לִי אֲנִי יְהוָה
תַּחַת כָּל־בְּכֹר בִּבְנֵי יִשְׂרָאֵל וְאֵת בֶּהֱמַת הַלְוִיִּם תַּחַת כָּל־בְּכוֹר בְּבֶהֱמַת בְּנֵי
מב מג יִשְׂרָאֵל׃ וַיִּפְקֹד מֹשֶׁה כַּאֲשֶׁר צִוָּה יְהוָה אֹתוֹ אֶת־כָּל־בְּכוֹר בִּבְנֵי יִשְׂרָאֵל׃ וַיְהִי
כָל־בְּכוֹר זָכָר בְּמִסְפַּר שֵׁמֹת מִבֶּן־חֹדֶשׁ וָמַעְלָה לִפְקֻדֵיהֶם שְׁנַיִם וְעֶשְׂרִים אֶלֶף
שְׁלֹשָׁה וְשִׁבְעִים וּמָאתָיִם׃

מד מה וַיְדַבֵּר יְהוָה אֶל־מֹשֶׁה לֵּאמֹר׃ קַח אֶת־הַלְוִיִּם תַּחַת כָּל־בְּכוֹר בִּבְנֵי יִשְׂרָאֵל
מו וְאֶת־בֶּהֱמַת הַלְוִיִּם תַּחַת בְּהֶמְתָּם וְהָיוּ־לִי הַלְוִיִּם אֲנִי יְהוָה׃ וְאֵת פְּדוּיֵי הַשְּׁלֹשָׁה
מז וְהַשִּׁבְעִים וְהַמָּאתָיִם הָעֹדְפִים עַל־הַלְוִיִּם מִבְּכוֹר בְּנֵי יִשְׂרָאֵל׃ וְלָקַחְתָּ חֲמֵשֶׁת
מח חֲמֵשֶׁת שְׁקָלִים לַגֻּלְגֹּלֶת בְּשֶׁקֶל הַקֹּדֶשׁ תִּקָּח עֶשְׂרִים גֵּרָה הַשָּׁקֶל׃ וְנָתַתָּה
מט הַכֶּסֶף לְאַהֲרֹן וּלְבָנָיו פְּדוּיֵי הָעֹדְפִים בָּהֶם׃ וַיִּקַּח מֹשֶׁה אֵת כֶּסֶף הַפִּדְיוֹם מֵאֵת
נ הָעֹדְפִים עַל פְּדוּיֵי הַלְוִיִּם׃ מֵאֵת בְּכוֹר בְּנֵי יִשְׂרָאֵל לָקַח אֶת־הַכָּסֶף חֲמִשָּׁה
נא וְשִׁשִּׁים וּשְׁלֹשׁ מֵאוֹת וָאֶלֶף בְּשֶׁקֶל הַקֹּדֶשׁ׃ וַיִּתֵּן מֹשֶׁה אֶת־כֶּסֶף הַפְּדֻיִם לְאַהֲרֹן
וּלְבָנָיו עַל־פִּי יְהוָה כַּאֲשֶׁר צִוָּה יְהוָה אֶת־מֹשֶׁה׃

פירושי מילים

(מ) **פקד** – ערוך מפקד, **ושא** – וספור. (מה) **תחת** – במקום. (מו) **את פדויי** – את אלה שצריך לפדות אותם, כפי שיפורט. (מח) **פדויי העודפים** – כסף הבכורות העודפים על מספר הלוויים. (מט) **הפדיום** – הפדיון.

ספירת הלוויים ומשמרתם: א. קהת

שביעי

וידבר יהוה אל־משה ואל־אהרן לאמר: נשא את־ראש בני קהת מתוך א ב ד
בני לוי למשפחתם לבית אבתם: מבן שלשים שנה ומעלה ועד בן־חמשים ג
שנה כל־בא לצבא לעשות מלאכה באהל מועד: זאת עבדת בני־קהת ד
באהל מועד קדש הקדשים: ובא אהרן ובניו בנסע המחנה והורדו את ה
פרכת המסך וכסו־בה את ארן העדת: ונתנו עליו כסוי עור תחש ופרשו ו
בגד־כליל תכלת מלמעלה ושמו בדיו: ועל ׀ שלחן הפנים יפרשו בגד תכלת ז
ונתנו עליו את־הקערת ואת־הכפת ואת־המנקית ואת קשות הנסך ולחם
התמיד עליו יהיה: ופרשו עליהם בגד תולעת שני וכסו אתו במכסה עור ח
תחש ושמו את־בדיו: ולקחו ׀ בגד תכלת וכסו את־מנרת המאור ואת־ ט
נרתיה ואת־מלקחיה ואת־מחתתיה ואת כל־כלי שמנה אשר ישרתו־לה
בהם: ונתנו אתה ואת־כל־כליה אל־מכסה עור תחש ונתנו על־המוט: ועל ׀ יא
מזבח הזהב יפרשו בגד תכלת וכסו אתו במכסה עור תחש ושמו את־בדיו:
ולקחו את־כל־כלי השרת אשר ישרתו־בם בקדש ונתנו אל־בגד תכלת וכסו יב
אותם במכסה עור תחש ונתנו על־המוט: ודשנו את־המזבח ופרשו עליו יג
בגד ארגמן: ונתנו עליו את־כל־כליו אשר ישרתו עליו בהם את־המחתת יד
את־המזלגת ואת־היעים ואת־המזרקת כל כלי המזבח ופרשו עליו כסוי עור
תחש ושמו בדיו: וכלה אהרן־ובניו לכסת את־הקדש ואת־כל־כלי הקדש טו
בנסע המחנה ואחרי־כן יבאו בני־קהת לשאת ולא־יגעו אל־הקדש ומתו
אלה משא בני־קהת באהל מועד: ופקדת אלעזר ׀ בן־אהרן הכהן שמן טז
המאור וקטרת הסמים ומנחת התמיד ושמן המשחה פקדת כל־המשכן
וכל־אשר־בו בקדש ובכליו:

מפטיר ד

וידבר יהוה אל־משה ואל־אהרן לאמר: אל־תכריתו את־שבט משפחת יז יח
הקהתי מתוך הלוים: וזאת ׀ עשו להם וחיו ולא ימתו בגשתם את־קדש יט
הקדשים אהרן ובניו יבאו ושמו אותם איש איש על־עבדתו ואל־משאו:
ולא־יבאו לראות כבלע את־הקדש ומתו: כ

פירושי מילים

(ד׳, ב) **נשא** – ספור. (ג) **צבא** – בדרך כלל למלחמה, כאן לשירות במשכן. (ה) **פרוכת המסך** – היא הפרוכת המבדילה בין הקודש לבין קודש הקודשים. (ו) **עור תחש** – סוג של עור (ראו שמות כ״ה, כה); יש אומרים שתחש הוא תיש. מעור זה עשו גם נעליים, ראו יחזקאל ט״ז, י. **בגד כליל תכלת** – בגד שכולו תכלת (כליל – שלם, ראו יחזקאל ט״ז, יד; כ״ז, ג). **בדיו** – מוטות ששמו בטבעות הארון על מנת לשאת אותו. (ז) **מנקיות** – מין כף או כוס להחזקת נוזל. **קשות הנסך** – ספל לניסוך. (יג) **ודשנו** – הסירו את הדשן, שאריות האפר שעל המזבח. (יד) **יעים** – כלי שגורפים בו את הדשן. **מזרקות** – כלי שמקבלים בו את דם הקורבן שנזרק על המזבח. (כ) **כבלע** – בלע, היינו מכוסה, כמו בלוע. לא יבואו לראות את הכלים כאשר מכסים אותם (אונקלוס: כד מכסן; יומא נד ע״ב).

נשא

כא כב וַיְדַבֵּר יְהוָה אֶל־מֹשֶׁה לֵּאמֹר: נָשֹׂא אֶת־רֹאשׁ בְּנֵי גֵרְשׁוֹן גַּם־הֵם לְבֵית אֲבֹתָם

ב. גרשון

כג לְמִשְׁפְּחֹתָם: מִבֶּן שְׁלֹשִׁים שָׁנָה וָמַעְלָה עַד בֶּן־חֲמִשִּׁים שָׁנָה תִּפְקֹד אוֹתָם כָּל־
כד הַבָּא לִצְבֹא צָבָא לַעֲבֹד עֲבֹדָה בְּאֹהֶל מוֹעֵד: זֹאת עֲבֹדַת מִשְׁפְּחֹת הַגֵּרְשֻׁנִּי
כה לַעֲבֹד וּלְמַשָּׂא: וְנָשְׂאוּ אֶת־יְרִיעֹת הַמִּשְׁכָּן וְאֶת־אֹהֶל מוֹעֵד מִכְסֵהוּ וּמִכְסֵה
כו הַתַּחַשׁ אֲשֶׁר־עָלָיו מִלְמָעְלָה וְאֶת־מָסַךְ פֶּתַח אֹהֶל מוֹעֵד: וְאֵת קַלְעֵי הֶחָצֵר
וְאֶת־מָסַךְ ׀ פֶּתַח ׀ שַׁעַר הֶחָצֵר אֲשֶׁר עַל־הַמִּשְׁכָּן וְעַל־הַמִּזְבֵּחַ סָבִיב וְאֵת
כז מֵיתְרֵיהֶם וְאֶת־כָּל־כְּלֵי עֲבֹדָתָם וְאֵת כָּל־אֲשֶׁר יֵעָשֶׂה לָהֶם וְעָבָדוּ: עַל־פִּי
אַהֲרֹן וּבָנָיו תִּהְיֶה כָּל־עֲבֹדַת בְּנֵי הַגֵּרְשֻׁנִּי לְכָל־מַשָּׂאָם וּלְכֹל עֲבֹדָתָם וּפְקַדְתֶּם
כח עֲלֵהֶם בְּמִשְׁמֶרֶת אֵת כָּל־מַשָּׂאָם: זֹאת עֲבֹדַת מִשְׁפְּחֹת בְּנֵי הַגֵּרְשֻׁנִּי בְּאֹהֶל

ג. מררי

כט מוֹעֵד וּמִשְׁמַרְתָּם בְּיַד אִיתָמָר בֶּן־אַהֲרֹן הַכֹּהֵן: בְּנֵי מְרָרִי לְמִשְׁפְּחֹתָם
ל לְבֵית־אֲבֹתָם תִּפְקֹד אֹתָם: מִבֶּן שְׁלֹשִׁים שָׁנָה וָמַעְלָה וְעַד בֶּן־חֲמִשִּׁים שָׁנָה
לא תִּפְקְדֵם כָּל־הַבָּא לַצָּבָא לַעֲבֹד אֶת־עֲבֹדַת אֹהֶל מוֹעֵד: וְזֹאת מִשְׁמֶרֶת מַשָּׂאָם
לב לְכָל־עֲבֹדָתָם בְּאֹהֶל מוֹעֵד קַרְשֵׁי הַמִּשְׁכָּן וּבְרִיחָיו וְעַמּוּדָיו וַאֲדָנָיו: וְעַמּוּדֵי
הֶחָצֵר סָבִיב וְאַדְנֵיהֶם וִיתֵדֹתָם וּמֵיתְרֵיהֶם לְכָל־כְּלֵיהֶם וּלְכֹל עֲבֹדָתָם וּבְשֵׁמֹת
לג תִּפְקְדוּ אֶת־כְּלֵי מִשְׁמֶרֶת מַשָּׂאָם: זֹאת עֲבֹדַת מִשְׁפְּחֹת בְּנֵי מְרָרִי לְכָל־עֲבֹדָתָם

תוצאות הספירה

לד בְּאֹהֶל מוֹעֵד בְּיַד אִיתָמָר בֶּן־אַהֲרֹן הַכֹּהֵן: וַיִּפְקֹד מֹשֶׁה וְאַהֲרֹן וּנְשִׂיאֵי הָעֵדָה
לה אֶת־בְּנֵי הַקְּהָתִי לְמִשְׁפְּחֹתָם וּלְבֵית אֲבֹתָם: מִבֶּן שְׁלֹשִׁים שָׁנָה וָמַעְלָה וְעַד בֶּן־
לו חֲמִשִּׁים שָׁנָה כָּל־הַבָּא לַצָּבָא לַעֲבֹדָה בְּאֹהֶל מוֹעֵד: וַיִּהְיוּ פְקֻדֵיהֶם לְמִשְׁפְּחֹתָם
לז אַלְפַּיִם שְׁבַע מֵאוֹת וַחֲמִשִּׁים: אֵלֶּה פְקוּדֵי מִשְׁפְּחֹת הַקְּהָתִי כָּל־הָעֹבֵד בְּאֹהֶל

שני

לח מוֹעֵד אֲשֶׁר פָּקַד מֹשֶׁה וְאַהֲרֹן עַל־פִּי יְהוָה בְּיַד־מֹשֶׁה: וּפְקוּדֵי בְּנֵי
לט גֵרְשׁוֹן לְמִשְׁפְּחוֹתָם וּלְבֵית אֲבֹתָם: מִבֶּן שְׁלֹשִׁים שָׁנָה וָמַעְלָה וְעַד בֶּן־חֲמִשִּׁים
מ שָׁנָה כָּל־הַבָּא לַצָּבָא לַעֲבֹדָה בְּאֹהֶל מוֹעֵד: וַיִּהְיוּ פְּקֻדֵיהֶם לְמִשְׁפְּחֹתָם לְבֵית
מא אֲבֹתָם אַלְפַּיִם וְשֵׁשׁ מֵאוֹת וּשְׁלֹשִׁים: אֵלֶּה פְקוּדֵי מִשְׁפְּחֹת בְּנֵי גֵרְשׁוֹן כָּל־הָעֹבֵד
מב בְּאֹהֶל מוֹעֵד אֲשֶׁר פָּקַד מֹשֶׁה וְאַהֲרֹן עַל־פִּי יְהוָה: וּפְקוּדֵי מִשְׁפְּחֹת בְּנֵי מְרָרִי
מג לְמִשְׁפְּחֹתָם לְבֵית אֲבֹתָם: מִבֶּן שְׁלֹשִׁים שָׁנָה וָמַעְלָה וְעַד בֶּן־חֲמִשִּׁים שָׁנָה כָּל־
מד הַבָּא לַצָּבָא לַעֲבֹדָה בְּאֹהֶל מוֹעֵד: וַיִּהְיוּ פְקֻדֵיהֶם לְמִשְׁפְּחֹתָם שְׁלֹשֶׁת אֲלָפִים
מה וּמָאתָיִם: אֵלֶּה פְקוּדֵי מִשְׁפְּחֹת בְּנֵי מְרָרִי אֲשֶׁר פָּקַד מֹשֶׁה וְאַהֲרֹן עַל־פִּי יְהוָה
מו בְּיַד־מֹשֶׁה: כָּל־הַפְּקֻדִים אֲשֶׁר פָּקַד מֹשֶׁה וְאַהֲרֹן וּנְשִׂיאֵי יִשְׂרָאֵל אֶת־הַלְוִיִּם
מז לְמִשְׁפְּחֹתָם וּלְבֵית אֲבֹתָם: מִבֶּן שְׁלֹשִׁים שָׁנָה וָמַעְלָה וְעַד בֶּן־חֲמִשִּׁים שָׁנָה
מח כָּל־הַבָּא לַעֲבֹד עֲבֹדַת עֲבֹדָה וַעֲבֹדַת מַשָּׂא בְּאֹהֶל מוֹעֵד: וַיִּהְיוּ פְּקֻדֵיהֶם
מט שְׁמֹנַת אֲלָפִים וַחֲמֵשׁ מֵאוֹת וּשְׁמֹנִים: עַל־פִּי יְהוָה פָּקַד אוֹתָם בְּיַד־מֹשֶׁה אִישׁ
אִישׁ עַל־עֲבֹדָתוֹ וְעַל־מַשָּׂאוֹ וּפְקֻדָיו אֲשֶׁר־צִוָּה יְהוָה אֶת־מֹשֶׁה:

פירושי מילים

(כג) **כל הבא** – מתגייס לשירות, והפכו 'ישוב' (ח', כה), יפרוש מהשירות. **לִצְבֹא צבא** – להתאסף לצבא, לשירות המשכן. (כו) **קלעי** – יריעות.

שלישי

חוקים: שילוח טמאים מהמחנה

וַיְדַבֵּר יְהוָה אֶל־מֹשֶׁה לֵּאמֹר: צַו אֶת־בְּנֵי יִשְׂרָאֵל וִישַׁלְּחוּ מִן־הַמַּחֲנֶה כׇּל־ א ב ה
צָרוּעַ וְכׇל־זָב וְכֹל טָמֵא לָנָפֶשׁ: מִזָּכָר עַד־נְקֵבָה תְּשַׁלֵּחוּ אֶל־מִחוּץ לַמַּחֲנֶה ג
תְּשַׁלְּחוּם וְלֹא יְטַמְּאוּ אֶת־מַחֲנֵיהֶם אֲשֶׁר אֲנִי שֹׁכֵן בְּתוֹכָם: וַיַּעֲשׂוּ־כֵן בְּנֵי ד
יִשְׂרָאֵל וַיְשַׁלְּחוּ אוֹתָם אֶל־מִחוּץ לַמַּחֲנֶה כַּאֲשֶׁר דִּבֶּר יְהוָה אֶל־מֹשֶׁה כֵּן
עָשׂוּ בְּנֵי יִשְׂרָאֵל:

אשם גזילות

וַיְדַבֵּר יְהוָה אֶל־מֹשֶׁה לֵּאמֹר: דַּבֵּר אֶל־בְּנֵי יִשְׂרָאֵל אִישׁ אוֹ־אִשָּׁה כִּי יַעֲשׂוּ ה ו
מִכׇּל־חַטֹּאת הָאָדָם לִמְעֹל מַעַל בַּיהוָה וְאָשְׁמָה הַנֶּפֶשׁ הַהִוא: וְהִתְוַדּוּ אֶת־ ז
חַטָּאתָם אֲשֶׁר עָשׂוּ וְהֵשִׁיב אֶת־אֲשָׁמוֹ בְּרֹאשׁוֹ וַחֲמִישִׁתוֹ יֹסֵף עָלָיו וְנָתַן
לַאֲשֶׁר אָשַׁם לוֹ: וְאִם־אֵין לָאִישׁ גֹּאֵל לְהָשִׁיב הָאָשָׁם אֵלָיו הָאָשָׁם הַמּוּשָׁב ח
לַיהוָה לַכֹּהֵן מִלְּבַד אֵיל הַכִּפֻּרִים אֲשֶׁר יְכַפֶּר־בּוֹ עָלָיו: וְכׇל־תְּרוּמָה לְכׇל־ ט
קׇדְשֵׁי בְנֵי־יִשְׂרָאֵל אֲשֶׁר־יַקְרִיבוּ לַכֹּהֵן לוֹ יִהְיֶה: וְאִישׁ אֶת־קֳדָשָׁיו לוֹ יִהְיוּ י
אִישׁ אֲשֶׁר־יִתֵּן לַכֹּהֵן לוֹ יִהְיֶה:

רביעי ה

סוטה

וַיְדַבֵּר יְהוָה אֶל־מֹשֶׁה לֵּאמֹר: דַּבֵּר אֶל־בְּנֵי יִשְׂרָאֵל וְאָמַרְתָּ אֲלֵהֶם אִישׁ אִישׁ יא יב
כִּי־תִשְׂטֶה אִשְׁתּוֹ וּמָעֲלָה בוֹ מָעַל: וְשָׁכַב אִישׁ אֹתָהּ שִׁכְבַת־זֶרַע וְנֶעְלַם מֵעֵינֵי יג
אִישָׁהּ וְנִסְתְּרָה וְהִיא נִטְמָאָה וְעֵד אֵין בָּהּ וְהִוא לֹא נִתְפָּשָׂה: וְעָבַר עָלָיו יד
רוּחַ־קִנְאָה וְקִנֵּא אֶת־אִשְׁתּוֹ וְהִוא נִטְמָאָה אוֹ־עָבַר עָלָיו רוּחַ־קִנְאָה וְקִנֵּא
אֶת־אִשְׁתּוֹ וְהִיא לֹא נִטְמָאָה: וְהֵבִיא הָאִישׁ אֶת־אִשְׁתּוֹ אֶל־הַכֹּהֵן וְהֵבִיא טו
אֶת־קׇרְבָּנָהּ עָלֶיהָ עֲשִׂירִת הָאֵיפָה קֶמַח שְׂעֹרִים לֹא־יִצֹק עָלָיו שֶׁמֶן וְלֹא־יִתֵּן
עָלָיו לְבֹנָה כִּי־מִנְחַת קְנָאֹת הוּא מִנְחַת זִכָּרוֹן מַזְכֶּרֶת עָוֺן: וְהִקְרִיב אֹתָהּ הַכֹּהֵן טז
וְהֶעֱמִדָהּ לִפְנֵי יְהוָה: וְלָקַח הַכֹּהֵן מַיִם קְדֹשִׁים בִּכְלִי־חָרֶשׂ וּמִן־הֶעָפָר אֲשֶׁר יז
יִהְיֶה בְּקַרְקַע הַמִּשְׁכָּן יִקַּח הַכֹּהֵן וְנָתַן אֶל־הַמָּיִם: וְהֶעֱמִיד הַכֹּהֵן אֶת־הָאִשָּׁה יח
לִפְנֵי יְהוָה וּפָרַע אֶת־רֹאשׁ הָאִשָּׁה וְנָתַן עַל־כַּפֶּיהָ אֵת מִנְחַת הַזִּכָּרוֹן מִנְחַת
קְנָאֹת הִוא וּבְיַד הַכֹּהֵן יִהְיוּ מֵי הַמָּרִים הַמְאָרְרִים: וְהִשְׁבִּיעַ אֹתָהּ הַכֹּהֵן וְאָמַר יט
אֶל־הָאִשָּׁה אִם־לֹא שָׁכַב אִישׁ אֹתָךְ וְאִם־לֹא שָׂטִית טֻמְאָה תַּחַת אִישֵׁךְ הִנָּקִי

פירושי מילים

(ה׳, ב) **צרוע** – נגוע במחלת צרעת בעור. בערבית שורש זה נושא משמעות של כנוע, מושפל. **זב** – הפרשה של זוב באיש או הפרשת דם חולנית מאישה (ראו ויקרא ט״ו, ב, יט, לג). (ו) **מעל** – בגידה באמון באמצעות פגיעה בקודש. **ואשמה הנפש ההיא** – יכיר באשמה. (ז) **השיב את אשמו** – את הגזלה. **בראשו** – את שווי הקרן. **לאשר אשם לו** – לאדם שממנו הוא גזל. (ח) **גֹאל** – יורש. (יב) **ומעלה בו מעל** – בגדה בו. (יג) **ונסתרה** – הסתתרה עם האיש. **והיא נטמאה** – בטומאה מוסרית הקשורה בחטא חילול האישה (ראו להלן). **והיא לא נתפשה** – לא נתפסה בשעת מעשה, אין עדים למעשה (ראב״ע); יש שפירשו ״נתפשה״, היינו שאין מדובר במקרה שהיא נאנסה, רק במקרה של חשד לכך שהיא שכבה ברצון אז עולה דין בדיקת סוטה (ספרי, מהדורת הורוויץ, עמ׳ 21; רש״י ורשב״ם). (יד) **וקנא את אשתו** – רגש של חשד באשתו. (טו) **איפה** – מידת נפח למוצרים יבשים. באיפה 3 סאים, בכל סאה 6 קבים, ובקב 4 לוגים. במידות זמננו יש הסוברים שזה כ־52 ליטר (ר׳ חיים נאה, ולפי חזון אי״ש כ־34 ליטר). **לבֹנה** – שרף של צמח שממנו מפיקים בושם. **מנחת קנאֹת** – המנחה שבאה על הקנאה שקינא האיש לאשתו. (יז) **מים קדושים** – מים מהכיור. (יח) **מי המרים המאררים** – מים רעים המביאים קללה. (יט) **הנקי** – את

כ ממי המרים המאררים האלה: ואת כי שטית תחת אישך וכי נטמאת ויתן
כא איש בך את־שכבתו מבלעדי אישך: והשביע הכהן את־האשה בשבעת
האלה ואמר הכהן לאשה יתן יהוה אותך לאלה ולשבעה בתוך עמך בתת
כב יהוה את־ירכך נפלת ואת־בטנך צבה: ובאו המים המאררים האלה במעיך
כג לצבות בטן ולנפל ירך ואמרה האשה אמן ׀ אמן: וכתב את־האלת האלה
כד הכהן בספר ומחה אל־מי המרים: והשקה את־האשה את־מי המרים
כה המאררים ובאו בה המים המאררים למרים: ולקח הכהן מיד האשה את
כו מנחת הקנאת והניף את־המנחה לפני יהוה והקריב אתה אל־המזבח: וקמץ
הכהן מן־המנחה את־אזכרתה והקטיר המזבחה ואחר ישקה את־האשה
כז את־המים: והשקה את־המים והיתה אם־נטמאה ותמעל מעל באישה
ובאו בה המים המאררים למרים וצבתה בטנה ונפלה ירכה והיתה האשה
כח לאלה בקרב עמה: ואם־לא נטמאה האשה וטהרה הוא ונקתה ונזרעה
כט ל זרע: זאת תורת הקנאת אשר תשטה אשה תחת אישה ונטמאה: או איש
אשר תעבר עליו רוח קנאה וקנא את־אשתו והעמיד את־האשה לפני יהוה
לא ועשה לה הכהן את כל־התורה הזאת: ונקה האיש מעון והאשה ההוא
תשא את־עונה:

ו א ב וידבר יהוה אל־משה לאמר: דבר אל־בני ישראל ואמרת אלהם איש או־ נזיר
ג אשה כי יפלא לנדר נדר נזיר להזיר ליהוה: מיין ושכר יזיר חמץ יין וחמץ
שכר לא ישתה וכל־משרת ענבים לא ישתה וענבים לחים ויבשים לא יאכל:
ד ה כל ימי נזרו מכל אשר יעשה מגפן היין מחרצנים ועד־זג לא יאכל: כל־ימי
נדר נזרו תער לא־יעבר על־ראשו עד־מלאת הימם אשר־יזיר ליהוה קדש
ו ז יהיה גדל פרע שער ראשו: כל־ימי הזירו ליהוה על־נפש מת לא יבא: לאביו
ח ולאמו לאחיו ולאחתו לא־יטמא להם במתם כי נזר אלהיו על־ראשו: כל
ט ימי נזרו קדש הוא ליהוה: וכי־ימות מת עליו בפתע פתאם וטמא ראש

פירושי מילים

תהיי נקייה מעונש. (כא) **שבעת האלה** – שבועה שיש בה אלה, היינו קללה. **יתן ה' אותך לאלה ולשבֻעה** – לקללה. **ירכך** – לשון נקייה למקום הסתרים (בראשית כ"ד, ב ט). **נפלת** – תהיה רפויה. **צבה** – תתנפח (אונקלוס, רש"י, ראב"ע). בערבית משמעות השורש היא נבט, התפתח. יש הגוזרים מהאוגריתית, במובן הצפה, היינו שבטן האישה תוצף במים. (כב) **לצבות בטן** – הבטן תתנפח. **ולנפל ירך** – להפיל את הירך, שתהיה רפויה ומדולדלת. (כו) **אזכרתה** – החלק של קורבן המנחה שאותו מקטירים על המזבח (ראו ויקרא ו', ח). (כח) **ונקתה** – תצא נקייה, ללא אשמה. **ונזרעה זרע** – יהיה לה היריון. (ו', ב) **יפלא** – יפריש, יבדיל, התחייבות נדר בפה. (ג) **חֹמץ** – יין או שכר שהחמיצו. **שכר** – משקה משכר, או בירה (כך גם משמעות המילה באכדית šikaru, šikru), ויש אומרים שהוא יין עתיק (רש"י). ויש הסבורים שהכוונה לכל משקה אלכוהולי (ראב"ע). **משרת ענבים** – מים שהשרו בהם ענבים, מיץ ענבים שאינו משכר. (ד) **חרצנים** – גרעיני הענבים. **זג** – קליפות הענבים. זוהי שיטת ר' יוסי במשנה נזיר פרק ו משנה ב (וכן BDB); לדעת ר' יהודה שם, להפך. (ה) **פרע** – שיער ארוך ולא מטופח ומסודר. (ז) **נזר** – כתר, שיער הראש שהנזיר מגדל הוא ככתר על ראשו.

נִזְרוֹ וְגִלַּח רֹאשׁוֹ בְּיוֹם טָהֳרָתוֹ בַּיּוֹם הַשְּׁבִיעִי יְגַלְּחֶנּוּ׃ וּבַיּוֹם הַשְּׁמִינִי יָבִא שְׁתֵּי י
תֹרִים אוֹ שְׁנֵי בְּנֵי יוֹנָה אֶל־הַכֹּהֵן אֶל־פֶּתַח אֹהֶל מוֹעֵד׃ וְעָשָׂה הַכֹּהֵן אֶחָד יא
לְחַטָּאת וְאֶחָד לְעֹלָה וְכִפֶּר עָלָיו מֵאֲשֶׁר חָטָא עַל־הַנָּפֶשׁ וְקִדַּשׁ אֶת־רֹאשׁוֹ
בַּיּוֹם הַהוּא׃ וְהִזִּיר לַיהוה אֶת־יְמֵי נִזְרוֹ וְהֵבִיא כֶּבֶשׂ בֶּן־שְׁנָתוֹ לְאָשָׁם וְהַיָּמִים יב
הָרִאשֹׁנִים יִפְּלוּ כִּי טָמֵא נִזְרוֹ׃ וְזֹאת תּוֹרַת הַנָּזִיר בְּיוֹם מְלֹאת יְמֵי נִזְרוֹ יָבִיא יג
אֹתוֹ אֶל־פֶּתַח אֹהֶל מוֹעֵד׃ וְהִקְרִיב אֶת־קָרְבָּנוֹ לַיהוה כֶּבֶשׂ בֶּן־שְׁנָתוֹ תָמִים יד
אֶחָד לְעֹלָה וְכַבְשָׂה אַחַת בַּת־שְׁנָתָהּ תְּמִימָה לְחַטָּאת וְאַיִל־אֶחָד תָּמִים
לִשְׁלָמִים׃ וְסַל מַצּוֹת סֹלֶת חַלֹּת בְּלוּלֹת בַּשֶּׁמֶן וּרְקִיקֵי מַצּוֹת מְשֻׁחִים בַּשָּׁמֶן טו
וּמִנְחָתָם וְנִסְכֵּיהֶם׃ וְהִקְרִיב הַכֹּהֵן לִפְנֵי יהוה וְעָשָׂה אֶת־חַטָּאתוֹ וְאֶת־עֹלָתוֹ׃ טז
וְאֶת־הָאַיִל יַעֲשֶׂה זֶבַח שְׁלָמִים לַיהוה עַל סַל הַמַּצּוֹת וְעָשָׂה הַכֹּהֵן אֶת־מִנְחָתוֹ יז
וְאֶת־נִסְכּוֹ׃ וְגִלַּח הַנָּזִיר פֶּתַח אֹהֶל מוֹעֵד אֶת־רֹאשׁ נִזְרוֹ וְלָקַח אֶת־שְׂעַר רֹאשׁ יח
נִזְרוֹ וְנָתַן עַל־הָאֵשׁ אֲשֶׁר־תַּחַת זֶבַח הַשְּׁלָמִים׃ וְלָקַח הַכֹּהֵן אֶת־הַזְּרֹעַ בְּשֵׁלָה יט
מִן־הָאַיִל וְחַלַּת מַצָּה אַחַת מִן־הַסַּל וּרְקִיק מַצָּה אֶחָד וְנָתַן עַל־כַּפֵּי הַנָּזִיר אַחַר
הִתְגַּלְּחוֹ אֶת־נִזְרוֹ׃ וְהֵנִיף אוֹתָם הַכֹּהֵן ׀ תְּנוּפָה לִפְנֵי יהוה קֹדֶשׁ הוּא לַכֹּהֵן עַל כ
חֲזֵה הַתְּנוּפָה וְעַל שׁוֹק הַתְּרוּמָה וְאַחַר יִשְׁתֶּה הַנָּזִיר יָיִן׃ זֹאת תּוֹרַת הַנָּזִיר כא
אֲשֶׁר יִדֹּר קָרְבָּנוֹ לַיהוה עַל־נִזְרוֹ מִלְּבַד אֲשֶׁר־תַּשִּׂיג יָדוֹ כְּפִי נִדְרוֹ אֲשֶׁר יִדֹּר
כֵּן יַעֲשֶׂה עַל תּוֹרַת נִזְרוֹ׃

ברכת כוהנים

ו וַיְדַבֵּר יהוה אֶל־מֹשֶׁה לֵּאמֹר׃ דַּבֵּר אֶל־אַהֲרֹן וְאֶל־בָּנָיו לֵאמֹר כֹּה תְבָרְכוּ כב כג
אֶת־בְּנֵי יִשְׂרָאֵל אָמוֹר לָהֶם׃ יְבָרֶכְךָ יהוה וְיִשְׁמְרֶךָ׃ יָאֵר כד כה
יהוה ׀ פָּנָיו אֵלֶיךָ וִיחֻנֶּךָּ׃ יִשָּׂא יהוה ׀ פָּנָיו אֵלֶיךָ וְיָשֵׂם לְךָ כו
חמישי שָׁלוֹם׃ וְשָׂמוּ אֶת־שְׁמִי עַל־בְּנֵי יִשְׂרָאֵל וַאֲנִי אֲבָרְכֵם׃ וַיְהִי כז א ז

תרומת הנשיאים: הפרים והעגלות

בְּיוֹם כַּלּוֹת מֹשֶׁה לְהָקִים אֶת־הַמִּשְׁכָּן וַיִּמְשַׁח אֹתוֹ וַיְקַדֵּשׁ אֹתוֹ וְאֶת־כָּל־כֵּלָיו
וְאֶת־הַמִּזְבֵּחַ וְאֶת־כָּל־כֵּלָיו וַיִּמְשָׁחֵם וַיְקַדֵּשׁ אֹתָם׃ וַיַּקְרִיבוּ נְשִׂיאֵי יִשְׂרָאֵל ב
רָאשֵׁי בֵּית אֲבֹתָם הֵם נְשִׂיאֵי הַמַּטֹּת הֵם הָעֹמְדִים עַל־הַפְּקֻדִים׃ וַיָּבִיאוּ אֶת־ ג
קָרְבָּנָם לִפְנֵי יהוה שֵׁשׁ־עֶגְלֹת צָב וּשְׁנֵי־עָשָׂר בָּקָר עֲגָלָה עַל־שְׁנֵי הַנְּשִׂאִים
וְשׁוֹר לְאֶחָד וַיַּקְרִיבוּ אוֹתָם לִפְנֵי הַמִּשְׁכָּן׃ וַיֹּאמֶר יהוה אֶל־מֹשֶׁה לֵּאמֹר׃ קַח ד ה
מֵאִתָּם וְהָיוּ לַעֲבֹד אֶת־עֲבֹדַת אֹהֶל מוֹעֵד וְנָתַתָּה אוֹתָם אֶל־הַלְוִיִּם אִישׁ כְּפִי
עֲבֹדָתוֹ׃ וַיִּקַּח מֹשֶׁה אֶת־הָעֲגָלֹת וְאֶת־הַבָּקָר וַיִּתֵּן אוֹתָם אֶל־הַלְוִיִּם׃ אֵת ׀ ו ז
שְׁתֵּי הָעֲגָלוֹת וְאֵת אַרְבַּעַת הַבָּקָר נָתַן לִבְנֵי גֵרְשׁוֹן כְּפִי עֲבֹדָתָם׃ וְאֵת ׀ אַרְבַּע ח

פירושי מילים

(יב) והימים הראשונים יפלו – הימים שבהם שמר את הנזירות לפני שנטמא, ייפלו, היינו שאינם עולים לו לימי הנזירות. (יג) מלאת ימי נזרו – מלאו הימים שנדר להיות נזיר. (כה) ויחנך – יתן לך חן. (ז', א) ביום כלות – ביום שסיים. (ג) קרבנם – מתנה לה', ולא לשם קורבן ממש. עגלת צב – עגלות מכוסות (ישעיה ס"ו, כ; וכן אונקלוס, רש"י). (ה) כפי עבודתו – חלוקת הפרים והעגלות תהיה על פי צורכי העבודה, כפי שיתבהר מיד בפסוקים.

קורבנות הנשיאים עבור חנוכת המזבח

הָעֲגָלֹת וְאֵת שְׁמֹנַת הַבָּקָר נָתַן לִבְנֵי מְרָרִי כְּפִי עֲבֹדָתָם בְּיַד אִיתָמָר בֶּן־אַהֲרֹן
ט י הַכֹּהֵן: וְלִבְנֵי קְהָת לֹא נָתָן כִּי־עֲבֹדַת הַקֹּדֶשׁ עֲלֵהֶם בַּכָּתֵף יִשָּׂאוּ: וַיַּקְרִיבוּ
הַנְּשִׂאִים אֵת חֲנֻכַּת הַמִּזְבֵּחַ בְּיוֹם הִמָּשַׁח אֹתוֹ וַיַּקְרִיבוּ הַנְּשִׂיאִם אֶת־קָרְבָּנָם
יא לִפְנֵי הַמִּזְבֵּחַ: וַיֹּאמֶר יהוה אֶל־מֹשֶׁה נָשִׂיא אֶחָד לַיּוֹם נָשִׂיא אֶחָד לַיּוֹם יַקְרִיבוּ
יב אֶת־קָרְבָּנָם לַחֲנֻכַּת הַמִּזְבֵּחַ: וַיְהִי הַמַּקְרִיב בַּיּוֹם הָרִאשׁוֹן אֶת־קָרְבָּנוֹ
יג נַחְשׁוֹן בֶּן־עַמִּינָדָב לְמַטֵּה יְהוּדָה: וְקָרְבָּנוֹ קַעֲרַת־כֶּסֶף אַחַת שְׁלֹשִׁים וּמֵאָה
מִשְׁקָלָהּ מִזְרָק אֶחָד כֶּסֶף שִׁבְעִים שֶׁקֶל בְּשֶׁקֶל הַקֹּדֶשׁ שְׁנֵיהֶם ׀ מְלֵאִים סֹלֶת
יד טו בְּלוּלָה בַשֶּׁמֶן לְמִנְחָה: כַּף אַחַת עֲשָׂרָה זָהָב מְלֵאָה קְטֹרֶת: פַּר אֶחָד בֶּן־בָּקָר
טז יז אַיִל אֶחָד כֶּבֶשׂ־אֶחָד בֶּן־שְׁנָתוֹ לְעֹלָה: שְׂעִיר־עִזִּים אֶחָד לְחַטָּאת: וּלְזֶבַח
הַשְּׁלָמִים בָּקָר שְׁנַיִם אֵילִם חֲמִשָּׁה עַתּוּדִים חֲמִשָּׁה כְּבָשִׂים בְּנֵי־שָׁנָה חֲמִשָּׁה
זֶה קָרְבַּן נַחְשׁוֹן בֶּן־עַמִּינָדָב:
יח יט בַּיּוֹם הַשֵּׁנִי הִקְרִיב נְתַנְאֵל בֶּן־צוּעָר נְשִׂיא יִשָּׂשכָר: הִקְרִב אֶת־קָרְבָּנוֹ קַעֲרַת־
כֶּסֶף אַחַת שְׁלֹשִׁים וּמֵאָה מִשְׁקָלָהּ מִזְרָק אֶחָד כֶּסֶף שִׁבְעִים שֶׁקֶל בְּשֶׁקֶל
כ הַקֹּדֶשׁ שְׁנֵיהֶם ׀ מְלֵאִים סֹלֶת בְּלוּלָה בַשֶּׁמֶן לְמִנְחָה: כַּף אַחַת עֲשָׂרָה זָהָב
כא מְלֵאָה קְטֹרֶת: פַּר אֶחָד בֶּן־בָּקָר אַיִל אֶחָד כֶּבֶשׂ־אֶחָד בֶּן־שְׁנָתוֹ לְעֹלָה:
כב כג שְׂעִיר־עִזִּים אֶחָד לְחַטָּאת: וּלְזֶבַח הַשְּׁלָמִים בָּקָר שְׁנַיִם אֵילִם חֲמִשָּׁה עַתֻּדִים
חֲמִשָּׁה כְּבָשִׂים בְּנֵי־שָׁנָה חֲמִשָּׁה זֶה קָרְבַּן נְתַנְאֵל בֶּן־צוּעָר:
כד כה בַּיּוֹם הַשְּׁלִישִׁי נָשִׂיא לִבְנֵי זְבוּלֻן אֱלִיאָב בֶּן־חֵלֹן: קָרְבָּנוֹ קַעֲרַת־כֶּסֶף אַחַת
שְׁלֹשִׁים וּמֵאָה מִשְׁקָלָהּ מִזְרָק אֶחָד כֶּסֶף שִׁבְעִים שֶׁקֶל בְּשֶׁקֶל הַקֹּדֶשׁ שְׁנֵיהֶם ׀
כו מְלֵאִים סֹלֶת בְּלוּלָה בַשֶּׁמֶן לְמִנְחָה: כַּף אַחַת עֲשָׂרָה זָהָב מְלֵאָה קְטֹרֶת:
כז כח פַּר אֶחָד בֶּן־בָּקָר אַיִל אֶחָד כֶּבֶשׂ־אֶחָד בֶּן־שְׁנָתוֹ לְעֹלָה: שְׂעִיר־עִזִּים אֶחָד
כט לְחַטָּאת: וּלְזֶבַח הַשְּׁלָמִים בָּקָר שְׁנַיִם אֵילִם חֲמִשָּׁה עַתֻּדִים חֲמִשָּׁה כְּבָשִׂים
בְּנֵי־שָׁנָה חֲמִשָּׁה זֶה קָרְבַּן אֱלִיאָב בֶּן־חֵלֹן:
ל לא בַּיּוֹם הָרְבִיעִי נָשִׂיא לִבְנֵי רְאוּבֵן אֱלִיצוּר בֶּן־שְׁדֵיאוּר: קָרְבָּנוֹ קַעֲרַת־כֶּסֶף אַחַת
שְׁלֹשִׁים וּמֵאָה מִשְׁקָלָהּ מִזְרָק אֶחָד כֶּסֶף שִׁבְעִים שֶׁקֶל בְּשֶׁקֶל הַקֹּדֶשׁ שְׁנֵיהֶם ׀
לב מְלֵאִים סֹלֶת בְּלוּלָה בַשֶּׁמֶן לְמִנְחָה: כַּף אַחַת עֲשָׂרָה זָהָב מְלֵאָה קְטֹרֶת:
לג לד פַּר אֶחָד בֶּן־בָּקָר אַיִל אֶחָד כֶּבֶשׂ־אֶחָד בֶּן־שְׁנָתוֹ לְעֹלָה: שְׂעִיר־עִזִּים אֶחָד
לה לְחַטָּאת: וּלְזֶבַח הַשְּׁלָמִים בָּקָר שְׁנַיִם אֵילִם חֲמִשָּׁה עַתֻּדִים חֲמִשָּׁה כְּבָשִׂים
בְּנֵי־שָׁנָה חֲמִשָּׁה זֶה קָרְבַּן אֱלִיצוּר בֶּן־שְׁדֵיאוּר:

פירושי מילים

(י) **חנכת המזבח** – מובן השורש חנ"ך הוא להתחיל להשתמש בדבר, טקס חנוכה הוא הקדשת דבר לתפקידו. (יג) **מזרק** – כלי שבו מקבלים את דם הקורבן, וממנו זורקים את הדם על המזבח. המזרק הוא כלי קיבול כמעין ספל. במזרקי נחושת היו מקבלים את הדם כדי לזרוק על קיר המזבח, ראו ויקרא א', ה. במזרקי הכסף היו מביאים את המנחה, כנאמר אצלנו. היו גם מזרקי זהב, דה"ב ד', ח. בעמוס ו', ו, נזכר מזרק לשתיית יין. (יז) **עתודים** – תיישים.

בְּיוֹם הַחֲמִישִׁי נָשִׂיא לִבְנֵי שִׁמְעוֹן שְׁלֻמִיאֵל בֶּן־צוּרִישַׁדָּי: קָרְבָּנוֹ קַעֲרַת־כֶּסֶף לו לז
אַחַת שְׁלֹשִׁים וּמֵאָה מִשְׁקָלָהּ מִזְרָק אֶחָד כֶּסֶף שִׁבְעִים שֶׁקֶל בְּשֶׁקֶל הַקֹּדֶשׁ
שְׁנֵיהֶם ׀ מְלֵאִים סֹלֶת בְּלוּלָה בַשֶּׁמֶן לְמִנְחָה: כַּף אַחַת עֲשָׂרָה זָהָב מְלֵאָה לח
קְטֹרֶת: פַּר אֶחָד בֶּן־בָּקָר אַיִל אֶחָד כֶּבֶשׂ־אֶחָד בֶּן־שְׁנָתוֹ לְעֹלָה: שְׂעִיר־עִזִּים לט מ
אֶחָד לְחַטָּאת: וּלְזֶבַח הַשְּׁלָמִים בָּקָר שְׁנַיִם אֵילִם חֲמִשָּׁה עַתֻּדִים חֲמִשָּׁה מא
כְּבָשִׂים בְּנֵי־שָׁנָה חֲמִשָּׁה זֶה קָרְבַּן שְׁלֻמִיאֵל בֶּן־צוּרִישַׁדָּי:

ששי בְּיוֹם הַשִּׁשִּׁי נָשִׂיא לִבְנֵי גָד אֶלְיָסָף בֶּן־דְּעוּאֵל: קָרְבָּנוֹ קַעֲרַת־כֶּסֶף אַחַת מב מג
שְׁלֹשִׁים וּמֵאָה מִשְׁקָלָהּ מִזְרָק אֶחָד כֶּסֶף שִׁבְעִים שֶׁקֶל בְּשֶׁקֶל הַקֹּדֶשׁ שְׁנֵיהֶם ׀
מְלֵאִים סֹלֶת בְּלוּלָה בַשֶּׁמֶן לְמִנְחָה: כַּף אַחַת עֲשָׂרָה זָהָב מְלֵאָה קְטֹרֶת: פַּר מד מה
אֶחָד בֶּן־בָּקָר אַיִל אֶחָד כֶּבֶשׂ־אֶחָד בֶּן־שְׁנָתוֹ לְעֹלָה: שְׂעִיר־עִזִּים אֶחָד מו
לְחַטָּאת: וּלְזֶבַח הַשְּׁלָמִים בָּקָר שְׁנַיִם אֵילִם חֲמִשָּׁה עַתֻּדִים חֲמִשָּׁה כְּבָשִׂים מז
בְּנֵי־שָׁנָה חֲמִשָּׁה זֶה קָרְבַּן אֶלְיָסָף בֶּן־דְּעוּאֵל:

ז בְּיוֹם הַשְּׁבִיעִי נָשִׂיא לִבְנֵי אֶפְרָיִם אֱלִישָׁמָע בֶּן־עַמִּיהוּד: קָרְבָּנוֹ קַעֲרַת־כֶּסֶף מח מט
אַחַת שְׁלֹשִׁים וּמֵאָה מִשְׁקָלָהּ מִזְרָק אֶחָד כֶּסֶף שִׁבְעִים שֶׁקֶל בְּשֶׁקֶל הַקֹּדֶשׁ
שְׁנֵיהֶם ׀ מְלֵאִים סֹלֶת בְּלוּלָה בַשֶּׁמֶן לְמִנְחָה: כַּף אַחַת עֲשָׂרָה זָהָב מְלֵאָה נ
קְטֹרֶת: פַּר אֶחָד בֶּן־בָּקָר אַיִל אֶחָד כֶּבֶשׂ־אֶחָד בֶּן־שְׁנָתוֹ לְעֹלָה: שְׂעִיר־עִזִּים נא נב
אֶחָד לְחַטָּאת: וּלְזֶבַח הַשְּׁלָמִים בָּקָר שְׁנַיִם אֵילִם חֲמִשָּׁה עַתֻּדִים חֲמִשָּׁה נג
כְּבָשִׂים בְּנֵי־שָׁנָה חֲמִשָּׁה זֶה קָרְבַּן אֱלִישָׁמָע בֶּן־עַמִּיהוּד:

בְּיוֹם הַשְּׁמִינִי נָשִׂיא לִבְנֵי מְנַשֶּׁה גַּמְלִיאֵל בֶּן־פְּדָהצוּר: קָרְבָּנוֹ קַעֲרַת־כֶּסֶף נד נה
אַחַת שְׁלֹשִׁים וּמֵאָה מִשְׁקָלָהּ מִזְרָק אֶחָד כֶּסֶף שִׁבְעִים שֶׁקֶל בְּשֶׁקֶל הַקֹּדֶשׁ
שְׁנֵיהֶם ׀ מְלֵאִים סֹלֶת בְּלוּלָה בַשֶּׁמֶן לְמִנְחָה: כַּף אַחַת עֲשָׂרָה זָהָב מְלֵאָה נו
קְטֹרֶת: פַּר אֶחָד בֶּן־בָּקָר אַיִל אֶחָד כֶּבֶשׂ־אֶחָד בֶּן־שְׁנָתוֹ לְעֹלָה: שְׂעִיר־עִזִּים נז נח
אֶחָד לְחַטָּאת: וּלְזֶבַח הַשְּׁלָמִים בָּקָר שְׁנַיִם אֵילִם חֲמִשָּׁה עַתֻּדִים חֲמִשָּׁה נט
כְּבָשִׂים בְּנֵי־שָׁנָה חֲמִשָּׁה זֶה קָרְבַּן גַּמְלִיאֵל בֶּן־פְּדָהצוּר:

בְּיוֹם הַתְּשִׁיעִי נָשִׂיא לִבְנֵי בִנְיָמִן אֲבִידָן בֶּן־גִּדְעֹנִי: קָרְבָּנוֹ קַעֲרַת־כֶּסֶף אַחַת ס סא
שְׁלֹשִׁים וּמֵאָה מִשְׁקָלָהּ מִזְרָק אֶחָד כֶּסֶף שִׁבְעִים שֶׁקֶל בְּשֶׁקֶל הַקֹּדֶשׁ שְׁנֵיהֶם ׀
מְלֵאִים סֹלֶת בְּלוּלָה בַשֶּׁמֶן לְמִנְחָה: כַּף אַחַת עֲשָׂרָה זָהָב מְלֵאָה קְטֹרֶת: סב
פַּר אֶחָד בֶּן־בָּקָר אַיִל אֶחָד כֶּבֶשׂ־אֶחָד בֶּן־שְׁנָתוֹ לְעֹלָה: שְׂעִיר־עִזִּים אֶחָד סג סד
לְחַטָּאת: וּלְזֶבַח הַשְּׁלָמִים בָּקָר שְׁנַיִם אֵילִם חֲמִשָּׁה עַתֻּדִים חֲמִשָּׁה כְּבָשִׂים סה
בְּנֵי־שָׁנָה חֲמִשָּׁה זֶה קָרְבַּן אֲבִידָן בֶּן־גִּדְעֹנִי:

בְּיוֹם הָעֲשִׂירִי נָשִׂיא לִבְנֵי דָן אֲחִיעֶזֶר בֶּן־עַמִּישַׁדָּי: קָרְבָּנוֹ קַעֲרַת־כֶּסֶף אַחַת סו סז
שְׁלֹשִׁים וּמֵאָה מִשְׁקָלָהּ מִזְרָק אֶחָד כֶּסֶף שִׁבְעִים שֶׁקֶל בְּשֶׁקֶל הַקֹּדֶשׁ שְׁנֵיהֶם ׀
מְלֵאִים סֹלֶת בְּלוּלָה בַשֶּׁמֶן לְמִנְחָה: כַּף אַחַת עֲשָׂרָה זָהָב מְלֵאָה קְטֹרֶת: סח
פַּר אֶחָד בֶּן־בָּקָר אַיִל אֶחָד כֶּבֶשׂ־אֶחָד בֶּן־שְׁנָתוֹ לְעֹלָה: שְׂעִיר־עִזִּים אֶחָד סט ע
לְחַטָּאת: וּלְזֶבַח הַשְּׁלָמִים בָּקָר שְׁנַיִם אֵילִם חֲמִשָּׁה עַתֻּדִים חֲמִשָּׁה כְּבָשִׂים עא
בְּנֵי־שָׁנָה חֲמִשָּׁה זֶה קָרְבַּן אֲחִיעֶזֶר בֶּן־עַמִּישַׁדָּי:

עב עג בְּיוֹם עַשְׁתֵּי עָשָׂר יוֹם נָשִׂיא לִבְנֵי אָשֵׁר פַּגְעִיאֵל בֶּן־עָכְרָן: קָרְבָּנוֹ קַעֲרַת־כֶּסֶף שביעי
אַחַת שְׁלֹשִׁים וּמֵאָה מִשְׁקָלָהּ מִזְרָק אֶחָד כֶּסֶף שִׁבְעִים שֶׁקֶל בְּשֶׁקֶל הַקֹּדֶשׁ
עד שְׁנֵיהֶם ׀ מְלֵאִים סֹלֶת בְּלוּלָה בַשֶּׁמֶן לְמִנְחָה: כַּף אַחַת עֲשָׂרָה זָהָב מְלֵאָה
עה עו קְטֹרֶת: פַּר אֶחָד בֶּן־בָּקָר אַיִל אֶחָד כֶּבֶשׂ־אֶחָד בֶּן־שְׁנָתוֹ לְעֹלָה: שְׂעִיר־עִזִּים
עז אֶחָד לְחַטָּאת: וּלְזֶבַח הַשְּׁלָמִים בָּקָר שְׁנַיִם אֵילִם חֲמִשָּׁה עַתֻּדִים חֲמִשָּׁה
כְּבָשִׂים בְּנֵי־שָׁנָה חֲמִשָּׁה זֶה קָרְבַּן פַּגְעִיאֵל בֶּן־עָכְרָן:
עח עט בְּיוֹם שְׁנֵים עָשָׂר יוֹם נָשִׂיא לִבְנֵי נַפְתָּלִי אֲחִירַע בֶּן־עֵינָן: קָרְבָּנוֹ קַעֲרַת־כֶּסֶף
אַחַת שְׁלֹשִׁים וּמֵאָה מִשְׁקָלָהּ מִזְרָק אֶחָד כֶּסֶף שִׁבְעִים שֶׁקֶל בְּשֶׁקֶל הַקֹּדֶשׁ
פ שְׁנֵיהֶם ׀ מְלֵאִים סֹלֶת בְּלוּלָה בַשֶּׁמֶן לְמִנְחָה: כַּף אַחַת עֲשָׂרָה זָהָב מְלֵאָה
פא פב קְטֹרֶת: פַּר אֶחָד בֶּן־בָּקָר אַיִל אֶחָד כֶּבֶשׂ־אֶחָד בֶּן־שְׁנָתוֹ לְעֹלָה: שְׂעִיר־עִזִּים
פג אֶחָד לְחַטָּאת: וּלְזֶבַח הַשְּׁלָמִים בָּקָר שְׁנַיִם אֵילִם חֲמִשָּׁה עַתֻּדִים חֲמִשָּׁה
כְּבָשִׂים בְּנֵי־שָׁנָה חֲמִשָּׁה זֶה קָרְבַּן אֲחִירַע בֶּן־עֵינָן:
פד זֹאת ׀ חֲנֻכַּת הַמִּזְבֵּחַ בְּיוֹם הִמָּשַׁח אֹתוֹ מֵאֵת נְשִׂיאֵי יִשְׂרָאֵל קַעֲרֹת כֶּסֶף שְׁתֵּים
פה עֶשְׂרֵה מִזְרְקֵי־כֶסֶף שְׁנֵים עָשָׂר כַּפּוֹת זָהָב שְׁתֵּים עֶשְׂרֵה: שְׁלֹשִׁים וּמֵאָה הַקְּעָרָה
הָאַחַת כֶּסֶף וְשִׁבְעִים הַמִּזְרָק הָאֶחָד כֹּל כֶּסֶף הַכֵּלִים אַלְפַּיִם וְאַרְבַּע־מֵאוֹת
פו בְּשֶׁקֶל הַקֹּדֶשׁ: כַּפּוֹת זָהָב שְׁתֵּים־עֶשְׂרֵה מְלֵאֹת קְטֹרֶת עֲשָׂרָה עֲשָׂרָה הַכַּף
פז בְּשֶׁקֶל הַקֹּדֶשׁ כָּל־זְהַב הַכַּפּוֹת עֶשְׂרִים וּמֵאָה: כָּל־הַבָּקָר לָעֹלָה שְׁנֵים עָשָׂר מפטיר
פָּרִים אֵילִם שְׁנֵים־עָשָׂר כְּבָשִׂים בְּנֵי־שָׁנָה שְׁנֵים עָשָׂר וּמִנְחָתָם וּשְׂעִירֵי עִזִּים
פח שְׁנֵים עָשָׂר לְחַטָּאת: וְכֹל בְּקַר ׀ זֶבַח הַשְּׁלָמִים עֶשְׂרִים וְאַרְבָּעָה פָּרִים אֵילִם
שִׁשִּׁים עַתֻּדִים שִׁשִּׁים כְּבָשִׂים בְּנֵי־שָׁנָה שִׁשִּׁים זֹאת חֲנֻכַּת הַמִּזְבֵּחַ אַחֲרֵי הִמָּשַׁח
פט אֹתוֹ: וּבְבֹא מֹשֶׁה אֶל־אֹהֶל מוֹעֵד לְדַבֵּר אִתּוֹ וַיִּשְׁמַע אֶת־הַקּוֹל מִדַּבֵּר אֵלָיו התגלות למשה
מֵעַל הַכַּפֹּרֶת אֲשֶׁר עַל־אֲרֹן הָעֵדֻת מִבֵּין שְׁנֵי הַכְּרֻבִים וַיְדַבֵּר אֵלָיו: באוהל מועד

ח א ב וַיְדַבֵּר יְהוָה אֶל־מֹשֶׁה לֵּאמֹר: דַּבֵּר אֶל־אַהֲרֹן וְאָמַרְתָּ אֵלָיו בְּהַעֲלֹתְךָ אֶת־ **ח בהעלתך**
ג הַנֵּרֹת אֶל־מוּל פְּנֵי הַמְּנוֹרָה יָאִירוּ שִׁבְעַת הַנֵּרוֹת: וַיַּעַשׂ כֵּן אַהֲרֹן אֶל־מוּל פְּנֵי המנורה
ד הַמְּנוֹרָה הֶעֱלָה נֵרֹתֶיהָ כַּאֲשֶׁר צִוָּה יְהוָה אֶת־מֹשֶׁה: וְזֶה מַעֲשֵׂה הַמְּנֹרָה מִקְשָׁה
זָהָב עַד־יְרֵכָהּ עַד־פִּרְחָהּ מִקְשָׁה הִוא כַּמַּרְאֶה אֲשֶׁר הֶרְאָה יְהוָה אֶת־מֹשֶׁה
כֵּן עָשָׂה אֶת־הַמְּנֹרָה:

ה ו וַיְדַבֵּר יְהוָה אֶל־מֹשֶׁה לֵּאמֹר: קַח אֶת־הַלְוִיִּם מִתּוֹךְ בְּנֵי יִשְׂרָאֵל וְטִהַרְתָּ הסמכת הלוויים
ז אֹתָם: וְכֹה־תַעֲשֶׂה לָהֶם לְטַהֲרָם הַזֵּה עֲלֵיהֶם מֵי חַטָּאת וְהֶעֱבִירוּ תַעַר עַל־
ח כָּל־בְּשָׂרָם וְכִבְּסוּ בִגְדֵיהֶם וְהִטֶּהָרוּ: וְלָקְחוּ פַּר בֶּן־בָּקָר וּמִנְחָתוֹ סֹלֶת בְּלוּלָה
ט בַשָּׁמֶן וּפַר־שֵׁנִי בֶן־בָּקָר תִּקַּח לְחַטָּאת: וְהִקְרַבְתָּ אֶת־הַלְוִיִּם לִפְנֵי אֹהֶל מוֹעֵד

פירושי מילים

(ח׳, ב) **בהעלתך** – כשתדליק. (ד) **מקשה זהב** – עשויה כולה גוש זהב אחד. **ירכה** – רגלה, בסיס המנורה. **פרחה** – בקנים צורות שדמו לפרחים (שמות כ׳, לא).

והקהלת את־כל־עדת בני ישראל: והקרבת את־הלוים לפני יהוה וסמכו י
בני־ישראל את־ידיהם על־הלוים: והניף אהרן את־הלוים תנופה לפני יהוה יא
מאת בני ישראל והיו לעבד את־עבדת יהוה: והלוים יסמכו את־ידיהם יב
על ראש הפרים ועשה את־האחד חטאת ואת־האחד עלה ליהוה לכפר
על־הלוים: והעמדת את־הלוים לפני אהרן ולפני בניו והנפת אתם תנופה יג
ליהוה: והבדלת את־הלוים מתוך בני ישראל והיו לי הלוים: ואחרי־כן יבאו יד טו שני
הלוים לעבד את־אהל מועד וטהרת אתם והנפת אתם תנופה: כי נתנים טז
נתנים המה לי מתוך בני ישראל תחת פטרת כל־רחם בכור כל מבני ישראל
לקחתי אתם לי: כי לי כל־בכור בבני ישראל באדם ובבהמה ביום הכתי יז
כל־בכור בארץ מצרים הקדשתי אתם לי: ואקח את־הלוים תחת כל־בכור יח
בבני ישראל: ואתנה את־הלוים נתנים ׀ לאהרן ולבניו מתוך בני ישראל יט
לעבד את־עבדת בני־ישראל באהל מועד ולכפר על־בני ישראל ולא יהיה
בבני ישראל נגף בגשת בני־ישראל אל־הקדש: ויעש משה ואהרן וכל־עדת כ
בני־ישראל ללוים ככל אשר־צוה יהוה את־משה ללוים כן־עשו להם בני
ישראל: ויתחטאו הלוים ויכבסו בגדיהם וינף אהרן אתם תנופה לפני יהוה כא
ויכפר עליהם אהרן לטהרם: ואחרי־כן באו הלוים לעבד את־עבדתם באהל כב
מועד לפני אהרן ולפני בניו כאשר צוה יהוה את־משה על־הלוים כן עשו
להם: וידבר יהוה אל־משה לאמר: זאת אשר ללוים מבן חמש כג כד גיל שירות הלוויים
ועשרים שנה ומעלה יבוא לצבא צבא בעבדת אהל מועד: ומבן חמשים כה
שנה ישוב מצבא העבדה ולא יעבד עוד: ושרת את־אחיו באהל מועד לשמר כו
משמרת ועבדה לא יעבד ככה תעשה ללוים במשמרתם:

וידבר יהוה אל־משה במדבר־סיני בשנה השנית לצאתם מארץ מצרים א ט שלישי
בחדש הראשון לאמר: ויעשו בני־ישראל את־הפסח במועדו: בארבעה ב ג פסח שני
עשר־יום בחדש הזה בין הערבים תעשו אתו במעדו ככל־חקתיו וככל־
משפטיו תעשו אתו: וידבר משה אל־בני ישראל לעשת הפסח: ויעשו ד ה
את־הפסח בראשון בארבעה עשר יום לחדש בין הערבים במדבר סיני ככל
אשר צוה יהוה את־משה כן עשו בני ישראל: ויהי אנשים אשר היו טמאים ו
לנפש אדם ולא־יכלו לעשת־הפסח ביום ההוא ויקרבו לפני משה ולפני

פירושי מילים

(יא) **תנופה** – להרים למעלה, כאן הכוונה להזיזם אנה ואנה. (טז) **פטרת** – סמיכות של המילה פטרה, במובן – פטר, היינו פתיחה, הבכור פותח לראשונה את רחם אמו. (כד) **לצבא צבא** – ראו ד׳, כג. (כו) **לשמר משמרת** – משמרת אין הכוונה לעבודת שמירה אלא לתפקידי הלוויים השונים. **משמרת**, היינו תחום אחריותם של הלוויים. הכוונה ללוויים מגיל שלושים ועד חמישים. אלה מעל גיל חמישים ישרתו את אחיהם הלוויים בתפקידם. **במשמרתם** – בתפקידיהם. (ט׳, ג) **בין הערבים** – בין השמשות, היינו בין שקיעת החמה עד צאת הכוכבים.

ז אַהֲרֹ֖ן בַּיּ֥וֹם הַהֽוּא׃ וַ֠יֹּאמְרוּ הָאֲנָשִׁ֤ים הָהֵ֙מָּה֙ אֵלָ֔יו אֲנַ֥חְנוּ טְמֵאִ֖ים לְנֶ֣פֶשׁ אָדָ֑ם
ח לָ֣מָּה נִגָּרַ֗ע לְבִלְתִּ֨י הַקְרִ֜ב אֶת־קָרְבַּ֤ן יהוה֙ בְּמֹ֣עֲד֔וֹ בְּת֖וֹךְ בְּנֵ֥י יִשְׂרָאֵֽל׃ וַיֹּ֥אמֶר
אֲלֵהֶ֖ם מֹשֶׁ֑ה עִמְד֣וּ וְאֶשְׁמְעָ֔ה מַה־יְצַוֶּ֥ה יהוה לָכֶֽם׃
ט י וַיְדַבֵּ֥ר יהוה אֶל־מֹשֶׁ֥ה לֵּאמֹֽר׃ דַּבֵּ֛ר אֶל־בְּנֵ֥י יִשְׂרָאֵ֖ל לֵאמֹ֑ר אִ֣ישׁ אִ֣ישׁ כִּֽי־
יִהְיֶ֣ה טָמֵ֣א ׀ לָנֶ֡פֶשׁ אוֹ֩ בְדֶ֨רֶךְ רְחֹקָ֜ה לָכֶ֗ם א֚וֹ לְדֹרֹ֣תֵיכֶ֔ם וְעָ֥שָׂה פֶ֖סַח לַֽיהוה׃
יא בַּחֹ֨דֶשׁ הַשֵּׁנִ֜י בְּאַרְבָּעָ֨ה עָשָׂ֥ר י֛וֹם בֵּ֥ין הָעַרְבַּ֖יִם יַעֲשׂ֣וּ אֹת֑וֹ עַל־מַצּ֥וֹת וּמְרֹרִ֖ים
יב יֹאכְלֻֽהוּ׃ לֹֽא־יַשְׁאִ֤ירוּ מִמֶּ֙נּוּ֙ עַד־בֹּ֔קֶר וְעֶ֖צֶם לֹ֣א יִשְׁבְּרוּ־ב֑וֹ כְּכָל־חֻקַּ֥ת הַפֶּ֖סַח
יג יַעֲשׂ֥וּ אֹתֽוֹ׃ וְהָאִ֡ישׁ אֲשֶׁר־הוּא֩ טָה֨וֹר וּבְדֶ֜רֶךְ לֹא־הָיָ֗ה וְחָדַל֙ לַעֲשׂ֣וֹת הַפֶּ֔סַח
וְנִכְרְתָ֛ה הַנֶּ֥פֶשׁ הַהִ֖וא מֵעַמֶּ֑יהָ כִּ֣י ׀ קָרְבַּ֣ן יהוה לֹ֤א הִקְרִיב֙ בְּמֹ֣עֲד֔וֹ חֶטְא֥וֹ יִשָּׂ֖א
יד הָאִ֥ישׁ הַהֽוּא׃ וְכִֽי־יָג֨וּר אִתְּכֶ֜ם גֵּ֗ר וְעָ֤שָׂה פֶ֙סַח֙ לַֽיהוה כְּחֻקַּ֥ת הַפֶּ֛סַח וּכְמִשְׁפָּט֖וֹ
טו כֵּ֣ן יַעֲשֶׂ֑ה חֻקָּ֤ה אַחַת֙ יִהְיֶ֣ה לָכֶ֔ם וְלַגֵּ֖ר וּלְאֶזְרַ֥ח הָאָֽרֶץ׃ וּבְיוֹם֙ הָקִ֣ים — רביעי
אֶת־הַמִּשְׁכָּ֔ן כִּסָּ֤ה הֶֽעָנָן֙ אֶת־הַמִּשְׁכָּ֔ן לְאֹ֖הֶל הָעֵדֻ֑ת וּבָעֶ֜רֶב יִהְיֶ֧ה עַֽל־הַמִּשְׁכָּ֛ן — נסיעה על פי הענן
טז יז כְּמַרְאֵה־אֵ֖שׁ עַד־בֹּֽקֶר׃ כֵּ֚ן יִהְיֶ֣ה תָמִ֔יד הֶעָנָ֖ן יְכַסֶּ֑נּוּ וּמַרְאֵה־אֵ֖שׁ לָֽיְלָה׃ וּלְפִ֞י
הֵעָלֹ֤ת הֶֽעָנָן֙ מֵעַ֣ל הָאֹ֔הֶל וְאַ֣חֲרֵי כֵ֔ן יִסְע֖וּ בְּנֵ֣י יִשְׂרָאֵ֑ל וּבִמְק֗וֹם אֲשֶׁ֤ר יִשְׁכָּן־שָׁם֙
יח הֶֽעָנָ֔ן שָׁ֥ם יַחֲנ֖וּ בְּנֵ֥י יִשְׂרָאֵֽל׃ עַל־פִּ֣י יהוה יִסְעוּ֙ בְּנֵ֣י יִשְׂרָאֵ֔ל וְעַל־פִּ֥י יהוה יַחֲנ֑וּ
יט כָּל־יְמֵ֗י אֲשֶׁ֨ר יִשְׁכֹּ֧ן הֶעָנָ֛ן עַל־הַמִּשְׁכָּ֖ן יַחֲנֽוּ׃ וּבְהַאֲרִ֧יךְ הֶעָנָ֛ן עַל־הַמִּשְׁכָּ֖ן יָמִ֣ים
כ רַבִּ֑ים וְשָׁמְר֧וּ בְנֵֽי־יִשְׂרָאֵ֛ל אֶת־מִשְׁמֶ֥רֶת יהוה וְלֹ֥א יִסָּֽעוּ׃ וְיֵ֞שׁ אֲשֶׁ֨ר יִהְיֶ֧ה הֶעָנָ֛ן
כא יָמִ֥ים מִסְפָּ֖ר עַל־הַמִּשְׁכָּ֑ן עַל־פִּ֤י יהוה֙ יַחֲנ֔וּ וְעַל־פִּ֥י יהוה יִסָּֽעוּ׃ וְיֵ֞שׁ אֲשֶׁ֨ר יִהְיֶ֤ה
הֶֽעָנָן֙ מֵעֶ֣רֶב עַד־בֹּ֔קֶר וְנַעֲלָ֧ה הֶעָנָ֛ן בַּבֹּ֖קֶר וְנָסָ֑עוּ א֚וֹ יוֹמָ֣ם וָלַ֔יְלָה וְנַעֲלָ֥ה הֶעָנָ֖ן
כב וְנָסָֽעוּ׃ אֽוֹ־יֹמַ֞יִם אוֹ־חֹ֣דֶשׁ אוֹ־יָמִ֗ים בְּהַאֲרִ֨יךְ הֶעָנָ֤ן עַל־הַמִּשְׁכָּן֙ לִשְׁכֹּ֣ן עָלָ֔יו
כג יַחֲנ֥וּ בְנֵֽי־יִשְׂרָאֵ֖ל וְלֹ֣א יִסָּ֑עוּ וּבְהֵעָלֹת֖וֹ יִסָּֽעוּ׃ עַל־פִּ֤י יהוה֙ יַחֲנ֔וּ וְעַל־פִּ֥י יהוה
יִסָּ֑עוּ אֶת־מִשְׁמֶ֤רֶת יהוה֙ שָׁמָ֔רוּ עַל־פִּ֥י יהוה בְּיַד־מֹשֶֽׁה׃

י א ב וַיְדַבֵּ֥ר יהוה אֶל־מֹשֶׁ֥ה לֵּאמֹֽר׃ עֲשֵׂ֣ה לְךָ֗ שְׁתֵּי֙ חֲצוֹצְרֹ֣ת כֶּ֔סֶף מִקְשָׁ֖ה תַּעֲשֶׂ֣ה — ט — תקיעה בחצוצרות: א. לנסיעה
ג אֹתָ֑ם וְהָי֤וּ לְךָ֙ לְמִקְרָ֣א הָעֵדָ֔ה וּלְמַסַּ֖ע אֶת־הַֽמַּחֲנֽוֹת׃ וְתָקְע֖וּ בָּהֵ֑ן וְנוֹעֲד֤וּ
ד אֵלֶ֙יךָ֙ כָּל־הָ֣עֵדָ֔ה אֶל־פֶּ֖תַח אֹ֥הֶל מוֹעֵֽד׃ וְאִם־בְּאַחַ֖ת יִתְקָ֑עוּ וְנוֹעֲד֤וּ אֵלֶ֙יךָ֙
ה הַנְּשִׂיאִ֔ים רָאשֵׁ֖י אַלְפֵ֥י יִשְׂרָאֵֽל׃ וּתְקַעְתֶּ֖ם תְּרוּעָ֑ה וְנָסְעוּ֙ הַֽמַּחֲנ֔וֹת הַחֹנִ֖ים
ו קֵֽדְמָה׃ וּתְקַעְתֶּ֤ם תְּרוּעָה֙ שֵׁנִ֔ית וְנָֽסְעוּ֙ הַֽמַּחֲנ֔וֹת הַחֹנִ֖ים תֵּימָ֑נָה תְּרוּעָ֥ה יִתְקְע֖וּ
ז ח לְמַסְעֵיהֶֽם׃ וּבְהַקְהִ֖יל אֶת־הַקָּהָ֑ל תִּתְקְע֖וּ וְלֹ֥א תָרִֽיעוּ׃ וּבְנֵ֤י אַהֲרֹן֙ הַכֹּ֣הֲנִ֔ים
ט יִתְקְע֖וּ בַּחֲצֹצְר֑וֹת וְהָי֥וּ לָכֶ֛ם לְחֻקַּ֥ת עוֹלָ֖ם לְדֹרֹתֵיכֶֽם׃ וְכִֽי־תָבֹ֨אוּ מִלְחָמָ֜ה — ב. בעת מלחמה
בְּאַרְצְכֶ֗ם עַל־הַצַּר֙ הַצֹּרֵ֣ר אֶתְכֶ֔ם וַהֲרֵעֹתֶ֖ם בַּחֲצֹצְר֑וֹת וְנִזְכַּרְתֶּ֗ם לִפְנֵי֙ יהוה

פירושי מילים

(יג) וחדל – לא עשה. חטאו ישא – מובן השורש נש"א הוא הרים, החטא נחשב לאדם, והוא מתחייב בעונש. (י', ב) מקשה – עשויות מגוש כסף אחד. ולמסע את המחנות – להסיע את המחנות באמצעות סימן. (ט) הצר הצֹרר – אויב הפועל באיבה.

ג. בעת הקרבה

י אֱלֹהֵיכֶם וְנוֹשַׁעְתֶּם מֵאֹיְבֵיכֶם: וּבְיוֹם שִׂמְחַתְכֶם וּבְמוֹעֲדֵיכֶם וּבְרָאשֵׁי חָדְשֵׁיכֶם
וּתְקַעְתֶּם בַּחֲצֹצְרֹת עַל עֹלֹתֵיכֶם וְעַל זִבְחֵי שַׁלְמֵיכֶם וְהָיוּ לָכֶם לְזִכָּרוֹן לִפְנֵי
אֱלֹהֵיכֶם אֲנִי יְהוָה אֱלֹהֵיכֶם:

חמישי

יא וַיְהִי בַּשָּׁנָה הַשֵּׁנִית בַּחֹדֶשׁ הַשֵּׁנִי בְּעֶשְׂרִים בַּחֹדֶשׁ נַעֲלָה הֶעָנָן מֵעַל מִשְׁכַּן

הנסיעה מסיני: א. סדר הנסיעה

יב הָעֵדֻת: וַיִּסְעוּ בְנֵי־יִשְׂרָאֵל לְמַסְעֵיהֶם מִמִּדְבַּר סִינָי וַיִּשְׁכֹּן הֶעָנָן בְּמִדְבַּר פָּארָן:
יג יד וַיִּסְעוּ בָּרִאשֹׁנָה עַל־פִּי יְהוָה בְּיַד־מֹשֶׁה: וַיִּסַּע דֶּגֶל מַחֲנֵה בְנֵי־יְהוּדָה בָּרִאשֹׁנָה
טו לְצִבְאֹתָם וְעַל־צְבָאוֹ נַחְשׁוֹן בֶּן־עַמִּינָדָב: וְעַל־צְבָא מַטֵּה בְּנֵי יִשָּׂשכָר נְתַנְאֵל
טז יז בֶּן־צוּעָר: וְעַל־צְבָא מַטֵּה בְּנֵי זְבוּלֻן אֱלִיאָב בֶּן־חֵלֹן: וְהוּרַד הַמִּשְׁכָּן וְנָסְעוּ
יח בְנֵי־גֵרְשׁוֹן וּבְנֵי מְרָרִי נֹשְׂאֵי הַמִּשְׁכָּן: וְנָסַע דֶּגֶל מַחֲנֵה רְאוּבֵן לְצִבְאֹתָם וְעַל־
יט צְבָאוֹ אֱלִיצוּר בֶּן־שְׁדֵיאוּר: וְעַל־צְבָא מַטֵּה בְּנֵי שִׁמְעוֹן שְׁלֻמִיאֵל בֶּן־צוּרִישַׁדָּי:
כ כא וְעַל־צְבָא מַטֵּה בְנֵי־גָד אֶלְיָסָף בֶּן־דְּעוּאֵל: וְנָסְעוּ הַקְּהָתִים נֹשְׂאֵי הַמִּקְדָּשׁ
כב וְהֵקִימוּ אֶת־הַמִּשְׁכָּן עַד־בֹּאָם: וְנָסַע דֶּגֶל מַחֲנֵה בְנֵי־אֶפְרַיִם לְצִבְאֹתָם וְעַל־
כג צְבָאוֹ אֱלִישָׁמָע בֶּן־עַמִּיהוּד: וְעַל־צְבָא מַטֵּה בְּנֵי מְנַשֶּׁה גַּמְלִיאֵל בֶּן־פְּדָהצוּר:
כד כה וְעַל־צְבָא מַטֵּה בְּנֵי בִנְיָמִן אֲבִידָן בֶּן־גִּדְעוֹנִי: וְנָסַע דֶּגֶל מַחֲנֵה בְנֵי־דָן מְאַסֵּף
כו לְכָל־הַמַּחֲנֹת לְצִבְאֹתָם וְעַל־צְבָאוֹ אֲחִיעֶזֶר בֶּן־עַמִּישַׁדָּי: וְעַל־צְבָא מַטֵּה בְּנֵי
כז כח אָשֵׁר פַּגְעִיאֵל בֶּן־עָכְרָן: וְעַל־צְבָא מַטֵּה בְּנֵי נַפְתָּלִי אֲחִירַע בֶּן־עֵינָן: אֵלֶּה

ב. בקשת משה מחובב להצטרף למסע

כט מַסְעֵי בְנֵי־יִשְׂרָאֵל לְצִבְאֹתָם וַיִּסָּעוּ: וַיֹּאמֶר מֹשֶׁה לְחֹבָב בֶּן־רְעוּאֵל
הַמִּדְיָנִי חֹתֵן מֹשֶׁה נֹסְעִים ׀ אֲנַחְנוּ אֶל־הַמָּקוֹם אֲשֶׁר אָמַר יְהוָה אֹתוֹ אֶתֵּן לָכֶם
ל לְכָה אִתָּנוּ וְהֵטַבְנוּ לָךְ כִּי־יְהוָה דִּבֶּר־טוֹב עַל־יִשְׂרָאֵל: וַיֹּאמֶר אֵלָיו לֹא אֵלֵךְ
לא כִּי אִם־אֶל־אַרְצִי וְאֶל־מוֹלַדְתִּי אֵלֵךְ: וַיֹּאמֶר אַל־נָא תַּעֲזֹב אֹתָנוּ כִּי ׀ עַל־כֵּן
לב יָדַעְתָּ חֲנֹתֵנוּ בַּמִּדְבָּר וְהָיִיתָ לָּנוּ לְעֵינָיִם: וְהָיָה כִּי־תֵלֵךְ עִמָּנוּ וְהָיָה ׀ הַטּוֹב

ג. המשך תיאור הנסיעה ונסיעת הארון

לג הַהוּא אֲשֶׁר יֵיטִיב יְהוָה עִמָּנוּ וְהֵטַבְנוּ לָךְ: וַיִּסְעוּ מֵהַר יְהוָה דֶּרֶךְ שְׁלֹשֶׁת
יָמִים וַאֲרוֹן בְּרִית־יְהוָה נֹסֵעַ לִפְנֵיהֶם דֶּרֶךְ שְׁלֹשֶׁת יָמִים לָתוּר לָהֶם מְנוּחָה:

ששי

לד לה וַעֲנַן יְהוָה עֲלֵיהֶם יוֹמָם בְּנָסְעָם מִן־הַמַּחֲנֶה: ׆ וַיְהִי בִּנְסֹעַ הָאָרֹן
לו וַיֹּאמֶר מֹשֶׁה קוּמָה ׀ יְהוָה וְיָפֻצוּ אֹיְבֶיךָ וְיָנֻסוּ מְשַׂנְאֶיךָ מִפָּנֶיךָ: וּבְנֻחֹה יֹאמַר
שׁוּבָה יְהוָה רִבְבוֹת אַלְפֵי יִשְׂרָאֵל: ׆

החטא בתבערה

יא א וַיְהִי הָעָם כְּמִתְאֹנְנִים רַע בְּאָזְנֵי יְהוָה וַיִּשְׁמַע יְהוָה וַיִּחַר אַפּוֹ וַתִּבְעַר־בָּם אֵשׁ
ב יְהוָה וַתֹּאכַל בִּקְצֵה הַמַּחֲנֶה: וַיִּצְעַק הָעָם אֶל־מֹשֶׁה וַיִּתְפַּלֵּל מֹשֶׁה אֶל־יְהוָה

פירושי מילים

(לה) **ויפצו** – יתפזרו. **שובה** – מהשורש שו"ב, במובן השֵׁב את רבבות ישראל. או שאתה ה' תשוב אל רבבות ישראל. אולי שובה במובן מרגוע (ישעיה ל', טו), ושכון בתוך רבבות ישראל. **רבבות** – עשרות אלפים. (י"א, א) **כמתאננים** – מתאבלים, מצטערים (רשב"ם; רמב"ן), ובמשמעות קרובה – מתלוננים. מהשורש אנ"ן (איכה ג', לט), במשמעות קרובה לאו"ן. רש"י פירש את הכ"ף במילה זו ככ"ף הדמיון, ועל כן פירש עשו עצמם מתלוננים. נראה כי מדובר בכ"ף האימות, לשם חיזוק, היינו 'אכן מתאוננים' (ליכט, במדבר א, עמ' 11). שד"ל (עמ' 554) פירש את הכ"ף במשמעות של זמן, היינו תכף ומיד.

החטא בקברות התאווה והעברת הרוח לזקנים

ג וַתִּשְׁקַע הָאֵשׁ׃ וַיִּקְרָא שֵׁם־הַמָּקוֹם הַהוּא תַּבְעֵרָה כִּי־בָעֲרָה בָם אֵשׁ יהוה׃
ד וְהָאסַפְסֻף אֲשֶׁר בְּקִרְבּוֹ הִתְאַוּוּ תַּאֲוָה וַיָּשֻׁבוּ וַיִּבְכּוּ גַּם בְּנֵי יִשְׂרָאֵל וַיֹּאמְרוּ מִי
ה יַאֲכִלֵנוּ בָּשָׂר׃ זָכַרְנוּ אֶת־הַדָּגָה אֲשֶׁר־נֹאכַל בְּמִצְרַיִם חִנָּם אֵת הַקִּשֻּׁאִים וְאֵת
ו הָאֲבַטִּחִים וְאֶת־הֶחָצִיר וְאֶת־הַבְּצָלִים וְאֶת־הַשּׁוּמִים׃ וְעַתָּה נַפְשֵׁנוּ יְבֵשָׁה אֵין
ז ח כֹּל בִּלְתִּי אֶל־הַמָּן עֵינֵינוּ׃ וְהַמָּן כִּזְרַע־גַּד הוּא וְעֵינוֹ כְּעֵין הַבְּדֹלַח׃ שָׁטוּ הָעָם
וְלָקְטוּ וְטָחֲנוּ בָרֵחַיִם אוֹ דָכוּ בַּמְּדֹכָה וּבִשְּׁלוּ בַּפָּרוּר וְעָשׂוּ אֹתוֹ עֻגוֹת וְהָיָה
ט טַעְמוֹ כְּטַעַם לְשַׁד הַשָּׁמֶן׃ וּבְרֶדֶת הַטַּל עַל־הַמַּחֲנֶה לָיְלָה יֵרֵד הַמָּן עָלָיו׃
י וַיִּשְׁמַע מֹשֶׁה אֶת־הָעָם בֹּכֶה לְמִשְׁפְּחֹתָיו אִישׁ לְפֶתַח אָהֳלוֹ וַיִּחַר־אַף יהוה
יא מְאֹד וּבְעֵינֵי מֹשֶׁה רָע׃ וַיֹּאמֶר מֹשֶׁה אֶל־יהוה לָמָה הֲרֵעֹתָ לְעַבְדֶּךָ וְלָמָּה
יב לֹא־מָצָתִי חֵן בְּעֵינֶיךָ לָשׂוּם אֶת־מַשָּׂא כָּל־הָעָם הַזֶּה עָלָי׃ הֶאָנֹכִי הָרִיתִי אֵת
כָּל־הָעָם הַזֶּה אִם־אָנֹכִי יְלִדְתִּיהוּ כִּי־תֹאמַר אֵלַי שָׂאֵהוּ בְחֵיקֶךָ כַּאֲשֶׁר יִשָּׂא
יג הָאֹמֵן אֶת־הַיֹּנֵק עַל הָאֲדָמָה אֲשֶׁר נִשְׁבַּעְתָּ לַאֲבֹתָיו׃ מֵאַיִן לִי בָּשָׂר לָתֵת
יד לְכָל־הָעָם הַזֶּה כִּי־יִבְכּוּ עָלַי לֵאמֹר תְּנָה־לָּנוּ בָשָׂר וְנֹאכֵלָה׃ לֹא־אוּכַל אָנֹכִי
טו לְבַדִּי לָשֵׂאת אֶת־כָּל־הָעָם הַזֶּה כִּי כָבֵד מִמֶּנִּי׃ וְאִם־כָּכָה ׀ אַתְּ־עֹשֶׂה לִּי הָרְגֵנִי
נָא הָרֹג אִם־מָצָאתִי חֵן בְּעֵינֶיךָ וְאַל־אֶרְאֶה בְּרָעָתִי׃
טז וַיֹּאמֶר יהוה אֶל־מֹשֶׁה אֶסְפָה־לִּי שִׁבְעִים אִישׁ מִזִּקְנֵי יִשְׂרָאֵל אֲשֶׁר יָדַעְתָּ י
כִּי־הֵם זִקְנֵי הָעָם וְשֹׁטְרָיו וְלָקַחְתָּ אֹתָם אֶל־אֹהֶל מוֹעֵד וְהִתְיַצְּבוּ שָׁם עִמָּךְ׃
יז וְיָרַדְתִּי וְדִבַּרְתִּי עִמְּךָ שָׁם וְאָצַלְתִּי מִן־הָרוּחַ אֲשֶׁר עָלֶיךָ וְשַׂמְתִּי עֲלֵיהֶם וְנָשְׂאוּ
יח אִתְּךָ בְּמַשָּׂא הָעָם וְלֹא־תִשָּׂא אַתָּה לְבַדֶּךָ׃ וְאֶל־הָעָם תֹּאמַר הִתְקַדְּשׁוּ לְמָחָר
וַאֲכַלְתֶּם בָּשָׂר כִּי בְּכִיתֶם בְּאָזְנֵי יהוה לֵאמֹר מִי יַאֲכִלֵנוּ בָּשָׂר כִּי־טוֹב לָנוּ
יט בְּמִצְרָיִם וְנָתַן יהוה לָכֶם בָּשָׂר וַאֲכַלְתֶּם׃ לֹא יוֹם אֶחָד תֹּאכְלוּן וְלֹא יוֹמָיִם
כ וְלֹא ׀ חֲמִשָּׁה יָמִים וְלֹא עֲשָׂרָה יָמִים וְלֹא עֶשְׂרִים יוֹם׃ עַד ׀ חֹדֶשׁ יָמִים עַד
אֲשֶׁר־יֵצֵא מֵאַפְּכֶם וְהָיָה לָכֶם לְזָרָא יַעַן כִּי־מְאַסְתֶּם אֶת־יהוה אֲשֶׁר בְּקִרְבְּכֶם
כא וַתִּבְכּוּ לְפָנָיו לֵאמֹר לָמָּה זֶּה יָצָאנוּ מִמִּצְרָיִם׃ וַיֹּאמֶר מֹשֶׁה שֵׁשׁ־מֵאוֹת אֶלֶף

פירושי מילים

(ג) תבערה – מלשון בערה, שרפה. (ד) אספסֻף – המילה אספסוף באה מהמילה אסף, ומכאן שאספסוף אלה הם ערב רב שהצטרפו לישראל בצאת העם ממצרים (שמות י״ב, לח). וכן רש״י וראב״ע. (ו) נפשנו יבשה – ביטוי יחידאי. נראה כי המילה ״יבש״ כאן היא היפוכה המשמעי של ״תאווה״. הנפש מתאווה לאכול (למשל דברים י״ב, כ; י״ד, כו), אך ביחס למן הנפש יבשה, ההפך מתאב. (ז) כזרע גד – לא ברור, ראו על כך: י׳, פליקס, חי וצומח בתורה, ירושלים תשמ״ד, עמ׳ 981. ראו גם: J. Trever, “Coriander Seed”, *IDB* 1, pp. 681-682. עינו כעין הבדֹלח – המראה שלו כבדולח, שהוא אבן טובה (בראשית ב׳, יב). (ח) שטו – משוטטים. דכו במדכה – כתשו במכתשת. פרור – סיר. עגות – רקיק לחם עגול. לשד השמן – שמן לח. אם הכוונה של עין הבדולח היא שהמן היה יבש, הרי שבתהליך של הכנת המן הפך להיות לחלוחי ובעל גוף שמן (רשב״ם), היינו משובח מאוד. (יב) אֹמן – המגדל את התינוק, בדרך כלל אישה, אך לעיתים גם איש (מל״ב י׳, א). (יז) אצלתי – ״אקח מאשר אצלך״ (ראב״ע); בראשית כ״ז, לו; קוהלת ה׳, י. (כ) יצא מאפכם – שיימאס עליכם. לזרא – למיאוס.

רַגְלִי הָעָם אֲשֶׁר אָנֹכִי בְּקִרְבּוֹ וְאַתָּה אָמַרְתָּ בָּשָׂר אֶתֵּן לָהֶם וְאָכְלוּ חֹדֶשׁ
כב יָמִים: הֲצֹאן וּבָקָר יִשָּׁחֵט לָהֶם וּמָצָא לָהֶם אִם אֶת־כָּל־דְּגֵי הַיָּם יֵאָסֵף לָהֶם
וּמָצָא לָהֶם:
יא כג וַיֹּאמֶר יהוה אֶל־מֹשֶׁה הֲיַד יהוה תִּקְצָר עַתָּה תִרְאֶה הֲיִקְרְךָ דְבָרִי אִם־לֹא:
כד וַיֵּצֵא מֹשֶׁה וַיְדַבֵּר אֶל־הָעָם אֵת דִּבְרֵי יהוה וַיֶּאֱסֹף שִׁבְעִים אִישׁ מִזִּקְנֵי הָעָם
כה וַיַּעֲמֵד אֹתָם סְבִיבֹת הָאֹהֶל: וַיֵּרֶד יהוה ׀ בֶּעָנָן וַיְדַבֵּר אֵלָיו וַיָּאצֶל מִן־הָרוּחַ
אֲשֶׁר עָלָיו וַיִּתֵּן עַל־שִׁבְעִים אִישׁ הַזְּקֵנִים וַיְהִי כְּנוֹחַ עֲלֵיהֶם הָרוּחַ וַיִּתְנַבְּאוּ
כו וְלֹא יָסָפוּ: וַיִּשָּׁאֲרוּ שְׁנֵי־אֲנָשִׁים ׀ בַּמַּחֲנֶה שֵׁם הָאֶחָד ׀ אֶלְדָּד וְשֵׁם הַשֵּׁנִי מֵידָד
כז וַתָּנַח עֲלֵהֶם הָרוּחַ וְהֵמָּה בַּכְּתֻבִים וְלֹא יָצְאוּ הָאֹהֱלָה וַיִּתְנַבְּאוּ בַּמַּחֲנֶה: וַיָּרָץ
כח הַנַּעַר וַיַּגֵּד לְמֹשֶׁה וַיֹּאמַר אֶלְדָּד וּמֵידָד מִתְנַבְּאִים בַּמַּחֲנֶה: וַיַּעַן יְהוֹשֻׁעַ בִּן־
כט נוּן מְשָׁרֵת מֹשֶׁה מִבְּחֻרָיו וַיֹּאמַר אֲדֹנִי מֹשֶׁה כְּלָאֵם: וַיֹּאמֶר לוֹ מֹשֶׁה הַמְקַנֵּא
שביעי ל אַתָּה לִי וּמִי יִתֵּן כָּל־עַם יהוה נְבִיאִים כִּי־יִתֵּן יהוה אֶת־רוּחוֹ עֲלֵיהֶם: וַיֵּאָסֵף
לא מֹשֶׁה אֶל־הַמַּחֲנֶה הוּא וְזִקְנֵי יִשְׂרָאֵל: וְרוּחַ נָסַע ׀ מֵאֵת יהוה וַיָּגָז שַׂלְוִים
מִן־הַיָּם וַיִּטֹּשׁ עַל־הַמַּחֲנֶה כְּדֶרֶךְ יוֹם כֹּה וּכְדֶרֶךְ יוֹם כֹּה סְבִיבוֹת הַמַּחֲנֶה
לב וּכְאַמָּתַיִם עַל־פְּנֵי הָאָרֶץ: וַיָּקָם הָעָם כָּל־הַיּוֹם הַהוּא וְכָל־הַלַּיְלָה וְכֹל ׀ יוֹם
הַמָּחֳרָת וַיַּאַסְפוּ אֶת־הַשְּׂלָו הַמַּמְעִיט אָסַף עֲשָׂרָה חֳמָרִים וַיִּשְׁטְחוּ לָהֶם
לג שָׁטוֹחַ סְבִיבוֹת הַמַּחֲנֶה: הַבָּשָׂר עוֹדֶנּוּ בֵּין שִׁנֵּיהֶם טֶרֶם יִכָּרֵת וְאַף יהוה חָרָה
לד בָעָם וַיַּךְ יהוה בָּעָם מַכָּה רַבָּה מְאֹד: וַיִּקְרָא אֶת־שֵׁם־הַמָּקוֹם הַהוּא קִבְרוֹת
לה הַתַּאֲוָה כִּי־שָׁם קָבְרוּ אֶת־הָעָם הַמִּתְאַוִּים: מִקִּבְרוֹת הַתַּאֲוָה נָסְעוּ הָעָם
חֲצֵרוֹת וַיִּהְיוּ בַּחֲצֵרוֹת:

מרים ואהרן מדברים סרה במשה

יב א וַתְּדַבֵּר מִרְיָם וְאַהֲרֹן בְּמֹשֶׁה עַל־אֹדוֹת הָאִשָּׁה הַכֻּשִׁית אֲשֶׁר לָקָח כִּי־אִשָּׁה
ב כֻשִׁית לָקָח: וַיֹּאמְרוּ הֲרַק אַךְ־בְּמֹשֶׁה דִּבֶּר יהוה הֲלֹא גַּם־בָּנוּ דִבֵּר וַיִּשְׁמַע יהוה:
ג ד וְהָאִישׁ מֹשֶׁה עָנָו מְאֹד מִכֹּל הָאָדָם אֲשֶׁר עַל־פְּנֵי הָאֲדָמָה: וַיֹּאמֶר
יהוה פִּתְאֹם אֶל־מֹשֶׁה וְאֶל־אַהֲרֹן וְאֶל־מִרְיָם צְאוּ שְׁלָשְׁתְּכֶם אֶל־אֹהֶל מוֹעֵד
ה וַיֵּצְאוּ שְׁלָשְׁתָּם: וַיֵּרֶד יהוה בְּעַמּוּד עָנָן וַיַּעֲמֹד פֶּתַח הָאֹהֶל וַיִּקְרָא אַהֲרֹן
ו וּמִרְיָם וַיֵּצְאוּ שְׁנֵיהֶם: וַיֹּאמֶר שִׁמְעוּ־נָא דְבָרָי אִם־יִהְיֶה נְבִיאֲכֶם יהוה בַּמַּרְאָה

פירושי מילים

(כה) יספו – לא הוסיפו עוד להתנבא. לפי אונקלוס: לא פסקו. (לא) ויגז – הפריח. (לב) חמרים – ערמות. (לג) טרם יכרת – הבשר עוד לא נחתך בשיניהם. (י"ב, א) כֻשית – אישה שחורה, מארץ כוש (רשב"ם, ראב"ע). לדעת רשב"ם אין זו ציפורה; לדעת ראב"ע הכוונה לציפורה שהיא ממדיין, ששכנו באוהלים והיו כהי עור, ובחבקוק מדיין מכונים כושן (ג', ז). חכמים הסבירו שלא לפי פשוטו, שאישה כושית היא אישה יפה. כך באונקלוס ("אתתא שפירתא"), וכן ספרי פיסקא צט (מהדורת הורוויץ, עמ' 89) ובעקבותיהם רש"י, ועל פי דעתם זו ציפורה. אשר לקח – נשא לאישה. (ב) במשה דבר... גם בנו דבר – לפי רשב"ם התבנית "דיבר ב", משמעותה דיבר באמצעות. (ג) ענו – צנוע, שפל רוח. (ו) במראה אליו אתודע – אתגלה אליו במראה.

ז ח אֵלָיו אֶתְוַדָּע בַּחֲלוֹם אֲדַבֶּר־בּוֹ׃ לֹא־כֵן עַבְדִּי מֹשֶׁה בְּכָל־בֵּיתִי נֶאֱמָן הוּא׃ פֶּה
אֶל־פֶּה אֲדַבֶּר־בּוֹ וּמַרְאֶה וְלֹא בְחִידֹת וּתְמֻנַת יהוה יַבִּיט וּמַדּוּעַ לֹא יְרֵאתֶם
ט י לְדַבֵּר בְּעַבְדִּי בְמֹשֶׁה׃ וַיִּחַר־אַף יהוה בָּם וַיֵּלַךְ׃ וְהֶעָנָן סָר מֵעַל הָאֹהֶל וְהִנֵּה
יא מִרְיָם מְצֹרַעַת כַּשָּׁלֶג וַיִּפֶן אַהֲרֹן אֶל־מִרְיָם וְהִנֵּה מְצֹרָעַת׃ וַיֹּאמֶר אַהֲרֹן אֶל־
יב מֹשֶׁה בִּי אֲדֹנִי אַל־נָא תָשֵׁת עָלֵינוּ חַטָּאת אֲשֶׁר נוֹאַלְנוּ וַאֲשֶׁר חָטָאנוּ׃ אַל־
יג נָא תְהִי כַּמֵּת אֲשֶׁר בְּצֵאתוֹ מֵרֶחֶם אִמּוֹ וַיֵּאָכֵל חֲצִי בְשָׂרוֹ׃ וַיִּצְעַק מֹשֶׁה אֶל־
יהוה לֵאמֹר אֵל נָא רְפָא נָא לָהּ׃

מפטיר

יד וַיֹּאמֶר יהוה אֶל־מֹשֶׁה וְאָבִיהָ יָרֹק יָרַק בְּפָנֶיהָ הֲלֹא תִכָּלֵם שִׁבְעַת יָמִים
טו תִּסָּגֵר שִׁבְעַת יָמִים מִחוּץ לַמַּחֲנֶה וְאַחַר תֵּאָסֵף׃ וַתִּסָּגֵר מִרְיָם מִחוּץ לַמַּחֲנֶה
טז שִׁבְעַת יָמִים וְהָעָם לֹא נָסַע עַד הֵאָסֵף מִרְיָם׃ וְאַחַר נָסְעוּ הָעָם מֵחֲצֵרוֹת
וַיַּחֲנוּ בְּמִדְבַּר פָּארָן׃

יב שלח

סיפור המרגלים:
א. הציווי לשלוח מרגלים, מינויים והגדרת שליחותם

יג א ב וַיְדַבֵּר יהוה אֶל־מֹשֶׁה לֵּאמֹר׃ שְׁלַח־לְךָ אֲנָשִׁים וְיָתֻרוּ אֶת־אֶרֶץ כְּנַעַן אֲשֶׁר־
אֲנִי נֹתֵן לִבְנֵי יִשְׂרָאֵל אִישׁ אֶחָד אִישׁ אֶחָד לְמַטֵּה אֲבֹתָיו תִּשְׁלָחוּ כֹּל נָשִׂיא
ג בָהֶם׃ וַיִּשְׁלַח אֹתָם מֹשֶׁה מִמִּדְבַּר פָּארָן עַל־פִּי יהוה כֻּלָּם אֲנָשִׁים רָאשֵׁי בְנֵי־
ד ה יִשְׂרָאֵל הֵמָּה׃ וְאֵלֶּה שְׁמוֹתָם לְמַטֵּה רְאוּבֵן שַׁמּוּעַ בֶּן־זַכּוּר׃ לְמַטֵּה שִׁמְעוֹן
ו ז שָׁפָט בֶּן־חוֹרִי׃ לְמַטֵּה יְהוּדָה כָּלֵב בֶּן־יְפֻנֶּה׃ לְמַטֵּה יִשָּׂשכָר יִגְאָל בֶּן־יוֹסֵף׃
ח ט י לְמַטֵּה אֶפְרָיִם הוֹשֵׁעַ בִּן־נוּן׃ לְמַטֵּה בִנְיָמִן פַּלְטִי בֶּן־רָפוּא׃ לְמַטֵּה זְבוּלֻן
יא יב גַּדִּיאֵל בֶּן־סוֹדִי׃ לְמַטֵּה יוֹסֵף לְמַטֵּה מְנַשֶּׁה גַּדִּי בֶּן־סוּסִי׃ לְמַטֵּה דָן עַמִּיאֵל
יג יד טו בֶּן־גְּמַלִּי׃ לְמַטֵּה אָשֵׁר סְתוּר בֶּן־מִיכָאֵל׃ לְמַטֵּה נַפְתָּלִי נַחְבִּי בֶּן־וָפְסִי׃ לְמַטֵּה
טז גָד גְּאוּאֵל בֶּן־מָכִי׃ אֵלֶּה שְׁמוֹת הָאֲנָשִׁים אֲשֶׁר־שָׁלַח מֹשֶׁה לָתוּר אֶת־הָאָרֶץ
יז וַיִּקְרָא מֹשֶׁה לְהוֹשֵׁעַ בִּן־נוּן יְהוֹשֻׁעַ׃ וַיִּשְׁלַח אֹתָם מֹשֶׁה לָתוּר אֶת־אֶרֶץ
יח כְּנָעַן וַיֹּאמֶר אֲלֵהֶם עֲלוּ זֶה בַּנֶּגֶב וַעֲלִיתֶם אֶת־הָהָר׃ וּרְאִיתֶם אֶת־הָאָרֶץ
יט מַה־הִוא וְאֶת־הָעָם הַיֹּשֵׁב עָלֶיהָ הֶחָזָק הוּא הֲרָפֶה הַמְעַט הוּא אִם־רָב׃ וּמָה
הָאָרֶץ אֲשֶׁר־הוּא יֹשֵׁב בָּהּ הֲטוֹבָה הִוא אִם־רָעָה וּמָה הֶעָרִים אֲשֶׁר־הוּא יוֹשֵׁב
כ בָּהֵנָּה הַבְּמַחֲנִים אִם בְּמִבְצָרִים׃ וּמָה הָאָרֶץ הַשְּׁמֵנָה הִוא אִם־רָזָה הֲיֵשׁ־בָּהּ
עֵץ אִם־אַיִן וְהִתְחַזַּקְתֶּם וּלְקַחְתֶּם מִפְּרִי הָאָרֶץ וְהַיָּמִים יְמֵי בִּכּוּרֵי עֲנָבִים׃

שני

ב. הריגול, דיווח המרגלים, תגובות העם ותגובות כלב ויהושע

כא כב וַיַּעֲלוּ וַיָּתֻרוּ אֶת־הָאָרֶץ מִמִּדְבַּר־צִן עַד־רְחֹב לְבֹא חֲמָת׃ וַיַּעֲלוּ בַנֶּגֶב וַיָּבֹא
עַד־חֶבְרוֹן וְשָׁם אֲחִימַן שֵׁשַׁי וְתַלְמַי יְלִידֵי הָעֲנָק וְחֶבְרוֹן שֶׁבַע שָׁנִים נִבְנְתָה
כג לִפְנֵי צֹעַן מִצְרָיִם׃ וַיָּבֹאוּ עַד־נַחַל אֶשְׁכֹּל וַיִּכְרְתוּ מִשָּׁם זְמוֹרָה וְאֶשְׁכּוֹל עֲנָבִים
כד אֶחָד וַיִּשָּׂאֻהוּ בַמּוֹט בִּשְׁנָיִם וּמִן־הָרִמֹּנִים וּמִן־הַתְּאֵנִים׃ לַמָּקוֹם הַהוּא קָרָא נַחַל
כה אֶשְׁכּוֹל עַל אֹדוֹת הָאֶשְׁכּוֹל אֲשֶׁר־כָּרְתוּ מִשָּׁם בְּנֵי יִשְׂרָאֵל׃ וַיָּשֻׁבוּ מִתּוּר הָאָרֶץ

פירושי מילים

(יא) תשת – תשים. **נואלנו** – עשינו מעשה אווילי (ראו ירמיה ה׳, ד; ישעיה י״ט, יג). **(יד) תכלם** – תתבייש (ירמיה ל״א, יח). **(י״ג, ב) ויתֻרו** – יחקרו, ירגלו. **(כד) על אֹדות** – בדבר, בגלל.

כו מִקֵּץ אַרְבָּעִים יוֹם: וַיֵּלְכוּ וַיָּבֹאוּ אֶל־מֹשֶׁה וְאֶל־אַהֲרֹן וְאֶל־כָּל־עֲדַת בְּנֵי־יִשְׂרָאֵל
אֶל־מִדְבַּר פָּארָן קָדֵשָׁה וַיָּשִׁיבוּ אֹתָם דָּבָר וְאֶת־כָּל־הָעֵדָה וַיַּרְאוּם אֶת־פְּרִי
כז הָאָרֶץ: וַיְסַפְּרוּ־לוֹ וַיֹּאמְרוּ בָּאנוּ אֶל־הָאָרֶץ אֲשֶׁר שְׁלַחְתָּנוּ וְגַם זָבַת חָלָב
כח וּדְבַשׁ הִוא וְזֶה־פִּרְיָהּ: אֶפֶס כִּי־עַז הָעָם הַיֹּשֵׁב בָּאָרֶץ וְהֶעָרִים בְּצֻרוֹת גְּדֹלֹת
כט מְאֹד וְגַם־יְלִדֵי הָעֲנָק רָאִינוּ שָׁם: עֲמָלֵק יוֹשֵׁב בְּאֶרֶץ הַנֶּגֶב וְהַחִתִּי וְהַיְבוּסִי
ל וְהָאֱמֹרִי יוֹשֵׁב בָּהָר וְהַכְּנַעֲנִי יֹשֵׁב עַל־הַיָּם וְעַל יַד הַיַּרְדֵּן: וַיַּהַס כָּלֵב אֶת־הָעָם
לא אֶל־מֹשֶׁה וַיֹּאמֶר עָלֹה נַעֲלֶה וְיָרַשְׁנוּ אֹתָהּ כִּי־יָכוֹל נוּכַל לָהּ: וְהָאֲנָשִׁים אֲשֶׁר
לב עָלוּ עִמּוֹ אָמְרוּ לֹא נוּכַל לַעֲלוֹת אֶל־הָעָם כִּי־חָזָק הוּא מִמֶּנּוּ: וַיֹּצִיאוּ דִּבַּת
הָאָרֶץ אֲשֶׁר תָּרוּ אֹתָהּ אֶל־בְּנֵי יִשְׂרָאֵל לֵאמֹר הָאָרֶץ אֲשֶׁר עָבַרְנוּ בָהּ לָתוּר
אֹתָהּ אֶרֶץ אֹכֶלֶת יוֹשְׁבֶיהָ הִוא וְכָל־הָעָם אֲשֶׁר־רָאִינוּ בְתוֹכָהּ אַנְשֵׁי מִדּוֹת:
לג וְשָׁם רָאִינוּ אֶת־הַנְּפִילִים בְּנֵי עֲנָק מִן־הַנְּפִלִים וַנְּהִי בְעֵינֵינוּ כַּחֲגָבִים וְכֵן הָיִינוּ
יד א ב בְּעֵינֵיהֶם: וַתִּשָּׂא כָּל־הָעֵדָה וַיִּתְּנוּ אֶת־קוֹלָם וַיִּבְכּוּ הָעָם בַּלַּיְלָה הַהוּא: וַיִּלֹּנוּ
עַל־מֹשֶׁה וְעַל־אַהֲרֹן כֹּל בְּנֵי יִשְׂרָאֵל וַיֹּאמְרוּ אֲלֵהֶם כָּל־הָעֵדָה לוּ־מַתְנוּ בְּאֶרֶץ
ג מִצְרַיִם אוֹ בַּמִּדְבָּר הַזֶּה לוּ־מָתְנוּ: וְלָמָה יְהוָה מֵבִיא אֹתָנוּ אֶל־הָאָרֶץ הַזֹּאת
ד לִנְפֹּל בַּחֶרֶב נָשֵׁינוּ וְטַפֵּנוּ יִהְיוּ לָבַז הֲלוֹא טוֹב לָנוּ שׁוּב מִצְרָיְמָה: וַיֹּאמְרוּ אִישׁ
ה אֶל־אָחִיו נִתְּנָה רֹאשׁ וְנָשׁוּבָה מִצְרָיְמָה: וַיִּפֹּל מֹשֶׁה וְאַהֲרֹן עַל־פְּנֵיהֶם לִפְנֵי כָּל־
ו קְהַל עֲדַת בְּנֵי יִשְׂרָאֵל: וִיהוֹשֻׁעַ בִּן־נוּן וְכָלֵב בֶּן־יְפֻנֶּה מִן־הַתָּרִים אֶת־הָאָרֶץ
ז קָרְעוּ בִּגְדֵיהֶם: וַיֹּאמְרוּ אֶל־כָּל־עֲדַת בְּנֵי־יִשְׂרָאֵל לֵאמֹר הָאָרֶץ אֲשֶׁר עָבַרְנוּ
ח בָהּ לָתוּר אֹתָהּ טוֹבָה הָאָרֶץ מְאֹד מְאֹד: אִם־חָפֵץ בָּנוּ יְהוָה וְהֵבִיא אֹתָנוּ שלישי
ט אֶל־הָאָרֶץ הַזֹּאת וּנְתָנָהּ לָנוּ אֶרֶץ אֲשֶׁר־הִוא זָבַת חָלָב וּדְבָשׁ: אַךְ בַּיהוָה
אַל־תִּמְרֹדוּ וְאַתֶּם אַל־תִּירְאוּ אֶת־עַם הָאָרֶץ כִּי לַחְמֵנוּ הֵם סָר צִלָּם מֵעֲלֵיהֶם
י וַיהוָה אִתָּנוּ אַל־תִּירָאֻם: וַיֹּאמְרוּ כָּל־הָעֵדָה לִרְגּוֹם אֹתָם בָּאֲבָנִים וּכְבוֹד יְהוָה
נִרְאָה בְּאֹהֶל מוֹעֵד אֶל־כָּל־בְּנֵי יִשְׂרָאֵל:

יג ג. תגובות ה׳ לחטא המרגלים ועונשם

יא וַיֹּאמֶר יְהוָה אֶל־מֹשֶׁה עַד־אָנָה יְנַאֲצֻנִי הָעָם הַזֶּה וְעַד־אָנָה לֹא־יַאֲמִינוּ
יב בִי בְּכֹל הָאֹתוֹת אֲשֶׁר עָשִׂיתִי בְּקִרְבּוֹ: אַכֶּנּוּ בַדֶּבֶר וְאוֹרִשֶׁנּוּ וְאֶעֱשֶׂה אֹתְךָ
יג לְגוֹי־גָּדוֹל וְעָצוּם מִמֶּנּוּ: וַיֹּאמֶר מֹשֶׁה אֶל־יְהוָה וְשָׁמְעוּ מִצְרַיִם כִּי־הֶעֱלִיתָ

פירושי מילים

(כח) **אפס** – אך, אבל. **ענק** – שם של קבוצת אנשים שגרו בעיקר באזור חברון ובפלשת. פירוש המילה ענק הוא צוואר, מדובר על עם ארוכי צוואר, גבוהים. (לב) **דבת** – דברי גנות. **ארץ אֹכלת יושביה** – הארץ אינה טובה, וגורמת ליושבים בה למות, או מחמת שאווירה רע (ראב״ע; ריב״ש), אולי מימיה רעים, או מכל סיבה אחרת. **אנשי מדות** – אנשים גדולים. (לג) **הנפילים** – ענקים, כמו שמבאר והולך, ״בני ענק מן הנפילים״, מוצאם של הנפילים הוא ממשפחת הענקים (בראשית ו׳, ד). (י״ד, ב) **וילֹנו** – התלוננו. (ג) **לבז** – יילקחו בשבי. (ט) **לחמנו הם** – נאכל אותם כמו לחם, נשמידם בקלות. **סר צלם** – אבד המחסה שלהם, אין להם הגנה מפנינו. ׳צל׳ במובן מחסה, למשל שופטים ט׳, טו. (יא) **ינאצֻני** – יחרפוני, יגדפוני.

יד בְּכֹחֲךָ אֶת־הָעָם הַזֶּה מִקִּרְבּוֹ: וְאָמְרוּ אֶל־יוֹשֵׁב הָאָרֶץ הַזֹּאת שָׁמְעוּ כִּי־אַתָּה
יְהוָה בְּקֶרֶב הָעָם הַזֶּה אֲשֶׁר־עַיִן בְּעַיִן נִרְאָה ׀ אַתָּה יְהוָה וַעֲנָנְךָ עֹמֵד עֲלֵהֶם
טו וּבְעַמֻּד עָנָן אַתָּה הֹלֵךְ לִפְנֵיהֶם יוֹמָם וּבְעַמּוּד אֵשׁ לָיְלָה: וְהֵמַתָּה אֶת־הָעָם
טז הַזֶּה כְּאִישׁ אֶחָד וְאָמְרוּ הַגּוֹיִם אֲשֶׁר־שָׁמְעוּ אֶת־שִׁמְעֲךָ לֵאמֹר: מִבִּלְתִּי יְכֹלֶת
יְהוָה לְהָבִיא אֶת־הָעָם הַזֶּה אֶל־הָאָרֶץ אֲשֶׁר־נִשְׁבַּע לָהֶם וַיִּשְׁחָטֵם בַּמִּדְבָּר:
יז יח וְעַתָּה יִגְדַּל־נָא כֹּחַ אֲדֹנָי כַּאֲשֶׁר דִּבַּרְתָּ לֵאמֹר: יְהוָה אֶרֶךְ אַפַּיִם וְרַב־חֶסֶד נֹשֵׂא
עָוֺן וָפָשַׁע וְנַקֵּה לֹא יְנַקֶּה פֹּקֵד עֲוֺן אָבוֹת עַל־בָּנִים עַל־שִׁלֵּשִׁים וְעַל־רִבֵּעִים:
יט סְלַח־נָא לַעֲוֺן הָעָם הַזֶּה כְּגֹדֶל חַסְדֶּךָ וְכַאֲשֶׁר נָשָׂאתָה לָעָם הַזֶּה מִמִּצְרַיִם
כ כא וְעַד־הֵנָּה: וַיֹּאמֶר יְהוָה סָלַחְתִּי כִּדְבָרֶךָ: וְאוּלָם חַי־אָנִי וְיִמָּלֵא כְבוֹד־יְהוָה
כב אֶת־כָּל־הָאָרֶץ: כִּי כָל־הָאֲנָשִׁים הָרֹאִים אֶת־כְּבֹדִי וְאֶת־אֹתֹתַי אֲשֶׁר־עָשִׂיתִי
כג בְמִצְרַיִם וּבַמִּדְבָּר וַיְנַסּוּ אֹתִי זֶה עֶשֶׂר פְּעָמִים וְלֹא שָׁמְעוּ בְּקוֹלִי: אִם־יִרְאוּ
כד אֶת־הָאָרֶץ אֲשֶׁר נִשְׁבַּעְתִּי לַאֲבֹתָם וְכָל־מְנַאֲצַי לֹא יִרְאוּהָ: וְעַבְדִּי כָלֵב עֵקֶב
הָיְתָה רוּחַ אַחֶרֶת עִמּוֹ וַיְמַלֵּא אַחֲרָי וַהֲבִיאֹתִיו אֶל־הָאָרֶץ אֲשֶׁר־בָּא שָׁמָּה
כה וְזַרְעוֹ יוֹרִשֶׁנָּה: וְהָעֲמָלֵקִי וְהַכְּנַעֲנִי יוֹשֵׁב בָּעֵמֶק מָחָר פְּנוּ וּסְעוּ לָכֶם הַמִּדְבָּר
דֶּרֶךְ יַם־סוּף:

רביעי כו כז וַיְדַבֵּר יְהוָה אֶל־מֹשֶׁה וְאֶל־אַהֲרֹן לֵאמֹר: עַד־מָתַי לָעֵדָה הָרָעָה הַזֹּאת אֲשֶׁר
הֵמָּה מַלִּינִים עָלָי אֶת־תְּלֻנּוֹת בְּנֵי יִשְׂרָאֵל אֲשֶׁר הֵמָּה מַלִּינִים עָלַי שָׁמָעְתִּי:
כח אֱמֹר אֲלֵהֶם חַי־אָנִי נְאֻם־יְהוָה אִם־לֹא כַּאֲשֶׁר דִּבַּרְתֶּם בְּאָזְנָי כֵּן אֶעֱשֶׂה
כט לָכֶם: בַּמִּדְבָּר הַזֶּה יִפְּלוּ פִגְרֵיכֶם וְכָל־פְּקֻדֵיכֶם לְכָל־מִסְפַּרְכֶם מִבֶּן עֶשְׂרִים
ל שָׁנָה וָמָעְלָה אֲשֶׁר הֲלִינֹתֶם עָלָי: אִם־אַתֶּם תָּבֹאוּ אֶל־הָאָרֶץ אֲשֶׁר נָשָׂאתִי
לא אֶת־יָדִי לְשַׁכֵּן אֶתְכֶם בָּהּ כִּי אִם־כָּלֵב בֶּן־יְפֻנֶּה וִיהוֹשֻׁעַ בִּן־נוּן: וְטַפְּכֶם
אֲשֶׁר אֲמַרְתֶּם לָבַז יִהְיֶה וְהֵבֵיאתִי אֹתָם וְיָדְעוּ אֶת־הָאָרֶץ אֲשֶׁר מְאַסְתֶּם בָּהּ:
לב לג וּפִגְרֵיכֶם אַתֶּם יִפְּלוּ בַּמִּדְבָּר הַזֶּה: וּבְנֵיכֶם יִהְיוּ רֹעִים בַּמִּדְבָּר אַרְבָּעִים שָׁנָה
לד וְנָשְׂאוּ אֶת־זְנוּתֵיכֶם עַד־תֹּם פִּגְרֵיכֶם בַּמִּדְבָּר: בְּמִסְפַּר הַיָּמִים אֲשֶׁר־תַּרְתֶּם
אֶת־הָאָרֶץ אַרְבָּעִים יוֹם יוֹם לַשָּׁנָה יוֹם לַשָּׁנָה תִּשְׂאוּ אֶת־עֲוֺנֹתֵיכֶם אַרְבָּעִים
לה שָׁנָה וִידַעְתֶּם אֶת־תְּנוּאָתִי: אֲנִי יְהוָה דִּבַּרְתִּי אִם־לֹא ׀ זֹאת אֶעֱשֶׂה לְכָל־
לו הָעֵדָה הָרָעָה הַזֹּאת הַנּוֹעָדִים עָלָי בַּמִּדְבָּר הַזֶּה יִתַּמּוּ וְשָׁם יָמֻתוּ: וְהָאֲנָשִׁים
אֲשֶׁר־שָׁלַח מֹשֶׁה לָתוּר אֶת־הָאָרֶץ וַיָּשֻׁבוּ וילונו עָלָיו אֶת־כָּל־הָעֵדָה לְהוֹצִיא וַיַּלִּינוּ
לז דִבָּה עַל־הָאָרֶץ: וַיָּמֻתוּ הָאֲנָשִׁים מוֹצִאֵי דִבַּת־הָאָרֶץ רָעָה בַּמַּגֵּפָה לִפְנֵי יְהוָה:

פירושי מילים

(יד) **עין בעין נראה** – התגלית אליהם בבהירות. (יח) **ארך אפים** – האף מציין כעס. מאריך אפו, היינו מבליג על כעסו. **נשא עון ופשע ונקה לא ינקה** – וי"ו הניגוד, אולם ה' אינו מנקה אדם מן העוון. **פוקד עון אבות על בנים** – ה' נפרע מהחוטאים ומבניהם. **שלשים** – דור שלישי, בני בנים. **רבעים** – דור רביעי של צאצאים.

לח ויהושע בן־נון וכלב בן־יפנה חיו מן־האנשים ההם ההלכים לתור את־
לט הארץ: וידבר משה את־הדברים האלה אל־כל־בני ישראל ויתאבלו העם
ד. המעפילים
מ מאד: וישכמו בבקר ויעלו אל־ראש־ההר לאמר הננו ועלינו אל־המקום
מא אשר־אמר יהוה כי חטאנו: ויאמר משה למה זה אתם עברים את־פי יהוה
מב והוא לא תצלח: אל־תעלו כי אין יהוה בקרבכם ולא תנגפו לפני איביכם:
מג כי העמלקי והכנעני שם לפניכם ונפלתם בחרב כי־על־כן שבתם מאחרי
מד יהוה ולא־יהיה יהוה עמכם: ויעפלו לעלות אל־ראש ההר וארון ברית־
מה יהוה ומשה לא־משו מקרב המחנה: וירד העמלקי והכנעני הישב בהר
ההוא ויכום ויכתום עד־החרמה:

חוקים: יד
א. מנחה ונסך

טו א ב וידבר יהוה אל־משה לאמר: דבר אל־בני ישראל ואמרת אלהם כי תבאו
ג אל־ארץ מושבתיכם אשר אני נתן לכם: ועשיתם אשה ליהוה עלה או־זבח
לפלא־נדר או בנדבה או במעדיכם לעשות ריח ניחח ליהוה מן־הבקר או
ד מן־הצאן: והקריב המקריב קרבנו ליהוה מנחה סלת עשרון בלול ברבעית
ה ההין שמן: ויין לנסך רביעית ההין תעשה על־העלה או לזבח לכבש האחד:
ו ז או לאיל תעשה מנחה סלת שני עשרנים בלולה בשמן שלשית ההין: ויין
חמישי
ח לנסך שלשית ההין תקריב ריח־ניחח ליהוה: וכי־תעשה בן־בקר עלה או־
ט זבח לפלא־נדר או־שלמים ליהוה: והקריב על־בן־הבקר מנחה סלת שלשה
י עשרנים בלול בשמן חצי ההין: ויין תקריב לנסך חצי ההין אשה ריח־ניחח
יא ליהוה: ככה יעשה לשור האחד או לאיל האחד או־לשה בכבשים או בעזים:
יב יג כמספר אשר תעשו ככה תעשו לאחד כמספרם: כל־האזרח יעשה־ככה את־
יד אלה להקריב אשה ריח־ניחח ליהוה: וכי־יגור אתכם גר או אשר־בתוככם
טו לדרתיכם ועשה אשה ריח־ניחח ליהוה כאשר תעשו כן יעשה: הקהל חקה
טז אחת לכם ולגר הגר חקת עולם לדרתיכם ככם כגר יהיה לפני יהוה: תורה
אחת ומשפט אחד יהיה לכם ולגר הגר אתכם:

ששי
ב. תרומת חלה

יז יח וידבר יהוה אל־משה לאמר: דבר אל־בני ישראל ואמרת אלהם בבאכם
יט אל־הארץ אשר אני מביא אתכם שמה: והיה באכלכם מלחם הארץ תרימו
כ תרומה ליהוה: ראשית ערסתכם חלה תרימו תרומה כתרומת גרן כן תרימו

פירושי מילים

(ט"ו, ג) **אשה** – קורבן שנשרף כולו או חלקו במזבח. **לפלא** – ביטא בשפתיו נדר. (ד) **סלת** – קמח מובחר. **עשרון** – עשירית האיפה. האיפה היא מידת היבש. בזמנים שונים נהגו מידות שונות בתקופות שונות. איפה היא בערך 21 ליטר. **בלול** – מעורב, נילוש. **הין** – מידת הלח; ההין הוא החלק השישי של הבת, ומידת הבת שווה למידת איפה (יחזקאל מ"ה, יא). (ה) **נסך** – יציקת נוזלים. (יט) **תרימו תרומה** – להרים, ממובן להפריש. תרומה משמעה דבר שמרימים אותו. התרומה היא הפרשה של מתנה. (כ) **ערסתכם** – עריסה היא עיסה. על השורש ער"ס גם במשמעות של לישה, ראו בבלי ברכות לז ע"ב (מילון בן יהודה ערך ערס, כרך ט, עמ' 8374). אונקלוס תרגם "אצוותכון" היינו הכלי שלשים בו את הבצק. **חלה** – כיכר

כא כב אֹתָהּ׃ מֵרֵאשִׁית עֲרִסֹתֵיכֶם תִּתְּנוּ לַיהוָה תְּרוּמָה לְדֹרֹתֵיכֶם׃ וְכִי ג. חוטא בשוגג ובמזיד
כג תִשְׁגּוּ וְלֹא תַעֲשׂוּ אֵת כָּל־הַמִּצְוֺת הָאֵלֶּה אֲשֶׁר־דִּבֶּר יְהוָה אֶל־מֹשֶׁה׃ אֵת כָּל־
אֲשֶׁר צִוָּה יְהוָה אֲלֵיכֶם בְּיַד־מֹשֶׁה מִן־הַיּוֹם אֲשֶׁר צִוָּה יְהוָה וָהָלְאָה לְדֹרֹתֵיכֶם׃
כד וְהָיָה אִם מֵעֵינֵי הָעֵדָה נֶעֶשְׂתָה לִשְׁגָגָה וְעָשׂוּ כָל־הָעֵדָה פַּר בֶּן־בָּקָר אֶחָד
לְעֹלָה לְרֵיחַ נִיחֹחַ לַיהוָה וּמִנְחָתוֹ וְנִסְכּוֹ כַּמִּשְׁפָּט וּשְׂעִיר־עִזִּים אֶחָד לְחַטָּת׃
כה וְכִפֶּר הַכֹּהֵן עַל־כָּל־עֲדַת בְּנֵי יִשְׂרָאֵל וְנִסְלַח לָהֶם כִּי־שְׁגָגָה הִוא וְהֵם הֵבִיאוּ
כו אֶת־קָרְבָּנָם אִשֶּׁה לַיהוָה וְחַטָּאתָם לִפְנֵי יְהוָה עַל־שִׁגְגָתָם׃ וְנִסְלַח לְכָל־עֲדַת
כז בְּנֵי יִשְׂרָאֵל וְלַגֵּר הַגָּר בְּתוֹכָם כִּי לְכָל־הָעָם בִּשְׁגָגָה׃ וְאִם־נֶפֶשׁ שביעי
כח אַחַת תֶּחֱטָא בִשְׁגָגָה וְהִקְרִיבָה עֵז בַּת־שְׁנָתָהּ לְחַטָּאת׃ וְכִפֶּר הַכֹּהֵן עַל־
כט הַנֶּפֶשׁ הַשֹּׁגֶגֶת בְּחֶטְאָה בִשְׁגָגָה לִפְנֵי יְהוָה לְכַפֵּר עָלָיו וְנִסְלַח לוֹ׃ הָאֶזְרָח
ל בִּבְנֵי יִשְׂרָאֵל וְלַגֵּר הַגָּר בְּתוֹכָם תּוֹרָה אַחַת יִהְיֶה לָכֶם לָעֹשֶׂה בִּשְׁגָגָה׃ וְהַנֶּפֶשׁ
אֲשֶׁר־תַּעֲשֶׂה ׀ בְּיָד רָמָה מִן־הָאֶזְרָח וּמִן־הַגֵּר אֶת־יְהוָה הוּא מְגַדֵּף וְנִכְרְתָה
לא הַנֶּפֶשׁ הַהִוא מִקֶּרֶב עַמָּהּ׃ כִּי דְבַר־יְהוָה בָּזָה וְאֶת־מִצְוָתוֹ הֵפַר הִכָּרֵת ׀ תִּכָּרֵת
הַנֶּפֶשׁ הַהִוא עֲוֺנָה בָהּ׃
לב לג וַיִּהְיוּ בְנֵי־יִשְׂרָאֵל בַּמִּדְבָּר וַיִּמְצְאוּ אִישׁ מְקֹשֵׁשׁ עֵצִים בְּיוֹם הַשַּׁבָּת׃ וַיַּקְרִיבוּ ד. מקושש
לד אֹתוֹ הַמֹּצְאִים אֹתוֹ מְקֹשֵׁשׁ עֵצִים אֶל־מֹשֶׁה וְאֶל־אַהֲרֹן וְאֶל כָּל־הָעֵדָה׃ וַיַּנִּיחוּ
לה אֹתוֹ בַּמִּשְׁמָר כִּי לֹא פֹרַשׁ מַה־יֵּעָשֶׂה לוֹ׃ וַיֹּאמֶר יְהוָה אֶל־מֹשֶׁה
לו מוֹת יוּמַת הָאִישׁ רָגוֹם אֹתוֹ בָאֲבָנִים כָּל־הָעֵדָה מִחוּץ לַמַּחֲנֶה׃ וַיֹּצִיאוּ אֹתוֹ
כָּל־הָעֵדָה אֶל־מִחוּץ לַמַּחֲנֶה וַיִּרְגְּמוּ אֹתוֹ בָּאֲבָנִים וַיָּמֹת כַּאֲשֶׁר צִוָּה יְהוָה
אֶת־מֹשֶׁה׃
לז לח וַיֹּאמֶר יְהוָה אֶל־מֹשֶׁה לֵּאמֹר׃ דַּבֵּר אֶל־בְּנֵי יִשְׂרָאֵל וְאָמַרְתָּ אֲלֵהֶם וְעָשׂוּ לָהֶם מפטיר
לט צִיצִת עַל־כַּנְפֵי בִגְדֵיהֶם לְדֹרֹתָם וְנָתְנוּ עַל־צִיצִת הַכָּנָף פְּתִיל תְּכֵלֶת׃ וְהָיָה ה. ציצית
לָכֶם לְצִיצִת וּרְאִיתֶם אֹתוֹ וּזְכַרְתֶּם אֶת־כָּל־מִצְוֺת יְהוָה וַעֲשִׂיתֶם אֹתָם
מ וְלֹא תָתֻרוּ אַחֲרֵי לְבַבְכֶם וְאַחֲרֵי עֵינֵיכֶם אֲשֶׁר־אַתֶּם זֹנִים אַחֲרֵיהֶם׃ לְמַעַן
מא תִּזְכְּרוּ וַעֲשִׂיתֶם אֶת־כָּל־מִצְוֺתָי וִהְיִיתֶם קְדֹשִׁים לֵאלֹהֵיכֶם׃ אֲנִי יְהוָה
אֱלֹהֵיכֶם אֲשֶׁר הוֹצֵאתִי אֶתְכֶם מֵאֶרֶץ מִצְרַיִם לִהְיוֹת לָכֶם לֵאלֹהִים אֲנִי יְהוָה
אֱלֹהֵיכֶם׃

פירושי מילים

לחם. **כתרומת גורן** – הגרן הוא מקום דישת התבואה, יש לתרום מהעיסה כמו שתורמים לכוהן את התרומה מן הגורן. (כב) **תשגו** – תעשו בשגגה. (כו) **כי לכל העם בשגגה** – החטא של כל העם היה בשגגה. (ל) **יד רמה** – בזדון. **מגדף** – מנאץ, מחרף, מבזה. (לב) **מקֹשש** – לוקט קש או עצים קטנים. (לד) **במשמר** – בכלא (בראשית מ׳, ד; מ״א, י; מ״ב, יז). **לא פֹרש** – לא נאמר במפורש. (לח) **ציצת** – חוטים קשורים היוצאים בקצוות הבגד (ראו יחזקאל ח׳, ג, ששם הכוונה היא לצרור של שערות). **כנפי בגדיהם** – קצוות הבגד. **פתיל תכלת** – חוט שזור בצבע תכלת.

קרח טו

קורח ועדתו:
א. המרד

וַיִּקַּ֣ח קֹ֔רַח בֶּן־יִצְהָ֥ר בֶּן־קְהָ֖ת בֶּן־לֵוִ֑י וְדָתָ֨ן וַאֲבִירָ֜ם בְּנֵ֧י אֱלִיאָ֛ב וְא֥וֹן בֶּן־פֶּ֖לֶת א טז
בְּנֵ֥י רְאוּבֵֽן׃ וַיָּקֻ֙מוּ֙ לִפְנֵ֣י מֹשֶׁ֔ה וַאֲנָשִׁ֥ים מִבְּנֵֽי־יִשְׂרָאֵ֖ל חֲמִשִּׁ֣ים וּמָאתָ֑יִם נְשִׂיאֵ֥י ב
עֵדָ֛ה קְרִאֵ֥י מוֹעֵ֖ד אַנְשֵׁי־שֵֽׁם׃ וַיִּקָּהֲל֞וּ עַל־מֹשֶׁ֣ה וְעַֽל־אַהֲרֹ֗ן וַיֹּאמְר֣וּ אֲלֵהֶם֮ ג
רַב־לָכֶם֒ כִּ֤י כָל־הָֽעֵדָה֙ כֻּלָּ֣ם קְדֹשִׁ֔ים וּבְתוֹכָ֖ם יהוה וּמַדּ֥וּעַ תִּֽתְנַשְּׂא֖וּ עַל־קְהַ֥ל

ב. דין ודברים של משה עם המורדים

יהוה׃ וַיִּשְׁמַ֣ע מֹשֶׁ֔ה וַיִּפֹּ֖ל עַל־פָּנָֽיו׃ וַיְדַבֵּ֨ר אֶל־קֹ֜רַח וְאֶֽל־כָּל־עֲדָתוֹ֮ לֵאמֹר֒ ד ה
בֹּ֠קֶר וְיֹדַ֨ע יהוה אֶת־אֲשֶׁר־ל֛וֹ וְאֶת־הַקָּד֖וֹשׁ וְהִקְרִ֣יב אֵלָ֑יו וְאֵ֛ת אֲשֶׁ֥ר יִבְחַר־
בּ֖וֹ יַקְרִ֥יב אֵלָֽיו׃ זֹ֖את עֲשׂ֑וּ קְחוּ־לָכֶ֣ם מַחְתּ֔וֹת קֹ֖רַח וְכָל־עֲדָתֽוֹ׃ וּתְנ֣וּ־בָהֵ֣ן ׀ ו ז
אֵ֗שׁ וְשִׂ֨ימוּ עֲלֵיהֶ֥ן ׀ קְטֹ֜רֶת לִפְנֵ֤י יהוה מָחָ֔ר וְהָיָ֗ה הָאִ֛ישׁ אֲשֶׁר־יִבְחַ֥ר יהוה
ה֣וּא הַקָּד֑וֹשׁ רַב־לָכֶ֖ם בְּנֵ֥י לֵוִֽי׃ וַיֹּ֥אמֶר מֹשֶׁ֖ה אֶל־קֹ֑רַח שִׁמְעוּ־נָ֖א בְּנֵ֥י לֵוִֽי׃ ח
הַמְעַ֣ט מִכֶּ֗ם כִּֽי־הִבְדִּיל֩ אֱלֹהֵ֨י יִשְׂרָאֵ֥ל אֶתְכֶם֮ מֵעֲדַ֣ת יִשְׂרָאֵל֒ לְהַקְרִ֥יב אֶתְכֶ֖ם ט
אֵלָ֑יו לַעֲבֹ֗ד אֶת־עֲבֹדַת֙ מִשְׁכַּ֣ן יהוה וְלַעֲמֹ֛ד לִפְנֵ֥י הָעֵדָ֖ה לְשָׁרְתָֽם׃ וַיַּקְרֵב֙ י
אֹֽתְךָ֔ וְאֶת־כָּל־אַחֶ֥יךָ בְנֵֽי־לֵוִ֖י אִתָּ֑ךְ וּבִקַּשְׁתֶּ֖ם גַּם־כְּהֻנָּֽה׃ לָכֵ֗ן אַתָּה֙ וְכָל־עֲדָ֣תְךָ֔ יא
הַנֹּעָדִ֖ים עַל־יהוה וְאַהֲרֹ֣ן מַה־ה֔וּא כִּ֥י תלונו עָלָֽיו׃ וַיִּשְׁלַ֣ח מֹשֶׁ֔ה לִקְרֹ֛א לְדָתָ֥ן יב תַּלִּ֥ינוּ
וְלַאֲבִירָ֖ם בְּנֵ֣י אֱלִיאָ֑ב וַיֹּאמְר֖וּ לֹ֥א נַעֲלֶֽה׃ הַמְעַ֗ט כִּ֤י הֶֽעֱלִיתָ֙נוּ֙ מֵאֶ֨רֶץ זָבַ֤ת יג
חָלָב֙ וּדְבַ֔שׁ לַהֲמִיתֵ֖נוּ בַּמִּדְבָּ֑ר כִּֽי־תִשְׂתָּרֵ֥ר עָלֵ֖ינוּ גַּם־הִשְׂתָּרֵֽר׃ אַ֡ף לֹ֣א אֶל־ יד שני
אֶרֶץ֩ זָבַ֨ת חָלָ֤ב וּדְבַשׁ֙ הֲבִ֣יאֹתָ֔נוּ וַתִּ֨תֶּן־לָ֔נוּ נַחֲלַ֖ת שָׂדֶ֣ה וָכָ֑רֶם הַעֵינֵ֞י הָאֲנָשִׁ֥ים
הָהֵ֛ם תְּנַקֵּ֖ר לֹ֥א נַעֲלֶֽה׃ וַיִּ֤חַר לְמֹשֶׁה֙ מְאֹ֔ד וַיֹּ֙אמֶר֙ אֶל־יהוה אַל־תֵּ֖פֶן אֶל־מִנְחָתָ֑ם טו
לֹ֠א חֲמ֨וֹר אֶחָ֤ד מֵהֶם֙ נָשָׂ֔אתִי וְלֹ֥א הֲרֵעֹ֖תִי אֶת־אַחַ֥ד מֵהֶֽם׃ וַיֹּ֤אמֶר מֹשֶׁה֙ אֶל־ טז
קֹ֔רַח אַתָּה֙ וְכָל־עֲדָ֣תְךָ֔ הֱי֖וּ לִפְנֵ֣י יהוה אַתָּ֥ה וָהֵ֛ם וְאַהֲרֹ֖ן מָחָֽר׃ וּקְח֣וּ ׀ אִ֣ישׁ יז
מַחְתָּת֗וֹ וּנְתַתֶּ֤ם עֲלֵיהֶם֙ קְטֹ֔רֶת וְהִקְרַבְתֶּ֞ם לִפְנֵ֤י יהוה אִ֣ישׁ מַחְתָּת֔וֹ חֲמִשִּׁ֥ים

ג. עונש החוטאים

וּמָאתַ֖יִם מַחְתֹּ֑ת וְאַתָּ֥ה וְאַהֲרֹ֖ן אִ֥ישׁ מַחְתָּתֽוֹ׃ וַיִּקְח֞וּ אִ֣ישׁ מַחְתָּת֗וֹ וַיִּתְּנ֤וּ יח
עֲלֵיהֶם֙ אֵ֔שׁ וַיָּשִׂ֥ימוּ עֲלֵיהֶ֖ם קְטֹ֑רֶת וַיַּֽעַמְד֗וּ פֶּ֛תַח אֹ֥הֶל מוֹעֵ֖ד וּמֹשֶׁ֥ה וְאַהֲרֹֽן׃
וַיַּקְהֵ֨ל עֲלֵיהֶ֥ם קֹ֙רַח֙ אֶת־כָּל־הָ֣עֵדָ֔ה אֶל־פֶּ֖תַח אֹ֣הֶל מוֹעֵ֑ד וַיֵּרָ֥א כְבוֹד־יהוה יט
אֶל־כָּל־הָעֵדָֽה׃ וַיְדַבֵּ֣ר יהוה אֶל־מֹשֶׁ֥ה וְאֶֽל־אַהֲרֹ֖ן לֵאמֹֽר׃ הִבָּ֣דְל֔וּ כ כא שלישי

פירושי מילים

(ט"ז, א) **ויקח** – אין לפועל "ויקח" מושא. רשב"ם הציע שהמושא של הפועל "ויקח" הוא "דתן ואבירם ואון...", כאילו כתוב לפני כן 'את'. ראב"ע הציע שהמילה אנשים חסרה, וכן שד"ל. לפי אבן ג'נאח (ספר השורשים, ערך לקח, עמ' 249), הפועל "ויקח" הוא פועל עזר לפועל "ויקמו" בפסוק ב (כמו "ויקח ויתן אל העדות" בשמות מ', כ). לוין (במדבר א, עמ' 411) הציע על פי האכדית שהפועל "ויקח" יכול להיות במשמעות קוגנטית, ללמוד, להבין, בלא צורך במושא. (ב) **נשיאי עדה** – נכבדי העדה, אלה הנישאים מעם (כמו י"ג, ב), אך לא הנשיאים של השבטים, שמספרם שנים עשר, והם נמנים בפרק א', ה–טז). **קראי מועד** – אנשים חשובים שנקראים להיוועד (וראו כ"ו, ט). וראב"ע פירש שנקראים לאוהל מועד. **אנשי שם** – אנשים ידועים ומפורסמים. (יא) **הנֹעדים** – הנאספים על מנת למרוד. (יג) **תשתרר עלינו גם השתרר** – מהשורש שר"ר, התנשא עלינו. המילה גם באה לשם הדגשה (למשל שמ"א כ"ד, יא). (יד) **תנקר** – להוציא את העין, כאן בהשאלה, לגרום להם שלא לראות ולהבין. (טו) **אל תפן** – אל תפנה ותקבל. **נשאתי** – לקחתי.

כב מִתּוֹךְ הָעֵדָה הַזֹּאת וַאֲכַלֶּה אֹתָם כְּרָגַע: וַיִּפְּלוּ עַל־פְּנֵיהֶם וַיֹּאמְרוּ אֵל אֱלֹהֵי
כג הָרוּחֹת לְכָל־בָּשָׂר הָאִישׁ אֶחָד יֶחֱטָא וְעַל כָּל־הָעֵדָה תִּקְצֹף: וַיְדַבֵּר
כד יְהוָה אֶל־מֹשֶׁה לֵּאמֹר: דַּבֵּר אֶל־הָעֵדָה לֵאמֹר הֵעָלוּ מִסָּבִיב לְמִשְׁכַּן־קֹרַח
כה דָּתָן וַאֲבִירָם: וַיָּקָם מֹשֶׁה וַיֵּלֶךְ אֶל־דָּתָן וַאֲבִירָם וַיֵּלְכוּ אַחֲרָיו זִקְנֵי יִשְׂרָאֵל:
כו וַיְדַבֵּר אֶל־הָעֵדָה לֵאמֹר סוּרוּ נָא מֵעַל אָהֳלֵי הָאֲנָשִׁים הָרְשָׁעִים הָאֵלֶּה וְאַל־
כז תִּגְּעוּ בְּכָל־אֲשֶׁר לָהֶם פֶּן־תִּסָּפוּ בְּכָל־חַטֹּאתָם: וַיֵּעָלוּ מֵעַל מִשְׁכַּן־קֹרַח דָּתָן
וַאֲבִירָם מִסָּבִיב וְדָתָן וַאֲבִירָם יָצְאוּ נִצָּבִים פֶּתַח אָהֳלֵיהֶם וּנְשֵׁיהֶם וּבְנֵיהֶם
כח וְטַפָּם: וַיֹּאמֶר מֹשֶׁה בְּזֹאת תֵּדְעוּן כִּי־יְהוָה שְׁלָחַנִי לַעֲשׂוֹת אֵת כָּל־הַמַּעֲשִׂים
כט הָאֵלֶּה כִּי־לֹא מִלִּבִּי: אִם־כְּמוֹת כָּל־הָאָדָם יְמֻתוּן אֵלֶּה וּפְקֻדַּת כָּל־הָאָדָם יִפָּקֵד
ל עֲלֵיהֶם לֹא יְהוָה שְׁלָחָנִי: וְאִם־בְּרִיאָה יִבְרָא יְהוָה וּפָצְתָה הָאֲדָמָה אֶת־פִּיהָ
וּבָלְעָה אֹתָם וְאֶת־כָּל־אֲשֶׁר לָהֶם וְיָרְדוּ חַיִּים שְׁאֹלָה וִידַעְתֶּם כִּי נִאֲצוּ הָאֲנָשִׁים
לא הָאֵלֶּה אֶת־יְהוָה: וַיְהִי כְּכַלֹּתוֹ לְדַבֵּר אֵת כָּל־הַדְּבָרִים הָאֵלֶּה וַתִּבָּקַע הָאֲדָמָה
לב אֲשֶׁר תַּחְתֵּיהֶם: וַתִּפְתַּח הָאָרֶץ אֶת־פִּיהָ וַתִּבְלַע אֹתָם וְאֶת־בָּתֵּיהֶם וְאֵת כָּל־
לג הָאָדָם אֲשֶׁר לְקֹרַח וְאֵת כָּל־הָרְכוּשׁ: וַיֵּרְדוּ הֵם וְכָל־אֲשֶׁר לָהֶם חַיִּים שְׁאֹלָה
לד וַתְּכַס עֲלֵיהֶם הָאָרֶץ וַיֹּאבְדוּ מִתּוֹךְ הַקָּהָל: וְכָל־יִשְׂרָאֵל אֲשֶׁר סְבִיבֹתֵיהֶם
לה נָסוּ לְקֹלָם כִּי אָמְרוּ פֶּן־תִּבְלָעֵנוּ הָאָרֶץ: וְאֵשׁ יָצְאָה מֵאֵת יְהוָה וַתֹּאכַל אֵת
יז א הַחֲמִשִּׁים וּמָאתַיִם אִישׁ מַקְרִיבֵי הַקְּטֹרֶת: וַיְדַבֵּר יְהוָה אֶל־מֹשֶׁה

ד. ציווי ה' לצפות את המזבח במחתות

ב לֵּאמֹר: אֱמֹר אֶל־אֶלְעָזָר בֶּן־אַהֲרֹן הַכֹּהֵן וְיָרֵם אֶת־הַמַּחְתֹּת מִבֵּין הַשְּׂרֵפָה
ג וְאֶת־הָאֵשׁ זְרֵה־הָלְאָה כִּי קָדֵשׁוּ: אֵת מַחְתּוֹת הַחַטָּאִים הָאֵלֶּה בְּנַפְשֹׁתָם
וְעָשׂוּ אֹתָם רִקֻּעֵי פַחִים צִפּוּי לַמִּזְבֵּחַ כִּי־הִקְרִיבֻם לִפְנֵי־יְהוָה וַיִּקְדָּשׁוּ וְיִהְיוּ
ד לְאוֹת לִבְנֵי יִשְׂרָאֵל: וַיִּקַּח אֶלְעָזָר הַכֹּהֵן אֵת מַחְתּוֹת הַנְּחֹשֶׁת אֲשֶׁר הִקְרִיבוּ
ה הַשְּׂרֻפִים וַיְרַקְּעוּם צִפּוּי לַמִּזְבֵּחַ: זִכָּרוֹן לִבְנֵי יִשְׂרָאֵל לְמַעַן אֲשֶׁר לֹא־יִקְרַב אִישׁ
זָר אֲשֶׁר לֹא מִזֶּרַע אַהֲרֹן הוּא לְהַקְטִיר קְטֹרֶת לִפְנֵי יְהוָה וְלֹא־יִהְיֶה כְקֹרַח
וְכַעֲדָתוֹ כַּאֲשֶׁר דִּבֶּר יְהוָה בְּיַד־מֹשֶׁה לוֹ:

ה. תלונת העם על עונש עדת קורח והמגפה בהם

ו וַיִּלֹּנוּ כָּל־עֲדַת בְּנֵי־יִשְׂרָאֵל מִמָּחֳרָת עַל־מֹשֶׁה וְעַל־אַהֲרֹן לֵאמֹר אַתֶּם
ז הֲמִתֶּם אֶת־עַם יְהוָה: וַיְהִי בְּהִקָּהֵל הָעֵדָה עַל־מֹשֶׁה וְעַל־אַהֲרֹן וַיִּפְנוּ אֶל־אֹהֶל
ח מוֹעֵד וְהִנֵּה כִסָּהוּ הֶעָנָן וַיֵּרָא כְּבוֹד יְהוָה: וַיָּבֹא מֹשֶׁה וְאַהֲרֹן אֶל־פְּנֵי אֹהֶל
ט מוֹעֵד: וַיְדַבֵּר יְהוָה אֶל־מֹשֶׁה לֵּאמֹר: הֵרֹמּוּ מִתּוֹךְ הָעֵדָה הַזֹּאת רביעי

פירושי מילים

(כא) **כרגע** – מהר. (כב) **אל אלהי הרוחֹת לכל בשר** – אלוהים היודע את רוחם של בני אדם. (כו) **סורו** – הסתלקו. **תספו** – מהשורש ספ"ה – תישמדו. (כז) **נצבים** – עומדים בקומה זקופה. (ל) **בריאה** – יש המפרשים את הפועל, במובן הרגיל של בריאה, היינו יצירת דבר חדש, וההוראה כאן היא על ההתרחשות הניסית של המאורע, כך רמב"ן וריב"ש. לעומת זאת ראב"ע פירש זאת במובן של חתך, גזירה. כך למשל יחזקאל כ"ג, מז. משמעות זו של הפועל מצויה בהקשר של כריתת יער, כמו יהושע י"ז, טו, יח. (י"ז, ב) **זרה הלאה** – פזר למקום אחר. (ג) **רקֻעי פחים** – פחים מרודדים, מרוקעים. (י) **הרֹמו** – מהשורש

וְאֲכַלֶּה אֹתָם כְּרָגַע וַיִּפְּלוּ עַל־פְּנֵיהֶם: וַיֹּאמֶר מֹשֶׁה אֶל־אַהֲרֹן קַח אֶת־הַמַּחְתָּה יא
וְתֶן־עָלֶיהָ אֵשׁ מֵעַל הַמִּזְבֵּחַ וְשִׂים קְטֹרֶת וְהוֹלֵךְ מְהֵרָה אֶל־הָעֵדָה וְכַפֵּר עֲלֵיהֶם
כִּי־יָצָא הַקֶּצֶף מִלִּפְנֵי יְהוָה הֵחֵל הַנָּגֶף: וַיִּקַּח אַהֲרֹן כַּאֲשֶׁר ׀ דִּבֶּר מֹשֶׁה וַיָּרָץ יב
אֶל־תּוֹךְ הַקָּהָל וְהִנֵּה הֵחֵל הַנֶּגֶף בָּעָם וַיִּתֵּן אֶת־הַקְּטֹרֶת וַיְכַפֵּר עַל־הָעָם:
וַיַּעֲמֹד בֵּין־הַמֵּתִים וּבֵין הַחַיִּים וַתֵּעָצַר הַמַּגֵּפָה: וַיִּהְיוּ הַמֵּתִים בַּמַּגֵּפָה אַרְבָּעָה יג יד
עָשָׂר אֶלֶף וּשְׁבַע מֵאוֹת מִלְּבַד הַמֵּתִים עַל־דְּבַר־קֹרַח: וַיָּשָׁב אַהֲרֹן אֶל־מֹשֶׁה טו
אֶל־פֶּתַח אֹהֶל מוֹעֵד וְהַמַּגֵּפָה נֶעֱצָרָה:

חמישי טז
וַיְדַבֵּר יְהוָה אֶל־מֹשֶׁה לֵּאמֹר: דַּבֵּר ׀ אֶל־בְּנֵי יִשְׂרָאֵל וְקַח מֵאִתָּם מַטֶּה מַטֶּה טז יז
לְבֵית אָב מֵאֵת כָּל־נְשִׂיאֵהֶם לְבֵית אֲבֹתָם שְׁנֵים עָשָׂר מַטּוֹת אִישׁ אֶת־שְׁמוֹ
תִּכְתֹּב עַל־מַטֵּהוּ: וְאֵת שֵׁם אַהֲרֹן תִּכְתֹּב עַל־מַטֵּה לֵוִי כִּי מַטֶּה אֶחָד לְרֹאשׁ יח
בֵּית אֲבוֹתָם: וְהִנַּחְתָּם בְּאֹהֶל מוֹעֵד לִפְנֵי הָעֵדוּת אֲשֶׁר אִוָּעֵד לָכֶם שָׁמָּה: יט
וְהָיָה הָאִישׁ אֲשֶׁר אֶבְחַר־בּוֹ מַטֵּהוּ יִפְרָח וַהֲשִׁכֹּתִי מֵעָלַי אֶת־תְּלֻנּוֹת בְּנֵי כ
יִשְׂרָאֵל אֲשֶׁר הֵם מַלִּינִם עֲלֵיכֶם: וַיְדַבֵּר מֹשֶׁה אֶל־בְּנֵי יִשְׂרָאֵל וַיִּתְּנוּ אֵלָיו ׀ כא
כָּל־נְשִׂיאֵיהֶם מַטֶּה לְנָשִׂיא אֶחָד מַטֶּה לְנָשִׂיא אֶחָד לְבֵית אֲבֹתָם שְׁנֵים עָשָׂר
מַטּוֹת וּמַטֵּה אַהֲרֹן בְּתוֹךְ מַטּוֹתָם: וַיַּנַּח מֹשֶׁה אֶת־הַמַּטֹּת לִפְנֵי יְהוָה בְּאֹהֶל כב
הָעֵדֻת: וַיְהִי מִמָּחֳרָת וַיָּבֹא מֹשֶׁה אֶל־אֹהֶל הָעֵדוּת וְהִנֵּה פָּרַח מַטֵּה־אַהֲרֹן כג
לְבֵית לֵוִי וַיֹּצֵא פֶרַח וַיָּצֵץ צִיץ וַיִּגְמֹל שְׁקֵדִים: וַיֹּצֵא מֹשֶׁה אֶת־כָּל־הַמַּטֹּת כד
מִלִּפְנֵי יְהוָה אֶל־כָּל־בְּנֵי יִשְׂרָאֵל וַיִּרְאוּ וַיִּקְחוּ אִישׁ מַטֵּהוּ:

ששי
וַיֹּאמֶר יְהוָה אֶל־מֹשֶׁה הָשֵׁב אֶת־מַטֵּה אַהֲרֹן לִפְנֵי הָעֵדוּת לְמִשְׁמֶרֶת לְאוֹת כה
לִבְנֵי־מֶרִי וּתְכַל תְּלוּנֹּתָם מֵעָלַי וְלֹא יָמֻתוּ: וַיַּעַשׂ מֹשֶׁה כַּאֲשֶׁר צִוָּה יְהוָה כו
אֹתוֹ כֵּן עָשָׂה:

וַיֹּאמְרוּ בְּנֵי יִשְׂרָאֵל אֶל־מֹשֶׁה לֵאמֹר הֵן גָּוַעְנוּ אָבַדְנוּ כֻּלָּנוּ אָבָדְנוּ: כֹּל הַקָּרֵב ׀ כז כח
הַקָּרֵב אֶל־מִשְׁכַּן יְהוָה יָמוּת הַאִם תַּמְנוּ לִגְוֹעַ: וַיֹּאמֶר יְהוָה אֶל־ א יח

חוקים בעקבות פרשת קורח:
א. חוק השמירה של הכוהנים והלוויים

אַהֲרֹן אַתָּה וּבָנֶיךָ וּבֵית־אָבִיךָ אִתָּךְ תִּשְׂאוּ אֶת־עֲוֹן הַמִּקְדָּשׁ וְאַתָּה וּבָנֶיךָ אִתָּךְ
תִּשְׂאוּ אֶת־עֲוֹן כְּהֻנַּתְכֶם: וְגַם אֶת־אַחֶיךָ מַטֵּה לֵוִי שֵׁבֶט אָבִיךָ הַקְרֵב אִתָּךְ ב
וְיִלָּווּ עָלֶיךָ וִישָׁרְתוּךָ וְאַתָּה וּבָנֶיךָ אִתָּךְ לִפְנֵי אֹהֶל הָעֵדֻת: וְשָׁמְרוּ מִשְׁמַרְתְּךָ ג
וּמִשְׁמֶרֶת כָּל־הָאֹהֶל אַךְ אֶל־כְּלֵי הַקֹּדֶשׁ וְאֶל־הַמִּזְבֵּחַ לֹא יִקְרָבוּ וְלֹא־יָמֻתוּ גַם־
הֵם גַּם־אַתֶּם: וְנִלְווּ עָלֶיךָ וְשָׁמְרוּ אֶת־מִשְׁמֶרֶת אֹהֶל מוֹעֵד לְכֹל עֲבֹדַת הָאֹהֶל ד
וְזָר לֹא־יִקְרַב אֲלֵיכֶם: וּשְׁמַרְתֶּם אֵת מִשְׁמֶרֶת הַקֹּדֶשׁ וְאֵת מִשְׁמֶרֶת הַמִּזְבֵּחַ ה

פירושי מילים

רמ"ם, במשמעות "העלו", התרחקו. (יא) **קצף** – כעס. (יז) **מטה** – מקל. (כ) **והשכתי** – משורש שכ"ך, במובן ירגיע, ה' ירגיע את התלונות של בני ישראל (ראב"ע). (כג) **ויצץ ציץ** – חניטת הפרי כשהפח נופל (רש"י). **ויגמל שקדים** – הבשיל שקדים. רשב"ם פירש שהמטה פרח לפני שמשה הוציאו, ולעיני בני ישראל "ויצץ ציץ", ואחר כך "ויגמל שקדים". (כה) **לבני מרי** – בני מרידה. **ותכל תלונתם** – יהיה קץ לתלונותם. (י"ח, א) **תשאו את עון המקדש** – עוון המקדש אם ייכנסו אליו זרים יהיה עליכם.

ו וְלֹא־יִהְיֶה עוֹד קֶצֶף עַל־בְּנֵי יִשְׂרָאֵל׃ וַאֲנִי הִנֵּה לָקַחְתִּי אֶת־אֲחֵיכֶם הַלְוִיִּם
מִתּוֹךְ בְּנֵי יִשְׂרָאֵל לָכֶם מַתָּנָה נְתֻנִים לַיהוָה לַעֲבֹד אֶת־עֲבֹדַת אֹהֶל מוֹעֵד׃
ז וְאַתָּה וּבָנֶיךָ אִתְּךָ תִּשְׁמְרוּ אֶת־כְּהֻנַּתְכֶם לְכָל־דְּבַר הַמִּזְבֵּחַ וּלְמִבֵּית לַפָּרֹכֶת
וַעֲבַדְתֶּם עֲבֹדַת מַתָּנָה אֶתֵּן אֶת־כְּהֻנַּתְכֶם וְהַזָּר הַקָּרֵב יוּמָת׃

ב. מתנות כהונה

ח וַיְדַבֵּר יהוָה אֶל־אַהֲרֹן וַאֲנִי הִנֵּה נָתַתִּי לְךָ אֶת־מִשְׁמֶרֶת תְּרוּמֹתָי לְכָל־קָדְשֵׁי
ט בְנֵי־יִשְׂרָאֵל לְךָ נְתַתִּים לְמָשְׁחָה וּלְבָנֶיךָ לְחָק־עוֹלָם׃ זֶה יִהְיֶה לְךָ מִקֹּדֶשׁ
הַקֳּדָשִׁים מִן־הָאֵשׁ כָּל־קָרְבָּנָם לְכָל־מִנְחָתָם וּלְכָל־חַטָּאתָם וּלְכָל־אֲשָׁמָם
י אֲשֶׁר יָשִׁיבוּ לִי קֹדֶשׁ קָדָשִׁים לְךָ הוּא וּלְבָנֶיךָ׃ בְּקֹדֶשׁ הַקֳּדָשִׁים תֹּאכְלֶנּוּ כָּל־
יא זָכָר יֹאכַל אֹתוֹ קֹדֶשׁ יִהְיֶה־לָּךְ׃ וְזֶה־לְּךָ תְּרוּמַת מַתָּנָם לְכָל־תְּנוּפֹת בְּנֵי
יִשְׂרָאֵל לְךָ נְתַתִּים וּלְבָנֶיךָ וְלִבְנֹתֶיךָ אִתְּךָ לְחָק־עוֹלָם כָּל־טָהוֹר בְּבֵיתְךָ יֹאכַל
יב אֹתוֹ׃ כֹּל חֵלֶב יִצְהָר וְכָל־חֵלֶב תִּירוֹשׁ וְדָגָן רֵאשִׁיתָם אֲשֶׁר־יִתְּנוּ לַיהוָה לְךָ
יג נְתַתִּים׃ בִּכּוּרֵי כָּל־אֲשֶׁר בְּאַרְצָם אֲשֶׁר־יָבִיאוּ לַיהוָה לְךָ יִהְיֶה כָּל־טָהוֹר
יד טו בְּבֵיתְךָ יֹאכְלֶנּוּ׃ כָּל־חֵרֶם בְּיִשְׂרָאֵל לְךָ יִהְיֶה׃ כָּל־פֶּטֶר רֶחֶם לְכָל־בָּשָׂר אֲשֶׁר־
יַקְרִיבוּ לַיהוָה בָּאָדָם וּבַבְּהֵמָה יִהְיֶה־לָּךְ אַךְ ׀ פָּדֹה תִפְדֶּה אֵת בְּכוֹר הָאָדָם
טז וְאֵת בְּכוֹר־הַבְּהֵמָה הַטְּמֵאָה תִּפְדֶּה׃ וּפְדוּיָו מִבֶּן־חֹדֶשׁ תִּפְדֶּה בְּעֶרְכְּךָ כֶּסֶף
יז חֲמֵשֶׁת שְׁקָלִים בְּשֶׁקֶל הַקֹּדֶשׁ עֶשְׂרִים גֵּרָה הוּא׃ אַךְ בְּכוֹר־שׁוֹר אוֹ־בְכוֹר
כֶּשֶׂב אוֹ־בְכוֹר עֵז לֹא תִפְדֶּה קֹדֶשׁ הֵם אֶת־דָּמָם תִּזְרֹק עַל־הַמִּזְבֵּחַ וְאֶת־
יח חֶלְבָּם תַּקְטִיר אִשֶּׁה לְרֵיחַ נִיחֹחַ לַיהוָה׃ וּבְשָׂרָם יִהְיֶה־לָּךְ כַּחֲזֵה הַתְּנוּפָה
יט וּכְשׁוֹק הַיָּמִין לְךָ יִהְיֶה׃ כֹּל ׀ תְּרוּמֹת הַקֳּדָשִׁים אֲשֶׁר יָרִימוּ בְנֵי־יִשְׂרָאֵל לַיהוָה
נָתַתִּי לְךָ וּלְבָנֶיךָ וְלִבְנֹתֶיךָ אִתְּךָ לְחָק־עוֹלָם בְּרִית מֶלַח עוֹלָם הִוא לִפְנֵי יהוָה
כ לְךָ וּלְזַרְעֲךָ אִתָּךְ׃ וַיֹּאמֶר יהוָה אֶל־אַהֲרֹן בְּאַרְצָם לֹא תִנְחָל וְחֵלֶק לֹא־יִהְיֶה
כא לְךָ בְּתוֹכָם אֲנִי חֶלְקְךָ וְנַחֲלָתְךָ בְּתוֹךְ בְּנֵי יִשְׂרָאֵל׃ וְלִבְנֵי לֵוִי הִנֵּה

שביעי

ג. מעשר ללוי

נָתַתִּי כָּל־מַעֲשֵׂר בְּיִשְׂרָאֵל לְנַחֲלָה חֵלֶף עֲבֹדָתָם אֲשֶׁר־הֵם עֹבְדִים אֶת־
כב עֲבֹדַת אֹהֶל מוֹעֵד׃ וְלֹא־יִקְרְבוּ עוֹד בְּנֵי יִשְׂרָאֵל אֶל־אֹהֶל מוֹעֵד לָשֵׂאת חֵטְא
כג לָמוּת׃ וְעָבַד הַלֵּוִי הוּא אֶת־עֲבֹדַת אֹהֶל מוֹעֵד וְהֵם יִשְׂאוּ עֲוֹנָם חֻקַּת עוֹלָם
כד לְדֹרֹתֵיכֶם וּבְתוֹךְ בְּנֵי יִשְׂרָאֵל לֹא יִנְחֲלוּ נַחֲלָה׃ כִּי אֶת־מַעְשַׂר בְּנֵי־יִשְׂרָאֵל

פירושי מילים

(ח) **משמרת תרומֹתי** – תפקיד, תחום אחריות, התפקיד של הכוהנים לקבל את התרומות שהעם נותן לה׳. ספורנו פירש אומנם את המילה משמרת כך, אולם סבר שהכוונה לתפקיד עבודת הכוהנים, אשר בגינה הם זכאים למתנות. פירוש אחר הוא שהמילה משמרת משמשת במובן שמירה, כך רש״י: ״אתה צריך לשמרן בטהרה״. (יא) **תנופֹת** – קורבנות שמניפים אותם, והם קודשים קלים. (יב) **חלב יצהר** – חלב הוא השומן המובחר, ובהשאלה סוג מובחר ומשובח, כאן שמן מובחר. **חלב תירוש** – יין חדש מובחר. (יד) **חרם** – דרגה גבוהה של הקדשה. (טו) **פטר רחם** – פתיחת רחם, היינו הבכור היוצא ראשון. (טז) **ופדויו** – הפדויים של בכורי האדם. (יט) **ירימו** – מה שמרימים ונותנים לה׳. (כא) **חלף עבֹדתם** – תמורת עבודתם. (כב) **לשאת חטא למות** – אם יקרבו זרים ימותו.

אֲשֶׁר יָרִימוּ לַיהוה תְּרוּמָה נָתַתִּי לַלְוִיִּם לְנַחֲלָה עַל־כֵּן אָמַרְתִּי לָהֶם בְּתוֹךְ
בְּנֵי יִשְׂרָאֵל לֹא יִנְחֲלוּ נַחֲלָה׃

ד. חובת לוי לתת מעשר לכוהן

יז

כה כו וַיְדַבֵּר יהוה אֶל־מֹשֶׁה לֵּאמֹר׃ וְאֶל־הַלְוִיִּם תְּדַבֵּר וְאָמַרְתָּ אֲלֵהֶם כִּי־תִקְחוּ
מֵאֵת בְּנֵי־יִשְׂרָאֵל אֶת־הַמַּעֲשֵׂר אֲשֶׁר נָתַתִּי לָכֶם מֵאִתָּם בְּנַחֲלַתְכֶם וַהֲרֵמֹתֶם
כז מִמֶּנּוּ תְּרוּמַת יהוה מַעֲשֵׂר מִן־הַמַּעֲשֵׂר׃ וְנֶחְשַׁב לָכֶם תְּרוּמַתְכֶם כַּדָּגָן מִן־הַגֹּרֶן
כח וְכַמְלֵאָה מִן־הַיָּקֶב׃ כֵּן תָּרִימוּ גַם־אַתֶּם תְּרוּמַת יהוה מִכֹּל מַעְשְׂרֹתֵיכֶם אֲשֶׁר
כט תִּקְחוּ מֵאֵת בְּנֵי יִשְׂרָאֵל וּנְתַתֶּם מִמֶּנּוּ אֶת־תְּרוּמַת יהוה לְאַהֲרֹן הַכֹּהֵן׃ מִכֹּל
מפטיר
ל מַתְּנֹתֵיכֶם תָּרִימוּ אֵת כָּל־תְּרוּמַת יהוה מִכָּל־חֶלְבּוֹ אֶת־מִקְדְּשׁוֹ מִמֶּנּוּ׃ וְאָמַרְתָּ
אֲלֵהֶם בַּהֲרִימְכֶם אֶת־חֶלְבּוֹ מִמֶּנּוּ וְנֶחְשַׁב לַלְוִיִּם כִּתְבוּאַת גֹּרֶן וְכִתְבוּאַת יָקֶב׃
לא וַאֲכַלְתֶּם אֹתוֹ בְּכָל־מָקוֹם אַתֶּם וּבֵיתְכֶם כִּי־שָׂכָר הוּא לָכֶם חֵלֶף עֲבֹדַתְכֶם
לב בְּאֹהֶל מוֹעֵד׃ וְלֹא־תִשְׂאוּ עָלָיו חֵטְא בַּהֲרִימְכֶם אֶת־חֶלְבּוֹ מִמֶּנּוּ וְאֶת־קָדְשֵׁי
בְנֵי־יִשְׂרָאֵל לֹא תְחַלְּלוּ וְלֹא תָמוּתוּ׃

חקת

יט א ב וַיְדַבֵּר יהוה אֶל־מֹשֶׁה וְאֶל־אַהֲרֹן לֵאמֹר׃ זֹאת חֻקַּת הַתּוֹרָה אֲשֶׁר־צִוָּה יהוה

ה. פרה אדומה

לֵאמֹר דַּבֵּר ׀ אֶל־בְּנֵי יִשְׂרָאֵל וְיִקְחוּ אֵלֶיךָ פָרָה אֲדֻמָּה תְּמִימָה אֲשֶׁר אֵין־בָּהּ
ג מוּם אֲשֶׁר לֹא־עָלָה עָלֶיהָ עֹל׃ וּנְתַתֶּם אֹתָהּ אֶל־אֶלְעָזָר הַכֹּהֵן וְהוֹצִיא אֹתָהּ
ד אֶל־מִחוּץ לַמַּחֲנֶה וְשָׁחַט אֹתָהּ לְפָנָיו׃ וְלָקַח אֶלְעָזָר הַכֹּהֵן מִדָּמָהּ בְּאֶצְבָּעוֹ
ה וְהִזָּה אֶל־נֹכַח פְּנֵי אֹהֶל־מוֹעֵד מִדָּמָהּ שֶׁבַע פְּעָמִים׃ וְשָׂרַף אֶת־הַפָּרָה לְעֵינָיו
ו אֶת־עֹרָהּ וְאֶת־בְּשָׂרָהּ וְאֶת־דָּמָהּ עַל־פִּרְשָׁהּ יִשְׂרֹף׃ וְלָקַח הַכֹּהֵן עֵץ אֶרֶז וְאֵזוֹב
ז וּשְׁנִי תוֹלָעַת וְהִשְׁלִיךְ אֶל־תּוֹךְ שְׂרֵפַת הַפָּרָה׃ וְכִבֶּס בְּגָדָיו הַכֹּהֵן וְרָחַץ בְּשָׂרוֹ
ח בַּמַּיִם וְאַחַר יָבֹא אֶל־הַמַּחֲנֶה וְטָמֵא הַכֹּהֵן עַד־הָעָרֶב׃ וְהַשֹּׂרֵף אֹתָהּ יְכַבֵּס
ט בְּגָדָיו בַּמַּיִם וְרָחַץ בְּשָׂרוֹ בַּמָּיִם וְטָמֵא עַד־הָעָרֶב׃ וְאָסַף ׀ אִישׁ טָהוֹר אֵת
אֵפֶר הַפָּרָה וְהִנִּיחַ מִחוּץ לַמַּחֲנֶה בְּמָקוֹם טָהוֹר וְהָיְתָה לַעֲדַת בְּנֵי־יִשְׂרָאֵל
י לְמִשְׁמֶרֶת לְמֵי נִדָּה חַטָּאת הִוא׃ וְכִבֶּס הָאֹסֵף אֶת־אֵפֶר הַפָּרָה אֶת־בְּגָדָיו
יא וְטָמֵא עַד־הָעָרֶב וְהָיְתָה לִבְנֵי יִשְׂרָאֵל וְלַגֵּר הַגָּר בְּתוֹכָם לְחֻקַּת עוֹלָם׃ הַנֹּגֵעַ
יב בְּמֵת לְכָל־נֶפֶשׁ אָדָם וְטָמֵא שִׁבְעַת יָמִים׃ הוּא יִתְחַטָּא־בוֹ בַּיּוֹם הַשְּׁלִישִׁי
וּבַיּוֹם הַשְּׁבִיעִי יִטְהָר וְאִם־לֹא יִתְחַטָּא בַּיּוֹם הַשְּׁלִישִׁי וּבַיּוֹם הַשְּׁבִיעִי לֹא

פירושי מילים

(כד) **ירימו** – יפרישו (המילה גם בפסוקים כו, כח, כט, ל). (כז) **וכמלאה מן היקב** – כשפע היין הבא מן היקב. (י"ט, ב) **תמימה אשר אין בה מום** – תמימה, היינו אשר אין בה מום, כמו ויקרא כ"ב, כא: "תמים יהיה לרצון כל מום לא יהיה בו". **עֹל** – לא משכה משא. (ה) **פרשה** – ההפרשה אשר במעי הפרה. (ו) **עץ ארז** – ענף של עץ ארז. **אזוב** – צמח נמוך וריחני, נקרא היום זעתר. **שני תלעת** – צבע אדום המופק מכיני ביצים של תולעת מסוג כנימת מגן – Kermes. (ט) **מי נדה** – יש מפרשים "נדה", מהשורש יד"ה, לזרוק, להתיז, כך באונקלוס, בתרגום יונתן, ובשבעים, וכן רש"י וריב"ש. יש שפירשו מהשורש נד"ה, לנדות, להרחיק, מי ריחוק, המים אשר מסירים את הטומאה, כך ראב"ע. **חטאת** – מלשון חיטוי, טיהור (רש"י ובשבעים על פסוק ט).

יג יִטְהָר: כָּל־הַנֹּגֵעַ בְּמֵת בְּנֶפֶשׁ הָאָדָם אֲשֶׁר־יָמוּת וְלֹא יִתְחַטָּא אֶת־מִשְׁכַּן יְהוָה
טִמֵּא וְנִכְרְתָה הַנֶּפֶשׁ הַהִוא מִיִּשְׂרָאֵל כִּי מֵי נִדָּה לֹא־זֹרַק עָלָיו טָמֵא יִהְיֶה עוֹד
יד טֻמְאָתוֹ בוֹ: זֹאת הַתּוֹרָה אָדָם כִּי־יָמוּת בְּאֹהֶל כָּל־הַבָּא אֶל־הָאֹהֶל וְכָל־אֲשֶׁר
טו בָּאֹהֶל יִטְמָא שִׁבְעַת יָמִים: וְכֹל כְּלִי פָתוּחַ אֲשֶׁר אֵין־צָמִיד פָּתִיל עָלָיו טָמֵא
טז הוּא: וְכֹל אֲשֶׁר־יִגַּע עַל־פְּנֵי הַשָּׂדֶה בַּחֲלַל־חֶרֶב אוֹ בְמֵת אוֹ־בְעֶצֶם אָדָם אוֹ
יז בְקָבֶר יִטְמָא שִׁבְעַת יָמִים: וְלָקְחוּ לַטָּמֵא מֵעֲפַר שְׂרֵפַת הַחַטָּאת וְנָתַן עָלָיו
יח מַיִם חַיִּים אֶל־כֶּלִי: וְלָקַח אֵזוֹב וְטָבַל בַּמַּיִם אִישׁ טָהוֹר וְהִזָּה עַל־הָאֹהֶל שני
וְעַל־כָּל־הַכֵּלִים וְעַל־הַנְּפָשׁוֹת אֲשֶׁר הָיוּ־שָׁם וְעַל־הַנֹּגֵעַ בַּעֶצֶם אוֹ בֶחָלָל
יט אוֹ בַמֵּת אוֹ בַקָּבֶר: וְהִזָּה הַטָּהֹר עַל־הַטָּמֵא בַּיּוֹם הַשְּׁלִישִׁי וּבַיּוֹם הַשְּׁבִיעִי
כ וְחִטְּאוֹ בַּיּוֹם הַשְּׁבִיעִי וְכִבֶּס בְּגָדָיו וְרָחַץ בַּמַּיִם וְטָהֵר בָּעָרֶב: וְאִישׁ אֲשֶׁר־יִטְמָא
וְלֹא יִתְחַטָּא וְנִכְרְתָה הַנֶּפֶשׁ הַהִוא מִתּוֹךְ הַקָּהָל כִּי אֶת־מִקְדַּשׁ יְהוָה טִמֵּא
כא מֵי נִדָּה לֹא־זֹרַק עָלָיו טָמֵא הוּא: וְהָיְתָה לָהֶם לְחֻקַּת עוֹלָם וּמַזֵּה מֵי־הַנִּדָּה
כב יְכַבֵּס בְּגָדָיו וְהַנֹּגֵעַ בְּמֵי הַנִּדָּה יִטְמָא עַד־הָעָרֶב: וְכֹל אֲשֶׁר־יִגַּע־בּוֹ הַטָּמֵא
יִטְמָא וְהַנֶּפֶשׁ הַנֹּגַעַת תִּטְמָא עַד־הָעָרֶב:

מות מרים וחטא ישראל במרה

כ א וַיָּבֹאוּ בְנֵי־יִשְׂרָאֵל כָּל־הָעֵדָה מִדְבַּר־צִן בַּחֹדֶשׁ הָרִאשׁוֹן וַיֵּשֶׁב הָעָם בְּקָדֵשׁ
ב וַתָּמָת שָׁם מִרְיָם וַתִּקָּבֵר שָׁם: וְלֹא־הָיָה מַיִם לָעֵדָה וַיִּקָּהֲלוּ עַל־מֹשֶׁה וְעַל־
ג אַהֲרֹן: וַיָּרֶב הָעָם עִם־מֹשֶׁה וַיֹּאמְרוּ לֵאמֹר וְלוּ גָוַעְנוּ בִּגְוַע אַחֵינוּ לִפְנֵי יְהוָה:
ד וְלָמָה הֲבֵאתֶם אֶת־קְהַל יְהוָה אֶל־הַמִּדְבָּר הַזֶּה לָמוּת שָׁם אֲנַחְנוּ וּבְעִירֵנוּ:
ה וְלָמָה הֶעֱלִיתֻנוּ מִמִּצְרַיִם לְהָבִיא אֹתָנוּ אֶל־הַמָּקוֹם הָרָע הַזֶּה לֹא ׀ מְקוֹם זֶרַע
ו וּתְאֵנָה וְגֶפֶן וְרִמּוֹן וּמַיִם אַיִן לִשְׁתּוֹת: וַיָּבֹא מֹשֶׁה וְאַהֲרֹן מִפְּנֵי הַקָּהָל אֶל־פֶּתַח
אֹהֶל מוֹעֵד וַיִּפְּלוּ עַל־פְּנֵיהֶם וַיֵּרָא כְבוֹד־יְהוָה אֲלֵיהֶם:

שלישי /שני/ חטא משה ואהרן במי מריבה ועונשם

ז ח וַיְדַבֵּר יְהוָה אֶל־מֹשֶׁה לֵּאמֹר: קַח אֶת־הַמַּטֶּה וְהַקְהֵל אֶת־הָעֵדָה אַתָּה וְאַהֲרֹן
אָחִיךָ וְדִבַּרְתֶּם אֶל־הַסֶּלַע לְעֵינֵיהֶם וְנָתַן מֵימָיו וְהוֹצֵאתָ לָהֶם מַיִם מִן־הַסֶּלַע
ט וְהִשְׁקִיתָ אֶת־הָעֵדָה וְאֶת־בְּעִירָם: וַיִּקַּח מֹשֶׁה אֶת־הַמַּטֶּה מִלִּפְנֵי יְהוָה כַּאֲשֶׁר
י צִוָּהוּ: וַיַּקְהִלוּ מֹשֶׁה וְאַהֲרֹן אֶת־הַקָּהָל אֶל־פְּנֵי הַסָּלַע וַיֹּאמֶר לָהֶם שִׁמְעוּ־נָא
יא הַמֹּרִים הֲמִן־הַסֶּלַע הַזֶּה נוֹצִיא לָכֶם מָיִם: וַיָּרֶם מֹשֶׁה אֶת־יָדוֹ וַיַּךְ אֶת־הַסֶּלַע
יב בְּמַטֵּהוּ פַּעֲמָיִם וַיֵּצְאוּ מַיִם רַבִּים וַתֵּשְׁתְּ הָעֵדָה וּבְעִירָם: וַיֹּאמֶר
יְהוָה אֶל־מֹשֶׁה וְאֶל־אַהֲרֹן יַעַן לֹא־הֶאֱמַנְתֶּם בִּי לְהַקְדִּישֵׁנִי לְעֵינֵי בְּנֵי יִשְׂרָאֵל

פירושי מילים

(יד) זאת התורה – זאת ההלכה, תורה מהשורש יר״ה, והכוונה כאן למצווה אחת, כמו למשל בשמות י״ב, מט. להבדיל מהמקומות שהכוונה לכלל המצוות, כמו דברים ל״ג, ד, או בהתייחסות לכלל התורה, ולא רק למצוות, למשל דברים ל״ט, כו. (טו) צמיד פתיל – פתיל הינו חבל שאיתו היו מצמידים (״צמיד״) את הפתח, היינו סוגרים אותו. (טז) חלל חרב – נהרג על ידי חרב. (כ׳, א) בחדש – הכוונה כנראה בראש חודש. בתרגום יונתן כתוב שהדבר היה בעשרה לחודש הראשון. (ג) גוענו – מתנו. (ד) בעירנו – בהמות שלנו. (י) המֹרים – מורדים.

יג לָכֵן לֹא תָבִיאוּ אֶת־הַקָּהָל הַזֶּה אֶל־הָאָרֶץ אֲשֶׁר־נָתַתִּי לָהֶם: הֵמָּה מֵי מְרִיבָה

רביעי יח | בקשת ישראל לעבור באדום

יד אֲשֶׁר־רָבוּ בְנֵי־יִשְׂרָאֵל אֶת־יהוה וַיִּקָּדֵשׁ בָּם: וַיִּשְׁלַח מֹשֶׁה מַלְאָכִים
מִקָּדֵשׁ אֶל־מֶלֶךְ אֱדוֹם כֹּה אָמַר אָחִיךָ יִשְׂרָאֵל אַתָּה יָדַעְתָּ אֵת כָּל־הַתְּלָאָה
טו אֲשֶׁר מְצָאָתְנוּ: וַיֵּרְדוּ אֲבֹתֵינוּ מִצְרַיְמָה וַנֵּשֶׁב בְּמִצְרַיִם יָמִים רַבִּים וַיָּרֵעוּ
טז לָנוּ מִצְרַיִם וְלַאֲבֹתֵינוּ: וַנִּצְעַק אֶל־יהוה וַיִּשְׁמַע קֹלֵנוּ וַיִּשְׁלַח מַלְאָךְ וַיֹּצִאֵנוּ
יז מִמִּצְרָיִם וְהִנֵּה אֲנַחְנוּ בְקָדֵשׁ עִיר קְצֵה גְבוּלֶךָ: נַעְבְּרָה־נָּא בְאַרְצֶךָ לֹא נַעֲבֹר
בְּשָׂדֶה וּבְכֶרֶם וְלֹא נִשְׁתֶּה מֵי בְאֵר דֶּרֶךְ הַמֶּלֶךְ נֵלֵךְ לֹא נִטֶּה יָּמִין וּשְׂמֹאול עַד
יח אֲשֶׁר־נַעֲבֹר גְּבֻלֶךָ: וַיֹּאמֶר אֵלָיו אֱדוֹם לֹא תַעֲבֹר בִּי פֶּן־בַּחֶרֶב אֵצֵא לִקְרָאתֶךָ:
יט וַיֹּאמְרוּ אֵלָיו בְּנֵי־יִשְׂרָאֵל בַּמְסִלָּה נַעֲלֶה וְאִם־מֵימֶיךָ נִשְׁתֶּה אֲנִי וּמִקְנַי וְנָתַתִּי
כ מִכְרָם רַק אֵין־דָּבָר בְּרַגְלַי אֶעֱבֹרָה: וַיֹּאמֶר לֹא תַעֲבֹר וַיֵּצֵא אֱדוֹם לִקְרָאתוֹ
כא בְּעַם כָּבֵד וּבְיָד חֲזָקָה: וַיְמָאֵן ׀ אֱדוֹם נְתֹן אֶת־יִשְׂרָאֵל עֲבֹר בִּגְבֻלוֹ וַיֵּט יִשְׂרָאֵל
מֵעָלָיו:

חמישי /שלישי/ | מות אהרן ומינוי אלעזר

כב כג וַיִּסְעוּ מִקָּדֵשׁ וַיָּבֹאוּ בְנֵי־יִשְׂרָאֵל כָּל־הָעֵדָה הֹר הָהָר: וַיֹּאמֶר יהוה אֶל־מֹשֶׁה
כד וְאֶל־אַהֲרֹן בְּהֹר הָהָר עַל־גְּבוּל אֶרֶץ־אֱדוֹם לֵאמֹר: יֵאָסֵף אַהֲרֹן אֶל־עַמָּיו כִּי
לֹא יָבֹא אֶל־הָאָרֶץ אֲשֶׁר נָתַתִּי לִבְנֵי יִשְׂרָאֵל עַל אֲשֶׁר־מְרִיתֶם אֶת־פִּי לְמֵי
כה כו מְרִיבָה: קַח אֶת־אַהֲרֹן וְאֶת־אֶלְעָזָר בְּנוֹ וְהַעַל אֹתָם הֹר הָהָר: וְהַפְשֵׁט אֶת־
כז אַהֲרֹן אֶת־בְּגָדָיו וְהִלְבַּשְׁתָּם אֶת־אֶלְעָזָר בְּנוֹ וְאַהֲרֹן יֵאָסֵף וּמֵת שָׁם: וַיַּעַשׂ
כח מֹשֶׁה כַּאֲשֶׁר צִוָּה יהוה וַיַּעֲלוּ אֶל־הֹר הָהָר לְעֵינֵי כָּל־הָעֵדָה: וַיַּפְשֵׁט מֹשֶׁה
אֶת־אַהֲרֹן אֶת־בְּגָדָיו וַיַּלְבֵּשׁ אֹתָם אֶת־אֶלְעָזָר בְּנוֹ וַיָּמָת אַהֲרֹן שָׁם בְּרֹאשׁ הָהָר
כט וַיֵּרֶד מֹשֶׁה וְאֶלְעָזָר מִן־הָהָר: וַיִּרְאוּ כָּל־הָעֵדָה כִּי גָוַע אַהֲרֹן וַיִּבְכּוּ אֶת־אַהֲרֹן

המלחמה עם ערד

כא א שְׁלֹשִׁים יוֹם כֹּל בֵּית יִשְׂרָאֵל: וַיִּשְׁמַע הַכְּנַעֲנִי מֶלֶךְ־עֲרָד יֹשֵׁב הַנֶּגֶב
ב כִּי בָּא יִשְׂרָאֵל דֶּרֶךְ הָאֲתָרִים וַיִּלָּחֶם בְּיִשְׂרָאֵל וַיִּשְׁבְּ ׀ מִמֶּנּוּ שֶׁבִי: וַיִּדַּר יִשְׂרָאֵל
נֶדֶר לַיהוה וַיֹּאמַר אִם־נָתֹן תִּתֵּן אֶת־הָעָם הַזֶּה בְּיָדִי וְהַחֲרַמְתִּי אֶת־עָרֵיהֶם:
ג וַיִּשְׁמַע יהוה בְּקוֹל יִשְׂרָאֵל וַיִּתֵּן אֶת־הַכְּנַעֲנִי וַיַּחֲרֵם אֶתְהֶם וְאֶת־עָרֵיהֶם וַיִּקְרָא
שֵׁם־הַמָּקוֹם חָרְמָה:

תלונות העם, ונחש הנחושת

ד וַיִּסְעוּ מֵהֹר הָהָר דֶּרֶךְ יַם־סוּף לִסְבֹב אֶת־אֶרֶץ אֱדוֹם וַתִּקְצַר נֶפֶשׁ־הָעָם
ה בַּדָּרֶךְ: וַיְדַבֵּר הָעָם בֵּאלֹהִים וּבְמֹשֶׁה לָמָה הֶעֱלִיתֻנוּ מִמִּצְרַיִם לָמוּת בַּמִּדְבָּר
ו כִּי אֵין לֶחֶם וְאֵין מַיִם וְנַפְשֵׁנוּ קָצָה בַּלֶּחֶם הַקְּלֹקֵל: וַיְשַׁלַּח יהוה בָּעָם אֵת
ז הַנְּחָשִׁים הַשְּׂרָפִים וַיְנַשְּׁכוּ אֶת־הָעָם וַיָּמָת עַם־רָב מִיִּשְׂרָאֵל: וַיָּבֹא הָעָם אֶל־
מֹשֶׁה וַיֹּאמְרוּ חָטָאנוּ כִּי־דִבַּרְנוּ בַיהוה וָבָךְ הִתְפַּלֵּל אֶל־יהוה וְיָסֵר מֵעָלֵינוּ

פירושי מילים

(יד) תלאה – מהשורש לא"ה, הקושי, המצוקה. (יט) במסלה – בדרך. (כד) יאסף... אל עמיו – ימות. ראו למטה בפירוש העניין. (כ"א, ד) ותקצר נפש העם בדרך – היינו שנמאסה עליהם ההליכה בדרך, שהיו חסרי סבלנות. (ה) קצה – מאסה. (ו) הנחשים השרפים – הנחשים מכונים "שרפים", כנראה משום שהנשיכה הארסית של הנחשים גורמת לתחושה של שרפה אצל הנפגעים (רש"י).

ח את־הנחש ויתפלל משה בעד העם: ויאמר יהוה אל־משה עשה לך שרף
ט ושים אתו על־נס והיה כל־הנשוך וראה אתו וחי: ויעש משה נחש נחשת
וישמהו על־הנס והיה אם־נשך הנחש את־איש והביט אל־נחש הנחשת
י יא וחי: ויסעו בני ישראל ויחנו באבת: ויסעו מאבת ויחנו בעיי העברים במדבר — ששי
יב יג אשר על־פני מואב ממזרח השמש: משם נסעו ויחנו בנחל זרד: משם נסעו
ויחנו מעבר ארנון אשר במדבר היצא מגבל האמרי כי ארנון גבול מואב
יד בין מואב ובין האמרי: על־כן יאמר בספר מלחמת יהוה את־והב בסופה
טו ואת־הנחלים ארנון: ואשד הנחלים אשר נטה לשבת ער ונשען לגבול מואב:
טז ומשם בארה הוא הבאר אשר אמר יהוה למשה אסף את־העם ואתנה
יז להם מים: אז ישיר ישראל את־השירה הזאת עלי באר ענו־לה:
יח באר חפרוה שרים כרוה נדיבי העם במחקק במשענתם וממדבר מתנה:
יט כ וממתנה נחליאל ומנחליאל במות: ומבמות הגיא אשר בשדה מואב ראש
הפסגה ונשקפה על־פני הישימן:

שביעי /רביעי/

מלחמת ישראל כנגד סיחון האמורי

כא כב וישלח ישראל מלאכים אל־סיחן מלך־האמרי לאמר: אעברה בארצך
לא נטה בשדה ובכרם לא נשתה מי באר בדרך המלך נלך עד אשר־נעבר
כג גבלך: ולא־נתן סיחן את־ישראל עבר בגבלו ויאסף סיחן את־כל־עמו
כד ויצא לקראת ישראל המדברה ויבא יהצה וילחם בישראל: ויכהו ישראל
לפי־חרב ויירש את־ארצו מארנן עד־יבק עד־בני עמון כי עז גבול בני עמון:
כה ויקח ישראל את כל־הערים האלה וישב ישראל בכל־ערי האמרי בחשבון
כו ובכל־בנתיה: כי חשבון עיר סיחן מלך האמרי הוא והוא נלחם במלך מואב
כז הראשון ויקח את־כל־ארצו מידו עד־ארנן: על־כן יאמרו המשלים באו
כח חשבון תבנה ותכונן עיר סיחון: כי־אש יצאה מחשבון להבה מקרית סיחן
כט אכלה ער מואב בעלי במות ארנן: אוי־לך מואב אבדת עם־כמוש נתן
ל בניו פליטם ובנתיו בשבית למלך אמרי סיחון: ונירם אבד חשבון עד־דיבן

המלחמה של ישראל כנגד עוג בבשן

לא לב ונשים עד־נפח אשר עד־מידבא: וישב ישראל בארץ האמרי: וישלח משה
לג לרגל את־יעזר וילכדו בנתיה ויירש את־האמרי אשר־שם: ויפנו ויעלו — ויורש
דרך הבשן ויצא עוג מלך־הבשן לקראתם הוא וכל־עמו למלחמה אדרעי:
לד ויאמר יהוה אל־משה אל־תירא אתו כי בידך נתתי אתו ואת־כל־עמו — מפטיר
ואת־ארצו ועשית לו כאשר עשית לסיחן מלך האמרי אשר יושב בחשבון:

פירושי מילים

(ח) שרף – נחש. נס – על מוט גבוה. (יח) כרוה – חפרו אותה. נדיבי העם – נכבדי העם. מחקק – מנהיג. משענתם – משען הוא מקל שעליו נשענים. (כ) נשקפה – נראית. (כד) כי עז גבול בני עמון – הגבול של עמון קשה להבקעה וכיבוש. (כז) המשלים – משוררים המושלים משלים. תכונן – תיווסד. (כח) ער מואב – שם של עיר במואב. בעלי במות ארנן – האדונים של במות ארנון. (כט) בשבית – בשביה. (ל) ונירם – ירינו בהם (חיצים, או אבנים). ונשים – עשינו שממה.

וַיַּכּוּ אֹתוֹ וְאֶת־בָּנָיו וְאֶת־כָּל־עַמּוֹ עַד־בִּלְתִּי הִשְׁאִיר־לוֹ שָׂרִיד וַיִּירְשׁוּ אֶת־אַרְצוֹ׃ לה

בלק יט

וַיִּסְעוּ בְּנֵי יִשְׂרָאֵל וַיַּחֲנוּ בְּעַרְבוֹת מוֹאָב מֵעֵבֶר לְיַרְדֵּן יְרֵחוֹ׃ וַיַּרְא כב א ב

סיפור בלעם: א. בלק קורא לבלעם לקלל את ישראל

בָּלָק בֶּן־צִפּוֹר אֵת כָּל־אֲשֶׁר־עָשָׂה יִשְׂרָאֵל לָאֱמֹרִי׃ וַיָּגָר מוֹאָב מִפְּנֵי הָעָם מְאֹד ג
כִּי רַב־הוּא וַיָּקָץ מוֹאָב מִפְּנֵי בְּנֵי יִשְׂרָאֵל׃ וַיֹּאמֶר מוֹאָב אֶל־זִקְנֵי מִדְיָן עַתָּה ד
יְלַחֲכוּ הַקָּהָל אֶת־כָּל־סְבִיבֹתֵינוּ כִּלְחֹךְ הַשּׁוֹר אֵת יֶרֶק הַשָּׂדֶה וּבָלָק בֶּן־צִפּוֹר
מֶלֶךְ לְמוֹאָב בָּעֵת הַהִוא׃ וַיִּשְׁלַח מַלְאָכִים אֶל־בִּלְעָם בֶּן־בְּעוֹר פְּתוֹרָה אֲשֶׁר ה
עַל־הַנָּהָר אֶרֶץ בְּנֵי־עַמּוֹ לִקְרֹא־לוֹ לֵאמֹר הִנֵּה עַם יָצָא מִמִּצְרַיִם הִנֵּה כִסָּה
אֶת־עֵין הָאָרֶץ וְהוּא יֹשֵׁב מִמֻּלִי׃ וְעַתָּה לְכָה־נָּא אָרָה־לִּי אֶת־הָעָם הַזֶּה כִּי־ ו
עָצוּם הוּא מִמֶּנִּי אוּלַי אוּכַל נַכֶּה־בּוֹ וַאֲגָרְשֶׁנּוּ מִן־הָאָרֶץ כִּי יָדַעְתִּי אֵת אֲשֶׁר־
תְּבָרֵךְ מְבֹרָךְ וַאֲשֶׁר תָּאֹר יוּאָר׃ וַיֵּלְכוּ זִקְנֵי מוֹאָב וְזִקְנֵי מִדְיָן וּקְסָמִים בְּיָדָם ז
וַיָּבֹאוּ אֶל־בִּלְעָם וַיְדַבְּרוּ אֵלָיו דִּבְרֵי בָלָק׃ וַיֹּאמֶר אֲלֵיהֶם לִינוּ פֹה הַלַּיְלָה ח
וַהֲשִׁבֹתִי אֶתְכֶם דָּבָר כַּאֲשֶׁר יְדַבֵּר יהוה אֵלָי וַיֵּשְׁבוּ שָׂרֵי־מוֹאָב עִם־בִּלְעָם׃
וַיָּבֹא אֱלֹהִים אֶל־בִּלְעָם וַיֹּאמֶר מִי הָאֲנָשִׁים הָאֵלֶּה עִמָּךְ׃ וַיֹּאמֶר בִּלְעָם אֶל־ ט י
הָאֱלֹהִים בָּלָק בֶּן־צִפֹּר מֶלֶךְ מוֹאָב שָׁלַח אֵלָי׃ הִנֵּה הָעָם הַיֹּצֵא מִמִּצְרַיִם וַיְכַס יא
אֶת־עֵין הָאָרֶץ עַתָּה לְכָה קָבָה־לִּי אֹתוֹ אוּלַי אוּכַל לְהִלָּחֶם בּוֹ וְגֵרַשְׁתִּיו׃
וַיֹּאמֶר אֱלֹהִים אֶל־בִּלְעָם לֹא תֵלֵךְ עִמָּהֶם לֹא תָאֹר אֶת־הָעָם כִּי בָרוּךְ הוּא׃ יב

שני /חמישי/

וַיָּקָם בִּלְעָם בַּבֹּקֶר וַיֹּאמֶר אֶל־שָׂרֵי בָלָק לְכוּ אֶל־אַרְצְכֶם כִּי מֵאֵן יהוה לְתִתִּי יג
לַהֲלֹךְ עִמָּכֶם׃ וַיָּקוּמוּ שָׂרֵי מוֹאָב וַיָּבֹאוּ אֶל־בָּלָק וַיֹּאמְרוּ מֵאֵן בִּלְעָם הֲלֹךְ יד
עִמָּנוּ׃ וַיֹּסֶף עוֹד בָּלָק שְׁלֹחַ שָׂרִים רַבִּים וְנִכְבָּדִים מֵאֵלֶּה׃ וַיָּבֹאוּ אֶל־בִּלְעָם טו טז
וַיֹּאמְרוּ לוֹ כֹּה אָמַר בָּלָק בֶּן־צִפּוֹר אַל־נָא תִמָּנַע מֵהֲלֹךְ אֵלָי׃ כִּי־כַבֵּד אֲכַבֶּדְךָ יז
מְאֹד וְכֹל אֲשֶׁר־תֹּאמַר אֵלַי אֶעֱשֶׂה וּלְכָה־נָּא קָבָה־לִּי אֵת הָעָם הַזֶּה׃ וַיַּעַן יח
בִּלְעָם וַיֹּאמֶר אֶל־עַבְדֵי בָלָק אִם־יִתֶּן־לִי בָלָק מְלֹא בֵיתוֹ כֶּסֶף וְזָהָב לֹא אוּכַל
לַעֲבֹר אֶת־פִּי יהוה אֱלֹהָי לַעֲשׂוֹת קְטַנָּה אוֹ גְדוֹלָה׃ וְעַתָּה שְׁבוּ נָא בָזֶה גַּם־ יט
אַתֶּם הַלָּיְלָה וְאֵדְעָה מַה־יֹּסֵף יהוה דַּבֵּר עִמִּי׃ וַיָּבֹא אֱלֹהִים ׀ אֶל־בִּלְעָם לַיְלָה כ
וַיֹּאמֶר לוֹ אִם־לִקְרֹא לְךָ בָּאוּ הָאֲנָשִׁים קוּם לֵךְ אִתָּם וְאַךְ אֶת־הַדָּבָר אֲשֶׁר־

שלישי

אֲדַבֵּר אֵלֶיךָ אֹתוֹ תַעֲשֶׂה׃ וַיָּקָם בִּלְעָם בַּבֹּקֶר וַיַּחֲבֹשׁ אֶת־אֲתֹנוֹ וַיֵּלֶךְ עִם־שָׂרֵי כא

ב. בלעם הולך לבלק ומעשה האתון

מוֹאָב׃ וַיִּחַר־אַף אֱלֹהִים כִּי־הוֹלֵךְ הוּא וַיִּתְיַצֵּב מַלְאַךְ יהוה בַּדֶּרֶךְ לְשָׂטָן לוֹ כב
וְהוּא רֹכֵב עַל־אֲתֹנוֹ וּשְׁנֵי נְעָרָיו עִמּוֹ׃ וַתֵּרֶא הָאָתוֹן אֶת־מַלְאַךְ יהוה נִצָּב כג
בַּדֶּרֶךְ וְחַרְבּוֹ שְׁלוּפָה בְּיָדוֹ וַתֵּט הָאָתוֹן מִן־הַדֶּרֶךְ וַתֵּלֶךְ בַּשָּׂדֶה וַיַּךְ בִּלְעָם

פירושי מילים

(כ״ב, ב) **בלק** – אולי משמעותו של השם בלק הוא בקע או השחית, כמשמעות "בולקה" בישעיה כ״ד, א; והמילה "מבולקה", בנחום ב׳, יא. (ג) **ויגר** – פחד. **ויקץ** – קצו, מאסו בחייהם. (ד) **ילחכו** – יאכלו, ישחיתו. (ה) **מלאכים** – שליחים. **בלעם** – אולי השם בלעם בא מהשורש בל״ע. אם כן שני השמות, בלעם ובלק (ראו לעיל) נושאים משמעות דומה. **בעור** – השם 'בער' נושא משמעות של השחתה (בע״ר). **עין הארץ** – מראה הארץ. (ו) **ארה** – קלל. (כב) **לשטן לו** – להתנגד לו, למכשול. (כג) **נִצב** – עומד. **ותט** –

כד את־האתון להטתה הדרך: ויעמד מלאך יהוה במשעול הכרמים גדר מזה
כה וגדר מזה: ותרא האתון את־מלאך יהוה ותלחץ אל־הקיר ותלחץ את־
כו רגל בלעם אל־הקיר ויסף להכתה: ויוסף מלאך־יהוה עבור ויעמד במקום
כז צר אשר אין־דרך לנטות ימין ושמאול: ותרא האתון את־מלאך יהוה
כח ותרבץ תחת בלעם ויחר־אף בלעם ויך את־האתון במקל: ויפתח יהוה
את־פי האתון ותאמר לבלעם מה־עשיתי לך כי הכיתני זה שלש רגלים:
כט ויאמר בלעם לאתון כי התעללת בי לו יש־חרב בידי כי עתה הרגתיך:
ל ותאמר האתון אל־בלעם הלוא אנכי אתנך אשר־רכבת עלי מעודך עד־
לא היום הזה ההסכן הסכנתי לעשות לך כה ויאמר לא: ויגל יהוה את־עיני
בלעם וירא את־מלאך יהוה נצב בדרך וחרבו שלפה בידו ויקד וישתחו
לב לאפיו: ויאמר אליו מלאך יהוה על־מה הכית את־אתנך זה שלוש רגלים
לג הנה אנכי יצאתי לשטן כי־ירט הדרך לנגדי: ותראני האתון ותט לפני זה
שלש רגלים אולי נטתה מפני כי עתה גם־אתכה הרגתי ואותה החייתי:
לד ויאמר בלעם אל־מלאך יהוה חטאתי כי לא ידעתי כי אתה נצב לקראתי
לה בדרך ועתה אם־רע בעיניך אשובה לי: ויאמר מלאך יהוה אל־בלעם לך
עם־האנשים ואפס את־הדבר אשר־אדבר אליך אתו תדבר וילך בלעם
לו עם־שרי בלק: וישמע בלק כי־בא בלעם ויצא לקראתו אל־עיר מואב
לז אשר על־גבול ארנן אשר בקצה הגבול: ויאמר בלק אל־בלעם הלא
שלח שלחתי אליך לקרא־לך למה לא־הלכת אלי האמנם לא אוכל כבדך:
לח ויאמר בלעם אל־בלק הנה־באתי אליך עתה היכל אוכל דבר מאומה הדבר
לט אשר ישים אלהים בפי אתו אדבר: וילך בלעם עם־בלק ויבאו קרית חצות:
מ מא ויזבח בלק בקר וצאן וישלח לבלעם ולשרים אשר אתו: ויהי בבקר ויקח
כג א בלק את־בלעם ויעלהו במות בעל וירא משם קצה העם: ויאמר בלעם
אל־בלק בנה־לי בזה שבעה מזבחת והכן לי בזה שבעה פרים ושבעה
ב אילים: ויעש בלק כאשר דבר בלעם ויעל בלק ובלעם פר ואיל במזבח:
ג ויאמר בלעם לבלק התיצב על־עלתך ואלכה אולי יקרה יהוה לקראתי ודבר
ד מה־יראני והגדתי לך וילך שפי: ויקר אלהים אל־בלעם ויאמר אליו את־

ניסיונות בלק להביא את בלעם לקלל את ישראל ונאומי בלעם:
א. הנאום הראשון

רביעי /ששי/

פירושי מילים

נטתה, סרה מן הדרך. (כד) **משעול הכרמים** – שביל צר שבין הכרמים. (כח) **שלש רגלים** – שלוש פעמים. (ל) **מעודך** – מיום היותך. **ההסכן הסכנתי** – האם כך נהגתי לעשות. (לא) **ויגל... את עיני** – פקח את עיניו. (לב) **ירט** – ראב"ע פירש במובן עיוות, הדרך הייתה מעוותת בגללי. (לה) **אפס** – אבל. (לז) **האמנם** – האם באמת. (לח) **מאומה** – משהו. (כ"ג, ג) **וילך שפי** – הלך לבדו (תרגום אונקלוס, רש"י), או הלך להר (אבן ג'נאח, שורשים, ערך שפה, עמ' 527; ראב"ע; רד"ק, ספר השורשים, ערך שפה, עמ' 400). במקרא מופיע 'שפי' במשמעות זו רק בצורת הרבים, למשל, ישעיה מ"א, יח; ירמיה ג', ב, כא; ד', יא; ז', כט; י"ב, יב; י"ד, ו; מ"ט, ט. (ד) **ויקר** – נקרא, נזדמן.

שִׁבְעַת הַמִּזְבְּחֹת עָרַכְתִּי וָאַעַל פַּר וָאַיִל בַּמִּזְבֵּחַ׃ וַיָּשֶׂם יהוה דָּבָר בְּפִי בִלְעָם ה
וַיֹּאמֶר שׁוּב אֶל־בָּלָק וְכֹה תְדַבֵּר׃ וַיָּשָׁב אֵלָיו וְהִנֵּה נִצָּב עַל־עֹלָתוֹ הוּא וְכָל־ ו
שָׂרֵי מוֹאָב׃ וַיִּשָּׂא מְשָׁלוֹ וַיֹּאמַר מִן־אֲרָם יַנְחֵנִי בָלָק מֶלֶךְ־מוֹאָב מֵהַרְרֵי־ ז
קֶדֶם לְכָה אָרָה־לִּי יַעֲקֹב וּלְכָה זֹעֲמָה יִשְׂרָאֵל׃ מָה אֶקֹּב לֹא קַבֹּה אֵל וּמָה ח
אֶזְעֹם לֹא זָעַם יהוה׃ כִּי־מֵרֹאשׁ צֻרִים אֶרְאֶנּוּ וּמִגְּבָעוֹת אֲשׁוּרֶנּוּ הֶן־עָם ט
כ לְבָדָד יִשְׁכֹּן וּבַגּוֹיִם לֹא יִתְחַשָּׁב׃ מִי מָנָה עֲפַר יַעֲקֹב וּמִסְפָּר אֶת־רֹבַע יִשְׂרָאֵל י
ב. הנאום השני תָּמֹת נַפְשִׁי מוֹת יְשָׁרִים וּתְהִי אַחֲרִיתִי כָּמֹהוּ׃ וַיֹּאמֶר בָּלָק אֶל־בִּלְעָם יא
מֶה עָשִׂיתָ לִי לָקֹב אֹיְבַי לְקַחְתִּיךָ וְהִנֵּה בֵּרַכְתָּ בָרֵךְ׃ וַיַּעַן וַיֹּאמַר הֲלֹא אֵת יב
חמישי אֲשֶׁר יָשִׂים יהוה בְּפִי אֹתוֹ אֶשְׁמֹר לְדַבֵּר׃ וַיֹּאמֶר אֵלָיו בָּלָק לְךָ־נָּא אִתִּי אֶל־ יג
מָקוֹם אַחֵר אֲשֶׁר תִּרְאֶנּוּ מִשָּׁם אֶפֶס קָצֵהוּ תִרְאֶה וְכֻלּוֹ לֹא תִרְאֶה וְקָבְנוֹ־
לִי מִשָּׁם׃ וַיִּקָּחֵהוּ שְׂדֵה צֹפִים אֶל־רֹאשׁ הַפִּסְגָּה וַיִּבֶן שִׁבְעָה מִזְבְּחֹת וַיַּעַל פַּר יד
וָאַיִל בַּמִּזְבֵּחַ׃ וַיֹּאמֶר אֶל־בָּלָק הִתְיַצֵּב כֹּה עַל־עֹלָתֶךָ וְאָנֹכִי אִקָּרֶה כֹּה׃ וַיִּקָּר טו טז
יהוה אֶל־בִּלְעָם וַיָּשֶׂם דָּבָר בְּפִיו וַיֹּאמֶר שׁוּב אֶל־בָּלָק וְכֹה תְדַבֵּר׃ וַיָּבֹא אֵלָיו יז
וְהִנּוֹ נִצָּב עַל־עֹלָתוֹ וְשָׂרֵי מוֹאָב אִתּוֹ וַיֹּאמֶר לוֹ בָּלָק מַה־דִּבֶּר יהוה׃ וַיִּשָּׂא יח
מְשָׁלוֹ וַיֹּאמַר קוּם בָּלָק וּשְׁמָע הַאֲזִינָה עָדַי בְּנוֹ צִפֹּר׃ לֹא אִישׁ אֵל וִיכַזֵּב וּבֶן־ יט
אָדָם וְיִתְנֶחָם הַהוּא אָמַר וְלֹא יַעֲשֶׂה וְדִבֶּר וְלֹא יְקִימֶנָּה׃ הִנֵּה בָרֵךְ לָקָחְתִּי כ
וּבֵרֵךְ וְלֹא אֲשִׁיבֶנָּה׃ לֹא־הִבִּיט אָוֶן בְּיַעֲקֹב וְלֹא־רָאָה עָמָל בְּיִשְׂרָאֵל יהוה כא
אֱלֹהָיו עִמּוֹ וּתְרוּעַת מֶלֶךְ בּוֹ׃ אֵל מוֹצִיאָם מִמִּצְרָיִם כְּתוֹעֲפֹת רְאֵם לוֹ׃ כִּי כב כג
לֹא־נַחַשׁ בְּיַעֲקֹב וְלֹא־קֶסֶם בְּיִשְׂרָאֵל כָּעֵת יֵאָמֵר לְיַעֲקֹב וּלְיִשְׂרָאֵל מַה־פָּעַל
אֵל׃ הֶן־עָם כְּלָבִיא יָקוּם וְכַאֲרִי יִתְנַשָּׂא לֹא יִשְׁכַּב עַד־יֹאכַל טֶרֶף וְדַם־חֲלָלִים כד
ג. הנאום השלישי יִשְׁתֶּה׃ וַיֹּאמֶר בָּלָק אֶל־בִּלְעָם גַּם־קֹב לֹא תִקֳּבֶנּוּ גַּם־בָּרֵךְ לֹא תְבָרֲכֶנּוּ׃ וַיַּעַן כה כו
בִּלְעָם וַיֹּאמֶר אֶל־בָּלָק הֲלֹא דִּבַּרְתִּי אֵלֶיךָ לֵאמֹר כֹּל אֲשֶׁר־יְדַבֵּר יהוה אֹתוֹ
ששי /שביעי/ אֶעֱשֶׂה׃ וַיֹּאמֶר בָּלָק אֶל־בִּלְעָם לְכָה־נָּא אֶקָּחֲךָ אֶל־מָקוֹם אַחֵר אוּלַי יִישַׁר כז
בְּעֵינֵי הָאֱלֹהִים וְקַבֹּתוֹ לִי מִשָּׁם׃ וַיִּקַּח בָּלָק אֶת־בִּלְעָם רֹאשׁ הַפְּעוֹר הַנִּשְׁקָף כח
עַל־פְּנֵי הַיְשִׁימֹן׃ וַיֹּאמֶר בִּלְעָם אֶל־בָּלָק בְּנֵה־לִי בָזֶה שִׁבְעָה מִזְבְּחֹת וְהָכֵן כט
לִי בָּזֶה שִׁבְעָה פָרִים וְשִׁבְעָה אֵילִים׃ וַיַּעַשׂ בָּלָק כַּאֲשֶׁר אָמַר בִּלְעָם וַיַּעַל פַּר ל
וָאַיִל בַּמִּזְבֵּחַ׃ וַיַּרְא בִּלְעָם כִּי טוֹב בְּעֵינֵי יהוה לְבָרֵךְ אֶת־יִשְׂרָאֵל וְלֹא־הָלַךְ א כד
כְּפַעַם־בְּפַעַם לִקְרַאת נְחָשִׁים וַיָּשֶׁת אֶל־הַמִּדְבָּר פָּנָיו׃ וַיִּשָּׂא בִלְעָם אֶת־עֵינָיו ב
וַיַּרְא אֶת־יִשְׂרָאֵל שֹׁכֵן לִשְׁבָטָיו וַתְּהִי עָלָיו רוּחַ אֱלֹהִים׃ וַיִּשָּׂא מְשָׁלוֹ וַיֹּאמַר ג

פירושי מילים

(ז) משלו – דברים הכתובים בצורה פיוטית, בתקבולת שירית; דברי חוכמה מליצית. ינחני – הוליך אותי. ארה – קלל. זֹעמה – כעס, קילל בכעס. (ח) אקב – קלל. (ט) אשורנו – אראנו. (י) רבע – אחד מארבעה חלקים. (טו) אקרה – אפגש. (יח) עדי – אליי (מילת יחס 'עד' בנטייה). (יט) ויכזב – וישקר. ויתנחם – ויתחרט. (כא) אוֶן – חטא, ואפשר לפרש במובן של רשע, אסון. עמל – עוולה, רשע. (כב) תועפֹת ראם – קרניים של ראם. (כח) ישימֹן – מדבר. (כ"ד, א) וישת – שָׂם.

ד נְאֻם בִּלְעָם בְּנוֹ בְעֹר וּנְאֻם הַגֶּבֶר שְׁתֻם הָעָיִן: נְאֻם שֹׁמֵעַ אִמְרֵי־אֵל אֲשֶׁר
ה מַחֲזֵה שַׁדַּי יֶחֱזֶה נֹפֵל וּגְלוּי עֵינָיִם: מַה־טֹּבוּ אֹהָלֶיךָ יַעֲקֹב מִשְׁכְּנֹתֶיךָ יִשְׂרָאֵל:
ו ז כִּנְחָלִים נִטָּיוּ כְּגַנֹּת עֲלֵי נָהָר כַּאֲהָלִים נָטַע יהוה כַּאֲרָזִים עֲלֵי־מָיִם: יִזַּל־מַיִם
ח מִדָּלְיָו וְזַרְעוֹ בְּמַיִם רַבִּים וְיָרֹם מֵאֲגַג מַלְכּוֹ וְתִנַּשֵּׂא מַלְכֻתוֹ: אֵל מוֹצִיאוֹ מִמִּצְרַיִם
ט כְּתוֹעֲפֹת רְאֵם לוֹ יֹאכַל גּוֹיִם צָרָיו וְעַצְמֹתֵיהֶם יְגָרֵם וְחִצָּיו יִמְחָץ: כָּרַע שָׁכַב
י כַּאֲרִי וּכְלָבִיא מִי יְקִימֶנּוּ מְבָרְכֶיךָ בָרוּךְ וְאֹרְרֶיךָ אָרוּר: וַיִּחַר־אַף בָּלָק אֶל־ **ד. הנאום הרביעי**
בִּלְעָם וַיִּסְפֹּק אֶת־כַּפָּיו וַיֹּאמֶר בָּלָק אֶל־בִּלְעָם לָקֹב אֹיְבַי קְרָאתִיךָ וְהִנֵּה בֵּרַכְתָּ
יא בָרֵךְ זֶה שָׁלֹשׁ פְּעָמִים: וְעַתָּה בְּרַח־לְךָ אֶל־מְקוֹמֶךָ אָמַרְתִּי כַּבֵּד אֲכַבֶּדְךָ
יב וְהִנֵּה מְנָעֲךָ יהוה מִכָּבוֹד: וַיֹּאמֶר בִּלְעָם אֶל־בָּלָק הֲלֹא גַּם אֶל־מַלְאָכֶיךָ
יג אֲשֶׁר־שָׁלַחְתָּ אֵלַי דִּבַּרְתִּי לֵאמֹר: אִם־יִתֶּן־לִי בָלָק מְלֹא בֵיתוֹ כֶּסֶף וְזָהָב
לֹא אוּכַל לַעֲבֹר אֶת־פִּי יהוה לַעֲשׂוֹת טוֹבָה אוֹ רָעָה מִלִּבִּי אֲשֶׁר־יְדַבֵּר יהוה
יד אֹתוֹ אֲדַבֵּר: וְעַתָּה הִנְנִי הוֹלֵךְ לְעַמִּי לְכָה אִיעָצְךָ אֲשֶׁר יַעֲשֶׂה הָעָם הַזֶּה שביעי
טו לְעַמְּךָ בְּאַחֲרִית הַיָּמִים: וַיִּשָּׂא מְשָׁלוֹ וַיֹּאמַר נְאֻם בִּלְעָם בְּנוֹ בְעֹר וּנְאֻם
טז הַגֶּבֶר שְׁתֻם הָעָיִן: נְאֻם שֹׁמֵעַ אִמְרֵי־אֵל וְיֹדֵעַ דַּעַת עֶלְיוֹן מַחֲזֵה שַׁדַּי יֶחֱזֶה
יז נֹפֵל וּגְלוּי עֵינָיִם: אֶרְאֶנּוּ וְלֹא עַתָּה אֲשׁוּרֶנּוּ וְלֹא קָרוֹב דָּרַךְ כּוֹכָב מִיַּעֲקֹב
יח וְקָם שֵׁבֶט מִיִּשְׂרָאֵל וּמָחַץ פַּאֲתֵי מוֹאָב וְקַרְקַר כָּל־בְּנֵי־שֵׁת: וְהָיָה אֱדוֹם

פירושי מילים

(ג) **שְׁתֻם** – פתוח, היינו רואה היטב. כך בלשון המשנה, ראו עבודה זרה פ"ה מ"ד. וכן רש"י, רשב"ם, ראב"ע. ראו סוקולוף, מילון ארמית ארץ ישראלית, ערך שתם, עמ' 569. (ד) **נֹפֵל** – נופל לארץ מהתגלות ה' (כמו ביחזקאל א', כח). או שה' מתגלה אליו בלילה (רש"י, ראב"ע). **גלוי עיניים** – רואה את מחזה ה'. (ו) **נִטָּיו** – מהשורש נט"ה, נחלים מתפשטים (ראב"ע), "שנארכו ונמשכו לנטות למרחוק" – רש"י. **גנֹּת עלי נהר** – גנים הנמצאים על מי נהר. **אֲהָלִים** – סוג צמח (משלי ז', יז; אהלות – תהילים מ"ה, ט). (ז) **מדליו** – כלי קיבול למים, ולפי ראב"ע הכוונה לענפים מלשון הדליה. (ח) **תועפת** – קרני ראם. **יגרם** – ישבור עצמות, גרם היא עצם. (י) **ויספק** – הכה כף אל כף, ביטוי של כעס. לעומת זאת באיוב כ"ז, כג ובאיכה ב', טו, הפעולה היא ביטוי של לגלוג. **לקב** – לקלל. (יא) **אמרתי כבד אכבדך** – התכוונתי לתת לך מתנות רבות, או אפשר במשמעות של כבוד גדול. (יד) **איעצך** – אודיעך (ראב"ע, רלב"ג, שד"ל); ויש שפירשו עצה ממש בדבר פעור: רש"י, רשב"ם. תרגום יונתן השלים את העצה שנתן בלעם לבלק כיצד להכשיל את ישראל על ידי זימה (בתרגום לעברית ד' רידר): "...הכן פונדקאין ותשים בהם נשים זונות מוכרות אוכל ומשקה פחות מערכם ויבואו העם הזה ויאכלו וישתו וישתכרו וישמשו אתן ויכפרו באלהיהם ויימסרו בידיך בשעה קלה ויפלו מהם רבים...". לכיוון זה ראו בבלי סנהדרין קו ע"א, (ראב"ע אומר על פירוש זה שהוא רחוק). או עצה שלא יפחד מישראל, שכן ישראל לא יפגעו בו עכשיו אלא באחרית הימים (ריב"ש). **באחרית הימים** – המושג מתייחס לעתיד ולאו דווקא לסוף הזמן. כך למשל, בראשית מ"ט, א; דברים ד', ל. לדעת אלה שהנבואה אינה מדברת על דוד, אלא על המלך המשיח, המושג מתפרש לימים רחוקים. (יז) **אשורנו** – אראה אותו, את הכוכב. **דָּרַךְ** – יצעד, יעלה. מורג (בלעם, עמ' 16-17) מסביר את המילה במשמעות של שלט. כך לדעתו המשמעות בשופטים ה', כא. **דָּרַךְ כוכב** – דָּרַךְ היא צורת עבר נבואי, במשמעות ידרוך כוכב. **שבט** – מנהיג. **מחץ** – יהרוס. **פאתי** – מלשון פאה, גבול. **וקרקר** – אולי מהשורש קר"ר, במובן נתץ. ראו קדרי, מילון, שורש קר"ר; ואולי על פי ירמיה מ"ח, מה, במשמעות קודקוד, שמובנו פאה, כמו בצלע הקודמת, ומחץ את הפאות של בני שת.

ה. נבואות קצרות על עמלק, קיני ועוד

יְרֵשָׁה וְהָיָה יְרֵשָׁה שֵׂעִיר אֹיְבָיו וְיִשְׂרָאֵל עֹשֶׂה חָיִל: וְיֵרְדְּ מִיַּעֲקֹב וְהֶאֱבִיד שָׂרִיד יט
מֵעִיר: וַיַּרְא אֶת־עֲמָלֵק וַיִּשָּׂא מְשָׁלוֹ וַיֹּאמַר רֵאשִׁית גּוֹיִם עֲמָלֵק וְאַחֲרִיתוֹ כ
עֲדֵי אֹבֵד: וַיַּרְא אֶת־הַקֵּינִי וַיִּשָּׂא מְשָׁלוֹ וַיֹּאמַר אֵיתָן מוֹשָׁבֶךָ וְשִׂים בַּסֶּלַע כא
קִנֶּךָ: כִּי אִם־יִהְיֶה לְבָעֵר קָיִן עַד־מָה אַשּׁוּר תִּשְׁבֶּךָּ: וַיִּשָּׂא מְשָׁלוֹ וַיֹּאמַר אוֹי כב כג
מִי יִחְיֶה מִשֻּׂמוֹ אֵל: וְצִים מִיַּד כִּתִּים וְעִנּוּ אַשּׁוּר וְעִנּוּ־עֵבֶר וְגַם־הוּא עֲדֵי אֹבֵד: כד

ו. חתימת הסיפור

וַיָּקָם בִּלְעָם וַיֵּלֶךְ וַיָּשָׁב לִמְקֹמוֹ וְגַם־בָּלָק הָלַךְ לְדַרְכּוֹ: כה

חטא ישראל בשיטים
שלום לפינחס
ציווי להילחם במדיין

כא וַיֵּשֶׁב יִשְׂרָאֵל בַּשִּׁטִּים וַיָּחֶל הָעָם לִזְנוֹת אֶל־בְּנוֹת מוֹאָב: וַתִּקְרֶאןָ לָעָם לְזִבְחֵי א ב כה
אֱלֹהֵיהֶן וַיֹּאכַל הָעָם וַיִּשְׁתַּחֲווּ לֵאלֹהֵיהֶן: וַיִּצָּמֶד יִשְׂרָאֵל לְבַעַל פְּעוֹר וַיִּחַר־אַף ג
יְהוָה בְּיִשְׂרָאֵל: וַיֹּאמֶר יְהוָה אֶל־מֹשֶׁה קַח אֶת־כָּל־רָאשֵׁי הָעָם וְהוֹקַע אוֹתָם ד
לַיהוָה נֶגֶד הַשָּׁמֶשׁ וְיָשֹׁב חֲרוֹן אַף־יְהוָה מִיִּשְׂרָאֵל: וַיֹּאמֶר מֹשֶׁה אֶל־שֹׁפְטֵי ה
יִשְׂרָאֵל הִרְגוּ אִישׁ אֲנָשָׁיו הַנִּצְמָדִים לְבַעַל פְּעוֹר: וְהִנֵּה אִישׁ מִבְּנֵי יִשְׂרָאֵל בָּא ו
וַיַּקְרֵב אֶל־אֶחָיו אֶת־הַמִּדְיָנִית לְעֵינֵי מֹשֶׁה וּלְעֵינֵי כָּל־עֲדַת בְּנֵי־יִשְׂרָאֵל וְהֵמָּה
מפטיר בֹכִים פֶּתַח אֹהֶל מוֹעֵד: וַיַּרְא פִּינְחָס בֶּן־אֶלְעָזָר בֶּן־אַהֲרֹן הַכֹּהֵן וַיָּקָם מִתּוֹךְ ז
הָעֵדָה וַיִּקַּח רֹמַח בְּיָדוֹ: וַיָּבֹא אַחַר אִישׁ־יִשְׂרָאֵל אֶל־הַקֻּבָּה וַיִּדְקֹר אֶת־שְׁנֵיהֶם ח
אֵת אִישׁ יִשְׂרָאֵל וְאֶת־הָאִשָּׁה אֶל־קֳבָתָהּ וַתֵּעָצַר הַמַּגֵּפָה מֵעַל בְּנֵי יִשְׂרָאֵל:
וַיִּהְיוּ הַמֵּתִים בַּמַּגֵּפָה אַרְבָּעָה וְעֶשְׂרִים אָלֶף: ט

פינחס כב וַיְדַבֵּר יְהוָה אֶל־מֹשֶׁה לֵּאמֹר: פִּינְחָס בֶּן־אֶלְעָזָר בֶּן־אַהֲרֹן הַכֹּהֵן הֵשִׁיב אֶת־ י יא
חֲמָתִי מֵעַל בְּנֵי־יִשְׂרָאֵל בְּקַנְאוֹ אֶת־קִנְאָתִי בְּתוֹכָם וְלֹא־כִלִּיתִי אֶת־בְּנֵי־יִשְׂרָאֵל
בְּקִנְאָתִי: לָכֵן אֱמֹר הִנְנִי נֹתֵן לוֹ אֶת־בְּרִיתִי שָׁלוֹם: וְהָיְתָה לּוֹ וּלְזַרְעוֹ אַחֲרָיו יב יג
בְּרִית כְּהֻנַּת עוֹלָם תַּחַת אֲשֶׁר קִנֵּא לֵאלֹהָיו וַיְכַפֵּר עַל־בְּנֵי יִשְׂרָאֵל: וְשֵׁם יד
אִישׁ יִשְׂרָאֵל הַמֻּכֶּה אֲשֶׁר הֻכָּה אֶת־הַמִּדְיָנִית זִמְרִי בֶּן־סָלוּא נְשִׂיא בֵית־אָב
לַשִּׁמְעֹנִי: וְשֵׁם הָאִשָּׁה הַמֻּכָּה הַמִּדְיָנִית כָּזְבִּי בַת־צוּר רֹאשׁ אֻמּוֹת בֵּית־אָב טו
בְּמִדְיָן הוּא:
וַיְדַבֵּר יְהוָה אֶל־מֹשֶׁה לֵּאמֹר: צָרוֹר אֶת־הַמִּדְיָנִים וְהִכִּיתֶם אוֹתָם: כִּי־צֹרְרִים טז יז יח

פירושי מילים

(יח) יְרֵשָׁה – תהיה ירושה לישראל. (יט) וירד – יִרְדֶּה, ימשול הכוכב מיעקב. (כ) עדי – עד. (כב) לבער – מלשון ביעור, כילוי, הריסה. תשבך – תוליך אותו בשבי. (כג) מי יחיה מִשֻּׂמוֹ אל – מי יחיה ממה שה' ישים לו אותו, כלומר יעשה לו. (כד) וצים – אוניות, ראו ישעיה ל"ג, כא; יחזקאל ל', ט. (כ"ה, ג) ויצמד – דבק, התחבר. (ד) הוקע – המתה בתלייה. נגד השמש – בגלוי. חרון אף – כעס. (ה) שֹׁפְטֵי ישראל – שופט במובן מנהיג, מנהיגי ישראל. (ח) קֻבָּה – אוהל מקומר, רש"י; וכן ראב"ע על פי הערבית, המציין שיש הבדל בין צורות הקובה והאוהל. קֳבָתָהּ – בטן, המילה נגזרה מהמילה קֵיבָה – בטן (דברים י"ח, ג). כך השבעים, אונקלוס, רשב"ם. אפשרות שנייה היא שֶׁקֻבָּה גזורה מהמילה נקיבה, והכוונה לאיבר המין של האישה. חז"ל דרשו קֳבתה מהמילה נקיבה, ופירשו שהרגם דרך האיבר של האישה ואיבר האיש; ראו ספרי פיסקא קלא; בבלי סנהדרין פז עב; במדבר רבה כה. רד"ק הציע שזה נגזר מהמילה קֵיבָה, או קֵבָה או קֵבֶת; ראו רד"ק, ספר השרשים, ערך קבב. (יז) צרור – מהשורש צר"ר, במובן של אויב (במדבר י', טו; ל"ג, נה). (יח) צֹרְרִים – אויבים, שונאים.

הם לכם בנכליהם אשר־נכלו לכם על־דבר פעור ועל־דבר כזבי בת־נשיא
כו א מדין אחתם המכה ביום־המגפה על־דבר פעור: ויהי אחרי המגפה
ב ויאמר יהוה אל־משה ואל אלעזר בן־אהרן הכהן לאמר: שאו את־ראש
כל־עדת בני־ישראל מבן עשרים שנה ומעלה לבית אבתם כל־יצא צבא
ג בישראל: וידבר משה ואלעזר הכהן אתם בערבת מואב על־ירדן ירחו לאמר:
ד מבן עשרים שנה ומעלה כאשר צוה יהוה את־משה ובני ישראל היצאים
שני ה מארץ מצרים: ראובן בכור ישראל בני ראובן חנוך משפחת החנכי לפלוא
ו ז משפחת הפלאי: לחצרן משפחת החצרוני לכרמי משפחת הכרמי: אלה
משפחת הראובני ויהיו פקדיהם שלשה וארבעים אלף ושבע מאות ושלשים:
ח ט ובני פלוא אליאב: ובני אליאב נמואל ודתן ואבירם הוא־דתן ואבירם קרואי קריאי
י העדה אשר הצו על־משה ועל־אהרן בעדת־קרח בהצתם על־יהוה: ותפתח
הארץ את־פיה ותבלע אתם ואת־קרח במות העדה באכל האש את חמשים
יא יב ומאתים איש ויהיו לנס: ובני־קרח לא־מתו: בני שמעון למשפחתם
לנמואל משפחת הנמואלי לימין משפחת הימיני ליכין משפחת היכיני:
יג יד לזרח משפחת הזרחי לשאול משפחת השאולי: אלה משפחת השמעני
טו שנים ועשרים אלף ומאתים: בני גד למשפחתם לצפון משפחת
טז הצפוני לחגי משפחת החגי לשוני משפחת השוני: לאזני משפחת האזני
יז לערי משפחת הערי: לארוד משפחת הארודי לאראלי משפחת האראלי:
יח יט אלה משפחת בני־גד לפקדיהם ארבעים אלף וחמש מאות: בני
כ יהודה ער ואונן וימת ער ואונן בארץ כנען: ויהיו בני־יהודה למשפחתם
כא לשלה משפחת השלני לפרץ משפחת הפרצי לזרח משפחת הזרחי: ויהיו
כב בני־פרץ לחצרן משפחת החצרני לחמול משפחת החמולי: אלה משפחת
כג יהודה לפקדיהם ששה ושבעים אלף וחמש מאות: בני יששכר
כד למשפחתם תולע משפחת התולעי לפוה משפחת הפוני: לישוב משפחת
כה הישבי לשמרן משפחת השמרני: אלה משפחת יששכר לפקדיהם ארבעה
כו וששים אלף ושלש מאות: בני זבולן למשפחתם לסרד משפחת
כז הסרדי לאלון משפחת האלני ליחלאל משפחת היחלאלי: אלה משפחת
כח הזבולני לפקדיהם ששים אלף וחמש מאות: בני יוסף למשפחתם
כט מנשה ואפרים: בני מנשה למכיר משפחת המכירי ומכיר הוליד את־גלעד
ל לגלעד משפחת הגלעדי: אלה בני גלעד איעזר משפחת האיעזרי לחלק
לא משפחת החלקי: ואשריאל משפחת האשראלי ושכם משפחת השכמי:

פירושי מילים

נכליהם – בערמומיות שלהם, ברמאותם. **נכלו** – רימו, הערימו. (כ"ו, ב) **שאו** – הרימו, במשמעות של ספרו. (ט) **הִצו, בהצותם** – רבו, גרמו לריב. (י) **לנס** – לסימן, לאות ולמופת. (יח) **לפקדיהם** – למספריהם.

וּשְׁמִידָע מִשְׁפַּחַת הַשְּׁמִידָעִי וְחֵפֶר מִשְׁפַּחַת הַחֶפְרִי׃ וּצְלָפְחָד בֶּן־חֵפֶר לֹא־הָיוּ לב לג
לוֹ בָּנִים כִּי אִם־בָּנוֹת וְשֵׁם בְּנוֹת צְלָפְחָד מַחְלָה וְנֹעָה חָגְלָה מִלְכָּה וְתִרְצָה׃ אֵלֶּה לד
מִשְׁפְּחֹת מְנַשֶּׁה וּפְקֻדֵיהֶם שְׁנַיִם וַחֲמִשִּׁים אֶלֶף וּשְׁבַע מֵאוֹת׃ אֵלֶּה לה
בְנֵי־אֶפְרַיִם לְמִשְׁפְּחֹתָם לְשׁוּתֶלַח מִשְׁפַּחַת הַשֻּׁתַלְחִי לְבֶכֶר מִשְׁפַּחַת הַבַּכְרִי
לְתַחַן מִשְׁפַּחַת הַתַּחֲנִי׃ וְאֵלֶּה בְּנֵי שׁוּתָלַח לְעֵרָן מִשְׁפַּחַת הָעֵרָנִי׃ אֵלֶּה לו לז
מִשְׁפְּחֹת בְּנֵי־אֶפְרַיִם לִפְקֻדֵיהֶם שְׁנַיִם וּשְׁלֹשִׁים אֶלֶף וַחֲמֵשׁ מֵאוֹת אֵלֶּה בְנֵי־יוֹסֵף
לְמִשְׁפְּחֹתָם׃ בְּנֵי בִנְיָמִן לְמִשְׁפְּחֹתָם לְבֶלַע מִשְׁפַּחַת הַבַּלְעִי לְאַשְׁבֵּל לח
מִשְׁפַּחַת הָאַשְׁבֵּלִי לַאֲחִירָם מִשְׁפַּחַת הָאֲחִירָמִי׃ לִשְׁפוּפָם מִשְׁפַּחַת הַשּׁוּפָמִי לט
לְחוּפָם מִשְׁפַּחַת הַחוּפָמִי׃ וַיִּהְיוּ בְנֵי־בֶלַע אַרְדְּ וְנַעֲמָן מִשְׁפַּחַת הָאַרְדִּי לְנַעֲמָן מ
מִשְׁפַּחַת הַנַּעֲמִי׃ אֵלֶּה בְנֵי־בִנְיָמִן לְמִשְׁפְּחֹתָם וּפְקֻדֵיהֶם חֲמִשָּׁה וְאַרְבָּעִים אֶלֶף מא
וְשֵׁשׁ מֵאוֹת׃ אֵלֶּה בְנֵי־דָן לְמִשְׁפְּחֹתָם לְשׁוּחָם מִשְׁפַּחַת הַשּׁוּחָמִי מב
אֵלֶּה מִשְׁפְּחֹת דָּן לְמִשְׁפְּחֹתָם׃ כָּל־מִשְׁפְּחֹת הַשּׁוּחָמִי לִפְקֻדֵיהֶם אַרְבָּעָה וְשִׁשִּׁים מג
אֶלֶף וְאַרְבַּע מֵאוֹת׃ בְּנֵי אָשֵׁר לְמִשְׁפְּחֹתָם לְיִמְנָה מִשְׁפַּחַת הַיִּמְנָה מד
לְיִשְׁוִי מִשְׁפַּחַת הַיִּשְׁוִי לִבְרִיעָה מִשְׁפַּחַת הַבְּרִיעִי׃ לִבְנֵי בְרִיעָה לְחֶבֶר מִשְׁפַּחַת מה
הַחֶבְרִי לְמַלְכִּיאֵל מִשְׁפַּחַת הַמַּלְכִּיאֵלִי׃ וְשֵׁם בַּת־אָשֵׁר שָׂרַח׃ אֵלֶּה מִשְׁפְּחֹת מו מז
בְּנֵי־אָשֵׁר לִפְקֻדֵיהֶם שְׁלֹשָׁה וַחֲמִשִּׁים אֶלֶף וְאַרְבַּע מֵאוֹת׃ בְּנֵי נַפְתָּלִי מח
לְמִשְׁפְּחֹתָם לְיַחְצְאֵל מִשְׁפַּחַת הַיַּחְצְאֵלִי לְגוּנִי מִשְׁפַּחַת הַגּוּנִי׃ לְיֵצֶר מִשְׁפַּחַת מט
הַיִּצְרִי לְשִׁלֵּם מִשְׁפַּחַת הַשִּׁלֵּמִי׃ אֵלֶּה מִשְׁפְּחֹת נַפְתָּלִי לְמִשְׁפְּחֹתָם וּפְקֻדֵיהֶם נ
חֲמִשָּׁה וְאַרְבָּעִים אֶלֶף וְאַרְבַּע מֵאוֹת׃ אֵלֶּה פְּקוּדֵי בְּנֵי יִשְׂרָאֵל שֵׁשׁ־מֵאוֹת נא
אֶלֶף וָאָלֶף שְׁבַע מֵאוֹת וּשְׁלֹשִׁים׃

שלישי כג
וַיְדַבֵּר יְהוָה אֶל־מֹשֶׁה לֵּאמֹר׃ לָאֵלֶּה תֵּחָלֵק הָאָרֶץ בְּנַחֲלָה בְּמִסְפַּר שֵׁמוֹת׃ נב נג
צו חלוקת הארץ
לָרַב תַּרְבֶּה נַחֲלָתוֹ וְלַמְעַט תַּמְעִיט נַחֲלָתוֹ אִישׁ לְפִי פְקֻדָיו יֻתַּן נַחֲלָתוֹ׃ אַךְ־ נד נה
בְּגוֹרָל יֵחָלֵק אֶת־הָאָרֶץ לִשְׁמוֹת מַטּוֹת־אֲבֹתָם יִנְחָלוּ׃ עַל־פִּי הַגּוֹרָל תֵּחָלֵק נו
מפקד שבט לוי
נַחֲלָתוֹ בֵּין רַב לִמְעָט׃ וְאֵלֶּה פְקוּדֵי הַלֵּוִי לְמִשְׁפְּחֹתָם לְגֵרְשׁוֹן נז
מִשְׁפַּחַת הַגֵּרְשֻׁנִּי לִקְהָת מִשְׁפַּחַת הַקְּהָתִי לִמְרָרִי מִשְׁפַּחַת הַמְּרָרִי׃ אֵלֶּה ׀ נח
מִשְׁפְּחֹת לֵוִי מִשְׁפַּחַת הַלִּבְנִי מִשְׁפַּחַת הַחֶבְרֹנִי מִשְׁפַּחַת הַמַּחְלִי מִשְׁפַּחַת
הַמּוּשִׁי מִשְׁפַּחַת הַקָּרְחִי וּקְהָת הוֹלִד אֶת־עַמְרָם׃ וְשֵׁם ׀ אֵשֶׁת עַמְרָם יוֹכֶבֶד נט
בַּת־לֵוִי אֲשֶׁר יָלְדָה אֹתָהּ לְלֵוִי בְּמִצְרָיִם וַתֵּלֶד לְעַמְרָם אֶת־אַהֲרֹן וְאֶת־מֹשֶׁה
וְאֵת מִרְיָם אֲחֹתָם׃ וַיִּוָּלֵד לְאַהֲרֹן אֶת־נָדָב וְאֶת־אֲבִיהוּא אֶת־אֶלְעָזָר וְאֶת־ ס
אִיתָמָר׃ וַיָּמָת נָדָב וַאֲבִיהוּא בְּהַקְרִיבָם אֵשׁ־זָרָה לִפְנֵי יְהוָה׃ וַיִּהְיוּ פְקֻדֵיהֶם סא סב
שְׁלֹשָׁה וְעֶשְׂרִים אֶלֶף כָּל־זָכָר מִבֶּן־חֹדֶשׁ וָמָעְלָה כִּי ׀ לֹא הָתְפָּקְדוּ בְּתוֹךְ בְּנֵי
סיכום המפקד
יִשְׂרָאֵל כִּי לֹא־נִתַּן לָהֶם נַחֲלָה בְּתוֹךְ בְּנֵי יִשְׂרָאֵל׃ אֵלֶּה פְּקוּדֵי מֹשֶׁה וְאֶלְעָזָר סג
הַכֹּהֵן אֲשֶׁר פָּקְדוּ אֶת־בְּנֵי יִשְׂרָאֵל בְּעַרְבֹת מוֹאָב עַל יַרְדֵּן יְרֵחוֹ׃ וּבְאֵלֶּה לֹא־ סד
הָיָה אִישׁ מִפְּקוּדֵי מֹשֶׁה וְאַהֲרֹן הַכֹּהֵן אֲשֶׁר פָּקְדוּ אֶת־בְּנֵי יִשְׂרָאֵל בְּמִדְבַּר
סִינָי׃ כִּי־אָמַר יְהוָה לָהֶם מוֹת יָמֻתוּ בַּמִּדְבָּר וְלֹא־נוֹתַר מֵהֶם אִישׁ כִּי אִם־ סה

תלונת בנות צלופחד על ירושת אביהן

כז א כָּלֵב בֶּן־יְפֻנֶּה וִיהוֹשֻׁעַ בִּן־נוּן׃ וַתִּקְרַבְנָה בְּנוֹת צְלָפְחָד בֶּן־חֵפֶר
בֶּן־גִּלְעָד בֶּן־מָכִיר בֶּן־מְנַשֶּׁה לְמִשְׁפְּחֹת מְנַשֶּׁה בֶן־יוֹסֵף וְאֵלֶּה שְׁמוֹת בְּנֹתָיו
ב מַחְלָה נֹעָה וְחָגְלָה וּמִלְכָּה וְתִרְצָה׃ וַתַּעֲמֹדְנָה לִפְנֵי מֹשֶׁה וְלִפְנֵי אֶלְעָזָר הַכֹּהֵן
ג וְלִפְנֵי הַנְּשִׂיאִם וְכָל־הָעֵדָה פֶּתַח אֹהֶל־מוֹעֵד לֵאמֹר׃ אָבִינוּ מֵת בַּמִּדְבָּר וְהוּא
לֹא־הָיָה בְּתוֹךְ הָעֵדָה הַנּוֹעָדִים עַל־יהוה בַּעֲדַת־קֹרַח כִּי־בְחֶטְאוֹ מֵת וּבָנִים
ד לֹא־הָיוּ לוֹ׃ לָמָּה יִגָּרַע שֵׁם־אָבִינוּ מִתּוֹךְ מִשְׁפַּחְתּוֹ כִּי אֵין לוֹ בֵּן תְּנָה־לָּנוּ אֲחֻזָּה
ה בְּתוֹךְ אֲחֵי אָבִינוּ׃ וַיַּקְרֵב מֹשֶׁה אֶת־מִשְׁפָּטָן לִפְנֵי יהוה׃

רביעי

ו ז וַיֹּאמֶר יהוה אֶל־מֹשֶׁה לֵּאמֹר׃ כֵּן בְּנוֹת צְלָפְחָד דֹּבְרֹת נָתֹן תִּתֵּן לָהֶם אֲחֻזַּת
ח נַחֲלָה בְּתוֹךְ אֲחֵי אֲבִיהֶם וְהַעֲבַרְתָּ אֶת־נַחֲלַת אֲבִיהֶן לָהֶן׃ וְאֶל־בְּנֵי יִשְׂרָאֵל
ט תְּדַבֵּר לֵאמֹר אִישׁ כִּי־יָמוּת וּבֵן אֵין לוֹ וְהַעֲבַרְתֶּם אֶת־נַחֲלָתוֹ לְבִתּוֹ׃ וְאִם־
י אֵין לוֹ בַּת וּנְתַתֶּם אֶת־נַחֲלָתוֹ לְאֶחָיו׃ וְאִם־אֵין לוֹ אַחִים וּנְתַתֶּם אֶת־נַחֲלָתוֹ
יא לַאֲחֵי אָבִיו׃ וְאִם־אֵין אַחִים לְאָבִיו וּנְתַתֶּם אֶת־נַחֲלָתוֹ לִשְׁאֵרוֹ הַקָּרֹב אֵלָיו
מִמִּשְׁפַּחְתּוֹ וְיָרַשׁ אֹתָהּ וְהָיְתָה לִבְנֵי יִשְׂרָאֵל לְחֻקַּת מִשְׁפָּט כַּאֲשֶׁר צִוָּה יהוה
אֶת־מֹשֶׁה׃

העברת ההנהגה ממשה ליהושע

יב וַיֹּאמֶר יהוה אֶל־מֹשֶׁה עֲלֵה אֶל־הַר הָעֲבָרִים הַזֶּה וּרְאֵה אֶת־הָאָרֶץ אֲשֶׁר נָתַתִּי
יג לִבְנֵי יִשְׂרָאֵל׃ וְרָאִיתָה אֹתָהּ וְנֶאֱסַפְתָּ אֶל־עַמֶּיךָ גַּם־אָתָּה כַּאֲשֶׁר נֶאֱסַף אַהֲרֹן
יד אָחִיךָ׃ כַּאֲשֶׁר מְרִיתֶם פִּי בְּמִדְבַּר־צִן בִּמְרִיבַת הָעֵדָה לְהַקְדִּישֵׁנִי בַמַּיִם לְעֵינֵיהֶם
טו הֵם מֵי־מְרִיבַת קָדֵשׁ מִדְבַּר־צִן׃ וַיְדַבֵּר מֹשֶׁה אֶל־יהוה לֵאמֹר׃ כד
טז יז יִפְקֹד יהוה אֱלֹהֵי הָרוּחֹת לְכָל־בָּשָׂר אִישׁ עַל־הָעֵדָה׃ אֲשֶׁר־יֵצֵא לִפְנֵיהֶם
וַאֲשֶׁר יָבֹא לִפְנֵיהֶם וַאֲשֶׁר יוֹצִיאֵם וַאֲשֶׁר יְבִיאֵם וְלֹא תִהְיֶה עֲדַת יהוה כַּצֹּאן
יח אֲשֶׁר אֵין־לָהֶם רֹעֶה׃ וַיֹּאמֶר יהוה אֶל־מֹשֶׁה קַח־לְךָ אֶת־יְהוֹשֻׁעַ בִּן־נוּן אִישׁ
יט אֲשֶׁר־רוּחַ בּוֹ וְסָמַכְתָּ אֶת־יָדְךָ עָלָיו׃ וְהַעֲמַדְתָּ אֹתוֹ לִפְנֵי אֶלְעָזָר הַכֹּהֵן וְלִפְנֵי
כ כָּל־הָעֵדָה וְצִוִּיתָה אֹתוֹ לְעֵינֵיהֶם׃ וְנָתַתָּה מֵהוֹדְךָ עָלָיו לְמַעַן יִשְׁמְעוּ כָּל־עֲדַת
כא בְּנֵי יִשְׂרָאֵל׃ וְלִפְנֵי אֶלְעָזָר הַכֹּהֵן יַעֲמֹד וְשָׁאַל לוֹ בְּמִשְׁפַּט הָאוּרִים לִפְנֵי יהוה
כב עַל־פִּיו יֵצְאוּ וְעַל־פִּיו יָבֹאוּ הוּא וְכָל־בְּנֵי־יִשְׂרָאֵל אִתּוֹ וְכָל־הָעֵדָה׃ וַיַּעַשׂ מֹשֶׁה
כַּאֲשֶׁר צִוָּה יהוה אֹתוֹ וַיִּקַּח אֶת־יְהוֹשֻׁעַ וַיַּעֲמִדֵהוּ לִפְנֵי אֶלְעָזָר הַכֹּהֵן וְלִפְנֵי כָּל־
כג הָעֵדָה׃ וַיִּסְמֹךְ אֶת־יָדָיו עָלָיו וַיְצַוֵּהוּ כַּאֲשֶׁר דִּבֶּר יהוה בְּיַד־מֹשֶׁה׃

חמישי

קורבנות הציבור במעגל השנה: א. קורבן התמיד

כח א ב וַיְדַבֵּר יהוה אֶל־מֹשֶׁה לֵּאמֹר׃ צַו אֶת־בְּנֵי יִשְׂרָאֵל וְאָמַרְתָּ אֲלֵהֶם אֶת־קָרְבָּנִי
ג לַחְמִי לְאִשַּׁי רֵיחַ נִיחֹחִי תִּשְׁמְרוּ לְהַקְרִיב לִי בְּמוֹעֲדוֹ׃ וְאָמַרְתָּ לָהֶם זֶה הָאִשֶּׁה

פירושי מילים

(כ"ז, ג) הנועדים – מתכנסים. (ד) אֲחֻזָּה – נחלה. (ז) כן – אמת, נכון. (יא) שארו – קרובו. (יג) ונאספת אל עמיך – מות. ראו כ', כד. (יד) מריתם – מרדתם. (טז) יפקד – ימנה. אלהי הרוחת לכל בשר – אלוהים היודע את רוחות בני האדם. (יח) וסמכת – הנחת. (יט) וצויתה – תמנה אותו. (כ) מהודך – כבודך, הדרך. (כג) ויצוהו – מינה אותו. (כ"ח, ב) קרבני לחמי – קורבן שהוא לחמו של ה'. אִשַּׁי – שנשרף כולו באש המזבח. (ג) האִשֶּׁה – קורבן העולה הנשרף כליל באש המזבח.

אֲשֶׁר תַּקְרִיבוּ לַיהוָה כְּבָשִׂים בְּנֵי־שָׁנָה תְמִימִם שְׁנַיִם לַיּוֹם עֹלָה תָמִיד: אֶת־ ד
הַכֶּבֶשׂ אֶחָד תַּעֲשֶׂה בַבֹּקֶר וְאֵת הַכֶּבֶשׂ הַשֵּׁנִי תַּעֲשֶׂה בֵּין הָעַרְבָּיִם: וַעֲשִׂירִית ה
הָאֵיפָה סֹלֶת לְמִנְחָה בְּלוּלָה בְּשֶׁמֶן כָּתִית רְבִיעִת הַהִין: עֹלַת תָּמִיד הָעֲשֻׂיָה ו
בְּהַר סִינַי לְרֵיחַ נִיחֹחַ אִשֶּׁה לַיהוָה: וְנִסְכּוֹ רְבִיעִת הַהִין לַכֶּבֶשׂ הָאֶחָד בַּקֹּדֶשׁ ז
הַסֵּךְ נֶסֶךְ שֵׁכָר לַיהוָה: וְאֵת הַכֶּבֶשׂ הַשֵּׁנִי תַּעֲשֶׂה בֵּין הָעַרְבָּיִם כְּמִנְחַת הַבֹּקֶר ח
וּכְנִסְכּוֹ תַּעֲשֶׂה אִשֵּׁה רֵיחַ נִיחֹחַ לַיהוָה:

ב. קורבנות המוספים: שבת

וּבְיוֹם הַשַּׁבָּת שְׁנֵי־כְבָשִׂים בְּנֵי־שָׁנָה תְּמִימִם וּשְׁנֵי עֶשְׂרֹנִים סֹלֶת מִנְחָה בְּלוּלָה ט
בַשֶּׁמֶן וְנִסְכּוֹ: עֹלַת שַׁבַּת בְּשַׁבַּתּוֹ עַל־עֹלַת הַתָּמִיד וְנִסְכָּהּ: י

ג. ראש חודש

וּבְרָאשֵׁי חָדְשֵׁיכֶם תַּקְרִיבוּ עֹלָה לַיהוָה פָּרִים בְּנֵי־בָקָר שְׁנַיִם וְאַיִל אֶחָד יא
כְּבָשִׂים בְּנֵי־שָׁנָה שִׁבְעָה תְּמִימִם: וּשְׁלֹשָׁה עֶשְׂרֹנִים סֹלֶת מִנְחָה בְּלוּלָה בַשֶּׁמֶן יב
לַפָּר הָאֶחָד וּשְׁנֵי עֶשְׂרֹנִים סֹלֶת מִנְחָה בְּלוּלָה בַשֶּׁמֶן לָאַיִל הָאֶחָד: וְעִשָּׂרֹן יג
עִשָּׂרוֹן סֹלֶת מִנְחָה בְּלוּלָה בַשֶּׁמֶן לַכֶּבֶשׂ הָאֶחָד עֹלָה רֵיחַ נִיחֹחַ אִשֶּׁה לַיהוָה:
וְנִסְכֵּיהֶם חֲצִי הַהִין יִהְיֶה לַפָּר וּשְׁלִישִׁת הַהִין לָאַיִל וּרְבִיעִת הַהִין לַכֶּבֶשׂ יָיִן יד
זֹאת עֹלַת חֹדֶשׁ בְּחָדְשׁוֹ לְחָדְשֵׁי הַשָּׁנָה: וּשְׂעִיר עִזִּים אֶחָד לְחַטָּאת לַיהוָה טו

ד. חג המצות ששי

עַל־עֹלַת הַתָּמִיד יֵעָשֶׂה וְנִסְכּוֹ: וּבַחֹדֶשׁ הָרִאשׁוֹן בְּאַרְבָּעָה עָשָׂר טז
יוֹם לַחֹדֶשׁ פֶּסַח לַיהוָה: וּבַחֲמִשָּׁה עָשָׂר יוֹם לַחֹדֶשׁ הַזֶּה חָג שִׁבְעַת יָמִים מַצּוֹת יז
יֵאָכֵל: בַּיּוֹם הָרִאשׁוֹן מִקְרָא־קֹדֶשׁ כָּל־מְלֶאכֶת עֲבֹדָה לֹא תַעֲשׂוּ: וְהִקְרַבְתֶּם יח יט
אִשֶּׁה עֹלָה לַיהוָה פָּרִים בְּנֵי־בָקָר שְׁנַיִם וְאַיִל אֶחָד וְשִׁבְעָה כְבָשִׂים בְּנֵי שָׁנָה
תְּמִימִם יִהְיוּ לָכֶם: וּמִנְחָתָם סֹלֶת בְּלוּלָה בַשָּׁמֶן שְׁלֹשָׁה עֶשְׂרֹנִים לַפָּר וּשְׁנֵי כ
עֶשְׂרֹנִים לָאַיִל תַּעֲשׂוּ: עִשָּׂרוֹן עִשָּׂרוֹן תַּעֲשֶׂה לַכֶּבֶשׂ הָאֶחָד לְשִׁבְעַת הַכְּבָשִׂים: כא
וּשְׂעִיר חַטָּאת אֶחָד לְכַפֵּר עֲלֵיכֶם: מִלְּבַד עֹלַת הַבֹּקֶר אֲשֶׁר לְעֹלַת הַתָּמִיד כב כג
תַּעֲשׂוּ אֶת־אֵלֶּה: כָּאֵלֶּה תַּעֲשׂוּ לַיּוֹם שִׁבְעַת יָמִים לֶחֶם אִשֵּׁה רֵיחַ־נִיחֹחַ כד
לַיהוָה עַל־עוֹלַת הַתָּמִיד יֵעָשֶׂה וְנִסְכּוֹ: וּבַיּוֹם הַשְּׁבִיעִי מִקְרָא־קֹדֶשׁ יִהְיֶה לָכֶם כה

ה. יום הביכורים כה

כָּל־מְלֶאכֶת עֲבֹדָה לֹא תַעֲשׂוּ: וּבְיוֹם הַבִּכּוּרִים בְּהַקְרִיבְכֶם מִנְחָה כו
חֲדָשָׁה לַיהוָה בְּשָׁבֻעֹתֵיכֶם מִקְרָא־קֹדֶשׁ יִהְיֶה לָכֶם כָּל־מְלֶאכֶת עֲבֹדָה לֹא
תַעֲשׂוּ: וְהִקְרַבְתֶּם עוֹלָה לְרֵיחַ נִיחֹחַ לַיהוָה פָּרִים בְּנֵי־בָקָר שְׁנַיִם אַיִל אֶחָד כז
שִׁבְעָה כְבָשִׂים בְּנֵי שָׁנָה: וּמִנְחָתָם סֹלֶת בְּלוּלָה בַשָּׁמֶן שְׁלֹשָׁה עֶשְׂרֹנִים לַפָּר כח
הָאֶחָד שְׁנֵי עֶשְׂרֹנִים לָאַיִל הָאֶחָד: עִשָּׂרוֹן עִשָּׂרוֹן לַכֶּבֶשׂ הָאֶחָד לְשִׁבְעַת כט

פירושי מילים

תמִימִם – שלמים, שאין בהם מום. **תמיד** – בקביעות, ולא לעולם. (ד) **בין הערבים** – בין השמשות, בין שקיעת החמה לצאת הכוכבים. (ה) **איפה** – מידת נפח למוצרים יבשים, כ־25 ליטר, ויש הסוברים כארבעים ליטר (ראו לעיל ה׳, טו). **סלת** – קמח חיטים מובחר, הטחון דק. **בלולה** – נילושה. **שמן כתית** – שמן משובח היוצא מזיתים שנכתשו (ולא נטחנו בריחים). **ההין** – מידת נפח ללח (ראו ה׳, ד). (יג) **עשרֹן עשרון** – עשירית האיפה. (יח) **מקרא קדש** – מקרא, במובן היאספות. יום שבו נאספים לקדש אותו בבית ה׳ (רמב״ן לוויקרא כ״ג, ב).

ל לא הַכְּבָשִׂים: שְׂעִיר עִזִּים אֶחָד לְכַפֵּר עֲלֵיכֶם: מִלְּבַד עֹלַת הַתָּמִיד וּמִנְחָתוֹ תַּעֲשׂוּ
תְּמִימִם יִהְיוּ־לָכֶם וְנִסְכֵּיהֶם:

ו. יום התרועה בראש השנה

כט א וּבַחֹדֶשׁ הַשְּׁבִיעִי בְּאֶחָד לַחֹדֶשׁ מִקְרָא־קֹדֶשׁ יִהְיֶה לָכֶם כָּל־מְלֶאכֶת עֲבֹדָה
ב לֹא תַעֲשׂוּ יוֹם תְּרוּעָה יִהְיֶה לָכֶם: וַעֲשִׂיתֶם עֹלָה לְרֵיחַ נִיחֹחַ לַיהוה פַּר
ג בֶּן־בָּקָר אֶחָד אַיִל אֶחָד כְּבָשִׂים בְּנֵי־שָׁנָה שִׁבְעָה תְּמִימִם: וּמִנְחָתָם סֹלֶת
ד בְּלוּלָה בַשָּׁמֶן שְׁלֹשָׁה עֶשְׂרֹנִים לַפָּר שְׁנֵי עֶשְׂרֹנִים לָאָיִל: וְעִשָּׂרוֹן אֶחָד לַכֶּבֶשׂ
ה ו הָאֶחָד לְשִׁבְעַת הַכְּבָשִׂים: וּשְׂעִיר־עִזִּים אֶחָד חַטָּאת לְכַפֵּר עֲלֵיכֶם: מִלְּבַד
עֹלַת הַחֹדֶשׁ וּמִנְחָתָהּ וְעֹלַת הַתָּמִיד וּמִנְחָתָהּ וְנִסְכֵּיהֶם כְּמִשְׁפָּטָם לְרֵיחַ

ז. יום הכיפורים

ז נִיחֹחַ אִשֶּׁה לַיהוה: וּבֶעָשׂוֹר לַחֹדֶשׁ הַשְּׁבִיעִי הַזֶּה מִקְרָא־קֹדֶשׁ
ח יִהְיֶה לָכֶם וְעִנִּיתֶם אֶת־נַפְשֹׁתֵיכֶם כָּל־מְלָאכָה לֹא תַעֲשׂוּ: וְהִקְרַבְתֶּם עֹלָה
לַיהוה רֵיחַ נִיחֹחַ פַּר בֶּן־בָּקָר אֶחָד אַיִל אֶחָד כְּבָשִׂים בְּנֵי־שָׁנָה שִׁבְעָה
ט תְּמִימִם יִהְיוּ לָכֶם: וּמִנְחָתָם סֹלֶת בְּלוּלָה בַשָּׁמֶן שְׁלֹשָׁה עֶשְׂרֹנִים לַפָּר שְׁנֵי
י עֶשְׂרֹנִים לָאַיִל הָאֶחָד: עִשָּׂרוֹן עִשָּׂרוֹן לַכֶּבֶשׂ הָאֶחָד לְשִׁבְעַת הַכְּבָשִׂים:
יא שְׂעִיר־עִזִּים אֶחָד חַטָּאת מִלְּבַד חַטַּאת הַכִּפֻּרִים וְעֹלַת הַתָּמִיד וּמִנְחָתָהּ

שביעי

ח. חג הסוכות

יב וְנִסְכֵּיהֶם: וּבַחֲמִשָּׁה עָשָׂר יוֹם לַחֹדֶשׁ הַשְּׁבִיעִי מִקְרָא־קֹדֶשׁ יִהְיֶה
יג לָכֶם כָּל־מְלֶאכֶת עֲבֹדָה לֹא תַעֲשׂוּ וְחַגֹּתֶם חַג לַיהוה שִׁבְעַת יָמִים: וְהִקְרַבְתֶּם
עֹלָה אִשֵּׁה רֵיחַ נִיחֹחַ לַיהוה פָּרִים בְּנֵי־בָקָר שְׁלֹשָׁה עָשָׂר אֵילִם שְׁנָיִם כְּבָשִׂים
יד בְּנֵי־שָׁנָה אַרְבָּעָה עָשָׂר תְּמִימִם יִהְיוּ: וּמִנְחָתָם סֹלֶת בְּלוּלָה בַשָּׁמֶן שְׁלֹשָׁה
עֶשְׂרֹנִים לַפָּר הָאֶחָד לִשְׁלֹשָׁה עָשָׂר פָּרִים שְׁנֵי עֶשְׂרֹנִים לָאַיִל הָאֶחָד לִשְׁנֵי
טו טז הָאֵילִם: וְעִשָּׂרוֹן עִשָּׂרוֹן לַכֶּבֶשׂ הָאֶחָד לְאַרְבָּעָה עָשָׂר כְּבָשִׂים: וּשְׂעִיר־עִזִּים
יז אֶחָד חַטָּאת מִלְּבַד עֹלַת הַתָּמִיד מִנְחָתָהּ וְנִסְכָּהּ: וּבַיּוֹם הַשֵּׁנִי פָּרִים
בְּנֵי־בָקָר שְׁנֵים עָשָׂר אֵילִם שְׁנָיִם כְּבָשִׂים בְּנֵי־שָׁנָה אַרְבָּעָה עָשָׂר תְּמִימִם:
יח יט וּמִנְחָתָם וְנִסְכֵּיהֶם לַפָּרִים לָאֵילִם וְלַכְּבָשִׂים בְּמִסְפָּרָם כַּמִּשְׁפָּט: וּשְׂעִיר־
כ עִזִּים אֶחָד חַטָּאת מִלְּבַד עֹלַת הַתָּמִיד וּמִנְחָתָהּ וְנִסְכֵּיהֶם: וּבַיּוֹם
הַשְּׁלִישִׁי פָּרִים עַשְׁתֵּי־עָשָׂר אֵילִם שְׁנָיִם כְּבָשִׂים בְּנֵי־שָׁנָה אַרְבָּעָה עָשָׂר
כא תְּמִימִם: וּמִנְחָתָם וְנִסְכֵּיהֶם לַפָּרִים לָאֵילִם וְלַכְּבָשִׂים בְּמִסְפָּרָם כַּמִּשְׁפָּט:
כב כג וּשְׂעִיר חַטָּאת אֶחָד מִלְּבַד עֹלַת הַתָּמִיד וּמִנְחָתָהּ וְנִסְכָּהּ: וּבַיּוֹם
הָרְבִיעִי פָּרִים עֲשָׂרָה אֵילִם שְׁנָיִם כְּבָשִׂים בְּנֵי־שָׁנָה אַרְבָּעָה עָשָׂר תְּמִימִם:
כד כה מִנְחָתָם וְנִסְכֵּיהֶם לַפָּרִים לָאֵילִם וְלַכְּבָשִׂים בְּמִסְפָּרָם כַּמִּשְׁפָּט: וּשְׂעִיר־עִזִּים
כו אֶחָד חַטָּאת מִלְּבַד עֹלַת הַתָּמִיד מִנְחָתָהּ וְנִסְכָּהּ: וּבַיּוֹם הַחֲמִישִׁי
כז פָּרִים תִּשְׁעָה אֵילִם שְׁנָיִם כְּבָשִׂים בְּנֵי־שָׁנָה אַרְבָּעָה עָשָׂר תְּמִימִם: וּמִנְחָתָם
כח וְנִסְכֵּיהֶם לַפָּרִים לָאֵילִם וְלַכְּבָשִׂים בְּמִסְפָּרָם כַּמִּשְׁפָּט: וּשְׂעִיר חַטָּאת אֶחָד
כט מִלְּבַד עֹלַת הַתָּמִיד וּמִנְחָתָהּ וְנִסְכָּהּ: וּבַיּוֹם הַשִּׁשִּׁי פָּרִים שְׁמֹנָה
ל אֵילִם שְׁנָיִם כְּבָשִׂים בְּנֵי־שָׁנָה אַרְבָּעָה עָשָׂר תְּמִימִם: וּמִנְחָתָם וְנִסְכֵּיהֶם לַפָּרִים
לא לָאֵילִם וְלַכְּבָשִׂים בְּמִסְפָּרָם כַּמִּשְׁפָּט: וּשְׂעִיר חַטָּאת אֶחָד מִלְּבַד עֹלַת הַתָּמִיד

לב מִנְחָתָהּ וְנִסְכֶּהָ׃ וּבַיּוֹם הַשְּׁבִיעִי פָּרִים שִׁבְעָה אֵילִם שְׁנָיִם כְּבָשִׂים
לג בְּנֵי־שָׁנָה אַרְבָּעָה עָשָׂר תְּמִימִם׃ וּמִנְחָתָם וְנִסְכֵּהֶם לַפָּרִים לָאֵילִם וְלַכְּבָשִׂים
לד בְּמִסְפָּרָם כְּמִשְׁפָּטָם׃ וּשְׂעִיר חַטָּאת אֶחָד מִלְּבַד עֹלַת הַתָּמִיד מִנְחָתָהּ
לה וְנִסְכָּהּ׃ (מפטיר) בַּיּוֹם הַשְּׁמִינִי עֲצֶרֶת תִּהְיֶה לָכֶם כָּל־מְלֶאכֶת עֲבֹדָה לֹא
לו תַעֲשׂוּ׃ וְהִקְרַבְתֶּם עֹלָה אִשֵּׁה רֵיחַ נִיחֹחַ לַיהוה פַּר אֶחָד אַיִל אֶחָד כְּבָשִׂים

ט. שמיני עצרת

לז בְּנֵי־שָׁנָה שִׁבְעָה תְּמִימִם׃ מִנְחָתָם וְנִסְכֵּיהֶם לַפָּר לָאַיִל וְלַכְּבָשִׂים בְּמִסְפָּרָם
לח לט כַּמִּשְׁפָּט׃ וּשְׂעִיר חַטָּאת אֶחָד מִלְּבַד עֹלַת הַתָּמִיד וּמִנְחָתָהּ וְנִסְכָּהּ׃ אֵלֶּה

י. חתימה

תַּעֲשׂוּ לַיהוה בְּמוֹעֲדֵיכֶם לְבַד מִנִּדְרֵיכֶם וְנִדְבֹתֵיכֶם לְעֹלֹתֵיכֶם וּלְמִנְחֹתֵיכֶם
ל א וּלְנִסְכֵּיכֶם וּלְשַׁלְמֵיכֶם׃ וַיֹּאמֶר מֹשֶׁה אֶל־בְּנֵי יִשְׂרָאֵל כְּכֹל אֲשֶׁר־צִוָּה יהוה
אֶת־מֹשֶׁה׃

מטות כו

ב וַיְדַבֵּר מֹשֶׁה אֶל־רָאשֵׁי הַמַּטּוֹת לִבְנֵי יִשְׂרָאֵל לֵאמֹר זֶה הַדָּבָר אֲשֶׁר צִוָּה יהוה׃
ג אִישׁ כִּי־יִדֹּר נֶדֶר לַיהוה אוֹ־הִשָּׁבַע שְׁבֻעָה לֶאְסֹר אִסָּר עַל־נַפְשׁוֹ לֹא יַחֵל דְּבָרוֹ

דיני הפרת נדרי ושבועות נשים

ד כְּכָל־הַיֹּצֵא מִפִּיו יַעֲשֶׂה׃ וְאִשָּׁה כִּי־תִדֹּר נֶדֶר לַיהוה וְאָסְרָה אִסָּר בְּבֵית אָבִיהָ
ה בִּנְעֻרֶיהָ׃ וְשָׁמַע אָבִיהָ אֶת־נִדְרָהּ וֶאֱסָרָהּ אֲשֶׁר אָסְרָה עַל־נַפְשָׁהּ וְהֶחֱרִישׁ לָהּ
ו אָבִיהָ וְקָמוּ כָּל־נְדָרֶיהָ וְכָל־אִסָּר אֲשֶׁר־אָסְרָה עַל־נַפְשָׁהּ יָקוּם׃ וְאִם־הֵנִיא
אָבִיהָ אֹתָהּ בְּיוֹם שָׁמְעוֹ כָּל־נְדָרֶיהָ וֶאֱסָרֶיהָ אֲשֶׁר־אָסְרָה עַל־נַפְשָׁהּ לֹא יָקוּם
ז וַיהוה יִסְלַח־לָהּ כִּי־הֵנִיא אָבִיהָ אֹתָהּ׃ וְאִם־הָיוֹ תִהְיֶה לְאִישׁ וּנְדָרֶיהָ עָלֶיהָ אוֹ
ח מִבְטָא שְׂפָתֶיהָ אֲשֶׁר אָסְרָה עַל־נַפְשָׁהּ׃ וְשָׁמַע אִישָׁהּ בְּיוֹם שָׁמְעוֹ וְהֶחֱרִישׁ
ט לָהּ וְקָמוּ נְדָרֶיהָ וֶאֱסָרָהּ אֲשֶׁר־אָסְרָה עַל־נַפְשָׁהּ יָקֻמוּ׃ וְאִם בְּיוֹם שְׁמֹעַ אִישָׁהּ
יָנִיא אוֹתָהּ וְהֵפֵר אֶת־נִדְרָהּ אֲשֶׁר עָלֶיהָ וְאֵת מִבְטָא שְׂפָתֶיהָ אֲשֶׁר אָסְרָה
י עַל־נַפְשָׁהּ וַיהוה יִסְלַח־לָהּ׃ וְנֵדֶר אַלְמָנָה וּגְרוּשָׁה כֹּל אֲשֶׁר־אָסְרָה עַל־נַפְשָׁהּ
יא יב יָקוּם עָלֶיהָ׃ וְאִם־בֵּית אִישָׁהּ נָדָרָה אוֹ־אָסְרָה אִסָּר עַל־נַפְשָׁהּ בִּשְׁבֻעָה׃ וְשָׁמַע
אִישָׁהּ וְהֶחֱרִשׁ לָהּ לֹא הֵנִיא אֹתָהּ וְקָמוּ כָּל־נְדָרֶיהָ וְכָל־אִסָּר אֲשֶׁר־אָסְרָה
יג עַל־נַפְשָׁהּ יָקוּם׃ וְאִם־הָפֵר יָפֵר אֹתָם ׀ אִישָׁהּ בְּיוֹם שָׁמְעוֹ כָּל־מוֹצָא שְׂפָתֶיהָ
יד לִנְדָרֶיהָ וּלְאִסַּר נַפְשָׁהּ לֹא יָקוּם אִישָׁהּ הֲפֵרָם וַיהוה יִסְלַח־לָהּ׃ כָּל־נֵדֶר וְכָל־
טו שְׁבֻעַת אִסָּר לְעַנֹּת נָפֶשׁ אִישָׁהּ יְקִימֶנּוּ וְאִישָׁהּ יְפֵרֶנּוּ׃ וְאִם־הַחֲרֵשׁ יַחֲרִישׁ לָהּ
אִישָׁהּ מִיּוֹם אֶל־יוֹם וְהֵקִים אֶת־כָּל־נְדָרֶיהָ אוֹ אֶת־כָּל־אֱסָרֶיהָ אֲשֶׁר עָלֶיהָ
טז הֵקִים אֹתָם כִּי־הֶחֱרִשׁ לָהּ בְּיוֹם שָׁמְעוֹ׃ וְאִם־הָפֵר יָפֵר אֹתָם אַחֲרֵי שָׁמְעוֹ

פירושי מילים

(לה) **עצרת** – אספת החג. (ל׳, ג) **לאסור אסר על נפשו** – לאסור על עצמו איסור בשבועה. **לא יחל דברו** – לא יחלל דברו. (ה) **קמו כל נדריה** – נדריה יחולו. (ו) **הניא** – הפר (כמו בתהילים ל״ג, י). (ז) **מבטא שפתיה** – מה שאמרה בשפתיה לאסור איסור על עצמה. (יד) **לענת נפש** – שבועה לעשות דבר הגורם לעינוי הנפש. (טו) **מיום אל יום** – על פי פשוטו מעת לעת, היינו עשרים וארבע שעות (ריב״ש), וכן דעת ר״א בר׳ שמעון. לפי המשנה ודעת רבי יוסי בר׳ יהודה, רק ביום שומעו עד הערב, וכן רש״י. דעות התנאים מצויות בבבלי נדרים נו ע״ב - נז ע״א.

יז וְנָשָׂא אֶת־עֲוֺנָהּ: אֵלֶּה הַחֻקִּים אֲשֶׁר צִוָּה יהוה אֶת־מֹשֶׁה בֵּין אִישׁ לְאִשְׁתּוֹ
בֵּין־אָב לְבִתּוֹ בִּנְעֻרֶיהָ בֵּית אָבִיהָ:

לא א ב וַיְדַבֵּר יהוה אֶל־מֹשֶׁה לֵּאמֹר: נְקֹם נִקְמַת בְּנֵי יִשְׂרָאֵל מֵאֵת הַמִּדְיָנִים אַחַר — כז שני
ג תֵּאָסֵף אֶל־עַמֶּיךָ: וַיְדַבֵּר מֹשֶׁה אֶל־הָעָם לֵאמֹר הֵחָלְצוּ מֵאִתְּכֶם אֲנָשִׁים
ד לַצָּבָא וְיִהְיוּ עַל־מִדְיָן לָתֵת נִקְמַת־יהוה בְּמִדְיָן: אֶלֶף לַמַּטֶּה אֶלֶף לַמַּטֶּה
ה לְכֹל מַטּוֹת יִשְׂרָאֵל תִּשְׁלְחוּ לַצָּבָא: וַיִּמָּסְרוּ מֵאַלְפֵי יִשְׂרָאֵל אֶלֶף לַמַּטֶּה
ו שְׁנֵים־עָשָׂר אֶלֶף חֲלוּצֵי צָבָא: וַיִּשְׁלַח אֹתָם מֹשֶׁה אֶלֶף לַמַּטֶּה לַצָּבָא אֹתָם
וְאֶת־פִּינְחָס בֶּן־אֶלְעָזָר הַכֹּהֵן לַצָּבָא וּכְלֵי הַקֹּדֶשׁ וַחֲצֹצְרוֹת הַתְּרוּעָה בְּיָדוֹ:
ז ח וַיִּצְבְּאוּ עַל־מִדְיָן כַּאֲשֶׁר צִוָּה יהוה אֶת־מֹשֶׁה וַיַּהַרְגוּ כָּל־זָכָר: וְאֶת־מַלְכֵי מִדְיָן
הָרְגוּ עַל־חַלְלֵיהֶם אֶת־אֱוִי וְאֶת־רֶקֶם וְאֶת־צוּר וְאֶת־חוּר וְאֶת־רֶבַע חֲמֵשֶׁת
ט מַלְכֵי מִדְיָן וְאֵת בִּלְעָם בֶּן־בְּעוֹר הָרְגוּ בֶּחָרֶב: וַיִּשְׁבּוּ בְנֵי־יִשְׂרָאֵל אֶת־נְשֵׁי מִדְיָן
י וְאֶת־טַפָּם וְאֵת כָּל־בְּהֶמְתָּם וְאֶת־כָּל־מִקְנֵהֶם וְאֶת־כָּל־חֵילָם בָּזָזוּ: וְאֵת כָּל־
יא עָרֵיהֶם בְּמוֹשְׁבֹתָם וְאֵת כָּל־טִירֹתָם שָׂרְפוּ בָּאֵשׁ: וַיִּקְחוּ אֶת־כָּל־הַשָּׁלָל וְאֵת
יב כָּל־הַמַּלְקוֹחַ בָּאָדָם וּבַבְּהֵמָה: וַיָּבִאוּ אֶל־מֹשֶׁה וְאֶל־אֶלְעָזָר הַכֹּהֵן וְאֶל־עֲדַת
בְּנֵי־יִשְׂרָאֵל אֶת־הַשְּׁבִי וְאֶת־הַמַּלְקוֹחַ וְאֶת־הַשָּׁלָל אֶל־הַמַּחֲנֶה אֶל־עַרְבֹת
יג מוֹאָב אֲשֶׁר עַל־יַרְדֵּן יְרֵחוֹ: וַיֵּצְאוּ מֹשֶׁה וְאֶלְעָזָר הַכֹּהֵן וְכָל־נְשִׂיאֵי — שלישי /שני/
יד הָעֵדָה לִקְרָאתָם אֶל־מִחוּץ לַמַּחֲנֶה: וַיִּקְצֹף מֹשֶׁה עַל פְּקוּדֵי הֶחָיִל שָׂרֵי הָאֲלָפִים
טו וְשָׂרֵי הַמֵּאוֹת הַבָּאִים מִצְּבָא הַמִּלְחָמָה: וַיֹּאמֶר אֲלֵיהֶם מֹשֶׁה הַחִיִּיתֶם כָּל־
טז נְקֵבָה: הֵן הֵנָּה הָיוּ לִבְנֵי יִשְׂרָאֵל בִּדְבַר בִּלְעָם לִמְסָר־מַעַל בַּיהוה עַל־דְּבַר
יז פְּעוֹר וַתְּהִי הַמַּגֵּפָה בַּעֲדַת יהוה: וְעַתָּה הִרְגוּ כָל־זָכָר בַּטָּף וְכָל־אִשָּׁה יֹדַעַת
יח אִישׁ לְמִשְׁכַּב זָכָר הֲרֹגוּ: וְכֹל הַטַּף בַּנָּשִׁים אֲשֶׁר לֹא־יָדְעוּ מִשְׁכַּב זָכָר הַחֲיוּ
יט לָכֶם: וְאַתֶּם חֲנוּ מִחוּץ לַמַּחֲנֶה שִׁבְעַת יָמִים כֹּל הֹרֵג נֶפֶשׁ וְכֹל ׀ נֹגֵעַ בֶּחָלָל
כ תִּתְחַטְּאוּ בַּיּוֹם הַשְּׁלִישִׁי וּבַיּוֹם הַשְּׁבִיעִי אַתֶּם וּשְׁבִיכֶם: וְכָל־בֶּגֶד וְכָל־כְּלִי־עוֹר
כא וְכָל־מַעֲשֵׂה עִזִּים וְכָל־כְּלִי־עֵץ תִּתְחַטָּאוּ: וַיֹּאמֶר אֶלְעָזָר הַכֹּהֵן אֶל־
אַנְשֵׁי הַצָּבָא הַבָּאִים לַמִּלְחָמָה זֹאת חֻקַּת הַתּוֹרָה אֲשֶׁר־צִוָּה יהוה אֶת־מֹשֶׁה:
כב אַךְ אֶת־הַזָּהָב וְאֶת־הַכָּסֶף אֶת־הַנְּחֹשֶׁת אֶת־הַבַּרְזֶל אֶת־הַבְּדִיל וְאֶת־הָעֹפָרֶת:
כג כָּל־דָּבָר אֲשֶׁר־יָבֹא בָאֵשׁ תַּעֲבִירוּ בָאֵשׁ וְטָהֵר אַךְ בְּמֵי נִדָּה יִתְחַטָּא וְכֹל אֲשֶׁר
כד לֹא־יָבֹא בָּאֵשׁ תַּעֲבִירוּ בַמָּיִם: וְכִבַּסְתֶּם בִּגְדֵיכֶם בַּיּוֹם הַשְּׁבִיעִי וּטְהַרְתֶּם וְאַחַר

המלחמה במדיין:
א. ציווי ה׳ להילחם במדיין, התארגנות, המלחמה והניצחון

ב. ציווי להרוג את הנשים והטף ולהיטהר

ג. טיהור הכלים

פירושי מילים

(טז) ונשא עונה – הבעל יישא את עוון נדריה במקרה שבו לא הפר לה ביום שמעו, ועל סמך הפרת הנדר המאוחרת היא לא קיימה את נדריה (ראב״ע). (ל״א, ג) החלצו – חגרו חלציכם, היינו חגרו כלי נשקכם. (ז) ויצבאו – יצאו בצבא, היינו נלחמו. (ח) חלליהם – נדקרו בחרב. (י) במושבתם – במקום מושבם. טירתם – מחנה של אוהלים מוקף גדר. (יא) מלקוח – השלל החי, לעומת ׳שלל׳ שהוא המיטלטלין. (טז) למסר מעל – למעול מעל. (יז) ידעת איש – אישה אשר הייתה לאיש, כעולה מהניגוד לפסוק הבא המדבר על נשים קטנות שלא ידעו משכב זכר. (כג) יבא באש – כלי ששימושו באש.

רביעי

ד. חלוקת השלל

כח תבאו אל־המחנה: ויאמר יהוה אל־משה לאמר: שא את ראש כה כו
מלקוח השבי באדם ובבהמה אתה ואלעזר הכהן וראשי אבות העדה: וחצית כז
את־המלקוח בין תפשי המלחמה היצאים לצבא ובין כל־העדה: והרמת כח
מכס ליהוה מאת אנשי המלחמה היצאים לצבא אחד נפש מחמש המאות
מן־האדם ומן־הבקר ומן־החמרים ומן־הצאן: ממחציתם תקחו ונתתה כט
לאלעזר הכהן תרומת יהוה: וממחצת בני־ישראל תקח | אחד | אחז מן־ ל
החמשים מן־האדם מן־הבקר מן־החמרים ומן־הצאן מכל־הבהמה ונתתה
אתם ללוים שמרי משמרת משכן יהוה: ויעש משה ואלעזר הכהן כאשר צוה לא
יהוה את־משה: ויהי המלקוח יתר הבז אשר בזזו עם הצבא צאן שש־מאות לב
אלף ושבעים אלף וחמשת אלפים: ובקר שנים ושבעים אלף: וחמרים אחד לג לד
וששים אלף: ונפש אדם מן־הנשים אשר לא־ידעו משכב זכר כל־נפש שנים לה
ושלשים אלף: ותהי המחצה חלק היצאים בצבא מספר הצאן שלש־מאות לו
אלף ושלשים אלף ושבעת אלפים וחמש מאות: ויהי המכס ליהוה מן־הצאן לז
שש מאות חמש ושבעים: והבקר ששה ושלשים אלף ומכסם ליהוה שנים לח
ושבעים: וחמרים שלשים אלף וחמש מאות ומכסם ליהוה אחד וששים: לט
ונפש אדם ששה עשר אלף ומכסם ליהוה שנים ושלשים נפש: ויתן משה מ מא

חמישי

את־מכס תרומת יהוה לאלעזר הכהן כאשר צוה יהוה את־משה: וממחצית מב
בני ישראל אשר חצה משה מן־האנשים הצבאים: ותהי מחצת העדה מן־ מג
הצאן שלש־מאות אלף ושלשים אלף שבעת אלפים וחמש מאות: ובקר מד
ששה ושלשים אלף: וחמרים שלשים אלף וחמש מאות: ונפש אדם ששה מה מו
עשר אלף: ויקח משה ממחצת בני־ישראל את־האחז אחד מן־החמשים מן־ מז
האדם ומן־הבהמה ויתן אתם ללוים שמרי משמרת משכן יהוה כאשר צוה

ה. קורבן שרי הצבא

יהוה את־משה: ויקרבו אל־משה הפקדים אשר לאלפי הצבא שרי האלפים מח
ושרי המאות: ויאמרו אל־משה עבדיך נשאו את־ראש אנשי המלחמה אשר מט
בידנו ולא־נפקד ממנו איש: ונקרב את־קרבן יהוה איש אשר מצא כלי־ נ
זהב אצעדה וצמיד טבעת עגיל וכומז לכפר על־נפשתינו לפני יהוה:
ויקח משה ואלעזר הכהן את־הזהב מאתם כל כלי מעשה: ויהי | כל־זהב נא נב
התרומה אשר הרימו ליהוה ששה עשר אלף שבע־מאות וחמשים שקל

פירושי מילים

(כו) שא – ספור. (כז) וחצית – חלק לשני חלקים שווים. תפשי המלחמה – הלוחמים, תופשי כלי הנשק. (כח) והרמת – הפרש. מכס – מס. (ל) אחז – תפוס, אחוז מן החמשים – חלק אחד מהחמישים. (לב) בז – ביזה. (מט) נשאו – ספרו. (נ) אצעדה – מלשון צעד. תכשיט ששמים על הרגל. צמיד – תכשיט שעונדים על הזרוע ליד כף היד. טבעת – תכשיט אצבע. עגיל – תכשיט עגול לאוזן. כומז – תכשיט נשים, לא ברור מהו. (נא) כלי מעשה – מעשה אומן, ראב"ע פירש כלים ראויים לשימוש; בפירוש למטה פירשנו כדעת ספורנו שהכלים הם תכשיטים שנעשה בהם החטא בפעור.

במדבר נשא בהעלתך שלח קרח חקת בלק פינחס מטות מסעי

נג נד מֵאֵת שָׂרֵי הָאֲלָפִים וּמֵאֵת שָׂרֵי הַמֵּאוֹת: אַנְשֵׁי הַצָּבָא בָּזְזוּ אִישׁ לוֹ: וַיִּקַּח מֹשֶׁה
וְאֶלְעָזָר הַכֹּהֵן אֶת־הַזָּהָב מֵאֵת שָׂרֵי הָאֲלָפִים וְהַמֵּאוֹת וַיָּבִאוּ אֹתוֹ אֶל־אֹהֶל
מוֹעֵד זִכָּרוֹן לִבְנֵי־יִשְׂרָאֵל לִפְנֵי יהוה:

ששי /שלישי/ כט

התנחלות שני השבטים וחצי השבט בעבר הירדן המזרחי

לב א וּמִקְנֶה ׀ רַב הָיָה לִבְנֵי רְאוּבֵן וְלִבְנֵי־גָד עָצוּם מְאֹד וַיִּרְאוּ אֶת־אֶרֶץ יַעְזֵר וְאֶת־
ב אֶרֶץ גִּלְעָד וְהִנֵּה הַמָּקוֹם מְקוֹם מִקְנֶה: וַיָּבֹאוּ בְנֵי־גָד וּבְנֵי רְאוּבֵן וַיֹּאמְרוּ אֶל־
ג מֹשֶׁה וְאֶל־אֶלְעָזָר הַכֹּהֵן וְאֶל־נְשִׂיאֵי הָעֵדָה לֵאמֹר: עֲטָרוֹת וְדִיבֹן וְיַעְזֵר וְנִמְרָה
ד וְחֶשְׁבּוֹן וְאֶלְעָלֵה וּשְׂבָם וּנְבוֹ וּבְעֹן: הָאָרֶץ אֲשֶׁר הִכָּה יהוה לִפְנֵי עֲדַת יִשְׂרָאֵל
ה אֶרֶץ מִקְנֶה הִוא וְלַעֲבָדֶיךָ מִקְנֶה: וַיֹּאמְרוּ אִם־מָצָאנוּ חֵן בְּעֵינֶיךָ
ו יֻתַּן אֶת־הָאָרֶץ הַזֹּאת לַעֲבָדֶיךָ לַאֲחֻזָּה אַל־תַּעֲבִרֵנוּ אֶת־הַיַּרְדֵּן: וַיֹּאמֶר מֹשֶׁה
ז לִבְנֵי־גָד וְלִבְנֵי רְאוּבֵן הַאַחֵיכֶם יָבֹאוּ לַמִּלְחָמָה וְאַתֶּם תֵּשְׁבוּ פֹה: וְלָמָּה תנואון (תְנִיאוּן)
ח אֶת־לֵב בְּנֵי יִשְׂרָאֵל מֵעֲבֹר אֶל־הָאָרֶץ אֲשֶׁר־נָתַן לָהֶם יהוה: כֹּה עָשׂוּ אֲבֹתֵיכֶם
ט בְּשָׁלְחִי אֹתָם מִקָּדֵשׁ בַּרְנֵעַ לִרְאוֹת אֶת־הָאָרֶץ: וַיַּעֲלוּ עַד־נַחַל אֶשְׁכּוֹל וַיִּרְאוּ
אֶת־הָאָרֶץ וַיָּנִיאוּ אֶת־לֵב בְּנֵי יִשְׂרָאֵל לְבִלְתִּי־בֹא אֶל־הָאָרֶץ אֲשֶׁר־נָתַן לָהֶם
יא יהוה: וַיִּחַר־אַף יהוה בַּיּוֹם הַהוּא וַיִּשָּׁבַע לֵאמֹר: אִם־יִרְאוּ הָאֲנָשִׁים הָעֹלִים
מִמִּצְרַיִם מִבֶּן עֶשְׂרִים שָׁנָה וָמַעְלָה אֵת הָאֲדָמָה אֲשֶׁר נִשְׁבַּעְתִּי לְאַבְרָהָם
יב לְיִצְחָק וּלְיַעֲקֹב כִּי לֹא־מִלְאוּ אַחֲרָי: בִּלְתִּי כָּלֵב בֶּן־יְפֻנֶּה הַקְּנִזִּי וִיהוֹשֻׁעַ בִּן־
יג נוּן כִּי מִלְאוּ אַחֲרֵי יהוה: וַיִּחַר־אַף יהוה בְּיִשְׂרָאֵל וַיְנִעֵם בַּמִּדְבָּר אַרְבָּעִים
יד שָׁנָה עַד־תֹּם כָּל־הַדּוֹר הָעֹשֶׂה הָרַע בְּעֵינֵי יהוה: וְהִנֵּה קַמְתֶּם תַּחַת אֲבֹתֵיכֶם
טו תַּרְבּוּת אֲנָשִׁים חַטָּאִים לִסְפּוֹת עוֹד עַל חֲרוֹן אַף־יהוה אֶל־יִשְׂרָאֵל: כִּי תְשׁוּבֻן
טז מֵאַחֲרָיו וְיָסַף עוֹד לְהַנִּיחוֹ בַּמִּדְבָּר וְשִׁחַתֶּם לְכָל־הָעָם הַזֶּה: וַיִּגְּשׁוּ
יז אֵלָיו וַיֹּאמְרוּ גִּדְרֹת צֹאן נִבְנֶה לְמִקְנֵנוּ פֹּה וְעָרִים לְטַפֵּנוּ: וַאֲנַחְנוּ נֵחָלֵץ חֻשִׁים
לִפְנֵי בְּנֵי יִשְׂרָאֵל עַד אֲשֶׁר אִם־הֲבִיאֹנֻם אֶל־מְקוֹמָם וְיָשַׁב טַפֵּנוּ בְּעָרֵי הַמִּבְצָר
יח מִפְּנֵי יֹשְׁבֵי הָאָרֶץ: לֹא נָשׁוּב אֶל־בָּתֵּינוּ עַד הִתְנַחֵל בְּנֵי יִשְׂרָאֵל אִישׁ נַחֲלָתוֹ:
יט כִּי לֹא נִנְחַל אִתָּם מֵעֵבֶר לַיַּרְדֵּן וָהָלְאָה כִּי בָאָה נַחֲלָתֵנוּ אֵלֵינוּ מֵעֵבֶר הַיַּרְדֵּן
מִזְרָחָה:

שביעי /רביעי/

כ וַיֹּאמֶר אֲלֵיהֶם מֹשֶׁה אִם־תַּעֲשׂוּן אֶת־הַדָּבָר הַזֶּה אִם־תֵּחָלְצוּ לִפְנֵי יהוה
כא לַמִּלְחָמָה: וְעָבַר לָכֶם כָּל־חָלוּץ אֶת־הַיַּרְדֵּן לִפְנֵי יהוה עַד הוֹרִישׁוֹ אֶת־אֹיְבָיו
כב מִפָּנָיו: וְנִכְבְּשָׁה הָאָרֶץ לִפְנֵי יהוה וְאַחַר תָּשֻׁבוּ וִהְיִיתֶם נְקִיִּם מֵיהוה וּמִיִּשְׂרָאֵל
כג וְהָיְתָה הָאָרֶץ הַזֹּאת לָכֶם לַאֲחֻזָּה לִפְנֵי יהוה: וְאִם־לֹא תַעֲשׂוּן כֵּן הִנֵּה חֲטָאתֶם
כד לַיהוה וּדְעוּ חַטַּאתְכֶם אֲשֶׁר תִּמְצָא אֶתְכֶם: בְּנוּ־לָכֶם עָרִים לְטַפְּכֶם וּגְדֵרֹת

פירושי מילים

(ל"ב, ז) לָמה תניאון – למה תפרו, תהפכו, תעכבו. (ט) ויניאו – הפרו, הפכו, עיכבו. (יא) לֹא מלאו אחרי – לא מילאו את רצוני. (יג) וינִעם – הניע אותם בנדודים במדבר. (יד) תרבות – מהשורש רב"ה, הם בנים שגדלו כחוטאים כמו אבותיהם החטאים. לספות – להוסיף. (יז) נֵחָלֵץ חֻשים – נתחמש ובזריזות נצא לצבא.

לצנאכם והיצא מפיכם תעשו: ויאמר בני־גד ובני ראובן אל־משה לאמר כה
עבדיך יעשו כאשר אדני מצוה: טפנו נשינו מקננו וכל־בהמתנו יהיו־שם כו
בערי הגלעד: ועבדיך יעברו כל־חלוץ צבא לפני יהוה למלחמה כאשר אדני כז
דבר: ויצו להם משה את אלעזר הכהן ואת יהושע בן־נון ואת־ראשי אבות כח
המטות לבני ישראל: ויאמר משה אלהם אם־יעברו בני־גד ובני־ראובן ׀ כט
אתכם את־הירדן כל־חלוץ למלחמה לפני יהוה ונכבשה הארץ לפניכם
ונתתם להם את־ארץ הגלעד לאחזה: ואם־לא יעברו חלוצים אתכם ונאחזו ל
בתככם בארץ כנען: ויענו בני־גד ובני ראובן לאמר את אשר דבר יהוה לא
אל־עבדיך כן נעשה: נחנו נעבר חלוצים לפני יהוה ארץ כנען ואתנו אחזת לב
נחלתנו מעבר לירדן: ויתן להם ׀ משה לבני־גד ולבני ראובן ולחצי ׀ שבט לג
מנשה בן־יוסף את־ממלכת סיחן מלך האמרי ואת־ממלכת עוג מלך הבשן
הארץ לעריה בגבלת ערי הארץ סביב: ויבנו בני־גד את־דיבן ואת־עטרת לד
ואת ערער: ואת־עטרת שופן ואת־יעזר ויגבהה: ואת־בית נמרה ואת־בית לה לו
הרן ערי מבצר וגדרת צאן: ובני ראובן בנו את־חשבון ואת־אלעלא ואת לז
קריתים: ואת־נבו ואת־בעל מעון מוסבת שם ואת־שבמה ויקראו בשמת לח
את־שמות הערים אשר בנו: וילכו בני מכיר בן־מנשה גלעדה וילכדה ויורש לט
מפטיר
את־האמרי אשר־בה: ויתן משה את־הגלעד למכיר בן־מנשה וישב בה: מ
ויאיר בן־מנשה הלך וילכד את־חותיהם ויקרא אתהן חות יאיר: ונבח הלך מא מב
וילכד את־קנת ואת־בנתיה ויקרא לה נבח בשמו:

מסעי ל

מסעות בני ישראל

לג אלה מסעי בני־ישראל אשר יצאו מארץ מצרים לצבאתם ביד־משה ואהרן: א
ויכתב משה את־מוצאיהם למסעיהם על־פי יהוה ואלה מסעיהם למוצאיהם: ב
ויסעו מרעמסס בחדש הראשון בחמשה עשר יום לחדש הראשון ממחרת ג
הפסח יצאו בני־ישראל ביד רמה לעיני כל־מצרים: ומצרים מקברים את ד
אשר הכה יהוה בהם כל־בכור ובאלהיהם עשה יהוה שפטים: ויסעו ה
בני־ישראל מרעמסס ויחנו בסכת: ויסעו מסכת ויחנו באתם אשר בקצה ו
המדבר: ויסעו מאתם וישב על־פי החירת אשר על־פני בעל צפון ויחנו ז
לפני מגדל: ויסעו מפני החירת ויעברו בתוך־הים המדברה וילכו דרך ח
שלשת ימים במדבר אתם ויחנו במרה: ויסעו ממרה ויבאו אילמה ובאילם ט
שני
שתים עשרה עינת מים ושבעים תמרים ויחנו־שם: ויסעו מאילם ויחנו על־ י
ים־סוף: ויסעו מים־סוף ויחנו במדבר־סין: ויסעו ממדבר־סין ויחנו בדפקה: יא יב
ויסעו מדפקה ויחנו באלוש: ויסעו מאלוש ויחנו ברפידם ולא־היה שם יג יד
מים לעם לשתות: ויסעו מרפידם ויחנו במדבר סיני: ויסעו ממדבר סיני טו טז

פירושי מילים

(מא) חַוֹּתיהם, חַוֹּת – מחנה, כפר אוהלים.

יז יח וַיַּחֲנוּ בְּקִבְרֹת הַתַּאֲוָה: וַיִּסְעוּ מִקִּבְרֹת הַתַּאֲוָה וַיַּחֲנוּ בַּחֲצֵרֹת: וַיִּסְעוּ מֵחֲצֵרֹת
יט כ וַיַּחֲנוּ בְּרִתְמָה: וַיִּסְעוּ מֵרִתְמָה וַיַּחֲנוּ בְּרִמֹּן פָּרֶץ: וַיִּסְעוּ מֵרִמֹּן פָּרֶץ וַיַּחֲנוּ
כא כב כג בְּלִבְנָה: וַיִּסְעוּ מִלִּבְנָה וַיַּחֲנוּ בְּרִסָּה: וַיִּסְעוּ מֵרִסָּה וַיַּחֲנוּ בִּקְהֵלָתָה: וַיִּסְעוּ
כד כה מִקְּהֵלָתָה וַיַּחֲנוּ בְּהַר־שָׁפֶר: וַיִּסְעוּ מֵהַר־שָׁפֶר וַיַּחֲנוּ בַּחֲרָדָה: וַיִּסְעוּ מֵחֲרָדָה
כו כז וַיַּחֲנוּ בְּמַקְהֵלֹת: וַיִּסְעוּ מִמַּקְהֵלֹת וַיַּחֲנוּ בְּתָחַת: וַיִּסְעוּ מִתָּחַת וַיַּחֲנוּ בְּתָרַח:
כח כט ל וַיִּסְעוּ מִתָּרַח וַיַּחֲנוּ בְּמִתְקָה: וַיִּסְעוּ מִמִּתְקָה וַיַּחֲנוּ בְּחַשְׁמֹנָה: וַיִּסְעוּ מֵחַשְׁמֹנָה
לא לב וַיַּחֲנוּ בְּמֹסֵרוֹת: וַיִּסְעוּ מִמֹּסֵרוֹת וַיַּחֲנוּ בִּבְנֵי יַעֲקָן: וַיִּסְעוּ מִבְּנֵי יַעֲקָן וַיַּחֲנוּ בְּחֹר
לג לד הַגִּדְגָּד: וַיִּסְעוּ מֵחֹר הַגִּדְגָּד וַיַּחֲנוּ בְּיָטְבָתָה: וַיִּסְעוּ מִיָּטְבָתָה וַיַּחֲנוּ בְּעַבְרֹנָה:
לה לו וַיִּסְעוּ מֵעַבְרֹנָה וַיַּחֲנוּ בְּעֶצְיֹן גָּבֶר: וַיִּסְעוּ מֵעֶצְיֹן גָּבֶר וַיַּחֲנוּ בְמִדְבַּר־צִן הִוא
לז לח קָדֵשׁ: וַיִּסְעוּ מִקָּדֵשׁ וַיַּחֲנוּ בְּהֹר הָהָר בִּקְצֵה אֶרֶץ אֱדוֹם: וַיַּעַל אַהֲרֹן הַכֹּהֵן
אֶל־הֹר הָהָר עַל־פִּי יְהוָה וַיָּמָת שָׁם בִּשְׁנַת הָאַרְבָּעִים לְצֵאת בְּנֵי־יִשְׂרָאֵל מֵאֶרֶץ
לט מִצְרַיִם בַּחֹדֶשׁ הַחֲמִישִׁי בְּאֶחָד לַחֹדֶשׁ: וְאַהֲרֹן בֶּן־שָׁלֹשׁ וְעֶשְׂרִים וּמְאַת שָׁנָה
מ בְּמֹתוֹ בְּהֹר הָהָר: וַיִּשְׁמַע הַכְּנַעֲנִי מֶלֶךְ עֲרָד וְהוּא־יֹשֵׁב בַּנֶּגֶב בְּאֶרֶץ
מא מב כְּנָעַן בְּבֹא בְּנֵי יִשְׂרָאֵל: וַיִּסְעוּ מֵהֹר הָהָר וַיַּחֲנוּ בְּצַלְמֹנָה: וַיִּסְעוּ מִצַּלְמֹנָה וַיַּחֲנוּ
מג מד בְּפוּנֹן: וַיִּסְעוּ מִפּוּנֹן וַיַּחֲנוּ בְּאֹבֹת: וַיִּסְעוּ מֵאֹבֹת וַיַּחֲנוּ בְּעִיֵּי הָעֲבָרִים בִּגְבוּל
מה מו מוֹאָב: וַיִּסְעוּ מֵעִיִּים וַיַּחֲנוּ בְּדִיבֹן גָּד: וַיִּסְעוּ מִדִּיבֹן גָּד וַיַּחֲנוּ בְּעַלְמֹן דִּבְלָתָיְמָה:
מז מח וַיִּסְעוּ מֵעַלְמֹן דִּבְלָתָיְמָה וַיַּחֲנוּ בְּהָרֵי הָעֲבָרִים לִפְנֵי נְבוֹ: וַיִּסְעוּ מֵהָרֵי הָעֲבָרִים
מט וַיַּחֲנוּ בְּעַרְבֹת מוֹאָב עַל יַרְדֵּן יְרֵחוֹ: וַיַּחֲנוּ עַל־הַיַּרְדֵּן מִבֵּית הַיְשִׁמֹת עַד אָבֵל
נ הַשִּׁטִּים בְּעַרְבֹת מוֹאָב: וַיְדַבֵּר יְהוָה אֶל־מֹשֶׁה בְּעַרְבֹת מוֹאָב

שלישי /חמישי/

ציווי על ירושת הארץ והכרתת תושביה

נא עַל־יַרְדֵּן יְרֵחוֹ לֵאמֹר: דַּבֵּר אֶל־בְּנֵי יִשְׂרָאֵל וְאָמַרְתָּ אֲלֵהֶם כִּי אַתֶּם עֹבְרִים
נב אֶת־הַיַּרְדֵּן אֶל־אֶרֶץ כְּנָעַן: וְהוֹרַשְׁתֶּם אֶת־כָּל־יֹשְׁבֵי הָאָרֶץ מִפְּנֵיכֶם וְאִבַּדְתֶּם
אֵת כָּל־מַשְׂכִּיֹּתָם וְאֵת כָּל־צַלְמֵי מַסֵּכֹתָם תְּאַבֵּדוּ וְאֵת כָּל־בָּמוֹתָם תַּשְׁמִידוּ:
נג וְהוֹרַשְׁתֶּם אֶת־הָאָרֶץ וִישַׁבְתֶּם־בָּהּ כִּי לָכֶם נָתַתִּי אֶת־הָאָרֶץ לָרֶשֶׁת אֹתָהּ:
נד וְהִתְנַחַלְתֶּם אֶת־הָאָרֶץ בְּגוֹרָל לְמִשְׁפְּחֹתֵיכֶם לָרַב תַּרְבּוּ אֶת־נַחֲלָתוֹ וְלַמְעַט
תַּמְעִיט אֶת־נַחֲלָתוֹ אֶל אֲשֶׁר־יֵצֵא לוֹ שָׁמָּה הַגּוֹרָל לוֹ יִהְיֶה לְמַטּוֹת אֲבֹתֵיכֶם
נה תִּתְנֶחָלוּ: וְאִם־לֹא תוֹרִישׁוּ אֶת־יֹשְׁבֵי הָאָרֶץ מִפְּנֵיכֶם וְהָיָה אֲשֶׁר תּוֹתִירוּ מֵהֶם

פירושי מילים

(ל"ג, נב) והורשתם – המשמעות של השורש יר"ש היא לכבוש, לנחול. מכיוון שהפועל כאן בבניין הפעיל מתייחס ליושבי הארץ הכוונה היא להילחם בהם, לגרש אותם (רש"י), ולהשמיד אותם (רלב"ג). משכיֹּתם – לא ברור בדיוק מהי המשכית, אך ברור שזהו חפץ של עבודה זרה (ראו ויקרא כ"ו, א; יחזקאל ח', יב).* מסכֹתם – השורש של המילה מסכה הוא נס"ך, והכוונה כאן לצלם שהיו יוצקים אותו. במותם – והבמות הן מזבחות של עבודה זרה. (נג) והורשתם -על פי ההקשר של הפסוק כאן המשמעות היא לנחול כעין 'וירשתם'. (נד) והתנחלתם – תתנחלו בארץ.

* אף שכנראה השימוש במילה היה גם לחפצים של מעשי אומן שלא היו לעבודה זרה, ראו משלי כ"ה, יא. השורש של המילה הוא שכ"ה, היינו להתבונן. ההסתכלות הייתה הן על חפצי נוי הן על חפצי עבודה זרה. ראו: קדרי, מילון, עמ' 674.

לשכים בעיניכם ולצנינם בצדיכם וצררו אתכם על־הארץ אשר אתם ישבים
נו בה: והיה כאשר דמיתי לעשות להם אעשה לכם:

לא

גבולות הארץ הנחלקת בין השבטים

לד א ב וידבר יהוה אל־משה לאמר: צו את־בני ישראל ואמרת אלהם כי־אתם באים
אל־הארץ כנען זאת הארץ אשר תפל לכם בנחלה ארץ כנען לגבלתיה:
ג והיה לכם פאת־נגב ממדבר־צן על־ידי אדום והיה לכם גבול נגב מקצה
ד ים־המלח קדמה: ונסב לכם הגבול מנגב למעלה עקרבים ועבר צנה והיה (והיו)
ה תוצאתיו מנגב לקדש ברנע ויצא חצר־אדר ועבר עצמנה: ונסב הגבול
ו מעצמון נחלה מצרים והיו תוצאתיו הימה: וגבול ים והיה לכם הים הגדול
ז וגבול זה־יהיה לכם גבול ים: וזה־יהיה לכם גבול צפון מן־הים הגדל תתאו
ח ט לכם הר ההר: מהר ההר תתאו לבא חמת והיו תוצאת הגבל צדדה: ויצא
י הגבל זפרנה והיו תוצאתיו חצר עינן זה־יהיה לכם גבול צפון: והתאויתם
יא לכם לגבול קדמה מחצר עינן שפמה: וירד הגבל משפם הרבלה מקדם
יב לעין וירד הגבל ומחה על־כתף ים־כנרת קדמה: וירד הגבול הירדנה והיו
יג תוצאתיו ים המלח זאת תהיה לכם הארץ לגבלתיה סביב: ויצו משה את־
בני ישראל לאמר זאת הארץ אשר תתנחלו אתה בגורל אשר צוה יהוה
יד לתת לתשעת המטות וחצי המטה: כי לקחו מטה בני הראובני לבית אבתם
טו ומטה בני־הגדי לבית אבתם וחצי מטה מנשה לקחו נחלתם: שני המטות
וחצי המטה לקחו נחלתם מעבר לירדן ירחו קדמה מזרחה:

רביעי /ששי/

מנחילי הארץ

טז יז וידבר יהוה אל־משה לאמר: אלה שמות האנשים אשר־ינחלו לכם את־
יח הארץ אלעזר הכהן ויהושע בן־נון: ונשיא אחד נשיא אחד ממטה תקחו
יט לנחל את־הארץ: ואלה שמות האנשים למטה יהודה כלב בן־יפנה:
כ כא ולמטה בני שמעון שמואל בן־עמיהוד: למטה בנימן אלידד בן־כסלון:
כב כג ולמטה בני־דן נשיא בקי בן־יגלי: לבני יוסף למטה בני־מנשה נשיא חניאל
כד כה בן־אפד: ולמטה בני־אפרים נשיא קמואל בן־שפטן: ולמטה בני־זבולן נשיא
כו כז אליצפן בן־פרנך: ולמטה בני־יששכר נשיא פלטיאל בן־עזן: ולמטה בני־
כח אשר נשיא אחיהוד בן־שלמי: ולמטה בני־נפתלי נשיא פדהאל בן־עמיהוד:
כט אלה אשר צוה יהוה לנחל את־בני־ישראל בארץ כנען:

חמישי

ערי הלוויים

לה א ב וידבר יהוה אל־משה בערבת מואב על־ירדן ירחו לאמר: צו את־בני ישראל
ונתנו ללוים מנחלת אחזתם ערים לשבת ומגרש לערים סביבתיהם תתנו
ג ללוים: והיו הערים להם לשבת ומגרשיהם יהיו לבהמתם ולרכשם ולכל

פירושי מילים

(נה) שכים... ולצנינם – קוצים חדים (רשב"ם, ראב"ע). צדיכם – בצדדים של גופכם. צררו – יהיו לכם לצרים ואויבים. (ל"ד, ב) תפל – תיפול לידכם לאחר כיבושה. (ג) פאת – גבול. נגב – דרום. קדמה – מזרח. (ד) ונסב – קו הגבול מתעקל. תוצאתיו – סוף קו הגבול. (ה) ימה – מערב. (ז) תתאו – תסמנו, מהשורש תא"ה. (י) והתאויתם – תסמנו משורש או"ה.

ד חִיתֶם: וּמִגְרְשֵׁי הֶעָרִים אֲשֶׁר תִּתְּנוּ לַלְוִיִּם מִקִּיר הָעִיר וָחוּצָה אֶלֶף אַמָּה
ה סָבִיב: וּמַדֹּתֶם מִחוּץ לָעִיר אֶת־פְּאַת־קֵדְמָה אַלְפַּיִם בָּאַמָּה וְאֶת־פְּאַת־נֶגֶב
אַלְפַּיִם בָּאַמָּה וְאֶת־פְּאַת־יָם ׀ אַלְפַּיִם בָּאַמָּה וְאֵת פְּאַת צָפוֹן אַלְפַּיִם בָּאַמָּה
ו וְהָעִיר בַּתָּוֶךְ זֶה יִהְיֶה לָהֶם מִגְרְשֵׁי הֶעָרִים: וְאֵת הֶעָרִים אֲשֶׁר תִּתְּנוּ לַלְוִיִּם
אֵת שֵׁשׁ־עָרֵי הַמִּקְלָט אֲשֶׁר תִּתְּנוּ לָנֻס שָׁמָּה הָרֹצֵחַ וַעֲלֵיהֶם תִּתְּנוּ אַרְבָּעִים
ז וּשְׁתַּיִם עִיר: כָּל־הֶעָרִים אֲשֶׁר תִּתְּנוּ לַלְוִיִּם אַרְבָּעִים וּשְׁמֹנֶה עִיר אֶתְהֶן וְאֶת־
ח מִגְרְשֵׁיהֶן: וְהֶעָרִים אֲשֶׁר תִּתְּנוּ מֵאֲחֻזַּת בְּנֵי־יִשְׂרָאֵל מֵאֵת הָרַב תַּרְבּוּ וּמֵאֵת
הַמְעַט תַּמְעִיטוּ אִישׁ כְּפִי נַחֲלָתוֹ אֲשֶׁר יִנְחָלוּ יִתֵּן מֵעָרָיו לַלְוִיִּם:
ט וַיְדַבֵּר יְהוָה אֶל־מֹשֶׁה לֵּאמֹר: דַּבֵּר אֶל־בְּנֵי יִשְׂרָאֵל וְאָמַרְתָּ אֲלֵהֶם כִּי אַתֶּם לב
יא עֹבְרִים אֶת־הַיַּרְדֵּן אַרְצָה כְּנָעַן: וְהִקְרִיתֶם לָכֶם עָרִים עָרֵי מִקְלָט תִּהְיֶינָה לָכֶם
יב וְנָס שָׁמָּה רֹצֵחַ מַכֵּה־נֶפֶשׁ בִּשְׁגָגָה: וְהָיוּ לָכֶם הֶעָרִים לְמִקְלָט מִגֹּאֵל וְלֹא יָמוּת
יג הָרֹצֵחַ עַד־עָמְדוֹ לִפְנֵי הָעֵדָה לַמִּשְׁפָּט: וְהֶעָרִים אֲשֶׁר תִּתֵּנוּ שֵׁשׁ־עָרֵי מִקְלָט
יד תִּהְיֶינָה לָכֶם: אֵת ׀ שְׁלֹשׁ הֶעָרִים תִּתְּנוּ מֵעֵבֶר לַיַּרְדֵּן וְאֵת שְׁלֹשׁ הֶעָרִים תִּתְּנוּ
טו בְּאֶרֶץ כְּנָעַן עָרֵי מִקְלָט תִּהְיֶינָה: לִבְנֵי יִשְׂרָאֵל וְלַגֵּר וְלַתּוֹשָׁב בְּתוֹכָם תִּהְיֶינָה
טז שֵׁשׁ־הֶעָרִים הָאֵלֶּה לְמִקְלָט לָנוּס שָׁמָּה כָּל־מַכֵּה־נֶפֶשׁ בִּשְׁגָגָה: וְאִם־בִּכְלִי
יז בַרְזֶל ׀ הִכָּהוּ וַיָּמֹת רֹצֵחַ הוּא מוֹת יוּמַת הָרֹצֵחַ: וְאִם בְּאֶבֶן יָד אֲשֶׁר־יָמוּת בָּהּ
יח הִכָּהוּ וַיָּמֹת רֹצֵחַ הוּא מוֹת יוּמַת הָרֹצֵחַ: אוֹ בִּכְלִי עֵץ־יָד אֲשֶׁר־יָמוּת בּוֹ הִכָּהוּ
יט וַיָּמֹת רֹצֵחַ הוּא מוֹת יוּמַת הָרֹצֵחַ: גֹּאֵל הַדָּם הוּא יָמִית אֶת־הָרֹצֵחַ בְּפִגְעוֹ־בוֹ
כ כא הוּא יְמִתֶנּוּ: וְאִם־בְּשִׂנְאָה יֶהְדָּפֶנּוּ אוֹ־הִשְׁלִיךְ עָלָיו בִּצְדִיָּה וַיָּמֹת: אוֹ בְאֵיבָה
הִכָּהוּ בְיָדוֹ וַיָּמֹת מוֹת־יוּמַת הַמַּכֶּה רֹצֵחַ הוּא גֹּאֵל הַדָּם יָמִית אֶת־הָרֹצֵחַ
כב בְּפִגְעוֹ־בוֹ: וְאִם־בְּפֶתַע בְּלֹא־אֵיבָה הֲדָפוֹ אוֹ־הִשְׁלִיךְ עָלָיו כָּל־כְּלִי בְּלֹא צְדִיָּה:
כג אוֹ בְכָל־אֶבֶן אֲשֶׁר־יָמוּת בָּהּ בְּלֹא רְאוֹת וַיַּפֵּל עָלָיו וַיָּמֹת וְהוּא לֹא־אוֹיֵב לוֹ וְלֹא
כד מְבַקֵּשׁ רָעָתוֹ: וְשָׁפְטוּ הָעֵדָה בֵּין הַמַּכֶּה וּבֵין גֹּאֵל הַדָּם עַל הַמִּשְׁפָּטִים הָאֵלֶּה:
כה וְהִצִּילוּ הָעֵדָה אֶת־הָרֹצֵחַ מִיַּד גֹּאֵל הַדָּם וְהֵשִׁיבוּ אֹתוֹ הָעֵדָה אֶל־עִיר מִקְלָטוֹ
אֲשֶׁר־נָס שָׁמָּה וְיָשַׁב בָּהּ עַד־מוֹת הַכֹּהֵן הַגָּדֹל אֲשֶׁר־מָשַׁח אֹתוֹ בְּשֶׁמֶן הַקֹּדֶשׁ:
כו כז וְאִם־יָצֹא יֵצֵא הָרֹצֵחַ אֶת־גְּבוּל עִיר מִקְלָטוֹ אֲשֶׁר יָנוּס שָׁמָּה: וּמָצָא אֹתוֹ גֹּאֵל
כח הַדָּם מִחוּץ לִגְבוּל עִיר מִקְלָטוֹ וְרָצַח גֹּאֵל הַדָּם אֶת־הָרֹצֵחַ אֵין לוֹ דָּם: כִּי

ששי /שביעי/

ערי מקלט:
א. הקצאת ערי מקלט לרוצח בשגגה

ב. דיני רוצח

פירושי מילים

(ל"ה, יא) והקריתם – להזמין, לקבוע מקום, לייעד, לגרום למשהו לקרות. ספרי פיסקא קנט (מהדורת הורוויץ, עמ' 215); אונקלוס; רש"י; ראב"ע פירש מלשון "קריה", במובן לבנות עיר. מקלט – לקלוט ולהכיל. כך עולה מרש"י לפסוק יג: "לא היו קולטות עד שנבחרו..."; וכן יונה אבן ג'נאח, ספר השורשים, ערך קלט (עמ' 448): "ערי מקלט – ערים שיקבצו אליה אנשים ידועים". זו גם המשמעות בלשון המשנה. (יב) מגֹּאל – קרוב משפחה (מל"א ט"ז, יא). כאן הכוונה לגואל הדם, קרוב משפחה המבקש לנקום נקמת קרובו המת. (כ) יהדפנו – ידחף אותו. בצדיה – במארב, בהריגה מתוכננת. (כא) איבה – שנאה. (כב) בפתע – פתאום, לא בכוונה, ההפך של צדייה.

בְּעִיר מִקְלָטוֹ יֵשֵׁב עַד־מוֹת הַכֹּהֵן הַגָּדֹל וְאַחֲרֵי־מוֹת הַכֹּהֵן הַגָּדֹל יָשׁוּב הָרֹצֵחַ
אֶל־אֶרֶץ אֲחֻזָּתוֹ׃ וְהָיוּ אֵלֶּה לָכֶם לְחֻקַּת מִשְׁפָּט לְדֹרֹתֵיכֶם בְּכֹל מוֹשְׁבֹתֵיכֶם׃ כט
כָּל־מַכֵּה־נֶפֶשׁ לְפִי עֵדִים יִרְצַח אֶת־הָרֹצֵחַ וְעֵד אֶחָד לֹא־יַעֲנֶה בְנֶפֶשׁ לָמוּת׃ ל
וְלֹא־תִקְחוּ כֹפֶר לְנֶפֶשׁ רֹצֵחַ אֲשֶׁר־הוּא רָשָׁע לָמוּת כִּי־מוֹת יוּמָת׃ וְלֹא־ לא לב
תִקְחוּ כֹפֶר לָנוּס אֶל־עִיר מִקְלָטוֹ לָשׁוּב לָשֶׁבֶת בָּאָרֶץ עַד־מוֹת הַכֹּהֵן׃ וְלֹא־ לג
תַחֲנִיפוּ אֶת־הָאָרֶץ אֲשֶׁר אַתֶּם בָּהּ כִּי הַדָּם הוּא יַחֲנִיף אֶת־הָאָרֶץ וְלָאָרֶץ
לֹא־יְכֻפַּר לַדָּם אֲשֶׁר שֻׁפַּךְ־בָּהּ כִּי־אִם בְּדַם שֹׁפְכוֹ׃ וְלֹא תְטַמֵּא אֶת־הָאָרֶץ לד
אֲשֶׁר אַתֶּם יֹשְׁבִים בָּהּ אֲשֶׁר אֲנִי שֹׁכֵן בְּתוֹכָהּ כִּי אֲנִי יהוה שֹׁכֵן בְּתוֹךְ בְּנֵי
יִשְׂרָאֵל׃

שביעי

וַיִּקְרְבוּ רָאשֵׁי הָאָבוֹת לְמִשְׁפַּחַת בְּנֵי־גִלְעָד בֶּן־מָכִיר בֶּן־מְנַשֶּׁה מִמִּשְׁפְּחֹת א לו

תלונת בני גלעד על ירושת בנות צלופחד

בְּנֵי יוֹסֵף וַיְדַבְּרוּ לִפְנֵי מֹשֶׁה וְלִפְנֵי הַנְּשִׂאִים רָאשֵׁי אָבוֹת לִבְנֵי יִשְׂרָאֵל׃ וַיֹּאמְרוּ ב
אֶת־אֲדֹנִי צִוָּה יהוה לָתֵת אֶת־הָאָרֶץ בְּנַחֲלָה בְּגוֹרָל לִבְנֵי יִשְׂרָאֵל וַאדֹנִי צֻוָּה
בַיהוה לָתֵת אֶת־נַחֲלַת צְלָפְחָד אָחִינוּ לִבְנֹתָיו׃ וְהָיוּ לְאֶחָד מִבְּנֵי שִׁבְטֵי בְנֵי־ ג
יִשְׂרָאֵל לְנָשִׁים וְנִגְרְעָה נַחֲלָתָן מִנַּחֲלַת אֲבֹתֵינוּ וְנוֹסַף עַל נַחֲלַת הַמַּטֶּה אֲשֶׁר
תִּהְיֶינָה לָהֶם וּמִגֹּרַל נַחֲלָתֵנוּ יִגָּרֵעַ׃ וְאִם־יִהְיֶה הַיֹּבֵל לִבְנֵי יִשְׂרָאֵל וְנוֹסְפָה ד
נַחֲלָתָן עַל נַחֲלַת הַמַּטֶּה אֲשֶׁר תִּהְיֶינָה לָהֶם וּמִנַּחֲלַת מַטֵּה אֲבֹתֵינוּ יִגָּרַע
נַחֲלָתָן׃ וַיְצַו מֹשֶׁה אֶת־בְּנֵי יִשְׂרָאֵל עַל־פִּי יהוה לֵאמֹר כֵּן מַטֵּה בְנֵי־יוֹסֵף ה
דֹּבְרִים׃ זֶה הַדָּבָר אֲשֶׁר־צִוָּה יהוה לִבְנוֹת צְלָפְחָד לֵאמֹר לַטּוֹב בְּעֵינֵיהֶם ו
תִּהְיֶינָה לְנָשִׁים אַךְ לְמִשְׁפַּחַת מַטֵּה אֲבִיהֶם תִּהְיֶינָה לְנָשִׁים׃ וְלֹא־תִסֹּב נַחֲלָה ז
לִבְנֵי יִשְׂרָאֵל מִמַּטֶּה אֶל־מַטֶּה כִּי אִישׁ בְּנַחֲלַת מַטֵּה אֲבֹתָיו יִדְבְּקוּ בְּנֵי יִשְׂרָאֵל׃
וְכָל־בַּת יֹרֶשֶׁת נַחֲלָה מִמַּטּוֹת בְּנֵי יִשְׂרָאֵל לְאֶחָד מִמִּשְׁפַּחַת מַטֵּה אָבִיהָ ח
תִּהְיֶה לְאִשָּׁה לְמַעַן יִירְשׁוּ בְּנֵי יִשְׂרָאֵל אִישׁ נַחֲלַת אֲבֹתָיו׃ וְלֹא־תִסֹּב נַחֲלָה ט
מִמַּטֶּה לְמַטֶּה אַחֵר כִּי־אִישׁ בְּנַחֲלָתוֹ יִדְבְּקוּ מַטּוֹת בְּנֵי יִשְׂרָאֵל׃ כַּאֲשֶׁר צִוָּה י

מפטיר

יהוה אֶת־מֹשֶׁה כֵּן עָשׂוּ בְּנוֹת צְלָפְחָד׃ וַתִּהְיֶינָה מַחְלָה תִרְצָה וְחָגְלָה וּמִלְכָּה יא
וְנֹעָה בְּנוֹת צְלָפְחָד לִבְנֵי דֹדֵיהֶן לְנָשִׁים׃ מִמִּשְׁפְּחֹת בְּנֵי־מְנַשֶּׁה בֶן־יוֹסֵף הָיוּ יב

חתימה

לְנָשִׁים וַתְּהִי נַחֲלָתָן עַל־מַטֵּה מִשְׁפַּחַת אֲבִיהֶן׃ אֵלֶּה הַמִּצְוֹת וְהַמִּשְׁפָּטִים יג
אֲשֶׁר צִוָּה יהוה בְּיַד־מֹשֶׁה אֶל־בְּנֵי יִשְׂרָאֵל בְּעַרְבֹת מוֹאָב עַל יַרְדֵּן יְרֵחוֹ׃

פירושי מילים

(ל) **לא יענה** – ישיב, כאן במשמעות של להעיד. (לא) **כֹּפֶר** – פדיון בכסף. (לג) **תחניפו** – תזהמו, תטמאו. (ל"ו, ה) **כן מטה בני יוסף דֹּברים** – דברי בני יוסף נכונים. (ז) **תִסֹּב** – תעבור. **ידבקו** – ייצמדו, יחזיקו.

הפטרות

ברכות ההפטרה

נוסח ספרדים

לפני קריאת ההפטרה בנביא, המפטיר מברך:

בָּרוּךְ אַתָּה יְהֹוָה, אֱלֹהֵינוּ מֶלֶךְ הָעוֹלָם, אֲשֶׁר בָּחַר בִּנְבִיאִים טוֹבִים, וְרָצָה בְדִבְרֵיהֶם הַנֶּאֱמָרִים בֶּאֱמֶת. בָּרוּךְ אַתָּה יְהֹוָה, הַבּוֹחֵר בַּתּוֹרָה וּבְמֹשֶׁה עַבְדּוֹ וּבְיִשְׂרָאֵל עַמּוֹ וּבִנְבִיאֵי הָאֱמֶת וְהַצֶּדֶק.

אחר קריאת ההפטרה המפטיר מברך:

גֹּאֲלֵנוּ יְהֹוָה צְבָאוֹת שְׁמוֹ קְדוֹשׁ יִשְׂרָאֵל:

בָּרוּךְ אַתָּה יְהֹוָה, אֱלֹהֵינוּ מֶלֶךְ הָעוֹלָם, צוּר כָּל הָעוֹלָמִים, צַדִּיק בְּכָל־הַדּוֹרוֹת, הָאֵל הַנֶּאֱמָן, הָאוֹמֵר וְעוֹשֶׂה, מְדַבֵּר וּמְקַיֵּם, כִּי כָל־דְּבָרָיו אֱמֶת וָצֶדֶק. נֶאֱמָן אַתָּה הוּא יְהֹוָה אֱלֹהֵינוּ וְנֶאֱמָנִים דְּבָרֶיךָ, וְדָבָר אֶחָד מִדְּבָרֶיךָ אָחוֹר לֹא יָשׁוּב רֵיקָם, כִּי אֵל מֶלֶךְ נֶאֱמָן אָתָּה. בָּרוּךְ אַתָּה יְהֹוָה, הָאֵל הַנֶּאֱמָן בְּכָל דְּבָרָיו.

רַחֵם עַל צִיּוֹן כִּי הִיא בֵּית חַיֵּינוּ, וְלַעֲלוּבַת־נֶפֶשׁ תּוֹשִׁיעַ בִּמְהֵרָה בְיָמֵינוּ. בָּרוּךְ אַתָּה יְהֹוָה, מְשַׂמֵּחַ צִיּוֹן בְּבָנֶיהָ.

שַׂמְּחֵנוּ יְהֹוָה אֱלֹהֵינוּ בְּאֵלִיָּהוּ הַנָּבִיא עַבְדֶּךָ, וּבְמַלְכוּת בֵּית דָּוִד מְשִׁיחָךְ, בִּמְהֵרָה יָבוֹא וְיָגֵל לִבֵּנוּ. עַל כִּסְאוֹ לֹא יֵשֵׁב זָר, וְלֹא יִנְחֲלוּ עוֹד אֲחֵרִים אֶת־כְּבוֹדוֹ, כִּי בְשֵׁם קָדְשְׁךָ נִשְׁבַּעְתָּ לוֹ, שֶׁלֹּא יִכְבֶּה נֵרוֹ לְעוֹלָם וָעֶד. בָּרוּךְ אַתָּה יְהֹוָה, מָגֵן דָּוִד.

עַל הַתּוֹרָה וְעַל הָעֲבוֹדָה וְעַל הַנְּבִיאִים וְעַל יוֹם הַשַּׁבָּת הַזֶּה, שֶׁנָּתַתָּ לָנוּ, יְהֹוָה אֱלֹהֵינוּ, לִקְדֻשָּׁה וְלִמְנוּחָה, לְכָבוֹד וּלְתִפְאָרֶת. עַל הַכֹּל יְהֹוָה אֱלֹהֵינוּ אֲנַחְנוּ מוֹדִים לָךְ וּמְבָרְכִים אוֹתָךְ, יִתְבָּרַךְ שִׁמְךָ בְּפִי כָּל־חַי תָּמִיד לְעוֹלָם וָעֶד. בָּרוּךְ אַתָּה יְהֹוָה, מְקַדֵּשׁ הַשַּׁבָּת.

נוסח אשכנז וספרד

לפני קריאת ההפטרה בנביא, המפטיר מברך:

בָּרוּךְ אַתָּה יהוה אֱלֹהֵינוּ מֶלֶךְ הָעוֹלָם אֲשֶׁר בָּחַר בִּנְבִיאִים טוֹבִים, וְרָצָה בְדִבְרֵיהֶם הַנֶּאֱמָרִים בֶּאֱמֶת. בָּרוּךְ אַתָּה יהוה, הַבּוֹחֵר בַּתּוֹרָה וּבְמֹשֶׁה עַבְדּוֹ וּבְיִשְׂרָאֵל עַמּוֹ וּבִנְבִיאֵי הָאֱמֶת וָצֶדֶק.

אחר קריאת ההפטרה המפטיר מברך:

בָּרוּךְ אַתָּה יהוה אֱלֹהֵינוּ מֶלֶךְ הָעוֹלָם, צוּר כָּל הָעוֹלָמִים, צַדִּיק בְּכָל הַדּוֹרוֹת, הָאֵל הַנֶּאֱמָן, הָאוֹמֵר וְעוֹשֶׂה, הַמְדַבֵּר וּמְקַיֵּם, שֶׁכָּל דְּבָרָיו אֱמֶת וָצֶדֶק. נֶאֱמָן אַתָּה הוּא יהוה אֱלֹהֵינוּ וְנֶאֱמָנִים דְּבָרֶיךָ, וְדָבָר אֶחָד מִדְּבָרֶיךָ אָחוֹר לֹא יָשׁוּב רֵיקָם, כִּי אֵל מֶלֶךְ נֶאֱמָן (וְרַחֲמָן) אָתָּה. בָּרוּךְ אַתָּה יהוה, הָאֵל הַנֶּאֱמָן בְּכָל דְּבָרָיו.

רַחֵם עַל צִיּוֹן כִּי הִיא בֵּית חַיֵּינוּ, וְלַעֲלוּבַת נֶפֶשׁ תּוֹשִׁיעַ בִּמְהֵרָה בְיָמֵינוּ. בָּרוּךְ אַתָּה יהוה, מְשַׂמֵּחַ צִיּוֹן בְּבָנֶיהָ.

שַׂמְּחֵנוּ יהוה אֱלֹהֵינוּ בְּאֵלִיָּהוּ הַנָּבִיא עַבְדֶּךָ, וּבְמַלְכוּת בֵּית דָּוִד מְשִׁיחֶךָ, בִּמְהֵרָה יָבוֹא וְיָגֵל לִבֵּנוּ. עַל כִּסְאוֹ לֹא יֵשֵׁב זָר, וְלֹא יִנְחֲלוּ עוֹד אֲחֵרִים אֶת כְּבוֹדוֹ, כִּי בְשֵׁם קָדְשְׁךָ נִשְׁבַּעְתָּ לוֹ שֶׁלֹּא יִכְבֶּה נֵרוֹ לְעוֹלָם וָעֶד. בָּרוּךְ אַתָּה יהוה, מָגֵן דָּוִד.

עַל הַתּוֹרָה וְעַל הָעֲבוֹדָה וְעַל הַנְּבִיאִים וְעַל יוֹם הַשַּׁבָּת הַזֶּה, שֶׁנָּתַתָּ לָּנוּ יהוה אֱלֹהֵינוּ לִקְדֻשָּׁה וְלִמְנוּחָה, לְכָבוֹד וּלְתִפְאָרֶת. עַל הַכֹּל יהוה אֱלֹהֵינוּ אֲנַחְנוּ מוֹדִים לָךְ וּמְבָרְכִים אוֹתָךְ, יִתְבָּרַךְ שִׁמְךָ בְּפִי כָּל חַי תָּמִיד לְעוֹלָם וָעֶד. בָּרוּךְ אַתָּה יהוה, מְקַדֵּשׁ הַשַּׁבָּת.

הפטרת במדבר

בערב ראש חודש סיון קוראים את ההפטרה בעמ׳ 84.

הושע

ב א וְהָיָה מִסְפַּר בְּנֵי־יִשְׂרָאֵל כְּחוֹל הַיָּם אֲשֶׁר לֹא־יִמַּד וְלֹא יִסָּפֵר וְהָיָה בִּמְקוֹם
ב אֲשֶׁר־יֵאָמֵר לָהֶם לֹא־עַמִּי אַתֶּם יֵאָמֵר לָהֶם בְּנֵי אֵל־חָי׃ וְנִקְבְּצוּ בְּנֵי־יְהוּדָה
וּבְנֵי־יִשְׂרָאֵל יַחְדָּו וְשָׂמוּ לָהֶם רֹאשׁ אֶחָד וְעָלוּ מִן־הָאָרֶץ כִּי גָדוֹל יוֹם יִזְרְעֶאל׃
ג ד אִמְרוּ לַאֲחֵיכֶם עַמִּי וְלַאֲחוֹתֵיכֶם רֻחָמָה׃ רִיבוּ בְאִמְּכֶם רִיבוּ כִּי־הִיא לֹא אִשְׁתִּי
ה וְאָנֹכִי לֹא אִישָׁהּ וְתָסֵר זְנוּנֶיהָ מִפָּנֶיהָ וְנַאֲפוּפֶיהָ מִבֵּין שָׁדֶיהָ׃ פֶּן־אַפְשִׁיטֶנָּה
עֲרֻמָּה וְהִצַּגְתִּיהָ כְּיוֹם הִוָּלְדָהּ וְשַׂמְתִּיהָ כַמִּדְבָּר וְשַׁתִּהָ כְּאֶרֶץ צִיָּה וַהֲמִתִּיהָ
ו ז בַּצָּמָא׃ וְאֶת־בָּנֶיהָ לֹא אֲרַחֵם כִּי־בְנֵי זְנוּנִים הֵמָּה׃ כִּי זָנְתָה אִמָּם הֹבִישָׁה
הוֹרָתָם כִּי אָמְרָה אֵלְכָה אַחֲרֵי מְאַהֲבַי נֹתְנֵי לַחְמִי וּמֵימַי צַמְרִי וּפִשְׁתִּי שַׁמְנִי
ח וְשִׁקּוּיָי׃ לָכֵן הִנְנִי־שָׂךְ אֶת־דַּרְכֵּךְ בַּסִּירִים וְגָדַרְתִּי אֶת־גְּדֵרָהּ וּנְתִיבוֹתֶיהָ לֹא
ט תִמְצָא׃ וְרִדְּפָה אֶת־מְאַהֲבֶיהָ וְלֹא־תַשִּׂיג אֹתָם וּבִקְשָׁתַם וְלֹא תִמְצָא וְאָמְרָה
י אֵלְכָה וְאָשׁוּבָה אֶל־אִישִׁי הָרִאשׁוֹן כִּי טוֹב לִי אָז מֵעָתָּה׃ וְהִיא לֹא יָדְעָה כִּי
אָנֹכִי נָתַתִּי לָהּ הַדָּגָן וְהַתִּירוֹשׁ וְהַיִּצְהָר וְכֶסֶף הִרְבֵּיתִי לָהּ וְזָהָב עָשׂוּ לַבָּעַל׃
יא לָכֵן אָשׁוּב וְלָקַחְתִּי דְגָנִי בְּעִתּוֹ וְתִירוֹשִׁי בְּמוֹעֲדוֹ וְהִצַּלְתִּי צַמְרִי וּפִשְׁתִּי לְכַסּוֹת
יב אֶת־עֶרְוָתָהּ׃ וְעַתָּה אֲגַלֶּה אֶת־נַבְלֻתָהּ לְעֵינֵי מְאַהֲבֶיהָ וְאִישׁ לֹא־יַצִּילֶנָּה מִיָּדִי׃
יג יד וְהִשְׁבַּתִּי כָּל־מְשׂוֹשָׂהּ חַגָּהּ חָדְשָׁהּ וְשַׁבַּתָּהּ וְכֹל מוֹעֲדָהּ׃ וַהֲשִׁמֹּתִי גַּפְנָהּ וּתְאֵנָתָהּ
אֲשֶׁר אָמְרָה אֶתְנָה הֵמָּה לִי אֲשֶׁר נָתְנוּ־לִי מְאַהֲבָי וְשַׂמְתִּים לְיַעַר וַאֲכָלָתַם
טו חַיַּת הַשָּׂדֶה׃ וּפָקַדְתִּי עָלֶיהָ אֶת־יְמֵי הַבְּעָלִים אֲשֶׁר תַּקְטִיר לָהֶם וַתַּעַד נִזְמָהּ
טז וְחֶלְיָתָהּ וַתֵּלֶךְ אַחֲרֵי מְאַהֲבֶיהָ וְאֹתִי שָׁכְחָה נְאֻם־יְהוָה׃ לָכֵן הִנֵּה
יז אָנֹכִי מְפַתֶּיהָ וְהֹלַכְתִּיהָ הַמִּדְבָּר וְדִבַּרְתִּי עַל־לִבָּהּ׃ וְנָתַתִּי לָהּ אֶת־כְּרָמֶיהָ מִשָּׁם
וְאֶת־עֵמֶק עָכוֹר לְפֶתַח תִּקְוָה וְעָנְתָה שָּׁמָּה כִּימֵי נְעוּרֶיהָ וּכְיוֹם עֲלוֹתָהּ מֵאֶרֶץ־
יח מִצְרָיִם׃ וְהָיָה בַיּוֹם־הַהוּא נְאֻם־יְהוָה תִּקְרְאִי אִישִׁי וְלֹא־תִקְרְאִי־לִי
יט כ עוֹד בַּעְלִי׃ וַהֲסִרֹתִי אֶת־שְׁמוֹת הַבְּעָלִים מִפִּיהָ וְלֹא־יִזָּכְרוּ עוֹד בִּשְׁמָם׃ וְכָרַתִּי
לָהֶם בְּרִית בַּיּוֹם הַהוּא עִם־חַיַּת הַשָּׂדֶה וְעִם־עוֹף הַשָּׁמַיִם וְרֶמֶשׂ הָאֲדָמָה
כא וְקֶשֶׁת וְחֶרֶב וּמִלְחָמָה אֶשְׁבּוֹר מִן־הָאָרֶץ וְהִשְׁכַּבְתִּים לָבֶטַח׃ וְאֵרַשְׂתִּיךְ לִי
כב לְעוֹלָם וְאֵרַשְׂתִּיךְ לִי בְּצֶדֶק וּבְמִשְׁפָּט וּבְחֶסֶד וּבְרַחֲמִים׃ וְאֵרַשְׂתִּיךְ לִי בֶּאֱמוּנָה
וְיָדַעַתְּ אֶת־יְהוָה׃

הפטרת נשא

שופטים

יג ב וַיְהִי אִישׁ אֶחָד מִצָּרְעָה מִמִּשְׁפַּחַת הַדָּנִי וּשְׁמוֹ מָנוֹחַ וְאִשְׁתּוֹ עֲקָרָה וְלֹא יָלָדָה׃
ג וַיֵּרָא מַלְאַךְ־יְהוָה אֶל־הָאִשָּׁה וַיֹּאמֶר אֵלֶיהָ הִנֵּה־נָא אַתְּ־עֲקָרָה וְלֹא יָלַדְתְּ
ד וְהָרִית וְיָלַדְתְּ בֵּן׃ וְעַתָּה הִשָּׁמְרִי נָא וְאַל־תִּשְׁתִּי יַיִן וְשֵׁכָר וְאַל־תֹּאכְלִי כָּל־
ה טָמֵא׃ כִּי הִנָּךְ הָרָה וְיֹלַדְתְּ בֵּן וּמוֹרָה לֹא־יַעֲלֶה עַל־רֹאשׁוֹ כִּי־נְזִיר אֱלֹהִים

ו יהיה הנער מן־הבטן והוא יחל להושיע את־ישראל מיד פלשתים: ותבא
האשה ותאמר לאישה לאמר איש האלהים בא אלי ומראהו כמראה מלאך
ז האלהים נורא מאד ולא שאלתיהו אי־מזה הוא ואת־שמו לא־הגיד לי: ויאמר
לי הנך הרה וילדת בן ועתה אל־תשתי | יין ושכר ואל־תאכלי כל־טמאה
כי־נזיר אלהים יהיה הנער מן־הבטן עד־יום מותו:
ח ויעתר מנוח אל־יהוה ויאמר בי אדוני איש האלהים אשר שלחת יבוא־נא
ט עוד אלינו ויורנו מה־נעשה לנער היולד: וישמע האלהים בקול מנוח ויבא
מלאך האלהים עוד אל־האשה והיא יושבת בשדה ומנוח אישה אין עמה:
י ותמהר האשה ותרץ ותגד לאישה ותאמר אליו הנה נראה אלי האיש
יא אשר־בא ביום אלי: ויקם וילך מנוח אחרי אשתו ויבא אל־האיש ויאמר לו
יב האתה האיש אשר־דברת אל־האשה ויאמר אני: ויאמר מנוח עתה יבא
יג דבריך מה־יהיה משפט־הנער ומעשהו: ויאמר מלאך יהוה אל־מנוח מכל
יד אשר־אמרתי אל־האשה תשמר: מכל אשר־יצא מגפן היין לא תאכל ויין
טו ושכר אל־תשת וכל־טמאה אל־תאכל כל אשר־צויתיה תשמר: ויאמר מנוח
טז אל־מלאך יהוה נעצרה־נא אותך ונעשה לפניך גדי עזים: ויאמר מלאך יהוה
אל־מנוח אם־תעצרני לא־אכל בלחמך ואם־תעשה עלה ליהוה תעלנה כי
יז לא־ידע מנוח כי־מלאך יהוה הוא: ויאמר מנוח אל־מלאך יהוה מי שמך
יח כי־יבא דבריך וכבדנוך: ויאמר לו מלאך יהוה למה זה תשאל לשמי והוא־ דברך
יט פלאי: ויקח מנוח את־גדי העזים ואת־המנחה ויעל על־הצור ליהוה ומפלא
כ לעשות ומנוח ואשתו ראים: ויהי בעלות הלהב מעל המזבח השמימה ויעל
כא מלאך־יהוה בלהב המזבח ומנוח ואשתו ראים ויפלו על־פניהם ארצה: ולא־
יסף עוד מלאך יהוה להראה אל־מנוח ואל־אשתו אז ידע מנוח כי־מלאך
כב כג יהוה הוא: ויאמר מנוח אל־אשתו מות נמות כי אלהים ראינו: ותאמר
לו אשתו לו חפץ יהוה להמיתנו לא־לקח מידנו עלה ומנחה ולא הראנו
כד את־כל־אלה וכעת לא השמיענו כזאת: ותלד האשה בן ותקרא את־שמו
כה שמשון ויגדל הנער ויברכהו יהוה: ותחל רוח יהוה לפעמו במחנה־דן בין
צרעה ובין אשתאול:

הפטרת בהעלתך

ב יד טו רני ושמחי בת־ציון כי הנני־בא ושכנתי בתוכך נאם־יהוה: ונלוו גוים רבים זכריה
אל־יהוה ביום ההוא והיו לי לעם ושכנתי בתוכך וידעת כי־יהוה צבאות
טז שלחני אליך: ונחל יהוה את־יהודה חלקו על אדמת הקדש ובחר עוד
ג יז א בירושלם: הס כל־בשר מפני יהוה כי נעור ממעון קדשו: ויראני
את־יהושע הכהן הגדול עמד לפני מלאך יהוה והשטן עמד על־ימינו לשטנו:
ב ויאמר יהוה אל־השטן יגער יהוה בך השטן ויגער יהוה בך הבחר בירושלם

הלוא זה אוד מצל מאש: ויהושע היה לבש בגדים צואים ועמד לפני המלאך: ג
ויען ויאמר אל־העמדים לפניו לאמר הסירו הבגדים הצאים מעליו ויאמר ד
אליו ראה העברתי מעליך עונך והלבש אתך מחלצות: ואמר ישימו צניף ה
טהור על־ראשו וישימו הצניף הטהור על־ראשו וילבשהו בגדים ומלאך
יהוה עמד: ויעד מלאך יהוה ביהושע לאמר: כה־אמר יהוה צבאות אם־ ו ז
בדרכי תלך ואם את־משמרתי תשמר וגם־אתה תדין את־ביתי וגם תשמר
את־חצרי ונתתי לך מהלכים בין העמדים האלה: שמע־נא יהושע | הכהן ח
הגדול אתה ורעיך הישבים לפניך כי־אנשי מופת המה כי־הנני מביא את־
עבדי צמח: כי | הנה האבן אשר נתתי לפני יהושע על־אבן אחת שבעה ט
עינים הנני מפתח פתחה נאם יהוה צבאות ומשתי את־עון הארץ־ההיא
ביום אחד: ביום ההוא נאם יהוה צבאות תקראו איש לרעהו אל־תחת גפן י
ואל־תחת תאנה: וישב המלאך הדבר בי ויעירני כאיש אשר־ א ד
ויאמר יעור משנתו: ויאמר אלי מה אתה ראה ויאמר ראיתי והנה מנורת זהב כלה ב
וגלה על־ראשה ושבעה נרתיה עליה שבעה ושבעה מוצקות לנרות אשר
על־ראשה: ושנים זיתים עליה אחד מימין הגלה ואחד על־שמאלה: ואען ג ד
ואמר אל־המלאך הדבר בי לאמר מה־אלה אדני: ויען המלאך הדבר בי ה
ויאמר אלי הלוא ידעת מה־המה אלה ואמר לא אדני: ויען ויאמר אלי לאמר ו
זה דבר־יהוה אל־זרבבל לאמר לא בחיל ולא בכח כי אם־ברוחי אמר יהוה
צבאות: מי־אתה הר־הגדול לפני זרבבל למישר והוציא את־האבן הראשה ז
תשאות חן | חן לה:

הפטרת שלח לך

יהושע וישלח יהושע בן־נון מן־השטים שנים אנשים מרגלים חרש לאמר לכו א ב
ראו את־הארץ ואת־יריחו וילכו ויבאו בית אשה זונה ושמה רחב וישכבו־
שמה: ויאמר למלך יריחו לאמר הנה אנשים באו הנה הלילה מבני ישראל ב
לחפר את־הארץ: וישלח מלך יריחו אל־רחב לאמר הוציאי האנשים הבאים ג
אליך אשר־באו לביתך כי לחפר את־כל־הארץ באו: ותקח האשה את־ ד
שני האנשים ותצפנו ותאמר כן באו אלי האנשים ולא ידעתי מאין המה:
ויהי השער לסגור בחשך והאנשים יצאו לא ידעתי אנה הלכו האנשים ה
רדפו מהר אחריהם כי תשיגום: והיא העלתם הגגה ותטמנם בפשתי העץ ו
הערכות לה על־הגג: והאנשים רדפו אחריהם דרך הירדן על המעברות ז
והשער סגרו אחרי כאשר יצאו הרדפים אחריהם: והמה טרם ישכבון והיא ח
עלתה עליהם על־הגג: ותאמר אל־האנשים ידעתי כי־נתן יהוה לכם את־ ט
הארץ וכי־נפלה אימתכם עלינו וכי נמגו כל־ישבי הארץ מפניכם: כי שמענו י
את אשר־הוביש יהוה את־מי ים־סוף מפניכם בצאתכם ממצרים ואשר

עֲשִׂיתֶם לִשְׁנֵי מַלְכֵי הָאֱמֹרִי אֲשֶׁר בְּעֵבֶר הַיַּרְדֵּן לְסִיחֹן וּלְעוֹג אֲשֶׁר הַחֲרַמְתֶּם
יא אֹתָם: וַנִּשְׁמַע וַיִּמַּס לְבָבֵנוּ וְלֹא־קָמָה עוֹד רוּחַ בְּאִישׁ מִפְּנֵיכֶם כִּי יְהוָה אֱלֹהֵיכֶם
יב הוּא אֱלֹהִים בַּשָּׁמַיִם מִמַּעַל וְעַל־הָאָרֶץ מִתָּחַת: וְעַתָּה הִשָּׁבְעוּ־נָא לִי בַּיהוָה
כִּי־עָשִׂיתִי עִמָּכֶם חָסֶד וַעֲשִׂיתֶם גַּם־אַתֶּם עִם־בֵּית אָבִי חֶסֶד וּנְתַתֶּם לִי אוֹת
יג אֱמֶת: וְהַחֲיִתֶם אֶת־אָבִי וְאֶת־אִמִּי וְאֶת־אַחַי וְאֶת־אחותי וְאֵת כָּל־אֲשֶׁר לָהֶם אַחְיוֹתַי
יד וְהִצַּלְתֶּם אֶת־נַפְשֹׁתֵינוּ מִמָּוֶת: וַיֹּאמְרוּ לָהּ הָאֲנָשִׁים נַפְשֵׁנוּ תַחְתֵּיכֶם לָמוּת
אִם לֹא תַגִּידוּ אֶת־דְּבָרֵנוּ זֶה וְהָיָה בְּתֵת־יְהוָה לָנוּ אֶת־הָאָרֶץ וְעָשִׂינוּ עִמָּךְ
טו חֶסֶד וֶאֱמֶת: וַתּוֹרִדֵם בַּחֶבֶל בְּעַד הַחַלּוֹן כִּי בֵיתָהּ בְּקִיר הַחוֹמָה וּבַחוֹמָה הִיא
טז יוֹשָׁבֶת: וַתֹּאמֶר לָהֶם הָהָרָה לֵּכוּ פֶּן־יִפְגְּעוּ בָכֶם הָרֹדְפִים וְנַחְבֵּתֶם שָׁמָּה שְׁלֹשֶׁת
יז יָמִים עַד שׁוֹב הָרֹדְפִים וְאַחַר תֵּלְכוּ לְדַרְכְּכֶם: וַיֹּאמְרוּ אֵלֶיהָ הָאֲנָשִׁים נְקִיִּם
יח אֲנַחְנוּ מִשְּׁבֻעָתֵךְ הַזֶּה אֲשֶׁר הִשְׁבַּעְתָּנוּ: הִנֵּה אֲנַחְנוּ בָאִים בָּאָרֶץ אֶת־תִּקְוַת
חוּט הַשָּׁנִי הַזֶּה תִּקְשְׁרִי בַּחַלּוֹן אֲשֶׁר הוֹרַדְתֵּנוּ בוֹ וְאֶת־אָבִיךְ וְאֶת־אִמֵּךְ וְאֶת־
יט אַחַיִךְ וְאֵת כָּל־בֵּית אָבִיךְ תַּאַסְפִי אֵלַיִךְ הַבָּיְתָה: וְהָיָה כֹּל אֲשֶׁר־יֵצֵא מִדַּלְתֵי
בֵיתֵךְ ׀ הַחוּצָה דָּמוֹ בְרֹאשׁוֹ וַאֲנַחְנוּ נְקִיִּם וְכֹל אֲשֶׁר יִהְיֶה אִתָּךְ בַּבַּיִת דָּמוֹ
כ בְרֹאשֵׁנוּ אִם־יָד תִּהְיֶה־בּוֹ: וְאִם־תַּגִּידִי אֶת־דְּבָרֵנוּ זֶה וְהָיִינוּ נְקִיִּם מִשְּׁבֻעָתֵךְ
כא אֲשֶׁר הִשְׁבַּעְתָּנוּ: וַתֹּאמֶר כְּדִבְרֵיכֶם כֶּן־הוּא וַתְּשַׁלְּחֵם וַיֵּלֵכוּ וַתִּקְשֹׁר אֶת־
כב תִּקְוַת הַשָּׁנִי בַּחַלּוֹן: וַיֵּלְכוּ וַיָּבֹאוּ הָהָרָה וַיֵּשְׁבוּ שָׁם שְׁלֹשֶׁת יָמִים עַד־שָׁבוּ
כג הָרֹדְפִים וַיְבַקְשׁוּ הָרֹדְפִים בְּכָל־הַדֶּרֶךְ וְלֹא מָצָאוּ: וַיָּשֻׁבוּ שְׁנֵי הָאֲנָשִׁים וַיֵּרְדוּ
מֵהָהָר וַיַּעַבְרוּ וַיָּבֹאוּ אֶל־יְהוֹשֻׁעַ בִּן־נוּן וַיְסַפְּרוּ־לוֹ אֵת כָּל־הַמֹּצְאוֹת אוֹתָם:
כד וַיֹּאמְרוּ אֶל־יְהוֹשֻׁעַ כִּי־נָתַן יְהוָה בְּיָדֵנוּ אֶת־כָּל־הָאָרֶץ וְגַם־נָמֹגוּ כָּל־יֹשְׁבֵי
הָאָרֶץ מִפָּנֵינוּ:

הפטרת קרח

בראש חודש תמוז קוראים את ההפטרה בעמ' 83.

שמואל א'
יא יד טו וַיֹּאמֶר שְׁמוּאֵל אֶל־הָעָם לְכוּ וְנֵלְכָה הַגִּלְגָּל וּנְחַדֵּשׁ שָׁם הַמְּלוּכָה: וַיֵּלְכוּ
כָל־הָעָם הַגִּלְגָּל וַיַּמְלִכוּ שָׁם אֶת־שָׁאוּל לִפְנֵי יְהוָה בַּגִּלְגָּל וַיִּזְבְּחוּ־שָׁם
זְבָחִים שְׁלָמִים לִפְנֵי יְהוָה וַיִּשְׂמַח שָׁם שָׁאוּל וְכָל־אַנְשֵׁי יִשְׂרָאֵל עַד־
יב א מְאֹד: וַיֹּאמֶר שְׁמוּאֵל אֶל־כָּל־יִשְׂרָאֵל הִנֵּה שָׁמַעְתִּי בְקֹלְכֶם לְכֹל
ב אֲשֶׁר־אֲמַרְתֶּם לִי וָאַמְלִיךְ עֲלֵיכֶם מֶלֶךְ: וְעַתָּה הִנֵּה הַמֶּלֶךְ ׀ מִתְהַלֵּךְ לִפְנֵיכֶם
וַאֲנִי זָקַנְתִּי וָשַׂבְתִּי וּבָנַי הִנָּם אִתְּכֶם וַאֲנִי הִתְהַלַּכְתִּי לִפְנֵיכֶם מִנְּעֻרַי עַד־הַיּוֹם
ג הַזֶּה: הִנְנִי עֲנוּ בִי נֶגֶד יְהוָה וְנֶגֶד מְשִׁיחוֹ אֶת־שׁוֹר ׀ מִי לָקַחְתִּי וַחֲמוֹר מִי לָקַחְתִּי
וְאֶת־מִי עָשַׁקְתִּי אֶת־מִי רַצּוֹתִי וּמִיַּד־מִי לָקַחְתִּי כֹפֶר וְאַעְלִים עֵינַי בּוֹ וְאָשִׁיב
ד ה לָכֶם: וַיֹּאמְרוּ לֹא עֲשַׁקְתָּנוּ וְלֹא רַצּוֹתָנוּ וְלֹא־לָקַחְתָּ מִיַּד־אִישׁ מְאוּמָה: וַיֹּאמֶר
אֲלֵיהֶם עֵד יְהוָה בָּכֶם וְעֵד מְשִׁיחוֹ הַיּוֹם הַזֶּה כִּי לֹא מְצָאתֶם בְּיָדִי מְאוּמָה וַיֹּאמֶר
ו עֵד: וַיֹּאמֶר שְׁמוּאֵל אֶל־הָעָם יְהוָה אֲשֶׁר עָשָׂה אֶת־מֹשֶׁה וְאֶת־אַהֲרֹן

ז ואשר העלה את־אבותיכם מארץ מצרים: ועתה התיצבו ואשפטה אתכם
ח לפני יהוה את כל־צדקות יהוה אשר־עשה אתכם ואת־אבתיכם: כאשר־בא
יעקב מצרים ויזעקו אבתיכם אל־יהוה וישלח יהוה את־משה ואת־אהרן
ט ויוציאו את־אבותיכם ממצרים וישבום במקום הזה: וישכחו את־יהוה
אלהיהם וימכר אתם ביד סיסרא שר־צבא חצור וביד־פלשתים וביד מלך
י מואב וילחמו בם: ויזעקו אל־יהוה ויאמר חטאנו כי עזבנו את־יהוה ונעבד
יא את־הבעלים ואת־העשתרות ועתה הצילנו מיד איבינו ונעבדך: וישלח
יהוה את־ירבעל ואת־בדן ואת־יפתח ואת־שמואל ויצל אתכם מיד איביכם
יב מסביב ותשבו בטח: ותראו כי נחש מלך בני־עמון בא עליכם ותאמרו לי לא
יג כי־מלך ימלך עלינו ויהוה אלהיכם מלככם: ועתה הנה המלך אשר בחרתם
יד אשר שאלתם והנה נתן יהוה עליכם מלך: אם־תיראו את־יהוה ועבדתם
אתו ושמעתם בקולו ולא תמרו את־פי יהוה והיתם גם־אתם וגם־המלך
טו אשר מלך עליכם אחר יהוה אלהיכם: ואם־לא תשמעו בקול יהוה ומריתם
טז את־פי יהוה והיתה יד־יהוה בכם ובאבותיכם: גם־עתה התיצבו וראו את־
יז הדבר הגדול הזה אשר יהוה עשה לעיניכם: הלוא קציר־חטים היום אקרא
אל־יהוה ויתן קלות ומטר ודעו וראו כי־רעתכם רבה אשר עשיתם בעיני
יח יהוה לשאול לכם מלך: ויקרא שמואל אל־יהוה ויתן יהוה קלת
יט ומטר ביום ההוא ויירא כל־העם מאד את־יהוה ואת־שמואל: ויאמרו כל־
העם אל־שמואל התפלל בעד־עבדיך אל־יהוה אלהיך ואל־נמות כי־יספנו
כ על־כל־חטאתינו רעה לשאל לנו מלך: ויאמר שמואל אל־העם
אל־תיראו אתם עשיתם את כל־הרעה הזאת אך אל־תסורו מאחרי יהוה
כא ועבדתם את־יהוה בכל־לבבכם: ולא תסורו כי | אחרי התהו אשר לא־יועילו
כב ולא יצילו כי־תהו המה: כי לא־יטש יהוה את־עמו בעבור שמו הגדול כי
הואיל יהוה לעשות אתכם לו לעם:

הפטרת חקת

בראש חודש תמוז קוראים את ההפטרה בעמ' 83.

שופטים יא א ויפתח הגלעדי היה גבור חיל והוא בן־אשה זונה ויולד גלעד את־יפתח:
ב ותלד אשת־גלעד לו בנים ויגדלו בני־האשה ויגרשו את־יפתח ויאמרו לו לא־
ג תנחל בבית־אבינו כי בן־אשה אחרת אתה: ויברח יפתח מפני אחיו וישב
ד בארץ טוב ויתלקטו אל־יפתח אנשים ריקים ויצאו עמו: ויהי
ה מימים וילחמו בני־עמון עם־ישראל: ויהי כאשר־נלחמו בני־עמון עם־ישראל
ו וילכו זקני גלעד לקחת את־יפתח מארץ טוב: ויאמרו ליפתח לכה והייתה
ז לנו לקצין ונלחמה בבני עמון: ויאמר יפתח לזקני גלעד הלא אתם שנאתם
ח אותי ותגרשוני מבית אבי ומדוע באתם אלי עתה כאשר צר לכם: ויאמרו

זקני גלעד אל־יפתח לכן עתה שבנו אליך והלכת עמנו ונלחמת בבני עמון
ט והיית לנו לראש לכל ישבי גלעד: ויאמר יפתח אל־זקני גלעד אם־משיבים
אתם אותי להלחם בבני עמון ונתן יהוה אותם לפני אנכי אהיה לכם לראש:
י ויאמרו זקני־גלעד אל־יפתח יהוה יהיה שמע בינותינו אם־לא כדברך כן
יא נעשה: וילך יפתח עם־זקני גלעד וישימו העם אותו עליהם לראש ולקצין
יב וידבר יפתח את־כל־דבריו לפני יהוה במצפה: וישלח יפתח
מלאכים אל־מלך בני־עמון לאמר מה־לי ולך כי־באת אלי להלחם בארצי:
יג ויאמר מלך בני־עמון אל־מלאכי יפתח כי־לקח ישראל את־ארצי בעלותו
יד ממצרים מארנון ועד־היבק ועד־הירדן ועתה השיבה אתהן בשלום: ויוסף
טו עוד יפתח וישלח מלאכים אל־מלך בני עמון: ויאמר לו כה אמר יפתח לא־
טז לקח ישראל את־ארץ מואב ואת־ארץ בני עמון: כי בעלותם ממצרים וילך
יז ישראל במדבר עד־ים־סוף ויבא קדשה: וישלח ישראל מלאכים | אל־מלך
אדום לאמר אעברה־נא בארצך ולא שמע מלך אדום וגם אל־מלך מואב
יח שלח ולא אבה וישב ישראל בקדש: וילך במדבר ויסב את־ארץ אדום
ואת־ארץ מואב ויבא ממזרח־שמש לארץ מואב ויחנון בעבר ארנון ולא־
יט באו בגבול מואב כי ארנון גבול מואב: וישלח ישראל מלאכים אל־סיחון
מלך־האמרי מלך חשבון ויאמר לו ישראל נעברה־נא בארצך עד־מקומי:
כ ולא־האמין סיחון את־ישראל עבר בגבלו ויאסף סיחון את־כל־עמו ויחנו
כא ביהצה וילחם עם־ישראל: ויתן יהוה אלהי־ישראל את־סיחון ואת־כל־עמו
ביד ישראל ויכום ויירש ישראל את כל־ארץ האמרי יושב הארץ ההיא:
כב כג ויירשו את כל־גבול האמרי מארנון ועד־היבק ומן־המדבר ועד־הירדן: ועתה
יהוה | אלהי ישראל הוריש את־האמרי מפני עמו ישראל ואתה תירשנו:
כד הלא את אשר יורישך כמוש אלהיך אותו תירש ואת כל־אשר הוריש יהוה
כה אלהינו מפנינו אותו נירש: ועתה הטוב טוב אתה מבלק בן־צפור מלך מואב
כו הרוב רב עם־ישראל אם־נלחם נלחם בם: בשבת ישראל בחשבון ובבנותיה
ובערעור ובבנותיה ובכל־הערים אשר על־ידי ארנון שלש מאות שנה ומדוע
כז לא־הצלתם בעת ההיא: ואנכי לא־חטאתי לך ואתה עשה אתי רעה להלחם
כח בי ישפט יהוה השפט היום בין בני ישראל ובין בני עמון: ולא שמע מלך בני
כט עמון אל־דברי יפתח אשר שלח אליו: ותהי על־יפתח רוח יהוה
ויעבר את־הגלעד ואת־מנשה ויעבר את־מצפה גלעד וממצפה גלעד עבר
ל בני עמון: וידר יפתח נדר ליהוה ויאמר אם־נתון תתן את־בני עמון בידי:
לא והיה היוצא אשר יצא מדלתי ביתי לקראתי בשובי בשלום מבני עמון והיה
ליהוה והעליתיהו עולה:
לב לג ויעבר יפתח אל־בני עמון להלחם בם ויתנם יהוה בידו: ויכם מערוער
ועד־באך מנית עשרים עיר ועד אבל כרמים מכה גדולה מאד ויכנעו בני
עמון מפני בני ישראל:

הפטרת בלק

מיכה והיה ׀ שארית יעקב בקרב עמים רבים כטל מאת יהוה כרביבים עלי־עשב ו ה
אשר לא־יקוה לאיש ולא ייחל לבני אדם: והיה שארית יעקב בגוים בקרב ז
עמים רבים כאריה בבהמות יער ככפיר בעדרי־צאן אשר אם עבר ורמס
וטרף ואין מציל: תרם ידך על־צריך וכל־איביך יכרתו: והיה ח ט
ביום־ההוא נאם־יהוה והכרתי סוסיך מקרבך והאבדתי מרכבתיך: והכרתי י
ערי ארצך והרסתי כל־מבצריך: והכרתי כשפים מידך ומעוננים לא יהיו־לך: יא
והכרתי פסיליך ומצבותיך מקרבך ולא־תשתחוה עוד למעשה ידיך: ונתשתי יב יג
אשיריך מקרבך והשמדתי עריך: ועשיתי באף ובחמה נקם את־הגוים אשר יד
לא שמעו: שמעו־נא את אשר־יהוה אמר קום ריב את־ההרים ו א
ותשמענה הגבעות קולך: שמעו הרים את־ריב יהוה והאתנים מסדי ארץ ב
כי ריב ליהוה עם־עמו ועם־ישראל יתוכח: עמי מה־עשיתי לך ומה הלאתיך ג
ענה בי: כי העלתיך מארץ מצרים ומבית עבדים פדיתיך ואשלח לפניך ד
את־משה אהרן ומרים: עמי זכר־נא מה־יעץ בלק מלך מואב ומה־ענה ה
אתו בלעם בן־בעור מן־השטים עד־הגלגל למען דעת צדקות יהוה: במה ו
אקדם יהוה אכף לאלהי מרום האקדמנו בעולות בעגלים בני שנה: הירצה ז
יהוה באלפי אילים ברבבות נחלי־שמן האתן בכורי פשעי פרי בטני חטאת
נפשי: הגיד לך אדם מה־טוב ומה־יהוה דורש ממך כי אם־עשות משפט ח
ואהבת חסד והצנע לכת עם־אלהיך:

הפטרת פינחס

הפטרה לשבת פרשת פינחס שלפני יז בתמוז.
אם היא חלה אחרי כן קוראים את ההפטרה בעמ׳ הבא.

מלכים א׳ ויד־יהוה היתה אל־אליהו וישנס מתניו וירץ לפני אחאב עד־באכה מו יח
יזרעאלה: ויגד אחאב לאיזבל את כל־אשר עשה אליהו ואת כל־אשר א יט
הרג את־כל־הנביאים בחרב: ותשלח איזבל מלאך אל־אליהו לאמר כה־ ב
יעשון אלהים וכה יוספון כי־כעת מחר אשים את־נפשך כנפש אחד מהם:
וירא ויקם וילך אל־נפשו ויבא באר שבע אשר ליהודה וינח את־נערו ג
אחד שם: והוא־הלך במדבר דרך יום ויבא וישב תחת רתם אחת וישאל את־ ד
נפשו למות ויאמר ׀ רב עתה יהוה קח נפשי כי לא־טוב אנכי מאבתי:
וישכב ויישן תחת רתם אחד והנה־זה מלאך נגע בו ויאמר לו קום אכול: ה
ויבט והנה מראשתיו עגת רצפים וצפחת מים ויאכל וישת וישב וישכב: ו
וישב מלאך יהוה ׀ שנית ויגע־בו ויאמר קום אכל כי רב ממך הדרך: ויקם ז ח
ויאכל וישתה וילך בכח ׀ האכילה ההיא ארבעים יום וארבעים לילה עד

ט הַר הָאֱלֹהִים חֹרֵב: וַיָּבֹא־שָׁם אֶל־הַמְּעָרָה וַיָּלֶן שָׁם וְהִנֵּה דְבַר־יהוה אֵלָיו
י וַיֹּאמֶר לוֹ מַה־לְּךָ פֹה אֵלִיָּהוּ: וַיֹּאמֶר קַנֹּא קִנֵּאתִי לַיהוה ׀ אֱלֹהֵי צְבָאוֹת
כִּי־עָזְבוּ בְרִיתְךָ בְּנֵי יִשְׂרָאֵל אֶת־מִזְבְּחֹתֶיךָ הָרָסוּ וְאֶת־נְבִיאֶיךָ הָרְגוּ בֶחָרֶב
יא וָאִוָּתֵר אֲנִי לְבַדִּי וַיְבַקְשׁוּ אֶת־נַפְשִׁי לְקַחְתָּהּ: וַיֹּאמֶר צֵא וְעָמַדְתָּ בָהָר לִפְנֵי
יהוה וְהִנֵּה יהוה עֹבֵר וְרוּחַ גְּדוֹלָה וְחָזָק מְפָרֵק הָרִים וּמְשַׁבֵּר סְלָעִים לִפְנֵי
יב יהוה לֹא בָרוּחַ יהוה וְאַחַר הָרוּחַ רַעַשׁ לֹא בָרַעַשׁ יהוה: וְאַחַר הָרַעַשׁ אֵשׁ
יג לֹא בָאֵשׁ יהוה וְאַחַר הָאֵשׁ קוֹל דְּמָמָה דַקָּה: וַיְהִי ׀ כִּשְׁמֹעַ אֵלִיָּהוּ וַיָּלֶט פָּנָיו
בְּאַדַּרְתּוֹ וַיֵּצֵא וַיַּעֲמֹד פֶּתַח הַמְּעָרָה וְהִנֵּה אֵלָיו קוֹל וַיֹּאמֶר מַה־לְּךָ פֹה אֵלִיָּהוּ:
יד וַיֹּאמֶר קַנֹּא קִנֵּאתִי לַיהוה ׀ אֱלֹהֵי צְבָאוֹת כִּי־עָזְבוּ בְרִיתְךָ בְּנֵי יִשְׂרָאֵל אֶת־
מִזְבְּחֹתֶיךָ הָרָסוּ וְאֶת־נְבִיאֶיךָ הָרְגוּ בֶחָרֶב וָאִוָּתֵר אֲנִי לְבַדִּי וַיְבַקְשׁוּ אֶת־נַפְשִׁי
טו לְקַחְתָּהּ: וַיֹּאמֶר יהוה אֵלָיו לֵךְ שׁוּב לְדַרְכְּךָ מִדְבַּרָה דַמָּשֶׂק וּבָאתָ
טז וּמָשַׁחְתָּ אֶת־חֲזָאֵל לְמֶלֶךְ עַל־אֲרָם: וְאֵת יֵהוּא בֶן־נִמְשִׁי תִּמְשַׁח לְמֶלֶךְ עַל־
יז יִשְׂרָאֵל וְאֶת־אֱלִישָׁע בֶּן־שָׁפָט מֵאָבֵל מְחוֹלָה תִּמְשַׁח לְנָבִיא תַּחְתֶּיךָ: וְהָיָה
יח הַנִּמְלָט מֵחֶרֶב חֲזָאֵל יָמִית יֵהוּא וְהַנִּמְלָט מֵחֶרֶב יֵהוּא יָמִית אֱלִישָׁע: וְהִשְׁאַרְתִּי
בְיִשְׂרָאֵל שִׁבְעַת אֲלָפִים כָּל־הַבִּרְכַּיִם אֲשֶׁר לֹא־כָרְעוּ לַבַּעַל וְכָל־הַפֶּה אֲשֶׁר
יט לֹא־נָשַׁק לוֹ: וַיֵּלֶךְ מִשָּׁם וַיִּמְצָא אֶת־אֱלִישָׁע בֶּן־שָׁפָט וְהוּא חֹרֵשׁ שְׁנֵים־עָשָׂר
צְמָדִים לְפָנָיו וְהוּא בִּשְׁנֵים הֶעָשָׂר וַיַּעֲבֹר אֵלִיָּהוּ אֵלָיו וַיַּשְׁלֵךְ אַדַּרְתּוֹ אֵלָיו:
כ וַיַּעֲזֹב אֶת־הַבָּקָר וַיָּרָץ אַחֲרֵי אֵלִיָּהוּ וַיֹּאמֶר אֶשְּׁקָה־נָּא לְאָבִי וּלְאִמִּי וְאֵלְכָה
כא אַחֲרֶיךָ וַיֹּאמֶר לוֹ לֵךְ שׁוּב כִּי מֶה־עָשִׂיתִי לָךְ: וַיָּשָׁב מֵאַחֲרָיו וַיִּקַּח אֶת־צֶמֶד
הַבָּקָר וַיִּזְבָּחֵהוּ וּבִכְלִי הַבָּקָר בִּשְּׁלָם הַבָּשָׂר וַיִּתֵּן לָעָם וַיֹּאכֵלוּ וַיָּקָם וַיֵּלֶךְ אַחֲרֵי
אֵלִיָּהוּ וַיְשָׁרְתֵהוּ:

הפטרת פינחס או מטות

הפטרה לשבת הראשונה שאחרי יז בתמוז.

א א ב דִּבְרֵי יִרְמְיָהוּ בֶּן־חִלְקִיָּהוּ מִן־הַכֹּהֲנִים אֲשֶׁר בַּעֲנָתוֹת בְּאֶרֶץ בִּנְיָמִן: אֲשֶׁר ירמיה
הָיָה דְבַר־יהוה אֵלָיו בִּימֵי יֹאשִׁיָּהוּ בֶן־אָמוֹן מֶלֶךְ יְהוּדָה בִּשְׁלֹשׁ־עֶשְׂרֵה
ג שָׁנָה לְמָלְכוֹ: וַיְהִי בִּימֵי יְהוֹיָקִים בֶּן־יֹאשִׁיָּהוּ מֶלֶךְ יְהוּדָה עַד־תֹּם עַשְׁתֵּי־
עֶשְׂרֵה שָׁנָה לְצִדְקִיָּהוּ בֶן־יֹאשִׁיָּהוּ מֶלֶךְ יְהוּדָה עַד־גְּלוֹת יְרוּשָׁלַםִ בַּחֹדֶשׁ
ד ה הַחֲמִישִׁי: וַיְהִי דְבַר־יהוה אֵלַי לֵאמֹר: בְּטֶרֶם אצורך בַבֶּטֶן יְדַעְתִּיךָ אֶצָּרְךָ
ו וּבְטֶרֶם תֵּצֵא מֵרֶחֶם הִקְדַּשְׁתִּיךָ נָבִיא לַגּוֹיִם נְתַתִּיךָ: וָאֹמַר אֲהָהּ אֲדֹנָי יֱהוִה
ז הִנֵּה לֹא־יָדַעְתִּי דַּבֵּר כִּי־נַעַר אָנֹכִי: וַיֹּאמֶר יהוה אֵלַי אַל־תֹּאמַר נַעַר אָנֹכִי כִּי
ח עַל־כָּל־אֲשֶׁר אֶשְׁלָחֲךָ תֵּלֵךְ וְאֵת כָּל־אֲשֶׁר אֲצַוְּךָ תְּדַבֵּר: אַל־תִּירָא מִפְּנֵיהֶם
ט כִּי־אִתְּךָ אֲנִי לְהַצִּלֶךָ נְאֻם־יהוה: וַיִּשְׁלַח יהוה אֶת־יָדוֹ וַיַּגַּע עַל־פִּי וַיֹּאמֶר
י יהוה אֵלַי הִנֵּה נָתַתִּי דְבָרַי בְּפִיךָ: רְאֵה הִפְקַדְתִּיךָ ׀ הַיּוֹם הַזֶּה עַל־הַגּוֹיִם וְעַל־
יא הַמַּמְלָכוֹת לִנְתוֹשׁ וְלִנְתוֹץ וּלְהַאֲבִיד וְלַהֲרוֹס לִבְנוֹת וְלִנְטוֹעַ: וַיְהִי

דְּבַר־יְהוָה אֵלַי לֵאמֹר מָה־אַתָּה רֹאֶה יִרְמְיָהוּ וָאֹמַר מַקֵּל שָׁקֵד אֲנִי רֹאֶה׃ וַיֹּאמֶר יב
יְהוָה אֵלַי הֵיטַבְתָּ לִרְאוֹת כִּי־שֹׁקֵד אֲנִי עַל־דְּבָרִי לַעֲשֹׂתוֹ׃ וַיְהִי יג
דְבַר־יְהוָה ׀ אֵלַי שֵׁנִית לֵאמֹר מָה אַתָּה רֹאֶה וָאֹמַר סִיר נָפוּחַ אֲנִי רֹאֶה וּפָנָיו
מִפְּנֵי צָפוֹנָה׃ וַיֹּאמֶר יְהוָה אֵלָי מִצָּפוֹן תִּפָּתַח הָרָעָה עַל כָּל־יֹשְׁבֵי הָאָרֶץ׃ כִּי ׀ יד טו
הִנְנִי קֹרֵא לְכָל־מִשְׁפְּחוֹת מַמְלְכוֹת צָפוֹנָה נְאֻם־יְהוָה וּבָאוּ וְנָתְנוּ אִישׁ כִּסְאוֹ
פֶּתַח ׀ שַׁעֲרֵי יְרוּשָׁלִַם וְעַל כָּל־חוֹמֹתֶיהָ סָבִיב וְעַל כָּל־עָרֵי יְהוּדָה׃ וְדִבַּרְתִּי טז
מִשְׁפָּטַי אוֹתָם עַל כָּל־רָעָתָם אֲשֶׁר עֲזָבוּנִי וַיְקַטְּרוּ לֵאלֹהִים אֲחֵרִים וַיִּשְׁתַּחֲווּ
לְמַעֲשֵׂי יְדֵיהֶם׃ וְאַתָּה תֶּאְזֹר מָתְנֶיךָ וְקַמְתָּ וְדִבַּרְתָּ אֲלֵיהֶם אֵת כָּל־אֲשֶׁר אָנֹכִי יז
אֲצַוֶּךָּ אַל־תֵּחַת מִפְּנֵיהֶם פֶּן־אֲחִתְּךָ לִפְנֵיהֶם׃ וַאֲנִי הִנֵּה נְתַתִּיךָ הַיּוֹם לְעִיר יח
מִבְצָר וּלְעַמּוּד בַּרְזֶל וּלְחֹמוֹת נְחֹשֶׁת עַל־כָּל־הָאָרֶץ לְמַלְכֵי יְהוּדָה לְשָׂרֶיהָ
לְכֹהֲנֶיהָ וּלְעַם הָאָרֶץ׃ וְנִלְחֲמוּ אֵלֶיךָ וְלֹא־יוּכְלוּ לָךְ כִּי־אִתְּךָ אֲנִי נְאֻם־יְהוָה יט
לְהַצִּילֶךָ׃ וַיְהִי דְבַר־יְהוָה אֵלַי לֵאמֹר׃ הָלֹךְ וְקָרָאתָ בְאָזְנֵי יְרוּשָׁלִַם ב א ב
לֵאמֹר כֹּה אָמַר יְהוָה זָכַרְתִּי לָךְ חֶסֶד נְעוּרַיִךְ אַהֲבַת כְּלוּלֹתָיִךְ לֶכְתֵּךְ אַחֲרַי
בַּמִּדְבָּר בְּאֶרֶץ לֹא זְרוּעָה׃ קֹדֶשׁ יִשְׂרָאֵל לַיהוָה רֵאשִׁית תְּבוּאָתֹה כָּל־אֹכְלָיו ג
יֶאְשָׁמוּ רָעָה תָּבֹא אֲלֵיהֶם נְאֻם־יְהוָה׃

הפטרת מסעי

הפטרה לשבת פרשת מסעי גם כשמטות ומסעי מחוברות, ואפילו כשחל בה ראש חודש אב.

ירמיה שִׁמְעוּ דְבַר־יְהוָה בֵּית יַעֲקֹב וְכָל־מִשְׁפְּחוֹת בֵּית יִשְׂרָאֵל׃ כֹּה ׀ אָמַר יְהוָה ב ד ה
מַה־מָּצְאוּ אֲבוֹתֵיכֶם בִּי עָוֶל כִּי רָחֲקוּ מֵעָלָי וַיֵּלְכוּ אַחֲרֵי הַהֶבֶל וַיֶּהְבָּלוּ׃
וְלֹא אָמְרוּ אַיֵּה יְהוָה הַמַּעֲלֶה אֹתָנוּ מֵאֶרֶץ מִצְרָיִם הַמּוֹלִיךְ אֹתָנוּ בַּמִּדְבָּר ו
בְּאֶרֶץ עֲרָבָה וְשׁוּחָה בְּאֶרֶץ צִיָּה וְצַלְמָוֶת בְּאֶרֶץ לֹא־עָבַר בָּהּ אִישׁ וְלֹא־
יָשַׁב אָדָם שָׁם׃ וָאָבִיא אֶתְכֶם אֶל־אֶרֶץ הַכַּרְמֶל לֶאֱכֹל פִּרְיָהּ וְטוּבָהּ וַתָּבֹאוּ ז
וַתְּטַמְּאוּ אֶת־אַרְצִי וְנַחֲלָתִי שַׂמְתֶּם לְתוֹעֵבָה׃ הַכֹּהֲנִים לֹא אָמְרוּ אַיֵּה יְהוָה ח
וְתֹפְשֵׂי הַתּוֹרָה לֹא יְדָעוּנִי וְהָרֹעִים פָּשְׁעוּ בִי וְהַנְּבִאִים נִבְּאוּ בַבַּעַל וְאַחֲרֵי
לֹא־יוֹעִלוּ הָלָכוּ׃ לָכֵן עֹד אָרִיב אִתְּכֶם נְאֻם־יְהוָה וְאֶת־בְּנֵי בְנֵיכֶם אָרִיב׃ כִּי ט י
עִבְרוּ אִיֵּי כִתִּיִּים וּרְאוּ וְקֵדָר שִׁלְחוּ וְהִתְבּוֹנְנוּ מְאֹד וּרְאוּ הֵן הָיְתָה כָּזֹאת׃
הַהֵימִיר גּוֹי אֱלֹהִים וְהֵמָּה לֹא אֱלֹהִים וְעַמִּי הֵמִיר כְּבוֹדוֹ בְּלוֹא יוֹעִיל׃ שֹׁמּוּ יא יב
שָׁמַיִם עַל־זֹאת וְשַׂעֲרוּ חָרְבוּ מְאֹד נְאֻם־יְהוָה׃ כִּי־שְׁתַּיִם רָעוֹת עָשָׂה עַמִּי יג
אֹתִי עָזְבוּ מְקוֹר ׀ מַיִם חַיִּים לַחְצֹב לָהֶם בֹּארוֹת בֹּארֹת נִשְׁבָּרִים אֲשֶׁר לֹא־
יָכִלוּ הַמָּיִם׃ הַעֶבֶד יִשְׂרָאֵל אִם־יְלִיד בַּיִת הוּא מַדּוּעַ הָיָה לָבַז׃ עָלָיו יִשְׁאֲגוּ יד טו
נִצְּתוּ כְפִרִים נָתְנוּ קוֹלָם וַיָּשִׁיתוּ אַרְצוֹ לְשַׁמָּה עָרָיו נצתה מִבְּלִי יֹשֵׁב׃ גַּם־בְּנֵי־נֹף טז
וְתַחְפַּנְחֵס ותחפנס יִרְעוּךְ קָדְקֹד׃ הֲלוֹא־זֹאת תַּעֲשֶׂה־לָּךְ עָזְבֵךְ אֶת־יְהוָה אֱלֹהַיִךְ בְּעֵת יז
מוֹלִיכֵךְ בַּדָּרֶךְ׃ וְעַתָּה מַה־לָּךְ לְדֶרֶךְ מִצְרַיִם לִשְׁתּוֹת מֵי שִׁחוֹר וּמַה־לָּךְ לְדֶרֶךְ יח

יט אַשּׁוּר לִשְׁתּוֹת מֵי נָהָר: תְּיַסְּרֵךְ רָעָתֵךְ וּמְשֻׁבוֹתַיִךְ תּוֹכִחֻךְ וּדְעִי וּרְאִי כִּי־רַע
כ וָמָר עָזְבֵךְ אֶת־יְהוָה אֱלֹהָיִךְ וְלֹא פַחְדָּתִי אֵלַיִךְ נְאֻם־אֲדֹנָי יֱהוִה צְבָאוֹת: כִּי
מֵעוֹלָם שָׁבַרְתִּי עֻלֵּךְ נִתַּקְתִּי מוֹסְרוֹתַיִךְ וַתֹּאמְרִי לֹא אעבוד כִּי עַל־כָּל־גִּבְעָה — אֶעֱבוֹר
כא גְּבֹהָה וְתַחַת כָּל־עֵץ רַעֲנָן אַתְּ צֹעָה זֹנָה: וְאָנֹכִי נְטַעְתִּיךְ שׂוֹרֵק כֻּלֹּה זֶרַע אֱמֶת
כב וְאֵיךְ נֶהְפַּכְתְּ לִי סוּרֵי הַגֶּפֶן נָכְרִיָּה: כִּי אִם־תְּכַבְּסִי בַּנֶּתֶר וְתַרְבִּי־לָךְ בֹּרִית
כג נִכְתָּם עֲוֹנֵךְ לְפָנַי נְאֻם אֲדֹנָי יֱהוִה: אֵיךְ תֹּאמְרִי לֹא נִטְמֵאתִי אַחֲרֵי הַבְּעָלִים
לֹא הָלַכְתִּי רְאִי דַרְכֵּךְ בַּגַּיְא דְּעִי מֶה עָשִׂית בִּכְרָה קַלָּה מְשָׂרֶכֶת דְּרָכֶיהָ:
כד פֶּרֶה ׀ לִמֻּד מִדְבָּר בְּאַוַּת נפשו שָׁאֲפָה רוּחַ תַּאֲנָתָהּ מִי יְשִׁיבֶנָּה כָּל־מְבַקְשֶׁיהָ — נַפְשָׁהּ
כה לֹא יִיעָפוּ בְּחָדְשָׁהּ יִמְצָאוּנְהָ: מִנְעִי רַגְלֵךְ מִיָּחֵף וגורנך מִצִּמְאָה וַתֹּאמְרִי — וּגְרוֹנֵךְ
כו נוֹאָשׁ לוֹא כִּי־אָהַבְתִּי זָרִים וְאַחֲרֵיהֶם אֵלֵךְ: כְּבֹשֶׁת גַּנָּב כִּי יִמָּצֵא כֵּן הֹבִישׁוּ
כז בֵּית יִשְׂרָאֵל הֵמָּה מַלְכֵיהֶם שָׂרֵיהֶם וְכֹהֲנֵיהֶם וּנְבִיאֵיהֶם: אֹמְרִים לָעֵץ אָבִי
אַתָּה וְלָאֶבֶן אַתְּ ילדתני כִּי־פָנוּ אֵלַי עֹרֶף וְלֹא פָנִים וּבְעֵת רָעָתָם יֹאמְרוּ קוּמָה — יְלִדְתָּנוּ
כח וְהוֹשִׁיעֵנוּ: וְאַיֵּה אֱלֹהֶיךָ אֲשֶׁר עָשִׂיתָ לָּךְ יָקוּמוּ אִם־יוֹשִׁיעוּךָ בְּעֵת רָעָתֶךָ כִּי
מִסְפַּר עָרֶיךָ הָיוּ אֱלֹהֶיךָ יְהוּדָה:

אשכנזים מוסיפים

ג ד הֲלוֹא מֵעַתָּה קראתי לִי אָבִי אַלּוּף נְעֻרַי אָתָּה: — קָרָאת

ספרדים מוסיפים

ד א אִם־תָּשׁוּב יִשְׂרָאֵל ׀ נְאֻם־יְהוָה אֵלַי תָּשׁוּב וְאִם־תָּסִיר שִׁקּוּצֶיךָ מִפָּנַי וְלֹא
ב תָנוּד: וְנִשְׁבַּעְתָּ חַי־יְהוָה בֶּאֱמֶת בְּמִשְׁפָּט וּבִצְדָקָה וְהִתְבָּרְכוּ בוֹ גּוֹיִם וּבוֹ
יִתְהַלָּלוּ:

הפטרת שבת ראש חודש

מפטיר לשבת ראש חודש: במדבר כח, ט–טו.
אם ר״ח חל בשבת וביום ראשון הספרדים מוסיפים פסוק ראשון ואחרון
מהפטרת ׳מָחָר חֹדֶשׁ׳ בעמ׳ 84.

ישעיה

סו א כֹּה אָמַר יְהוָה הַשָּׁמַיִם כִּסְאִי וְהָאָרֶץ הֲדֹם רַגְלָי אֵי־זֶה בַיִת אֲשֶׁר תִּבְנוּ־לִי
ב וְאֵי־זֶה מָקוֹם מְנוּחָתִי: וְאֶת־כָּל־אֵלֶּה יָדִי עָשָׂתָה וַיִּהְיוּ כָל־אֵלֶּה נְאֻם־יְהוָה
ג וְאֶל־זֶה אַבִּיט אֶל־עָנִי וּנְכֵה־רוּחַ וְחָרֵד עַל־דְּבָרִי: שׁוֹחֵט הַשּׁוֹר מַכֵּה־אִישׁ זוֹבֵחַ
הַשֶּׂה עֹרֵף כֶּלֶב מַעֲלֵה מִנְחָה דַּם־חֲזִיר מַזְכִּיר לְבֹנָה מְבָרֵךְ אָוֶן גַּם־הֵמָּה בָּחֲרוּ
ד בְּדַרְכֵיהֶם וּבְשִׁקּוּצֵיהֶם נַפְשָׁם חָפֵצָה: גַּם־אֲנִי אֶבְחַר בְּתַעֲלֻלֵיהֶם וּמְגוּרֹתָם
אָבִיא לָהֶם יַעַן קָרָאתִי וְאֵין עוֹנֶה דִּבַּרְתִּי וְלֹא שָׁמֵעוּ וַיַּעֲשׂוּ הָרַע בְּעֵינַי וּבַאֲשֶׁר
ה לֹא־חָפַצְתִּי בָּחָרוּ: שִׁמְעוּ דְּבַר־יְהוָה הַחֲרֵדִים אֶל־דְּבָרוֹ אָמְרוּ
אֲחֵיכֶם שֹׂנְאֵיכֶם מְנַדֵּיכֶם לְמַעַן שְׁמִי יִכְבַּד יְהוָה וְנִרְאֶה בְשִׂמְחַתְכֶם וְהֵם
ו ז יֵבֹשׁוּ: קוֹל שָׁאוֹן מֵעִיר קוֹל מֵהֵיכָל קוֹל יְהוָה מְשַׁלֵּם גְּמוּל לְאֹיְבָיו: בְּטֶרֶם
ח תָּחִיל יָלָדָה בְּטֶרֶם יָבוֹא חֵבֶל לָהּ וְהִמְלִיטָה זָכָר: מִי־שָׁמַע כָּזֹאת מִי רָאָה
כָּאֵלֶּה הֲיוּחַל אֶרֶץ בְּיוֹם אֶחָד אִם־יִוָּלֵד גּוֹי פַּעַם אֶחָת כִּי־חָלָה גַּם־יָלְדָה צִיּוֹן

את־בניה: האני אשביר ולא אוליד יאמר יהוה אם־אני המוליד ועצרתי ט
אמר אלהיך: שמחו את־ירושלם וגילו בה כל־אהביה שישו אתה י
משוש כל־המתאבלים עליה: למען תינקו ושבעתם משד תנחמיה למען יא
תמצו והתענגתם מזיז כבודה: כי־כה | אמר יהוה הנני נטה־אליה יב
כנהר שלום וכנחל שוטף כבוד גוים וינקתם על־צד תנשאו ועל־ברכים
תשעשעו: כאיש אשר אמו תנחמנו כן אנכי אנחמכם ובירושלם תנחמו: יג
וראיתם ושש לבכם ועצמותיכם כדשא תפרחנה ונודעה יד־יהוה את־עבדיו יד
וזעם את־איביו: כי־הנה יהוה באש יבוא וכסופה מרכבתיו להשיב בחמה טו
אפו וגערתו בלהבי־אש: כי באש יהוה נשפט ובחרבו את־כל־בשר ורבו טז
אחת חללי יהוה: המתקדשים והמטהרים אל־הגנות אחר אחד בתוך אכלי בשר יז
החזיר והשקץ והעכבר יחדו יספו נאם־יהוה: ואנכי מעשיהם ומחשבתיהם יח
באה לקבץ את־כל־הגוים והלשנות ובאו וראו את־כבודי: ושמתי בהם אות יט
ושלחתי מהם | פליטים אל־הגוים תרשיש פול ולוד משכי קשת תבל ויון
האיים הרחקים אשר לא־שמעו את־שמעי ולא־ראו את־כבודי והגידו את־
כבודי בגוים: והביאו את־כל־אחיכם | מכל־הגוים | מנחה | ליהוה בסוסים כ
וברכב ובצבים ובפרדים ובכרכרות על הר קדשי ירושלם אמר יהוה כאשר
יביאו בני ישראל את־המנחה בכלי טהור בית יהוה: וגם־מהם אקח לכהנים כא
ללוים אמר יהוה: כי כאשר השמים החדשים והארץ החדשה אשר אני עשה כב
עמדים לפני נאם־יהוה כן יעמד זרעכם ושמכם: והיה מדי־חדש בחדשו כג
ומדי שבת בשבתו יבוא כל־בשר להשתחות לפני אמר יהוה: ויצאו וראו כד
בפגרי האנשים הפשעים בי כי תולעתם לא תמות ואשם לא תכבה והיו
דראון לכל־בשר:

והיה מדי־חדש בחדשו ומדי שבת בשבתו
יבוא כל־בשר להשתחות לפני אמר יהוה:

הפטרת שבת ערב ראש חודש

שמואל א׳ ויאמר־לו יהונתן מחר חדש ונפקדת כי יפקד מושבך: ושלשת תרד מאד יח יט כ
ובאת אל־המקום אשר־נסתרת שם ביום המעשה וישבת אצל האבן
האזל: ואני שלשת החצים צדה אורה לשלח־לי למטרה: והנה אשלח כ כא
את־הנער לך מצא את־החצים אם־אמר אמר לנער הנה החצים | ממך
והנה קחנו ובאה כי־שלום לך ואין דבר חי־יהוה: ואם־כה אמר לעלם הנה כב
החצים ממך והלאה לך כי שלחך יהוה: והדבר אשר דברנו אני ואתה כג
הנה יהוה ביני ובינך עד־עולם: ויסתר דוד בשדה ויהי החדש כד
אל־ וישב המלך על־הלחם לאכול: וישב המלך על־מושבו כפעם | בפעם כה

אֶל־מוֹשַׁב הַקִּיר וַיָּקָם יְהוֹנָתָן וַיֵּשֶׁב אַבְנֵר מִצַּד שָׁאוּל וַיִּפָּקֵד מְקוֹם דָּוִד׃
כו וְלֹא־דִבֶּר שָׁאוּל מְאוּמָה בַּיּוֹם הַהוּא כִּי אָמַר מִקְרֶה הוּא בִּלְתִּי טָהוֹר הוּא
כז כִּי־לֹא טָהוֹר׃ וַיְהִי מִמָּחֳרַת הַחֹדֶשׁ הַשֵּׁנִי וַיִּפָּקֵד מְקוֹם דָּוִד
וַיֹּאמֶר שָׁאוּל אֶל־יְהוֹנָתָן בְּנוֹ מַדּוּעַ לֹא־בָא בֶן־יִשַׁי גַּם־תְּמוֹל גַּם־הַיּוֹם אֶל־
כח הַלָּחֶם׃ וַיַּעַן יְהוֹנָתָן אֶת־שָׁאוּל נִשְׁאֹל נִשְׁאַל דָּוִד מֵעִמָּדִי עַד־בֵּית לָחֶם׃
כט וַיֹּאמֶר שַׁלְּחֵנִי נָא כִּי זֶבַח מִשְׁפָּחָה לָנוּ בָּעִיר וְהוּא צִוָּה־לִי אָחִי וְעַתָּה אִם־
מָצָאתִי חֵן בְּעֵינֶיךָ אִמָּלְטָה נָּא וְאֶרְאֶה אֶת־אֶחָי עַל־כֵּן לֹא־בָא אֶל־שֻׁלְחַן
ל הַמֶּלֶךְ׃ וַיִּחַר־אַף שָׁאוּל בִּיהוֹנָתָן וַיֹּאמֶר לוֹ בֶּן־נַעֲוַת הַמַּרְדּוּת
לא הֲלוֹא יָדַעְתִּי כִּי־בֹחֵר אַתָּה לְבֶן־יִשַׁי לְבָשְׁתְּךָ וּלְבֹשֶׁת עֶרְוַת אִמֶּךָ׃ כִּי כָל־
הַיָּמִים אֲשֶׁר בֶּן־יִשַׁי חַי עַל־הָאֲדָמָה לֹא תִכּוֹן אַתָּה וּמַלְכוּתֶךָ וְעַתָּה שְׁלַח וְקַח
לב אֹתוֹ אֵלַי כִּי בֶן־מָוֶת הוּא׃ וַיַּעַן יְהוֹנָתָן אֶת־שָׁאוּל אָבִיו וַיֹּאמֶר אֵלָיו
לג לָמָּה יוּמַת מֶה עָשָׂה׃ וַיָּטֶל שָׁאוּל אֶת־הַחֲנִית עָלָיו לְהַכֹּתוֹ וַיֵּדַע יְהוֹנָתָן כִּי־
לד כָלָה הִיא מֵעִם אָבִיו לְהָמִית אֶת־דָּוִד׃ וַיָּקָם יְהוֹנָתָן מֵעִם הַשֻּׁלְחָן
בָּחֳרִי־אָף וְלֹא־אָכַל בְּיוֹם־הַחֹדֶשׁ הַשֵּׁנִי לֶחֶם כִּי נֶעְצַב אֶל־דָּוִד כִּי הִכְלִמוֹ
לה אָבִיו׃ וַיְהִי בַבֹּקֶר וַיֵּצֵא יְהוֹנָתָן הַשָּׂדֶה לְמוֹעֵד דָּוִד וְנַעַר קָטֹן עִמּוֹ׃
לו וַיֹּאמֶר לְנַעֲרוֹ רֻץ מְצָא־נָא אֶת־הַחִצִּים אֲשֶׁר אָנֹכִי מוֹרֶה הַנַּעַר רָץ וְהוּא־
לז יָרָה הַחֵצִי לְהַעֲבִרוֹ׃ וַיָּבֹא הַנַּעַר עַד־מְקוֹם הַחֵצִי אֲשֶׁר יָרָה יְהוֹנָתָן וַיִּקְרָא
לח יְהוֹנָתָן אַחֲרֵי הַנַּעַר וַיֹּאמֶר הֲלוֹא הַחֵצִי מִמְּךָ וָהָלְאָה׃ וַיִּקְרָא יְהוֹנָתָן אַחֲרֵי
הַנַּעַר מְהֵרָה חוּשָׁה אַל־תַּעֲמֹד וַיְלַקֵּט נַעַר יְהוֹנָתָן אֶת־הַחִצִי וַיָּבֹא אֶל־אֲדֹנָיו׃ הַחִצִּים
לט מ וְהַנַּעַר לֹא־יָדַע מְאוּמָה אַךְ יְהוֹנָתָן וְדָוִד יָדְעוּ אֶת־הַדָּבָר׃ וַיִּתֵּן יְהוֹנָתָן אֶת־
מא כֵּלָיו אֶל־הַנַּעַר אֲשֶׁר־לוֹ וַיֹּאמֶר לוֹ לֵךְ הָבֵיא הָעִיר׃ הַנַּעַר בָּא וְדָוִד קָם מֵאֵצֶל
הַנֶּגֶב וַיִּפֹּל לְאַפָּיו אַרְצָה וַיִּשְׁתַּחוּ שָׁלֹשׁ פְּעָמִים וַיִּשְּׁקוּ ׀ אִישׁ אֶת־רֵעֵהוּ וַיִּבְכּוּ
מב אִישׁ אֶת־רֵעֵהוּ עַד־דָּוִד הִגְדִּיל׃ וַיֹּאמֶר יְהוֹנָתָן לְדָוִד לֵךְ לְשָׁלוֹם אֲשֶׁר נִשְׁבַּעְנוּ
שְׁנֵינוּ אֲנַחְנוּ בְּשֵׁם יהוה לֵאמֹר יהוה יִהְיֶה ׀ בֵּינִי וּבֵינֶךָ וּבֵין זַרְעִי וּבֵין זַרְעֲךָ
עַד־עוֹלָם׃

ביאור לספר במדבר

החלק הראשון: הכנה למסע לכנען, א׳ - י׳, י

חלקו הראשון של הספר הוא בעיקרו הכנה לעם לקראת המסע במדבר, והשלמה לענייני המשכן שעלו בסוף ספר שמות.

א׳-ב׳ – ספירת העם וסדר המחנה.

ג׳-ד׳ – החלפת הבכורות בלוויים, ספירת הלוויים ותפקידם בפירוק, בהרכבה ובנשיאת המשכן.

ה׳-ו׳ – חוקים: שילוח טמאים מחוץ למחנה; אשם המושב לכוהן; סוטה; נזיר; ברכת כוהנים.

ז׳ – קורבנות הנשיאים וחנוכת המזבח.

ח׳ – הסמכת הלוויים וגיל שירותם.

ט׳, א-יד – פסח שני.

ט׳, טו-י׳, י – הענן והחצוצרות.

ספירת העם וסדר השבטים במחנה, א׳-ב׳

הציווי לספור את העם, א׳, א-יט

א וַיְדַבֵּר ה׳ אֶל מֹשֶׁה בְּמִדְבַּר סִינַי בְּאֹהֶל מוֹעֵד בְּאֶחָד לַחֹדֶשׁ הַשֵּׁנִי בַּשָּׁנָה הַשֵּׁנִית לְצֵאתָם
ב מֵאֶרֶץ מִצְרַיִם לֵאמֹר. שְׂאוּ אֶת רֹאשׁ כָּל עֲדַת בְּנֵי יִשְׂרָאֵל לְמִשְׁפְּחֹתָם לְבֵית אֲבֹתָם בְּמִסְפַּר
ג שֵׁמוֹת כָּל זָכָר לְגֻלְגְּלֹתָם. מִבֶּן עֶשְׂרִים שָׁנָה וָמַעְלָה כָּל יֹצֵא צָבָא בְּיִשְׂרָאֵל תִּפְקְדוּ אֹתָם
ד ה לְצִבְאֹתָם אַתָּה וְאַהֲרֹן. וְאִתְּכֶם יִהְיוּ אִישׁ אִישׁ לַמַּטֶּה אִישׁ רֹאשׁ לְבֵית אֲבֹתָיו הוּא. וְאֵלֶּה
ו שְׁמוֹת הָאֲנָשִׁים אֲשֶׁר יַעַמְדוּ אִתְּכֶם לִרְאוּבֵן אֱלִיצוּר בֶּן שְׁדֵיאוּר. לְשִׁמְעוֹן שְׁלֻמִיאֵל בֶּן
ז ח ט י צוּרִישַׁדָּי. לִיהוּדָה נַחְשׁוֹן בֶּן עַמִּינָדָב. לְיִשָּׂשכָר נְתַנְאֵל בֶּן צוּעָר. לִזְבוּלֻן אֱלִיאָב בֶּן חֵלֹן. לִבְנֵי
יא יוֹסֵף לְאֶפְרַיִם אֱלִישָׁמָע בֶּן עַמִּיהוּד לִמְנַשֶּׁה גַּמְלִיאֵל בֶּן פְּדָהצוּר. לְבִנְיָמִן אֲבִידָן בֶּן גִּדְעֹנִי.
יב יג יד טו לְדָן אֲחִיעֶזֶר בֶּן עַמִּישַׁדָּי. לְאָשֵׁר פַּגְעִיאֵל בֶּן עָכְרָן. לְגָד אֶלְיָסָף בֶּן דְּעוּאֵל. לְנַפְתָּלִי אֲחִירַע
טז בֶּן עֵינָן. אֵלֶּה קְרוּאֵי הָעֵדָה נְשִׂיאֵי מַטּוֹת אֲבוֹתָם רָאשֵׁי אַלְפֵי יִשְׂרָאֵל הֵם.

יז יח וַיִּקַּח מֹשֶׁה וְאַהֲרֹן אֵת הָאֲנָשִׁים הָאֵלֶּה אֲשֶׁר נִקְּבוּ בְּשֵׁמוֹת. וְאֵת כָּל הָעֵדָה הִקְהִילוּ בְּאֶחָד
לַחֹדֶשׁ הַשֵּׁנִי וַיִּתְיַלְדוּ עַל מִשְׁפְּחֹתָם לְבֵית אֲבֹתָם בְּמִסְפַּר שֵׁמוֹת מִבֶּן עֶשְׂרִים שָׁנָה וָמַעְלָה
יט לְגֻלְגְּלֹתָם. כַּאֲשֶׁר צִוָּה ה׳ אֶת מֹשֶׁה וַיִּפְקְדֵם בְּמִדְבַּר סִינָי.

פירוש העניין

הפרשה פותחת בציווי ה׳ למשה לספור את הזכרים מבן עשרים שנה, שהוא גיל הגיוס לצבא המלחמה ("כָּל יֹצֵא צָבָא בְּיִשְׂרָאֵל"), אף כי גם בספירות אחרות שאינן לצורך צבאי נספרו הגברים מגיל עשרים (שמות ל׳, יד). הספירה היא לשם היערכות לקראת הכניסה לארץ והמלחמה עליה (רשב"ם). אף שעניין המלחמה על הארץ לא נזכר כאן, הוא נאמר בדבריו של משה לחותנו: "וַיֹּאמֶר מֹשֶׁה לְחֹבָב בֶּן רְעוּאֵל הַמִּדְיָנִי חֹתֵן מֹשֶׁה נֹסְעִים אֲנַחְנוּ אֶל הַמָּקוֹם אֲשֶׁר אָמַר ה׳ אֹתוֹ אֶתֵּן לָכֶם" (י׳, כט).

משה ואהרן מצטווים לספור, ואת זה הם יעשו באמצעות נשיאי השבטים, האחראים כל אחד מהם על הספירה של בני שבטו. מתמנים שנים עשר נשיאים, ראשי השבטים (ה-טו), ללא שבט לוי, ויוסף נחלק לשניים, מנשה ואפרים. ה׳ הוא שהחליט מיהם הנשיאים (ה).

סדר ראשי השבטים ברשימה הוא: ראובן, שמעון, יהודה, יששכר, זבולון, אפרים, מנשה, בנימין, דן, אשר, גד ונפתלי. הסדר של הראשים הוא שבטי לאה בראשונה לפי סדר הולדת הבנים (ללא שבט לוי), אחר כך שבטי רחל, קודם בני יוסף ואחר כך בנימין, אך אפרים קודם למנשה. אחר כך בני בלהה שפחת רחל: דן ואשר, ואחר כך בני זלפה שפחת לאה: גד ונפתלי.

משה מקהיל את הנשיאים ואת כל העדה והספירה מתבצעת. מודגש שביצוע הצו נעשה כצו ה׳ (יט). הדגשה זו עולה גם באמצעות החזרה בין תיאור הביצוע (פסוקים יח-יט) לבין הצו (פסוקים א-ג):

וַיְדַבֵּר ה׳ אֶל מֹשֶׁה בְּמִדְבַּר סִינַי בְּאֹהֶל מוֹעֵד בְּאֶחָד לַחֹדֶשׁ הַשֵּׁנִי בַּשָּׁנָה הַשֵּׁנִית לְצֵאתָם מֵאֶרֶץ מִצְרַיִם לֵאמֹר. שְׂאוּ אֶת רֹאשׁ כָּל עֲדַת בְּנֵי יִשְׂרָאֵל לְמִשְׁפְּחֹתָם לְבֵית אֲבֹתָם בְּמִסְפַּר שֵׁמוֹת כָּל זָכָר לְגֻלְגְּלֹתָם. מִבֶּן עֶשְׂרִים שָׁנָה וָמַעְלָה כָּל יֹצֵא צָבָא בְּיִשְׂרָאֵל תִּפְקְדוּ אֹתָם לְצִבְאֹתָם אַתָּה וְאַהֲרֹן.	וְאֵת כָּל הָעֵדָה הִקְהִילוּ בְּאֶחָד לַחֹדֶשׁ הַשֵּׁנִי וַיִּתְיַלְדוּ עַל מִשְׁפְּחֹתָם לְבֵית אֲבֹתָם בְּמִסְפַּר שֵׁמוֹת מִבֶּן עֶשְׂרִים שָׁנָה וָמַעְלָה לְגֻלְגְּלֹתָם. כַּאֲשֶׁר צִוָּה ה׳ אֶת מֹשֶׁה וַיִּפְקְדֵם בְּמִדְבַּר סִינָי.

גם בשמות ל"ה, כה-כו, מסופר על ספירת העם, ותוצאות הספירה שם זהות לתוצאות הספירה כאן: "וְכֶסֶף פְּקוּדֵי הָעֵדָה מְאַת כִּכָּר וְאֶלֶף וּשְׁבַע מֵאוֹת וַחֲמִשָּׁה וְשִׁבְעִים שֶׁקֶל בְּשֶׁקֶל הַקֹּדֶשׁ. בֶּקַע לַגֻּלְגֹּלֶת מַחֲצִית הַשֶּׁקֶל בְּשֶׁקֶל הַקֹּדֶשׁ לְכֹל הָעֹבֵר עַל הַפְּקֻדִים מִבֶּן עֶשְׂרִים שָׁנָה וָמַעְלָה לְשֵׁשׁ מֵאוֹת אֶלֶף וּשְׁלֹשֶׁת אֲלָפִים וַחֲמֵשׁ מֵאוֹת וַחֲמִשִּׁים". חלקו הפרשנים בשאלה אם היו שתי ספירות, האחת לפני בניית המשכן ואחת כאן לאחר בנייתו (במדבר רבה א, י; רש"י, במדבר א׳, א; רלב"ג, על פסוק א), או שמדובר על ספירה אחת (ריב"ש, שמות ל"ח, כח; וכן בפירושו לבמדבר א׳, א). כך או כך ההקשר והמטרה של הספירה של העם היא שונה בתכלית. המטרה של ספירת העם בשמות הייתה לאסוף כסף לעבודות המשכן (שמות ל"ח, כה-כה), ובתרומת ישראל את מחציות השקל חטאם נתכפר (שמות ל׳, טו-טז). בבמדבר א׳ ספירת העם היא לשם ארגון המחנה לקראת המלחמות של ישראל בארץ. כך יש להסביר את הכפילות באזכור הספירה של העם בשמות ובבמדבר.

תוצאות הספירה, א׳, כ-מז

כ וַיִּהְיוּ בְנֵי רְאוּבֵן בְּכֹר יִשְׂרָאֵל תּוֹלְדֹתָם לְמִשְׁפְּחֹתָם לְבֵית אֲבֹתָם בְּמִסְפַּר שֵׁמוֹת לְגֻלְגְּלֹתָם
כא כָּל זָכָר מִבֶּן עֶשְׂרִים שָׁנָה וָמַעְלָה כֹּל יֹצֵא צָבָא. פְּקֻדֵיהֶם לְמַטֵּה רְאוּבֵן שִׁשָּׁה וְאַרְבָּעִים אֶלֶף
וַחֲמֵשׁ מֵאוֹת.

כב לִבְנֵי שִׁמְעוֹן תּוֹלְדֹתָם לְמִשְׁפְּחֹתָם לְבֵית אֲבֹתָם פְּקֻדָיו בְּמִסְפַּר שֵׁמוֹת לְגֻלְגְּלֹתָם כָּל זָכָר מִבֶּן
כג עֶשְׂרִים שָׁנָה וָמַעְלָה כֹּל יֹצֵא צָבָא. פְּקֻדֵיהֶם לְמַטֵּה שִׁמְעוֹן תִּשְׁעָה וַחֲמִשִּׁים אֶלֶף וּשְׁלֹשׁ מֵאוֹת.

כד לִבְנֵי גָד תּוֹלְדֹתָם לְמִשְׁפְּחֹתָם לְבֵית אֲבֹתָם בְּמִסְפַּר שֵׁמוֹת מִבֶּן עֶשְׂרִים שָׁנָה וָמַעְלָה כֹּל יֹצֵא
כה צָבָא. פְּקֻדֵיהֶם לְמַטֵּה גָד חֲמִשָּׁה וְאַרְבָּעִים אֶלֶף וְשֵׁשׁ מֵאוֹת וַחֲמִשִּׁים.

כו לִבְנֵי יְהוּדָה תּוֹלְדֹתָם לְמִשְׁפְּחֹתָם לְבֵית אֲבֹתָם בְּמִסְפַּר שֵׁמֹת מִבֶּן עֶשְׂרִים שָׁנָה וָמַעְלָה כֹּל
כז יֹצֵא צָבָא. פְּקֻדֵיהֶם לְמַטֵּה יְהוּדָה אַרְבָּעָה וְשִׁבְעִים אֶלֶף וְשֵׁשׁ מֵאוֹת.

כח לִבְנֵי יִשָּׂשכָר תּוֹלְדֹתָם לְמִשְׁפְּחֹתָם לְבֵית אֲבֹתָם בְּמִסְפַּר שֵׁמֹת מִבֶּן עֶשְׂרִים שָׁנָה וָמַעְלָה כֹּל
כט יֹצֵא צָבָא. פְּקֻדֵיהֶם לְמַטֵּה יִשָּׂשכָר אַרְבָּעָה וַחֲמִשִּׁים אֶלֶף וְאַרְבַּע מֵאוֹת.

ל לִבְנֵי זְבוּלֻן תּוֹלְדֹתָם לְמִשְׁפְּחֹתָם לְבֵית אֲבֹתָם בְּמִסְפַּר שֵׁמֹת מִבֶּן עֶשְׂרִים שָׁנָה וָמַעְלָה כֹּל יֹצֵא
לא צָבָא. פְּקֻדֵיהֶם לְמַטֵּה זְבוּלֻן שִׁבְעָה וַחֲמִשִּׁים אֶלֶף וְאַרְבַּע מֵאוֹת.

לב לִבְנֵי יוֹסֵף לִבְנֵי אֶפְרַיִם תּוֹלְדֹתָם לְמִשְׁפְּחֹתָם לְבֵית אֲבֹתָם בְּמִסְפַּר שֵׁמֹת מִבֶּן עֶשְׂרִים שָׁנָה
לג וָמַעְלָה כֹּל יֹצֵא צָבָא. פְּקֻדֵיהֶם לְמַטֵּה אֶפְרָיִם אַרְבָּעִים אֶלֶף וַחֲמֵשׁ מֵאוֹת.

לד לִבְנֵי מְנַשֶּׁה תּוֹלְדֹתָם לְמִשְׁפְּחֹתָם לְבֵית אֲבֹתָם בְּמִסְפַּר שֵׁמוֹת מִבֶּן עֶשְׂרִים שָׁנָה וָמַעְלָה כֹּל
לה יֹצֵא צָבָא. פְּקֻדֵיהֶם לְמַטֵּה מְנַשֶּׁה שְׁנַיִם וּשְׁלֹשִׁים אֶלֶף וּמָאתָיִם.

לו לִבְנֵי בִנְיָמִן תּוֹלְדֹתָם לְמִשְׁפְּחֹתָם לְבֵית אֲבֹתָם בְּמִסְפַּר שֵׁמֹת מִבֶּן עֶשְׂרִים שָׁנָה וָמַעְלָה כֹּל יֹצֵא
לז צָבָא. פְּקֻדֵיהֶם לְמַטֵּה בִנְיָמִן חֲמִשָּׁה וּשְׁלֹשִׁים אֶלֶף וְאַרְבַּע מֵאוֹת.

לח לִבְנֵי דָן תּוֹלְדֹתָם לְמִשְׁפְּחֹתָם לְבֵית אֲבֹתָם בְּמִסְפַּר שֵׁמֹת מִבֶּן עֶשְׂרִים שָׁנָה וָמַעְלָה כֹּל יֹצֵא
לט צָבָא. פְּקֻדֵיהֶם לְמַטֵּה דָן שְׁנַיִם וְשִׁשִּׁים אֶלֶף וּשְׁבַע מֵאוֹת.

מ לִבְנֵי אָשֵׁר תּוֹלְדֹתָם לְמִשְׁפְּחֹתָם לְבֵית אֲבֹתָם בְּמִסְפַּר שֵׁמֹת מִבֶּן עֶשְׂרִים שָׁנָה וָמַעְלָה כֹּל יֹצֵא
מא צָבָא. פְּקֻדֵיהֶם לְמַטֵּה אָשֵׁר אֶחָד וְאַרְבָּעִים אֶלֶף וַחֲמֵשׁ מֵאוֹת.

מב בְּנֵי נַפְתָּלִי תּוֹלְדֹתָם לְמִשְׁפְּחֹתָם לְבֵית אֲבֹתָם בְּמִסְפַּר שֵׁמֹת מִבֶּן עֶשְׂרִים שָׁנָה וָמַעְלָה כֹּל יֹצֵא
מג צָבָא. פְּקֻדֵיהֶם לְמַטֵּה נַפְתָּלִי שְׁלֹשָׁה וַחֲמִשִּׁים אֶלֶף וְאַרְבַּע מֵאוֹת.

מד אֵלֶּה הַפְּקֻדִים אֲשֶׁר פָּקַד מֹשֶׁה וְאַהֲרֹן וּנְשִׂיאֵי יִשְׂרָאֵל שְׁנֵים עָשָׂר אִישׁ אִישׁ אֶחָד לְבֵית אֲבֹתָיו
מה הָיוּ. וַיִּהְיוּ כָּל פְּקוּדֵי בְנֵי יִשְׂרָאֵל לְבֵית אֲבֹתָם מִבֶּן עֶשְׂרִים שָׁנָה וָמַעְלָה כָּל יֹצֵא צָבָא בְּיִשְׂרָאֵל.
מו מז וַיִּהְיוּ כָּל הַפְּקֻדִים שֵׁשׁ מֵאוֹת אֶלֶף וּשְׁלֹשֶׁת אֲלָפִים וַחֲמֵשׁ מֵאוֹת וַחֲמִשִּׁים. וְהַלְוִיִּם לְמַטֵּה
אֲבֹתָם לֹא הָתְפָּקְדוּ בְּתוֹכָם.

מח מט וַיְדַבֵּר ה׳ אֶל מֹשֶׁה לֵּאמֹר. אַךְ אֶת מַטֵּה לֵוִי לֹא תִפְקֹד וְאֶת רֹאשָׁם לֹא תִשָּׂא בְּתוֹךְ בְּנֵי יִשְׂרָאֵל.
נ וְאַתָּה הַפְקֵד אֶת הַלְוִיִּם עַל מִשְׁכַּן הָעֵדֻת וְעַל כָּל כֵּלָיו וְעַל כָּל אֲשֶׁר לוֹ הֵמָּה יִשְׂאוּ אֶת הַמִּשְׁכָּן
נא וְאֶת כָּל כֵּלָיו וְהֵם יְשָׁרְתֻהוּ וְסָבִיב לַמִּשְׁכָּן יַחֲנוּ. וּבִנְסֹעַ הַמִּשְׁכָּן יוֹרִידוּ אֹתוֹ הַלְוִיִּם וּבַחֲנֹת
נב הַמִּשְׁכָּן יָקִימוּ אֹתוֹ הַלְוִיִּם וְהַזָּר הַקָּרֵב יוּמָת. וְחָנוּ בְּנֵי יִשְׂרָאֵל אִישׁ עַל מַחֲנֵהוּ וְאִישׁ עַל דִּגְלוֹ
נג לְצִבְאֹתָם. וְהַלְוִיִּם יַחֲנוּ סָבִיב לְמִשְׁכַּן הָעֵדֻת וְלֹא יִהְיֶה קֶצֶף עַל עֲדַת בְּנֵי יִשְׂרָאֵל וְשָׁמְרוּ הַלְוִיִּם
נד אֶת מִשְׁמֶרֶת מִשְׁכַּן הָעֵדוּת. וַיַּעֲשׂוּ בְּנֵי יִשְׂרָאֵל כְּכֹל אֲשֶׁר צִוָּה ה׳ אֶת מֹשֶׁה כֵּן עָשׂוּ.

פירוש העניין

פסוקים כ-מג מתארים בפירוט את תוצאות הספירה של כל שבט בנפרד, בנוסחאות חוזרות וארוכות, עם מעט שינויים. נראה כי הפירוט של כל שבט בנפרד בא לתת מעמד של חשיבות לכל אחד. ייתכן גם כי המטרה הצבאית העומדת ביסוד הספירה עומדת אף ביסוד הפירוט, על מנת לתת הרחבה ראויה לתיאור הכוחות הצבאיים העומדים לפני משימה של כיבוש הארץ.

סדר השבטים הוא: ראובן, שמעון, גד, יהודה, יששכר, זבולון, אפרים, מנשה, בנימין, דן, אשר, נפתלי. סדר זה אינו סדר לידת הבנים כפי שמופיע במקומות אחרים (בראשית כ"ט-ל'), אלא כפי סדר המחנות. השבטים הראשונים הם: ראובן, שמעון וגד, החונים בצד דרום של המחנה. לאחר מכן שבטים יהודה, יששכר וזבולון שחנו בצד מזרח. השבטים הבאים הם אפרים, מנשה ובנימין שהיו במערב. והאחרונים הם דן, אשר ונפתלי שחנו בצפון. מבחינת הכיוונים הסדר הוא דרום, מזרח, מערב וצפון. הסדר של השבטים לפי המחנות מסביר את מקומו של גד לאחר שמעון, ואת צירופו של בנימין לשבטי מנשה ואפרים, ואת צירופו של אשר לקבוצה הצפונית עם דן ונפתלי. אולם סדר זה של רוחות השמיים אינו אופייני. סדר המחנות בבמדבר ב' הוא מזרח, דרום מערב וצפון. בסדר זה ההתחלה היא במזרח מכיוון שזו הרוח החשובה, ולפי הסדר ימינה (עם כיוון השעון). לעומת זאת סדר הפקודים של השבטים בפרק א' משקף גם יסוד של סדר הלידה, ולכן ראובן בא בראש, וגד בא לאחר שמעון לפי סדר המחנה. מחנה יהודה בא מיד אחר כך, לפי סדר הלידה של יהודה לאחר ראובן ושמעון, ונצטרפו ליהודה יששכר וזבולון לפי סדר המחנה. המחנה של בני רחל בא לאחר המחנה של יהודה בגלל החשיבות, ולאחרונה המחנה של שלושת השבטים של השפחות. כך שהסדר של השבטים משקף עירוב של שלושה עקרונות: עקרון החנייה, עקרון סדר הלידה, ועקרון החשיבות.

בסיום הרשימה של ספירת השבטים בא סיכום של כלל הנספרים מכל השבטים יחדיו העולה ל־603550 (מד-מו). הפסוק האחרון שבפרשה מדגיש שהמספר הזה אינו כולל את הלוויים שלא נספרו עם כל העם: "וְהַלְוִיִּם לְמַטֵּה אֲבֹתָם לֹא הָתְפָּקְדוּ בְּתוֹכָם" (מז). אי ספירתם של הלוויים בהקשר זה עולה בפשטות מתוך כך שהלוויים לא היו במערך הלוחמים. פסוק מה קובע שנמנו כל יוצאי הצבא מבן עשרים שנה ומעלה, ומיד אחר כך בפסוק מז נאמר שהלוויים לא התפקדו, וברור מכאן שהסיבה היא שהם לא יוצאי צבא. אולם הציווי שלא לספור את הלוויים יבוא מיד אחר כך בפסוקים מח-נד. הציווי שלא לספור את הלוויים הוא במסגרת הספירה של יוצאי הצבא למלחמה, אולם אחר כך ייספרו הלוויים במסגרת עבודתם באוהל מועד.

הציווי שלא לספור את הלוויים "אַךְ אֶת מַטֵּה לֵוִי לֹא תִפְקֹד וְאֶת רֹאשָׁם לֹא תִשָּׂא בְּתוֹךְ בְּנֵי יִשְׂרָאֵל" (מט), מוסבר בתפקידם של הלוויים להיות מופקדים על המשכן ועל כליו, על פירוק המשכן לפני המסעות, על נשיאת המשכן וכליו, ועל הרכבתו מחדש בעת החנייה (נ-נא). תפקיד זה של הלוויים בא לוודא שמי שאינו לוי לא יתקרב אל הקודש וימות בשל כך. כך הלוויים שומרים על ישראל שלא ייפגעו מקרבה יתרה למקדש. סיבה זו, המבחינה

בין הלוויים לבין העם, היא ההסבר מדוע אין לספור את הלוויים באותה ספירה שספרו את העם. הבחנה זו משקפת את ההבדל המעמדי בין הלוויים לבין ישראל, ומשום קדושת הלוויים אין הם נכללים בספירה של העם.

ישנם שלושה קשיים ביחס לציווי שלא לספור את הלוויים. הקושי הראשון הוא מה מעמדו ותפקידו של פסוק מז שאומר שהלוויים לא נספרו, וחותם את הפרשה הקודמת, אם רק לאחר מכן (מח-נד) יבוא צו ה' שלא ייספרו. קושי שני הוא בדרך הניסוח של פסוק מח. הציווי לא לספור את הלוויים מתחיל לכאורה באמצע משפט, "אַךְ אֶת מַטֵּה לֵוִי". וקושי שלישי הוא, מה זמנו של ציווי ה' לא לספור את הלוויים. ברור כי הציווי נאמר בסמיכות לציווי של ה' למשה למנות את בני ישראל בא', ב, שהרי לא ייתכן שההוראה על כך שלא לספור את הלוויים תבוא לאחר שמשה כבר ספר את העם.* אם כן מדוע הציווי לא לספור את הלוויים אינו בא במקומו הטבעי, במקום שבו ה' ציווה למנות את העם? לפי ההבחנה שהציווי לא לספור את הלוויים אינו במקומו, ברור מדוע הציווי של הלוויים מתחיל במילה "אך" – מקומו של ציווי זה הוא לאחר הציווי למנות את העם, לאחר פסוקים ב-ג ("שְׂאוּ אֶת רֹאשׁ כָּל עֲדַת בְּנֵי יִשְׂרָאֵל... תִּפְקְדוּ אֹתָם לְצִבְאֹתָם אַתָּה וְאַהֲרֹן. אַךְ אֶת מַטֵּה לֵוִי לֹא תִפְקֹד וְאֶת רֹאשָׁם לֹא תִשָּׂא בְּתוֹךְ בְּנֵי יִשְׂרָאֵל..."). אם כך, מדוע ההוראה שלא למנות את הלוויים נדחתה רק לאחר המינוי של הנשיאים ותוצאות הספירה של השבטים השונים?

נראה בעיניי, כי אילו הציווי שלא למנות את הלוויים היה נכתב במקומו, בתחילת פרק א', היה מובן שהלוויים לא נמנים משום שהם גבוהים במדרג, שכן הם שומרים על המשכן. אולם מגמתו של פרק א' הייתה הפוכה. המגמה של פרק א' היא להציג את העיקרון של יוצאי הצבא כעיקרון הקובע, ומבחינה זו, שבטי ישראל הם שנספרים והם הגבוהים במדרג לעניין הצבא, ואילו שבט לוי, שאינו יוצא בצבא, לא נספר, ומבחינת זו הלוויים נתפסים מחוץ לכלל, ונחותים מיוצאי הצבא. אכן כך עולה מהמשפט החותם את הספירה של העם, שהלוויים אינם נכללים בספירה של העם ומשתמע שהסיבה לכך היא משום שהם לא נלחמים: "וְהַלְוִיִּם לְמַטֵּה אֲבֹתָם לֹא הָתְפָּקְדוּ בְּתוֹכָם" (מז). כך נוכל גם להבין מדוע היגד זה מופיע לפני הציווי של ה' לא לספור את הלוויים, ולפני שניתן טעם לכך. פסוק זה שייך לשלפניו, והוא משקף את הטעם שהלוויים לא נספרו משום שהם אינם יוצאים בצבא. כאשר ידובר בפרק ב' על סדר החנייה של העם תוצג תמונה אחרת. על פי התמונה הזו, שבט לוי הוא מרכזי בשומרו על המשכן, והעם חונה מסביב למשכן ולמחנה לווייה. כאן מוצג המדרג שעל פיו הלוויים קרובים למשכן, והעם מרוחק ממנו. על פי טעם זה, הלוויים העוסקים בקדושה הם הגבוהים במדרג. אשר על כן, הצו שלא למנות את הלוויים נדחה לאחר המפקד של העם, כדי לתת מקום חשוב יותר בספירה זו ליוצאי הצבא. במקומם הנוכחי של פסוקים מח-נד,

* מדרש במדבר רבה א, יא מסביר שמשה לא ספר את הלוויים מדעתו, כיוון שראה שה' לא מינה ראש לשבט לוי, ולא ידע משה מה ייעשה בלוויים, ועל כך עונה לו ה' בציווי שבא אחר כך. כך גם רמב"ן (על א', מז). חיזוק להסבר זה הוא שבנוסח הפסוק בפרק א', מז נאמר: "וְהַלְוִיִּם לְמַטֵּה אֲבֹתָם לֹא הָתְפָּקְדוּ בְּתוֹכָם". אך בפסוק הסיכום בפרק ב', לג נאמר שהלוויים לא נספרו, כפי שה' ציווה: "וְהַלְוִיִּם לֹא הָתְפָּקְדוּ בְּתוֹךְ בְּנֵי יִשְׂרָאֵל כַּאֲשֶׁר צִוָּה ה' אֶת מֹשֶׁה".

הם משמשים מבוא לפרק ב׳, שבו הלוויים הם הגבוהים במדרג, כפי שייאמר בב׳, יז, שאוהל מועד הוא מחנה הלוויים והוא נוסע בתוך העם. כדי להבין משפט זה בפרק ב׳, יש להקדים ולתאר את מקום חניית הלוויים.*

אם כן, תכליתו של פרק א׳ היא להציג את העיקרון החשוב של ספירת העם לצורך המלחמה, ומבחינה זו הלוויים אינם ראויים להיכלל בספירת הלוחמים. אדרבה, העם שומר על הלוויים. פסוקים מח-נד הם הקדמה לפרקים ב׳-ד׳, ששם הלוויים נספרים בנפרד, ושוכנים בנפרד מהעם משום שהם שבט קדוש השומר על המשכן, וכאן הלוויים שומרים על ישראל שלא ייפגעו מקרבה יתרה לקודש. בפרק ב׳, וכבר בפסוקים מח-נד, עולה מעלתם של הלוויים השומרים על הקודש, וקרובים אליו.

* גם לפי הסברה שעלתה לעיל בבמדבר רבה וברמב״ן שמשה לא ספר את הלוויים מדעתו, נראה שיש שני היבטים באי ספירת הלוויים, כפי שהצענו למעלה. משה סבר שאין לספור את הלוויים מכיוון שהם לא יילחמו, ועובדה שלא נבחר להם נשיא, ואילו בהסברו של ה׳ שיבוא מיד, הם לא נספרים כיוון שהם עובדים במשכן.

סדר המחנה, ב׳, א-לד

א ב וַיְדַבֵּר ה׳ אֶל מֹשֶׁה וְאֶל אַהֲרֹן לֵאמֹר. אִישׁ עַל דִּגְלוֹ בְאֹתֹת לְבֵית אֲבֹתָם יַחֲנוּ בְּנֵי יִשְׂרָאֵל מִנֶּגֶד
סָבִיב לְאֹהֶל מוֹעֵד יַחֲנוּ.

ג וְהַחֹנִים קֵדְמָה מִזְרָחָה דֶּגֶל מַחֲנֵה יְהוּדָה לְצִבְאֹתָם וְנָשִׂיא לִבְנֵי יְהוּדָה נַחְשׁוֹן בֶּן עַמִּינָדָב.
ד ה וּצְבָאוֹ וּפְקֻדֵיהֶם אַרְבָּעָה וְשִׁבְעִים אֶלֶף וְשֵׁשׁ מֵאוֹת. וְהַחֹנִים עָלָיו מַטֵּה יִשָּׂשכָר וְנָשִׂיא לִבְנֵי
ו ז יִשָּׂשכָר נְתַנְאֵל בֶּן צוּעָר. וּצְבָאוֹ וּפְקֻדָיו אַרְבָּעָה וַחֲמִשִּׁים אֶלֶף וְאַרְבַּע מֵאוֹת. מַטֵּה זְבוּלֻן וְנָשִׂיא
ח ט לִבְנֵי זְבוּלֻן אֱלִיאָב בֶּן חֵלֹן. וּצְבָאוֹ וּפְקֻדָיו שִׁבְעָה וַחֲמִשִּׁים אֶלֶף וְאַרְבַּע מֵאוֹת. כָּל הַפְּקֻדִים
לְמַחֲנֵה יְהוּדָה מְאַת אֶלֶף וּשְׁמֹנִים אֶלֶף וְשֵׁשֶׁת אֲלָפִים וְאַרְבַּע מֵאוֹת לְצִבְאֹתָם רִאשֹׁנָה יִסָּעוּ.

י יא דֶּגֶל מַחֲנֵה רְאוּבֵן תֵּימָנָה לְצִבְאֹתָם וְנָשִׂיא לִבְנֵי רְאוּבֵן אֱלִיצוּר בֶּן שְׁדֵיאוּר. וּצְבָאוֹ וּפְקֻדָיו
יב שִׁשָּׁה וְאַרְבָּעִים אֶלֶף וַחֲמֵשׁ מֵאוֹת. וְהַחוֹנִם עָלָיו מַטֵּה שִׁמְעוֹן וְנָשִׂיא לִבְנֵי שִׁמְעוֹן שְׁלֻמִיאֵל בֶּן
יג יד צוּרִישַׁדָּי. וּצְבָאוֹ וּפְקֻדֵיהֶם תִּשְׁעָה וַחֲמִשִּׁים אֶלֶף וּשְׁלֹשׁ מֵאוֹת. וּמַטֵּה גָּד וְנָשִׂיא לִבְנֵי גָד אֶלְיָסָף
טו טז בֶּן רְעוּאֵל. וּצְבָאוֹ וּפְקֻדֵיהֶם חֲמִשָּׁה וְאַרְבָּעִים אֶלֶף וְשֵׁשׁ מֵאוֹת וַחֲמִשִּׁים. כָּל הַפְּקֻדִים לְמַחֲנֵה
רְאוּבֵן מְאַת אֶלֶף וְאֶחָד וַחֲמִשִּׁים אֶלֶף וְאַרְבַּע מֵאוֹת וַחֲמִשִּׁים לְצִבְאֹתָם וּשְׁנִיִּם יִסָּעוּ.

יז וְנָסַע אֹהֶל מוֹעֵד מַחֲנֵה הַלְוִיִּם בְּתוֹךְ הַמַּחֲנֹת כַּאֲשֶׁר יַחֲנוּ כֵּן יִסָּעוּ אִישׁ עַל יָדוֹ לְדִגְלֵיהֶם.

יח יט דֶּגֶל מַחֲנֵה אֶפְרַיִם לְצִבְאֹתָם יָמָּה וְנָשִׂיא לִבְנֵי אֶפְרַיִם אֱלִישָׁמָע בֶּן עַמִּיהוּד. וּצְבָאוֹ וּפְקֻדֵיהֶם
כ כא אַרְבָּעִים אֶלֶף וַחֲמֵשׁ מֵאוֹת. וְעָלָיו מַטֵּה מְנַשֶּׁה וְנָשִׂיא לִבְנֵי מְנַשֶּׁה גַּמְלִיאֵל בֶּן פְּדָהצוּר. וּצְבָאוֹ
כב כג וּפְקֻדֵיהֶם שְׁנַיִם וּשְׁלֹשִׁים אֶלֶף וּמָאתָיִם. וּמַטֵּה בִּנְיָמִן וְנָשִׂיא לִבְנֵי בִנְיָמִן אֲבִידָן בֶּן גִּדְעֹנִי. וּצְבָאוֹ
כד וּפְקֻדֵיהֶם חֲמִשָּׁה וּשְׁלֹשִׁים אֶלֶף וְאַרְבַּע מֵאוֹת. כָּל הַפְּקֻדִים לְמַחֲנֵה אֶפְרַיִם מְאַת אֶלֶף וּשְׁמֹנַת
אֲלָפִים וּמֵאָה לְצִבְאֹתָם וּשְׁלִשִׁים יִסָּעוּ.

כה כו דֶּגֶל מַחֲנֵה דָן צָפֹנָה לְצִבְאֹתָם וְנָשִׂיא לִבְנֵי דָן אֲחִיעֶזֶר בֶּן עַמִּישַׁדָּי. וּצְבָאוֹ וּפְקֻדֵיהֶם שְׁנַיִם
כז כח וְשִׁשִּׁים אֶלֶף וּשְׁבַע מֵאוֹת. וְהַחֹנִים עָלָיו מַטֵּה אָשֵׁר וְנָשִׂיא לִבְנֵי אָשֵׁר פַּגְעִיאֵל בֶּן עָכְרָן. וּצְבָאוֹ
כט וּפְקֻדֵיהֶם אֶחָד וְאַרְבָּעִים אֶלֶף וַחֲמֵשׁ מֵאוֹת. וּמַטֵּה נַפְתָּלִי וְנָשִׂיא לִבְנֵי נַפְתָּלִי אֲחִירַע בֶּן עֵינָן.
ל לא וּצְבָאוֹ וּפְקֻדֵיהֶם שְׁלֹשָׁה וַחֲמִשִּׁים אֶלֶף וְאַרְבַּע מֵאוֹת. כָּל הַפְּקֻדִים לְמַחֲנֵה דָן מְאַת אֶלֶף
וְשִׁבְעָה וַחֲמִשִּׁים אֶלֶף וְשֵׁשׁ מֵאוֹת לָאַחֲרֹנָה יִסְעוּ לְדִגְלֵיהֶם.

לב אֵלֶּה פְּקוּדֵי בְנֵי יִשְׂרָאֵל לְבֵית אֲבֹתָם כָּל פְּקוּדֵי הַמַּחֲנֹת לְצִבְאֹתָם שֵׁשׁ מֵאוֹת אֶלֶף וּשְׁלֹשֶׁת
לג אֲלָפִים וַחֲמֵשׁ מֵאוֹת וַחֲמִשִּׁים. וְהַלְוִיִּם לֹא הָתְפָּקְדוּ בְּתוֹךְ בְּנֵי יִשְׂרָאֵל כַּאֲשֶׁר צִוָּה ה׳ אֶת מֹשֶׁה.
לד וַיַּעֲשׂוּ בְּנֵי יִשְׂרָאֵל כְּכֹל אֲשֶׁר צִוָּה ה׳ אֶת מֹשֶׁה כֵּן חָנוּ לְדִגְלֵיהֶם וְכֵן נָסָעוּ אִישׁ לְמִשְׁפְּחֹתָיו עַל
בֵּית אֲבֹתָיו.

פירוש העניין

לאחר רשימת שמות הנשיאים (א', א-יט) ורשימות מפקד השבטים (א', כ-מז), באה רשימה נוספת של חניית השבטים וסדר נסיעתם (ב', א-לד). כך הוא מבנה המחנה:

העם שכן בארבע רוחותיו של המשכן. בכל רוח שכנו שלושה שבטים. בצד מזרח: יהודה, יששכר וזבולון; בדרום: ראובן, שמעון וגד; במערב: אפרים, מנשה ובנימין; ובצפון: דן, אשר ונפתלי. זהו המעגל החיצוני סביב המשכן, במעגל הפנימי שכנו הלוויים והכוהנים (יז). פירוט חניית הלוויים יבוא בפרקים ג'-ד'. במרכז המחנה שכן אוהל מועד: "וְנָסַע אֹהֶל מוֹעֵד מַחֲנֵה הַלְוִיִּם בְּתוֹךְ הַמַּחֲנֹת כַּאֲשֶׁר יַחֲנוּ כֵּן יִסָּעוּ אִישׁ עַל יָדוֹ לְדִגְלֵיהֶם" (יז). פרק זה גם מציין את סדר הנסיעה, קודם מחנה מזרח (ט), אחריו נוסע מחנה דרום (טז). אוהל מועד נוסע לאחר שני המחנות (יז). לאחריהם בסדר הנסיעה הוא מחנה אפרים השוכן במערב (כד), ואחרונים נוסעים המחנה הצפוני (לא). על היחס בין סדר הנסיעה כפי שעולה כאן לעומת מה שעולה בפרק י', יא-כז ראו בעיוננו לפרק י'.

סדר המחנה הוא מדרגי. הלוויים הם במרכז המחנה, וקרובים למשכן. אוהל מועד נמצא במחנה הלוויים. במעגל החיצוני בכל צד יש שבט מרכזי, שהוא השבט הראשון בכל רוח – יהודה במזרח, ראובן בדרום, אפרים במערב ודן בצפון. צד מזרח הוא החשוב ביותר ושם יושב יהודה.

יש לראות במבנה זה של המחנה את המימוש המציאותי של המשפט שה' אומר למשה בתחילת הציווי על בניית המשכן: "וְעָשׂוּ לִי מִקְדָּשׁ וְשָׁכַנְתִּי בְּתוֹכָם" (שמות כ"ה, ח). אף שהרעיון של שכינת ה' בקרב המחנה אינו מפורש בפרק ב', הוא עולה בחוק שילוח הטמאים מהמחנה שיבוא מיד לאחר הפרקים של סדר המחנה: "וְלֹא יְטַמְּאוּ אֶת מַחֲנֵיהֶם אֲשֶׁר אֲנִי שֹׁכֵן בְּתוֹכָם" (ה', ג). תפיסה זו עולה גם בוויקרא ט"ו, לא: "וְהִזַּרְתֶּם אֶת בְּנֵי יִשְׂרָאֵל מִטֻּמְאָתָם וְלֹא יָמֻתוּ בְּטֻמְאָתָם בְּטַמְּאָם אֶת מִשְׁכָּנִי אֲשֶׁר בְּתוֹכָם". יש להניח כי העם אשר חנה במבנה זה חש את מרכזיותו של ה' בקרבם, ואת קדושת המחנה העולה על פי מבנה החנייה של השבטים.

בנוסף למידע החדש לגבי מיקום החנייה של השבטים, ומיקומם בסדר הנסיעה, רשימה זו כוללת מידע על הגודל של כל מחנה בכל אחת מהרוחות, אך במפתיע הרשימה כוללת גם את השמות של ראשי השבטים, ומספר הגברים בכל שבט, אשר פורטו בהרחבה כבר בפרק א׳. לכאורה די היה להביא רק את מיקום החנייה של כל שבט ואת סדר נסיעת השבטים. בנוסף לכך, בסיכומו של פרק ב׳, בפסוק לב, שוב חוזר המספר הכולל של הנספרים מכל שבטי ישראל, החוזר במדויק על הנאמר בסיכום יוצאי הצבא בפרק א׳, מו. לאמיתו של דבר הרשימה בפרק ב׳ מייתרת את שתי הרשימות הראשונות בפרק א׳ – רשימת הנשיאים ורשימת מניין כל שבט. ברור שהחזרה בפרק ב׳ על הנאמר בפרק א׳ היא מכוונת. חזרה זו אינה מטעם סגנוני בלבד, אלא יש בכך להעיד על אופייה ומטרתה של כל רשימה. החזרה באה לאפיין כל רשימה והיא מכוונת למטרה הייחודית של כל אחת מהן.

נראה כי לפנינו שתי הסתכלויות שונות על האופן שבו העם צריך להתבונן על המציאות בעת כניסתם לארץ. בפרק א׳ ההסתכלות היא קדימה, העם יוצאי הצבא נספרים, כהכנה לקראת הכניסה לארץ וכיבושה. נספרים הגברים מגיל 20 ומעלה, אלה שנלחמים ולוקחים חלק במערך הצבאי – ״כל יוצא צבא בישראל״. על פי הסתכלות זו, אין מקום למשכן ולסדר החנייה, העיקר הוא חיילי הצבא. בספירה זו הלוויים אינם נספרים משום שהם אינם נלחמים. הם מחוץ לספירה, משום שהם לא חלק ממערך הלחימה: ״וְהַלְוִיִּם לְמַטֵּה אֲבֹתָם לֹא הָתְפָּקְדוּ בְּתוֹכָם״ (מז).

הסתכלות שונה על העם עולה מפרק ב׳. בפרק ב׳ העיקר הוא סדר החנייה. העם כולו חונה סביב המשכן, והלוויים חונים סביב המשכן. המשכן שוכן במרכז מחנה ישראל, והעם סובב את המשכן מארבעת צדדיו. סדר זה משקף את המרכזיות של המשכן בחיי העם. מציאותו של המשכן במרכז משקפת את הנוכחות של ה׳ בתוכם. המדרג של המחנה ניכר בכך שמסביב למשכן יושבים קודם כול הלוויים והכוהנים. זה עולה כבר כאן כאמירה כללית בב׳, יז, וזה יפורט אחר כך בפרק ג׳. בניגוד לפרק א׳ אשר בו ההסתכלות של כל אחד מישראל היא קדימה אל עבר המשימה של כיבוש הארץ, בפרק ב׳ ההסתכלות היא פנימה לעבר משכן העדות. על פי ההסתכלות בפרק א׳ הספירה של העם נועדה לעמוד על מערך הכוחות היוצא להילחם. בפרק ב׳ הספירה של העם היא על מנת לעמוד על מספר האנשים היושבים במחנה סביב המשכן ומחנה לווייה במרכזו.

בהתאם לשתי ההסתכלויות האלה בשני הפרקים נאמר שלוויים לא נספרים, אבל בכל פרק מטעם שונה. כאשר כתוב בפרק א׳, מז, שהלוויים לא נספרו, נראה שהסיבה לכך היא משום שהם אינם נלחמים. הם אינם לוקחים חלק במערך הלחימה, ולכן אין ראוי לספור אותם עם הלוחמים. הם ייכללו בספירה נפרדת של אלו שבאים לצבוא צבא באוהל מועד, אך במסגרת אלו שיזכו למלא את צו ה׳ לרשת את הארץ, אין הם יכולים להיכלל. לעומת זאת בסדר החנייה, נאמר במפורש שהלוויים הם במחנה אוהל מועד: ״וְנָסַע אֹהֶל מוֹעֵד מַחֲנֵה הַלְוִיִּם בְּתוֹךְ הַמַּחֲנֹת״ (ב׳, יז). ובפרק זה הם אינם נספרים לא משום שאין הם ראויים להיכלל ביוצאי הצבא; הם לא נספרים במחנה ישראל, משום שהם במדרג גבוה יותר, הם שוכנים כחלק ממערך משכן העדות ומשרתים אותו.

בדומה לסיומו של פרק א׳, פרק ב׳ מסתיים אף הוא בהיגד שהעם עשה כפי שה׳ ציווה אותו: ״וַיַּעֲשׂוּ בְּנֵי יִשְׂרָאֵל כְּכֹל אֲשֶׁר צִוָּה ה׳ אֶת מֹשֶׁה כֵּן חָנוּ לְדִגְלֵיהֶם וְכֵן נָסָעוּ אִישׁ לְמִשְׁפְּחֹתָיו עַל בֵּית אֲבֹתָיו״ (לד).

הלוויים: ספירתם, תפקידם במשכן, ומיקומם במחנה, ג׳-ד׳

תולדות אהרן, ג׳, א-ד

א ב וְאֵלֶּה תּוֹלְדֹת אַהֲרֹן וּמֹשֶׁה בְּיוֹם דִּבֶּר ה׳ אֶת מֹשֶׁה בְּהַר סִינָי. וְאֵלֶּה שְׁמוֹת בְּנֵי אַהֲרֹן הַבְּכֹר
ג נָדָב וַאֲבִיהוּא אֶלְעָזָר וְאִיתָמָר. אֵלֶּה שְׁמוֹת בְּנֵי אַהֲרֹן הַכֹּהֲנִים הַמְּשֻׁחִים אֲשֶׁר מִלֵּא יָדָם לְכַהֵן.
ד וַיָּמָת נָדָב וַאֲבִיהוּא לִפְנֵי ה׳ בְּהַקְרִבָם אֵשׁ זָרָה לִפְנֵי ה׳ בְּמִדְבַּר סִינַי וּבָנִים לֹא הָיוּ לָהֶם וַיְכַהֵן
אֶלְעָזָר וְאִיתָמָר עַל פְּנֵי אַהֲרֹן אֲבִיהֶם.

פירוש העניין

פרק ג׳ העוסק בלוויים פותח דווקא בתולדות אהרן ומשה. למעשה אין בפסוקים הסמוכים דבר מתולדות משה, ומיד באים תולדות אהרן. ראב״ע ורמב״ן מסבירים שתולדות משה הם בני העמרמי, ממשפחת קהת, אשר נזכרים אחר כך (כז-לב).[1] נראה יותר שהאזכור של משה קשור לכך שחנייתו של משה היא ביחד עם אהרן ובניו – בצד המזרחי של המשכן (לח). העובדה שתולדותיו של משה לא מוזכרות, מלמדת שעיקר הכוונה כאן היא לציין את הכוהנים. אפשר גם שהאזכור של משה בתחילת הפרשה, והעובדה שהוא חונה ביחד עם הכהונה, רומזים להיבט הכוהני בתפקידו של משה. משה מתפקד ככוהן בשבעת ימי המילואים כפי שעולה מוויקרא ח׳, ופעולות אלה עשה משה במשך שבעה ימים (שמות כ״ט, לה).* לפי זה ניתן להבין מדוע המקרא צירף את משה לאהרן, אף כי לא דיבר על תולדותיו, שאין להם זיקה לכהונה. כך הושם משה בחלק המחנה הגבוה ביותר במדרג של העם – מחנה כהונה.

אזכור תולדות אהרן בפתח הפרשה שעיקרה הלוויים מסביר את ההדגשה בהמשך, שהלוויים יינתנו להם על מנת לשרתם (ט). אי אפשר לדבר על הלוויים לפני שיוזכרו הכוהנים. כך מוצג המדרג – הכוהנים ראשונים במעלתם, ושניים להם הלוויים, אשר תפקידם הוא לסייע לכוהנים בעבודת אוהל מועד, כפי שייאמר בפסוקים ט-י. אכן, הכוהנים הם האחראים על עבודת הלוויים (ג׳, לב).

בחירת אהרן ככוהן באה בציווי ה׳ בשמות כ״ח, א-ה: ״(א) וְאַתָּה הַקְרֵב אֵלֶיךָ אֶת אַהֲרֹן אָחִיךָ וְאֶת בָּנָיו אִתּוֹ מִתּוֹךְ בְּנֵי יִשְׂרָאֵל לְכַהֲנוֹ לִי אַהֲרֹן נָדָב וַאֲבִיהוּא אֶלְעָזָר וְאִיתָמָר בְּנֵי אַהֲרֹן...״. הקידוש של אהרן ובניו בא בשמות כ״ט, ומפורט בוויקרא ח׳-ט׳.

כל ארבעת בניו של אהרן מוזכרים בפסוק, ובכלל זה נדב ואביהוא שמתו. הפסוק אכן מדייק, שהפקודים האלה של אהרן היו ״בהר סיני״, לפני שמתו שני בני אהרן. רק לאחר בניית המשכן מתו נדב ואביהוא, כאשר הם הקריבו אש זרה, כפי שנאמר בפסוק ד. סיפור המעשה הזה הוא קיצור של המסופר בוויקרא י׳, א-ב. מכיוון שלא היו להם בנים, הרי שהשושלת של אהרן המשיכה משני בניו הנותרים, אלעזר ואיתמר.

לפי רשב״ם כותרת הפרק ״ביום דבר ה׳ את משה בהר סיני״ (א), באה לציין שבהר סיני עוד היו לאהרן ארבעה בנים, אולם במדבר סיני, לאחר שהוקם המשכן מתו נדב ואביהוא. לעומת זאת ראב״ע סבר כי כותרת זו מתייחסת לכל הפסוקים עד יג. היינו כבר בהר סיני נבחרו הלוויים במקום הבכורות, ורק בפסוק יד יש מעבר להמשך הציווי במדבר סיני, לאחר בניית המשכן, לבצע בפועל את ספירת הלוויים ואת ספירת הבכורות, והעברת הקדושה של

* עניין זה עולה באופן ציורי במדרש שמות רבה לז, א: ״כשבקש לעשות הקב״ה כהן גדול, היה משה סבור שהוא נעשה כהן גדול. אמר לו הקב״ה: לך ומנה לי כהן גדול. אמר לפניו: רבון העולם, מאיזה שבט אמנה לך? אמר לו: משבט לוי. אותה השעה שמח משה, אמר: כך שבטי חביב. אמר לו הקב״ה: אהרן אחיך הוא. לכך נאמר ׳וְאַתָּה הַקְרֵב אֵלֶיךָ אֶת אַהֲרֹן אָחִיךָ וְאֶת בָּנָיו אִתּוֹ מִתּוֹךְ בְּנֵי יִשְׂרָאֵל לְכַהֲנוֹ לִי׳ (שמות כ״ח, א). רבנן אמרי: כל ארבעים שנה שהיו ישראל במדבר שִׁמֵּשׁ משה בכהונה גדולה, ויש אומרים: לא שִׁמֵּשׁ אלא שבעת ימי המלואים״.

הבכורות ללוויים ומינוים לעבודת המשכן. יש יסוד להסבר זה בהתייחסות האגבית לעבודת המקדש של הלוויים תחת שרביטו של איתמר בן אהרן, כבר בשמות ל"ח, כא, כפי שנעמוד על כך להלן. לפי זה, הציוויים למנות את הלוויים במקום הבכורות כאן בג', ה-יג, אינה במקומה מבחינת סדר הזמנים, אלא מקומם בהר סיני עוד טרם בניית המשכן.*

* רמב"ן חולק על הבנה זו, וסבור שהבחירה של הלוויים הייתה במדבר סיני (פירושו לפסוק יד).

הציווי לספור את הלוויים, ולקיחתם במקום הבכורות, ג׳, ה-יג

ה ו וַיְדַבֵּר ה׳ אֶל מֹשֶׁה לֵּאמֹר. הַקְרֵב אֶת מַטֵּה לֵוִי וְהַעֲמַדְתָּ אֹתוֹ לִפְנֵי אַהֲרֹן הַכֹּהֵן וְשֵׁרְתוּ אֹתוֹ.
ז וְשָׁמְרוּ אֶת מִשְׁמַרְתּוֹ וְאֶת מִשְׁמֶרֶת כָּל הָעֵדָה לִפְנֵי אֹהֶל מוֹעֵד לַעֲבֹד אֶת עֲבֹדַת הַמִּשְׁכָּן.
ח ט וְשָׁמְרוּ אֶת כָּל כְּלֵי אֹהֶל מוֹעֵד וְאֶת מִשְׁמֶרֶת בְּנֵי יִשְׂרָאֵל לַעֲבֹד אֶת עֲבֹדַת הַמִּשְׁכָּן. וְנָתַתָּה
י אֶת הַלְוִיִּם לְאַהֲרֹן וּלְבָנָיו נְתוּנִם נְתוּנִם הֵמָּה לוֹ מֵאֵת בְּנֵי יִשְׂרָאֵל. וְאֶת אַהֲרֹן וְאֶת בָּנָיו תִּפְקֹד
וְשָׁמְרוּ אֶת כְּהֻנָּתָם וְהַזָּר הַקָּרֵב יוּמָת.

יא יב וַיְדַבֵּר ה׳ אֶל מֹשֶׁה לֵּאמֹר. וַאֲנִי הִנֵּה לָקַחְתִּי אֶת הַלְוִיִּם מִתּוֹךְ בְּנֵי יִשְׂרָאֵל תַּחַת כָּל בְּכוֹר פֶּטֶר
יג רֶחֶם מִבְּנֵי יִשְׂרָאֵל וְהָיוּ לִי הַלְוִיִּם. כִּי לִי כָּל בְּכוֹר בְּיוֹם הַכֹּתִי כָל בְּכוֹר בְּאֶרֶץ מִצְרַיִם הִקְדַּשְׁתִּי
לִי כָל בְּכוֹר בְּיִשְׂרָאֵל מֵאָדָם עַד בְּהֵמָה לִי יִהְיוּ אֲנִי ה׳.

פירוש העניין

בפסוקים ה-י, נאמר שהלוויים ניתנים לאהרן לשרת אותו, ולשמור את משמרת משכן העדות. בחירת הלוויים כבר נזכרה בשמות ל"ח, כא, "אֵלֶּה פְקוּדֵי הַמִּשְׁכָּן מִשְׁכַּן הָעֵדֻת אֲשֶׁר פֻּקַּד עַל פִּי מֹשֶׁה עֲבֹדַת הַלְוִיִּם בְּיַד אִיתָמָר בֶּן אַהֲרֹן הַכֹּהֵן". אזכור קצר זה ככל הנראה מתייחס לבחירת הלוויים שתיעשה כאן. פירוט עבודת הלוויים יבוא בהמשך ביחס לכל משפחה של הלוויים (יד-לט), כאן נאמר באופן כללי שתפקיד הלוויים הוא לסייע ולשרת את הכוהנים: "הַקְרֵב אֶת מַטֵּה לֵוִי וְהַעֲמַדְתָּ אֹתוֹ לִפְנֵי אַהֲרֹן הַכֹּהֵן וְשֵׁרְתוּ אֹתוֹ" (ו).

פעולות השירות של הלוויים את הכוהנים מפורטות בפסוקים ז-ח. בשל סגנון החזרה של פסוק ז ופסוק ח, היה ניתן לחשוב כי מובנם שווה. אולם יש שונויות משמעותיות בין הפסוקים. ראב"ע הסביר שכל אחד מהפסוקים מתייחס לתפקיד אחר של הלוויים. פסוק ז עוסק בעבודת הקורבנות, ואילו פסוק ח עוסק בעבודת השמירה על המשכן.* נראה יותר כי בפסוק ז משמעותה של "משמרת" היא תפקיד. לפי פסוק זה תפקידם של הלוויים הוא גם לשמור את משמרת הכוהנים וגם את משמרת כל העדה לפני אוהל מועד, ולכן מסתבר שהכוונה היא עבודת הקורבנות שהיא עבודת הכוהנים וגם עבודת העם, והמקום של עבודה זו הוא לפני אוהל מועד, היינו על המזבח. לעומת זאת בפסוק ח הם שומרים את כלי אוהל מועד, ואת משמרת בני ישראל, והכוונה היא השמירה על כלי אוהל מועד, כדי שבני ישראל לא יתקרבו אל הקודש.

מיד בפסוק ט מצווה ה' את משה לתת את הלוויים לאהרן. תוכן זה יחזור ביתר פירוט בפסוקים יב-יג. ההסבר הפשוט לחזרה הוא שבפסוק ט נאמרו הדברים בקצרה על רצף הציווי להעמיד את הלוויים לשירות הכוהנים, ואילו בפסוקים יב-יג יבוא הפירוט שהלוויים באים תמורת הבכורות, אשר ה' לקח לו בעת היציאה ממצרים. יש לשים לב לכך שמעבר לחזרה בין הפסוקים יש גם סתירה מסוימת ביניהם. בפסוק ט נאמר שהלוויים ניתנו על ידי בני ישראל לכוהנים: "נְתוּנִם נְתוּנִם הֵמָּה לוֹ מֵאֵת בְּנֵי יִשְׂרָאֵל", ואילו בפסוק יב נאמר שה' לקח את הלוויים מתוך בני ישראל: "וַאֲנִי הִנֵּה לָקַחְתִּי אֶת הַלְוִיִּם מִתּוֹךְ בְּנֵי יִשְׂרָאֵל". הבחנה זו תעלה ביתר דגש בפרק ח', ושם נדון בעניין.

פסוק י החותם את הקטע, הוא ציווי לפקוד את אהרן ובניו, היינו להעמידם בתפקידם (אין הכוונה לספור אותם, רש"י). בהקשר של תפקידי הלוויים, הכוונה בפסוק זה היא שהם צריכים לשמור את הכהונה של הכוהנים, היינו לוודא שעבודת הכוהנים תהיה על ידם בלבד, ומי שאינו כוהן הינו זר ודינו מוות, ואפילו הוא לוי. הוראה זו נצרכת כאן, שכן היה ניתן לחשוב שאם הלוויים ניתנו לכוהנים, אולי הם יכולים לעשות את עבודת הכוהן, והפסוק הזה בא אפוא להבחין בין עבודות הלוויים והכוהנים; הלוויים ניתנו לכוהנים על מנת לשרתם בקודש, אך הם אינם יכולים לעשות את עבודתם.

* אברבנאל מציין בהקשר זה את שלושת התפקידים של הלוויים: לשיר, לשמור, ולשאת את הכלים. הפועל לשמור מתייחס לשירה, פסוק ז לדעתו מתייחס לשמירה, ואילו פסוק ח מתייחס לנשיאה. אברבנאל, במדבר, עמ' י.

פסוקים יא-יג מפרטים יותר את עניין נתינת הלוויים לכוהנים. כאן מפורש שהם ניתנים לעבודת המשכן במקום הבכורות. ושוב היגד זה חוזר בפסוק מה. העולה מכך הוא שהבכורות היו לכתחילה אמורים לעבוד במשכן, משום שכאשר ה׳ היכה את כל בכורות המצרים, אדם ובהמה (שמות י״א, ה), לא נפגע אף אחד מישראל (שמות י״א, ז), ובכך לקח לו ה׳ את כל הבכורות של ישראל ושל בהמתם, והם שייכים לו (ג׳, יג). על קדושת הבכור בעקבות מכת בכורות ניתן ללמוד מהחוק בשמות י״ג, א-טז. עתה מתברר כי בכורות אלה המוקדשים לה׳ היו צריכים להיות משרתי ה׳ במשכן. לא נאמר כאן וגם לא בספר שמות מדוע הבכורות לא יעבדו, ומדוע נבחרו הלוויים במקומם במשכן. על פי חז״ל ההסבר לכך הוא שהבכורות חטאו בחטא העגל ואילו הלוויים הם אלה שעמדו לצד משה בקריאתו ״מי לה׳ אלי״.* ריב״ש (ג׳, יג) מוצא קשר בין בחירת הלוויים לבין חטא העגל בסמיכות שתי הפרשיות האלה בספר דברים ט׳, טז - י׳, יא.

* במדבר רבה ג, ה: ״תחת כל בכור פטר רחם בבני ישראל, בתחלה היתה העבודה בבכורות ולפי שקלקלו בעגל זכו לוים על שלא טעו בעגל ליכנס תחתיהם כי לי כל בכור וגו׳ כמה דתימא קדש לי כל בכור וגו׳ לי יהיו אני ה׳ לפי שהוא אומר ואני הנה לקחתי את הלוים מתוך בני ישראל תחת כל בכור שומע אני מיום ההוא ואילך לא יהיו הבכורות קדושים ת״ל יהיו מלמד שהם צריכין פדיון״. ובד, ח: ״קח את הלוים וגו׳ אמרו רבותינו למה צוה הקדוש ברוך הוא לפדות בכורי ישראל בלוים שבתחלה היו הבכורות משמשין עד שלא עמד שבט לוי כמה ששנו רבותינו עד שלא הוקם המשכן היו הבמות מותרות ועבודה בבכורות ומשהוקם המשכן נאסרו הבמות ועבודה בכהנים ותדע לך שהיו הבכורות מקריבים עד שלא עמד שבטו של לוי...״. ראו גם שמות רבה לא, ח; וכן רש״י ג׳, יב.

ספירת הלוויים, תפקידי משפחות הלוויים, ומיקומן במחנה, ג׳, יד-לט

יד טו וַיְדַבֵּר ה׳ אֶל מֹשֶׁה בְּמִדְבַּר סִינַי לֵאמֹר. פְּקֹד אֶת בְּנֵי לֵוִי לְבֵית אֲבֹתָם לְמִשְׁפְּחֹתָם כָּל זָכָר מִבֶּן
טז יז חֹדֶשׁ וָמַעְלָה תִּפְקְדֵם. וַיִּפְקֹד אֹתָם מֹשֶׁה עַל פִּי ה׳ כַּאֲשֶׁר צֻוָּה. וַיִּהְיוּ אֵלֶּה בְנֵי לֵוִי בִּשְׁמֹתָם
יח יט גֵּרְשׁוֹן וּקְהָת וּמְרָרִי. וְאֵלֶּה שְׁמוֹת בְּנֵי גֵרְשׁוֹן לְמִשְׁפְּחֹתָם לִבְנִי וְשִׁמְעִי. וּבְנֵי קְהָת לְמִשְׁפְּחֹתָם
כ עַמְרָם וְיִצְהָר חֶבְרוֹן וְעֻזִּיאֵל. וּבְנֵי מְרָרִי לְמִשְׁפְּחֹתָם מַחְלִי וּמוּשִׁי אֵלֶּה הֵם מִשְׁפְּחֹת הַלֵּוִי לְבֵית
אֲבֹתָם.

כא כב לְגֵרְשׁוֹן מִשְׁפַּחַת הַלִּבְנִי וּמִשְׁפַּחַת הַשִּׁמְעִי אֵלֶּה הֵם מִשְׁפְּחֹת הַגֵּרְשֻׁנִּי. פְּקֻדֵיהֶם בְּמִסְפַּר כָּל
כג זָכָר מִבֶּן חֹדֶשׁ וָמָעְלָה פְּקֻדֵיהֶם שִׁבְעַת אֲלָפִים וַחֲמֵשׁ מֵאוֹת. מִשְׁפְּחֹת הַגֵּרְשֻׁנִּי אַחֲרֵי הַמִּשְׁכָּן
כד כה יַחֲנוּ יָמָּה. וּנְשִׂיא בֵית אָב לַגֵּרְשֻׁנִּי אֶלְיָסָף בֶּן לָאֵל. וּמִשְׁמֶרֶת בְּנֵי גֵרְשׁוֹן בְּאֹהֶל מוֹעֵד הַמִּשְׁכָּן
כו וְהָאֹהֶל מִכְסֵהוּ וּמָסַךְ פֶּתַח אֹהֶל מוֹעֵד. וְקַלְעֵי הֶחָצֵר וְאֶת מָסַךְ פֶּתַח הֶחָצֵר אֲשֶׁר עַל הַמִּשְׁכָּן
וְעַל הַמִּזְבֵּחַ סָבִיב וְאֵת מֵיתָרָיו לְכֹל עֲבֹדָתוֹ.

כז וְלִקְהָת מִשְׁפַּחַת הָעַמְרָמִי וּמִשְׁפַּחַת הַיִּצְהָרִי וּמִשְׁפַּחַת הַחֶבְרֹנִי וּמִשְׁפַּחַת הָעָזִּיאֵלִי אֵלֶּה הֵם
כח מִשְׁפְּחֹת הַקְּהָתִי. בְּמִסְפַּר כָּל זָכָר מִבֶּן חֹדֶשׁ וָמָעְלָה שְׁמֹנַת אֲלָפִים וְשֵׁשׁ מֵאוֹת שֹׁמְרֵי מִשְׁמֶרֶת
כט ל הַקֹּדֶשׁ. מִשְׁפְּחֹת בְּנֵי קְהָת יַחֲנוּ עַל יֶרֶךְ הַמִּשְׁכָּן תֵּימָנָה. וּנְשִׂיא בֵית אָב לְמִשְׁפְּחֹת הַקְּהָתִי
לא אֱלִיצָפָן בֶּן עֻזִּיאֵל. וּמִשְׁמַרְתָּם הָאָרֹן וְהַשֻּׁלְחָן וְהַמְּנֹרָה וְהַמִּזְבְּחֹת וּכְלֵי הַקֹּדֶשׁ אֲשֶׁר יְשָׁרְתוּ
בָּהֶם וְהַמָּסָךְ וְכֹל עֲבֹדָתוֹ.

לב וּנְשִׂיא נְשִׂיאֵי הַלֵּוִי אֶלְעָזָר בֶּן אַהֲרֹן הַכֹּהֵן פְּקֻדַּת שֹׁמְרֵי מִשְׁמֶרֶת הַקֹּדֶשׁ.

לג לד לִמְרָרִי מִשְׁפַּחַת הַמַּחְלִי וּמִשְׁפַּחַת הַמּוּשִׁי אֵלֶּה הֵם מִשְׁפְּחֹת מְרָרִי. וּפְקֻדֵיהֶם בְּמִסְפַּר כָּל זָכָר
לה מִבֶּן חֹדֶשׁ וָמָעְלָה שֵׁשֶׁת אֲלָפִים וּמָאתָיִם. וּנְשִׂיא בֵית אָב לְמִשְׁפְּחֹת מְרָרִי צוּרִיאֵל בֶּן אֲבִיחָיִל
לו עַל יֶרֶךְ הַמִּשְׁכָּן יַחֲנוּ צָפֹנָה. וּפְקֻדַּת מִשְׁמֶרֶת בְּנֵי מְרָרִי קַרְשֵׁי הַמִּשְׁכָּן וּבְרִיחָיו וְעַמֻּדָיו וַאֲדָנָיו
לז וְכָל כֵּלָיו וְכֹל עֲבֹדָתוֹ. וְעַמֻּדֵי הֶחָצֵר סָבִיב וְאַדְנֵיהֶם וִיתֵדֹתָם וּמֵיתְרֵיהֶם.

לח וְהַחֹנִים לִפְנֵי הַמִּשְׁכָּן קֵדְמָה לִפְנֵי אֹהֶל מוֹעֵד מִזְרָחָה מֹשֶׁה וְאַהֲרֹן וּבָנָיו שֹׁמְרִים מִשְׁמֶרֶת
לט הַמִּקְדָּשׁ לְמִשְׁמֶרֶת בְּנֵי יִשְׂרָאֵל וְהַזָּר הַקָּרֵב יוּמָת. כָּל פְּקוּדֵי הַלְוִיִּם אֲשֶׁר פָּקַד מֹשֶׁה וְאַהֲרֹן
עַל פִּי ה׳ לְמִשְׁפְּחֹתָם כָּל זָכָר מִבֶּן חֹדֶשׁ וָמַעְלָה שְׁנַיִם וְעֶשְׂרִים אָלֶף.

פירוש העניין

לאחר שה׳ הורה לקחת את מטה לוי במקום הבכורות, והתווה באופן כללי את תפקידם של הלוויים לסייע לכוהנים, בקטע זה ה׳ מצווה לספור את הלוויים לפי משפחותיהם, גרשון, קהת ומררי מבן חודש ומעלה (טו). להלן ייספרו שוב הלוויים, הפעם מגיל שלושים, שהוא גיל שירות הלוויים. הספירה מבן חודש היא לשם החלפת הבכורות בלוויים. יש להניח שהספירה מבן חודש היא משום שמגיל זה חייו של היילוד יציבים.

לאחר הציווי של ה׳ לספור את הלוויים (טו), באה מיד ידיעה שמשה ביצע את הציווי כפי שציווה אותו ה׳ (טז). על חלוקת בני לוי לשלוש משפחות – גרשון, קהת ומררי (יז) – באות שלוש פסקאות הכוללות פרטים של כל אחת מהן:

יח-כו – גרשון. כז-לא – קהת. לג-לז – מררי.

בכל פסקה כלולים לפי הסדר הזה: חלוקה פנימית של כל משפחה, המספר הכולל של כל אחת מהן, מקום חנייתן, הנשיא של כל משפחה, ותפקידה בעבודת המשכן.

משפחת גרשון מנתה 7500 זכרים מבן חודש ומעלה, קהת מנתה 8600, ומררי 6200. הסכום המצטבר של שלוש המשפחות הוא 22,300.[2] אך סכום הלוויים הרשום בפסוק לט הוא 22,000. הפער בין המספרים מוסבר בבבלי בכורות ה ע״א: ״אותם שלוש מאות – בכורות היו, ואין בכור מפקיע בכור״.[3] הסבר זה הגיוני, שכן קדושת הבכור לא סרה מעל הבכורות שהיו לוויים ולא היה צריך להעביר אליהם את קדושת הבכור (וכן רש״י, ראב״ע, ר׳ יוסף בכור שור).

כאמור, כבר בפרק זה של מניית הלוויים מבן חודש, נמסרו גם התפקידים של כל משפחה, ומיקומם של הלוויים בחנייה הכוללת של מחנה ישראל, והנשיא של כל משפחה. התפקיד של גרשון הוא לשאת את אוהל מועד, המשכן, האוהל, מכסהו, ומסך פתח החצר. מקום חנייתו של גרשון בצד מערב, ונשיאו הוא אליסף בן לאל (כא-כו). תפקיד קהת הוא לשאת את הארון, השולחן, המנורה והמזבחות, וכל כלי הקודש. מקום חנייתו הוא דרום, ונשיאו הוא אליצפן בן עוזיאל (כז-לב). התפקיד של מררי הוא לשאת את קרשי המשכן, בריחיו, עמודיו ואדניו. מחנהו צפונית למשכן, ונשיאו הוא צוריאל בן אביחיל (לג-לז). האחראי על כל עבודת הלוויים היה אלעזר בן אהרן הכוהן, המכונה נשיא נשיאי הלוי (לב). ממזרח למשכן חנו משה ואהרן ובניו הכוהנים, ששמרו את משמרת הקודש לבל יתקרבו בני ישראל (לח).

כמו מיקום החנייה של שבטי ישראל, המיקום של משפחות לוי נקבע לפי המדרג של המשפחות. בצד מזרח, ישבו הכוהנים ומשה. בדרום ישבו בני קהת. הקהתים, שהם משפחת משה ואהרן, עסקו בפריטים הקדושים של המשכן, בראשם הארון, וכן גם השולחן, המנורה, המזבחות והמסך שבין קודש הקודשים לבין הקודש. במערב ישבו בני גרשון, והם שניים בחשיבותם לבני קהת. את זאת ניתן לראות מכך שהם נושאים את כלי הקודש הפחותים בחשיבותם ממה שנשאו הקהתים, אך קדושים יותר ממה שנשאו בני מררי. בני גרשון נשאו את המשכן עצמו: את האוהל ואת מכסהו, את המסך שבין האוהל לבין החצר, ואת היריעות של החצר, הקרויות קלעי החצר. בני מררי אחרונים במדרג, והם חונים בצפון. הם נשאו את קרשי המשכן, את הבריחים, העמודים והאדנים, וכן את עמודי החצר ומה שכרוך בכך. היחידה מסתיימת בידיעה שמשה ואהרן חנו בצד מזרח לפני אוהל מועד. ידיעה זו היא חלק מהתיאור של סדר החנייה של הלוויים, וכחלק מהמגמה להציג את המדרג במחנה לווייה, שעל פיו הכוהנים ומשה חונים בצד החשוב ביותר.

להלן בפרק ד׳ ייספרו שוב הלוויים מבן שלושים שנה. המטרה של הספירה שם היא לספור את הלוויים בגיל השירות שלהם. מטרת הספירה כאן היא לשם מינוי הלוויים תמורת הבכורות, ולכן ספירה זו היא מגיל חודש. אולם על אף היחס הברור הזה בין שתי הספירות היחס ביניהן אינו פשוט כפי שנראה הדבר במבט ראשון, ומתעוררת שאלה קשה בדבר היחס בין שתי היחידות העוסקות בשתי הספירות. המידע על תפקידי הלוויים נמסר גם במפקד של הלוויים מבן חודש וגם במפקד של הלוויים מגיל 30. הדבר תמוה משתי סיבות, ראשית משום שאין צורך בכפילות זו, ושנית כי נתונים אלה מקומם בפרק ד׳, שבו הספירה היא לשם עבודתם במשכן. אם כן מדוע מידע זה נמסר גם כאן בפרק ג׳? על כך נענה להלן לאחר עיוננו בפרק ד׳.

ספירת הבכורות ופדיון בכורות, ג׳, מ-נא

מ וַיֹּאמֶר ה׳ אֶל מֹשֶׁה פְּקֹד כָּל בְּכֹר זָכָר לִבְנֵי יִשְׂרָאֵל מִבֶּן חֹדֶשׁ וָמָעְלָה וְשָׂא אֵת מִסְפַּר שְׁמֹתָם.
מא וְלָקַחְתָּ אֶת הַלְוִיִּם לִי אֲנִי ה׳ תַּחַת כָּל בְּכֹר בִּבְנֵי יִשְׂרָאֵל וְאֵת בֶּהֱמַת הַלְוִיִּם תַּחַת כָּל בְּכוֹר
מב מג בְּבֶהֱמַת בְּנֵי יִשְׂרָאֵל. וַיִּפְקֹד מֹשֶׁה כַּאֲשֶׁר צִוָּה ה׳ אֹתוֹ אֶת כָּל בְּכוֹר בִּבְנֵי יִשְׂרָאֵל. וַיְהִי כָל בְּכוֹר
זָכָר בְּמִסְפַּר שֵׁמֹת מִבֶּן חֹדֶשׁ וָמַעְלָה לִפְקֻדֵיהֶם שְׁנַיִם וְעֶשְׂרִים אֶלֶף שְׁלֹשָׁה וְשִׁבְעִים וּמָאתָיִם.

מד מה וַיְדַבֵּר ה׳ אֶל מֹשֶׁה לֵּאמֹר. קַח אֶת הַלְוִיִּם תַּחַת כָּל בְּכוֹר בִּבְנֵי יִשְׂרָאֵל וְאֶת בֶּהֱמַת הַלְוִיִּם תַּחַת
מו בְּהֶמְתָּם וְהָיוּ לִי הַלְוִיִּם אֲנִי ה׳. וְאֵת פְּדוּיֵי הַשְּׁלֹשָׁה וְהַשִּׁבְעִים וְהַמָּאתָיִם הָעֹדְפִים עַל הַלְוִיִּם
מז מִבְּכוֹר בְּנֵי יִשְׂרָאֵל. וְלָקַחְתָּ חֲמֵשֶׁת חֲמֵשֶׁת שְׁקָלִים לַגֻּלְגֹּלֶת בְּשֶׁקֶל הַקֹּדֶשׁ תִּקָּח עֶשְׂרִים גֵּרָה
מח הַשָּׁקֶל. וְנָתַתָּה הַכֶּסֶף לְאַהֲרֹן וּלְבָנָיו פְּדוּיֵי הָעֹדְפִים בָּהֶם.

מט נ וַיִּקַּח מֹשֶׁה אֵת כֶּסֶף הַפִּדְיוֹם מֵאֵת הָעֹדְפִים עַל פְּדוּיֵי הַלְוִיִּם. מֵאֵת בְּכוֹר בְּנֵי יִשְׂרָאֵל לָקַח אֶת
נא הַכָּסֶף חֲמִשָּׁה וְשִׁשִּׁים וּשְׁלֹשׁ מֵאוֹת וָאֶלֶף בְּשֶׁקֶל הַקֹּדֶשׁ. וַיִּתֵּן מֹשֶׁה אֶת כֶּסֶף הַפְּדֻיִם לְאַהֲרֹן
וּלְבָנָיו עַל פִּי ה׳ כַּאֲשֶׁר צִוָּה ה׳ אֶת מֹשֶׁה.

פירוש העניין

מודגש בפרק זה ששבט לוי הוא תחליף לבכורות (פסוקים יב-יג; מ-נא). ה׳ מצווה את משה לספור את הלוויים משום שהעברת הקדושה היא אישית, תמורת כל בכור שיוצא ממעמדו נכנס לוי במקומו. הרעיון הבסיסי העומד בפרשה הוא שבמעמד הבכור יש יסוד ממשי של קדושה, ויש להעביר את הקדושה לאדם אחר. קדושת הבכור יסודה בכך שכשה׳ היכה את בכורי מצרים הוא הציל את בכורי ישראל, ועל כן הם נתקדשו (יג) ממכת הבכורות ועד עתה, שהלוויים מחליפים את הבכורות.

נספרו 22,273 בכורות.[4] היינו 273 יותר מאשר מספר הלוויים מבן חודש ומעלה. כל אחד מהלוויים מבן חודש החליף בכור, וליתרת 273 הבכורות לא היו לוויים כנגדם. הבכור אינו יכול סתם כך לצאת ממעמד קדושת הבכור, שהרי יש עליו קדושה ממשית של בכור. על כן פונה ה׳ שוב למשה ומצווה אותו לפדות את הבכורות הנותרים (מד-מח). פעולת הפדייה היא מעין קניית מעמדם ממעמד של קדושה למעמד של חולין, באמצעות העברת קדושתם למטבעות של חמישה שקלים לכל בכור (מז). הכסף של הפדיון הוא לה׳, והוא ניתן לכוהן, שהוא כעין ידו לקבל את הכסף עבורו. בכך נרחיב בעיוננו לפרק י״ח. הקטע מסתיים בפירוט הביצוע של משה את צו ה׳, קבלת כסף הפדיום והעברת הכסף לאהרן על פי צו ה׳ (מט-נא), פירוט המדגיש שצו ה׳ התבצע על ידי העם ומשה במדויק.

בנוסף ללקיחת הלוויים תמורת הבכורות, נאמר כי גם בהמות הלוויים יילקחו תמורת בהמות הבכורות, שהרי ה׳ הציל גם את בכורות הבהמות של ישראל (מא, מה). כמובן אין משמעות לשייכות בהמות הלוויים לעניין עבודת המקדש, שכן בהמות הלוויים היו רכושם הפרטי ולא רכוש המקדש. אך משום שיש קדושת בכור לבהמה הטהורה וגם לחמורים, היה צורך לפדות אותם. על פי הבבלי בבכורות לא פדו בהמה אחת כנגד אחת, שכן לא הייתה ספירה של הבהמות, ואין מדובר על עודפים, ולכן מסיקה הגמרא ששֶׂה אחד פטר כמה חמורים. חלקו פרשנים בשאלה אם פדו רק את בכורי החמורים, שכן לא ניתן לפדות בהמה טהורה שהרי היא קְרֵבה על המזבח (רש״י, מה), או שפדו גם את בכורי הבהמות הטהורות (אברבנאל, וכן נראה מדברי ריב״ש, מה).

ספירת הלוויים לשם עבודתם במשכן, ד׳

פרק ד׳ הוא כולו יחידה אחת (אף שהוא נפרס על שתי פרשות שבוע שונות, במדבר ונשא). בפרק הקודם ה׳ ציווה לספור את הלוויים מבן חודש ומעלה, ובפרק זה ה׳ מצווה את משה ואת אהרן לספור את הלוויים מגיל שלושים ועד חמישים. טווח גילים זה של עשרים שנה, הוא זמן עבודת הלוויים באוהל מועד. שירות זה של הלוויים מוגדר ״כל הבא לצבא״, ביטוי דומה לספירת העם לשם מלחמה בפרק א׳. המשמעות הראשונית של המילה היא בהקשר צבאי, והוא הושאל לשירות בתחומים אחרים (מערכת צבא השמיים, ראו בראשית ב׳, א; מלאכים, ראו מל״א כ״ב, יט; או זמן קצוב, ראו איוב ז׳, א).
הפרק נחלק לשני חלקים וסיכום:

1. בחלק הראשון הציווי לספור את משפחות לוי, ד׳, א-לג:
א. ב-כ – הציווי לספור את משפחת קהת והגדרת תפקידיה.
ב. כא-כח – הציווי לספור את משפחת גרשון והגדרת תפקידיה.
ג. כט-לג – הציווי לספור את משפחת מררי והגדרת תפקידיה.

2. בחלק השני ביצוע הספירה ותוצאותיה, ד׳, לד-מה:
א. לד-לז – תוצאות ספירת קהת.
ב. לח-מא – תוצאות ספירת גרשון.
ג. מב-מה – תוצאות ספירת מררי.

3. סיכום כללי של מספר הלוויים, ד׳, מו-מט.

יש לשים לב, שהחלוקה של הפרשות לפי סדר הקריאה במהלך השנה, אינו חופף את החלוקה התוכנית של הכתוב. פרשת במדבר מסתיימת לאחר הציווי של ה׳ את משה לספור את בני קהת. הציווי של ה׳ לספור את בני גרשון ובני מררי, וכן גם הביצוע של צו ה׳ יבוא בפרשת נשא. אך כל העניין הוא יחידה רציפה אחת.

ספירת הלוויים לשם עבודתם במשכן, ד׳

א ב וַיְדַבֵּר ה׳ אֶל מֹשֶׁה וְאֶל אַהֲרֹן לֵאמֹר. נָשֹׂא אֶת רֹאשׁ בְּנֵי קְהָת מִתּוֹךְ בְּנֵי לֵוִי לְמִשְׁפְּחֹתָם לְבֵית
ג אֲבֹתָם. מִבֶּן שְׁלֹשִׁים שָׁנָה וָמַעְלָה וְעַד בֶּן חֲמִשִּׁים שָׁנָה כָּל בָּא לַצָּבָא לַעֲשׂוֹת מְלָאכָה בְּאֹהֶל
ד ה מוֹעֵד. זֹאת עֲבֹדַת בְּנֵי קְהָת בְּאֹהֶל מוֹעֵד קֹדֶשׁ הַקֳּדָשִׁים. וּבָא אַהֲרֹן וּבָנָיו בִּנְסֹעַ הַמַּחֲנֶה וְהוֹרִדוּ
ו אֵת פָּרֹכֶת הַמָּסָךְ וְכִסּוּ בָהּ אֵת אֲרֹן הָעֵדֻת. וְנָתְנוּ עָלָיו כְּסוּי עוֹר תַּחַשׁ וּפָרְשׂוּ בֶגֶד כְּלִיל תְּכֵלֶת
ז מִלְמָעְלָה וְשָׂמוּ בַּדָּיו. וְעַל שֻׁלְחַן הַפָּנִים יִפְרְשׂוּ בֶּגֶד תְּכֵלֶת וְנָתְנוּ עָלָיו אֶת הַקְּעָרֹת וְאֶת הַכַּפֹּת
ח וְאֶת הַמְּנַקִּיֹּת וְאֵת קְשׂוֹת הַנָּסֶךְ וְלֶחֶם הַתָּמִיד עָלָיו יִהְיֶה. וּפָרְשׂוּ עֲלֵיהֶם בֶּגֶד תּוֹלַעַת שָׁנִי וְכִסּוּ
ט אֹתוֹ בְּמִכְסֵה עוֹר תָּחַשׁ וְשָׂמוּ אֶת בַּדָּיו. וְלָקְחוּ בֶּגֶד תְּכֵלֶת וְכִסּוּ אֶת מְנֹרַת הַמָּאוֹר וְאֶת נֵרֹתֶיהָ
י וְאֶת מַלְקָחֶיהָ וְאֶת מַחְתֹּתֶיהָ וְאֵת כָּל כְּלֵי שַׁמְנָהּ אֲשֶׁר יְשָׁרְתוּ לָהּ בָּהֶם. וְנָתְנוּ אֹתָהּ וְאֶת כָּל
יא כֵּלֶיהָ אֶל מִכְסֵה עוֹר תָּחַשׁ וְנָתְנוּ עַל הַמּוֹט. וְעַל מִזְבַּח הַזָּהָב יִפְרְשׂוּ בֶּגֶד תְּכֵלֶת וְכִסּוּ אֹתוֹ
יב בְּמִכְסֵה עוֹר תָּחַשׁ וְשָׂמוּ אֶת בַּדָּיו. וְלָקְחוּ אֶת כָּל כְּלֵי הַשָּׁרֵת אֲשֶׁר יְשָׁרְתוּ בָם בַּקֹּדֶשׁ וְנָתְנוּ
יג אֶל בֶּגֶד תְּכֵלֶת וְכִסּוּ אוֹתָם בְּמִכְסֵה עוֹר תָּחַשׁ וְנָתְנוּ עַל הַמּוֹט. וְדִשְּׁנוּ אֶת הַמִּזְבֵּחַ וּפָרְשׂוּ עָלָיו
יד בֶּגֶד אַרְגָּמָן. וְנָתְנוּ עָלָיו אֶת כָּל כֵּלָיו אֲשֶׁר יְשָׁרְתוּ עָלָיו בָּהֶם אֶת הַמַּחְתֹּת אֶת הַמִּזְלָגֹת וְאֶת
טו הַיָּעִים וְאֶת הַמִּזְרָקֹת כֹּל כְּלֵי הַמִּזְבֵּחַ וּפָרְשׂוּ עָלָיו כְּסוּי עוֹר תַּחַשׁ וְשָׂמוּ בַדָּיו. וְכִלָּה אַהֲרֹן וּבָנָיו
לְכַסֹּת אֶת הַקֹּדֶשׁ וְאֶת כָּל כְּלֵי הַקֹּדֶשׁ בִּנְסֹעַ הַמַּחֲנֶה וְאַחֲרֵי כֵן יָבֹאוּ בְנֵי קְהָת לָשֵׂאת וְלֹא
טז יִגְּעוּ אֶל הַקֹּדֶשׁ וָמֵתוּ אֵלֶּה מַשָּׂא בְנֵי קְהָת בְּאֹהֶל מוֹעֵד. וּפְקֻדַּת אֶלְעָזָר בֶּן אַהֲרֹן הַכֹּהֵן שֶׁמֶן
הַמָּאוֹר וּקְטֹרֶת הַסַּמִּים וּמִנְחַת הַתָּמִיד וְשֶׁמֶן הַמִּשְׁחָה פְּקֻדַּת כָּל הַמִּשְׁכָּן וְכָל אֲשֶׁר בּוֹ בְּקֹדֶשׁ
וּבְכֵלָיו.

יז יח וַיְדַבֵּר ה׳ אֶל מֹשֶׁה וְאֶל אַהֲרֹן לֵאמֹר. אַל תַּכְרִיתוּ אֶת שֵׁבֶט מִשְׁפְּחֹת הַקְּהָתִי מִתּוֹךְ הַלְוִיִּם.
יט וְזֹאת עֲשׂוּ לָהֶם וְחָיוּ וְלֹא יָמֻתוּ בְּגִשְׁתָּם אֶת קֹדֶשׁ הַקֳּדָשִׁים אַהֲרֹן וּבָנָיו יָבֹאוּ וְשָׂמוּ אוֹתָם אִישׁ
כ אִישׁ עַל עֲבֹדָתוֹ וְאֶל מַשָּׂאוֹ. וְלֹא יָבֹאוּ לִרְאוֹת כְּבַלַּע אֶת הַקֹּדֶשׁ וָמֵתוּ.

כא כב כג וַיְדַבֵּר ה׳ אֶל מֹשֶׁה לֵּאמֹר. נָשֹׂא אֶת רֹאשׁ בְּנֵי גֵרְשׁוֹן גַּם הֵם לְבֵית אֲבֹתָם לְמִשְׁפְּחֹתָם. מִבֶּן
שְׁלֹשִׁים שָׁנָה וָמַעְלָה עַד בֶּן חֲמִשִּׁים שָׁנָה תִּפְקֹד אוֹתָם כָּל הַבָּא לִצְבֹא צָבָא לַעֲבֹד עֲבֹדָה
כד כה בְּאֹהֶל מוֹעֵד. זֹאת עֲבֹדַת מִשְׁפְּחֹת הַגֵּרְשֻׁנִּי לַעֲבֹד וּלְמַשָּׂא. וְנָשְׂאוּ אֶת יְרִיעֹת הַמִּשְׁכָּן וְאֶת
כו אֹהֶל מוֹעֵד מִכְסֵהוּ וּמִכְסֵה הַתַּחַשׁ אֲשֶׁר עָלָיו מִלְמָעְלָה וְאֶת מָסַךְ פֶּתַח אֹהֶל מוֹעֵד. וְאֵת
קַלְעֵי הֶחָצֵר וְאֶת מָסַךְ פֶּתַח שַׁעַר הֶחָצֵר אֲשֶׁר עַל הַמִּשְׁכָּן וְעַל הַמִּזְבֵּחַ סָבִיב וְאֵת מֵיתְרֵיהֶם
כז וְאֶת כָּל כְּלֵי עֲבֹדָתָם וְאֵת כָּל אֲשֶׁר יֵעָשֶׂה לָהֶם וְעָבָדוּ. עַל פִּי אַהֲרֹן וּבָנָיו תִּהְיֶה כָּל עֲבֹדַת בְּנֵי
כח הַגֵּרְשֻׁנִּי לְכָל מַשָּׂאָם וּלְכֹל עֲבֹדָתָם וּפְקַדְתֶּם עֲלֵהֶם בְּמִשְׁמֶרֶת אֵת כָּל מַשָּׂאָם. זֹאת עֲבֹדַת
מִשְׁפְּחֹת בְּנֵי הַגֵּרְשֻׁנִּי בְּאֹהֶל מוֹעֵד וּמִשְׁמַרְתָּם בְּיַד אִיתָמָר בֶּן אַהֲרֹן הַכֹּהֵן.

כט ל בְּנֵי מְרָרִי לְמִשְׁפְּחֹתָם לְבֵית אֲבֹתָם תִּפְקֹד אֹתָם. מִבֶּן שְׁלֹשִׁים שָׁנָה וָמַעְלָה וְעַד בֶּן חֲמִשִּׁים
לא שָׁנָה תִּפְקְדֵם כָּל הַבָּא לַצָּבָא לַעֲבֹד אֶת עֲבֹדַת אֹהֶל מוֹעֵד. וְזֹאת מִשְׁמֶרֶת מַשָּׂאָם לְכָל
לב עֲבֹדָתָם בְּאֹהֶל מוֹעֵד קַרְשֵׁי הַמִּשְׁכָּן וּבְרִיחָיו וְעַמּוּדָיו וַאֲדָנָיו. וְעַמּוּדֵי הֶחָצֵר סָבִיב וְאַדְנֵיהֶם
לג וִיתֵדֹתָם וּמֵיתְרֵיהֶם לְכָל כְּלֵיהֶם וּלְכֹל עֲבֹדָתָם וּבְשֵׁמֹת תִּפְקְדוּ אֶת כְּלֵי מִשְׁמֶרֶת מַשָּׂאָם. זֹאת
עֲבֹדַת מִשְׁפְּחֹת בְּנֵי מְרָרִי לְכָל עֲבֹדָתָם בְּאֹהֶל מוֹעֵד בְּיַד אִיתָמָר בֶּן אַהֲרֹן הַכֹּהֵן.

לד לה וַיִּפְקֹד מֹשֶׁה וְאַהֲרֹן וּנְשִׂיאֵי הָעֵדָה אֶת בְּנֵי הַקְּהָתִי לְמִשְׁפְּחֹתָם וּלְבֵית אֲבֹתָם. מִבֶּן שְׁלֹשִׁים שָׁנָה
לו וָמַעְלָה וְעַד בֶּן חֲמִשִּׁים שָׁנָה כָּל הַבָּא לַצָּבָא לַעֲבֹדָה בְּאֹהֶל מוֹעֵד. וַיִּהְיוּ פְקֻדֵיהֶם לְמִשְׁפְּחֹתָם
לז אַלְפַּיִם שְׁבַע מֵאוֹת וַחֲמִשִּׁים. אֵלֶּה פְקוּדֵי מִשְׁפְּחֹת הַקְּהָתִי כָּל הָעֹבֵד בְּאֹהֶל מוֹעֵד אֲשֶׁר פָּקַד
מֹשֶׁה וְאַהֲרֹן עַל פִּי ה׳ בְּיַד מֹשֶׁה.

לח לט וּפְקוּדֵי בְּנֵי גֵּרְשׁוֹן לְמִשְׁפְּחוֹתָם וּלְבֵית אֲבֹתָם. מִבֶּן שְׁלֹשִׁים שָׁנָה וָמַעְלָה וְעַד בֶּן חֲמִשִּׁים שָׁנָה
מ כָּל הַבָּא לַצָּבָא לַעֲבֹדָה בְּאֹהֶל מוֹעֵד. וַיִּהְיוּ פְּקֻדֵיהֶם לְמִשְׁפְּחֹתָם לְבֵית אֲבֹתָם אַלְפַּיִם וְשֵׁשׁ
מא מֵאוֹת וּשְׁלֹשִׁים. אֵלֶּה פְקוּדֵי מִשְׁפְּחֹת בְּנֵי גֵרְשׁוֹן כָּל הָעֹבֵד בְּאֹהֶל מוֹעֵד אֲשֶׁר פָּקַד מֹשֶׁה
וְאַהֲרֹן עַל פִּי ה׳.

מב מג וּפְקוּדֵי מִשְׁפְּחֹת בְּנֵי מְרָרִי לְמִשְׁפְּחֹתָם לְבֵית אֲבֹתָם. מִבֶּן שְׁלֹשִׁים שָׁנָה וָמַעְלָה וְעַד בֶּן חֲמִשִּׁים
מד שָׁנָה כָּל הַבָּא לַצָּבָא לַעֲבֹדָה בְּאֹהֶל מוֹעֵד. וַיִּהְיוּ פְקֻדֵיהֶם לְמִשְׁפְּחֹתָם שְׁלֹשֶׁת אֲלָפִים וּמָאתָיִם.
מה אֵלֶּה פְקוּדֵי מִשְׁפְּחֹת בְּנֵי מְרָרִי אֲשֶׁר פָּקַד מֹשֶׁה וְאַהֲרֹן עַל פִּי ה׳ בְּיַד מֹשֶׁה.

מו מז כָּל הַפְּקֻדִים אֲשֶׁר פָּקַד מֹשֶׁה וְאַהֲרֹן וּנְשִׂיאֵי יִשְׂרָאֵל אֶת הַלְוִיִּם לְמִשְׁפְּחֹתָם וּלְבֵית אֲבֹתָם. מִבֶּן
שְׁלֹשִׁים שָׁנָה וָמַעְלָה וְעַד בֶּן חֲמִשִּׁים שָׁנָה כָּל הַבָּא לַעֲבֹד עֲבֹדַת עֲבֹדָה וַעֲבֹדַת מַשָּׂא בְּאֹהֶל
מח מט מוֹעֵד. וַיִּהְיוּ פְּקֻדֵיהֶם שְׁמֹנַת אֲלָפִים וַחֲמֵשׁ מֵאוֹת וּשְׁמֹנִים. עַל פִּי ה׳ פָּקַד אוֹתָם בְּיַד מֹשֶׁה אִישׁ
אִישׁ עַל עֲבֹדָתוֹ וְעַל מַשָּׂאוֹ וּפְקֻדָיו אֲשֶׁר צִוָּה ה׳ אֶת מֹשֶׁה.

פירוש העניין

הצו לספור את הלוויים ותפקידם, ד׳, א–לג

כאמור, הצו של ה׳ לספור את הלוויים והמינוי של כל משפחה לעבודתה בעבודת אוהל מועד מתייחס בנפרד לכל אחת ממשפחות לוי: קהת, ב–כ; גרשון, כא–כח; מררי, כט–לג. כל שלושת הקטעים בנויים בדיוק באותו מבנה מאותם הרכיבים. ביחס לכל שבט נכללים ארבעה רכיבים:

1. ציווי לפקוד את המשפחה: קהת, ב; גרשון, כב; מררי, כט.
2. גיל הלוויים שיש לספור: קהת, ג; גרשון, כג; מררי, ל.
3. עבודתם באוהל מועד: קהת, ד–טו; גרשון, כד–כז; מררי, לא–לב.
4. הכוהן האחראי על עבודת המשפחות: קהת, טז; גרשון, כז; מררי לג.

עבודת קהת היא ״קודש הקדשים״ (ד׳, ד). אין הכוונה למקום שנקרא קודש הקודשים (ראו רש״י), אלא לכלים המקודשים ביותר של המשכן, היינו: הארון, השולחן, המנורה, המזבחות, הפרוכת וכלי השרת (ד׳, ה–טו). הסדר של פירוק כלי המשכן דומה לסדר שבו שמו את הכלים במשכן בשמות מ׳, יז–לג.[5] סדר זה משקף את סדר החשיבות או הקדושה של הכלים, כפי שעולה גם מהכיסויים השונים לכלים השונים, כפי שנפרט להלן.

בהשוואה למשפחות גרשון ומררי, התיאור של עבודת הקהתים הוא ארוך באופן מיוחד, וזאת משום שהתיאור של עבודת בני קהת כרוך בעבודת הכוהנים לכסות את הכלים (ה–טו[1]), עוד בטרם יבואו הקהתים לעשות את עבודתם, שהיא נשיאת הכלים. הכוהנים מכסים את הכלים, כדי שבני קהת לא ייגעו בכלים הקדושים, או יראו את הקודש וימותו בשל כך (ד׳, טו, כ). ורק בסוף נאמר שבני קהת יבואו לשאת את הכלים (טו[2]).

לא כל הכלים כוסו באותו אופן. הארון כוסה קודם בפרוכת המסך – הפרוכת שהבדילה בין הקודש לקודש הקודשים (שמות ל״ב, לא–לג). שכבה שנייה היא כיסוי של עור תחש, וכל זה בתוך כיסוי נוסף עשוי תכלת. מעניין לציין, שרק לגבי הארון נאמר שהתכלת היא ״בגד כליל״, מושג שבא לאפיין את הטיב המשובח של בגד התכלת שהארון כוסה בו, וכעין מעיל האפוד של הכוהן שהיה עשוי בגד כליל תכלת. הדבר נובע מקדושת הארון, ומהעובדה שזה הכלי היחידי שבגד התכלת הוא הבגד החיצוני המכסה אותו.* לעומת זאת השולחן כוסה בשכבה ראשונה בבגד עשוי תכלת, אחר כך כוסה בבד עשוי תולעת שני, וכיסוי אחרון בעור תחש – סך הכול שלושה כיסויים. המנורה ומזבח הזהב כוסו בשני כיסויים – קודם בכיסוי

* במדבר רבה ד, יג: ״ואף בשעה שהיו נוסעים לא היו פורסין עליו לא בגד ארגמן ולא תולעת שני אלא בגד כליל תכלת. למה? שהתכלת דומה לים וים דומה לרקיע ורקיע דומה לכסא הכבוד שנא׳ (יחזקאל א׳, כו) ׳וממעל לרקיע אשר על ראשם כמראה אבן ספיר וגו׳׳, ללמדך שהארון היה דומה לכסא הכבוד, ולכך נאמר בו ׳כליל תכלת׳, שכולו היה דומה לו, ולפי שהארון דומה לו, לכך היה הבגד תכלת מלמעלה, פניו כנגד הרקיע, הדומה לו, מה שאין את מוצא בשאר הכלים, שיהיו בגד תכלת מלמעלה, אלא בגד תכלת מלמטה וכיסוי עור תחש מלמעלה, אבל בארון – כסוי עור תחש מלמטה ובגד תכלת מלמעלה, ועוד: בארון נאמר בו ׳כליל תכלת׳ מה שלא נאמר בכולם ׳כליל תכלת׳ למה? שהוא חשוב מכל כלי המשכן״.

תכלת ומעליו כיסוי של עור תחש. לאחר דישון מזבח העולה הוא כוסה בבגד ארגמן (יג), ומעליו בגד תחש.*

קשה להבין את השוני בין הכיסויים לכלים השונים. אפשר אולי להסביר באופן חלקי, שהיה צורך להבחין בין הארון שהוא המקודש ביותר לבין שאר הכלים (רמב"ן על ד', ו), לכן רק הכיסוי החיצוני של הארון היה תכלת. נראה גם שמפני קדושת הארון, השכבה הראשונה שלו היא פרוכת המסך, שנועדה להבדיל בין קודש הקודשים לבין הקודש, והינה כאן, גם בנסיעה, בעת שהכלים מכוסים, היא מבדילה את הארון בכיסוי ראשון שלו. מעבר לזה, נראה כי אסור היה גם לכוהנים לראות את הארון, ולכן כאשר הם באו מהקודש לקודש הקודשים הם לקחו את הפרוכת והעבירו אותה מעל הארון, מבלי לראות את הארון.[6] השולחן, כנראה שני בחשיבותו, כוסה בשלושה כיסויים, והמנורה ומזבח הזהב בשני כיסויים. הכלים לעיל שהיו בקודש, כוסו בתכלת, והובדלו ממזבח העולה שכוסה בבגד ארגמן, שכן הוא היה בחצר מחוץ לקודש.** נראה כי מזבח העולה מכוסה בכיסוי שמתאים לשימוש הרגיל – הקרבת דם על המזבח, והכיסוי גם בשעת מסע שיקף את שימושו העיקרי, ולכן הכיסוי שלו הוא בצבע הדומה לדם – ארגמן.***

על כל עבודה של כל אחת ממשפחות לוי אחראי כוהן. האחראי על הקהתים הוא אלעזר הכוהן (ד', טז). ברשימת תפקידי אלעזר רשום גם שמן המאור, קטורת הסמים, מנחת התמיד, ושמן המשחה. יש להניח שהכוונה היא שאלעזר אחראי להגיד מי מהלוויים ממשפחת קהת יישא אותם (ראב"ע; רמב"ן), רש"י סבור שאלעזר נשא אותם בפועל (וכן עולה מירושלמי פרק י הלכה ג).

פסוקים יז-כ הם פנייה נפרדת של ה' למשה ואהרן, והם חוזרים על מה שנאמר קודם. הפסוקים כוללים אזהרה בלשון מפורשת שלא להכרית את הקהתים, ושהכוהנים ישימו את הקהתים כל אחד במקומו בעבודת נשיאת הכלים. בכך יימנעו טעויות, והקהתים לא יבואו במגע אסור עם כלי הקודש. הציווי החריג כאן למשה ואהרן על מה שנאמר קודם הוא בשל כך שהקטע על הקהתים כלל בעיקר ציווי לכוהנים לכסות את הכלים. אלעזר הוא אחראי על עבודת הקהתים, אך הציווי כאן למשה ואהרן הוא משום שהם האחראים על עבודת הכוהנים לכסות את הכלים.

פסוקים כד-כו מתארים את עבודת משפחת גרשון. עבודתם ככלל היא הרכבה ונשיאה

* מכיוון שנאמר על אש המזבח שהיא לא תכבה (ויקרא ו', ו), ר' יהודה סבר שכיסו את האש בפסכתר, היינו בכלי נחושת כדי שהאש לא תכבה גם במסעות (ירושלמי יומא סוף פרק ד; ספרא צו פרשה א, י: "לא תכבה – אף במסעות, מה עושים לה כופים עליה פסכתר דברי רבי יהודה, ר' שמעון אומר אף בשבת ומסעות מדשנים אותה שנאמר ודשנו את המזבח ופרשו עליו בגד ארגמן").

** במדבר רבה ד, יד: "בהיכל היו פורשים בגד תכלת מפני שהשכינה שורה שם דוגמת מקום שכינתו של מעלה הדומה לתכלת". וכן שם ד, יז: "מזבח העולה לפי שלא היה בפנים לא היו מכסין אותו בתכלת אלא בארגמן".

*** במדבר רבה ד, יז: "למה בארגמן – שהוא היה אורג את ישראל מן החטא שעליו היו מקריבין תמידין בכל יום וחטאות ואשמות ועולות ושלמים".

של יריעות המשכן של אוהל מועד עצמו, ועוד כלים נוספים. האחראי על עבודת משפחת הגרשוני הוא איתמר בן אהרן הכוהן (ד׳, כח).

פסוקים לא-לב מתארים את תפקידם של בני מררי. עבודתם כוללת את החלקים החיצוניים של מבנה המשכן, קרשי המשכן ורכיביהם, וכן עמודי חצר המשכן וכל רכיביהם. האחראי על עבודת משפחת הגרשוני הוא איתמר בן אהרן.

אהרן ובניו הם האחראים לקבוע מי יעשה את העבודות השונות. דבר זה נאמר ביחס לבני קהת בפסוק יט, וביחס למשפחת גרשון בפסוק כז. דבר זה לא נאמר ביחס לבני מררי, אך יש להניח שגם ביחס למשפחה זו, היו אלה הכוהנים שמינו את הלוויים מבני גרשון לעשות את עבודתם.

ביצוע הספירה של הלוויים, ד׳, לד-מט

החלק השני של הפרק (לד-מט) הוא ביצוע הספירה על ידי משה, אהרן ונשיאי העדה. הביצוע של הציוויים מדווח לפי משפחות – בני קהת, לד-לז; בני גרשון, לח-מא; בני מררי, מב-מה. סכום הנספרים הוא – בני קהת 2750 (לו), בני גרשון 2630 (מ), בני מררי 3200 (מד).

שלושת הקטעים בנויים במבנה משותף ונוסחאות משותפות:

1. (לד) וַיִּפְקֹד מֹשֶׁה וְאַהֲרֹן וּנְשִׂיאֵי הָעֵדָה אֶת בְּנֵי הַקְּהָתִי לְמִשְׁפְּחֹתָם וּלְבֵית אֲבֹתָם. // (לח, מב) וּפְקוּדֵי ... לְמִשְׁפְּחוֹתָם וּלְבֵית אֲבֹתָם.
2. (לה, לט, מג) מִבֶּן שְׁלֹשִׁים שָׁנָה וָמַעְלָה וְעַד בֶּן חֲמִשִּׁים שָׁנָה כָּל הַבָּא לַצָּבָא לַעֲבֹדָה בְּאֹהֶל מוֹעֵד.
3. (לו, מ, מד) וַיִּהְיוּ פְקֻדֵיהֶם לְמִשְׁפְּחֹתָם...
4. (לז, מא, מח) אֵלֶּה פְקוּדֵי מִשְׁפְּחֹת... אֲשֶׁר פָּקַד מֹשֶׁה וְאַהֲרֹן עַל פִּי ה׳ (רק בפסוק לז ופסוק מח בְּיַד מֹשֶׁה).

הרושם החזק ביותר של הניסוחים החוזרים הוא שביצוע הצו של ה׳ נעשה על ידי משה ואהרן, נוסחה החוזרת ברכיב הראשון של בני קהת, וברכיב הרביעי בשלושת הקטעים. החזרה הכפולה על כך שהצו ניתן ״ביד משה״ החוזר פעמיים בדיווח על ספירת קהת ומררי מחזקת מטרה זו.

אותם ארבעה רכיבים חוזרים בפירוט בפעם הרביעית בסיכום הכולל של שלוש המשפחות בפסוקים מו-מט:

1. כָּל הַפְּקֻדִים אֲשֶׁר פָּקַד מֹשֶׁה וְאַהֲרֹן וּנְשִׂיאֵי יִשְׂרָאֵל אֶת הַלְוִיִּם לְמִשְׁפְּחֹתָם וּלְבֵית אֲבֹתָם.
2. מִבֶּן שְׁלֹשִׁים שָׁנָה וָמַעְלָה וְעַד בֶּן חֲמִשִּׁים שָׁנָה כָּל הַבָּא לַעֲבֹד עֲבֹדַת עֲבֹדָה וַעֲבֹדַת מַשָּׂא בְּאֹהֶל מוֹעֵד.
3. וַיִּהְיוּ פְּקֻדֵיהֶם שְׁמֹנַת אֲלָפִים וַחֲמֵשׁ מֵאוֹת וּשְׁמֹנִים.
4. עַל פִּי ה׳ פָּקַד אוֹתָם בְּיַד מֹשֶׁה אִישׁ אִישׁ עַל עֲבֹדָתוֹ וְעַל מַשָּׂאוֹ וּפְקֻדָיו אֲשֶׁר צִוָּה ה׳ אֶת מֹשֶׁה.

בסיכום חוזר אותו מבנה בתוספת חזרה על כך שהצו בוצע על ידי משה גם ברכיב הפתיחה (1) וגם ברכיב הרביעי (4). ישנה הרחבה של הרכיב הרביעי המוסיף פעם נוספת, שהדבר נעשה על ידי משה לפי צו ה'. סך כל העובדים במקדש משבט לוי מכל שלוש משפחותיו הוא 8580 (מח). הפסוק החותם מדגיש את משה, כמי שספר את העם על פי צו ה', ועל פיו ממנה את האנשים לתפקידם: "עַל פִּי ה' פָּקַד אוֹתָם בְּיַד מֹשֶׁה אִישׁ אִישׁ עַל עֲבֹדָתוֹ וְעַל מַשָּׂאוֹ וּפְקֻדָיו אֲשֶׁר צִוָּה ה' אֶת מֹשֶׁה" (מט). כאמור, משפט זה מהדהד את הנאמר גם בסיכומי המשפחות כפי שראינו בפסוקים לז, מא, מה, על מנת לחזור ולהדגיש את הביצוע של צו ה'.

הרכיב האחרון של החתימה הוא אנלוגי לפסוק הפתיחה של הביצוע בפסוק לד, ומודגש בשניהם, שמשה, אהרן ונשיאי העדה, הם אלה שפקדו את הלוויים. מדוע היו נשיאי העם מעורבים בספירת הלוויים? נראה הגיוני שכל משפחה בשבט הלוויים תספור את בניה, או שהספירה תהיה על ידי הנשיאים של הלוויים שנמנו בפרק ג' – אליסף בן לאל, אליצפן בן עוזיאל וצוריאל בן אביחיל. מה אפוא מקומם של הנשיאים של העם בספירת הלוויים? תשובה לשאלה זו תינתן מיד לאחר הדיון על היחס שבין פרקים ג' וד'.

היחס בין ספירת הלוויים בפרק ג' לבין ספירתם בפרק ד'

בפרקים ג'-ד' מתקיימות שתי ספירות שונות של הלוויים. במבט ראשון היחס בין הפרקים פשוט: בפרק ג' נספרים הלוויים מבן חודש ומעלה, לשם מינוי הלוויים כשבט קדוש שיעסוק במקדש במקום הבכורות, ואילו בפרק ד' נספרים הלוויים מבן שלושים ועד בן חמישים, על מנת לייעד לכל משפחה את תפקידה בעבודת אוהל מועד. לכן בפרק ג' הספירה היא של כלל הלוויים כשבט קדוש, ואילו בפרק ד' הספירה היא של עובדי המקדש בגיל העבודה.

אולם הסבר זה אינו נותן מענה שלם לשתי הספירות. שכן אם הספירה של הלוויים בפרק ג' היא רק לשם מינוים לשבט קדוש, מדוע מוצג כבר בפרק זה פירוט עבודתה של כל אחת מהמשפחות, באופן דומה מאוד למה שיופיע בפרק ד'? אם ההבדל בין שני הפרקים היה כפי שרוב הפרשנים סבורים בין ספירה לצורך מינוי ופדיון לבין ספירה לצורך הגדרת התפקיד, לא היה מקום להגדיר את תפקידי הלוויים כבר בפרק ג'. ובמיוחד שאין תוספת משמעותית ביחס להגדרת התפקיד בפרק ד' על המידע שנמסר בפרק ג'. תיאור עבודת בני גרשון בפרק ד' כמעט זהה לתיאור בפרק ג':

ג', כה-כו	ד', כה-כו
וּמִשְׁמֶרֶת **בְּנֵי גֵרְשׁוֹן בְּאֹהֶל מוֹעֵד הַמִּשְׁכָּן וְהָאֹהֶל מִכְסֵהוּ וּמָסַךְ פֶּתַח אֹהֶל מוֹעֵד. וְקַלְעֵי הֶחָצֵר וְאֶת מָסַךְ פֶּתַח הֶחָצֵר אֲשֶׁר עַל הַמִּשְׁכָּן וְעַל הַמִּזְבֵּחַ סָבִיב וְאֵת מֵיתָרָיו** לְכֹל **עֲבֹדָתוֹ.**	וְנָשְׂאוּ אֶת יְרִיעֹת **הַמִּשְׁכָּן וְאֶת אֹהֶל מוֹעֵד מִכְסֵהוּ** וּמִכְסֵה הַתַּחַשׁ אֲשֶׁר עָלָיו מִלְמָעְלָה וְאֶת **מָסַךְ פֶּתַח אֹהֶל מוֹעֵד. וְאֵת קַלְעֵי הֶחָצֵר וְאֶת מָסַךְ פֶּתַח** שַׁעַר **הֶחָצֵר אֲשֶׁר עַל הַמִּשְׁכָּן וְעַל הַמִּזְבֵּחַ סָבִיב וְאֵת מֵיתְרֵיהֶם** וְאֶת כָּל כְּלֵי **עֲבֹדָתָם** וְאֵת כָּל אֲשֶׁר יֵעָשֶׂה לָהֶם וְעָבָדוּ.

כן הדבר לגבי תיאור עבודת משפחת מררי, שתיאור עבודתם כמעט זהה:

ג׳, לו–לז	ד׳, לא–לב1
וּפְקֻדַּת מִשְׁמֶרֶת בְּנֵי מְרָרִי **קַרְשֵׁי הַמִּשְׁכָּן וּבְרִיחָיו וְעַמֻּדָיו וַאֲדָנָיו וְכָל כֵּלָיו וְכֹל עֲבֹדָתוֹ. וְעַמֻּדֵי הֶחָצֵר סָבִיב וְאַדְנֵיהֶם וִיתֵדֹתָם וּמֵיתְרֵיהֶם.**	וְזֹאת מִשְׁמֶרֶת מַשָּׂאָם לְכָל עֲבֹדָתָם בְּאֹהֶל מוֹעֵד **קַרְשֵׁי הַמִּשְׁכָּן וּבְרִיחָיו וְעַמּוּדָיו וַאֲדָנָיו. וְעַמּוּדֵי הֶחָצֵר סָבִיב וְאַדְנֵיהֶם וִיתֵדֹתָם וּמֵיתְרֵיהֶם לְכָל כְּלֵיהֶם וּלְכֹל עֲבֹדָתָם.**

כן הדבר גם ביחס לתיאור העבודות של בני קהת בשני הפרקים. אומנם עבודתה של משפחת קהת כפי שמתוארת בפרק ג׳, לא, היא: "וּמִשְׁמַרְתָּם הָאָרֹן וְהַשֻּׁלְחָן וְהַמְּנֹרָה וְהַמִּזְבְּחֹת וּכְלֵי הַקֹּדֶשׁ אֲשֶׁר יְשָׁרְתוּ בָּהֶם וְהַמָּסָךְ וְכֹל עֲבֹדָתוֹ". ולעומת זאת בפרק ד׳ עבודת בני קהת מתוארת לכאורה באריכות בפסוקים ד–טו. אולם עם זאת, וכפי שנאמר כבר לעיל, האריכות מתייחסת לעבודת הכוהנים לפני שיבואו בני קהת לעבודתם. התיאור כולו מתייחס לכיסוי כל הכלים שבאחריות בני קהת על ידי הכוהנים, ורק בסופו של התיאור הארוך הזה ביחס לעבודת הכוהנים בא משפט אחד ביחס לבני קהת: "וְכִלָּה אַהֲרֹן וּבָנָיו לְכַסֹּת אֶת הַקֹּדֶשׁ וְאֶת כָּל כְּלֵי הַקֹּדֶשׁ בִּנְסֹעַ הַמַּחֲנֶה וְאַחֲרֵי כֵן יָבֹאוּ בְנֵי קְהָת לָשֵׂאת וְלֹא יִגְּעוּ אֶל הַקֹּדֶשׁ וָמֵתוּ אֵלֶּה מַשָּׂא בְנֵי קְהָת בְּאֹהֶל מוֹעֵד" (ג׳, טו). נמצא שאין בפרק זה שום תוספת הנוגעת לעבודתם של בני קהת עצמם.

יוצא אם כן שפרק ד׳ אינו מוסיף מידע משמעותי על תפקידי משפחות הלוויים. מדוע אם כן בא הפירוט של עבודת המשפחות במשכן בפרק ג׳, שהרי מקומם המתאים של פרטים אלה בפרק ד׳, ושם אכן המידע מופיע. לפי זה מזדקרת בעצם השאלה במלוא חריפותה: מה היחס בין מניית הלוויים בפרק ג׳ לבין מניית הלוויים בפרק ד׳?*

העובדה שעבודות הלוויים מופיעות בשתי הספירות של הלוויים, מצביעה על כך שהמקרא ביקש להציג שני היבטים שונים בתפקידם ובמעמדם. פרק ג׳ הוא המינוי של הלוויים לתפקידם, ופרק ד׳ הוא חלוקת התפקידים לכל משפחה. אומנם כבר במינוי נאמר מהו התפקיד של כל משפחה, אך לא כתיאור של עבודה אלא כתחום אחריות. הספירה של הלוויים בפרק ג׳ היא מגיל חודש ומעלה, ובעקבותיה נוצרת הפרדה גדולה בין הלוויים לבין

* הועלתה האפשרות כי פרק ג׳ מדגיש את עבודתם של הלוויים כמשמרת (ג׳, כה, כח, לו), היינו את עבודת השמירה של הלוויים, ואילו פרק ד׳ מדגיש את עבודת הלוויים במסע. למשל מילגרום, עמ׳ 18. הסבר זה אינו מתקבל על הדעת משום שבפרק ג׳ נמנים הלוויים מבן חודש, שאינו גיל עבודה, וגם אינו גיל שמירה. ולכן קשה להבין מדוע נתונים אלה באים בפרק ג׳ ולא בפרק ד׳ המדבר על גיל עבודת הלוויים. מעבר לכך, אין הבחנה משמעותית בין עבודת השמירה לבין העבודה של הפירוק וההרכבה והנשיאה, מכיוון שאותן משפחות אחראיות על אותם חלקים של המשכן גם בעבודת השמירה וגם בעבודת ההרכבה, הפירוק והנשיאה, לכן אין טעם לחלק בין השמירה לבין העבודה. יתר על כן, ההבחנה בין "משמרת" לבין "עבודה" אינה באמת מבחינה בין שני הפרקים, שכן גם פרק ג׳ המשתמש במושג "משמרת", משתמש גם במושג "עבודה" (ג׳, כו, לא, לו); ואילו פרק ד׳ משתמש גם במילה "משמרת" (ד׳, כז, כח, לא, לב). אכן יש לדייק שמשמעות המושג "משמרת" בפרק ג׳ אינה על עבודת השמירה, שכן בעת החנייה בני קהת לא שמרו על הכלים הפנימיים של קודש הקודשים מפני כניסה של זרים. פירוש המילה "משמרת" הוא, כאמור, תחום אחריות (רש"י על פסוק ז).

העם. הלוויים הם שבט נפרד מישראל כבר מהלידה. בפרק זה מוגדר תחום האחריות של משפחות הלוויים, מתוך כוונה להדגיש את הפער בין הלוויים לבין העם. לעומת זאת בספירה השנייה נספרים הלוויים רק לגיל עבודה, עשרים שנה בלבד – משלושים ועד חמישים. פרק ד׳ מדגיש יותר את העבודה בפועל ולא את תחום האחריות. כך ניתן להבין שהספירה הראשונה באה לקבוע מדרג בין הלוויים לבין העם, בעוד הרשימה השנייה היא פונקציונלית, ספירה של הלוויים העובדים במשכן בגיל המוגבל של תקופת השירות. הספירה השנייה באה להמעיט מעוצמתו של המדרג המודגש בפרק ג׳, ולהציגו כתפקיד לזמן מוגדר. שתי הספירות מייצגות שני עקרונות שונים ביחס למעמד לווייה. הספירה הראשונה מתייחסת למעמד המולד של הלוויים; כבר מבן חודש ומעלה יש להם מעמד מובחן מהעם. הספירה השנייה מצמצמת את הרושם העולה בספירה הראשונה. בפרק ג׳, הלוויים מוצגים כמי שהם גבוהים במדרג ביחס לעם מבחינה מהותית, ואילו בפרק ד׳, היתרון הוא לזמן והוא פונקציונלי בלבד.

בנוסף להבחנות בין שני הפרקים, נוכל להבין מדוע סדר החנייה של משפחות לוי נרשם רק בפרק ג׳ ולא בפרק ד׳. החנייה של הלוויים ביחס למחנה ישראל מדגישה את המדרג הגבוה של הלוויים, עד כדי כך שהמקרא מגדיר את אוהל מועד כחלק ממחנה לווייה (ב׳, יז). לכן המקום של ידיעות אלה יבוא בפרק ג׳, המצביע על הפרדה גדולה יותר בין הלוויים לבין העם. אכן, כאמור לעיל בניתוחנו לפרק ג׳, סדר החנייה משקף גם מדרג פנימי בתוך מחנה הלוויים, כל שכן ביחס למחנה ישראל: משה והכוהנים במיקום החשוב במזרח; שניים להם בחשיבותם משפחת קהת בדרום, הנושאים את כלי הקודש; אחריהם בצד מערב משפחת גרשון הנושאים את המשכן עצמו ואת יריעותיו; ואחרונים בחשיבותם משפחת מררי בצד צפון, הנושאים את הקרשים ואביזריהם. פרק ד׳ השואף לצמצם את המדרג אינו מזכיר את מיקום המשפחות במחנה.

הבדל נוסף בין שני הפרקים הוא סדר המשפחות. בפרק ג׳ סדר הצגת השבטים הוא גרשון, קהת ומררי, ואילו בפרק ד׳ הסדר הוא קהת, גרשון ומררי. עיקרו של פרק ג׳ הוא להציג את המדרג בינם לבין העם כהבחנה מולדת, ומבחינת הגיל, גרשון גדול יותר, ולכן נרשם קודם. לעומת זאת סדר המשפחות בפרק ד׳ הוא סדר חשיבות תחום עבודתם של הלוויים מבפנים החוצה: קודם בני קהת הנושאים את כלי הקודש, אחר כך בני גרשון הנושאים את האוהל עצמו, ולבסוף בני מררי הנושאים את הקרשים.

ההסבר המוצע יסביר מדוע בפרק ג׳, נתפרטו שמותם של נשיאי משפחות לוי: אליסף בן לאל נשיא משפחת גרשון (כד); אליצפן בן עוזיאל נשיא משפחת קהת (לה); צוריאל בן אביחיל נשיא משפחת מררי (לד). בפרק זה נאמר גם שהנשיא של שלושת הנשיאים הוא אלעזר הכוהן (לב). לעומת זאת, בפרק ד׳, נתפרטו השמות של הכוהנים אשר אחראים על כל משפחת הלוויים. אלעזר הכוהן אחראי על קהת (טז), איתמר על גרשון (כח) ועל מררי (לג). ההבדל בין שני הפרקים הוא שבפרק ג׳, שכאמור, מדגיש את מעלתם של הלוויים ביחס לישראל, צוינו גם הנשיאים של כל משפחה, כדי להאדיר את מעלתם, אף כי גם את כפיפותם לאלעזר. בפרק ד׳ שבא להמעיט את ההפרדה בין הלוויים לבין העם לתחום של עבודת הקודש מבחינה

פונקציונלית, צוינו דווקא הכוהנים אשר אחראים על עבודתם של הלוויים במקדש, ולא נשיאי הלוויים.

משום שפרק ג׳ מדבר על מעמד הלוויים, באה בו בעיקר המילה ״משמרת״, לאפיין את תחום האחריות של כל משפחה. לעומת זאת בפרק ד׳ המתאר את שירות הלוויים בפועל, מוגדרת העבודה הממשית של הלוויים באמצעות המילים ״עבודה״, ״מלאכה״, ״משא״.

סיכום פרקים א׳-ד׳

הנושא של פרקים א׳-ד׳ הוא ספירת העם וסידור המחנה של ישראל לקראת הכניסה לארץ כנען והמלחמה להורשת יושביה. הרשימות מפורטות מאוד, וסדר החנייה מתואר בהרחבה. העיון בפרקים אלה גילה את היסוד אשר עומד מאחורי התיאורים הרחבים. מצד אחד הכוונה היא לתאר את המחנה באופן מדרגי, ומצד שני המגמה היא להראות שהמדרג אינו קבוע, והיחסים שבין השכבות במדרג הם מורכבים.

הרשימה הראשונה של מספרי העם בפרק א׳ היא לשם מלחמה, ואילו בפרק ב׳ המספרים של העם והאזכור החוזר של הנשיאים הם כחלק מתיאור סדר המחנה, אשר במרכזו אוהל מועד. על פי שתי נקודות מבט אלה מוצגים שני מדרגים. לפי פרק א׳, יוצאי הצבא הם שנספרים והלוויים שאינם יוצאים למלחמה אינם נספרים. על פי הרשימה של סדר החנייה בפרק ב׳, הלוויים מחזיקים מקום מרכזי בהיותם יושבים סמוך למשכן, ובכך הם שומרים על המשכן. במדרג המשתקף כאן, הלוויים הם מרכזיים יותר, והעם יושב מסביב ללוויים. יש כאן שתי הסתכלויות על העם: מבחינת יוצאי הצבא, העם הוא המרכזי במדרג והלוויים טפלים לו; ומבחינת סדר המחנה הלוויים מחזיקים מקום מרכזי סביב המשכן, והעם מצוי במעגל שני לו. שתי הרשימות משקפות שתי אוריינטציות: אחת של העם קדימה לעבר המשימה של כיבוש הארץ, ואחת פנימה למשכן ה׳.

יחס כפול אנו מוצאים גם ביחס שבין הלוויים לבין העם בפרקים ג׳ וד׳. בפרק ג׳ נספרים הלוויים מבן חודש ומעלה כדי להקדיש את הלוויים לעבודתם, ולהמיר בהם את הבכורות שהיו אמורים לעבוד במשכן. הלוויים מחליפים את הבכורות, והם הופכים להיות מעמד גבוה במדרג של העם, מעל העם, אך מתחת לכוהנים. לעומת זאת בפרק ד׳ מודגש תפקידם הפונקציונלי לשרת במשכן לתקופה מוגדרת בחייהם. בעוד פרק ג׳ קובע מדרג בעם, בא פרק ד׳ ומסייג אותו.

חוקים: הוצאת הטמאים מהמחנה, אשם גזלות, סוטה, נזיר וברכת כוהנים, ה׳, א - ו׳, כז

הקדמה: הקשר בין המצוות, ומשמעות מיקומן בהקשרן

מיד לאחר פרקי ארגון המחנה, משובצים חמישה חוקים: הראשון הוא חוק שילוח הטמאים מהמחנה (ה׳, א–ד), השני הוא חוק אשם גזלות (ה׳, ה–י), השלישי הוא חוק הסוטה (ה׳, יא–לא), והרביעי הוא חוק הנזיר (ו׳, א–כא). החוק החותם הוא ציווי על נוסח הברכה שבה יברכו הכוהנים את העם (ו׳, כג–כז). מה טיב הקשר בין חוקים אלה, ומה סיבת שילוב החוקים כאן?

מספר מוטיבים קושרים בין החוקים. לבד מהחוק הראשון שאר החוקים מאופיינים במעורבות מכריעה של כוהן: בדין אשם גזלות הכוהן מקבל את הגזלה במקום הנגזל שמת בלא יורשים; הכוהן הוא שעורך את הבדיקה לסוטה; נזיר דומה בכמה דברים מהותיים לכוהן, והכוהן הוא זה אשר עורך את הליך סיום הנזירות של הנזיר שתמה תקופת נזירותו או שנטמא במהלכה; וברכת הכוהנים חותמת כאמור את הקובץ.

ארבעה חוקים כוללים איש ואישה. בחוק שילוח הטמאים: "מזכר עד נקבה" (ה׳, ב). חוק אשם גזלות נוגע לגברים ונשים כאחד: "איש או אישה כי יעשו מכל חטאות האדם" (ו). חוק נזיר מתייחס בשווה לגברים ולנשים: "איש או אשה כי יפליא לנדר נדר נזיר" (ו׳, ב). חוק סוטה עוסק במתח בין איש לבין אישה: "איש איש כי תשטה אשתו" (ה׳, יב).

פרשת סוטה מתקשרת לפרשת אשם גזלות באמצעות ההגדרה של שני החטאים האלה כמעל, ה׳, ו, יג, כז. שניהם קשורים בכך שבדין אשם גזלות הנאשם נשבע על שקר בחטא, והסוטה נשבעת על כי לא חטאה. עניין הטומאה קושר בין דין הוצאת טמא מן המחנה לדין נזיר שהופרה נזירותו בשל טומאתו. דין נזיר בא אחרי דין סוטה והקשרים ביניהם הדוקים. שתי המצוות פותחות ומסתיימות באופן דומה. סוטה: "דַּבֵּר אֶל בְּנֵי יִשְׂרָאֵל וְאָמַרְתָּ אֲלֵהֶם אִישׁ אִישׁ כִּי תִשְׂטֶה אִשְׁתּוֹ וּמָעֲלָה בוֹ מָעַל" (ה׳, יב); "זֹאת תּוֹרַת הַקְּנָאֹת אֲשֶׁר תִּשְׂטֶה אִשָּׁה תַּחַת אִישָׁהּ וְנִטְמָאָה" (ה׳, כט). בדומה לכך גם הפתיחה והסיום של דין נזיר: "דַּבֵּר אֶל בְּנֵי יִשְׂרָאֵל וְאָמַרְתָּ אֲלֵהֶם אִישׁ אוֹ אִשָּׁה כִּי יַפְלִא לִנְדֹּר נֶדֶר נָזִיר לְהַזִּיר לַה׳" (ו׳, א); "זֹאת תּוֹרַת הַנָּזִיר אֲשֶׁר יִדֹּר קָרְבָּנוֹ לַה׳ עַל נִזְרוֹ... כֵּן יַעֲשֶׂה עַל תּוֹרַת נִזְרוֹ" (ו׳, כא). בשני הדינים לכוהן יש תפקיד מרכזי. הכוהן מנהל את הבדיקה של הסוטה, ועל פי בדיקה זו נענשת האישה או מתגלית כמי שלא חטאה, וכל חשד מוסר ממנה. הכוהן מנהל את תהליך סיום נזרו של הנזיר, אשר בסופו הוא חוזר להיות ככל האדם. גם בנזיר וגם בסוטה עניין הראש, השער והפריעה תופסים מקום בהליך ההלכתי – הכוהן פורע את ראש האישה, והנזיר מגדל פרע את שער ראשו, ומגלחו בסוף נזירותו.*

* הבבלי סוטה ב ע"א נותן לכך הסבר חינוכי על דרך הדרש: "רבי אומר למה נסמכה פרשת נזיר לפרשת סוטה? לומר לך שכל הרואה סוטה בקלקולה יזיר עצמו מן היין".

אף כי החוקים כאן הם מתחומים מגוונים, הם נקשרים באמצעות זיקות לשוניות ותמטיות. מדוע הם מוצבים במקומם לאחר ענייני סידור המחנה בפרקים א׳-ד׳, ומה טיב הקשר ביניהם? נראה כי, המאחד את כל החוקים הוא שעיסוקם הוא הכללה והוצאה מהמחנה, ובתוך כך מתחזק המדרג של המחנה כפי שעלה בפרקים הראשונים של הספר, ומיושם בחוקים, אך יחד עם זאת המדרג גם מצטמצם ומסויג.

חוק שילוח הטמאים מחוץ למחנה קשור לפרקי סידור המחנה בפרקים א׳-ד׳. לאחר שתואר המחנה אשר בתוכו שוכן ה׳ במשכן, בא החוק הקובע שהמחנה יכול להכיל רק אנשים שאינם טמאים (רשב״ם). עניין היציאה מן המחנה אינו עולה לפני שיש משכן בישראל. עקרון הוצאת הטמא מחוץ למחנה הוא פועל יוצא של תיאור המחנה וקדושתו.

בניגוד לדין הוצאת הטמא מן המחנה הנובע משכינתו של ה׳ בתוכו ומהמדרג הנובע ממנו, דין אשם גזלות המושב לכוהן פועל בצורה הפוכה. דין זה מדגים את כוח ההכללה של המחנה שבתוכו ה׳ נמצא. דינו של מי שגזל ונשבע לשקר הוא שהוא צריך להשיב את הגזלה ולשלם חומש, ורק אז הוא יכול להביא קורבן על מנת שיתכפר לו. אך במקרה שהנגזל מת ואין לו יורש, עדיין יש לו אפשרות לכפר את עוונו, בכך שבמקום להשיב את הגזלה לנגזל הוא נותן אותה לכוהן, ואז יכול להביא קורבן אשם ולכפר על עוונו. דווקא המדרג, והעובדה שיש לה׳ נציג בתוך המחנה, מאפשר ליחיד שחטא, להיכלל במחנה. התפקיד של החוק כאן להראות כיצד המחנה אשר בתוכו ה׳ מאפשר להשאיר אדם בתוך המחנה, אף שחטא ושאלת כפרתו מוטלת בספק. בדין שילוח הטמאים עלה שהקדושה של המחנה אשר ה׳ שוכן בתוכו, אינה מאפשרת לאדם טמא לשהות באותו מחנה. דין השבת גזלה לכוהן הוא הפוך, והוא מדגיש כיצד הנוכחות של ה׳ בתוך המחנה, מאפשרת לאדם להיכלל במחנה, אף שהיה עלול להיכרת מן המחנה בשל חטאו.

אף פרשת סוטה שייכת לקו מחשבה זה. קדושת המחנה אינה מאפשרת לטמא להיות בה, והיא אינה מאפשרת לאישה שזנתה להמשיך לחיות ביישוב. בדומה לחוק אשם גזלות המאפשר לכוהן לקבל את הגזלה אם הנגזל אינו בחיים ואין לו יורשים, ובכך לאפשר את כפרתו של החוטא, הרי שבדין סוטה, הכוהן עורך את הליך בדיקת הסוטה, שבסופו או שהאישה תיענש אם חטאה, או שתוכל לחזור חזרה לביתה אם לא חטאה. דין סוטה כולל את שתי התופעות ההפוכות שבהוצאת טמא ובאשם גזלות. הדין הראשון הוא הוצאה מהמחנה, והשני הוא הכללה בתוך המחנה, ודין סוטה כולל את שתי האפשרויות, אחת של הוצאה והשנייה של הכללה.

דין נזיר משקף באופן מובהק ניגוד למדרג של הכוהנים והעם, והפוך מבחינה זו לדין סוטה. כל אדם, איש או אישה, שחפצים להיות קדושים יכולים לקבל על עצמם להיות נזירים. הנזיר דומה בהלכותיו לכוהן, ואף לכוהן גדול, כפי שנראה להלן. לאחר תיאור מעמדם של הכוהנים כעוסקים במלאכת הקודש, באה התורה ונתנה ערוץ לכל אדם להידמות במובן מסוים לכוהן. הנזיר הוא המימוש של הציווי הכללי לעם להיות קדושים, להיות ממלכת כוהנים, וזאת, מבלי שהנזיר הוא כוהן. דין הנזיר מדגים כיצד איש או אישה יכולים לקבל על עצמם דרגה גבוהה יותר של קדושה החורגת ממקומם המדרגי במחנה ישראל.

מיד לאחר שהוצג דינו של הנזיר, המאפשר לכל אדם להתקדש ולהידמות לכוהן, שָׁבָה התורה לחזק ולהדגיש את ייחודו הבלעדי של הכוהן, אשר רק באמצעותו עוברת ברכת ה' לעם. ועוד, ברכת הכוהן היא ניגוד לדברי הקללה שהכוהן משמיע לאישה, ולמים המאררים אותם היא שותה.

אם כן נמצא אפוא שכל הדינים בקובץ זה עוסקים בהשלכות חוקיות של המדרג של המחנה שתואר. ההשלכות של המדרג במחנה הן כפולות. מצד אחד החוקים באים לחזק את המדרג, כך בדין הוצאת טמא מחוץ למחנה. אך המעמד של הכוהן מאפשר הכללה בתוך המחנה, כך בדין אשם גזלות. בדין סוטה הכוהן מעורב בהליך אשר בסופו או שהאישה תהיה לאלה "בקרב עמה", או שתזכה לתוספת חיים על ידי שתתעבר. מצד שני, חוק הנזיר שובר את המבנה המדרגי במובן מסוים, ומאפשר לכל אדם להידמות לכוהן. ושוב פרשת ברכת כוהנים באה לחזק את הצד הדומיננטי שבמדרג הקבוע, ומדגימה כיצד ההבחנה בין העם לבין הכוהן, מאפשרת לאדם להתברך מהאל.

דין שילוח טמאים מהמחנה, ה׳, א-ד

א ב וַיְדַבֵּר ה׳ אֶל מֹשֶׁה לֵּאמֹר. צַו אֶת בְּנֵי יִשְׂרָאֵל וִישַׁלְּחוּ מִן הַמַּחֲנֶה כָּל צָרוּעַ וְכָל זָב וְכֹל טָמֵא
ג לָנָפֶשׁ. מִזָּכָר עַד נְקֵבָה תְּשַׁלֵּחוּ אֶל מִחוּץ לַמַּחֲנֶה תְּשַׁלְּחוּם וְלֹא יְטַמְּאוּ אֶת מַחֲנֵיהֶם אֲשֶׁר אֲנִי
ד שֹׁכֵן בְּתוֹכָם. וַיַּעֲשׂוּ כֵן בְּנֵי יִשְׂרָאֵל וַיְשַׁלְּחוּ אוֹתָם אֶל מִחוּץ לַמַּחֲנֶה כַּאֲשֶׁר דִּבֶּר ה׳ אֶל מֹשֶׁה
כֵּן עָשׂוּ בְּנֵי יִשְׂרָאֵל.

פירוש העניין

אסור לאדם טמא לשהות במחנה, על כן יש לשלח חוץ למחנה כל אדם הטמא בטומאת צרעת, טומאת זב או מי שהוא טמא מת.* איסור זה נובע מכך שה׳ שוכן בתוך המחנה: ״וְלֹא יְטַמְּאוּ אֶת מַחֲנֵיהֶם אֲשֶׁר אֲנִי שֹׁכֵן בְּתוֹכָם״ (ג). נראה כי דין זה קשור בהוראה לעם להיות קדושים כמו ה׳: ״קְדֹשִׁים תִּהְיוּ כִּי קָדוֹשׁ אֲנִי ה׳ אֱלֹהֵיכֶם״ (ויקרא י״ט, ב). אכן קדושת ה׳ נוגדת היטמאות של ישראל: ״כִּי אֲנִי ה׳ אֱלֹהֵיכֶם וְהִתְקַדִּשְׁתֶּם וִהְיִיתֶם קְדֹשִׁים כִּי קָדוֹשׁ אָנִי וְלֹא תְטַמְּאוּ אֶת נַפְשֹׁתֵיכֶם בְּכָל הַשֶּׁרֶץ הָרֹמֵשׂ עַל הָאָרֶץ״ (ויקרא י״א, מד). דין זה מתייחס לגברים ולנשים כאחד (ג).

ישנם שני סוגי טומאה, אחד הנוצר מחטא ואחד מהיתר. טומאה הבאה מאיסור גורמת להקאת החוטא מלפני ה׳. הטומאה נוגדת את הווייתו של ה׳, ובמיוחד זו הנוצרת על ידי חטא. כך אכן עולה מוויקרא י״א, מג-מה. טומאה חיובית הנובעת מלידה, או מהכרח גופני כגון צרעת וזיבה, או ממוות מצריכות ריחוק מהמקדש, ראו ויקרא י״ב, ד; י״ג, ה. דין מצורע מצוי בוויקרא י״ג, דין זב בוויקרא ט״ו, ודיני טומאת מת בבמדבר י״ט.

הדין שצרוע צריך לשבת מחוץ למחנה כבר נאמר בוויקרא י״ג, מו: ״בָּדָד יֵשֵׁב מִחוּץ לַמַּחֲנֶה מוֹשָׁבוֹ״. כאן מתחדש שדין זה חל גם על זב ועל טמא מת. בוויקרא הנושא היה הצרוע, ועל כן דין היציאה מהמחנה נזכר רק ביחס אליו. כאן הדין הוא דין קדושת המחנה, ועל כן נזכר הדין ביחס לכל סוגי הטמאים.**

לאחר שתואר מחנה ישראל בפרקים א׳-ד׳, ובתוכו משכן ה׳, מתחייב כי טומאה אינה יכולה להימצא במחנה, ועל כן יש לשלח את הטמאים. המשכן מבטא באופן המוחשי את המציאות של ה׳ בתוך ישראל, במרכז המחנה, ויש השלכות למציאות חדשה זו. ארבע פעמים מופיעים בקטע קצר זה השורש של״ח, והמילה מחנה, המדגישים את מהותו של הקטע.

דין זה, בשונה משאר הדינים בפרקים ה׳-ו׳, מסתיים בביצוע החוק: ״וַיַּעֲשׂוּ כֵן בְּנֵי יִשְׂרָאֵל וַיְשַׁלְּחוּ אוֹתָם אֶל מִחוּץ לַמַּחֲנֶה כַּאֲשֶׁר דִּבֶּר ה׳ אֶל מֹשֶׁה כֵּן עָשׂוּ בְּנֵי יִשְׂרָאֵל״ (ד). סיום דין זה דווקא בדיווח על ביצוע נועד להשלים את העמדת המחנה בפרקים א׳-ד׳ על ממד הקדושה שבו.

* כמובן צו זה אינו כולל טומאה ברמה פחותה יותר, כגון נידה ובעל קרי. הדין בדברים כ״ג, י-טו, נובע מרעיון דומה לדין הנוכחי, אלא שהוא מתייחס למחנה החיילים בקרב.

** הבבלי בפסחים סז ע״א-ע״ב, למד שמצורע משתלח מחוץ לכל המחנות, גם מחוץ למחנה ישראל, זב משולח מחוץ למחנה לווייה אך מותר לשהות במחנה ישראל, וטמא מת מותר גם במחנה לווייה, ואסור רק באוהל מועד.

דין אשם המושב לכוהן, ה׳, ה-י

וַיְדַבֵּר ה׳ אֶל מֹשֶׁה לֵּאמֹר. דַּבֵּר אֶל בְּנֵי יִשְׂרָאֵל אִישׁ אוֹ אִשָּׁה כִּי יַעֲשׂוּ מִכָּל חַטֹּאת הָאָדָם ה ו
לִמְעֹל מַעַל בַּה׳ וְאָשְׁמָה הַנֶּפֶשׁ הַהִוא. וְהִתְוַדּוּ אֶת חַטָּאתָם אֲשֶׁר עָשׂוּ וְהֵשִׁיב אֶת אֲשָׁמוֹ ז
בְּרֹאשׁוֹ וַחֲמִישִׁתוֹ יֹסֵף עָלָיו וְנָתַן לַאֲשֶׁר אָשַׁם לוֹ. וְאִם אֵין לָאִישׁ גֹּאֵל לְהָשִׁיב הָאָשָׁם אֵלָיו ח
הָאָשָׁם הַמּוּשָׁב לַה׳ לַכֹּהֵן מִלְּבַד אֵיל הַכִּפֻּרִים אֲשֶׁר יְכַפֶּר בּוֹ עָלָיו.

וְכָל תְּרוּמָה לְכָל קָדְשֵׁי בְנֵי יִשְׂרָאֵל אֲשֶׁר יַקְרִיבוּ לַכֹּהֵן לוֹ יִהְיֶה. וְאִישׁ אֶת קֳדָשָׁיו לוֹ יִהְיוּ אִישׁ ט י
אֲשֶׁר יִתֵּן לַכֹּהֵן לוֹ יִהְיֶה.

פירוש העניין

החוק השני ברצף זה של החוקים מכונה אשם גזלות. החוק כאן נשען על החוק בוויקרא ה׳, כ-כו, ומשלים אותו. לאמיתו של דבר לא ניתן להבין את החוק כאן בלי החוק בוויקרא. הדין כאן עוסק במקרה שבו איש או אישה מעלו מעל בה׳ ואחר כך התוודו על כך. כאן לא מפורש מהו המעל אך הוא מפורט בוויקרא. שם נאמר שמדובר באדם שמתכחש לעובדה שפיקדון של חברו נמצא אצלו, או בתשומת יד, שלפי ראב״ע מדובר בכספי שותפות (פירושו לוויקרא ה׳, יט), או שאדם מתכחש לכך שגזל מחברו, או שעשק את חברו בסתר, או שהתכחש לכך שאבדת חברו היא בידו. בכל אחד מהמקרים החוטא גם נשבע לשקר. שבועת שקר בשם ה׳ היא מעילה בה׳, היא פגיעה בשמו.

ייחודו של חטא זה שיש לו שני היבטים – אחד בתחום הממוני בין אדם לחברו, והשני הוא מעילה בה׳, בכך שנשבע לשקר בשם ה׳. לכן יש שני סוגים של התחייבויות של המועל – ראשית, הוא צריך להשיב את הממון, בתוספת חמישית מערך הקרן (פסוק ז; ויקרא ה׳, כג-כד); שנית, עליו להביא איל תמים לקורבן אשם (ויקרא ה׳, כה) על שבועת השקר. לאחר זאת נסלח לו גם חטא שבועת השקר: ״וְכִפֶּר עָלָיו הַכֹּהֵן לִפְנֵי ה׳ וְנִסְלַח לוֹ״ (ויקרא ה׳, כו).

בנוסף לכך שרק הדין בוויקרא מפרט את סוג המעל של החוטא, רק שם נאמר שהחוטא צריך להביא איל תמים כאשם. הדין בבמדבר מסתמך מבחינה זו על ויקרא. לעומת זאת בבמדבר נתחדשו שני דינים (רש״י).[7] הראשון הוא שהדין חל רק אם החוטא הודה (אך לא העידו נגדו): ״וְהִתְוַדּוּ אֶת חַטָּאתָם אֲשֶׁר עָשׂוּ״. והחידוש העיקרי בבמדבר הוא המקרה שהאיש הנגזל מת בינתיים ואין לו יורש: ״וְאִם אֵין לָאִישׁ גֹּאֵל לְהָשִׁיב הָאָשָׁם אֵלָיו״ (ח). הגואל הוא בעל זכויות הירושה. הוא יכול לקנות בחזרה את השדות של קרובו אשר מכר אותם (ויקרא כ״ה, כה), ואפילו לשאת את אשת המת כדי להקים לו שם (רות ג׳, ט, יב, יג). מכיוון שאין אפשרות שלאדם מישראל לא יהיה יורש, הספרי, ובעקבותיו כל הפרשנים, מעמידים את הדין במקרה שהנגזל הוא גר, ואז ייתכן מצב שאין לו יורשים (ספרי פיסקא ד; בבלי יבמות כב ע״א). אם כי נראה שבמקרה חריג, שלאדם אין שום קרוב, גם עליו יחול הדין כאן.

מקרה זה מציב בעיה, שכן באין יורש אין מי שידרוש את הגזלה, ועתה לא יוכל החוטא להביא את קורבן האשם, ולא יתכפר לו עוונו. כאן נתחדש אפוא שבמקרה כזה, החוטא מעביר את הגזל והחומש לכוהן (ח), ואז יכול החוטא להביא את קורבן האשם, ומתכפר לו עוונו. הלשון ״הָאָשָׁם הַמּוּשָׁב לַה׳ לַכֹּהֵן״, מלמד שהכסף אמור להגיע באופן עקרוני לה׳, אלא שבפועל הכוהן מקבל את זאת כנציגו של ה׳.

מה טיבה של הלכה זו? על ידי השבת הכסף לנגזל או ליורשו, יכול החוטא להביא את קורבן האשם, וכך בצירוף שני מעשים אלה מתכפר לחוטא. אולם אם אין קרוב יורש לנגזל כיצד יתכפר לחוטא? חידשה התורה כאן שהדין הוא שכשאין גואל מקרב משפחת הנגזל, הכוהן נכנס לנעליו של הנגזל המת ומקבל במקומו את הגזלה ובכך הוא מציל את החוטא, ויכול החוטא עתה להביא את האשם. לא בכדי התורה מכנה כאן את החפץ הנגזל ״אשם״.

השבת הגזלה היא תנאי לכפרה. התורה מחדשת שהשבת הגזלה לכוהן הופכת להיות כמעין קורבן "לְהָשִׁיב **הָאָשָׁם אֵלָיו הָאָשָׁם** הַמּוּשָׁב לַה' לַכֹּהֵן". עתה הגוזל נגאל.

ההיגיון בכך הוא אולי בחטא הכפול של החוטא. כפי שראינו, לחטא של המועל בפיקדון וכדומה, יש שני היבטים, היבט ממוני מול האדם הנפגע, והיבט דתי כנגד ה' אשר בשמו הוא נשבע לשקר. הכפרה כרוכה בשני המישורים – השבת הקרן ("ראשו") בתוספת החומש לנפגע, וקורבן אשם לה' לכפר עליו. בהיעדר תובע, עדיין החוטא יכול להתכפר, בכך שהצד שהוא פגע באדם יכופר על ידי מתן הקרן והחומש לגבוה – לנציג ה', הכוהן.

השאלה הגדולה היא מדוע לא נאמרו כל פרטי הדין במקום אחד, והוא פוצל בין שני מקומות שונים? על דרך הפשט צריך להיות היגיון לכל פרשה בהקשרה. דין אשם גזלות טבעי בפרקי הקורבנות בוויקרא, ועל כן מפורט בו הקורבן שהמועל צריך להביא. נושא הקורבן אינו מרכזי בבמדבר, ועל כן פרט זה חסר. החידוש בבמדבר הוא במקרה שאין למי להשיב את הגזלה, והחוטא משיב את הגזלה ואת החומש לכוהן, ואז יכול החוטא להמשיך בתהליך הכפרה, ולהביא את קורבן האשם. במקרה זה לא הנגזל מציל את החוטא מחטאו, אלא הכוהן עושה זאת. מעמדו של כוהן הוא הנושא ברצף הפרשיות בבמדבר.

הבנה זו תסביר את השימוש המיוחד במושג "אשם" בקטע זה. פירוש המילה אשם הוא הוא חטא, ומכאן גם "קורבן אשם" שבא על חטא. כך בפרשה המקבילה בוויקרא, המילה באה בשתי המשמעויות האלה (חטא – ויקרא ה', כג, כד; קורבן אשם – שם, כה). גם בבמדבר ה', ו, ז, מופיעה המילה אַשְׁמָה או אָשָׁם במשמעות של חטא. אולם בפעמיים הנוספות בפסוק ח, המילה אשם אינה מתייחסת לחטא או לקורבן, אלא לגזלה עצמה. מכיוון שכך, הקורבן הנקרא בוויקרא "וְהֵבִיא אֶת אֲשָׁמוֹ לַה' עַל חַטָּאתוֹ אֲשֶׁר חָטָא" (ויקרא ה', ו) נקרא כאן "אֵיל הַכִּפֻּרִים אֲשֶׁר יְכַפֶּר בּוֹ". הסיבה לכינוי הגזלה עצמה "אשם" בחוק בבמדבר נעוצה במקרה המיוחד שעליו מדובר. מכיוון שהנגזל אינו בחיים ואין לו קרוב משפחה שיכול לקבל את הגזלה, והצורך להשיב את הגזלה הוא תנאי לכפרה, על כן, הגזלה המושבת לכוהן במקום זאת, מקבלת מעמד של סוג של "קורבן אשם", שבכך יכול החוטא להתכפר, לאחר שיביא את איל הכיפורים.

כאמור, דין זה מדגים כיצד המדרג במחנה, בדמות מעלת הכהונה, מאפשר הכללה של אדם באמצעות מעמד הכוהן – הכוהן מקבל את הגזלה וכך יתכפר לחוטא. לא מפתיע לראות את המילים המנחות בשני הקטעים משרתות אותה המטרה, בצורה הפוכה בין הקטעים. השורש המנחה בקטע של שילוח הטמא הוא של"ח, המופיע בקטע ארבע פעמים, והמילה מחנה מופיעה אף היא ארבע פעמים, ואילו השורש המנחה בדין אשם גזילות הוא שו"ב, המופיע שלוש פעמים בקטע.

לאור הבנה זו נוכל להבין את מקומם של פסוקים ט-י בקטע. ניסוח הפסוקים קשה. פסוק ט קובע שהתרומות של בני ישראל מגיעות לכוהן. בא פסוק י וקובע שאף שהתרומה מגיעה לכוהן, הקודשים שייכים לאדם הנותן והוא יכול לבחור למי לתת (ריב"ש, שד"ל).[8] נראה כי כך יש להבין את החזרה המשולשת על המילים "לו יהיה" בשני פסוקים אלה. פסוק ט קובע

שתרומות של בני ישראל צריכות להגיע לכוהן: "לו יהיה" – לכוהן. פסוק י קובע שהקודשים שייכים לכל אחד מבני ישראל: "ואיש את קדשיו לו יהיו" – לכל אחד מבני ישראל, והוא רשאי לתת לאיזה כוהן שירצה, ואז הם יהיו שייכים לכוהן: "אִישׁ אֲשֶׁר יִתֵּן לַכֹּהֵן לוֹ יִהְיֶה".

החובה לתת את התרומות והקודשים לכוהנים (ט), עולה במקומות שונים (למשל במדבר י"ח). מה שמתחדש כאן הוא שכל איש מישראל יכול לבחור לאיזה כוהן לתת את התרומה (י). המיקום של ההלכה הזו כאן ולא בפרק י"ח, הוא בשל ההתאמה של הלכה זו לרעיון של דין אשם גזלות. כפי שראינו, מטרת דין זה היא להראות כיצד המעמד המדרגי הגבוה של הכוהן יכול להביא להכללה של גורמים בתוך העדה. דין זה בא לטשטש את היסוד המדרגי והגבולות בין המעמדות. שני הפסוקים האחרונים תואמים את התפיסה הזו וקובעים את גבולות המדרג, ואת היתרון של מעמד ישראל. אף שהכוהן במעמד בכיר יותר אין הוא יכול לדרוש את התרומה, והיא אינה שייכת לו, אלא היא שייכת לישראל הנותן, והוא רשאי לתת אותה לאיזה כוהן שיחפוץ. דין זה מדגים אפוא את רעיון הגבלת המדרג.

דין סוטה, ה׳, יא-לא

יא יב וַיְדַבֵּר ה׳ אֶל מֹשֶׁה לֵּאמֹר. דַּבֵּר אֶל בְּנֵי יִשְׂרָאֵל וְאָמַרְתָּ אֲלֵהֶם אִישׁ אִישׁ כִּי תִשְׂטֶה אִשְׁתּוֹ
יג וּמָעֲלָה בוֹ מָעַל. וְשָׁכַב אִישׁ אֹתָהּ שִׁכְבַת זֶרַע וְנֶעְלַם מֵעֵינֵי אִישָׁהּ וְנִסְתְּרָה וְהִיא נִטְמָאָה וְעֵד
יד אֵין בָּהּ וְהִוא לֹא נִתְפָּשָׂה. וְעָבַר עָלָיו רוּחַ קִנְאָה וְקִנֵּא אֶת אִשְׁתּוֹ וְהִוא נִטְמָאָה אוֹ עָבַר עָלָיו
טו רוּחַ קִנְאָה וְקִנֵּא אֶת אִשְׁתּוֹ וְהִיא לֹא נִטְמָאָה. וְהֵבִיא הָאִישׁ אֶת אִשְׁתּוֹ אֶל הַכֹּהֵן וְהֵבִיא אֶת
קָרְבָּנָהּ עָלֶיהָ עֲשִׂירִת הָאֵיפָה קֶמַח שְׂעֹרִים לֹא יִצֹק עָלָיו שֶׁמֶן וְלֹא יִתֵּן עָלָיו לְבֹנָה כִּי מִנְחַת
טז יז קְנָאֹת הוּא מִנְחַת זִכָּרוֹן מַזְכֶּרֶת עָוֹן. וְהִקְרִיב אֹתָהּ הַכֹּהֵן וְהֶעֱמִדָהּ לִפְנֵי ה׳. וְלָקַח הַכֹּהֵן מַיִם
יח קְדֹשִׁים בִּכְלִי חָרֶשׂ וּמִן הֶעָפָר אֲשֶׁר יִהְיֶה בְּקַרְקַע הַמִּשְׁכָּן יִקַּח הַכֹּהֵן וְנָתַן אֶל הַמָּיִם. וְהֶעֱמִיד
הַכֹּהֵן אֶת הָאִשָּׁה לִפְנֵי ה׳ וּפָרַע אֶת רֹאשׁ הָאִשָּׁה וְנָתַן עַל כַּפֶּיהָ אֵת מִנְחַת הַזִּכָּרוֹן מִנְחַת
יט קְנָאֹת הִוא וּבְיַד הַכֹּהֵן יִהְיוּ מֵי הַמָּרִים הַמְאָרְרִים. וְהִשְׁבִּיעַ אֹתָהּ הַכֹּהֵן וְאָמַר אֶל הָאִשָּׁה אִם
לֹא שָׁכַב אִישׁ אֹתָךְ וְאִם לֹא שָׂטִית טֻמְאָה תַּחַת אִישֵׁךְ הִנָּקִי מִמֵּי הַמָּרִים הַמְאָרְרִים הָאֵלֶּה.
כ כא וְאַתְּ כִּי שָׂטִית תַּחַת אִישֵׁךְ וְכִי נִטְמֵאת וַיִּתֵּן אִישׁ בָּךְ אֶת שְׁכָבְתּוֹ מִבַּלְעֲדֵי אִישֵׁךְ. וְהִשְׁבִּיעַ
הַכֹּהֵן אֶת הָאִשָּׁה בִּשְׁבֻעַת הָאָלָה וְאָמַר הַכֹּהֵן לָאִשָּׁה יִתֵּן ה׳ אוֹתָךְ לְאָלָה וְלִשְׁבֻעָה בְּתוֹךְ
כב עַמֵּךְ בְּתֵת ה׳ אֶת יְרֵכֵךְ נֹפֶלֶת וְאֶת בִּטְנֵךְ צָבָה. וּבָאוּ הַמַּיִם הַמְאָרְרִים הָאֵלֶּה בְּמֵעַיִךְ לַצְבּוֹת
כג בֶּטֶן וְלַנְפִּל יָרֵךְ וְאָמְרָה הָאִשָּׁה אָמֵן אָמֵן. וְכָתַב אֶת הָאָלֹת הָאֵלֶּה הַכֹּהֵן בַּסֵּפֶר וּמָחָה אֶל מֵי
כד כה הַמָּרִים. וְהִשְׁקָה אֶת הָאִשָּׁה אֶת מֵי הַמָּרִים הַמְאָרְרִים וּבָאוּ בָהּ הַמַּיִם הַמְאָרְרִים לְמָרִים. וְלָקַח
הַכֹּהֵן מִיַּד הָאִשָּׁה אֵת מִנְחַת הַקְּנָאֹת וְהֵנִיף אֶת הַמִּנְחָה לִפְנֵי ה׳ וְהִקְרִיב אֹתָהּ אֶל הַמִּזְבֵּחַ.
כו וְקָמַץ הַכֹּהֵן מִן הַמִּנְחָה אֶת אַזְכָּרָתָהּ וְהִקְטִיר הַמִּזְבֵּחָה וְאַחַר יַשְׁקֶה אֶת הָאִשָּׁה אֶת הַמָּיִם.
כז וְהִשְׁקָהּ אֶת הַמַּיִם וְהָיְתָה אִם נִטְמְאָה וַתִּמְעֹל מַעַל בְּאִישָׁהּ וּבָאוּ בָהּ הַמַּיִם הַמְאָרְרִים לְמָרִים
כח וְצָבְתָה בִטְנָהּ וְנָפְלָה יְרֵכָהּ וְהָיְתָה הָאִשָּׁה לְאָלָה בְּקֶרֶב עַמָּהּ. וְאִם לֹא נִטְמְאָה הָאִשָּׁה וּטְהֹרָה
כט ל הִוא וְנִקְּתָה וְנִזְרְעָה זָרַע. זֹאת תּוֹרַת הַקְּנָאֹת אֲשֶׁר תִּשְׂטֶה אִשָּׁה תַּחַת אִישָׁהּ וְנִטְמָאָה. אוֹ
אִישׁ אֲשֶׁר תַּעֲבֹר עָלָיו רוּחַ קִנְאָה וְקִנֵּא אֶת אִשְׁתּוֹ וְהֶעֱמִיד אֶת הָאִשָּׁה לִפְנֵי ה׳ וְעָשָׂה לָהּ
לא הַכֹּהֵן אֵת כָּל הַתּוֹרָה הַזֹּאת. וְנִקָּה הָאִישׁ מֵעָוֹן וְהָאִשָּׁה הַהִוא תִּשָּׂא אֶת עֲוֹנָהּ.

פירוש העניין

ההלכה בדבר איש החושד שאשתו סטתה עם איש אחר הוא הדין השלישי ברצף החוקים בפרקים ה׳-ו׳. הקשר לדין הקודם הוא ששניהם מוגדרים "מעל" (ה׳, ו, יב, כז). בחוק הקודם המעל היה בה׳ – "לִמְעֹל מַעַל בַּה׳", ואילו כאן המעל הוא של האישה בבעלה, אם חטאה – "וּמָעֲלָה בוֹ מָעַל". בדיקת הסוטה תקבע את חפותה של האישה, ולפיכך את הצלתה, או את אשמתה של האישה בחטא ניאוף ואת עונשה. המשנה בסוטה פרק ט משנה ט מעידה שדין סוטה לא נוהג משום שרבו המנאפים. הקשרו של חוק זה יידון בסוף העיון.

תהליך הבירור אם האישה סטתה, כולל ארבעה שלבים: האיש מביא את אשתו אל הכוהן ועימו קורבן מנחה של שעורים; השלב השני הוא העמדת האישה לפני ה׳; השלב השלישי הוא השבעת האישה; השלב האחרון הוא השקאת האישה במים. לפי זה הפרשה נחלקת לחלקים הבאים:

1. ה׳, יא-יד – תיאור המקרה.
2. ה׳, טו – הבעל מביא את אשתו אל הכוהן.
3. ה׳, טז-יח – העמדת האישה לפני ה׳.
4. ה׳, יט-כב – השבעת האישה.
5. ה׳, כג-כח – השקאת האישה.
6. ה׳, כט-לא – חתימה.

1. תיאור המקרה, ה׳, יא-יד

דין סוטה בא על רקע של חשדות של איש שאשתו שכבה עם אדם אחר בסתר, ובכך: "מָעֲלָה בוֹ מָעַל" (יב-יג). החטא מוגדר כאן כטומאה ("והיא נטמאה"). אין מדובר כאן בטומאה ממשית אלא בטומאה מוסרית הקשורה בחטא, ובדרך ניגודית יש להבין כך את הביטוי "טהורה היא" שבפסוק כח, כשמתברר שהיא לא חטאה. המילה "נטמאה" באה גם במשמעות חילול האישה (כמו במקרה של אונס דינה ל"ד, ה, יג, כז; על מילה זו במשמעות של חילול, ראו גם למשל: מל"ב כ"ג, ח; במדבר ל"ה, לד; ירמיה ב׳, ז).

אין עדים לחשדות של הבעל (יג). אם הייתה עדות לחטא, עונשם של החוטא והאישה הוא מוות (דברים כ"ב, כב; ויקרא י"ח, כ; כ׳, י). גם אין מדובר במקרה שהאישה נאנסה: "וְהִוא לֹא נִתְפָּשָׂה", במובן שלא תפס איש אותה בחוזקה (ראו דברים כ"ב, כח).* במקרה שאין עדות יש אפוא לערוך את בדיקת הסוטה. התפקיד של בדיקת הסוטה הוא להעניש את האישה אם חטאה, או לחלופין, לנקות את האישה מהחשדות של האיש, אם היא לא חטאה. התורה מתארת זאת כרגשות של קנאה שמילאו את הבעל בעקבות החשדות – "וְעָבַר עָלָיו

* ספרי פיסקא ז (מהדורת הורוויץ, עמ׳ 12), רש"י, רשב"ם, ריב"ש. לעומת זאת, ראב"ע פירש שהיא לא נתפסה בעבירה.

רוּחַ קִנְאָה וְקִנֵּא אֶת אִשְׁתּוֹ", וההליך נועד להסיר את חשדות הבעל אם האישה לא חטאה. אכן אם גורם אחר בציבור חשד ולא הבעל, לא נעשית בדיקת הסוטה.[9]

תיאור המקרה מנוסח בהרחבה (יב–יד). ראשית הניסוח הוא בסגנון שהמקרה אכן התרחש (יב–יג). בתיאור המקרה מצויים הפרטים, שהבעל לא ראה, וכן שאין עד לכך, וכן שאין מדובר על אונס. רק אחר כך מתוארות שתי האפשרויות בקצרה: שרוח קנאה עברה על הבעל ואכן היא חטאה (יד1), או שרוח קנאה עברה על הבעל אבל היא לא חטאה (יד2). ניסוח המקרה הבסיסי כדבר שהתרחש מלמד אולי שצריך להיות בסיס עובדתי מסוים כדי שבדיקת הסוטה תיעשה, ולא כל חשד של בעל באשתו מאפשר את בדיקת אשתו. אכן על פי המשנה (סוטה פרק א משנה א), בדיקת סוטה היא רק במקרה שהיה כבר חשד לבעל, והוא התרה בה בפני עדים שלא להתייחד עם אדם מסוים.

2. הבעל מביא את אשתו אל הכוהן, ה', טו

אם האיש חושד באשתו, הוא רשאי להביא אותה אל הכוהן לשם בדיקת חפותה. הוא מביא גם קורבן מנחה מקמח שעורים בנפח עשירית האיפה (טו). בניגוד לקורבן מנחה רגיל (ויקרא ב', א), מנחה זו עשויה משעורים שהינן מאכל פשוט יותר,* ולא מחיטים, וכן אין לשים במנחה זו שמן או לבונה.** ההבדלים בין מנחה זו למנחות אחרות נובעים מהתפקיד השונה של המנחות. מנחות אחרות באות לכפר, ואילו מנחה זו היא "מנחת קנאות" ו"מנחת זכרון מזכרת עון" (טו). היינו שהיא באה להזכיר את עוון האישה לפני ה', אם חטאה. בדרך כלל העלאת זיכרון לפני ה' אמורה לפעול פעולה חיובית של ה' (ויקרא כ"ג, כד; שמות כ"ח, יב; במדבר י', ט), אך מנחת הזיכרון כאן אמורה להעלות לפני ה' את זיכרון חטאה, כדי שה' יפעיל את הבדיקה של האישה, במקרה שחטאה. כמו שקורבן הוא פנייה אל ה', בדרך כלל לכפר, גם מנחה זו היא פנייה לה', אבל הפעם לא לכפר, אלא מעין הזמנה של ה' אל המעמד כדי להתערב ולגלות את חטאה של האישה. אשר על כן יש שני היבטים במנחה. המנחה מוגשת על ידי האיש כפנייה שלו אל ה' בעבור שהוא קינא לאשתו, ועל כן היא מכונה "מנחת קנאות". והמנחה מוגשת על ידי האישה, כהזמנה לה' שיזכור את מעשיה, אם חטאה, ועל כן המנחה מכונה "מנחת זכרון מזכרת עון".***

* במל"א ה', ח זהו מאכל בהמה. על כן רבן גמליאל קבע במשנה סוטה פרק ב משנה א: "כשם שמעשיה מעשה בהמה כך קרבנה מאכל בהמה", וכן רש"י. אולם במקרא זהו גם אוכל עניים, רות ב', יז.

** גם בקורבן עולה ויורד של הדל שבדלים (ויקרא ה', יא) המקריב מביא קורבן מנחה ואינו מוסיף שמן או לבונה, אך שם הדבר נובע מעניותו של מביא הקורבן.

*** רמב"ן מסביר שלא האישה מביאה את הקורבן אלא האיש, לכן היא נקראת מנחת קנאות. הוא מביא את הקורבן, כקורבן שבא להזכיר את העוון. ולכן הוא מביא את הקורבן ולא היא, על מנת שה' יקנא את קנאתו וינקום את נקמתו ממנה (רמב"ן על פסוק טו). פירוש רמב"ן קשה, שכן כתוב "והביא את קרבנה עליה" (טו), היינו הקורבן הוא שלה ולא שלו, וכן עולה מפסוק יח. חזקוני (על פסוק טו) מפרש שהוא מביא את הקורבן ככפרה, מכיוון שהוא ראה אותה חוטאת ולא הוכיחה.

לאור זאת, נבין טוב יותר את טיבו של הבירור שנעשה על ידי המים. המים עצמם אינם פועלים את הפעולה, אלא המים משקפים את ההתערבות האלוהית, וזו מתרחשת רק לאחר שמוקרבת המנחה. כאשר מוקרבת המנחה על המזבח, היא מביאה לזיכרון של מעשי האישה, וכך נקבע דינה אם חטאה או לא. אכן המקרא קשר בין המנחה לבין השקאת האישה: "וְלָקַח הַכֹּהֵן מִיַּד הָאִשָּׁה אֵת מִנְחַת הַקְּנָאֹת וְהֵנִיף אֶת הַמִּנְחָה לִפְנֵי ה' וְהִקְרִיב אֹתָהּ אֶל הַמִּזְבֵּחַ. וְקָמַץ הַכֹּהֵן מִן הַמִּנְחָה אֶת אַזְכָּרָתָהּ וְהִקְטִיר הַמִּזְבֵּחָה וְאַחַר יַשְׁקֶה אֶת הָאִשָּׁה אֶת הַמָּיִם" (כה-כו). הגשת מנחת הקנאות, היא זו המערבת את ה' בבדיקה, וכן באמצעות המים הקדושים ואדמת המשכן, לפני המזבח, ולאחר השבועה, ה' פועל פעולה במציאות. בכך נבדל עניין בדיקת הסוטה מבדיקות בעמים אחרים, שכן אין מדובר כאן בדבר מאגי, אוטומטי, אלא בהקרבת מנחה שמערבת את ה', על ידי הזכרת העוון.*

3. העמדת האישה לפני ה', ה', טז-יח

לאחר שהאיש הביא את האישה, נאמר: "וְהִקְרִיב אֹתָהּ הַכֹּהֵן וְהֶעֱמִדָהּ לִפְנֵי ה'" (טז). המילה 'אותה' מתייחסת לאישה, היינו שהכוהן מקריב את האישה ומעמיד אותה לפני ה'.** ידיעה זו חוזרת שוב בפסוק יח. רש"י אומר שהדבר כתוב פעמיים משום שהיו מעבירים אותה ממקום למקום כדי לעייף אותה על מנת שתודה באשמה.[10] אולם יש לראות את החזרה על הידיעה על העמדת האישה לפני ה' פעמיים בהקשר של חזרות נוספות בפרשייה, וכמו שהפעולות האחרות הרשומות כמה פעמים התבצעו פעם אחת, כך גם העמדת האישה התבצעה פעם אחת. השבעת האישה חוזרת פעמיים (יט, כא), והשקאת האישה במים חוזרת שלוש פעמים (כד, כו, כז). נראה כי פסוק טז הוא מעין כותרת הקובעת שהשלב הזה עוסק בהעמדת האישה, ורק לאחר מכן בא הפירוט של רצף הפעולות הקשורות בהעמדת האישה לפני ה'.

עתה מכין הכוהן את המים שאותם תשתה האישה (יז). הוא לוקח מים קדושים, והכוונה היא ככל הנראה, מים שבאו מהכיור,[11] ומוזג אותם לכלי חרס ומוסיף עליהם עפר שנלקח מקרקע המשכן.

בדיקות שונות שנעשו במזרח הקדום או בימי הביניים, כללו פעולות מסוכנות. בחוקי ח'מורבי כאשר רצו לבדוק את נאמנות האישה הטילו אותה לנהר.[12] מה שמייחד את בדיקת הסוטה הוא שאין במים שום רכיב רעיל או מסוכן. אלה מים רגילים שהיו בכיור ולכן הם קדושים, ויש בהם עפר מקרקע המשכן. הלקיחה של העפר מקרקע המשכן מצביעה על החשיבות של המשכן בהליך הבירור של חטא האישה. אשר על כן מודגש פעמיים בקטע,

* אכן התלות בין המנחה לבין פעולת שתיית המים עולה במשמעות שיטת רבי אליעזר. כך מפרש רש"י סוטה יד ע"ב: "משקה את המים ואחר כך מקריב מנחתה... ומיהו כל זמן שלא קרבה מנחתה אינה נבדקת דכתיב מזכרת עון...".

** רש"י; ראב"ע מסביר ש"אותה" אין הכוונה את האישה אלא את המנחה. כך הוא מסביר שאין כפילות בין טז לבין יח. פירוש זה הוא מעט קשה שכן קשה להבין את המושג "והעמידה לפני ה'" ביחס למנחה.

שהכוהן מעמיד את האישה לפני ה׳, שכן הבדיקה היא חשיפת החטא באמצעות התערבות של ה׳, ולא כפעולה מאגית.

עתה מעמיד הכוהן את האישה לפני ה׳, היינו לפני המזבח: "וְהֶעֱמִיד הַכֹּהֵן אֶת הָאִשָּׁה לִפְנֵי ה׳" (יח; כאמור לעיל, הנאמר בפסוק טז הוא כותרת לחלק הזה העוסק בהעמדת האישה לפני ה׳).[13] לאחר מכן הוא פורע את ראש האישה: "וּפָרַע אֶת רֹאשׁ הָאִשָּׁה". היינו שהוא מגלה את שערותיה ומפזר אותן. פעולה דומה נזכרת כאחת מפעולות האבל (ויקרא י׳, ו; כ״א, י), ושל הצרוע (ויקרא י״ג, מד). לפיכך נראה שפעולה זו באה לבזות את האישה (רש״י).*

מיד הם נערכים לשלב המכריע של השבועה, הקרבת המנחה והשתייה (יח). הכוהן נותן את המנחה בידיה של האישה. שוב מוזכר, לאחר שכבר נאמר בפסוק טו, שהמנחה היא מנחת זיכרון ומנחת קנאות, אלא שבפסוק טו נאמר שהיא מנחת קנאות ואחר כך שהיא מנחת זיכרון מזכרת עוון, ואילו כאן בפסוק יח הסדר הוא הפוך. על פי הסברה שהעלינו קודם ניתן להבין זאת. שם נאמר שהאיש מביא את המנחה, שמבחינתו, כאמור, זו מנחת קנאות, ועל כן הדבר מוזכר ראשון, ורק אחר כך מוזכר שהמנחה היא גם מנחת זיכרון מזכרת עוון, מבחינתה של האישה. כאן האישה מקריבה את המנחה, ועל כן קודם נאמר מה המנחה עבורה – מנחת זיכרון, ורק אחר כך מוזכר שזו מנחת קנאות מבחינתו של הבעל. האישה מחזיקה את המנחה שאותה היא תקריב למזבח, וכנגדה הכוהן מחזיק בידיו את המים המרים המאררים, היינו את המים הקדושים שאותם תשתה אחר כך האישה. מים קדושים אלה הם מאררים, היינו שיש בהם כוח של מארה, של קללה, והם יהפכו למרים כשתשתה את המים אם חטאה. אפשר גם שהכוהן מוסיף חומר מר לתוך המים, וזוהי דעת שמואל (בבלי סוטה ב ע״א), ואפשר כי המרירות היא בשל העפר והמגילה שבמים. אף אפשר כי המושג מר אינו מתייחס לסוג של טעם, אלא במובן מטפורי שכיח שהמים רעים (כמו למשל: מר ממוות, קוהלת ז׳, כו; או מספד מר, יחזקאל כ״ז, לא). ואפשר גם שהמים נקראים מרים על שם סופם, כאשר יהיו במעי האישה ואז יהפכו למרים (כד).

4. השבעת האישה, ה׳, יט-כב

השלב הבא הוא השבעת האישה (יט-כב). פסוקים אלה נחלקים לשני חלקים. החלק הראשון עוסק באפשרות שהאישה לא חטאה (יט2), והחלק השני הוא האפשרות שלפיה האישה חטאה (כ, כא2). כל אחד משני החלקים כולל מקרה ולאחריו תוצאה. בכל חלק חוזרת הידיעה שהכוהן משביע אותה (יט1, כא1).

* התלמוד הבבלי סוטה ז ע״א מוסיף שהכוהן אוחז בבגדיה, ואם נפרמו נפרמו, עד שמגלה את ליבה, וראו המשך התיאור שם. הבבלי אומר שכמו שפורעים את ראשה פורעים גם את גופה (דף ח ע״א).

וְהִשְׁבִּיעַ אֹתָהּ הַכֹּהֵן וְאָמַר אֶל הָאִשָּׁה

אִם לֹא שָׁכַב אִישׁ אֹתָךְ וְאִם לֹא שָׂטִית טֻמְאָה תַּחַת אִישֵׁךְ
הִנָּקִי מִמֵּי הַמָּרִים הַמְאָרְרִים הָאֵלֶּה.

וְאַתְּ כִּי שָׂטִית תַּחַת אִישֵׁךְ וְכִי נִטְמֵאת וַיִּתֵּן אִישׁ בָּךְ אֶת שְׁכָבְתּוֹ מִבַּלְעֲדֵי אִישֵׁךְ.
וְהִשְׁבִּיעַ הַכֹּהֵן אֶת הָאִשָּׁה בִּשְׁבֻעַת הָאָלָה וְאָמַר הַכֹּהֵן לָאִשָּׁה

יִתֵּן ה' אוֹתָךְ לְאָלָה וְלִשְׁבֻעָה בְּתוֹךְ עַמֵּךְ בְּתֵת ה' אֶת יְרֵכֵךְ נֹפֶלֶת וְאֶת בִּטְנֵךְ צָבָה.
וּבָאוּ הַמַּיִם הַמְאָרְרִים הָאֵלֶּה בְּמֵעַיִךְ לַצְבּוֹת בֶּטֶן וְלַנְפִּל יָרֵךְ

וְאָמְרָה הָאִשָּׁה אָמֵן אָמֵן.

החלק הראשון הוא החלק החיובי, ואין בו איום וקללה, ועל כן הוא קצר: "אִם לֹא שָׁכַב אִישׁ אֹתָךְ וְאִם לֹא שָׂטִית טֻמְאָה תַּחַת אִישֵׁךְ" (יט). אם האישה לא חטאה, המים המאררים ינקו אותה מחשד: "הִנָּקִי מִמֵּי הַמָּרִים הַמְאָרְרִים הָאֵלֶּה".

החלק השלילי, אם חטאה האישה, מתואר באריכות משום שהוא בא לאיים על האישה, כדי שתישבע אמת, ושתוכל לשוב ולהתחרט ולהודות לפני שהיא עוברת לשלב הבא בהליך הבדיקה: "וְאַתְּ כִּי שָׂטִית תַּחַת אִישֵׁךְ וְכִי נִטְמֵאת וַיִּתֵּן אִישׁ בָּךְ אֶת שְׁכָבְתּוֹ מִבַּלְעֲדֵי אִישֵׁךְ" (כ). מודגש שהיא נשבעת שאיש אחר לא שכב אותה חוץ מבעלה, בגלל חומרת השבועה, והצורך שתהיה מדויקת. אם היא חטאה ושכבה עם איש אחר, התוצאה הרת האסון: "יִתֵּן ה' אוֹתָךְ לְאָלָה וְלִשְׁבֻעָה בְּתוֹךְ עַמֵּךְ בְּתֵת ה' אֶת יְרֵכֵךְ נֹפֶלֶת וְאֶת בִּטְנֵךְ צָבָה. וּבָאוּ הַמַּיִם הַמְאָרְרִים הָאֵלֶּה בְּמֵעַיִךְ לַצְבּוֹת בֶּטֶן וְלַנְפִּל יָרֵךְ" (כא-כב).

עונש האישה במקרה שהיא משקרת הוא כפול. ראשית היא מקוללת: "יִתֵּן ה' אוֹתָךְ לְאָלָה וְלִשְׁבֻעָה" (כא). היא תהיה מושמצת בעיני הבריות, היינו שיהיו נשבעין בה – אנשים יקללו (אָלָה) שגורל חוטא יהיה כגורלה (רש"י, רשב"ם). ההיגד "יתן ה'", ושוב ההדגשה "בתת ה' את ירכך", נועד להפחיד את האישה שהעונש בא ישירות מאת ה'. דברים אלה מצביעים על כך שהבדיקה אינה מאגיָה, ולא הענשה אנושית, אלא על פי רצונו של ה'. האיש יכול לקנא לאשתו אך אין לו רשות להענישה. החלק השני של הקללה (כב) הוא מה שיקרה בפועל. ההבדל הוא שבפסוק כא מדובר על כך שהאישה תהיה לקללה בקרב העם "בתת ה' את ירכך..." – היינו כאשר ירכה תיפול ובטנה תהיה צבה. לעומת זאת בפסוק כא מדובר בפועל על מה שיקרה לאישה. אם האישה משקרת הקללה היא שירכה תיפול, היינו שהמקום הצנוע שבה יצטמק, יירפה (על ירך כלשון נקייה ראו בראשית כ"ד, ב, ט; שמות א', ה), ובטנה, או רחמה (כמו בראשית כ"ה, כג), תהיה צבה, היינו שתתנפח. פעמיים בפסוקים חוזר שירכה של האישה תיפול, וירכה תהיה צבה. כפילות זו באה לאיים על האישה ולתת בפניה שני היבטים של הקללה: אחת, שהיא תהיה דוגמה לאחרים בגין מצבה הקשה, והשני מה שיקרה לגופה.

על ההשבעה של הכוהן עונה האישה "אמן אמן" – היינו שכל הדברים שאמר הכוהן היא מקבלת ונשבעת עליהם. היא אומרת פעמיים אמן כדי להביע קבלה שלמה.

בפסוקים אלה נאמר פעמיים שהכוהן משביע את האישה. בפתח דבריו: "וְהִשְׁבִּיעַ אֹתָהּ הַכֹּהֵן וְאָמַר אֶל הָאִשָּׁה" (יט); ושוב נאמר: "וְהִשְׁבִּיעַ הַכֹּהֵן אֶת הָאִשָּׁה בִּשְׁבֻעַת הָאָלָה וְאָמַר הַכֹּהֵן לָאִשָּׁה" (כא). אין כאן השבעה שנייה, אלא דיווח נוסף של אותה השבעה, מסיבות רטוריות. כאמור הפסקה נחלקת לשני חלקים, החלק הראשון מתאר מצב שלא חטאה, והחלק השני מתאר מצב שחטאה. בכל אחד משני החלקים חוזר הכתוב גם לומר שהכוהן משביע את האישה, וזאת כדי להעצים את השבועה ואת ההפחדה. לשון ההשבעה אינה באה לפני תיאור המקרה ("ואת כי שטית...") כמו בחלק החיובי של השבועה, אלא דווקא לפני התוצאה הרת האסון לאישה אם תישבע והיא חטאה: "יִתֵּן ה' אוֹתָךְ לְאָלָה וְלִשְׁבֻעָה בְּתוֹךְ עַמֵּךְ בְּתֵת ה' אֶת יְרֵכֵךְ נֹפֶלֶת וְאֶת בִּטְנֵךְ צָבָה". הסיבה לכך היא כדי שלשון השבועה תהיה סמוכה לתיאור הקשה של העונש, ובכך יש איום גדול יותר על האישה, ורצון שלא תישבע לשקר. בנוסף לכך בנוסח השבועה השני בפסוק כא נוספו המילים "בִּשְׁבֻעַת הָאָלָה", ובכך נוספת חריפות לשבועה.

5. השקאת האישה, ה', כג-כח

הכוהן כותב על ספר את כתב השבועה שאותה נשבעה האישה, כפי שהיא כתובה בתורה, וממיס את הכתב שעל הספר בתוך המים (כג). חכמים חלקו בשאלה מה בדיוק כתב הכוהן (המשנה סוטה פרק ב משנה ג מביאה שלוש שיטות בדבר).

בשלב הבא הכוהן מקריב את מנחת הקנאות, והאישה שותה את המים המרים (כג-כח). עם זאת חלקו חכמים איזו פעולה קודמת, משום שפעולת השקאת האישה רשומה שלוש פעמים: פעם לפני הקרבת המנחה ופעמיים לאחריה (ראו משנה סוטה פרק ג משנה ב). הקרבת המנחה כתובה בפסוקים כה-כו, ואילו שתיית המים כתובה בפסוק כד, ושוב בפסוקים כו, כז. על פי פשוטו של מקרא נראה סביר יותר שקודם הוא מקריב את המנחה ורק אחר כך היא שותה. דעה זו מסתברת משום שבפסוק כו כתוב באופן מפורש סדר הפעולות: "וְקָמַץ הַכֹּהֵן מִן הַמִּנְחָה אֶת אַזְכָּרָתָהּ וְהִקְטִיר הַמִּזְבֵּחָה וְאַחַר יַשְׁקֶה אֶת הָאִשָּׁה אֶת הַמָּיִם". לפי זה נראה כי תפקידו של פסוק כד הוא מעין כותרת לשלב שתיית המים. בדומה לכך ראינו כי העמדת האישה לפני ה' בפסוק טז היא כותרת לשלב הבא, וההעמדה של האישה בפועל מתרחשת בפסוק יח. אכן מסתבר שפעולת שתיית המים היא האחרונה, שכן זו פעולת השיא בכל ההליך שנועד לבדוק את האישה, ובעקבותיה יתברר אם האישה חטאה או לא. מעבר לכך ראינו שכנראה הפעולה הזו פועלת את תכליתה דווקא בגין שתי הפעולות הקודמות, הקרבת המנחה והשבועה, המערבות את ה' בהליך הבדיקה, ועל כן סביר שהשתייה תבוא לאחר שתי הפעולות האלה.

הכוהן מקבל מהאישה את המנחה, שהרי היא מקריבה את המנחה, והוא מניף את המנחה וקומץ ממנה את אזכרתה, ואותה הוא מקריב על המזבח (כה-כו). אחר כך האישה

שותה מהמים (כו).

למים יש כוח לפעול פעולות הפוכות אם האישה חטאה או לא. אם האישה חטאה בטנה של האישה מתנפחת, וירכה נופלת. אם היא טהורה ולא שכבה עם זר, אז היא מתנקה מעוון, והיא נכנסת להיריון "ונזרעה זרע" (כז-כח).

6. חתימה, ה׳, כט-לא

בפסוקים אלה חותמת התורה את פרשת סוטה, כאשר היא מעלה שוב את שתי האפשרויות: בפסוק כט האפשרות שהיא חטאה: "זֹאת תּוֹרַת הַקְּנָאֹת אֲשֶׁר תִּשְׂטֶה אִשָּׁה תַּחַת אִישָׁהּ וְנִטְמָאָה". אפשרות שנייה, שאדם חשד באשתו אך התברר על ידי בדיקתה שלא חטאה: "אוֹ אִישׁ אֲשֶׁר תַּעֲבֹר עָלָיו רוּחַ קִנְאָה וְקִנֵּא אֶת אִשְׁתּוֹ וְהֶעֱמִיד אֶת הָאִשָּׁה לִפְנֵי ה׳ וְעָשָׂה לָהּ הַכֹּהֵן אֵת כָּל הַתּוֹרָה הַזֹּאת".

הפסוק החותם את הפרשה מבהיר שאין לאיש חטא על כך שחשד באשתו אם האישה חטאה ונענשה בחטאה בגין הבדיקה שדרש בעלה: "וְנִקָּה הָאִישׁ מֵעָוֹן וְהָאִשָּׁה הַהִוא תִּשָּׂא אֶת עֲוֹנָהּ".*

לסיכום, סוטה מוגדרת כמועלת מַעל בבעלה אם זנתה, בדומה לאדם שמעל בגזל ובפיקדון ונשבע על כך לשקר. שם מדובר באדם שנשבע לשקר שלא גזל, וכאן האישה חייבת להישבע שלא זנתה, אך אם זנתה שבועתה לשקר. בדין אשם גזלות המַעל הוא בה׳ על שבועת השקר, ואילו כאן המעל הוא בבעל. בשני המקרים מעורב כוהן – באשם גזלות הכוהן מקבל את הגזלה, ובכך מאפשר את כפרת הגוזל, ואילו בפרשת סוטה, הכוהן עורך את הליך בדיקת הסוטה, שבסופו, או שהאישה תיענש או שתינקה. בשני המקרים הכוהן שותף בהליך השארת המחנה נקי מחטא. אשר על כן הפרשה מסתיימת בסיכום המדגיש את מקומו של הכוהן בפרשת הסוטה ("וְהֶעֱמִיד אֶת הָאִשָּׁה לִפְנֵי ה׳ וְעָשָׂה לָהּ הַכֹּהֵן אֵת כָּל הַתּוֹרָה הַזֹּאת", ל). גם בפרשה זו עולה כי מעמדו המיוחד של הכוהן מאפשר אחת משתי אפשרויות – או להוציא את הסוטה מחוץ למחנה, על ידי הענשתה באמצעות בדיקתה, או הכללתה במחנה, על ידי זיכויה. בדין הוצאת טמא מהמחנה עלה שהיות שהמחנה הוא מקום משכנו של ה׳, אין אפשרות לטמא להימצא בו. בדומה, דין סוטה קושר את הכוהן, ואדמה מאדמת המשכן, ומים קדושים מהכיור, כדי להרחיק חטא ולהכליל אישה שנחשדה בחטא אך לא חטאה. דין סוטה מאפשר את זיכויה של אישה שנחשדה בלא עוון, אך את הענשתה אם היא חוטאת. שוב יש כאן דין של הכללה והוצאה מהמחנה.

* חלקו תנאים (בבלי סוטה ג) בשאלה אם טוב הדבר שאדם יקנא לאשתו או לא, ואם חייב לקנא. הרמב"ם פסק שזו מצווה, אלא שהיא מצווה דרבנן, הלכות סוטה פרק ד הלכה יח.

דין נזיר, ו', א-כא

א ב וַיְדַבֵּר ה' אֶל מֹשֶׁה לֵּאמֹר. דַּבֵּר אֶל בְּנֵי יִשְׂרָאֵל וְאָמַרְתָּ אֲלֵהֶם אִישׁ אוֹ אִשָּׁה כִּי יַפְלִא לִנְדֹּר נֶדֶר
ג נָזִיר לְהַזִּיר לַה'. מִיַּיִן וְשֵׁכָר יַזִּיר חֹמֶץ יַיִן וְחֹמֶץ שֵׁכָר לֹא יִשְׁתֶּה וְכָל מִשְׁרַת עֲנָבִים לֹא יִשְׁתֶּה
ד וַעֲנָבִים לַחִים וִיבֵשִׁים לֹא יֹאכֵל. כֹּל יְמֵי נִזְרוֹ מִכֹּל אֲשֶׁר יֵעָשֶׂה מִגֶּפֶן הַיַּיִן מֵחַרְצַנִּים וְעַד זָג לֹא
ה יֹאכֵל. כָּל יְמֵי נֶדֶר נִזְרוֹ תַּעַר לֹא יַעֲבֹר עַל רֹאשׁוֹ עַד מְלֹאת הַיָּמִם אֲשֶׁר יַזִּיר לַה' קָדֹשׁ יִהְיֶה
ו ז גַּדֵּל פֶּרַע שְׂעַר רֹאשׁוֹ. כָּל יְמֵי הַזִּירוֹ לַה' עַל נֶפֶשׁ מֵת לֹא יָבֹא. לְאָבִיו וּלְאִמּוֹ לְאָחִיו וּלְאַחֹתוֹ
ח ט לֹא יִטַּמָּא לָהֶם בְּמֹתָם כִּי נֵזֶר אֱלֹהָיו עַל רֹאשׁוֹ. כֹּל יְמֵי נִזְרוֹ קָדֹשׁ הוּא לַה'. וְכִי יָמוּת מֵת עָלָיו
י בְּפֶתַע פִּתְאֹם וְטִמֵּא רֹאשׁ נִזְרוֹ וְגִלַּח רֹאשׁוֹ בְּיוֹם טָהֳרָתוֹ בַּיּוֹם הַשְּׁבִיעִי יְגַלְּחֶנּוּ. וּבַיּוֹם הַשְּׁמִינִי
יא יָבִא שְׁתֵּי תֹרִים אוֹ שְׁנֵי בְּנֵי יוֹנָה אֶל הַכֹּהֵן אֶל פֶּתַח אֹהֶל מוֹעֵד. וְעָשָׂה הַכֹּהֵן אֶחָד לְחַטָּאת
יב וְאֶחָד לְעֹלָה וְכִפֶּר עָלָיו מֵאֲשֶׁר חָטָא עַל הַנָּפֶשׁ וְקִדַּשׁ אֶת רֹאשׁוֹ בַּיּוֹם הַהוּא. וְהִזִּיר לַה' אֶת
יג יְמֵי נִזְרוֹ וְהֵבִיא כֶּבֶשׂ בֶּן שְׁנָתוֹ לְאָשָׁם וְהַיָּמִים הָרִאשֹׁנִים יִפְּלוּ כִּי טָמֵא נִזְרוֹ. וְזֹאת תּוֹרַת הַנָּזִיר
יד בְּיוֹם מְלֹאת יְמֵי נִזְרוֹ יָבִיא אֹתוֹ אֶל פֶּתַח אֹהֶל מוֹעֵד. וְהִקְרִיב אֶת קָרְבָּנוֹ לַה' כֶּבֶשׂ בֶּן שְׁנָתוֹ
טו תָמִים אֶחָד לְעֹלָה וְכַבְשָׂה אַחַת בַּת שְׁנָתָהּ תְּמִימָה לְחַטָּאת וְאַיִל אֶחָד תָּמִים לִשְׁלָמִים. וְסַל
טז מַצּוֹת סֹלֶת חַלֹּת בְּלוּלֹת בַּשֶּׁמֶן וּרְקִיקֵי מַצּוֹת מְשֻׁחִים בַּשָּׁמֶן וּמִנְחָתָם וְנִסְכֵּיהֶם. וְהִקְרִיב הַכֹּהֵן
יז לִפְנֵי ה' וְעָשָׂה אֶת חַטָּאתוֹ וְאֶת עֹלָתוֹ. וְאֶת הָאַיִל יַעֲשֶׂה זֶבַח שְׁלָמִים לַה' עַל סַל הַמַּצּוֹת
יח וְעָשָׂה הַכֹּהֵן אֶת מִנְחָתוֹ וְאֶת נִסְכּוֹ. וְגִלַּח הַנָּזִיר פֶּתַח אֹהֶל מוֹעֵד אֶת רֹאשׁ נִזְרוֹ וְלָקַח אֶת שְׂעַר
יט רֹאשׁ נִזְרוֹ וְנָתַן עַל הָאֵשׁ אֲשֶׁר תַּחַת זֶבַח הַשְּׁלָמִים. וְלָקַח הַכֹּהֵן אֶת הַזְּרֹעַ בְּשֵׁלָה מִן הָאַיִל
כ וְחַלַּת מַצָּה אַחַת מִן הַסַּל וּרְקִיק מַצָּה אֶחָד וְנָתַן עַל כַּפֵּי הַנָּזִיר אַחַר הִתְגַּלְּחוֹ אֶת נִזְרוֹ. וְהֵנִיף
אוֹתָם הַכֹּהֵן תְּנוּפָה לִפְנֵי ה' קֹדֶשׁ הוּא לַכֹּהֵן עַל חֲזֵה הַתְּנוּפָה וְעַל שׁוֹק הַתְּרוּמָה וְאַחַר יִשְׁתֶּה
כא הַנָּזִיר יָיִן. זֹאת תּוֹרַת הַנָּזִיר אֲשֶׁר יִדֹּר קָרְבָּנוֹ לַה' עַל נִזְרוֹ מִלְּבַד אֲשֶׁר תַּשִּׂיג יָדוֹ כְּפִי נִדְרוֹ אֲשֶׁר
יִדֹּר כֵּן יַעֲשֶׂה עַל תּוֹרַת נִזְרוֹ.

פירוש העניין

דין נזיר הוא הרביעי ברצף החוקים בפרקים ה׳-ו׳. איש או אישה יכולים לקבל עליהם להיות נזיר (ב). נראה כי אישה הנודרת להיות נזירה כפופה לאותן הלכות של הפרת נדרים על ידי אבי האישה או בעלה כפי הנאמר בהמשך בפרק ל׳.

פרשת הנזיר פותחת ומסתיימת בצורה דומה:

אִישׁ אוֹ אִשָּׁה כִּי יַפְלִא לִנְדֹּר נֶדֶר נָזִיר לְהַזִּיר לַה׳ (ב).

זֹאת תּוֹרַת הַנָּזִיר אֲשֶׁר יִדֹּר קָרְבָּנוֹ לַה׳ עַל נִזְרוֹ מִלְּבַד אֲשֶׁר תַּשִּׂיג יָדוֹ כְּפִי נִדְרוֹ אֲשֶׁר יִדֹּר כֵּן יַעֲשֶׂה עַל תּוֹרַת נִזְרוֹ (כא).

פרשת נזיר נחלקת לשלושה חלקים ולסיכום:

1. ב-ח – איסורי הנזיר.
2. ט-יב – דינו של נזיר שנזירותו חוללה.
3. יג-כ – הליך הסיום של תקופת הנזירות.
4. כא – סיום.

איסורי הנזיר, ו׳, ב-ח

פסוק ב מתאר את הדין שבו איש או אישה נודרים להיות נזיר, ובפסוקים ג-ז מפורטים הדינים החלים עליהם. הניסוח ״אִישׁ אוֹ אִשָּׁה כִּי יַפְלִא לִנְדֹּר נֶדֶר״, מלמד שהרצון להיות נזיר הוא שאיפה טבעית ומציאות קיימת, ועתה התורה מגדירה מה הם החוקים החלים על אדם המבקש להיות נזיר.

המילה נזיר היא מהשורש נז״ר, ומשמעה להתבדל, להיות מופרש; נזיר הוא אדם מובדל, מופרש. שורש זה קרוב במשמעותו לשורש נד״ר. הפועל ״יפליא״, משמעו יפריש, להקדיש דבר, כמו שאדם מבטא את רצונו להקריב קורבן נדבה: ״וְאִישׁ כִּי יַקְרִיב זֶבַח שְׁלָמִים לַה׳ לְפַלֵּא נֶדֶר אוֹ לִנְדָבָה״ (ויקרא כ״ב, כא); ״אִישׁ כִּי יַפְלִא נֶדֶר בְּעֶרְכְּךָ נְפָשֹׁת לַה׳״ (ויקרא כ״ז, ב); ״וַעֲשִׂיתֶם אִשֶּׁה לַה׳ עֹלָה אוֹ זֶבַח לְפַלֵּא נֶדֶר אוֹ בִנְדָבָה״ (במדבר ט״ו, ג). כאשר אדם נודר להיות נזיר הוא מקדיש את עצמו לה׳ (״להזיר לה׳״). הצירוף ״לפלא נדר״, מובנו להתחייב להקדיש דבר בתורת נדר מתוך נדבה. אך השורש פל״א בא גם במובן של דבר נשגב, יוצא דופן, כך למשל המילה פלא, נפלא, בשמות ט״ו, יא; יהושע ג׳, ה; או דבר שהוא למעלה מהשגה, כגון בבראשית י״ח, יד; דברים ל׳, יא. מכאן עולה כי ההפלאה לנדור היא הפרשה לשם מעלה. כך פירש ראב״ע: ״יפליא – יפריש, או יעשה דבר פלא, כי רוב העולם הולכים אחר תאותם״. כך האדם הנודר נדר עושה דבר שהוא חיובי ונעלה.

הנודר נדר מקדיש דבר השייך לו. אדם יכול גם לנדור את שווי ערכו (ויקרא כ״ז, ב), וכך המעורבות של האדם היא גבוהה יותר. מעל זאת, הנזיר מקדיש את עצמו ממש. הוא שואף להתגדל, ולכן נודר עצמו לנזירות. אכן הדבר מפורש בפסוק ח: ״כֹּל יְמֵי נִזְרוֹ קָדֹשׁ

הוא לה'". ההתייחסות לנזיר כקדוש מעלה בתודעה את הציווי לכל העם: "קְדֹשִׁים תִּהְיוּ כִּי קָדוֹשׁ אֲנִי ה' אֱלֹהֵיכֶם" (ויקרא י"ט, ב). בקבלת הנזירות אדם מממש ציווי כללי זה להיות קדוש. כך עולה מהסמיכות של אזכור נזירים ונביאים יחדיו בדברי עמוס ב', יא: "וָאָקִים מִבְּנֵיכֶם לִנְבִיאִים וּמִבַּחוּרֵיכֶם לִנְזִרִים הַאַף אֵין זֹאת בְּנֵי יִשְׂרָאֵל נְאֻם ה'. וַתַּשְׁקוּ אֶת הַנְּזִרִים יָיִן וְעַל הַנְּבִיאִים צִוִּיתֶם לֵאמֹר לֹא תִּנָּבְאוּ". הפסוק מדמה כאן את הנזירים לנביאים המוסרים את דבר ה' לעם. לפי העולה מדברי עמוס הנזירים הם אנשים שמוגדרים על פי נזירותם, כמו הנביאים, ועל כן אין מדובר בנזירים לזמן קצוב וקצר. על המעלה של הנזיר אפשר ללמוד גם מהנזיר היחידי שאנו מכירים במקרא, הלא הוא שמשון. אֵם שמשון קיבלה ציווי אלוהי שבנה שייוולד יהיה נזיר כל ימי חייו (שופטים י"ג, ה). ברור מהסיפור שנזירותו של שמשון היא חלק ממעלתו שנבחר על ידי ה'. בתחילת ספר שמואל, שמואל בחיר ה' הוא נביא, ואף הוא כנראה גם נזיר, ועל כן האיסור עליו בשמ"א א', יא: "ומורה לא יעלה על ראשו".

הנזיר אוסר עצמו בשלושה איסורים:

1. הנזיר אסור בכל מוצרי הענבים על כל גוניהם וכן גם בשיכר (ג-ד). האיסור הזה כולל הן מוצרים אלכוהוליים הן מוצרים שאינם משכרים העשויים מענבים (ראו לעיל בפירושי מילים). התורה מפרטת מאכלים ומשקאות הכלולים באיסור: חומץ יין או שיכר, משרת ענבים ומיץ ענבים לא אלכוהוליים, ענבים, צימוקים, קליפות הענבים או גרעיניהם.
2. האיסור השני הוא גילוח שער הראש (ה). אף שכתוב שלא יעביר תער על ראשו הכוונה שהוא לא יגזור את שערותיו בכל אופן, כמו שכתוב בסוף הפסוק: "גַּדֵּל פֶּרַע שְׂעַר רֹאשׁוֹ".* על ידי גידול השיער פרא הנזיר נהיה קדוש ("קדוש יהיה"). היינו שמכיוון שהוא מגדל את שער ראשו, הוא שונה ומובדל משאר בני אדם ומבחינה זו הוא קדוש לה'.
3. האיסור השלישי הוא להימנע מלהיטמא למת (ו-ז). איסור זה כולל את כל הקרובים, אפילו מקרבה ראשונה ובכלל זה לאחותו, לאביו ולאימו. האיסור להיטמא מוסבר בפסוק "כִּי נֵזֶר אֱלֹהָיו עַל רֹאשׁוֹ". השורש נז"ר נושא גם את המשמעות של כתר. יש כאן חילוף בין שתי המשמעויות של המילה נזר, הנזיר מגדל את שער ראשו ובכך הוא קדוש לה', ושער הנזיר הוא כמו כתר אלוהים על ראשו (ראב"ע).

הקדושה תלויה קודם כול בהתרחקות מטומאה. על כן מובן שנזיר, המבקש להיות קדוש לה', אסור לו להיטמא. נראה כי איסור התספורת של הנזיר הוא מטעם חיצוני, כדי להבדיל אותו משאר אנשים, והיות שער ראשו של הנזיר סימן להיותו קדוש "נֵזֶר אֱלֹהָיו עַל רֹאשׁוֹ" (ה).**

* מחלוקת תנאים בדבר, ספרי פיסקא כה (מהדורת הורוויץ, עמ' 30); בבלי נזיר לט ע"ב.

** ואחרים הסבירו שאיסור הגילוח הוא כדי למנוע התרכזות בדברים חיצוניים המייפים את הגוף, ראו אברבנאל, בפירושו לתחילת פרק ו'.

ההימנעות משתיית יין ומשקאות חריפים מבטאת את ההתרחקות של הנזיר ממצב של שכרות וחוסר שליטה, כדי שמחשבותיו תהיינה קדושות באופן תמידי (ישעיה ה׳, יב). שתיית יין ושכרות גורמות לקהות חושים וגאווה (ישעיה כ״ח, א). הימנעות מיין משאירה את האדם מפוכח פיזית וגם נפשית.*

איסורים אלה אינם תוכן מהותו של הנזיר אלא מגבלות סף כדי שאדם יוכל להתקדש. נראה כי הנזיר מממש את נזירותו בהתנהגויות ומחשבות נעלות הקשורות בקדושה, והתורה רק הגדירה את איסורי הנזירות ולא את הביטויים החיוביים של מהות הנזירות. הנזיר מקבל עליו את ההוראה הכללית לכל ישראל ״קְדֹשִׁים תִּהְיוּ כִּי קָדוֹשׁ אֲנִי ה׳ אֱלֹהֵיכֶם״ (ויקרא י״ט, ב) באופן מחייב ומוגדר.

פסוק ח הסוגר את החלק המפרט את דין הנזיר ואיסוריו מגדיר את הנזיר כקדוש לה׳. באמצעות האיסורים שנמנו לעיל הנזיר מתבדל והוא מקדיש עצמו לה׳. אכן החלק הראשון פותח ומסתיים באותו אופן:

אִישׁ אוֹ אִשָּׁה כִּי יַפְלִא לִנְדֹּר נֶדֶר נָזִיר לְהַזִּיר לה׳ (ב).
כֹּל יְמֵי נִזְרוֹ קָדֹשׁ הוּא לה׳ (ח).

דין נזיר שנזירותו חוללה, ו׳, ט-יב

פסוקים ט-יב עוסקים במקרה שהנזיר נטמא למת שלא בכוונה. במקרה זה נזירותו מופסקת, והוא צריך להתחיל את נזירותו מההתחלה. הנזיר שנטמא צריך להיטהר במשך שבעה ימים, וביום זה הוא מגלח את שערו (ט). מכיוון שמדובר כאן על היטהרות מטומאה, אף כי הדבר לא נכתב, מסתבר כי הוא צריך לעבור את תהליך ההיטהרות של טמא מת כפי שמופיע בפרק י״ט. הוא אינו שורף את שערו כפי שהיה עושה אילו היה מסיים את תקופת נזירותו, שכן פעולה זו מבטאת את קדושתו של הנזיר, שבאה לידי ביטוי בשערו, ועל כן במקרה שבו לא השלים את נזירותו, שערו לא נשרף.**

ביום השמיני מביא הנזיר שני ציפורים, או תורים או בני יונה (י), והוא מקריב אחד כקורבן עולה והשני כקורבן חטאת: ״וְכִפֶּר עָלָיו מֵאֲשֶׁר חָטָא עַל הַנָּפֶשׁ״ (יא).*** אין להסביר שהוא מביא קורבן חטאת על שחטא בכך שנטמא, שכן גם המסיים את תקופת הנזירות ללא טומאה, מביא קורבן חטאת. בנוסף מביא הנזיר קורבן אשם על הפסקת נזירותו בשל טומאתו, ועל כן מי שסיים נזירותו אינו מביא קורבן אשם. ראוי לשאול, מדוע נזיר שנטמא, ונזיר שסיים את תקופת נזירותו חייבים להביא קורבן חטאת? חז״ל הסבירו בדרך דרש, שהקורבן הוא על חטאו שבידל עצמו מתענוגות העולם.**** ריב״ש הסביר שאין מדובר על חטא מלשון עוון,

* רבים הבינו את איסור שתיית היין והשכרות בחומרת השכרות. אברבנאל (פירושו לתחילת פרק ו׳) למשל: ״...כל דבר משכר ומפסיד את הדעת״.

** אך מכיוון שהשיער הוקדש, אומרת המשנה בתמורה פרק ז משנה ד שהשיער נקבר.

*** אברבנאל מסביר שקורבן העולה הוא כדי להידבק באלוהיו.

**** ספרי פיסקא ל (מהדורת הורוויץ, עמ׳ 36): ״וכפר עליו מאשר חטא על הנפש – ר׳ אלעזר הקפר אומר: וכי על איזו נפש חטא זה שצריך כפרה? על שציער נפשו מן היין, והלא דברים קל וחומר, ומה המצער

אלא חטא במובן של סטייה, החטאה (למשל שופטים כ׳, טז). ועל זה יש להוסיף את הסברו של רמב״ן שחטאו הוא על כך שהיה צריך להמשיך בנזירותו לעולם, ומכיוון שהוא מפסיק את נזירותו הוא מביא את הקורבן.* אפשר לנסח כיוון זה בצורה אחרת, ללא עקרון החטא: עצם הירידה של הנזיר ברמת קדושתו מרמה של קדושה לרמה של חולין, היא שמצריכה אותו להביא קורבן. זה נכון גם במקרה שהוא נטמא באמצע נזירותו וגם כאשר נגמרת תקופת נזירותו, שכן בשני המקרים הוא יורד מקדושת נזיר לדרגת חיים רגילה.[14]

כאשר יסיים את נזירותו יביא כבש לעולה וכבשה לחטאת, אולם כשהנזיר נטמא הוא מביא ציפורים, שהן קורבן עני (ויקרא ה׳, ז). אפשר כי ההסבר לכך הוא שכאשר הוא משלים את הנזירות והשלים את ימי קדושתו קורבנו קורבן יקר, אולם נזיר שביקש להתקדש, אך לא הצליח להשלים את ימי נזירותו בקדושה, אין הוא יכול להביא קורבן יקר אלא קורבן של דל.**

הנזיר מתחיל את נזירותו מההתחלה ("וְקִדַּשׁ אֶת רֹאשׁוֹ בַּיּוֹם הַהוּא"; "וְהִזִּיר לַה׳ אֶת יְמֵי נִזְרוֹ"), והימים הראשונים שבהם היה נזיר אינם נחשבים לו למניין ימי הנזירות, מכיוון שהופסקו בשל טומאתו ("וְהַיָּמִים הָרִאשֹׁנִים יִפְּלוּ כִּי טָמֵא נִזְרוֹ").

כאמור, מי שנטמא תוך כדי נזירותו חייב להביא קורבן אשם, כבש בן שנה. בניגוד לקורבן החטאת שבא על הירידה מדרגת הקדושה, קורבן האשם בא על עצם הפסקת הנזירות עקב טומאה. מהותו של קורבן אשם הוא מעילה בקודש (ויקרא ה׳, טו-טז). וכך גם באשם גזלות לעיל, מדובר היה במעילת מעל בה׳ (במדבר ה׳, ו), ועל זה הוא חייב קורבן אשם (ה׳ ח; ויקרא ה׳, כה).[15] כך יש להבין גם את המקרה של הנזיר שנטמא בתוך ימי נזירותו. הנזיר לא השלים את הימים שבהם הוא הקדיש עצמו לה׳, ואף שאין בכך חטא, יש בכך פגיעה בקודש, ועל כן הוא צריך להביא קורבן אשם. כמובן בסיום תקופת הנזירות, אין בכך חטא או מעילה ולכן לא יביא אשם, אבל עדיין יש בכך ירידה מקדושת נזיר לחיים רגילים, ועל המעבר מקדושה לחיים רגילים הוא מביא חטאת.

גם סופו של החלק השני מתייחס לפתיחת חלק זה: ט – "וכי ימות מת עליו"; יב – "כי טמא נזרו".

נפשו מן היין צריך כפרה, קל וחומר למצער נפשו על כל דבר. ר׳ ישמעאל אומר בנזיר טמא הכתוב מדבר, שנאמר וכפר עליו מאשר חטא על הנפש שנטמא למתים".

* רמב״ן על פסוקים יג-יד: "ועל דרך הפשט, כי האיש הזה חוטא נפשו במלאת הנזירות – כי הוא עתה נזור מקדושתו ועבודת השם, וראוי היה לו שיזור לעולם ויעמד כל ימיו נזיר וקדוש ה׳ לאלהיו – כעניין שכתוב 'ואקח מבניכם לנביאים ומבחוריכם לנזירים' – השווה אותו הכתוב לנביא; וכדכתיב 'כל ימי נזרו קדוש הוא לה׳' (ח) – והנה הוא צריך כפרה בשובו להטמא בתאוות עולם"; וכן אברבנאל.

** דבריו של ר׳ שמעיה מצוטטים בבמדבר רבה י, כה: "מה ראתה תורה להקל על נזיר טמא, שמביא תורים או בני יונה? לפי שהוא כשנזר, לשם שמים נתכוון, וכשנטמא מאבד כל מה שעשה וחוזר מראש, לפיכך חסה התורה עליו לפטור עצמו בקרבן עני".

הליך הסיום של תקופת הנזירות, ו', יג-כ

גם החלק השלישי של הפרשה נפתח ומסתיים באותה לשון:

> וְזֹאת תּוֹרַת הַנָּזִיר בְּיוֹם מְלֹאת יְמֵי נִזְרוֹ יָבִיא אֹתוֹ אֶל פֶּתַח אֹהֶל מוֹעֵד (יג).
> זֹאת תּוֹרַת הַנָּזִיר אֲשֶׁר יִדֹּר קָרְבָּנוֹ לה' עַל נִזְרוֹ מִלְּבַד אֲשֶׁר תַּשִּׂיג יָדוֹ כְּפִי נִדְרוֹ אֲשֶׁר יִדֹּר כֵּן יַעֲשֶׂה עַל תּוֹרַת נִזְרוֹ (כא).

בסיום הנזירות בא הנזיר אל אוהל מועד להביא את קורבנותיו. ניסוח פעולה זו מוזר: "בְּיוֹם מְלֹאת יְמֵי נִזְרוֹ יָבִיא אֹתוֹ". לדעת ראב"ע הכוהן יביא את הנזיר בעל כורחו. אך מוזר הדבר שהכוהן יספור את ימי נזירות הנזירים, ולא סביר שזה יכול כלל להתבצע. מסתבר יותר פירוש רש"י, שהנזיר מביא את עצמו, אך הניסוח בגוף שלישי דורש הסבר. ייתכן שהניסוח הזה בא לאפיין את הלך הרוח שבו הנזיר אמור לבוא לאוהל מועד, כאילו הוא מובא ומובל לאוהל מועד, ואין הוא שמח ומרוצה על סיום הנזירות.[16]

נזיר שסיים את נזירותו מביא קורבנות עולה, חטאת ושלמים (יד-יז). נזיר שהיה ברמת קדושה גבוהה, אף אם לזמן מסוים, כאשר השלים את ימי נזירותו, יוצא ממצב של קדושה וחוזר למצבו הרגיל, ועל המעבר הזה הוא מביא קורבן חטאת, וכפי שביארנו, אין זה חטא לסיים את תקופת הנזירות. קורבן השלמים בא מתוך שמחת האדם. נראה כי כאן הנזיר היוצא מנזירותו שמח על התקופה שבא קידש עצמו, ועל כך הוא מביא קורבן (ראב"ע על פסוק יד). כמובן כאשר הנזירות מופסקת בשל טומאה, אין מקום לשמחה, כי נדר הנזירות הופסק, ועל כן במקרה זה הנזיר אינו מביא קורבן שלמים. בכל קורבן שלמים הכוהן מקבל את החזה ואת שוק הימין, והם מונפים, כדי להעביר אותם מרשות המקריב לרשות גבוה, ואז הכוהן מקבלם (ויקרא ז', ל). בנוסף לאלה, בקורבן נזיר גם הזרוע מונפת וניתנת אף היא לכוהן. לאחר פעולה אחרונה זו הנזיר מסיים את נזירותו ומותר לו לשתות יין (יט-כ).

לאחר הקרבת הקורבנות מגלח הנזיר את שערו בפתח אוהל מועד ושם אותו על האש תחת זבח השלמים (יח). פעולה זו כתובה בהרחבה, באמצעות פירוט של שלוש פעולות, גילוח השיער בפתח אוהל מועד, לקיחת השיער ונתינתו על האש. למעשה זו פעולה אחת שנתפצלה באופן מכוון כדי להדגיש פעולה זו. הדגשה זו מצביעה על החשיבות של פעולת שרפת השיער של הנזיר. לאור ההבנה של נדר הנזיר לעיל, שהוא פעולה חיובית של אדם המבקש להתקדש לה', הרי שמובן שכאשר הוא יוצא לחיי חולין רגילים הוא משאיר את נזר הקודש במקום הקדוש. משום כך מובן כי בפסוק זה השיער מכונה כתרו של הנזיר: "שער ראש נזרו".

כפי שעולה בפרשה זו הנזירות של הנזיר קצובה בזמן. חז"ל קבעו שזמן נזירותו באופן סתמי הוא לשלושים יום.[17] אולם הנזירות שאדם מקבל על עצמו, להיות קדוש לה', היא מעלה של אדם, ואם אדם יכול לקבל זאת על עצמו לאורך זמן הדבר רצוי. אכן שמשון היה נזיר

לכל ימי חייו, אולי גם שמואל,* וכמובן, המשנה מדברת על נזיר עולם.[18] גם תיאור מעמד הנזירים בעמוס ב׳, יב, מלמד על אנשים אשר קבועים בנזירותם. התורה כאן התרכזה בדינים על נזירים אשר מפסיקים את נזירותם, הן בשל טומאה במהלך תקופת הנזירות, הן במקרה שהנזירות מוגבלת בזמן. כמובן אם אדם הוא נזיר עולם, לא חלים עליו החוקים האלה, ורק משום כך מקרה זה לא עלה. הפרשה כאן לא דיברה אלא על הצד הפולחני הקשור ביציאה מהנזירות, אך נזיר עולם אינו יוצא מהנזירות ולכן לא הוזכר.

נזיר לעומת כוהן

איסורי הנזיר מדמים אותו לכוהן ואף לכוהן גדול. בשניים מהאיסורים של הנזיר הוא דומה לכוהן. לכוהן רגיל אסור להיטמא למת, והנזיר דווקא דומה בכך לכוהן הגדול שעליו נאסר להיטמא אפילו לבני משפחתו, גם אלה הקרובים ביותר (ויקרא כ״א, א–ג). כמו לנזיר גם לכוהן אסור לשתות יין (ויקרא י׳, ט). אם כי לכוהן אסור לשתות רק בעת עבודתו, ולנזיר אסור לאכול מכל מאכלי הענבים, מה שאין כן אצל הכוהן. גם גידול השיער של הנזיר מזכיר את הכוהן, שכן שער הנזיר הוא נזר על ראשו, וזה מזכיר את הנאמר על הכוהן, ויקרא כ״א, יב: ״כִּי נֵזֶר שֶׁמֶן מִשְׁחַת אֱלֹהָיו עָלָיו״.** החשוב ביותר הוא שהכוהן הוא קדוש (ויקרא כ״א, ו), וכן גם הנזיר (במדבר ו׳, ח). העולה מכאן שכאשר הנזיר מקבל על עצמו את הנזירות הוא דומה בכך לקדושתו של הכוהן.***

פרשת נזיר מאפשרת לאדם שלא קיבל את קדושת הכוהן להתקדש ולהתדמות לכוהן. יש להדגיש שאפשרות זו ניתנה הן לגברים הן לנשים. לאחר ההבחנות שנעשו בפרקים הקודמים בין הכוהנים לבין הלוויים ולבין העם, פרשת נזיר באה להראות את השבירה של המדרג. נזיר דומה בדברים מסוימים לכוהן, אבל הכוהן משרת את ה׳ בעבודת הקודש, תחום שלא נפתח לנזיר. יתר על כן, מודגש שמי שמנהל את טקסי הנזירות, הן אם היא מופסקת באמצע הן בסיום הרגיל של תקופת הנזירות הוא הכוהן. אולם פרשת נזיר באה ללמד, שגם אדם שאינו כוהן יכול להידמות לכוהן, גם אם לא בכל העניינים, ואף אם לזמן מוגבל.

כאמור, דין נזיר קשור לדין סוטה, ועומק הקשר על פי פשוטו הוא, שבשני החוקים האלה בסופם של התהליכים, הסוטה וכן גם הנזיר חוזרים להיות חלק אינטגרלי של הקהל. חוק הסוטה מדגים את העובדה שאישה שבגדה בבעלה אינה יכולה להישאר במחנה. הכוהן עורך טקס שבאמצעותו היא תחזור למחנה ישראל או תצא ממנו. מעבר לכך חוק הנזיר מלמד כיצד אדם מישראל, הן איש הן אישה, יכול לקבל עליו נזירות ובכך לצאת מהמעמד שלו,

* בשמ״א א׳ נאמר ״ומורה לא יעלה על ראשו״. בתרגום השבעים נוסף שם גם איסור שתיית יין. ובנוסח בקומראן מפורש שהוא נזיר, 4QSam[a]. וזו מחלוקת תנאים במשנה נזיר פרק ט משנה ה אם היה נזיר או לא. תרגום יונתן תרגם: ״וּמַרְוַת אֱנָשׁ לָא תְהֵי עֲלוֹהִי״. הוא תרגם מורה, מלשון מרות, ולא במובן של תער.

** אם כי לכוהן עצמו אסור היה לגלח את שער ראשו על פי יחזקאל מ״ד, כ.

*** רלב״ג: ״והיתה הכונה בנזיר שיהיה נבדל מהעניינים החומריים שהחטא נוטה אליהם, לפי היכולת, הנה מפני זה הוזהר מלהיטמא למתים ואפילו לקרובים, כמו העניין בכהן גדול״. ראו גם מילגרום, עמ׳ 355.

ולהידמות לזמן מה לכוהן.[19] ואף שהנזיר אינו עובד במקדש, וזה חסרון קדושתו לעומת הכוהן, זוהי גם מעלת קדושתו, שכן הנזיר בא ללמד שעל אף קדושת המחנה שנובעת ממשכן ה׳ שבתוכו, והכוהנים הם הקרובים ביותר אל ה׳ בהיותם עובדי ה׳ במשכן, ניתן להגיע לקדושה שלא דרך המשכן. פרשת הנזיר היא המימוש המוחשי של הציווי ״קְדֹשִׁים תִּהְיוּ כִּי קָדוֹשׁ אֲנִי״, ולא צריך להיות כוהן לשם כך. דין הנזיר מדגים כיצד איש או אישה שהם חלק מהמחנה והמדרג של המחנה, יכולים לקבל על עצמם דרגה גבוהה יותר של קדושה החורגת לכאורה ממקומם הטבעי.

ברכת כוהנים, ו׳, כב-כז

כב כג וַיְדַבֵּר ה׳ אֶל מֹשֶׁה לֵּאמֹר. דַּבֵּר אֶל אַהֲרֹן וְאֶל בָּנָיו לֵאמֹר כֹּה תְבָרְכוּ אֶת בְּנֵי יִשְׂרָאֵל אָמוֹר
לָהֶם.

כד יְבָרֶכְךָ ה׳ וְיִשְׁמְרֶךָ.

כה יָאֵר ה׳ פָּנָיו אֵלֶיךָ וִיחֻנֶּךָּ.

כו יִשָּׂא ה׳ פָּנָיו אֵלֶיךָ וְיָשֵׂם לְךָ שָׁלוֹם.

כז וְשָׂמוּ אֶת שְׁמִי עַל בְּנֵי יִשְׂרָאֵל וַאֲנִי אֲבָרְכֵם.

פירוש העניין

פרשת החוקים בפרקים ה׳-ו׳ מסתיימת בחובה של הכוהנים לברך את ישראל. הכוהן הוא זה אשר דרכו עוברת ברכת ה׳ אל העם. פסקה קצרה זו של חמישה פסוקים כוללת שלושה פסוקים של נוסח ברכה, ושני פסוקים של פתיחה וסיום. היחס בין הפתיחה (כג) לסיום (כז), מלמד על מקומם של הכוהנים בברכה. הכוהנים עושים בפועל את פעולת הברכה של ה׳: ״כֹּה תְבָרְכוּ אֶת בְּנֵי יִשְׂרָאֵל״ (כג). אך בפסוק החתימה מתבאר ״וַאֲנִי אֲבָרְכֵם״ (כז), שה׳ הוא המברך את העם.* וכך אכן מפורש בספרי פיסקא מג (מהדורת הורוויץ, עמ׳ 49): ״ואני אברכם – שלא יהיו ישראל אומרים ברכותינו תלויות בכהנים, תלמוד לומר ׳ואני אברכם׳, שלא יהיו הכהנים אומרים אנו נברך את ישראל, תלמוד לומר: ׳ואני אברכם׳ – אני אברך את עמי ישראל, וכן הוא אומר ׳כי ה׳ אלהיך ברכך בכל מעשה ידיך׳ (דברים ז׳, יד)...״. בפסוק הסיכום מתבאר שתפקיד הכוהנים הוא לשים שמו של ה׳ על העם באמצעות נוסח הברכה, ואז כאשר העם נושא את שמו של ה׳ עליו, אז ה׳ הוא זה המברך את העם (כז); וכדברי ראב״ע: ״אשר יזכירו שמי עליהם; כי בכל אחד מהשלשה פסוקים – השם הנכבד והנורא״.

מילות הברכה, והמבנה של משפטי הברכה באים להדגיש את שפע הברכה על העם. הברכה מורכבת משלושה משפטים באורך של שלוש מילים במשפט הראשון, חמש בשני ושבע בשלישי. תוספת המילים בכל משפט בהפרש מדויק הוא מכוון, והוא מבטא את התעצמות ברכת ה׳ ואת התרחבות הברכה.

בכל משפט שני פעלים. במשפט הברכה הראשון: יברכך, וישמרך. במשפט הברכה השני: יאר, ויחנך. במשפט הברכה השלישי: ישא, וישם. העובדה שכל משפט נושא שני פעלים של ברכה באה לבטא את שפע הברכה. הפועל השני נוסף על הפועל הראשון ומעצים אותו, וכך הברכה מתרחבת. כך במשפט הראשון: ה׳ יברך אותך וגם ישמור אותך (כה). ולראב״ע, היינו שה׳ יברך, והברכה גם תישמר. ובמשפט הברכה השני: ה׳ יאר את פניו וגם ייתן לך חן (כו). ברכת הארת פני ה׳ מצויה גם בתהילים ד׳, ז; ל״א, יז; מ״ד, ד. מקור דומה במיוחד לברכת כוהנים הוא במזמורים ס״ז, ב; פ׳, ד, ח, כ; פ״ט, טז; קי״ט, קלה; וכן בדניאל ט׳, יז. משמעותה של הארת פני ה׳ היא מציאותו של ה׳ בנוכחות תמידית ומיטיבה. ההפך מהארת פנים הוא הסתר פנים (דברים ל״א, יח). במשלי ט״ז, יד-טו, ״אור פני מלך״ בשר ודם הוא הפכו של כעסו של המלך. המילה ״ויחנך״ היא משורש חנ״ן במובן עשיית חסד ורחמים. הברכה השלישית היא הרחבה ביותר. המשמעות המילולית של ״ישא ה׳ פניו״ היא שה׳ ירים את פניו, יגביה פניו להיטיב (בראשית י״ט, כא). במשפט הברכה השלישי, האיבר האחרון אינו פוֹעַל בלבד כמו בשני הפסוקים הראשונים, אלא פסוקית שלמה: ״וישם לך שלום״ (כו). שוב ההרחבה במילים מבטאת הרחבה של הברכה. בנוסף לזה פסוקית הסיומת המסתיימת בשם העצם ״שלום״, מסיימת בשיא. משמעותה של המילה ״שלום״ היא מגוונת, משמעה שלמות ושגשוג, שקט ושלווה.

* לפי אחד הפירושים ברש״י, וכן דעת ריב״ש, ״ואני אברכם״, הכוונה את ישראל. יש מפרשים ״ואני אברכם״ – את הכוהנים (פירוש שני ברש״י, ופירוש שני בריב״ש; לפי ראב״ע הכוונה גם לישראל וגם לכוהנים).

פרשייה זו משקפת את התפיסה שהשמירה של האדם והשגשוג שלו תלויים בה׳. ברכת ה׳ כאן על העם משקפת טוב מושלם שאין למעלה ממנו, ושכל הטוב הזה מקורו בה׳. לא על חינם שמו המפורש של ה׳ כתוב בכל פסוק, ובאופן עקיב במילה השנייה בכל שורת ברכה. כך מתממש מה שנאמר בפסוק האחרון, שעל ידי הברכה של הכוהנים את העם, שמו של ה׳ מושם על בני ישראל, ואז ה׳ מברך בברכות האלה את העם.

הברכה הזו הייתה משמעותית מאוד ברגשות הדתיים של העם, כפי שמשתקף מהשימוש בפסוקי ברכת כוהנים במזמורי תהילים. דבר זה ניכר במיוחד בתהילים ס״ז; קי״ח, כו-כז.

אהרן בירך את העם ביום השמיני של ימי המילואים (ויקרא ט׳, כב), ויש להניח שהוא בירך את העם בברכה הזו. אחריות הברכה על הכוהנים מוזכרת בדברים כ״א, ה (כאן מוזכרים הלוויים, אך הכוונה לכוהנים המכונים לוויים בספר דברים).

מקומה של פרשת הכוהנים במקומה כאן מכוונת, והיא חלק מנושא המדרג של המחנה. בפרקים א׳-ד׳ עלה המדרג בין שבטי ישראל לבין מחנה אוהל מועד, שבו מצויים הלוויים והכוהנים. קדושת המחנה מצריכה שילוח טמאים ממנו. דין שילוח הטמאים מהמחנה מאפיין את המחנה כקדוש שאינו מאפשר טומאה בתוכו. בפרשות אשם גזלות, נזיר וסוטה עלה מקומו המרכזי של הכוהן. בסיפור אשם גזלות האפשרות לתת את האשם לכוהן, מכפרת על החוטא בשבועת שקר, שכן היות הכוהן נציגו של ה׳ מאפשר לפושע להתכפר ולהיכלל במחנה. בחוק סוטה הכוהן הוא שעורך את הטקס אשר בסופו מתברר אם הסוטה מוצאת מן הכלל, או שהיא שבה נקייה מחשד. לעומת אלה, חוק הנזיר משקף אפשרות של כל אדם שרוצה, להיות מעין כוהן לזמן מוגבל. בכך יש הורדה מסוימת של המשוכה בין כוהן לבין אדם רגיל מישראל, אף כי הכוהן הוא האחראי על הפעולות הפולחניות אשר מפסיקות את תקופת נזירותו. דין ברכת כוהנים הוא החמישי בקובץ חוקים זה, אשר שוב מבליט את הפער בין הכוהן לבין העם. אך כמו באשם גזלות, לא רק מודגש הפער המדרגי בין הכוהן לבין העם, אלא בעיקר עולה הברכה שהעם מתברך מה׳ בגין הקרבה המיוחדת בין הכוהן לבין ה׳.

קורבנות הנשיאים וחנוכת המזבח, ז׳

באחד לחודש הראשון של השנה השנייה סיים משה להקים את המשכן, ואז הוא קידש את המשכן וכליו, באמצעות משיחתם (ז׳, א; שמות מ׳, א, יז). פרשתנו מספרת כי בתאריך זה (פסוקים א, י, פד, פח), שנים עשר נשיאי השבטים, המוזכרים גם בפרק א׳, תרמו עגלות ופרים שיועדו לנשיאת כלי המשכן (ז׳, ב-ט), וחנכו את המזבח במשך שנים עשר ימים, באמצעות קורבנות שהביא כל אחד מהם (ז׳, י-פח). הפרשה מסתיימת בידיעה, שה׳ דיבר עם משה באוהל מועד מעל הכפורת מבין הכרובים שעל ארון העדות (פט).

פרשה זו אינה במקומה מבחינה כרונולוגית. במדבר א׳ פותח באחד לחודש השני בשנה השנית, היינו בחודש אייר, ואילו פרשת הנשיאים חוזרת חודש אחורה, לאחד לחודש הראשון בשנה השנייה, היינו בניסן, והיא קודמת בזמנה למניין העם בפרקים א׳-ד׳. מדוע הפרשיות לא נכתבו על פי סדרן? הקושי מתעצם יותר, משום שהיפוך הסדר אינו רק טכני, אלא גורם לקשיים בהבנת רצף הנושאים, כפי שנראה להלן.

באחד בניסן סיים משה להקים את המשכן (שמות מ׳, א; במדבר ז׳, א), ובו ביום הוא משח את המשכן, הכלים והכוהנים (שמות מ׳, ט-טז). לפי הדעה הרווחת, היום השמיני של ימי המילואים היה גם כן באחד בניסן (שמות כ״ט; ויקרא ח׳-ט׳). פעולות אלה: משיחת המזבח, ימי המילואים וחנוכת המזבח הן בעלות אופי דומה של הקדשה וחינוך, ולהלן נעמוד על טיב הקשר ביניהן.

תרומת הפרים והעגלות, ז׳, א-ט

א וַיְהִי בְּיוֹם כַּלּוֹת מֹשֶׁה לְהָקִים אֶת הַמִּשְׁכָּן וַיִּמְשַׁח אֹתוֹ וַיְקַדֵּשׁ אֹתוֹ וְאֶת כָּל כֵּלָיו וְאֶת הַמִּזְבֵּחַ
ב וְאֶת כָּל כֵּלָיו וַיִּמְשָׁחֵם וַיְקַדֵּשׁ אֹתָם. וַיַּקְרִיבוּ נְשִׂיאֵי יִשְׂרָאֵל רָאשֵׁי בֵּית אֲבֹתָם הֵם נְשִׂיאֵי
ג הַמַּטֹּת הֵם הָעֹמְדִים עַל הַפְּקֻדִים. וַיָּבִיאוּ אֶת קָרְבָּנָם לִפְנֵי ה׳ שֵׁשׁ עֶגְלֹת צָב וּשְׁנֵי עָשָׂר בָּקָר
ד עֲגָלָה עַל שְׁנֵי הַנְּשִׂאִים וְשׁוֹר לְאֶחָד וַיַּקְרִיבוּ אוֹתָם לִפְנֵי הַמִּשְׁכָּן. וַיֹּאמֶר ה׳ אֶל מֹשֶׁה לֵּאמֹר.
ה קַח מֵאִתָּם וְהָיוּ לַעֲבֹד אֶת עֲבֹדַת אֹהֶל מוֹעֵד וְנָתַתָּה אוֹתָם אֶל הַלְוִיִּם אִישׁ כְּפִי עֲבֹדָתוֹ.
ו ז וַיִּקַּח מֹשֶׁה אֶת הָעֲגָלֹת וְאֶת הַבָּקָר וַיִּתֵּן אוֹתָם אֶל הַלְוִיִּם. אֵת שְׁתֵּי הָעֲגָלוֹת וְאֵת אַרְבַּעַת
ח הַבָּקָר נָתַן לִבְנֵי גֵרְשׁוֹן כְּפִי עֲבֹדָתָם. וְאֵת אַרְבַּע הָעֲגָלֹת וְאֵת שְׁמֹנַת הַבָּקָר נָתַן לִבְנֵי מְרָרִי
ט כְּפִי עֲבֹדָתָם בְּיַד אִיתָמָר בֶּן אַהֲרֹן הַכֹּהֵן. וְלִבְנֵי קְהָת לֹא נָתָן כִּי עֲבֹדַת הַקֹּדֶשׁ עֲלֵהֶם בַּכָּתֵף
יִשָּׂאוּ.

פירוש העניין

התרומה הראשונה של הנשיאים כללה שש עגלות, ושנים עשר בקר שיירתמו לעגלות – שני פרים לכל עגלה (ג-ט). שש העגלות נתרמו על ידי שנים עשר הנשיאים, ומכאן שזו הייתה תרומה משותפת של הנשיאים יחדיו. הדגש על השותפות עולה בפסוק ג, שכל עגלה נתרמה על ידי שני נשיאים: "עֲגָלָה עַל שְׁנֵי הַנְּשִׂאִים".

חלוקת העגלות בין משפחות לוי היא על פי צו ה': לבני גרשון יינתנו שתי עגלות וארבעה פרים, ולבני מררי יינתנו ארבע עגלות ושמונה פרים. באמצעות עגלות אלה נשאו הלוויים את המשכן והכלים. לבני קהת לא ניתנו עגלות ופרים, שכן הם נשאו על כתפם את הכלים שהיו באחריותם ולא בעגלות.

באמצעות תרומת הנשיאים שהם ראשי העם, הפכו ישראל שותפים בעבודת הלוויים בנשיאת המשכן וכליו. כאמור, רק הלוויים רשאים לשאת את המשכן וכליו, ולכל משפחה עבודות ייעודיות. עבודת הקודש של הלוויים מעמידה את דרגתם מעל דרגת העם. דרכה של התורה בפרקים עד כה בספר, היא להציג מדרג וגבולות בתוך העם ואחר כך לסייג אותם – וכך גם כאן. הלוויים אומנם נושאים את המשכן, אבל הם נושאים את המשכן באמצעות עגלות ופרים שנתנו הנשיאים. בכך שותפים הנשיאים בעבודת הלוויים, והלוויים תלויים בתרומתם.

העגלות ניתנו לבני לוי על פי עבודתם במשכן בחודש הראשון. הבעיה היא שחלוקת העבודה בין המשפחות תימסר רק בחודש השני, כמתואר בפרקים ג'-ד', וכאשר הנשיאים תרמו את העגלות עדיין אין חלוקת עבודת הקודש בין המשפחות. אם כן, לא זו בלבד שפרשיית הנשיאים קודמת למניית העם והלוויים, אלא שמה שכתוב בפרשייה זו של הנשיאים בחודש הראשון, מניח את מה שיימסר רק בחודש השני, שנכתב בפרקים הקודמים. להלן נעמוד על הדרך להבין את סדר הפרשיות ואת היחס ביניהן.

קורבנות הנשיאים עבור חנוכת המזבח, ז׳, י-פח

י וַיַּקְרִיבוּ הַנְּשִׂאִים אֵת חֲנֻכַּת הַמִּזְבֵּחַ בְּיוֹם הִמָּשַׁח אֹתוֹ וַיַּקְרִיבוּ הַנְּשִׂיאִם אֶת קָרְבָּנָם לִפְנֵי
יא הַמִּזְבֵּחַ. וַיֹּאמֶר ה׳ אֶל מֹשֶׁה נָשִׂיא אֶחָד לַיּוֹם נָשִׂיא אֶחָד לַיּוֹם יַקְרִיבוּ אֶת קָרְבָּנָם לַחֲנֻכַּת
הַמִּזְבֵּחַ.

יב יג וַיְהִי הַמַּקְרִיב בַּיּוֹם הָרִאשׁוֹן אֶת קָרְבָּנוֹ נַחְשׁוֹן בֶּן עַמִּינָדָב לְמַטֵּה יְהוּדָה. וְקָרְבָּנוֹ קַעֲרַת כֶּסֶף
אַחַת שְׁלֹשִׁים וּמֵאָה מִשְׁקָלָהּ מִזְרָק אֶחָד כֶּסֶף שִׁבְעִים שֶׁקֶל בְּשֶׁקֶל הַקֹּדֶשׁ שְׁנֵיהֶם מְלֵאִים
יד טו סֹלֶת בְּלוּלָה בַשֶּׁמֶן לְמִנְחָה. כַּף אַחַת עֲשָׂרָה זָהָב מְלֵאָה קְטֹרֶת. פַּר אֶחָד בֶּן בָּקָר אַיִל אֶחָד
טז כֶּבֶשׂ אֶחָד בֶּן שְׁנָתוֹ לְעֹלָה. שְׂעִיר עִזִּים אֶחָד לְחַטָּאת. וּלְזֶבַח הַשְּׁלָמִים בָּקָר שְׁנַיִם אֵילִם
חֲמִשָּׁה עַתּוּדִים חֲמִשָּׁה כְּבָשִׂים בְּנֵי שָׁנָה חֲמִשָּׁה זֶה קָרְבַּן נַחְשׁוֹן בֶּן עַמִּינָדָב.

יח יט בַּיּוֹם הַשֵּׁנִי הִקְרִיב נְתַנְאֵל בֶּן צוּעָר נְשִׂיא יִשָּׂשכָר. הִקְרִב אֶת קָרְבָּנוֹ קַעֲרַת כֶּסֶף אַחַת שְׁלֹשִׁים
וּמֵאָה מִשְׁקָלָהּ מִזְרָק אֶחָד כֶּסֶף שִׁבְעִים שֶׁקֶל בְּשֶׁקֶל הַקֹּדֶשׁ שְׁנֵיהֶם מְלֵאִים סֹלֶת בְּלוּלָה
כ כא בַשֶּׁמֶן לְמִנְחָה. כַּף אַחַת עֲשָׂרָה זָהָב מְלֵאָה קְטֹרֶת. פַּר אֶחָד בֶּן בָּקָר אַיִל אֶחָד כֶּבֶשׂ אֶחָד
כב כג בֶּן שְׁנָתוֹ לְעֹלָה. שְׂעִיר עִזִּים אֶחָד לְחַטָּאת. וּלְזֶבַח הַשְּׁלָמִים בָּקָר שְׁנַיִם אֵילִם חֲמִשָּׁה עַתֻּדִים
חֲמִשָּׁה כְּבָשִׂים בְּנֵי שָׁנָה חֲמִשָּׁה זֶה קָרְבַּן נְתַנְאֵל בֶּן צוּעָר.

כד כה בַּיּוֹם הַשְּׁלִישִׁי נָשִׂיא לִבְנֵי זְבוּלֻן אֱלִיאָב בֶּן חֵלֹן. קָרְבָּנוֹ קַעֲרַת כֶּסֶף אַחַת שְׁלֹשִׁים וּמֵאָה
מִשְׁקָלָהּ מִזְרָק אֶחָד כֶּסֶף שִׁבְעִים שֶׁקֶל בְּשֶׁקֶל הַקֹּדֶשׁ שְׁנֵיהֶם מְלֵאִים סֹלֶת בְּלוּלָה בַשֶּׁמֶן
כו כז לְמִנְחָה. כַּף אַחַת עֲשָׂרָה זָהָב מְלֵאָה קְטֹרֶת. פַּר אֶחָד בֶּן בָּקָר אַיִל אֶחָד כֶּבֶשׂ אֶחָד בֶּן שְׁנָתוֹ
כח כט לְעֹלָה. שְׂעִיר עִזִּים אֶחָד לְחַטָּאת. וּלְזֶבַח הַשְּׁלָמִים בָּקָר שְׁנַיִם אֵילִם חֲמִשָּׁה עַתֻּדִים חֲמִשָּׁה
כְּבָשִׂים בְּנֵי שָׁנָה חֲמִשָּׁה זֶה קָרְבַּן אֱלִיאָב בֶּן חֵלֹן.

ל לא בַּיּוֹם הָרְבִיעִי נָשִׂיא לִבְנֵי רְאוּבֵן אֱלִיצוּר בֶּן שְׁדֵיאוּר. קָרְבָּנוֹ קַעֲרַת כֶּסֶף אַחַת שְׁלֹשִׁים וּמֵאָה
מִשְׁקָלָהּ מִזְרָק אֶחָד כֶּסֶף שִׁבְעִים שֶׁקֶל בְּשֶׁקֶל הַקֹּדֶשׁ שְׁנֵיהֶם מְלֵאִים סֹלֶת בְּלוּלָה בַשֶּׁמֶן
לב לג לְמִנְחָה. כַּף אַחַת עֲשָׂרָה זָהָב מְלֵאָה קְטֹרֶת. פַּר אֶחָד בֶּן בָּקָר אַיִל אֶחָד כֶּבֶשׂ אֶחָד בֶּן שְׁנָתוֹ
לד לה לְעֹלָה. שְׂעִיר עִזִּים אֶחָד לְחַטָּאת. וּלְזֶבַח הַשְּׁלָמִים בָּקָר שְׁנַיִם אֵילִם חֲמִשָּׁה עַתֻּדִים חֲמִשָּׁה
כְּבָשִׂים בְּנֵי שָׁנָה חֲמִשָּׁה זֶה קָרְבַּן אֱלִיצוּר בֶּן שְׁדֵיאוּר.

לו לז בַּיּוֹם הַחֲמִישִׁי נָשִׂיא לִבְנֵי שִׁמְעוֹן שְׁלֻמִיאֵל בֶּן צוּרִישַׁדָּי. קָרְבָּנוֹ קַעֲרַת כֶּסֶף אַחַת שְׁלֹשִׁים
וּמֵאָה מִשְׁקָלָהּ מִזְרָק אֶחָד כֶּסֶף שִׁבְעִים שֶׁקֶל בְּשֶׁקֶל הַקֹּדֶשׁ שְׁנֵיהֶם מְלֵאִים סֹלֶת בְּלוּלָה
לח לט בַשֶּׁמֶן לְמִנְחָה. כַּף אַחַת עֲשָׂרָה זָהָב מְלֵאָה קְטֹרֶת. פַּר אֶחָד בֶּן בָּקָר אַיִל אֶחָד כֶּבֶשׂ אֶחָד
מ מא בֶּן שְׁנָתוֹ לְעֹלָה. שְׂעִיר עִזִּים אֶחָד לְחַטָּאת. וּלְזֶבַח הַשְּׁלָמִים בָּקָר שְׁנַיִם אֵילִם חֲמִשָּׁה עַתֻּדִים
חֲמִשָּׁה כְּבָשִׂים בְּנֵי שָׁנָה חֲמִשָּׁה זֶה קָרְבַּן שְׁלֻמִיאֵל בֶּן צוּרִישַׁדָּי.

מב מג בַּיּוֹם הַשִּׁשִּׁי נָשִׂיא לִבְנֵי גָד אֶלְיָסָף בֶּן דְּעוּאֵל. קָרְבָּנוֹ קַעֲרַת כֶּסֶף אַחַת שְׁלֹשִׁים וּמֵאָה מִשְׁקָלָהּ
מד מִזְרָק אֶחָד כֶּסֶף שִׁבְעִים שֶׁקֶל בְּשֶׁקֶל הַקֹּדֶשׁ שְׁנֵיהֶם מְלֵאִים סֹלֶת בְּלוּלָה בַשֶּׁמֶן לְמִנְחָה. כַּף
מה מו אַחַת עֲשָׂרָה זָהָב מְלֵאָה קְטֹרֶת. פַּר אֶחָד בֶּן בָּקָר אַיִל אֶחָד כֶּבֶשׂ אֶחָד בֶּן שְׁנָתוֹ לְעֹלָה. שְׂעִיר
מז עִזִּים אֶחָד לְחַטָּאת. וּלְזֶבַח הַשְּׁלָמִים בָּקָר שְׁנַיִם אֵילִם חֲמִשָּׁה עַתֻּדִים חֲמִשָּׁה כְּבָשִׂים בְּנֵי שָׁנָה
חֲמִשָּׁה זֶה קָרְבַּן אֶלְיָסָף בֶּן דְּעוּאֵל.

מח מט בַּיּוֹם הַשְּׁבִיעִי נָשִׂיא לִבְנֵי אֶפְרָיִם אֱלִישָׁמָע בֶּן עַמִּיהוּד. קָרְבָּנוֹ קַעֲרַת כֶּסֶף אַחַת שְׁלֹשִׁים וּמֵאָה
מִשְׁקָלָהּ מִזְרָק אֶחָד כֶּסֶף שִׁבְעִים שֶׁקֶל בְּשֶׁקֶל הַקֹּדֶשׁ שְׁנֵיהֶם מְלֵאִים סֹלֶת בְּלוּלָה בַשֶּׁמֶן
נ נא לְמִנְחָה. כַּף אַחַת עֲשָׂרָה זָהָב מְלֵאָה קְטֹרֶת. פַּר אֶחָד בֶּן בָּקָר אַיִל אֶחָד כֶּבֶשׂ אֶחָד בֶּן שְׁנָתוֹ
נב נג לְעֹלָה. שְׂעִיר עִזִּים אֶחָד לְחַטָּאת. וּלְזֶבַח הַשְּׁלָמִים בָּקָר שְׁנַיִם אֵילִם חֲמִשָּׁה עַתֻּדִים חֲמִשָּׁה
כְּבָשִׂים בְּנֵי שָׁנָה חֲמִשָּׁה זֶה קָרְבַּן אֱלִישָׁמָע בֶּן עַמִּיהוּד.

נד נה בַּיּוֹם הַשְּׁמִינִי נָשִׂיא לִבְנֵי מְנַשֶּׁה גַּמְלִיאֵל בֶּן פְּדָהצוּר. קָרְבָּנוֹ קַעֲרַת כֶּסֶף אַחַת שְׁלֹשִׁים וּמֵאָה
מִשְׁקָלָהּ מִזְרָק אֶחָד כֶּסֶף שִׁבְעִים שֶׁקֶל בְּשֶׁקֶל הַקֹּדֶשׁ שְׁנֵיהֶם מְלֵאִים סֹלֶת בְּלוּלָה בַשֶּׁמֶן
נו נז לְמִנְחָה. כַּף אַחַת עֲשָׂרָה זָהָב מְלֵאָה קְטֹרֶת. פַּר אֶחָד בֶּן בָּקָר אַיִל אֶחָד כֶּבֶשׂ אֶחָד בֶּן שְׁנָתוֹ
נח נט לְעֹלָה. שְׂעִיר עִזִּים אֶחָד לְחַטָּאת. וּלְזֶבַח הַשְּׁלָמִים בָּקָר שְׁנַיִם אֵילִם חֲמִשָּׁה עַתֻּדִים חֲמִשָּׁה
כְּבָשִׂים בְּנֵי שָׁנָה חֲמִשָּׁה זֶה קָרְבַּן גַּמְלִיאֵל בֶּן פְּדָהצוּר.

ס סא בַּיּוֹם הַתְּשִׁיעִי נָשִׂיא לִבְנֵי בִנְיָמִן אֲבִידָן בֶּן גִּדְעֹנִי. קָרְבָּנוֹ קַעֲרַת כֶּסֶף אַחַת שְׁלֹשִׁים וּמֵאָה
מִשְׁקָלָהּ מִזְרָק אֶחָד כֶּסֶף שִׁבְעִים שֶׁקֶל בְּשֶׁקֶל הַקֹּדֶשׁ שְׁנֵיהֶם מְלֵאִים סֹלֶת בְּלוּלָה בַשֶּׁמֶן
סב סג לְמִנְחָה. כַּף אַחַת עֲשָׂרָה זָהָב מְלֵאָה קְטֹרֶת. פַּר אֶחָד בֶּן בָּקָר אַיִל אֶחָד כֶּבֶשׂ אֶחָד בֶּן שְׁנָתוֹ
סד סה לְעֹלָה. שְׂעִיר עִזִּים אֶחָד לְחַטָּאת. וּלְזֶבַח הַשְּׁלָמִים בָּקָר שְׁנַיִם אֵילִם חֲמִשָּׁה עַתֻּדִים חֲמִשָּׁה
כְּבָשִׂים בְּנֵי שָׁנָה חֲמִשָּׁה זֶה קָרְבַּן אֲבִידָן בֶּן גִּדְעֹנִי.

סו סז בַּיּוֹם הָעֲשִׂירִי נָשִׂיא לִבְנֵי דָן אֲחִיעֶזֶר בֶּן עַמִּישַׁדָּי. קָרְבָּנוֹ קַעֲרַת כֶּסֶף אַחַת שְׁלֹשִׁים וּמֵאָה
מִשְׁקָלָהּ מִזְרָק אֶחָד כֶּסֶף שִׁבְעִים שֶׁקֶל בְּשֶׁקֶל הַקֹּדֶשׁ שְׁנֵיהֶם מְלֵאִים סֹלֶת בְּלוּלָה בַשֶּׁמֶן
סח סט לְמִנְחָה. כַּף אַחַת עֲשָׂרָה זָהָב מְלֵאָה קְטֹרֶת. פַּר אֶחָד בֶּן בָּקָר אַיִל אֶחָד כֶּבֶשׂ אֶחָד בֶּן שְׁנָתוֹ
ע עא לְעֹלָה. שְׂעִיר עִזִּים אֶחָד לְחַטָּאת. וּלְזֶבַח הַשְּׁלָמִים בָּקָר שְׁנַיִם אֵילִם חֲמִשָּׁה עַתֻּדִים חֲמִשָּׁה
כְּבָשִׂים בְּנֵי שָׁנָה חֲמִשָּׁה זֶה קָרְבַּן אֲחִיעֶזֶר בֶּן עַמִּישַׁדָּי.

עב עג בְּיוֹם עַשְׁתֵּי עָשָׂר יוֹם נָשִׂיא לִבְנֵי אָשֵׁר פַּגְעִיאֵל בֶּן עָכְרָן. קָרְבָּנוֹ קַעֲרַת כֶּסֶף אַחַת שְׁלֹשִׁים
וּמֵאָה מִשְׁקָלָהּ מִזְרָק אֶחָד כֶּסֶף שִׁבְעִים שֶׁקֶל בְּשֶׁקֶל הַקֹּדֶשׁ שְׁנֵיהֶם מְלֵאִים סֹלֶת בְּלוּלָה
עד עה בַשֶּׁמֶן לְמִנְחָה. כַּף אַחַת עֲשָׂרָה זָהָב מְלֵאָה קְטֹרֶת. פַּר אֶחָד בֶּן בָּקָר אַיִל אֶחָד כֶּבֶשׂ אֶחָד
עו עז בֶּן שְׁנָתוֹ לְעֹלָה. שְׂעִיר עִזִּים אֶחָד לְחַטָּאת. וּלְזֶבַח הַשְּׁלָמִים בָּקָר שְׁנַיִם אֵילִם חֲמִשָּׁה עַתֻּדִים
חֲמִשָּׁה כְּבָשִׂים בְּנֵי שָׁנָה חֲמִשָּׁה זֶה קָרְבַּן פַּגְעִיאֵל בֶּן עָכְרָן.

עח עט בְּיוֹם שְׁנֵים עָשָׂר יוֹם נָשִׂיא לִבְנֵי נַפְתָּלִי אֲחִירַע בֶּן עֵינָן. קָרְבָּנוֹ קַעֲרַת כֶּסֶף אַחַת שְׁלֹשִׁים וּמֵאָה
מִשְׁקָלָהּ מִזְרָק אֶחָד כֶּסֶף שִׁבְעִים שֶׁקֶל בְּשֶׁקֶל הַקֹּדֶשׁ שְׁנֵיהֶם מְלֵאִים סֹלֶת בְּלוּלָה בַשֶּׁמֶן
פ פא לְמִנְחָה. כַּף אַחַת עֲשָׂרָה זָהָב מְלֵאָה קְטֹרֶת. פַּר אֶחָד בֶּן בָּקָר אַיִל אֶחָד כֶּבֶשׂ אֶחָד בֶּן שְׁנָתוֹ
פב פג לְעֹלָה. שְׂעִיר עִזִּים אֶחָד לְחַטָּאת. וּלְזֶבַח הַשְּׁלָמִים בָּקָר שְׁנַיִם אֵילִם חֲמִשָּׁה עַתֻּדִים חֲמִשָּׁה
כְּבָשִׂים בְּנֵי שָׁנָה חֲמִשָּׁה זֶה קָרְבַּן אֲחִירַע בֶּן עֵינָן.

פד זֹאת חֲנֻכַּת הַמִּזְבֵּחַ בְּיוֹם הִמָּשַׁח אֹתוֹ מֵאֵת נְשִׂיאֵי יִשְׂרָאֵל קַעֲרֹת כֶּסֶף שְׁתֵּים עֶשְׂרֵה מִזְרְקֵי
פה כֶסֶף שְׁנֵים עָשָׂר כַּפּוֹת זָהָב שְׁתֵּים עֶשְׂרֵה. שְׁלֹשִׁים וּמֵאָה הַקְּעָרָה הָאַחַת כֶּסֶף וְשִׁבְעִים הַמִּזְרָק
פו הָאֶחָד כֹּל כֶּסֶף הַכֵּלִים אַלְפַּיִם וְאַרְבַּע מֵאוֹת בְּשֶׁקֶל הַקֹּדֶשׁ. כַּפּוֹת זָהָב שְׁתֵּים עֶשְׂרֵה מְלֵאֹת
פז קְטֹרֶת עֲשָׂרָה עֲשָׂרָה הַכַּף בְּשֶׁקֶל הַקֹּדֶשׁ כָּל זְהַב הַכַּפּוֹת עֶשְׂרִים וּמֵאָה. כָּל הַבָּקָר לָעֹלָה
שְׁנֵים עָשָׂר פָּרִים אֵילִם שְׁנֵים עָשָׂר כְּבָשִׂים בְּנֵי שָׁנָה שְׁנֵים עָשָׂר וּמִנְחָתָם וּשְׂעִירֵי עִזִּים שְׁנֵים
פח עָשָׂר לְחַטָּאת. וְכֹל בְּקַר זֶבַח הַשְּׁלָמִים עֶשְׂרִים וְאַרְבָּעָה פָּרִים אֵילִם שִׁשִּׁים עַתֻּדִים שִׁשִּׁים
כְּבָשִׂים בְּנֵי שָׁנָה שִׁשִּׁים זֹאת חֲנֻכַּת הַמִּזְבֵּחַ אַחֲרֵי הִמָּשַׁח אֹתוֹ.

פירוש העניין

ביחד עם הקרבת העגלות והפרים, הקריבו הנשיאים קורבנות עבור חנוכת המזבח (י-פח). החינוך של דבר הוא טקס פתיחה, או התחלת השימוש בדבר. כך למשל היה מקובל שאנשים יחנכו את בתיהם (דברים כ׳, ה). כאשר נבנה בית ה׳ על ידי שלמה, חנכו אותו על ידי הקרבת קורבנות שלמים בכמות של 22,000 בקר ו 120,000 צאן (מל״א ח׳, סג), בשירת לוויים להודיה לה׳, במזמורי תהילים של דוד, ובנגינת הכוהנים בחצוצרות, בפני העם שעמד שם במהלך הטקס (דה״ב ז׳, ה-ו). כך חנוכת המזבח כאן היא טקס ההתחלה של השימוש במזבח.

הנשיאים הביאו את קורבנותיהם לחנוכת המזבח ביום הימשח המזבח, היינו באחד לחודש הראשון. קורבנות כל הנשיאים היו זהים. כל קורבן של נשיא כלל: קורבנות מנחה, עולה, חטאת ושלמים. כמו כן נתרמו כלי כסף עבור הסולת לקורבן המנחה, וכלי זהב עבור קטורת. זהו הפירוט של קורבן כל אחד מהנשיאים:

1. קערת כסף במשקל מאה ושלושים שקל.
2. מזרק כסף במשקל שבעים שקל. הקערה וגם המזרק היו מלאים בסולת בלולה בשמן, וזהו קורבן מנחה.
3. כף אחת מזהב במשקל עשרה שקלים, מלאה בקטורת.
4. פר אחד, איל אחד וכבש אחד, כל אלה הם לקורבן עולה.
5. שעיר עיזים לקורבן חטאת.
6. שני בקר, חמישה אילים, חמישה עתודים, חמישה כבשים, כל אלה לקורבנות שלמים.

המקרא מתאר בפרוטרוט את הקורבנות של כל אחד מהנשיאים, אף שהקורבנות היו זהים, והנוסח של כל קורבנות הנשיאים הוא כמעט זהה.* יש להניח שהפירוט בא לתת מעמד של כבוד זהה לכל אחד מהנשיאים, והאריכות הגדולה של תיאור קורבנות הנשיאים מדגישה את חשיבות הנשיאים וקורבנם.[20] בסיום תיאור הקורבנות של כל נשיא ונשיא בא סיכום כולל של כל מה שהביאו הנשיאים ביחד (פד-פח). זהו סיכום חשבוני של כל מה שהוזכר עד כה בהרחבה יתרה – כל מה שנאמר בכל נשיא פי שנים עשר. הסיכום החשבוני הזה אינו מיותר, אם מבינים את הצורך להדגיש שזו תרומה של כל הנשיאים כתרומה אחת משותפת. אכן זהו פשוטו של מקרא, שהרי כאשר הנשיאים הביאו את קורבנם הם הביאו הכול ביחד: ״וַיַּקְרִיבוּ הַנְּשִׂאִים אֵת חֲנֻכַּת הַמִּזְבֵּחַ בְּיוֹם הִמָּשַׁח אֹתוֹ וַיַּקְרִיבוּ הַנְּשִׂיאִם אֶת קָרְבָּנָם לִפְנֵי הַמִּזְבֵּחַ״ (י), וה׳ אמר להם להקריב את הקורבנות של כל נשיא בנפרד: ״וַיֹּאמֶר ה׳ אֶל מֹשֶׁה נָשִׂיא אֶחָד לַיּוֹם נָשִׂיא אֶחָד לַיּוֹם יַקְרִיבוּ אֶת קָרְבָּנָם לַחֲנֻכַּת הַמִּזְבֵּחַ״ (יא). לכל אחד משבטי ישראל היה חלק

* יש וריאציות קטנות בין הקורבנות השונים. פסוק הפתיחה של שבט יהודה (יב) שונה בחלקו משום שזו פתיחה לכל הקורבנות. בקורבן נחשון לא נאמר שהוא הנשיא בניגוד לשאר הנשיאים. פסוק הפתיחה (יח) של יששכר שונה מהכלל.

שווה בתרומת הנשיאים. עיקרון דומה אפשר למצוא ביחס למחצית השקל שנתרמה למשכן: "הֶעָשִׁיר לֹא יַרְבֶּה וְהַדַּל לֹא יַמְעִיט מִמַּחֲצִית הַשָּׁקֶל" (שמות ל׳, טו).

הסגנון המפורט והחוזר של התיאור של קורבנות חנוכת המזבח מזכיר את דרכי הניסוח של המנייה של העם, סדר החנייה, מספרי משפחות הלוויים, עבודתן וסדרי החנייה שלהן (א׳-ד׳). סדר הנשיאים הוא כסדר החנייה של השבטים: יהודה, יששכר, זבולן, ראובן, שמעון, גד, אפרים, מנשה, בנימין, דן, אשר, נפתלי. דמיון זה בין הרשימות אינו מקרי, על כך נעמוד להלן.

משמעותה של חנוכת המזבח, והיחס לימי המילואים ומשיחת המשכן והכוהנים

הבנת פרשת חנוכת המזבח (ז׳) תלויה בהבחנה בין פרשה זו לבין פרשת הקדשת המשכן, כליו והכוהנים (שמות מ׳, א-לג), ולפרשת ימי המילואים, שבהם הוכנסו הכוהנים לתפקידם והוקדש המזבח (שמות כ"ט ובוויקרא ח׳-ט׳). כל אחד מהטקסים האלה נחתם בהתגלות (שמות מ׳, לד-לח; ויקרא ט׳, כג-כד; במדבר ז׳, פט). מטרתם הכללית של שלושת הטקסים האלה היא הקדשה לתפקיד, אך מה ההבדל ביניהם? מה המשמעות הייחודית של כל אחד? פעולת משיחה של המזבח והכוהנים מצויה בטקס ההקדשה בשמות מ׳, וגם בפעולות של ימי המילואים. מה היחס בין פעולות אלה? ומדוע בנוסף למשיחת הכוהנים והמזבח, והכשרת הכוהנים והמזבח בימי המילואים היה צורך גם לחנוך את המזבח?

שאלות אלה מתעצמות לאור העובדה ששלושת הטקסים האלה נערכו בפרק זמן אחד. האחד בניסן הוא היום שבו משה משח את המשכן, את כליו ואת אהרן (שמות מ׳, ב, יז). נראה כי היום השמיני של שבעת ימי המילואים הוא האחד בחודש הראשון, היינו א׳ בניסן, ובימים אלה מונו הכוהנים והוכשר המזבח לעבודה.* ביום זה גם היו שתי התגלויות שונות: התגלות ה׳ באמצעות כיסוי ענן על המשכן כמתואר בשמות מ׳, לד-לה, וכן ביציאת אש מלפני ה׳

* זה לפי שיטת הספרי (מהדורת הורוויץ, עמ׳ 49): "בעשרים ושלושה באדר התחילו אהרן ובניו המשכן וכל הכלים לימשח בראש חודש הוקם המשכן... בו ביום הקריבו הנשיאים את קרבנם...". וכן הוא בסדר עולם רבה (מהדורת רטנר, עמ׳ טז-יז): "התחילו ז׳ ימי המלואים בכ"ג באדר ובאחד בניסן שלמו... בו ביום התחילו הנשיאים להקריב...". וכן הוא בספרא צו (מכילתא דמילואים), לו: "ומפתח אהל מועד לא תצאו שבעת ימים מיכן אמרו בעשרים ושלשה באדר קרבו מילואי׳ עשרים ושלשה ושבעה הרי שלשים באחד בניסן שלמו מילואים כי שבעת ימים ימלא את ידיכם כל שבעה ימי המילואים היה משה מעמיד את המשכן כל בוקר ובוקר מקריב קרבנותיו עליו ומפרקו בשמיני העמידו ולא פירקו רבי יוסי ברבי יהודה אומר אף בשמיני העמידו ופירקו"; וכן הוא בספרא שמיני, מכילתא דמילואים, וכן פירשו רש"י ורמב"ן. לשיטת רבי עקיבא היום השמיני של המילואים הוא שמונה בניסן. שכן לדעתו הטמאים שעליהם מדובר בפרק ט׳, ו, הם מישאל ואלצפן, כך הוא בבבלי סוכה כה ע"ב. ואם היה היום השמיני באחד בניסן היו טהורים בארבעה עשר בניסן, אלא שכנראה שהשמיני הוא לחודש ניסן ולכן לא היו טהורים לפסח. זוהי כנראה שיטת ראב"ע בשמות מ׳, ב (בפירוש הארוך). אף שהוא מזכיר את שני הפירושים נראה כי העדיף פירוש זה. לפי זה, ביום אחד בניסן החלו גם ימי המילואים וגם ימי חנוכת המזבח במקביל. שיטת אברבנאל היא שימי המילואים החלו באחד בניסן, והיום השמיני הוא שמונה בניסן, ועד סוף אותו החודש המשיך משה למשוח את המשכן, את הכלים והמזבח. ורק בחודש השני, לאחר שנמנו העם והלוויים בפרקים א׳-ד׳, אז, בחודש השני, הביאו הנשיאים את קורבנותיהם. הקושי בסדר הזמנים הביא את אברבנאל לפרש את פרק ז׳ כהמשך של פרקים

השורפת את העולה והחלבים בשיאו של היום השמיני לימי המילואים, כמתואר בוויקרא ט׳, כד. האחד בניסן הוא גם היום שבו באו הנשיאים עם קורבנותיהם לחנוך את המזבח, ובאותו יום החלו הנשיאים להקריב, והראשון שהקריב באותו יום הוא נחשון בן עמינדב נשיא יהודה. אין סיפור אחד המסנכרן את שלושת תיאורי ההקדשה והחנוכה, על אף החפיפה בזמנים והדמיון במטרות הפעולות האלה, ועל כן שאלת היחס בין הטקסים השונים מתעצמת.

נעסוק תחילה בהקדשת המשכן וכליו והכוהנים המתוארת בשמות מ׳. באחד בניסן (שמות מ׳, א), ציווה ה׳ את משה להקים ולמשוח את המשכן וכליו, להלביש את הכוהנים ולמשוח אותם (מ׳, א–טו). המשיחה מקדשת את המשכן וכליו ואת הכוהנים (ט–טו). פעולת המשיחה משמעה שינוי המעמד. כך לגבי משיחת מלכים, כוהנים, וכן משיחה של חפצים.[21] לבד מהבנייה וההקמה, הפעולה החוזרת בצו ה׳ היא המשיחה שמקדשת את הכלים והכוהנים (מ׳, ט, י, יא, יג, טו) לעבודת הקודש. הביצוע של הצו על ידי משה בוצע בו ביום (מ׳, יז) ומסופר מיד אחר כך, מ׳, טו–לג.

בסיום הבנייה של המשכן וכליו, ומשיחתם בשמן המשחה ומשיחת הכוהנים, כיסה ענן את אוהל מועד ובכך שיכן ה׳ את שכינתו בתוך המשכן: ״וַיְכַס הֶעָנָן אֶת אֹהֶל מוֹעֵד וּכְבוֹד ה׳ מָלֵא אֶת הַמִּשְׁכָּן. וְלֹא יָכֹל מֹשֶׁה לָבוֹא אֶל אֹהֶל מוֹעֵד כִּי שָׁכַן עָלָיו הֶעָנָן וּכְבוֹד ה׳ מָלֵא אֶת הַמִּשְׁכָּן״ (שמות מ׳, לד–לה).

לעומת פעולת ההקדשה באמצעות המשיחה שהייתה על המשכן, הכוהנים ועל כל הכלים, הפעולות שנעשו בימי המילואים היו על הכוהנים (כ״ט, א–לה) והמזבח בלבד (לו–לז). הפעולות בימי המילואים כללו גם את משיחת המזבח ואת הכוהנים, אך גם פעולות רבות ומגוונות נוספות (שמות כ״ח, מא - כ״ט, לז). בשבעת ימי המילואים הוקדשו אהרן ובניו להיות כוהנים (שמות כ״ט, א–לה). פעולות הקדשתם כוללות את רחיצתם, הלבשתם בבגדי כהונה (ד–ט), יציקת שמן על ראש אהרן (ז), הקרבת קורבנות שונים, ועיקרם הקרבת איל המילואים (יט–לה), הזאת דם מהמזבח על אהרן ובניו על מנת לקדשם ולקדש את בגדיהם (כא), קידוש חזה התנופה ושוק התרומה, שיהיו מכאן ולהבא תרומה לכוהנים מהשלמים שמביאים בני ישראל (כו–כח), ואכילת איל המילואים על ידי הכוהנים (לא–לד). פעולות אלה של קידוש אהרן ובניו נעשו במשך שבעה ימים (לה). ביצוע הקורבנות של שבעת ימי המילואים מפורט בוויקרא ח׳. בשבעת ימי המילואים אהרן הקריב פר חטאת, איל עולה ואיל המילואים (ויקרא ח׳, יד–כח). במקביל לקידוש אהרן ובניו במשך שבעה ימים, משה הקריב בכל יום משבעת ימי המילואים פר חטאת על המזבח לשם כיפורים, ובכך הוא חיטא את המזבח מהטומאה שדבקה בו. באותם ימים הוא גם משח את המזבח לקדשו – היינו שהמזבח יקבל עליו את הקדושה על מנת שיהיה אפשר להקריב עליו את הקורבנות (לו–לז). הביצוע של צו מפורט זה של ה׳ בשמות כ״ט, מופיע אפוא בפירוט בוויקרא ח׳.

א׳–ד׳, היינו בחודש השני. את פסוק א המציין זמן ״ביום כלות משה״, מפרש אברבנאל לא על יום אחד אלא על הזמן הכללי שהוא הקים את המשכן, היינו כל חודש ניסן.

שיאם של ימי המילואים הוא היום השמיני, שהוא הראשון לשימוש המזבח לאחר הקדשתו (ויקרא ט', א-כב). ביום זה הוקרבו הקורבנות על המזבח, הן של אהרן, שכללו עגל לחטאת ואיל לעולה, הן של העם, שכללו חמישה קורבנות: שעיר לחטאת, עגל וכבש לעולה, שור ואיל לשלמים, וקורבן מנחה בלולה בשמן (ט', ג-ד). עתה ציפה העם להתגלותו של ה', וקבלת הקורבנות על ידו (ויקרא ט', כג). וכך היה, יצאה אש מלפני ה' ואכלה את הקורבנות שעל המזבח. העם נכח וראה את כבוד ה' מתגלה ומקבל את הקורבנות, ועל כך שמח העם, ומיראת ההתגלות העם נפל על פניו: "וַתֵּצֵא אֵשׁ מִלִּפְנֵי ה' וַתֹּאכַל עַל הַמִּזְבֵּחַ אֶת הָעֹלָה וְאֶת הַחֲלָבִים וַיַּרְא כָּל הָעָם וַיָּרֹנּוּ וַיִּפְּלוּ עַל פְּנֵיהֶם" (ט', כד).

כאמור, הפעולות בימי המילואים, הן רחבות ומגוונות יותר מאשר פעולות ההקדשה בשמות מ', אך שני הטקסים כוללים את משיחת המזבח והכוהנים. אם נבין את טיבה של כפילות זו, ניחשף למהות השונה של ההקדשה בשמות מ, לעומת ימי המילואים.

בשמות מ' חוזר ההיגד "ומשחת... וקדשת", לעומת זאת בפעולות ימי המילואים חוזר המשפט: "ומשחת... ומלאת את ידם... וקדשת". שני הטקסים כוללים משיחה, אך בימי המילואים חוזר הביטוי "למלא את ידם", החסר בהקדשת המשכן. המשמעות של המושג "למלא יד" היא למנות לתפקיד (שופטים י"ז, ה), להביא לשימושו של חפץ. עתה מתברר ההבדל המשמעותי בין פעולת הקדשת המשכן בשמות מ' לעבודות של ימי המילואים. המשכן וכליו נמשחו ובכך הם הוקדשו כמשכנו של ה', וכן גם הכוהנים והמזבח נמשחו ובכך הם הוקדשו לה'. אכן בתוך תהליך הבנייה והמשיחה, הייתה התגלות של ה' באופן שהענן כיסה את המשכן, היינו שההקדשה של המשכן, הכוהנים והכלים אפשרה את הפיכת המשכן למשכנו של ה', וכבוד ה' יכול עתה לשכון במשכן. בכך הפך המשכן להיות משכנו של ה', והכוהנים הם משרתיו. לעומת זאת, בימי המילואים נעשו פעולות על הכוהנים ועל המזבח אשר מכשירות אותם לעבודת הקורבנות שיקריבו ישראל לפני ה'. המשיחה של הכוהנים בשמות מ' הפכה אותם לכלי קודש של ה' במשכנו, כמו גם שאר הכלים והמשכן. משיחה זו הקדישה אותם לה', אך היא לא מינתה אותם להקריב לפני ה' את הקורבנות של העם. כך גם המזבח, אף כי הוא הוקדש באמצעות המשיחה, הוא עדיין לא הוכשר לקבל עליו קורבנות, ולשם כך היה צריך לכפר על המזבח, ולהכשיר אותו לקבל קורבנות של העם, וכל זה נעשה בימי המילואים. בהתאם לכך, גם ביום השמיני של ימי המילואים הייתה קבלה של ה' את הכוהנים והמזבח באמצעות התגלות, אבל הפעם ההתגלות היא בקבלת הקורבן על ידי ה' באש שיצאה מלפניו ואכלה את הקורבנות שעל המזבח. אם כן באותו היום היו שתי התגלויות של ה'. התגלות אחת היא הכיסוי של הענן את המשכן, ובכך השכינה נכנסה למשכן שהעם בנה וה' קיבל את הבניין הזה כמשכנו. אך באותו יום הייתה התגלות נוספת של ה', והפעם לאחר עבודת קורבנות של היום השמיני של ימי המילואים, ומשמעותה של התגלות אש זו היא שה' מקבל את עבודת הכוהנים כמקריבי קורבנות, ואת המזבח כמקום הקרבת הקורבנות של העם.

טקס חנוכת המזבח בספר במדבר בפרק ז' שונה במהותו. באחד בניסן באו הנשיאים ותרמו את הקורבנות שלהם לחנוכת המזבח, וביום זה מתחילים בהקרבת קורבנות שנים עשר

נשיאי השבטים. כאמור, באותו יום סיימו לבנות את המשכן ומשה משח את המשכן, והענן שכן עליו, ובאותו יום ערכו את פעולות היום השמיני של ימי המילואים ואש יצאה מלפני ה׳. המיוחד בקורבנות הנשיאים הוא, שה׳ לא ציווה עליהם, אלא הם באו ביוזמתם של הנשיאים (י). במענה לתרומת הנשיאים, ה׳ ציווה שהקורבנות של שנים עשר הנשיאים יוקרבו קורבן אחד ליום, במשך שנים עשר ימים (יא). כמו בסיום תיאור המשיחה של המשכן וכליו, וכמו בסיום ימי המילואים, גם שנים עשר ימי חנוכת המזבח מסתיימים בתיאור התגלות (ז׳, פט).

כאמור, ימי המילואים הכשירו את המזבח ואת הכוהנים להקריב קורבנות, ושהקורבנות יתקבלו על ידי ה׳. חלק מהקדשת הכוהנים הוא חינוכם ואימונם, וזאת באמצעות הקרבת קורבנות. קורבנות המילואים מילאו את ידם לכהן, והקרבת הקורבנות של היום השמיני הן על ידי הכוהנים הן על ידי העם אמורה להביא לנוכחות ה׳, וכך אכן קורה, וה׳ מקבל את המזבח ואת הכוהנים (ויקרא ט׳, כג-כד). לעומת זאת חנוכת המזבח במדבר מתייחסת לשימוש של המזבח על ידי העם. העם צריך לקבל את המזבח כמקום שבו הוא מקריב לה׳. המזבח שייך לעם, והוא הכלי שבאמצעותו העם מתקשר עם ה׳. מבחינה זו העם חונך את השימוש שלו במזבח. בימי המילואים ה׳ מקבל את המזבח כמקום שיקריבו לו בו את הקורבנות; בחנוכת המזבח העם מקבל את המקום כמקום שבו הם יקריבו את קורבנותיהם לה׳. אשר על כן אפשר להבין מדוע היוזמים את חנוכת המזבח הם הנשיאים כראשי העם ונציגיו, ואכן יוזמה זו של הנשיאים מודגשת (י).* יש בפסוק זה כפילות של עובדה זו: ״ויקריבו הנשיאים... ויקריבו הנשיאים״. העם הוא היוזם, וה׳ נענה בחיוב לרצון הנשיאים: ״וַיֹּאמֶר ה׳ אֶל מֹשֶׁה נָשִׂיא אֶחָד לַיּוֹם נָשִׂיא אֶחָד לַיּוֹם יַקְרִיבוּ אֶת קָרְבָּנָם לַחֲנֻכַּת הַמִּזְבֵּחַ״ (יא). העם צריך אפוא לקבל את המזבח, ולכן ביוזמתו הוא צריך לחנוך אותו. בנוסף לכך שהמזבח נבחר על ידי ה׳ כדי להשרות את שכינתו שם בימי המילואים, גם העם צריך לקבל את המזבח כמקום שעליו הם יקריבו את קורבנותיהם, וזה נעשה בימי חנוכת המזבח.

ימי המילואים מסתיימים בהתגלות של ה׳ באופן שבו מתברר שהקורבנות של הכוהנים על המזבח מתקבלים על ידי ה׳ באש האוכלת את הקורבן (ויקרא ט׳, כג-כד). קורבנות הנשיאים משקפים קבלה של העם את המזבח, והפיכת המזבח למקום הקשר בין העם לבין ה׳, והקשר מתבטא על כן בכך שה׳ מדבר עם משה (ז׳, פט).

אם כן יש כאן שתי פעולות הפוכות ביחס למזבח. פעולה אחת היא פעולה של הפיכת המזבח למקום קורבנות על ידי ה׳, ופעולות של הנשיאים והעם אשר הופכות את המזבח

* הספרי הדגיש את העובדה שזו החלטה של העם בכך שמשה לא ידע מה לעשות בקורבנות הנשיאים עד שה׳ אמר לו. ראו ספרי פיסקא מז (מהדורת הורוויץ, עמ׳ 52): ״ויקריבו הנשיאים את קרבנם לפני המזבח, באו ועמדו לפני המזבח ולא קיבל משה מהם עד שנאמר לו מפי הקדש יקריבו את קרבנם לחנוכת המזבח. ועדין לא היה יודע משה כיצד יקריבו אם למסעות אם לתולדות עד שנאמר לו מפי הקדוש ברוך הוא יקריבו למסעות [שנאמר ויהי אין ויהי אלא שנאמר לו מפי הקדש יקריבו למסעות]. ועדיין לא היה יודע משה כיצד יקריבו נשיאים אם כולן כאחד או כל אחד ואחד יומו עד שנאמר לו מפי הקדש יקריבו כל אחד ואחד יומו שנאמר נשיא אחד ליום נשיא אחד ליום [נשיאים מתנדבים ואין הדיוטות מתנדבין ומה ת״ל נשיא אחד ליום נשיא אחד ליום] לפי שהיה נחשון מלך והוא הקריב תחילה לא יאמר הואיל והקרבתי תחילה אקריב עם כל אחד ואחד יומו לכך נאמר נשיא אחד ליום״.

למקום שבו הם מקריבים לה׳. עכשיו ניתן להבין את חוסר הסנכרון הגלוי שבין סיפור ימי המילואים לבין חנוכת המזבח. אלה אינן פעולות שנעשות על רצף אחד, אלא הן פעולות שבאות מכיוונים שונים ובמקביל: ימי המילואים מגבוה, וחנוכת המזבח מאת העם.

לסיכום, שלושה טקסי הכנסה לתפקיד וחניכה של המקדש, המזבח והכוהנים יש כאן. משיחת המשכן וכליו והכוהנים בשמות מ׳ מטרתה להפוך את המשכן לביתו של ה׳ ואת הכוהנים למקודשים. בימי המילואים הוכשרו הכוהנים כמשרתי ה׳ לתפקידם כמקריבי קורבנות, והמזבח הוכשר כמקום הקרבה לה׳. בימי חנוכת המזבח, העם חנך את המזבח כמקום שבו הם יקריבו לה׳.

דיבור ה׳ עם משה, ז׳, פט

פט וּבְבֹא מֹשֶׁה אֶל אֹהֶל מוֹעֵד לְדַבֵּר אִתּוֹ וַיִּשְׁמַע אֶת הַקּוֹל מִדַּבֵּר אֵלָיו מֵעַל הַכַּפֹּרֶת אֲשֶׁר עַל
אֲרֹן הָעֵדֻת מִבֵּין שְׁנֵי הַכְּרֻבִים וַיְדַבֵּר אֵלָיו.

פירוש העניין

בסוף ימי המילואים יש צורך לראות שה׳ אכן השרה את שכינתו במזבח וקיבל את עבודת הקורבנות שעליו: ״וַתֵּצֵא אֵשׁ מִלִּפְנֵי ה׳ וַתֹּאכַל עַל הַמִּזְבֵּחַ אֶת הָעֹלָה וְאֶת הַחֲלָבִים וַיַּרְא כָּל הָעָם וַיָּרֹנּוּ וַיִּפְּלוּ עַל פְּנֵיהֶם״ (ויקרא ט׳, כד). ביום השמיני של ימי המילואים העם הוא פסיבי, והוא רואה שאש ה׳ יורדת על המזבח. לעומת זאת, בחנוכת המזבח העם פעיל, הנשיאים מביאים בשם העם את הקורבנות כחינוכו של המזבח והתחלת השימוש בו. גם סיפור חנוכת המזבח בבמדבר מסתיים בהתגלות ה׳ בדיבורו עם משה (ז׳, פט). סיום זה של סיפור חנוכת המזבח נראה לכאורה שאינו במקומו, שהרי אין קשר בין הדיבור האלוהי של ה׳ מבין הכרובים לבין הקורבנות של הנשיאים. ואכן וי״ו החיבור של המילה ״וּבְבֹא״, אינה בהירה לכאורה. אולם לאור התפיסה שהעליתי כאן, שסיפור חנוכת המזבח הוא סיפור מקביל לסיפור של ימי המילואים, ומציג את הצד של העם, ניתן להבין זאת. סיפור ימי המילואים מסתיים בספר שמות בכך שה׳ מדבר אל משה ושהוא משרה את שכינתו במשכן. כך בפרק כ״ט, מב-מד: ״עֹלַת תָּמִיד לְדֹרֹתֵיכֶם פֶּתַח אֹהֶל מוֹעֵד לִפְנֵי ה׳ אֲשֶׁר אִוָּעֵד לָכֶם שָׁמָּה לְדַבֵּר אֵלֶיךָ שָׁם. וְנֹעַדְתִּי שָׁמָּה לִבְנֵי יִשְׂרָאֵל וְנִקְדַּשׁ בִּכְבֹדִי. וְקִדַּשְׁתִּי אֶת אֹהֶל מוֹעֵד וְאֶת הַמִּזְבֵּחַ וְאֶת אַהֲרֹן וְאֶת בָּנָיו אֲקַדֵּשׁ לְכַהֵן לִי״. הרי שסיפור הקדשת המזבח, והציווי על קורבן התמיד, מסתיים בהתגלות ובדיבור של ה׳. הכוונה כאן היא להראות שלאחר שהמזבח התקדש על ידי ה׳, מתאפשרת ההתגלות באמצעות המשכן והמזבח. סיפור חנוכת המזבח בבמדבר אף הוא מציג את שימוש המזבח, אבל הפעם מצידו של העם, ועל כן, גם מבחינה זו יש לסיים את הסיפור בכך שאכן הקשר בין העם לבין ה׳ מתקיים, ועל כן שוב ישנה חזרה על ההתגלות אל משה מבין הכרובים. ההתגלות של ה׳ אל משה בפסוק פט היא המימוש של מה שנאמר בשמות כ״ה, כב: ״וְנוֹעַדְתִּי לְךָ שָׁם וְדִבַּרְתִּי אִתְּךָ מֵעַל הַכַּפֹּרֶת מִבֵּין שְׁנֵי הַכְּרֻבִים אֲשֶׁר עַל אֲרוֹן הָעֵדֻת אֵת כָּל אֲשֶׁר אֲצַוֶּה אוֹתְךָ אֶל בְּנֵי יִשְׂרָאֵל״.

סדר הזמנים בין במדבר ז׳ לבמדבר א׳-ד׳

לאור הבנת המהות של חנוכת המזבח, ניתן להבין את היפוך סדר הזמנים בין פרקים א׳-ד׳, לפרק ז׳, ואת התלות של פרק זה בפרקים הקודמים. אף שפרק ז׳ הוא בחודש ניסן ואילו פרקים א׳-ד׳ הם בחודש אייר, מה שמסופר בפרק ז׳ מניח את שמתחדש בפרקים הקודמים, שהתרחשו מאוחר יותר. שמות הנשיאים התורמים בפרק ז׳ זהים לשמות הנשיאים הנמסרים בפרק א׳. הנשיאים תורמים את הפרים והעגלות, והם ניתנים למררי ולגרשון, אך רק בחודש השני ייבחרו הלוויים, ותחולק עבודת הקודש ביניהם, והדבר נמסר בפרקים ג׳-ד׳. בבמדבר ז׳, ח נאמר שעבודת מררי וגרשון היא ביד איתמר, אך דבר זה נקבע רק בפרק ד׳, כח, לג, חודש לאחר פרק זה. גם סדר הנשיאים בפרק ז׳ זהה לסדר השבטים על פי סדר החנייה שיימסר רק בפרק ב׳. אם כן פרק ז׳ הקודם בזמן לפרקים א׳-ד׳, מניח את אשר נמסר בפרקים אלו.

סדר הפרקים הוא אפוא לא כרונולוגי אלא תוכני, והוא אף משקף מורכבות מדרגית.

בפרקים א׳-ד׳, התורה קובעת את המדרג העיקרי בעם: המשכן במרכז, הלוויים והכוהנים משרתי הקודש במשכן הם גבוהים יותר, והם חוצצים בין העם לבין המשכן. לעומת זאת פרשת חנוכת המזבח מציגה מדרג אחר, שכן כאן העם הוא אשר חונך את המזבח כמקום שבו הם מקריבים קורבנות, ומבחינה זו הם העיקר. אם כן יש שתי הסתכלויות על המדרג. בהסתכלות אחת הכוהנים גבוהים יותר מהעם, הם נבחריו של ה׳ להיות משרתיו. בהסתכלות אחרת, המדרג מתהפך, והעם הוא המקבל את המזבח כמקום קורבנותיו, ומבחינה זו העם הוא המרכז החשוב. בשל כך גם ניתן להבין מדוע ענייני החודש השני קדמו בספר לחנוכת המזבח בחודש הראשון. רק לאחר שהתורה קובעת את המדרג הבסיסי שבו המשכן הוא במרכז והלוויים בחירי ה׳ הם מסביב למשכן, ניתן לדבר על מדרג נוסף, שהוא משני יותר, ולפיו הנשיאים תופסים מקום מרכזי בחנוכת המזבח. מדרג זה אומנם קדם בזמן, אבל הוא משני מבחינה רעיונית למדרג העולה בפרקים א׳-ד׳.

ניתן להסביר את התלות של פרק ז׳ המוקדם מבחינת הזמן על פרקים א׳-ד׳ המאוחרים בזמן גם מבחינת התוכן. נראה כי הנשיאים תרמו את העגלות ואת הפרים בחודש הראשון, אולם ה׳ הורה מה ייעשה בהם רק בחודש השני לאחר מסירת חלוקת העבודה בין משפחות לוי. אף כי הנשיאים הוזכרו לראשונה בבמדבר א׳, אין הדבר אומר שהם לא היו בתפקידם הנשיאותי לפני כן. כמו כן אין מניעה שסדר השבטים כבר עלה בחודש הראשון, ורק בחודש השני נמסר שסדר זה ישקף את סדר החנייה. אבל התשובות האלה, שתפקידן להעמיד סדר כרונולוגי בנוגע לכך שמידע שרק עלה בחודש השני, כבר ידוע היה לפני כן, אינן המוקד. המוקד העיקרי הוא תוכני, שכן התורה ביקשה להציג בפרק ז׳ תמונה שבה הנשיאים הם העיקר בחנוכת המזבח. מבחינה זו, אף כי הלוויים נושאים את המשכן וכליו, הנשיאים הם שמאפשרים זאת. כוונת התורה הייתה להעמיד את המדרג העולה בפרק ז׳ באופן שלם ועצמאי ולא תלוי, כדי להראות את כוחו של המדרג שלפיו העם הוא החונך את המזבח, וקדושת המזבח מבחינתו של ה׳ אינה אלא צד אחד של התמונה, והקדשת המזבח מצד העם הינה חיונית כדי שהמזבח יהיה המקום שהעם פונה באמצעותו אל ה׳.

נרות המנורה, ח׳, א-ד

א ב וַיְדַבֵּר ה׳ אֶל מֹשֶׁה לֵּאמֹר. דַּבֵּר אֶל אַהֲרֹן וְאָמַרְתָּ אֵלָיו בְּהַעֲלֹתְךָ אֶת הַנֵּרֹת אֶל מוּל פְּנֵי
ג הַמְּנוֹרָה יָאִירוּ שִׁבְעַת הַנֵּרוֹת. וַיַּעַשׂ כֵּן אַהֲרֹן אֶל מוּל פְּנֵי הַמְּנוֹרָה הֶעֱלָה נֵרֹתֶיהָ כַּאֲשֶׁר צִוָּה
ד ה׳ אֶת מֹשֶׁה. וְזֶה מַעֲשֵׂה הַמְּנֹרָה מִקְשָׁה זָהָב עַד יְרֵכָהּ עַד פִּרְחָהּ מִקְשָׁה הִוא כַּמַּרְאֶה אֲשֶׁר
הֶרְאָה ה׳ אֶת מֹשֶׁה כֵּן עָשָׂה אֶת הַמְּנֹרָה.

פירוש העניין

בפסוקים אלה מצווה ה׳ את אהרן על כיוון הדלקת הנרות (ב), ומיד מדווח שאהרן ביצע זאת (ג). פסוק ד מתאר את מבנה המנורה העשוי כולו מקשה אחת זהב טהור.

נושא הדלקת המנורה מופיע מספר פעמים בשמות ובוויקרא. הציווי העיקרי על הדלקת הנרות מופיע בשמות כ״ז, כ-כא: ״וְאַתָּה תְּצַוֶּה אֶת בְּנֵי יִשְׂרָאֵל וְיִקְחוּ אֵלֶיךָ שֶׁמֶן זַיִת זָךְ כָּתִית לַמָּאוֹר לְהַעֲלֹת נֵר תָּמִיד. בְּאֹהֶל מוֹעֵד מִחוּץ לַפָּרֹכֶת אֲשֶׁר עַל הָעֵדֻת יַעֲרֹךְ אֹתוֹ אַהֲרֹן וּבָנָיו מֵעֶרֶב עַד בֹּקֶר לִפְנֵי ה׳ חֻקַּת עוֹלָם לְדֹרֹתָם מֵאֵת בְּנֵי יִשְׂרָאֵל״. שוב מופיע ציווי בוויקרא כ״ד, א-ד: ״וַיְדַבֵּר ה׳ אֶל מֹשֶׁה לֵּאמֹר. צַו אֶת בְּנֵי יִשְׂרָאֵל וְיִקְחוּ אֵלֶיךָ שֶׁמֶן זַיִת זָךְ כָּתִית לַמָּאוֹר לְהַעֲלֹת נֵר תָּמִיד. מִחוּץ לְפָרֹכֶת הָעֵדֻת בְּאֹהֶל מוֹעֵד יַעֲרֹךְ אֹתוֹ אַהֲרֹן מֵעֶרֶב עַד בֹּקֶר לִפְנֵי ה׳ תָּמִיד חֻקַּת עוֹלָם לְדֹרֹתֵיכֶם. עַל הַמְּנֹרָה הַטְּהֹרָה יַעֲרֹךְ אֶת הַנֵּרוֹת לִפְנֵי ה׳ תָּמִיד״. אזכור הדלקת הנרות מופיע כבר בהקשר של בניית המנורה, שמות כ״ה, לז: ״וְעָשִׂיתָ אֶת נֵרֹתֶיהָ שִׁבְעָה וְהֶעֱלָה אֶת נֵרֹתֶיהָ וְהֵאִיר עַל עֵבֶר פָּנֶיהָ״. העלאת הנרות מוזכרת שוב אגב נושא הקטרת הקטורת בשמות ל׳, ח. בשום אחד מהמקורות האלה לא נאמר שהצו של ה׳ בוצע, והדבר מתחדש כאן.

המשמעות של הביטוי ׳העלאת הנרות׳ היא הדלקת הנרות ובכך להביא להתרוממות הלהבה, שכן הפועל על״ה מתייחס לשלהבת העולה. כך גם בשמות י״ט, יח: ״וַיַּעַל עֲשָׁנוֹ כְּעֶשֶׁן הַכִּבְשָׁן״; שופטים ו׳, כא: ״וַתַּעַל הָאֵשׁ מִן הַצּוּר״.[22]

הציווי על הדלקת הנרות בשמות כ״ז, כ-כא, ובוויקרא כ״ד, א-ד, עוסק בעיקר הנושא, והוא לקחת שמן עבור הדלקת הנרות, ושתפקידם של אהרן ובניו הוא לערוך את הנרות מערב עד בוקר, היינו לעשות את כל הפעולות הכרוכות בהתקנת הנרות, דישון המנורה, ובעיקר הדלקת הנרות. הדין אצלנו בבמדבר מניח את ההלכה בשמות ובוויקרא, ואינו מצווה על עצם ההדלקה, אלא הוא קובע ש״בהעלותך״ – כאשר אתה מעלה את הנרות - ״אֶל מוּל פְּנֵי הַמְּנוֹרָה יָאִירוּ שִׁבְעַת הַנֵּרוֹת״, והדין המחודש כאן נוגע לכיוון הנחת הנרות. הנרות עצמם לא היו מחוברים למנורה (ד׳, ט). הכוהן היה עורך את הנרות על המנורה, והשאלה היא באיזה כיוון היה צריך להניח את הפתילות של הנרות. התורה קובעת שהכיוון של הנרות הוא ״אֶל מוּל פְּנֵי הַמְּנוֹרָה״, ונחלקו הפרשנים בכוונתה של הוראה זו.

הספרי, ובעקבותיו רש״י, פירשו שהכוונה היא שהנרות בקנים משני הצדדים יאירו לכיוון הנר האמצעי.* הנר האמצעי לפי רש״י הוא חלק מגוף המנורה, יותר מאשר שאר ששת הקנים, ולכן הקנה המרכזי נקרא בהקשר זה מנורה; ואל מול פני המנורה יאירו שבעת הנרות, היינו אל מול הקנה המרכזי יופנו הנרות. הקושי הגדול בפירוש זה (כפי שהקשה ריב״ש), שנאמר שכל שבעת הנרות פונים לכיוון המנורה, אך לפי הספרי ורש״י רק שישה נרות פונים לכיוון

* ספרי פיסקא נט (מהדורת הורוויץ, עמ׳ 57): ״וידבר ה׳ אל משה דבר אל אהרן ואמרת אליו בהעלתך את הנרות. למה נאמרה פרשה זו, לפי שהוא אומר והעלה את נרותיה והאיר על עבר פניה (שמות כ״ה, לז), שומע אני יהיו כל הנרות דולקים על פני כל המנורה, ת״ל אל מול פני המנורה יאירו, שיהיו נרות מקבילים את המנורה ומנורה את הנרות. הא כיצד, שלשה כלפי מזרח ושלשה כלפי מערב ואחד באמצע, נמצאו כולם מקבילים את האמצעי. מיכן היה ר׳ נתן אומר האמצעי מכובד״.

הנר המרכזי המכונה מנורה. כנראה משום כך פירשו רשב"ם וריב"ש שכל הנרות פנו לחלל הקודש, לכיוון השולחן. לפי שיטה זו המילים "אל מול פני המנורה יאירו", מתכוונות שהנרות יאירו לכיוון שמול פני המנורה. ומכיוון שהמנורה הייתה בצד דרום של המשכן, הנרות האירו לכיוון צפון ששם עמד השולחן.

שתי השיטות, של ספרי ושל רשב"ם, הן על פי הדעה שהמנורה עמדה לאורך ההיכל מצד מזרח למערב. אולם בבבלי במנחות צח ע"ב יש מחלוקת תנאים בדבר. הדעה המשתקפת בספרי מיוצגת על ידי רבי, ואילו רבי אלעזר ב"ר שמעון אומר שהמנורה הייתה מונחת בכיוון מצפון לדרום: "תנו רבנן מזרח ומערב היו מונחין דברי רבי, רבי אלעזר בר' שמעון אומר צפון ודרום".*

ישנו פרט נוסף בסוף החוק הקצר של המנורה, והוא נוגע לאופן הבנייה של המנורה כמקשה אחת של זהב, ולא כחיבור של חלקים שונים והלחמתם יחד. הלכה זו חוזרת על מה שבא בפירוט בשמות כ"ה, לא-מ.

השאלה העולה כאן היא מדוע פרט הלכתי זה לגבי הדלקת הנרות לא מופיע במקומות המתאימים בשמות ובוויקרא? מדוע נכנסה התוספת הזו ביחס לנרות דווקא כאן? תופעה זו דומה ביותר למה שראינו לעיל לגבי אשם גזלות. גם שם ראינו שההלכה העיקרית כתובה במקום אחר, בוויקרא, ואילו כאן בבמדבר נוספו פרטי דין, תוך חזרה על פרטים ידועים. וכן כאן יש חידוש לגבי הכיוון של הנרות, אבל עצם הדלקת הנרות כבר נמסר, וגם העובדה שהמנורה היא מקשה אחת שנאמרה כאן בקצרה, מפורטת עם שאר פרטי הבנייה של המנורה בשמות. מעין תשובתנו שם, נראה כי גם כאן האזכור של הדלקת הנרות קשור בהקשר של הדין בסביבתו.**

כבר הקדמונים עסקו בשאלת אזכור עניין המנורה כאן, והעלו שיש קשר בין פרשת המנורה לבין פרשת הנשיאים. המדרש קובע שחלשה דעתו של אהרן כשראה שהנשיאים מביאים את הקורבנות של חנוכת המזבח, ולא הוא או שבטו היה שם. אז באה התורה ומזכירה שחלקו של אהרן גדול מחלקם של הנשיאים – "שאתה מדליק את הנרות".[23] דרך הבאת הדברים היא מדרשית, אבל היא משקפת את פשוטו של מקרא. על פי מה שראינו עד כה, בפרקים א'-ז' מוצג מדרג בעם ואז מוצג חיזוקו או איזונו. וכך גם כאן, לאחר שהוצג המדרג שבו הכוהנים והלוויים נעלים משום היותם קרובים לקודש, בסיפור חנוכת המזבח מודגש צד שני, והעם הוא הגורם המרכזי, והוא מיוצג על ידי הנשיאים, אשר יוזמים את חנוכת המזבח,

* הרמב"ם פסק שהמנורה הייתה מונחת בכיוון מצפון לדרום (הלכות בית הבחירה פרק ג הלכה יב): "וכן שאר כל הכלים שבמקדש אורכן לאורכו של בית ורחבן לרוחב הבית, חוץ מן הארון שהיה אורכו לרוחב הבית. וכן נרות המנורה כנגד רוחב הבית בין הצפון ובין הדרום". מבחינת כיוון הנרות, בפירוש המשניות עולה ששלושה קנים מכל צד של הקנה האמצעי פנו למרכז, ואילו הקנה האמצעי פנה לכיוון מערב, היינו לקודש הקודשים, וזהו הנר המערבי. ראו רמב"ם למשנה תמיד פרק ג הלכה ט, מהדורת קאפח, עמ' רעד-רעה.

** ראב"ע (על פסוק ב) סבר שעניין המנורה מתקשר לעניין הדיבור אל משה, להורות כי הדיבור של ה' יהיה גם בלילה.

ובכך מקבלים את המזבח כמקום שבו הם יקריבו לה', וחונכים את עבודתם בו. מיד כדי לאזן תמונה זו באה מצוות המנורה, אשר מדגישה את התחום אשר בו יש בלעדיות לכוהנים. בעניין זה אין צד שני, שכן עבודת המנורה היא בלעדית לכוהן. כך הפסוק מדגיש את מקומו של הכוהן "בהעלותך את הנרות". יותר מהמקורות האחרים המקור כאן מדגיש את מקומו את אהרן בהדלקת הנרות, וכאשר הדבר בא באמצעות המילה "בהעלותך", המורה על העלאה, הכוונה הנלווית היא להדגיש גם את מעלתו של אהרן. דומני כי גם ההתייחסות שכאן למנורה שכולה מקשה זהב, באה כאן כדי להדגיש את המעלה של הכוהן שעוסק באופן בלעדי במנורה, שהיא כלי ייחודי בהיותו מקשה ובהדלקת הנרות. והינה שוב אנו רואים כיצד סיפור חנוכת המזבח המדגיש את מקומם החשוב של הנשיאים במעשה המזבח מתאזן באמצעות חוק שבא להדגיש שוב את המקום הנעלה של אהרן בהעלאת הנרות.

הסמכת הלוויים, ח׳, ה-כב

ה ו ז וַיְדַבֵּר ה׳ אֶל מֹשֶׁה לֵּאמֹר. קַח אֶת הַלְוִיִּם מִתּוֹךְ בְּנֵי יִשְׂרָאֵל וְטִהַרְתָּ אֹתָם. וְכֹה תַעֲשֶׂה לָהֶם
ח לְטַהֲרָם הַזֵּה עֲלֵיהֶם מֵי חַטָּאת וְהֶעֱבִירוּ תַעַר עַל כָּל בְּשָׂרָם וְכִבְּסוּ בִגְדֵיהֶם וְהִטֶּהָרוּ. וְלָקְחוּ
ט פַּר בֶּן בָּקָר וּמִנְחָתוֹ סֹלֶת בְּלוּלָה בַשָּׁמֶן וּפַר שֵׁנִי בֶן בָּקָר תִּקַּח לְחַטָּאת. וְהִקְרַבְתָּ אֶת הַלְוִיִּם
י לִפְנֵי אֹהֶל מוֹעֵד וְהִקְהַלְתָּ אֶת כָּל עֲדַת בְּנֵי יִשְׂרָאֵל. וְהִקְרַבְתָּ אֶת הַלְוִיִּם לִפְנֵי ה׳ וְסָמְכוּ בְנֵי
יא יִשְׂרָאֵל אֶת יְדֵיהֶם עַל הַלְוִיִּם. וְהֵנִיף אַהֲרֹן אֶת הַלְוִיִּם תְּנוּפָה לִפְנֵי ה׳ מֵאֵת בְּנֵי יִשְׂרָאֵל וְהָיוּ
יב לַעֲבֹד אֶת עֲבֹדַת ה׳. וְהַלְוִיִּם יִסְמְכוּ אֶת יְדֵיהֶם עַל רֹאשׁ הַפָּרִים וַעֲשֵׂה אֶת הָאֶחָד חַטָּאת וְאֶת
יג הָאֶחָד עֹלָה לַה׳ לְכַפֵּר עַל הַלְוִיִּם. וְהַעֲמַדְתָּ אֶת הַלְוִיִּם לִפְנֵי אַהֲרֹן וְלִפְנֵי בָנָיו וְהֵנַפְתָּ אֹתָם
יד טו תְּנוּפָה לַה׳. וְהִבְדַּלְתָּ אֶת הַלְוִיִּם מִתּוֹךְ בְּנֵי יִשְׂרָאֵל וְהָיוּ לִי הַלְוִיִּם. וְאַחֲרֵי כֵן יָבֹאוּ הַלְוִיִּם לַעֲבֹד
טז אֶת אֹהֶל מוֹעֵד וְטִהַרְתָּ אֹתָם וְהֵנַפְתָּ אֹתָם תְּנוּפָה. כִּי נְתֻנִים נְתֻנִים הֵמָּה לִי מִתּוֹךְ בְּנֵי יִשְׂרָאֵל
יז תַּחַת פִּטְרַת כָּל רֶחֶם בְּכוֹר כֹּל מִבְּנֵי יִשְׂרָאֵל לָקַחְתִּי אֹתָם לִי. כִּי לִי כָל בְּכוֹר בִּבְנֵי יִשְׂרָאֵל
יח בָּאָדָם וּבַבְּהֵמָה בְּיוֹם הַכֹּתִי כָל בְּכוֹר בְּאֶרֶץ מִצְרַיִם הִקְדַּשְׁתִּי אֹתָם לִי. וָאֶקַּח אֶת הַלְוִיִּם תַּחַת
יט כָּל בְּכוֹר בִּבְנֵי יִשְׂרָאֵל. וָאֶתְּנָה אֶת הַלְוִיִּם נְתֻנִים לְאַהֲרֹן וּלְבָנָיו מִתּוֹךְ בְּנֵי יִשְׂרָאֵל לַעֲבֹד אֶת
עֲבֹדַת בְּנֵי יִשְׂרָאֵל בְּאֹהֶל מוֹעֵד וּלְכַפֵּר עַל בְּנֵי יִשְׂרָאֵל וְלֹא יִהְיֶה בִּבְנֵי יִשְׂרָאֵל נֶגֶף בְּגֶשֶׁת
בְּנֵי יִשְׂרָאֵל אֶל הַקֹּדֶשׁ.

כ וַיַּעַשׂ מֹשֶׁה וְאַהֲרֹן וְכָל עֲדַת בְּנֵי יִשְׂרָאֵל לַלְוִיִּם כְּכֹל אֲשֶׁר צִוָּה ה׳ אֶת מֹשֶׁה לַלְוִיִּם כֵּן עָשׂוּ
כא לָהֶם בְּנֵי יִשְׂרָאֵל. וַיִּתְחַטְּאוּ הַלְוִיִּם וַיְכַבְּסוּ בִּגְדֵיהֶם וַיָּנֶף אַהֲרֹן אֹתָם תְּנוּפָה לִפְנֵי ה׳ וַיְכַפֵּר
כב עֲלֵיהֶם אַהֲרֹן לְטַהֲרָם. וְאַחֲרֵי כֵן בָּאוּ הַלְוִיִּם לַעֲבֹד אֶת עֲבֹדָתָם בְּאֹהֶל מוֹעֵד לִפְנֵי אַהֲרֹן
וְלִפְנֵי בָנָיו כַּאֲשֶׁר צִוָּה ה׳ אֶת מֹשֶׁה עַל הַלְוִיִּם כֵּן עָשׂוּ לָהֶם.

פירוש העניין

קטע זה מתאר את ההליך של הסמכת הלוויים לתפקידם כמשרתי המשכן וכמסייעים לכוהנים בעבודתם. הקטע נחלק לשני חלקים: ציווי וביצוע, וחלק הציווי אף הוא נחלק לשניים.

1. ציווי ה' למשה להסמיך את הלוויים – ה-יט.
   א. הציווי על הפעולות – ו-טו.
   ב. הסבר ה' למשה מדוע יש להסמיך את הלוויים – טז-יט.

2. הביצוע של משה – כ-כב.

צו ה' למשה להסמיך את הלוויים, ח', ה-טו

הפעולות המהותיות בהליך הסמכת הלוויים הן: (1) טיהור הלוויים; (2) הקרבת קורבנות חטאת ועולה; (3) סמיכת ידי העם על הלוויים; (4) תנופת הלוויים.

טיהור הלוויים הוא שלב ראשון. הלוויים עתידים להימסר לכוהנים לשם עבודות במשכן וכדי להיכנס לתחום הקדושה עליהם קודם כול להיטהר (ו-ז). פעולות הטיהור כוללות הזאַת מי חטאת, כמו בטיהור טמא מת (י"ט, יז-כ), גילוח כל שער גופם, כמו בטיהור המצורע (ויקרא י"ד, ח), וכיבוס הבגדים, כמו בטומאת מת (י"ט, יט). טיהור זה מניח את דין הטהרה מטומאה באמצעות אפר פרה אדומה שיופיע בפרק י"ט. רמה כזו של היטהרות היא גדולה משל היטהרות הטמא, שכן טמא המת אינו מגלח את שער גופו. שלוש פעולות אלה באות רק בטהרת מצורע, ומכאן שזוהי רמה גבוהה של היטהרות.

הפעולה השנייה היא הקרבת שני פרים, אחד לעולה ואחד לחטאת (ח, יב). לא על חטא מביאים הלוויים קורבן חטאת, שכן הם לא חטאו.* חטאת אינה מלשון חטא, אלא מלשון חיטוי (שד"ל, ויקרא ד', ג).[24] הלוויים צריכים לעבור חיטוי במובן של טיהור כדי לזככם מכל פגם בהיכנסם לתפקידם להיות משרתי ה' לעבוד בעבודת המשכן.

עד כאן באו הפעולות המטהרות ומחטאות את הלוויים ומאפשרות את העלאתם לדרגה גבוהה. נותרו שתי פעולות שהן משמשות כפעולות שיוצרות את השינוי במעמדם של הלוויים. הפעולה הראשונה היא סמיכת ידיים של העם על הלוויים "וְסָמְכוּ בְנֵי יִשְׂרָאֵל אֶת יְדֵיהֶם עַל הַלְוִיִּם" (י). המשמעות של סמיכת הידיים היא מינוי אדם. כך משה סומך ידיו על ראש יהושע כאשר הוא ממנה אותו כמנהיג העם במקומו (במדבר כ"ז, יח), וכך גם במקרה זה שבו בני ישראל ממנים את הלוויים להיות עובדי המקדש. באופן מדויק יותר ניתן לומר שסמיכת

* קורבן עולָה ביחד עם קורבן שעיר עיזים לחטאת בא על חטא עבודה זרה בשגגה, במדבר ט"ו, כד, ראו רש"י. על פי זה הבין מושקוביץ שהקורבנות כאן הם על חטא עבודה זרה של הבכורות, ראו מושקוביץ, עמ' צב. אולם לדעת ר' יוסף בכור שור, מדובר על חטא הלוויים שמא חטאו, והוא אומר שדווקא משום שכאן מדובר על פר חטאת ולא על שעיר, הדבר מלמד שכוונת התורה הייתה לבדל את קורבן החטאת כאן מהקורבן של שגגת עבודה זרה.

ידיים היא העברת דבר מהסומך לנסמך. סמיכת ידיים על ראש קורבן משמעה העברת רע ממביא הקורבן על הקורבן (ויקרא ט"ז, א). כאשר יעקב מעביר ברכה למנשה ואפרים הוא סומך את ידיו על ראשם (בראשית מ"ח, יד). גם משה מעביר מהודו על יהושע בסמיכת ידיו, והוא מעביר מעצמותו ליהושע. יהושע הוא מעין משה השני (כפי שיעלה בניתוחנו לפרשת מינוי יהושע להלן בפרק כ"ז). כך גם במקרה זה של סמיכת הידיים של בני ישראל על ראש הלוויים. העם הם אחראים על העבודה במשכן באמצעות הבכורות שהיו בכל משפחה בישראל, ועתה הם מעבירים סמכות זו ללוויים במקומם.

פעולה שנייה שמבטאת את שינוי המעמד של הלוויים היא פעולת התנופה. התנופה נעשית בכמה מהקורבנות וכן בחומרי זהב ונחושת שהקדישו ישראל למשכן, וכך גם בהקדשת הלוויים.* המשמעות של התנופה היא העברת דבר מרשות בעלים לרשות גבוה.[25] כאן נאמר שאהרן הניף את הלוויים מאת בני ישראל לעבודת המשכן: "וְהֵנִיף אַהֲרֹן אֶת הַלְוִיִּם תְּנוּפָה לִפְנֵי ה' מֵאֵת בְּנֵי יִשְׂרָאֵל וְהָיוּ לַעֲבֹד אֶת עֲבֹדַת ה'" (יא). הלוויים הם חלק מעם ישראל ובפעולת ההנפה הם עוברים מרשות העם לרשות גבוה לעבוד את עבודת המשכן.

אם כן טיהור הלוויים וחיטוים, מאפשרים את היכנסם של הלוויים לתחום הקודש. המעבר של הלוויים ממעמד רגיל למעמד נעלה של רשות המשכן מתרחש באמצעות סמיכת הידיים והנפת הלוויים. העם סומך את ידיו על הלוויים, ובכך העם ממנה אותם להיות בתפקיד עובדי המשכן. הפעולה השנייה של הנפת הלוויים היא המשכה של הפעולה הראשונה. בהנפתם של הלוויים עוברים הלוויים בין שני המעמדות, מרשות העם לרשות ה'.

חזרות בפרשה ומשמעותן

הפרשה מורכבת ורוויה חזרות. הציווי שהלוויים יונפו מופיע פעמיים, בפעם הראשונה על ידי אהרן (יא), ובפעם השנייה על ידי משה (יג). ההנפה מוזכרת פעם שלישית (טו), אולם נראה שאין זו הנפה נוספת אלא אזכור נוסף של הפעולה, כסיכום של ההליך כולו (רשב"ם לפסוק יג; ריב"ש לפסוק יא).** מדוע הניפו את הלוויים פעמיים? ההנפה הכפולה היא חלק מהצגה כפולה רחבה יותר במינוי הלוויים. פסוקים יב–טו הם הכפלה חלקית של פסוקים ח–יא.

* פעולת התנופה נעשתה בחזה של קורבן השלמים (שמות כ"ט, כז–כח; ויקרא ז', ל; ט', כא; י', יד–טו; במדבר ו', כ; י"ח, יח); באֵמורים ובשוק הימין של איל המילואים (שמות כ"ט, כג; ויקרא ח', כו–כז); וכן בחזה של איל המילואים (שמות כ"ט, כו; ויקרא ח', כט). גם את הזהב ואת הנחושת שנדבו בני ישראל למשכן הניפו (שמות ל"ה, כב; ל"ח, כד, כט). כן הניפו את כבש האשם עם לוג השמן של המצורע (ויקרא י"ד, יב, כא, כד); את מנחת העומר (ויקרא כ"ג, יא, טו); את שתי הלחם עם שני הכבשים ביום הביכורים (ויקרא כ"ג, יז, כ); את מנחת הסוטה (במדבר ה', כה); את הזרוע המבושלת של איל השלמים של הנזיר במלאת ימי נזרו ביחד עם לחם (במדבר ו', יט–כ); וכמובן את הלוויים כאשר הם נכנסו לתפקידם לעבודת המשכן, ראו: מילגרום, התנופה, עמ' 38–55.

** הם פירשו בניגוד לרש"י (פסוק יא) המפרש שהניפו את הלוויים שלוש פעמים, בכל פעם משפחת אחרת ממשפחות הלוויים, משפחת קהת, משפחת גרשון ומשפחת מררי. שיטת ראב"ע היא שהייתה הנפה אחת, וכשכתוב בפסוק יד "והנפת", אין הכוונה למשה אלא לאהרן. אכן פעולה יכולה להיקרא על שם משה

החלק הראשון, ח–יא:

1. וְלָקְחוּ פַּר בֶּן בָּקָר וּמִנְחָתוֹ סֹלֶת בְּלוּלָה בַשָּׁמֶן וּפַר שֵׁנִי בֶן בָּקָר תִּקַּח לְחַטָּאת (ח).

2. וְהִקְרַבְתָּ אֶת הַלְוִיִּם לִפְנֵי אֹהֶל מוֹעֵד וְהִקְהַלְתָּ אֶת כָּל עֲדַת בְּנֵי יִשְׂרָאֵל (ט).
וְהִקְרַבְתָּ אֶת הַלְוִיִּם לִפְנֵי ה׳,
וְסָמְכוּ בְנֵי יִשְׂרָאֵל אֶת יְדֵיהֶם עַל הַלְוִיִּם (י).
וְהֵנִיף אַהֲרֹן אֶת הַלְוִיִּם תְּנוּפָה לִפְנֵי ה׳ מֵאֵת בְּנֵי יִשְׂרָאֵל,

3. וְהָיוּ לַעֲבֹד אֶת עֲבֹדַת ה׳ (יא).

החלק השני, יב–טו:

1׳. וְהַלְוִיִּם יִסְמְכוּ אֶת יְדֵיהֶם עַל רֹאשׁ הַפָּרִים וַעֲשֵׂה אֶת הָאֶחָד חַטָּאת וְאֶת הָאֶחָד עֹלָה לַה׳ לְכַפֵּר עַל הַלְוִיִּם (יב).

2׳. וְהַעֲמַדְתָּ אֶת הַלְוִיִּם לִפְנֵי אַהֲרֹן וְלִפְנֵי בָנָיו,
וְהֵנַפְתָּ אֹתָם תְּנוּפָה לַה׳ (יג).

3׳. וְהִבְדַּלְתָּ אֶת הַלְוִיִּם מִתּוֹךְ בְּנֵי יִשְׂרָאֵל וְהָיוּ לִי הַלְוִיִּם (יד).
וְאַחֲרֵי כֵן יָבֹאוּ הַלְוִיִּם לַעֲבֹד אֶת אֹהֶל מוֹעֵד וְטִהַרְתָּ אֹתָם וְהֵנַפְתָּ אֹתָם תְּנוּפָה (טו).

בכל חלק שלושה רכיבים. הרכיב הראשון בשני החלקים מתייחס לשני קורבנות הפרים, העולה והחטאת. בחלק הראשון, בפסוק ח (1), קורבנות הפרים נלקחים, ובחלק השני בפסוק יב (1׳), סומכים הלוויים את ידיהם על ראשי הפרים. הרכיב השני בשני החלקים הוא עיקר טקס המעבר של הלוויים, והוא כולל את פעולת ההנפה (יא; יג2). הרכיב השלישי בשני החלקים הוא התוצאה: הלוויים הוכשרו לעבודת ה׳ באוהל מועד (יא2; יד2–טו: "והיו... לעבד את עבדת ה׳/אהל מועד").

בחלק הראשון, בפסוק ט (2) יש ציווי להקריב את הלוויים לפני אוהל מועד, ובחלק השני בפסוק יג (2׳) יש ציווי להעמיד את הלוויים לפני אהרן ובניו.

חלק מהכפילות בהצגת השלבים הוא ייצוג ספרותי בלבד וחלק הוא כפילות בפעולות. רכיבים 1 ו 1׳ הם כפילות ספרותית, שכן מדובר על המשך של אותה פעולה: בפסוק ח (1) הציווי הוא לקחת את הפרים ואת המנחה, ופסוק יב (1׳) הוא מה שבא מיד אחר כך, והוא שהלוויים יסמכו עליהם את ידיהם. השלב השני כולל כפילות בפעולת הנפת הלוויים שלוש פעמים בפסוקים יא, יג, וטו. רכיבים 3 ו 3׳ הם כפילות של התוצאה, והניסוח הוא דומה, אף

המצווה, או על שם המבצע בפועל (פירושו לפסוק כ). אולם סביר יותר שמדובר בשתי הנפות, אחת של משה ואחת של אהרן.

כי לא זהה (יא2; ידב-טו). הרכיב השני בשני החלקים אינו זהה, ובולט מאוד שסמיכת הלוויים על ידי העם מופיעה רק בחלק הראשון (י).

ההסבר הטוב ביותר לשתי ההנפות הוא שבתוך הליך העברת הלוויים מרשות ישראל לעבודת המשכן מתרחשים, בעצם, שני מעברים שונים. כבר עמד על כך ר׳ יוסף בכור שור:

> והניף אהרן – שתי תנופות היו ללוים: אחת – שהניף אהרן, שהוא כהן ושלוחם של ישראל, להקריב קרבניהם, ולהדרין דורונם לפני הקדוש ברוך הוא. והניף את הלוים והדרינם לפני הקדוש ברוך הוא, כאדם שאומר: הנה זה דורון שנותנין לפניך בניך! כי כל תנופות – על עניין דורון הוא; כאדם שלוקח על כפיו ואומר: הנה זה למלך! ואחר שנתנום ישראל להקדוש ברוך הוא, הניף אותם משה, שהוא שלוחו של הקדוש ברוך הוא, והדרין אותם לאהרן ולבניו לאמר: הנה זה לכם מאת הקדוש ברוך הוא, כמו שאמר הקדוש ברוך הוא למשה: "והעמדת את הלוים לפני אהרן ולפני בניו והנפת אותם תנופה" (יג). ולכך כתיב "כי נתונים נתונים המה מאת ישראל" להקדוש ברוך הוא (טז), ונתונים מאת הקדוש ברוך הוא לאהרן.

לדעת ריב"ש הלוויים עוברים פעמיים לשתי רשויות. אהרן כמייצגו של העם מעביר את הלוויים בפעם הראשונה אל ה׳, ובפעם השנייה הלוויים עוברים על ידי משה כמייצגו של ה׳, מה׳ אל אהרן. ריב"ש מדייק הבחנה זו בתוך דברי ההסבר למעבר הלוויים בפסוקים טז-יט. בפסוק טז נאמר שהלוויים נתונים אל ה׳, ובפסוק יט ה׳ אומר שהוא נותן את הלוויים אל הכוהנים.

אף כי ההבחנה של ריב"ש, שיש כאן העברה כפולה של הלוויים היא נכונה, אם ניקח בחשבון הבדלים נוספים בין שתי התנופות, נוכל להגדיר במדויק את כל אחת משתי ההעברות של הלוויים. בכל פעם הלוויים מונפים על ידי מישהו שונה, הם עומדים לפני גורם שונה, והתוצאה היא שונה:

בתנופה הראשונה, ט-יא –

1. הלוויים עומדים לפני ה׳: וְהִקְרַבְתָּ אֶת הַלְוִיִּם לִפְנֵי אֹהֶל מוֹעֵד (ט); וְהִקְרַבְתָּ אֶת הַלְוִיִּם לִפְנֵי ה׳ (י).
2. הלוויים מונפים על ידי אהרן: וְהֵנִיף אַהֲרֹן אֶת הַלְוִיִּם תְּנוּפָה לִפְנֵי ה׳ מֵאֵת בְּנֵי יִשְׂרָאֵל (יא).
3. הלוויים הופכים להיות עובדי המשכן: וְהָיוּ לַעֲבֹד אֶת עֲבֹדַת ה׳ (יא).

בתנופה השנייה, יב-יד –

1. הלוויים עומדים לפני אהרן: וְהַעֲמַדְתָּ אֶת הַלְוִיִּם לִפְנֵי אַהֲרֹן וְלִפְנֵי בָנָיו (יג).
2. הלוויים מונפים על ידי משה: וְהֵנַפְתָּ אֹתָם תְּנוּפָה לה׳ (יג).
3. הלוויים הופכים להיות שייכים לה׳: וְהִבְדַּלְתָּ אֶת הַלְוִיִּם מִתּוֹךְ בְּנֵי יִשְׂרָאֵל וְהָיוּ לִי הַלְוִיִּם (יד).

ההבדל בין שתי התנופות בולט בראש ובראשונה בתוצאה השונה שלהן. התוצאה של ההנפה הראשונה היא שהלוויים נהיו עובדי עבודת ה׳ (״וְהָיוּ לַעֲבֹד אֶת עֲבֹדַת ה׳״, יא), ואילו בהנפה השנייה הם הפכו להיות שייכים לה׳ (״וְהָיוּ לִי הַלְוִיִּם״, יד). מה ההבדל בין להיות עובדי ה׳ לבין להיות שייכים לה׳? בפעם הראשונה (יא) הלוויים הפכו להיות אנשי קודש, מבחינה זו שהם מייצגים את העם בעבודת המשכן. בהנפה שבה הם הפכו להיות עובדים במשכן, הם נשארים חלק מהעם, אף כי חלק נישא בעם. לעומת זאת בהנפה השנייה (יד) הלוויים עוברים מהיותם חלק מהעם להיות שייכים לה׳.

הדבר מדויק עוד בפסוקים. בהנפה השנייה כתוב ״תנופה לה׳״, היינו שהתנופה מעבירה אותם לה׳. לעומת זאת בתנופה הראשונה נאמר ״תנופה לפני ה׳״, כאן הם אינם עוברים לרשותו של ה׳, הם נשארים חלק מהעם, והם עוברים לרשות המקדש (לפני ה׳). בהנפה הראשונה נאמר ״תְּנוּפָה לִפְנֵי ה׳ **מֵאֵת** בְּנֵי יִשְׂרָאֵל״ (יא), ואילו בהנפה השנייה נאמר ״וְהִבְדַּלְתָּ אֶת הַלְוִיִּם **מִתּוֹךְ** בְּנֵי יִשְׂרָאֵל״ (יד). בהנפה הראשונה הלוויים אינם נפרדים מהעם, הם נישאים ממנו על מנת לשרתו בקודש, אבל הם עדיין חלק מהם. ועל כן השתמשה התורה במילה ״**מֵאֵת** בְּנֵי יִשְׂרָאֵל״. לעומת זאת בהנפה השנייה הם נפרדים מהעם, ועל כן התורה השתמשה במילה ״**מִתּוֹךְ** בְּנֵי יִשְׂרָאֵל״. ואכן בתנופה השנייה הדגישה התורה במפורש את העובדה שהלוויים נפרדים מהעם על ידי הפועל ״והבדלת״: בהנפה השנייה הם נבדלים מהעם, מה שאין כן בתנופה הראשונה.

הבנה זו מדויקת גם בתיאור שתי ההעמדות של הלוויים. בתיאור הראשון של הנפת הלוויים הם עומדים **לפני אוהל מועד ולפני ה׳** (ט–י), משום שהם עוברים לרשותו של ה׳. לעומת זאת בהנפה השנייה הם עוברים לשרת במשכן, ולסייע לכוהנים, ולכן הם עומדים **לפני אהרן ולפני בניו**, לרשותם הם יעברו (יג).

לאור כל זאת ברור גם ההבדל הבולט בין שתי ההנפות: מיהו המניף את הלוויים בכל הנפה. בהנפה הראשונה הלוויים עוברים מרשות העם לרשות המשכן, לעבוד את עבודת העם במשכן. מבחינה זו, הכוהנים הם כבר שליחי העם, ואהרן עושה בשם העם את פעולת ההנפה לטובת העבודה במשכן. בבחינה זו הלוויים הם שליחי העם במשכן, והם עוברים מרשות העם למשכן. לעומת זאת בהנפה השנייה, יש מעבר של הלוויים מרשות של העם לרשותו של ה׳. מבחינה זו הכוהן אינו נציגו של העם, אלא הפעם הוא נציגו של ה׳, לקבל לחיקו את הלוויים. ועל כן בהנפה זו משה הוא נציגו של העם, והוא זה שמניף את הלוויים לעבור לרשות הכוהנים כנציגי ה׳.

עתה נוכל להבין הבדל גדול בין שתי ההנפות. בהנפה הראשונה, יש גם שלב שבו העם סומך את ידיו על הלוויים. סמיכת ידי העם אינה מופיעה בתנופה השנייה. לאור הסברֵנו הבדל זה מתבקש. בהנפה הראשונה, העם אינו מעביר את הלוויים לרשותו של ה׳, אלא לעבודת המקדש, אבל הלוויים נשארים שליחי העם. המינוי שלהם כשליחי העם הוא באמצעות הסמיכה שלהם על ראש הלוויים, בדומה למינוי של יהושע על ידי משה. לעומת זאת, בהנפה השנייה הלוויים אינם שליחי העם, אלא הם הופכים להיות שייכים לה׳, ולכן במקרה זה לא שייך שהעם יסמוך את ידיו על הלוויים.

עבודת המשכן כוללת פעולות שבהן העם עובד את ה׳, העם מקריב את קורבנותיו לפני ה׳, ובמשכנו של ה׳ הם משרתים אותו. חלק מהפעולות במשכן מותרות בישראל, אבל רוב הפעולות לא. מבחינה זו הכוהנים הם שליחי העם לעשות את עבודתם לפני ה׳. עתה העם ממנה את הלוויים כנציגיו לשרת בבית ה׳. לעומת זאת, בהנפה השנייה, הלוויים שייכים לה׳. גם כאן הלוויים עובדים במקדש, אולם לא כשליחי העם אלא כעבדי ה׳ וכשליחיו, אשר מחזיקים עבורו את בית משכנו. גם בהנפה השנייה הם הופכים אפוא להיות עובדי המקדש, אך הפעם כשליחי ה׳. הבחנה זו מדויקת בדרך הרצאת ההליך. בתנופה הראשונה נאמר שההנפה היא על מנת שיעבדו באוהל מועד: "וְהֵנִיף אַהֲרֹן אֶת הַלְוִיִּם תְּנוּפָה לִפְנֵי ה׳ מֵאֵת בְּנֵי יִשְׂרָאֵל וְהָיוּ לַעֲבֹד אֶת עֲבֹדַת ה׳". לעומת זאת בהנפה השנייה הם עוברים לרשותו של ה׳, ומשם הם עוברים לעבוד את עבודת המשכן: "וְהִבְדַּלְתָּ אֶת הַלְוִיִּם מִתּוֹךְ בְּנֵי יִשְׂרָאֵל וְהָיוּ לִי הַלְוִיִּם. וְאַחֲרֵי כֵן יָבֹאוּ הַלְוִיִּם לַעֲבֹד אֶת אֹהֶל מוֹעֵד". בהליך תנופה זה הם נמסרים לה׳, וממנו הם נשלחים אחר כך לעבוד באוהל מועד.

יש כאן שני היבטים שונים במהותם של הלוויים, שכן מצד אחד הם שליחי העם בבית ה׳, ומצד שני הם שליחי ה׳ בבית ה׳. שני היבטים דומים אפשר לראות גם במעמד הכוהנים. מצד אחד הכוהנים הם שליחי העם בעבודת המקדש, הם מקריבים בשמו ובעבורו את הקורבנות אל ה׳. אבל הכוהן הוא גם נציגו של ה׳ ושליחו של ה׳, למשל, בברכת ה׳ שהוא מעביר אל העם בברכת כוהנים.

ההסבר של ה׳ לשינוי במעמד הלוויים, ח׳, טז-יט

פסוקים טז-יט הם הסבר של ה׳ לשינוי במעמד הלוויים, שתואר בפסוקים הקודמים. הלוויים ניתנו לה׳ תמורת הבכורות שהיו שייכים לה׳. ה׳ לקח לו את הבכורות והקדיש אותם כאשר הוא הרג את בכורי מצרים במכת בכורות. משתמע מכאן שעל הבכורות היה לעבוד בעבודת המשכן. תוכנית מקורית זו מלמדת על הזיקה של העם, באמצעות הבכורות מכלל העם, לעבודות במשכן. המרת הבכורות בלוויים מדגישה אפוא את המעמד היסודי של ישראל בעבודת המשכן.

פסוקים יח-יט נראים כהכפלה של הנאמר בפסוקים טז-יז.

> כִּי נְתֻנִים נְתֻנִים הֵמָּה לִי מִתּוֹךְ בְּנֵי יִשְׂרָאֵל תַּחַת פִּטְרַת כָּל רֶחֶם בְּכוֹר כֹּל מִבְּנֵי יִשְׂרָאֵל לָקַחְתִּי אֹתָם לִי. כִּי לִי כָל בְּכוֹר בִּבְנֵי יִשְׂרָאֵל בָּאָדָם וּבַבְּהֵמָה בְּיוֹם הַכֹּתִי כָל בְּכוֹר בְּאֶרֶץ מִצְרַיִם הִקְדַּשְׁתִּי אֹתָם לִי (טז-יז).
> וָאֶקַּח אֶת הַלְוִיִּם תַּחַת כָּל בְּכוֹר בִּבְנֵי יִשְׂרָאֵל. וָאֶתְּנָה אֶת הַלְוִיִּם נְתֻנִים לְאַהֲרֹן וּלְבָנָיו מִתּוֹךְ בְּנֵי יִשְׂרָאֵל לַעֲבֹד אֶת עֲבֹדַת בְּנֵי יִשְׂרָאֵל בְּאֹהֶל מוֹעֵד וּלְכַפֵּר עַל בְּנֵי יִשְׂרָאֵל וְלֹא יִהְיֶה בִּבְנֵי יִשְׂרָאֵל נֶגֶף בְּגֶשֶׁת בְּנֵי יִשְׂרָאֵל אֶל הַקֹּדֶשׁ (יח-יט).

כפילות זו מזכירה את כפל הפעולות על הלוויים בצו של ה׳ בפסוקים ז-טז, אף כי ההבחנה

כאן אינה חדה כפי שהייתה בחלק הקודם. נתינת הלוויים לה' תמורת בכורותיהם, מדגישה את התפיסה שהלוויים הם מינוי של העם כנציגם וכבאי כוחם בעבודת המקדש. רעיון זה מודגש בעיקר במשפט: "כִּי נְתֻנִים נְתֻנִים הֵמָּה לִי מִתּוֹךְ בְּנֵי יִשְׂרָאֵל תַּחַת פִּטְרַת כָּל רֶחֶם בְּכוֹר כֹּל מִבְּנֵי יִשְׂרָאֵל לָקַחְתִּי אֹתָם לִי" (טז). אך שוב בפסוק הבא כתוב כמעט אותו הדבר: "כִּי לִי כָל בְּכוֹר בִּבְנֵי יִשְׂרָאֵל בָּאָדָם וּבַבְּהֵמָה בְּיוֹם הַכֹּתִי כָל בְּכוֹר בְּאֶרֶץ מִצְרַיִם הִקְדַּשְׁתִּי אֹתָם לִי. וָאֶקַּח אֶת הַלְוִיִּם תַּחַת כָּל בְּכוֹר בִּבְנֵי יִשְׂרָאֵל" (יז-יח). חזרה זו מדגישה צד אחר של העניין, לא שהלוויים ניתנו לה' במקום הבכורות, אלא שה' לקח אותם במקום הבכורות. כפי שראינו לעיל, הלוויים צריכים להתקבל על ידי ה' גם כן. מצד אחד ישראל נותנים את הלוויים לה', הם באי כוחם, ומצד שני ה' לוקח את הלוויים אליו להיות משרתיו בבית ה'.

ביצוע צו ה', ח', כ-כב

תיאור הביצוע (כ-כב) קצר בהרבה מהצו (ו-יט), ולא כל מה שנרשם בציווי נרשם שנעשה במסגרת הביצוע, ועם זאת נאמר שעשו ככל אשר ה' ציווה (כ). נאמר שהלוויים נטהרו, אבל לא כל שלבי הטהרה נרשמו (כא). נאמר שאהרן כיפר עליהם, אך לא מפורטים הקורבנות שהקריבו (כב). רק תנופת אהרן נזכרת (כא). גם לא נאמר בקטע הביצוע שבני ישראל סמכו את ידיהם על הלוויים.

מקומה של הפרשה בהקשרה

הציווי כאן של מינוי הלוויים ממשיך את הציווי לקחת את הלוויים בפרק ג', ה-יג. גם שם ראינו כפילות ואף סתירה. בפרק ג', ט, נאמר שעל משה לתת את הלוויים לאהרן, מאת בני ישראל, ואילו בפרק ג', יב, נאמר שה' לקח לו את הלוויים. ייתכן שהסתירה הזו מתאימה למסירה הכפולה של הלוויים העולה בפרשה זו. פעם אחת נאמר שהלוויים נתונים מאת בני ישראל, ומבחינה זו הם שליחיהם של ישראל, ומצד שני נאמר שה' לקח לו את הלוויים, ומבחינה זו הם שליחיו, כפי שהסברנו לעיל.

קשה לדעת מתי נערכו הפעולות האלה של הקדשת הלוויים. היה מקום לצפות שהנושא הזה יבוא לאחר פרקים ג'-ד', לאחר שדובר על פדיון הבכורות והעברת התפקיד של הבכורות ללוויים. נראה כי מיקומה של הפרשה כאן הוא בעיקר תמטי. לאחר הסיפור של הנשיאים (ז') באים חוקים של המנורה ומינוי הלוויים (ח'). כבר ראינו כי לאחר תיאור המדרג של המחנה בפרקים א'-ד', החוקים בפרקים ה'-ו' מחזקים מצד אחד, ומאזנים מצד שני. שם ראינו שפרקים א'-ד', מתארים את המדרג בישראל, והחוקים מצד אחד מחזקים זאת באמצעות חוק הוצאת הטמאים מחוץ למחנה, אך גם מגבילים את המדרג באמצעות פרשת הנזיר. חוק אשם גזלות מציג את היתרון של המדרג, וחוק הסוטה מדגיש כיצד המדרג מאפשר הוצאה של האישה מן המחנה או הכנסתה אליו. פרשת ברכת כוהנים שוב מדגישה את המדרג, אך לצידה את היתרון לעם במבנה מדרגי זה. יחס דומה בין סיפור לחוק מצוי בין פרשת הנשיאים לבין

החוקים על המנורה, והקדשת הלוויים. באופן הפוך מפרקים א׳-ד׳, אשר הדגישו את המדרג בעם, פרשת הנשיאים הדגישה את הזיקה של העם למזבח ללא תיווך של הכוהן. מיד לאחר מכן באה פרשת המנורה אשר שוב מדגישה את בלעדיותו של הכוהן הגדול בעבודה המיוחדת של המנורה. פרשת המנורה היא ניגוד לפרשת הנשיאים. הקדשת הלוויים מציגה שוב את שני הצדדים של המדרג. מצד אחד מודגש שהעם הוא זה שמקדיש מתוכו את הלוויים, ומצד שני מודגש שהלוויים נבדלים מהעם. מעבר לכך ראינו דגש מיוחד על המעמד הכפול של הלוויים, שכן מצד אחד הם נציגי העם ביחס לה׳, ומצד שני הם עובדי ה׳ השומרים את משכנו, והם שייכים לה׳. שוב פרשה זו עוסקת ביחסים השונים שבין המעמדות של העם, והיא מציגה תמונה מורכבת של יחסים אלה.

גיל שירות הלוויים, ח׳, כג-כו

כג כד וַיְדַבֵּר ה׳ אֶל מֹשֶׁה לֵּאמֹר. זֹאת אֲשֶׁר לַלְוִיִּם מִבֶּן חָמֵשׁ וְעֶשְׂרִים שָׁנָה וָמַעְלָה יָבוֹא לִצְבֹא צָבָא
כה כו בַּעֲבֹדַת אֹהֶל מוֹעֵד. וּמִבֶּן חֲמִשִּׁים שָׁנָה יָשׁוּב מִצְּבָא הָעֲבֹדָה וְלֹא יַעֲבֹד עוֹד. וְשֵׁרֵת אֶת אֶחָיו
בְּאֹהֶל מוֹעֵד לִשְׁמֹר מִשְׁמֶרֶת וַעֲבֹדָה לֹא יַעֲבֹד כָּכָה תַּעֲשֶׂה לַלְוִיִּם בְּמִשְׁמְרֹתָם.

פירוש העניין

ה׳ מצווה שהלוויים יבואו בגיל עשרים וחמש שנה ומעלה לעבודת הצבא באוהל מועד, ובגיל חמישים הם יסיימו את תפקידם (כד-כה). מגיל זה הלוויים יסייעו לאחיהם בעבודת אוהל מועד, אך הם לא יעשו עבודה ממש (כו). התורה לא פירשה מה יהיה מותר ללוויים לעשות מגיל חמישים ומעלה ומה לא. לפי רש״י וריב״ש מהשלב הזה הם יכולים לסייע במקצת, בשירה ובפירוק והרכבה (ד׳, ג; ח׳, כד). לפי רמב״ן משלב זה ואילך יכולים הלוויים לסייע בנעילת שערים, אבל לא בשירה.[26]

הקושי הגדול בפסוקים אלה הוא לגבי תחילת עבודת הלוויים. בפרק ד׳, ג, כג, ל, לט, מז, נאמר שהלוויים יבואו לעבוד באוהל מועד בגיל שלושים, ואילו כאן נאמר שהם באים בגיל עשרים וחמש.[27] לפי התלמוד הבבלי, חולין כה ע״א, בגיל עשרים וחמש באים הלוויים ללמוד את המלאכה, ובגיל שלושים הם מתחילים לעבוד. כך גם פירש רש״י. רשב״ם וראב״ע פירשו שבגיל עשרים וחמש היו יכולים לעבוד בעבודות אוהל מועד, אך את עבודות המשא יכלו לעבוד בגיל שלושים. רמב״ן פירש שבגיל שלושים היו חייבים לעבוד, אבל בגיל עשרים וחמש היו רשאים לבוא ולהתנדב. ריב״ש פירש שבגיל עשרים וחמש היו יכולים לבוא ולסייע בעבודות.

ההבנה שהגילים השונים הם שלבים שונים בהליך כניסתם של הלוויים לעבודתם אכן עולה מפשוטי המקראות, כפי שעולה מהמושגים השונים ביחס לכניסת הלוויים לעבודה בפרק ח׳ לעומת פרק ד׳. בפרק ד׳ מוגדרת תקופת השירות: ״מִבֶּן שְׁלֹשִׁים שָׁנָה וָמַעְלָה וְעַד בֶּן חֲמִשִּׁים שָׁנָה״. לעומת זאת בפרק ח׳, נאמר באיזה גיל יבואו הלוויים לעבודתם ובאיזה גיל ישובו מעבודתם: ״מִבֶּן חָמֵשׁ וְעֶשְׂרִים שָׁנָה וָמַעְלָה **יָבוֹא** לִצְבֹא צָבָא בַּעֲבֹדַת אֹהֶל מוֹעֵד. וּמִבֶּן חֲמִשִּׁים שָׁנָה **יָשׁוּב** מִצְּבָא הָעֲבֹדָה וְלֹא יַעֲבֹד עוֹד״. תקופת השירות היא מגיל שלושים, אבל כבר מגיל עשרים וחמש הלוויים מגויסים למקדש. הדבר ניכר מאוד בגיל הסיום. בפרק ד׳ נאמר שגיל סיום עבודת הלוויים הוא חמישים, אך לא נאמר מה שנאמר בפרק ח׳, שבגיל חמישים, אף שסיים את עבודתו, הוא רשאי לעבוד בעבודות מסוימות, או בתנאים מסוימים גם לאחר גיל הפרישה. בעוד שהיה עולה על הדעת שגיל הפרישה חמישים הוא מוחלט, קובע פרק ח׳, שמגיל זה ואילך אין הלוי חייב ללכת לביתו, אלא הוא יכול לעבוד בעבודות מסוימות. באופן הזה יש להבין גם את גיל הכניסה. גיל שלושים הוא תחילת גיל השירות כפי שכתוב בפרק ד׳, גיל עשרים וחמש הוא הגיל שבו מתחילים ללמוד את העבודה. אכן הגיוני הדבר שתהיה תקופה של למידת העבודה לפני ההתחלה הרשמית של העבודה בגיל שלושים.

אף כי התבהר ההבדל בין הנאמר בפרק ד׳ לנאמר כאן, עדיין יש להסביר מדוע הידיעה שכאן לא נאמרה בפרק ד׳, במקום שבו עלה גיל תקופת שירות הלוויים? נראה כי הכוונה בהשתלת החוק הזה בקובץ החוקים הזה, היא להציג איזונים למה שקדם. פרשת הנשיאים מדגישה את המרכזיות של העם בעבודת המזבח. עתה פרשות המנורה ומינוי הלוויים באות לאזן את המרכזיות של העם. פרשת המנורה שבה לחזק את המעמד הקבוע והנישא של

הכוהן הגדול, ופרשת מינוי הלוויים מדגישה את מעמדם הנישא של הלוויים. כזכור בפרק ד׳ הכוונה בתיאור גיל שירות הלוויים הייתה להראות את השלב המצומצם של עבודת הלוויים במקדש, כדי לאזן את פרק ג׳ אשר דיבר על מעמד הלוויים מבן חודש ומעלה. כאן בתיאור גיל שירות הלוויים, הגבולות הורחבו יותר, לפני גיל שלושים ואחרי גיל חמישים, והינה שוב מוצגים גבולות ולצד זה טשטוש של הגבולות.

פסח: סיפור וחוק, ט׳, א-יד

א וַיְדַבֵּר ה׳ אֶל מֹשֶׁה בְמִדְבַּר סִינַי בַּשָּׁנָה הַשֵּׁנִית לְצֵאתָם מֵאֶרֶץ מִצְרַיִם בַּחֹדֶשׁ הָרִאשׁוֹן לֵאמֹר.
ב ג וְיַעֲשׂוּ בְנֵי יִשְׂרָאֵל אֶת הַפָּסַח בְּמוֹעֲדוֹ. בְּאַרְבָּעָה עָשָׂר יוֹם בַּחֹדֶשׁ הַזֶּה בֵּין הָעַרְבַּיִם תַּעֲשׂוּ אֹתוֹ
ד בְּמֹעֲדוֹ כְּכָל חֻקֹּתָיו וּכְכָל מִשְׁפָּטָיו תַּעֲשׂוּ אֹתוֹ. וַיְדַבֵּר מֹשֶׁה אֶל בְּנֵי יִשְׂרָאֵל לַעֲשֹׂת הַפָּסַח.
ה וַיַּעֲשׂוּ אֶת הַפֶּסַח בָּרִאשׁוֹן בְּאַרְבָּעָה עָשָׂר יוֹם לַחֹדֶשׁ בֵּין הָעַרְבַּיִם בְּמִדְבַּר סִינָי כְּכֹל אֲשֶׁר צִוָּה
ה׳ אֶת מֹשֶׁה כֵּן עָשׂוּ בְּנֵי יִשְׂרָאֵל.

ו וַיְהִי אֲנָשִׁים אֲשֶׁר הָיוּ טְמֵאִים לְנֶפֶשׁ אָדָם וְלֹא יָכְלוּ לַעֲשֹׂת הַפֶּסַח בַּיּוֹם הַהוּא וַיִּקְרְבוּ לִפְנֵי
ז מֹשֶׁה וְלִפְנֵי אַהֲרֹן בַּיּוֹם הַהוּא. וַיֹּאמְרוּ הָאֲנָשִׁים הָהֵמָּה אֵלָיו אֲנַחְנוּ טְמֵאִים לְנֶפֶשׁ אָדָם
ח לָמָּה נִגָּרַע לְבִלְתִּי הַקְרִיב אֶת קָרְבַּן ה׳ בְּמֹעֲדוֹ בְּתוֹךְ בְּנֵי יִשְׂרָאֵל. וַיֹּאמֶר אֲלֵהֶם מֹשֶׁה עִמְדוּ
וְאֶשְׁמְעָה מַה יְצַוֶּה ה׳ לָכֶם.

ט י וַיְדַבֵּר ה׳ אֶל מֹשֶׁה לֵּאמֹר. דַּבֵּר אֶל בְּנֵי יִשְׂרָאֵל לֵאמֹר אִישׁ אִישׁ כִּי יִהְיֶה טָמֵא לָנֶפֶשׁ אוֹ בְדֶרֶךְ
יא רְחֹקָה לָכֶם אוֹ לְדֹרֹתֵיכֶם וְעָשָׂה פֶסַח לַה׳. בַּחֹדֶשׁ הַשֵּׁנִי בְּאַרְבָּעָה עָשָׂר יוֹם בֵּין הָעַרְבַּיִם יַעֲשׂוּ
יב אֹתוֹ עַל מַצּוֹת וּמְרֹרִים יֹאכְלֻהוּ. לֹא יַשְׁאִירוּ מִמֶּנּוּ עַד בֹּקֶר וְעֶצֶם לֹא יִשְׁבְּרוּ בוֹ כְּכָל חֻקַּת
יג הַפֶּסַח יַעֲשׂוּ אֹתוֹ. וְהָאִישׁ אֲשֶׁר הוּא טָהוֹר וּבְדֶרֶךְ לֹא הָיָה וְחָדַל לַעֲשׂוֹת הַפֶּסַח וְנִכְרְתָה
יד הַנֶּפֶשׁ הַהִוא מֵעַמֶּיהָ כִּי קָרְבַּן ה׳ לֹא הִקְרִיב בְּמֹעֲדוֹ חֶטְאוֹ יִשָּׂא הָאִישׁ הַהוּא. וְכִי יָגוּר אִתְּכֶם
גֵּר וְעָשָׂה פֶסַח לַה׳ כְּחֻקַּת הַפֶּסַח וּכְמִשְׁפָּטוֹ כֵּן יַעֲשֶׂה חֻקָּה אַחַת יִהְיֶה לָכֶם וְלַגֵּר וּלְאֶזְרַח
הָאָרֶץ.

פירוש העניין

הסיפור הוא על חגיגת הפסח במועדו בשנה השנייה במדבר סיני. זוהי הפעם הראשונה מאז יצאו ממצרים שהעם חוגג את הפסח. מבחינת רצף הזמנים, עניין הפסח מופיע כאן לאחר פרשת הנשיאים, שסיימו, ככל הנראה, להביא את קורבנם בי״ב בניסן, והינה פרשה זו מתרחשת יומיים לאחר מכן, בי״ד בניסן. אולי אין זה מקרה שההתחלה של הקורבנות לאחר החנוכה של המזבח היא קורבן פסח. מיד עם סיום חנוכת המזבח, השימוש הראשון של המשכן שנה מאז היציאה ממצרים היה לחוג את חג היציאה ממצרים. עם זאת, הנושא של הפרשה הוא דינם של אלה שנאנסו ולא יכלו לחוג את הפסח במועדו בחודש הראשון, על כן קבע ה׳ שהם יחוגו את הפסח בחודש השני. והינה עם החגיגה של הפסח השני, חוזר רצף הזמנים אל י״ד בחודש השני. התאריך הבא הוא תחילת הנסיעה, בעשרים בחודש השני (י׳, יא). לכן באמת פרשה זו אינה מחוץ לרצף הזמנים.

סיפור הפסח נחלק לשלושה חלקים:

א-ד – צו הפסח בחודש הראשון וביצועו.
ה-ח – קיום הפסח, ותלונת האנשים שלא חגגו את הפסח ותגובת משה.
ט-יד – תשובת ה׳ בדבר פסח שני.

בניגוד למה שראינו לעיל בשתי החטיבות הקודמות, שבהן חוקים וסיפורים באים לסירוגין, כאן הסיפור והחוק משולבים זה בזה, כחוק שנובע מתוך הסיפור.

צו הפסח וביצועו, ט׳, א-ה

קטע זה רווי חזרות מחד גיסא, אך חסר פרטים מאידך גיסא. מודגש בקטע שה׳ ציווה את בני ישראל לעשות את הפסח (א, ה), ומודגש שהציווי עבר לעם באמצעות משה (א, ד, ה). בקטע קצר זה מופיע השורש עש״ה שש פעמים (ב, ג, ד, ה*2). עיקר הדגש הוא על קיום הפסח במועדו (חזרה פעמיים על המילה, ב, ג), וחזרה פעמיים על תאריך הפסח (ג, ה). עניין הזמן מודגש גם באמצעות המבנה הבא: בפסוק ב נאמר לעשות את הפסח במועדו, פסוק ג מפרט את המועד, ושוב הפסוק מסתיים במילה ״מועדו״:

וְיַעֲשׂוּ בְנֵי יִשְׂרָאֵל אֶת הַפָּסַח **בְּמוֹעֲדוֹ** (ב).
בְּאַרְבָּעָה עָשָׂר יוֹם בַּחֹדֶשׁ הַזֶּה בֵּין הָעַרְבַּיִם
תַּעֲשׂוּ אֹתוֹ **בְּמֹעֲדוֹ** (ג).

עשיית הפסח במועד היא הנושא, ונעדרים בקטע שאר פרטי הפסח, המסוכמים בקצרה ״כְּכָל חֻקֹּתָיו וּכְכָל מִשְׁפָּטָיו״. קיצור זה נובע מכך שהדבר ידוע, ונסמך על חוקי הפסח בשמות י״ב, א-כח, מג-נ. האריכות של הקטע בולטת בכך שלאחר תיאור הציווי של ה׳ אל משה לעשות את הפסח במועדו בתאריך נקוב (א-ג), חוזר ציווי של משה לעם לעשות את הפסח במועד,

ובתאריך הנקוב כמעט מילה במילה (ד-ה). באמצעות ההתייחסות הקצרה לפרטי חוקי הפסח, לעומת ההרחבות והחזרות על המועד ועל הציווי והביצוע מודגשת החשיבות של הקיום של הפסח, וקיומו במועד, וזהו מבוא לבעיה שתיווצר מיד, שאנשים לא הצליחו לקיים את המצווה במועדה.

תלונת האנשים שלא חגגו את הפסח ותגובת משה, ט׳, ו-ח

עיקר הנושא כאן הוא תלונת האנשים שלא חגגו את הפסח, ובשל תלונתם נתחדשה הלכה שיקיימו את הפסח בחודש השני (ו-ז). השאלה היא לכאורה מוזרה, שכן יש חוק שאוסר על טמאים להשתתף בפסח, ואם כן מה הבסיס לתלונת הטמאים? התשובה לכך טמונה בתחושת ההחמצה והקיפוח של אלה שלא קיימו את הפסח. אף שהסיפור כתוב ללא פרטים, ניתן לעמוד על התחושות הקשות של הטמאים שלא חגגו את הפסח. הדגש פעמיים על המילים "היום ההוא" (ו), מבליט את תחושת הקיפוח של העם שלא קיימו את הפסח במועדו, בשל היותם טמאים, ועל כך הם מתלוננים "למה נגרע". אין הם מציגים שאלה בפני משה ואהרן, הם יודעים שטמא לא יכול לעשות את הפסח, אלא הם מביעים תרעומת על כי הם אינם יכולים לקיים את המצווה במועדה. מה עומד מאחורי התחושות האלה? מדוע תחושתם כה קשה?

באופן חלקי ניתן להבין זאת על פי הניסוח של העם: "לָמָּה נִגָּרַע לְבִלְתִּי הַקְרִיב אֶת קָרְבַּן ה׳ בְּמֹעֲדוֹ בְּתוֹךְ בְּנֵי יִשְׂרָאֵל". מניעתם מלהקריב גורעת מהם להיות "בְּתוֹךְ בְּנֵי יִשְׂרָאֵל", במסגרת הקרבת "קרבן ה׳". בעת שכולם מקריבים, והם מנועים מכך, הם מרגישים שהם יוצאים מן הכלל. אכן במצוות הפסח בשמות נאמר שהחג הוא של העם: "כל עדת ישראל יעשו אותו" (שמות י"ב, מז).

תחושתם שאי קיום הפסח מוציא אותם מהיות חלק מכלל העם נובעת ממהות קורבן הפסח כחג הברית בין ישראל לבין ה׳. קורבן זה נעשה ביום שבו הוציא ה׳ את העם ממצרים. ה׳ הוציא ממצרים רק את אלה אשר קיימו את מצוות ה׳ לתת מדם הפסח על המשקופים והמזוזות. קיום מצווה זו זיכתה אותם בשמירת ה׳, שפָּסח על הבתים שקיימו את הפֶּסח, ולא הרג את הבכור מבית זה. קיום מצוות הפסח מצד העם ובחירה של העם על ידי ה׳ להיות עמו, הם שתי ההתחייבויות של שני הצדדים בברית. גם בברית מילה ההתחייבות של ה׳ היא להיות האלוהים של העם ולהגן עליו (בראשית י"ז, א-יג) וכן בברית סיני (שמות י"ט, ה) ובערבות מואב (דברים כ"ח, ט).

על רעיון הברית בחג הפסח יש ללמוד מהסיפורים על חגיגות הפסח במקרא. מכיוון שהפסח הוא ברית, בכל פעם שהוזכר שהפסח נחגג, הדבר בא לאחר תקופה של נתק עם ה׳, ובמסגרת חידוש הברית עם ה׳ נחגג הפסח כברית אקטואלית. חגיגת הפסח בימי יהושע (ה׳, י) היא לאחר תקופה של הפרת הברית בגין חטא המרגלים. כך פסח חזקיה (דה"ב ל׳) הוא חלק מהרפורמה של חזקיה להחזיר את העם לעבודת ה׳ ולבער מן הארץ עבודה זרה, שאותה החדיר ליהודה אחז אביו (דה"ב כ"ט-ל"א). פסח יאשיה (מל"ב כ"ג, כא-כג; דה"ב ל"ה, א-יט) בא במסגרת הרפורמה שלו לחיזוק עבודת ה׳ לאחר תקופה ארוכה של שטיפת

יהודה בעבודה זרה על ידי סבו מנשה ואביו אמון (מל״ב כ״א, יט-כו; דה״ב ל״ג, כא-כה). תיאור הפסח בימי עזרא (עזרא ו׳, יט-כ) בא בסיום הבנייה של בית המקדש וחנוכתו (עזרא ג׳-ו׳), והוא חלק מחידוש יחסי הברית עם ה׳ לאחר תקופה של ריחוק מה׳ בתקופת הגלות.[28]

מכיוון שמצוות הפסח היא ברית בין ה׳ לבין ישראל יש לו כמה דינים מיוחדים. אסור לבן נכר להשתתף בפסח, משום שאינו חלק מעם הברית (שמות י״ב, מג). כמו כן, מי שלא נימול לא יכול להשתתף בפסח (שם, מח), שכן ברית הפסח סותרת את אי קיום ברית המילה. מכיוון שמצוות הפסח היא חגיגת ברית עם ה׳, אפשר להבין מדוע מכל מצוות העשה שבתורה רק מי שלא קיים מצוות עשה זו חייב כרת: ״וְהָאִישׁ אֲשֶׁר הוּא טָהוֹר וּבְדֶרֶךְ לֹא הָיָה וְחָדַל לַעֲשׂוֹת הַפֶּסַח וְנִכְרְתָה הַנֶּפֶשׁ הַהִוא מֵעַמֶּיהָ כִּי קָרְבַּן ה׳ לֹא הִקְרִיב בְּמֹעֲדוֹ חֶטְאוֹ יִשָּׂא הָאִישׁ הַהוּא״ (יג). גם מי שלא קיים את מצוות ברית המילה חייב כרת (בראשית י״ז, יד). אף שבדרך כלל העובר על מצוות עשה אינו חייב כרת, שתי מצוות אלה יצאו מן הכלל בגלל משמעותן של מצוות אלה כברית עם ה׳. מי שלא קיים מצוות אלה יצא בעצם מכלל הברית. עתה אפשר להבין את התרעומת של הטמאים שלא קיימו את הפסח. המניעה לקיים את הפסח בתוך בני ישראל גרמה להם תחושה של נתק מהברית, ולאור זאת נוכל להבין את התשובה של ה׳.

משה מבקש מהעם להמתין עד אשר ה׳ יבהיר לו מה לעשות (ח). תגובת משה חושפת את הזדהותו עם הבעיה שהעלו הטמאים. שכן אף שהימנעות הטמאים מלקיים את הפסח היא הדין ועל פי צו ה׳, משה אינו פוטר אותם בכך, שכן תחושת הצורך שלהם להיות שותפים בברית עם ה׳ נשמעת על ידו, ועל כן הוא פונה לה׳ לקבל מענה מה לעשות במצב זה.

תשובת ה׳ בדבר פסח שני, ט׳, ט-יד

מיד באה פנייה של ה׳ אל משה הכוללת תשובה לשאלת הטמאים בצורה של חוק מפורט (ט-יד). הדין הוא שאם אדם היה טמא נפש, ולא יכול היה לחגוג את הפסח, יש לו תשלומים בארבעה עשר לחודש השני. אולם רק במקרה שלא היה יכול לחגוג בזמן משום שהיה מנוע מפאת אונס, אולם אם לא חגג את הפסח במכוון, אין הוא יכול לחגוג את הפסח בחודש השני. התורה מציינת שתי אפשרויות של מניעה, שאדם היה טמא לנפש או שהיה בדרך רחוקה. הדין הזה נקבע להם וגם לדורות: ״לָכֶם אוֹ לְדֹרֹתֵיכֶם״ (י). אכן מסתבר, המציאות של היות אדם בדרך רחוקה אינה מתאימה לחיים של העם במדבר, אלא רק למציאות של חיי העם על אדמתם.

בהקשר זה אומר ה׳ למשה דינים נוספים של הפסח (יא-יד). אולם שוב מודגש שאדם שלא קיים את המצווה ״במועדו״ במזיד, אינו רשאי לקיים את הפסח בחודש השני ודינו כרת (יג).

במבט ראשון מפתיע שבקטע זה מופיע דין נוסף שאינו קשור לסיפור תלונת הטמאים, והוא שגֵר יחוג את הפסח ביחד עם העם (יד). ניכר כי התורה ביקשה להנגיד את שני הדינים האלה: מי שלא קיים את הפסח במזיד דינו כרת, ולעומתו גר חייב לקיים את הפסח ביחד עם הכלל (יג-יד). הדרך להנגיד את שני הדינים האלה הוא השימוש החוזר במילות המפתח ״במועדו״ ו״עשה״. נראה כי התורה ביקשה בכך להדגיש את מי שכלול לעומת מי שנכרת.

בן ישראל, אף שישראל הוא, אם לא קיים את הפסח במזיד הוא נכרת מהעם, ואף שגר הוא בן נכר, עליו לקיים את הפסח. יש לציין שחוק זה המוזכר בשמות י״ב, מט, התנה את השתתפותו בכך שהגר יימול. כאמור, לא כל פרטי הדינים נרשמו כאן, והדין כאן מסתמך על הדין בשמות. כאן הכוונה הייתה בעיקר להדגיש את העובדה שאף שאינו בן ישראל הוא מקיים את הפסח, והוא כלול בישראל החוגגים את החג.

האפשרות של אדם שהיה אנוס לקיים מצוות פסח שני היא חריגה ביחס למצוות אחרות. אין מצוות שבהן אנוס שלא קיים מצווה מקבל הזדמנות שנייה לקיים אותה במועד אחר. מצוות הפסח שונה בגלל המשמעות המיוחדת של החג, כפי שהוסבר לעיל. מכיוון שהפסח הוא חג שבו החוגגים מציינים ומחזקים את הברית שלהם עם ה׳, יש חשיבות גדולה להכליל כמה שיותר אנשים בחג, ולכן ניתנה אפשרות שנייה למי שהיה אנוס ולא היה יכול לקיים. בכך יש מענה לתחושות הקשות של אלה שהיו טמאים ולא היו יכולים לקיים את הפסח במועדו. אף שלמצוות הפסח יש מועד מוגדר, בי״ד בחודש הראשון ביום צאת העם ממצרים, כמודגש בתחילת הסיפור, יש לה תשלומים חודש אחר כך בי״ד בחודש השני.

כאמור, התשובה של ה׳ מתייחסת לא רק למי שנטמא ולא היה יכול לחוג את הפסח, אלא היא כוללת גם את זה אשר היה בדרך רחוקה ומשום כך נמנע ממנו לחוג את החג. נראה כי התורה בחרה מכל האפשרויות של המקרים שבהם אנשים אנוסים מלקיים את המצווה את הדוגמה של אדם שהיה בדרך רחוקה, מכיוון שכמו הטמא, גם זה שהיה בארץ רחוקה הוא מחוץ לקבוצה ושייכותו לקבוצה לכאורה התערערה.

מקומו של דין פסח שני בהקשרו

דין פסח שני עלה מתוך תלונת אנשים בבני ישראל שהרגישו מקופחים שלא יכלו לקיים את הפסח. הצגת דין פסח שני באופן הזה מלמדת עד כמה היה חשוב לאנשים בעם להיות שותפים בחג הברית עם ה׳, והם לא יכלו לקבל מצב שהם לא יהיו חלק מחגיגת הפסח, אף שהדין פטר אותם מהקיום. מכך שמשה לא דחה את בקשתם אלא חיכה לשמוע תשובה מאת ה׳, שאִפשר לאלה שלא יכלו לקיים את הפסח במועד, לחוג את הפסח בחודש השני, נלמד עד כמה עקרוני שהעם ישתתף בחג הפסח כחלק מביטוי הברית בין העם לבין ה׳.

נראה לי שצריך לראות את סיפור הפסח בהקשרו לאחר מצוות המנורה, ומינוי הלוויים. ניכר ששלוש הפרשיות האלה מדברות על החלקים השונים בעם: כוהנים, לוויים וישראל. לאחר שפרשת המנורה הציגה את הייחוד של הכוהן, ולאחר מכן את ייחודם של הלוויים, באה פרשת הפסח לדבר על יחסי הברית של העם כולו עם ה׳. כמו בפרקים הקודמים עד כאן, שהדגימו את היחסים בין קבוצות של העם, אף כאן נושא זה ממשיך. חרף ההבחנה בין כוהנים ולוויים לבין העם מודגש כאן שהעם הוא חלק מהברית עם ה׳. מגמת ההכללה של החוק באה לידי ביטוי גם בכך שהגר, שאינו חלק מהעם מבחינה אתנית, כלול בחג הברית ויכול לחוג עם כל העם את הברית. לעומת זאת, זה אשר לא קיים את הפסח במזיד עונשו הוא כרת. שוב אנו רואים כיצד החוק מתייחס לסיפור ומדייק את ההבנה בנוגע לגבולות שמעלה הסיפור.

הענן והחצוצרות, ט', טו - י', י

לפני התיאור של עזיבת סיני בפרק י', יא, באים שני קטעים העוסקים בדרך הנסיעה והחנייה של המחנה. בקטע הראשון, ט', טו-כג, מתוארות הנסיעה והחנייה של מחנה ישראל על פי ה' באמצעות ענן ואש, ואילו בקטע השני נמסרו הוראות שונות ביחס לתקיעה בחצוצרות, שבין השאר שימשו סימן למחנות השונים להתחיל במסעם.

הענן, ט׳, טו-כג

טו וּבְיוֹם הָקִים אֶת הַמִּשְׁכָּן כִּסָּה הֶעָנָן אֶת הַמִּשְׁכָּן לְאֹהֶל הָעֵדֻת וּבָעֶרֶב יִהְיֶה עַל הַמִּשְׁכָּן
טז יז כְּמַרְאֵה אֵשׁ עַד בֹּקֶר. כֵּן יִהְיֶה תָמִיד הֶעָנָן יְכַסֶּנּוּ וּמַרְאֵה אֵשׁ לָיְלָה. וּלְפִי הֵעָלֹת הֶעָנָן מֵעַל
יח הָאֹהֶל וְאַחֲרֵי כֵן יִסְעוּ בְּנֵי יִשְׂרָאֵל וּבִמְקוֹם אֲשֶׁר יִשְׁכָּן שָׁם הֶעָנָן שָׁם יַחֲנוּ בְּנֵי יִשְׂרָאֵל. עַל פִּי ה׳
יט יִסְעוּ בְּנֵי יִשְׂרָאֵל וְעַל פִּי ה׳ יַחֲנוּ כָּל יְמֵי אֲשֶׁר יִשְׁכֹּן הֶעָנָן עַל הַמִּשְׁכָּן יַחֲנוּ. וּבְהַאֲרִיךְ הֶעָנָן עַל
כ הַמִּשְׁכָּן יָמִים רַבִּים וְשָׁמְרוּ בְנֵי יִשְׂרָאֵל אֶת מִשְׁמֶרֶת ה׳ וְלֹא יִסָּעוּ. וְיֵשׁ אֲשֶׁר יִהְיֶה הֶעָנָן יָמִים
כא מִסְפָּר עַל הַמִּשְׁכָּן עַל פִּי ה׳ יַחֲנוּ וְעַל פִּי ה׳ יִסָּעוּ. וְיֵשׁ אֲשֶׁר יִהְיֶה הֶעָנָן מֵעֶרֶב עַד בֹּקֶר וְנַעֲלָה
כב הֶעָנָן בַּבֹּקֶר וְנָסָעוּ אוֹ יוֹמָם וָלַיְלָה וְנַעֲלָה הֶעָנָן וְנָסָעוּ. אוֹ יֹמַיִם אוֹ חֹדֶשׁ אוֹ יָמִים בְּהַאֲרִיךְ הֶעָנָן
כג עַל הַמִּשְׁכָּן לִשְׁכֹּן עָלָיו יַחֲנוּ בְנֵי יִשְׂרָאֵל וְלֹא יִסָּעוּ וּבְהֵעָלֹתוֹ יִסָּעוּ. עַל פִּי ה׳ יַחֲנוּ וְעַל פִּי ה׳ יִסָּעוּ
אֶת מִשְׁמֶרֶת ה׳ שָׁמָרוּ עַל פִּי ה׳ בְּיַד מֹשֶׁה.

פירוש העניין

קטע זה חוזר על הנאמר בסוף ספר שמות לאחר שהסתיימה בניית המשכן, שמות מ׳, לד-לח:

(לד) וַיְכַס הֶעָנָן אֶת אֹהֶל מוֹעֵד וּכְבוֹד ה׳ מָלֵא אֶת הַמִּשְׁכָּן: (לה) וְלֹא יָכֹל מֹשֶׁה לָבוֹא אֶל אֹהֶל מוֹעֵד כִּי שָׁכַן עָלָיו הֶעָנָן וּכְבוֹד ה׳ מָלֵא אֶת הַמִּשְׁכָּן: (לו) וּבְהֵעָלוֹת הֶעָנָן מֵעַל הַמִּשְׁכָּן יִסְעוּ בְּנֵי יִשְׂרָאֵל בְּכֹל מַסְעֵיהֶם: (לז) וְאִם לֹא יֵעָלֶה הֶעָנָן וְלֹא יִסְעוּ עַד יוֹם הֵעָלֹתוֹ: (לח) כִּי עֲנַן ה׳ עַל הַמִּשְׁכָּן יוֹמָם וְאֵשׁ תִּהְיֶה לַיְלָה בּוֹ לְעֵינֵי כָל בֵּית יִשְׂרָאֵל בְּכָל מַסְעֵיהֶם:

לאחר סיום בניית המשכן מתואר כיצד כיסה הענן את אוהל מועד (שם, לד-לה). הקטע בבמדבר משחזר את אותו האירוע: "וּבְיוֹם הָקִים אֶת הַמִּשְׁכָּן כִּסָּה הֶעָנָן אֶת הַמִּשְׁכָּן לְאֹהֶל הָעֵדֻת וּבָעֶרֶב יִהְיֶה עַל הַמִּשְׁכָּן כְּמַרְאֵה אֵשׁ עַד בֹּקֶר" (ט׳, טו). בתיאור כאן נוסף שהענן במשכן נראה בלילה כמראה אש (טז). המשך הפסוקים בשמות מ׳ הוא שהיעלות הענן הוא סימן לעם לנסוע אחריו וכאשר הוא עוצר העם צריך לעצור את מסעו ולחנות (לז-לח). זהו עיקר התוכן של המשך הפסוקים כאן בפסוקים יז-כג.

הפסוקים מדגישים באריכות ובחזרות את ההוראה שהענן הוא זה שקובע את המסע ואת משך השהות בכל מקום, שכן לעיתים חנו זמן רב ולעיתים לא. המטרה בחזרות אלה היא להדגיש את העובדה שהעם לא ידע את סדר הנסיעה ואת השהות בכל מקום, והנסיעה והחנייה הן על פי ה׳ המיוצג על ידי הענן. אשר על כן המילים "על פי ה׳" חוזרות שבע פעמים בקטע קצר זה. החובה של ישראל היא לשמור את ההוראות האלה של ה׳ ולא לנסוע ולא לחנות אלא על פי הענן, ועניין זה מודגש פעמיים: "וְשָׁמְרוּ בְנֵי יִשְׂרָאֵל אֶת מִשְׁמֶרֶת ה׳ וְלֹא יִסָּעוּ" (יט). ובסיכומה של הפרשה: "אֶת מִשְׁמֶרֶת ה׳ שָׁמָרוּ עַל פִּי ה׳ בְּיַד מֹשֶׁה" (כג).

הענן מייצג את שכינתו של ה׳, על פי הנאמר שלוש פעמים בפסוקים אלה: "עַל פִּי ה׳ יִסְעוּ בְּנֵי יִשְׂרָאֵל וְעַל פִּי ה׳ יַחֲנוּ" (יח, וכן כ); ובחתימה: "עַל פִּי ה׳ יַחֲנוּ וְעַל פִּי ה׳ יִסָּעוּ אֶת מִשְׁמֶרֶת ה׳ שָׁמָרוּ עַל פִּי ה׳ בְּיַד מֹשֶׁה" (כג). "על פי ה׳" הכוונה היא באמצעות הענן (ראב"ע וריב"ש על פסוק יח).

עוד מודגש בשמות מ׳, לח, שהעם ראה את הענן ואת האש, ושהעם זיהה את הענן והאש עם ה׳, וכך הייתה להם תחושה של נוכחות אלוהים בקרבם: "כִּי עֲנַן ה׳ עַל הַמִּשְׁכָּן יוֹמָם וְאֵשׁ תִּהְיֶה לַיְלָה בּוֹ לְעֵינֵי כָל בֵּית יִשְׂרָאֵל בְּכָל מַסְעֵיהֶם".

אף כי ישנה הכפלה מסוימת בין הקטע כאן לבין מה שנאמר בשמות מ׳, יש תפקיד שונה לכל קטע. מקומו של הקטע כאן ברור לאור העובדה שעתה בפעם הראשונה לאחר כמעט שנה יבוא התיאור של הנסיעה מסיני (י׳, יא). לאחר תיאור סדר המחנה וסדר הנסיעה של העם בתחילת הספר, כאן התורה מתארת את ההליכה של העם בעקבות ה׳ המתגלה בענן. ואף כי עיקר פרטי העניין באו בסוף ספר שמות, הם חזרו כאן בגלל הֶקשר הנסיעה. ההקשר של התיאור בשמות מ׳ הוא כניסת השכינה לאוהל מועד, וביחד עם זה הענן גם מוביל את העם, ואילו כאן הדגש הוא על הענן כמוביל את העם בדרכו.

עוד לפני שנבנה המשכן, הענן והאש ייצגו את ה׳ כמנחים את העם בדרכו בצאתו ממצרים אל עבר המדבר, שמות י״ג, כא-כב:

> וַה׳ הֹלֵךְ לִפְנֵיהֶם יוֹמָם בְּעַמּוּד עָנָן לַנְחֹתָם הַדֶּרֶךְ וְלַיְלָה בְּעַמּוּד אֵשׁ לְהָאִיר לָהֶם לָלֶכֶת יוֹמָם וָלָיְלָה. לֹא יָמִישׁ עַמּוּד הֶעָנָן יוֹמָם וְעַמּוּד הָאֵשׁ לָיְלָה לִפְנֵי הָעָם.

אם כן, דרך השראת השכינה לא השתנתה. גם לפני בניית המשכן וגם לאחריו, הענן והאש ייצגו את ה׳, והם הנחו את העם. אלא שלאחר בניית המשכן השכינה שרתה על המשכן באמצעות ענן ואש, ובנסיעה הענן עלה ובעקבותיו הלך העם.*

ייצוג ה׳ באמצעות ענן ואש מופיע בכמה מקומות. בברית בין הבתרים לפיד אש ותנור עשן עברו בין הבתרים (בראשית ט״ו, טז). על פי המקובל אז, שהצדדים בברית עברו בין הבתרים של החיות כדי לקבל עליהם את תנאי הברית (כך בירמיה ל״ד, יט), נראה כי לפיד האש מייצג את ה׳ (בראשית ט״ו, יז). כך גם בהתגלות ה׳ בסנה, נראה שהאש מייצגת את ה׳: ״וַיֵּרָא מַלְאַךְ ה׳ אֵלָיו בְּלַבַּת־אֵשׁ מִתּוֹךְ הַסְּנֶה״ (שמות ג׳, ב).

התגלות ה׳ בסיני הייתה באמצעות אש ועשן: ״וְהַר סִינַי עָשַׁן כֻּלּוֹ מִפְּנֵי אֲשֶׁר יָרַד עָלָיו ה׳ בָּאֵשׁ וַיַּעַל עֲשָׁנוֹ כְּעֶשֶׁן הַכִּבְשָׁן״ (שמות י״ט, יח). גם בשמות כ״ד, טו-יז, מפורש שה׳ שכן על הר סיני בענן, ושהענן נראה כמו אש: ״וַיַּעַל מֹשֶׁה אֶל הָהָר וַיְכַס הֶעָנָן אֶת הָהָר. וַיִּשְׁכֹּן כְּבוֹד ה׳ עַל הַר סִינַי וַיְכַסֵּהוּ הֶעָנָן שֵׁשֶׁת יָמִים וַיִּקְרָא אֶל מֹשֶׁה בַּיּוֹם הַשְּׁבִיעִי מִתּוֹךְ הֶעָנָן. וּמַרְאֵה כְּבוֹד ה׳ כְּאֵשׁ אֹכֶלֶת בְּרֹאשׁ הָהָר לְעֵינֵי בְּנֵי יִשְׂרָאֵל״, וכן שמות ל״ג, י. לאחר ההתגלות בסיני, ההופעה של הענן והאש על המשכן משמשת המשך ייצוג השכינה של ה׳ בקרב ישראל. עתה ההתגלות הקבועה של ה׳ במשכנו באמצעות הענן והאש היא המשכת ההתגלות בסיני בצורה קבועה בקרב העם. ההתגלות החד פעמית של ה׳ בסיני נעשית קבועה באוהל מועד.

הביטוי המוחשי של נוכחות ה׳ בקרבם באמצעות הענן והאש, עומד אולי מאחורי ההיגדים השונים הפזורים במקרא על כך שה׳ הנחה את העם במדבר, למשל תהילים ע״ח, יד: ״וַיַּנְחֵם בֶּעָנָן יוֹמָם וְכָל הַלַּיְלָה בְּאוֹר אֵשׁ״; נחמיה ט׳, יב: ״וּבְעַמּוּד עָנָן הִנְחִיתָם יוֹמָם וּבְעַמּוּד אֵשׁ לַיְלָה לְהָאִיר לָהֶם אֶת הַדֶּרֶךְ אֲשֶׁר יֵלְכוּ בָהּ״; שם יט: ״וְאַתָּה בְּרַחֲמֶיךָ הָרַבִּים לֹא עֲזַבְתָּם בַּמִּדְבָּר אֶת עַמּוּד הֶעָנָן לֹא סָר מֵעֲלֵיהֶם בְּיוֹמָם לְהַנְחֹתָם בְּהַדֶּרֶךְ וְאֶת עַמּוּד הָאֵשׁ בְּלַיְלָה לְהָאִיר לָהֶם וְאֶת הַדֶּרֶךְ אֲשֶׁר יֵלְכוּ בָהּ״. וראו גם תהילים ע״ז, כא; ע״ח, נג; ק״ז, ל.

* על פי הספרי הענן שעל המשכן אינו אותו ענן שהלך לפניהם, ספרי פיסקא פג (מהדורת הורוויץ, עמ׳ 79). אולם דעת ראב״ע היא שהיה ענן אחד (פירוש הקצר לשמות י״ג, כא).

חוקי החצוצרות, י׳, א-י

א ב וַיְדַבֵּר ה׳ אֶל מֹשֶׁה לֵּאמֹר. עֲשֵׂה לְךָ שְׁתֵּי חֲצוֹצְרֹת כֶּסֶף מִקְשָׁה תַּעֲשֶׂה אֹתָם וְהָיוּ לְךָ
ג לְמִקְרָא הָעֵדָה וּלְמַסַּע אֶת הַמַּחֲנוֹת. וְתָקְעוּ בָּהֵן וְנוֹעֲדוּ אֵלֶיךָ כָּל הָעֵדָה אֶל פֶּתַח אֹהֶל
ד ה מוֹעֵד. וְאִם בְּאַחַת יִתְקָעוּ וְנוֹעֲדוּ אֵלֶיךָ הַנְּשִׂיאִים רָאשֵׁי אַלְפֵי יִשְׂרָאֵל. וּתְקַעְתֶּם תְּרוּעָה
ו וְנָסְעוּ הַמַּחֲנוֹת הַחֹנִים קֵדְמָה. וּתְקַעְתֶּם תְּרוּעָה שֵׁנִית וְנָסְעוּ הַמַּחֲנוֹת הַחֹנִים תֵּימָנָה תְּרוּעָה
ז ח יִתְקְעוּ לְמַסְעֵיהֶם. וּבְהַקְהִיל אֶת הַקָּהָל תִּתְקְעוּ וְלֹא תָרִיעוּ. וּבְנֵי אַהֲרֹן הַכֹּהֲנִים יִתְקְעוּ
בַּחֲצֹצְרוֹת וְהָיוּ לָכֶם לְחֻקַּת עוֹלָם לְדֹרֹתֵיכֶם.

ט וְכִי תָבֹאוּ מִלְחָמָה בְּאַרְצְכֶם עַל הַצַּר הַצֹּרֵר אֶתְכֶם וַהֲרֵעֹתֶם בַּחֲצֹצְרֹת וְנִזְכַּרְתֶּם לִפְנֵי ה׳
אֱלֹהֵיכֶם וְנוֹשַׁעְתֶּם מֵאֹיְבֵיכֶם.

י וּבְיוֹם שִׂמְחַתְכֶם וּבְמוֹעֲדֵיכֶם וּבְרָאשֵׁי חָדְשֵׁכֶם וּתְקַעְתֶּם בַּחֲצֹצְרֹת עַל עֹלֹתֵיכֶם וְעַל זִבְחֵי
שַׁלְמֵיכֶם וְהָיוּ לָכֶם לְזִכָּרוֹן לִפְנֵי אֱלֹהֵיכֶם אֲנִי ה׳ אֱלֹהֵיכֶם.

פירוש העניין

פסקה זו כוללת שלושה חוקים הנוגעים לזמני התקיעה בחצוצרות, ולמשמעותם של הסימנים השונים העולים מהתקיעות האלה. משה מצטווה להכין שתי חצוצרות עשויות מקשה אחת של כסף, שתפקידן הוא לסמן התאספות ומסע (ב-ז), תקיעה לפני מלחמה ובעת הקרבת קורבנות במועדים (ט-י). הכוהנים תוקעים בחצוצרות, וזו גם הלכה לדורות (ח).

התקיעות לאיסוף ולמסע שייכות רק לתקופת המדבר; לעומת זאת התקיעות למלחמה ולקורבנות הן חוקת עולם. החצוצרות משמשות לאיסוף כל העדה לפתח אוהל מועד באמצעות תקיעה בשתי חצוצרות (ג). תקיעה בחצוצרה אחת היא לשם איסוף הנשיאים וראשי אלפי ישראל (ד).

למטרת היאספות משמיעים קול תקיעה, היינו קול מתמשך. תקיעה בחצוצרה אחת היא סימן לנשיאים להיאסף לפתח אוהל מועד, ותקיעה בשתי חצוצרות היא סימן לעם כולו להיאסף למקום זה. קול התרועה הוא צליל שבור של מספר קולות קצרים. התרועה היא סימן למסעות. תרועה אחת בחצוצרות היא סימן למחנה החונה ממזרח לאוהל מועד להתחיל במסע, היינו דגל מחנה יהודה ביחד עם יששכר וזבולון. תרועה שנייה היא סימן למחנה החונה בדרום, הרי הוא דגל מחנה ראובן ביחד עם שמעון וגד. לא צוינו תרועות לשם מסע המחנות בצפון ובמערב. כנראה, תרועה נוספת שימשה סימן עבור החונים בצד מערב, ותרועה נוספת עבור החונים בצפון (רמב״ן).[29] אך ראב״ע סבור שתקעו רק שתי תרועות לחונים בצד מזרח ובצד דרום, ולא היו תרועות נוספות לסמן לשני המחנות הנותרים, שכן הם נסעו לאחר הכוהנים עם המשכן.

יש לתקוע בחצוצרות בעוד שתי הזדמנויות: לפני מלחמה ובעת שמחה ומועד. התקיעות לשם כינוס ונסיעה היו רק בזמן היות העם במדבר, ואילו התקיעה לפני מלחמה ובעת שמחה ומועד היא חוק קבוע: ״וְהָיוּ לָכֶם לְחֻקַּת עוֹלָם לְדֹרֹתֵיכֶם״ (ח). העם עומד לצאת למסע לעבר כנען במטרה לכבוש אותה, וקובע החוק שלפני תחילת המלחמה יש חובה להריע בחצוצרות: ״וְכִי תָבֹאוּ מִלְחָמָה בְּאַרְצְכֶם״ (ט). מטרת תרועה זו היא ״וְנִזְכַּרְתֶּם לִפְנֵי ה׳ אֱלֹהֵיכֶם וְנוֹשַׁעְתֶּם מֵאֹיְבֵיכֶם״ (ט). תרועה זו היא מעין קריאה של העם אל ה׳, תפילה אליו, שיזכור אותו לטובה ויושיע אותו מיד האויב.[30] מטרה דומה של תקיעה מתוארת בנוגע לאחד לחודש השביעי, ויקרא כ״ג, כד: ״בַּחֹדֶשׁ הַשְּׁבִיעִי בְּאֶחָד לַחֹדֶשׁ יִהְיֶה לָכֶם שַׁבָּתוֹן זִכְרוֹן תְּרוּעָה מִקְרָא קֹדֶשׁ״.

החובה להריע בחצוצרות היא לא רק בעת סכנה, אלא גם במציאות הפוכה של ימי שמחה ומועד: ״וּבְיוֹם שִׂמְחַתְכֶם וּבְמוֹעֲדֵיכֶם וּבְרָאשֵׁי חָדְשֵׁיכֶם וּתְקַעְתֶּם בַּחֲצֹצְרֹת עַל עֹלֹתֵיכֶם וְעַל זִבְחֵי שַׁלְמֵיכֶם וְהָיוּ לָכֶם לְזִכָּרוֹן לִפְנֵי אֱלֹהֵיכֶם אֲנִי ה׳ אֱלֹהֵיכֶם״ (י). גם במקרים אלה המטרה היא זיכרון לפני ה׳.

יש המסבירים ש״יום שמחתכם״ הכוונה לימי המועד, היינו ביום שמחתכם שהם ימי מועדיכם (ריב״ש). אולם אפשר גם לפרש שאלה שני זמנים נפרדים, וביום שמחתכם היינו יום של שמחה של העם שאינו מועד (ראב״ע). במועדים ובראשי החודשים יש לתקוע בחצוצרות

עם קורבנות העולה והשלמים. בספרי (פיסקא עז, מהדורת הורוויץ, עמ' 71) עולה שביום שמחתכם הכוונה לשבתות, ולדעת ר' נתן הכוונה לקורבנות התמיד שבכל יום.

נראה כי פסקה זו המקדימה את תחילת הנסיעה מסיני, מכינה את שלושת השלבים הבאים – שלב המסע, ולכך מתייחסות ההוראות בדבר התקיעות לשם הכינוס והמסע של העם; השלב השני הוא שלב המלחמה על הארץ, ועל כך ההוראות בדבר התקיעות לפני המלחמות; השלב השלישי הוא שלב ההתנחלות בארץ, ובהתאם לכך ההוראות בדבר התקיעות בעת ימי השמחה והקרבת הקורבנות במועדים בעת הישיבה בארץ.

הענן לעומת החצוצרות

שוב באים חוקים לאחר סיפור, ושוב יש קשר ביניהם. הסיפור עוסק בענן, שהוא מייצג את שכינת ה', והוא הסימן של העם לנסוע ולחנות. והינה גם החצוצרה היא סימן לעם לנסוע. מה היחס בין שני הסימנים האלה? הספרי (פיסקא עב, מהדורת הורוויץ, עמ' 67) עמד על שאלה זו:

> למה נאמרה פרשה זו, לפי שהוא אומר על פי ה' יחנו ועל פי ה' יסעו (שמות ט', כג), שומע אני הואיל ונוסעים על פי הדיבר וחונים על פי הדיבר לא יהיו צריכים חצוצרות, ת"ל עשה לך שתי חצוצרות כסף, מגיד הכתוב שאף על פי שנוסעים על פי ה' וחונים על פי ה' צריכים היו חצוצרות.

בעוד הענן הוא סימן להוראה אלוהית לנסוע ולחנות, הרי שהחצוצרה היא סימן אנושי. אין סתירה בין הענן לבין החצוצרה, שכן הענן סימן לעם שהוא צריך להתחיל במסע, אבל אי אפשר להסתפק בסימן זה. סדרי המסע נתונים בידי גורם אנושי התוקע בחצוצרה כדי לקבוע את סדרי הנסיעה ואת הזמן המדויק שבו כל מחנה צריך להתחיל במסעו.* אף כי אין סתירה בין סימני הענן לבין סימני החצוצרה, סמיכות סיפור הענן לחוק החצוצרה נועדה להציג את ההיבט האנושי של הנסיעה לעומת ההיבט האלוהי. אם לאחר סיפור הענן התחושה הייתה שהנסיעה מסורה כולה לגבוה, והיא אפופה תחושה של נוכחות אלוהית באופן בלעדי, בא חוק החצוצרות ונותן לנסיעה היבט אנושי. בטרם נסיעתו, העם קלט שני סימנים, האחד אלוהי והאחד אנושי. הענן והחצוצרות סימלו עבור העם את ההנהגה האלוהית ואת ההנהגה האנושית. כפי שראינו בספר עד כה, החוקים הבאים לאחר סיפור באים לחזק את הנאמר בסיפור, או להציג היפוך או ניגוד או דיוק מורכבות של מה שנאמר בסיפור. כך גם כאן, החוק של החצוצרות מוסיף את ההיבט האנושי על ההיבט האלוהי.

יש יחס מסוים גם בין התקיעה בחצוצרות לפני המלחמה ובמועדים לבין הענן והאש השרויים על המשכן. הענן והאש מסמלים את הנוכחות של ה' בקרב העם, והתקיעה בחצוצרות בעת המלחמה והמועדים היא קריאה של העם אל ה' לזכור את העם.

* אור החיים על י', ב.

החלק השני: מפלות, י׳, יא-י״ט

החלק השני של הספר כולל את המסע של העם מסיני ועד קדש, החל מהעשרים לחודש השני בשנה השנייה ועד תחילת שנת הארבעים. משם אמור היה העם להיכנס לארץ. הסיפורים בחלק זה מתארים בעיקר חטאים וכשלונות של העם, עד שבגין חטא המרגלים לא נכנסו העם מיד לארץ המובטחת, והכניסה נדחתה בשנות דור. חלק זה כולל:

א׳, א - י׳, י – הכנות למסע.

י׳, יא-ל – תחילת המסע בהובלת ה׳.

י״א – חטאי המתאוננים וקברות התאווה, והקושי של משה בהובלת העם.

י״ב – חטא מרים ואהרן בדברם רעה על משה.

י״ג-י״ד – חטא המרגלים.

ט״ו – חוקי מנחה ונסך; תרומת חלה; דין החוטא בשוגג והחוטא במזיד; דין מקושש עצים בשבת; דין ציצית.

ט״ז-י״ז – חטא קורח ועדתו.

י״ח-י״ט – חוקים: חוק חובת השמירה של הכוהנים והלוויים; מתנות כהונה; מעשר לוי; מעשר לוי לכוהן; פרה אדומה.

מסיני לפארן, י׳, יא - י״ב, טז

העם מתחיל את נסיעתו מסיני, והתחנה הראשונה היא מדבר פארן, ששם חנה הענן ובעקבותיו מחנה ישראל: ״וַיִּסְעוּ בְנֵי יִשְׂרָאֵל לְמַסְעֵיהֶם מִמִּדְבַּר סִינָי וַיִּשְׁכֹּן הֶעָנָן בְּמִדְבַּר פָּארָן״ (יב). התחנה בפארן היא אפוא התחנה המשמעותית הבאה, אולם אליה יגיעו רק בפרק י״ב, טז: ״וְאַחַר נָסְעוּ הָעָם מֵחֲצֵרוֹת וַיַּחֲנוּ בְּמִדְבַּר פָּארָן״. כבר בתחילת הנסיעה מדווח שהתחנה העיקרית הבאה היא פארן כדי להצביע על יעד הנסיעה, אף כי עד לפארן תהיינה תחנות קטנות יותר, בקברות התאווה ובחצרות (י״א, לד-לה).

הדיווח בפרק י׳, יב, שהם הגיעו לפארן וההגעה לפארן בפרק י״ב, טז, הופכים את הנאמר בין שני דיווחים אלה ליחידה אחת,* הכוללת ארבע תת יחידות:

י׳, יא-לו – הנסיעה מסיני.
י״א, א-ג – החטא בתבערה.
י״א, ד-לה – החטא בקברות התאווה.
י״ב, א-טז – מרים ואהרן מדברים סרה במשה.

המשותף לכל הסיפורים ביחידה זו הוא עיסוקם בשאלת מנהיגותו של משה. בסיפור הראשון, הנסיעה היא על פי ה׳ ביד משה (י׳, יג, לה), אולם מעמדו של משה כמסיע המחנה עומד כנגד התלות של העם בחובב לצורך הניווט והחנייה במדבר (י׳, לא). משה עומד לפני ה׳ ומתפלל אל ה׳ שיציל את העם מעונש האש בחטא המתאוננים (י״א, ג). לעומת זאת, בקברות התאווה, משה אינו מתפלל אל ה׳ עבור העם, אלא מתלונן על העם בפני ה׳. בעקבות תלונתו, ה׳ מורה על העברה מרוחו של משה לשבעים זקנים (י״א, יד, טז-יז, כד-כה). לאחר הסיפור הזה מרים ואהרן מוציאים לעז על משה כנביא ה׳, וטוענים שגם עימם ה׳ דיבר (י״ב, ב). לאחר הענשת מרים משה פונה אל ה׳ ומתפלל בעבורה (יג). ה׳ מחזק באוזניהם את ייחוד נבואתו של משה (ו-ח).

הפרקים הקודמים עסקו בסדר החנייה והנסיעה במדבר, ותוך כדי כך הפרקים פורסים את המדרג בעם, ועוסקים במעמדם וביחסיהם ההדדיים של הכוהנים, הלוויים, הנשיאים והעם. החטיבה י׳, יא - י״ב, טז, מתארת את תחילת הנסיעה של העם, ותוך כדי זה היא עומדת על ייחוד הנהגתו של משה, הגבלות וסייגים של הנהגתו, ואף חיזוק מעמדו. נעיין עתה במקראות אלה.

* ולכן אין לראות בעיה בכך שבפרק י״ב, יב, נאמר שהם נסעו לפארן, ואילו בינתיים בפרק י״א, ג, הם בתבערה, ובפרק י״א, לה הם נוסעים מקברות התאווה לחצרות, ורק בפרק י״ב, טז, הם מגיעים למדבר פארן.

הנסיעה מסיני, י׳, יא-לו

יא יב וַיְהִי בַּשָּׁנָה הַשֵּׁנִית בַּחֹדֶשׁ הַשֵּׁנִי בְּעֶשְׂרִים בַּחֹדֶשׁ נַעֲלָה הֶעָנָן מֵעַל מִשְׁכַּן הָעֵדֻת. וַיִּסְעוּ בְנֵי
יג יִשְׂרָאֵל לְמַסְעֵיהֶם מִמִּדְבַּר סִינָי וַיִּשְׁכֹּן הֶעָנָן בְּמִדְבַּר פָּארָן. וַיִּסְעוּ בָּרִאשֹׁנָה עַל פִּי ה׳ בְּיַד
יד טו מֹשֶׁה. וַיִּסַּע דֶּגֶל מַחֲנֵה בְנֵי יְהוּדָה בָּרִאשֹׁנָה לְצִבְאֹתָם וְעַל צְבָאוֹ נַחְשׁוֹן בֶּן עַמִּינָדָב. וְעַל צְבָא
טז יז מַטֵּה בְּנֵי יִשָּׂשכָר נְתַנְאֵל בֶּן צוּעָר. וְעַל צְבָא מַטֵּה בְּנֵי זְבוּלֻן אֱלִיאָב בֶּן חֵלֹן. וְהוּרַד הַמִּשְׁכָּן
יח וְנָסְעוּ בְנֵי גֵרְשׁוֹן וּבְנֵי מְרָרִי נֹשְׂאֵי הַמִּשְׁכָּן. וְנָסַע דֶּגֶל מַחֲנֵה רְאוּבֵן לְצִבְאֹתָם וְעַל צְבָאוֹ אֱלִיצוּר
יט כ בֶּן שְׁדֵיאוּר. וְעַל צְבָא מַטֵּה בְּנֵי שִׁמְעוֹן שְׁלֻמִיאֵל בֶּן צוּרִישַׁדָּי. וְעַל צְבָא מַטֵּה בְנֵי גָד אֶלְיָסָף
כא כב בֶּן דְּעוּאֵל. וְנָסְעוּ הַקְּהָתִים נֹשְׂאֵי הַמִּקְדָּשׁ וְהֵקִימוּ אֶת הַמִּשְׁכָּן עַד בֹּאָם. וְנָסַע דֶּגֶל מַחֲנֵה
כג בְנֵי אֶפְרַיִם לְצִבְאֹתָם וְעַל צְבָאוֹ אֱלִישָׁמָע בֶּן עַמִּיהוּד. וְעַל צְבָא מַטֵּה בְּנֵי מְנַשֶּׁה גַּמְלִיאֵל
כד כה בֶּן פְּדָהצוּר. וְעַל צְבָא מַטֵּה בְּנֵי בִנְיָמִן אֲבִידָן בֶּן גִּדְעוֹנִי. וְנָסַע דֶּגֶל מַחֲנֵה בְנֵי דָן מְאַסֵּף לְכָל
כו הַמַּחֲנֹת לְצִבְאֹתָם וְעַל צְבָאוֹ אֲחִיעֶזֶר בֶּן עַמִּישַׁדָּי. וְעַל צְבָא מַטֵּה בְּנֵי אָשֵׁר פַּגְעִיאֵל בֶּן עָכְרָן.
כז כח וְעַל צְבָא מַטֵּה בְּנֵי נַפְתָּלִי אֲחִירַע בֶּן עֵינָן. אֵלֶּה מַסְעֵי בְנֵי יִשְׂרָאֵל לְצִבְאֹתָם וַיִּסָּעוּ.

כט וַיֹּאמֶר מֹשֶׁה לְחֹבָב בֶּן רְעוּאֵל הַמִּדְיָנִי חֹתֵן מֹשֶׁה נֹסְעִים אֲנַחְנוּ אֶל הַמָּקוֹם אֲשֶׁר אָמַר ה׳ אֹתוֹ
ל אֶתֵּן לָכֶם לְכָה אִתָּנוּ וְהֵטַבְנוּ לָךְ כִּי ה׳ דִּבֶּר טוֹב עַל יִשְׂרָאֵל. וַיֹּאמֶר אֵלָיו לֹא אֵלֵךְ כִּי אִם אֶל
לא אַרְצִי וְאֶל מוֹלַדְתִּי אֵלֵךְ. וַיֹּאמֶר אַל נָא תַּעֲזֹב אֹתָנוּ כִּי עַל כֵּן יָדַעְתָּ חֲנֹתֵנוּ בַּמִּדְבָּר וְהָיִיתָ לָּנוּ
לב לְעֵינָיִם. וְהָיָה כִּי תֵלֵךְ עִמָּנוּ וְהָיָה הַטּוֹב הַהוּא אֲשֶׁר יֵיטִיב ה׳ עִמָּנוּ וְהֵטַבְנוּ לָךְ.

לג וַיִּסְעוּ מֵהַר ה׳ דֶּרֶךְ שְׁלֹשֶׁת יָמִים וַאֲרוֹן בְּרִית ה׳ נֹסֵעַ לִפְנֵיהֶם דֶּרֶךְ שְׁלֹשֶׁת יָמִים לָתוּר לָהֶם
לד לה מְנוּחָה. וַעֲנַן ה׳ עֲלֵיהֶם יוֹמָם בְּנָסְעָם מִן הַמַּחֲנֶה. ׆ וַיְהִי בִּנְסֹעַ הָאָרֹן וַיֹּאמֶר מֹשֶׁה קוּמָה
לו ה׳ וְיָפֻצוּ אֹיְבֶיךָ וְיָנֻסוּ מְשַׂנְאֶיךָ מִפָּנֶיךָ. וּבְנֻחֹה יֹאמַר שׁוּבָה ה׳ רִבְבוֹת אַלְפֵי יִשְׂרָאֵל. ׆

פירוש העניין

היציאה למסע, י׳, יא-כח

הסיפור הראשון של המסע מסיני הוא המשכו של סופה של היחידה הקודמת, המספרת על הענן כמוביל את העם במסע בדרך, ועל סימני החצוצרות לקראת הנסיעה (ט׳, טו - י׳, י). תחילת המסע מסומנת על ידי עליית הענן: ״וַיְהִי בַּשָּׁנָה הַשֵּׁנִית בַּחֹדֶשׁ הַשֵּׁנִי בְּעֶשְׂרִים בַּחֹדֶשׁ נַעֲלָה הֶעָנָן מֵעַל מִשְׁכַּן הָעֵדֻת״ (יא).

פסוקים יב-כח מתארים את סדר הנסיעה של המחנות. אולם מיד לאחר ההקדמה לתיאור המסע (יב), והתייחסות למחנה הראשון (מחנה יהודה) שהחל בנסיעה ״וַיִּסְעוּ בָּרִאשֹׁנָה״ (יג), התיאור מושהה, ובמקום זאת נקבע שהדבר היה על פי ה׳: ״וַיִּסְעוּ בָּרִאשֹׁנָה עַל פִּי ה׳ בְּיַד מֹשֶׁה״ (יג). אין סתירה בין היגד זה לבין התיאור שהעם נסע על פי הענן (ט׳, טז-כג), שכן הסימן האלוהי באמצעות הענן אינו שולל את הצורך בהנהגה אנושית על ידי משה שתעביר הוראות לעם בעת נסיעה. הכוונה היא להבליט את ההיבט האנושי לצד ההיבט האלוהי שבאמצעות הענן, כפי שעלה גם בפרשה הקודמת ביחס שבין הענן והחצוצרות, וכפי שנראה גם להלן.

סדר המסע מפורט. ראשונה נוסע מחנה יהודה שישב בצד מזרח, ביחד עם יששכר וזבולון (יד-טז). מפורטים גם שמות ראשי המטות. לאחר מחנה יהודה, נוסעות שתי משפחות לוי, גרשון ומררי, הנושאות את המשכן עצמו (יז). לאחר מכן נסע מחנה ראובן, שישב בצד דרום, ביחד עם השבטים שמעון וגד (יח-כ). לאחר מחנה זה הלכה משפחת קהת שנשאה את כלי המקדש (כא). הפיצול בין משפחות מררי וגרשון שנסעו לאחר מחנה יהודה, לבין משפחת קהת שנסעה לאחר מחנה ראובן, הוא כדי שמשפחות גרשון ומררי יבנו את המשכן עד שיגיעו הקהתים עם כלי הקודש, וישימו אותם במקומם (כא). לאחר בני קהת, נסע מחנה אפרים שישב במערב, ביחד עם מנשה ובנימין (כב-כד), ולאחריו מחנה בני דן עם אשר ונפתלי (כה-כז). סדר הנסיעה המתואר כאן תואם את סדר הנסיעה כפי שמתואר בפרק ב׳, חוץ מזה שבפרק ב׳ נאמר שמחנה הלוויים נוסע בתוך המחנות, בין שני המחנות הראשונים לאחרונים, ואילו כאן, מחנה הלוויים מתפצל לשניים, גרשון ומררי נוסעים לאחר המחנה הראשון, ורק משפחת קהת נוסעת באמצע. סטייה זו אינה משמעותית, שכן בפרק ב׳ מוצגת התוכנית הכללית שלפיה מקום המשכן הוא באמצע, וכאן מדייקים הפסוקים, שבפועל גרשון ומררי הלכו לאחר מחנה יהודה, כדי להקים את המשכן לפני שבני קהת יבואו עם כלי המשכן. בפסוק כח בא סיכום: ״אֵלֶּה מַסְעֵי בְנֵי יִשְׂרָאֵל לְצִבְאֹתָם וַיִּסָּעוּ״.

בקשת משה מחובב, י׳, כט-לב

בתוך תיאור הנסיעה משובץ דיאלוג בין משה לבין חותנו חובב (כט-לב), ובו מבקש משה ממנו שיצטרף לישראל במסעם לארץ.* פסוק כח מדווח על תחילת הנסיעה, אך הדיאלוג עם חובב התקיים טרם היציאה למסע (כעולה מפסוק כט). הכתוב התחיל בעניין העיקרי, והוא הנסיעה, ואז הוא חזר לעניין צדדי יותר והוא הנסיעה של משפחת חותן משה.

לפני מתן תורה בא יתרו, חותנו של משה, אל העם (שמות י״ח, ה). עתה שישראל עוזבים את סיני, וחובב כנראה רוצה לחזור למקומו, משה פונה אליו ומציע לו לבוא עימם אל המקום שה׳ מתכוון לתת להם, ומשה מבטיח לשתף את חובב באותו הטוב שה׳ יעניק להם. נראה שהוא מתכוון לתת לו חלק בנחלת הארץ ביחד עם שאר השבטים (כט). אכן הקינים בני חותן משה ירשו חלק בנחלות, כפי שנאמר בשופטים א׳, טז. לאחר שחובב מסרב להצעת משה ומעדיף ללכת אל ארצו ואל מולדתו (ל), משה פונה בשנית לחובב, אך הפעם הוא מוסיף נימוק, שהם זקוקים לשירותו: ״וַיֹּאמֶר אַל נָא תַּעֲזֹב אֹתָנוּ כִּי עַל כֵּן יָדַעְתָּ חֲנֹתֵנוּ בַּמִּדְבָּר וְהָיִיתָ לָּנוּ לְעֵינָיִם. וְהָיָה כִּי תֵלֵךְ עִמָּנוּ וְהָיָה הַטּוֹב הַהוּא אֲשֶׁר יֵיטִיב ה׳ עִמָּנוּ וְהֵטַבְנוּ לָךְ״ (לא-לב). אכן חמש פעמים כתוב השורש טו״ב בפסוקים כט, לב. ההצעה הראשונה של משה, שמדגישה רק את הטוב שיינתן לחובב, באה להבליט דווקא את מה שעולה בחלק השני של הפצרותיו של משה, והוא הצורך של עם ישראל בשירותיו של חובב להיות להם לעיניים. חובב לא השתכנע מטענתו הראשונה של משה, לקבל טובה אם יבוא עימם, ואז טוען משה טיעון שני, והפעם שהדבר יהיה לטובת העם. בטיעון הראשון, חובב מוצג באופן חיובי, שהטוב שהובטח לו לא שכנע אותו לבוא עימם, והטיעון היותר חזק הוא הצורך של העם בשירותיו של חובב.** לא רשומה שום תגובה של חובב להצעה השנייה של משה. סביר שחובב קיבל את טענתו של משה והצטרף לישראל כפי שעולה משופטים ד׳, יא (רמב״ן לפסוק כט). מתוך כך שתשובת חובב אינה כתובה, ברור ששאלת הצטרפותו לישראל אינה הסיבה שדיאלוג זה מופיע בכתובים.

נראה כי המטרה של הכללת הדיאלוג בין משה לבין חובב היא העלאת הצורך של ישראל בשירותיו של חובב לסייע לישראל: ״כִּי עַל כֵּן יָדַעְתָּ חֲנֹתֵנוּ בַּמִּדְבָּר וְהָיִיתָ לָּנוּ לְעֵינָיִם״. במה חובב מסייע לישראל? אפשרות אחת היא שמשה מתייחס לעזרה של חובב בעבר (אונקלוס; השבעים). רש״י, רשב״ם וראב״ע מסבירים שכוונת ״וְהָיִיתָ לָּנוּ לְעֵינָיִם״ היא לעניין עצה טובה שנתן בארגון ענייני המשפט (שמות י״ח). את דברי משה ״יָדַעְתָּ חֲנֹתֵנוּ בַּמִּדְבָּר״ מסביר

* בשמות ב׳, יח, רעואל הוא אבי ציפורה; בשמות י״ח, א, זהו יתרו; וכאן נאמר שזהו חובב והוא בן רעואל. אפשרות אחת היא שחובב ויתרו הם אותו אדם, ומה שכתוב בשמות ב׳, יח יתפרש בכך שרעואל הוא סבה של ציפורה. בשופטים ד׳, יא, עולה שחובב הוא חותן משה, וכן רש״י, רשב״ם ורמב״ן על שמות ב׳, טז. לעומת זאת יש שפירשו את הפסוק שרעואל הוא חותן משה, וחובב הוא בנו של חותן משה, אחיה של ציפורה, כך ראב״ע על פסוק כט. לפי מספר מקורות חובב הוא מדייני (שמות ב׳, טו-יח; י״ח, א), ואילו בשופטים א׳, טז; ד׳, יא – הוא קיני. אפשר בנקל להסביר שהמדיינים הכילו בתוכם קבוצות אתניות שונות.

** אך רמב״ן (לפסוק כט) מפרש שבתחילה חובב לא הבין שכוונתו של משה שהוא יקבל נחלה אלא טובות הנאה אחרות, ועל כן הוא סירב. רק בדברים השניים של משה הדברים התבהרו.

רשב״ם לעניין הצרכים של העם בעת חנייה, ולא על ענייני ניווט. רש״י מפרש שמשה אומר לחובב שהוא ידע את הניסים שהתרחשו לישראל בזמן חנותם במדבר. נראה יותר שמדובר על העתיד ועל התמצאות וניווט במדבר (רמב״ן על פסוק כט). עניין זה מדויק מתוך השוואה לעניין הענן. הענן הוביל את העם בדרך, והוא היה ״לְעֵינֵי כָל בֵּית יִשְׂרָאֵל בְּכָל מַסְעֵיהֶם״ (שמות מ׳, לח). אותו ביטוי משמש גם ביחס לחובב, ולכן נראה שמדובר בשניהם על הובלת העם בדרך. אין סתירה לכך שהענן הוביל את העם בדרכו, שכן עדיין יש צורך בהכרעות אנושיות בשטח. הענן הוביל עם רב לכיוון מסוים, אבל הנתיב המדויק ללכת בו היה נתון להכרעות אנושית מקצועיות. הענן עצר במקום המיועד לחנייה, אבל המיקום המדויק של החנייה היה נתון להכרעות אנושיות. כך יש צורך בהובלת הענן מחד, ולמומחיות אנושית לניווט במדבר של חובב.

פסוקים אלה ממשיכים את המגמה של פרשת הענן והחצוצרות. גם הענן וגם החצוצרות הם סימנים לעם להתחיל בנסיעה – הענן הוא סימן אלוהי, והחצוצרות הן סימן אנושי. הצירוף של שניהם בכתובים בא להציג את הצירוף של ההיבט האלוהי וההיבט הארצי של הנסיעה. החצוצרות הן סימן אנושי להתחיל את הנסיעה, ואילו חובב הוא מומחה לניווט במדבר. הענן הוא ״לעיני בני ישראל״, ומצד שני חובב הוא לישראל לעיניים. הצירוף של הניווט על סמך הענן ועל סמך חובב יחד מציג את שני ההיבטים, האלוהי והאנושי.

המשך תיאור הנסיעה מסיני, י׳, לג-לו

פסוק לג המתאר את הנסיעה מהר ה׳ הוא המשך ישיר של פסוק כח, לאחר ההפסקה בעניין חובב. פעמיים מודגש בפסוק שהם הלכו דרך שלושת ימים (לג). יש מפרשים שהכוונה היא שהארון הולך במרחק של שלושה ימים לפניהם.[31] אולם מסתבר שהכוונה של דרך שלושת ימים היא שווה בשני המופעים בפסוק, היינו שהם הלכו במשך שלושה ימים (ולא שהארון הלך במרחק הליכה של שלושה ימים מהם), והארון מחפש להם מקום מנוחה (רשב״ם, ראב״ע, רמב״ן, ריב״ש).

קטע זה מציב כמה בעיות קשות. לפי פסוק לג הארון הלך בראש המחנה, אך על פי התיאור שבפרק י׳, כא, ובפרק ב׳, יז, הארון הלך עם אוהל מועד במרכז המחנה. יש מן הראשונים שסברו שהיו שני ארונות, ארון אחד נסע בראש וארון אחד נסע בתוך המחנות (רש״י בעקבות הספרי)*. אפשרות שנייה, שבה הלכו רוב פרשני הפשט היא, שהיה ארון אחד

* ספרי פיסקא פב (מהדורת הורוויץ, עמ׳ 78): ״וארון ברית ה׳ נוסע לפניהם – ארון זה שיצא עמהם במחנה היו בו שברי לוחות שנאמר וארון ברית ה׳ ומשה לא משו מקרב המחנה (שם מד), ר׳ שמעון בן יוחי אומר ארון ברית ה׳ נוסע לפניהם לא נאמר אלא וארון ברית ה׳, משל לאנטיקיסר שהיה מקדים חילותיו מתקן להם מקום שישרו. כך היתה שכינה מקדמת לישראל ומתקנת להם מקום שישרו״. עניין זה מופיע בתלמוד הירושלמי שקלים, אלא ששם יש בכך מחלוקת, ודעת רבנן היא שהיה ארון אחד. כך ירושלמי שקלים פרק ו הלכה א: ״תני רבי יהודה (בר אלעי) בן לקיש אמר ב׳ ארונות היו מהלכין עם ישראל במדבר, א׳ שהיתה התורה נתונה בתוכו ואחד שהיו שברי לוחות נתונין בתוכו. זה שהיתה התורה נתונה בתוכו היה מונח באהל מועד, הדא הוא דכתיב (במדבר י״ד מד): ׳וארון ברית ה׳ ומשה לא משו מקרב המחנה׳. זה שהיו שברי

בלבד, אלא שבשלושת הימים הראשונים בלבד הארון הלך בראש המחנה (רשב"ם, ראב"ע, רמב"ן, ריב"ש).

נראה בעיניי שבעיתות שלום הלך הארון בתוך המחנה כפי שנאמר בפרק ב׳, יז: "וְנָסַע אֹהֶל מוֹעֵד מַחֲנֵה הַלְוִיִּם בְּתוֹךְ הַמַּחֲנֹת כַּאֲשֶׁר יַחֲנוּ כֵּן יִסָּעוּ אִישׁ עַל יָדוֹ לְדִגְלֵיהֶם", וכפי שעולה בפרק י׳, כא: "וְנָסְעוּ הַקְּהָתִים נֹשְׂאֵי הַמִּקְדָּשׁ". אבל בעיתות מלחמה, היה הארון הולך ראשון, כעולה כאן בפרק י׳, לג. אכן מדברי משה נראה שהנסיעה הזו היא לקראת מלחמה: "וַיְהִי בִּנְסֹעַ הָאָרֹן וַיֹּאמֶר מֹשֶׁה קוּמָה ה׳ וְיָפֻצוּ אֹיְבֶיךָ וְיָנֻסוּ מְשַׂנְאֶיךָ מִפָּנֶיךָ. וּבְנֻחֹה יֹאמַר שׁוּבָה ה׳ רִבְבוֹת אַלְפֵי יִשְׂרָאֵל" (לה-לו). כך עולה גם מפרשת המעפילים, ששם נאמר שכאשר המעפילים הלכו להילחם שלא ברצון ה׳, ארון ה׳ לא הלך איתם: "וַיַּעְפִּלוּ לַעֲלוֹת אֶל רֹאשׁ הָהָר וַאֲרוֹן בְּרִית ה׳ וּמֹשֶׁה לֹא מָשׁוּ מִקֶּרֶב הַמַּחֲנֶה" (י"ד, מד). העולה מכתוב זה, שבו העם הפסיד במלחמה, והארון לא הלך איתם, הוא שבדרך כלל במלחמות, הארון היה יוצא איתם למלחמה.

מדברי משה משתמע שהכניסה לארץ קרובה מאוד, והם נמצאים בתחושת מיידיות של הכניסה לארץ. בשלושת הימים הראשונים למסע הדבר היה כמו בעיתות מלחמה שכן הלכו לקראת מלחמה. זאת משום עצם ההליכה לכיוון ארץ כנען, וכן משום שטרם הלכו בדרך הזו ולא הכירו את המרחק לארץ, ואת סכנות הדרכים, ושמא הם הולכים לקראת מלחמה מיידית, ולכן נסעו במבנה המתאים למלחמה. יש אכן לשקול בחשבון שלכך התכוננו בספירת כל יוצאי הצבא בימים הסמוכים ליציאה מסיני. העיכובים, כמו גם הצינון של ההתלהבות, עולים מיד בפרק הבא המספר על התלונות של ישראל ועל הקשיים השונים שעלו בדרך. העולה מכאן שהסדר שעליו מדובר בפרק ב׳, יז, הוא סדר החנייה וסדר ההליכה הרגילה שלא לקראת מלחמה. ואילו מה שנאמר בפרק י׳, לג-לו הוא שהארון הולך בהתחלה, כפי סדר הנסיעה לקראת מלחמה.

תחילת הנסיעה הייתה במשך שלושה ימים, וכאמור, ארון ברית ה׳ הלך לפניהם. הארון מוביל את העם בדרך, ומחפש את מקום המנוחה הבא של העם: "וַיִּסְעוּ מֵהַר ה׳ דֶּרֶךְ שְׁלֹשֶׁת יָמִים וַאֲרוֹן בְּרִית ה׳ נֹסֵעַ לִפְנֵיהֶם דֶּרֶךְ שְׁלֹשֶׁת יָמִים לָתוּר לָהֶם מְנוּחָה" (לג). תוך כדי ההליכה, ענן ה׳ הולך עליהם: "וַעֲנַן ה׳ עֲלֵיהֶם יוֹמָם בְּנָסְעָם מִן הַמַּחֲנֶה" (לד). במשך הליכה זו מודגשת ההשגחה של ה׳, הן בהתוויית הדרך על ידי הארון הן בשכינת הענן עליהם, שבוודאי נתנו לעם תחושת ביטחון שה׳ מגן עליהם. הדגשה זו היא חשובה, שכן עוד לפני שהם יגיעו למקום היעד יחטא העם. על כך נרחיב להלן.

עם הליכת הארון לפני העם, העם חש שה׳ הולך לפניהם: "וַיְהִי בִּנְסֹעַ הָאָרֹן וַיֹּאמֶר מֹשֶׁה קוּמָה ה׳ וְיָפֻצוּ אֹיְבֶיךָ וְיָנֻסוּ מְשַׂנְאֶיךָ מִפָּנֶיךָ. וּבְנֻחֹה יֹאמַר שׁוּבָה ה׳ רִבְבוֹת אַלְפֵי יִשְׂרָאֵל". תחושתם היא שה׳ מוביל אותם בדרך ומסייע להם להניס את האויבים מפניהם. דוגמה מאלפת

לוחות נתונין בתוכו היה נכנס ויוצא עמהן ופעמים שהיה מתראה עמהן. ורבנן אמרי: ארון א׳ היה, ופעם אחת יצא בימי עלי ונשבה". וכן בתוספתא סוטה פרק ז הלכה יח. רמב"ן אומר שהדעה שהיו שני ארונות היא דעת יחיד, אך דעת רבנן בשקלים שהיה ארון אחד, היא דעת רבותינו בכל מקום בתלמוד. ראו רמב"ן על דברים י׳, ה.

לזה יש בספר שמואל בהבאת הארון על ידי העם בסיפור המלחמה באבן העזר. הם מביאים את הארון כדי לזכות ביתרון במלחמה מול הפלשתים, והפלשתים יראו מנוכחות ה' בקרב, ומהעזרה שהוא יושיט לישראל, שמ"א ד', ה-ח: "וַיְהִי כְּבוֹא אֲרוֹן בְּרִית ה' אֶל הַמַּחֲנֶה וַיָּרִעוּ כָל יִשְׂרָאֵל תְּרוּעָה גְדוֹלָה וַתֵּהֹם הָאָרֶץ. וַיִּשְׁמְעוּ פְלִשְׁתִּים אֶת קוֹל הַתְּרוּעָה וַיֹּאמְרוּ מֶה קוֹל הַתְּרוּעָה הַגְּדוֹלָה הַזֹּאת בְּמַחֲנֵה הָעִבְרִים וַיֵּדְעוּ כִּי אֲרוֹן ה' בָּא אֶל הַמַּחֲנֶה. וַיִּרְאוּ הַפְּלִשְׁתִּים כִּי אָמְרוּ בָּא אֱלֹהִים אֶל הַמַּחֲנֶה וַיֹּאמְרוּ אוֹי לָנוּ כִּי לֹא הָיְתָה כָּזֹאת אֶתְמוֹל שִׁלְשֹׁם. אוֹי לָנוּ מִי יַצִּילֵנוּ מִיַּד הָאֱלֹהִים הָאַדִּירִים הָאֵלֶּה אֵלֶּה הֵם הָאֱלֹהִים הַמַּכִּים אֶת מִצְרַיִם בְּכָל מַכָּה בַּמִּדְבָּר".

כאשר העם חוזר מהקרב ("וּבְנֻחֹה יֹאמַר") אומר משה "שׁוּבָה ה' רִבְבוֹת אַלְפֵי יִשְׂרָאֵל". חסרה מילת יחס בין שם ה' לבין "רבבות...", ועל כן חלקו פרשנים במשמעות הפסוק. אפשרות אחת היא להבין, "שובה ה' **את** רבבות...". היינו שבתום הקרב פונה משה ומבקש מה' שישיב משדה הקרב את החיילים הרבים של ישראל (ריב"ש). אפשרות שנייה "שובה ה' **אל** רבבות...", היינו שבסיום הקרב הקריאה היא אל ה' שהוא ישוב אל העם, אל רבבות אלפי ישראל (ספורנו). אפשרות נוספת היא, שה', שהוא רבבות ישראל, ישוב.[32] לפי פירוש זה ה' מכונה על שם צבאו: רבבות אלפי ישראל, כמו שמכונה בדומה לכך ה' צבאות. פירושים אלה הם אפשרויות לפי המובן של שובה מהשורש שו"ב. יש שהסבירו בדוחק את הפועל מהשורש יש"ב, היינו במשמעות לנוח. כך פירש רש"י שה' ינוח בקרב העם (רש"י), או שה' יביא למנוח את ישראל (אברבנאל).

לאור מה שנאמר לעיל שהענן הוא שהתווה את הדרך, יש להבין את עניין עזרתו של חובב להיות עיניים בדרך בהליכה במדבר. כבר ראינו לעיל שיש ניגוד בין ההיבט האלוהי של הובלת הענן לבין ההיבט האנושי שבא לידי ביטוי בחצוצרות. הינה כאן אנו רואים שלעניין זה פנים נוספות. יש ניגוד בין הצורך של העם בשירותיו של חובב לסיוע בהליכה בדרך במדבר לבין העובדה שהענן הולך בראש, והארון בעקבותיו, וכל העם הולך בעקבות הארון. שוב אנו רואים ניגוד בין הארון שהוא מייצג את ה', והוא מתווה את הדרך לעם בהליכה במדבר לקראת כניסתם לארץ, לבין חובב שהוא יודע ומכיר את המדבר והוא משמש עיניים לעם. מצד אחד ארון ברית ה' הולך לפניהם, ומצד שני חובב היה להם לעיניים. זהו ניגוד מכוון, שכן המקרא מדגיש את ההיבטים האנושיים לצד ההיבטים האלוהיים של ההליכה במדבר. שוב אנו רואים, כפי שראינו לאורך הספר, כיצד המקרא קובע דבר ומיד מציג היפוך או הגבלה של אותו עניין, ובכך מציג אמת רבת פנים.

החטאים בתבערה ובקברות התאווה, י"א, א-לה

פרק י"א עוסק בשתי תלונות של ישראל. תוכן התלונה הראשונה לא מפורט (א-ג), והתלונה השנייה היא על רצונם לאכול בשר (ד-לד). שני הסיפורים שונים מאוד באורכם, אך עם זאת הם דומים בכך שהעם מתלונן וה' מעניש על כך. שני הסיפורים פותחים בתלונה של העם (א, ד), ומסתיימים בקריאת שם המקום על שם האירוע (ג, לד). הנושא המשותף והמבנה המשותף מצביעים על כך שמדובר על רצף משמעותי אחד. הרציפות בין שני האירועים באה לידי ביטוי מפורש בהתייחסות לכך שהחטא בקברות התאווה נוסף על זה שכבר התרחש "וישובו ויבכו" (ד; וראב"ע על פסוק ד). התלונות בשלב הזה נראות חמורות, שכן הן באות לאחר ההתגלות של ה' בסיני ולאחר בניית המשכן, והימצאותם של ענן וארון המייצגים את שכינת ה' לפניהם.

נראה כי יש לייחס את התלונות של העם לקושי של תחילת המסע במדבר. הם שהו כשנה בהר סיני, והתחילו את המסע במשך שלושת ימים מבלי לדעת את הדרך ומה יקרה בה. במצב זה של חוסר ודאות נוצר משבר שבא לידי ביטוי בתלונות כלפי ה'. לא בכדי ערעור המציאות מביא אותם לגעגועים מעוותים למה שהיה במצרים (ה), אף כי אין בסיס מציאותי לטענתם. גם בשנת הארבעים כאשר שוב העם מתחיל במסע לקראת הכניסה לארץ, הוא שוב מתלונן על מחסור במים (כ', א-יג). כך היה כבר במסע הראשון של העם לאחר עזיבתו את ים סוף, העם נכנס למדבר והתלונן (שמות ט"ו, כב - י"ז, ז). נראה כי בכל תחילת נסיעה של העם לאחר חנייה ממושכת חוטא העם. אולי יש כאן פסיכולוגיה של המונים מפני פחד היציאה מהשגרה וחרדה מפני נסיעה אל הבלתי נודע.

החטא בתבערה, י״א, א-ג

א וַיְהִי הָעָם כְּמִתְאֹנְנִים רַע בְּאָזְנֵי ה׳ וַיִּשְׁמַע ה׳ וַיִּחַר אַפּוֹ וַתִּבְעַר בָּם אֵשׁ ה׳ וַתֹּאכַל בִּקְצֵה
ב ג הַמַּחֲנֶה. וַיִּצְעַק הָעָם אֶל מֹשֶׁה וַיִּתְפַּלֵּל מֹשֶׁה אֶל ה׳ וַתִּשְׁקַע הָאֵשׁ. וַיִּקְרָא שֵׁם הַמָּקוֹם הַהוּא
תַּבְעֵרָה כִּי בָעֲרָה בָם אֵשׁ ה׳.

פירוש העניין

הסיפור הראשון של החטא בתבערה הוא קצר ביותר. נאמר רק שהעם התלונן ובכך חטא, אבל לא נאמר מה החטא (א). מכיוון שלא נאמר מהו החטא, רש"י פירש שלא הייתה להם סיבה לתלונתם, אלא זו הייתה עלילה כדי להתלונן לה'. רשב"ם לעומת זאת פירש שטורח הדרך הוא שהביא אותם להתלונן. רמב"ן פירש שהם הצטערו מחשש הכניסה למדבר. לאור העובדה שהייתה תחושה של נוכחות ה', תלונה בעת הזאת מפתיעה ומאכזבת. אולי נושא התלונה נעדר כדי להבליט את התלונה עצמה שהתרחשה בעת שהייתה ציפייה שהעם יהיה נאמן לה' לאור נוכחות ה' בקרבו.

התלונה של העם גרמה לתגובה חריפה של כעס ה' ובעקבותיו עונש חמור של שרפה בעם: "וַיִּשְׁמַע ה' וַיִּחַר אַפּוֹ וַתִּבְעַר בָּם אֵשׁ ה'" (א). חומרת האירוע באה לידי ביטוי בכך שהמקום נקרא תבערה על שם האירוע. בעקבות העונש פונה העם אל משה, והוא מתפלל אל ה', ובעקבות פנייתו האש שוקעת (ב).

המקום תבערה נזכר בסקירה ההיסטורית בדברים ט', כב, אולם נעדר מרשימת המסעות (במדבר ל"ג). הנסיעה הבאה היא מקברות התאווה לחצרות (י"א, לה), אך לא נרשמה נסיעה מתבערה. אולי סיפור המסע בין תבערה לקברות התאווה לא נזכר, כדי ליצור רושם של צרור תלונות ללא הפסקה ביניהן. אפשר גם שהאירוע של קברות התאווה התרחש בתבערה, והם לא נסעו מתבערה. כך נבין מדוע לא כתוב שהעם נסע מתבערה לפני פסוק ד. לאותו מקום קראו על שם האירוע, בתחילה בשם תבערה, אך לאחר שבמקום התרחשו האירועים הקשורים לתאוות העם, קראו לאותו מקום קברות התאווה. לפי זה נבין מדוע השם תבערה אינו נזכר בפרשת מסעי.

נראה גם שהתפקיד העיקרי של סיפור התבערה הוא להבליט את ייחודו של סיפור קברות התאווה, כפי שיעלה בהמשך.

החטא בקברות התאווה והעברת הרוח לזקנים, י"א, ד-לה

ד וְהָאסַפְסֻף אֲשֶׁר בְּקִרְבּוֹ הִתְאַוּוּ תַּאֲוָה וַיָּשֻׁבוּ וַיִּבְכּוּ גַּם בְּנֵי יִשְׂרָאֵל וַיֹּאמְרוּ מִי יַאֲכִלֵנוּ בָּשָׂר.
ה זָכַרְנוּ אֶת הַדָּגָה אֲשֶׁר נֹאכַל בְּמִצְרַיִם חִנָּם אֵת הַקִּשֻּׁאִים וְאֵת הָאֲבַטִּחִים וְאֶת הֶחָצִיר וְאֶת
ו ז הַבְּצָלִים וְאֶת הַשּׁוּמִים. וְעַתָּה נַפְשֵׁנוּ יְבֵשָׁה אֵין כֹּל בִּלְתִּי אֶל הַמָּן עֵינֵינוּ. וְהַמָּן כִּזְרַע גַּד הוּא
ח וְעֵינוֹ כְּעֵין הַבְּדֹלַח. שָׁטוּ הָעָם וְלָקְטוּ וְטָחֲנוּ בָרֵחַיִם אוֹ דָכוּ בַּמְּדֹכָה וּבִשְּׁלוּ בַּפָּרוּר וְעָשׂוּ אֹתוֹ
ט י עֻגוֹת וְהָיָה טַעְמוֹ כְּטַעַם לְשַׁד הַשָּׁמֶן. וּבְרֶדֶת הַטַּל עַל הַמַּחֲנֶה לָיְלָה יֵרֵד הַמָּן עָלָיו. וַיִּשְׁמַע
יא מֹשֶׁה אֶת הָעָם בֹּכֶה לְמִשְׁפְּחֹתָיו אִישׁ לְפֶתַח אָהֳלוֹ וַיִּחַר אַף ה' מְאֹד וּבְעֵינֵי מֹשֶׁה רָע. וַיֹּאמֶר
מֹשֶׁה אֶל ה' לָמָה הֲרֵעֹתָ לְעַבְדֶּךָ וְלָמָּה לֹא מָצָתִי חֵן בְּעֵינֶיךָ לָשׂוּם אֶת מַשָּׂא כָּל הָעָם הַזֶּה עָלָי.
יב הֶאָנֹכִי הָרִיתִי אֵת כָּל הָעָם הַזֶּה אִם אָנֹכִי יְלִדְתִּיהוּ כִּי תֹאמַר אֵלַי שָׂאֵהוּ בְחֵיקֶךָ כַּאֲשֶׁר יִשָּׂא
יג הָאֹמֵן אֶת הַיֹּנֵק עַל הָאֲדָמָה אֲשֶׁר נִשְׁבַּעְתָּ לַאֲבֹתָיו. מֵאַיִן לִי בָּשָׂר לָתֵת לְכָל הָעָם הַזֶּה כִּי יִבְכּוּ
יד עָלַי לֵאמֹר תְּנָה לָּנוּ בָשָׂר וְנֹאכֵלָה. לֹא אוּכַל אָנֹכִי לְבַדִּי לָשֵׂאת אֶת כָּל הָעָם הַזֶּה כִּי כָבֵד מִמֶּנִּי.
טו וְאִם כָּכָה אַתְּ עֹשֶׂה לִּי הָרְגֵנִי נָא הָרֹג אִם מָצָאתִי חֵן בְּעֵינֶיךָ וְאַל אֶרְאֶה בְּרָעָתִי.

טז וַיֹּאמֶר ה' אֶל מֹשֶׁה אֶסְפָה לִּי שִׁבְעִים אִישׁ מִזִּקְנֵי יִשְׂרָאֵל אֲשֶׁר יָדַעְתָּ כִּי הֵם זִקְנֵי הָעָם וְשֹׁטְרָיו
יז וְלָקַחְתָּ אֹתָם אֶל אֹהֶל מוֹעֵד וְהִתְיַצְּבוּ שָׁם עִמָּךְ. וְיָרַדְתִּי וְדִבַּרְתִּי עִמְּךָ שָׁם וְאָצַלְתִּי מִן הָרוּחַ
יח אֲשֶׁר עָלֶיךָ וְשַׂמְתִּי עֲלֵיהֶם וְנָשְׂאוּ אִתְּךָ בְּמַשָּׂא הָעָם וְלֹא תִשָּׂא אַתָּה לְבַדֶּךָ. וְאֶל הָעָם תֹּאמַר
הִתְקַדְּשׁוּ לְמָחָר וַאֲכַלְתֶּם בָּשָׂר כִּי בְּכִיתֶם בְּאָזְנֵי ה' לֵאמֹר מִי יַאֲכִלֵנוּ בָּשָׂר כִּי טוֹב לָנוּ בְּמִצְרָיִם
יט וְנָתַן ה' לָכֶם בָּשָׂר וַאֲכַלְתֶּם. לֹא יוֹם אֶחָד תֹּאכְלוּן וְלֹא יוֹמָיִם וְלֹא חֲמִשָּׁה יָמִים וְלֹא עֲשָׂרָה יָמִים
כ וְלֹא עֶשְׂרִים יוֹם. עַד חֹדֶשׁ יָמִים עַד אֲשֶׁר יֵצֵא מֵאַפְּכֶם וְהָיָה לָכֶם לְזָרָא יַעַן כִּי מְאַסְתֶּם אֶת ה'
כא אֲשֶׁר בְּקִרְבְּכֶם וַתִּבְכּוּ לְפָנָיו לֵאמֹר לָמָּה זֶּה יָצָאנוּ מִמִּצְרָיִם. וַיֹּאמֶר מֹשֶׁה שֵׁשׁ מֵאוֹת אֶלֶף רַגְלִי
כב הָעָם אֲשֶׁר אָנֹכִי בְּקִרְבּוֹ וְאַתָּה אָמַרְתָּ בָּשָׂר אֶתֵּן לָהֶם וְאָכְלוּ חֹדֶשׁ יָמִים. הֲצֹאן וּבָקָר יִשָּׁחֵט
כג לָהֶם וּמָצָא לָהֶם אִם אֶת כָּל דְּגֵי הַיָּם יֵאָסֵף לָהֶם וּמָצָא לָהֶם. וַיֹּאמֶר ה' אֶל מֹשֶׁה הֲיַד ה' תִּקְצָר
עַתָּה תִרְאֶה הֲיִקְרְךָ דְבָרִי אִם לֹא.

כד וַיֵּצֵא מֹשֶׁה וַיְדַבֵּר אֶל הָעָם אֵת דִּבְרֵי ה' וַיֶּאֱסֹף שִׁבְעִים אִישׁ מִזִּקְנֵי הָעָם וַיַּעֲמֵד אֹתָם סְבִיבֹת
כה הָאֹהֶל. וַיֵּרֶד ה' בֶּעָנָן וַיְדַבֵּר אֵלָיו וַיָּאצֶל מִן הָרוּחַ אֲשֶׁר עָלָיו וַיִּתֵּן עַל שִׁבְעִים אִישׁ הַזְּקֵנִים
כו וַיְהִי כְּנוֹחַ עֲלֵיהֶם הָרוּחַ וַיִּתְנַבְּאוּ וְלֹא יָסָפוּ. וַיִּשָּׁאֲרוּ שְׁנֵי אֲנָשִׁים בַּמַּחֲנֶה שֵׁם הָאֶחָד אֶלְדָּד
כז וְשֵׁם הַשֵּׁנִי מֵידָד וַתָּנַח עֲלֵהֶם הָרוּחַ וְהֵמָּה בַּכְּתֻבִים וְלֹא יָצְאוּ הָאֹהֱלָה וַיִּתְנַבְּאוּ בַּמַּחֲנֶה. וַיָּרָץ
כח הַנַּעַר וַיַּגֵּד לְמֹשֶׁה וַיֹּאמַר אֶלְדָּד וּמֵידָד מִתְנַבְּאִים בַּמַּחֲנֶה. וַיַּעַן יְהוֹשֻׁעַ בִּן נוּן מְשָׁרֵת מֹשֶׁה
כט מִבְּחֻרָיו וַיֹּאמַר אֲדֹנִי מֹשֶׁה כְּלָאֵם. וַיֹּאמֶר לוֹ מֹשֶׁה הַמְקַנֵּא אַתָּה לִי וּמִי יִתֵּן כָּל עַם ה' נְבִיאִים
ל לא כִּי יִתֵּן ה' אֶת רוּחוֹ עֲלֵיהֶם. וַיֵּאָסֵף מֹשֶׁה אֶל הַמַּחֲנֶה הוּא וְזִקְנֵי יִשְׂרָאֵל. וְרוּחַ נָסַע מֵאֵת ה' וַיָּגָז
שַׂלְוִים מִן הַיָּם וַיִּטֹּשׁ עַל הַמַּחֲנֶה כְּדֶרֶךְ יוֹם כֹּה וּכְדֶרֶךְ יוֹם כֹּה סְבִיבוֹת הַמַּחֲנֶה וּכְאַמָּתַיִם עַל

לב פְּנֵי הָאָרֶץ. וַיָּקָם הָעָם כָּל הַיּוֹם הַהוּא וְכָל הַלַּיְלָה וְכֹל יוֹם הַמָּחֳרָת וַיַּאַסְפוּ אֶת הַשְּׂלָו הַמַּמְעִיט
אָסַף עֲשָׂרָה חֳמָרִים וַיִּשְׁטְחוּ לָהֶם שָׁטוֹחַ סְבִיבוֹת הַמַּחֲנֶה.

לג לד הַבָּשָׂר עוֹדֶנּוּ בֵּין שִׁנֵּיהֶם טֶרֶם יִכָּרֵת וְאַף ה׳ חָרָה בָעָם וַיַּךְ ה׳ בָּעָם מַכָּה רַבָּה מְאֹד. וַיִּקְרָא אֶת
שֵׁם הַמָּקוֹם הַהוּא קִבְרוֹת הַתַּאֲוָה כִּי שָׁם קָבְרוּ אֶת הָעָם הַמִּתְאַוִּים.

לה מִקִּבְרוֹת הַתַּאֲוָה נָסְעוּ הָעָם חֲצֵרוֹת וַיִּהְיוּ בַּחֲצֵרוֹת.

פירוש העניין

מיד לאחר התלונה בתבערה באה תלונה נוספת: מיאוסם באכילת מָן ותאוותם לאכול בשר. לעומת סיפור החטא בתבערה שאינו מפורט, ואף לא ברור מהו החטא, החטא בקברות התאווה זוכה לפירוט רב.

האספסוף החל להתלונן, ושאר העם נדבק בתלונתם ("וַיָּשֻׁבוּ וַיִּבְכּוּ גַּם בְּנֵי יִשְׂרָאֵל", ד).* התאווה לאכילת בשר באה ביחד עם עיוות הזיכרון של מצבם במצרים, כאילו אכלו שם אוכל טוב ומגוון (ה), ועתה הם מתלוננים על השגרה המשעממת של אכילה בלעדית של המן המייבש את נפשם. יש כפיות טובה בכך שהעם זכר את השהייה שלו במצרים לטובה במקום את היציאה משם, וגם במיאוס שלהם במן, שהרעיף ה' עליהם כשלא היה להם מה לאכול. אף כי היו להם עדרים, אלה היו מתכלים מהר ולא מספיקים להזין את כל העם לאורך זמן (רמב"ן לפסוק ד).[33] כנגד תלונות העם, התורה מציגה את מעלות המן, כדי לבקר את העם על תלונתם, ולקבוע שהתלונה אינה מוצדקת (ז-ט). תיאור המן בצורה קצת אחרת מצוי בשמות ט"ז, יד, לא.

לאור חומרת החטא, אין פלא שהתגובה של ה' היא כעס גדול: "וַיִּחַר אַף ה' מְאֹד" (י). גם משה קיבל את תלונתם בצורה קשה: "וּבְעֵינֵי מֹשֶׁה רָע" (י). מפתיע כי תגובת משה לתלונת העם במקרה זה שונה מאוד מתגובתו לתלונת העם בתבערה. בניגוד לתבערה, במקרה זה משה אינו מתפלל בעד העם, להפך, הוא מתלונן על העם, ואף מלין על ה' על שהטיל עליו את האחריות להנהיג את העם, ומבכה את מר גורלו (יא). משה מדמה עצמו לאימו של העם, אך טוען שלא הרה את העם ולא ילד אותו, ולכן הוא מתלונן על כי ה' מצפה ממנו שיישא את העם בחיקו, כפי שעושה אֵם לילדהּ (יב). הוא תמה כיצד הוא יכול להיענות לרצון העם ולתת לו בשר (יג), ומסקנתו החריפה היא שאינו יכול להמשיך ולהנהיג את העם, ושמשא הנהגת העם כבד עליו (יד), ומעדיף שה' ימית אותו (טו). ניכר כי הצטברות תלונות העם הביאה את משה למשבר ביחס ליכולתו להנהיג את העם. ועם זאת הסמיכות של שני החטאים, בתבערה ובקברות התאווה, ושתי התגובות השונות של משה, מבליטות את הפער הגדול בהתנהגות משה בשני האירועים. בנוסף לכך, גם תגובתו השונה של ה' לשני החטאים האלה מובלטת באמצעות סמיכות הפרשיות. לאחר תלונת העם בתבערה, מיד העניש ה' את העם. העם התלונן ופנה אל משה, ובמענה לתפילתו, אש כעסו של ה' שקעה. לעומת זאת בחטא בשר התאווה, אף שה' כעס מאוד על העם (י), הוא אינו מענישם מיד, עד לאחר שמילא את רצון העם לאכול בשר (לג).

העולה מההתנהגות השונה של משה הוא שהנושא העיקרי בסיפור זה הוא משה.

* חלקו חכמים אם אלה גרים שעלו עם ישראל ממצרים, או אלה הם הזקנים. תנחומא (בובר) בהעלותך כז (עמ' 60): "מהו והאספסוף, ר' שמעון בן מנסיא ור' שמעון בר אבא, חד אמר אלו הגרים שעלו עמהם ממצרים הנאספים עליהם, שנאמר וגם ערב רב וגו' (שמות י"ב, לח). וחד אמר אין אספסוף אלא סנהדרין, שנאמר אספה לי [שבעים איש]".

התנהגותו המפתיעה של משה בסיפור קברות התאווה בולטת לאור ההתנהגות המוכרת והצפויה ממשה, כפי שנהג בסיפור תבערה. מה ביקשה התורה למסור בהצגה המפתיעה של משה בסיפור זה?

ה' מציע פתרונות לשתי הבעיות שהעלה משה (טז-כ). ראשית הוא פותר את בעיית הנהגתו של משה (טז-יז). הוא מצווה את משה לאסוף שבעים איש מזקני ישראל ולהביא אותם לאוהל מועד ושם יעמדו יחד עם משה, וכשה' ידבר איתו הוא יאציל מרוחו של משה על הזקנים, שיסייעו לו להנהיג את העם. הזקנים שנבחרו לא היו אנונימיים, אלא היו כבר זקני העם. בפסוקים יח-כג עובר ה' להתייחס לבעיית דרישת העם לאכול בשר, ומבטיח לעם בשר לזמן ממושך, עד אשר יימאס עליהם הבשר (יח-כ). פעמיים בדברי ה' יש ביקורת על טענת העם שכביכול היה להם טוב במצרים (יח), על החרטה שלהם על היציאה משם, ועל מאיסת ה' (כ).

בנוסף לתגובה הבלתי אופיינית של משה לתלונת העם על המן, גם תגובתו של משה להבטחת ה' לתת לעם בשר היא מפתיעה, שכן משה מפקפק אם ה' יכול לתת לעם בשר במשך תקופה ארוכה, אף שמשה הוא זה שעל ידיו הביא ה' ניסים ונפלאות כנגד מצרים, העביר את העם בים סוף ונתן למשה את לוחות הברית במעמד הר סיני.[34] תגובת ה' צפויה: "וַיֹּאמֶר ה' אֶל מֹשֶׁה הֲיַד ה' תִּקְצָר עַתָּה תִרְאֶה הֲיִקְרְךָ דְבָרִי אִם לֹא" (כג). איך להבין את תגובתו של משה למה שבישר לו ה'?

לפני שהסיפור יתאר את ביצוע הבטחת ה' לתת לעם בשר, עובר החלק הבא של הסיפור לתאר את העברת רוחו של משה לזקנים, כמענה של ה' לתלונת משה בדבר ההנהגה (כג-ל). הזקנים מתקבצים מסביב לאוהל ואז יורד ה' לדבר עם משה, ומאציל מרוחו על הזקנים, ומיד הם מתחילים להינבא (כה). הרוח הנאצלת היא הרוח הנבואית של ה', כפי שעולה מכך שהרוח עוברת בעת שה' מדבר עם משה, ומכך שמיד הזקנים מתחילים להינבא, אף כי הנבואה היא חד פעמית. אין הסבר בסיפור כיצד העברת הרוח לשבעים הזקנים פותרת את בעיית העומס על משה. מסתבר אפוא שהעיקר אינו פתרון בעייתו של משה, והדרך שבה התנהל העם בעקבות הפתרון, אלא הצגת מוגבלותו של משה, והרחבת מנהיגותו לרבים נוספים בעם.

אף שהעברת רוח משה לזקנים היא הפתרון לתלונת משה, מדגיש הסיפור בעיקר את עניין התנבאות אלדד ומידד, שלא נכללו בשבעים הזקנים. על פי חז"ל נבחרו שישה אנשים מכל שבט, וסך הכול שבעים ושניים, ומתוכם קיבלו את הרוח שבעים בלבד. השניים הנותרים הם אלדד ומידד שלא הגיעו לאוהל מועד,[35] ואף על פי כן התנבאו.[36] מכיוון שלא היו כלולים בשבעים יהושע רואה את ההתנבאות שלהם כחריגה, ועל כן הוא מציע למשה לכלוא אותם (כח). אולם משה אומר לו: "הַמְקַנֵּא אַתָּה לִי וּמִי יִתֵּן כָּל עַם ה' נְבִיאִים כִּי יִתֵּן ה' אֶת רוּחוֹ עֲלֵיהֶם" (כט). מה עומד מאחורי הכללת הדיאלוג בין משה לבין יהושע, ומה הוא תורם לסיפור?

לאחר שההנהגה התרחבה, חוזר הסיפור לנושא הבשר (ל-לג). גם כאן מופיעה רוח,

הפעם על מנת להביא שלווים מן הים (ל). המקרא מתאר כמות עצומה של שלווים שהגיעו אל סביבות המחנה. השלווים נערמו בגובה שתי אמות סביבות המחנה, או שהשלווים עפו בגובה נמוך של שתי אמות מגובה הקרקע, ונאספו בכמויות עצומות (לא). תאוותם ביקשה לבוא על סיפוקה באכילת הבשר, אך היא התבטאה גם בדרך אכילתם (לב-לג). עתה לאחר שהסיפור הסתיים, ה' מעניש בכעסו את העם ומכה בהם מכה גדולה מאוד: "הַבָּשָׂר עוֹדֶנּוּ בֵּין שִׁנֵּיהֶם טֶרֶם יִכָּרֵת וְאַף ה' חָרָה בָעָם וַיַּךְ ה' בָּעָם מַכָּה רַבָּה מְאֹד" (לג).

הסיפור נחתם בצורה אופיינית, בקריאת שם המקום קברות התאווה, ובהסבר מדוע נקרא שם זה, וכן בהמשך הנסיעה, מקברות התאווה לחצרות: "וַיִּקְרָא אֶת שֵׁם הַמָּקוֹם הַהוּא קִבְרוֹת הַתַּאֲוָה כִּי שָׁם קָבְרוּ אֶת הָעָם הַמִּתְאַוִּים. מִקִּבְרוֹת הַתַּאֲוָה נָסְעוּ הָעָם חֲצֵרוֹת וַיִּהְיוּ בַּחֲצֵרוֹת" (לד-לה).

מבנה הסיפור ומשמעותו

עד כה בסיפור עמדנו על תגובותיו הייחודיות של משה לחטאו של העם ולפתרון של ה' לבעיה זו. כמו כן, עמדנו על שאלת ההתרכזות של הסיפור בהתנבאות של אלדד ומידד והדיאלוג של משה ויהושע בעניין. הפתרון לכך נעוץ במבנה מהותי של הסיפור שעליו עמדנו קודם: המעברים לסירוגין בין סיפור התלונה של העם על רצונם לאכול בשר תאווה, לבין סיפור העברת רוחו של משה לזקנים:

ד-י – תלונת העם על היעדר בשר.

יא-טו – תלונת משה על כך שאינו יכול להנהיג את העם.

טז-יז – בשורת ה' לבעיית ההנהגה: האצלת רוח משה על שבעים זקנים שיישאו עם משה את משא העם.

יח-כג – בשורת ה' למשה שה' יפתור את בעיית הבשר.

כד-כט – פתרון בעיית ההנהגה: האצלת הרוח של משה על שבעים הזקנים.

ל-לב – פתרון בעיית הבשר, ה' שולח למחנה ישראל שלווים.

לג-לד – עונש ה' לעם בגלל התלונה על הבשר.

איך להבין את השילוב של שני הנושאים, נושא בשר התאווה ונושא בעיית ההנהגה בסיפור? התמיהה עולה לאור העובדה שהקשר העלילתי בין שני הנושאים קיים בנקודה אחת בסיפור: כאשר העם מתלונן אל משה, בתגובה מתלונן משה אל ה' שאינו יכול לשאת את העם יותר (יג), אולם לאחר מכן הסיפור עובר מעניין לעניין לסירוגין. לאחר שה' מציג את הפתרון של העברת הרוח לשבעים הזקנים (טז-יז), הביצוע של הפתרון אינו בא מיד אלא רק לאחר שה' מציג את הפתרון לתלונות העם (יח-כג). ושוב עובר הסיפור לדבר על הביצוע של העברת הרוח של משה לזקנים (כד-כט), ורק אחר כך שוב חוזר הסיפור לעסוק בנושא השליו (ל-לב).

אף כי הנושאים לכאורה שונים במהותם יש זיקות מסוימות ביניהם. המילה רוח היא מילת מפתח בשני הנושאים. תלונת משה נענית כאשר רוחו עוברת לזקנים (יז, כה, כו, כט), ובעיית תאוות העם נפתרת כאשר הרוח מביאה כמות אדירה של שלווים למחנה (לא). גם המילה אסף משתלבת בפתרון של שתי הבעיות. ה' מצווה את משה לאסוף שבעים איש מזקני ישראל (טז). לאחר שהרוח עברה אליהם, הם ומשה נאספים (ל). כאשר השליו מגיע למחנה העם אוסף את השליו (לב).

כמפתח לפתרון הבעיות השונות בסיפור – הבנת השילוב של שני הנושאים לסירוגין, והבנת הסיפור ומשמעותו – נעיין בשני דיאלוגים המתקיימים בכל אחד מהנושאים, אחד בין ה' לבין משה בעניין הבשר (כא-כג), והשני, בין משה לבין יהושע בעניין האצלת הרוח (כז-כט). בסיפור תלונת העם, מפקפק משה אם ה' יכול לספק בשר לכל העם במשך חודש ימים, וה' גוער בו על כך. ה' מציג גישה מרחיבה, שלפיה כל העם יאכל בשר במשך חודש שלם. משה מציג תפיסה מצמצמת, המניחה שהדבר בלתי אפשרי. עמדות דומות קיימות בסיפור תלונת משה והעברת הרוח לשבעים הזקנים, בדיאלוג בין משה ליהושע, אלא שעמדתו של משה הפוכה. גישתו המרחיבה של משה מקבילה לדעת ה' בסיפור תלונת העם, וגישתו המצמצמת של יהושע בסיפור זה מקבילה לדעת משה בסיפור תלונת העם. יהושע הוא הנוקט גישה מצמצמת, ורואה בשלילה את האפשרות שהרוח של משה תורחב מעבר לשבעים הזקנים, ועל כן הוא רואה את ההתנבאות של אלדד ומידד כפריצה מעבר לגבול. משה לעומת זאת אוחז גישה מרחיבה, הוא סבור שהרחבה זו של הרוח היא חיובית, ואף מייחל למצב שבו כל העם יתנבא.

סיפור זה עוסק אפוא בשאלת הרחבת גבולות וצמצומם, הן באורח החיים הטבעי של העם הן באופי ההנהגה של משה. השאלה היא עד כמה ניתן להרחיב את הייחודי ואת הניסי. עמדה אחת היא זו אשר מצמצמת את הייחודי ושואפת לראות את המציאות ההדרגתית והטבעית, והשנייה פורצת גדר זו ומאפשרת לרובד הניסי לתפוס מקום מרכזי גדול יותר במציאות. לפי זה נוכל להבין שמשה אינו מפקפק באפשרות של ה' לחולל ניסים, אלא שהוא אינו מכוון לערוץ הניסי. הוא מסתכל על המציאות הטבעית, ובמציאות זו אין הוא רואה כיצד ניתן לתת לכל העם בשר. אכן עניין זה מוכח מדבריו אל ה': "מֵאַיִן לִי בָּשָׂר לָתֵת לְכָל הָעָם הַזֶּה כִּי יִבְכּוּ עָלַי לֵאמֹר תְּנָה לָּנוּ בָשָׂר וְנֹאכֵלָה" (יג). הוא סבור שדרישת העם מופנית אליו כמנהיג, ועליו למצוא פתרונות, ומשום כך הוא מתרעם ומתייאש מהעם. האפשרות שה' יעשה נס בשל תלונתם אינה רלוונטית מבחינתו בשלב זה. אין קוצר אמונה מצידו, אלא לנגד עיניו העולם הטבעי והשגרתי. ה' לעומת זאת קובע שבעבור נתינת בשר לעם יש מקום לפרוץ את התחום הטבעי ולעשות מעשים שהם מבעד למסגרת הטבעית, ועל כך הוא גוער במשה.

נושא פריצת הגבולות והרחבת היוצא דופן הוא גם עיקרה של בעיית ההנהגה. תפיסות דומות יש בדיאלוג שבין משה לבין יהושע. משה התלונן כי אינו יכול לשאת את משא העם, וכפתרון לכך ה' מאציל את רוחו של משה על שבעים זקנים. משה מקבל את הפתרון, ואת הפריצה אל מסגרת הנהגה רחבה יותר. משה הוא בעל רוח אלוהית מיוחדת, והאצלת הרוח

והרחבתה לשבעים זקנים מכל העם, נראית לו נכונה. הייחוד של משה הופך להיות נחלת עשרות רבות של אנשים. היחס המצמצם של משה ביחס לאכילת בשר מופיע גם בנושא ההנהגה שלו, הוא מתלונן על כך שהוא אינו יכול להנהיג את העם. הפתרון הוא הרחבת ההנהגה. הסתייגות מהמהלך באה מאת יהושע. יהושע כמובן אינו מסתייג מהמהלך שה׳ יזם אותו, ומשה מעוניין בו, אבל הוא פוצה פיו כאשר הייתה סטייה מהכוונה המקורית, ושניים נוספים על השבעים התנבאו. כאן יהושע מייצג גישה שהיציאה מהייחודית צריכה להיות מצומצמת, והנבואה צריכה להיות מוגבלת. משה בעניין זה מייצג גישה פורצת וללא גבולות: ״וַיֹּאמֶר לוֹ מֹשֶׁה הַמְקַנֵּא אַתָּה לִי וּמִי יִתֵּן כָּל עַם ה׳ נְבִיאִים כִּי יִתֵּן ה׳ אֶת רוּחוֹ עֲלֵיהֶם (כט).

בסופו של דבר הסיפור מציג את הנורמה של חיים ללא בשר, שכן שפע הבשר היה זמני. בדומה לכך גם בעניין ההנהגה. רוחו של משה התרחבה, ועוד שבעים זקנים קיבלו האצלה מרוחו האלוהית של משה, ובזכות זה ניבאו. אולם נבואתם הייתה חד פעמית, והייחול של משה שכל העם יהיו נביאים אינה אלא בגדר משאלת לב. הסיפור אם כן בסופו שובר את הגבולות של הסיפור בתחילתו ונקבעים גבולות נוספים רחבים יותר.

הסיפור בהקשרו

מכאן נבין את משמעות הסיפור בהקשרו בספר עד כה. סיפור זה בא להציג את מוגבלותו של משה ואת העובדה שרוחו נאצלת לשבעים זקנים. עד כה הופיע משה כאישיות חד פעמית, מיוחדת במינה, ובעל קשר ייחודי עם ה׳, וכאן הוא לפתע מתגלה בחולשתו ובחוסר היכולת שלו להתמודד עם תלונות העם. פתרון הבעיה הוא שרוחו של משה תעבור לזקנים, אשר ייהנו מעתה ממעמד מיוחד. יש לראות את הסיפור הזה על רקע התמה המרכזית מתחילת הספר. פרקי הספר עד כה הציגו מעמדות וגבולות, אך לצד זה בכל מקום מוצג ערעור על המדרג ועל הגבולות של המעמדות. כך למשל, ראינו שהלוויים הם בחירי ה׳ מצד אחד, ומצד שני העם ממנה אותם. הכוהן הוא בעל מעמד בכיר וייחודי בעבודת המקדש, ועם זאת מצוות הנזיר משקפת רעיון הפוך, שכל אדם יכול להידמות לכוהן. בסיפור חנוכת המזבח, הנשיאים היו הגורם המרכזי, לאחר שבימי המילואים הכוהנים היו במוקד. בסיפור החטא בקברות התאווה גם מעמדו של משה עומד לבחינה. מצד אחד הוא המנהיג הבלתי מעורער של העם, ורוחו של ה׳ עליו. כאשר העם חוטא בסיפור התבערה, משה מתפלל אל ה׳ וגורם לשקיעת האש. אולם בסיפור קברות התאווה מתברר שמשה מתקשה בהנהגת העם, והינה גם מעמדו הבלעדי נפרץ ואחרים מסייעים לו לאחר שרוחו של משה נאצלה עליהם.

הסיפור בקברות התאווה וסיפור המן והשליו בשמות ט״ז

התלונה על המן בסיפור כאן מניחה את סיפור קבלת המן בשמות ט״ז. על אף שבשניהם עולה עניין המן, ובשניהם ניתן להם שליו, הסיפורים שונים, וטיב החטא הוא שונה. בשמות ט״ז,

החטא היה התלונה של העם על חשש שאין מה לאכול במדבר, לכן ניתן להם מן כפתרון קבע בכל שנותם במדבר. חטא נוסף היה הגעגוע לאוכל במצרים (ב–ג), וכנגד זה ניתן להם שליו באופן חד פעמי, והדבר תופס מקום צדדי בסיפור שם (יב–יג). בסיפור בבמדבר שוב מתלונן העם בעקבות געגוע לאכילת בשר, אבל לא בשל רעבונם, שכן יש להם מן, אלא שנמאס להם לאכול מן, ועל כך נענשים. ה׳ נותן להם בשר במשך חודש, ובכך מלמד אותם שלא המן הוא הבעייתי, שכן גם מהבשר יימאס להם בסוף, אף כי העם נענש לאחר היום הראשון שקיבל את השליו (פסוק לג).* הבעיה היא ההתייחסות שלהם למה שה׳ נותן להם.

מכיוון שבשמות מתן השליו היה חד פעמי, משה אינו מגיב על תוכניתו של ה׳ לספק בשר לעם. לעומת זאת בסיפור בבמדבר משה מביע את פליאתו, מכיוון שה׳ הבטיח שהוא ייתן לעם בשר במשך חודש ימים.

ההבדל העיקרי בין הסיפורים הוא התגובה של משה לתלונות העם. התגובה הספקנית של משה בסיפור בבמדבר מתאימה לכך שהסיפור ביקש לעמוד על שאלת מנהיגותו של משה, ועל הצורך באנשים נוספים שרוחו של משה תעבור אליהם.

הסיפור של האצלת רוחו של משה וסיפור מינוי השופטים בשמות י״ח

אין חפיפה בין סיפור זה לבין סיפור מינוי השופטים בשמות י״ח, והם שונים במהותם.** בשמות י״ח, הקושי של משה הוא היותו שופט יחידי לכל העם. הפתרון של יתרו הוא למנות שופטים שידונו בערכאות שונות לפי גודל העניין, וכך רק הבעיות הקשות יגיעו אל משה. לעומת זאת הבעיה של משה כאן הייתה העומס של משא תלונות ישראל. הפתרון הוא שיהיו עוד אנשים רבים, שבעים במספר, שיש בהם רוח ה׳, שגם הם יהיו נביאים, וישמשו כתובת לעם לתלונותיו.

* כבר המדרש בספרי פיסקא צד (מהדורת הורוויץ, עמ׳ 94) היה ער לשאלה זו, ופירש שעד חודש ימים הכוונה לכשרים, והרשעים הם אלו שמתו כאשר הבשר היה בין שיניהם.

** מדרש תנחומא (בובר) בהעלותך כז (עמ׳ 60), עסק בשאלה זו, ומציע שהזקנים נהרגו בעונש בתבערה. רש״י בפירושו לפסוק טז נקט כמדרש זה.

מרים ואהרן מדברים סרה במשה, י"ב, א-טז

א ב וַתְּדַבֵּר מִרְיָם וְאַהֲרֹן בְּמֹשֶׁה עַל אֹדוֹת הָאִשָּׁה הַכֻּשִׁית אֲשֶׁר לָקָח כִּי אִשָּׁה כֻשִׁית לָקָח. וַיֹּאמְרוּ
ג הֲרַק אַךְ בְּמֹשֶׁה דִּבֶּר ה׳ הֲלֹא גַּם בָּנוּ דִבֵּר וַיִּשְׁמַע ה׳. וְהָאִישׁ מֹשֶׁה עָנָו מְאֹד מִכֹּל הָאָדָם אֲשֶׁר
עַל פְּנֵי הָאֲדָמָה.

ד וַיֹּאמֶר ה׳ פִּתְאֹם אֶל מֹשֶׁה וְאֶל אַהֲרֹן וְאֶל מִרְיָם צְאוּ שְׁלָשְׁתְּכֶם אֶל אֹהֶל מוֹעֵד וַיֵּצְאוּ שְׁלָשְׁתָּם.
ה ו וַיֵּרֶד ה׳ בְּעַמּוּד עָנָן וַיַּעֲמֹד פֶּתַח הָאֹהֶל וַיִּקְרָא אַהֲרֹן וּמִרְיָם וַיֵּצְאוּ שְׁנֵיהֶם. וַיֹּאמֶר שִׁמְעוּ נָא
ז דְבָרָי אִם יִהְיֶה נְבִיאֲכֶם ה׳ בַּמַּרְאָה אֵלָיו אֶתְוַדָּע בַּחֲלוֹם אֲדַבֶּר בּוֹ. לֹא כֵן עַבְדִּי מֹשֶׁה בְּכָל
ח בֵּיתִי נֶאֱמָן הוּא. פֶּה אֶל פֶּה אֲדַבֶּר בּוֹ וּמַרְאֶה וְלֹא בְחִידֹת וּתְמֻנַת ה׳ יַבִּיט וּמַדּוּעַ לֹא יְרֵאתֶם
ט י לְדַבֵּר בְּעַבְדִּי בְמֹשֶׁה. וַיִּחַר אַף ה׳ בָּם וַיֵּלַךְ. וְהֶעָנָן סָר מֵעַל הָאֹהֶל וְהִנֵּה מִרְיָם מְצֹרַעַת כַּשָּׁלֶג
יא וַיִּפֶן אַהֲרֹן אֶל מִרְיָם וְהִנֵּה מְצֹרָעַת. וַיֹּאמֶר אַהֲרֹן אֶל מֹשֶׁה בִּי אֲדֹנִי אַל נָא תָשֵׁת עָלֵינוּ חַטָּאת
יב אֲשֶׁר נוֹאַלְנוּ וַאֲשֶׁר חָטָאנוּ. אַל נָא תְהִי כַּמֵּת אֲשֶׁר בְּצֵאתוֹ מֵרֶחֶם אִמּוֹ וַיֵּאָכֵל חֲצִי בְשָׂרוֹ.
יג יד וַיִּצְעַק מֹשֶׁה אֶל ה׳ לֵאמֹר אֵל נָא רְפָא נָא לָהּ. וַיֹּאמֶר ה׳ אֶל מֹשֶׁה וְאָבִיהָ יָרֹק יָרַק בְּפָנֶיהָ
טו הֲלֹא תִכָּלֵם שִׁבְעַת יָמִים תִּסָּגֵר שִׁבְעַת יָמִים מִחוּץ לַמַּחֲנֶה וְאַחַר תֵּאָסֵף. וַתִּסָּגֵר מִרְיָם
טז מִחוּץ לַמַּחֲנֶה שִׁבְעַת יָמִים וְהָעָם לֹא נָסַע עַד הֵאָסֵף מִרְיָם. וְאַחַר נָסְעוּ הָעָם מֵחֲצֵרוֹת וַיַּחֲנוּ
בְּמִדְבַּר פָּארָן.

פירוש העניין

סיפור זה מצוי בין שני פסוקים המתארים מסעות: בפרק י"א, לה, נאמר שהעם נסעו מקברות התאווה לחצרות, ובפרק י"ב, טז, העם עובר מחצרות למדבר פארן. פרק י"ב מתרחש בחצרות.

מרים ואהרן דיברו סרה במשה (א-ב). נראה כי מרים היא יוזמת הדיבור, כפי שעולה מכך שהכתוב הקדימה לאהרן, ובעיקר מכך שהיא היחידה שנענשה. הם השמיעו שתי טענות, האחת היא שמשה התחתן עם אישה כושית, והשנייה היא שאין למשה יחס מיוחד עם ה', ושה' לא דיבר רק באמצעות משה אלא גם דרכם. אף כי נראה שאלה שתי טענות נפרדות, מסתבר שיש קשר ביניהן. טענתם שמשה לקח אישה כושית באה להציג אותו באופן נחות – שמשה הוא ככל האדם, ואף נשא אישה שאינה ראויה לאדם נכבד. וכמו שהתנהלותו בחייו האישיים היא רגילה, אף יחסיו עם ה' אינם יוצאי דופן.

שניים יכולים להגיב לדברים האלה, האחד הוא ה' שיכול לומר מה מעמדו של משה ביחס למרים ואהרן. והשני הוא משה, שבו אחיו דיברו סרה. אכן מיד המקרא מסיט את נקודת המבט אל משה ואל ה': "וַיִּשְׁמַע ה'. וְהָאִישׁ מֹשֶׁה [ענו] עָנָיו מְאֹד מִכֹּל הָאָדָם אֲשֶׁר עַל פְּנֵי הָאֲדָמָה" (ב-ג). בתחילה ה' שומע ולא עונה. ואז נקודת המבט עוברת למשה, אך במקום לשמוע ממנו תגובה, המקרא מסביר מדוע משה לא עונה: משה הוא עניו מאוד, וממשיך הכתוב לאפיין אותו כעניו יותר מכל האנשים בעולם. אין ספק שזהו תיאור יוצא דופן. משה סופג את העלבון בלא תגובה, אך עתה יוכיח ה' את מעמדו המיוחד של משה, ואת חטאם וקלונם של המדברים בו – אהרן, ובעיקר מרים.

בפתע פתאום מתגלה ה' אל משה, אהרן ומרים ומצווה עליהם לצאת, כנראה מאוהליהם אל אוהל מועד (ראב"ע).[37] ההתגלות של ה' "פתאום", באה לציין שהתגלות זו היא חריגה, וההתגלות של ה' לא הייתה שכיחה אצל מרים ואהרן. גם מילת הציווי "צאו", מחזקת את התחושה שמקומם הוא בביתם, ועתה באופן חריג הם יוצאים אל אוהל מועד. שלושתם הולכים לאוהל מועד, ואז התגלות ה' ניכרת באמצעות ירידת הענן על אוהל מועד: "וַיֵּרֶד ה' בְּעַמּוּד עָנָן וַיַּעֲמֹד פֶּתַח הָאֹהֶל" (ה). מעניין שמשה, אהרן ומרים נמצאים בתוך אוהל מועד, אבל הענן, שלא כפי שרגיל הדבר, אינו שוכן על האוהל אלא יורד לפתח האוהל. בכל זאת הקורא עשוי לקבל תחושה שההתגלות של ה' היא למשה, אהרן ומרים גם יחד, אולם מיד נשמע קול: "וַיִּקְרָא אַהֲרֹן וּמִרְיָם", והם יוצאים החוצה לפתח אוהל מועד, אל המקום שבו הענן ירד "וַיֵּצְאוּ שְׁנֵיהֶם", אך משה נשאר באוהל מועד. כבר באופן זה נעשית הבחנה בין אהרן ומרים לבין משה. ה' רוצה לדבר עם אהרן ומרים, אבל רוצה להראות את ההבחנה בינם לבין משה, ואשר על כן הוא קורא בתחילה לשלושתם, אולם את משה הוא ישאיר באוהל, והוא קורא החוצה לפתח האוהל רק את מרים ואהרן. ה' לא מתגלה לאהרן ומרים באוהל אלא רק בפתחו. דרך מקומה של ההתגלות, בהבחנה שבין מקומו של משה לעומת מקומם של מרים ואהרן, מתוודעים הצופים להבדל שבינם לבין משה.

עתה מגיע העיקר, והוא תוכן דברי ה' אל מרים ואהרן על ההבדל בין נבואתם לבין

נבואת משה (ו-ח). ההבחנה בין משה לבין מרים ואהרן היא ברמת הנבואה. הנבואה של אהרן ומרים היא במראה ובחלום, ולעומת זאת, משה הוא נאמן בביתו של ה׳, וכמו שעבד קרוב אצל רבו, כך משה הוא עבד נאמן של ה׳. ה׳ מדבר עם משה במילים פה אל פה, כשיחה בין בני אדם, וכמו שמסביר ספורנו ״שהנבואה אליו היא בלתי תרדמת חושיו״. בניגוד לאהרן ומרים שרואים התגלות בחלום משה יכול לראות את תמונת ה׳. על כן נוזף ה׳ במרים ובאהרן: ״וּמַדּוּעַ לֹא יְרֵאתֶם לְדַבֵּר בְּעַבְדִּי בְמֹשֶׁה״ (ח).

העיצוב של דברי ה׳ במבנה מתהפך בא להעצים את ההבדל בין שאר הנביאים לבין משה:

וַיֹּאמֶר שִׁמְעוּ נָא דְבָרָי,
אִם יִהְיֶה נְבִיאֲכֶם, ה׳,
בַּמַּרְאָה אֵלָיו אֶתְוַדָּע,
בַּחֲלוֹם אֲדַבֶּר בּוֹ.
לֹא כֵן עַבְדִּי מֹשֶׁה, בְּכָל בֵּיתִי נֶאֱמָן הוּא.
פֶּה אֶל פֶּה אֲדַבֶּר בּוֹ,
וּמַרְאֶה וְלֹא בְחִידֹת,
וּתְמֻנַת ה׳ יַבִּיט,
וּמַדּוּעַ לֹא יְרֵאתֶם לְדַבֵּר בְּעַבְדִּי בְמֹשֶׁה.

חציו הראשון של המבנה מתאר את סוג הנבואה של נביאים אחרים, ומנגד חציו השני מציג את ייחוד הנבואה של משה. דברי ה׳ בתחילה באים כהקדמה לדבריו, ונועדו לשמש כניגוד לדברי האחים, אשר כנגדם יש טענה חזיתית בסוף המבנה (״שמעו נא דברי״/״ומדוע לא יראתם לדבר...״). במרכז המבנה מצוי היחס המיוחד שבין ה׳ לבין משה: ״לֹא כֵן עַבְדִּי מֹשֶׁה בְּכָל בֵּיתִי נֶאֱמָן הוּא״. מרכז המבנה מדגיש שמשה אינו רק נביא מיוחד, אלא הוא גם הנאמן בכל ביתו של ה׳. ייחוד דיבור ה׳ עם משה הוא שה׳ מדבר איתו באופן בלתי אמצעי (״פה אל פה״), ויש למשה ראייה בלתי אמצעית בראיית ה׳ (תמונת ה׳ יביט), לעומת דיבורו עם נביאים אחרים שהוא באמצעות מראות וחידות. בצורה דומה נאמר בשמות ל״ג, יא: ״וְדִבֶּר ה׳ אֶל מֹשֶׁה פָּנִים אֶל פָּנִים כַּאֲשֶׁר יְדַבֵּר אִישׁ אֶל רֵעֵהוּ״. וכן בדברים ל״ד, י: ״וְלֹא קָם נָבִיא עוֹד בְּיִשְׂרָאֵל כְּמֹשֶׁה אֲשֶׁר יְדָעוֹ ה׳ פָּנִים אֶל פָּנִים״.

לאחר שה׳ הסביר למרים ואהרן את ייחודו של משה ואת נחיתותם ביחס אליו מבחינת רמת נבואתם, הכתוב מביע את כעסו של ה׳: ״וַיִּחַר אַף ה׳ בָּם וַיֵּלַךְ״ (ט). נראה כי הקביעה ״וילך״, מתייחסת להסרת הענן מעל האוהל הרשומה בפסוק הבא: ״וְהֶעָנָן סָר מֵעַל הָאֹהֶל״. ובכל זאת יש קביעה חריגה ומפורשת שה׳ הלך, בנפרד מהקביעה שהענן סר. הקביעה ״וילך״ באה להדגיש באופן ישיר את כעסו של ה׳, וכיוון שכך את ריחוקו מהאחים, ואת העובדה שהוא נגלה אליהם עתה לצורך גערה במרים ובאהרן, ולשם הדגמה מוחשית להבחנה בין נבואתם שלהם לזו של משה.

עתה מגיע שלב העונש, ועם הסרת הענן מתגלה שמרים מצורעת. מרים נענשת ולא

אהרן, ככל הנראה משום שהיא יזמה את הדיבור על משה כפי שעלה בתחילת הסיפור. גילוי הצרעת של מרים מנוסח בשני ניסוחים מצורפים, האחד מצד המספר "וְהִנֵּה מִרְיָם מְצֹרַעַת כַּשָּׁלֶג" (י), והאחד מנקודת התצפית של אהרן, המפנה מבטו אליה ורואה שהיא מצורעת: "וַיִּפֶן אַהֲרֹן אֶל מִרְיָם וְהִנֵּה מְצֹרָעַת" (י). הכתוב מציג אפוא הן את שלב העונש של ה' על ידי עמדת המספר, כדי להדגיש את כעסו של ה' ואת העונש שהטיל עליה, הן את העמדה של אהרן בנפרד, באשר הוא עתיד לבקש מיד ממשה להתפלל בעדה.

פניית אהרן למשה להתפלל עבור מרים היא נקודת המפנה של הסיפור, שבה מתחלף היחס המזלזל במשה בהכרה בקרבתו של ה' אליו, ועל כן תחינתו של אהרן אל משה שיתפלל בעד מרים. בניגוד למחשבתם שנבואתו של משה אינה ייחודית, והם אינם שונים ממנו, עתה נזקקים מרים ואהרן לקרבתו של משה אל ה'. התברר להם שטעו, והם זקוקים לתיווכו של משה כדי לרפא את מרים. בכך הם קיבלו את הבכירות של משה ביחסו אל ה', ושתפילתו יכולה להישמע, כפי שאמר להם ה'. אהרן מתחנן לפני משה שלא יקפיד עליהם ולא ייחס להם עוון "בִּי אֲדֹנִי אַל נָא תָשֵׁת עָלֵינוּ חַטָּאת", ומודה בחטאם ובאיוולתם "אֲשֶׁר נוֹאַלְנוּ וַאֲשֶׁר חָטָאנוּ" (יא). אהרן מבקש שמרים לא תהיה כמו ולד היוצא מת מרחם אימו כשחצי בשרו נאכל (יב). דימוי זה של אהרן הוא חריף במיוחד ביחס לצרעת של מרים, וזאת מתוך ציפייה שמשה יתפלל עבור מרים. אכן מיד מתפלל משה אל ה' בתפילה קצרה ביותר: "וַיִּצְעַק מֹשֶׁה אֶל ה' לֵאמֹר אֵל נָא רְפָא נָא לָהּ" (יג), ומיד ה' נענה לו. כך יוצא שגם הצלת מרים על ידי תפילת משה מחזקת את מעמדו של משה כקרוב במיוחד לה'. משה משנה את דעת ה', בניגוד לדברים שדיברה בו מרים. כך יצא שגם העונש של מרים וגם רפואתה הוכיחו את הפך דעתה.

ה' עונה למשה, וראשית הוא מסביר מדוע לא ייתכן לרפא אותה מיד: "וַיֹּאמֶר ה' אֶל מֹשֶׁה וְאָבִיהָ יָרֹק יָרַק בְּפָנֶיהָ הֲלֹא תִכָּלֵם שִׁבְעַת יָמִים תִּסָּגֵר שִׁבְעַת יָמִים מִחוּץ לַמַּחֲנֶה וְאַחַר תֵּאָסֵף" (יד). כמו שבת שאביה גער בה, אי אפשר שלא תתבייש בגערה, כך גם מרים שה' גער בה, עליה להיסגר שבעת ימים כעונש.

למרות חטאה ועונשה של מרים, כיבד העם אותה ולא המשיך במסעו עד אשר היא חזרה למחנה (טו). לאחר קברות התאווה הגיע העם לחצרות (י"א, לה), ששם חטאו מרים ואהרן, ולאחר שמרים נאספה אל המחנה עברו העם מחצרות למדבר פארן (י"ב, טז). ממדבר פארן נשלחו המרגלים לתור את הארץ (י"ג, ג).

הסיפור בהקשרו

סיפור הדיבור של מרים ואהרן במשה הוא המשך ישיר של סיפור החטאים בתבערה ובקברות התאווה, והוא נובע ממנו: שני הסיפורים עוסקים במעמדו של משה כמנהיג, וספציפית במעמדו כנביא.[38] מעמדו של משה מופיע בשתי עמדות הפוכות בשני הסיפורים. ראשית, ההתנבאות של הזקנים גוררת את דיבורם של מרים ואהרן כנגד משה לאחר שמעמדו ירד. משה גילה את חוסר היכולת שלו להנהיג את העם, ובעקבות זאת רוח מרוחו הנבואית של משה עוברת לשבעים זקנים, ועליהם לשאת יחד עימו את משא העם. על רקע האצלת רוחו של משה על

שבעים הזקנים, יש להבין את הדיבור של מרים ואהרן נגדו. מעמדו של משה, שעתה כבר אינו בלעדי כפי שהיה, מתפרש על ידי האחים כירידת מעמד, ומביא אותם להביע דברי סרה כנגדו. כך יש להבין את המוטיבציה ואת העיתוי של דבריהם. אפשר גם כי עם ירידת מעמדו של משה, ציפו האחים שמעמדם יעלה, והינה במקום זאת נכנס גורם חדש בהנהגת העם, הלוא אלה הזקנים, דבר שמותיר את מעמדם של מרים ואהרן על מקומו. יש להדגיש שהנושא של תפקידו של משה כמנהיג אינו עיקר הנושא, שהרי טענתם היא בתחום של טיב הקשר עם ה׳. בסיפור זה מתגלה הקשר הייחודי של משה, ועל אף ששבעים הזקנים מתנבאים מכוח רוחו של משה, משה נשאר במעמדו הרם.

אכן יש שימוש במילים מרכזיות משותפות בין פרשה זו לקודמתה. שבעים האנשים נתבקשו לבוא לאוהל ושם הם התנבאו, לאחר שרוח מרוחו של משה הואצלה עליהם. כנגד זאת, משה, אהרן ומרים נתבקשו לבוא לאוהל מועד, בדיוק מסיבה הפוכה, כדי לומר למרים ואהרן שנבואתם היא בדרגה נחותה מזו של משה, ולהבחין ביניהן. בסיפור הקודם הביע משה משאלה שכל העם יהיו נביאים, והינה בפרק י״ב, משאלה זו נסתרת. המילה אוהל מצויה בשני הסיפורים: י״א, טז, כד, כה; י״ב, ה, י. וכן גם המילה נביא בצורות שונות: י״א, כה, כט; י״ב, ו. השורש אס״ף מופיע בעניין אספת שבעים הזקנים (י״א, טז, ל); ואחר כך בחטא העם שאסף יותר מדי שלווים (י״א, לב), וכן בסיפור צרעת מרים, ששם הדבר בא לציין את נקודת התיקון של מרים וחזרתה אל המחנה (י״ב, יד, טו; ראו גם מל״ב ה׳, יא).

פרשה זו קשורה בקשר עמוק לנאמר בספר מתחילתו ועד כאן. לאורך הפרשיות עד כה התורה הציגה מעמד מסוים בעם ולצד זה היא הגבילה אותו, או הציגה את היפוכו או שבירתו, או את חיזוקו. כך הלוויים נבחרו על ידי ה׳ לשרת בקודש, והוצגו כקרובים למשכן, ושומרים עליו מפני הכניסה של העם אליו. מצד שני מודגש שהלוויים התמנו על ידי העם, הם שליחי העם לעבוד בעבודת המשכן. בדומה לכך, מעמד הכוהן התעלה על ידי ה׳ כדי שישרת בקודש, ומצד שני כל אחד מהעם יכול באופן זמני, ולעניינים מסוימים בלבד, להידמות לכוהן על ידי קבלת נזירות. לאחר שהכהונה הורחבה מבחינה מסוימת, שוב מודגש שהכוהנים לבדם הם אלה שמעבירים את ברכת ה׳ אל העם. בדומה לכך הצגת מעמדו של משה. מתגלה שאפילו מעמדו של משה אינו בלעדי, וגם ביחס למשה ניתן לדבר על הרחבת מעמדו אל מה שמֵּעבר לו. כאשר משה מתלונן על חוסר יכולתו לשאת במשא העם, בניגוד למה שראינו בסיפורים החל מספר שמות, אין ה׳ מעמיד אותו ומחזק אותו, אלא להפך, הוא מקבל את תלונתו, ומעביר מרוחו של משה לזקנים שיישאו במשא הנהגת העם עימו. כך יוצא שאפילו המעמד החד פעמי והייחודי של משה, מיטשטש לאור העברת רוחו של משה לזקנים. עם זאת, לאחר שמרים ואהרן מדברים נגדו, בא המקרא להציג נכוחה את מעמדו הרם של משה. הספר אם כן עד כה מגדיר את המעמדות בישראל, מטשטש את ההבחנות בין המעמדות, ושוב מחזק אותם. דומני שעניין זה בא להדגיש את הרעיון התיאולוגי שכל ההבחנות בין בני האדם הן הבחנות לא מהותיות אלא לצורך עניין מסוים, ובסופו של דבר, רק ה׳ נישא מעל כולם במהות.

פרשת המרגלים, י"ג-י"ד

פרשת המרגלים היא נקודת המפנה של הספר, וגם נקודת המפנה בסיפור הרחב של היציאה ממצרים מתחילת ספר שמות ועד סופו של ספר דברים לפני הכניסה לארץ. כל הפרקים עד כה בספר במדבר תיארו את סדרי המחנה והנסיעה לקראת המסע לארץ. שליחת המרגלים הייתה לשם קבלת מידע לקראת הכניסה לארץ מיד לאחר מכן. אולם כל התוכניות שנבנו במהלך הפרקים עד כה, ובעצם מתחילת ספר שמות, מופרות בעקבות חטאו של העם. העם נענש, ובמקום להיכנס לארץ מיד, הוא נענש ולא נכנס לארץ, ונדד במשך ארבעים שנה במדבר, עד אשר מת הדור החוטא, זה שיצא ממצרים. רק לאחר ארבעים שנה, ימשיך דור הבנים את המסע לעבר ארץ כנען.

מטעמי נוחות נחלק על פי התוכן את סיפור חטא המרגלים לשלושה:

1. י"ג, א-כ – הציווי לשלוח מרגלים, מינוים והגדרת שליחותם.
2. י"ג, כא - י"ד, י – הריגול, הדיווח של המרגלים, תגובות העם ותגובות כלב ויהושע.
3. י"ד, יא-מה – התגובות של ה' לחטא, עונש המרגלים ומפלת המעפילים.

הציווי לשלוח מרגלים, מינוים והגדרת שליחותם (י"ג, א-כ)

א ב וַיְדַבֵּר ה׳ אֶל מֹשֶׁה לֵּאמֹר. שְׁלַח לְךָ אֲנָשִׁים וְיָתֻרוּ אֶת אֶרֶץ כְּנַעַן אֲשֶׁר אֲנִי נֹתֵן לִבְנֵי יִשְׂרָאֵל
ג אִישׁ אֶחָד אִישׁ אֶחָד לְמַטֵּה אֲבֹתָיו תִּשְׁלָחוּ כֹּל נָשִׂיא בָהֶם. וַיִּשְׁלַח אֹתָם מֹשֶׁה מִמִּדְבַּר
ד פָּארָן עַל פִּי ה׳ כֻּלָּם אֲנָשִׁים רָאשֵׁי בְנֵי יִשְׂרָאֵל הֵמָּה. וְאֵלֶּה שְׁמוֹתָם לְמַטֵּה רְאוּבֵן שַׁמּוּעַ בֶּן
ה ו ז זַכּוּר. לְמַטֵּה שִׁמְעוֹן שָׁפָט בֶּן חוֹרִי. לְמַטֵּה יְהוּדָה כָּלֵב בֶּן יְפֻנֶּה. לְמַטֵּה יִשָּׂשכָר יִגְאָל בֶּן יוֹסֵף.
ח ט י לְמַטֵּה אֶפְרָיִם הוֹשֵׁעַ בִּן נוּן. לְמַטֵּה בִנְיָמִן פַּלְטִי בֶּן רָפוּא. לְמַטֵּה זְבוּלֻן גַּדִּיאֵל בֶּן סוֹדִי.
יא יב יג לְמַטֵּה יוֹסֵף לְמַטֵּה מְנַשֶּׁה גַּדִּי בֶּן סוּסִי. לְמַטֵּה דָן עַמִּיאֵל בֶּן גְּמַלִּי. לְמַטֵּה אָשֵׁר סְתוּר בֶּן
יד טו טז מִיכָאֵל. לְמַטֵּה נַפְתָּלִי נַחְבִּי בֶּן וָפְסִי. לְמַטֵּה גָד גְּאוּאֵל בֶּן מָכִי. אֵלֶּה שְׁמוֹת הָאֲנָשִׁים אֲשֶׁר
יז שָׁלַח מֹשֶׁה לָתוּר אֶת הָאָרֶץ וַיִּקְרָא מֹשֶׁה לְהוֹשֵׁעַ בִּן נוּן יְהוֹשֻׁעַ. וַיִּשְׁלַח אֹתָם מֹשֶׁה לָתוּר
יח אֶת אֶרֶץ כְּנָעַן וַיֹּאמֶר אֲלֵהֶם עֲלוּ זֶה בַּנֶּגֶב וַעֲלִיתֶם אֶת הָהָר. וּרְאִיתֶם אֶת הָאָרֶץ מַה הִוא
יט וְאֶת הָעָם הַיֹּשֵׁב עָלֶיהָ הֶחָזָק הוּא הֲרָפֶה הַמְעַט הוּא אִם רָב. וּמָה הָאָרֶץ אֲשֶׁר הוּא יֹשֵׁב
כ בָּהּ הֲטוֹבָה הִוא אִם רָעָה וּמָה הֶעָרִים אֲשֶׁר הוּא יוֹשֵׁב בָּהֵנָּה הַבְּמַחֲנִים אִם בְּמִבְצָרִים. וּמָה
הָאָרֶץ הַשְּׁמֵנָה הִוא אִם רָזָה הֲיֵשׁ בָּהּ עֵץ אִם אַיִן וְהִתְחַזַּקְתֶּם וּלְקַחְתֶּם מִפְּרִי הָאָרֶץ וְהַיָּמִים
יְמֵי בִּכּוּרֵי עֲנָבִים.

פירוש העניין

העם נמצא בקדש אשר במדבר פארן, ומשם היו אמורים להיכנס אל הארץ מצד דרום.* בטרם כניסתם לארץ נשלחים מרגלים לרגל את הארץ. על פי ציווי ה', משה בוחר את הנשיאים, אחד מכל שבט, סך הכול שנים עשר נשיאים, שמונו לרגל את הארץ (ב-טז). רשימת הנשיאים שנבחרו לרגל את הארץ שונה מרשימת הנשיאים בפרק א', ה-טו. ניתן לשער שבפרק א' הנשיאים הם ראשי השבטים, אך לא התאימו לתפקיד הריגול, ואילו הנשיאים כאן מייצגים את השבטים ונבחרו בשל התאמתם לתפקיד הייחודי של הריגול. סדר הרשימה של הנשיאים כאן הוא ייחודי.

תכלית הריגול הייתה לקבל פרטים על הארץ ועל העם היושב בה: "וּרְאִיתֶם אֶת הָאָרֶץ מַה הִוא וְאֶת הָעָם הַיֹּשֵׁב עָלֶיהָ" (יח; ראו רמב"ן על י"ג, ב). משפט זה הוא הקדמה למשימת השליחות. עתה מפרט משה שאלות ספציפיות, ראשית ביחס לעם היושב בארץ: "הֶחָזָק הוּא הֲרָפֶה הַמְעַט הוּא אִם רָב" (יח), ואחר כך ביחס לארץ ופוריותה, ולגבי הערים שבהן יושבים תושבי הארץ: "וּמָה הָאָרֶץ אֲשֶׁר הוּא יֹשֵׁב בָּהּ הֲטוֹבָה הִוא אִם רָעָה וּמָה הֶעָרִים אֲשֶׁר הוּא יוֹשֵׁב בָּהֵנָּה הַבְּמַחֲנִים אִם בְּמִבְצָרִים. וּמָה הָאָרֶץ הַשְּׁמֵנָה הִוא אִם רָזָה הֲיֵשׁ בָּהּ עֵץ אִם אַיִן" (יט-כ). משה רומז בדבריו לתגובה שהוא מצפה מהמרגלים, ועל כן הוא מבקש מהם להתחזק ולהביא מפירות הארץ, שאמורים להרשים את העם בדבר טובה של הארץ: "וְהִתְחַזַּקְתֶּם וּלְקַחְתֶּם מִפְּרִי הָאָרֶץ" (כ). המקרא כבר מגלה לקורא שהזמן המדובר הוא הזמן של ביכורי ענבים, כך שהם עתידים לראות פירות טובים: "וְהַיָּמִים יְמֵי בִּכּוּרֵי עֲנָבִים" (כ). מתוך כך ברור כי עיקר מטרת השליחות לא היה לברר עניינים טקטיים הקשורים ללחימה בלבד, אלא עיקר המטרה היה לחזק את המורל ואת המוטיבציה של העם, ולדרבן אותו לקראת הכניסה לארץ, ולראות בעיניהם ולדעת שהיא טובה.

* בפרק י"ד, ג נאמר שהמרגלים נשלחו ממדבר פארן. אכן בפרק י', יב; ובפרק י"ב, טז, נאמר שהעם הגיע למדבר פארן. לעומת זאת בפרק ל"ב, ח, נאמר שמשה שלח את המרגלים מקדש ברנע. ובפרק י"ג, כו, נאמר שהמרגלים חזרו ל"מדבר פארן קדשה". נראה כי מדבר פארן הוא שם אזור רחב, וקדש הוא שמו של נווה המדבר שבו שהו ישראל בחנייה זו במדבר פארן. הדבר אכן עולה במדויק בפרק י"ג, כו, המכנה את המקום "מדבר פארן קדשה" – היינו השם של המקום הספציפי בתוך האזור הרחב.

הריגול, הדיווח של המרגלים, תגובות העם ותגובות כלב ויהושע
(י"ג, כא - י"ד, י)

כא כב וַיַּעֲלוּ וַיָּתֻרוּ אֶת הָאָרֶץ מִמִּדְבַּר צִן עַד רְחֹב לְבֹא חֲמָת. וַיַּעֲלוּ בַנֶּגֶב וַיָּבֹא עַד חֶבְרוֹן וְשָׁם אֲחִימַן
כג שֵׁשַׁי וְתַלְמַי יְלִידֵי הָעֲנָק וְחֶבְרוֹן שֶׁבַע שָׁנִים נִבְנְתָה לִפְנֵי צֹעַן מִצְרָיִם. וַיָּבֹאוּ עַד נַחַל אֶשְׁכֹּל
וַיִּכְרְתוּ מִשָּׁם זְמוֹרָה וְאֶשְׁכּוֹל עֲנָבִים אֶחָד וַיִּשָּׂאֻהוּ בַמּוֹט בִּשְׁנָיִם וּמִן הָרִמֹּנִים וּמִן הַתְּאֵנִים.
כד כה לַמָּקוֹם הַהוּא קָרָא נַחַל אֶשְׁכּוֹל עַל אוֹדוֹת הָאֶשְׁכּוֹל אֲשֶׁר כָּרְתוּ מִשָּׁם בְּנֵי יִשְׂרָאֵל. וַיָּשֻׁבוּ
כו מִתּוּר הָאָרֶץ מִקֵּץ אַרְבָּעִים יוֹם. וַיֵּלְכוּ וַיָּבֹאוּ אֶל מֹשֶׁה וְאֶל אַהֲרֹן וְאֶל כָּל עֲדַת בְּנֵי יִשְׂרָאֵל
כז אֶל מִדְבַּר פָּארָן קָדֵשָׁה וַיָּשִׁיבוּ אֹתָם דָּבָר וְאֶת כָּל הָעֵדָה וַיַּרְאוּם אֶת פְּרִי הָאָרֶץ. וַיְסַפְּרוּ לוֹ
כח וַיֹּאמְרוּ בָּאנוּ אֶל הָאָרֶץ אֲשֶׁר שְׁלַחְתָּנוּ וְגַם זָבַת חָלָב וּדְבַשׁ הִוא וְזֶה פִּרְיָהּ. אֶפֶס כִּי עַז הָעָם
כט הַיֹּשֵׁב בָּאָרֶץ וְהֶעָרִים בְּצֻרוֹת גְּדֹלֹת מְאֹד וְגַם יְלִדֵי הָעֲנָק רָאִינוּ שָׁם. עֲמָלֵק יוֹשֵׁב בְּאֶרֶץ הַנֶּגֶב
ל וְהַחִתִּי וְהַיְבוּסִי וְהָאֱמֹרִי יוֹשֵׁב בָּהָר וְהַכְּנַעֲנִי יוֹשֵׁב עַל הַיָּם וְעַל יַד הַיַּרְדֵּן. וַיַּהַס כָּלֵב אֶת הָעָם
לא אֶל מֹשֶׁה וַיֹּאמֶר עָלֹה נַעֲלֶה וְיָרַשְׁנוּ אֹתָהּ כִּי יָכוֹל נוּכַל לָהּ. וְהָאֲנָשִׁים אֲשֶׁר עָלוּ עִמּוֹ אָמְרוּ לֹא
לב נוּכַל לַעֲלוֹת אֶל הָעָם כִּי חָזָק הוּא מִמֶּנּוּ. וַיֹּצִיאוּ דִּבַּת הָאָרֶץ אֲשֶׁר תָּרוּ אֹתָהּ אֶל בְּנֵי יִשְׂרָאֵל
לֵאמֹר הָאָרֶץ אֲשֶׁר עָבַרְנוּ בָהּ לָתוּר אֹתָהּ אֶרֶץ אֹכֶלֶת יוֹשְׁבֶיהָ הִוא וְכָל הָעָם אֲשֶׁר רָאִינוּ
לג בְתוֹכָהּ אַנְשֵׁי מִדּוֹת. וְשָׁם רָאִינוּ אֶת הַנְּפִילִים בְּנֵי עֲנָק מִן הַנְּפִלִים וַנְּהִי בְעֵינֵינוּ כַּחֲגָבִים וְכֵן
יד א ב הָיִינוּ בְּעֵינֵיהֶם. וַתִּשָּׂא כָּל הָעֵדָה וַיִּתְּנוּ אֶת קוֹלָם וַיִּבְכּוּ הָעָם בַּלַּיְלָה הַהוּא. וַיִּלֹּנוּ עַל מֹשֶׁה
וְעַל אַהֲרֹן כֹּל בְּנֵי יִשְׂרָאֵל וַיֹּאמְרוּ אֲלֵהֶם כָּל הָעֵדָה לוּ מַתְנוּ בְּאֶרֶץ מִצְרַיִם אוֹ בַּמִּדְבָּר הַזֶּה לוּ
ג מָתְנוּ. וְלָמָה ה׳ מֵבִיא אֹתָנוּ אֶל הָאָרֶץ הַזֹּאת לִנְפֹּל בַּחֶרֶב נָשֵׁינוּ וְטַפֵּנוּ יִהְיוּ לָבַז הֲלוֹא טוֹב
ד ה לָנוּ שׁוּב מִצְרָיְמָה. וַיֹּאמְרוּ אִישׁ אֶל אָחִיו נִתְּנָה רֹאשׁ וְנָשׁוּבָה מִצְרָיְמָה. וַיִּפֹּל מֹשֶׁה וְאַהֲרֹן עַל
ו פְּנֵיהֶם לִפְנֵי כָּל קְהַל עֲדַת בְּנֵי יִשְׂרָאֵל. וִיהוֹשֻׁעַ בִּן נוּן וְכָלֵב בֶּן יְפֻנֶּה מִן הַתָּרִים אֶת הָאָרֶץ קָרְעוּ
ז בִּגְדֵיהֶם. וַיֹּאמְרוּ אֶל כָּל עֲדַת בְּנֵי יִשְׂרָאֵל לֵאמֹר הָאָרֶץ אֲשֶׁר עָבַרְנוּ בָהּ לָתוּר אֹתָהּ טוֹבָה
ח הָאָרֶץ מְאֹד מְאֹד. אִם חָפֵץ בָּנוּ ה׳ וְהֵבִיא אֹתָנוּ אֶל הָאָרֶץ הַזֹּאת וּנְתָנָהּ לָנוּ אֶרֶץ אֲשֶׁר הִוא
ט זָבַת חָלָב וּדְבָשׁ. אַךְ בַּה׳ אַל תִּמְרֹדוּ וְאַתֶּם אַל תִּירְאוּ אֶת עַם הָאָרֶץ כִּי לַחְמֵנוּ הֵם סָר צִלָּם
י מֵעֲלֵיהֶם וַה׳ אִתָּנוּ אַל תִּירָאֻם. וַיֹּאמְרוּ כָּל הָעֵדָה לִרְגּוֹם אֹתָם בָּאֲבָנִים וּכְבוֹד ה׳ נִרְאָה בְּאֹהֶל
מוֹעֵד אֶל כָּל בְּנֵי יִשְׂרָאֵל.

פירוש העניין

לאחר שלב הגדרת המשימה יוצאים המרגלים לשליחותם (כא-כד). ראשית מצוין היקף הארץ הנחקרת, הכולל את כל הארץ, ממדבר צין בדרום ועד לבוא חמת, הגבול הצפוני של הארץ המובטחת (כא). התיאור של הריגול מתרכז באזור הדרומי, בחברון ובנחל אשכול (כב-כד).* המקרא מספק מעט מאוד פרטים בתיאור מסע המרגלים. אין דיווח על הערים הבצורות, או על חוזקו של העם היושב בארץ, או על טוּבהּ של הארץ. התיאור הוא אובייקטיבי, וללא נקודת התצפית של המרגלים.

הסיפור מתעכב בשני מקומות, בחברון (כב), ובנחל אשכול (כג). מעבר לזה לא מדווח דבר. על חברון מסופר כי שכנו בה הענקים, ששי, אחימן ותלמי. כפי שיתברר מההמשך וממקומות אחרים במקרא, הענקים הם גורם מרתיע ומאיים (לג; דברים א׳, כח; ב׳, י, כא; יהושע י״ד, יב). מסופר גם שחברון נבנתה לפני צוען שבמצרים (כב). ידיעה מוזרה זו צוינה אולי משום שהעיר חברון היא מיוסדת ועתיקה, והרשימה מאוד את המרגלים, בנוסף לכך שהעיר היא משכנם של ענקים. התיאור של חברון בא להציג את הצד המאתגר שהתגלה בסיור, אולם הוא בא ללא היגדים שיפוטיים שמהם ניתן להבין את מסקנות המרגלים ממה שראו. המקום השני הנזכר הוא נחל אשכול, שמשם הביאו המרגלים אשכול ענבים מרשים שנישא במוט על ידי שני אנשים (כג), וכן פירות נוספים. העולה מהתיאור הוא טיבם של הפירות וייחודם. מעניין כי גם בתיאור בנחל אשכול המקרא מאריך דווקא בפרט שנראה שולי, בכך שקראו למקום נחל אשכול בגלל האשכול שהביאו משם. יש אם כן התייחסות גם לפרט ייחודי ביחס לחברון, אף שהוא לכאורה שולי, ויש התייחסות לפרט שולי בנחל אשכול. בחברון יש ענקים ובנחל אשכול יש פירות טובים. התיאור האובייקטיבי של המספר של מה שראו המרגלים בא להדגים דוגמה בולטת של קושי – הענקים בחברון, ודוגמה בולטת של טוב – הפירות בנחל אשכול. הסיפור מדגים אפוא באופן אובייקטיבי את שני הצדדים שמהם היו המרגלים יכולים להסיק מסקנות, חיוביות או שליליות. כמובן הציפייה הייתה שהטוב יגבר על הקושי, אולם ההפך הוא שקרה.

החלק הבא הוא החלק המורכב של הסיפור. המרגלים חוזרים ומדווחים לעם, וסביב הדיווח נוצר רב שיח קשה בינם לבין יהושע וכלב ולבין העם (י״ג, כה - י״ד, י). המבנה של השיח בחלק הזה הוא:

* בפסוקים ב, יז1, כל ארץ כנען מיועדת להיחקר, ובפסוק כא נאמר שהם תרו את כל הארץ מהדרום ועד הצפון. אך בפסוקים כב-כד מתואר ריגול באזור הדרומי בלבד. אין סתירה בין שני התיאורים. המטרה הייתה לרגל את הארץ, אך אין זה אומר שעברו בכל מקום בארץ. בנוסף לכך, פסוקים כב-כד מתרכזים בחלק הדרומי, אבל אין זה סותר את האמירה שהם תרו שטחים הרבה יותר גדולים מצפון עד דרום. אכן הפועל ״ויעלו״ בפסוק כא, מדגיש את הסיור בכל הארץ, ואילו החזרה על הפועל ״ויעלו״ בפסוק כב מסב את הקורא להתמקדות באזור הדרומי, שמשם באו עם עיקר דיווחם, על הפירות הטובים מחד גיסא, ועל הערים הבצורות והענקים מאידך גיסא.

י"ג, כה-כט – הדיווח של המרגלים.

י"ג, ל – תגובת כלב.

י"ג, לא-לג – מענה המרגלים לכלב ותוספת על דבריהם הראשונים.

י"ד, א-ד – תגובת העם ומרדם.

י"ד, ה – נפילת משה ואהרן על פניהם.

י"ד, ו-ט – מענה יהושע וכלב לכל ישראל.

י"ד, י1 – כוונתם של ישראל להמית את כלב ויהושע.

י"ד, י2 – התגלות ה' באוהל מועד.

לאחר ארבעים יום המרגלים שבים ממשימתם (כה) וניגשים למשה, לאהרן ולכל ישראל: "וַיֵּלְכוּ וַיָּבֹאוּ אֶל מֹשֶׁה וְאֶל אַהֲרֹן וְאֶל כָּל עֲדַת בְּנֵי יִשְׂרָאֵל אֶל מִדְבַּר פָּארָן קָדֵשָׁה וַיָּשִׁיבוּ אֹתָם דָּבָר וְאֶת כָּל הָעֵדָה וַיַּרְאוּם אֶת פְּרִי הָאָרֶץ" (כו). הפסוק מתאר שני שלבים – חזרתם למשה, אהרן וכל העדה "וַיֵּלְכוּ וַיָּבֹאוּ אֶל מֹשֶׁה... וְאֶל כָּל עֲדַת..."; והדיווח שלהם: "וַיָּשִׁיבוּ אֹתָם דָּבָר וְאֶת כָּל הָעֵדָה". פיצול הפעלים של החזרה והדיווח גורם להשהיה והגברת המתח לקראת תוכן דברי המרגלים. החזרה על המושא בחלק השני "וְאֶת כָּל הָעֵדָה" היא מוזרה, שכן כבר במילה "אֹתָם" נכללים לכאורה משה ואהרן וכל העדה. מסתבר שכינוי הגוף "אֹתם" מתייחס למשה ולאהרן, והחזרה "ואת כל העדה", נועדה להציג את העדה כגורם משמעותי בקבלת הדברים או אי קבלתם, כפי שיעלה בהמשך.

לפני הדיווח של המרגלים הם הראו לעם את פרי הארץ: "וַיַּרְאוּם אֶת פְּרִי הָאָרֶץ" (כו), התיאור החיובי בדבר פוריות הארץ ושפע פירותיה, מקבל חיזוק ממראה עיניים: העם ראה בעיניו את הטוב של פירות הארץ. הבעיה תתחיל בפרשנות של המרגלים על מה שראו. יש בכך אולי ביקורת על העם, שהיה צריך לדעת ללכת על פי מה שראה בעיניו, אולם במקום זאת הוא העדיף לאמץ את פרשנות המרגלים.

עתה עובר המקרא לדיווח המילולי של המרגלים, הפותחים בהערכה חיובית שהארץ טובה, וכהוכחה לכך הם מראים את הפירות המשובחים שהביאו: "וַיְסַפְּרוּ לוֹ וַיֹּאמְרוּ בָּאנוּ אֶל הָאָרֶץ אֲשֶׁר שְׁלַחְתָּנוּ וְגַם זָבַת חָלָב וּדְבַשׁ הִוא וְזֶה פִּרְיָהּ" (כז). אך מיד הם מסייגים את דבריהם: "אֶפֶס כִּי עַז הָעָם הַיֹּשֵׁב בָּאָרֶץ וְהֶעָרִים בְּצֻרוֹת גְּדֹלֹת מְאֹד וְגַם יְלִדֵי הָעֲנָק רָאִינוּ שָׁם" (כח). לטענתם, אף כי הארץ היא זבת חלב ודבש, המשימה הצבאית היא עצומה בשל חוזק הערים ותושבים ענקים שמטילים את אימתם. במשפט האחרון הם חותמים בתיאור מציאותי של העמים היושבים בכל אזור בארץ: "עֲמָלֵק יוֹשֵׁב בְּאֶרֶץ הַנֶּגֶב וְהַחִתִּי וְהַיְבוּסִי וְהָאֱמֹרִי יוֹשֵׁב בָּהָר וְהַכְּנַעֲנִי יוֹשֵׁב עַל הַיָּם וְעַל יַד הַיַּרְדֵּן" (כט). נתונים אלה הם רלוונטיים לחיזוק טענתם. החתימה של דברי המרגלים בעובדות אלו משַווה לדבריהם אופי אובייקטיבי עובדתי, ולא הערכה סובייקטיבית. הם פותחים בתיאור עובדתי של הארץ והצגת פירותיה, וחותמים בתיאור עובדות של מקומות המושב של עמים שונים בכנען, וכך ההערכה השלילית נמצאת בתוך בין תיאורים עובדתיים. בכך ביקשו המרגלים

לטשטש את הסובייקטיביות בהערכתם את חוזק העמים בארץ, ולהציגה כחלק ממציאות שאותה ראו.

כנגד דברי המרגלים, כלב, אחד מן המרגלים, מגיב ומציג הערכה חיובית: "וַיֹּאמֶר עָלֹה נַעֲלֶה וְיָרַשְׁנוּ אֹתָהּ כִּי יָכוֹל נוּכַל לָהּ" (ל). דברים אלה אומר כלב לאחר שהוא משתיק את העם: "וַיַּהַס כָּלֵב אֶת הָעָם אֶל מֹשֶׁה". מדברים אלה ניתן ללמוד על רחשים ודיבורים שעלו בקרב העם בעקבות דברי המרגלים. הביטוי "וַיַּהַס כָּלֵב אֶת הָעָם **אֶל מֹשֶׁה**", אינו ברור לגמרי. נראה כי כלב ביקש להשתיק את העם ולתת למשה את תשומת הלב של העם, כדי שמשה יגיב. אולם משה לא הגיב, ועל כן כלב ביטא את עמדתו, במקום משה. חיזוק לטענה זו הוא שכלב אינו מביע עמדה כמרגל שראה את הארץ, אלא דברי ביטחון שהעם יצליח במשימתו, דברים שמשה היה יכול לומר באותה מידה.

בשלב הבא מתגלה ביתר עוצמה האופי הסובייקטיבי של הערכת המרגלים. כאשר כלב בא בהערכה חיובית, מגיבים המרגלים ומחזקים את תפיסתם: "וְהָאֲנָשִׁים אֲשֶׁר עָלוּ עִמּוֹ אָמְרוּ לֹא נוּכַל לַעֲלוֹת אֶל הָעָם כִּי חָזָק הוּא מִמֶּנּוּ" (לא). דברי כלב הם הערכה שהם יכולים לרשת את הארץ, ועתה ההערכה השלילית של המרגלים, שאף היא סובייקטיבית, הופכת להיות מפורשת, ומסקנתם שהם אינם יכולים לעלות בגלל חוזקו היָתֵר של העם היושב בארץ.

אך לא די שהמרגלים אוחזים בטענה שאינם יכולים לכבוש, אלא הם מוסיפים טענה חדשה – הארץ אינה טובה: "וַיֹּצִיאוּ דִּבַּת הָאָרֶץ אֲשֶׁר תָּרוּ אֹתָהּ אֶל בְּנֵי יִשְׂרָאֵל לֵאמֹר הָאָרֶץ אֲשֶׁר עָבַרְנוּ בָהּ לָתוּר אֹתָהּ אֶרֶץ אֹכֶלֶת יוֹשְׁבֶיהָ הִוא" (לב). פסוק זה סותר במפורש את מה שאמרו עד כה, והסתירה מצטרפת לכמה כפילויות וסתירות שיופיעו בהמשך הסיפור. תגובה אחת היא שהם אומרים שהארץ טובה מאוד מאוד, והמניעה להיכנס לארץ היא חוזקם של תושבי הארץ (כז-כח). תגובה אחרת של המרגלים היא הפוכה, הארץ היא ארץ אוכלת יושביה – היינו שהארץ רעה (לב). אכן הכתוב מדגיש שבתגובתם הם מוציאים את דיבת הארץ: "וַיֹּצִיאוּ דִּבַּת הָאָרֶץ" (לב). על פי התשובה הראשונה הם לא הוציאו את דיבת הארץ, אלא להפך, הם דיברו טוב על הארץ, אלא שחששו מהתמודדות עם התושבים: "לֹא נוּכַל לַעֲלוֹת אֶל הָעָם כִּי חָזָק הוּא מִמֶּנּוּ" (לא). רמב"ן כבר הבחין בסתירה בין שני הדיווחים וטען שהמרגלים חזרו בהם מהטענה הראשונה שהארץ טובה, לאחר שעמדתם לא התקבלה, והם שבו וטענו שהארץ רעה (פירושו לפסוק לב). הכפילות בדברי המרגלים, והתיאורים המנוגדים של התיאור של מה שראו בחברון ובנחל אשכול, עולה בקנה אחד עם הכפילויות בסיפור מכאן ואילך.

לאחר שהוציאו את דיבת הארץ, חוזרים המרגלים לוויכוח הקודם עם כלב, אם הם מסוגלים לכבוש את הארץ או לא, ומחזקים את טענתם: "וְכָל הָעָם אֲשֶׁר רָאִינוּ בְתוֹכָהּ אַנְשֵׁי מִדּוֹת. וְשָׁם רָאִינוּ אֶת הַנְּפִילִים בְּנֵי עֲנָק מִן הַנְּפִלִים וַנְּהִי בְעֵינֵינוּ כַּחֲגָבִים וְכֵן הָיִינוּ בְּעֵינֵיהֶם" (לב2-לג). בטענתם הראשונה הם אמרו שתושבי הארץ חזקים והערים בצורות, והם מציינים בקצרה שראו את בני הענק. עתה הם מתרכזים בממדים של תושבי הארץ, ומגדירים אותם "אנשי מידות", ובכך הם מבקשים להוסיף פחד בלב העם לקראת התמודדות עם התושבים.

הכוונה כאן היא שכלל התושבים של הארץ הם אנשי מידות, ולא הענקים בלבד. מעבר לזה הם מבטאים את תחושתם שהם נראים בעיני עצמם כחגבים לעומתם, ושגם בעיני תושבי כנען הם נראו כך. בכך הם נתנו הדגמה עובדתית להערכה שלהם שאין הם מסוגלים להתמודד עם תושבי כנען, וזאת בניגוד לטענה הכללית והבלתי מבוססת של כלב.

בוויכוח הזה שבין כלב לבין שאר המרגלים, יש יתרון ברור למרגלים הן בנפח דבריהם הן בתוכנם, ועל כן לא ייפלא שהעם מקבל את טענת המרגלים ומגיב בבכי (י"ד, א). הפסוק מנוסח בניסוח מורחב וייחודי במקרא. הניסוח השכיח הוא "נשא+קול+בכה" (כך במקומות רבים למשל: בראשית כ"א, טז; כ"ז, לח; כ"ט, יא; שופטים ב׳, ד; ועוד רבים). הצירוף "נתן+קול+בכה" מופיע פעם אחת בלבד: בראשית מ"ה, ב. אך הצירוף הייחודי המופיע כאן הוא רחב יותר: "נשא+נתן+קול+ויבכו". הרחבה זו באמצעות שלושה פעלים נועדה להשהות את תשומת ליבו של הקורא על חומרת תגובת העם, ולהציג בשלילה את הכרעתם לקבל את עמדת המרגלים שדיברו נגד המשך הנסיעה לכנען. הבכי של העם אינו בכי של צער בלבד, אלא בכי של מרד בה׳, כמו בסיפורי תלונות אחרים כגון בבמדבר י"א, ד; י"א, י, יג, יח, כ. בכי העם ותלונתם מקבלים צורה של מרד מפורש בה׳: "וַיִּלֹּנוּ עַל מֹשֶׁה וְעַל אַהֲרֹן כֹּל בְּנֵי יִשְׂרָאֵל וַיֹּאמְרוּ אֲלֵהֶם כָּל הָעֵדָה לוּ מַתְנוּ בְּאֶרֶץ מִצְרַיִם אוֹ בַּמִּדְבָּר הַזֶּה לוּ מָתְנוּ. וְלָמָה ה׳ מֵבִיא אֹתָנוּ אֶל הָאָרֶץ הַזֹּאת לִנְפֹּל בַּחֶרֶב נָשֵׁינוּ וְטַפֵּנוּ יִהְיוּ לָבַז הֲלוֹא טוֹב לָנוּ שׁוּב מִצְרָיְמָה. וַיֹּאמְרוּ אִישׁ אֶל אָחִיו נִתְּנָה רֹאשׁ וְנָשׁוּבָה מִצְרָיְמָה" (י"ד, ב-ד). הדגש על מרד העם הוא באמצעות ייתור כפול של אזכור הנושא בשני כינויים שונים בפסוק ב: "בני ישראל", "העדה". העם אימץ לחלוטין את דעת המרגלים, ואינו רואה כל אפשרות של כניסה לארץ, והדבר מביא אותו לייאוש, עד כדי מחשבות שהיה עדיף למות במדבר או במצרים מאשר להתמודד עם מפלה במלחמה על הארץ. מחשבות אלה מביאות את העם להתארגנות לשוב למצרים, ומינוי מנהיג אחר במקום משה לצורך מטרה זו! בכך מביע העם את תפיסתו שהיציאה ממצרים הייתה מהלך גרוע שמביא אותם לאבדון, והחזרה למצרים תציל אותם.

אין פלא אפוא, שמשה ואהרן, שהובילו את העם בצאתו ממצרים, נופלים על פניהם, כנראה מתוך אבל על מגמה זו של העם.* כהמשך לפעולת האבלות של משה ואהרן יש לראות את קריעת הבגדים של יהושע וכלב (ו). הם נופלים על פניהם לפני העם ומראים להם את אבלותם כתגובה למרד של העם בה׳. אך דווקא פעולת האבל הפומבית בפני העם, מבליטה את מה שמשה ואהרן לא עושים: הם אינם עונים לעם ואינם מבקרים אותם. ניכר כי הרצון של העם שלא להמשיך במסע לעבר הארץ המובטחת ולחזור למצרים מביא אותם לחוסר תגובה. המרד של העם מביא את משה ואהרן מנהיגי היציאה ממצרים לשיתוק. חוסר תגובה נחרצת של משה ואהרן שתתנגד למגמה שאחזה בעם, מזכירה את הדיאלוג הראשון

* כך למשל: יהושע ז׳, ו; גם ביהושע מופיע הצירוף של נפילה על הפנים וקריעת הבגדים. זו כנראה המשמעות של הנפילה על הפנים בבמדבר ט"ז, ד; י"ז, י. רמב"ן מסביר שהם נפלו על פניהם לפני העם בתחינה אליהם שלא יעשו את המעשה לשוב מצרימה. שד"ל הסביר שהנפילה על הפנים הייתה משום שרצו לבקש רשות דיבור, אולי סוג של תחינה, אלא שבינתיים דיברו כלב ויהושע.

בין המרגלים לבין כלב (ל). גם שם כלב ציפה שמשה יגיב, וגם שם משה השתתק. כך גם עתה בסיבוב השני של דברי המרגלים והתגובה החריפה של העם.

על רקע חוסר התגובה של משה ואהרן בולטת התגובה של כלב ויהושע, שאף שקרעו בגדיהם באבלותם, אין הם עומדים מנגד, אלא מציגים דעה הפוכה לדברי המרגלים. בפעם הראשונה כלב מגיב לבד לדברי המרגלים האחרים, וטוען שהם יכולים לרשת את הארץ (ל). בפעם השנייה מגיבים כלב ויהושע, הפעם יחדיו: "הָאָרֶץ אֲשֶׁר עָבַרְנוּ בָהּ לָתוּר אֹתָהּ טוֹבָה הָאָרֶץ מְאֹד מְאֹד. אִם חָפֵץ בָּנוּ ה' וְהֵבִיא אֹתָנוּ אֶל הָאָרֶץ הַזֹּאת וּנְתָנָהּ לָנוּ אֶרֶץ אֲשֶׁר הִוא זָבַת חָלָב וּדְבָשׁ. אַךְ בה' אַל תִּמְרֹדוּ וְאַתֶּם אַל תִּירְאוּ אֶת עַם הָאָרֶץ כִּי לַחְמֵנוּ הֵם סָר צִלָּם מֵעֲלֵיהֶם וַה' אִתָּנוּ אַל תִּירָאֻם" (ז–ט). כנגד שתי טענות המרגלים, גם תגובתם של כלב ויהושע היא כפולה. כנגד הטענה שהארץ אוכלת יושביה, הם עונים שהארץ היא ארץ זבת חלב ודבש, ואף אומרים בהדגשה שהארץ טובה מאוד מאוד. וכנגד שהטענה שהעם אינו יכול להתמודד עם תושבי הארץ ולכבוש אותה, כלב ויהושע מביעים עמדה נחרצת של ביטחון בה' שייתן להם את הארץ, ועל כן אין להם לפחד מתושבי הארץ.

מעניין הדבר שבסיבוב הוויכוח הראשון, היה מצופה שרק משה יענה, ועל כן כלב הסב את תשומת הלב אליו, ומשלא התייחס משה, עמד הוא לבדו כנגד המרגלים. בסיבוב השני, כאשר היה מצופה שמשה ואהרן יגיבו, אך במקום זאת הם רק התאבלו ולא הגיבו, נכנסו הפעם שניים במקומם – כלב ויהושע.

אולם העם אינו פועל מתוך ייאוש בלבד, אלא גם נוקט עמדה תקיפה, ומבקש להשתיק את קולם של כלב ויהושע, והם מתכוונים לרגום אותם באבנים (י"ד, י). ושוב יש לציין את חוסר התגובה של משה ואהרן. אולם על רקע דברי המרד כנגד ה' תבוא תגובה חריפה של ה', לאחר שכבוד ה' יורד על אוהל מועד לעיני בני ישראל (י"ד, י2).

התגובות של ה׳ לחטא, ועונש המרגלים ומפלת המעפילים (י״ד, יא-מה)

יא וַיֹּאמֶר ה׳ אֶל מֹשֶׁה עַד אָנָה יְנַאֲצֻנִי הָעָם הַזֶּה וְעַד אָנָה לֹא יַאֲמִינוּ בִי בְּכֹל הָאֹתוֹת אֲשֶׁר
יב יג עָשִׂיתִי בְּקִרְבּוֹ. אַכֶּנּוּ בַדֶּבֶר וְאוֹרִשֶׁנּוּ וְאֶעֱשֶׂה אֹתְךָ לְגוֹי גָּדוֹל וְעָצוּם מִמֶּנּוּ. וַיֹּאמֶר מֹשֶׁה אֶל ה׳
יד וְשָׁמְעוּ מִצְרַיִם כִּי הֶעֱלִיתָ בְכֹחֲךָ אֶת הָעָם הַזֶּה מִקִּרְבּוֹ. וְאָמְרוּ אֶל יוֹשֵׁב הָאָרֶץ הַזֹּאת שָׁמְעוּ
כִּי אַתָּה ה׳ בְּקֶרֶב הָעָם הַזֶּה אֲשֶׁר עַיִן בְּעַיִן נִרְאָה אַתָּה ה׳ וַעֲנָנְךָ עֹמֵד עֲלֵהֶם וּבְעַמֻּד עָנָן אַתָּה
טו הֹלֵךְ לִפְנֵיהֶם יוֹמָם וּבְעַמּוּד אֵשׁ לָיְלָה. וְהֵמַתָּה אֶת הָעָם הַזֶּה כְּאִישׁ אֶחָד וְאָמְרוּ הַגּוֹיִם אֲשֶׁר
טז שָׁמְעוּ אֶת שִׁמְעֲךָ לֵאמֹר. מִבִּלְתִּי יְכֹלֶת ה׳ לְהָבִיא אֶת הָעָם הַזֶּה אֶל הָאָרֶץ אֲשֶׁר נִשְׁבַּע לָהֶם
יז יח וַיִּשְׁחָטֵם בַּמִּדְבָּר. וְעַתָּה יִגְדַּל נָא כֹּחַ אֲדֹנָי כַּאֲשֶׁר דִּבַּרְתָּ לֵאמֹר. ה׳ אֶרֶךְ אַפַּיִם וְרַב חֶסֶד נֹשֵׂא
יט עָוֺן וָפָשַׁע וְנַקֵּה לֹא יְנַקֶּה פֹּקֵד עֲוֺן אָבוֹת עַל בָּנִים עַל שִׁלֵּשִׁים וְעַל רִבֵּעִים. סְלַח נָא לַעֲוֺן הָעָם
כ הַזֶּה כְּגֹדֶל חַסְדֶּךָ וְכַאֲשֶׁר נָשָׂאתָה לָעָם הַזֶּה מִמִּצְרַיִם וְעַד הֵנָּה. וַיֹּאמֶר ה׳ סָלַחְתִּי כִּדְבָרֶךָ.
כא כב וְאוּלָם חַי אָנִי וְיִמָּלֵא כְבוֹד ה׳ אֶת כָּל הָאָרֶץ. כִּי כָל הָאֲנָשִׁים הָרֹאִים אֶת כְּבֹדִי וְאֶת אֹתֹתַי אֲשֶׁר
כג עָשִׂיתִי בְמִצְרַיִם וּבַמִּדְבָּר וַיְנַסּוּ אֹתִי זֶה עֶשֶׂר פְּעָמִים וְלֹא שָׁמְעוּ בְּקוֹלִי. אִם יִרְאוּ אֶת הָאָרֶץ
כד אֲשֶׁר נִשְׁבַּעְתִּי לַאֲבֹתָם וְכָל מְנַאֲצַי לֹא יִרְאוּהָ. וְעַבְדִּי כָלֵב עֵקֶב הָיְתָה רוּחַ אַחֶרֶת עִמּוֹ וַיְמַלֵּא
כה אַחֲרָי וַהֲבִיאֹתִיו אֶל הָאָרֶץ אֲשֶׁר בָּא שָׁמָּה וְזַרְעוֹ יוֹרִשֶׁנָּה. וְהָעֲמָלֵקִי וְהַכְּנַעֲנִי יוֹשֵׁב בָּעֵמֶק
מָחָר פְּנוּ וּסְעוּ לָכֶם הַמִּדְבָּר דֶּרֶךְ יַם סוּף.

כו כז וַיְדַבֵּר ה׳ אֶל מֹשֶׁה וְאֶל אַהֲרֹן לֵאמֹר. עַד מָתַי לָעֵדָה הָרָעָה הַזֹּאת אֲשֶׁר הֵמָּה מַלִּינִים עָלָי
כח אֶת תְּלֻנּוֹת בְּנֵי יִשְׂרָאֵל אֲשֶׁר הֵמָּה מַלִּינִים עָלַי שָׁמָעְתִּי. אֱמֹר אֲלֵהֶם חַי אָנִי נְאֻם ה׳ אִם לֹא
כט כַּאֲשֶׁר דִּבַּרְתֶּם בְּאָזְנָי כֵּן אֶעֱשֶׂה לָכֶם. בַּמִּדְבָּר הַזֶּה יִפְּלוּ פִגְרֵיכֶם וְכָל פְּקֻדֵיכֶם לְכָל מִסְפַּרְכֶם
ל מִבֶּן עֶשְׂרִים שָׁנָה וָמָעְלָה אֲשֶׁר הֲלִינֹתֶם עָלָי. אִם אַתֶּם תָּבֹאוּ אֶל הָאָרֶץ אֲשֶׁר נָשָׂאתִי אֶת יָדִי
לא לְשַׁכֵּן אֶתְכֶם בָּהּ כִּי אִם כָּלֵב בֶּן יְפֻנֶּה וִיהוֹשֻׁעַ בִּן נוּן. וְטַפְּכֶם אֲשֶׁר אֲמַרְתֶּם לָבַז יִהְיֶה וְהֵבֵיאתִי
לב לג אֹתָם וְיָדְעוּ אֶת הָאָרֶץ אֲשֶׁר מְאַסְתֶּם בָּהּ. וּפִגְרֵיכֶם אַתֶּם יִפְּלוּ בַּמִּדְבָּר הַזֶּה. וּבְנֵיכֶם יִהְיוּ רֹעִים
לד בַּמִּדְבָּר אַרְבָּעִים שָׁנָה וְנָשְׂאוּ אֶת זְנוּתֵיכֶם עַד תֹּם פִּגְרֵיכֶם בַּמִּדְבָּר. בְּמִסְפַּר הַיָּמִים אֲשֶׁר תַּרְתֶּם
אֶת הָאָרֶץ אַרְבָּעִים יוֹם יוֹם לַשָּׁנָה יוֹם לַשָּׁנָה תִּשְׂאוּ אֶת עֲוֺנֹתֵיכֶם אַרְבָּעִים שָׁנָה וִידַעְתֶּם אֶת
לה תְּנוּאָתִי. אֲנִי ה׳ דִּבַּרְתִּי אִם לֹא זֹאת אֶעֱשֶׂה לְכָל הָעֵדָה הָרָעָה הַזֹּאת הַנּוֹעָדִים עָלָי בַּמִּדְבָּר
הַזֶּה יִתַּמּוּ וְשָׁם יָמֻתוּ.

לו וְהָאֲנָשִׁים אֲשֶׁר שָׁלַח מֹשֶׁה לָתוּר אֶת הָאָרֶץ וַיָּשֻׁבוּ וַיַּלִּינוּ עָלָיו אֶת כָּל הָעֵדָה לְהוֹצִיא דִבָּה עַל
לז לח הָאָרֶץ. וַיָּמֻתוּ הָאֲנָשִׁים מוֹצִאֵי דִבַּת הָאָרֶץ רָעָה בַּמַּגֵּפָה לִפְנֵי ה׳. וִיהוֹשֻׁעַ בִּן נוּן וְכָלֵב בֶּן יְפֻנֶּה
חָיוּ מִן הָאֲנָשִׁים הָהֵם הַהֹלְכִים לָתוּר אֶת הָאָרֶץ.

לט מ וַיְדַבֵּר מֹשֶׁה אֶת הַדְּבָרִים הָאֵלֶּה אֶל כָּל בְּנֵי יִשְׂרָאֵל וַיִּתְאַבְּלוּ הָעָם מְאֹד. וַיַּשְׁכִּמוּ בַבֹּקֶר וַיַּעֲלוּ
מא אֶל רֹאשׁ הָהָר לֵאמֹר הִנֶּנּוּ וְעָלִינוּ אֶל הַמָּקוֹם אֲשֶׁר אָמַר ה׳ כִּי חָטָאנוּ. וַיֹּאמֶר מֹשֶׁה לָמָּה זֶּה
מב אַתֶּם עֹבְרִים אֶת פִּי ה׳ וְהִוא לֹא תִצְלָח. אַל תַּעֲלוּ כִּי אֵין ה׳ בְּקִרְבְּכֶם וְלֹא תִּנָּגְפוּ לִפְנֵי אֹיְבֵיכֶם.
מג כִּי הָעֲמָלֵקִי וְהַכְּנַעֲנִי שָׁם לִפְנֵיכֶם וּנְפַלְתֶּם בֶּחָרֶב כִּי עַל כֵּן שַׁבְתֶּם מֵאַחֲרֵי ה׳ וְלֹא יִהְיֶה ה׳
מד מה עִמָּכֶם. וַיַּעְפִּלוּ לַעֲלוֹת אֶל רֹאשׁ הָהָר וַאֲרוֹן בְּרִית ה׳ וּמֹשֶׁה לֹא מָשׁוּ מִקֶּרֶב הַמַּחֲנֶה. וַיֵּרֶד
הָעֲמָלֵקִי וְהַכְּנַעֲנִי הַיֹּשֵׁב בָּהָר הַהוּא וַיַּכּוּם וַיַּכְּתוּם עַד הַחָרְמָה.

פירוש העניין

עתה באה תגובת ה' למרד העם (י"ד, יא-מה). הקושי הגדול בחלק זה הוא שישנן שתי תגובות נפרדות של ה' הכוללות שתי הודעות נפרדות של העונש שהוא משית על העם. תגובה ראשונה של ה' היא בפרק י"ד, יא-כה, והשנייה שם בפסוקים כו-מה. שתי התגובות פותחות בדיבור של ה', בראשונה אל משה בלבד (י"ד, י), ובשנייה אל משה ואהרן (י"ד, כו). כל אחת מהתגובות כוללת הודעת ה' על עונש לעם (י"ד, יא-יב, כא-כג; י"ד, כז-לה). בתגובה הראשונה, בתגובה לתוכנית ה' להעניש את העם, משה מבקש ממנו שירחם על העם, ואז ה' מרכך את העונש (י"ד, יג-כ). בתגובה השנייה, שוב נאמר שה' מבשר למשה על העונש שהוא מתכוון להעניש את העם, והפעם העם מנסה לשנות את הגזרה על ידי העפלה לארץ כנען, אבל הם נכשלים (י"ד, מ-מה). שתי התגובות מסתיימות בהתייחסות ליושבי כנען ולעמלק: בפעם הראשונה בציווי לפנות דרך המדבר ולעקוף את הכנעני והעמלקי (י"ד, כה), ובשנייה בעלייה להר בניגוד לציווי של משה, ובנפילת ישראל בידי העמלקי והכנעני (י"ד, מג-מה).

בתגובה הראשונה ה' זועם על העם אשר אינו מאמין בו, ומבקש להשמיד את העם הסורר ("עד אנה ינאצוני העם הזה"), ומתכנן שמשה ימשיך את הדרך מבלעדי העם (י"ד, יב). כנגד זאת, מגיב משה בתקיפות ואריכות (י"ד, יג-יט). תגובה זו דומה לתגובתם של נביאים בעקבותיו שהתערבו לטובת העם (עמוס ז', א-ה; וכפי שעולה מתפקידו של הנביא מתוך כך שה' אומר לירמיה שלא להתפלל בעד העם – ז', טז; י"א, יד). דברי משה נחלקים לשני חלקים. בחלק הראשון (יג-טז), הוא מתריע בפני ה' שהמצרים יפרשו את המתת העם במדבר, לאחר הובלת ה' את העם בניסים ונפלאות ממצרים ובדרך במדבר, כחוסר יכולת של ה' להשלים את היציאה ממצרים ולהביא את העם לארץ המיועדת (טענה דומה מצויה ביחזקאל, למשל כ', ח-כו; ל"ו, טז-לו). מבחינה רטורית, הטענה שהשמועה על מותם של ישראל במדבר תגרום לפגיעה בשמו של ה' מודגשת באמצעות חזרה ארבע פעמים על הפועל 'שמע' (יג, יד, טו*2). החומרה של המתת ישראל מודגמת באמצעות תיאור הפצתה של השמועה הזו; ראשית נאמר שהמצרים ישמעו (יג), ומיד נאמר שהם יאמרו את הדבר לתושבי כנען (יד). התיאור הזה מלמד על תפוצתה של השמועה שתכלול גם את המצרים, אשר מארצם הוציא ה' את ישראל ביד רמה, וגם את תושבי כנען, אשר לתוכה אמורים ישראל להיכנס. בכך מודגמת החומרה של השמועה ביתר חריפות. כל זה עומד בסתירה לנוכח מעשי ה' לטובת ישראל בנפלאות היציאה ממצרים (יג), וכן בסתירה לשכינתו בתוך ישראל בעת ההליכה במדבר (יד). בחלק השני של דבריו (יז-יט) עובר משה להתחנן לפני ה' ולהפעיל את מידת הרחמים כדי שיסלח לעם על חטאו. שתי טענותיו של משה מביאות לשינוי בתוכניתו של ה' ("ויאמר ה' סלחתי כדברך", כ). אך בכל זאת ה' אינו מאפשר לדור החוטא להיכנס לארץ, וזאת בקביעה הנחרצת שכבר עלתה בתחילת דברי ה' – "וכל מנאצי לא יראוה". העונש הוא שהדור החוטא לא ייכנס לארץ, ומשתמע שדור הבנים ייכנס לארץ. כלב הוא יוצא דופן משום שהאמין שהעם יצליח בכיבוש הארץ (כד).

הפנייה השנייה של ה׳, הפעם למשה ואהרן, בפרק י״ד, כו-לה, אינה המשך טבעי לפנייה הראשונה (יא-כה). פעם נוספת מבשר ה׳ את העונש של העם, אלא שהפעם אין התערבות של משה. פסוקים אלה גם אומרים במפורש את אשר עולה ממשמעות הדברים בתגובה הראשונה. הדגש הוא כאן על כך שהדור החוטא לא ייכנס לארץ, וישהה במדבר ארבעים שנה עד אשר ימות. רק לאחר מותו של הדור הראשון, הדור שחטא, דור הבנים הוא זה שייכנס לארץ (כט-לה). מכלל זה יצאו כלב ויהושע (ל). מודגש גם שהשהייה במדבר תהיה למשך ארבעים שנה, שהם שנה כנגד כל יום של ארבעים ימי הריגול (לד). מודגש יותר ביחידה זו שהעונש הוא מידה כנגד מידה. בפסוקים אלה הניסיון לשנות את גזרת ה׳ בא מהעם עצמו. בתגובה להחלטת ה׳ שהועברה על ידי משה לעם, הם מתחרטים על חטאם ונכונים לעלות אל הארץ (מא). אך בניגוד לדברי משה שֶאל להם לעלות כי ה׳ אינו איתם, הם עולים וניגפים במלחמה כנגד הכנעני והעמלקי (מד).

התוצאה של שתי הפניות של ה׳ היא דומה: הדור החוטא ימות במדבר, ורק דור הבנים ייכנס לארץ. עם זאת מדוע ה׳ הגיב פעמיים בשני דיבורים שונים? כדי לחדד את השאלה יש לשים לב שאילו היה בפנינו רק אחד הקטעים בלבד לכאורה לא היינו מרגישים שחסר דבר. להלן נראה שהתוכן של התגובות שונה במידה רבה ויש עניין בשתיהן.

כפילויות בסיפור ומשמעותן

נוכחנו לראות עד כה כי יש הכפלות בשלושה שלבים של העלילה:

1. כפילות בדיווח של המרגלים (י״ג, כז-כט; י״ג, לב).
2. כפילות בתגובות של יהושע וכלב (י״ג, ל; י״ד, ו-ט).
3. כפילות בתגובה של ה׳ (י״ד, יא-כה; י״ד, כו-לה).

הסתירה בין הקביעה שהארץ טובה (י״ג, כז), לבין הוצאת דיבת הארץ שהיא אוכלת יושביה, אינה ניתנת לפתרון פשוט. לעומת זאת, התגובות הכפולות של יהושע במחזור הראשון של העימות עם המרגלים ושל כלב ויהושע במחזור השני של העימות, אינן מציבות סימן שאלה גדול, שכן כפי שראינו במהלך הדיון המתגלגל היו טענות שונות שהועלו. אין קושי שכלב ייזום את הדברים בתחילה, ובמחזור שני של דין ודברים יצטרף אליו יהושע. אולם ההתייחסות של ה׳ לכלב בלבד בתגובתו הראשונה (י״ד, כד) לעומת ההתייחסות לכלב ויהושע גם יחד בתגובה השנייה של ה׳ (י״ד, ל), מלמדת שזו כפילות בסיפור שאינה נובעת רק מאופי התגלגלות הדיאלוג למול העם. קושי גדול הוא הכפילות בדברי ה׳ על הענשת העם. אף שאין סתירה מהותית בין דברי ה׳ בשתי פניותיו, כפילות ארכנית זו מלמדת שיש כוונה ברורה בעצם הכפילויות בסיפור.

פרשנים רבים לא ראו קושי גדול בכפילויות האלה, או שהסבירו אותן בדרך הרמוניסטית. כך לא ראו פרשנים סתירה בין שני הדיווחים של המרגלים. הוסבר, שדיווח המרגלים היה

שהארץ היא אומנם זבת חלב ודבש, אך גם אוכלת יושביה מבחינה זו שתושביה מתים בה, אבל זו אינה מגרעת של הארץ (רש"י).* כאמור, התגובה הכפולה, של כלב, ואחר כך של כלב ושל יהושע, יכולה להתפרש כחלק מגלגול הדיון שהתפתח. התגובה השנייה של ה' הוסברה כפירוט תגובתו הראשונה, או שהפנייה הראשונה של ה' אל משה היא דיבור איתו לבדו, ובפנייה השנייה הוא ביקש שמשה ואהרן יעבירו את דברי ה' אל העם, כעולה בפסוק כח: "אמֹר אליהם".[39] ועם כל זאת יש להודות שהפנייה השנייה אינה מפורטת יותר מהפנייה הראשונה.

העובדה שישנה כפילות בכל אחד משלושת השלבים האחרונים של הסיפור מחייבת לבחון הסבר כולל לכל הכפילויות. אף שבמבט ראשון הכפילות בתגובות של יהושע וכלב, והכפילות בתגובה של ה' נראות לא עקרוניות, הסתירה בדיווח המרגלים היא מהותית והינה נקודת מוצא להבנת הפרשה כולה. יש סתירה מהותית בין דיווח המרגלים שהארץ טובה מאוד (כז), לבין הוצאת דיבת הארץ והטענה שהארץ היא אוכלת יושביה (לב).** לפי הטענה הראשונה הם שיבחו את הארץ, והבעיה לא הייתה הארץ עצמה, אלא ההתמודדות עם היושבים בה (כח). לעומת זאת, לפי הטענה השנייה, הארץ אינה טובה, ומשום כך מסקנתם היא כי אין טעם להיכנס לארץ. בתגובה הראשונה הם הציגו את פירותיה הטובים של הארץ ובשנייה הם הוציאו את דיבתה. שתי התשובות הן תשובות שונות וסותרות לשאלת משה "ומה הארץ אשר הוא יושב בה הטובה היא אם רעה".

בהתאם לשתי תשובות המרגלים ישנן שתי התייחסויות שונות של העם. לתגובת המרגלים שהארץ היא טובה אלא שקשה לכבוש אותה, העם לא הגיב בשום דרך מעשית. נראה שהעם נבוך ואינו יודע מה לעשות לנוכח הקושי בהמשך המסע לעבר הארץ הטובה. לעומת זאת לפי התגובה השנייה של המרגלים שהארץ אינה טובה, מתלונן העם על היציאה ממצרים, ואף יוזם חזרה למצרים (י"ד, א-ד).

בהתאם לשתי התשובות השונות של המרגלים, יש שתי תגובות שונות – של כלב, ושל כלב ויהושע. כנגד טענת המרגלים שהארץ טובה אך לא ניתן לכובשה בשל חוזקה, מביע כלב דברי ביטחון שיצליחו בכיבוש הארץ (י"ג, ל). לעומת זאת במחזור השני של ההידיינות, כנגד טענת המרגלים שהארץ אינה טובה, ולכן עדיף לחזור למצרים, יהושע וכלב אומרים שהארץ טובה מאוד מאוד ושהיא זבת חלב ודבש: "הָאָרֶץ אֲשֶׁר עָבַרְנוּ בָהּ לָתוּר אֹתָהּ טוֹבָה הָאָרֶץ מְאֹד מְאֹד... אֶרֶץ אֲשֶׁר הִוא זָבַת חָלָב וּדְבָשׁ" (י"ד, ז-ח). במחזור השני שוב חזרו המרגלים לתאר את גודלם הפיזי של תושבי כנען (י"ג, לב-לג). כנגד זאת גם כלב ויהושע טוענים שֶאל לעם לפחד מתושבי כנען משום שניתן לכבוש אותם בנקל. כנגד דברי המרגלים שתושבי הארץ הם אנשי מידות, אומרים יהושע וכלב שהם יאכלו אותם מָשָל היו לחם, שאין להם הגנה ("סר צילם"),[40] ושה' עימם לנצחם במלחמה (י"ד, ט).

* כמו שזו לא מגרעת של הארץ גם בוויקרא כ"ו, לח; יחזקאל ל"ו, יג.

** כך גם רמב"ן על י"ג, לב. אלא שהוא מסביר שלאחר שהם אמרו שהארץ טובה, אך שאי אפשר לכובשה, העם לא השתכנע, ועל כן הם שינו את הערכתם לגבי טובה של הארץ, ועתה הם טענו שהארץ אינה טובה.

בתגובה לטענת העם שהארץ טובה אבל הם אינם מסוגלים לכובשה, הגיב כלב כאמור, שהם יכולים לכבוש את הארץ (ל). במענה לכך שבו המרגלים והדגישו שאינם יכולים לכבוש (לא). העם לא הגיב למחלוקת זו בין כלב לבין שאר המרגלים. לעומת זאת בתגובה לדברי יהושע וכלב שהארץ טובה, כל העדה ביקשה לרגום אותם באבנים (י"ד, י). אפשר כי לאור ההבחנה בין שתי הטענות ההפוכות של המרגלים, והתגובות השונות אליהן, מתבהרות גם התגובות השונות של העם לטענות של יהושע וכלב. בתגובה הראשונה, ביחס לשאלה אם מסוגל העם לכבוש או לא, המרגלים סבורים שלא, ואילו כלב חושב שהעם מסוגל לכבוש. מחלוקת זו היא מקצועית, בתחום ההערכה הצבאית, ולכך לא ידע העם להגיב בינתיים. לעומת זאת, המחלוקת השנייה היא בהערכה הסובייקטיבית של טוב הארץ. במחלוקת זו ליבו של העם נטה לצד השלילי ביחס לארץ. המחלוקת בדבר טובה של הארץ גררה שתי גישות אופרטיביות – אם להמשיך במסע אל הארץ או אם יש לחזור למצרים.

לאור שני המהלכים בסיפור עד כאן אין קושי להבין גם את הכפילות בתגובות ה'. תגובה אחת (י"ד, יא-כה), היא לדיווח הראשון של המרגלים שהארץ עצמה אומנם טובה, אך הערים בצורות ותושביה ענקים (י"ג, כז-כט). בטענה זו הפגין העם חוסר אמונה וביטחון בה'. הם חששו מהתושבים הכנענים על אף שה' היה עימם לאורך הדרך. התגובה של ה' לכך היא בהתאם במישור הזה ממש. בתגובה הראשונה של ה', הדגש הוא על כך שהעם נענש משום שהוא ניאץ את ה', לא האמין בו ולא הפיק לקחים מכל הטובות שעשה לישראל במצרים ובמדבר. כך פותח ה' את דבריו: "עַד אָנָה יְנַאֲצֻנִי הָעָם הַזֶּה וְעַד אָנָה לֹא יַאֲמִינוּ בִי בְּכֹל הָאֹתוֹת אֲשֶׁר עָשִׂיתִי בְּקִרְבּוֹ" (י"ד, יא). ודברים דומים אומר ה' בסוף דבריו: "כִּי כָל הָאֲנָשִׁים הָרֹאִים אֶת כְּבֹדִי וְאֶת אֹתֹתַי אֲשֶׁר עָשִׂיתִי בְמִצְרַיִם וּבַמִּדְבָּר וַיְנַסּוּ אֹתִי זֶה עֶשֶׂר פְּעָמִים וְלֹא שָׁמְעוּ בְּקוֹלִי. אִם יִרְאוּ אֶת הָאָרֶץ אֲשֶׁר נִשְׁבַּעְתִּי לַאֲבֹתָם וְכָל מְנַאֲצַי לֹא יִרְאוּהָ" (י"ד, כב-כג). העם לא האמין בה' וניאץ אותו, כלומר החטא הוא כנגד ה', ולכן העונש הראוי הוא המתת כל העם. רק בזכות רחמי ה' בעקבות תחנוני משה, נעתר אליו ה' שהעם החוטא ימות בלבד.

התגובה השנייה של ה' (י"ד, כו-לח) מתאימה לעמדה של העם שהארץ אינה טובה (י"ג, לב). הדגש בדברים האלה של ה' הוא על כך שהעם מאס בארץ: "וְיָדְעוּ אֶת הָאָרֶץ אֲשֶׁר מְאַסְתֶּם בָּהּ" (לא). במסגרת טענה זו של העם, הם התלוננו על היציאה ממצרים, ועל כך שה' הוציא אותם למות במדבר ואף הביעו את רצונם לשוב למצרים (י"ד, א-ד). כנגד מאיסת העם בארץ, ה' מענישם שלא יביא אותם לארץ והם ימותו במדבר (י"ד, כט-ל). בפנייה זו של ה' אין הוא גוזר כליה על העם, כי חטא זה אינו פגיעה ישירה בה', אלא החטא הוא בהוצאת דיבתה של הארץ רעה, ולכן מתחילה העונש הוא שהעם לא ייכנס לארץ (י"ד, כט-לה). העונש הוא מידה כנגד מידה: העם מאס בארץ, ולכן נענש ולא ייכנס אליה. בדבריו הארוכים של ה' מודגש כי הדור החוטא, מבן עשרים שנה ומעלה, לא ייכנס לארץ אלא ימות במדבר, ורק דור הבנים הוא זה שייכנס לארץ. על כן המילה ארץ מופיעה בדברי ה' שלוש פעמים, והמילה מדבר מופיעה חמש פעמים, דבר המלמד על כך שמוקד הבעיה הוא בערעור על טוב הארץ.

העונש בשני המקרים מתאים לחטא. כאשר העם ניאץ את ה׳ העונש הוא כליה, ורק בזכות חסד אלוהי הוא אינו משמיד את העם, אלא רק את הדור החוטא. מכיוון שכך ניתן להבין מדוע בתגובה הראשונה אין התייחסות לנדודים במדבר, ולאי הכניסה לארץ. העונש כאן אינו הנדודים ואי הכניסה לארץ, אלא מותו של הדור הראשון. אולם כאשר העם הוציא את דיבת הארץ העונש הוא שהחוטאים לא ייכנסו לארץ, והעונש הוא הנדודים במדבר. לכן רק כאן מודגש שהעם ישהה במדבר ארבעים שנה, שנה כנגד כל יום של ריגול מתוך ארבעים ימי הריגול, ולכן מודגש שהדור השני ייכנס לארץ.

כזכור התגובה של כלב לבדו הייתה כנגד הטענה שהעם לא יכול לכבוש את הארץ, ואילו התגובה המשותפת של כלב ויהושע הייתה שהארץ טובה. על כן בתגובה הראשונה של ה׳ מוזכר כלב בלבד (י״ד, כד), ובתגובה השנייה של ה׳ נאמר שכלב ויהושע יצאו מכלל העונש (י״ד, ל).

פסוקים לו-לח הם המשך לדברי ה׳ על העונש בגין הוצאת דיבת הארץ. שוב חוזרים המרגלים להוציא דיבה על הארץ (י״ד, לו), ועל כך המרגלים נענשים ומתים במגפה (לז). לאחר שמשה מעביר את דברי ה׳ לעם, הם מתחרטים, ומבקשים לתקן את חטאם ולהמשיך במסעם ובמלחמתם על הארץ. אך בניגוד למשה שהצליח לשנות את גזרת ה׳ להשמיד את העם, העם אינו מצליח לשנות את החלטת ה׳. העם אינו שומע לאזהרת משה לבל יעלו להילחם משום שה׳ אינו איתם, ואף שמשה והארון לא משו מקרב המחנה ולא יצאו איתם למלחמה, הם עלו להילחם והובסו על ידי הכנענים (י״ד, לט-מה). נמצא שאין די בעשיית המעשה הנכון לעלות ולהילחם בכנענים, אלא יש לעשות זאת בצו ה׳ ברשותו וברצונו.

השאלה המתבקשת עתה היא מהו היחס הכרונולוגי בין שני התיאורים? מה היחס בין התגובה הראשונה של המרגלים לתגובה השנייה? ומה היחס בין שתי התגובות של כלב ושל יהושע וכלב, ומה היחס בין שתי התגובות של ה׳? נראה כי כשהמרגלים שבו, לא הייתה תשובה אחידה בפיהם. הם שבו ואמרו דברים שונים בהתאם למה שראו על פי דעותיהם השונות. המחשבה שעשרת המרגלים אמרו דבר אחד בקול אחד היא מחשבה לא מציאותית. מסתבר כי המרגלים נקטו כמה עמדות מעבר לעמדת יהושע וכלב. עמדה אחת הייתה שהארץ טובה, אבל בלתי אפשרי לנצח את היושבים בה, ועמדה אחרת הייתה שהארץ לא טובה. בהתאם לתגובות השונות של המרגלים התפתחו במקביל שתי התרחשויות שונות. העם הגיב פעמיים לדברי המרגלים. יש שליבם לא האמין ביכולתו של ה׳ להביא אותם לארץ, ויש שחשבו על כך שהיציאה ממצרים הייתה טעות, ולא נכון היה לצאת משם כדי להגיע לארץ כנען. אין כל קושי לראות כיצד בציבור גדול תהיינה עמדות שונות ומגוונות. לאור הנאמר אפשר להבין את שתי התגובות השונות של ה׳ לכל עמדה בקרב העם. הסיפור אינו מפרט בדיוק מה היה ואיך היה סדר הדיון, ומה היחס בין התגובות השונות, משום שלא בא הכתוב לספק תיאור מדויק של האירועים, אלא לתאר שתי התרחשויות שונות שעלו וצפו במקביל, וכל אחת מהן מהותית ועקרונית.

סיפור המרגלים בהקשרו

הלקח הברור מפרשת המרגלים הוא שהארץ המובטחת היא דווקא ארץ כנען, וכשעולה האפשרות לשוב למצרים, אפשרות זו נשללת, כמו גם האפשרות להישאר במדבר: אי אפשר לשוב למצרים, ואי אפשר להישאר במדבר. הסיפור מעלה אפשרות שהעם לא ייכנס, כשה׳ אומר שיכה את העם ובמקום העם הוא יעשה את משה לגוי גדול (י״ד, יב), אך בעקבות פנייה נרגשת של משה בתפילה ותחנונים, ה׳ סולח ומאפשר לעם להיכנס, אם כי רק בדור הבא. הינה עולה כי דווקא העם הזה, אף כי לא דור היוצאים אלא הדור השני, הוא שייכנס, ודווקא לארץ כנען. מצד שני האפשרות להיכנס לארץ שלא בצו ה׳ וברשותו, בלי הארון שהולך לפניהם, גם היא נשללת, ולכן המעפילים נוחלים כישלון חרוץ כאשר הם עורכים מלחמה ללא הארון וללא רשותו של ה׳.

פרשייה זו בהקשרה עד כה ממשיכה בהבחנותיה בין הנבחר לבין מי שלא נבחר, ובין השכבות השונות של החברה בתוך המדרג של הקדושה. עד כה עלו ההבחנות בין כוהנים, לוויים והעם ומעמדו של משה, ויש להתבונן על הממדים השונים שבמדרג. בסיפור המרגלים הנושא שעולה הוא היחס בין הארץ המובטחת ומי זכאי להיכנס אליה, לבין ארץ מצרים והמדבר. לאחר שבפרשייה הקודמת עלה מעמדו המיוחד של משה וקרבתו הגדולה אל ה׳, כאן עולה האפשרות שרק משה ימשיך את המסע לארץ. אפשרות זו נשללת בסיפור זה, והעם כולו, אם כי רק בדור הבא, ייכנס לארץ המובטחת.

התוכנית השתנתה. העם היה אמור להיכנס מיד לארץ, לאחר שקיבל את התורה ובנה את המשכן וסידר את המחנה. אולם קבלת גרסת המרגלים על ידי העם היא חטא שמנע את האפשרות להיכנס לארץ. יש להמתין דור, ורק הדור הבא ישלים את המסע. אירוע החטא בקדש הוא משמעותי מאוד לאור הציפיות של העם לאחר היציאה ממצרים. אך התורה כדרכה, אינה מרחיבה ביחס לתחושות של העם. אולי סיפור קורח מגלה טפח מהתחושות של העם, ועל כך נראה עוד להלן.

חוקים: מנחה ונסך, חלה, חטאת, מזיד, מקושש עצים וציצית, ט״ו

בקובץ זה ארבעה דינים וסיפור אחד:

1. חובת הבאת מנחה ונסך עם קורבנות הנדבה והשלמים, ט״ו, א-טז.
2. חובת תרומת ראשית החלה, ט״ו, יז-כא.
3. דיני חוטאים בשגגה ובמזיד, ט״ו, כב-לא – דין חטא העם בשגגה, ט״ו, כב-כו; דין יחיד שחטא בשגגה, ט״ו, כז-כט; דין כרת לחוטא במזיד, ט״ו, ל-לא.
4. סיפור המקושש עצים בשבת במזיד, ט״ו, לב-לו.
5. מצוות ציצית, ט״ו, לז-מא.

כפי שראינו עד כאן בספר, מיקומם של חוקים לאחר סיפור בא לחזק את הסיפור, או להציג רעיון מגביל או הפוך, וכך מתקבל רעיון מורכב בין הסיפור לחוקים העוקבים. כך גם במקרה זה כפי שנראה להלן.

מנחה ונסך, ט״ו, א-טז

א ב וַיְדַבֵּר ה׳ אֶל מֹשֶׁה לֵּאמֹר. דַּבֵּר אֶל בְּנֵי יִשְׂרָאֵל וְאָמַרְתָּ אֲלֵהֶם כִּי תָבֹאוּ אֶל אֶרֶץ מוֹשְׁבֹתֵיכֶם

ג אֲשֶׁר אֲנִי נֹתֵן לָכֶם. וַעֲשִׂיתֶם אִשֶּׁה לַה׳ עֹלָה אוֹ זֶבַח לְפַלֵּא נֶדֶר אוֹ בִנְדָבָה אוֹ בְּמֹעֲדֵיכֶם

ד לַעֲשׂוֹת רֵיחַ נִיחֹחַ לַה׳ מִן הַבָּקָר אוֹ מִן הַצֹּאן. וְהִקְרִיב הַמַּקְרִיב קָרְבָּנוֹ לַה׳ מִנְחָה סֹלֶת עִשָּׂרוֹן

ה בָּלוּל בִּרְבִעִית הַהִין שָׁמֶן. וְיַיִן לַנֶּסֶךְ רְבִיעִית הַהִין תַּעֲשֶׂה עַל הָעֹלָה אוֹ לַזָּבַח לַכֶּבֶשׂ הָאֶחָד.

ו ז אוֹ לָאַיִל תַּעֲשֶׂה מִנְחָה סֹלֶת שְׁנֵי עֶשְׂרֹנִים בְּלוּלָה בַשֶּׁמֶן שְׁלִשִׁית הַהִין. וְיַיִן לַנֶּסֶךְ שְׁלִשִׁית

ח הַהִין תַּקְרִיב רֵיחַ נִיחֹחַ לַה׳. וְכִי תַעֲשֶׂה בֶן בָּקָר עֹלָה אוֹ זָבַח לְפַלֵּא נֶדֶר אוֹ שְׁלָמִים לַה׳.

ט י וְהִקְרִיב עַל בֶּן הַבָּקָר מִנְחָה סֹלֶת שְׁלֹשָׁה עֶשְׂרֹנִים בָּלוּל בַּשֶּׁמֶן חֲצִי הַהִין. וְיַיִן תַּקְרִיב לַנֶּסֶךְ

יא חֲצִי הַהִין אִשֵּׁה רֵיחַ נִיחֹחַ לַה׳. כָּכָה יֵעָשֶׂה לַשּׁוֹר הָאֶחָד אוֹ לָאַיִל הָאֶחָד אוֹ לַשֶּׂה בַכְּבָשִׂים

יב יג אוֹ בָעִזִּים. כַּמִּסְפָּר אֲשֶׁר תַּעֲשׂוּ כָּכָה תַּעֲשׂוּ לָאֶחָד כְּמִסְפָּרָם. כָּל הָאֶזְרָח יַעֲשֶׂה כָּכָה אֶת אֵלֶּה

יד לְהַקְרִיב אִשֵּׁה רֵיחַ נִיחֹחַ לַה׳. וְכִי יָגוּר אִתְּכֶם גֵּר אוֹ אֲשֶׁר בְּתוֹכְכֶם לְדֹרֹתֵיכֶם וְעָשָׂה אִשֵּׁה

טו רֵיחַ נִיחֹחַ לַה׳ כַּאֲשֶׁר תַּעֲשׂוּ כֵּן יַעֲשֶׂה. הַקָּהָל חֻקָּה אַחַת לָכֶם וְלַגֵּר הַגָּר חֻקַּת עוֹלָם לְדֹרֹתֵיכֶם

טז כָּכֶם כַּגֵּר יִהְיֶה לִפְנֵי ה׳. תּוֹרָה אַחַת וּמִשְׁפָּט אֶחָד יִהְיֶה לָכֶם וְלַגֵּר הַגָּר אִתְּכֶם.

פירוש העניין

הדין הראשון הוא שחובה על אדם להביא קורבן "אשה לה'", מנחת סולת עישרון בלול בשמן וכן גם יין נסך. קורבן אִשֶּׁה הינו קורבן הנשרף באש על המזבח: קורבן עולה שנשרף כולו, או זבח, היינו שלמי נדר או נדבה, וכן קורבנות שמביאים במועדות. יש להבחין בין מנחה זו לבין קורבנות מנחה שהם קורבנות עצמאיים מן הצומח, לבין המנחה ויין הנסך כאן, אשר מובאים עם קורבנות מן החי. החובה להביא מנחה ונסך עם קורבן של החי היא רק בקורבנות שיש בהבאתם שמחה, ולא עם קורבנות החטאת והאשם שבאים בדרך כלל בשל חטא או טומאה.

התורה מפרטת את כמות הסולת והיין שיש להביא בכל קורבן, והכמות תלויה בגודל הקורבן. עם קורבן כבש יש להביא סולת בנפח של עישרון בלול, היינו שנילוש בשמן, בכמות של רביעית ההין, ויין לנסך בכמות דומה של רביעית ההין. עם קורבן איל, שהוא כבש זכר בוגר, יש להביא סולת בנפח של שני עשרונים, בלולה בשלישית ההין שמן, ויין לנסך בכמות דומה של שלישית ההין. לקורבן מן הבקר יש להביא סולת בנפח של שלושה עשרונים בלולה בשמן בכמות של חצי ההין, וגם יין לנסך באותה כמות. יש להביא את הכמויות אלה לכל בהמה שמקריבים (יב).

ארבע פעמים מודגש שדין זה מתייחס לאזרח, היינו לבן ישראל, וגם לגרים הגרים בתוכם (יג-יד, טו*2, טז). פעמיים מודגש שהדין הוא קבוע לדורות (יד, טו).

חוק זה משלים את חוקי קורבנות הנדבות והשלמים בתחילת ספר ויקרא. כבר ראינו שזו תופעה נפוצה בספר במדבר: חוקים משמשים השלמה לחוקים שכבר נמסרו במקומות אחרים, ובכל פעם הסברנו מדוע החוק אינו מצוי במקום שבו הנושא נידון מכבר, וכיצד הקשרו בספר במדבר מסביר את סיבת מיקום הדין. חוק זה פותח בקביעה שתחולת יישומו תהיה כאשר ייכנס העם לארץ.* החוק ממוקם כאן כדי לאזן את סיפור המרגלים ותוצאתו הקשה. כנגד האכזבה הגדולה של העם בעקבות אותה פרשייה, ואולי אף תחושות של ייאוש ושל חוסר ביטחון של העם, באה התורה והסמיכה לסיפור המרגלים שני חוקים אשר חובת קיומם היא רק בכניסה לארץ, כדי שבאמצעות החוק ירגיש העם שהוא לא התנתק מהארץ באופן תמידי אלא זמני בלבד, והוא עתיד להיכנס לארץ ולקיים את מצוותיה המיוחדות (רש"י, ראב"ע ורמב"ן לפסוק ב; ריב"ש לפסוק יא).

* רמב"ן לפסוק ב. פשוטו לפי שיטת ר' ישמעאל שנתחייבו בנסכים רק בארץ לאחר ירושה וישיבה. ר' עקיבא סבור שבמילה "מושבותיכם" הכוונה לכל מקום שהם יושבים בו, ונתחייבו בנסכים גם במדבר, ספרי פיסקא קז (מהדורת הורוויץ, עמ' 106).

תרומת חלה, ט"ו, יז-כא

יז יח וַיְדַבֵּר ה' אֶל מֹשֶׁה לֵּאמֹר. דַּבֵּר אֶל בְּנֵי יִשְׂרָאֵל וְאָמַרְתָּ אֲלֵהֶם בְּבֹאֲכֶם אֶל הָאָרֶץ אֲשֶׁר אֲנִי
יט כ מֵבִיא אֶתְכֶם שָׁמָּה. וְהָיָה בַּאֲכָלְכֶם מִלֶּחֶם הָאָרֶץ תָּרִימוּ תְרוּמָה לַה'. רֵאשִׁית עֲרִסֹתֵכֶם
כא חַלָּה תָּרִימוּ תְרוּמָה כִּתְרוּמַת גֹּרֶן כֵּן תָּרִימוּ אֹתָהּ. מֵרֵאשִׁית עֲרִסֹתֵיכֶם תִּתְּנוּ לַה' תְּרוּמָה
לְדֹרֹתֵיכֶם.

פירוש העניין

בדין השני מורה ה׳ את משה לצוות את העם שמעת התיישבותם בארץ הם יהיו חייבים להפריש תרומה לה׳ מעיסת הבצק שהם עושים, כמו שמפרישים תרומה מתבואת הגורן. כמו שתרומת הגורן ניתנת לכוהן, כך גם החלה, כמפורש ביחזקאל (מ״ד, ל). התרומה היא בשלב קצירתה של התבואה, ואילו תרומת החלה היא בשלב שבו לשים את העיסה.* כמו החוק הקודם גם חוק זה חל רק בעת הכניסה לארץ: ״בְּבֹאֲכֶם אֶל הָאָרֶץ אֲשֶׁר אֲנִי מֵבִיא אֶתְכֶם שָׁמָּה״ (יח). עניין זה מקבל הדגשה יתרה בכינוי הלחם: ״מִלֶּחֶם הָאָרֶץ״ (יט).

המושג של תרומת החלה כ״ראשית״ העריסות, מעמיד את דין זה במשפחת החוקים הנוגעים לְראשיות: דין תרומת הראשית (במדבר י״ח, יב; דברים י״ח, ד); ביכורים (שמות כ״ג, יט; ל״ד, כו; דברים כ״ו, ב); ראשית קציר העומר (ויקרא כ״ג, י); הנפת לחם הביכורים (ויקרא כ״ג, כ); בכור בהמה (שמות י״ג, ב, יא-יג; במדבר י״ח, טו-יז); בכור אדם (שמות י״ג, ב; יא-יג; במדבר י״ח, טו; דברים כ״א, יז).** בכל המקרים האלה, חובה על אדם לתת את הראשון לה׳ כקורבן (בכור בהמה) או לתת לכוהן (תרומת ראשית), או לעשות פעולה שתתיר לו את הראשון (להניף את העומר, לפדות את הבכור, או להביא את הביכורים למקום אשר יבחר ה׳ ולאכול שם). היסוד של דיני הראשית בכל המקרים הוא להטמיע את הרעיון שהכול מאת ה׳, במיוחד במקרים אלה של הראשית שבה אדם שמח ביותר במה שיש לו (דברים כ״ז, י-יא). מיחזקאל עולה שמי שנותן את ראשית החלה יזכה לברכה בביתו: ״וְרֵאשִׁית כָּל בִּכּוּרֵי כֹל וְכָל תְּרוּמַת כֹּל מִכֹּל תְּרוּמוֹתֵיכֶם לַכֹּהֲנִים יִהְיֶה וְרֵאשִׁית עֲרִסוֹתֵיכֶם תִּתְּנוּ לַכֹּהֵן לְהָנִיחַ בְּרָכָה אֶל בֵּיתֶךָ״ (מ״ד, ל).

הסמיכות של דין זה לדין מנחה היא משום שגם דין זה הוא מעת הכניסה לארץ: ״בְּבֹאֲכֶם אֶל הָאָרֶץ אֲשֶׁר אֲנִי מֵבִיא אֶתְכֶם שָׁמָּה״ (יח). גם מיקומו של חוק זה כמו חוק המנחות והנסכים, בא לחזק את הזיקה של העם לארץ לאחר הערעור על כך בסיפור חטא המרגלים.

* מדאורייתא יש להפריש כמות כלשהי מהבצק, וחכמים נתנו לזה שיעור: איש פרטי מפריש חלק אחד מעשרים וארבעה, ונחתום מפריש חלק אחד מארבעים ושמונה, משנה חלה פרק ב משנה ז. דין חלה נוהג בארץ, אולם לאחר החורבן חכמים קבעו שהדין חל גם בחו״ל (משנה חלה פרק ד משנה ח). כפי שמסביר הרמב״ם ״כדי שלא תשתכח תורת חלה מישראל״ (רמב״ם בכורים פרק ה הלכה ז).

** המילה ראשית מוזכרת בהקשר של ביכורים (שמות כ״ג, יט; ל״ד, כו; דברים כ״ו, ב, י); הנפת העומר (ויקרא כ״ג, י); חלה (במדבר ט״ו, כ, כא); תרומה (במדבר י״ח, יב; דברים י״ח, ד).

דינו של חוטא בשוגג, חוטא במזיד, ודין מקושש, ט״ו, כב-לו

כב כג וְכִי תִשְׁגּוּ וְלֹא תַעֲשׂוּ אֵת כָּל הַמִּצְוֹת הָאֵלֶּה אֲשֶׁר דִּבֶּר ה׳ אֶל מֹשֶׁה. אֵת כָּל אֲשֶׁר צִוָּה ה׳
אֲלֵיכֶם בְּיַד מֹשֶׁה מִן הַיּוֹם אֲשֶׁר צִוָּה ה׳ וָהָלְאָה לְדֹרֹתֵיכֶם.

כד וְהָיָה אִם מֵעֵינֵי הָעֵדָה נֶעֶשְׂתָה לִשְׁגָגָה וְעָשׂוּ כָל הָעֵדָה פַּר בֶּן בָּקָר אֶחָד לְעֹלָה לְרֵיחַ נִיחֹחַ לַה׳
כה וּמִנְחָתוֹ וְנִסְכּוֹ כַּמִּשְׁפָּט וּשְׂעִיר עִזִּים אֶחָד לְחַטָּת. וְכִפֶּר הַכֹּהֵן עַל כָּל עֲדַת בְּנֵי יִשְׂרָאֵל וְנִסְלַח
כו לָהֶם כִּי שְׁגָגָה הִוא וְהֵם הֵבִיאוּ אֶת קָרְבָּנָם אִשֶּׁה לַה׳ וְחַטָּאתָם לִפְנֵי ה׳ עַל שִׁגְגָתָם. וְנִסְלַח
לְכָל עֲדַת בְּנֵי יִשְׂרָאֵל וְלַגֵּר הַגָּר בְּתוֹכָם כִּי לְכָל הָעָם בִּשְׁגָגָה.

כז כח וְאִם נֶפֶשׁ אַחַת תֶּחֱטָא בִשְׁגָגָה וְהִקְרִיבָה עֵז בַּת שְׁנָתָהּ לְחַטָּאת. וְכִפֶּר הַכֹּהֵן עַל הַנֶּפֶשׁ
כט הַשֹּׁגֶגֶת בְּחֶטְאָה בִשְׁגָגָה לִפְנֵי ה׳ לְכַפֵּר עָלָיו וְנִסְלַח לוֹ. הָאֶזְרָח בִּבְנֵי יִשְׂרָאֵל וְלַגֵּר הַגָּר בְּתוֹכָם
תּוֹרָה אַחַת יִהְיֶה לָכֶם לָעֹשֶׂה בִּשְׁגָגָה.

ל וְהַנֶּפֶשׁ אֲשֶׁר תַּעֲשֶׂה בְּיָד רָמָה מִן הָאֶזְרָח וּמִן הַגֵּר אֶת ה׳ הוּא מְגַדֵּף וְנִכְרְתָה הַנֶּפֶשׁ הַהִוא
לא מִקֶּרֶב עַמָּהּ. כִּי דְבַר ה׳ בָּזָה וְאֶת מִצְוָתוֹ הֵפַר הִכָּרֵת תִּכָּרֵת הַנֶּפֶשׁ הַהִוא עֲוֺנָה בָהּ.

לב לג וַיִּהְיוּ בְנֵי יִשְׂרָאֵל בַּמִּדְבָּר וַיִּמְצְאוּ אִישׁ מְקֹשֵׁשׁ עֵצִים בְּיוֹם הַשַּׁבָּת. וַיַּקְרִיבוּ אֹתוֹ הַמֹּצְאִים אֹתוֹ
לד מְקֹשֵׁשׁ עֵצִים אֶל מֹשֶׁה וְאֶל אַהֲרֹן וְאֶל כָּל הָעֵדָה. וַיַּנִּיחוּ אֹתוֹ בַּמִּשְׁמָר כִּי לֹא פֹרַשׁ מַה יֵּעָשֶׂה
לה לו לוֹ. וַיֹּאמֶר ה׳ אֶל מֹשֶׁה מוֹת יוּמַת הָאִישׁ רָגוֹם אֹתוֹ בָאֲבָנִים כָּל הָעֵדָה מִחוּץ לַמַּחֲנֶה. וַיֹּצִיאוּ
אֹתוֹ כָּל הָעֵדָה אֶל מִחוּץ לַמַּחֲנֶה וַיִּרְגְּמוּ אֹתוֹ בָּאֲבָנִים וַיָּמֹת כַּאֲשֶׁר צִוָּה ה׳ אֶת מֹשֶׁה.

פירוש העניין

מכיוון שפרשה זו אינה פותחת בכותרת, ברור כי היא המשכם של שני החוקים הקודמים, והדבר נאמר במפורש "הַמִּצְוֹת הָאֵלֶּה" – משמע שתי המצוות, המנחות והחלה שנזכרו מיד קודם לכן. אף כי פסוק כב מצמצם את עניין דיני השוגג והמזיד לשתי המצוות לעיל, מיד פסוק כג מרחיב את התחולה של דיני השוגג והמזיד לכל החוקים שה' ציווה את משה בהר סיני והלאה: "אֵת כָּל אֲשֶׁר צִוָּה ה' אֲלֵיכֶם בְּיַד מֹשֶׁה מִן הַיּוֹם אֲשֶׁר צִוָּה ה' וָהָלְאָה לְדֹרֹתֵיכֶם". אכן, ההדגמה של דין מזיד בסיפור המקושש עצים בשבת להלן, מוכיחה שדינים אלה מתייחסים לכל המצוות ולא רק למצוות המנויות בתחילת פרק ט"ו. היחס בין פסוק כב לפסוק כג עשוי להיראות אפוא משונה במבט ראשון: מדוע פסוק כב עושה רושם של צמצום התחולה של חוקי השוגג והמזיד לשתי ההלכות בעניין מנחות וחלה בלבד, ומיד פסוק כג מרחיב זאת לכל המצוות? נראה כי ההקשר הראשוני של דין החוטאים בשוגג ובמזיד הוא לסיפור חטא המרגלים ולמצוות מנחות וחלה הקשורות לעונשו של העם בחטא זה, כפי שראינו לעיל. אולם החוקים הנוגעים לדיני השוגג והמזיד הם רחבים יותר, ועל כן מיד באה התחולה הרחבה ביחס לכל חוקי ה' בפסוק כג.

הפרשה עוסקת בחיוב קורבן במקרים שהעם חטא בשגגה (כב-כו), ובמקרה שיחיד חטא בשגגה (כז-כט), לעומת דינו של חוטא במזיד (ל-לא). בפסוקים כב-כט השורש שג"ג מצוי תשע פעמים (כב, כד, כה*2, כו, כז, כח*2, כט). הפסוקים מדברים על שני סוגים של חוטא בשוגג, המביאים חטאת ומתכפר להם. הראשון הוא דינו של העם החוטא בשגגה (כד-כו), הדין השני הוא יחיד החוטא בשגגה (כז-כט). הדגש על כפרתו של השוגג המביא קורבן חטאת, בא למעט את העובר עבירה במזיד, שאין לו כפרה ודינו כרת (ל-לא). החוטא במזיד נחשב מגדף (ל), ובחטאו ביזה את דבר ה' (לא), ולכן דינו כרת. דין המזיד מוצג כניגוד לדין השוגג באמצעות וי"ו הניגוד: "וְהַנֶּפֶשׁ אֲשֶׁר תַּעֲשֶׂה בְּיָד רָמָה" (ל). התורה באה להדגיש את ההחרגה של המזיד מהאפשרות של הכפרה. אילו דין מזיד היה עצמאי, הוא היה צריך לפתוח כמו דין שוגג, למשל: "ונפש אשר תעשה ביד רמה".

דין קורבן חטאת הבא על חטאים שנעשו בשגגה מובא גם בוויקרא ד'-ה'. אך ההבחנה בין שתי הפרשיות מובהקת. שם הכוונה היא לתת את פרטי הדין של קורבן חטאת במקרים השונים של חוטאים בשגגה: הכוהן המשיח, העדה כולה, הנשיא והיחיד. הפרשה בבמדבר ט"ו אינה מפרטת את פרטי קורבן חטאת משום שהיא נסמכת על המקור בוויקרא, ומפנה לשם "כמשפט" (כד). לעומת זאת הכוונה בבמדבר ט"ו היא להבחין בין הראוי להביא קורבן חטאת לבין מי שאינו ראוי. יש שני חידושים בפרשייה זו. הראשון הוא ההבחנה בין חוטא בשוגג, שמביא קורבן חטאת לכפרתו, לעומת מזיד שדינו כרת, ואין לו אפשרות כפרה על ידי קורבן. דינו של המזיד אינו מוזכר בוויקרא ד', והוא מתחדש כאן. חידוש שני בפרשה זו הוא אי ההבחנה בין אזרח לבין גר, המביא גם הוא קורבן חטאת על חטא בשגגה. בניגוד להבחנה בין שוגג למזיד, שיצא מכלל אפשרות להביא קורבן, פרשייה זו מכלילה גר שחטא עם אזרח. עניין זה מודגש פעמיים בפסוקים, הן בדין שגגת העם (כו), הן במקרה שיחיד שגג

(כט). כמובן גר שעבר במזיד דינו כרת כמו האזרח בישראל (ל). העולה מדיני שוגג ומזיד הוא שאדם מישראל יכול להיכרת מקרב עמו אם הזיד ביד רמה, ומצד שני גר שווה בדינו לאזרח, ויכול להתכפר בחוטאו בשגגה. אין פריווילגיה לישראל ואין אפליה לרעה ביחס למי שאינו ישראל.

כאמור, אחד החידושים של פרשת דיני שוגג ומזיד הוא שדינו של חוטא במזיד הוא כרת. סיפור המקושש בא להדגים חוק זה במציאות באמצעות סיפור על חטא המקושש וביצוע עונשו בסקילה (לו; ראב״ע). הסיפור הוא על אדם שחילל את השבת במזיד, בכך שקושש עצים בשבת, היינו שאסף עצים קטנים (שמות ה׳, ז).* סיפור זה מניח את חובת שמירת שבת המצויה בשמות כ׳, י-יא; ל״א, יב-יז; ל״ה, ב-ג. העם אינו יודע מה דינו של המקושש. מקרה זה דומה למקרה של המקלל את ה׳, שלא ידעו מה דינו (ויקרא כ״ד, י-כג). לפי הפרשנים, במקרה בבמדבר הם ידעו שדינו מוות, אולם הם לא ידעו באיזו דרך יש לבצע את העונש (רש״י, רשב״ם, ראב״ע, ריב״ש). על כך עונה ה׳ שיש להוציא להורג את מחלל השבת בסקילה (לה).

מקומה של העדה מודגש בסיפור עונשו של המקושש. העדה היא שמצאה את החוטא (לב), והם שהביאו אותו לדין: ״וַיַּקְרִיבוּ אֹתוֹ הַמֹּצְאִים אֹתוֹ מְקֹשֵׁשׁ עֵצִים אֶל מֹשֶׁה וְאֶל אַהֲרֹן וְאֶל כָּל הָעֵדָה״ (לג). הם אסרו אותו עד שיתברר מה ייעשה בו: ״וַיַּנִּיחוּ אֹתוֹ בַּמִּשְׁמָר כִּי לֹא פֹרַשׁ מַה יֵּעָשֶׂה לוֹ״ (לד). כך גם המקלל את ה׳ בוויקרא כ״ג, יב הושם במשמר. העדה היא שמבצעת את גזר דין הסקילה: ״רָגוֹם אֹתוֹ בָאֲבָנִים כָּל הָעֵדָה מִחוּץ לַמַּחֲנֶה״ (לה). המעורבות של העדה היא משום שהמקושש מוצא מתוכה, ועל כן הם גם אלה שמבצעים את העונש מחוץ למחנה: ״וַיֹּצִיאוּ אֹתוֹ כָּל הָעֵדָה אֶל מִחוּץ לַמַּחֲנֶה וַיִּרְגְּמוּ אֹתוֹ בָּאֲבָנִים וַיָּמֹת״ (לו).

באמצעות קורבן חטאת במקרה של חוטא בשוגג, ודין כרת אם חטא במזיד, ביקשה התורה לחדד את ההגדרה של ה״עדה״. הגרים כלולים בעדה, וכמו האזרח, חטא בשוגג אינו מוציא את החוטא מכלל העדה אם הוא מכפר על חטאו באמצעות קורבן חטאת. מצד שני, החוטא במזיד, מוצא מקרב העדה על ידי העדה, אף אם הוא אזרח.

הקשרם של דיני הכפרה על החוטא השוגג לעומת המזיד הוא סיפור חטא המרגלים. זו תופעה שכבר עמדנו עליה לאורך ספר במדבר. חוקים הבאים לאחר סיפורים, עוסקים באותו נושא ומשלימים אותו. כך מוצג נושא שלם במורכבותו הן על ידי הסיפור הן על ידי צירוף החוקים הסמוכים. כאמור, קובץ הדינים כולל דין יחיד החוטא בשוגג שמביא חטאת לכפרתו, לעומת דין החוטא במזיד שאין לו כפרה ודינו כרת. הקובץ גם כולל דין חטאת לכפרת העם שחטא בשגגה. אולם חסר המקרה של דין העם שחטא במזיד.** נראה לי שמקרה זה בא בעצם מכבר בסיפור המרגלים. סיפור המרגלים עוסק במקרה שהעם כולו חטא, ויש

* בבבלי שבת צו ע״ב מובאות שלוש דעות על מה בדיוק עבר המקושש: על דין מעמר, הוצאה מרשות לרשות, או מלאכת קוצר.

** הרב יואל בן נון העלה את ההשערה המשמעותית שאין בעצם ציבור שלם שחוטא במזיד, וכל קהל חוטא, עושה זאת בשוגג. ראו בן נון, קהל שוגג, עמ׳ 225-267.

להבין את חטא העם כחטא מכוון, ועל כן הגיב ה' בחומרה, וביקש לכלות את העם בחטאו. זה בדיוק דינו של יחיד שחטא במזיד, שהוא חייב כרת. רק בשל התערבותו של משה ודבריו לה', שהמתת העם תגרום לחילול שמו בעולם, נמנע ה' מלבצע עונש זה. אולם ה' לא חזר בו לגמרי מעונש הכליה, אלא הוא צמצם את העונש לדור המדבר שחטא. דינו של חטא העם במזיד לא בא במסגרת החוק בפרק ט"ו, משום שהוא הובהר בסיפור מכבר, והחוקים שאחריו רק באו להשלים את המקרים של יחיד, ושל העם שחטא בשוגג שאינם עולים בסיפור. לפי הסיפור אם כן, דינו של עם החוטא במזיד הוא כרת, בדומה ליחיד שחטא במזיד.*

בסיפור המרגלים, דינו של העם נקבע בהחלטה אלוהית חמורה שרוככה על ידי התערבות של משה לטובת העם. החוקים שבפרקנו מכניסים את תחום עונש החוטאים למסגרת הלכתית אחידה וברורה, לבד מהמקרה של העם שחטא במזיד. היעדרו של חוק ספציפי בדין העם שחטא במזיד משאיר את המקרה הזה להחלטה אלוהית בכל מקרה ומקרה, כאשר העיקרון הוא כרת, אך למעשה דין זה לא מיושם. גם אחרי חטא העגל ה' רצה להכרית את העם (שמות ל"ב, י), אך שינה את ההחלטה בעקבות התערבות משה (שם יא-יד). במקרים אחרים, בספר שופטים למשל, כאשר העם חוטא, ה' שולח אויב להעניש את העם כדי להשיב את העם אל ה', וכאשר זועק העם אל ה' הוא מושיעו, וכך הוא חוזר אל ה' לתקופה מסוימת. כאשר ה' החליט שבחטאי העם אין עוד מקום לסלוח, הוא הגלה את העם מארצו, ולא שמע בקול נביאים לרכך את העונש (ירמיה י"א, א-יד; ט"ו, א-ט). אם כן דינו של העם שחטא הוא עונש של הכרתה במישור העקרוני, אך למעשה דין זה אינו מיושם באופן זה. במקום זאת ה' מבקש לשנות את דרך העם באמצעות פעולות במציאות ובאמצעות נביאיו.

לצד ההבדלים במגמות של שתי פרשות החטאת בוויקרא ד' ובמדבר ט"ו, יש שני הבדלים בפרטי ההלכות. בוויקרא דינו של יחיד שחטא בשגגה הוא שיביא שעירת עיזים או כבשה (כח, לב) לחטאת, ואילו בבמדבר ט"ו נאמר שהחוטא מביא עז, אך לא נזכרה האפשרות של כבשה. בעיה משמעותית יותר היא שבוויקרא ד', יד, עדה שחטאה מביאה פר לחטאת, ובמקרה זה הדין בבמדבר ט"ו הוא שהעם מביא פר לעולה ושעיר עיזים לחטאת (ט"ו, כד).

בוויקרא נאמר שהעם עבר עבירה אחת בשגגה: "וְאִם כָּל עֲדַת יִשְׂרָאֵל יִשְׁגּוּ... וְעָשׂוּ **אַחַת** מִכָּל מִצְוֹת ה'" (ד', יג). לעומת זאת בבמדבר הניסוח הוא שהעם לא עשה את **כל** המצוות: "וְכִי תִשְׁגּוּ וְלֹא תַעֲשׂוּ **אֵת כָּל הַמִּצְוֹת הָאֵלֶּה**" (כב). חז"ל סברו שמדובר בבמדבר בחטא עבודה זרה, שהחוטא בה בעצם עובר על כל התורה כולה. בספרי פיסקא קיא (מהדורת הורוויץ, עמ' 116): "בעבודה זרה הכתוב מדבר, אתה אומר בעבודה זרה הכתוב מדבר או אינו אלא באחת מכל המצוות האמורות בתורה... ת"ל וכי תשגו ולא תעשו. באו כל המצות ללמד על מצוה אחת, מה העובר על כל המצות פורק עול ומפר ברית ומגלה פנים בתורה, אף העובר על מצוה אחת פורק עול ומפר ברית ומגלה פנים בתורה, [ואיזו זו ע"ז] שנ' 'לעבור בריתו' (דברים י"ז, ב) ואין ברית אלא תורה שנ' 'אלה דברי הברית' (דברים כ"ח, סט)". כן הוא בבבלי הוריות ח ע"א, וכן פירשו רש"י, רשב"ם וריב"ש.

* כך דעת רמב"ם, מורה נבוכים חלק שלישי פרק מא. וכן ספורנו, על פסוק ל.

רמב"ן (פירושו לפסוק ל) אימץ את הדיוק של "כל מצוות ה'", ומתוך היצמדותו לניסוח המקראי טען שמדובר במקרה שאדם עבר על כל התורה בשגגה, והציע מקרה של תינוק שנשבה בין הגויים, במקרה של אדם יחיד, או אם הציבור שוכח את התורה או חושב בטעות שהתורה אינה נצחית ועבר זמנה.

הביסוס של הספרי ורמב"ן הוא על הדיוק "וְכִי תִשְׁגּוּ וְלֹא תַעֲשׂוּ **אֵת כָּל הַמִּצְוֹת הָאֵלֶּה**" (כב), וחיפשו מצב שבה העבירה כוללת את כל המצוות. לפי ספרי בעבירה אחת של עבודה זרה עוברים על כל התורה, ורמב"ן מצא סיטואציות שבהן באי ידיעה אחת אדם עובר בפועל על כל התורה כולה. אולם סביר שאילו התורה התכוונה לאיסור אחד חמור של עבודה זרה היא הייתה מפרשת זאת. מעבר לזה יש לשקול בחשבון את ההבנה שהעלה שד"ל (על פסוק כב), כי כוונת פסוק כב היא שאדם לא קיים את כל המצוות של ה', היינו שלא קיים את כל התורה כולה, אלא עבר על חלקה. בדומה ראב"ע העלה את האפשרות שהחוק בוויקרא עוסק במי שעבר על מצוות לא תעשה, ואילו בחוק בבמדבר מדבר במי שלא קיים מצוות עשה.[41] חילוק זה נובע מהבדל בניסוח בין שני המקורות. בוויקרא ד', ב, הניסוח הוא שהחוטא עשה דבר שאסור לעשותו: "נֶפֶשׁ כִּי תֶחֱטָא בִשְׁגָגָה מִכֹּל **מִצְוֹת ה' אֲשֶׁר לֹא תֵעָשֶׂינָה** וְעָשָׂה מֵאַחַת מֵהֵנָּה". וכן בפסוקים יג, כב, כז; ה', יז. לעומת זאת בבמדבר הניסוח הוא שלא נעשתה מצווה שצריך היה לעשותה: "וְכִי תִשְׁגּוּ **וְלֹא תַעֲשׂוּ אֵת כָּל הַמִּצְוֹת הָאֵלֶּה** אֲשֶׁר דִּבֶּר ה' אֶל מֹשֶׁה" (כב).

רמב"ן חולק על הסבר זה.* שיטת ראב"ע אינה מתיישבת עם הלשון בחוק המזיד "וְהַנֶּפֶשׁ אֲשֶׁר תַּעֲשֶׂה בְּיָד רָמָה... אֶת ה' הוּא מְגַדֵּף", שמסתבר שמדובר בעבירה חמורה שאדם עבר בה, ובמעשה שעשה הוא נחשב מגדף ה', ולא בהימנעות מלעשות ציווי של ה'. יתר על כן ההדגמה של דין המזיד הוא בחטא המקושש עצים, שעבר על מצוות לא תעשה. אין בידי הסבר להבדל שבין שתי הפרשיות.

* רמב"ן הקשה שלפי פירוש זה יהיה חייב קורבן חטאת בעבירה על מצוות עשה בשוגג, וחיוב כרת על מי שעבר במזיד על מצוות עשה. אך כנראה ראב"ע סבר כמו הרמב"ם במורה נבוכים, כי אדם שעבר ביד רמה גם על מצוות עשה דינו כרת. ראו רמב"ם, מורה נבוכים חלק שלישי פרק מא. הרב יעקב מדן הסביר את ראב"ע שמדובר במקרה של מזיד שעושה ביד רמה, היינו בשאט נפש ולהכעיס, ועל כך חייב כרת גם על ביטול מצוות עשה, בניגוד למזיד רגיל שעושה לתיאבון. מדן, כי קרוב אליך, במדבר, עמ' 297 הערה 228.

צִיצִית, ט"ו, לז-מא

וַיֹּאמֶר ה׳ אֶל מֹשֶׁה לֵּאמֹר. דַּבֵּר אֶל בְּנֵי יִשְׂרָאֵל וְאָמַרְתָּ אֲלֵהֶם וְעָשׂוּ לָהֶם צִיצִת עַל כַּנְפֵי לז לח
בִגְדֵיהֶם לְדֹרֹתָם וְנָתְנוּ עַל צִיצִת הַכָּנָף פְּתִיל תְּכֵלֶת. וְהָיָה לָכֶם לְצִיצִת וּרְאִיתֶם אֹתוֹ וּזְכַרְתֶּם לט
אֶת כָּל מִצְוֹת ה׳ וַעֲשִׂיתֶם אֹתָם וְלֹא תָתֻרוּ אַחֲרֵי לְבַבְכֶם וְאַחֲרֵי עֵינֵיכֶם אֲשֶׁר אַתֶּם זֹנִים
אַחֲרֵיהֶם. לְמַעַן תִּזְכְּרוּ וַעֲשִׂיתֶם אֶת כָּל מִצְוֹתָי וִהְיִיתֶם קְדֹשִׁים לֵאלֹהֵיכֶם. אֲנִי ה׳ אֱלֹהֵיכֶם מ מא
אֲשֶׁר הוֹצֵאתִי אֶתְכֶם מֵאֶרֶץ מִצְרַיִם לִהְיוֹת לָכֶם לֵאלֹהִים אֲנִי ה׳ אֱלֹהֵיכֶם.

פירוש העניין

ה׳ מצווה את משה לצוות את בני ישראל לעשות ציצית ועליה פתיל תכלת על ארבע הכנפות של בגדיהם. הלכה זו מופיעה גם בדברים כ״ב, יב, אך שם הציצית נקראת גדילים. אילולא המסורת ספק אם היה ניתן להבין בדיוק את הכוונה של הפסוקים. אבל על פי הנוהג בישראל, אף שחלוקות השיטות בכך, יש לחבר לכל אחת מארבע הכנפות חוטים לבנים המלופפים בחוט אחד של תכלת, סך הכול ארבעה חוטים המקופלים בכנף ונראים כשמונה חוטים.

טעמה של מצווה זו מפורש: ״וְהָיָה לָכֶם לְצִיצִת וּרְאִיתֶם אֹתוֹ וּזְכַרְתֶּם אֶת כָּל מִצְוֹת ה׳ וַעֲשִׂיתֶם אֹתָם וְלֹא תָתוּרוּ אַחֲרֵי לְבַבְכֶם וְאַחֲרֵי עֵינֵיכֶם אֲשֶׁר אַתֶּם זֹנִים אַחֲרֵיהֶם״ (לט). כאשר אדם יראה את הציצית ועליה פתיל התכלת הוא יזכור את מצוות ה׳ ויקיים אותן, ולא יתפתה אחרי עיניו ואחרי לבבו, העשויים לגרום לאדם לסטות מדרך ה׳. בפסוק זה שלושה פעלים: ׳ראה׳, ׳זכר׳, ׳עשה׳: ראיית הציצית תביא לזיכרון, והזיכרון למעשה, כדברי התלמוד במנחות מג ע״ב: ״מלמד שראיה מביאה לידי זכירה וזכירה מביאה לידי עשייה״.

איך ראייתה של הציצית מסייעת לאדם לזכור את מצוות ה׳? הוצעו לכך הצעות שונות. רש״י סבר שהרואה את הציצית נזכר במצוות ה׳ משום שהגימטרייה של המילה ציצית היא 600 ועל זה יש להוסיף 8 חוטים ו 5 קשרים, סך הכול 613 כמניין תרי״ג מצוות התורה. רמב״ן חלק על רש״י משום שהמילה ״ציצת״ כתובה בתורה ללא יו״ד, ולכן הגימטרייה היא 590, ולדעת בית הילל מספר החוטים הוא 3, ומהתורה יש לעשות 2 קשרים ולא 5. לכן סבר רמב״ן שהזיכרון הוא בחוט התכלת, כמו שהסביר הבבלי במנחות מג ע״ב: ״מפני שהתכלת דומה לים וים דומה לרקיע ורקיע לכסא הכבוד, שנאמר: ותחת רגליו כמעשה לבנת הספיר וכעצם השמים לטהר״. בדרך זו פירש רשב״ם. ר׳ יוסף בכור שור אומר שהציצית היא סימן לזכירה, וכשרואה זוכר את המצוות, ואין משהו מהותי בעצם הציצית שמזכיר: ״וראיתם אותו וזכרתם – שאינו נעשה אלא לזכירה; וכשרואה זאת המצוה, זוכר ונותן לב לשמור המצות״. מסתברת דעת ספורנו, שהסימן של הציצית הוא של עבדות לה׳, כמו חותם של המלך בבגדי עבדיו, וכך כאשר אדם רואה את הציצית הוא זוכר שהוא עבדו של ה׳. בהמשך להסבר זה יש לציין שפתיל התכלת דומה לבגדי כוהן שלבוש תכלת, וכך כאשר לובש את התכלת, הריהו לובש בגדי קדושה כמו הכוהן, והוא עצמו מתקדש על ידי זה, זוכר שהוא קדוש ונמנע מלחטוא. אכן בהמשך הפסוקים נאמר: ״וִהְיִיתֶם קְדֹשִׁים לֵאלֹהֵיכֶם״. באמצעות פתיל התכלת הופך האדם לקדוש.

סיכום: סיפור חטא המרגלים והחוקים שנספחו אליו

כמו בקובצי החוקים עד כאן בספר, קיים קשר בין המצוות לבין עצמן וביניהן לבין סיפור המרגלים הבא קודם לקובץ זה. נתחיל בקשר בין המצוות. הקשר בין מצוות חובת המנחות ומצוות חלה עולה מפתיחתן הדומה וזיקתן לכניסה לארץ. דין מנחות ונסכים פותח, ט״ו, א-ב: ״וַיְדַבֵּר ה׳ אֶל מֹשֶׁה לֵּאמֹר. דַּבֵּר אֶל בְּנֵי יִשְׂרָאֵל וְאָמַרְתָּ אֲלֵהֶם כִּי תָבֹאוּ אֶל אֶרֶץ מוֹשְׁבֹתֵיכֶם

אֲשֶׁר אֲנִי נֹתֵן לָכֶם". בדומה לכך נפתח דין חובת הפרשת חלה, ט"ו, יז-יח: "וַיְדַבֵּר ה' אֶל מֹשֶׁה לֵּאמֹר. דַּבֵּר אֶל בְּנֵי יִשְׂרָאֵל וְאָמַרְתָּ אֲלֵהֶם בְּבֹאֲכֶם אֶל הָאָרֶץ אֲשֶׁר אֲנִי מֵבִיא אֶתְכֶם שָׁמָּה". בדין מנחה ונסך מוזכר שהדין מתייחס גם לגר (יד, טו, טז), ודגש זה בא גם בדיני החוטאים בשוגג ובמזיד (כו, כט, ל). במצוות חלה (כא), בדין שוגג של העם (כג) ובמצוות ציצית (לח) נאמר שהמצווה היא לדורות (לְדֹרֹתֵיכֶם / לְדֹרֹתָם). דין שגגת העם פותח במילים "וְכִי תִשְׁגּוּ **וְלֹא תַעֲשׂוּ אֵת כָּל הַמִּצְוֹת** הָאֵלֶּה אֲשֶׁר דִּבֶּר ה' אֶל מֹשֶׁה" (כב). מצוות ציצית באה למנוע מראש את המצב שאדם יחטא, והניסוח קרוב: "וְהָיָה לָכֶם לְצִיצִת וּרְאִיתֶם אֹתוֹ וּזְכַרְתֶּם **אֶת כָּל מִצְוֹת ה' וַעֲשִׂיתֶם אֹתָם**... לְמַעַן תִּזְכְּרוּ **וַעֲשִׂיתֶם אֶת כָּל מִצְוֹתָי**..." (לט-מ).

ראב"ע כבר עמד על הקשר בין המצוות ובין סיפור המרגלים, בפירושו על ט"ו, ב:

> כי תבאו אל ארץ מושבותיכם – נסמכה זאת הפרשה, בעבור שנחלשו ויתאבלו (י"ד, לט, מה), לנחם הבנים, להודיעם כי יבאו אל הארץ. והנכון, בעבור שנשאו קול כל העדה וחטאו (י"ד, א), ונסלח להם בעבור תפלת משה (י"ד כ), אמר: "וכי תשגו" (ט"ו, כב); והעד: "ונסלח להם" (ט"ו, כה). והוצרך להזכיר משפט מנחות כל עולה וזבח (ט"ו, ג-יד), ובסוף "והנפש אשר תעשה ביד רמה" (ט"ו, ל) – רמז אל מעשיהם. והזכיר דבר המקושש (ט"ו, לב-לו), כי עשה ביד רמה (על פי ט"ו, ל). ומרוב חמלת השם על ישראל, שם הציצית לזכר, שלא יעשה אדם ביד רמה, או שלא ישכח (ט"ו, לז-מ).

אמשיך את דברי ראב"ע הנכוחים ואוסיף עליהם. שני החוקים הראשונים עוסקים בעניינים הקשורים בכניסה לארץ. שניהם פותחים בפתיחות דומות, המציינות שתחילת תחולת החוקים המדוברים היא הכניסה לארץ. בשני המקרים מדובר בחוקים הקשורים בחקלאות של הארץ, ואינה מתקיימת במדבר. חוק המנחות מתייחס לסולת, ליין, ולשמן, וחוק החלה מתייחס לעיסת הלחם, ואף מכונה בפסוק "לחם הארץ" (יט). חוקים אלה הבאים לאחר סיפור חטא המרגלים, באים להעביר לעם מסר, שאף שדורם לא ייכנס לארץ, התוכנית להיכנס לארץ תתממש בדור הבנים. החוקים המתייחסים לתבואות הארץ באים לחזק את התחושה שהדבר יקרה, על אף העונש של ה'. אף שהיו כאלה שאולי התייאשו, וכאבו את העובדה שלא ייכנסו, ביקש ה' שהעם לא יפנה ליבו מהארץ, ואף שלא ייכנסו מיד, בכל זאת העם יצטרך להמשיך ללכת בדרך במשך ארבעים שנה עד אשר ייכנס לארץ. חוקים אלה באים כנגד דברי המרגלים והעם, והם קובעים שהחזרה למצרים אינה אופציה, וגם האפשרות שכולם ימותו במדבר לא תתרחש, שכן מקומו של העם הוא בארץ.

בעקבות חטא המרגלים עולה השאלה איזה חטא ניתן להתכפר ואיזה לא. לאחר שהסיפור עסק בדינו של העם שחטא ביד רמה, באים חוקים העוסקים בדין יחיד שהזיד שדינו כרת, לעומת דינם של העם ושל יחיד שחטאו בשוגג, שמתכפר להם בהבאת קורבן חטאת. דין מקושש הוא הדגמה לדינו של המזיד. בסופו של הקובץ באה מצוות ציצית שנועדה לסייע לאדם שלא להיכנס למצב של חטא, ובלבישת הציצית אף יוכל האדם להגיע לרמה של קדושה: "וִהְיִיתֶם קְדֹשִׁים לֵאלֹהֵיכֶם". גם מצוות הציצית נכתבה כנגד חטאו של העם בחטא המרגלים,

אשר על כן, הניסוח של מטרת הציצית למנוע את החטא, מזכיר את חטא המרגלים: "וְלֹא תָתוּרוּ אַחֲרֵי לְבַבְכֶם" (לט); וה' ציווה את משה: "שְׁלַח לְךָ אֲנָשִׁים וְיָתֻרוּ" (י"ג, ב). בפרשת ציצית נכתב: "וּרְאִיתֶם אֹתוֹ וּזְכַרְתֶּם", וזאת כנגד צו משה למרגלים: "וּרְאִיתֶם אֶת הָאָרֶץ מַה הִוא" (י"ג, יח). המרגלים תרו בארץ, ראו אותה וחטאו, והציצית אמורה למנוע מהאדם לתור אחר עיניו, וכאשר יראה האדם את הציצית יימנע מחטא.

במבט נוסף נראה שהחוקים משתלבים בסיפור המרגלים ברובד נוסף. שני החוקים הראשונים עוסקים בכניסה לארץ, והחוק הבא עוסק בדין החוטאים בשגגה לעומת המזיד. החוקים נקשרים לשני החטאים של העם בסיפור המרגלים. חטא אחד של המרגלים היה שלא האמינו בכוחו של ה' להכניס את העם לארץ. החוקים של שוגג ומזיד, העוסקים במי שלא עשה את מה שציווה ה', תואמים את הרובד הזה של הסיפור, שהעם פקפק בכוחו של ה'. לעומת זאת, המנחות והחלה הבאות מתבואות הארץ כאשר ייכנסו אליה, עומדות באופן ניגודי למול חטאו של העם בהוצאת דיבת הארץ באומרם שהארץ אינה טובה.

סיפור קורח, ט״ז-י״ז

מרד קורח ועדתו במשה הוא האירוע החמור ביותר מבחינת הנהגתו במשך כל שנותיו כמנהיג העם. קורח ועדתו מפקפקים באמינותו של משה ובהנהגתו את העם, ובבחירת אהרן ובניו להיות כוהנים. אירוע זה התרחש בזמן לא ידוע בין השנה השנייה לצאת ישראל ממצרים לבין תחילת שנת הארבעים. אירועי השנה השנייה מסופרים עד סוף פרק י״ד, ופרק כ׳ ואילך מספר כנראה את הקורות את העם בשנה הארבעים לקראת הכניסה לארץ. בכל הזמן הארוך שבין שני זמנים אלה, תקופה של כשלושים ושבע שנה, כל הידוע לנו הוא סיפור מרד קורח ועדתו. מעבר לזה אין אנו יודעים דבר על תקופת הנדודים במדבר. הספר עובר במהירות מהכישלון של העם להיכנס לארץ בשנה השנייה להיערכות החדשה של העם לכניסה לארץ החל מתחילת שנת הארבעים. אין פלא שביחס לתקופה הזאת התורה סיפרה את סיפור קורח. בסיפור זה יש ערעור על כל הסדר של העם, על מנהיגותו של משה, על בחירת אהרן ובניו לכוהנים, ואולי אף על המעמד של שבט לוי בכללו. כל הסדר שנוצר בשנה הראשונה והשנייה לצאת ישראל ממצרים מתערער בסיפור זה על ידי קבוצות שונות בעם בהנהגתו של קורח. מה הביא למרד הגדול במשה ואהרן? מה טיבו של מרד זה? האם הגורמים השונים בתוך מחנה קורח אחוז בדעות דומות? על שאלות אלה ננסה להשיב להלן.

מבנה העלילה ברור. קורח ועדתו מורדים באהרן ובמשה (ט״ז, א-ג), בתגובה משה מנהל עם המורדים ויכוח על טענותיהם, ומציע להם את מבדק המחתות (ד-יט). לאחר שה׳ אומר שרצונו להשמיד את העם, משה ואהרן מתחננים לה׳ שלא יבצע זאת (כ-כא), ובמקום זאת ה׳ מודיע על תוכניתו להעניש את החוטאים בבליעתם באדמה. מיד מסופר שהדבר התרחש, ואף מקטירי הקטורת נשרפים (כג-לה). לאחר זאת ה׳ מצווה את אלעזר לקחת את מחתות הנשרפים ולצפות בהן את המזבח (י״ז, א-ה). בעקבות העונשים מתלונן העם על משה ואהרן שהם אלה אשר גרמו להרג הגדול בעם. שוב רוצה ה׳ לכלות את ישראל, ומיד מתחילה מגפה בעם. משה שולח את אהרן לקחת מחתת קטורת, ולהוליכה מהרה בתוך העם, והמגפה נעצרת (ו-טו). לאחר זאת ה׳ מצווה על מבדק המטות, שבו פורח מטהו של אהרן המוכיח שבו בחר ה׳ מכל נשיאי ישראל. המטה של אהרן נשמר באוהל מועד כעדות לכך (טז-כד). העם פונה אל משה בשאלה אם המוות של העם בשל קרבה למשכן הסתיים, ובעקבות זאת ה׳ נותן לאהרן חוקים המסדירים את עבודתם ואת עבודת הלוויים במשכן, עבודה הכוללת שמירה על המשכן לבל יתקרבו אליו ישראל (י״ח, א-ז). לאחר זאת ה׳ מורה על הלכות מתנות הכוהנים והלוויים (ח-לב).

על אף ההתקדמות הברורה של העלילה, הסיפור רווי בכפילויות וחספוסים:

1. משה מנהל דיונים נפרדים עם קורח (ט״ו, ה-יא) ועם דתן ואבירם (ט״ו, יב-יד).
2. יש שני עונשים לחוטאים. עונש אחד הוא שרפתם של מאתיים וחמישים מקריבי

הקטורת (ט"ז, ה-ז, טז-יח, לה); העונש השני הוא בליעת דתן ואבירם ועדת קורח בארץ שפצתה את פיה (ט"ז, כז-לד).

3. פעמיים מציע משה את מבדק הקטורת, בפעם הראשונה בפרק ט"ז, ה-ז, ופעם נוספת בפרק ט"ז, טז-יז.

4. לא ברור אם קורח נשרף עם מאתיים וחמישים מקריבי הקטורת או שנבלע עם דתן ואבירם. מפרק ט"ז, טז, נראה כי קורח היה בין מאתיים וחמישים מקריבי הקטורת, וכך עולה מפסוק יט, שבו מסופר שהוא מקהיל את המאתיים והחמישים לפתח אוהל מועד לשם ההקרבה. כך גם משתמע מפרק י"ז, ה, הקובע שהמחתות תהיינה ציפוי למזבח כדי לשמש זיכרון לבני ישראל: "זִכָּרוֹן לִבְנֵי יִשְׂרָאֵל לְמַעַן אֲשֶׁר לֹא יִקְרַב אִישׁ זָר אֲשֶׁר לֹא מִזֶּרַע אַהֲרֹן הוּא לְהַקְטִיר קְטֹרֶת לִפְנֵי ה' וְלֹא יִהְיֶה כְקֹרַח וְכַעֲדָתוֹ כַּאֲשֶׁר דִּבֶּר ה' בְּיַד מֹשֶׁה לוֹ". משמע מהפסוק שקורח נשרף עם מקטירי הקטורת. לעומת זאת מפרק ט"ז, לב, משתמע שקורח נבלע: "וַתִּפְתַּח הָאָרֶץ אֶת פִּיהָ וַתִּבְלַע אֹתָם וְאֶת בָּתֵּיהֶם וְאֵת כָּל הָאָדָם אֲשֶׁר לְקֹרַח וְאֵת כָּל הָרֲכוּשׁ". כמו כן הפסוקים מתייחסים למשכן של קורח ביחד עם דתן ואבירם, כך שכאשר נבלעו דתן ואבירם נבלע גם קורח: "הֵעָלוּ מִסָּבִיב לְמִשְׁכַּן קֹרַח דָּתָן וַאֲבִירָם" (כד); "וַיֵּעָלוּ מֵעַל מִשְׁכַּן קֹרַח דָּתָן וַאֲבִירָם מִסָּבִיב" (כז).

5. ישנם שני מבדקים שונים של מיהו הנבחר על ידי ה'. מבדק אחד הוא הקרבת קטורת (ט"ז, ה-ז, טז-יח, לה; י"ז, א-ה), והמבדק השני הוא מבחן המטות, איזה ממטות השבטים יפרח (י"ז, טז-כו).

הפתרון לשאלות האלה הוא שאירוע המרידה כלל גורמים שונים, בעלי טענות שונות, ובעלי אינטרסים שונים שחברו יחד.[42] המכנה המשותף הוא שהם התמרדו בהנהגת משה ואהרן, אבל קבוצות שונות במחנה קורח טענו טענות שונות ואף סותרות. היו אף כמה מקומות של התרחשות. הסיפור הולך ושב מזירה אחת לחברתה, והדבר יוצר את החזרות והכפילויות ואף סתירות וחספוסים בסיפור. קורח מייצג את הטענות של שבט לוי כנגד בחירת אהרן. מאתיים וחמישים נשיאי העדה אף הם התלוננו על בחירת אהרן, וסברו שהם זכאים לתפקיד זה, ודתן ואבירם טענו נגד הנהגתו של משה. הסיפור הוא אחד במובן זה שהוא משקף אירוע אחד, אבל האירוע האחד מורכב, וכולל קבוצות שונות של אנשים הפועלים בשיתוף פעולה, אבל לא כקבוצה אחת. משה מתמודד עם כל קבוצה בדרך שונה, וכן עם הטענות השונות והאלמנטים השונים שחברו יחדיו כנגד ההנהגה. נפרט את הדברים תוך כדי עיון בסיפור.

המרד, ט"ז, א-ג

א ב וַיִּקַּח קֹרַח בֶּן יִצְהָר בֶּן קְהָת בֶּן לֵוִי וְדָתָן וַאֲבִירָם בְּנֵי אֱלִיאָב וְאוֹן בֶּן פֶּלֶת בְּנֵי רְאוּבֵן. וַיָּקֻמוּ
ג לִפְנֵי מֹשֶׁה וַאֲנָשִׁים מִבְּנֵי יִשְׂרָאֵל חֲמִשִּׁים וּמָאתָיִם נְשִׂיאֵי עֵדָה קְרִאֵי מוֹעֵד אַנְשֵׁי שֵׁם. וַיִּקָּהֲלוּ
עַל מֹשֶׁה וְעַל אַהֲרֹן וַיֹּאמְרוּ אֲלֵהֶם רַב לָכֶם כִּי כָל הָעֵדָה כֻּלָּם קְדֹשִׁים וּבְתוֹכָם ה' וּמַדּוּעַ
תִּתְנַשְּׂאוּ עַל קְהַל ה'.

פירוש העניין

הפסוק הראשון מציג את הגורמים הראשיים שלקחו חלק במרד: קורח משבט לוי, דתן ואבירם משבט ראובן, ואון בן פלת מאותו שבט. און לא מוזכר בהמשך הסיפור, ואולי הזכרת שמו כאן יכולה להצביע על התכונה הרבה והתסיסה בקרב העם. ייתכן שאון היה בין המורדים בתחילה, ובהמשך שינה את טעמו ולא לקח חלק בפעילות.* נתון זה רומז לכך שהאירוע היה רחב יותר מן הרושם הראשוני שעולה מקריאת הסיפור. אכן דברי בנות צלופחד, שאביהן לא מת בעוון המרד של עדת קורח (כ״ז, ג), מניחים שאנשים מחוץ לשבט לוי וראובן מתו בעונש של קורח ועדתו.

בפסוק ב נאמר שהגורמים שהוזכרו בפסוק א קמו לפני משה, ומיד אחר כך הפסוק מציין את מאתיים וחמישים הנשיאים שמרדו אף הם. מבנה הפסוק משונה, שכן לכאורה היה נכון לציין ביחד את כל הגורמים, ורק אחר כך "וַיָּקֻמוּ לִפְנֵי מֹשֶׁה". ועוד, שמעשה המרד נרשם עתה פעמיים: פעם אחת, כאמור בתחילת פסוק ב, אך לאחר שנזכרו מאתיים וחמישים הנשיאים נאמר בפסוק ג: "וַיִּקָּהֲלוּ עַל מֹשֶׁה וְעַל אַהֲרֹן". נראה כי העמדת הפסוקים באופן הזה נובעת מכך שמאתיים וחמישים הנשיאים הצטרפו למרד רק בשלב שני. הדבר מסתבר, שכן אי אפשר שמאות אנשים יבואו ויפעלו בבת אחת ללא תיאום. הפסוקים רומזים על שלבי ההתארגנות למרד. קורח בראש, אחר כך דתן ואבירם ואון. און, שהיה בין הראשונים למרוד ואולי מהיוזמים, כנראה פרש מההתארגנות, ובשלב שני הצטרפו מאתיים וחמישים אנשים, שהם ראשי העם ומכובדיו. הבחנה זו כבר צריכה להעמיד את הקורא על כך שמדובר באירוע מורכב, הכולל גורמים שונים ומגוונים. לא פלא אם כן להיווכח מאוחר יותר בניתוח, שיש לקבוצות השונות אינטרסים שונים וטענות שונות, כרגיל בנסיבות פוליטיות מעין אלה.

ישנן שלוש קבוצות שמרכיבות את קואליציית המרד, ולכל אחת טענה שונה כנגד ההנהגה, ומול כל אחת מהן משה מתמודד בטענות שונות ובדרך שונה. קבוצה ראשונה היא קורח ובני לוי. הקבוצה השנייה היא דתן ואבירם בני אליאב, והקבוצה השלישית היא מאתיים וחמישים נשיאי העדה. מפלגת המורדים מורכבת מקבוצות מורדים שונות, שותפים למרד, אך לא לטענות ואפילו לא לדרך. אפשר להיווכח בנקודה זו בכך שלאחר ציון כל המורדים בפסוקים א–ב, נאמר בפסוק ג: "וַיִּקָּהֲלוּ עַל מֹשֶׁה וְעַל אַהֲרֹן וַיֹּאמְרוּ אֲלֵהֶם...". אך דתן ואבירם ככל הנראה לא נקהלו בהזדמנות זו, הם נשארו באוהליהם, וסירבו לבוא אל משה כאשר קרא להם (יב–יד).

הטענה הראשונה מועלית על ידי המורדים בתחילת הסיפור, והיא פתיחת המרד: "רַב לָכֶם כִּי כָל הָעֵדָה כֻּלָּם קְדֹשִׁים וּבְתוֹכָם ה׳ וּמַדּוּעַ תִּתְנַשְּׂאוּ עַל קְהַל ה׳" (ג). לטענת המורדים שכל העדה קדושים, יש אחיזה בציווי של ה׳ "קְדֹשִׁים תִּהְיוּ כִּי קָדוֹשׁ אֲנִי ה׳ אֱלֹהֵיכֶם" (ויקרא י״ט, ב). וכן בדברי ה׳ לעם לפני מעמד הר סיני: "וְאַתֶּם תִּהְיוּ לִי מַמְלֶכֶת כֹּהֲנִים וְגוֹי קָדוֹשׁ" (שמות י״ט, ו). עיקרון זה נזכר בפרשת ציצית הסמוכה לפרשת קורח: "לְמַעַן תִּזְכְּרוּ וַעֲשִׂיתֶם

* בבלי סנהדרין קט ע״ב, וכן רש״י. ריב״ש הציע שהוא כלול במאתיים והחמישים.

אֶת כָּל מִצְוֹתָי וִהְיִיתֶם קְדֹשִׁים לֵאלֹהֵיכֶם" (ט"ו, מ). קורח ועדתו מיישמים עיקרון זה ומשליכים אותו למישור הפוליטי: כיוון שכולם קדושים, אין הצדקה להתנשאות של משה ואהרן על קהל ה' הקדוש.

אולם טיעון זה בפי קורח ועדתו הוא קשה, ואין נראה שהם מתכוונים לרעיון זה כפי שהוא הובן על ידי פרשנים מאוחרים. שכן קורח אינו טוען שכל העם צריך להיות כוהנים. הוא עצמו רוצה להיות כוהן, כפי שעולה מטענות משה לקורח, שעליהן הוא אינו מתווכח: "וְאֶת הַקָּדוֹשׁ וְהִקְרִיב אֵלָיו וְאֵת אֲשֶׁר יִבְחַר בּוֹ יַקְרִיב אֵלָיו" (ה); "וְהָיָה הָאִישׁ אֲשֶׁר יִבְחַר ה' הוּא הַקָּדוֹשׁ" (י). דבר זה נכון גם ביחס לשאר מאתיים וחמישים נשיאי העדה. שכן אם היו קורח והנשיאים כנים בכך שכל העדה קדושים, העולה הוא שאין מקום שיהיה מנהיג מובחר מהעם, והם היו צריכים לסרב למבדק הקטורת שהציע משה. אולם הם משתפים פעולה עם המבדק, מתוך תפיסה שיש מישהו קדוש נבחר, והם רק חולקים על כך שזהו אהרן. איך אם כן יש להבין את הטענה של קורח וכל עדתו: "כָל הָעֵדָה כֻּלָּם קְדֹשִׁים"? אפשר להציע לכך שני הסברים. הסבר אחד הוא שקורח ועדתו אינם באמת אוחזים בטענה זו, וזוהי סיסמת מרד שיכולים כולם לאחוז בה באופן זמני כדי להתסיס כנגד משה ואהרן, הגם שאף אחת מהקבוצות לא מחזיקה בטענה כשלעצמה. כך יכולות הקבוצות השונות ובעלי האינטרסים השונים להתאחד סביב עיקרון מאחד נגד משה ואהרן. אפשרות אחרת היא שהם אומרים שכל העדה כולם קדושים וראויים עקרונית לכהונה, וגם אחרים היו יכולים להיות השבט הקדוש, ותמיהתם היא על בחירת אהרן. לפי הבנה זו, הם אינם טוענים שכולם קדושים ולכן לא צריך שבט קדוש, אלא הם אומרים שגם אחרים היו יכולים להיות השבט הקדוש. בכך הם מערערים על הבחירה של משה את אהרן, בטענה שה' לא בחר באהרן אלא משה הוא שבחר בו. לפי זה אפשר להבין מדוע הם מסכימים למבחן הקטורת. הם מודים שיש מישהו קדוש, אך הם לא מקבלים את הקביעה שזהו אהרן.

כך או כך, בטיעון המורדים פותחים את המרד, שכן הוא מערער הן את הסמכות של משה הן את הסמכות של אהרן, והוא מאחד את כל הגורמים המורדים.[43]

דין ודברים של משה עם המורדים, ט"ז, ד-יז

ד וַיִּשְׁמַע מֹשֶׁה וַיִּפֹּל עַל פָּנָיו.

ה וַיְדַבֵּר אֶל קֹרַח וְאֶל כָּל עֲדָתוֹ לֵאמֹר בֹּקֶר וְיֹדַע ה׳ אֶת אֲשֶׁר לוֹ וְאֶת הַקָּדוֹשׁ וְהִקְרִיב אֵלָיו וְאֵת
ו ז אֲשֶׁר יִבְחַר בּוֹ יַקְרִיב אֵלָיו. זֹאת עֲשׂוּ קְחוּ לָכֶם מַחְתּוֹת קֹרַח וְכָל עֲדָתוֹ. וּתְנוּ בָהֵן אֵשׁ וְשִׂימוּ
עֲלֵיהֶן קְטֹרֶת לִפְנֵי ה׳ מָחָר וְהָיָה הָאִישׁ אֲשֶׁר יִבְחַר ה׳ הוּא הַקָּדוֹשׁ רַב לָכֶם בְּנֵי לֵוִי.

ח ט וַיֹּאמֶר מֹשֶׁה אֶל קֹרַח שִׁמְעוּ נָא בְּנֵי לֵוִי. הַמְעַט מִכֶּם כִּי הִבְדִּיל אֱלֹהֵי יִשְׂרָאֵל אֶתְכֶם מֵעֲדַת
י יִשְׂרָאֵל לְהַקְרִיב אֶתְכֶם אֵלָיו לַעֲבֹד אֶת עֲבֹדַת מִשְׁכַּן ה׳ וְלַעֲמֹד לִפְנֵי הָעֵדָה לְשָׁרְתָם. וַיַּקְרֵב
יא אֹתְךָ וְאֶת כָּל אַחֶיךָ בְנֵי לֵוִי אִתָּךְ וּבִקַּשְׁתֶּם גַּם כְּהֻנָּה. לָכֵן אַתָּה וְכָל עֲדָתְךָ הַנֹּעָדִים עַל ה׳
וְאַהֲרֹן מַה הוּא כִּי תַלִּינוּ עָלָיו.

יב יג וַיִּשְׁלַח מֹשֶׁה לִקְרֹא לְדָתָן וְלַאֲבִירָם בְּנֵי אֱלִיאָב וַיֹּאמְרוּ לֹא נַעֲלֶה. הַמְעַט כִּי הֶעֱלִיתָנוּ מֵאֶרֶץ
יד זָבַת חָלָב וּדְבַשׁ לַהֲמִיתֵנוּ בַּמִּדְבָּר כִּי תִשְׂתָּרֵר עָלֵינוּ גַּם הִשְׂתָּרֵר. אַף לֹא אֶל אֶרֶץ זָבַת
טו חָלָב וּדְבַשׁ הֲבִיאֹתָנוּ וַתִּתֶּן לָנוּ נַחֲלַת שָׂדֶה וָכָרֶם הַעֵינֵי הָאֲנָשִׁים הָהֵם תְּנַקֵּר לֹא נַעֲלֶה. וַיִּחַר
לְמֹשֶׁה מְאֹד וַיֹּאמֶר אֶל ה׳ אַל תֵּפֶן אֶל מִנְחָתָם לֹא חֲמוֹר אֶחָד מֵהֶם נָשָׂאתִי וְלֹא הֲרֵעֹתִי
אֶת אַחַד מֵהֶם.

טז יז וַיֹּאמֶר מֹשֶׁה אֶל קֹרַח אַתָּה וְכָל עֲדָתְךָ הֱיוּ לִפְנֵי ה׳ אַתָּה וָהֵם וְאַהֲרֹן מָחָר. וּקְחוּ אִישׁ מַחְתָּתוֹ
וּנְתַתֶּם עֲלֵיהֶם קְטֹרֶת וְהִקְרַבְתֶּם לִפְנֵי ה׳ אִישׁ מַחְתָּתוֹ חֲמִשִּׁים וּמָאתַיִם מַחְתֹּת וְאַתָּה
וְאַהֲרֹן אִישׁ מַחְתָּתוֹ.

בתגובה לדברי המרד משה נופל על פניו: "וַיִּשְׁמַע מֹשֶׁה וַיִּפֹּל עַל פָּנָיו" (ד). עוד פעמיים בסיפור ייפלו משה ואהרן על פניהם, בעקבות דברי ה' אליהם שהוא מתכוון להשמיד את העם (ט"ז, כב; י"ז, י). גם בתגובה למרי העם בעקבות דיווח המרגלים נפלו משה ואהרן על פניהם (י"ד, ה), וגם בעקבות תלונות העם במי מריבה (כ', ו). בכל המקומות נראה כי הנפילה על הפנים היא ביטוי של צער ואבלות.* אולם בניגוד לסיפורים האלה, בסיפור המרד של קורח, מיד משה מתעשת ומתחיל להידיין עם קורח.

כאן בתחילת הסיפור רק משה נופל על פניו, ובהמשך הסיפור משה ואהרן ייפלו על פניהם יחדיו. יש להניח שווריאציה זו מכוונת. הטענה העיקרית של קורח ועדתו היא על אהרן. כנגד טענה זו אהרן לא מגיב, ואין הוא נלחם על מעמדו. כפי שמשה אומר אחר כך, המרד של קורח ועדתו הוא בעצם כנגד ה', ואהרן הוא רק במעמד צדדי בסיפור, כפי שאומר משה מיד: "לָכֵן אַתָּה וְכָל עֲדָתְךָ הַנֹּעָדִים עַל ה' וְאַהֲרֹן מַה הוּא כִּי תלונו תַלִּינוּ עָלָיו" (יא). לעומת זאת בשני המקרים האחרים בסיפור, אהרן נופל על פניו יחד עם משה, משום שהם אבלים על כך שה' רוצה להשמיד את העם, ועל כן הם פועלים בשני המקרים לשנות את רצון ה'.

דברי משה לקורח ובני לוי, ט"ז, ה-יא

דברי משה בפסוקים ה-יז נחלקים לשלושה, על פי דיבורים נפרדים של משה לשלוש קבוצות המורדים:

ה-יא – דברים לקורח ושבט לוי.
יב-טו – הדיאלוג בין משה לבין דתן ואבירם ופניית משה לה' בעקבות זאת.
טז-יז – דברי משה לקורח ולמאתיים וחמישים נשיאי העדה.

ראשית פונה משה לקורח ולבני לוי. דבריו לקורח הם ארוכים (ה-יא), ונחלקים לשני חלקים. החלק הראשון פותח בפנייה של משה לקורח ולכל עדתו: "וַיְדַבֵּר אֶל קֹרַח וְאֶל כָּל עֲדָתוֹ לֵאמֹר" (ה). בחלק זה מציע משה לקורח מבדק של הקטרת קטורת, לבדוק מיהו האיש אשר בחר בו ה' (ה-ז). ההנחה במבדק זה היא שרק כוהן יכול להקטיר קטורת, והקרבת קטורת בהיתר תהיה לרצון לה', ומי שמקטיר בדרך שאינה מותרת ימות (כמו בסיפור נדב ואביהוא, ויקרא י', א-ב). את דבריו לבני לוי משה חותם: "רַב לָכֶם בְּנֵי לֵוִי" (ז). משפט זה הוא תגובת משה כנגד דברי קורח ועדתו: "רַב לָכֶם".[44] החלק השני פותח בפנייה חדשה של משה לקורח ולבני לוי: "וַיֹּאמֶר מֹשֶׁה אֶל קֹרַח שִׁמְעוּ נָא בְּנֵי לֵוִי" (ח). בדבריו בחלק זה, מבקר משה את קורח ואת בני לוי על כך שהם הובדלו מכל ישראל כדי לעבוד את עבודת המשכן כלוויים, והם אינם מסתפקים בכך ומבקשים גם כהונה. בתביעה זו מבהיר להם משה שהם מתמרדים

* ריב"ש אומר שהנפילה על הפנים היא מבושה. ואפשר גם שהנפילה על הפנים היא בתפילה, רשב"ם.

בה׳ אשר החליט שהם יהיו לוויים (ט-יא). בסוף דבריו מוסיף משה, שאהרן הוא לא מושא תלונתם, ושמרדם הוא בה׳ (יא), והעולה מדבריו שה׳ הוא שהחליט החלטות אלה. כדאי לציין, שכאן ההצעה של הקטורת מוצגת כיוזמה של משה, וזאת כדי להציג את חוסר הפניות הזרות של משה, ונכונותו להעמיד את טענת העם במבחן. אבל בהמשך יתברר שהעניין הוא על פי ה׳ (י״ז, ה). באופן זה ניתן להתרשם, שלא ה׳ הוא היוזם את המבדק שבעטיו ימותו רבים, אלא ה׳ עושה זאת כעונש.

מדוע דבריו של משה נחלקים לשניים על ידי שתי פתיחות נפרדות? שאלה יסודית יותר היא סדר דברי משה: נראה כי ההיגיון היה להתחיל קודם בתוכחה, ורק אחר כך, אם לא ישתכנעו מדבריו, אז היה עליו להציע להם את המבדק. ניתן להציע את ההסבר הבא: לטענה של קורח על משה ואהרן יש היבטים אישיים כנגד השניים. ולכן ראשית לכול ביקש משה לומר שאינו חושש מבדיקה שתחשוף את הנבחר. אילו היה פותח בתוכחה, היה נראה אולי שיש לו מניע אישי להשאיר את הדבר על כנו ולפטור את קורח ועדתו מבלי בדיקה. כדי למנוע מחשבה שמשה חושש מבדיקת העניין, קודם הציע את המבדק, ורק לאחר מכן בא אליהם עם טענותיו העקרוניות.

הדיאלוג בין משה לבין דתן ואבירם ותגובת משה, ט״ז, יב-טו

לאחר דבריו עם קורח ובני לוי משה פונה לדתן ואבירם, ומבקש מהם לבוא אליו, אך הם מסרבים לבוא ומשמיצים אותו:

וַיִּשְׁלַח מֹשֶׁה לִקְרֹא לְדָתָן וְלַאֲבִירָם בְּנֵי אֱלִיאָב וַיֹּאמְרוּ לֹא נַעֲלֶה. הַמְעַט כִּי הֶעֱלִיתָנוּ מֵאֶרֶץ זָבַת חָלָב וּדְבַשׁ לַהֲמִיתֵנוּ בַּמִּדְבָּר כִּי תִשְׂתָּרֵר עָלֵינוּ גַּם הִשְׂתָּרֵר. אַף לֹא אֶל אֶרֶץ זָבַת חָלָב וּדְבַשׁ הֲבִיאֹתָנוּ וַתִּתֶּן לָנוּ נַחֲלַת שָׂדֶה וָכָרֶם הַעֵינֵי הָאֲנָשִׁים הָהֵם תְּנַקֵּר לֹא נַעֲלֶה.

טענתם של דתן ואבירם שונה לגמרי מזו של בני לוי. הם אינם מתמודדים על מעמד הקודש של אהרן כמו בני לוי, אלא הם מתמרדים כנגד מה שהם תופסים כמנהיגות כושלת של משה, שלא הביא את העם לארץ כמתוכנן. הם אינם מקבלים את משה כמנהיג, ואפילו מסרבים לעלות אליו כבקשתו. במילים ״לֹא נַעֲלֶה״ הם פותחים את דבריהם (יב), ובאותן מילים הם חותמים (יד).[45] דבריהם מעוצבים במבנה קונצנטרי:

וַיֹּאמְרוּ **לֹא נַעֲלֶה**.

הַמְעַט כִּי **הֶעֱלִיתָנוּ מֵאֶרֶץ זָבַת חָלָב** וּדְבַשׁ לַהֲמִיתֵנוּ בַּמִּדְבָּר,

כִּי תִשְׂתָּרֵר עָלֵינוּ גַּם הִשְׂתָּרֵר.

אַף לֹא אֶל **אֶרֶץ זָבַת חָלָב וּדְבַשׁ** הֲבִיאֹתָנוּ וַתִּתֶּן לָנוּ נַחֲלַת שָׂדֶה וָכָרֶם, הַעֵינֵי הָאֲנָשִׁים הָהֵם תְּנַקֵּר, לֹא **נַעֲלֶה**.

המבנה חושף את הסירוב העיקש של דתן ואבירם שלא לעלות למשה, בראש דבריהם ובסופם.

הרכיב השני מדגיש את הפער בין התוכנית של משה לבין המציאות: משה הבטיח להביא אותם לארץ זבת חלב ודבש, אך במקום זאת הביא אותם למדבר להמית אותם שם. לעומת זאת הם מדגישים שהוא הוציא אותם ממצרים שהיא ארץ זבת חלב ודבש. שוב ברכיב המקביל בחלק השני של המבנה הם מדגישים, שהוא לא הביא אותם לארץ זבת חלב ודבש, ולא נתן להם נחלת שדה וכרם. הרכיב האמצעי הוא האֲשמה שלהם את משה שהוא משתרר על העם. תפקיד נוסף למבנה הוא שהוא משַווה לדבריהם אופי של דברים מתוכננים ומחושבים, ולא התפרצות בלתי מבוקרת של כעס או אכזבה.[46]

כדי להעצים את דברי מרדם הם משתמשים באותו פועל הן כדי לציין את סירובם לעלות אל משה "לֹא נַעֲלֶה", הן את כישלונו של משה ש'העלה' אותם מארץ זבת חלב ודבש, אך לא הביא אותם אל ארץ זבת חלב ודבש, והוא מסמא את עיני העם. במילים "לא נעלה" הם מבטאים את סירובם לבוא אל משה כפי שדרש, אך השימוש בפועל זה אולי רומז לסירובם להמשיך את דרכם בהנהגת משה ולעלות לארץ. עקב הכישלון של משה להביא את העם אל הארץ, הם מבקרים את השררה שמשה נוהג כלפי העם: "כִּי תִשְׂתָּרֵר עָלֵינוּ גַּם הִשְׂתָּרֵר" (יג). ייתכן ששייכותם לשבט ראובן, שהפסיד את בכורתו (בראשית מ"ט, ג-ד), קשורה להתמרדותם על הנהגת משה. על פי המדרש (תנחומא קרח ד; רש"י), הקרבה בין מחנה משפחת קהת בדרום המחנה בסמוך למחנה ראובן קשורה גם כן להתארגנות המשותפת. ההבחנה בין המרד במשה כמנהיג לבין המרד באהרן בהיותו קדוש, עולה מתהילים ק"ו, טז: "וַיְקַנְאוּ לְמֹשֶׁה בַּמַּחֲנֶה לְאַהֲרֹן קְדוֹשׁ ה'".

משה מתרעם מאוד על מה שאמרו דתן ואבירם, אך את טענותיו הוא מפנה אל ה', ולא לדתן ואבירם. כנגד טענת דתן ואבירם שמשה משתרר על העם, משה טוען שלא לקח מהם דבר ולא הרע לאיש מהעם (טו-טז). משה הגן קודם לכן על אהרן וטוען טענות קשות כלפי בני לוי, אולם על עצמו הוא אינו מגן מול מקטרגיו.

דברי משה לקורח ולמאתיים וחמישים הנשיאים, ט"ז, טז-יז

עתה פונה משה בפנייה שלישית, הפעם לקורח ועדתו (טז), ושוב הוא מעלה את מבדק הקרבת הקטורת (יז), זאת לאחר הפעם הראשונה בפסוקים ה-ז. כפילות זו תובן לאור ההבחנה בין הקבוצות השונות שמרדו, שאליהן פונה משה בשתי הפניות. בפסוקים ה-ז משה פונה לקורח ועדתו, היינו קורח ובני לוי, כפי שעולה מסופו של פסוק ז: "וַיְדַבֵּר אֶל קֹרַח וְאֶל כָּל עֲדָתוֹ לֵאמֹר... קֹרַח וְכָל עֲדָתוֹ... רַב לָכֶם בְּנֵי לֵוִי". מיד לאחר פסוקים אלה ממשיך משה לדבר עם קורח ושאר בני לוי: "וַיֹּאמֶר מֹשֶׁה אֶל קֹרַח שִׁמְעוּ נָא בְּנֵי לֵוִי. הַמְעַט מִכֶּם כִּי הִבְדִּיל אֱלֹהֵי יִשְׂרָאֵל אֶתְכֶם מֵעֲדַת יִשְׂרָאֵל לְהַקְרִיב אֶתְכֶם אֵלָיו לַעֲבֹד אֶת עֲבֹדַת מִשְׁכַּן ה' וְלַעֲמֹד לִפְנֵי הָעֵדָה לְשָׁרְתָם. וַיַּקְרֵב אֹתְךָ וְאֶת כָּל אַחֶיךָ בְנֵי לֵוִי אִתָּךְ וּבִקַּשְׁתֶּם גַּם כְּהֻנָּה..." (ח-יא). לעומת זאת בפסוקים טז-יז בני לוי לא מוזכרים כלל, והפנייה היא אל קורח ועדתו אבל לא אל בני לוי, אלא אל קורח ואל מאתיים וחמישים הנשיאים שנזכרו בתחילת הסיפור: "וַיֹּאמֶר מֹשֶׁה אֶל קֹרַח

אַתָּה וְכָל עֲדָתְךָ הֱיוּ לִפְנֵי ה׳ אַתָּה וָהֵם וְאַהֲרֹן מָחָר. וּקְחוּ אִישׁ מַחְתָּתוֹ וּנְתַתֶּם עֲלֵיהֶם קְטֹרֶת וְהִקְרַבְתֶּם לִפְנֵי ה׳ אִישׁ מַחְתָּתוֹ חֲמִשִּׁים וּמָאתַיִם מַחְתֹּת וְאַתָּה וְאַהֲרֹן אִישׁ מַחְתָּתוֹ״ (טז-יז). קורח מופיע בשתי הפניות של משה, מכיוון שהוא המארגן והמאחד את כל הקבוצות. לכן משה פונה אליו כראש קבוצת הלוויים, וגם כראש הנשיאים שהתמרדו (פסוקים ה, טז), אך אותה מילה, ׳עדה׳, מתייחסת בשני המקרים לקבוצות שונות בתוך מפלגת המורדים. הלוויים כבר עוסקים במלאכת הקודש והם מבקשים לעלות ולהיות כוהנים; לעומת זאת קבוצת המאתיים והחמישים היא קבוצה של ישראלים שמבקשים להיות כוהנים, ועל כן הם מקבלים את מבדק הקטרת הקטורת, שבוחן את מי ה׳ רוצה ככוהן (טז-יח). ייתכן שטענת הנשיאים מתבססת על זה שעבודת הקודש הייתה שייכת לבכורות, ולא לשבט אחד (ראב״ע על ט״ז, א). גם אם לא נקבל את הדעה שהמרד של קורח היה בעקבות בחירת הלוויים, עדיין הטענה של הנשיאים אולי מתבססת על כך שלכתחילה תפקיד הלוויים הוא של כל העם. הדבר מלמד שטענת הנשיאים היא כלפי עצם בחירת הלוויים.

מדוע היה צורך בפנייה נפרדת לנשיאים ולבני לוי באותה הצעה של מבדק הקטרת הקטורת? אפשרות אחת היא שהמרד התארגן בשלבים, כפי שראינו לעיל, וייתכן אפוא שהתשובה של משה לבני לוי בפסוקים ח-יא הייתה לפני שהצטרפו הנשיאים. בשלב שני לאחר שמשה כבר ביקר את בני לוי, מעגל המורדים התרחב, ועל כן פנה אל מאתיים וחמישים נשיאי העדה בנפרד. אפשרות שנייה היא שמשה התייחס אליהם בנפרד כדי להדגיש את ההבדלים בין הקבוצות, ולתקוע טריז ביניהן, ובכך ניצל את חוסר ההלימה של טענת בני לוי ושל הנשיאים. בני לוי הסכימו שהם שבט נבחר, אך חלקו על כך שמתוכם נבחר אהרן דווקא. הנשיאים לעומת זאת אינם משבט לוי, וטענתם ככל הנראה היא שהם מערערים גם על מעמד שבט לוי. שיתוף הפעולה ביניהם הוא רק בכך שהם נגד משה ואהרן, אולם קורח ובני לוי מתחרים מול מאתיים וחמישים איש על המעמד של הנבחר ככוהן על ידי ה׳.

שתי קבוצות אלה מתמרמרות כנגד אהרן: ״וְאַהֲרֹן מַה הוּא כִּי תַלִּינוּ עָלָיו״ (יא). אולם הן גם מתמרדות בכך כנגד משה, שכן טענתן היא שמשה הוא שמינה את אהרן: ״וּמַדּוּעַ תִּתְנַשְּׂאוּ עַל קְהַל ה׳״ (ג).

בליעת דתן ואבירם באדמה ושרפת מקטירי הקטורת, והמחתות, ט״ז, יח - י״ז, ה

יח וַיִּקְחוּ אִישׁ מַחְתָּתוֹ וַיִּתְּנוּ עֲלֵיהֶם אֵשׁ וַיָּשִׂימוּ עֲלֵיהֶם קְטֹרֶת וַיַּעַמְדוּ פֶּתַח אֹהֶל מוֹעֵד וּמֹשֶׁה
יט וְאַהֲרֹן. וַיַּקְהֵל עֲלֵיהֶם קֹרַח אֶת כָּל הָעֵדָה אֶל פֶּתַח אֹהֶל מוֹעֵד וַיֵּרָא כְבוֹד ה׳ אֶל כָּל הָעֵדָה.

כ כא כב וַיְדַבֵּר ה׳ אֶל מֹשֶׁה וְאֶל אַהֲרֹן לֵאמֹר. הִבָּדְלוּ מִתּוֹךְ הָעֵדָה הַזֹּאת וַאֲכַלֶּה אֹתָם כְּרָגַע. וַיִּפְּלוּ עַל
פְּנֵיהֶם וַיֹּאמְרוּ אֵל אֱלֹהֵי הָרוּחֹת לְכָל בָּשָׂר הָאִישׁ אֶחָד יֶחֱטָא וְעַל כָּל הָעֵדָה תִּקְצֹף.

כג כד וַיְדַבֵּר ה׳ אֶל מֹשֶׁה לֵּאמֹר. דַּבֵּר אֶל הָעֵדָה לֵאמֹר הֵעָלוּ מִסָּבִיב לְמִשְׁכַּן קֹרַח דָּתָן וַאֲבִירָם.
כה כו וַיָּקָם מֹשֶׁה וַיֵּלֶךְ אֶל דָּתָן וַאֲבִירָם וַיֵּלְכוּ אַחֲרָיו זִקְנֵי יִשְׂרָאֵל. וַיְדַבֵּר אֶל הָעֵדָה לֵאמֹר סוּרוּ נָא
כז מֵעַל אָהֳלֵי הָאֲנָשִׁים הָרְשָׁעִים הָאֵלֶּה וְאַל תִּגְּעוּ בְּכָל אֲשֶׁר לָהֶם פֶּן תִּסָּפוּ בְּכָל חַטֹּאתָם. וַיֵּעָלוּ
מֵעַל מִשְׁכַּן קֹרַח דָּתָן וַאֲבִירָם מִסָּבִיב וְדָתָן וַאֲבִירָם יָצְאוּ נִצָּבִים פֶּתַח אָהֳלֵיהֶם וּנְשֵׁיהֶם וּבְנֵיהֶם
כח וְטַפָּם. וַיֹּאמֶר מֹשֶׁה בְּזֹאת תֵּדְעוּן כִּי ה׳ שְׁלָחַנִי לַעֲשׂוֹת אֵת כָּל הַמַּעֲשִׂים הָאֵלֶּה כִּי לֹא מִלִּבִּי.
כט ל אִם כְּמוֹת כָּל הָאָדָם יְמֻתוּן אֵלֶּה וּפְקֻדַּת כָּל הָאָדָם יִפָּקֵד עֲלֵיהֶם לֹא ה׳ שְׁלָחָנִי. וְאִם בְּרִיאָה
יִבְרָא ה׳ וּפָצְתָה הָאֲדָמָה אֶת פִּיהָ וּבָלְעָה אֹתָם וְאֶת כָּל אֲשֶׁר לָהֶם וְיָרְדוּ חַיִּים שְׁאֹלָה וִידַעְתֶּם
לא כִּי נִאֲצוּ הָאֲנָשִׁים הָאֵלֶּה אֶת ה׳. וַיְהִי כְּכַלֹּתוֹ לְדַבֵּר אֵת כָּל הַדְּבָרִים הָאֵלֶּה וַתִּבָּקַע הָאֲדָמָה
לב אֲשֶׁר תַּחְתֵּיהֶם. וַתִּפְתַּח הָאָרֶץ אֶת פִּיהָ וַתִּבְלַע אֹתָם וְאֶת בָּתֵּיהֶם וְאֵת כָּל הָאָדָם אֲשֶׁר לְקֹרַח
לג וְאֵת כָּל הָרְכוּשׁ. וַיֵּרְדוּ הֵם וְכָל אֲשֶׁר לָהֶם חַיִּים שְׁאֹלָה וַתְּכַס עֲלֵיהֶם הָאָרֶץ וַיֹּאבְדוּ מִתּוֹךְ
לד הַקָּהָל. וְכָל יִשְׂרָאֵל אֲשֶׁר סְבִיבֹתֵיהֶם נָסוּ לְקֹלָם כִּי אָמְרוּ פֶּן תִּבְלָעֵנוּ הָאָרֶץ.

לה וְאֵשׁ יָצְאָה מֵאֵת ה׳ וַתֹּאכַל אֵת הַחֲמִשִּׁים וּמָאתַיִם אִישׁ מַקְרִיבֵי הַקְּטֹרֶת.

יז א ב וַיְדַבֵּר ה׳ אֶל מֹשֶׁה לֵּאמֹר. אֱמֹר אֶל אֶלְעָזָר בֶּן אַהֲרֹן הַכֹּהֵן וְיָרֵם אֶת הַמַּחְתֹּת מִבֵּין הַשְּׂרֵפָה
ג וְאֶת הָאֵשׁ זְרֵה הָלְאָה כִּי קָדֵשׁוּ. אֵת מַחְתּוֹת הַחַטָּאִים הָאֵלֶּה בְּנַפְשֹׁתָם וְעָשׂוּ אֹתָם רִקֻּעֵי
ד פַחִים צִפּוּי לַמִּזְבֵּחַ כִּי הִקְרִיבֻם לִפְנֵי ה׳ וַיִּקְדָּשׁוּ וְיִהְיוּ לְאוֹת לִבְנֵי יִשְׂרָאֵל. וַיִּקַּח אֶלְעָזָר הַכֹּהֵן
ה אֵת מַחְתּוֹת הַנְּחֹשֶׁת אֲשֶׁר הִקְרִיבוּ הַשְּׂרֻפִים וַיְרַקְּעוּם צִפּוּי לַמִּזְבֵּחַ. זִכָּרוֹן לִבְנֵי יִשְׂרָאֵל לְמַעַן
אֲשֶׁר לֹא יִקְרַב אִישׁ זָר אֲשֶׁר לֹא מִזֶּרַע אַהֲרֹן הוּא לְהַקְטִיר קְטֹרֶת לִפְנֵי ה׳ וְלֹא יִהְיֶה כְקֹרַח
וְכַעֲדָתוֹ כַּאֲשֶׁר דִּבֶּר ה׳ בְּיַד מֹשֶׁה לוֹ.

פירוש העניין

העדה נקראת על ידי קורח לבוא, תוכנית ה׳ לכלות את כל העדה, ט״ז, יח-כז1

מיד לאחר הצעת משה, המורדים לוקחים מחתות ושמים בהן קטורת ועומדים פתח אוהל מועד, ששם עומדים גם משה ואהרן (יח). ביטחונו של קורח בצדקתו ניכרת בכך שהוא אוסף את כל העדה לחזות באירוע (יט1). אבל העובדה שהוא קורא לעדה בנקודה זו היא דרמטית בסיפור, והיא גוררת תגובה קשה של ה׳: ״הִבָּדְלוּ מִתּוֹךְ הָעֵדָה הַזֹּאת וַאֲכַלֶּה אֹתָם כְּרָגַע״ (כא). וכפי שכבר נרמז בפסוק יט, שמיד לאחר שקורח אסף את כל העדה לאוהל מועד, כבוד ה׳ נגלה על העדה: ״וַיֵּרָא כְבוֹד ה׳ אֶל כָּל הָעֵדָה״.

עד כה ה׳ לא דיבר, ועל כן פנייתו למשה ואהרן להיבדל מתוך העדה כדי שיכלה את כולם באה בנקודה מפתיעה בסיפור, לאחר ההתארגנות למבדק הקטורת. הלוויים והנשיאים לקחו מחתות, שמו עליהן קטורת, ועמדו פתח אוהל מועד כדי להתחיל במבדק. ומיד נאמר שה׳ מתגלה, והציפייה היא שעונשם על הקטרת הקטורת יחל, אולם במקום זאת ה׳ מבקש פתאום לכלות את כל העם לבד ממשה ואהרן. מה טעם יש במבדק הקטרת הקטורת אם לה׳ הייתה תוכנית אחרת? מדוע ה׳ לא מקבל את עניין המבדק ועובר לתוכנית אחרת: השמדת העם?

תפנית זו בסיפור היא תוצאה של המהלך של קורח להביא את כל העדה אל פתח אוהל מועד. עד כה מרדו קורח, הלוויים, דתן ואבירם והנשיאים. על כן ההתמודדות הייתה עד כה איתם בלבד, אולם עתה קורח מכניס את כל העם אל תוך האירוע. בואו של העם לצפות במתרחש אינו מלמד בדווקא על תמיכה בקורח, אבל גם לא על תמיכה במשה ובאהרן. לכל הפחות העם שהגיע חיכה לראות מי צודק, ואולי אף הייתה תמיכה רחבה בקורח. גם בעמדה זו של העם שלא תמך במשה ובאהרן אלא בא לראות איזה צד יצליח בעימות, יש משום פגיעה במשה ובאהרן ובה׳ שבחר בהם. לכן כל עוד המרד היה בקרב קבוצות מוגדרות, המבדק של הקטורת, ואחר כך העונש של בליעת החוטאים, הספיקו. אולם עתה שהעם גם נטל חלק באירוע, גם אם פסיבי, ה׳ מבקש להעניש את כל העם. זה גם יסביר את היחס של משה ואהרן למורדים עד כה, ולרצון ה׳ כאן להעניש את כל העם. כנגד המורדים משה יזם את מבדק הקטורת ביודעו שמקטירי הקטורת ימותו. אך משה סבר שעונש זה מגיע למורדים. אולם הרצון של ה׳ להכרית את העם כולו, מביא כנגדו את משה ואהרן לפנות אל ה׳ כדי שיחזור בו מכוונתו.

ה׳ נענה לבקשת משה ואהרן ואינו מכרית את העם, אך מצווה שכל העדה יפרשו ממשכן קורח, דתן ואבירם: ״דַּבֵּר אֶל הָעֵדָה לֵאמֹר הֵעָלוּ מִסָּבִיב לְמִשְׁכַּן קֹרַח דָּתָן וַאֲבִירָם״ (כד). ציווי זה לעדה לעזוב את מחנה קורח ודתן ואבירם הוא כנגד פעולת קורח שאסף את העם, והוא החסד שעשה ה׳ עם אלה שגייס קורח. לאחר שקורח קרא לעדה לפתח אוהל מועד, ה׳ מצווה את העדה לפרוש מעדת קורח. בכך ה׳ נענה למשה לבקשתו. וכך אכן ציווה משה את העם והם נענו לו: ״וַיְדַבֵּר אֶל הָעֵדָה לֵאמֹר סוּרוּ נָא מֵעַל אָהֳלֵי הָאֲנָשִׁים הָרְשָׁעִים הָאֵלֶּה וְאַל תִּגְּעוּ בְּכָל אֲשֶׁר לָהֶם פֶּן תִּסָּפוּ בְּכָל חַטֹּאתָם. וַיֵּעָלוּ מֵעַל מִשְׁכַּן קֹרַח דָּתָן וַאֲבִירָם מִסָּבִיב״ (כו-כז1).

כך עושה משה, הוא הולך למחנה המורדים ומאיים על המצטרפים לעזוב את מחנה החוטאים כדי שלא ייפגעו, וכך עשתה העדה (כו-כז1).

ניכר שמעגל התומכים במשה מתרחב, משה הולך לדתן ואבירם, אך הכתוב מדגיש גורם שלא עלה עד כאן בסיפור: זקני ישראל מצטרפים למשה (כה).

הענשת החוטאים, ט"ז, כז2-לה

לאחר אפיזודה חולפת זו של העדה שהגיעו בקריאתו של קורח, ועזבו בעצת משה (גם אם לא כולם, שכן ראינו בהקדמה שאנשים משבטים אחרים נספו באירוע), חוזר הסיפור להתמודדות של משה עם דתן ואבירם והענשתם והענשת מקריבי הקטורת.

עתה פונה משה לדתן ולאבירם, ומבשר להם על סימן נוסף להוכיח שמשה הנהיג את העם בשליחותו של ה', ולא מליבו עשה זאת: אם ימותו המורדים במוות טבעי, יהיה זה סימן שמשה לא נשלח על ידי ה', אך אם ה' יברא בריאה חדשה ובור ייפתח באדמה ויבלע את החוטאים, סימן הוא שהם ניאצו את ה' (כח-ל) ומרדם במשה הוא גם חילול שמו של ה', שמינה את משה (ל). משה אינו מדבר על עצמו אלא רק על הפגיעה של המורדים בה'. בהמשך למה שראינו קודם, משה אינו נלחם את מלחמת עצמו, אלא את הפגיעה בה'.

האדמה פצתה את פיה והחוטאים נבלעו באדמה, הנפש, הבתים והרכוש, ואחר כך חזרה האדמה למקומה (לא-לג). אירוע יוצא דופן זה הותיר רושם גדול בעם, והם ברחו מהמקום מפחד שמא הארץ תבלע אותם (לג). מיד לאחר בליעת האנשים מסופר על כך שאש יצאה מלפני ה', ושרפה את מאתיים וחמישים מקטירי הקטורת (לה), כתגובה למבדק הקטרת הקטורת (יח-יט). מיקומו של סיפור שרפת מקריבי הקטורת לאחר בליעת האנשים, נובע מכך שיש שני אירועים נפרדים הכלולים בסיפור הכולל.

כאן אנו מגיעים לשאלה הקשה של הסיפור והיא הנחיצות בשני העונשים: שרפת מקטירי הקטורת, ובליעת דתן ואבירם ומחניהם. שלוש הקבוצות מתרכזות, כאמור, בשתי טענות: אחת היא כנגד הבחירה של אהרן ככוהן, ואת זאת טוענים קורח והלוויים, וגם מאתיים וחמישים איש ממכובדי העם. ההוכחה שאהרן הוא האיש הקדוש שה' בחר תיעשה על ידי מבדק הקטורת, שבו ישתתפו מאתיים וחמישים מכובדי העם, וגם קורח ובני לוי הטוענים שהם ראויים להיות כוהנים. מבדק זה הוצע ללוויים בפרק ט"ז, ה-ז, ולמאתיים וחמישים הנשיאים בפסוקים יז-יט. במקביל ישנו מבדק אחר כנגד תלונת דתן ואבירם על מנהיגותו של משה. דתן ואבירם טענו טענה אחרת לגמרי, והם העמידו את מנהיגותו של משה כשררה וכישלון. והמבדק ביחס לדבריהם הוא אם תפתח האדמה את פיה ותבלע אותם.

כפילות המבדקים נובעת מכך שהיו שתי קבוצות שטענו טענות שונות ובעצם הפוכות. קורח ועדתו רצו להמשיך הלאה במסע הכניסה לארץ, ככל הנראה, אבל רצו להיות כוהנים. דתן ואבירם ביקשו להתנער מכל ההנהגה הקיימת, ועל פי טענתם שמשה לקח אותם מארץ זבת חלב ודבש, אולי אף ביקשו לחזור למצרים.

מכאן אפשר לעבור לשתי הזירות השונות שבהן מתרחשים האירועים. אירוע המחתות

מתנהל באופן טבעי בפתח אוהל מועד, ששם מקבל ה' את הקטורת באמצעות התגלות של אש. קורח מקהיל את העדה לפתח אוהל מועד כדי שיחזו את אירוע הקרבת המחתות והבחירה של ה' (יח-יט). אבל יש גם משכן אחר, המשכן של קורח ודתן ואבירם. גם למשכן זה נקראת העדה לבוא לראות את אשר יתרחש, ואם ה' יברא בריאה חדשה והאדמה תפתח פיה ותבלע את החוטאים. לא במקרה אוהלם של קורח, דתן ואבירם נקרא משכן, שכן בכך נוצרת אנלוגיה בין שני מרכזי התרחשות הסיפור, האחד בפתח אוהל מועד, והשני במשכן קורח, דתן ואבירם (אף שהמילה משכן אינה מתייחסת במקרא לבית פרטי). הקריאה לעדה לבוא למשכנם של קורח, דתן ואבירם דומה בסגנונה לקריאה של קורח לפתח אוהל מועד (כד):

דַּבֵּר אֶל הָעֵדָה לֵאמֹר הֵעָלוּ מִסָּבִיב לְמִשְׁכַּן קֹרַח דָּתָן וַאֲבִירָם. וַיָּקָם מֹשֶׁה וַיֵּלֶךְ אֶל דָּתָן וַאֲבִירָם וַיֵּלְכוּ אַחֲרָיו זִקְנֵי יִשְׂרָאֵל.

משה נמצא בפתח אוהל מועד (יח) אבל הוא הולך גם למשכן קורח, דתן ואבירם. שני האירועים מתרחשים בקירוב זמן, ומשה וקורח מצויים בשתי הזירות.

הפסוקים מתארים בזה אחר זה גם את הבליעה של האדמה את החוטאים וגם את השרפה של מאתיים וחמישים איש מקריבי הקטורת (לב-לה):

וַתִּפְתַּח הָאָרֶץ אֶת פִּיהָ וַתִּבְלַע אֹתָם וְאֶת בָּתֵּיהֶם וְאֵת כָּל הָאָדָם אֲשֶׁר לְקֹרַח וְאֵת כָּל הָרְכוּשׁ. וַיֵּרְדוּ הֵם וְכָל אֲשֶׁר לָהֶם חַיִּים שְׁאֹלָה וַתְּכַס עֲלֵיהֶם הָאָרֶץ וַיֹּאבְדוּ מִתּוֹךְ הַקָּהָל. וְכָל יִשְׂרָאֵל אֲשֶׁר סְבִיבֹתֵיהֶם נָסוּ לְקֹלָם כִּי אָמְרוּ פֶּן תִּבְלָעֵנוּ הָאָרֶץ.

וְאֵשׁ יָצְאָה מֵאֵת ה' וַתֹּאכַל אֵת הַחֲמִשִּׁים וּמָאתַיִם אִישׁ מַקְרִיבֵי הַקְּטֹרֶת.

העונשים של שתי הקבוצות מתאימים לטיב המרידה השונה של כל קבוצה. אלה שביקשו להיות כוהנים והקריבו אש זרה, נשרפו על ידי ה'. עונש זה למקריבים אש זרה מצוי בסיפור הקרבת האש הזרה על ידי נדב ואביהוא (ויקרא י', א-ב). עונש זה אופייני למי שניגש אל הקודש ואינו רשאי. אין לנו מקרה נוסף של בליעה של הארץ, אבל הרעשת הארץ ורעידת אדמה מוכרות לנו במקומות רבים. במקומות שונים במקרא עולה שרעידת אדמה באה על גאווה (ישעיה ה', יד-טו; משלי ל', כא-כג). חטאם של דתן ואבירם הוא שמרדו במשה ובכך המעיטו בערכו והתנשאו. הבליעה היא פלא, אבל ככל שהנס הזה דומה לרעידת אדמה, הרי שעונש הירידה לתוך בטן האדמה הוא מידה כנגד מידה למי שמתנשא.*

גורלו של קורח

ההסבר לעיל על הקבוצות השונות בעדת קורח ישליך אור גם על הקושי הגדול בדבר גורלו של קורח. האם נבלע קורח עם דתן ואבירם, או שמא נשרף עם מקטירי הקטורת? הפסוקים

* המדרש בבמדבר רבה יח, ד, עמד על כך שהם אמרו למשה לא נעלה, ובמקום זאת הם ירדו חיים שאולה.

מחזקים את שתי האפשרויות. מפסוק לב משמע שקורח היה בין אלה שנבלעו: "וַתִּפְתַּח הָאָרֶץ אֶת פִּיהָ וַתִּבְלַע אֹתָם וְאֶת בָּתֵּיהֶם וְאֵת כָּל הָאָדָם אֲשֶׁר לְקֹרַח וְאֵת כָּל הָרְכוּשׁ". לעומת זאת מפרק י"ז, ה, משמע שהקריב קטורת: "זִכָּרוֹן לִבְנֵי יִשְׂרָאֵל לְמַעַן אֲשֶׁר לֹא יִקְרַב אִישׁ זָר אֲשֶׁר לֹא מִזֶּרַע אַהֲרֹן הוּא לְהַקְטִיר קְטֹרֶת לִפְנֵי ה׳ וְלֹא יִהְיֶה כְקֹרַח וְכַעֲדָתוֹ כַּאֲשֶׁר דִּבֶּר ה׳ בְּיַד מֹשֶׁה לוֹ". בפרק כ"ו, ט-י, מפורש שקורח נבלע באדמה יחד עם דתן ואבירם: "וּבְנֵי אֱלִיאָב נְמוּאֵל וְדָתָן וַאֲבִירָם הוּא דָתָן וַאֲבִירָם קרואי קְרִיאֵי הָעֵדָה אֲשֶׁר הִצּוּ עַל מֹשֶׁה וְעַל אַהֲרֹן בַּעֲדַת קֹרַח בְּהַצֹּתָם עַל ה׳. וַתִּפְתַּח הָאָרֶץ אֶת פִּיהָ וַתִּבְלַע אֹתָם וְאֶת קֹרַח בְּמוֹת הָעֵדָה בַּאֲכֹל הָאֵשׁ אֵת חֲמִשִּׁים וּמָאתַיִם אִישׁ וַיִּהְיוּ לְנֵס".

בקרב פרשני ימי הביניים רווחת הדעה שקורח נשרף עם מקטירי הקטורת (ראב"ע על פסוק לה; ריב"ש על פסוקים לב-לה; שד"ל על פסוק כא). לפי פירוש זה הכתוב בפסוק לב: "וְאֵת כָּל הָאָדָם אֲשֶׁר לְקֹרַח", מתפרש ביחס לאנשיו, חוץ ממנו. והמילים "וְאֶת קֹרַח" בפרק כ"ו, י, אינן מתייחסות לפועל "וַתִּבְלַע" אלא ל"בַּאֲכֹל הָאֵשׁ" בהמשך הפסוק (כך גם פירש ראב"ע), היינו שקורח לא נבלע אלא נשרף. הבנה זו קשה הן בפרק ט"ז, לב, ובמיוחד בפרק כ"ו, י, ויש להודות שמהפסוקים השונים משתמעות שתי האפשרויות.

לא פלא שחכמים לא הכריעו כאחת האפשרויות האלה. חכמים בבבלי סנהדרין קי ע"א חלקו בשאלה זו:

> ואמר רבי יוחנן: קרח לא מן הבלועים ולא מן השרופין. לא מן הבלועין דכתיב ואת כל האדם אשר לקרח, ולא קרח; ולא מן השרופין דכתיב באכל האש את חמשים ומאתים איש, ולא קרח. במתניתא תנא: קרח מן השרופין ומן הבלועין. מן הבלועים דכתיב ותבלע אתם ואת קרח, מן השרופין דכתיב (ותצא אש מלפני ה׳) [ואש יצאה מאת ה׳] ותאכל את החמשים ומאתים איש וקרח בהדייהו.

דעת ר׳ יוחנן היא שקורח לא מת עם השרופים שהקריבו קטורת ולא עם דתן ואבירם שנבלעו. לעומת זאת, דעה תנאית אחרת היא שהוא גם נבלע וגם נשרף. התנחומא נותן הסבר מדוע הוא נשרף ונבלע וכיצד הדבר אפשרי היה. תנחומא (בובר) כג:

> "ואש יצאה מאת ה׳ ותאכל את החמשים ומאתים איש מקריבי הקטורת" (במדבר ט"ז, לה), אלו היו נבלעים, ואלו היו נשרפים, וקרח עומד בין השרופים, שאמר משה, "ואתה ואהרן איש מחתתו" (במדבר ט"ז, יז), וקרח לקח [לקה] יותר מן כולם, שנשרף ונבלע, ולמה נעשה בו שני דינים, שאילו נשרף ולא נבלע, היו הבלועים מתרעמים ואומרים שלא הביא עלינו את כל הפורענות אלא קרח, והרי הן בלועין והוא ניצול, ואילו היה נבלע ולא נשרף, היו השרופין מתרעמין ואומרים שלא הביא עלינו את כל הפורענות הזו אלא קרח, והרי הן שרופין והוא ניצול, לפיכך נידון בשתי מיתות, ליהטו האש תחלה לעין כל השרופים, שבידו היה המחתה, ובה הקטורת, וקיפלתו האש כדור, והאש מגלגלת בו, עד שהביאתו לפי הארץ לבין הבלועים, שנאמר "ותפתח הארץ את פיה" (במדבר ט"ז, לב).

הסבר זה הוא מדרשי, אבל הוא משקף את חוסר היכולת להכריע בין עדויות סותרות במקראות ביחס לגורלו של קורח. נראה לי שהערפל סביב גורלו של קורח הוא מכוון. כפי שראינו משה נמצא בשתי הזירות. הוא נמצא עם קורח ומאתיים וחמישים נכבדי העם שהקריבו את הקטורת בפתח אוהל מועד (ט"ז, יח), והוא נמצא גם במשכן קורח, דתן ואבירם בעת שהארץ פצתה את פיה (כה). מובן שכאן אין קושי מיוחד, שכן נאמר שגם משה הלך לשם (כה), ונראה אם כן שהיה בשני המקומות, אף שסדר ההתרחשות אינו נהיר. ישנה חשיבות שמשה, אשר נגדו היה המרד של שתי הקבוצות, יהיה נוכח בשני האירועים המוכיחים את יושרו, ואת העובדה שהוא מיישם את רצון ה', הן בבחירה של אהרן הן בהנהגתו שלו עצמו. קורח הוא המנהיג של המרד, של כל הקבוצות המשתתפות בו, ומשה מדבר איתו כאשר הוא פונה לכל הלוויים. קורח גם נמצא עם מאתיים וחמישים המכובדים, ומשכנו של קורח הוא ביחד עם משכנם של דתן ואבירם. מכאן שראוי לו גם למות בשרפה משום שהקטיר קטורת אסורה, אך גם להיבלע באדמה משום שגם חטא בחטא דתן ואבירם. כמובן מבחינה מציאותית הדבר אינו אפשרי, אבל התורה ביקשה לומר שהיה ראוי שקורח ייענש בשני העונשים, גם להישרף וגם להיבלע באדמה. כדי לבטא רעיון זה, התורה אפשרה בפסוקים את שתי ההבנות. הקורא אינו מסוגל בקלות להכריע אם נשרף או נבלע, וזאת כדי לממש את הרעיון שבאופן בסיסי חטאיו של קורח חייבו את שני העונשים, בהיותו שייך לקבוצת דתן ואבירם שמרדה במשה, ושייך גם ללוויים ולאנשים המכובדים מקריבי הקטורת. השאלה המציאותית אינה במרכז עניינה של התורה, שכן היא ביקשה ללמד את לקחו של קורח, את חטאיו, ואת העונשים שראויים לו (רעיון דומה לזה קיים במערכת המשפט המודרנית אשר למשל יכולה לחייב אדם בכמה מאסרי עולם).

ציווי ה' לצפות את המזבח במחתות, י"ז, א-ה

מחתות הקטורת היו קדושות משום ששימשו להקרבה לה'. יש כאן תופעה מעניינת: המקריבים הקריבו לה' באיסור ועל כך הם נענשו בחריפות, אבל עדיין למחתות יש מעמד של קדושה משום שבהן הקריבו לה'. על כן ה' מצווה את משה לצוות את אלעזר לאסוף את המחתות ולרקע אותן כדי שתהיינה שטוחות, ריקועי פחים, ואז לצפות בהם את המזבח (י"ז, א-ג).[47] בכך הפכו המחתות לזיכרון לעם שאסור לזרים להקטיר קטורת: "זִכָּרוֹן לִבְנֵי יִשְׂרָאֵל לְמַעַן אֲשֶׁר לֹא יִקְרַב אִישׁ זָר אֲשֶׁר לֹא מִזֶּרַע אַהֲרֹן הוּא לְהַקְטִיר קְטֹרֶת לִפְנֵי ה' וְלֹא יִהְיֶה כְקֹרַח וְכַעֲדָתוֹ כַּאֲשֶׁר דִּבֶּר ה' בְּיַד מֹשֶׁה לוֹ" (ה). הציווי הוא לאלעזר ולא לאהרן, שבהיותו כוהן גדול אל לו להיטמא למתים.

תלונת העם על עונשם של עדת קורח והמגפה בהם, י״ז, ו-טו

ו וַיִּלֹּנוּ כָּל עֲדַת בְּנֵי יִשְׂרָאֵל מִמָּחֳרָת עַל מֹשֶׁה וְעַל אַהֲרֹן לֵאמֹר אַתֶּם הֲמִתֶּם אֶת עַם ה׳. וַיְהִי
ז בְּהִקָּהֵל הָעֵדָה עַל מֹשֶׁה וְעַל אַהֲרֹן וַיִּפְנוּ אֶל אֹהֶל מוֹעֵד וְהִנֵּה כִסָּהוּ הֶעָנָן וַיֵּרָא כְּבוֹד ה׳. וַיָּבֹא
ח מֹשֶׁה וְאַהֲרֹן אֶל פְּנֵי אֹהֶל מוֹעֵד.

ט-י וַיְדַבֵּר ה׳ אֶל מֹשֶׁה לֵּאמֹר. הֵרֹמּוּ מִתּוֹךְ הָעֵדָה הַזֹּאת וַאֲכַלֶּה אֹתָם כְּרָגַע וַיִּפְּלוּ עַל פְּנֵיהֶם.
יא וַיֹּאמֶר מֹשֶׁה אֶל אַהֲרֹן קַח אֶת הַמַּחְתָּה וְתֶן עָלֶיהָ אֵשׁ מֵעַל הַמִּזְבֵּחַ וְשִׂים קְטֹרֶת וְהוֹלֵךְ מְהֵרָה
יב אֶל הָעֵדָה וְכַפֵּר עֲלֵיהֶם כִּי יָצָא הַקֶּצֶף מִלִּפְנֵי ה׳ הֵחֵל הַנָּגֶף. וַיִּקַּח אַהֲרֹן כַּאֲשֶׁר דִּבֶּר מֹשֶׁה וַיָּרָץ
יג אֶל תּוֹךְ הַקָּהָל וְהִנֵּה הֵחֵל הַנֶּגֶף בָּעָם וַיִּתֵּן אֶת הַקְּטֹרֶת וַיְכַפֵּר עַל הָעָם. וַיַּעֲמֹד בֵּין הַמֵּתִים וּבֵין
יד הַחַיִּים וַתֵּעָצַר הַמַּגֵּפָה. וַיִּהְיוּ הַמֵּתִים בַּמַּגֵּפָה אַרְבָּעָה עָשָׂר אֶלֶף וּשְׁבַע מֵאוֹת מִלְּבַד הַמֵּתִים
טו עַל דְּבַר קֹרַח. וַיָּשָׁב אַהֲרֹן אֶל מֹשֶׁה אֶל פֶּתַח אֹהֶל מוֹעֵד וְהַמַּגֵּפָה נֶעֱצָרָה.

פירוש העניין

כאמור, מרד קורח הוא משבר גדול ביחס שבין העם לבין משה ואהרן. עניין זה משתקף בכך שהסיפור אינו מסתיים באות הגדול של בליעתם של דתן ואבירם באדמה, במיתתם של כל מקריבי הקטורת, ובהוכחה שה׳ בחר באהרן. מיד לאחר אירועים משמעותיים אלה ממשיך העם במריו, ועתה מכיוון אחר (ו). עתה העם אינו מפקפק במשה ובאהרן, ומבין שה׳ בחר בהם, אולם תלונתם עכשיו היא הפוכה. הם טוענים שמשה ואהרן ניצלו את קרבתם לה׳ כדי להמית את עם ה׳. כינוי המתים "עם ה׳" מצביע על כך שהם אינם מתמרדים בה׳, אלא מאשימים באופן בלעדי את משה ואהרן. טענה זו של העם כלפי משה ואהרן מלמדת עד כמה עמוקה הייתה הטרוניה של העם כלפיהם. מיד נכנסים משה ואהרן לאוהל מועד, והענן יורד על האוהל, וה׳ מתגלה אליהם (ז). נראה שכניסתם של משה ואהרן לאוהל מועד הייתה מפחד, בשל התקהלות העם עליהם והאשמתם.

הקטע הבא ילמד עד כמה מופרכת טענת העם, שכן גם עתה משה ואהרן פועלים להצלתם. תגובת ה׳ לתלונה החדשה של העם היא חריפה וקצרה והחלטית מאוד: "הֵרֹמּוּ מִתּוֹךְ הָעֵדָה הַזֹּאת וַאֲכַלֶּה אֹתָם כְּרָגַע" (י). משה ואהרן מגיבים מיד בצער על ההודעה הזו של ה׳ והם נופלים על פניהם, כנראה בתפילה אל ה׳, או בצער על גורל העם, כמו בפרק ט"ז, כב: "וַיִּפְּלוּ עַל פְּנֵיהֶם". העובדה שאותה לשון באה כאן כמו בתפילת משה ואהרן כאשר ביקש ה׳ להשמיד את העם, מלמדת שדאגתם לעם היא כתמיד. בתחילת הסיפור משה ואהרן פונים אל ה׳ שלא להשמיד את כל העם, וה׳ נענה לתפילתם. כאן ה׳ לא מגיב, ולא ברורה אפוא התייחסות ה׳. משה אינו מחכה לתגובת ה׳, ומורה לאהרן לקחת את המחתה, לתת עליה אש מעל המזבח ולשים קטורת. בפקודת משה אהרן רץ בתוך הקהל, לאחר שהתחיל הנגף בעם, ובכך כיפר על העם והמגפה נעצרה (יא-טו). משמעותי הדבר שבתחילת הסיפור תפילתו של משה משפיעה על ה׳ לשנות את החלטתו (ט"ז, כ-כד), ואילו עתה לאחר שה׳ ביטא את רצונו להכרית את כל העם, משה אינו מתפלל אל ה׳, ובמקום זאת הוא מורה לאהרן להעביר את המחתה בקרב העם לעצור את המגפה. הסיפור מלמד על נחישותם של משה ואהרן לשנות את רצונו של ה׳ להשמיד את ישראל, ואת פועלם לטובת עמם, בניגוד לטענתם (רשב"ם לפסוק יז). בניגוד לתפילה אל ה׳, הריצה של אהרן עם המחתה אל תוך הקהל מותירה רושם חזק ומיידי על כך שבזכות הקרבה של אהרן אל ה׳ הוא מפסיק את המגפה לעיני העם. עם זאת המתים במגפה היו רבים מאוד. ארבעה עשר אלף ושבע מאות מתו רק במגפה חוץ מהמתים במרד עצמו.

גם הצלת העם על ידי אהרן באמצעות הקטורת משמעותית בתמונה זו. מאתיים וחמישים מקריבי הקטורת מתו כאשר הקריבו קטורת לא רצויה בעיני ה׳; הפוכה מכך הצלת ישראל על ידי פעולה דומה של אהרן באמצעות הקטורת. הסיפור בא להדגיש, שהקטורת אינה הורגת או מצילה כשלעצמה, אלא השאלה היא מי עושה זאת, ואם למי שמקריב יש רשות להתקרב לקודש ולהקטיר.* הינה העם נחשף לַפעולה המצילה של הקטרת הקטורת, ולכך שמשה

* עניין זה היה קשה לקדמונים, ולכן כתב רש"י על פי הבבלי: "וכפר עליהם – רז זה מסר לו מלאך המות כשעלה לרקיע, שהקטרת עוצר המגפה כדאיתא במס׳ שבת (שבת פט ע"א)".

ואהרן מנצלים את קרבתם לה׳ כדי להציל את העם. לכן גם לא כתוב שה׳ ציווה על אהרן על הקטרת הקטורת, אלא זו יוזמה של משה וביצוע של אהרן מדאגתם לעם.

עתה נבין מדוע הפִסקה נחתמת בחזרתו של אהרן למשה אל פתח אוהל מועד. הקשר בין אהרן למשה הוא שמביא לעם מזור, ולא ההפך: "וַיָּשָׁב אַהֲרֹן אֶל מֹשֶׁה אֶל פֶּתַח אֹהֶל מוֹעֵד וְהַמַּגֵּפָה נֶעֱצָרָה" (טו). תמונה זו חותמת שוב בידיעה שכבר נמסרה בפסוק יג, שהמגפה נעצרה. חתימה זו מדגימה את ההצלה של ישראל על ידי אהרן שחוזר למשה, הנמצא בכל הזמן הזה באוהל מועד, מקום משכנו של ה׳.

מבדק המטות, י"ז, טז-כו

טז יז וַיְדַבֵּר ה׳ אֶל מֹשֶׁה לֵּאמֹר. דַּבֵּר אֶל בְּנֵי יִשְׂרָאֵל וְקַח מֵאִתָּם מַטֶּה מַטֶּה לְבֵית אָב מֵאֵת כָּל
יח נְשִׂיאֵהֶם לְבֵית אֲבֹתָם שְׁנֵים עָשָׂר מַטּוֹת אִישׁ אֶת שְׁמוֹ תִּכְתֹּב עַל מַטֵּהוּ. וְאֵת שֵׁם אַהֲרֹן
יט תִּכְתֹּב עַל מַטֵּה לֵוִי כִּי מַטֶּה אֶחָד לְרֹאשׁ בֵּית אֲבוֹתָם. וְהִנַּחְתָּם בְּאֹהֶל מוֹעֵד לִפְנֵי הָעֵדוּת
כ אֲשֶׁר אִוָּעֵד לָכֶם שָׁמָּה. וְהָיָה הָאִישׁ אֲשֶׁר אֶבְחַר בּוֹ מַטֵּהוּ יִפְרָח וַהֲשִׁכֹּתִי מֵעָלַי אֶת תְּלֻנּוֹת בְּנֵי
כא יִשְׂרָאֵל אֲשֶׁר הֵם מַלִּינִם עֲלֵיכֶם. וַיְדַבֵּר מֹשֶׁה אֶל בְּנֵי יִשְׂרָאֵל וַיִּתְּנוּ אֵלָיו כָּל נְשִׂיאֵיהֶם מַטֶּה
לְנָשִׂיא אֶחָד מַטֶּה לְנָשִׂיא אֶחָד לְבֵית אֲבֹתָם שְׁנֵים עָשָׂר מַטּוֹת וּמַטֵּה אַהֲרֹן בְּתוֹךְ מַטּוֹתָם.
כב כג וַיַּנַּח מֹשֶׁה אֶת הַמַּטֹּת לִפְנֵי ה׳ בְּאֹהֶל הָעֵדֻת. וַיְהִי מִמָּחֳרָת וַיָּבֹא מֹשֶׁה אֶל אֹהֶל הָעֵדוּת וְהִנֵּה
כד פָּרַח מַטֵּה אַהֲרֹן לְבֵית לֵוִי וַיֹּצֵא פֶרַח וַיָּצֵץ צִיץ וַיִּגְמֹל שְׁקֵדִים. וַיֹּצֵא מֹשֶׁה אֶת כָּל הַמַּטֹּת
כה מִלִּפְנֵי ה׳ אֶל כָּל בְּנֵי יִשְׂרָאֵל וַיִּרְאוּ וַיִּקְחוּ אִישׁ מַטֵּהוּ. וַיֹּאמֶר ה׳ אֶל מֹשֶׁה הָשֵׁב אֶת מַטֵּה אַהֲרֹן
כו לִפְנֵי הָעֵדוּת לְמִשְׁמֶרֶת לְאוֹת לִבְנֵי מֶרִי וּתְכַל תְּלוּנֹּתָם מֵעָלַי וְלֹא יָמֻתוּ. וַיַּעַשׂ מֹשֶׁה כַּאֲשֶׁר
צִוָּה ה׳ אֹתוֹ כֵּן עָשָׂה.

פירוש העניין

הסיפור לא הסתיים, ועתה אנו עוברים לתמונה האחרונה (טז-כו), שבה ה׳ ביוזמתו מצווה על בדיקת המטות כדי להוכיח שאהרן הוא בחירו. ה׳ מצווה שכל אחד משנים עשר הנשיאים ייקח את מטהו ויכתוב עליו את שמו, ואהרן יכתוב את שמו על מטה לוי. ההסבר לכך הוא שלוי וכוהן הם שבט אחד, ואהרן הוא הנשיא של השבט כולו (רש״י): ״וְאֵת שֵׁם אַהֲרֹן תִּכְתֹּב עַל מַטֵּה לֵוִי כִּי מַטֶּה אֶחָד לְרֹאשׁ בֵּית אֲבוֹתָם״ (יח). אכן אלעזר הכוהן הוא נשיא נשיאי הלוי כמופיע בפרק ג׳, לב.

רמב״ן סבור שתמיד מספר השבטים הוא שנים עשר, והמספר כאן כולל את מטה אהרן, ולכן לדעתו אפרים ומנשה היו תחת מטה אחד של בני יוסף. קשה לפרש כך, משום שהיו לשני השבטים שני נשיאים, אם כך איזה נשיא נבחר, זה של מנשה או של אפרים? נראה כי היו שנים עשר מטות לשנים עשר השבטים, כאשר מנשה ואפרים נמנים כשני שבטים, ואם כן המטה של אהרן הוא המטה השלושה עשר.

כל המטות הונחו באוהל מועד בקודש הקודשים מול ארון העדות, במקום המקודש ביותר, מקום שכינת ה׳. מיקום המטות לפני העדות מחזק את התחושה שזו בחירה של ה׳. המטה שיפרח יסמן את האיש הנבחר על ידי ה׳, ובכך ה׳ ירגיע את התלונות של בני ישראל (כ).

הנשיאים ואהרן נותנים את מטותם למשה, והוא הניח אותם באוהל העדות (כא-כב). למוחרת משה הוציא את כל המטות ״מלפני ה׳ אל בני ישראל״, כדי לתת את התחושה הדרמטית שהמטה של אהרן פרח, והוא שנבחר על ידי ה׳ (כג-גד). העם נוכח לדעת שבחירתו של אהרן היא מאת ה׳ משום שמטהו פרח, ומשום ששום מטה אחר לא פרח, ולא פחות מכך משום עצם הפלא שהמטה פרח לאחר יום אחד בלבד, ללא תנאים של צמיחה. ה׳ מצווה שמטה אהרן, שהצמיח ציץ ושקדים, יישאר לפני ארון העדות, כדי שישמש סימן קבוע לבחירתו של אהרן: ״וַיֹּאמֶר ה׳ אֶל מֹשֶׁה הָשֵׁב אֶת מַטֵּה אַהֲרֹן לִפְנֵי הָעֵדוּת לְמִשְׁמֶרֶת לְאוֹת לִבְנֵי מֶרִי וּתְכַל תְּלוּנֹּתָם מֵעָלַי וְלֹא יָמֻתוּ״ (כה), וכן עשה משה (כו). נראה שבסיפור זה הערעור של העם על משה ואהרן הסתיים.

השאלה המתבקשת היא מדוע היה צריך את המבדק הזה. לכאורה די היה במידע שנמסר בסיפור על גורלם של המורדים מקטירי הקטורת ושל אלה שנבלעו באדמה, ומאידך גיסא על עצירת המגפה על ידי אהרן באמצעות הקטורת שהקטיר ורץ בתוך העם. מה מוסיפה הבחינה של פריחת מטהו של אהרן על מה שהובהר בסיפור עד כה? מה ״ראו״ (כד) העם שלא ראו קודם?

רשב״ם (לפסוק יז) אומר שתלונת העם על כך שמשה ואהרן גרמו למותם של מקטירי הקטורת מוכיחה שהם לא השתכנעו שה׳ בחר באהרן, ומשום כך היה צורך בהוכחה נוספת באמצעות פריחת מטה אהרן. אך נראה שהעם הבין שאהרן נבחר כבר בבדיקת המחתות, שכן בתלונתם ״אתם המִתם את עם ה׳״, עולה שהם מודעים לכך ששרפתם של מקטירי הקטורת ובליעתם של דתן ואבירם הוכיחו להם שמשה ואהרן נבחרו, אך תלונתם עתה היא שהם

ניצלו את בחירתם להמית את מתנגדיהם. ריב"ש (לפסוק יא) טוען שעצם העובדה שמאתיים וחמישים מקריבי הקטורת מתו, אינה מלמדת שהם לא נבחרו, בדיוק כמו שמותם של נדב ואביהוא אינה מוכיחה שהם לא נבחרו, ואפשר שאהרן נבחר, אבל אין זה שולל שמי שמת אולי גם כן נבחר בנוסף לאהרן. גם הסבר זה אינו משכנע, משום שמתחילה הסימן שמשה נתן היה שהם יגישו קטורת ומי שהקטורת שלו תתקבל הוא הנבחר. אפשר כי היתרון במבדק זה הוא שהיה בו גילוי רצונו של ה', בלא שהייתה בו פורענות כמו הסימנים הקודמים.[48] ואולי לא היה במבדק זה יתרון מעבר לכך שהיה בו חיזוק נוסף למעמדו של אהרן.[49]

עם זאת נראה כי התשובה העיקרית היא שמבדק המטות ומבדק הקטורת נועדו לחשוף דברים שונים. את הקטורת מקריב הכוהן, והלוויים ומאתיים וחמישים האנשים התלוננו על כך שהם רוצים להיות כוהנים, ובכך הם בעצם גם מערערים על הבחירה של שבט לוי. מבחן המטות אם כן בא לאשש את מעמדו של שבט לוי כנגד מאתיים וחמישים האנשים שרצו להיות כוהנים, ופקפקו גם בייחודו של שבט לוי. במבחן המטות הוכח ששבט לוי נבחר מכל שאר השבטים. דבר זה מדויק בהוראת ה' למשה, שעל מטה אהרן יש לכתוב את שם לוי (יח). דבר זה מודגש שוב כאשר בא משה לאוהל מועד ואז נאמר שמטה אהרן פרח, אך מודגש "וְהִנֵּה פָּרַח מַטֵּה אַהֲרֹן לְבֵית לֵוִי". מבדק זה של פריחת המטה, בא להוכיח אפוא ששבט לוי הוא אכן זה שנבחר על ידי ה'. מדוע אם כן הושם מטהו של אהרן כנציגו של שבט לוי? התשובה לכך היא פשוטה לאור זה שהנשיא של שבט לוי הוא אלעזר בן אהרן (ג', לב). אלעזר שהיה הבכור, וממשיכו ככוהן גדול לאחר מות אהרן, מוגדר כנשיא לוי, והוא נושא בתפקיד זו בתורת כוהן. במקרה זה של המבדק אהרן מילא את התפקיד של נשיא שבט לוי. הכוהנים היו בתפקידם נעלים מעל הלוויים, אך השייכות השבטית שלהם הייתה לשבט לוי.

הסבר זה גם מספק מענה לתמיהתו של רבי יהודה החסיד, שבמבדק המטות לא היה מענה לתלונת שבט לוי, ואדרבה מתוך המבדק הזה, יש לכאורה חיזוק לטענת שבט לוי מתחילת המרד, שכן המבדק חיזק את שבט לוי בכללו. לכן סבר שהמבדק הזה נעשה לפני המרד של קורח, ובעצם יוצא מדבריו שבעקבות המבדק מרד קורח.[50] תשובה אפשרית לקושיית רבי יהודה החסיד היא ששמו של אהרן נכתב על מטה לוי, וכך הובהרה בחירתו של אהרן. ומעבר לכך, כאמור, מבדק המטות מחזק את מעמד בני לוי, כנגד הטענות של מאתיים וחמישים הנשיאים ביחס לבחירתם, וגם את מעמדו של אהרן.

סיום הסיפור: תלונת העם על כך שהקירבה למקדש גורמת להם מוות, י"ז, כז-כח

כז כח וַיֹּאמְרוּ בְּנֵי יִשְׂרָאֵל אֶל מֹשֶׁה לֵאמֹר הֵן גָּוַעְנוּ אָבַדְנוּ כֻּלָּנוּ אָבָדְנוּ. כֹּל הַקָּרֵב הַקָּרֵב אֶל מִשְׁכַּן
ה׳ יָמוּת הַאִם תַּמְנוּ לִגְוֹעַ.

בתגובה לכל האירועים, ובמיוחד למותם של מקריבי הקטורת, העם רואה שהקרבה אל הקודש היא מסוכנת, והוא חרד שמא אירועי המוות טרם הסתיימו, וכיצד אפשר להישמר ממוות בשל קרבה אל הקודש (כז-כח). התשובה הניתנת לשאלה זו באה בצורה של חוק מיד אחר כך, בפרק י״ח, א-ח, בדבר השמירה של הכוהנים והלוויים על המקדש, וכך לא יבואו ישראל במגע עם האסור להם. האם החוק ניתן כתשובה לדאגת העם? החוק ניתן ישירות לאהרן, ואין בסיפור העברת החוק לעם כדי להשיב על שאלתו של העם. נראה אם כן שסיפור קורח מסתיים בדאגה של העם. החוק מצורף לסיפור כדי לתת מענה לקורא לתמיהת העם. עניין השמירה של הלוויים והכוהנים על המקדש כבר היה ידוע לעם, וכבר התנהל בפועל. הדאגה של העם בסוף סיפור קורח היא האקורד האחרון בסיפור, והוא מלמד, שאף כי הבין העם את המדרג בתוכו, וקיבל הוכחות מוחשיות שזה רצון ה׳, הסיפור מסתיים בתחושה קשה של תסכול העם.

זמן המרד והקשרו

ההֶקשר המיידי של המרד הוא התוצאות העגומות של סיפור המרגלים. הֶקשר זה עולה משתי נקודות בסיפור. ראשית, תלונת דתן ואבירם על כך שמשה לא הביא אותם לארץ זבת חלב ודבש, אלא הביא אותם למות במדבר, עולה באופן ישיר מכך שה׳ החליט שהעם היוצא ממצרים לא ייכנס לארץ אלא ימות במדבר. גם דברי המורדים שכל העדה קדושים מתקשרים לפרשת ציצית הסמוכה, שבה יש ציווי לכל העם להיות קדושים. אין זה אומר שסיפור קורח התרחש מיד לאחר חטא המרגלים, אף כי הדבר אפשרי, אבל המרד במשה הוא תוצאה ישירה של אשר קרה באותו אירוע. העם האשים את משה על אי כניסתו לארץ. כאשר מעמדו של משה התערער, אפשר גם להבין שמעמד אהרן התערער באותו זמן.

ראב״ע הציג גישה מקורית. לדעתו אירוע זה התרחש לפני חטא המרגלים, כאשר הלוויים החליפו את הבכורות, כפי שעולה בבמדבר ג׳, יא-יג. ניתן לבסס את טענת ראב״ע בטענה הכוללת של המורדים ״כי כל העדה כולם קדושים״. התפיסה המשתקפת מעבודת הבכורות במקדש היא שלכל העם חלק בעבודת הקודש, והחלפת הבכורות בלוויים מפקיעה את חלקו של העם בעבודת הקודש. ראיה נוספת לשיטת ראב״ע היא שבעקבות טענת העם בפרק י״ז, כז-כח: ״הן גוענו אבדנו...״, מעביר ה׳ למשה את הפתרון לבעיה זו, והוא שהלוויים ישמרו על המקדש לבל ייכנסו אליו ישראלים (י״ח, א-ז). במקום לראות זאת כחזרה על חוקי שמירת המקדש שכבר נמסרו, לפי ראב״ע החוק כאן הוא הפעם הראשונה שהם ניתנו, והם חופפים את הנאמר בבמדבר ג׳.

הקישור של סיפור קורח לסיפור בחירת הלוויים במקום הבכורות מחד גיסא ולסיפור חטא המרגלים מאידך גיסא, אינו מוטל בספק, ודרך המלך היא שהאירוע התרחש לאחר חטא המרגלים, אבל תחושות קשות של העם בדבר בחירת הלוויים והכוהן שהיו מודחקות עד כה, צפו ועלו עכשיו בהצטברות טענות של העם כנגד משה ואהרן.

דברי סיום

סיפור קורח הוא ללא ספק נקודת השפל הגדולה של הנהגת משה ואהרן. המרד של קורח ועדתו משקף משבר חריף וחוסר אמון בהנהגתו של משה ובבחירת אהרן אחיו ככוהן. את אשמתם באי כניסתם לארץ הם משליכים על משה ואהרן. הדחייה של הכניסה לארץ לאחר מותם של היוצאים ממצרים במדבר, היא שיבוש כל תקוותיהם. ההבטחה של משה להוציאם ממצרים ולהביאם לארץ זבת חלב ודבש, הייתה המניע שלהם בכל ההליכה שהלכו אחרי הנהגתו של משה. אי כניסתם לארץ הייתה אירוע טראומטי, ומרד קורח הוא הביטוי של תסכולו של העם, והשלכת אחריות הכישלון על משה ואהרן. ראוי בהקשר זה לזכור את אכזבתו וכאבו של משה על אי כניסתו לארץ ובהתחננו לפני ה׳ שיכניסו. אם המרד של קורח אירע בזמן כלשהו בתקופת הנדודים במדבר, אז יש להוסיף על מה שנאמר כאן את תלאות הדרך, והקושי בהתמודדות עם החיים במדבר, מתוך ידיעה שהם לא יראו את הארץ הטובה.

מבחינת מקומו של סיפור קורח בספר, יש לראותו לא רק כסיפור שבא לאחר חטא המרגלים, אלא בהקשר הכולל של סיפורי הספר עד כה. קורח ועדתו באו לערער על כל סדר המחנה שנבנה עד כה בספר. קורח ושבט לוי ערערו על מעמד הכוהנים; הנשיאים שרצו להיות כוהנים ערערו על בחירת הכוהנים; ודתן ואבירם ערערו על מנהיגותו של משה. כל הסדר המדרגי שתואר בספר לפרטיו עד כה מתערער על ידי קורח ועדתו. אם לקראת הכניסה לארץ הספר עסוק בקביעת המעמדות, סדר המחנה, המעמד של הלוויים והמעמד של הכוהנים, ועל כל זה מנצח משה, הרי שעם אי כניסת העם לארץ, המטרה העיקרית השתבשה בסיפור המרגלים, ויחד עימה הסדר המדרגי בעם. בסיפור המרגלים עמד בסימן שאלה המשך המסע בעקבות חטאו של העם, והפתרון היה שהדור הנוכחי לא ייכנס, אך הדור הבא ייכנס לארץ. בסיפור קורח בעקבות זאת, כל סדר המחנות וקביעות הגבולות המדרגיים כפי שהוכנו טרם הנסיעה התערער. בסופו של דבר הסדר שב על כנו, המדרג בין הקבוצות בעם שב ונקבע, ומעמדו של משה שב והתחזק. גם לאחר פרשת קורח באים חוקים, וגם כאן החוקים מתייחסים לסיפור.

חוקים בעקבות פרשת קורח, י"ח-י"ט

כמו לאחר סיפורים אחרים בספר במדבר, גם לאחר סיפור מרד קורח, באים חוקים הקשורים לסיפור. הקובץ מכיל חמישה חוקים:

1. י"ח, א-ז – חוק השמירה של הכוהנים והלוויים על המקדש.
2. י"ח, ח-כ – מתנות כהונה.
3. י"ח, כא-כד – מעשר לוי.
4. י"ח, כה-לב – מעשר מן המעשר שנותן הלוי לכוהן.
5. י"ט, א-כב – דין פרה אדומה וטמא מת.

המשותף לחוקים אלה הוא עיסוקם בכהונה ובלווייה. קורח ועדתו ערערו על בחירת אהרן לכוהן, ובאים חוקים אלה לחזק את מעמד הכוהנים והלוויים. חיזוק מעמדם נעשה על ידי הגדרת חובותיהם ושמירתם על העם לבל ייפגעו מהקרבה אל הקודש, וכן על ידי הגדרת זכויותיהם במתנות שהעם חייבים להעניק להם, כנציגי ה'.[51] החוק הראשון הוא החובה של הכוהנים והלוויים בשמירה על המקדש, כל אחד מהם בתחום אחריות שונה: הלוויים בתחום האחריות הנמוכה של הקדושה, והכוהנים אחראים על הכלים הקדושים ביותר, ועל עבודת הקורבנות. החוק הזה הוא מענה ישיר לטענת העם בסוף סיפור קורח, על כך שכולם מתו בגלל הקרבה אל הקודש, והם שאלו "האם תמנו לגוע". הפִסקה השנייה עורכת את זכויות הכוהנים במתנות שונות; הפִסקה השלישית עוסקת בזכות הלוויים במעשר; והרביעית עוסקת בחובת הלוויים במתן מעשר מן המעשר לכוהן; החוק החמישי הוא דין פרה אדומה, והדרך להיטהר באמצעותה מטומאת מת. חוק זה מדגים כיצד מעלת הכוהנים מאפשרת לישראל להיות בטהרה.

יש לשים לב, שפרשת פרה אדומה מצויה בפרשת חוקת, אבל היא שייכת לרצף החוקים שבפרשת קורח. כ', א, פותח חטיבה חדשה של שנת הארבעים. חלוקת הפרשות לשם הקריאה בתורה בבית הכנסת אינה לפי חלוקת התוכן.

חוק השמירה של הכוהנים והלוויים, י״ח, א-ז

א וַיֹּאמֶר ה׳ אֶל אַהֲרֹן אַתָּה וּבָנֶיךָ וּבֵית אָבִיךָ אִתָּךְ תִּשְׂאוּ אֶת עֲוֹן הַמִּקְדָּשׁ וְאַתָּה וּבָנֶיךָ אִתָּךְ
ב תִּשְׂאוּ אֶת עֲוֹן כְּהֻנַּתְכֶם. וְגַם אֶת אַחֶיךָ מַטֵּה לֵוִי שֵׁבֶט אָבִיךָ הַקְרֵב אִתָּךְ וְיִלָּווּ עָלֶיךָ וִישָׁרְתוּךָ
ג וְאַתָּה וּבָנֶיךָ אִתָּךְ לִפְנֵי אֹהֶל הָעֵדֻת. וְשָׁמְרוּ מִשְׁמַרְתְּךָ וּמִשְׁמֶרֶת כָּל הָאֹהֶל אַךְ אֶל כְּלֵי הַקֹּדֶשׁ
ד וְאֶל הַמִּזְבֵּחַ לֹא יִקְרָבוּ וְלֹא יָמֻתוּ גַם הֵם גַּם אַתֶּם. וְנִלְווּ עָלֶיךָ וְשָׁמְרוּ אֶת מִשְׁמֶרֶת אֹהֶל מוֹעֵד
ה לְכֹל עֲבֹדַת הָאֹהֶל וְזָר לֹא יִקְרַב אֲלֵיכֶם. וּשְׁמַרְתֶּם אֵת מִשְׁמֶרֶת הַקֹּדֶשׁ וְאֵת מִשְׁמֶרֶת הַמִּזְבֵּחַ
ו וְלֹא יִהְיֶה עוֹד קֶצֶף עַל בְּנֵי יִשְׂרָאֵל. וַאֲנִי הִנֵּה לָקַחְתִּי אֶת אֲחֵיכֶם הַלְוִיִּם מִתּוֹךְ בְּנֵי יִשְׂרָאֵל לָכֶם
ז מַתָּנָה נְתֻנִים לַה׳ לַעֲבֹד אֶת עֲבֹדַת אֹהֶל מוֹעֵד. וְאַתָּה וּבָנֶיךָ אִתְּךָ תִּשְׁמְרוּ אֶת כְּהֻנַּתְכֶם לְכָל
דְּבַר הַמִּזְבֵּחַ וּלְמִבֵּית לַפָּרֹכֶת וַעֲבַדְתֶּם עֲבֹדַת מַתָּנָה אֶתֵּן אֶת כְּהֻנַּתְכֶם וְהַזָּר הַקָּרֵב יוּמָת.

פירוש העניין

החוק בדבר חובת השמירה של הכוהנים והלוויים (א-ז), חוזר על הנאמר לעיל א׳, נ-נג; ג׳, ה-יב, לח. הנושא חוזר ונשנה כאן כמענה לתלונת העם בסוף סיפור קורח, שהקרב אל המשכן ימות (י״ז, כז-כח). ה׳ מעביר לאהרן את חובתם של הכוהנים והלוויים לשמור לבל ייכנסו זרים למקדש, וכך יישמרו מהסכנה של הקרבה אל הקודש. בהתאם לעיסוקו של הקטע בשמירה על המקדש וכליו ועבודת הקודש, השורש שמ״ר מופיע בו תשע פעמים (ג*3, ד*2, ה*3, ז). תשובה זו לא מועברת לעם, אלא היא ניתנת בתורה למען הקורא המצפה לתשובה לשאלת העם (על כך הרחבתי לעיל).

פניית ה׳ לאהרן היא חריגה (א), ולבד מפנייה זו, פונה ה׳ לאהרן פעם אחת נוספת בלבד (י׳, ח). במקומות אחרים הוראות לאהרן עוברות דרך משה (למשל: ויקרא ח׳, ב; ט״ז, ב). ייתכן שה׳ דיבר כאן ישירות עם אהרן, ואפשר שה׳ העביר דבריו לאהרן דרך משה גם כאן (רש״י). לפי שתי האפשרויות הכוונה היא להציג את הקשר של ה׳ לאהרן, כמענה לערעור על מעמדו.

שמירת הכוהנים על הקודש נושאת בחובה אחריות שכישלון בה גורר עונש, כעולה בפתח דברי ה׳ בפסוק א:

> וַיֹּאמֶר ה׳ אֶל אַהֲרֹן,
> אַתָּה וּבָנֶיךָ וּבֵית אָבִיךָ אִתָּךְ תִּשְׂאוּ אֶת עֲוֹן הַמִּקְדָּשׁ,
> וְאַתָּה וּבָנֶיךָ אִתָּךְ תִּשְׂאוּ אֶת עֲוֹן כְּהֻנַּתְכֶם.

הפסוק מתייחס לשתי קבוצות הנושאות באחריות שונה: בחלקו הראשון ״אַתָּה וּבָנֶיךָ וּבֵית אָבִיךָ״. המילה ״אביך״ מתייחסת ללוי, ראש השבט, ו״בית אביך״ מכוון לשבט לוי בכללו.* בחלקו השני של הפסוק ״וְאַתָּה וּבָנֶיךָ״, הכוונה היא לבניו של אהרן, היינו לכוהנים. הלוויים אחראים על שמירת המקדש לבל ייכנסו אליו ישראלים, לבל יתחלל המקדש: ״תִּשְׂאוּ אֶת עֲוֹן הַמִּקְדָּשׁ״. הכוהנים אחראים לכך שמי שאינו כוהן לא יעסוק בתחום עבודת הכוהנים, ולא יבוא במגע עם כלי הקודש: ״תִּשְׂאוּ אֶת עֲוֹן כְּהֻנַּתְכֶם״.

בהתאם להתייחסות של פסוק א לחובות השמירה של הלוויים וחובות הכוהנים, הקטע כולו נחלק לשניים ומפרט את חובות השמירה שלהם: תחומי אחריות של הלוויים – פסוקים ב-ד; תחומי אחריות של הכוהנים – פסוק ה.

הלוויים ניתנו לכוהנים לשרת אותם – ״וישרתוך״ (ב1), אך לא לצורכיהם האישיים, אלא כסיוע לכוהנים בעבודתם באוהל מועד (ב2). ביטוי זה גם מופיע ביחס לעבודת הלוויים בבמדבר ג׳, ו. בבמדבר א׳, נ, אותו מושג מתייחס לשירות שלהם את המשכן, וכך כנראה בדברים י״ח, ז. המילה ״וְיִלָּווּךָ״ הוא מדרש שם של שם השבט (וראו בראשית כ״ט, לד). ״ושמרו משמרתך״, מכוון לכך שהם יסייעו לכוהנים בעבודתם במקדש. המילה ״משמרתך״

* רלב״ג. חכמים, ובעקבותיהם רש״י וכן גם ראב״ע הבינו 'אביך', ממש, והכוונה לקהת, אביו של אהרן; וההתייחסות בפסוק ב: ״וגם את אחיך מטה לוי״, הכוונה לשתי משפחות לוי הנותרות, גרשון ומררי.

פירושה תפקיד, תחום אחריות (ג1),[52] אך בהמשך הפסוק ובפסוק הבא, היא באה במובן של שמירה – שהם ישמרו על אוהל מועד לבל ייכנסו אליו זרים (ג1, ד). אף שהלוויים מסייעים לכוהנים בשמירה, על הלוויים להישמר שלא להתקרב אל הקודש, אל המזבח, ואל שאר כלי הקודש (ג), המנורה, השולחן, מזבח הזהב, וכמובן קודש הקודשים, ועבודת הקורבנות (ז). אם יחללו הלוויים את עבודתם ויבואו במגע עם כלי הקודש האלה, הם ימותו. האחראים על השמירה של כלי הקודש הם הכוהנים, והם צריכים לשמור שזרים, היינו הלוויים וגם הישראלים, לא יבואו במגע עימם (ה).

פסוקים ו-ז הם חזרה וסיכום על הנאמר: הלוויים ניתנו על ידי ה׳ לכוהנים לעבוד את עבודת אוהל מועד. הלוויים הם מתנה לכוהנים, במובן שהם ניתנו לכוהנים, כדי לעבוד את עבודת אוהל מועד (ג׳, ט; ח׳, יט). הכוהנים לעומת זאת ישמרו את כהונתם, היינו שישמרו שעבודת המזבח תהיה כַשורה, ועליהם להישמר מלהיכנס אל מבית לפרוכת, היינו לקודש הקודשים, שלשָם גם לכוהנים היה אסור להיכנס חוץ מהכוהן הגדול (ז1). על עבודה זו נאמר שהיא עבודת מתנה לכוהנים בלבד (ז2).[53] אך בעבודה זו זרים לא יכולים להשתתף, וזה כולל אף את הלוויים, והזר הקרב יומת (ז2).

כאמור, המטרה הכוללת של השמירה היא כדי שישראל לא ייפגעו מכניסה אל הקודש, כפי שנאמר בפסוק ד: "וְזָר לֹא יִקְרַב אֲלֵיכֶם"; ובפסוק ז "וְהַזָּר הַקָּרֵב יוּמָת". וזוהי תשובה לשאלת העם, י"ז, כח: "כֹּל הַקָּרֵב הַקָּרֵב אֶל מִשְׁכַּן ה׳ יָמוּת" (רשב"ם). כנגד השימוש פעמיים במילה "קרב" בשאלת העם, באה המילה "קרב" פעמיים בחוק השמירה של הכוהנים והלוויים על המקדש לשם הגנה על ישראל שלא ימותו.

מתנות כהונה, י״ח, ח-כ

ח וַיְדַבֵּר ה׳ אֶל אַהֲרֹן וַאֲנִי הִנֵּה נָתַתִּי לְךָ אֶת מִשְׁמֶרֶת תְּרוּמֹתָי לְכָל קָדְשֵׁי בְנֵי יִשְׂרָאֵל לְךָ נְתַתִּים
ט לְמָשְׁחָה וּלְבָנֶיךָ לְחָק עוֹלָם. זֶה יִהְיֶה לְךָ מִקֹּדֶשׁ הַקֳּדָשִׁים מִן הָאֵשׁ כָּל קָרְבָּנָם לְכָל מִנְחָתָם
י וּלְכָל חַטָּאתָם וּלְכָל אֲשָׁמָם אֲשֶׁר יָשִׁיבוּ לִי קֹדֶשׁ קָדָשִׁים לְךָ הוּא וּלְבָנֶיךָ. בְּקֹדֶשׁ הַקֳּדָשִׁים
יא תֹּאכְלֶנּוּ כָּל זָכָר יֹאכַל אֹתוֹ קֹדֶשׁ יִהְיֶה לָּךְ. וְזֶה לְּךָ תְּרוּמַת מַתָּנָם לְכָל תְּנוּפֹת בְּנֵי יִשְׂרָאֵל
יב לְךָ נְתַתִּים וּלְבָנֶיךָ וְלִבְנֹתֶיךָ אִתְּךָ לְחָק עוֹלָם כָּל טָהוֹר בְּבֵיתְךָ יֹאכַל אֹתוֹ. כֹּל חֵלֶב יִצְהָר וְכָל
יג חֵלֶב תִּירוֹשׁ וְדָגָן רֵאשִׁיתָם אֲשֶׁר יִתְּנוּ לַה׳ לְךָ נְתַתִּים. בִּכּוּרֵי כָּל אֲשֶׁר בְּאַרְצָם אֲשֶׁר יָבִיאוּ לַה׳
יד טו לְךָ יִהְיֶה כָּל טָהוֹר בְּבֵיתְךָ יֹאכְלֶנּוּ. כָּל חֵרֶם בְּיִשְׂרָאֵל לְךָ יִהְיֶה. כָּל פֶּטֶר רֶחֶם לְכָל בָּשָׂר אֲשֶׁר
יַקְרִיבוּ לַה׳ בָּאָדָם וּבַבְּהֵמָה יִהְיֶה לָּךְ אַךְ פָּדֹה תִפְדֶּה אֵת בְּכוֹר הָאָדָם וְאֵת בְּכוֹר הַבְּהֵמָה
טז הַטְּמֵאָה תִּפְדֶּה. וּפְדוּיָו מִבֶּן חֹדֶשׁ תִּפְדֶּה בְּעֶרְכְּךָ כֶּסֶף חֲמֵשֶׁת שְׁקָלִים בְּשֶׁקֶל הַקֹּדֶשׁ עֶשְׂרִים
יז גֵּרָה הוּא. אַךְ בְּכוֹר שׁוֹר אוֹ בְכוֹר כֶּשֶׂב אוֹ בְכוֹר עֵז לֹא תִפְדֶּה קֹדֶשׁ הֵם אֶת דָּמָם תִּזְרֹק עַל
יח הַמִּזְבֵּחַ וְאֶת חֶלְבָּם תַּקְטִיר אִשֶּׁה לְרֵיחַ נִיחֹחַ לַה׳. וּבְשָׂרָם יִהְיֶה לָּךְ כַּחֲזֵה הַתְּנוּפָה וּכְשׁוֹק
יט הַיָּמִין לְךָ יִהְיֶה. כֹּל תְּרוּמֹת הַקֳּדָשִׁים אֲשֶׁר יָרִימוּ בְנֵי יִשְׂרָאֵל לַה׳ נָתַתִּי לְךָ וּלְבָנֶיךָ וְלִבְנֹתֶיךָ
כ אִתְּךָ לְחָק עוֹלָם בְּרִית מֶלַח עוֹלָם הִוא לִפְנֵי ה׳ לְךָ וּלְזַרְעֲךָ אִתָּךְ. וַיֹּאמֶר ה׳ אֶל אַהֲרֹן בְּאַרְצָם
לֹא תִנְחָל וְחֵלֶק לֹא יִהְיֶה לְךָ בְּתוֹכָם אֲנִי חֶלְקְךָ וְנַחֲלָתְךָ בְּתוֹךְ בְּנֵי יִשְׂרָאֵל.

פירוש העניין

הקטע הקודם הגדיר את החובות של הכוהנים והלוויים לשמור על אוהל מועד, וקטע זה מגדיר את הזכויות של הכוהנים בקורבנות ובתרומות של בני ישראל. המתנות המנויות בקטע ניתנות לה׳, וה׳ הוא שנותן אותן לכוהנים. עם זאת, כפי שנראה מיד, קבלת התרומות והקודשים מאת בני ישראל היא גם חובה של הכוהנים במסגרת עבודתם, והם המקבלים את התרומות של העם כנציגים של ה׳.

לאחר הקדמה לחוקים בפסוק ח, המתנות המנויות הן:

1. בשר קורבנות קודש הקודשים – ט-י.
2. בשר קורבנות של קורבן השלמים – יא.
3. ראשית הדגן התירוש והיצהר – יב.
4. ביכורים – יג.
5. חרם – יד.
6. בכור אדם, בהמה טהורה ובהמה טמאה – טו-יח.

הפסקה ממוענת לכוהנים (ח), ולא לעם, נותני המתנות: ״וַיְדַבֵּר ה׳ אֶל אַהֲרֹן וַאֲנִי הִנֵּה נָתַתִּי לְךָ אֶת מִשְׁמֶרֶת תְּרוּמֹתָי לְכָל קָדְשֵׁי בְנֵי יִשְׂרָאֵל לְךָ נְתַתִּים לְמָשְׁחָה וּלְבָנֶיךָ לְחָק עוֹלָם״. הפנייה לכוהנים דווקא באה להדגיש לכוהנים את זכויותיהם. התרומות מכונות כאן התרומות של ה׳ (״תרומותי״), כלומר מה שבני ישראל תורמים לה׳, ובכלל זה כל סוגי המתנות – הקורבנות, הקרויים גם כן תרומות (שמות כ״ט, כז; ויקרא ז׳, יד, לד), וכן סוגי התרומות השונות. המשמעות של המילה משמרת כאן היא, כמו במקומות אחרים – תפקיד, תחום אחריות. תפקיד הכוהנים לקבל עבור ה׳ את ה׳תרומות׳ שהעם צריך לתת לה׳. מכיוון שהכוהנים נמשחו בשמן המשחה, והם משרתי ה׳, הם משמשים בתפקיד זה. משמעות הצירוף ״נתתים למשחה״ (ח), לדעת רשב״ם וראב״ע היא שהמתנות ניתנות להם לגדולתם.[54]

השימוש במילה ׳משמרת׳ הוא משמעותי מאוד, שכן אף שהתרומות המנויות להלן הן זכות לכוהנים, כדי שיוכלו להתפרנס, יש במתנות אלה היבט נוסף. קבלת התרומות על ידי הכוהנים היא חלק מעבודתם במקדש, שכן הם מקבלים את התרומות שהעם צריך לתת לה׳. כמו באכילת קורבנות החטאת, האשם והמנחה, כך גם כאן ביחס לתרומות, אין זו זכות לטובת הכוהנים בלבד, אלא חלק מעבודתם בקודש, לשמש ידו של ה׳ לקבל את התרומות, ובכך הם מזכים את העם, שבאמצעותם הם נותנים תרומה לה׳. מסקנה זו נתמכת בשתי נקודות מהותיות. הנקודה הראשונה היא העובדה שבמעשר הניתן ללוי, התורה מדגישה פעמיים שהוא ניתן להם תמורת עבודתם באוהל מועד ״וְלִבְנֵי לֵוִי הִנֵּה נָתַתִּי כָּל מַעֲשֵׂר בְּיִשְׂרָאֵל לְנַחֲלָה חֵלֶף עֲבֹדָתָם אֲשֶׁר הֵם עֹבְדִים אֶת עֲבֹדַת אֹהֶל מוֹעֵד״ (כא); ״כִּי שָׂכָר הוּא לָכֶם חֵלֶף עֲבֹדַתְכֶם בְּאֹהֶל מוֹעֵד״ (לא). בעוד הלוויים זוכים למעשר מתבואת ישראל תמורת עבודתם באוהל מועד, עניין זה לא נאמר ביחס למתנות הכוהנים. הבדל נוסף בין הכוהנים לבין הלוויים הוא ההסברים

השונים לאי ירושת הכוהנים והלוויים נחלה בארץ. הלוויים לא נוחלים נחלה בארץ משום שהם מקבלים את המעשר, המוגדר כנחלתם של הלוויים (כג-כד): "וְעָבַד הַלֵּוִי הוּא אֶת עֲבֹדַת אֹהֶל מוֹעֵד וְהֵם יִשְׂאוּ עֲוֹנָם חֻקַּת עוֹלָם לְדֹרֹתֵיכֶם וּבְתוֹךְ בְּנֵי יִשְׂרָאֵל לֹא יִנְחֲלוּ נַחֲלָה. כִּי אֶת מַעְשַׂר בְּנֵי יִשְׂרָאֵל אֲשֶׁר יָרִימוּ לַה׳ תְּרוּמָה נָתַתִּי לַלְוִיִּם לְנַחֲלָה עַל כֵּן אָמַרְתִּי לָהֶם בְּתוֹךְ בְּנֵי יִשְׂרָאֵל לֹא יִנְחֲלוּ נַחֲלָה".

לעומת זאת, לא נאמר שמתנות הכוהנים הן חלקם ועל כן אינם יורשים נחלה, על הדרך שבה נאמר ביחס ללוויים, אלא ההסבר לכך שהם לא מקבלים נחלה הוא כי ה׳ הוא נחלתם (כ): "וַיֹּאמֶר ה׳ אֶל אַהֲרֹן בְּאַרְצָם לֹא תִנְחָל וְחֵלֶק לֹא יִהְיֶה לְךָ בְּתוֹכָם אֲנִי חֶלְקְךָ וְנַחֲלָתְךָ בְּתוֹךְ בְּנֵי יִשְׂרָאֵל".

המסקנה משתי הנקודות האלה היא שיש הבדל עקרוני בין מעמד הכוהנים לבין הלוויים. הלוויים משרתים באוהל מועד, ולכן אינם מקבלים נחלה, ועל כן הם זקוקים לפרנסה, ואותה הם מקבלים מהעם באמצעות המעשר, תמורת עבודתם. הכוהנים אינם מקבלים נחלה כי ה׳ הוא נחלתם, ובהיות ה׳ נחלתם, הם גם מקבלים עבורו את המתנות של ישראל לה׳. מבחינה זו קבלת המתנות היא חלק מעבודתם של הכוהנים כנציגי ה׳.[55] הבחנה זו עולה גם מן המכס ששילמו העם לכוהנים וללוויים לאחר מלחמת מדיין, ל"א כח-ל. המכס לכוהנים נקרא מכס לה׳, ואת זה נותנים לכוהנים, ואילו על המכס ללוויים נאמר: "וְנָתַתָּה אֹתָם לַלְוִיִּם שֹׁמְרֵי מִשְׁמֶרֶת מִשְׁכַּן ה׳". ראו בעיוננו לפרק ל"א. כך נבין היטב את המוטיב החוזר בקטע: ישראל נותנים את המתנה לה׳, וה׳ נותן את המתנה לכוהנים: כך בפסוקים ח, ט, יא, יב, יג, יד, טו, יט. בחלק מן ההופעות האלה הניסוח הוא שהעם נותן את המתנה לה׳, וה׳ נותנה לכוהנים (יא, יב). בחלק מן המקומות משמשים הפעלים: "ישיבו" (ט), "יביאו" (יג), "יקריבו" (טו) לה׳. וכן מצאנו מעבר של המתנה לה׳ באמצעות "תנופה" (יא), או בשימוש בפועל "ירימו" (יט). משמעות כל זה היא מַעבר של המתנה אל ה׳, ולכל מופע יש וריאציה שונה של משמעות זו.

מכאן עובר הכתוב למנות את מה שזוכאים הכוהנים לקבל מהקורבנות ומהתרומות.

פסוק ט מגדיר את זכותם של הכוהנים לאכול מקודש הקודשים, היינו מקורבנות החטאת, האשם והמנחה. האכילה של קורבנות אלה היא אכילה "מן האש" – אש המזבח. כבר בוויקרא קורבנות אלה נקראו קודש קודשים – כך מנחה (ב׳, ג); חטאת (ו׳, יט); ואשם (ז׳, א). אכילה זו היא חובה, כחלק מהקרבת הקורבן, ולכן האכילה מוגדרת כאכילה מהמזבח. בעצם הקורבן כולו ניתן כביכול על האש, ומהמזבח ה׳ נתן לכוהנים לאכול חלק מהבשר, לאחר שהקורבן נשרף על המזבח. החוק בדבר אכילת הכוהנים מקורבנות אלו נאמר בוויקרא ו׳, ט, כב; ז׳, ו. עוד קורבן שהוא קודשי קודשים הוא העולה, אך הוא נשרף כליל על המזבח, ואין הכוהנים אוכלים ממנו, אך ניתן להם עור העולה (ויקרא ז׳, ח). רק לזכרי כהונה מותר לאכול מקורבנות קודשי הקודשים, ורק בתחומי קודש הקודשים, היינו במתחם המקודש של המקדש. כמובן אסור להם לאכול בקודש הקודשים עצמו, האזור שמעבר לפרוכת, ואפילו להיכנס לאזור אסור להם. מושג זה "קודש קודשים" בא אפוא רק להבחין בין האכילה מבשר קורבנות קודש הקודשים, לבין אכילת בשר הקודשים הקלים שבפסוק הבא.

הקטגוריה הבאה היא "תְּרוּמַת מַתָּנָם לְכָל תְּנוּפֹת בְּנֵי יִשְׂרָאֵל" (יא). המילה "מתנם" מתייחסת לקורבן תודה, שהוא סוג של קורבן שלמים (ויקרא ז', יא-יד), והוא נקרא שם גם תרומה (יד). המילה תרומה כאן באה במשמעות של המורם מהקורבנות האלה, כנראה משום שאת הקורבנות האלה מניפים. "תנופות" היינו כל דבר שבני ישראל מעבירים לה' באמצעות תנופה, והכוונה לבשר קורבן השלמים (ויקרא ז', ל-לד), או לאיל נזיר (במדבר ו', יט-כ).* לעומת הבשר של הקורבנות המוגדרים קודשי קודשים, מותר לכל הכוהנים לאכול את בשר קורבנות הקודשים הקלים, גם לנשותיהם ובנותיהם, וגם מחוץ למקדש, ובלבד שייאכלו בטהרה (יא).** בקורבן השלמים, חלק הכוהנים היה החזה ושוק הימין (שמות כ"ט, כז; ויקרא ז', ל-לא).

מתנת כוהנים נוספת היא הראשית. הראשית היא החֵלֶב, בהשאלה לחלק המשובח של הדגן, התירוש והיצהר (יב). תירוש הוא היין, ויצהר הוא שמן הזיתים. חכמים קראו לתרומה זו תרומה גדולה.

להבדיל מהראשית, הביכורים באים משאר פירות וניתנים לכוהן (יג), וחכמים קבעו שמדובר בשבעת המינים (משנה ביכורים פרק א משנה ג). טקס הבאת הביכורים מתואר בהרחבה בדברים כ"ו, א-יא, ובקצרה בשמות כ"ג, יט; ל"ד, כו.

פסוק יד כתוב כהמשך ההוראה של ה' לאהרן, ובו ה' מעניק לכוהנים את החרם אשר אדם מקדיש לה'. המילה חרם התפרשה במשמעות של איבוד והשחתה על ידי חלק מהפרשנים,[56] ואחרים הבינו שהמשמעות היא הקדָשה.[57] המשמעות השנייה עולה בבירור במיכה ד', יג. חרם הוא דרגה גבוהה ביותר של הקדשה לה', ונקרא קודש קודשים לה' (ויקרא כ"ז, כח), ולכן אסור בשימוש חול. אפשר להקדיש לה' כל דבר – שדות, מיטלטלין, חיות ואפילו אדם (ויקרא כ"ז, כח-כט). לא ניתן למכור את ההקדש, לגאול אותו או לפדות אותו (שם). החרמות היו בשימושם של הכוהנים על פי הנאמר כאן, וכעולה בוויקרא כ"ז, כא. אם אי אפשר להשתמש בו במקדש, יש להשמיד אותו, כמו בחרם יהושע ז'. חכמים הבדילו בין חרם שהוא לבדק הבית לבין חרמות המיועדים לכוהן (ראו ספרי פיסקא קיז, מהדורת הורוויץ, עמ' 137).

הבכורות ניתנים לה', וה' נתן את הבכורות לכוהן (טו). בניגוד לביכורים ששם נאמר "יתנו לה'", ביחס לבכור נאמר "יביאו לה'", והדבר מדויק, שכן הבכור כבר שייך לה', כנאמר בבמדבר ג', יג; שמות י"ג, א. במקרה של בכור אדם יש לפדות אותו מהכוהן בערך של חמישה שקלים (טו-טז), והכסף ניתן לכוהן, וגיל הפדיון הוא בן חודש (טז). כמו כן בכור בהמה טמאה נפדה (טו), בתוספת חמישית (ויקרא כ"ז, כז).[58] אולם אין חובה לפדות, ואם לא פודים את הבהמה הטמאה אפשר למכור את הבהמה עבור המקדש (ויקרא כ"ז, כז), או לייעדה לשם עבודה בשירות המקדש. חכמים הגבילו את דין בכור הבהמה הטמאה לחמור בלבד, על פי הנאמר בשמות י"ג, יג (ספרי פיסקא קיז). אסור לפדות בכורות בהמות טהורות, ויש להקריבם

* אך לא כל דבר שמניפים, למשל: הלחם של ימי המילואים, שמות כ"ט, כב-כו; קורבנות המצורע, ויקרא י"ד, יב-יג; מנחת הקנאות של סוטה, במדבר ה', כה.

** אם הכוהנים אכלו שלא בטהרה במזיד עונשם כרת, ויקרא ז', כ-כא.

על המזבח, דמם נזרק על המזבח, והחלב מוקרב על גביו. קורבן זה הוא קורבן שלמים, אלא שבקורבן שלמים הבשר היה נאכל על ידי הבעלים, חוץ מהחזה והשוק, ובמקרה זה הבשר כולו נאכל על ידי הכוהנים, שכן הם הבעלים של הבכור (יז-יח). החוק מניח כאן את הידוע על קורבן השלמים, שהשוק והחזה שייכים לכוהנים, כפי הנזכר בשמות כ״ט, כז-כח; ויקרא ז׳, לד. דין בכור מתייחס לוולד הראשון שיוצא מאימו (שמות י״ג, יב; כ״ד, יט). דין בכור אדם ובהמה מופיע בשמות י״ג, א-טז; כ״ב, כח1-כט; ל״ד, יט-כ.

פסוק יט הוא סיכום של דיני מתנות הכוהנים, וחוזר על העיקרון שמה שבני ישראל נותנים לה׳, ה׳ מעביר לכוהנים. הפסוק חוזר על הנאמר בתחילת הקטע ביחס לקודשים קלים בפסוק יא, וכך נוצר מבנה מעטפת:[59]

וְזֶה לְּךָ **תְּרוּמַת** מַתָּנָם
לְכָל תְּנוּפֹת בְּנֵי יִשְׂרָאֵל
לְךָ נְתַתִּים וּלְבָנֶיךָ וְלִבְנֹתֶיךָ אִתְּךָ לְחָק עוֹלָם (יא).

כֹּל תְּרוּמֹת הַקֳּדָשִׁים
אֲשֶׁר יָרִימוּ בְנֵי יִשְׂרָאֵל לַה׳
נָתַתִּי לְךָ וּלְבָנֶיךָ וְלִבְנֹתֶיךָ אִתְּךָ לְחָק עוֹלָם
בְּרִית מֶלַח עוֹלָם הִוא לִפְנֵי ה׳ לְךָ וּלְזַרְעֲךָ אִתָּךְ (יט).

פסוק יט חותם בקביעה שכל התרומות הניתנות לכוהנים הן ברית מלח לאהרן ולזרעו לעולם. הביטוי ״ברית מלח״ מופיע רק בדברי הימים ב י״ג, ה, ביחס לברית הנצחית של ה׳ עם בית דוד. בוויקרא ב׳, יג, יחד עם הציווי להמליח את כל הקורבנות, נאמר ״מלח ברית אלהיך״. רש״י הסביר שברית מלח היא ברית הקיימת לעולם, כמו שהמלח אינו מתקלקל (וכן רשב״ם). ראב״ע הסביר שהברית כרותה עם הכוהנים, כמו שהמלח נכרת ממקום מחצבתו. המלח הוא חומר משמר, ולכן הוא משמש מטפורית לציון דבר נצחי.[60]

פרשה זו נחתמת בפנייה נוספת של ה׳ לאהרן, המצווה אותו שלא יקבל נחלה בארץ כשאר שבטי ישראל, משום שה׳ הוא נחלתו (כ). היות שהכוהנים קרובים לה׳, ה׳ הוא חלקם בתוך ישראל, ועל כן הם נישאים מעל העם, ולא נוחלים נחלה עימם (וראו גם דברים י״ח, ב).

התורה לא מנתה כאן את כל מתנות הכהונה. רשימה שלמה של מתנות הכהונה, כפי שמנו חכמים, מחזיקה עשרים וארבע מתנות, ראו ספרי פיסקא קיט (מהדורת הורוויץ עמ׳ 142–143):[61]

אני חלקך ונחלתך, עשרים וארבע מתנות כהונה נתנו להם לכהנים, שתים עשרה במקדש, ושתים עשרה בגבולים. ומה אלו שתים עשרה במקדש? חטאת ואשם וזבחי שלמי צבור ועור העולה ומותר לוג שמן של מצורע ומותר העומר ושתי הלחם ולחם הפנים ושירי מנחות ותרומת תודה ותרומת חזה ושוק וזרוע איל נזיר. ומה אלו שתים עשרה שבגבולים? תרומה ותרומת מעשר וחלה וביכורים וראשית הגז והמתנות בכור

אדם ובכור בהמה טהורה ופטר חמור והחרמים ושדה אחוזה וגזל הגר. כל אלו עשרים וארבע מתנות כהונה נתנו לכהנים, חוץ מדבר שיש לו זיקת תרומה. שמחה גדולה היתה לו לאהרן ביום שנכרתה לו ברית במתנות.

חובת ישראל לתת מעשר ללוי, י״ח, כא-כד, וחובת הלוי לתת מעשר לכוהן, י״ח, כה-לב

יש שני דינים בעניין המעשר: חובת ישראל לתת מעשר מתבואתם ללוויים (כא-כד), וחובת הלוויים לתת לכוהנים עשירית ממה שהם קיבלו (כה-לב).* אף שמדובר בשני דינים נתייחס אליהם כיחידה אחת בשל זיקה בין פתיחת הדין הראשון וסיומו של הדין השני, זיקה היוצרת מבנה מעטפת:

וְלִבְנֵי לֵוִי הִנֵּה נָתַתִּי כָּל מַעֲשֵׂר בְּיִשְׂרָאֵל לְנַחֲלָה **חֵלֶף עֲבֹדָתָם אֲשֶׁר הֵם עֹבְדִים אֶת עֲבֹדַת אֹהֶל מוֹעֵד** (כא).
וְלֹא יִקְרְבוּ עוֹד בְּנֵי יִשְׂרָאֵל אֶל אֹהֶל מוֹעֵד לָשֵׂאת חֵטְא לָמוּת (כב).

וַאֲכַלְתֶּם אֹתוֹ בְּכָל מָקוֹם אַתֶּם וּבֵיתְכֶם **כִּי שָׂכָר הוּא לָכֶם חֵלֶף עֲבֹדַתְכֶם בְּאֹהֶל מוֹעֵד** (לא).
וְלֹא תִשְׂאוּ עָלָיו חֵטְא בַּהֲרִימְכֶם אֶת חֶלְבּוֹ מִמֶּנּוּ **וְאֶת קָדְשֵׁי בְנֵי יִשְׂרָאֵל לֹא תְחַלְּלוּ וְלֹא תָמוּתוּ** (לב).

המבנה המאחד את שני הדינים משקף מהות אחת המשותפת לשניהם: כדי שישראל יוכלו לאכול מתבואתם הם צריכים לתת עשירית ממנה ללוויים, והלוויים צריכים לתת לכוהנים עשירית ממה שהם מקבלים מישראל, כדי שיוכלו לאכול את שקיבלו.

* הכוהנים מקבלים את המעשר מהלוויים, אך הם אינם חייבים לתת מעשר ממה שהם מקבלים, והשאלה היא למה. על פי התפיסה שהעלינו לעיל, הכוהנים הם ידו הארוכה של ה׳, וכשהם מקבלים את המעשר, אין הם מקבלים אותו לעצמם, אלא עבור ה׳. הספרי קובע שגם כוהן צריך להפריש את המעשר מתבואתו, והכוונה כנראה שהוא אוכל זאת לאחר שהפריש, כך בספרי פיסקא קכא (מהדורת הורוויץ, עמ׳ 148), וברמב״ם הלכות מעשר פרק א הלכות ג-ד.

כא וְלִבְנֵי לֵוִי הִנֵּה נָתַתִּי כָּל מַעֲשֵׂר בְּיִשְׂרָאֵל לְנַחֲלָה חֵלֶף עֲבֹדָתָם אֲשֶׁר הֵם עֹבְדִים אֶת עֲבֹדַת
כב כג אֹהֶל מוֹעֵד. וְלֹא יִקְרְבוּ עוֹד בְּנֵי יִשְׂרָאֵל אֶל אֹהֶל מוֹעֵד לָשֵׂאת חֵטְא לָמוּת. וְעָבַד הַלֵּוִי הוּא
אֶת עֲבֹדַת אֹהֶל מוֹעֵד וְהֵם יִשְׂאוּ עֲוֹנָם חֻקַּת עוֹלָם לְדֹרֹתֵיכֶם וּבְתוֹךְ בְּנֵי יִשְׂרָאֵל לֹא יִנְחֲלוּ
כד נַחֲלָה. כִּי אֶת מַעְשַׂר בְּנֵי יִשְׂרָאֵל אֲשֶׁר יָרִימוּ לַה׳ תְּרוּמָה נָתַתִּי לַלְוִיִּם לְנַחֲלָה עַל כֵּן אָמַרְתִּי
לָהֶם בְּתוֹךְ בְּנֵי יִשְׂרָאֵל לֹא יִנְחֲלוּ נַחֲלָה.

כה כו וַיְדַבֵּר ה׳ אֶל מֹשֶׁה לֵּאמֹר. וְאֶל הַלְוִיִּם תְּדַבֵּר וְאָמַרְתָּ אֲלֵהֶם כִּי תִקְחוּ מֵאֵת בְּנֵי יִשְׂרָאֵל אֶת
הַמַּעֲשֵׂר אֲשֶׁר נָתַתִּי לָכֶם מֵאִתָּם בְּנַחֲלַתְכֶם וַהֲרֵמֹתֶם מִמֶּנּוּ תְּרוּמַת ה׳ מַעֲשֵׂר מִן הַמַּעֲשֵׂר.
כז כח וְנֶחְשַׁב לָכֶם תְּרוּמַתְכֶם כַּדָּגָן מִן הַגֹּרֶן וְכַמְלֵאָה מִן הַיָּקֶב. כֵּן תָּרִימוּ גַם אַתֶּם תְּרוּמַת ה׳ מִכֹּל
כט מַעְשְׂרֹתֵיכֶם אֲשֶׁר תִּקְחוּ מֵאֵת בְּנֵי יִשְׂרָאֵל וּנְתַתֶּם מִמֶּנּוּ אֶת תְּרוּמַת ה׳ לְאַהֲרֹן הַכֹּהֵן. מִכֹּל
ל מַתְּנֹתֵיכֶם תָּרִימוּ אֵת כָּל תְּרוּמַת ה׳ מִכָּל חֶלְבּוֹ אֶת מִקְדְּשׁוֹ מִמֶּנּוּ. וְאָמַרְתָּ אֲלֵהֶם בַּהֲרִימְכֶם
לא אֶת חֶלְבּוֹ מִמֶּנּוּ וְנֶחְשַׁב לַלְוִיִּם כִּתְבוּאַת גֹּרֶן וְכִתְבוּאַת יָקֶב. וַאֲכַלְתֶּם אֹתוֹ בְּכָל מָקוֹם אַתֶּם
לב וּבֵיתְכֶם כִּי שָׂכָר הוּא לָכֶם חֵלֶף עֲבֹדַתְכֶם בְּאֹהֶל מוֹעֵד. וְלֹא תִשְׂאוּ עָלָיו חֵטְא בַּהֲרִימְכֶם אֶת
חֶלְבּוֹ מִמֶּנּוּ וְאֶת קָדְשֵׁי בְנֵי יִשְׂרָאֵל לֹא תְחַלְּלוּ וְלֹא תָמוּתוּ.

פירוש העניין

מעשר ללוי, י״ח, כא-כד

פסקה זו היא המשכה של הקודמת, וגם זו נאמרה לאהרן. פסוקים כא-כד עוסקים במעשר שישראל צריכים לתת ללוי. יש להדגיש שהפסוק מציין שה׳ הוא הנותן את המעשר ללוי. רעיון זה מתבסס על העיקרון שהמעשר מגיע לה׳, כמפורש בוויקרא כ״ז, ל: ״וְכָל מַעְשַׂר הָאָרֶץ מִזֶּרַע הָאָרֶץ מִפְּרִי הָעֵץ לַה׳ הוּא קֹדֶשׁ לַה׳״. ה׳ הוא המעניק ללוויים את אשר חייבים ישראל לתת לו.

הלוויים מקבלים את המעשר מישראל כתמורה על עבודת השמירה על אוהל מועד לבל ייכנסו אליו אנשים מישראל (כא-כג1). מכיוון שהם מקבלים את המעשר, אין הם מקבלים נחלה, שכן המעשר הוא ׳הנחלה׳ של הלוויים (כג2-כד).[62] הרעיון שאין ללוי נחלה מופיע גם כמה פעמים בספר דברים: י׳, ט; י״ב, יב; י״ד, כז, כט; י״ח, ב; וכן ביהושע י״ג, יד, לג; י״ח, ז. ההיגיון הוא שהנחלה מיועדת לעבוד את האדמה ולאכול את תבואת הארץ, ומכיוון שאין ללוויים נחלה, הם מקבלים אוכל באמצעות המעשר מאת העם. המעשר שהעם נותן, ניתן בעצם לה׳, וה׳ נותן אותו ללוויים, במקום הנחלה שהוא נותן לבני ישראל (כד). גם בוויקרא כ״ז, ל נאמר שהמעשר הוא לה׳.

מעשר מן המעשר לכוהן, י״ח, כה-לב

הלוויים חייבים לתת לכוהן עשירית מהמעשר שהם מקבלים מהעם, ותרומה זו היא מעשר מן המעשר (כו). בניגוד לדינים שעד כאן בפרק, שאותם ציווה ה׳ את אהרן (א, ח), דין זה מצווה ה׳ את משה (כה). הסיבה לכך היא כדי למנוע לזות שפתיים, שכן אילו אהרן היה זה שמעביר את הצו ללוויים לתת לו ולבניו את המעשר מן המעשר, היה בדבר טעם לפגם.

המעשר שהלוויים מקבלים ״וְנֶחְשַׁב... כַּדָּגָן מִן הַגֹּרֶן וְכַמְלֵאָה מִן הַיָּקֶב״ (כז), היינו, כמו שישראל חייבים לתת מעשר מן הדגן ומשאר היבולים כדי להופכם לחולין ולאכול מהם, כך המעשר שמקבלים הלוויים טעון נתינת מעשר ממנו, ואז הוא יהפוך לחולין, ויוכלו הלוויים לאכול אותו. הדגש הזה מבליט את מעמדם של הלוויים כגבוה מהעם, אך נחות מהכוהנים, ומדויק בלשון הכתוב שהלוויים שווים בכך לעם בהשוואה לכוהנים: ״כֵּן תָּרִימוּ גַם אַתֶּם תְּרוּמַת ה׳ מִכֹּל מַעְשְׂרֹתֵיכֶם אֲשֶׁר תִּקְחוּ מֵאֵת בְּנֵי יִשְׂרָאֵל וּנְתַתֶּם מִמֶּנּוּ אֶת תְּרוּמַת ה׳ לְאַהֲרֹן הַכֹּהֵן״. לכן רק אחרי שהלוי נותן לכוהן, הרי שהמעשר שקיבל מהעם הופך למותר לו לאכילה. התרומה הניתנת לכוהן היא תרומת ה׳ (כח), כמו שגם התרומה הניתנת ללוי היא תרומה לה׳ (כד, כו). החלק העשירי מהמעשר שנותן הלוי לכוהן, קרוי מִקְדְּשׁוֹ, היינו החלק הקדוש, שאותו הם נותנים לכוהן (כט).

בפסוק ל מתחיל דיבור חדש, הדומה לנוסח הדיבור בפסוק כו:

וְאֶל הַלְוִיִּם תְּדַבֵּר וְאָמַרְתָּ אֲלֵהֶם (כו).
וְאָמַרְתָּ אֲלֵהֶם (ל).

כמו שפסוק כו הוא ציווי של ה׳ למשה לדבר אל הלוויים, כך הפנייה הנוספת בפסוק ל היא פנייה של ה׳ למשה לומר את הדברים אל הלוויים. אין קושי גדול בכך שבתחילת המשפט הוא מדבר עם הלוויים בגוף שני, ואז הוא מדבר אליהם בגוף שלישי ("ונחשב ללוִיִם"). החילוף הזה אולי נובע מכך שהוא מדבר עם הלוויים הנוכחיים בגוף שני, אבל בתודעה הכוונה ללוויים בכל הדורות. ואפשר שאין כאן מעבר כלל לגוף שלישי, ויש לבאר: "ונחשב [לכם] הלוויים".[63] אך יש להבין מדוע יש כאן פנייה חדשה אל הלוויים. נראה כי הדגש בשתי הפניות הוא שונה. פסוקים כו-כט הם ציווי על הלוויים לתת מעשר לכוהן ממה שהם קיבלו מאת ישראל. פסוקים ל-לב חוזרים על הציווי, אבל הפעם כדי להדגיש את ההיתר שלהם לאכול מהתבואה שנשארה בידם לאחר שנתנו את המעשר ממה שקיבלו לכוהן. יש לשים לב, שאכן בפסוקים כה-כט, לא נאמר שהם יכולים לאכול, והדבר כתוב רק בפנייה השנייה אל הלוויים. לאחר מתן מעשר לכוהנים, המעשר ביד הלוויים הופך לחולין, והלוויים וכל משפחותיהם רשאים לאכול את המעשר שקיבלו ובכל מקום (לא). שוב נאמר שהמעשר הוא תמורת עבודת הלוויים באוהל מועד (לא). ושוב ישנה אזהרה ללוויים לא לחלל את קודשי בני ישראל, אם לא ייתנו את חלקם לכוהן (לב). יש כאן מערכת משולבת, שישראל נותנים ללוי, והלוי נותן לכוהן, ובנתינה זו מונעים הלוויים את חילול המעשר, ובכך המעשה של נתינת ישראל את המעשר ללוויים היא מושלמת. אם לא ייתנו, יתחללו קודשי ישראל.

פרה אדומה, י"ט, א-כב

א ב וַיְדַבֵּר ה' אֶל מֹשֶׁה וְאֶל אַהֲרֹן לֵאמֹר. זֹאת חֻקַּת הַתּוֹרָה אֲשֶׁר צִוָּה ה' לֵאמֹר דַּבֵּר אֶל בְּנֵי
ג יִשְׂרָאֵל וְיִקְחוּ אֵלֶיךָ פָרָה אֲדֻמָּה תְּמִימָה אֲשֶׁר אֵין בָּהּ מוּם אֲשֶׁר לֹא עָלָה עָלֶיהָ עֹל. וּנְתַתֶּם
ד אֹתָהּ אֶל אֶלְעָזָר הַכֹּהֵן וְהוֹצִיא אֹתָהּ אֶל מִחוּץ לַמַּחֲנֶה וְשָׁחַט אֹתָהּ לְפָנָיו. וְלָקַח אֶלְעָזָר
ה הַכֹּהֵן מִדָּמָהּ בְּאֶצְבָּעוֹ וְהִזָּה אֶל נֹכַח פְּנֵי אֹהֶל מוֹעֵד מִדָּמָהּ שֶׁבַע פְּעָמִים. וְשָׂרַף אֶת הַפָּרָה
ו לְעֵינָיו אֶת עֹרָהּ וְאֶת בְּשָׂרָהּ וְאֶת דָּמָהּ עַל פִּרְשָׁהּ יִשְׂרֹף. וְלָקַח הַכֹּהֵן עֵץ אֶרֶז וְאֵזוֹב וּשְׁנִי
ז תוֹלָעַת וְהִשְׁלִיךְ אֶל תּוֹךְ שְׂרֵפַת הַפָּרָה. וְכִבֶּס בְּגָדָיו הַכֹּהֵן וְרָחַץ בְּשָׂרוֹ בַּמַּיִם וְאַחַר יָבֹא אֶל
ח הַמַּחֲנֶה וְטָמֵא הַכֹּהֵן עַד הָעָרֶב. וְהַשֹּׂרֵף אֹתָהּ יְכַבֵּס בְּגָדָיו בַּמַּיִם וְרָחַץ בְּשָׂרוֹ בַּמָּיִם וְטָמֵא עַד
ט הָעָרֶב. וְאָסַף אִישׁ טָהוֹר אֵת אֵפֶר הַפָּרָה וְהִנִּיחַ מִחוּץ לַמַּחֲנֶה בְּמָקוֹם טָהוֹר וְהָיְתָה לַעֲדַת
י בְּנֵי יִשְׂרָאֵל לְמִשְׁמֶרֶת לְמֵי נִדָּה חַטָּאת הִוא. וְכִבֶּס הָאֹסֵף אֶת אֵפֶר הַפָּרָה אֶת בְּגָדָיו וְטָמֵא
יא עַד הָעָרֶב וְהָיְתָה לִבְנֵי יִשְׂרָאֵל וְלַגֵּר הַגָּר בְּתוֹכָם לְחֻקַּת עוֹלָם. הַנֹּגֵעַ בְּמֵת לְכָל נֶפֶשׁ אָדָם
יב וְטָמֵא שִׁבְעַת יָמִים. הוּא יִתְחַטָּא בוֹ בַּיּוֹם הַשְּׁלִישִׁי וּבַיּוֹם הַשְּׁבִיעִי יִטְהָר וְאִם לֹא יִתְחַטָּא
יג בַּיּוֹם הַשְּׁלִישִׁי וּבַיּוֹם הַשְּׁבִיעִי לֹא יִטְהָר. כָּל הַנֹּגֵעַ בְּמֵת בְּנֶפֶשׁ הָאָדָם אֲשֶׁר יָמוּת וְלֹא יִתְחַטָּא
אֶת מִשְׁכַּן ה' טִמֵּא וְנִכְרְתָה הַנֶּפֶשׁ הַהִוא מִיִּשְׂרָאֵל כִּי מֵי נִדָּה לֹא זֹרַק עָלָיו טָמֵא יִהְיֶה עוֹד
טֻמְאָתוֹ בוֹ.

יד זֹאת הַתּוֹרָה אָדָם כִּי יָמוּת בְּאֹהֶל כָּל הַבָּא אֶל הָאֹהֶל וְכָל אֲשֶׁר בָּאֹהֶל יִטְמָא שִׁבְעַת יָמִים.
טו טז וְכֹל כְּלִי פָתוּחַ אֲשֶׁר אֵין צָמִיד פָּתִיל עָלָיו טָמֵא הוּא. וְכֹל אֲשֶׁר יִגַּע עַל פְּנֵי הַשָּׂדֶה בַּחֲלַל חֶרֶב
יז אוֹ בְמֵת אוֹ בְעֶצֶם אָדָם אוֹ בְקָבֶר יִטְמָא שִׁבְעַת יָמִים. וְלָקְחוּ לַטָּמֵא מֵעֲפַר שְׂרֵפַת הַחַטָּאת
יח וְנָתַן עָלָיו מַיִם חַיִּים אֶל כֶּלִי. וְלָקַח אֵזוֹב וְטָבַל בַּמַּיִם אִישׁ טָהוֹר וְהִזָּה עַל הָאֹהֶל וְעַל כָּל
יט הַכֵּלִים וְעַל הַנְּפָשׁוֹת אֲשֶׁר הָיוּ שָׁם וְעַל הַנֹּגֵעַ בַּעֶצֶם אוֹ בֶחָלָל אוֹ בַמֵּת אוֹ בַקָּבֶר. וְהִזָּה הַטָּהֹר
עַל הַטָּמֵא בַּיּוֹם הַשְּׁלִישִׁי וּבַיּוֹם הַשְּׁבִיעִי וְחִטְּאוֹ בַּיּוֹם הַשְּׁבִיעִי וְכִבֶּס בְּגָדָיו וְרָחַץ בַּמַּיִם וְטָהֵר
כ בָּעָרֶב. וְאִישׁ אֲשֶׁר יִטְמָא וְלֹא יִתְחַטָּא וְנִכְרְתָה הַנֶּפֶשׁ הַהִוא מִתּוֹךְ הַקָּהָל כִּי אֶת מִקְדַּשׁ ה'
כא טִמֵּא מֵי נִדָּה לֹא זֹרַק עָלָיו טָמֵא הוּא. וְהָיְתָה לָּהֶם לְחֻקַּת עוֹלָם וּמַזֵּה מֵי הַנִּדָּה יְכַבֵּס בְּגָדָיו
כב וְהַנֹּגֵעַ בְּמֵי הַנִּדָּה יִטְמָא עַד הָעָרֶב. וְכֹל אֲשֶׁר יִגַּע בּוֹ הַטָּמֵא יִטְמָא וְהַנֶּפֶשׁ הַנֹּגַעַת תִּטְמָא
עַד הָעָרֶב.

פירוש העניין

הַקשרה של פרשת פרה אדומה

דין פרה אדומה שייך לרצף החוקים בפרק י"ח, העוסקים כולם בענייני כוהן, והוא החמישי והאחרון בקובץ זה. פרשת פרה אדומה אינה קשורה לנושאים שיעלו מיד אחר בפרק כ' העוסקים בשנת הארבעים. פרשות קודמות מניחות את קיומה של פרשה זו. בפרשת הקדשת הלוויים, בפרק ח', ז, נאמר שיש להזות על הלוויים 'מי חטאת' לטהרם, והכוונה למי פרה אדומה, שנקראים בפרשה זו 'מי חטאת' (ט, יז). גם פרשת טמאי המת שלא יכלו לעשות את הפסח משום טומאתם, מניחה שיש דרך להיטהר מטומאה (ט', ז, י–יא). ההיגיון בדין הוצאת טמא מת מחוץ למחנה הוא שיש לו דרך להיטהר ולחזור למחנה (ה', ב–ד). על כן נראה כי זמנה של פרשת פרה קודם למיקום זה.*

מעבר לכך, היה אפשר גם להבין את ההיגיון במיקומה של פרשה זו במסגרת הפרשות העוסקות בטומאה וטהרה בוויקרא י"א–ט"ו, ודווקא משום כך יש לעיין בכוונה העומדת במיקומה הנוכחי של הפרשה. המיקום של הפרשה כאן נובע מההקשר לעניין מעמד הכוהנים שעלה בסיפור קורח. אכן כבר פירש ראב"ע (על פסוק ב): "גם זאת הפרשה במדבר סיני נאמרה (ראו גם ט"ז, א), כאשר צוה השם 'וישלחו מן המחנה' (ה', ב), ובפסח היו טמאי מת (ט', ו). ונסמכה זאת הפרשה בעבור שהיא לכהן". כבר ראינו במצוות לעיל שהן אינן עומדות לעצמן, ונסמכות או קשורות למצוות שבספר ויקרא, והוכנסו כאן מפני ההקשר הסיפורי של המצוות, ומתוך מגמה ליצור הרכבה בהקשר הסיפורי בספר במדבר.

מובן עתה מדוע הפרשה פותחת בפנייה של ה' אל משה ואל אהרן (א), אף שאהרן אינו נזכר בהמשך הפרשה. פתיחה זו תואמת את הכוונה הכללית של הפרשה ושל אוסף החוקים בכלל להבליט את מעמד הכוהנים בקרב העם, לאחר הערעור על מעמדו של אהרן על ידי קורח ועדתו.

אף שהתייחסות לטומאת מת כבר עלתה בכמה מקומות – ויקרא ז', כא; כ"א, א–ד, יא; כ"ב, ד; במדבר ה', ב–ד; ו', ו–יב; ט', ו–ז, י – בשום אחד מהם לא נאמר מהי הדרך להיטהר. עניין זה מתברר כאן. ישנן טומאות שונות במקרא, ביניהן טומאת צרעת, טומאת זב וזבה, טומאת נידה ושכבת זרע, וטומאת יולדת. מכל הטומאות טומאת מת היא החמורה ביותר, ורק על טמא מת יש להזות מי פרה אדומה, כפי שעולה בפירוט דיני טמא המת בפסוקים יא–כב.

* בבלי גיטין ס עמוד א–ב: "דאמר רבי לוי: שמנה פרשיות נאמרו ביום שהוקם בו המשכן, אלו הן: פרשת כהנים, ופרשת לוים, ופרשת טמאים, ופרשת שילוח טמאים, ופרשת אחרי מות, ופרשת שתויי יין, ופרשת נרות, ופרשת פרה אדומה". ספרי פיסקא מד (מהדורת הורוויץ, עמ' 49); ספרי זוטא ז יא (מהדורת הורוויץ, עמ' 252); וכן ירושלמי מגילה פרק ג הלכה ה. המשכן כבר הוקם בחודש הראשון של השנה השנייה, ויש להניח שהיו צריכים להיטהר לפני הכניסה אליו.

מבנה הפרשה

החוק נחלק לשלושה חלקים:

ב-י – דין הכנת מי אפר פרה אדומה.
יא-יג – דין טומאת מת.
יד-כב – דיני הטהרה של טמא מת.

החלק הראשון עוסק בדרך הכנת מי פרה אדומה, והחלק השני והשלישי עוסקים בדיני טומאת המת, והטהרה של טמא המת. עיקרה של הזאת מי אפר הפרה האדומה על הטמא היא טיהורו של הטמא, חיטויו מטומאתו.

הקטע הראשון נתחם במבנה מעטפת, שבו יש זיקה בין פתיחת החוק בפסוק ב, לסיום דין הכנת מי הפרה האדומה בפסוק י, וזיקה נוספת מתקיימת עם החתימה של דין טהרתו של המת לקראת סופו של הקטע בפסוק כא:

זֹאת **חֻקַּת** הַ**תּוֹרָה** אֲשֶׁר צִוָּה ה׳ לֵאמֹר דַּבֵּר אֶל **בְּנֵי יִשְׂרָאֵל** (ב).
וְהָיְתָה לִבְנֵי יִשְׂרָאֵל וְלַגֵּר הַגָּר בְּתוֹכָם **לְחֻקַּת עוֹלָם** (י).
וְהָיְתָה לָהֶם לְחֻקַּת עוֹלָם (כא).

מבנה הפרשה עשוי להפתיע, שכן קודם התורה מצווה על אופן הכנת אפר הפרה, ורק אחר כך היא מורה לאיזה צורך יש להשתמש בו. הכוהן הוא הגורם הבלעדי בדין הכנת מי האפר. הנושא המרכזי בחלק השני של הקטע הוא הטמא שחייב להיטהר, איך הוא נטהר ומתי, ודין כרת אם לא נטהר. מכיוון שהמיקום של הקטע הוא לשם הדגשת חשיבותו של הכוהן, זכויותיו והרווח שיש לעם בהימצאו של הכוהן בתוכו – לשמור על העם לבל ייכנס לקודש, ולדאוג לטהרתו לבל ימות – הקטע התחיל דווקא בדין הכנת האפר, שבו מודגש מקומו של הכוהן באופן בולט הרבה יותר.

מהותה של טהרת פרה אדומה

עיקרה של המצווה היא שהיו מַזים את המים עם אפר הפרה האדומה על טמא מת ועל כל אשר היה באוהל המת, ואז הכלים והאדם נטהרים. אפר הפרה האדומה הוא התמצית של הפרה האדומה שנשרפה כולה, ובכלל זה העיקר הוא דמה, שהוא החומר העיקרי שמטהר. הדין הוא שהפרה תהיה אדומה (חומה בלשוננו), בדומה לצבע הדם, והכוח המטהר מתגבר. גם טהרת המצורע היא באמצעות הזאה של דם עליו, אך מכיוון שהטומאה חמורה פחות, הדם הוא דם ציפור (ויקרא י״ד, ה-ז), וכן ביום השביעי נותן הכוהן מדם האשם שמביא המצורע, על אוזנו הימנית, בוהן ידו הימנית ובוהן רגלו הימנית (שם יד).

הטהרה של הטמא היא פעולה של חיטוי, ועל כן מי הפרה נקראים ׳מי חטאת׳ (ט, יז) –

מלשון חיטוי, וכפי שעולה מהכתוב: "יתחטא" (יב, וכן יג, יט, כ). גם בקורבן חטאת יש יסוד של חיטוי המזבח, ואכן יש דמיון מסוים בין קורבן חטאת לבין פרה אדומה, בכך שמזים מדם קורבן החטאת על המזבח, ומזים מאפר הפרה האדומה על הטמא. דבר זה מעלה את האפשרות שפרה אדומה היא סוג של קורבן (בבלי עבודה זרה כג ע"א). אולם לצד הדמיון בין פרה אדומה לקורבן חטאת, יש ביניהם הבדלים משמעותיים. ראשית, את דם קורבן החטאת מזים על המזבח, ואילו את מי אפר הפרה האדומה מזים על הטמא. שנית, וזו הנקודה המהותית ביותר, אין שום עבודה בפרה האדומה שנעשית באוהל מועד, ועל כן קשה להתייחס לסדר עבודתה כקורבן. בנוסף, בניגוד לקורבנות שהפֶּרֶש מוסר מהקורבן (ויקרא ד', יא; ח', יז; י', כז), בפרה אדומה גם הפרש נשרף עם הפרה (ה). בשונה מהקורבנות שהדם נשפך על המזבח, דם הפרה האדומה נשרף עם הפרה, ולא נשפך על המזבח, וזאת משום שהדם צריך להיות באפר הפרה האדומה. הפעולה הדומה ביותר לקורבן היא ההזאות של הדם, אך גם ההזאות הללו שונות בתכליתן. הזאת דם הפרה האדומה אינה בתוך אוהל מועד, אלא מתבצעת מחוץ לאוהל מועד כנגד פתחו. וזאת משום שכוח הטיהור של דם הפרה האדומה מתקבל מאוהל מועד, כאשר הכוהן מזה את דם הפרה אל פני אוהל מועד. אך אין מדובר כאן בקורבן, אלא בהקדשת הפרה לתפקידה לטהר. אם כן, אף כי שני התהליכים האלה מחטאים, הם אינם זהים בכל המובנים.

כדי להבין את עומק ההבדל בין פרה אדומה לבין קורבן חטאת, יש להבין את מהותו של קורבן החטאת. אדם שחטא בשגגה טימא את המזבח, ולכן מזים את דם קורבן החטאת על המזבח, כדי לכפר את המזבח מפני החטא שדבק בו. אולם התפיסה המקראית אינה פשטנית בעניין זה, ואין באמת זוהמת חטא ממשית שדבקה במזבח ושאותה מסיר הדם. ההוכחה הבולטת לכך היא שאין הליך דומה לזה למי שחטא במזיד. אילו חטא היה מזהם את המזבח באופן ממשי, לא מובן מדוע חֵטא במזיד אינו מזהם את המזבח, ומדוע אין הליך של כפרת המזבח במקרה של חוטא במזיד. נראה יותר להבין שאין זה החטא עצמו שמזהם את המזבח, אלא האדם שחטא בשוגג, הרחיק עצמו מה', **ולגביו בלבד** המזבח טמא משום חטאו. חטאו גרם לליקוי בקשר עם ה', שבא לידי ביטוי קודם כול במזבח שמקשר את האדם לה'. מה שצריך תיקון הוא לא המזבח מצד עצמו, אלא המזבח ככלי מקשר בין האדם החוטא לאלוהיו. החוטא הוא זה שהמזבח פגום לגביו, ועל כן הוא זה שמביא את הקורבן, והוא זה אשר בשמו הכוהן מכפר את המזבח. וכמובן חטאו של אדם אחד, שלא הביא קורבן חטאת לא יוצר פגימה במזבח לגבי אנשים אחרים. עתה מובן מדוע חטא במזיד אינו גורם לזיהום המזבח. לחוטא במזיד אין כפרה והוא חייב כרת, ולכן הקשר בינו לבין ה' נפגע פגיעה אנושה, ובמקרה זה אין דרך להחזיר את הקשר בין החוטא לבין אלוהיו כבראשונה, ולכן אין אפשרות להביא קורבן חטאת ולסלוח לחוטא בכך. בכך שלא מביאים קורבן חטאת על חטא במזיד ניכר אפוא שאין שום זיהום של חטא שדבק במזבח. לעומת זאת על החוטא בשגגה להתוודות ולהתחרט על חטאו, אבל משום שחטאו פגם בקשר עם אלוהיו, אשר בא לידי ביטוי בזיהום המזבח, הרי שבשביל להשלים את כפרתו, ולהשיב על כנו את הקשר עם אלוהיו, אשר ימשיך להתבטא ביכולת של אותו אדם להביא קורבנות למזבחו – עליו לחטא את המזבח מחטאו.

נוכל עתה להבין יותר טוב את החיטוי של טמא מת באפר פרה אדומה. הטומאה אינה חטא, והיא אינה פגיעה מהותית בקשר בין הטמא לבין ה׳ כמו במקרה של חוטא. הטומאה יוצרת ריחוק מה׳, אך זה אינו ריחוק שיש בו קרע ביחסים. זהו ריחוק שנובע מקדושתו של ה׳ שאינה סובלת קרבת טומאה. ועל כן טומאת האדם אינה משפיעה כלל על המשכן, ואין מזים מי אפר פרה אדומה במשכן או במזבח, גם אם אדם הזיד ולא נטהר ואפילו נכנס למקדש, מטהרים את האדם שנטמא בלבד, ולא את המקדש.

הבדל משמעותי נוסף מדגים את ההבחנה העמוקה בין קורבן חטאת לבין הזאת אפר פרה אדומה. קורבן החטאת מובא על ידי החוטא כקורבן שלו, והקורבן מכפר עליו. ברור כי העובדה שהוא מביא את הקורבן היא מהותית בכפרתו. לעומת זאת, אפר פרה אדומה אינו מובא על ידי הנטמא. ההזאה עצמה של מי אפר הפרה האדומה היא המטהרת את הטמא מטומאתו. קורבן החטאת שאינו מובא על ידי החוטא אינו יכול לכפר עליו וגם לא על המזבח. **מבחינת החוטא** המזבח טמא, ולכן הוא המביא את החטאת. אם לא יביא חטאת הוא זה שאינו מתכפר לו על חטאו, אבל המזבח נשאר על מכונו.

המציאות של אדם טמא במחנה ישראל היא פגיעה בקדושת המחנה שנובעת ממציאותו של ה׳ בתוכו, ולכן יש להוציא את הטמא אל מחוץ למחנה (ה׳, א-ד). הישארות במצב של טומאה מחייבת מיתה, משום שאדם הנשאר בטומאתו מטמא את משכן ה׳, השוכן בתוך ישראל (ויקרא ט״ו, לא). הדבר דומה לחוק הקובע שאסור לאישה נידה להיכנס למקדש (ויקרא י״ב, ד): ״בְּכָל קֹדֶשׁ לֹא תִגָּע וְאֶל הַמִּקְדָּשׁ לֹא תָבֹא עַד מְלֹאת יְמֵי טָהֳרָהּ״. ובפרשת פרה אדומה נאמר שמי שלא נטהר חייב כרת משום שטימא את משכן ה׳, כפי שנאמר בפסוק יג: ״כָּל הַנֹּגֵעַ בְּמֵת בְּנֶפֶשׁ הָאָדָם אֲשֶׁר יָמוּת וְלֹא יִתְחַטָּא אֶת מִשְׁכַּן ה׳ טִמֵּא וְנִכְרְתָה הַנֶּפֶשׁ הַהִוא מִיִּשְׂרָאֵל כִּי מֵי נִדָּה לֹא זֹרַק עָלָיו טָמֵא יִהְיֶה עוֹד טֻמְאָתוֹ בוֹ״. ובפסוק כ: ״וְאִישׁ אֲשֶׁר יִטְמָא וְלֹא יִתְחַטָּא וְנִכְרְתָה הַנֶּפֶשׁ הַהִוא מִתּוֹךְ הַקָּהָל כִּי אֶת מִקְדַּשׁ ה׳ טִמֵּא מֵי נִדָּה לֹא זֹרַק עָלָיו טָמֵא הוּא״. על כן אדם חייב להיטהר על ידי הזאת מי פרה אדומה עליו.

פשט הפסוקים יג, כ, הוא שהוא טימא את מקדש ה׳ בעצם טומאתו אם לא נטהר בזמן. אולם אם אכן הוא טימא את המקדש בעצם טומאתו שלא נטהר ממנה, מדוע אין הליך של טיהור המקדש? הרי אם אדם נטמא באוהל המת, אפילו אם נכנס למקדש בעודו טמא, אין שום הליך שמתאר את טהרת המקדש. לכן נראה שהפסוק נוקט לשון של גוזמה, ומדבר על טומאה רוחנית של המקדש, אבל לא שהמקדש נטמא בפועל. נראה שהפסוק מתכוון לשקף את החומרה שבהיות אדם טמא, עד כדי כך שהוא מטמא את המקדש, ובטומאתו הוא סותר את קדושת המקדש המבטאת את נוכחותו של ה׳ בקרב ישראל. חכמים הגדירו זאת במסגרת הלכתית ברורה, שהחטא מתרחש בפועל רק כשאדם נכנס אל המקדש בטומאתו.*

* רש״י, ריב״ש. וראו בספרי פיסקא קכט (מהדורת הורוויץ, עמ׳ 167): ״׳ואיש אשר יטמא ולא יתחטא ונכרתה׳ – על טומאת מקדש הכתוב ענש כרת או לא ענש כרת אלא על ההזיה? ת״ל ׳ואם לא יתחטא ביום השלישי וביום השביעי לא יטהר׳ – עונשו לא יטהר, ואין ענשו כרת״.

אין אפוא הזאה על המשכן, מכיוון שהוא לא טימא את המשכן, ובדומה למה שראינו לעיל שהמזבח לא הזדהם מחטא. אלא שהמזבח רק טעון הזאה של דם עליו כדי שהחוטא ישלים את הליך כפרתו, ואת חידוש הקשר שלו עם אלוהיו, כדי שיוכל לשוב ולחזור ולהשתמש במזבח להבאת קורבנותיו אל ה׳. הפסוקים המפורשים המדברים על טומאת המשכן, אינם מתייחסים התייחסות פיזית למקדש, אלא לסתירה של היות טמא מצוי במחנה, אשר בתוכו המשכן בו שוכן ה׳. זוהי הוראה כללית בלבד, וחכמים שהבינו את האידיאל של התורה הגדירו בפועל את ההלכה שאדם עבר איסור אם לא נטהר רק אם נכנס למקדש, וכפי שמפורש ביחס לאישה נידה (ויקרא י״ב, ד).

מה מטהר במי האפר של הפרה האדומה לא נאמר, ואין לנו אלא לשער מה מהותו של תהליך הטהרה מתוך נתונים הדומים לאפר הפרה האדומה מחד גיסא, ומתוך הבנת מהות הטומאה מאידך גיסא. מכיוון שהטומאה נוצרת על ידי מגע עם מוות, אפשר לשער ברמה גדולה של ביטחון, שהזאת מי אפר הפרה האדומה היא תיקון הפגם שנוצר בעקבות המגע עם המת. אפר הפרה האדומה כולל את דמה של הפרה, וכאמור צבעה האדום מדגיש יותר את יסוד הדם. מן המקרא עולה שהדם הוא הנפש: ״כִּי־נֶפֶשׁ הַבָּשָׂר בַּדָּם הִוא״ (ויקרא י״ז, יא), בדם תלויים החיים, וכאשר הם נשפכים מן החי, אדם (בראשית ט׳, ו) או בהמה (ויקרא י״ז, יג), חיים אובדים. לכן גם אסור לאכול דם (שם יב). בהיפוך לזה, הזאת דם על אדם שנחשף למוות, מחזירה את חיותו. הטומאה היא סוג של השפעה של המוות על החיים, והדם המוזה שבתוך מי אפר הפרה האדומה משיב את חיותו של האדם ומטהר את טומאת המת ממנו. רעיון זה מתחזק מכך שאת אפר הפרה האדומה מערבבים עם ״מים חיים״. אפשר אולי שהוספת האזוב ועץ הארז נועדה להגביר את יסוד החיות בתערובת. מעץ הארז כצמח גדול ומרשים ועד שיח האזוב הקטן, יש להם כוח מטהר. ייתכן שלפי זה ניתן להבין את הדינים הנוגעים לפרה האדומה. העיקרון של ״לא עלה עליה על״, הוא כדי להגביר את כח החיות של הפרה, שלא עבדה ולא השתמשו בה, והיא עדיין בשיא כוחה וחיוניותה. נדמה לי שגם ניתן להבין מדוע הפרה היא נקבה דווקא ולא זכר. הנקבה היא יולדת ויוצרת חיים, והיות הפרה נקבה, מגביר את יסוד החיות בתמצית האפר. אולי עתה לא מפתיע מדוע גם קורבן חטאת בא מנקבה דווקא. קורבנו של יחיד שחטא בשגגה הוא שעירת עיזים (ויקרא ד׳, כז); קורבן חטאת של נזיר הוא כבשה (במדבר ו׳, יד). קורבן אשם הוא מנקבת הצאן (ויקרא ה׳, ו). גם קורבן החטאת של טהרת המצורע הוא כבשה (ויקרא י״ד, י).

דין הכנת מי אפר פרה אדומה, י״ט, ב-י

המושג ״חֻקַּת הַתּוֹרָה״ מופיע רק כאן (ב) ובפרק ל״א, כא, ובהקשר דומה של טהרה מטומאת מת. לדעת רוב הפרשנים המילים ״זֹאת חֻקַּת הַתּוֹרָה״ (ב), מתייחסות להכנת מי אפר הפרה האדומה המיועדים לטהרה, ומגדירות את דין פרה אדומה כחוק שאין הגיון אדם שולט בו

(רש"י על פסוק א). אולם יש לא מעט מקרים שהתורה משתמשת במילה "חוק" ואין מדובר בחוק שלא ניתן להבינו, כך למשל הפסח נקרא חוק: שמות י"ב, יד, יז; י"ב, כד, מג; י"ג, י. אולי זו כוונת ריב"ש בכותבו: "זאת חוקת התורה – חוק של הוראה". לדעת רשב"ם, המילים "חקת התורה" אינן מתייחסות לדין הכנת מי הפרה האדומה, אלא לחוק הטמא לנפש שצריך להיטהר, כפי שנאמר בפסוק יד: "זֹאת הַתּוֹרָה אָדָם כִּי יָמוּת בְּאֹהֶל...".[64]

ההגדרה בדרך החיוב לקחת "פרה אדומה תמימה", ובצירוף בדרך שלילה "שאין בה מום", מלמדת על החומרה של הדין הזה. לא בכדי חכמים הבינו, למשל, שאפילו שתי שערות שחורות פוסלות את הפרה (משנה פרה פרק ב משנה ה). תמימותה של הפרה היא בהתאם להוראה הרגילה ביחס לבעלי חיים המובאים כקורבנות (ויקרא כ"ב, כ-כד; וראו מלאכי א', ז-ח). ההוראה ש"לא עלה עליה על" אינה קיימת בקורבנות רגילים.[65] הוראה דומה, אם כי לא זהה נאמרה בעגלה ערופה: "אֲשֶׁר לֹא עֻבַּד בָּהּ אֲשֶׁר לֹא מָשְׁכָה בְּעֹל" (דברים כ"א, ג). הוראה ייחודית זו מלמדת שהפרה האדומה אשר מטהרת את האדם צריכה להיות כזו שלא נעשה בה שום שימוש חול כלשהו, וכל שימושה הוא לצורך הטהרה באופן בלעדי, וכאמור לעיל היא במלוא כוח החיים שבה.

כאמור, מתקבל על הדעת כי הצורך בפרה אדומה הוא משום שצבעה כצבע הדם.* לדם יש כוח מטהר ומכפר, כפי שמצאנו בקורבן חטאת, שדם הקורבן המוּזֶה על המזבח מכפר, והזאת המים החיים המכילים דם ציפור על מצורע מטהרת אותו. במקרה של פרה אדומה, שכולה נשרפת, ולכולה יש כוח מחטא, היות הפרה אדומה, כצבע הדם, תואם את העיקרון הזה, ומבטא באופן מוגבר את מהות הדם שבאפר הפרה.

הפסוקים מתחילים את ההליך באופן ארכני מעט: יש להביא את הפרה למשה, ואז משה ואהרן מעבירים אותה לאלעזר, כפי שעולה מלשון הרבים "ונתתם אותה אל אלעזר". הוא מצווה לקחת את הפרה אל מחוץ למחנה ישראל, ושם ישחטו את הפרה לפניו, ויש להניח שהכוונה היא שהדבר נעשה בהשגחתו (ג).** מדוע יש צורך בתיאור הארכני הזה, ולא לעבור מיד לפעולות של הפרה האדומה? נראה כי הדגש כאן הוא על משה ואהרן כמי שאחראים על הפעולה כולה של הכנת האפר, שבו יוכל העם להיטהר, זאת כדי להדגיש את מעמדם, בעקבות הפגיעה במעמדם בסיפור קורח. וכאמור לעיל, לשם כך כלולה פרשה זו בקובץ החוקים הבאים אחרי סיפור המרד של קורח ועדתו. יש לציין כי בשלב הבא הפעולות עוברות לכוהנים אחרים (ו-ז), דבר המדגיש את עשיית האפר על ידי הכוהנים, אשר בזכות עבודתם יכול העם להיטהר.

אף כי השחיטה אינה באוהל מועד, אלעזר לוקח מדמה ומזה ממנו אל נוכח פני אוהל מועד שבע פעמים (ד), ועל פי זה חכמים קבעו שפתח האוהל צריך להיראות בעת הזאת

* רמב"ן אומר שהמשמעות היא לבטא את מידת הדין. צבע אדום מסמל חטא, כפי שעולה בכמה מקומות, למשל ישעיה א', יח: "אִם יִהְיוּ חֲטָאֵיכֶם כַּשָּׁנִים כַּשֶּׁלֶג יַלְבִּינוּ אִם יַאְדִּימוּ כַתּוֹלָע כַּצֶּמֶר יִהְיוּ".

** חלקו חכמים אם המצווה דווקא בסגן (ספרי פיסקא קכג, מהדורת הורוויץ, עמ' 153, ורש"י), בכוהן גדול או אפילו בכוהן הדיוט. מחלוקת תנאים הובאה במסכת פרה פרק ד משנה א, ובבבלי יומא מב ע"ב.

הדם (ספרי פיסקא קכג, מהדורת הורוויץ, עמ' 154). הזאות נוספות מצאנו בתורה במקרים נוספים. את דם החטאת מזים על המזבח (ויקרא ד', ו, יז), את דם פר יום הכיפורים מזים על פני הכפורת, ואת דם שעיר יום הכיפורים מזים על המזבח (ויקרא ט"ז, יד-טו, יט; ה', ט). הזאות אלה באות ככפרה על חטא. הזאות מקבילות קיימות בטיהור מטומאה. כך מזים על המצורע (ויקרא י"ד, ז), על הבית שבו הצרעת (ויקרא י"ד, נא), ובטיהור אדם, בית וכלים מטומאת מת (במדבר י"ט, יח). הזאות אלה מהותן טיהור מטומאה. בדומה יש גם הזאה שמטרתה לקדש חפצים או אדם. היזו על המשכן לקדש אותו (ויקרא ח', יא), ועל הכוהנים ועל בגדיהם לקדש אותם (שמות כ"ט, כא; ויקרא ח', ל). ההזאה של דם הפרה האדומה כאן קרובה ביותר לסוג הזאה לשם קידוש. המשמעות של הזאת הדם לפני אוהל מועד היא הקדשת הפרה ודמה לעבודת קודש.[66] בדומה לכך גם ההזאה של השמן לפני ה' בתהליך טהרת המצורע (ויקרא י"ד, טז, כז). הזאת השמן היא כדי להקדיש אותו לה', כדי שיפעל את פעולת הטהרה על המצורע.[67] אילולא ההזאה לפני אוהל מועד, אין באפר הפרה דבר שהופך אותו לבעל משמעות בתחום הקודש, שכן כל התהליך של הכנת אפר הפרה האדומה נעשה מחוץ למקדש: הפרה נשחטת מחוץ למקדש, מזים מדמה מחוץ למקדש לכיוון פתח אוהל מועד, היא נשרפת בחוץ, ואחרי שהכול מוכן, האפר נשמר מחוץ למקדש. הסיבה לכך היא שחומר מטהר זה, הוא מטמא בעצמו את הטהורים, ועל כן כל השלבים נעשים מחוץ למקדש, כדי שלא לטמא אותו.[68] ובכל מקרה אף כי את הכוח המטהר מקבל אפר הפרה האדומה מאוהל מועד, היא עצמה אינה קורבן, ולכן אין שום פעולה הנעשית בתוך אוהל מועד.

לאחר הזאת הדם, הפרה נשרפת כולה, ואז משליך כוהן, כל כוהן,[69] לתוך האש גם עץ ארז, אזוב ושני תולעת (ו). לא כל כך ברור מה התפקיד של אלה.[70] חוץ מעניין כוח החיים שהזכרתי לעיל, יש לציין שאלה מוזכרים גם בתהליך טהרת המצורע (ויקרא י"ד, ד, ו, מט, נא-נב), אבל בטהרת המצורע באמצעות עץ הארז והאזוב היו מזים על המיטהר (ויקרא י"ד, מט), ואף את מי הפרה האדומה היו מזים באמצעות אזוב (יח). אך בהכנת אפר הפרה היו שמים את עץ הארז והאזוב בתוך השרפה, ועל כן נראה שיש להם תפקיד בטיהור. הדבר מסתבר, שכן בדומה לפרה מצאנו אותם גם בטהרת צרעת הבית, כפי שעולה מהמילים: "וְחִטֵּא אֶת הַבַּיִת בְּדַם הַצִּפּוֹר וּבַמַּיִם הַחַיִּים וּבַצִּפֹּר הַחַיָּה וּבְעֵץ הָאֶרֶז וּבָאֵזֹב וּבִשְׁנִי הַתּוֹלָעַת" (ויקרא י"ד, נב). כוחו המחטא של האזוב עולה במפורש בתהילים נ"א, ט: "תְּחַטְּאֵנִי בְאֵזוֹב וְאֶטְהָר תְּכַבְּסֵנִי וּמִשֶּׁלֶג אַלְבִּין". אולי תולעת השני מושלכת לשרפה בגלל צבעה האדום, ואולי תפקיד עץ הארז גם להרבות את האפר.[71] הכוהן שהשליך אותם לתוך השרפה נטמא עד סופו של היום, וכן גם השורף את הפרה, ושניהם צריכים להיטהר (ז-ח). טומאה זו היא הקלה ביותר, ודורשת כיבוס בגדים, טבילה והֶערב שמש. מישהו אחר, לאו דווקא כוהן, אוסף את אפר הפרה, ומניח אותו מחוץ למחנה במקום שמור, ואפר זה ישמש בהמשך לצורך הכנת "מי הנידה", שאותם יזו על הטמאים לטהרם (ט). גם אוסף האפר נטמא, ועליו להיטהר ולחכות עד הערב לפני שיוכל לשוב למחנה (י).

התופעה שהעוסקים בפרה האדומה נטמאים, מקבילה לטומאה של המשלח את השעיר לעזאזל ביום הכיפורים (ויקרא ט"ז, כו). חכמים ראו סתירה בין אפר הפרה שמטהר אך מטמא את העוסקים בו,[72] והסיקו שאין לכך הסבר בדרך ההיגיון, וזה חלק מהיות הדין הזה חוק וגזרה שלא ניתנים להבנה: "תמן תנינן: העוסקין בפרה אדמה מתחילה ועד סוף מטמאין בגדים. היא גופה מטהרת בגדים. אמר הקב"ה חקה חקקתי, גזרה גזרתי, אי אתה רשאי לעבר על גזרתי". (במדבר רבה י"ט, א; פסיקתא דרב כהנא ד, קנז, מהדורת בובר, עמ' לט). הרמב"ם טען שאפר הפרה האדומה מטמא את העוסק בו כמו שעיר המשתלח, שהמשלחו נטמא בגלל החטאים שהוא נושא: "...פירושו של דבר שמאז נטמא למת היו נאסרים עליו הכניסה אל המקדש ואכילת קדשים לעולם לולא הפרה הזאת, אשר נשאה את החטא הזה כמו הציץ המרצה על הטומאה, וכמו השעירים הנשרפים. לכן העוסק בפרה ובשעירים נעשה מטמא בגדים כמו השעיר המשתלח שמאמינים שהוא מטמא את הנוגע בו בשל גודל החטאים שהוא נושא" (מורה נבוכים חלק שלישי פרק מז).[73] אך הדמיון לשעיר יום הכיפורים אינו שלם. המשלח את השעיר לעזאזל עושה זאת לאחר שהכוהן התוודה עליו את כל עוונות בני ישראל ונתן אותם על ראש השעיר (ויקרא ט"ז, כא). אולי המשלח את השעיר טמא אפוא משום שהוא התעסק עם שעיר אשר עליו כל העוונות של ישראל. אולם אי אפשר לומר את זה ביחס לעוסקים בפרה אדומה עוד בטרם השתמשו באפר הפרה האדומה.

הרב יעקב מדן הסביר שהסיבה היא משום שפרה אדומה, שהיא דמוית קורבן, נעשית כולה מחוץ למקדש, והחלת טומאה על העוסקים בפרה אדומה מבליטה אפוא את העיקרון שהעיסוק בקדושה חייב להיות במקדש.[74] אכן כדאי להזכיר שכוח הטהרה של הפרה האדומה בא בזכות המקדש, אשר לפניו, אומנם מחוצה לו, היזו את דם הפרה האדומה בעת השחיטה. אבל גם הסבר זה ספק אם הוא עקיב, שכן במקרים של שרפת חטאת מחוץ למחנה, השורפים ושאר המתעסקים בה אינם נטמאים.

אולי ניתן להציע, שכמו בניקיון פיזי, חומר מחטא מקלקל דבר שאינו זקוק לניקיון, וכך גם כאן. כעין זה אומר רב סעדיה גאון באמונות ודעות ג, י: "כי אין זה מוזר שדבר אחד יעשה שתי פעולות נגדיות, בהתאם לגוף המקבל אותן. שהרי אנו רואים את האש מתיכה את העופרת, ומקפיאה את החלב, ורואים את המים מרטיבין עץ התרזה, ומיבשין עץ השקמה, ומצאנו שהאוכל הטוב מועיל לרעב ומזיק לשבע, ומוצאין אנו התרופה הטובה מועילה לחולה ומזיקה לבריא. ולפיכך אינו מוזר שיהא דבר מטהר את הטמא ומטמא את הטהור".

דין טומאת מת, י"ט, יא-יג

קטע זה מגדיר את הדין הבסיסי, שאדם שנגע במת נטמא למשך שבעה ימים (יא), ועליו לעבור חיטוי ביום השלישי וביום השביעי לטומאתו, ואם לא נטהר הוא נשאר בטומאתו (יב). קטע זה בא להגדיר את חומרת הדבר שאדם יישאר בטומאתו, בכך שהוא טימא את המשכן, ועל כך הוא חייב כרת (יג). על המשמעות של טומאת המשכן על ידי טומאת האדם עמדנו לעיל.

דין הטהרה של טמא מת, י"ט, יד-כב

פסוקים יד-כב, חוזרים באופן חלקי על הנאמר בפסוקים יא-יג, אך מוסיפים פרטי דינים. נראה שבפסוקים יא-יג נקבע עיקר הדין של אדם שנטמא על ידי מת ומה דינו, ומה חומרת הדין אם לא ייטהר. בפסוקים יד-כב, באים פרטי הדין, מה אדם צריך לעשות כדי להיטהר, והמקרים השונים של המגע של אדם עם מת, בין אם זה מגע ישיר, או שהייה עם מת באוהל, ודינו של האוהל והכלים אשר באוהל, וכן גם השלב האחרון של הכנת מי אפר הפרה האדומה. פסוקים יא-יג, בעיקר קובעים את ההלכה השלילית של מה שקורה אם אדם לא נטהר, ואילו פסוקים יד-כב, קובעים באופן חיובי מה יש לעשות כדי להיטהר.

העיקרון הראשון המוזכר הוא שמת בתוך אוהל, היינו בתוך מבנה מקורה, מטמא כל מי שהיה בתוך האוהל, וכל כלי פתוח נטמא גם כן (יד-טו), ואף האוהל נטמא (יח). כלי סגור אינו נטמא משום שהטומאה אינה נכנסת בו (טו). אם הטומאה היא בתוך מבנה סגור, אין לטומאה להיכן להתפשט, והיא מטמאת את מי שבמבנה בלבד. אם מת אינו בתוך אוהל אלא במקום פתוח, אזי הטומאה אינה כלואה אלא מתפשטת החוצה, והמת מטמא רק במגע ישיר עימו או אף בחלק מן המת (טז).

מוסיפים מים חיים לאפר הפרה האדומה לתוך כלי (יז).* "מים חיים" כוונתם כנראה למי מעיין, באר או מי נחל זורמים (בראשית כ"ו, יט; זכריה י"ד, ח).** איש טהור טובל אזוב בתוך המים, ומזה אותם על כל מה שטעון טהרה, אדם וכלים (יח). הזאת מי אפר הפרה צריכה להתבצע ביום השלישי לטומאה, וכן ביום השביעי. רק ביום השביעי בערב לאחר שהאדם כיבס את בגדיו ורחץ את גופו הוא נטהר (יט). האיש הטהור שהיזה על הטמא נטמא, וצריך לכבס את בגדיו, וכנראה גם לרחוץ את גופו, ואז הוא נטהר בערב (כא).*** כל מי שנוגע במים נטמא (כא), וכל אדם שנגע בטמא נטמא אף הוא (כב).

לאחר שנאמר בפסוק יג שמי שלא ייטהר מטומאת המת, דינו שייכרת מתוך הקהל, מכיוון שהוא טימא את משכן ה', שוב חוזר הדין בפסוק כ, שמי שנטמא ולא נטהר ייכרת משום שטימא את מקדש ה'. חז"ל הבינו שהעניין מכוון ללמד שהדין כאן מתייחס למשכן, וגם לבית המקדש הקבוע (בבלי שבועות טז ע"ב). אך לפי הפשט 'מקדש', ו'משכן', הם מושגים מתחלפים (ראו למשל ויקרא כ"ו, כא, לא). ראב"ע ורמב"ן הסבירו שפסוק יג עוסק באדם שנטמא במגע עם מת, ואילו פסוק כ מדבר על אדם שנטמא בשל היותו עם המת באוהל.

* חכמים פסקו שיש לשים את המים קודם ואחר כך את האפר, ואם עשה הפוך פסול, בבלי סוטה טז ע"א. וראו משנה פרה פרק ג משנה ג: "כדי שיראה על פני המים".

** גם טהרת מצורע היא במים חיים, ראו ויקרא י"ד, ה, ו, נ, נא, נב. ראב"ע לוויקרא י"ד, ה: "לוקחים ממקום נובע".

*** אף שלא כתוב שרוחץ את גופו בפסוק זה, הדבר ברור מכך ששאר העוסקים במלאכה שנטמאו צריכים לטבול. ראו ראב"ע על פסוקים י, כא.

סיכום החוקים הבאים בעקבות סיפור קורח, י״ח-י״ט

חמשת החוקים לעיל באים לאחר סיפור מרד קורח ועדתו במשה ואהרן, והם קשורים לסיפור ומחזקים את המסר העולה ממנו. קורח ועדתו באו לערער על המעמד של משה ואהרן. דתן ואבירם מרדו במנהיגותו של משה, ואילו קורח והלוויים, ומאתיים וחמישים מבכירי העם מרדו באהרן, וטענו שלהם מגיעה הכהונה. מאתיים וחמישים הנשיאים טענו שכל אחד מהם יכול להיות הכוהן, והלוויים טענו שהם יכולים להיות כוהנים. החוקים אחרי סיפור קורח מעמידים ומחזקים את המעמד של הלוויים ושל הכוהנים. בעקבות סיפור קורח העם חשש שהקָרֵב למשכן ימות, ויש מענה גם לחשש זה.

החוק הראשון והחמישי קשורים ביניהם, ושלושת החוקים באמצע קשורים ביניהם. החוק הראשון מתקשר באופן ישיר לשאלת העם אם הוא ימשיך למות. בחוק הראשון נקבעה החובה של השמירה של הכוהנים והלוויים על המקדש, וגם נמנעת האפשרות מהעם מלהתקרב למקדש ולסכן את חייו. החוק האחרון קשור לחוק הראשון, שכן גם הוא עוסק ברווח של העם מהמעמד המיוחד של הכוהנים. אדם טמא אסור לו להיכנס למקדש, ועל כן טהרתו היא קריטית. הדרך שבה הוא נטהר היא באמצעות טקס טהרה באמצעות מי אפר פרה אדומה, שמזה הכוהן על הטמא לטהרו. חשיבותו של הכוהן בתהליך היא גם בכך שרק הוא יכול לבצע את ההכנה של מי אפר הפרה האדומה. הינה מצאנו כי החוק הראשון והחוק האחרון עוסקים ברווחים של ישראל מהמעמד המקודש של הכוהנים. הכוהנים והלוויים שומרים על המשכן כדי שישראל לא ייכנסו למקום אסור וכך תימנע האפשרות שהם ימותו בקרבתם אל הקודש; והחוק של פרה אדומה שמזים הכוהנים על הטמאים מאפשר לישראל להיות בטהרה כדי שייכנסו למקדש.

לעומת החוק הראשון והחמישי אשר עוסקים בעבודה של הכוהנים והלוויים למען העם, החוקים השני, השלישי והרביעי עוסקים בתמורה שהכוהנים והלוויים מקבלים מהעם עבור עבודתם או מפאת מעמדם. החוק השני עוסק בפירוטן של מתנות כהונה, החוק השלישי עוסק בחובה של העם לתת ללוויים מעשר, והחוק הרביעי עוסק בחובת הלוי לתת לכוהן מעשר מן המעשר. חוקים אלה מגדירים את החובות של העם כלפי הכוהנים, את החובה של העם ללוויים, ואת החובה של הלוויים לכוהנים. כך חוקים אלה שבים ומחזקים את ההפרדה בין המעמדות השונים בעם. כוהנים שמקבלים את מתנות הכהונה המנויות הם במעלה המדרג, הלוויים שמקבלים מהעם מעשר, מצויים בתווך בין העם לבין הכוהנים, והם מחויבים לתת מעשר ממה שקיבלו לכוהנים. הדגש הוא אפוא על המדרג המעמדי בעם, וזאת בעקבות מרד קורח ועדתו שבאו לערער על חלוקתם של המעמדות.

החלק השלישי: שנת הארבעים, בדרך לארץ, כ׳, א - ל״ו, יג

מאז התחיל העם את המסע מסיני בעשרים לחודש השני (י׳, יא), לראשונה בפרק כ׳ מופיע תאריך: "בחודש הראשון". מסתבר, כדעת מרבית הפרשנים, שמדובר באחד לחודש הראשון בשנת הארבעים.[75] נראה כי תחילת המסע בשנת הארבעים לעבר ארץ כנען היא נקודת המעבר בין הדור הראשון לבין הדור השני. כך עולה מדברי ה׳ למשה ואהרן בעקבות חטאם "לֹא תָבִיאוּ אֶת הַקָּהָל הַזֶּה" (כ׳, יב), משמע שמדובר בדור השני שאמור עתה להיכנס לארץ. ואף שכתוב בפרק כ״ו, סד-סה, שהמִפקד לא כלל איש מהדור הראשון, אין זה אומר אלא שבעת המִפקד לא היו בני הדור הראשון, אך אין זה אומר מתי מתו, ולא מן הנמנע, שמֵתֵי סיפור בעל פעור היו גם בני הדור השני. על פי דברים ב׳, יד, יש שהבינו שהדור הראשון מת עד אשר הם עברו את נחל זרד.[76] על אף ידיעה זו, נראה כי תחילת המסע בשנת הארבעים, בפרק כ׳, א, היא נקודת ההבחנה בין שני הדורות, ועל כן החל המסע המחודש. אין זה אומר שיש לחתוך בסכין חדה את המעבר בין שני הדורות, ומה שנראה כזמן מכריע במבט לאחור בדברים ב׳, יד, אינו בהכרח מה שנתפס בתחילת שנת הארבעים. אולי משום שהמעבר אינו חד לא נרשמה השנה של תחילת המסע, ובשאלה זו נדון בהמשך.

בתאריך זה מגיע העם אל קדש. לא ברור אם זה המקום שממנו נשלחו המרגלים בשנה השנייה, או שזה מקום אחר הקרוי בשם דומה. בין כך ובין כך, עתה בתחילת שנת הארבעים נסגר מעגל והם שוב בקדש, בתחילתו של מסע מחודש לקראת הכניסה לארץ.

מהתאריך שכאן עד הכניסה לארץ בעשרה בניסן (יהושע ד׳, י) יעברו מעט יותר משנים עשר חודשים. תקופה זו היא עניינה של חלקו האחרון של ספר במדבר ושל ספר דברים. התחנה האחרונה של העם לפני הכניסה לארץ היא ערבות מואב, ועל ההגעה לתחנה זו מסופר בפרק כ״ב, א. באילו עניינים מרחיב הכתוב ביחס לתקופה זו בספר במדבר? ומה ביקש הכתוב לומר מפרק כ׳ עד סוף הספר, על התקופה הזו של הדור השני, דור הנכנסים לארץ?

בפרקים שלפנינו נתוודע למותה של מרים (כ׳, א); לבשורה על מותם של משה ואהרן לפני שייכנסו לארץ בשל חטאם (כ׳, יב-יג); לסיפור מות אהרן, ומינוי אלעזר במקומו (כ׳, כג-כט); ובשורה נוספת על מותו של משה, ומינוי יהושע במקומו (כ״ז, יב-כג). אלה שלושת המנהיגים של העם, וכך נזכרו יחדיו במיכה ו׳, ד. לבני הדור השני שגדל על מנהיגותם של שלושתם, אבדו המנהיגים בפרק זמן קצר מאוד, בשנה שלפני כניסתם לארץ. הריכוז של סיפור מיתתם של שלושת המנהיגים האלה בפרקים אלה משמעותי לשם הבנת רצף הסיפורים בשנה האחרונה לפני כניסתם לארץ – הסיפור של הדור השני.

שנה זו חותמת תקופה של אירועים גדולים לישראל, בהובלתו של משה ואהרן לצידו: היציאה ממצרים ומעבר ים סוף באותות ובמופתים, התגלות ה׳ בסיני ומתן תורה, והובלת העם במדבר, תוך כדי התרחשויות ניסיות הקשורות בהוויה הקיומית של העם במדבר. למרות

כל זאת מרדו קורח ועדתו במשה ובאהרן. אך בעטיו של המרד למד העם שקרבתו של אהרן לתחום הקדושה מסייע להם. אהרן הוא זה שהפסיק את המגפה בעם באמצעות המחתה עם הקטורת. ההתגלות של ה׳ לאהרן במצוות שונות, וירידת הענן בעת שנכנס אהרן לאוהל מועד (ויקרא ט׳, כג) בוודאי השאירו רושם בקרב העם. בעקבות מרד קורח ועדתו, למד העם על הקרבה המיוחדת של ה׳ למשה, ועל הבחירה של ה׳ במשה דווקא. המורדים במשה מצאו את עצמם בלועים באדמה, ומשה הוא זה שעמד בראש ההתרחשות, אשר בה הוכח שהבחירה של אהרן הייתה ברצון ה׳. לאחר שהעם למד בדרך קשה על חיוניותם של משה ואהרן בסיפור קורח, ולאחר מותו של הדור הראשון שחטא ולא נכנס לארץ, עומדים עתה בני הדור השני הנכנסים לארץ, והם צריכים להתמודד עם מסר הפוך לגמרי. הדור השני בשנה האחרונה צריך להבין שהוא יכול להיכנס לארץ בהשגחת ה׳ וללא הנהגתו של משה. לאחר שהעם למד כי אין לערער על מנהיגותו של משה, וכל המערערים מצאו את מותם מפני הבלעדיות של הנהגת משה ואהרן, הוא יצטרך ללמוד שהוא יכול להמשיך בדרך ברצונו של ה׳ ובהשגחתו, אבל ללא משה ואהרן. זהו נושא מרכזי ששוזר את הסיפורים החל מתחילת שנת הארבעים, מתחילת פרק כ׳ ועד סיפור החטא של ישראל בבעל פעור, כ״ה, יח.

חטא משה ואהרן במי מריבה, שבגללו נענשו שלא ייכנסו לארץ, פותח את היחידה כולה (כ׳, א-יב). לאחר מכן, בסיפור שליחת המרגלים על ידי משה לאדום כדי לעבור בגבולו, מתגלה כישלונו של משה, והעם נאלץ לסבוב את כל ארץ אדום (כ׳, יד-כא). אחר כך בא סיפור כישלונם של ישראל במלחמה בערד, והיפוך המצב בא בזכות נדר של ישראל, וללא המעורבות של משה (כ״א, א-ג). בסיפור המסע סביב ארץ אדום כאשר שוב העם חוטא, המעורבות של משה בפתרון המגפה בעם אינה מרכזית כמו בסיפורים אחרים של תלונות העם ועונשם על כך (כ״א, א-ט). בסיפורי הניצחון של ישראל על סיחון ועוג, שוב מקומו של משה אינו בולט, במיוחד בהשוואה לסיפור המלחמה בעמלק. הניסיונות של בלעם ובלק לקלל את ישראל נכשלים בגלל ההגנה של ה׳, בעוד העם ומשה פסיביים. המגפה בעם אחרי החטא בבעל פעור נפסקת בעקבות פעילותו של פינחס, בעוד המעורבות של משה אינה מניבה פירות.

מתוך סקירה זו ברור, כי הכוונה של הסיפורים החל מן הסיפור על תחילת שנת הארבעים ועד סיפור בעל פעור היא להציג את סופה של תקופת הנדודים ללא התרומה המהותית של משה ואהרן. להלן נמשיך להעמיק ברעיון זה.

ניתן לחלק את החלק השלישי של הספר לשני חלקים, בהקבלה לשני חלקי הספר הראשונים:

כ׳-כ״ה – המסע של ישראל מקדש אל עבר ערבות מואב, והקורות את העם בדרך.
כ״ו-ל״ו – ההכנות לכניסה לארץ.

המסע מקדש לערבות מואב (כ׳-כ״ה) מקביל לחלק השני של הספר, שהוא המסע מסיני לקדש (י׳, יא - י״ט, כב). ההכנות לקראת הכניסה לארץ (כ״ו-ל״ו) מקבילות לחלק הראשון של הספר שבו העם הוכן למסע לקראת הכניסה לארץ (א׳, א - י׳, י).

באופן מפורט החלק השלישי של הספר, מכיל את העניינים הבאים:

כ׳, א-יג – מות מרים, חטא משה ואהרן ועונשם.

כ׳, יד - כ״ב, א – הכישלון של ישראל לעבור דרך אדום, מות אהרן, המלחמה בערד, נחש הנחושת, המסע סביב ארץ אדום, הכיבוש של ארץ סיחון וארץ עוג.

כ״ב, ב - כ״ד, כה – סיפור בלעם.

כ״ה – חטא ישראל בבעל פעור.

כ״ו - כ״ז, יא – ספירת העם כדי לחלק את הארץ; צו חלוקת הארץ; ספירת שבט לוי; ה׳ נענה לבקשת בנות צלופחד לרשת נחלה.

כ״ז, יב-כג – מינוי יהושע.

כ״ח - ל׳, א – קורבנות ציבור במעגל השנה.

ל׳, ב-יז – דיני הפרת נדרים ושבועות.

ל״א – המלחמה במדיין.

ל״ב – התנחלות שבטי ראובן, גד וחצי מנשה בעבר הירדן המזרחי.

ל״ג – המסעות של ישראל ממצרים עד הגיעם לערבות מואב; ציווי ה׳ על ירושת הארץ ותושביה.

ל״ד-ל״ו – גבולות הארץ הנחלקת; מחלקי הארץ; ערי הלוויים; ערי מקלט ודיני רוצח; חובת בנות יורשות להינשא בתוך השבט כדי שלא תיסוב נחלה לשבט אחר.

מי מריבה, כ׳, א-יג

א וַיָּבֹאוּ בְנֵי יִשְׂרָאֵל כָּל הָעֵדָה מִדְבַּר צִן בַּחֹדֶשׁ הָרִאשׁוֹן וַיֵּשֶׁב הָעָם בְּקָדֵשׁ וַתָּמָת שָׁם מִרְיָם
ב ג וַתִּקָּבֵר שָׁם. וְלֹא הָיָה מַיִם לָעֵדָה וַיִּקָּהֲלוּ עַל מֹשֶׁה וְעַל אַהֲרֹן. וַיָּרֶב הָעָם עִם מֹשֶׁה וַיֹּאמְרוּ
ד לֵאמֹר וְלוּ גָוַעְנוּ בִּגְוַע אַחֵינוּ לִפְנֵי ה׳. וְלָמָה הֲבֵאתֶם אֶת קְהַל ה׳ אֶל הַמִּדְבָּר הַזֶּה לָמוּת
ה שָׁם אֲנַחְנוּ וּבְעִירֵנוּ. וְלָמָה הֶעֱלִיתֻנוּ מִמִּצְרַיִם לְהָבִיא אֹתָנוּ אֶל הַמָּקוֹם הָרָע הַזֶּה לֹא מְקוֹם
ו זֶרַע וּתְאֵנָה וְגֶפֶן וְרִמּוֹן וּמַיִם אַיִן לִשְׁתּוֹת. וַיָּבֹא מֹשֶׁה וְאַהֲרֹן מִפְּנֵי הַקָּהָל אֶל פֶּתַח אֹהֶל מוֹעֵד
וַיִּפְּלוּ עַל פְּנֵיהֶם וַיֵּרָא כְבוֹד ה׳ אֲלֵיהֶם.

ז ח וַיְדַבֵּר ה׳ אֶל מֹשֶׁה לֵּאמֹר. קַח אֶת הַמַּטֶּה וְהַקְהֵל אֶת הָעֵדָה אַתָּה וְאַהֲרֹן אָחִיךָ וְדִבַּרְתֶּם אֶל
הַסֶּלַע לְעֵינֵיהֶם וְנָתַן מֵימָיו וְהוֹצֵאתָ לָהֶם מַיִם מִן הַסֶּלַע וְהִשְׁקִיתָ אֶת הָעֵדָה וְאֶת בְּעִירָם.
ט י וַיִּקַּח מֹשֶׁה אֶת הַמַּטֶּה מִלִּפְנֵי ה׳ כַּאֲשֶׁר צִוָּהוּ. וַיַּקְהִלוּ מֹשֶׁה וְאַהֲרֹן אֶת הַקָּהָל אֶל פְּנֵי הַסָּלַע
יא וַיֹּאמֶר לָהֶם שִׁמְעוּ נָא הַמֹּרִים הֲמִן הַסֶּלַע הַזֶּה נוֹצִיא לָכֶם מָיִם. וַיָּרֶם מֹשֶׁה אֶת יָדוֹ וַיַּךְ אֶת
הַסֶּלַע בְּמַטֵּהוּ פַּעֲמָיִם וַיֵּצְאוּ מַיִם רַבִּים וַתֵּשְׁתְּ הָעֵדָה וּבְעִירָם.

יב וַיֹּאמֶר ה׳ אֶל מֹשֶׁה וְאֶל אַהֲרֹן יַעַן לֹא הֶאֱמַנְתֶּם בִּי לְהַקְדִּישֵׁנִי לְעֵינֵי בְּנֵי יִשְׂרָאֵל לָכֵן לֹא
יג תָבִיאוּ אֶת הַקָּהָל הַזֶּה אֶל הָאָרֶץ אֲשֶׁר נָתַתִּי לָהֶם. הֵמָּה מֵי מְרִיבָה אֲשֶׁר רָבוּ בְנֵי יִשְׂרָאֵל
אֶת ה׳ וַיִּקָּדֵשׁ בָּם.

פירוש העניין

מות מרים וחטא ישראל במי מריבה, כ׳, א-ו

חלק זה של הספר פותח בידיעה שהעם הגיע למדבר צין בחודש הראשון, ככל הנראה בשנת הארבעים, וישב בקדש. אפשר כי קדש היא המקום שממנו נשלחו המרגלים לארץ (י״ג, כו; ל״ב, ח; דברים א׳, יט; ט׳, כג; יהושע י״ד, ז),[77] ואפשר כי זהו מקום אחר.* קדש היא בגבול הכניסה לארץ (ל״ד, ד; יהושע ט״ו, ג; יחזקאל מ״ז, יט; מ״ח, כח). הגעת העם לקדש היא משמעותית: העובדה שמקום זה נושא אותו שם, יכולה להבהיר את הלך הרוח שהעם היה נתון בו. העם מגיע שוב לקדש לקראת סיום תקופת העונש במדבר כדי להיכנס לארץ, והוא מצפה להתרחשות חיובית שקשורה בכניסה לארץ, והפוכה למשבר של חטא המרגלים, ובמקום זאת הוא חווה את מותה של מרים (א). לא מסופר הרבה על מרים במקרא. מהיוזמה שלה בשירה לה׳ לאחר נס מעבר ים סוף אנו למדים שהייתה מנהיגה ונביאה (שמות כ׳, כ-כא). כך גם עולה מדבריה עם אהרן כנגד משה (י״ב, ב), ומתגובת ה׳ לחטאה (ו-ח). מה היה תפקידה כנביאה, ומה היה מקומה בהנהגת העם אין לדעת. והינה בתחילת שנת הארבעים, עם עליית סף המתח וההתרגשות לקראת הכניסה של הדור השני, מתה מרים. בניגוד למשה ואהרן שלא ייכנסו לארץ בגין חטאם, אין חטא המיוחס למרים, ומסתבר שהעונש של דור היוצאים ממצרים שלא ייכנסו לארץ חל גם עליה.

ייתכן מאוד שתחושת המשבר של העם בעקבות מותה של מרים באה לידי ביטוי בתלונת העם על העדר מים.** מהתלונה של העם ניכר שחוויית החטא והעונש בקדש בשליחת המרגלים עומדת לנגד עיניהם: "וְלוּ גָוַעְנוּ בִּגְוַע אַחֵינוּ לִפְנֵי ה׳" (ג). יש להניח שהעם מתייחס כאן למותו של דור היוצאים ממצרים בגין חטא המרגלים, והמתים באירוע של קורח (י״ז, כז). הם הגיעו לקדש לקראת הכניסה המחודשת לארץ, למקום שבו (או בשמו) העם היה בשנה השנייה ולא הצליח להיכנס לארץ, ועתה מקנן החשש שאף הם לא יצליחו בכך ושגם הם ימותו במדבר. אכן זה תורף התלונה של העם למשה: "וְלָמָה הֲבֵאתֶם אֶת קְהַל ה׳ אֶל הַמִּדְבָּר הַזֶּה לָמוּת שָׁם אֲנַחְנוּ וּבְעִירֵנוּ. וְלָמָה הֶעֱלִיתֻנוּ מִמִּצְרַיִם לְהָבִיא אֹתָנוּ אֶל הַמָּקוֹם הָרָע הַזֶּה לֹא מְקוֹם זֶרַע וּתְאֵנָה וְגֶפֶן וְרִמּוֹן וּמַיִם אַיִן לִשְׁתּוֹת" (ד-ה). תלונתם אינה רק על העדר מים, אלא על כך שמשה הוציאם למות במדבר ובעצם לא הביא אותם לארץ זבת חלב ודבש. זאת בניגוד לסיפור המקביל בשמות י״ז, שם עיקר התלונה הוא על מחסור במים. תלונתם דומה בלשונה לתלונת דתן ואבירם בט״ז, יג-יד, ולדברי העם בעקבות דברי המרגלים, י״ד, ב-ג.

* רמב״ן ורבנו בחיי על פסוק א. קדש ברנע מזוהה עם עין-קודיראת, ששם יש מעיינות עם הרבה מים, ואילו קדש הנזכרת כאן היא קדש שזיהו אותה עם עין-קדיס, שנמצא כעשרה ק״מ מדרום מזרח לעין קודיראת, אבל יש בו פחות מים, וכאשר יש תקופות של מיעוט גשמים המקום מתייבש. ראו: הראל, ארץ ישראל, עמ׳ 549-550.

** חכמים נתנו ציור מפורט של הקשר בין תלונת העם לבין מותה של מרים, בבבלי תענית ט ע״א: "מתה מרים – נסתלק הבאר. שנאמר ותמת שם מרים, וכתיב בתריה ולא היה מים לעדה, וחזרה בזכות שניהן", ומובא ברש״י.

הם אכן מביעים הזדהות עם המתים במדבר, שהם דור הוריהם, בהשתמשם במילים "בגוע **אחינו**".

מדוע עכשיו דווקא הם מביעים תלונה ערב הכניסה לארץ? יש להבין את הפסיכולוגיה של העם בנקודה הזו. לאחר כארבעים שנות נדודים, העם מתכונן לשינוי המציאות הקיימת ולכניסה לארץ. שינוי רב משמעות זה עשוי לגרום לחרדות, הן בשל עצם השינוי במצב, הן בשל האתגרים העומדים בפניהם. בדומה לכך גם כשהעם התחיל בנסיעתו בשנה השנייה, מיד החל לחטוא (י"א, ודברינו שם). כאמור, הדור השני עומד במציאות דומה למציאות הדור הראשון, והעם חרד אם יצליח, במקום שדור אבותיו נכשל, לצאת מתקופת המדבר ולהיכנס לארץ. על כל זה יש להוסיף את העובדה שהאירוע הראשון שחווה העם בתחילת שנת הארבעים הוא מותה של מרים.

משה ואהרן אינם מגיבים לתלונת העם, ובמקום זאת הם נכנסים לאוהל מועד ונופלים על פניהם, כביטוי של אבלות וחוסר אונים,* ואז מתגלה ה' אליהם (ו). יש להניח שמשה ואהרן קיבלו את התלונה הזו בצורה קשה, שכן מדובר בדור השני שאמור להיכנס לארץ, וציפייתם הייתה שדור זה יצליח במקום שהדור הראשון חטא, אך דור הבנים חוזר על אותו חטא. גם ניסוח תלונתם שמשה ואהרן העלו אותם ממצרים להביא אותם למות במדבר ולא לארץ הטובה כפי שהובטח, מזכיר את דבריהם של דתן ואבירם באירוע של מרד קורח ועדתו (ט"ז, יג-יד), ואת דברי העם בעקבות דברי המרגלים (י"ד, ב-ג).

חטא משה ואהרן ועונשם, כ', ז-יג

במענה לתלונת העם, ה' מצווה את משה לקחת את המטה, וביחד עם אהרן להקהיל את העדה, לדבר אל הסלע לעיני בני ישראל, ואז יֵצאו מים מהסלע, ומשה יוכל להשקות את העם ואת בעלי החיים. משה לוקח את המטה של שבט לוי, שפרח במבדק המטות בעקבות המרד של קורח (י"ז, טז-כד), ואשר ה' ציווה לשים אותו לפני ארון העדות (י"ז, כה).** ה' אומנם ציווה לקחת את המטה, אך לא ציווה להכות במטה. אם כך מדוע ציווה ה' לקחת את המטה אם הורה לדבר על הסלע? כדאי לשים לב שבסיפור המקביל במסה ומריבה, ה' ציווה להכות בסלע (שמות י"ז, ו)! רשב"ם מסביר, שהמטה של אהרן הונח למשמרת בסיפור קורח "לְאוֹת לִבְנֵי מֶרִי וּתְכַל תְּלוּנֹּתָם מֵעָלַי וְלֹא יָמֻתוּ" (י"ז, כה), היינו כדי שישראל יראו את המטה ואז יפסיקו את תלונותם. לפי זה נראה שמשה נצטווה להביא את המטה למען יראו אותו בני ישראל,

* ריב"ש אומר שנפלו על פניהם בתפילה. במושב זקנים (על פסוק ו) עולה שהם נפלו על פניהם משום כבוד השכינה שהתגלתה אליהם. לוין טען שהנפילה על הפנים היא מתוך כניעה לרצונו, ראו לוין, במדבר א, עמ' 489.

** אומנם חלקו פרשנים איזה מטה זה. אפשרות אחת היא שזהו המטה שמשה עשה בו את האותות במצרים ובים סוף. הדבר נלמד מכך שכתוב "מטהו" (יא; מילגרום, עמ' 165). עם זאת אין הכרח בדבר, ואף שכתוב "מטהו" אולי אין הכוונה שזה שלו, אלא במטה שעתה הוא מחזיק. אפשרות שנייה היא שזהו מטה אהרן שהושם באוהל מועד לאחר שפרח, לאחר סיפור קורח (רשב"ם בפירושו לפסוקים י-יא; וכן חזקוני על פסוק ח). לדעת ראב"ע (י"ז, יח) מדובר במטה שמשה עשה בו את האותות, והוא המטה שהושם באוהל מועד.

והדבר יניא אותם מלהמשיך במרים. לפי זה אפשר גם להבין את הכאת הסלע פעמיים. משה היה אמור לדבר אל הסלע ואז יֵצאו מים בלא כל הכאה, ולכן כשהיכה בסלע, לא יצאו מים מיד, שכן לא זו הייתה התוכנית האלוהית. לכן היכה פעם נוספת, ועתה, בעקבות השינוי של משה, ה׳ הוציא מים מן הסלע בהכאה השנייה שלא כמתוכנן.

משה ואהרן אוספים את העם ואומרים להם: "שִׁמְעוּ נָא הַמֹּרִים הֲמִן הַסֶּלַע הַזֶּה נוֹצִיא לָכֶם מָיִם" (י). משה הרים את ידו והיכה במטה על הסלע פעמיים ויצאו ממנו מים, ואותם שתו ישראל ובהמתם (יא). ה׳ מגיב בכעס כלפי משה ואהרן על שלא האמינו בו ולא הקדישו אותו לעיני בני ישראל: "וַיֹּאמֶר ה׳ אֶל מֹשֶׁה וְאֶל אַהֲרֹן יַעַן לֹא הֶאֱמַנְתֶּם בִּי לְהַקְדִּישֵׁנִי לְעֵינֵי בְּנֵי יִשְׂרָאֵל לָכֵן לֹא תָבִיאוּ אֶת הַקָּהָל הַזֶּה אֶל הָאָרֶץ אֲשֶׁר נָתַתִּי לָהֶם" (יב). בבמדבר כ״ז, יד, מצטרפת האשמה נוספת, שהם המרו את פי ה׳: "כַּאֲשֶׁר מְרִיתֶם פִּי בְּמִדְבַּר צִן בִּמְרִיבַת הָעֵדָה לְהַקְדִּישֵׁנִי בַמַּיִם לְעֵינֵיהֶם". האשמה אחרת היא שהם מעלו בה׳, בדברים ל״ב, נא: "עַל אֲשֶׁר מְעַלְתֶּם בִּי בְּתוֹךְ בְּנֵי יִשְׂרָאֵל בְּמֵי מְרִיבַת קָדֵשׁ מִדְבַּר צִן עַל אֲשֶׁר לֹא קִדַּשְׁתֶּם אוֹתִי בְּתוֹךְ בְּנֵי יִשְׂרָאֵל". כעונש על חטאם ה׳ אומר למשה ואהרן שהם לא יביאו את העם לארץ (יב).*

על שם חטאו של העם בריבו עם ה׳, נקרא המקום מי מריבה (יג). יש גם משחק מילים בין המקום שנקרא ׳קדש׳ בתחילת הסיפור (א), לבין הטענה שמשה ואהרן לא הקדישו את ה׳ ("לֹא הֶאֱמַנְתֶּם בִּי לְהַקְדִּישֵׁנִי", יב), וחתימת הסיפור במילים "ויקדש בם". הכוונה בכך לעונש של משה ואהרן, על דרך "בִּקְרֹבַי אֶקָּדֵשׁ" (ויקרא י׳, ג; רש״י, ראב״ע). או אפשר לפרש, שה׳ נקדש בנס המים, על אף שמשה ואהרן לא הקדישו אותו במים (רשב״ם, שד״ל).

מה חטאם של משה ואהרן?

התשובה אינה מפורשת בפסוקים, והצעות רבות ומגוונות הועלו (סקירה של פירושים: ראב״ע, אברבנאל, אורח חיים). אדון כאן בשיטות הקרובות לפשוטו של מקרא. אפשרות אחת שהחטא קשור במעשיהם של משה ואהרן. ההסבר הנפוץ, וכבר הבאתיו לעיל, הוא שה׳ ציווה לדבר אל הסלע (ח), אך משה היכה בסלע (יא) (רש״י, רשב״ם על פסוק יא, שד״ל).[78] אפשרות אחרת היא שהחטא הוא שמשה היכה בסלע פעמיים במקום פעם אחת (ראב״ע). הקושי בפירושים אלה הוא שקשה להבין את חומרת העבירה, אשר בגינה נענשו משה ואהרן בעונש כל כך קשה. כיוון אחר מוצא את החטא בדברים שאמר משה. ביסוס לכך שחטאם היה בדיבור עולה בתהילים ק״ו, לב-לג: "וַיַּקְצִיפוּ עַל מֵי מְרִיבָה וַיֵּרַע לְמֹשֶׁה בַּעֲבוּרָם. כִּי הִמְרוּ אֶת רוּחוֹ וַיְבַטֵּא בִּשְׂפָתָיו". משה ואהרן אמרו לעם: "שִׁמְעוּ נָא הַמֹּרִים הֲמִן הַסֶּלַע הַזֶּה נוֹצִיא לָכֶם מָיִם" (י), ויש שהדגישו את העובדה שמשה ואהרן כינו את העם "מורים",[79] או שחטא משה בעצם כעסו על העם.[80] יש שטענו שעולה מדבריהם כאילו יש ספק אם אפשר להוציא מים מהסלע: "הֲמִן

* לעומת זאת בדברים א׳, לז עולה שמשה לא נכנס לארץ בגין חטא המרגלים. אשמת העם בעונשו של משה עולה גם בדברים ג׳, כו, אף שאפשר שכאן הוא מכוון לאשמת העם בסיפור מי מריבה, כפי העולה גם בתהילים ק״ו, לב-לג.

הַסֶּלַע הַזֶּה".[81] פירושו של רבנו חננאל, שאומץ על ידי רמב"ן (ח) הוא, שכאשר הם הקהילו את העם הם אמרו: "הֲמִן הַסֶּלַע הַזֶּה נוֹצִיא". במילה "נוציא" הם הכלילו את עצמם בעשיית הנס, ובכך לא ייחסו לה' את מלוא ההערכה הראויה, ועל כן הוא מאשים אותם: "יַעַן לֹא הֶאֱמַנְתֶּם בִּי לְהַקְדִּישֵׁנִי".* משה ואהרן השתמשו בניסוח זה בגלל הפקפוק של העם בהנהגתם ("ולמה הבאתם את קהל ה'... ולמה העליתנו..."), ומשום כך שיתפו עצמם בפתרונו של ה' בנס הוצאת המים, מתוך כוונה כי הטענות כלפיהם יופרכו. הקושי בפירוש הזה הוא שה' השתמש באותה לשון ביחס למשה: "וְהוֹצֵאתָ לָהֶם מַיִם". קשה לקבל אם כן שלשון זו היא הבעיה כאשר משה השתמש בה.

נראה כי החטא קשור ביחסם של משה ואהרן אל העם כפי שמתבטא בסגנון דיבורם ובמעשיהם. טיבו של החטא נלמד מהשוואה בין תגובותיו של ה' בתלונות שונות של העם, ובציפייה של ה' ממשה ואהרן באירוע זה. התגובה של ה' לתלונת העם בסיפור זה שונה מאוד מתגובותיו בסיפורי חטא המרגלים וחטא עדת קורח. בשלושת הסיפורים מתלונן העם על הוצאתם ממצרים למות במדבר או בחרב (י"ד, ג-ד; ט"ז, יג-יד; כ', ג-ה). ובשלושתם נאמר שמשה ואהרן נפלו על פניהם בתגובה לתלונות העם (י"ד, ה; ט"ז, כב; כ', ו). בסיפור המרגלים ובסיפור קורח ה' זעם וביקש להטיל עונש חמור במיוחד (י"ד, יא-יב; ט"ז, כא). בשני המקרים משה יצא להגנת העם בתפילה שה' ירכך את העונש (י"ד, יג-יט; ט"ז, כב), ובשני המקרים ה' מתרצה לבקשתו (י"ד, כ; אומנם בסיפור קורח לא נאמר שהוא התרצה, אך מיד לאחר בקשת משה ה' מטיל את העונש על החוטאים בלבד).

בעוד ה' הגיב בתקיפות בסיפור המרגלים ובסיפור קורח, עד כדי רצונו לכלות את העם, בסיפור מי מריבה אין הוא מגיב בתקיפות על תלונת העם. להפך, ה' מתעלם מתלונתם על שהוצאו ממצרים והובאו למות במדבר במקום להביאם לארץ כמובטח. במקום תגובה קשה הוא מציע פתרון לבעיית המים. לעומת זאת, משה ריכך את הכוונות החמורות של ה' להעניש את העם בשני הסיפורים הקודמים, אך מגיב בתקיפות בסיפור מי מריבה ומכנה את העם "מורים" (י). מדוע שינה ה' את גישתו לחטא העם במקרה של מי מריבה? ההסבר לכך הוא שסיפור חטא המרגלים וסיפור מרד קורח ועדתו התרחשו בתקופת הדור הראשון של היוצאים ממצרים, ואילו סיפור מי מריבה התרחש בשנת הארבעים, והעם שהתלונן הוא הדור החדש, זה שייכנס לארץ. נראה כי בשנת הארבעים, כאשר התנועה לארץ מתחילה עם הדור החדש, מתחיל ה' בדף חדש ביחסו לעם, וזוהי התחלה חדשה עבור הדור החדש – דור הנכנסים לארץ. ה' אינו גוער בעם, ובוודאי אין הוא רוצה לכלות אותו, אלא להפך, הוא רוצה להראות את גודלו, ומבקש להעביר לעם את המסר שהוא שומר עליו ודואג לצרכיו. הוא מבקש להכניס את הדור הזה אל הארץ, כפי שהוא הבטיח בסיפור חטא המרגלים.

אולם עבור משה ואהרן, החזרה של הדור השני על הטענות של הדור הראשון מפתיעה

* רבנו חננאל על פסוק א (מהדורת שעועל, עמ' מג); וכן ריב"ש בפירושו לפסוק יב. רבנו בחיי (פירושו לפסוק ח, מהדורת שעועל, עמ' קמה-קמו) הקשה על פירוש זה, שמשה ואהרן אמרו את דבריהם בדרך של תמיהה, ובדבריהם לא טענו שהם יוציאו מים.

ומייאשת, שכן בעיניהם הדור השני אמור לבוא בגישה אחרת מדור אבותם, והינה הם חוזרים על אותן תלונות ואף משתמשים בסגנון דומה. הם נופלים על פניהם מיואשים מהצטברות האירועים מהדור הקודם, אשר נמשכים בדור החדש. משום כך הם גוערים בעם ומאשימים אותם. זאת הפוך ממה שה׳ ביקש, להראות לדור השני, עם התחלת הכניסה לארץ, שהוא שומר עליהם ומספק את צורכם. בניגוד לכוונת ה׳ להתחיל בהתחלה חדשה, משה ואהרן רואים קו ישיר בין ההתנהגות של הדור השני להתנהגותו של הדור הראשון, ועל כן במקום לקדש את שמו של ה׳ בפני דור זה, הם מטיחים בו הטחות קשות. מבחינה זו משה ואהרן לא קיימו את שה׳ ציווה, ואולם יותר מזה, הם לא עשו את השינוי שה׳ ביקש לעשות ביחס לדור השני. בעצם, הדיחוי של הכניסה לארץ לדור השני, הוא הגורם שמשה ואהרן לא נכנסו לארץ. מבחינה זו הטענה של משה בדברים (א׳, לז), שכעסו של ה׳ עליו היה בגלל חטא המרגלים, ובגין זה לא נכנס משה לארץ, אינו רחוק ממה שעולה כאן. אי כניסתו של הדור הראשון לארץ בגין חטאו, הוא אשר גרם לכך שגם משה לא נכנס לארץ, מכיוון שלא היה מסוגל לעשות את השינוי שהתבקש ביחס לדור השני, והתייחס לדור זה כהמשך של הדור הראשון. משה ואהרן שייכים לדור הראשון, והתנהגותם עם הדור השני הייתה המשך ישיר של יחסם לדור הראשון, ומבחינתם המשך ישיר של חטא המרגלים. חטאו של משה הוא ביחסו אל העם כמורדים, ובמקום להתנהל ברכות עם העם, ולהביא אותו להכרה בה׳, ולקדש את שם ה׳, הוא הטיח דברים בעם וגער בו. מעשה ההכאה בסלע אינו רק סטייה מצו ה׳ מן הבחינה הטכנית בלבד, כפי שסברו פרשנים קדומים, אלא ביטוי לגישתו הקשה של משה כלפי העם במקום בדרך שה׳ רצה. משה הטיח בעם האשמות והתווכח עימו, במקום להראות לעם את יכולתו של ה׳ ואת גדולתו. אם כן החטא של משה אינו רק סטייה מדרישת ה׳, אלא במעשה ההכאה והדיבור משה הראה את חוסר היכולת שלו להתמודד עם חטאי הדור השני, ועל כן מנע ה׳ ממנו להמשיך ולהוביל את העם. נדרשת הייתה הנהגה מחודשת ויחס מחודש של ה׳ אל העם, ובכך כשל משה.

אפשר כי עתה נבין את הסיבה שהתורה לא פירטה את העובדה שהדבר קרה בשנה הארבעים בתחילת הסיפור (א). שנת הארבעים היא שנת המפנה שבה הדור השני מתחיל במסעו לקראת הכניסה לארץ. שנה זו היא השנה שבה ה׳ מתחיל את היחס לעם הנכנס מחדש. אך משה מתייחס לדור השני כהמשך של הדור הראשון. מכיוון שיש שתי התייחסויות בסיפור ביחס לעם, השנה לא נאמרה במפורש, כי בזה בדיוק עוסק הקטע, אם זהו שינוי משמעותי ביחס אל העם או לא.

ייתכן כי התורה לא הבהירה באופן מספק את החטא, כדי שתשומת ליבו של הקורא לא תהיה נתונה למהותו של החטא, אלא לעצם העובדה שה׳ הקפיד על משה, ולא נתן לו יחס מועדף[82] (אם טענה זו נכונה, יש אירוניה גדולה בדבר שפרשנים רבים דווקא הרבו להתעסק בחטא משה באופן כה רחב). הפרקים הבאים בספר יראו, שעם כל החשיבות של הנהגת משה, העם ממשיך הלאה גם ללא המנהיג הגדול הזה. בסופו של דבר, עַם ה׳ תלוי בה׳, ולא בשום אדם, חשוב וגדול ככל שיהיה. ולעניין זה נשוב בהמשך.

היחס בין סיפור מי מריבה לסיפור מסה ומריבה בשמות י״ז, א-ז

סיפור מי מריבה וסיפור מסה ומריבה בשמות י״ז, א-ז, דומים מאוד. בשני הסיפורים העָם רב עִם משה (שמות י״ז, ב; במדבר כ׳, ג), ובשניהם מתלונן העם שמשה הוציא את העם ממצרים למות במדבר (שמות י״ז, ג; במדבר כ׳, ד). בשני הסיפורים משה מצווה לקחת עימו את המטה (שמות י״ז, ה; במדבר כ׳, ח), אף כי המטה בשמות הוא המטה של משה ואילו המטה בבמדבר הוא הנלקח מלפני ה׳, וזהו מטה אהרן שהונח שם לאחר המבדק מול מטות שאר נשיאי השבטים (שמות י״ז, ה; במדבר כ׳, ט). בשני הסיפורים מכה משה בסלע ויוצאים ממנו מים (שמות י״ז, ו; במדבר כ׳, יא). הסיפור בשמות מסתיים בהסבר שם המקום הנקרא מסה ומריבה (שמות י״ז, ז), ובבמדבר נקרא המקום מי מריבה (כ׳, יג).

ר׳ יוסף בכור שור הציע שמדובר באותו אירוע שהתרחש בשנת הארבעים, ובספר שמות רוכזו אירועים שונים שהתרחשו בזמנים שונים מאוחר יותר, ואחר כך חזר הכתוב ומנה את האירועים במקומם:

> לפי הנראה לי, זהו מעשה שב׳ויהי בשלח׳, דכתיב ביה ׳והכית בצור ויצאו׳ (שמות י״ז, ו); אלא שלשָׁם מספֵּר איך פירנס הקדוש ברוך הוא את ישראל במן ושליו (שמות ט״ז, יג-טו) ומים במדבר, ואחר כך כתב כל אחד במקומו. ותדע שאחד הוא זה המעשה ואותו, דהתם כתיב ׳ויקרא שם המקום ההוא [בנוסחנו ללא ׳ההוא׳] מסה ומריבה׳ (שמות י״ז, ז), וב׳זאת הברכה׳ הוא אומר על זה המעשה שהקפיד הקדוש ברוך הוא על משה ואהרן: ׳אשר נסיתו במסה תריבהו על מי מריבה׳ (דברים ל״ג, ח); אלמא, דמעשה אחד הוא. ואף בכאן כתיב ׳המה מי מריבת... מדבר צין׳ [צירוף של פסוק יג, ובמדבר כ״ז, יד]; והתם נמי כתיב ׳ויסעו... ממדבר סין׳ (שמות י״ז, א). ומה שלא פירש כאן פירש שם, שאמר לו הקדוש ברוך הוא להכות בצור. וכן דרך פרשיות הרבה, שסותם דבריו במקום אחד ומפרש במקום אחר. כגון פרשת מרגלים, דכתיב במשנה תורה שאמרו ישראל: ׳נשלחה אנשים׳ (דברים א׳, כב), וב׳שלח לך׳ לא פירש, וכן הרבה.

מעבר לדמיון בין הסיפורים, הוא מבסס את טענתו על דברים ל״ג, ח, המכנה את האירוע אשר בגינו נענשו משה ואהרן בשם ״מסה... מריבה״. בשם זה משתמש דווקא ספר שמות, ומכאן מסקנתו שמדובר באירוע אחד. אולם באמת אין הכרח שהפסוק בדברים מדבר באירוע אחד, אלא שחלקו הראשון של הפסוק מדבר על הסיפור בשמות (מסה), והחלק השני מדבר על האירוע בבמדבר (מי מריבה). ריב״ש מציין כי המיקום של האירוע בשמות הוא ״מדבר סין״ (שמות י״ז, א), ובבמדבר שם המקום דומה: ״מדבר צין״ (כ״ז, יד). אולם באמת הסיפור בשמות הוא ברפידים, התחנה שאליה הגיעו לאחר שעזבו את מדבר סין (שמות י״ז, א), ואילו לפי במדבר כ״ז, יד, האירוע התרחש במדבר צין. הקושי הגדול בפירוש ריב״ש הוא שבסיפור בשמות אין זכר לכישלון של משה ואהרן, בעוד זהו עיקרו של הסיפור בבמדבר כ׳.

יש הבדלים רבים בין הסיפורים המונעים מלהסיק שמדובר באותו אירוע. בסיפור בשמות, ה׳ אומר אל משה להכות בסלע, ואילו בבמדבר הוא אומר לו לדבר אל הסלע. בשמות משה מגיב לתלונת העם וגוער בהם על תלונתם כלפי ה׳: ״וַיֹּאמֶר לָהֶם מֹשֶׁה מַה תְּרִיבוּן עִמָּדִי מַה תְּנַסּוּן אֶת ה׳״ (שמות י״ז, א). בתגובה להמשך התלונה של העם מדוע הוא הוציא אותם ממצרים כדי למות במדבר, משה צועק אל ה׳ מתוך חשש שהעם יסקול אותו ושואל את ה׳ מה לעשות: ״וַיִּצְעַק מֹשֶׁה אֶל ה׳ לֵאמֹר מָה אֶעֱשֶׂה לָעָם הַזֶּה עוֹד מְעַט וּסְקָלֻנִי״ (שם, פסוק ד). לעומת זאת בסיפור מי מריבה בספר במדבר משה אינו מגיב לעם על תלונתם, אלא הוא ואהרן נכנסים לאוהל מועד ונופלים על פניהם: ״וַיָּבֹא מֹשֶׁה וְאַהֲרֹן מִפְּנֵי הַקָּהָל אֶל פֶּתַח אֹהֶל מוֹעֵד וַיִּפְּלוּ עַל פְּנֵיהֶם וַיֵּרָא כְבוֹד ה׳ אֲלֵיהֶם״ (ו). בשמות המקום נקרא בעקבות האירוע מסה ומריבה, על הניסיון שהם ניסו את ה׳ בדרישתם שה׳ ייתן להם מים, ומריבה על כך שהם רבו עם משה בתלונתם על כך שהם יצאו ממצרים למות במדבר (שמות י״ז, ב, ז). עניין דרישת המים בשמות הוא העיקר והוא חוזר פעמיים, פעם בתחילת תלונתם: ״תְּנוּ לָנוּ מַיִם וְנִשְׁתֶּה״ (י״ז, ב), ופעם בסוף דבריהם: ״...לְהָמִית אֹתִי וְאֶת בָּנַי וְאֶת מִקְנַי בַּצָּמָא״ (י״ז, ג). אין בסיפור בבמדבר דרישה ממוקדת במים (אף שנאמר שלא היה להם מים), ואין ניסיון של ה׳, אבל הם רבו עם משה (ג), ועל כן המקום נקרא ״מי מריבה״. בייחוד ההבדל המהותי הוא שהסיפור בשמות הוא סיפור הצלחה של משה והסיפור השני בבמדבר הוא כישלון שלו.

זמנו של החטא במסה ומריבה בספר שמות היה בשנה הראשונה לצאתם ממצרים, והתרחש ברפידים. ברפידים באו עמלק להילחם עם ישראל (שמות י״ז, ח), ומרפידים עברו לסיני לקבל את התורה (י״ט, ב). האירוע שבו חטאו משה ואהרן התרחש בקדש שבמדבר צין, ומשם נסעו להור ההר (י״ז, כב), וזה היה בשנת הארבעים (ל״ג, לח). על כן בבמדבר כ״ז, יד, המקום נקרא מי מריבת קדש מדבר צין (וכן בדברים ל״ב, נא; יחזקאל מ״ז, יט; מ״ח, כח). גם ההבדל בין המטה בשמות לבין המטה בבמדבר משקף הקשר שונה של שני האירועים – הראשון בהקשר של היציאה ממצרים, והשני בהקשר של מרד קורח. בשמות אומר ה׳ למשה לקחת את המטה אשר הוא היכה בו את היאור במצרים (י״ז, ה), ולעומת זאת בסיפור מסה ומריבה ה׳ לא אומר לו איזה מטה לקחת, אבל הוא לוקח את המטה מלפני ה׳, הוא המטה ששמו של אהרן היה רשום עליו, ושפרח כהוכחה לבחירת אהרן בעקבות המרד של קורח (כ׳, ט). הסיפור של מי מריבה קשור לסיפור קורח גם בכך שבשניהם העם מכונה ״קהל״ (ט״ז, ג; כ׳, ד, י). נראה גם כי כאשר העם מייחל למותו ״ולו גוענו בגוע אחינו לפני ה׳״, הם מתכוונים למגפה שבעקבות הקטרת הקטורת, ששם בעקבות אותה מגפה באה תלונה באותה לשון (י״ז, כז): ״הֵן גָּוַעְנוּ אָבַדְנוּ כֻּלָּנוּ אָבָדְנוּ״. נקודה נוספת אשר מצביעה על כך שהסיפור בשמות היה בסמוך ליציאת מצרים היא שהתלונה של העם במסה ומריבה היא על כך שמשה הוציא אותם ממצרים למות במדבר (י״ז, ג). ואילו בספר במדבר האירוע קשור לסופה של תקופת המדבר הארוכה, ובהתאם נוספת לאותה תלונה הטענה שמשה ואהרן לא הביאו את העם אל הארץ הטובה כפי שהובטח (כ׳, ה). מכל ההבדלים המהותיים בין הסיפורים יש להסיק שמתוארים כאן שני אירועים שונים עם קווי דמיון ביניהם, שהתרחשו בשני הקשרים

שונים: האחד התרחש בשנה הראשונה והאחד בשנת הארבעים (זו הדעה הנפוצה, למשל רמב"ן בפירושו לשמות י"ז, ה).

עם זאת לא ניתן להתעלם מהדמיון הגדול בין שני הסיפורים, ומן המחשבה שיש כוונה העומדת מאחורי הזיקה ביניהם. בתחילת השנה הראשונה לצאת ישראל ממצרים התלוננו העם כמה פעמים, ובכולן משה עמד לפניהם וסיפק את צורכם דרך ניסים שה' עשה באמצעותו. אחד מהניסים האלה היה הנס במסה ומריבה. לאחר מכן באו עמלק ונלחמו בישראל והובסו באמצעות פעולתו של משה (שמות י"ז, ח-יג). אז בא יתרו, בזכות קרבתו המשפחתית למשה, והוא מחזק את העם על ידי עצה על בניית מערך משפטי (י"ח, ח-כג). בסיפורים החל מבמדבר כ', מצויות פרשיות המזכירות בהקבלה את שסקרנו מספר שמות. כאמור, פרשת מי מריבה שבבמדבר מקבילה לפרשת מסה ומריבה שבשמות, אלא שבסיפור מסה ומריבה בשמות מצליח משה במה שה' הטיל עליו, ולעומת זאת בפרשת מי מריבה בבמדבר משה חוטא. מיד לאחר פרשת מי מריבה בשמות בא סיפור עמלק, ובו מוביל משה את העם לניצחון. לאחר סיפור מי מריבה בבמדבר באים הסיפורים על הניסיון של משה לעבור דרך ארץ אדום (כ', יד-כא) והמלחמה של ערד בישראל (כ"א, א-ג). כמו עמלק גם מלך ערד יוזם את העימות עם ישראל. אולם בניגוד לסיפור ההצלחה של משה במלחמת עמלק, ישראל מפסידים בשלב ראשון במלחמה עם ערד, והניצחון על ערד נעשה ללא אזכור משה. בהקבלה לסיפור יתרו בא סיפור בלעם.[83] בשני הסיפורים מודגשים המעשים הגדולים שעשה ה' לישראל. בשמות משה מספר ליתרו על מה שעשה ה' במצרים (י"ח, ח), ועל כך שמח יתרו (י"ח, ט). בלק מספר באמצעות שליחיו לבלעם על מעשי ה' לעם במצרים (כ"ב, ה), והוא חרד מפני הצלחת העם במלחמה באמורי (כ"ב, ב). בלק מבקש מבלעם לקלל את ישראל, ונראה כי בלעם מעוניין בכך. בלעם מייעץ לבלק (כ"ד, יד), ויתרו מייעץ למשה (שמות י"ח, יט). יתרו ובלעם הם היחידים שמייעצים בכל התורה, ואלה שתי ההיכרויות היחידות בתורה של השורש יע"ץ.

ההבדל בין שני מקבצי סיפורים אלה, הוא מקומו של משה בהם. משה הוא הגיבור של הסיפורים בשמות, וכולם סיפורים חיוביים, ומשה הוא הגורם להצלחה. בסיפור מסה ומריבה הוא מביא מים לעם באמצעות נס, והוא מוביל את העם לניצחון על עמלק, והקשר שלו עם יתרו עומד במרכזו של הקשר החיובי של יתרו עם ישראל. הפוך מזה במקבץ הסיפורים המקבילים בבמדבר. אף שבסיפור מי מריבה משה מוציא מים מן הסלע באמצעות נס, הוא נכשל בחטא. בסיפור המלחמה בערד העם מפסיד, וחיילי ערד שובים שבויים מישראל, וכאשר העם מצליח בעקבות נדר לנצח את ערי ערד, משה אינו מעורב בכך. בניגוד ליתרו שמסייע לישראל, בלעם מעוניין להזיק לישראל, אך אינו מצליח משום שה' אינו חפץ בכך, וייתכן שהוא מעורב בהחטאת העם בחטא ישראל בשיטים. בכל אופן, משה מוביל להצלחה בשמות, אך הוא חוטא בשנת הארבעים, ואינו מצליח למנוע את הכישלונות של העם, ואינו מעורב בהצלחה של העם. ההבדל בדמותו של משה עולה גם מהתגובה של משה לתלונות של העם בשני הסיפורים של מסה ומריבה ומי מריבה. בשמות משה משתדל קודם כול לשכנע את העם שתלונתם אינה טובה (י"ז, ב). לאחר שהם חוזרים ומתלוננים פונה משה לה' בצעקה

אליו מה לעשות בתלונת העם מתוך חשש לחייו (ד). לעומת זאת בעקבות התלונה של העם במדבר, משה ואהרן נופלים על פניהם ואין הם מנסים להניא את העם מתלונתם, ואף אין הם פונים בבקשה מילולית אל ה׳ (כ׳, ו). ובפנייה של משה אל העם לאחר שה׳ הורה לו על דיבור אל הסלע הוא מטיח הטחות קשות בעם.

נראה אם כן כי הדמיון בין סיפור מסה ומריבה בשמות לסיפור מי מריבה בבמדבר, מציג את תחילת הנהגתו המוצלחת של משה, לעומת כישלונו של משה במי מריבה, את עונשו, ואת התוצאות הנלוות של כישלון זה. התורה ביקשה להעמיד את תחילת התקופה המוצלחת ובהקבלה לכך את החטא של משה בשנת הארבעים.

לאחר חטא העם בבקשתו למים, העם מקבל הודעה על כך שמשה ואהרן ימותו בטרם כניסתם לארץ, וכך יאבדו מנהיגיו של העם בחודשים הקרובים. בשנה אחת ימותו המנהיגים, משה ואהרן ואף מרים. הדור השני מתמודד עם כניסה לארץ לאחר שדור אבותם נכשל בנקודה זו, ועתה הוא לומד שהוא צריך להמשיך להיכנס לארץ ללא מנהיגיהם. בפרקים להלן מוצג הרעיון הזה.

מקדש לערבות מואב כ׳, יד - כ״א, א

הניסיון של ישראל לעבור דרך ארץ אדום, כ׳, יד-כא

יד וַיִּשְׁלַח מֹשֶׁה מַלְאָכִים מִקָּדֵשׁ אֶל מֶלֶךְ אֱדוֹם כֹּה אָמַר אָחִיךָ יִשְׂרָאֵל אַתָּה יָדַעְתָּ אֵת כָּל
טו הַתְּלָאָה אֲשֶׁר מְצָאָתְנוּ. וַיֵּרְדוּ אֲבֹתֵינוּ מִצְרַיְמָה וַנֵּשֶׁב בְּמִצְרַיִם יָמִים רַבִּים וַיָּרֵעוּ לָנוּ מִצְרַיִם
טז וְלַאֲבֹתֵינוּ. וַנִּצְעַק אֶל ה׳ וַיִּשְׁמַע קֹלֵנוּ וַיִּשְׁלַח מַלְאָךְ וַיֹּצִאֵנוּ מִמִּצְרָיִם וְהִנֵּה אֲנַחְנוּ בְקָדֵשׁ עִיר
יז קְצֵה גְבוּלֶךָ. נַעְבְּרָה נָּא בְאַרְצֶךָ לֹא נַעֲבֹר בְּשָׂדֶה וּבְכֶרֶם וְלֹא נִשְׁתֶּה מֵי בְאֵר דֶּרֶךְ הַמֶּלֶךְ נֵלֵךְ
יח לֹא נִטֶּה יָמִין וּשְׂמֹאול עַד אֲשֶׁר נַעֲבֹר גְּבֻלֶךָ. וַיֹּאמֶר אֵלָיו אֱדוֹם לֹא תַעֲבֹר בִּי פֶּן בַּחֶרֶב אֵצֵא
יט לִקְרָאתֶךָ. וַיֹּאמְרוּ אֵלָיו בְּנֵי יִשְׂרָאֵל בַּמְסִלָּה נַעֲלֶה וְאִם מֵימֶיךָ נִשְׁתֶּה אֲנִי וּמִקְנַי וְנָתַתִּי מִכְרָם
כ רַק אֵין דָּבָר בְּרַגְלַי אֶעֱבֹרָה. וַיֹּאמֶר לֹא תַעֲבֹר וַיֵּצֵא אֱדוֹם לִקְרָאתוֹ בְּעַם כָּבֵד וּבְיָד חֲזָקָה.
כא וַיְמָאֵן אֱדוֹם נְתֹן אֶת יִשְׂרָאֵל עֲבֹר בִּגְבֻלוֹ וַיֵּט יִשְׂרָאֵל מֵעָלָיו.

פירוש העניין

עם חילופי הדורות הציפייה היא שהדור השני ייכנס לארץ ללא עיכובים נוספים, ועם תחילת שנת הארבעים, שנת הכניסה לארץ, יתקדם העם לעבר הארץ המובטחת ללא קשיים מיוחדים. אך הדבר הראשון שקרה היה מותה של מרים. מיד אחר כך משה ואהרן מתבשרים שהם לא ייכנסו לארץ. באחת מבין העם שראשיו אבדו. האתגרים אינם מסתיימים בכך. המעבר לקראת הכניסה לארץ מצד מזרח כרוך במעבר דרך אדום היושב בצידה הדרומי־מזרחי של הערבה, וכנראה גם בתוך שטח הערבה בצידה המערבי, עד שטחי ההר הדרומיים של הארץ. הם יושבים בקדש שהיא עיר בגבול אדום (טז), ועל כן הם מבקשים מהאדומים לעבור דרך ארצם מצד מערב לצד מזרח.*

הפנייה של משה אל אדום לעבור דרך ארצו מתבססת על התפיסה שישראל רואים את האדומים כעם שהוא אח של ישראל: "כֹּה אָמַר אָחִיךָ יִשְׂרָאֵל" (יד), רעיון המופיע בכמה מקומות (בראשית כ"ה, יט-לד; כ"ז, א-מה; ל"ב, ג - ל"ג, יז; דברים ב', ד; כ"ג, ח; עמוס א', י; עובדיה י, יב). רטוריקת השכנוע של משה היא מתוחכמת. הוא מתחיל ביחסי האחווה בין האחים, החוזרים אל ההיסטוריה המשותפת שלהם, בטרם יעקב ובניו ירדו למצרים (טו). הוא ממשיך ומספר את התלאות של ישראל במצרים, וישיבתם הממושכת שם, אולי כדי ליצור אהדה של אחווה בקרב האדומים, אבל בעיקר כדי להראות שה' היה עימם. בכך גם ביקש להראות לאדומים שזהו רצון ה' שהם יחזרו עכשיו לארצם. הוא מציין שבעקבות זעקתם אל ה', הוא שלח להם מלאך להוציאם ולהביא אותם למקום הזה (שמות י"ד, יט; כ"ג, כ; ל"ג, ב), ובכך גם לרמוז, על אשר יקרה אם לא יסכימו להעביר את ישראל דרך ארצם. ומיד הסיפור מגיע לנקודה שהם עתה בקדש בגבול אדום, בדרך לממש את התוכנית האלוהית שהחלה ברגע שישראל עזבו את מצרים. סיפור זה עשוי לעניין את אדום, לאור ההשערה שהאדומים משמרים מסורת ואמונה הקרובים למה שמשה מספר, ואולי אף שאמונת אדום הייתה קרובה לאמונת ישראל.[84] לאחר שמשה העלה את הטיעון של קרבת האדומים לישראל, וחזרתם של ישראל לארץ אבותם בשכנות לאחיהם האדומים באמצעות ה', מסיים משה בהבהרה שֶׁאַל לאדום לחשוש שייגרם להם נזק, שכן ישראל רק יעברו בארצם אך לא ישתמשו ביבול הארץ או במשאביה (יז).

ללא כל הסבר אדום מסרבים לבקשת משה, בתוספת איום שהם יצאו לקראת ישראל למלחמה (יח). שוב פונים ישראל לאדום בבקשה נוספת, אך הפעם הם משנים את בקשתם, ובאמצעות תמריץ כלכלי של תשלום עבור מים הם מבקשים לשנות את דעתם של האדומים (יט). הפנייה הכפולה מלמדת עד כמה ביקשו ישראל להימנע מעימות עם אדום, ועד כמה היה נחוץ להם לעבור דרך ארצם כדי להימנע מסיבוב ארוך ומייגע של ארץ אדום. אך אדום מגיבים

* יש שתי אפשרויות: אם קדש כאן היא קדש ברנע, ואומנם היא מזוהה עם עין-קודיראת, אזי יש להניח שהאדומים ישבו גם ממערב לערבה. אפשרות אחרת היא שמדובר בקדש אחרת הנמצאת בגבול הערבה, והאדומים ישבו רק במזרח הערבה. ראו על כך: ברטלט, אדום, עמ' 92. וראו לעיל בהערה בעמוד 301.

בנוקשות, וכפי שאיימו הם יוצאים לקראת ישראל למתקפה צבאית גדולה: "וַיֹּאמֶר לֹא תַעֲבֹר וַיֵּצֵא אֱדוֹם לִקְרָאתוֹ בְּעַם **כָּבֵד** וּבְיָד **חֲזָקָה**. **וַיְמָאֵן** אֱדוֹם נְתֹן אֶת יִשְׂרָאֵל עֲבֹר בִּגְבֻלוֹ" (כ-כא). יציאתם של אדום למלחמה עם ישראל מנוסחת במילים "כבד", "חזק" ו"וימאן", המזכירות את שעבוד מצרים: "**וְחִזַּקְתִּי** אֶת לֵב פַּרְעֹה וְרָדַף אַחֲרֵיהֶם **וְאִכָּבְדָה** בְּפַרְעֹה וּבְכָל חֵילוֹ" (שמות י"ד, ד; ראו גם למשל שם פסוק יז); "וַיֹּאמֶר ה' אֶל מֹשֶׁה **כָּבֵד** לֵב פַּרְעֹה **מֵאֵן** לְשַׁלַּח הָעָם" (שמות ז', יד; וראו למשל גם שמות ד', כג; ז', כז). השימוש במילים אלה, המעלות בתודעה את מצרים, הוא אירוני, שכן משה משתמש בסיפור השעבוד במצרים כדי לעורר אהדה אצל אדום, אך אדום מצטיירים דווקא כמי שהולכים בדרכו של פרעה.

ההתארגנות המאיימת של אדום בכוח כה גדול אילצה את ישראל לסגת: "וַיֵּט יִשְׂרָאֵל מֵעָלָיו" (כא), והעם נאלץ להקיף את ארץ אדום: "וַיִּסְעוּ מֵהֹר הָהָר דֶּרֶךְ יַם סוּף לִסְבֹב אֶת אֶרֶץ אֱדוֹם" (כ"א, ד). אולם לפני שנסעו מגבול אדום להקיף את ארצם קרו עוד שני אירועים קשים: מות אהרן (כב-כט), והמתקפה של ערד על ישראל (כ"א, א-ג).

הכישלון של משה במשא ומתן מול אדום לעבור בארצו בולט, לאור הקבלה בין סיפור זה לבין סיפור דומה של חזרת יעקב לארץ והמפגש שלו עם עשָׂו כמתואר בבראשית ל"ב, ג - ל"ג, כ. שני הסיפורים מדברים על מפגש בין אחים – בבראשית בין עשָׂו ליעקב, ובבמדבר בין ישראל לאדום. בבראשית יעקב חוזר לארץ לאחר שיצא ממנה, ובבמדבר ישראל חוזרים ממצרים לארץ. יעקב יצא בודד לחרן, וחזר עם משפחה גדולה, וישראל ירדו כמשפחה וחזרו כעם רב. יעקב שולח שליחים לעשָׂו על מנת לרצותו, ומשה שולח שליחים לאדום כדי לעבור בארצם. הפנייה של משה לאדום לאור הסיפור של המפגש הדומה בין יעקב לעשָׂו, יוצר ציפייה אצל הקורא, שהאדומים כמו עשָׂו, יתרצו לבקשת משה. אולם הסיפור מסתיים אחרת לגמרי. אף כי עשָׂו יצא לקראת יעקב עם צבא גדול, המפגש הסתיים בפיוס, ויעקב נכנס לארץ בשלום. משה לעומת זאת מנסה בדרכי שלום לעבור דרך אדום, אך אלה מסרבים ויוצאים באיום לקראת ישראל בצבא גדול, וישראל נאלצים לעשות סיבוב גדול של ארץ אדום. ההשוואה בין שני הסיפורים מדגישה את הכישלון של משה להכניס את העם לארץ דרך אדום.

סיפור זה הוא הראשון אשר מתאר את ההתקדמות של העם לקראת הכניסה לארץ. לאחר שהדור הראשון נענש שלא ייכנס לארץ, הציפייה היא שההתקדמות של דור הבנים תהיה חלקה לקראת הכניסה לארץ. אולם ההתקדמות הראשונה של העם לקראת הכניסה לארץ נתקלת בבעיה חמורה, שכרוכה בה סכנת מלחמה, ובסופה העם נאלץ להמשיך בדרך ארוכה הרבה יותר. עדיין אין אנו שומעים את תגובת העם, והיא עתידה לעלות מאוחר יותר בסיפור, אבל בוודאי הדבר גרם לאכזבה קשה, אם לא למשבר בקרב העם. חלקים מהעם עלולים לקבל חיזוק לטענותיהם שמשה לא יצליח להכניס אותם לארץ, והפעם הדבר קורה מול האדומים שנתפסו כאח של ישראל.

מטרת הסיפור להציג באור שלילי את משה באינטראקציה הראשונה לקראת הכניסה לארץ. הדבר יכול גם להבהיר הבדלים בין הסיפור הזה לדיווח של הסיפור על ידי משה בדברים ב', ב-ח, כט. כמו בבמדבר כ', גם בדברים מודגש שעשָׂו הוא אח לישראל (ד, ח).

שם הסיבה לאי לוחמה של ישראל באדום היא משום שה׳ נתן לעשָׂו את ארץ אדום ואסר על ישראל להילחם באדום. אולם ה׳ אומר במפורש שניתן לקנות מהם אוכל ומים (ו), ומפורש שם שישראל קנו מבני עשָׂו אוכל ומים (כט). בסיפור בבמדבר, אדום לא הרשו לישראל לעבור בגבולם, אף אם יקנו מהם בכסף אוכל ומים, ונראה כי הסיבה שלא נלחמו נגדם היא משום שאדום יצאו לקראתם בצבא כבד. רש״י ואחרים הסבירו שאכן ישראל סבבו את ארץ אדום, אך בדרך האדומים שינו את דעתם ומכרו להם מים.* אף שאין קושי לקבל הסבר זה, בכל זאת לא ניתן להתעלם מהמידע השונה בשני הכתובים, והרושם השונה העולה מהם. התיאור השונה של הסיפור נובע מהמטרות השונות של הכתובים בהקשרם. בבמדבר המטרה היא להדגיש את הכישלון של משה. על כן הדגש הוא על כך שהאדומים לא הרשו לישראל לעבור בארצם, ועל יציאתם למלחמה נגדם, וההכרח של ישראל לעקוף את ארץ אדום. המטרה בדברים היא להראות את יד ה׳, שהביאה להצלחה של ישראל כפי שהדבר התבטא בניצחון כנגד סיחון ועוג, ושישראל עקפו את אדום משום שה׳ אסר עליהם להילחם נגדם. אין סתירה בין הדברים, שכן ה׳ אסר להילחם נגדם, ואדום לא הרשו לישראל לעבור בתוך ארצם. ידיעה אחת כתובה בבמדבר בסיפור המציג כישלון של משה, ובדברים האי מלחמה כנגד אדום היא רצון ה׳. אין מניעה שכאשר ישראל עברו בגבול אדום מחוצה לו, הם קנו מהאדומים אוכל ושתייה כמו שמפורש בדברים, אבל בבמדבר נתון זה לא כתוב, משום שהעיקר שם הוא להראות את חוסר ההצלחה במשא ומתן מול אדום, והקנייה של אוכל ושתייה מהם אינה נחשבת הצלחה בהקשר זה. על השוואה כוללת יותר של המערכה של ישראל בעבר המזרחי בבמדבר ובדברים נרחיב להלן.

* לפי רש״י (לדברים ב׳, כט) הכוונה לא שהם עברו דרך אדום, אלא רק לעניין מכירת האוכל והמים. וכן פירש רד״צ הופמן, דברים, עמ׳ מה. לעומת זאת רשב״ם (בפירושו לדברים ב׳, ד) סבר ששני הקטעים עוסקים בשתי קבוצות שונות שאליהן פנו ישראל. בבמדבר הפנייה היא לאדום שהייתה ממלכה שנשלטה על ידי מלך, והם לא מכרו לישראל, ואילו בדברים הכוונה לבני עשו שהם מכרו לישראל, דברים ב׳, כט. וכן דעת שד״ל, פירושו לפסוק ד. כבר בהערת גיליון, תלמיד הרשב״ם חלק עליו, ואחז בדעה המופיעה ברש״י (ראו רשב״ם, מהדורת ראזין, עמ׳ 200).

מות אהרן ומינוי אלעזר במקומו, כ׳, כב-כט

כב כג וַיִּסְעוּ מִקָּדֵשׁ וַיָּבֹאוּ בְנֵי יִשְׂרָאֵל כָּל הָעֵדָה הֹר הָהָר. וַיֹּאמֶר ה׳ אֶל מֹשֶׁה וְאֶל אַהֲרֹן בְּהֹר הָהָר
כד עַל גְּבוּל אֶרֶץ אֱדוֹם לֵאמֹר. יֵאָסֵף אַהֲרֹן אֶל עַמָּיו כִּי לֹא יָבֹא אֶל הָאָרֶץ אֲשֶׁר נָתַתִּי לִבְנֵי
כה יִשְׂרָאֵל עַל אֲשֶׁר מְרִיתֶם אֶת פִּי לְמֵי מְרִיבָה. קַח אֶת אַהֲרֹן וְאֶת אֶלְעָזָר בְּנוֹ וְהַעַל אֹתָם הֹר
כו כז הָהָר. וְהַפְשֵׁט אֶת אַהֲרֹן אֶת בְּגָדָיו וְהִלְבַּשְׁתָּם אֶת אֶלְעָזָר בְּנוֹ וְאַהֲרֹן יֵאָסֵף וּמֵת שָׁם. וַיַּעַשׂ
כח מֹשֶׁה כַּאֲשֶׁר צִוָּה ה׳ וַיַּעֲלוּ אֶל הֹר הָהָר לְעֵינֵי כָּל הָעֵדָה. וַיַּפְשֵׁט מֹשֶׁה אֶת אַהֲרֹן אֶת בְּגָדָיו
כט וַיַּלְבֵּשׁ אֹתָם אֶת אֶלְעָזָר בְּנוֹ וַיָּמָת אַהֲרֹן שָׁם בְּרֹאשׁ הָהָר וַיֵּרֶד מֹשֶׁה וְאֶלְעָזָר מִן הָהָר. וַיִּרְאוּ
כָּל הָעֵדָה כִּי גָוַע אַהֲרֹן וַיִּבְכּוּ אֶת אַהֲרֹן שְׁלֹשִׁים יוֹם כֹּל בֵּית יִשְׂרָאֵל.

פירוש העניין

העם עובר מקדש להור ההר (כב). האזכור האחרון של קדש היה בפרשת כישלון העם לעבור דרך ארץ אדום. העם עובר מקדש להור ההר המצוי על גבול אדום, ומשה מתבשר שאהרן ימות בגלל חטאם במי מריבה (כד). מה שהבטיח ה׳, שמשה ואהרן ייענשו ולא ייכנסו לארץ, מתחיל להתממש. אמירה זו היא המשך לתיאור החטא של משה ואהרן והעונש שה׳ הטיל עליהם כפי שמתואר בפסוקים א-יג. על פי הנאמר בבמדבר ל״ג, לח, עליית אהרן להור ההר למותו אירעה זמן קצר לאחר האירועים שאירעו בקדש – בחודש החמישי, והוא בן מאה ועשרים ושלוש. בדברים י׳, ו, נאמר שאהרן מת במוסרה. עדות זו אינה סותרת את הנאמר כאן. הוא מת במוסרה, שהייתה לרגלי הור ההר, אך נקבר בהר.[85] נראה כי הור ההר במקורו אינו שם מקום אלא משמעותו המקום הגבוה בהר, ומאותה סיבה גם באזור הצפוני מצוי מקום באותו שם (במדבר ל״ד, ח).

הביטוי ״יֵאָסֵף אַהֲרֹן אֶל עַמָּיו״, שבו מתבשר משה על מותו של אהרן, מופיע רק בתורה ורק ביחס לאבות, ישמעאל, משה ואהרן: אברהם (בראשית כ״ה, ח), ישמעאל (בראשית כ״ה, יז), יצחק (בראשית ל״ה, כט), יעקב (בראשית מ״ט, כט, לג), משה (במדבר כ״ז, יג; ל״א, ב; דברים ל״ב, נ), אהרן (במדבר כ׳, כד; דברים ל״ב, נ). משמעות הביטוי דומה ככל הנראה לביטוי ״נאסף אל אבותיו״ (שופטים ב׳, י; מל״ב כ״ב, כ; דה״ב ל״ד, כח). הזיקה בין שני הביטויים עולה בבירור בבראשית מ״ט, כט. אפשר כי המשמעות היא איחוד מחדש של הנפטר עם קרוביו או עם אבותיו בעולם המתים,[86] או שזו דרך השפה לומר שמת כמו שמתו אבותיו,[87] ואולי המשמעות היא שנאסף אל הקבר שבו נקברו האבות.[88] נראה כי התורה ביקשה כאן להציג את אהרן במותו באור חיובי, כנגד הרושם שאולי עשוי לעלות מכך שהוא נענש.[89] אכן עונשו לא היה שמת, אלא שלא ייכנס לארץ. הסיפור מדגיש את מעבר הכהונה לבנו אלעזר, וכן את הרושם העז שהטביע מותו של אהרן על העם.

ה׳ מצווה את משה את פרטי טקס המיתה כיצד ימות אהרן, והדגש החוזר הוא המעבר של הכהונה מאהרן לאלעזר. ה׳ מצווה את משה להעלות להר את אהרן ואת אלעזר, ועל ההר משה צריך להפשיט את בגדי אהרן ולהלביש אותם את אלעזר (כה-כו). הפשטת אהרן מבגדי הכהונה הגדולה בהר סמוך למותו, ולא למטה באוהל מועד, היא משום שאהרן הוא כוהן גדול עד רגע מותו. מותו הוא שהפסיק את מעמדו ככוהן גדול, ולא החטא הוא שהפסיק את תפקידו. בגדי הכוהן מבטאים את כהונתו. הלבשת הבגדים את אלעזר היא פעולת המינוי של אלעזר לכוהן במקום אהרן, כפי שהלבשת אהרן הייתה חלק ממינויו והקדשתו (שמות כ״ה, ה-ו; ויקרא ח׳, ז-ט). אף נראה כי גם אלעזר נמשח בשמן המשחה כדי לכהן בתפקיד הכוהן הגדול (שמות כ״ט, ז; ויקרא ח׳, י).*

* אפשר גם שמשיחתו בשמן המשחה עוד בחיי אביו (ביחד עם איתמר) ייתרה את הצורך להימשח שוב. ראו ראב״ע לבמדבר ג׳, ג; רמב״ן לבמדבר ג׳, ד. שניהם מפרשים שהם נמשחו בחיי אהרן להיות כוהנים גדולים. לעומת זאת ספורנו פירש שאין זו משיחה שלהם להיות כוהנים גדולים, אלא משיחה לשם מינוים לכוהן הדיוט, וזה נהג רק בהם, ולא בכוהנים בדורות הבאים.

פסוקים כז-כח מדווחים שמשה ביצע את צו ה'. הביצוע של הצו כולל פירוט של הפשטת אהרן את בגדיו, והלבשתם את אלעזר, ומיד מסופר על מותו של אהרן (כח). יותר ממה שפירוט הביצוע בא להדגיש שמשה עשה את אשר צווה, הוא בא להדגיש שהעם רואה בעיניו את העלייה של משה, אהרן ואלעזר להר, וזאת רק כדי לבשר שהעם ראה את ירידת משה ואלעזר ללא אהרן (כט). ליתר דיוק, לא כתוב שהם ראו את ירידתם של משה ואלעזר, אלא: "וַיִּרְאוּ כָּל הָעֵדָה כִּי גָוַע אַהֲרֹן". בפועל, לא את מותו של אהרן הם ראו, אבל זה הרושם הגדול של מה שהם ראו – שאהרן לא ירד מן ההר ביחד עם משה ואלעזר, והם הבינו שמת. אולי משום כך, הפסוקים מדגישים את נושא הפשטת בגדי אהרן והלבשת אלעזר ולא את משיחתו של אלעזר בשמן המשחה, מכיוון שלבישת הבגדים משקפת בצורה גלויה את העובדה שהתפקיד עבר מאהרן לאלעזר, מה שאין כן אילו היה מסופר שאלעזר נמשח, שהרי בכך לא הייתה בולטת העברת התפקיד מאהרן.* העם מגיב בבכי וצער על מותו של אהרן: "וַיִּבְכּוּ אֶת אַהֲרֹן שְׁלֹשִׁים יוֹם כֹּל בֵּית יִשְׂרָאֵל" (כח).

מיקומה של פרשה זו לאחר המשא ומתן עם אדום הוא לכאורה סדר ההתרחשות: המשא ומתן עם אדום התרחש כאשר ישראל ישבו בקדש, לאחר שהחלו לסבוב את הר שעיר, ובהגיעם להור ההר מת אהרן (כב). מעבר לכך קיים קשר תוכני בין הסיפורים. לאחר חטאם של משה ואהרן, והבשורה שהם לא יכניסו את העם לארץ, מגיע משא ומתן כושל של משה עם אדום. מותו של אהרן הוא ביצוע העונש שהבטיח ה' על חטאו, ולאחר מכן באים סיפורים נוספים של כישלונות: הכישלון בשלב הראשון של המערכה כנגד ערד, ואחר כך בחטא העם בדרכם מהור ההר לסבוב את ארץ אדום (כ"א, ד-ה). רצף זה מבטא לסירוגין את חטאם של משה ואהרן ומותו של אהרן יחד עם הכישלונות של ישראל בתחילת מסעם בשנת הארבעים, וכך מודגמות לסירוגין הבעיות הפנימיות של ישראל המתארות את חטאם ומותם של מנהיגי העם, ואת הכישלונות המדיניים, ומתוך כך ניכרת המציאות החדשה שהעם עומד בפניה.

* קשורים לכך דברי ריב"ש לפסוק כו: "את אלעזר בנו – שיראה בנו כהן גדול בימיו, ואחר כך יאסף בימיו".

המלחמה עם ערד, כ"א, א-ג

א וַיִּשְׁמַע הַכְּנַעֲנִי מֶלֶךְ עֲרָד יֹשֵׁב הַנֶּגֶב כִּי בָּא יִשְׂרָאֵל דֶּרֶךְ הָאֲתָרִים וַיִּלָּחֶם בְּיִשְׂרָאֵל וַיִּשְׁבְּ
ב מִמֶּנּוּ שֶׁבִי. וַיִּדַּר יִשְׂרָאֵל נֶדֶר לַה' וַיֹּאמַר אִם נָתֹן תִּתֵּן אֶת הָעָם הַזֶּה בְּיָדִי וְהַחֲרַמְתִּי אֶת
ג עָרֵיהֶם. וַיִּשְׁמַע ה' בְּקוֹל יִשְׂרָאֵל וַיִּתֵּן אֶת הַכְּנַעֲנִי וַיַּחֲרֵם אֶתְהֶם וְאֶת עָרֵיהֶם וַיִּקְרָא שֵׁם
הַמָּקוֹם חָרְמָה.

פירוש העניין

לאחר סיפור מות אהרן מסופר על מתקפה של הכנעני היושב בערד על ישראל, לאחר ששמע שישראל עוברים דרך האתרים. במתקפה הראשונה הביסו ערד את ישראל ולקחו מהם שבויים (א), ורק במערכה השנייה גברו ישראל והחרימו את הכנעני בערד וסביבתה (ג). עדות מקוצרת לאירוע זה שהתרחש בהיות ישראל בהור ההר מופיעה בפרק ל״ג, מ. ייתכן שההימנעות של ישראל מעימות צבאי כנגד ההתארגנות העוינת של אדום כנגדם, התפרשה על ידי מלך ערד כחולשה של ישראל, וזו נוצלה על ידו להתקפה על ישראל.

אנקדוטה קצרה זו מורכבת משלושה פסוקים: הפסוק הראשון מתאר את ההתקפה של מלך ערד על ישראל לאחר ששמע שישראל באים דרך האתרים, מלחמתו בהם, והצלחתו לקחת מישראל שבויים. בפסוק השני יש פנייה של העם לה׳ בנדר, שאם ייתן ה׳ את ערד בידו הוא יחרים את עריו. בפסוק השלישי יש היענות של ה׳ לנדר של ישראל: ״וַיִּשְׁמַע ה׳ בְּקוֹל יִשְׂרָאֵל וַיִּתֵּן אֶת הַכְּנַעֲנִי״. ישראל עומדים בנדרם ומחרימים את ערי ערד: ״וַיַּחֲרֵם אֶתְהֶם וְאֶת עָרֵיהֶם״, והם קוראים לעיר על שם כך: ״וַיִּקְרָא שֵׁם הַמָּקוֹם חָרְמָה״.

על אף קיצורה, אנקדוטה זו בנויה במבנה עלילתי קלאסי. הפסוק הראשון מתאר סיבוך, בהתקפת מלך ערד את ישראל בעת שנסעו בדרך, גברו על העם ולקחו ממנו שבויים. נקודת התפנית היא הנדר שישראל נודרים לה׳. נקודת ההתרה היא בהיענות של ה׳ לנדר העם, והניצחון של ישראל על ערד. מוקד הסיפור מצוי בנקודת המפנה שלו, שמתרחשת עם הפנייה של העם אל ה׳ בנדר, והיענות ה׳ לעם. העם מצליח בכוח נדרו לה׳, וההבטחה שהוא יחרים את העיר, לשנות את המציאות ולהפוך את ההפסד לניצחון.

הרעיון העומד ביסוד קטע קצר זה הוא דווקא מה שאין בו: משה! עד עתה בכל צרה שהייתה לישראל, משה הוא שהביא לפתרונה. משה היה זה שפנה אל ה׳ עבור העם, וה׳ ענה לפנייתו. זו הפעם הראשונה שמודגש שישראל פונים אל ה׳, וה׳ נענה לפנייה של העם. לאחר שבסיפור החטא של משה ואהרן במי מריבה עולה כי העם עתיד להמשיך במסעו לכיבוש הארץ ללא הנהגת משה, ולאחר שמשה נכשל במשא ומתן עם אדום, דבר שגרם לסטייה משמעותית מהדרך, עתה גם בכישלון של ישראל בעימות צבאי עם הכנעני בערד משה אינו פותר את הבעיה, אלא ישראל עושים זאת ללא התערבות משה. העם חווה התמודדות עם כישלון ללא סיועו של משה. כך נבין מדוע מודגש שמלך ערד הוא כנעני, ואף הוקדם באופן חריג ״כנעני״ ל״מלך ערד״ (״וישמע הכנעני מלך ערד״). המקרא ביקש להציג את המלחמה הזו כקדימון למלחמות של ישראל בכנען, ועולה כבר עתה שעימות מוצלח עם הכנעני אפשרי ללא משה. ההפסד של ישראל במערכה הראשונה, וההיענות ה׳ לפנייה ישירה של ישראל אליו, מדגישים שהעם מצליח לפעול אצל ה׳ לטובתם, דבר שהיה נחלת משה בלבד עד כה.

הבחנה זו תבהיר את הזיקה של סיפור זה לעימות עם הכנעני והעמלקי בסיפור המעפילים שלאחר חטא המרגלים (י״ד, מד-מה). בניגוד להוראת משה, לאחר חטא המרגלים העם העפיל

לראש ההר במטרה להיכנס לארץ, אולם העמלקי והכנעני ירדו להילחם בעם והיכו אותו. הסיפור אצלנו מסתיים לאחר שישראל מכים מכה בערד, ובקריאת המקום חורמה, ואילו הכנענים והעמלקים בסיפור המעפילים היכו את ישראל "עד החרמה": "ויכום ויכתום עד החרמה". אין מדובר בחורמה כשם מקום, אלא כתואר הפועל של הכתישה של ישראל "עד החרמה". הקשר בין שני הסיפורים הוא קשר של היפוך. בניסיון הראשון של העם להיכנס לארץ, שלא ברשות ה׳, עקב חטאם באירוע המרגלים, באו העמלקים והכנענים והביסו את ישראל, והיכו אותם עד חורמה. ובסיפור המלחמה בכנעני בערד, ביקשה התורה להראות את תחילת השינוי שחל בדור השני. לאחר שנות דור, העם, בני הדור השני, יכול להצליח בעימות עם הכנענים. הניגוד בין שני הסיפורים מודגש באמצעות הבלטה שבשניהם נלחמו ישראל עם כנענים. יש לציין שמקום הקרב באזור הנגב אינו מקרי, וזאת כדי להצביע באופן בולט על השינוי מאז תקופת חטא המרגלים וכישלון המעפילים. התבוסה הראשונה הייתה משום שה׳ לא היה עם העם. על כן הדגש בסיפור הנוכחי הוא שה׳ היה עימם ובשל כך הם ניצחו. הניגוד בין הכישלון בקרב הראשון, לבין ההצלחה בקרב השני, משקף את העובדה שההצלחה בקרב השני באה בעקבות פניית העם אל ה׳.

הסיפור על כיבוש ערד וקריאת המקום חורמה מתקשר לאזכור של ערד וחורמה ברשימת המלכים שכבש יהושע בפרק י"ב, שבה נרשם מלך חורמה לפני האזכור של מלך ערד (יד). סיפורנו מזכיר גם את הידיעה בדבר הקיני, צאצאי חובב חותן משה, שישבו בערד, וכיבוש צפת על ידי יהודה ושמעון, וקריאת העיר חורמה בשופטים א׳, טז-יז.

אפשרות אחת להסביר את היחס בין האזכורים השונים היא שהכיבוש של ישראל את ערד וקריאתה חורמה, התרחש בשופטים א׳, יז, ועל הכיבוש הזה בימי השופטים מספרת התורה בפרק כ"א, ג; מדובר אפוא באירוע אחד המסופר פעמיים (רמב"ן).[90] הקושי בפירוש זה הוא, ששני הפסוקים הראשונים עוסקים בימי משה ומסתיימים בטרגדיה ולא בסוף טוב, ופסוק ג משקף תקופה מאוחרת. אפשרות אחרת היא שמדובר על אירועים שונים במקומות שונים. כמו כן יש לציין שהעיר שהוחרמה בבמדבר היא ערד, ואילו בשופטים מדובר על צפת (ראב"ע). כמו כן, העיר ערד והעיר חורמה הן שתי ערים שונות ביהושע י"ב ולא אותה עיר, דבר המחזק את הקביעה שמדובר באירועים שונים. נראה שהשם חורמה מופיע כמה פעמים משום שהמילה משקפת תוצאה של החרמת העיר, ומכיוון שאירוע כזה התרחש בכמה מקומות, ערים שונות נקראו בשם זה (ראב"ע).[91] בנוסף לכך, יש לשקול בחשבון שאותה עיר יכולה הייתה להיכבש פעמיים: ייתכן מאוד שערד נכבשה ונעזבה, או נכבשה מחדש מידי ישראל על ידי כנענים, ושבה ונכבשה על ידי ישראל כמסופר ביהושע.[92]

תלונות העם, ונחש הנחושת, כ״א, ד-ט

ה וַיִּסְעוּ מֵהֹר הָהָר דֶּרֶךְ יַם סוּף לִסְבֹב אֶת אֶרֶץ אֱדוֹם וַתִּקְצַר נֶפֶשׁ הָעָם בַּדָּרֶךְ. וַיְדַבֵּר הָעָם
בֵּאלֹהִים וּבְמֹשֶׁה לָמָה הֶעֱלִיתֻנוּ מִמִּצְרַיִם לָמוּת בַּמִּדְבָּר כִּי אֵין לֶחֶם וְאֵין מַיִם וְנַפְשֵׁנוּ קָצָה
ו בַּלֶּחֶם הַקְּלֹקֵל. וַיְשַׁלַּח ה׳ בָּעָם אֵת הַנְּחָשִׁים הַשְּׂרָפִים וַיְנַשְּׁכוּ אֶת הָעָם וַיָּמָת עַם רָב מִיִּשְׂרָאֵל.
ז וַיָּבֹא הָעָם אֶל מֹשֶׁה וַיֹּאמְרוּ חָטָאנוּ כִּי דִבַּרְנוּ בַה׳ וָבָךְ הִתְפַּלֵּל אֶל ה׳ וְיָסֵר מֵעָלֵינוּ אֶת הַנָּחָשׁ
ח וַיִּתְפַּלֵּל מֹשֶׁה בְּעַד הָעָם. וַיֹּאמֶר ה׳ אֶל מֹשֶׁה עֲשֵׂה לְךָ שָׂרָף וְשִׂים אֹתוֹ עַל נֵס וְהָיָה כָּל הַנָּשׁוּךְ
ט וְרָאָה אֹתוֹ וָחָי. וַיַּעַשׂ מֹשֶׁה נְחַשׁ נְחֹשֶׁת וַיְשִׂמֵהוּ עַל הַנֵּס וְהָיָה אִם נָשַׁךְ הַנָּחָשׁ אֶת אִישׁ וְהִבִּיט
אֶל נְחַשׁ הַנְּחֹשֶׁת וָחָי.

פירוש העניין

לאחר תקופת נדודים במדבר, ומסע מחודש לעבר הארץ, הציפייה היא כי הכניסה לארץ תהיה חלקה. אך לא כך היה. לאחר הסירוב של אדום לעבור בגבולו, מות אהרן, והמלחמה בערד, העם ממשיך במסע בדרך העוקפת את אדום. לא פלא אפוא שלאחר הצטברות של כישלונות ואכזבות העם יחווה משבר. וכך במהלך הסיבוב הארוך של ישראל סביב אדום, במקום כניסה ישירה לארץ, קצרה נפש העם בדרך (ד-ה).*

תלונת העם היא שאין להם לחם ומים לאכול ולשתות. יש להם עדיין מן, אך בעיניהם המן הוא "לחם קלוקל". מצבם הביא אותם להתלונן על עצם העובדה שיצאו ממצרים, ותלונתם מכוונת כלפי ה׳ ומשה: "וַיְדַבֵּר הָעָם בֵּאלֹהִים וּבְמֹשֶׁה" (ה). תגובה זו היא הפוכה לתגובת העם לאחר מעבר ים סוף: "וַיַּאֲמִינוּ בה׳ וּבְמֹשֶׁה עַבְדּוֹ" (שמות י"ד, לא). השימוש בשם אלוהים במקום בשם ה׳, מלמד על ריחוקם מאלוהים, שהוא שם המשקף ריחוק, לעומת האמונה שלהם בים סוף שיצרה קרבה, ולכן מופיע שָׁם שֵׁם ה׳. גם במי מריבה הם התלוננו על משה ועל אהרן "וְלָמָה הֶעֱלִיתֻנוּ מִמִּצְרַיִם", אולם עתה אהרן כבר מת, ולכן השימוש בלשון רבים כאן הוא כנגד משה, אך הפעם גם נגד ה׳ באופן ישיר: "לָמָה הֶעֱלִיתֻנוּ מִמִּצְרַיִם". כאמור, יש לשים לב שבתחילת המסע בשנת הארבעים כאשר הם התלוננו על המים בפרשת מי מריבה, הם התלוננו על משה ואהרן בלבד ולא על ה׳ (כ׳, ג-ה), ולעומת זאת התלונה על הצמא והחוסר בלחם עתה לאחר כמה חודשים, והקשיים והכישלונות שפקדו את העם מאז החודש הראשון בשנת הארבעים, הביאו גם למשבר של העם מול אלוהיו.

כמו במרבית סיפורי החטאים של העם במדבר, התגובה של ה׳ היא הענשתם. ה׳ שולח בעם נחשים שרפים שנושכים את האנשים, ואלה מתים מפגיעת הנחשים: "וַיְשַׁלַּח ה׳ בָּעָם אֵת הַנְּחָשִׁים הַשְּׂרָפִים וַיְנַשְּׁכוּ אֶת הָעָם וַיָּמָת עַם רָב מִיִּשְׂרָאֵל" (ו). גם תגובת העם לעונש היא אופיינית – הם פונים אל משה בחרטה, ומודים בחטאם שדיברו נגד משה ונגד ה׳, ומבקשים ממנו שיתפלל עבורם שיסיר מהם את מכת הנחשים (ז). תגובת משה אף היא אופיינית, והוא פונה לבקשתם אל ה׳ בתפילה: "וַיִּתְפַּלֵּל מֹשֶׁה בְּעַד הָעָם". במענה לתפילת משה ה׳ מצווה ליצור תבנית של נחש, ולהעמידו על נס, והמביט בו יירפא, ומסופר שכך היה (ח-ט). אין הסבר מדוע הנחש עשוי מנחושת דווקא, ואולי ההסבר קשור בכך שבאזור הערבה היו מכרות נחושת.[93] ואולי הדבר קשור גם במשחק המילים "נחש/נחושת".[94] בזמן מאוחר יותר נקרא החפץ שיצר משה "נחושתן" (מל"ב י"ח, ג), המשמר בשם הזה את שתי המילים "נחש" ו"נחושת". כיצד ראיית הנחש ריפאה את הנשוכים? המשנה (ראש השנה פרק ג משנה ח) עונה על כך, שכאשר הם הסתכלו בנחש, הם פנו בכך לה׳, בהתאם למה שאמר ה׳ למשה: "וראה אותו וחי" (כ"א, ה).[95] או אולי במילים אחרות אפשר לנסח את הדברים, שהעם עשה את שציווה ה׳ ואז נרפא.[96]

* ריב"ש כותב: "ותקצר נפש העם בדרך – כיון שראו שהיו חוזרים לאחוריהם אל המדבר, היה קשה בעיניהם מאד, כי היו סבורים ליכנס מיד בארץ ישראל לאכול מתבואתה; ועתה חוזרים למקום שאין לחם ומים מצוי שם".

השאלה המשמעותית היא, מדוע ה׳ מצווה על צורת הריפוי החריגה הזאת? תלונת העם אינה חריגה, וכן לא תפילת משה למען העם. אבל תגובת ה׳ היא חריגה בהשוואה לתלונות אחרות של העם במדבר. במקום שה׳ ייענה לתפילת משה באופן ישיר, הריפוי נעשה באמצעות הבטה על נחש מנחושת שה׳ ציווה לעשות. זאת לעומת תלונות העם הקודמות, שבהן עונה ה׳ לתפילת משה: בתלונת העם על כך שאין לו מים בשמות ט״ו, כב-כו, משה צועק אל ה׳, ואז בהוראת ה׳ משה זורק עץ והמים המרים הופכים למתוקים. ובעקבות תלונתם של ישראל על מחסור בלחם, ה׳ שולח לעם את המן, ומשה מבשר על כך לעם באמצעות אהרן שה׳ שמע את תלונותיהם (שמות ט״ז, א-י). שוב העם מתלונן על מים, ובהוראת ה׳ משה מכה בסלע ויוצאים מים מן הסלע (שמות י״ז, א-ז). וכן בבמדבר י״א העם מתלונן על מחסור באוכל לאחר שמאס במן, ושוב באמצעות משה ה׳ מבשר לעם שיהיה לו בשר לאכול (במדבר י״א).
ההבחנה בחריגה זו שבסיפורנו ובמשמעותה תביא אותנו להבחנת מטרת הסיפור הנוכחי ומגמתו. בכל המקרים הקודמים של התלונות מקומו של משה הוא מרכזי בפתרון הבעיה. בסיפור זה התפילה של משה מביאה לשינוי במצב, אבל השינוי הזה נעשה רק באמצעות נחש נחושת שמשה מצטווה לעשות. מדוע ה׳ אינו מרפא את האנשים בזכות תפילתו של משה באופן ישיר כמו במקרים האחרים? סיפור זה הוא המשך הסיפורים החל מבמדבר כ׳, א, הבאים להציג ירידה במעמדו של משה. בניגוד לסיפורי תלונה אחרים מקומו של משה הוא צדדי יותר, ולכן נכנס לכאן נחש הנחושת כמרפא. ההצלה של העם לא באה בעקבות הודעת משה, או פעולה ישירה של משה. במרכז ההצלה עומד נחש הנחושת, והוא ״גיבור״ הסיפור ולא משה. החל מפרק כ׳, מעמדו של משה משתנה, והעם פחות תלוי במשה. לקראת מותו של משה, העם עובר סדרה של אירועים שבהם משה אינו מרכזי יותר בהתנהלותם מול ה׳ ומול אתגרי הדרך.

מסעות העם, כ"א, י-כ

י יא וַיִּסְעוּ בְּנֵי יִשְׂרָאֵל וַיַּחֲנוּ בְּאֹבֹת. וַיִּסְעוּ מֵאֹבֹת וַיַּחֲנוּ בְּעִיֵּי הָעֲבָרִים בַּמִּדְבָּר אֲשֶׁר עַל פְּנֵי מוֹאָב
יב יג מִמִּזְרַח הַשָּׁמֶשׁ. מִשָּׁם נָסָעוּ וַיַּחֲנוּ בְּנַחַל זָרֶד. מִשָּׁם נָסָעוּ וַיַּחֲנוּ מֵעֵבֶר אַרְנוֹן אֲשֶׁר בַּמִּדְבָּר
יד הַיֹּצֵא מִגְּבֻל הָאֱמֹרִי כִּי אַרְנוֹן גְּבוּל מוֹאָב בֵּין מוֹאָב וּבֵין הָאֱמֹרִי. עַל כֵּן יֵאָמַר בְּסֵפֶר מִלְחֲמֹת
טו ה' אֶת וָהֵב בְּסוּפָה וְאֶת הַנְּחָלִים אַרְנוֹן. וְאֶשֶׁד הַנְּחָלִים אֲשֶׁר נָטָה לְשֶׁבֶת עָר וְנִשְׁעַן לִגְבוּל
טז מוֹאָב. וּמִשָּׁם בְּאֵרָה הִוא הַבְּאֵר אֲשֶׁר אָמַר ה' לְמֹשֶׁה אֱסֹף אֶת הָעָם וְאֶתְּנָה לָהֶם מָיִם.

יז אָז יָשִׁיר יִשְׂרָאֵל אֶת הַשִּׁירָה הַזֹּאת
עֲלִי בְאֵר   עֱנוּ לָהּ.
יח בְּאֵר חֲפָרוּהָ שָׂרִים   כָּרוּהָ נְדִיבֵי הָעָם
בִּמְחֹקֵק בְּמִשְׁעֲנֹתָם

יט כ וּמִמִּדְבָּר מַתָּנָה. וּמִמַּתָּנָה נַחֲלִיאֵל וּמִנַּחֲלִיאֵל בָּמוֹת. וּמִבָּמוֹת הַגַּיְא אֲשֶׁר בִּשְׂדֵה מוֹאָב רֹאשׁ
הַפִּסְגָּה וְנִשְׁקָפָה עַל פְּנֵי הַיְשִׁימֹן.

פירוש העניין

פסוקים י-כ בפרק כ"א הם רשימת מסע בעיקרם. נקודת הפתיחה היא במקום שבו התרחש אירוע הנחשים, בדרך מהור ההר לסבוב את אדום (ד). התחנה האחרונה בפסוקים אלה היא: "הַגַּיְא אֲשֶׁר בִּשְׂדֵה מוֹאָב רֹאשׁ הַפִּסְגָּה וְנִשְׁקָפָה עַל פְּנֵי הַיְשִׁימֹן" (כ) – וככל הנראה הכוונה לשטח המישורי של רמת עבר הירדן, אשר משקיפה לעבר האזור השומם צפונית-מזרחית לים המלח. רשימת תחנות המסע היא קיצור של רשימה מלאה יותר בפרק ל"ג, מא-נט. זיהוין של מרבית התחנות אינו נהיר לנו, אך ניכר שיש דגש על המסע במדבר ממזרח למואב. החנייה בעיי העברים היא בגבול מואב במזרחה: "וַיַּחֲנוּ בְּעִיֵּי הָעֲבָרִים בַּמִּדְבָּר אֲשֶׁר עַל פְּנֵי מוֹאָב מִמִּזְרַח הַשָּׁמֶשׁ" (יא, וכן ל"ג, מד). לאחר עיי העברים הם חונים בנחל זרד (יב), ונחל זרד מזוהה על ידי רבים כוואדי חסה, נחל שמשמש גבול בין אדום למואב, ונשפך לדרום ים המלח. הבעיה בזיהוי זה היא שהם כבר הגיעו לאזור המדבר ממזרח לארץ מואב, שהוא צפונית לנקודה זו. גם בדברים ב', עולה שהם הגיעו למדבר מואב לפני שהגיעו לנחל זרד, ובהגיעם לנחל זרד הם נמצאים בגבול עמון (ראו פסוקים ט, יג, יט). לכן יש לקבל את הזיהוי שנחל זרד הוא ואדי טרופוויה או ואדי נח'לה, במזרחה של מואב (הנמצא הרחק מצפון לנחל חסה), והוא הזורם מדרום לצפון אל תוך נחל ארנון.[97] אחר כך עוברים את הנחל וחונים: "וַיַּחֲנוּ מֵעֵבֶר אַרְנוֹן אֲשֶׁר בַּמִּדְבָּר הַיֹּצֵא מִגְּבֻל הָאֱמֹרִי" (יג). נחל ארנון הוא הגבול בין מואב לבין ארץ סיחון האמורי: "כִּי אַרְנוֹן גְּבוּל מוֹאָב בֵּין מוֹאָב וּבֵין הָאֱמֹרִי" (יג). התחנה האחרונה היא באזור המערבי של האמורי, באזור ההררי המשקיף על ים המלח, שלשם הם הגיעו ככל הנראה בהליכה במקביל לארנון מצפון, בחלק האמורי הגובל במואב. הדגש העיקרי כאמור הוא על המסע סביב מואב.

הדגש בקטע זה הוא אפוא שהעם לא נכנס למואב, אלא עבר ליד גבולו: "וַיַּחֲנוּ בְּעִיֵּי הָעֲבָרִים בַּמִּדְבָּר אֲשֶׁר עַל פְּנֵי מוֹאָב מִמִּזְרַח הַשָּׁמֶשׁ" (יא), ושוב מודגש: "וַיַּחֲנוּ מֵעֵבֶר אַרְנוֹן אֲשֶׁר בַּמִּדְבָּר הַיֹּצֵא מִגְּבֻל הָאֱמֹרִי" (יג), היינו מהעבר הצפוני של נחל ארנון, בשטחו של סיחון. מכיוון שהשטח בין ארנון לבין נחל יבוק היה שייך למואב – אך האמורי כבשו מהם את השטח הזה, כפי שנאמר בשופטים י"א, יח-כב – מודגש כאן: "כִּי אַרְנוֹן גְּבוּל מוֹאָב בֵּין מוֹאָב וּבֵין הָאֱמֹרִי" (יג). המטרה כאן היא להדגיש שישראל לא עברו בארץ מואב, אלא בסמוך לה. דבר זה עולה משום שהשטח הזה היה מואבי במקורו, ונכבש על ידי האמורי. טענה זו שוב תעלה בימי יפתח, העתיד לטעון שהשטח שבידי ישראל נכבש מידי האמורי ולא מידי מואב.

המסע החל מפסוק יג, הוא בתוך שטח סיחון האמורי, ועל כן הוא התרחש לאחר המלחמה בסיחון, המתוארת רק אחרי קטע זה (כא-לא). מדוע התורה שינתה את סדר האירועים והקדימה את המסע בתוך ארץ סיחון למלחמה בסיחון? לפני שנענה על זה נעסוק בציטוט מספר מלחמות ה' בפסוקים יד-טו.

השיר הוא ציטוט מספר מלחמות ה' (יד-טו). אין לנו מידע על הספר הזה, המוזכר רק כאן. לדעת ראב"ע אספו בספר זה סיפורי מלחמות מתקופה קדומה (פירושו לפסוק יד). נראה כי משום שמלחמה נגד ישראל היא מלחמה נגד ה', הספר נקרא "ספר מלחמות ה'",

כפי שעולה מהנאמר ששאול ודוד נלחמים מלחמות ה׳ (שמ״א י״ח, יב; וראו גם שמ״א כ״ה, כח). אפשרות אחת היא שפסוקים אלה הם שיר על ניצחונם של ישראל על סיחון (רש״י), ואפשרות אחרת היא שהשיר מדבר על הניצחון של האמורי על מואב, ועל ערים שהוא כבש ממנו במלחמה הקודמת לבואם של ישראל לאזור (רמב״ן וריב״ש). ספר מלחמות ה׳ כלל חומרים על ישראל, אך כלל גם חומרים שהיו רלוונטיים לישראל, ואף מלחמות שישראל לא השתתפו בהן. בדורות הבאים בימי יפתח, שוב תעלה השאלה ההיסטורית־פוליטית של הבעלות על האזור בין הארנון לבין היבוק. כנגד ישראל יטענו העמונים שהשטח שייך להם, וכאמור יפתח יטען, את אשר נאמר כאן בפרשתנו שהשטח נכבש מידי סיחון.

ההסבר שהשיר עוסק בכיבוש שטחים של מואב על ידי סיחון, מתיישב ביותר בפסוקים. המילים "על כן" לפני השיר מצביעות על כך שהשיר בא להסביר את שנאמר בפסוק הקודם, היינו שהארנון הוא הגבול בין האמורי לבין מואב (יג). מטרת השיר היא אפוא להוכיח שארנון הוא הגבול בין מואב לסיחון.[98] ביסוס לכך שהשטח מצפון לארנון היה שייך למואב בעבר עולה ממקום החנייה האחרון של העם ב"גיא אשר בשדה מואב". המקום נקרא כך כנראה משום שבעבר השטח היה שייך למואב. השילוב החריג של השיר רק כדי לבסס את הידיעה על הגבול בין מואב לבין סיחון דורש הסבר. הדרך הטובה להסביר זאת היא שישראל נמנעו ממלחמה עם מואב, כפי שכתוב בדברים ב׳, וכדי להתמודד עם הטענה ששטח זה היה שייך למואב בעבר, בא הכתוב להסביר שבינתיים הוא נכבש על ידי האמורי, ומידי האמורי ישראל כבשו את השטח הזה שמצפון לארנון. בהתאם לכך הסיפור של כיבוש סיחון מסתיים בקביעה שישראל ישבו בארץ האמורי: "וַיֵּשֶׁב יִשְׂרָאֵל בְּאֶרֶץ הָאֱמֹרִי" (לא). הקטע מסתיים אפוא בקביעה שישראל ישבו בארץ האמורי ולא במואב, והדגשה זו תואמת את הנאמר בדברים שנאסר על ישראל להילחם במואב.

הטענה שהמסע בעיקרו נוגע ליחס למואב, נרמזת בחזרה חמש פעמים על השם מואב: יא, יג*2, טו, כ. וכאמור גם בסיפור המלחמה בין ישראל לסיחון, ההדגשה היא שהשטח המואבי נכבש על ידי האמורי, ובהתאם לכך השם מואב נזכר עוד שלוש פעמים בסיפור הכיבוש של ארצות סיחון ועוג: כו, כט, כ״ב, א.

עתה נבין גם את הסיבה מדוע המסע מהמדבר מזרחית למואב ועד אזור ים המלח, שהתרחש לאחר כיבוש השטח מסיחון, נמסר לפני תיאור הכיבוש של השטח הזה (כא-לא). מכיוון שישראל נמנעו ממלחמה עם מואב, אך בקטע הבא הם נלחמים בסיחון וכובשים את ארצו ויושבים בה, היה צורך להבהיר לפני המלחמה עם סיחון מהו הגבול בין מואב לבין סיחון, כדי להדגיש שישראל עברו בשטח מצפון לארנון בלבד, ולא נגעו בשטח מואבי. הסבר זה עולה יפה בתיאור המסעות, ובתמיכה של המקור מספר מלחמות ה׳, ועתה הקורא יתחיל לקרוא את סיפור המלחמה של ישראל וסיחון כאשר הוא יודע שישראל לא תפסו שטח מואבי.

נחזור לרשימת המסעות. רשימה זו כוללת את הידיעה על הגעת העם בארה, ומיד מוסבר ששם המקום הוא על שום מה שהתרחש שם. ה׳ אמר למשה לאסוף את העם לבְּאֵר,

שממנה ייתן ה׳ להם מים (טז), ובתגובה ישראל פצחו בשירה (יז–יח). יש להניח שמציאת המים לא הייתה פשוטה אלא בדרך פלא או נס, כפי שעולה מתגובת העם בשירה על המים. ניתן אולי לשער על פי השיר את אשר התרחש. נראה שהשרים והמנהיגים חפרו את הבאר, היינו שהחפירה הייתה בהנחייתם. הנס היה אפוא בכך שה׳ אמר למשה היכן לחפור. בכל אופן עניין זה לא כתוב במפורש, ועל כן המשמעות של הסיפור אינה בעצם הנס. סיפור זה חורג מרוב סיפורי התלונה, בכך שהיוזמה לנתינת המים באה מאת ה׳, והיא אינה תוצאה של תלונה של העם. סיפור זה גם שונה מסיפורים אחרים בכך שבתגובה לנתינת המים העם פוצח בשירה. ועוד חריג בסיפור זה, אך בדומה לסיפור נחש הנחושת, הוא מקומו הזניח של משה. סיפור זה מזכיר את הסיפור של מי מריבה. גם שם ה׳ ציווה את משה להקהיל את העם, אך שם הוא גם ציווה אותו לבצע את מעשה הנס. ואילו בסיפור זה, אף שמשה מצווה לאסוף את העם, אין הוא מצטווה לבצע את הנס. הפעילות של משה מסתכמת בפעולה הפשוטה של איסוף העם. ניכר שהחטא של משה במי מריבה והעונש של משה הם הסיבה למקומו הצדדי של משה כאן.* מכיוון שהעם לא מתלונן, ומכיוון שה׳ הוא היוזם את נתינת המים, משה אינו מתווך ומתפלל אל ה׳ בעד העם, והוא לא משמש האמצעי אשר דרכו ה׳ מביא לעם את ישועתו. יתרה מזאת, משה אינו מעורב בשירה, אלא העם הוא זה ששר. הדמיון בלשון פתיחת השיר לשירת הים בולטת, אך דווקא הדמיון מבליט את העובדה ששם נאמר "אָז יָשִׁיר מֹשֶׁה וּבְנֵי יִשְׂרָאֵל אֶת הַשִּׁירָה הַזֹּאת" (שמות ט״ו, א), ובניגוד בולט נאמר כאן: "אָז יָשִׁיר יִשְׂרָאֵל אֶת הַשִּׁירָה הַזֹּאת". עם המסע המוצלח של העם עד שלב כמעט סופי לפני הכניסה לארץ, בולט שמשה אינו ממלא תפקיד מרכזי. תוכן השיר של העם הוא שבח למנהיגים שחפרו את הבאר. מציאותם של מנהיגים, המכונים שרים, נדיבי עם, מחוקק, ולהם יש משענות, היינו מטות, המסמלים את מנהיגותם, מבליטה את היעדרו של משה. היעדרו של משה מהסיפור הוא המשך המגמה להמעיט ממרכזיותו של משה בטרם יפסיק להנהיג את העם.

רשימת המסעות מסתיימת במעבר "מִבָּמוֹת" אל "הַגַּיְא אֲשֶׁר בִּשְׂדֵה מוֹאָב רֹאשׁ הַפִּסְגָּה וְנִשְׁקָפָה עַל פְּנֵי הַיְשִׁימֹן". פסוק זה מקדים את המקומות המוזכרים בסיפור בלק המביא את בלעם למקומות שונים במואב כדי שיראה את ישראל ויקלל אותם. בתחילה הוא לוקח את בלעם לראות את ישראל מ"במות בעל" (כ״ב, מא). המקום השני שבלק לוקח את בלעם לראות את ישראל הוא: "שְׂדֵה צֹפִים אֶל רֹאשׁ הַפִּסְגָּה" (כ״ג, יד). והמקום השלישי שבלק לוקח את בלעם הוא "רֹאשׁ הַפְּעוֹר הַנִּשְׁקָף עַל פְּנֵי הַיְשִׁימֹן" (כ״ג, כח). למקום הזה שבו ישראל היו

* כבר המדרש הבחין בכך ותלה את הדבר בחטאו של משה, ראו תנחומא (הנדפס) חקת כא: "אז ישיר ישראל מפני מה לא נזכר משה שם? מפני שנענש על המים ואין אדם מקלס לספקלטור שלו. ולמה שמו של הקדוש ברוך הוא לא נזכר בה? משל למה הדבר דומה? לשלטון שעשה סעודה למלך. אמר המלך אוהבי יש שם? אמרו לו לאו. אמר המלך אף אני איני הולך לשם. אף כאן אמר הקדוש ברוך הוא הואיל ומשה אינו נזכר שם אף אני איני נזכר שם, באר חפרוה שרים כרוה נדיבי העם וכי חפירה היתה שם אלא שנתנה בזכות אבות...".

פרוסים, לקח בלק את בלעם כדי לקללם. התיאור של התחנה של ישראל בבמות אשר יבואו לאורך סיפור בלק ובלעם, מראה שהתיאור כאן מקדים את הסיפור הבא על בלק ובלעם. גם הדגש החוזר על כך שהארנון הוא הגבול בין האמורי לבין מואב (כ"א, יג), ושהשטחים מצפון לארנון נכבשו על ידי האמורי ממואב בשיר המצוטט בספר מלחמות ה', וכן להלן בשיר המושלים, הוא חלק מהנושא של היחסים בין ישראל למואב שעתיד לעלות בסיפור בלק.

המלחמות בסיחון ובעוג, כ"א, כא - כ"ב, א

פרשה זו מספרת על הצלחה כבירה של ישראל בכיבוש חלקים נרחבים בעבר הירדן המזרחי, מידי סיחון מלך חשבון ועוג מלך הבשן. חלק זה נחלק לשניים:

כא-לב – כיבוש ארץ סיחון.
לג-לה – כיבוש ארץ עוג מלך הבשן.

המלחמה של ישראל כנגד סיחון מלך חשבון, כ״א, כא-לא

כא כב וַיִּשְׁלַח יִשְׂרָאֵל מַלְאָכִים אֶל סִיחֹן מֶלֶךְ הָאֱמֹרִי לֵאמֹר. אֶעְבְּרָה בְאַרְצֶךָ לֹא נִטֶּה בְּשָׂדֶה וּבְכֶרֶם
כג לֹא נִשְׁתֶּה מֵי בְאֵר בְּדֶרֶךְ הַמֶּלֶךְ נֵלֵךְ עַד אֲשֶׁר נַעֲבֹר גְּבֻלֶךָ. וְלֹא נָתַן סִיחֹן אֶת יִשְׂרָאֵל עֲבֹר
בִּגְבֻלוֹ וַיֶּאֱסֹף סִיחֹן אֶת כָּל עַמּוֹ וַיֵּצֵא לִקְרַאת יִשְׂרָאֵל הַמִּדְבָּרָה וַיָּבֹא יָהְצָה וַיִּלָּחֶם בְּיִשְׂרָאֵל.
כד וַיַּכֵּהוּ יִשְׂרָאֵל לְפִי חָרֶב וַיִּירַשׁ אֶת אַרְצוֹ מֵאַרְנֹן עַד יַבֹּק עַד בְּנֵי עַמּוֹן כִּי עַז גְּבוּל בְּנֵי עַמּוֹן.
כה כו וַיִּקַּח יִשְׂרָאֵל אֵת כָּל הֶעָרִים הָאֵלֶּה וַיֵּשֶׁב יִשְׂרָאֵל בְּכָל עָרֵי הָאֱמֹרִי בְּחֶשְׁבּוֹן וּבְכָל בְּנֹתֶיהָ. כִּי
חֶשְׁבּוֹן עִיר סִיחֹן מֶלֶךְ הָאֱמֹרִי הִוא וְהוּא נִלְחַם בְּמֶלֶךְ מוֹאָב הָרִאשׁוֹן וַיִּקַּח אֶת כָּל אַרְצוֹ מִיָּדוֹ
כז עַד אַרְנֹן. עַל כֵּן יֹאמְרוּ הַמֹּשְׁלִים

בֹּאוּ חֶשְׁבּוֹן   תִּבָּנֶה וְתִכּוֹנֵן עִיר סִיחוֹן.
כח כִּי אֵשׁ יָצְאָה מֵחֶשְׁבּוֹן   לֶהָבָה מִקִּרְיַת סִיחֹן
אָכְלָה עָר מוֹאָב   בַּעֲלֵי בָּמוֹת אַרְנֹן.
כט אוֹי לְךָ מוֹאָב   אָבַדְתָּ עַם כְּמוֹשׁ
נָתַן בָּנָיו פְּלֵיטִם   וּבְנֹתָיו בַּשְּׁבִית   לְמֶלֶךְ אֱמֹרִי סִיחוֹן.
ל וַנִּירָם אָבַד חֶשְׁבּוֹן עַד דִּיבֹן   וַנַּשִּׁים עַד נֹפַח אֲשֶׁר עַד מֵידְבָא.

לא וַיֵּשֶׁב יִשְׂרָאֵל בְּאֶרֶץ הָאֱמֹרִי.

פירוש העניין

הסיפור נפתח בצורה דומה לסיפור המשא ומתן של משה עם אדום (כ', יד-כא): העם שולח שליחים לסיחון מלך חשבון בבקשה לעבור בארצו. כמו מלך אדום, גם סיחון אינו מאפשר זאת לישראל, וכמו מלך אדום, גם סיחון יוצא למלחמה כנגד ישראל. אלא שישראל נמנעו ממלחמה עם אדום והתרחקו מגבול אדום, אך מול האמורי הם נלחמים. לא נאמר כאן מדוע נמנעו ממלחמה עם אדום ומדוע נלחמו באמורי, אך בספר דברים עולה שה' ציווה את משה שלא יילחם באדום משום שהוא אח של ישראל, אך הוא מאפשר לו להתגרות במלחמה עם האמורי (דברים ב', כד-כה). אף כי הסבר זה לא נאמר כאן במפורש, מכל מקום ניכר שהיחס לאדום שונה מהיחס לאמורי. הפנייה לאדום היא מתוך יחסי קרבה, בהתייחסות לאדום כאח לישראל (כ', יד), ובאנלוגיה של מפגש ישראל עם אדום למפגש יעקב ועֵשָׂו, כפי שראינו לעיל. לפיכך נראה שהסיפור מניח שההימנעות ממלחמה עם אדום היא בגלל הקשר המיוחד עם אדום, דבר שלא קיים ביחס לאמורי, אשר כנגדם השיבו ישראל מלחמה על היוזמה המלחמתית שנכפתה עליהם.

אף שישראל ביקשו מסיחון רק לעבור דרך ארצו, בלי לצרוך ממנו אוכל או מים, הוא לא הסכים, ולהפך, מיד הוא התארגן ויצא עם עַמו למלחמה נגד ישראל (כג). ישראל לא עומדים בגבול סיחון, ויש מדבר המפריד בין הכוחות, ובכל זאת סיחון עובר את המדבר ומגיע יהצה ושם הוא נלחם בישראל (כג). לעומת הביטחון הגדול של סיחון במלחמתו כנגד ישראל, הניצחון של ישראל הוא מהיר, סוחף וחד משמעי. כך עולה מרצף הפעלים: "**וַיַּכֵּהוּ** יִשְׂרָאֵל לְפִי חָרֶב **וַיִּירַשׁ** אֶת אַרְצוֹ. **וַיִּקַּח** יִשְׂרָאֵל אֵת כָּל הֶעָרִים הָאֵלֶּה **וַיֵּשֶׁב** יִשְׂרָאֵל בְּכָל עָרֵי הָאֱמֹרִי" (כד-כה). הפעלים עוקבים זה אחרי זה בסמיכות, ובמהירות עובר הקורא מהמלחמה ועד לישיבה של ישראל בארץ סיחון. לאחר תוספת ביאור של השטח הנכבש בפסוקים כו-ל, שוב מסכם הכתוב: "**וַיֵּשֶׁב יִשְׂרָאֵל** בְּאֶרֶץ הָאֱמֹרִי" (לא).

ישראל לא התכוונו לכבוש את השטח של סיחון ועוג. לפי העולה מבקשת בני ראובן ובני גד, ומתגובתו של משה בפרק ל"ב, שטח זה גם לא היה אמור להתחלק בידי השבטים. לא ברור מה היה קורה בשטח הזה אילולא ביקשו שבטי ראובן וגד לשבת שם. יש להניח ששטח זה היה נשאר בשליטה ישראלית ללא התיישבות של השבטים שם, כפי שנאמר בפסוק לא: "וַיֵּשֶׁב יִשְׂרָאֵל בְּאֶרֶץ הָאֱמֹרִי". אבל לא ברור באיזה אופן היו מחזיקים את השטח.

הסיפור מאופיין בכך שמשה נעדר ממנו. נאמר שישראל הם ששלחו מלאכים אל האמורי (יד), לעומת סיפור המשא ומתן עם אדום, שבו משה הוא ששלח את המלאכים אליהם (כ', יד), וכפי שמשה גם שלח את המרגלים בשנה השנייה (י"ג, טז). גם בסיפור המלחמה בולט מאוד היעדרו של משה. על רקע היעדרותו של משה מהסיפור, הגורם הפעיל לכל אורכו הוא ישראל. ישראל שולח את המלאכים לסיחון (כא). נאמר שסיחון לא אפשרו לישראל לעבור בגבולו (כג), וכנגד ישראל סיחון בא להילחם (כג). ישראל היכה את האמורי וירש את ארצו (כד), כבש את עריו (כה), ובהן ישב ישראל (כה, לב). אולי לא מקרי שישראל נזכר בקטע

שמונה פעמים (כא, כג*3, כד, כה*2, לא). הדגש על ישראל במקום משה עלה גם במלחמות עם ערד: "בא ישראל... וילחם בישראל... וידר ישראל... וישמע ה' בקול ישראל" (כ"א, א-ג). ובסך הכול ארבע עשרה פעמים בפרק כ"א. כך גם בשירת ישראל על הבאר (יז) – "אז ישיר ישראל", לעומת שירת הים (שמות ט"ו, א), כאמור לעיל.

היעדרו של משה מסיפור זה ממשיך את היחס למשה החל מפרק כ', מתיאור חטאו ועונשו שלא יכניס את העם לארץ, וכישלונו במשא ומתן עם אדום. כך גם בהיעדרו מסיפור המלחמה של ישראל עם ערד, מקומו הזניח בסיפור הנחשים השרפים, בשירת ישראל על המים בבאר, ועתה בהיעדרו מסיפור הניצחון הכביר של ישראל על סיחון מלך האמורי. הדגש על הפעילות של ישראל והיעדרו של משה מהסיפור הם המשך המגמה להראות שהעם יכול להמשיך להתנהל ללא הנהגת משה. דגש זה עולה באופן מרוכז בפעילות המלאה של ישראל בעימות עם סיחון, שהוא הסיפור הראשון של מלחמת כיבוש שטחים שיהיו חלק מהארץ. הסיפור בא ללמד שהעם מסוגל להמשיך את הכניסה לארץ, לתפוס אותה ולהתיישב בה, גם לאחר מותו של משה.

המשך פסוק כד מתאר את שטח ארץ סיחון שירשו ישראל: "מֵאַרְנֹן עַד יַבֹּק עַד בְּנֵי עַמּוֹן כִּי עַז גְּבוּל בְּנֵי עַמּוֹן". הארנון הוא הגבול הדרומי של סיחון הגובל עם מואב. היבוק הוא הגבול הצפוני של סיחון, וגם הגבול המזרחי בין האמורי לבין עמון. מקורו של היבוק לא רחוק מהעיר רבה (רבת עמון), הוא יורד צפונה, וכך יוצר את הגבול המזרחי של האמורי, ואז מתעקל בכתשעים מעלות לכיוון מערב, וכך יוצר את הגבול הצפוני של השטח שכבש סיחון. סופו של פסוק כד מסביר מדוע השטח שכבש ישראל הוא עד היבוק מצד מזרח, משום שהאמורי שכבש את השטח מהיבוק ועד הארנון מידי מואב, לא היה מסוגל לכבוש את השטח של עמון, מכיוון שהעמונים היו חזקים.[99] וכך נקבע היבוק כגבול המזרחי של השטח שכבשו ישראל מידי סיחון.

לאחר שבפסוק כה נאמר שישראל כבשו את כל ערי האמורי ובכלל זה חשבון, והתיישבו בהן, פסוק כו נותן רקע היסטורי קדום יותר של ארץ האמורי. סיחון מלך האמורי כבש את ארצו עד הארנון מידי מלך מואב הראשון. הכיבוש של שטח מואבי מהארנון על ידי סיחון נאמר גם בתיאור המסע של ישראל ממזרח למואב עד ארנון בפרק כ"א, יג-טו. נראה שהכיבוש האמורי ממואב נעשה זמן לא רב לפני שישראל נכנסו לשטח.[100]

מיד לאחר הדיווח על כיבוש השטח שמנחל ארנון על ידי סיחון מידי מואב, נכתב שיר הניצחון בפסוקים כז2-ל. השיר מופיע לעיל בתקבולת שירית. המושלים הם אנשים שחיברו משלים, היינו שירים. שיר זה הוא שיר אמורי, המהלל את האמורים שכבשו את חשבון ואת שאר ערי מואב במלחמה.* השיר נפתח בקריאה "בֹּאוּ חֶשְׁבּוֹן תִּבָּנֶה וְתִכּוֹנֵן עִיר סִיחוֹן", היינו קריאה של משוררים אמוריים אל האמורים לבוא לחשבון אשר תיבנה ותתקיים בידיהם (כז2),

* רש"י, ראב"ע, רמב"ן על פסוק כז. לדעת רשב"ם (לפסוק כז) זה לא שיר ניצחון אלא נבואה של בלעם שנתחברה לפני המלחמה של סיחון כנגד מואב. לדעת חוקרים רבים השיר הוא ישראלי, ומדבר על כיבוש סיחון בידי ישראל, ראו: דילמן, עמ' 130; גריי, עמ' 302.

לאחר שהם כבשוה מידי המואבים, כפי שיתואר בהמשך השיר. עוצמתה של חשבון מתוארת באש אשר יצאה ממנה ואכלה את ערי מואב ואת הבמות של ארנון. האש הזאת היא אש מלחמת הניצחון של סיחון על מואב. פסוק כט הוא קינה על התבוסה של מואב, שנקרא "עם כמוש", היינו עמו של האל כמוש. הכינוי של מואב על שם האל שלו אינו חריג. האל כמוש הביא להפסד של מואב לסיחון, ולהפיכת בני מואב לפלטים ובנותיו לשבית, היינו לנשים שבויות.

פסוק ל הוא קשה יותר להבנה:

וַנִּירָם אָבַד חֶשְׁבּוֹן עַד דִּיבֹן   וַנַּשִּׁים עַד נֹפַח אֲשֶׁר עַד מֵידְבָא.

גם פסוק זה כתוב בסגנון שירי ובתקבולת, וקיים מצלול דומה במילה האחרונה בכל צלע (דיבון/מידבא). השורש של המילה "ונירם" הוא יר"ה – היינו ירינו אותם, השלכנום, וגרמנו לאובדן של חשבון, ועד דיבון. ו"נשים" – הפכנו אותם שממה, עד מקומות שנקראים נופח ומידבא. אפשרות אחת היא שזה המשך השיר של האמורים על כיבוש האזורים האלה מידי מואב. אפשרות שנייה היא לפרש שלאחר שצוטט השיר של המושלים מהאמורי (כז-כט), השורה האחרונה (ל) היא שורה משיר של הניצחון של ישראל על האמורי. לפי פירוש זה, שירת ניצחון של ישראל על הכיבוש מהאמורי בפסוק ל עומדת כנגד השירה של המושלים ושירת הקינה על המואבים ששרו האמורים על אותו השטח.

לציטוט השיר האמורי יש שתי מטרות. סיבה ראשונה היא להדגיש את מה שכבר עלה בפסוקים יג-טו – להצדיק את הכיבוש של שטחים שהיו בעבר שייכים למואב על ידי ישראל, שכן ישראל כבשו את השטחים האלה מסיחון מלך האמורי ולא ממואב.[101] שנית, השיר בא להראות את עוצמתם של האמורים שישבו בחשבון ואת ביטחונם אל מול המואבים, וזאת כדי להעצים את הכיבוש של השטח הזה מידי האמורים על ידי ישראל. הדגמת עוצמת ישראל באה להקדים את היראה הגדולה של בלק מלך מואב מישראל בסיפור הבא, ואת חוסר האונים שלו מול ישראל. מואב הפסידו לאמורי, והאמורי הפסידו לישראל, ועתה בלק שמבקש לפגוע בישראל, נמנע מעימות עם ישראל, ועל כן פועל להביא קללה על העם.

לאחר הידיעה שישראל ישבו בארץ האמורי (לא), ממשיך הכתוב לתאר את העימות עם יעזר ובנותיה (לב). אזור זה, כנראה, שייך אף הוא לאמורי, והוא באזור הצפוני של שטח האמורי, בדרך לשטחו של עוג. זוהי אפוא ידיעה קצרה על כיבוש של אזור נוסף של האמורי, לאחר שכבר נאמר שישראל כבשו וישבו בארץ סיחון מלך האמורי. הידיעה הקצרה פותחת בכך שמשה שלח מרגלים לשם, ואז העם הוריש את האמורי ממקומות אלה: "וַיִּשְׁלַח מֹשֶׁה לְרַגֵּל אֶת יַעְזֵר וַיִּלְכְּדוּ בְּנֹתֶיהָ וַיּוֹרֶשׁ אֶת הָאֱמֹרִי אֲשֶׁר שָׁם" (לב). ידיעה זו נכתבה בנפרד מהכיבוש של שאר שטח האמורי, אולי מכיוון שזו הייתה התקפה נפרדת, והפעם התקפה יזומה של ישראל. המאפיין של תיאור זה ביחס למה שנכתב על הכיבוש של שטח האמורי, הוא שמשה הוא זה ששולח את המרגלים, בניגוד לקטע הקודם שבמכוון העלים את מקומו של משה. נראה לי שהאזכור של משה כאן לא נועד אלא להבליט את היעדרו מהכיבוש של האמורי בפסוקים כא-לא. חיזוק לטענה זו אפשר לראות בתחביר של הפסוק. הנושא של

הפועל "וישלח... לרגל" הוא משה, אך הפועל בהמשך הפסוק הוא "וילכדו" ברבים, אשר מתייחס לעם, אלא שנושא זה נעדר מהפסוק. כך נוצר דיסוננס, המדגיש שמשה הוא זה ששלח מרגלים, אך העם הוא זה שהוריש. הפסוק האחרון של כיבוש האמורי, מתאר את משה כמי ששולח מרגלים לכיבוש יעזר ובנותיה, אך כיבוש האזור מיוחס לעם. כך ידיעה זו ממשיכה את המגמה של המעטת מקומו של משה באירועים.

המלחמה של ישראל כנגד עוג מלך הבשן (כ"א, לב - כ"ב, א)

לב לג וַיִּשְׁלַח מֹשֶׁה לְרַגֵּל אֶת יַעְזֵר וַיִּלְכְּדוּ בְּנֹתֶיהָ וַיּוֹרֶשׁ אֶת הָאֱמֹרִי אֲשֶׁר שָׁם. וַיִּפְנוּ וַיַּעֲלוּ דֶּרֶךְ
לד הַבָּשָׁן וַיֵּצֵא עוֹג מֶלֶךְ הַבָּשָׁן לִקְרָאתָם הוּא וְכָל עַמּוֹ לַמִּלְחָמָה אֶדְרֶעִי. וַיֹּאמֶר ה' אֶל מֹשֶׁה אַל
תִּירָא אֹתוֹ כִּי בְיָדְךָ נָתַתִּי אֹתוֹ וְאֶת כָּל עַמּוֹ וְאֶת אַרְצוֹ וְעָשִׂיתָ לּוֹ כַּאֲשֶׁר עָשִׂיתָ לְסִיחֹן מֶלֶךְ
לה הָאֱמֹרִי אֲשֶׁר יוֹשֵׁב בְּחֶשְׁבּוֹן. וַיַּכּוּ אֹתוֹ וְאֶת בָּנָיו וְאֶת כָּל עַמּוֹ עַד בִּלְתִּי הִשְׁאִיר לוֹ שָׂרִיד וַיִּירְשׁוּ
אֶת אַרְצוֹ.

כב א וַיִּסְעוּ בְּנֵי יִשְׂרָאֵל וַיַּחֲנוּ בְּעַרְבוֹת מוֹאָב מֵעֵבֶר לְיַרְדֵּן יְרֵחוֹ.

פירוש העניין

פסוקים אלה מתארים מלחמה שנייה של העם בעבר הירדן המזרחי, הפעם כנגד עוג מלך הבשן. סיפור זה מתחיל בהליכה של העם דרך הבשן, ואז עוג תוקף את ישראל (יג). לא ברור היכן בדיוק היא "דרך הבשן", ומדוע הלכו ישראל משם, אבל ברור מתוך הפסוק שלישראל לא הייתה כוונה להיות במלחמה עם עוג, אלא שעוג התקיף את ישראל, כמו שעשה סיחון והתקיף אותם. אלא שמכל מקום ישראל יצרו קשר עם האמורי, וביקשו לעבור בארצם, ואילו עם עוג מלך הבשן לא היה להם כל עניין, וייתכן שעוג חש מאוים ולכן הקדים לתקוף את ישראל.

השלב הראשון לקראת הקרב הוא דברי ביטחון שה׳ אומר למשה לא לפחד מעוג (לד). דברי עידוד כאלה לא נמסרו לפני המלחמה בסיחון (כא-לב), אולי משום שעוג היה חזק יותר מסיחון. דברי העידוד נמסרים למשה בגוף שני, ומציגים אותו כמי שחושש מהקרב עם עוג, אך לאחר דברי העידוד, אין שום פעילות של משה. מיד נאמר שהעם מכה אותו ואת עמו ואת כל בניו (לה). כך החשש בפסוק מתייחס למשה, ואילו הפעילות המלחמתית מתייחסת לעם. גם בכך ממשיך הכתוב בהצגה ממעיטה של דמותו של משה לעומת העם.

לאחר הסיום של המלחמה כנגד שני מלכי האמורי סיחון ועוג, עובר העם לתחנה האחרונה שלו בעבר הירדן המזרחי לקראת הכניסה לארץ: "וַיִּסְעוּ בְּנֵי יִשְׂרָאֵל וַיַּחֲנוּ בְּעַרְבוֹת מוֹאָב מֵעֵבֶר לְיַרְדֵּן יְרֵחוֹ" (כ״ב, א). מקום החנייה מצוין בערבות מואב אשר בעבר המזרחי של הירדן, אולם הפסוק ממשיך למקד את מקום החנייה – מול יריחו. אזכור יריחו צופה קדימה לקראת ההתקדמות הבאה של העם לאחר חציית הירדן – לעבר העיר יריחו, ועל כך יסופר ביהושע ו׳. זוהי התחנה האחרונה של העם לפני מעבר הירדן, וזהו המקום שבו יתרחש כל המסופר מכאן עד סופו של ספר דברים. בנקודה זו מסתיימת תקופת המסעות במדבר, ובה משתקפת ציפייה לקראת הכניסה לארץ. נצטרך להבין אפוא מה התפקיד של כל הנאמר מכאן עד סוף הספר.

משה בשנת הארבעים, דברי סיכום

שנת הארבעים מתחילה כאשר העם נמצא בקדש אשר במדבר צין (כ׳, א). שם המקום שבו העם חונה הוא קדש, והוא אותו מקום, או מקום אחר הנושא את אותו שם, שבו העם חטא בחטא המרגלים שלושים ושמונה שנה קודם (י״ג, כו). במחשבה ראשונה נראה כי שיתוף שם המקום בין שני האירועים שהתרחשו בו בריחוק זמן, בא להבליט את ההבדל הגדול שבין הניסיון הכושל של העם להיכנס לארץ בשנה השנייה לבין מה שאמור להיות כניסה מוצלחת של העם לאחר שלושים ושמונה שנה. בינתיים הדור הראשון, זה שיצא ממצרים, מת במדבר, והדור השני מיועד עתה להיכנס לארץ בשנת הארבעים, כפי שקבע ה׳ (י״ד, כט-לה). הציפייה היא שהדור השני יהיה טוב יותר מהדור הקודם, ושהכניסה לארץ תהיה חלקה. אולם ציפייה זו נכזבת, והכניסה של הדור השני רצופה אתגרים וקשיים.

בתחילת המסע המחודש לארץ מרים מתה (כ׳, א). מרים הייתה ממנהיגי העם, ופטירתה

בוודאי הותירה רושם קשה בעם. מיד לאחר מכן עלתה שוב הבעיה השכיחה של העדר מים (כ׳, ב), והעם מגיב בצורה דומה לתלונותיו הקודמות של העם כמתואר בספרים שמות ובמדבר. העם מתלונן על משה ועל אהרן על היציאה למדבר ולא לארץ טובה כמובטח, ועל געגוע למצרים (כ׳, ג-ה). תלונה זו עשויה להפתיע, שכן הפעם היא נאמרת לא על ידי העם שיצא ממצרים, אלא על ידי הדור השני, דור שעתיד להיכנס לארץ. בניגוד לציפייה שהדור השני יהיה טוב מדור אבותיו, הינה באה תלונה זו ומזכירה מאוד את תלונות ישראל בני הדור הראשון.

הקושי מתגבר לאחר החטא של משה ואהרן במי מריבה. בעקבות חטאם הם נענשים ולא יוכלו להיכנס אל הארץ (כ׳, יב-יג). לא כתוב שמידע זה עבר לעם, אך בהנחה הפשוטה שכך היה, ניתן להבין שהתחושות של העם ביחס לכניסה לארץ עוד יותר מתערערות עתה, כשהם שומעים ששני מנהיגיהם הגדולים שהוציאום ממצרים לא ימשיכו איתם בדרכם אל הארץ המובטחת. משה הוא זה שנתן להם את התורה, הוא היה הגורם העיקרי שקישר בין העם לבין ה׳, והנהיג את העם לאורך כל שנותם במדבר. אהרן ניצח על עבודת המשכן, והנהיג את העם לצד משה. הפוטנציאל של המשבר עם אובדן המנהיגים הגדולים היה בוודאי עצום.

הסירוב של אדום לעבור בגבולו והסטייה של ישראל בדרך והצורך להקיף את אדום (כ׳, ד-יד), גרמו לרפיון גדול מאוד. משה מבקש מאדום לעבור בארצו, והלה מסרב, אפילו אם יקנו ישראל מהם בכסף אוכל ומים בדרך. אדום אף יוצאים למלחמה נגדם. כל זאת למרות הציפייה לסיוע אדומי, בגלל יחסי האחים בין שני העמים. משה העביר לעם את דברי ה׳ שהדור השני לא ייכנס לארץ, ורק דור הבנים יזכה לכך, והינה בניגוד לציפיות, הוא אינו מצליח להכניס את העם בדרך הנוחה לארץ.

מכאן ואילך פעילותו של משה מצטמצמת, וכך ילמד העם שהוא ימשיך בדרכו ללא משה. משה היה מנהיג נערץ, קרבתו אל ה׳ הייתה יוצאת דופן. שני ניסיונות לפקפק בגדולתו של משה או במנהיגותו הסתיימו בחיזוק מעמדו. כאשר מרים מדברת במשה, ה׳ עומד לצד משה ומסביר למרים ולאהרן את ייחודו של משה. וכאשר קורח ודתן ואבירם מורדים במשה, הם נענשים, ושוב ה׳ עומד לצד משה כנגד כל מקטרגיו. עכשיו בשנת הארבעים מתרחש תהליך הפוך, והעם ילמד שהוא אינו תלוי במשה.

לנגד עיני העם עולה אהרן להר עם משה ואלעזר, אך הם יורדים בלעדיו, לעיני בני ישראל (כ׳, כח-כט). באופן מוחשי העם חווה את ההיעלמות של אהרן מחייהם. אלעזר יורד מההר לבוש בבגדי אהרן, ויש לאהרן מחליף. אך כמובן אהרן איננו, והעם מתאבל על מותו (כט). מותו של אהרן גורם לזעזוע נוסף של העם אשר אמור להמשיך את התוכנית המקורית להיכנס לארץ. העם נאלץ להפנים שאת המשך הדרך הוא יעשה ללא מנהיגיו שהוציאו אותו ממצרים והנהיגו אותו במשך שנות הנדודים במדבר.

סיפור המלחמה בערד ממשיך את רצף הקשיים שהעם חווה, וביחד עם זה גם את העדר מנהיגותו של משה. הינה לאחר הכישלון של המשא ומתן עם מלך אדום, ולאחר מותו של אהרן, פתאום מתקיף מלך ערד את ישראל, והוא מצליח לשבות שבויים מישראל (כ״א, א-ג). שוב אפוא כישלון של ישראל והפעם מול הכנענים, שכנגדם ישראל אמורים להילחם

ולכבוש את ארצם. התפנית בעלילה הקטנה הזו באה בנדר שהעם נודר, וה׳ שומע בקולם, ומביא את העם לגבור על הכנעני בערד. אירוע זה הוא ללא כל פעילות של משה. העם חווה שהוא יכול לפנות אל ה׳, וה׳ נענה לו, בלי תיווך של משה. הנדר במקומות רבים הוא סוג של תפילה אל ה׳ (למשל: בראשית כ״ח, כ; שופטים י״א, ל; שמ״א א׳, יא; שמ״ב ט״ו, ז-ח), בדרך כלל התפילה עבור העם היא התפקיד של משה, ואילו כאן העם פונה ישירות אל ה׳.

גם סיפור נחש הנחושת בא ללמד את העם שתיווכו של משה אינו מהותי בקשר של העם עם ה׳. אין פלא שלאחר כל הקשיים והעיכובים של העם, לאחר שהוא ציפה כי דרכו תהיה ישרה בדרך לכיבוש הארץ המובטחת, קשיי הדרך יביאו אותו להישבר ולהתלונן כלפי ה׳ וכלפי משה (כ״א, ה). שוב ה׳ מעניש את העם על תלונתו, והפעם על ידי שליחת נחשים ארסיים שגרמו לפגיעה קשה. העם פונה אל משה, והוא פונה אל ה׳ בתפילה, כמו במקרים רבים אחרים במקרא. ה׳ נענה לתפילתו של משה, אולם ההצלה לא באה באופן ישיר, אלא באמצעות נחש נחושת שבו מסתכלים החולים ואז נרפאים. על אף הקשיים שסיפור זה העלה, ברור כי ההצלה באמצעות נחש הנחושת ממעיטה ממרכזיותו של משה, ומראה לעם שהוא יכול להמשיך לקיים קשר עם ה׳ בתיווך מצומצם בלבד של משה.

במהלך המסע מגיע העם בְּאֵרָה ושם ה׳ אומר למשה לאסוף את העם וה׳ נותן לעם מים. מקומו של משה באירוע הקצר הזה הוא שולי ולא מהותי. משה רק אוסף את העם, העם הוא זה ששר את השירה, ושוב משה לא מעורב (כ״א, טז-יז).

במלחמה המוצלחת של העם נגד סיחון מלך האמורי נפקד מקומו של משה לגמרי (כ״א, כא-לב). מודגש כמה פעמים שהעם הוא הפועל. העם שולח שליחים כדי לעבור בארץ סיחון. כאשר סיחון מלך חשבון מתחיל במלחמה, ישראל נלחמים, והפסוקים מדגישים דווקא את הפעילות של העם. העם מכה את סיחון, יורש את ארצו, לוקח את הערים ויושב בהן (פסוקים כד-כה). כל זה מודגש ללא שום ידיעה על התערבות של משה. מגמת הכתוב להציג את המלחמה הראשונה והמוצלחת ללא פעילותו של משה. לקח זה יהיה חשוב מאוד בכיבוש הארץ ממערב לירדן לאחר מותו של משה. בסיפור המלחמה של ישראל בעוג מלך הבשן משה מוזכר, אבל רק בדברי חיזוק של ה׳ אליו שלא יירא (כ״א, לד). בסיפור הניצחון על עוג רק העם נזכר, ובאופן מופגן שמו של משה חסר.

הסיפורים על שנת הארבעים מתחילת פרק כ׳, באים להעביר את הרעיון שבניגוד לציפיות, העם אינו חף מחטא. כמעט שלא ניתן להבחין בשינוי בין העם בדור היוצאים ממצרים, שנגזר עליו שלא ייכנס לארץ, לבין דור הבנים, שעל פי דברי ה׳ בחטא במרגלים, ייכנס לארץ. מה שמשתנה הוא שמשה לא ייכנס לארץ. כאשר ה׳ העניש את העם החוטא, משה ואהרן לא היו כלולים, והינה בשנת הארבעים הם חוטאים ונענשים שלא ייכנסו לארץ. עתה עסוק הכתוב בהעברת הרעיון שהתיווך של משה אינו הכרחי, וגם בלי משה העם ימשיך את מסעו לקראת הכניסה לארץ המובטחת. בסיפורים השונים שעלו בפרקים כ׳-כ״א רעיון זה עולה בדרכים שונות. בכך שמשה אינו מצליח, או שפעילותו היא צדדית, או במקרים אחרים שהעם פועל ומשה אינו נזכר. לקח זה עולה גם מפרשת בלעם – בכך נרחיב מיד להלן.

סיפור בלעם, כ״ב, ב - כ״ד, כה

משמעות הסיפור

כאמור, סיחון היה חזק ממואב, וכבש חלק משטחם, אך ישראל גברו על האמורי, ועל כן לא מפליא שמואב יחששו מישראל. עקב התבוסות של סיחון ועוג לישראל במלחמה, בלק מלך מואב מנסה דרך אחרת להכניע את ישראל, והוא מבקש להביא קללה על ישראל, וכך יקל עליו להכניע את ישראל. ההמשכיות בין פרשת בלק ובלעם לפרשת הכיבושים בעבר הירדן המזרחי בפרקים כ׳-כ״א, עולה גם מהדגש הגדול בפרק כ״א על עניין הגבול בין שטח האמורי לבין מואב, ומתיאור החנייה של ישראל לאחר הכיבוש של סיחון (כ״א, כ), המקדים את תיאורי המקומות בסיפור בלק. לכן ברור כי סיפור בלעם (כ״ב-כ״ד) שייך לרצף הסיפורים של הכיבושים של עבר הירדן המזרחי (כ״א). פרקים כ׳-כ״א מספרים על כישלונותיהם של סיחון ועוג להתגבר על ישראל בעימותים צבאיים, ובסיפור בלק מסופר על כישלון של מואב להתגבר על ישראל באמצעות ניסיון של הפעלת קללות ונחשים. בלעם אינו מצליח לקלל את ישראל, משום שה׳ מונע ממנו. בלעם מכיר בריבונות המוחלטת של ה׳, ואין הוא מוכן לסטות מרצון ה׳ על אף רצונו לקלל את ישראל, ולמרות מעשיו המאגיים לשנות את דעת ה׳. בכל האינטראקציות האלה ה׳ עומד לצד ישראל ומסייע להם. זה ההסבר הראשי למשמעות הסיפור בהקשרו.

יש רובד משמעות נוסף של הסיפור העולה מהקשרו. סיפור זה בא מיד לאחר רצף סיפורים המלמדים שהעם יכול להמשיך במסע ללא הנהגת משה (כ׳-כ״א). היה מצופה שכנגד הפעילות העוינת של הנביא בלעם, יעמוד משה הנביא הגדול של ישראל, ובתיווכו יינצל העם מפני כוונותיהם הרעות של בלק ובלעם. אכן בסיפור מצרים המקביל, משה מתווך את נפלאות ה׳ אל מול חרטומי מצרים, ונפלאות ה׳ באמצעות משה ואהרן עולים על הישגי החרטומים (שמות ז׳, יא-יב, כב; ח׳, ג, יד-טו), אך בסיפור בלעם הצלת העם היא ללא משה. רעיון מרכזי בסיפור טמון במה שהיה מצופה שיהיה בו אך אין בו, והוא עולה מההקשר. ישראל יושב באופן פסיבי במקומו, וה׳ מגן על העם ללא תיווכו של משה. ראוי לזכור שה׳ כבר חשב להשמיד את העם ולעשות את משה לגוי גדול, ומשה הוא זה שתמיד עמד לפני ה׳ והציל את העם. כך היה לאחר חטא העגל (שמות ל״ב, י-יא), חטא המרגלים (י״ד, יב-יט), והמרד של קורח ועדתו (ט״ז, כ-כב). לאור מה שהעם הורגל, השאלה היא אם יכול העם להמשיך ללא משה. בפרשת בלעם עולה שה׳ שומר על העם בעצמו והוא ניצל. סיפור בלעם בא לענות על השאלה מה יקרה כאשר דמות בעלת כוחות מאגיים גדולים פועלת נגד ישראל, ומשה אינו יכול להגן עליו.

החשש של מואב מישראל, ותוכניתו לפגוע בו, מזכירים את החשש של פרעה מישראל והשעבוד של ישראל כתוצאה מכך (שמות א׳, ח-יב). פרעה מלך מצרים ביקש לפגוע

בישראל ולמנוע מהם את ההליכה לארץ המובטחת לפני היציאה ממצרים, ובלק מלך מואב ניסה לפגוע בישראל בסיום יציאת העם ממצרים, לפני כניסתם לארץ המובטחת. המצרים הוכו, וישראל יצאו ממצרים, והתוכנית של מואב אינה מצליחה, ונבואות בלעם מסתיימות בנבואת פורענות למואב, והצלחה לישראל. הלקח הזה, העולה מהקישור בין סיפורי פרעה ובלק, עולה בדברי מיכה ו', ד-ה: "כִּי הֶעֱלִתִיךָ מֵאֶרֶץ מִצְרַיִם וּמִבֵּית עֲבָדִים פְּדִיתִיךָ וָאֶשְׁלַח לְפָנֶיךָ אֶת מֹשֶׁה אַהֲרֹן וּמִרְיָם. עַמִּי זְכָר נָא מַה יָּעַץ בָּלָק מֶלֶךְ מוֹאָב וּמֶה עָנָה אֹתוֹ בִּלְעָם בֶּן בְּעוֹר מִן הַשִּׁטִּים עַד הַגִּלְגָּל לְמַעַן דַּעַת צִדְקוֹת ה'".

מבנה הסיפור

בהסתכלות כללית הסיפור נחלק לשני חלקים:

כ"ב, ב-לה – השלבים שבהם בלק מנסה לשכנע את בלעם להגיע אליו כדי לקלל את ישראל, הדרך שעובר בלעם, והלקח שמבקש ה' ללמד אותו שהוא אינו יכול לומר דבר שה' לא אמר לו.

כ"ב, לו - כ"ד, כה – המפגשים של בלק עם בלעם והניסיונות של בלק להביא את בלעם לקלל את ישראל, ובכל פעם בלעם מברך את ישראל. חלק זה כולל שלושה ניסיונות שונים של בלק להביא את בלעם לקלל את ישראל, וארבעה נאומים שיריים שבהם בלעם מברך את ישראל ובסוף אף מקלל את שכני ישראל בשלושה נאומים נוספים.

החשש של מואב מישראל והבאת בלעם לקלל את ישראל, כ״ב, ב-לה

ב וַיַּרְא בָּלָק בֶּן צִפּוֹר אֵת כָּל אֲשֶׁר עָשָׂה יִשְׂרָאֵל לָאֱמֹרִי.
ג וַיָּגָר מוֹאָב מִפְּנֵי הָעָם מְאֹד כִּי רַב הוּא   וַיָּקָץ מוֹאָב מִפְּנֵי בְּנֵי יִשְׂרָאֵל.
ד וַיֹּאמֶר מוֹאָב אֶל זִקְנֵי מִדְיָן עַתָּה יְלַחֲכוּ הַקָּהָל אֶת כָּל סְבִיבֹתֵינוּ כִּלְחֹךְ הַשּׁוֹר אֵת יֶרֶק הַשָּׂדֶה
וּבָלָק בֶּן צִפּוֹר מֶלֶךְ לְמוֹאָב בָּעֵת הַהִוא.

ה וַיִּשְׁלַח מַלְאָכִים אֶל בִּלְעָם בֶּן בְּעוֹר פְּתוֹרָה אֲשֶׁר עַל הַנָּהָר אֶרֶץ בְּנֵי עַמּוֹ לִקְרֹא לוֹ לֵאמֹר
ו הִנֵּה עַם יָצָא מִמִּצְרַיִם הִנֵּה כִסָּה אֶת עֵין הָאָרֶץ וְהוּא יֹשֵׁב מִמֻּלִי. וְעַתָּה לְכָה נָּא אָרָה לִּי אֶת
הָעָם הַזֶּה כִּי עָצוּם הוּא מִמֶּנִּי אוּלַי אוּכַל נַכֶּה בּוֹ וַאֲגָרְשֶׁנּוּ מִן הָאָרֶץ כִּי יָדַעְתִּי אֵת אֲשֶׁר תְּבָרֵךְ
ז מְבֹרָךְ וַאֲשֶׁר תָּאֹר יוּאָר. וַיֵּלְכוּ זִקְנֵי מוֹאָב וְזִקְנֵי מִדְיָן וּקְסָמִים בְּיָדָם וַיָּבֹאוּ אֶל בִּלְעָם וַיְדַבְּרוּ
ח אֵלָיו דִּבְרֵי בָלָק. וַיֹּאמֶר אֲלֵיהֶם לִינוּ פֹה הַלַּיְלָה וַהֲשִׁבֹתִי אֶתְכֶם דָּבָר כַּאֲשֶׁר יְדַבֵּר ה׳ אֵלָי
ט, י וַיֵּשְׁבוּ שָׂרֵי מוֹאָב עִם בִּלְעָם. וַיָּבֹא אֱלֹהִים אֶל בִּלְעָם וַיֹּאמֶר מִי הָאֲנָשִׁים הָאֵלֶּה עִמָּךְ. וַיֹּאמֶר
יא בִּלְעָם אֶל הָאֱלֹהִים בָּלָק בֶּן צִפֹּר מֶלֶךְ מוֹאָב שָׁלַח אֵלָי. הִנֵּה הָעָם הַיֹּצֵא מִמִּצְרַיִם וַיְכַס אֶת
יב עֵין הָאָרֶץ עַתָּה לְכָה קָבָה לִּי אֹתוֹ אוּלַי אוּכַל לְהִלָּחֶם בּוֹ וְגֵרַשְׁתִּיו. וַיֹּאמֶר אֱלֹהִים אֶל בִּלְעָם
יג לֹא תֵלֵךְ עִמָּהֶם לֹא תָאֹר אֶת הָעָם כִּי בָרוּךְ הוּא. וַיָּקָם בִּלְעָם בַּבֹּקֶר וַיֹּאמֶר אֶל שָׂרֵי בָלָק לְכוּ
יד אֶל אַרְצְכֶם כִּי מֵאֵן ה׳ לְתִתִּי לַהֲלֹךְ עִמָּכֶם. וַיָּקוּמוּ שָׂרֵי מוֹאָב וַיָּבֹאוּ אֶל בָּלָק וַיֹּאמְרוּ מֵאֵן
טו טז בִּלְעָם הֲלֹךְ עִמָּנוּ. וַיֹּסֶף עוֹד בָּלָק שְׁלֹחַ שָׂרִים רַבִּים וְנִכְבָּדִים מֵאֵלֶּה. וַיָּבֹאוּ אֶל בִּלְעָם וַיֹּאמְרוּ
יז לוֹ כֹּה אָמַר בָּלָק בֶּן צִפּוֹר אַל נָא תִמָּנַע מֵהֲלֹךְ אֵלָי. כִּי כַבֵּד אֲכַבֶּדְךָ מְאֹד וְכֹל אֲשֶׁר תֹּאמַר
יח אֵלַי אֶעֱשֶׂה וּלְכָה נָּא קָבָה לִּי אֵת הָעָם הַזֶּה. וַיַּעַן בִּלְעָם וַיֹּאמֶר אֶל עַבְדֵי בָלָק אִם יִתֶּן לִי בָלָק
יט מְלֹא בֵיתוֹ כֶּסֶף וְזָהָב לֹא אוּכַל לַעֲבֹר אֶת פִּי ה׳ אֱלֹהָי לַעֲשׂוֹת קְטַנָּה אוֹ גְדוֹלָה. וְעַתָּה שְׁבוּ נָא
כ בָזֶה גַּם אַתֶּם הַלָּיְלָה וְאֵדְעָה מַה יֹּסֵף ה׳ דַּבֵּר עִמִּי. וַיָּבֹא אֱלֹהִים אֶל בִּלְעָם לַיְלָה וַיֹּאמֶר לוֹ אִם
לִקְרֹא לְךָ בָּאוּ הָאֲנָשִׁים קוּם לֵךְ אִתָּם וְאַךְ אֶת הַדָּבָר אֲשֶׁר אֲדַבֵּר אֵלֶיךָ אֹתוֹ תַעֲשֶׂה.

כא כב וַיָּקָם בִּלְעָם בַּבֹּקֶר וַיַּחֲבֹשׁ אֶת אֲתֹנוֹ וַיֵּלֶךְ עִם שָׂרֵי מוֹאָב. וַיִּחַר אַף אֱלֹהִים כִּי הוֹלֵךְ הוּא וַיִּתְיַצֵּב
כג מַלְאַךְ ה׳ בַּדֶּרֶךְ לְשָׂטָן לוֹ וְהוּא רֹכֵב עַל אֲתֹנוֹ וּשְׁנֵי נְעָרָיו עִמּוֹ. וַתֵּרֶא הָאָתוֹן אֶת מַלְאַךְ ה׳ נִצָּב
בַּדֶּרֶךְ וְחַרְבּוֹ שְׁלוּפָה בְּיָדוֹ וַתֵּט הָאָתוֹן מִן הַדֶּרֶךְ וַתֵּלֶךְ בַּשָּׂדֶה וַיַּךְ בִּלְעָם אֶת הָאָתוֹן לְהַטֹּתָהּ
כד כה הַדָּרֶךְ. וַיַּעֲמֹד מַלְאַךְ ה׳ בְּמִשְׁעוֹל הַכְּרָמִים גָּדֵר מִזֶּה וְגָדֵר מִזֶּה. וַתֵּרֶא הָאָתוֹן אֶת מַלְאַךְ ה׳
כו וַתִּלָּחֵץ אֶל הַקִּיר וַתִּלְחַץ אֶת רֶגֶל בִּלְעָם אֶל הַקִּיר וַיֹּסֶף לְהַכֹּתָהּ. וַיּוֹסֶף מַלְאַךְ ה׳ עֲבוֹר וַיַּעֲמֹד
כז בְּמָקוֹם צָר אֲשֶׁר אֵין דֶּרֶךְ לִנְטוֹת יָמִין וּשְׂמֹאול. וַתֵּרֶא הָאָתוֹן אֶת מַלְאַךְ ה׳ וַתִּרְבַּץ תַּחַת
כח בִּלְעָם וַיִּחַר אַף בִּלְעָם וַיַּךְ אֶת הָאָתוֹן בַּמַּקֵּל. וַיִּפְתַּח ה׳ אֶת פִּי הָאָתוֹן וַתֹּאמֶר לְבִלְעָם מֶה
כט עָשִׂיתִי לְךָ כִּי הִכִּיתַנִי זֶה שָׁלֹשׁ רְגָלִים. וַיֹּאמֶר בִּלְעָם לָאָתוֹן כִּי הִתְעַלַּלְתְּ בִּי לוּ יֶשׁ חֶרֶב בְּיָדִי כִּי

ל עַתָּה הֲרַגְתִּיךְ. וַתֹּאמֶר הָאָתוֹן אֶל בִּלְעָם הֲלוֹא אָנֹכִי אֲתֹנְךָ אֲשֶׁר רָכַבְתָּ עָלַי מֵעוֹדְךָ עַד הַיּוֹם
לא הַזֶּה הַהַסְכֵּן הִסְכַּנְתִּי לַעֲשׂוֹת לְךָ כֹּה וַיֹּאמֶר לֹא. וַיְגַל ה׳ אֶת עֵינֵי בִלְעָם וַיַּרְא אֶת מַלְאַךְ ה׳
לב נִצָּב בַּדֶּרֶךְ וְחַרְבּוֹ שְׁלֻפָה בְּיָדוֹ וַיִּקֹּד וַיִּשְׁתַּחוּ לְאַפָּיו. וַיֹּאמֶר אֵלָיו מַלְאַךְ ה׳ עַל מָה הִכִּיתָ אֶת
לג אֲתֹנְךָ זֶה שָׁלוֹשׁ רְגָלִים הִנֵּה אָנֹכִי יָצָאתִי לְשָׂטָן כִּי יָרַט הַדֶּרֶךְ לְנֶגְדִּי. וַתִּרְאַנִי הָאָתוֹן וַתֵּט לְפָנַי
לד זֶה שָׁלֹשׁ רְגָלִים אוּלַי נָטְתָה מִפָּנַי כִּי עַתָּה גַּם אֹתְכָה הָרַגְתִּי וְאוֹתָהּ הֶחֱיֵיתִי. וַיֹּאמֶר בִּלְעָם אֶל
מַלְאַךְ ה׳ חָטָאתִי כִּי לֹא יָדַעְתִּי כִּי אַתָּה נִצָּב לִקְרָאתִי בַּדָּרֶךְ וְעַתָּה אִם רַע בְּעֵינֶיךָ אָשׁוּבָה לִּי.
לה וַיֹּאמֶר מַלְאַךְ ה׳ אֶל בִּלְעָם לֵךְ עִם הָאֲנָשִׁים וְאֶפֶס אֶת הַדָּבָר אֲשֶׁר אֲדַבֵּר אֵלֶיךָ אֹתוֹ תְדַבֵּר
וַיֵּלֶךְ בִּלְעָם עִם שָׂרֵי בָלָק.

פירוש העניין

רקע הסיפור: חשש של מואב מפני ישראל, כ"ב, ב-ד

הסיפור מתחיל בידיעה שבלק מלך מואב ראה את הניצחונות של ישראל על האמורי (ב), ובפחד של מואב מפני ישראל (ג). פסוק ג כתוב בתקבולת שירית, הנותנת דגש לנאמר, כדי להעצים את תחושת הפחד של מואב.

יש חספוס מסוים בין פסוק ב לבין פסוק ג. אין המשך בפסוק ב לנאמר שבלק ראה מה ישראל עשו, אלא במקום זאת, בפסוק ג מואב הוא הנושא ולא בלק, ועליו נאמר שהוא מפחד מישראל. על רקע המעבר בין מה שראה בלק בפסוק ב, לפחד של מואב בפסוק ג, מובן סוף פסוק ד החוזר להזכיר את בלק כמלך מואב: "וּבָלָק בֶּן צִפּוֹר מֶלֶךְ לְמוֹאָב בָּעֵת הַהִוא". המעבר הפתאומי בין נקודת התצפית של בלק (ב), לפחד של מואב (ג) ותגובתם המעשית בפנייתם לזקני מדיין, מציג את חוסר האונים ואת השיתוק שאחז בבלק, ובהעדר פעילות מצידו, העם המואבי נקט פעולה מעשית בפנייה לזקני מדיין. לא ברור מה עלה בגורל הפנייה של העם המואבי לזקני מדיין. העובדה שאין מענה מצד זקני מדיין, ואדרבה, הם, ביחד עם זקני מואב נשלחים לבלעם, מלמדת גם על חוסר האונים של זקני מדיין וגם של מואב (ז).

החשש של מואב מפני ישראל מזכיר את החשש של מצרים מפני ישראל (על כך עמדנו לעיל), כאמור בשמות א', ח-יב: "וַיָּקָם מֶלֶךְ חָדָשׁ עַל מִצְרָיִם... וַיֹּאמֶר אֶל עַמּוֹ הִנֵּה **עַם בְּנֵי יִשְׂרָאֵל רַב וְעָצוּם מִמֶּנּוּ**. הָבָה נִתְחַכְּמָה לוֹ פֶּן יִרְבֶּה וְהָיָה כִּי תִקְרֶאנָה מִלְחָמָה וְנוֹסַף גַּם הוּא עַל שֹׂנְאֵינוּ וְנִלְחַם בָּנוּ וְעָלָה מִן הָאָרֶץ. וַיָּשִׂימוּ עָלָיו שָׂרֵי מִסִּים... וְכַאֲשֶׁר יְעַנּוּ אֹתוֹ כֵּן **יִרְבֶּה** וְכֵן יִפְרֹץ **וַיָּקֻצוּ מִפְּנֵי בְּנֵי יִשְׂרָאֵל**". בשני המקומות היה חשש מהריבוי של ישראל, ובשני המקומות בא ההיגד הנדיר "וַיָּקֻצוּ מִפְּנֵי בְּנֵי יִשְׂרָאֵל". שני הסיפורים מתחילים באופן דומה, אלא שיראת המצרים מהריבוי של העם, מביאה אותם לשעבד של ישראל, ואילו המואבים אינם מצליחים להזיק לישראל. סיפור מצרים מתחיל את תהליך השעבוד ואת היציאה ממצרים, וסיפור מואב חותם תהליך זה, אך הפעם ה' אינו מאפשר להזיק לישראל. ההקבלה למצרים חשובה מעוד בחינה נוספת. משה הציל את העם ממצרים, והוא גם הצליח להפעיל ניסים כנגד המצרים גם במקום שחרטומי מצרים כבר לא יכלו לפעול בלהטיהם. עכשיו משה כבר לא בתמונה, ועתה במקום חרטומי מצרים מופיע בלעם הקוסם, ומשה אינו זה שמושיע מפניו, אלא ה' בכבודו ובעצמו.

בעקבות פניית העם המואבי לזקני מדיין, באה הפנייה של בלק לבלעם, בבקשה שיקלל את ישראל (ה). סדר הפעולות רומז לכך, שהפעילות של מואב מול זקני מדיין, היא שאפשרה למלך מואב לצאת מהקיפאון שלו, ולהתחיל לנהל את המערכה.

מקומם של זקני מדיין בסיפור משרת מטרה נוספת, המתקשרת לחטאם של ישראל עם נשים מדייניות שהצטרפו למואביות בסוף הסיפור (כ"ה, ו). החטא שחטאו ישראל עם נשים אלה ילמד, שבסופו של דבר הכוח להכניע את ישראל אינו בידי המלך, ולא בידי הזקנים

והקסמים שבידם, ואפילו לא באמצעות בלעם בכיר הקוסמים. בסוף ייפול העם בחטאו עם נשות מואב ומדיין. בשל כך מדיין נזכרים בתחילת הסיפור, ונשות מדיין תתפוסנה בסופו מקום מכריע בגורלו של ישראל.[102]

בלק משכנע את בלעם לבוא אליו לקלל את ישראל, כ״ב, ה-כ

לאחר שמואב לא מצא פתרון להתמודדות עם ישראל, בלק שולח משלחת לבלעם, בבקשה שיקלל את ישראל, כדי שיקל עליו לגבור עליו בעימות צבאי (ה). בלעם נמצא בפתור אשר על הנהר, והכוונה כנראה לנהר פרת. גם בדברים כ״ג, ה, ו, נאמר שפתור מצויה בארם נהריים. וכן גם בנאום בלעם בבמדבר כ״ג, ז: ״מִן אֲרָם יַנְחֵנִי בָלָק מֶלֶךְ מוֹאָב״. אכן חוקרים מזהים את המקום עם פתר שנמצאת כעשרים ק״מ מדרום לכרכמיש על אחד מיובליו של הפרת. המקום נזכר בכתובת של שלמנאסר השלישי. גם המיקום של ״אֶרֶץ בְּנֵי עַמּוֹ״ מתבאר כאחד המחוזות על גבול הפרת.[103]

תיאורו של בלק את ישראל שיצא ממצרים ועתה הוא בגבול מואב ומכסה את עין הארץ, מזכיר ניסוח דומה ביחס לָאַרְבֶּה בשמות י׳, ה. כמו שהארבה כיסה את עין הארץ, היינו שאי אפשר לראות את הארץ בשל הארבה, כך ישראל כה רבים שלא ניתן לראות את הארץ. חששם הוא שישראל יחסלו את משאבי הארץ – כמו שבעלי חיים מחסלים את צומח הארץ: ״עַתָּה יְלַחֲכוּ הַקָּהָל אֶת כָּל סְבִיבֹתֵינוּ כִּלְחֹךְ הַשּׁוֹר אֵת יֶרֶק הַשָּׂדֶה״ (ד). סברת בלק היא שאם ישראל יקולל הוא יוכל להתגבר על ישראל במלחמה נגדם ולגרשו מהארץ. קללתו של בלעם נחשבה לדבר משמעותי ואפקטיבי: ״כִּי יָדַעְתִּי אֵת אֲשֶׁר תְּבָרֵךְ מְבֹרָךְ וַאֲשֶׁר תָּאֹר יוּאָר״ (ו).

ממצא ארכאולוגי שנמצא בדיר־עלא מאשר את פרסומו וחשיבותו של בלעם בן בעור. באתר זה, המצוי בבקעת הירדן, כארבעה עשר ק״מ צפונית־מזרחית לגשר אדם בעברו המזרחי של הירדן, התגלו שברי טיח ובהם כתב בדיו שחורה ואדומה. מתוך כל הצירופים ששוחזרו רק שניים מהם מאפשרים קריאה ברמה סבירה. הכתובת היא בניב ארמי. מחקר רב נסב על ממצא זה, ולצורך ענייננו מעניין כי ישנן נקודות דומות לנתונים בסיפור המקראי. בצירוף הראשון מוזכר ״בלעם ברבער איש חוזה אלה״, אליו מתגלה ״אלהן״ (= אלוהים) בלילה ואומר לו דבר מה. הצירוף השני שקשה יותר לקריאה, רווי ברמיזות מיניות.[104] דבר זה קושר את הכתובת לסיפור הזנות בבעל פעור.

שליחי בלק הם נכבדים – זקני מואב וזקני מדיין. לידיעה על זקני מדיין אין המשך בתיאור המשא ומתן, וכאמור, הידיעה מקדימה את השתתפות נשות מדיין בהחטאת ישראל בבעל פעור. בידם של חשובים אלה היו קסמים, ולא ברור לשם מה הם צריכים את הקסמים. אפשר לשער שהקסמים נועדו לגרום לבלעם להסכים לבוא איתם (ראב״ע).* אפשרות שנייה היא שקסמים אלה נועדו אולי לסייע לבלעם בקללה שלו את ישראל (רש״י, רשב״ם). בעניין זה נרחיב להלן.

* בפירושו לפסוק ז. מביא את דעת ר׳ שמואל הנגיד שהכוונה לדמי הקסמים, היינו התשלום לבלעם עבור הקסמים.

פסוקים ח-כ מתארים באריכות את האינטראקציה בין שליחי בלק לבלעם, עד אשר בלעם הולך עם שרי מואב. בשלב הראשון ה' מתגלה לבלעם ואוסר עליו ללכת עם האנשים ולא לקלל את ישראל כי הוא ברוך (יב). כאשר בלעם מדווח על כך לשרי בלק, הוא אומר להם שה' מסרב לאפשר לו ללכת עימם (יג), ומשמיט את ההסבר שנתן לו ה', שישראל ברוך. השמטה זו מכוונת, כנראה כדי להמשיך את הדיאלוג עם בלק ושליחיו, ואולי אף להתמקח על המחיר, שכן אילו היה אומר להם מיד שאין אפשרות לקלל את העם, אולי היה בלק נוטש את התוכנית הזו כליל. כבר בנקודה זו עולה הכוונה של בלעם לקלל את ישראל, בין אם מטרתו היא לקבל שכר גבוה, ובין אם כוונתו היא נגד ישראל.

גם הדיווח של שרי מואב לבלק סלקטיבי. במקום לדווח את שאמר להם בלעם, שה' אינו מסכים שילך עימם (יג), הם אומרים לו שבלעם אינו רוצה לבוא עימם (יד). התוצאה היא לחץ של בלק על בלעם, באמצעות משלחת מכובדת יותר ובהבטחה לשכר גדול יותר (טו, יז). דיווח זה מציג גם את השליחים כבעלי רצון להפעיל לחץ על בלעם. השליחים ובלק סברו שבלעם סירב כדי להתמקח ולהעלות את המחיר. הפעם בלעם מבהיר בצורה מפורשת יותר, שסירובו אינו משום שאינו רוצה, אלא שה' אינו מאפשר לו, והכול תלוי ברצונו (יח). בלעם מסביר את המחויבות שלו לה' בקשר האינטימי שבינו לבין ה', שאותו הוא מכנה "אלהָי". אף שבלעם מסייג את האפשרות שלו לעשות דבר ללא רצון ה', עדיין בלק לא שמע את מה שבלעם יודע מראש, שישראל ברוך, ושלכן ה' לא מאפשר לו לקלל אותו. כך מקננת בליבו של בלק תקווה שתיווצר אפשרות לקלל את ישראל.

מוזר שלאחר שבלעם הסביר שאינו יכול לבוא עימהם כי ה' אינו מסכים, הוא אומר להם להישאר בלילה לראות מה ה' יוסיף לדבר איתו (יט). נראה כי אף ששמע שה' אמר לו בבירור שלא ילך, בלעם מקווה שיחול שינוי בדעת ה'. הוא אינו מקבל לגמרי את דברי ה' שאין לקלל את ישראל. במפתיע משנה ה' את דעתו ומאפשר לו ללכת, אף כי הוא מתריע באוזניו שהינו רשאי לעשות רק את שציווהו ה' (כ). ה' אִפשר לו ללכת, אבל כפי שנראה, לא חזר בו מכוונתו שאין לקלל את ישראל. לפיכך נראה כי הרשות שה' נותן לבלעם ללכת עימם, היא לשם כך שהעלילה תמשיך ובאמצעותה תשוקף ריבונותו של ה', וחוסר האפשרות של בני אדם לשנות את דעת ה'. בהמשך נתייחס לשאלה מה עומד מאחורי הליכתו של בלעם לאחר שהוא יודע שכוונותיו של ה' אינן תואמות את המטרה שלשמה הוא נקרא לבוא לבלק.

בלעם והאתון, כ"ב, כא-לה

הזדרזותו של בלעם ללכת עם שרי מואב בבוקר, מלמדת על רצונו העז לקלל את ישראל (כא). מכאן אפשר להסביר את התמיהה מדוע כעס ה' על בלעם אם הוא אִפשר לו ללכת (כב). הכעס של ה' לא היה על עצם העובדה שבלעם הלך, אלא על המוטיבציה הגדולה שלו לקלל את ישראל בניגוד למה שאמר לו. באמצעות האתון מבקש ה' להבהיר לבלעם את מה שלא הפנים.

מלאך ה׳ מתייצב בדרך, וחרב שלופה בידו, והאתון רואה את המלאך, אך בלעם אינו רואה. פעם אחת היא סוטה מהדרך (כג), אחר כך היא מוחצת את רגלו של בלעם אל הקיר (כה), וכשאין לה לאן ללכת היא רובצת על מקומה (כז). בלעם מתנהג באכזריות לאתונו, והוא מכה אותה שלוש פעמים (כג, כה, כז). לאחר שה׳ פותח את פי האתון, היא מטיחה בבלעם: "מֶה עָשִׂיתִי לְךָ כִּי הִכִּיתַנִי זֶה שָׁלֹשׁ רְגָלִים" (כח). למרבה ההפתעה בלעם אינו משתומם שהאתון מדברת איתו, והוא מדבר איתה באופן רגיל, ובצידוק ההתעללות שלו בה, ובכוונותו אף להמיתה (כט). היחס האכזרי של בלעם כלפי אתונו עולה בדבריה אליו "וַתֹּאמֶר הָאָתוֹן אֶל בִּלְעָם הֲלוֹא אָנֹכִי אֲתֹנְךָ אֲשֶׁר רָכַבְתָּ עָלַי מֵעוֹדְךָ עַד הַיּוֹם הַזֶּה הַהַסְכֵּן הִסְכַּנְתִּי לַעֲשׂוֹת לְךָ כֹּה וַיֹּאמֶר לֹא" (ל).[105] אף מלאך ה׳ גוער בבלעם על יחסו לאתונו (לב). הכתוב מציג את תשובתו של בלעם לאתון שאכן מודה שמעולם לא התנהגה כך. ההתנהגות הקשה של בלעם כלפי אתונו מבטאת את להיטותו ללכת לבלק כדי לקלל את ישראל.

מכאן אפשר להבין את מטרת סיפור הדיאלוג בין בלעם לאתונו. אירוני מאוד ומשמעותי שהאתון רואה את מלאך ה׳, כמודגש שלוש פעמים (כג, כה, כז), ואילו בלעם, שה׳ מדבר עימו, אינו רואה. נראה כי להיטותו של בלעם לקלל את ישראל לא אפשרה לו לראות את המלאך, ובעצם את כוונתו של ה׳. בלעם בסופו של דבר רואה את המלאך רק משום שה׳ פוקח את עיניו (לא). בכך הוא דומה לאתונו: ה׳ פתח את פי האתון (כח), והוא פקח את עיני בלעם (לא). בלעם, כמו אתונו, צריך שה׳ יעשה מעשה חריג להביא אותו למודעות. פקיחת עיני בלעם לראות את המלאך, מקדימה את הראייה החוזרת של בלעם לפני הנאומים שלו המובילים לדברי השבח שלו על ישראל על פי רצון ה׳ (כ״ב, מא; כ״ג, ג, ח, יג; כ״ד, ב). פקיחת עיני בלעם בסיפור האתון מקדימה את גילוי העיניים של בלעם על ידי ה׳, בפרק כ״ד, ד, טז: "מַחֲזֵה שַׁדַּי יֶחֱזֶה נֹפֵל וּגְלוּי עֵינָיִם".

יש היבט נוסף לסמליות סיפור בלעם ואתונו. אף שחיות אינן יכולות לדבר, בסיפור זה האתון מדברת, לאחר שה׳ פותח את פיה (כח). הלקח לבלעם הוא, שאף הוא, כמו האתון, אינו יכול לדבר אלא את שֶׁיָּשִׂים אלוהים בפיו. וכמו שהאתון ראתה את מלאך ה׳, על בלעם לראות רק את מה שאלוהים יראה לו, ולא את שרוצה לראות. יכולת הדיבור של האתון היא רק בזכותו של ה׳, כך דבריו של בלעם הם בזכות ה׳ בלבד. בלעם הבין זאת ומציע שיחזור (לד), אולם ה׳ שב ומדגיש, והפעם בלעם מַפְנים, שהוא יכול להגיד רק את מה שאלוהים יגיד לו (לה).

שלוש פעמים היכה בלעם את אתונו, משום שלא ראה את המלאך, וכנגד זה שלוש פעמים ייקח אותו בלק למקומות שונים, ובלעם יראה גורל טוב לישראל. עתה אפשר להבין מדוע ה׳ מאפשר לו ללכת ומיד כועס עליו על כך. ה׳ אומר לבלעם שילך, בתנאי שיאמר את מה שישים אלוהים בפיו, אבל הוא הולך לבלק מתוך רצון וכוונה ברורה לקלל את ישראל. על כך ה׳ כעס ומלמד אותו לקח באמצעות האתון.

העדויות שהתגלו מדיר אל עלא, מדגישות את המעמד הגדול של בלעם כרואה. הסיפור שלנו לעומת זאת מעמיד את בלעם בשורה אחת עם אתונו, ושה׳ שולט במה שבלעם יכול לעשות ולדבר. נראה אפוא כי סיפור אי ראיית בלעם את מלאך ה׳ בניגוד לאתון, הוא פולמוס

על דמותו של בלעם כפי שהייתה מוכרת, וכפי שמשתקפת בכתובת דיר אל־עלא, המכנה את בלעם חוזה אלוהים.[106]

סיפור בלעם ואתונו תחום במבנה מעטפת:

הקטע נפתח – "וַיָּקָם בִּלְעָם בַּבֹּקֶר וַיַּחֲבֹשׁ אֶת אֲתֹנוֹ וַיֵּלֶךְ עִם שָׂרֵי מוֹאָב" (כא).
וסיומו -"וַיֵּלֶךְ בִּלְעָם עִם שָׂרֵי בָלָק" (לה).

לאחר דברי אלוהים לבלעם לאחר שיצא לדרכו, שוב ממשיך בלעם בדרך, אך בניגוד לתחילת הנסיעה, לא כתוב שהוא משכים בבוקר, שכן נראה שדברי ה׳ ציננו את להיטותו. אך האם בלעם למד את הלקח לגמרי? להלן נראה שלא.

נסכם את הנקודות שעלו ביחס לגישתו של בלעם. אף שבלעם יודע שישראל ברוך ושה׳ אינו מעוניין לקלל את ישראל, בכל זאת הוא עושה מאמצים מרובים ללכת אל בלק ולקלל את ישראל. להיטותו באה לידי ביטוי בדיווח הסלקטיבי של בלעם לבלק, בהעלימו את ההחלטיות של אלוהים בקובעו שלא ניתן לקלל את ישראל משום שהוא ברוך. במקום זאת הוא מתמקד באי הסכמתו של ה׳, אך ללא הסבר, ומכאן הוא נותן לבלק תקווה לשינוי דעת ה׳. נקודה שנייה היא שהוא מבקש ממשלחת בלק להישאר אצלו בלילה לאחר שכבר שמע מה׳ שאינו מסכים שיקלל את ישראל. נקודה שלישית היא דמותו של בלעם בסיפור האתון. ברור אם כן, שדמותו של בלעם היא שלילית עד כאן. אין הסבר בכתובים ללהיטותו, אם הוא מעוניין בשכר מבלק, או אם הוא עוין את ישראל. אומנם יש להדגיש את שבחו של בלעם שאינו מוכן לסטות מרצון ה׳, ואינו חושב שהוא יכול לפעול ללא הסכמתו. מבחינה זו הוא מוצג באופן חיובי, והצגתו השלילית היא מבחינה זו שאף שהוא מקבל את מרותו של ה׳, אין הוא מקבל את תפיסתו של ה׳ ביחס לישראל, והוא מבקש לפעול נגד ישראל.

ניסיונות בלק להביא את בלעם לקלל את ישראל ונאומי בלעם, כ״ב, לו - כ״ד, כה

חלק זה פותח בפגישת בלעם עם בלק, בפרק כ״ב, לו, ונחתם בפרֵדה ביניהם, בפרק כ״ד, כה:

"וַיִּשְׁמַע בָּלָק כִּי בָא בִלְעָם וַיֵּצֵא לִקְרָאתוֹ אֶל עִיר מוֹאָב אֲשֶׁר עַל גְּבוּל אַרְנֹן אֲשֶׁר בִּקְצֵה הַגְּבוּל" (כ״ב, לו).

"וַיָּקָם בִּלְעָם וַיֵּלֶךְ וַיָּשָׁב לִמְקֹמוֹ וְגַם בָּלָק הָלַךְ לְדַרְכּוֹ" (כ״ד, כה).

המפגש בין בלק לבלעם מתחיל בדיאלוג, והוא בא בעיקר להציג בפתח הדברים את המאמץ של בלק להביא את בלעם לקלל את ישראל (לז), ואת תפיסת בלעם שאינו יכול לקלל את ישראל ללא רצון ה׳ (לח). דברים נחרצים אלה, ששומע בלק מבלעם עצמו, אינם משנים את דעתו, ובלק ממשיך לנסות להביא את בלעם לקלל את ישראל.

המבנה של סיפור נאומי בלעם, התפתחותו ומשמעותו

הפרשה מכילה ארבעה נאומים של בלעם הכתובים כשירה, ולפני כל אחד מהנאומים יש פעילות של בלק ובלעם שכוללת הקרבת קורבנות, דיאלוגים ביניהם, ומקומות תצפית שונים שאליהם בלק מביא את בלעם, כדי שיקלל את ישראל. מכיוון שבלעם אינו מקלל את ישראל, בכל פעם משנה בלק את המיקום כדי שבלעם יראה את העם ממקום אחר, ואולי אז יקלל את העם. כפי שנראה להלן הפסוקים בפרוזה לפני הנאומים מקיימים קשר הדוק ביניהם ומשקפים את התקדמות העלילה, וגם הדמיון והשוני בין הנאומים עצמם מתאימים לקצב התקדמות העלילה. כמו כן נראה התאמה בין התקדמות העלילה בסיפור ובנאומים לבין השינוי שעובר בלעם.

הפרשה מורכבת מהחלקים הבאים:

דו־שיח לפני הנאום הראשון – כ״ב, לט - כ״ג, ו.
נאום בלעם הראשון – כ״ג, ז-י.
דו־שיח לפני הנאום השני – כ״ג, יא-יז.
הנאום השני – כ״ג, יח-כד.
דו־שיח לפני הנאום השלישי – כ״ג, כה - כ״ד, ב.
הנאום השלישי – כ״ד, ג-ט.
לאחר הנאום השלישי בלק מסלק את בלעם – כ״ד, י-יד.
הנאום הרביעי – כ״ד, טו-כד.

בלעם נושא ארבעה נאומים, שבכולם הוא מדבר בשבח ישראל, ואף על פי כן בלק משתדל בכל פעם להביא את בלעם לקלל את ישראל, בכך שהוא מביאו בכל פעם לנקודת תצפית שונה על ישראל. אחרי שלושת הנאומים הראשונים גוער בלק בבלעם (כ״ג, יא; כה; כ״ד, י-יא), ובכל פעם מצטדק בלעם וחוזר על מה שאמר לו מראש, שאין הוא רשאי להגיד דבר שה׳ לא אמרו (כ״ג, יב; כו, כ״ד, יב-יג).

מה היא תפיסתו של בלק? לְמה הוא מצפה אם בלעם אומר לו מתחילה שאין לו יכולת להגיד דבר שאלוהים לא חפץ בו? מה מחזיק את בלק להמשיך ולהתעקש, גם לאחר שהוא שומע פעם אחר פעם את בלעם מברך את ישראל? ומה חשב בלעם? הרי מתחילה ידע שה׳ לא יאפשר לקלל את ישראל כי הוא ברוך? אם ידע שלא יצליח למלא את רצונו של בלק, לשם מה הופיע בפניו?

התשובה לשאלה זו טמונה בהבנה שבלעם הוא בראש ובראשונה קוסם.* הוא מכונה כך ביהושע י״ג, כב: ״וְאֶת בִּלְעָם בֶּן בְּעוֹר הַקּוֹסֵם הָרְגוּ בְנֵי יִשְׂרָאֵל בַּחֶרֶב אֶל חַלְלֵיהֶם״. לפני

* בבלי סנהדרין קו ע״א: ״ואת בלעם בן בעור הקוסם... וכי קוסם הוא?! והלא נביא הוא! אמר רבי יוחנן: בתחילה נביא ולבסוף קוסם״.

הנאום השלישי נאמר עליו "וְלֹא הָלַךְ כְּפַעַם בְּפַעַם לִקְרַאת נְחָשִׁים" (כ"ד, א). היינו שבשתי הפעמים הראשונות הוא עסק בנַחַש. בנאום השני הוא אומר במפורש שהנַחַש והקסם לא שייכים בישראל: "כִּי לֹא נַחַשׁ בְּיַעֲקֹב וְלֹא קֶסֶם בְּיִשְׂרָאֵל" (כ"ג, כג), ומכאן שביקש לקלל את ישראל באמצעים אלה בשלבים הראשונים.

הנַחַש והקסם הם פעולות השייכות לתחום הכישוף, ותכליתם לדעת את העתיד או לפעול פעולה חיובית או שלילית על העתיד בדרך על־טבעית. פעולות אלה יכולות לבוא גם כדי להכריח את אלוהים או את הרוח לגלות דבר מה מהעתיד או להשפיע על העתיד. כל הפעולות האלה נאסרו בתורה (דברים י"ח, י-יב), והיו נפוצות מאוד במזרח הקדום. במאגיה זו עסקו גם ישראל, והנביאים הוכיחו אותם על כך (ישעיה ב׳, ו; נ"ז, ג, ט). יש להדגיש כי בשום מקום במקרא לא נאמר שבלעם הוא נביא. יש לציין שהדברים שהוא נושא נקראים באופן קבוע "משל" (כ"ג, ז, יח; כ"ד, ב, טו, כ, כא, כג), שלא בא בשום מקום במקרא במובן של נבואה.

התפיסה הבסיסית של בלק ביחס לבלעם היא שהוא קוסם, וכך תופס עצמו גם בלעם. לפי תפיסתם, בכוחותיו המיוחדים הוא יכול להשפיע על העתיד ולשנות את דעת ה׳, כפי שהיה מקובל בעולם האלילי של התקופה.[107] מובן עתה מדוע כאשר בלעם אומר לבלק מראש שרק מה שאלוהים שם בפיו הוא יכול להגיד, עדיין בלק רוצה בשירותו, כי הוא סבור שיש לו דרכים מאגיות לשנות את דעת האל. זו גם הסיבה מדוע גם לאחר שבלעם מברך את ישראל בלק ממשיך לנסות. הוא סבור שבלעם יכול לשנות את דעת אלוהים, יש בכוחו להשפיע עליו, ולעשות עליו מניפולציות מאגיות. כך סבור בלעם, שכן זו אומנותו. הוא מתאמץ ללכת לבלק, ואף לאחר סיפור האתון הוא סבור שיצליח לשנות בנחשיו וקסמיו את דעת ה׳.[108] עתה גם נבין את הכעס של ה׳ עליו, לאחר שאִפשר לו ללכת לבלק. בלעם הלך מתוך ידיעה שה׳ לא רוצה לקלל את ישראל, אך סבר שיצליח להביא לשינוי דעתו באמצעות נחשים.

בכל ארבעת הנאומים מתגלה תהליך שבו בלעם מבין את מוגבלותו ואת רצונו של ה׳, ועובר תהליך הדרגתי מקוסם, שבא להשפיע על אלוהים, לנביא ה׳, שמנבא את דבר ה׳. אכן לפני הנאום השלישי כאשר כבר אינו הולך לקראת נחשים, רק אז נאמר בפעם הראשונה: "וַתְּהִי עָלָיו רוּחַ אֱלֹהִים" (כ"ד, ב). בשלב הזה הופך בלעם מקוסם לנביא, ובנאום השלישי, ועוד יותר ברביעי, ואחר כך בשלושת הנאומים האחרונים, בלעם ניבא פורענות לאויבי ישראל ושגשוג לישראל.

בכל ההקדמות לנאומים ובנאומים גופם יש מוטיבים חוזרים. אך המעברים מהקדמה להקדמה, ובעיקר בין נאום לנאום מלמדים על השינוי שעובר בלעם, ועל חוסר האונים של בלק להביא לקללה על ישראל.

כאלטרנטיבה לפעולות הכישוף שרווחו, התורה מעמידה את הנבואה, שפועלת באמצעות ה׳ בלבד וברצונו, וללא כל אפשרות להשפיע עליו השפעה מאגית. במקום עיסוק במאגיה התורה מפנה אדם מישראל אל הנביא, דברים י"ח, יד-יח:

כִּי הַגּוֹיִם הָאֵלֶּה אֲשֶׁר אַתָּה יוֹרֵשׁ אוֹתָם אֶל מְעֹנְנִים וְאֶל קֹסְמִים יִשְׁמָעוּ וְאַתָּה לֹא כֵן נָתַן לְךָ ה׳ אֱלֹהֶיךָ. נָבִיא מִקִּרְבְּךָ מֵאַחֶיךָ כָּמֹנִי יָקִים לְךָ ה׳ אֱלֹהֶיךָ אֵלָיו תִּשְׁמָעוּן. כְּכֹל אֲשֶׁר שָׁאַלְתָּ מֵעִם ה׳ אֱלֹהֶיךָ בְּחֹרֵב בְּיוֹם הַקָּהָל לֵאמֹר לֹא אֹסֵף לִשְׁמֹעַ אֶת קוֹל ה׳ אֱלֹהָי וְאֶת הָאֵשׁ הַגְּדֹלָה הַזֹּאת לֹא אֶרְאֶה עוֹד וְלֹא אָמוּת. וַיֹּאמֶר ה׳ אֵלָי הֵיטִיבוּ אֲשֶׁר דִּבֵּרוּ. נָבִיא אָקִים לָהֶם מִקֶּרֶב אֲחֵיהֶם כָּמוֹךָ וְנָתַתִּי דְבָרַי בְּפִיו וְדִבֶּר אֲלֵיהֶם אֵת כָּל אֲשֶׁר אֲצַוֶּנּוּ.

ההקדמה לנאום הראשון, כ"ב, לו - כ"ג, ו

לו וַיִּשְׁמַע בָּלָק כִּי בָא בִלְעָם וַיֵּצֵא לִקְרָאתוֹ אֶל עִיר מוֹאָב אֲשֶׁר עַל גְּבוּל אַרְנֹן אֲשֶׁר בִּקְצֵה
לז הַגְּבוּל. וַיֹּאמֶר בָּלָק אֶל בִּלְעָם הֲלֹא שָׁלֹחַ שָׁלַחְתִּי אֵלֶיךָ לִקְרֹא לָךְ לָמָּה לֹא הָלַכְתָּ אֵלָי הַאֻמְנָם
לח לֹא אוּכַל כַּבְּדֶךָ. וַיֹּאמֶר בִּלְעָם אֶל בָּלָק הִנֵּה בָאתִי אֵלֶיךָ עַתָּה הֲיָכֹל אוּכַל דַּבֵּר מְאוּמָה הַדָּבָר
לט מ אֲשֶׁר יָשִׂים אֱלֹהִים בְּפִי אֹתוֹ אֲדַבֵּר. וַיֵּלֶךְ בִּלְעָם עִם בָּלָק וַיָּבֹאוּ קִרְיַת חֻצוֹת. וַיִּזְבַּח בָּלָק בָּקָר
מא וָצֹאן וַיְשַׁלַּח לְבִלְעָם וְלַשָּׂרִים אֲשֶׁר אִתּוֹ. וַיְהִי בַבֹּקֶר וַיִּקַּח בָּלָק אֶת בִּלְעָם וַיַּעֲלֵהוּ בָּמוֹת בָּעַל
כג א וַיַּרְא מִשָּׁם קְצֵה הָעָם. וַיֹּאמֶר בִּלְעָם אֶל בָּלָק בְּנֵה לִי בָזֶה שִׁבְעָה מִזְבְּחֹת וְהָכֵן לִי בָּזֶה שִׁבְעָה
ב ג פָרִים וְשִׁבְעָה אֵילִים. וַיַּעַשׂ בָּלָק כַּאֲשֶׁר דִּבֶּר בִּלְעָם וַיַּעַל בָּלָק וּבִלְעָם פָּר וָאַיִל בַּמִּזְבֵּחַ. וַיֹּאמֶר
בִּלְעָם לְבָלָק הִתְיַצֵּב עַל עֹלָתֶךָ וְאֵלְכָה אוּלַי יִקָּרֶה ה' לִקְרָאתִי וּדְבַר מַה יַּרְאֵנִי וְהִגַּדְתִּי לָךְ
ד וַיֵּלֶךְ שֶׁפִי. וַיִּקָּר אֱלֹהִים אֶל בִּלְעָם וַיֹּאמֶר אֵלָיו אֶת שִׁבְעַת הַמִּזְבְּחֹת עָרַכְתִּי וָאַעַל פָּר וָאַיִל
ה ו בַּמִּזְבֵּחַ. וַיָּשֶׂם ה' דָּבָר בְּפִי בִלְעָם וַיֹּאמֶר שׁוּב אֶל בָּלָק וְכֹה תְדַבֵּר. וַיָּשָׁב אֵלָיו וְהִנֵּה נִצָּב עַל
עֹלָתוֹ הוּא וְכָל שָׂרֵי מוֹאָב.

פירוש העניין

ההקדמה לנאום הראשון היא הארוכה ביותר בהשוואה להקדמות האחרות, וכוללת פרטים שלא יבואו באחרות, אשר ככל הנראה מקצרות ולא כוללות את כל הפרטים. הקדמה זו פותחת ומסתיימת בדגש על כך שה' הוא זה ששם את הדברים בפי בלעם (כ״ב, לה; כ״ג, ה). דגש זה נועד להבהיר כבר מתחילה את מה שלא ברור לבלק, ומה שברור באופן חלקי לבלעם, שאי אפשר להשפיע ולשנות את תפיסת אלוהים.

הפסוקים הראשונים הם פסוקי מעבר בין סיפור הדרך שעשה בלעם עד שהגיע לבלק לבין הנאום הראשון, לפיכך יש להתייחס אליהם בשני ההקשרים. בפסוקי הפתיחה בלק תמה על כך שבלעם לא בא אליו מיד על אף השכר שהבטיח לו (לז). תמיהה זו של בלק מאפשרת לפתוח את כל חטיבת הנאומים בדברי בלעם שעל אף שהגיע, הוא מנוע מלומר דבר, אלא את מה שאלוהים ישים בפיו (לח). הניסוח של דברי בלעם הוא פסימי: "הִנֵּה בָאתִי אֵלֶיךָ עַתָּה הֲיָכֹל אוּכַל דַּבֵּר מְאוּמָה הַדָּבָר אֲשֶׁר יָשִׂים אֱלֹהִים בְּפִי אֹתוֹ אֲדַבֵּר". בלעם מדגיש את המוגבלות שלו לדבר אפילו בסטייה קטנה ממה שאלוהים ישים בפיו. פסימיות זו לא מתאימה לרוחו של בלעם שֶׁשָּׂשׂ להגיע לבלק בבוקר לאחר שאלוהים נתן לו רשות, אך היא תוצאה של המפגש של בלעם עם המלאך בסיפור האתון.

בלק לוקח את בלעם לקריית חוצות (לט). ובינתיים הוא שולח לו ולשריו זבח בקר וצאן (מ), לשם האכלתם כדי לכבדם (רלב״ג). בלק סבור שאם יפנק את בלעם ושריו, יסייע הדבר לכך שבלעם יקלל את העם. אכן רק בשלב הבא בבוקר בלק לוקח את בלעם למקום שנקרא במות בעל, ומשם יכול בלעם לראות את קצה העם (מא). התפיסה היא ככל הנראה, שיש משמעות מאגית לראיית העם כדי לקלל אותו. בלק מאכיל את בלעם ושריו, ומראה לבלעם את קצה העם, ובכך יושפע בלעם להפעיל את כוחותיו כדי לקלל את העם. המקום שממנו ביקש בלק להראות לבלעם את ישראל, ושממנו ציפה שהוא יקלל את ישראל, נקרא במות בעל, המרמז על מקום פולחני. שם המקום מזכיר ומקדים את חטא ישראל בבעל פעור מיד לאחר פרשייה זו (כ״ה, ב, ה; דברים ד׳, ג; הושע ט׳, י; תהילים ק״ו, כח).

בלעם מבקש מבלק לבנות שבעה מזבחות ולהעלות עליהם שבעה פרים ושבעה אלים (כ״ג, א), פר ואיל על כל מזבח. חזרה שבע פעמים על הליך פולחני רווחת במקרא (בראשית כ״א, כח-לא; שמות כ״ט, ל; ויקרא ד׳, ו; ח׳, לג; במדבר כ״ח, יא, יט; ועוד). בלק עושה כמצוות בלעם, והוא מעלה את הקורבנות ביחד עם בלק (ב). נראה כי מטרת קורבנות אלה היא לרצות את אלוהים, ולהביא אותו לעשות כרצונם במסגרת הפעולות המאגיות של בלעם. אף שהדבר לא נזכר כאן, להלן ייאמר שבשלבים האלה השתמש בלעם בנחשים (כ״ד, א). בלעם מצווה את בלק לעמוד ליד העולָה שלו, ושהוא בלעם ילך ויחכה להתגלות אלוהים, "וְאֵלְכָה אוּלַי יִקָּרֵה ה׳ לִקְרָאתִי וּדְבַר מַה יַּרְאֵנִי וְהִגַּדְתִּי לָךְ". לשון זו של היקרות במסגרת התגלות מופיעה גם בפסוקים ד, טו, טז, ומחוץ לסיפור בלעם גם בהתגלות ה׳ למשה בשמות ג׳, יח; ה׳, ג. ביטוי זה מורה על הפתעה בהתגלות, כמו השימוש של הביטוי בהקשרים לא

מתוכננים או מפתיעים בין בני אדם ולא בהתגלות אלוהים (למשל: בראשית כ״ד, טז; שמ״ב א׳, ו; י״ח, ט). השימוש כאן במילה זו כדי לבטא מפגש של ה׳ עם בלעם נועד להציג את חוסר הביטחון של בלעם במפגש הזה, שנובע מכך שהוא יודע שה׳ אינו מעוניין לקלל את ישראל. בלעם ׳הלך שפי׳, במשמעות הלך לבדו, או הלך להר, וכך או כך מטרת היפרדותו מבלעם היא ככל הנראה לעסוק בכשפים כדי שיתגלה אליו ה׳ (ראב״ע). אכן מיד התגלה אליו ה׳: ״וַיִּקָּר אֱלֹהִים אֶל בִּלְעָם״ (ד).

המוטיבציה של בלעם לשכנע את אלוהים לקלל את ישראל ניכרת בכך שעם התגלות אלוהים, בלעם מתפרץ ומדווח לו על הקורבנות שהקריב (כ״ג, ד). ההתפרצות של בלעם משקפת את ציפייתו שהקורבנות האלה ישפיעו מאגית על אלוהים כדי שיאמר לו את אשר הוא רוצה לשמוע. אך ה׳ מיד אומר לו מה לומר, ״וַיָּשֶׂם ה׳ דָּבָר בְּפִי בִלְעָם״ (ה), דבר המורה על כך שבלעם הוא הכלי אשר דרכו ה׳ מדבר, ובלעם לא הצליח להשפיע על אלוהים. תחילת הקטע הזה וסיומו באותו רעיון, שה׳ שם בפיו של בלעם את אשר עליו לומר, באים להבליט את חוסר האפשרות של בלעם לפעול אל מול רצונו של ה׳. בלעם שב ומוצא את בלק ואת שרי מואב מחכים על העולה שהקריבו, ומצפים לקללה. עתה פוצח בלעם את פיו, והקורא יודע שהדברים לא יהיו לרוחו של בלק.

הנאום הראשון, כ"ג, ז-י

ז וַיִּשָּׂא מְשָׁלוֹ וַיֹּאמַר

מִן אֲרָם יַנְחֵנִי בָלָק מֶלֶךְ מוֹאָב מֵהַרְרֵי קֶדֶם

לְכָה אָרָה לִּי יַעֲקֹב וּלְכָה זֹעֲמָה יִשְׂרָאֵל.

ח מָה אֶקֹּב לֹא קַבֹּה אֵל וּמָה אֶזְעֹם לֹא זָעַם ה'.

ט כִּי מֵרֹאשׁ צֻרִים אֶרְאֶנּוּ וּמִגְּבָעוֹת אֲשׁוּרֶנּוּ

הֶן עָם לְבָדָד יִשְׁכֹּן וּבַגּוֹיִם לֹא יִתְחַשָּׁב.

י מִי מָנָה עֲפַר יַעֲקֹב וּמִסְפָּר אֶת רֹבַע יִשְׂרָאֵל

תָּמֹת נַפְשִׁי מוֹת יְשָׁרִים וּתְהִי אַחֲרִיתִי כָּמֹהוּ.

פירוש העניין

כמו בכל הנאומים, בפתח הנאום באה נוסחת הפתיחה: "וַיִּשָּׂא מְשָׁלוֹ וַיֹּאמַר" (כ"ג, יח; כ"ד, ג, טו, כ, כא, כג). דברי בלעם מכונים "משל", היינו שיר מליצי הכתוב בתקבולת. השיר הראשון כולל שבע שורות המורכבות כל אחת משתי צלעות. השיר נחלק לארבעה:

ז2 – הקדמת בלעם על מטרת הבאתו לקלל את ישראל.
ח – בלעם לא יכול לקלל את ישראל משום שה' לא קילל אותם.
ט-י1 – שבח ישראל.
י2 – רצונו של בלעם באחרית דומה לגורלו של ישראל.

בתחילת הנאום בלעם מתאר את ההתקשרות בין בלק לבינו ואת מטרתה לקלל את ישראל (ז). אך מיד אומר בלעם שלמרות רצונו של בלק שהוא יקלל את ישראל הוא אינו יכול לעשות זאת אם ה' לא קילל אותו: "מָה אֶקֹּב לֹא קַבֹּה אֵל וּמָה אֶזְעֹם לֹא זָעַם ה'" (ח). בכך בלעם חוזר על מה שאמר לו ה' בקטעים הסיפוריים: כ"ב, כא, לה, לח.

לאחר שבלעם אומר שה' לא קילל את ישראל הוא מביט על העם "כִּי מֵרֹאשׁ צֻרִים אֶרְאֶנּוּ וּמִגְּבָעוֹת אֲשׁוּרֶנּוּ" (ט), ומדבר בשבחו. בלעם אומר שני משפטים בשבח העם. המשפט הראשון הוא: "הֶן עָם לְבָדָד יִשְׁכֹּן וּבַגּוֹיִם לֹא יִתְחַשָּׁב" (ט). הביטוי "לבדד ישכן" מורה על מצבו הבטוח והמוגן של העם ועצמאותו מעמים אחרים (ראו גם דברים ל"ג, כח; מיכה ז', יד; ירמיה מ"ט, לא). חלקו השני של המשפט "ובגוים לא יתחשב", מורה על ייחודו של ישראל ביחס לאומות, שלא הלך בדרכי האומות, ייחודו באמונתו באל אחד, והקשר שלו עם ה'. בלעם אומר משפט זה, כנראה משום שהוא רואה שאין הוא מצליח לפעול כנגד ישראל כפי שהוא מורגל. ה' מגן על ישראל בצורה מיוחדת, וזה עומד כנגד האפשרות של בלעם לפעול בדרך שהוא יודע ורגיל בה כקוסם. בכך בלעם מצדיק את חוסר היכולת שלו לקלל את ישראל כפי שציפו הוא ובלק. בלעם רואה את גודלו של העם, העם הוא רב כל כך שלא ניתן לספור אותו: "מִי מָנָה עֲפַר יַעֲקֹב וּמִסְפָּר אֶת רֹבַע יִשְׂרָאֵל" (י). ברכה זו של ישראל היא הסיבה שבלק קרא לו לכתחילה, שכן הוא דאג מגודלו של העם, כ"ב, ה-ו. הריבוי של העם כעפר הארץ, הוא המימוש של הברכה שמברך ה' את אברהם, בראשית י"ג, טז; ט"ו, ה (ראב"ע, רמב"ן, ריב"ש). יש מפרשים שהכוונה לענן העפר המתרומם בשל הריבוי של ישראל, בעת הליכתם (ראב"ע). "רובע ישראל" הכוונה למחנה ישראל שהיה מחולק לארבעה, ובלעם ראה רק רובע אחד. מילות השאלה "מי מנה" עולות גם לצלע השנייה, היינו מי מנה את המספר של "רֹבַע ישראל". ואולי המילה "מספר" משמעותה "מי ספר", בהקבלה ל"מי מנה" בצלע הראשונה.[109]

הנאום מסתיים במבט האישי של בלעם על ישראל, כאשר הוא רואה לעם אחרית טובה ומייחל לעצמו אחרית כזו, ושמותו יהיה מוות כְשֶל ישראל שהם ישרים: "תָּמֹת נַפְשִׁי מוֹת יְשָׁרִים וּתְהִי אַחֲרִיתִי כָּמֹהוּ" (י). בלק קרא לבלעם לקלל את ישראל כדי שיצליח לנצח אותם במלחמה, אך במהופך מכוונת בלק, בסוף הנאום הראשון בלעם לא רואה לישראל מוות, אלא הוא רואה אותם כישרים, ומאווייו שגורלו יהיה כגורל ישראל.

ההקדמה לנאום השני, כ״ג, יא-יז

יא יב וַיֹּאמֶר בָּלָק אֶל בִּלְעָם מֶה עָשִׂיתָ לִי לָקֹב אֹיְבַי לְקַחְתִּיךָ וְהִנֵּה בֵּרַכְתָּ בָרֵךְ. וַיַּעַן וַיֹּאמַר הֲלֹא
יג אֵת אֲשֶׁר יָשִׂים ה׳ בְּפִי אֹתוֹ אֶשְׁמֹר לְדַבֵּר. וַיֹּאמֶר אֵלָיו בָּלָק לְךָ נָּא אִתִּי אֶל מָקוֹם אַחֵר אֲשֶׁר
יד תִּרְאֶנּוּ מִשָּׁם אֶפֶס קָצֵהוּ תִרְאֶה וְכֻלּוֹ לֹא תִרְאֶה וְקָבְנוֹ לִי מִשָּׁם. וַיִּקָּחֵהוּ שְׂדֵה צֹפִים אֶל רֹאשׁ
טו הַפִּסְגָּה וַיִּבֶן שִׁבְעָה מִזְבְּחֹת וַיַּעַל פָּר וָאַיִל בַּמִּזְבֵּחַ. וַיֹּאמֶר אֶל בָּלָק הִתְיַצֵּב כֹּה עַל עֹלָתֶךָ וְאָנֹכִי
טז יז אִקָּרֶה כֹּה. וַיִּקָּר ה׳ אֶל בִּלְעָם וַיָּשֶׂם דָּבָר בְּפִיו וַיֹּאמֶר שׁוּב אֶל בָּלָק וְכֹה תְדַבֵּר. וַיָּבֹא אֵלָיו וְהִנּוֹ
נִצָּב עַל עֹלָתוֹ וְשָׂרֵי מוֹאָב אִתּוֹ וַיֹּאמֶר לוֹ בָּלָק מַה דִּבֶּר ה׳.

פירוש העניין

ההקדמה לנאום השני דומה להקדמה לנאום הראשון, אך קצרה יותר. היא מתחילה בגערה של בלק כלפי בלעם, שבמקום לקלל את ישראל כפי שביקש, הוא מברך אותו (יא). בלעם בתגובה חוזר על מה שאמר לו בתחילת ההקדמה של הנאום הראשון (כ״ב, לז), ומה שאמר גם בתוך הנאום עצמו (כ״ג, ח) – שאין הוא יכול לומר אלא את מה שה׳ שם בפיו. בכל זאת ממשיך בלק ורוצה לעשות ניסיון נוסף להביא את בלעם לקלל את ישראל. בלק מאמין שיש אפשרות אנושית לשנות את דעת אלוהים, וזו התפיסה של בלעם כקוסם. ועל כן ממשיך בלק ומראה לבלעם את ישראל ממקום אחר, שממנו אפשר לראות ״אפס קצהו״ – רק את קצהו,* היינו חלק גדול יותר של ישראל, אף שזה רק חלק מועט.** שוב מקווה בלק, שהריבוי של ישראל ירצה את אלוהים, אשר ישתכנע מהאיום עליו (יג), אולי באמצעות שינוי מאגי בתנאים של הפעולה של הקללה, שתביא תוצאות רצויות יותר מבחינתו של בלק.

שוב מבקש בלעם מבלק (אומנם זה לא נאמר במפורש בפעם הזאת שהוא ביקש זאת, אך מכיוון שהוא ביקש זאת בפעם הראשונה ובפעם השלישית, כנראה גם עתה ביקש), להכין שבעה מזבחות ולהקריב פרים ואילים על המזבחות, ושיעמוד על עולתו, כפעולה מאגית שתסייע לו (יד-טו). ה׳ מתגלה אל בלעם. הפעם בלעם אינו מתחיל בדיבור עם ה׳, והוא רק שומע את דבר ה׳. ניכר שאמונתו שהוא יכול לשנות את תפיסת אלוהים הולכת ואובדת ממנו. בצו ה׳ בלעם חוזר לבלק, הנמצא עם שריו תוך כדי שהוא מקריב את קורבן העולה, בציפייה שהינה יכול בלעם לבוא ולקלל את ישראל.

יש עוד כמה הבדלים בין ההקדמה לנאום הראשון לבין ההקדמה לנאום השני. ההבדל העיקרי הוא הפעילות האקטיבית של בלעם כדי לקבל מסר מאת ה׳ בנאום הראשון (״ואלכה״; ״וילך שפי״), לבין נימה יותר פסיבית שלו לפני הנאום השני (״ואנכי אִקרה כה״ – בצורת הסביל). בנאום הראשון בהיגד המקביל בלעם מזכיר את שם ה׳: ״אולי יקרה ה׳ לקראתי״, אבל הוא אינו מזכיר את ה׳ לפני הנאום השני, כנראה משום שלאחר הנאום הראשון אבד לבלעם ביטחונו. גם אצל בלק ניכר שינוי מסוים, ובחזרתו של בלעם לבלק, שואל אותו בלק: ״מה דִבר ה׳״, כמי שהפנים שהדבר אינו תלוי בבלעם אלא בה׳.

* ראב״ע. או כמו שפירש ריב״ש, שבכל פעם ראה ״מקצת אחר״.

** אפשר לפרש את המילה ״אפס״ במשמעות של קצה, ואם כן המשמעות היא הקצה של הקצה, היינו חלק קטן יותר ממה שראה בלק לפני הנאום הראשון. כך דעת מילגרום, עמ׳ 198. ההיגיון במקרה זה הוא שכאשר בלעם ראה את כל העם לא הצליח לקלל את העם, אבל אם יראה רק את חלקו אולי יצליח.

הנאום השני, כ"ג, יח-כד

יח וַיִּשָּׂא מְשָׁלוֹ וַיֹּאמַר
קוּם בָּלָק וּשֲׁמָע הַאֲזִינָה עָדַי בְּנוֹ צִפֹּר.
יט לֹא אִישׁ אֵל וִיכַזֵּב וּבֶן אָדָם וְיִתְנֶחָם
הַהוּא אָמַר וְלֹא יַעֲשֶׂה וְדִבֶּר וְלֹא יְקִימֶנָּה.
כ הִנֵּה בָרֵךְ לָקָחְתִּי וּבֵרֵךְ וְלֹא אֲשִׁיבֶנָּה.
כא לֹא הִבִּיט אָוֶן בְּיַעֲקֹב וְלֹא רָאָה עָמָל בְּיִשְׂרָאֵל
ה' אֱלֹהָיו עִמּוֹ וּתְרוּעַת מֶלֶךְ בּוֹ.
כב אֵל מוֹצִיאָם מִמִּצְרָיִם כְּתוֹעֲפֹת רְאֵם לוֹ.
כג כִּי לֹא נַחַשׁ בְּיַעֲקֹב וְלֹא קֶסֶם בְּיִשְׂרָאֵל
כָּעֵת יֵאָמֵר לְיַעֲקֹב וּלְיִשְׂרָאֵל מַה פָּעַל אֵל.
כד הֶן עָם כְּלָבִיא יָקוּם וְכַאֲרִי יִתְנַשָּׂא
לֹא יִשְׁכַּב עַד יֹאכַל טֶרֶף וְדַם חֲלָלִים יִשְׁתֶּה.

פירוש העניין

הנאום השני נחלק לארבעה חלקים על פי מבנה הדומה למבנה הנאום הראשון:

יח2 – פנייה לבלק.
יט-כ – אלוהים לא משנה את דעתו, ובניגוד לאדם, בלעם בירך את ישראל ולא ישיב את ברכתו.
כא-כג – שבח לישראל.
כד – ניצחון עתידי של ישראל על אויביו.

גם הנאום השני כקודמו מתחיל: "וַיִּשָּׂא מְשָׁלוֹ וַיֹּאמַר". ושלא כמו הנאום הראשון, בנאום זה מפנה בלעם את דבריו ישירות לבלק בסגנון של תוכחה: "קוּם בָּלָק וּשְׁמָע הַאֲזִינָה עָדַי בְּנוֹ צִפֹּר" (יח2). נוסחת תוכחה זו היא תוצאה של התעקשותו של בלק לנסות ולהביא את בלעם לשַׁנות את רצון ה'. יחד עם זאת היא מותירה רושם שבלעם הפסיק לחשוב שיש ביכולתו לרַצות את בלק, ובמקום זאת הוא מפנה עכשיו את דברי ה' אליו, ודברים אלה יהיו הפוכים ממה שבלק ציפה. כמו הנאום הראשון גם הנאום השני פותח בתגובה אפולוגטית של בלעם מדוע אינו יכול לקלל את ישראל. הוא יודע שאינו יכול לספק את רצונו של בלק, ולמלא את התכלית שלשמה הוא הגיע. בניגוד לתפיסה האלילית הבסיסית, שפעולות הנַחש יכולות לשנות את תפיסת האל, בלעם מסביר שאלוהים הוא שונה:

לֹא אִישׁ אֵל וִיכַזֵּב וּבֶן אָדָם וְיִתְנֶחָם,
הַהוּא אָמַר וְלֹא יַעֲשֶׂה וְדִבֶּר וְלֹא יְקִימֶנָּה.

אלוהים שונה מבני אדם ולא ניתן לשנות את דעתו (וכן שמ"א ט"ו, כט). ה' אינו אומר דבר שאינו מקיים (יט2), בניגוד לבני אדם. משפט זה נאמר כשאלה רטורית: הייתכן שההוא, היינו ה', יאמר משהו ולא יעשה?[110] בלעם מסביר מדוע בסופו של דבר לא יצליח לקלל את ישראל, בניגוד למחשבה של בלק ושל בלעם עד לנקודה זו, שניתן לשנות את דעת האל באופן מניפולטיבי. בפסוק יט דיבר בלעם על דרכו של ה', ובפסוק כ הוא מיישם זאת על המצב הנוכחי: ה' לקח אותו לברך את ישראל, וה' לא ישיב את הברכה. השימוש בפועל "לקחתי" מורה על הניגוד לתלונת בלק לבלעם: "מֶה עָשִׂיתָ לִי לָקֹב אֹיְבַי לְקַחְתִּיךָ וְהִנֵּה בֵּרַכְתָּ בָרֵךְ" (יא), ובלעם אומר שה' הוא זה אשר הביא אותו לברך את ישראל.[111] בפעם הראשונה מתגלה שלא זו בלבד שה' אינו מאפשר לבלעם לקלל את ישראל, אלא שה' לקח את בלעם לברך את ישראל. אמירה זו חוזרת ומחזקת את מה שה' אמר לבלעם מכבר, שאין אפשרות לקלל את ישראל מכיוון שהוא ברוך (כ"ב, יב). עתה מתברר שבלעם יוסיף ברכה על העם שכבר מבורך. לראשונה נראה שעולה ההכרה של בלעם שהוא לא יצליח לרַצות את בלק.

בחלק הבא מסביר בלעם מדוע ה' לא ישנה את דעתו: אין אוון ועמל בישראל, היינו

שאין בו רעה (כא1), במובן המוסרי והדתי (למשל ישעיה נ"ט ד; תהילים י', ז),[112] וכן במובן הפיזי של מצבו של ישראל (כך המשמעות למשל בחבקוק א', ג).[113] "לא הביט" כתוב בגוף שלישי, ויש שהבינו שבלעם לא הביט און ביעקב,[114] ואפשרות שנייה היא שה' הוא הנושא של הפסוק, ובהמשך לפסוקים הקודמים (רשב"ם). אפשר שהנושא של המשפט הוא סתמי, היינו המביט אינו רואה און בישראל.[115] ומכיוון שאין עמל ואוון בישראל, על כן ה' עם ישראל ("ה' אלהיו עמו"), ומלכותו של ה' היא בתוך ישראל ("ותרועת מלך בו" – כא2). תרועתו של המלך היא התרועה המבשרת את מלכותו (ראו למשל תהילים מ"ז, ו; פ"ט, טז). אשר על כן ה' הוציא את ישראל ממצרים, ונתן לישראל "תועפות ראם", היינו קרני ראם.* הקרן היא סימן לכוח, היינו חוזק שלא יוכלו אחרים לעמוד כנגדו (למשל: דברים ל"ג, יז; תהילים כ"ב, כב; צ"ב, יא).**

עתה מגיע בלעם לאמירה מרכזית שבגללה אין הוא יכול לפעול כנגד ישראל אף שכנגד אחרים הוא יכול לפעול (כג):

כִּי לֹא נַחַשׁ בְּיַעֲקֹב   וְלֹא קֶסֶם בְּיִשְׂרָאֵל.

בלעם אינו יכול להפעיל את היכולות שלו בתחום הקסמים והנחשים, מכיוון שהם אינם פועלים כנגד ישראל (רמב"ן),[116] שכן ישראל הם מחוץ למערכת הזאת. ביחס לישראל, בלעם תלוי באופן מובהק ברצונו של ה', ואין לו יכולת מניפולטיבית על ה'. המילים 'נחש' ו'קסם' מתייחסות בדרך כלל לניבוי העתיד באמצעיים מאגיים (כך למשל נחש: בראשית מ"ד, ה, טו; קסם: שמ"א ו', ב; ירמיה כ"ז, ט; כ"ט, ח; יחזקאל י"ג, ט, כג; כ"א, כו, לד; כ"ב, כח; מיכה ג', ו, ז, יא; זכריה י', ב). עם זאת שתי מילים אלה מתייחסות גם לפעולות מאגיות לשנות את העתיד (נחש: בראשית ל', כז; קסם: שמ"א כ"ח, ח). בעיקר יש לציין שבפרק כ"ד, א, משמשת המילה נחשים במשמעות של פעולות מאגיות.[117] חלקו השני של פסוק כג מסביר כנראה שבמקום המערכת של הקסמים והנחשים לישראל ייאמר מה האל פעל – היינו שאלוהים אומר לישראל מה הוא עושה באמצעות נביאיו (רשב"ם, ראב"ע). ראינו לעיל שהנבואה לישראל היא חלופה לכישופים לסוגיהם אצל עמי כנען כנאמר בדברים י"ח, יד-טו.

פסוק כד מתייחס לעתיד שממנו חושש בלק. בסוף דבריו בלעם מתייחס לעוצמתם של ישראל, ולכך שהם אינם מפסידים בקרב:

הֶן עָם כְּלָבִיא יָקוּם   וְכַאֲרִי יִתְנַשָּׂא,
לֹא יִשְׁכַּב עַד יֹאכַל טֶרֶף   וְדַם חֲלָלִים יִשְׁתֶּה.

ישראל מתוארים כארי וכלביא. האריה נחשב לחזק בחיות, וכך מדומים ישראל (מיכה ה', ז; ביחס ליהודה: בראשית מ"ט, ט; גד: דברים ל"ג, כ). האריה לא נח עד אשר מוצא את טרפו,

* מילה זו באה גם בצירוף: "תועפות הרים" תהילים צ"ה, ד. רד"ק שם פירש מלשון גובה ההרים, וכאן פירש הגובה של קרני הראם. רש"י וראב"ע הסבירו מלשון תוקף, חוזק.

** ראב"ע; יש שסברו שהתיאור הוא על ה', שלו יש קרני ראם, ראו: ריב"ש, רלב"ג.

טורף אותו ושותה את דמו. בשלב זה הוא מתייחס לישראל בצורה מטפורית בלבד, ואינו מציין במפורש מיהו האויב אשר ישראל מנצחים, וזה יתבהר בנאומים הבאים.

הנאום השני קשור קשר אמיץ לנאום הראשון, וניכר כי הוא מביע רעיונות דומים בצורה מפורשת יותר, מפותחת יותר וחזקה יותר.

הנאום הראשון, כ״ג, ז–י	הנאום השני, כ״ג, יח–כד
(ז) וַיִּשָּׂא מְשָׁלוֹ וַיֹּאמַר	(יח) וַיִּשָּׂא מְשָׁלוֹ וַיֹּאמַר
מִן אֲרָם יַנְחֵנִי בָלָק מֶלֶךְ מוֹאָב מֵהַרְרֵי קֶדֶם, לְכָה אָרָה לִּי יַעֲקֹב, וּלְכָה זֹעֲמָה יִשְׂרָאֵל:	קוּם בָּלָק וּשְׁמָע, הַאֲזִינָה עָדַי בְּנוֹ צִפֹּר:
(ח) מָה אֶקֹּב לֹא קַבֹּה אֵל, וּמָה אֶזְעֹם לֹא זָעַם ה׳:	(יט) לֹא אִישׁ אֵל וִיכַזֵּב, וּבֶן אָדָם וְיִתְנֶחָם הַהוּא אָמַר וְלֹא יַעֲשֶׂה, וְדִבֶּר וְלֹא יְקִימֶנָּה: (כ) הִנֵּה בָרֵךְ לָקָחְתִּי, וּבֵרֵךְ וְלֹא אֲשִׁיבֶנָּה:
(ט) כִּי מֵרֹאשׁ צֻרִים אֶרְאֶנּוּ, וּמִגְּבָעוֹת אֲשׁוּרֶנּוּ הֶן עָם לְבָדָד יִשְׁכֹּן, וּבַגּוֹיִם לֹא יִתְחַשָּׁב: (י) מִי מָנָה עֲפַר יַעֲקֹב, וּמִסְפָּר אֶת רֹבַע יִשְׂרָאֵל	(כא) לֹא הִבִּיט אָוֶן בְּיַעֲקֹב, וְלֹא רָאָה עָמָל בְּיִשְׂרָאֵל, ה׳ אֱלֹהָיו עִמּוֹ, וּתְרוּעַת מֶלֶךְ בּוֹ: (כב) אֵל מוֹצִיאָם מִמִּצְרָיִם, כְּתוֹעֲפֹת רְאֵם לוֹ: (כג) כִּי לֹא נַחַשׁ בְּיַעֲקֹב, וְלֹא קֶסֶם בְּיִשְׂרָאֵל כָּעֵת יֵאָמֵר לְיַעֲקֹב וּלְיִשְׂרָאֵל מַה פָּעַל אֵל:
תָּמֹת נַפְשִׁי מוֹת יְשָׁרִים, וּתְהִי אַחֲרִיתִי כָּמֹהוּ:	(כד) הֶן עָם כְּלָבִיא יָקוּם, וְכַאֲרִי יִתְנַשָּׂא לֹא יִשְׁכַּב עַד יֹאכַל טֶרֶף, וְדַם חֲלָלִים יִשְׁתֶּה:

שני הנאומים בנויים במבנה תוכני אחיד. החלק הראשון בשני הנאומים מציג את הרקע שהביא את בלעם לומר דברים אלה. בנאום הראשון מסופר במפורש שבלק הביא את בלעם לקלל את ישראל (ז), ובכך מציג את הרקע המתבקש ליוזמה לקלל את ישראל, והנאום השני פותח בהפניית הדברים של בלעם אל בלק בלבד (יח), לאחר שהמידע על הנסיבות כבר נמסר בנאום הראשון.

הרכיב השני בשני הנאומים הוא סיבת אי הקללה את ישראל. בנאום הראשון הסיבה היא מכיוון שה׳ לא קיללו (ח). בנאום השני הסיבה היא שה׳ אינו משנה את דעתו, ובלעם בירך את ישראל, ולא ישיב את ברכתו מהם (כ).

הרכיב השלישי של הנאום הראשון הוא תיאור ייחודו של ישראל ביחס לעמים, וכן ריבוי העם (ט–י1), ואילו הרכיב השלישי המקביל בנאום השני מסביר את ייחודו של ישראל בקשר המיוחד שלו עם אלוהים (כא–כג).

הרכיב הרביעי והאחרון בשני הנאומים הוא הסתכלות לעתיד והתייחסות למוות. הנאום הראשון מסתיים במאווייו של בלעם שימות מות ישרים ושיהיה גורלו כגורל ישראל (י2). הרכיב האחרון בנאום השני עוסק בניצחונות העתידיים של ישראל במלחמה ובמות אויביהם (כד).

על רקע הזיקה ההדוקה בין שני הנאומים בתוכנם המשותף, ובסדר הדומה של רכיבי הנאומים, מזדקרים הבדלים משמעותיים ביניהם, המלמדים על התקדמות והתפתחות ביחס של בלעם לישראל ולתפקידו. ההבדל הראשון הוא ההסבר לאי קללת ישראל. בעוד שבנאום הראשון בלעם אינו יכול לקלל משום שה׳ לא קיללו, בנאום השני בלעם מספק קביעה עקרונית ביחס לה׳ שהוא אינו משנה את דעתו. קביעה זו היא העומדת בסתירה חזיתית למחשבה היסודית של בלק ובלעם, שניתן לשנות את גזרת האל. למסקנה זו בלעם אינו מגיע בנאומו הראשון אלא רק בנאומו השני. יתר על כן, הניסוח ״מָה אֶקֹּב לֹא קַבֹּה אֵל״, מצביע על חוסר יכולתו של בלעם לממש את רצונו לקלל. לעומת זאת בנאום השני הניסוח הוא הפוך, ולפיו בלעם בירך את ישראל ולא ישיב את ברכתו. ההתמקדות בנאום הראשון היא בחוסר יכולתו לקלל את ישראל, וההתמקדות בנאום השני היא באי חזרתו של האל מהברכה. בנאום הראשון בלעם נשמע כמי שמתנצל על אי קללתו את ישראל, ובנאום השני הוא עומד בגאון מאחורי ברכתו את ישראל.

הבדל נוסף מתייחס לתיאורו של ישראל. בנאום הראשון ההתמקדות היא בייחודו של ישראל ביחס לעמים, ועל ריבויו של העם. לעומת זאת בנאום השני שבחו של ישראל הוא שאין בו פגם, וביחס המיוחד שבין ישראל לאלוהיו. אמירה זו מצטרפת לקודמתה, והיא מספקת פן נוסף בשאלה מדוע ה׳ לא יאפשר קללה על ישראל.

הרכיב של שבח ישראל בנאום השני כולל היגד מרכזי נוסף שנעדר מהנאום הראשון, והסוגר הרמטית את אפשרות הקללה את ישראל: ״כִּי לֹא נַחַשׁ בְּיַעֲקֹב וְלֹא קֶסֶם בְּיִשְׂרָאֵל״. בלעם קובע נחרצות שהמאגיה אינה פועלת על ישראל. במשפט זה הוא מגיע להכרה שאין טעם בניסיונותיו לקלל את ישראל, ומכאן יחול שינוי ביחסו לישראל והוא לא ינסה להפעיל יותר מאגיה כדי להביא עליהם קללה. כמובן עתה מתבהר מדוע עיקרון זה נעדר מהנאום הראשון, שבו עדיין לא הגיע בלעם להכרה זו, ולאחריו עדיין הולך בלעם לקראת נחשים לקראת הנאום הבא.

החתימה של הנאום השני היא אף נועזת מהראשון. בנאום הראשון ביקש בלעם בהסתכלות עתידית, שמותו יהיה טוב כמו גורל ישראל, אבל על ישראל מול אויביהם הוא לא דיבר, ואת זאת הוא עושה בחתימת הנאום השני. חתימה זו היא היפוכה הגמור של מטרתו של בלק בהביאו את בלעם כדי שיסייע לו לנצח את ישראל במלחמה.

הקדמה לנאום השלישי, כ"ג, כה - כ"ד, ב

כה כו וַיֹּאמֶר בָּלָק אֶל בִּלְעָם גַּם קֹב לֹא תִקֳּבֶנּוּ גַּם בָּרֵךְ לֹא תְבָרֲכֶנּוּ. וַיַּעַן בִּלְעָם וַיֹּאמֶר אֶל בָּלָק הֲלֹא
כז דִּבַּרְתִּי אֵלֶיךָ לֵאמֹר כֹּל אֲשֶׁר יְדַבֵּר ה׳ אֹתוֹ אֶעֱשֶׂה. וַיֹּאמֶר בָּלָק אֶל בִּלְעָם לְכָה נָּא אֶקָּחֲךָ
כח אֶל מָקוֹם אַחֵר אוּלַי יִישַׁר בְּעֵינֵי הָאֱלֹהִים וְקַבֹּתוֹ לִי מִשָּׁם. וַיִּקַּח בָּלָק אֶת בִּלְעָם רֹאשׁ הַפְּעוֹר
כט הַנִּשְׁקָף עַל פְּנֵי הַיְשִׁימֹן. וַיֹּאמֶר בִּלְעָם אֶל בָּלָק בְּנֵה לִי בָזֶה שִׁבְעָה מִזְבְּחֹת וְהָכֵן לִי בָּזֶה שִׁבְעָה
ל כד א פָּרִים וְשִׁבְעָה אֵילִם. וַיַּעַשׂ בָּלָק כַּאֲשֶׁר אָמַר בִּלְעָם וַיַּעַל פַּר וָאַיִל בַּמִּזְבֵּחַ. וַיַּרְא בִּלְעָם כִּי טוֹב
בְּעֵינֵי ה׳ לְבָרֵךְ אֶת יִשְׂרָאֵל וְלֹא הָלַךְ כְּפַעַם בְּפַעַם לִקְרַאת נְחָשִׁים וַיָּשֶׁת אֶל הַמִּדְבָּר פָּנָיו.
ב וַיִּשָּׂא בִלְעָם אֶת עֵינָיו וַיַּרְא אֶת יִשְׂרָאֵל שֹׁכֵן לִשְׁבָטָיו וַתְּהִי עָלָיו רוּחַ אֱלֹהִים.

פירוש העניין

בעקבות דברי השבח של בלעם לישראל שוב גוער בו בלק, ובפעם הזאת ניסוחו קשה יותר מדבריו בעקבות הנאום הראשון, והוא דורש שגם אם לא יקלל את ישראל מכל מקום גם לא יברך אותו (כה). משפט זה נאמר לאחר הצטברות כעס של בלק על בלעם, מאחר שפעמיים בלעם בירך את ישראל במקום לקללו. ועם זאת משפט זה אינו אומר שכאן נסתיימה ההתקשרות של בלק עם בלעם. תשובת בלעם חוזרת שוב על הקביעה שהוא יכול לומר רק מה שה׳ שם בפיו (כו).

שוב בלק, המוּנע מהתפיסה שיש בכוחם של בני אדם לשנות את אלוהים, לוקח את בלעם למקום אחר, ואולי הדבר ישפיע על אלוהים להביא קללה על ישראל. הפעם בלק לוקח את בלעם לראש הפעור הנשקף על פני הישימון (כח). המקום ׳פעור׳ מקדים את חטאם של ישראל בבעל פעור בפרק כ״ה, ג. שֵׁם המקום הוא אירוני: המקום שבו יצאה נבואת שבח על ישראל, הוא המקום שבו ישראל לא יעמדו באותה הרמה הגבוהה שבלעם תיאר אותם, אלא ייפלו בחטא חמור.

שוב בלעם מצווה את בלק להכין מזבחות ולהקריב קורבנות, ושוב במטרה להשפיע על אלוהים לשנות את דעתו (כט), ובלק עושה כמצוות בלעם (ל). עתה חלה תפנית בהתנהלותו של בלעם: ״וַיַּרְא בִּלְעָם כִּי טוֹב בְּעֵינֵי ה׳ לְבָרֵךְ אֶת יִשְׂרָאֵל וְלֹא הָלַךְ כְּפַעַם בְּפַעַם לִקְרַאת נְחָשִׁים וַיָּשֶׁת אֶל הַמִּדְבָּר פָּנָיו״ (כ״ד, א). הינה עולה כאן במפורש שבפעמים הקודמות השתמש בלעם בנחשים, היינו שעשה פעולות מאגיות שונות כדי לשנות את ה׳ לעשות את רצונו. כפי שהסברנו הקרבת הקורבנות הייתה חלק מפעולות הנחש. עתה עובר בלעם שינוי, ואינו מנסה לשנות את אלוהים יותר. הוא נושא את עיניו לראות את ישראל, ועתה בפעם הראשונה אין ה׳ שם דברים בפיו של בלעם, אלא נחה על בלעם רוח אלוהים (ב). כבר בנאום הקודם הבין בלעם שאין קסם ונחש בישראל (כ״ג, כג), ועתה הוא מיישם זאת בכך שאין הוא מנסה לפנות אל נחשים וקסמים. החל מהנאום השלישי, וכן בנאום הרביעי, בלעם הופך מקוסם לנביא: בנאום השלישי נאמר שהייתה עליו רוח אלוהים (ב), ובנאום הרביעי ייִנבא בלעם על ישראל, על מואב ואדום ועל עמים אחרים. עובדה זו מסבירה כמה הבדלים מהותיים בין הנבואה הזו לבין הנאומים הקודמים.

בלעם נושא את עיניו ורואה את ישראל (ב). שלא כמו בפעמים הקודמות, הוא רואה את כולו שוכן לשבטיו, ועתה כנביא הוא מוסר את דבר אלוהים (ב). הסיבה להתגלות ה׳ לבלעם בשם אלוהים משקפת את התמורה שחלה באישיותו של בלעם מקוסם לנביא. כל עוד ניסה להשפיע בדרך מאגית, הוא פעל אל מול אלוהי ישראל המזוהה בשמו הפרטי והייחודי. אבל עכשיו שעזב דרך זו, ופנה אל המדבר במטרה לקבל נבואה, אכן אלוהים מתגלה אליו. ועם זאת הוא מתגלה אליו בדרך פחות ישירה ויותר מרוחקת, בשם אלוהים ולא בשם ה׳.

הנאום השלישי, כ"ד, ג-ט

ג וַיִּשָּׂא מְשָׁלוֹ וַיֹּאמַר

נְאֻם בִּלְעָם בְּנוֹ בְעֹר   וּנְאֻם הַגֶּבֶר שְׁתֻם הָעָיִן.

ד נְאֻם שֹׁמֵעַ אִמְרֵי אֵל   אֲשֶׁר מַחֲזֵה שַׁדַּי יֶחֱזֶה   נֹפֵל וּגְלוּי עֵינָיִם.

ה מַה טֹּבוּ אֹהָלֶיךָ יַעֲקֹב   מִשְׁכְּנֹתֶיךָ יִשְׂרָאֵל.

ו כִּנְחָלִים נִטָּיוּ   כְּגַנֹּת עֲלֵי נָהָר

כַּאֲהָלִים נָטַע ה'   כַּאֲרָזִים עֲלֵי מָיִם.

ז יִזַּל מַיִם מִדָּלְיָו   וְזַרְעוֹ בְּמַיִם רַבִּים

וְיָרֹם מֵאֲגַג מַלְכּוֹ   וְתִנַּשֵּׂא מַלְכֻתוֹ.

ח אֵל מוֹצִיאוֹ מִמִּצְרַיִם   כְּתוֹעֲפֹת רְאֵם לוֹ

יֹאכַל גּוֹיִם צָרָיו   וְעַצְמֹתֵיהֶם יְגָרֵם   וְחִצָּיו יִמְחָץ.

ט כָּרַע שָׁכַב כַּאֲרִי   וּכְלָבִיא מִי יְקִימֶנּוּ

מְבָרְכֶיךָ בָרוּךְ   וְאֹרְרֶיךָ אָרוּר.

פירוש העניין

הנאום השלישי נחלק לשלושה חלקים:

ג2-ד – בלעם מציג עצמו כנביא.
ה-ח1 – שבח לישראל על שגשוגו.
ח2-ט – ישראל מכה בגויים.

הנאום השלישי שונה מאוד באופיו מהנאומים הראשונים. בשני הנאומים הראשונים בלעם פותח באזכורו של בלק, שהזמין אותו לקלל את ישראל. בשניהם הוא מסביר ומצטדק שהוא יכול להגיד רק את מה ששם ה׳ בפיו. הנאום השלישי אינו מכיל יסוד זה, והוא אינו מזכיר את שליחותו של בלק, וגם לא מצטדק על כך שיגיד רק מה שאלוהים ישים בפיו. במקום זאת הוא פותח בנימה של התהדרות, על כך שהוא שומע את מה שאלוהים אומר לו ושמחזה אלוהים נגלה בעיניו:

נְאֻם בִּלְעָם בְּנוֹ בְעֹר   וּנְאֻם הַגֶּבֶר שְׁתֻם הָעָיִן.
נְאֻם שֹׁמֵעַ אִמְרֵי אֵל   אֲשֶׁר מַחֲזֵה שַׁדַּי יֶחֱזֶה   נֹפֵל וּגְלוּי עֵינָיִם.

בלעם אינו מציג עצמו על פי מקום מוצאו, כמו בנאום הראשון, אלא מציג עצמו כנביא. בפעם הזאת יש הלימה בין מה שאלוהים הראה לו לבין מה שבלעם אומר ברצונו, בקבלו על עצמו את רצון ה׳ לברך את ישראל (כ״ד, א). בלעם מכנה עצמו ״שְׁתֻם העין״, היינו שהוא רואה היטב. בלעם מתאר עצמו כבעל תקשורת עם ה׳, והדבר בא לידי ביטוי בשני חושיו: בשמיעת דברי האל ובראיית מחזה. אכן שני חושים אלה באים בהקשרי התגלות של נביאים אחרים במקרא (למשל: ישעיה ו׳, א, ה, ח). נראה שבלעם ראה את מחזה ה׳ בחלום, כפי שעולה מכך שהוא מתאר שהוא נפל (כמו ביחזקאל א׳, כח) וגלוי עיניים, כלומר שעם קבלת ההתגלות של ה׳ הוא נפל ולעיניו התגלה מחזהו של ה׳.

אכן ההבדל הזה בין הנאום השלישי והרביעי, לבין שני הנאומים הראשונים נובע מהיחס השונה של בלעם לעניין הנדון, כפי שהדבר השתקף בהקדמות. בהקדמות של הנאומים הראשון והשני, ולכן גם בנאומים הראשון והשני עצמם, בלעם עומד כקוסם, ורוצה להשפיע על אלוהים לקלל את ישראל. אשר על כן הוא מזכיר את בלק, ומצטדק בתחילת הדברים על כך שאינו יכול לספק את רצונו. במקרים אלה שניסה בלעם לשנות את גזרת ה׳, ה׳ שם את דבריו מילה במילה בפיו של בלעם (כ״ג, ה, טז). לעומת זאת בהקדמה לנאום השלישי בלעם זונח את דרך הנחשים, ומקבל את רוח אלוהים, וברוח זו ניבא. במקרה זה ה׳ אינו אומר בדיוק את המילים שבלעם יאמר, אלא בלעם ניבא בדרכי הנביאים, בהשראת רוח אלוהים שעליו. אשר על כן בנאום זה אין הוא פונה לבלק ואין הוא מצטדק. בהקדמה זו הוא רואה עצמו כמי שעינו פתוחה (שתום) לראות ולשמוע את מה שאלוהים מגלה לו. כנביא הוא נופל כאשר הוא מקבל נבואה, ורואה באופן גלוי את דבר ה׳.

מכאן גם נובע הבדל נוסף: בעוד בנאומים הראשונים שבהם בלעם חפץ היה לקלל ולא הצליח, הוא הקדיש חלק מדבריו להצטדקות, ורק אחר כך דיבר בשבח ישראל, הרי שבנאום השלישי, שבו הוא ניבא על ישראל ברצון ומתוך רוח נבואתו, דבריו על ישראל הם ארוכים יותר. היקף דבריו על ישראל בנאום הראשון הוא ארבע שורות (כ״ג, ט-י), בנאום השני שבע שורות (כ״ג, כא-כד), ואילו בנאום השלישי הוא מקדיש תשע שורות לשבח ישראל (כ״ד, ה-ט).

הנבואה מתחילה בשבח גדול לישראל:

מַה טֹּבוּ אֹהָלֶיךָ יַעֲקֹב   מִשְׁכְּנֹתֶיךָ יִשְׂרָאֵל.

דווקא המראה של ישראל חונה לשבטיו, אותו מראה אשר הפחיד את בלק, וסבור היה בלק שמראה זה ישרה רוח קללה על בלעם, הוא ההיגד החיובי הראשון שאומר בלעם. מתוך תחושה של קרבה והתפעלות, בלעם פונה לישראל בגוף שני ומשבחו. שלוש השורות הבאות מתארות באופן מטפורי את מחנה ישראל. המוטיב שבו בלעם משתמש לתאר את ישראל הוא ׳מים׳, המסמלים חיות ושפע. הוא רואה את שורות אוהלי ישראל כזרמים של נחלים "כִּנְחָלִים נִטָּיוּ". הדימוי הבא דומה אבל מעט שונה "כְּגַנֹּת עֲלֵי נָהָר", והוא מדמה באמצעותו את ישראל לגנות, היינו לצמחייה משובחת.[118] הדימוי של ישראל כגן רווה מופיע גם בישעיה מ״ח, יא,* והגנות יושבות על נהרות. בשני הביטויים הבאים הצמחייה היא ספציפית יותר: "כַּאֲהָלִים נָטַע ה׳ כַּאֲרָזִים עֲלֵי מָיִם", כעצי אֲהלים שהם עצים ריחניים (משלי ז׳, יז; תהילים מ״ה, ט), וכעצי ארזים שהם עצים חזקים ומשובחים (שמ״ב ז׳, ב; מל״א ה׳, יג). הדימויים למים ולצמחייה מבטאים שפע, שגשוג וחיות, יופי, גדילה וצמיחה.

המשך שפע המים עולה גם מהשורה הבאה:

יִזַּל מַיִם מִדָּלְיָו   וְזַרְעוֹ בְּמַיִם רַבִּים.

המילה "דליו" מכוונת כנראה לענפיו המטפסים מעלה, דָלִיוֹתָיו (ראב״ע, שד״ל). יש כאן ציור של שפע המים הנוזלים גם מהענפים, והזרע נזרע על מים רבים. הזרע הוא המשך המטפורה, המתייחסת להמשכיות ולשגשוג של העם (בראשית י״ג, טו-טז). יש מפרשים את המילה מלשון דלי, ושפע המים נוזל מהדלי שלו.[119]

עתה עובר בלעם לתיאור העתיד:

וְיָרֹם מֵאֲגַג מַלְכּוֹ   וְתִנַּשֵּׂא מַלְכֻתוֹ.

אגג הוא כנראה מלך עמלק שנהרג על ידי שאול, ואם כן המלכות המתוארת היא המלכות הראשונה בישראל. בלעם ניבא שמלכות שאול תגדל ותינשא מעל מלכות אגג (רש״י, רשב״ם, ראב״ע). הברכה על רומו של מלך בישראל היא מימוש של הבטחת ה׳ לאבות (בראשית י״ז, ו, טז; ל״ה, יא).

* וכשישראל חטאו דימה אותם ישעיה כגן ללא מים; ראו ישעיה א׳, ל.

בשורה הראשונה של פסוק ח ישנה חזרה אל העבר, אל יציאת מצרים:

אֵל מוֹצִיאוֹ מִמִּצְרַיִם כְּתוֹעֲפֹת רְאֵם לוֹ.

בלעם מזכיר את היציאה של ישראל ממצרים על ידי ה׳, ואת המראה הגדול של ישראל כמו קרני ראם. משפט זה זהה למה שאמר בלעם בנאום השני בפסוק כב, אלא שההמשך שם הוא שאין בישראל נחש וקסם. מכיוון שה׳ הוציא את העם ממצרים, בחר בו, ויש עליו השגחת ה׳ מיוחדת, אין אפשרות להפעיל על ישראל קסם ונחש. בתחילת הנאום השני, בלעם עדיין היה בתפיסה שיש לו אפשרות להפעיל על ה׳ מניפולציות ולקלל את ישראל. בנקודה זו, לאחר שדיבר על כך שה׳ הוציא את ישראל ממצרים, הבין בלעם שה׳ משגיח על ישראל בהשגחה מיוחדת, ולכן הגיע לראשונה למסקנה שאין לו אפשרות להפעיל על ישראל קסם ונחש (כג). לעומת זאת תיאור היציאה ממצרים בנאום השלישי הוא שונה לגמרי בהקשרו. כאן בלעם ניבא ברצונו נבואה בשבח ישראל, והוא אינו רואה עצמו כבר כשליח של בלק, ולכן ההמשך של תיאור היציאה ממצרים הוא הצלחת ישראל במלחמותיו באויביו:

יֹאכַל גּוֹיִם צָרָיו וְעַצְמֹתֵיהֶם יְגָרֵם וְחִצָּיו יִמְחָץ.

אמירה זו סותרת חזיתית את תקוותיו של בלק. עד כה בלעם דיבר בשבח ישראל, אבל הוא לא הזכיר את ניצחונותיו של ישראל על מואב בעתיד. ישראל מדומה לחיית טרף האוכלת את אויביה, שוברת (יגרם) את עצמותיהם, וחיצי העם ימחצו את האויבים.

המשפט הבא מתאר את ישראל כארי וכלביא, שעוצמתו כל כך גדולה שכאשר הוא כורע לשכב, אף אחד לא יכול להקים אותו, ואף אחד לא יעז לנסות להתגרות בו. מדובר כאן כנראה בכוח ההרתעה של ישראל ובעוצמתו. תיאור דומה מופיע בברכות יעקב בבראשית מ״ט, ט. גם בנאום השני בלעם השתמש בתיאור זה (כד), אלא ששם הוא תיאר את ישראל במתקפה, כאשר הוא קם ומתנשא כארי, ואילו כאן הוא מתאר את מנוחת הארי. שם הוא דיבר על כוחו, ואילו כאן על הפחד שהוא משרה על סביבתו.

הנאום מסתיים בקביעה שבאה לסתור כל ניסיון לקלל את ישראל, ובכך הוא שם קץ לאפשרות זו. וכן להפך, מי שמברך את ישראל יזכה לברכה, וכך הוא מכליל את עצמו בברכה.

מְבָרֲכֶיךָ בָרוּךְ וְאֹרְרֶיךָ אָרוּר.

משפט זה הוא חזרה על הבטחת ה׳ לאברהם: ״וַאֲבָרְכָה מְבָרְכֶיךָ וּמְקַלֶּלְךָ אָאֹר״ (בראשית י״ב, ג); וברכה דומה נאמרה ליעקב בהיפוך סדר הרכיבים (כ״ז, כט). נמצא שבלעם מאמץ ומאשש את ברכת ה׳ לאבות. יש בכך תפנית גדולה אצל בלעם, שבתחילה סבר שיתכבד בממון רב שייתן לו בלק אם יקלל את ישראל, ועתה הוא מבין שקללת ישראל תביא עליו קללה, ולאידך גיסא, ברכת ישראל תביא לו ברכה.

כאמור, נאום זה נחלק לשלושה חלקים, אולם מבחינת התוכן הוא משמר זיקה הדוקה

לרצף התוכני ולסדר של הנאום הראשון והשני. לעיל עמדנו על הזיקה של המבנה והתוכן בין הנאום השני לראשון, ולשם הקיצור אעמיד את הנאום השלישי כנגד הנאום השני (אף כי נכון היה להעמיד את שלושתם אחד מול השני):

הנאום השני, כ״ג, יח–כד	הנאום השלישי, כ״ד, ג–ט
(יח) וַיִּשָּׂא מְשָׁלוֹ וַיֹּאמַר	(ג) וַיִּשָּׂא מְשָׁלוֹ וַיֹּאמַר
קוּם בָּלָק וּשֲׁמָע, הַאֲזִינָה עָדַי בְּנוֹ צִפֹּר:	נְאֻם בִּלְעָם בְּנוֹ בְעֹר, וּנְאֻם הַגֶּבֶר שְׁתֻם הָעָיִן:
(יט) לֹא אִישׁ אֵל וִיכַזֵּב, וּבֶן אָדָם וְיִתְנֶחָם, הַהוּא אָמַר וְלֹא יַעֲשֶׂה, וְדִבֶּר וְלֹא יְקִימֶנָּה: (כ) הִנֵּה בָרֵךְ לָקָחְתִּי וּבֵרֵךְ וְלֹא אֲשִׁיבֶנָּה:	(ד) נְאֻם שֹׁמֵעַ אִמְרֵי אֵל, אֲשֶׁר מַחֲזֵה שַׁדַּי יֶחֱזֶה נֹפֵל וּגְלוּי עֵינָיִם:
(כא) לֹא הִבִּיט אָוֶן בְּיַעֲקֹב, וְלֹא רָאָה עָמָל בְּיִשְׂרָאֵל, ה׳ אֱלֹהָיו עִמּוֹ, וּתְרוּעַת מֶלֶךְ בּוֹ: (כב) אֵל מוֹצִיאָם מִמִּצְרָיִם, כְּתוֹעֲפֹת רְאֵם לוֹ: (כג) כִּי לֹא נַחַשׁ בְּיַעֲקֹב, וְלֹא קֶסֶם בְּיִשְׂרָאֵל כָּעֵת יֵאָמֵר לְיַעֲקֹב וּלְיִשְׂרָאֵל מַה פָּעַל אֵל:	(ה) מַה טֹּבוּ אֹהָלֶיךָ יַעֲקֹב מִשְׁכְּנֹתֶיךָ יִשְׂרָאֵל: (ו) כִּנְחָלִים נִטָּיוּ, כְּגַנֹּת עֲלֵי נָהָר כַּאֲהָלִים נָטַע ה׳, כַּאֲרָזִים עֲלֵי מָיִם: (ז) יִזַּל מַיִם מִדָּלְיָו, וְזַרְעוֹ בְּמַיִם רַבִּים וְיָרֹם מֵאֲגַג מַלְכּוֹ, וְתִנַּשֵּׂא מַלְכֻתוֹ: (ח) אֵל מוֹצִיאוֹ מִמִּצְרַיִם, כְּתוֹעֲפֹת רְאֵם לוֹ
(כד) הֶן עָם כְּלָבִיא יָקוּם, וְכַאֲרִי יִתְנַשָּׂא לֹא יִשְׁכַּב עַד יֹאכַל טֶרֶף, וְדַם חֲלָלִים יִשְׁתֶּה:	יֹאכַל גּוֹיִם צָרָיו, וְעַצְמֹתֵיהֶם יְגָרֵם וְחִצָּיו יִמְחָץ: (ט) כָּרַע שָׁכַב כַּאֲרִי וּכְלָבִיא מִי יְקִימֶנּוּ מְבָרֲכֶיךָ בָרוּךְ, וְאֹרְרֶיךָ אָרוּר:

לאחר ההקדמה המשותפת "וישא משלו ויאמר" (כ"ג, יח1; כ"ד, ג1), בנבואה השנייה בלעם פונה לבלק שישמע את הדברים (כ"ג, יח2); לעומת זאת הנאום השלישי לא מופנה אל בלק, ועל כן הפתיחה היא בכותרת שבה בלעם מציג את עצמו דובר (כ"ד, ג2). ההבדל בין הקדמות אלה נובע מכך שבנאום השני בלעם עדיין פועל בשירותו של בלק, ועל כן מפנה את הדברים אליו; והחל מהנאום השלישי, בלעם אינו רואה עצמו כמי שמשרת את בלק, אלא הוא פועל בשירות ה׳, ועל כן אינו פונה לבלק.

החלק הבא בנאום השני (כ"ג, יט–כ) הוא הצטדקות של בלעם על כך שאינו יכול לקלל את ישראל, וזאת מכיוון שה׳ לא משנה את דעתו ולא חפץ בקללת ישראל, ולכן ברכת ה׳ לישראל לא תתהפך. בהקבלה לכך בחלק הבא בנאום השלישי (כ"ד, ד), בלעם מציג עצמו כנביא ה׳, השומע את דברו ורואה את חזונו.

החלק הבא בשני הנאומים הוא שבח לישראל. השבח לישראל בנאום השני הוא על הקשר בין ה׳ לבין ישראל, קשר שמונע את האפשרות להפעיל נחשים על ישראל (כ"ג, כא–כג). בנאום השני השבח לישראל הוא עדיין תחת רצון בלעם לקלל את ישראל על ידי נחשים.

לעומת זאת בנאום השלישי, לאחר שנטש בלעם את רצונו לקלל את ישראל, הוא כבר רואה את השגשוג של ישראל (כ"ד, ה-ח1).

גם בחלק האחרון בשני הנאומים ישנה התפתחות והעצמה של ישראל. בעוד בנאום השני מדובר על תכונות הלחימה של ישראל (כ"ג, כד), בנאום השלישי מדובר על נבואת הצלחה של ישראל מול אויביו בעתיד (כ"ד, ח2-ט). בנאום השני הדימוי של ישראל כארי הוא כאמור על הלחימה והיציאה למתקפה, ובנאום השלישי הדימוי לארי הוא על הרביצה של הארי לאחר שניצח בקרב.

הקדמה לנאום הרביעי, כ״ד, י-יד

י וַיִּחַר אַף בָּלָק אֶל בִּלְעָם וַיִּסְפֹּק אֶת כַּפָּיו וַיֹּאמֶר בָּלָק אֶל בִּלְעָם לָקֹב אֹיְבַי קְרָאתִיךָ וְהִנֵּה
יא בֵּרַכְתָּ בָרֵךְ זֶה שָׁלֹשׁ פְּעָמִים. וְעַתָּה בְּרַח לְךָ אֶל מְקוֹמֶךָ אָמַרְתִּי כַּבֵּד אֲכַבֶּדְךָ וְהִנֵּה מְנָעֲךָ
יב יג ה׳ מִכָּבוֹד. וַיֹּאמֶר בִּלְעָם אֶל בָּלָק הֲלֹא גַּם אֶל מַלְאָכֶיךָ אֲשֶׁר שָׁלַחְתָּ אֵלַי דִּבַּרְתִּי לֵאמֹר. אִם
יִתֶּן לִי בָלָק מְלֹא בֵיתוֹ כֶּסֶף וְזָהָב לֹא אוּכַל לַעֲבֹר אֶת פִּי ה׳ לַעֲשׂוֹת טוֹבָה אוֹ רָעָה מִלִּבִּי
יד אֲשֶׁר יְדַבֵּר ה׳ אֹתוֹ אֲדַבֵּר. וְעַתָּה הִנְנִי הוֹלֵךְ לְעַמִּי לְכָה אִיעָצְךָ אֲשֶׁר יַעֲשֶׂה הָעָם הַזֶּה לְעַמְּךָ
בְּאַחֲרִית הַיָּמִים.

פירוש העניין

לאור השינוי החד שחל בעמדתו של בלעם ובדבריו, אין פלא שכעסו של בלק נוסק, שהרי לא זו בלבד שבלעם לא קילל את ישראל אלא הוא בירך אותו, ושלוש פעמים בירך. התגובה של בלק קיצונית יותר, ומעבר לתגובה שלו לדברי בלעם הוא גם סופק את כפיו בכעסו. לאחר שבלעם עבר את השינוי בנאומו השלישי, בלעם לא ניסה כלל לקלל את ישראל, לא הלך לקראת נחשים, ולא התנצל על חוסר היכולת לסטות מדברי ה׳. להפך, הוא התמסר לרצון ה׳, וחיפש את רוח הקודש שתשרה עליו ותעביר לו את דבר ה׳. בלק מבין זאת, ולכן הוא מגרש את בלעם חזרה אל ביתו (יא), ושוב בלעם מסביר שאין לו אפשרות לומר דבר מליבו (יג).

בלק כאמור אינו מעוניין שבלעם יינבא יותר, אולם אף שבלעם מודיע שהוא חוזר לביתו, הוא יוזם מעצמו נבואה נוספת: "לְכָה אִיעָצְךָ אֲשֶׁר יַעֲשֶׂה הָעָם הַזֶּה לְעַמְּךָ בְּאַחֲרִית הַיָּמִים" (יד). בלעם מתכוון להגיד לבלק מה יעשה ישראל למואב בעתיד. בלעם לא התבקש לכך, ואין הוא מקריב קורבנות, אלא ניבא באופן ישיר. הוא משתמש בלשון "איעצך", והכוונה במילה זו היא "אודיעך" (ישעיה י״ד, כד), היינו שבלעם יודיע לבלק מה ישראל יעשו למואב באחרית הימים, היינו בעתיד. בפסוק יז יינבא בלעם על כך. בדברים אלה ניכר כי בלעם התמסר לגמרי לרצון ה׳ והוא נביאו, ומעביר את דבר ה׳ על עתיד מואב וישראל. בדיוק כמו שנביא אמת פועל, שחובה עליו לא לכבוש את נבואתו אלא להגיד אותה, לא לשם שכר, ולא כדי לְרַצוֹת את השומע.

הנאום הרביעי, כ״ד, טו-יט

טו וַיִּשָּׂא מְשָׁלוֹ וַיֹּאמַר

נְאֻם בִּלְעָם בְּנוֹ בְעֹר וּנְאֻם הַגֶּבֶר שְׁתֻם הָעָיִן.

טז נְאֻם שֹׁמֵעַ אִמְרֵי אֵל וְיֹדֵעַ דַּעַת עֶלְיוֹן

מַחֲזֵה שַׁדַּי יֶחֱזֶה נֹפֵל וּגְלוּי עֵינָיִם.

יז אֶרְאֶנּוּ וְלֹא עַתָּה אֲשׁוּרֶנּוּ וְלֹא קָרוֹב

דָּרַךְ כּוֹכָב מִיַּעֲקֹב וְקָם שֵׁבֶט מִיִּשְׂרָאֵל

וּמָחַץ פַּאֲתֵי מוֹאָב וְקַרְקַר כָּל בְּנֵי שֵׁת.

יח וְהָיָה אֱדוֹם יְרֵשָׁה וְהָיָה יְרֵשָׁה שֵׂעִיר אֹיְבָיו וְיִשְׂרָאֵל עֹשֶׂה חָיִל.

יט וְיֵרְדְּ מִיַּעֲקֹב וְהֶאֱבִיד שָׂרִיד מֵעִיר.

פירוש העניין

הנאום הרביעי נחלק לשניים:

טו2-טז – בלעם מציג עצמו כנביא.
יז-יט – שבח לישראל על כך שיירש את אויביו.

הנאום הרביעי פותח כמו הנאום השלישי ללא הצטדקות, ובלעם ניבא בנפש חפצה בעד ישראל וביטל דעתו מפני נבואת ה'. בפתיחת הנאום הרביעי, ושוב כמו בתחילת הנאום השלישי, מציג עצמו בלעם כדובר, ומאפיין עצמו באריכות כנביא, השומע את דברי ה' ורואה את אשר ה' מראה לו (טו-טז). ועם זאת יש הבדל בין שתי הפתיחות: במקום משפט בן שלוש צלעות בנאום השלישי, הנאום הרביעי פותח בארבע צלעות:

פתיחת הנאום השלישי, כ"ד, ד:

נְאֻם שֹׁמֵעַ אִמְרֵי אֵל,
אֲשֶׁר מַחֲזֵה שַׁדַּי יֶחֱזֶה נֹפֵל וּגְלוּי עֵינָיִם.

פתיחת הנאום הרביעי, כ"ד, טו:

נְאֻם שֹׁמֵעַ אִמְרֵי אֵל וְיֹדֵעַ דַּעַת עֶלְיוֹן,
מַחֲזֵה שַׁדַּי יֶחֱזֶה נֹפֵל וּגְלוּי עֵינָיִם.

בנאום הרביעי נוספה הצלע: "וְיֹדֵעַ דַּעַת עֶלְיוֹן", המביעה את הקרבה הגדולה של בלעם לה', ושהוא מבין את דעת ה'. בכך בלעם מתקדם בנאום הרביעי צעד נוסף להבנה מעמיקה יותר של דבר ה'. בלעם יודע בדרך נבואה את דעת ה', ואינו מנסה להשפיע על ה' בקסמים (ראב"ע).

בנאום הראשון (כ"ג, ט) והשלישי (כ"ג, ה-ו) בלעם רואה את ישראל, וראייתו זו משמשת השראה לדבריו הטובים על ישראל. לעומת זאת בנבואה הרביעית (כ"ד, יז) בלעם רואה את העתיד:

אֶרְאֶנּוּ וְלֹא עַתָּה אֲשׁוּרֶנּוּ וְלֹא קָרוֹב.

הוא רואה את העם, אבל לא עתה אלא בעתיד, וכן "אשורנו", אראה אותו בזמן שאינו קרוב אלא בעתיד הרחוק.

דָּרַךְ כּוֹכָב מִיַּעֲקֹב וְקָם שֵׁבֶט מִיִּשְׂרָאֵל.

בעתיד רואה בלעם שכוכב דָרך מישראל. הפועל 'דָּרַךְ' משמעו יצעד ויעלה, וההקשר הוא לתכלית צבאית (ראו דברים ל"ג, כט; ישעיה ס"ג, ג). כוכב הוא מנהיג, וכמו כן יתפרש בצלע המקבילה "וקם שבט", היינו קם מנהיג (ראו בראשית מ"ט, י; תהילים מ"ה, ז), ומנהיג זה יכבוש את מואב ואדום (יז-יט):

וּמָחַץ פַּאֲתֵי מוֹאָב וְקַרְקַר כָּל בְּנֵי שֵׁת,
וְהָיָה אֱדוֹם יְרֵשָׁה וְהָיָה יְרֵשָׁה שֵׂעִיר אֹיְבָיו וְיִשְׂרָאֵל עֹשֶׂה חָיִל,
וְיֵרְדְּ מִיַּעֲקֹב וְהֶאֱבִיד שָׂרִיד מֵעִיר.

הכוכב ימחץ את פאות מואב, היינו גבולותיו. הביטוי "וקרקר כל בני שת", אינו בהיר כל צורכו, אולם הוא מתייחס כנראה לכך שהכוכב מיעקב יהרוס אזור בעבר הירדן. בפסוק יח ניבא בלעם שאותו כוכב יירש את אדום, ובכל זה ייראה ש"ישראל עושה חיל". מישראל ירדו על אדום, היינו ירדו עליהם למלחמה, והם יאבידו את כולם, אפילו את השרידים מאדום שיברחו מהעיר.* נראה שהמנהיג שעליו מדובר הוא דוד אשר הכניע גם את המואבים וגם את האדומים (שמ"ב ח', יב-יד; מל"א י"א, טו-טז).**

בפעם הראשונה ניבא בלעם נבואה בדבר ניצחון של ישראל על אויביו – על מואב ואדום. לאחר שבלעם השתחרר מרצונו לשנות את רצון ה', נפתח לו מראה הנבואה, והוא מדבר על הניצחון של ישראל על אויביו בעתיד. אין זה ברור מתוכן הנבואה למי מישראל בדיוק כוונתו, ועם זאת העדויות על ניצחונות ישראל על מואב ועל אדום בהמשך ההיסטוריה של העמים עולות מספר פעמים. בנבואה זו בלעם עושה הפך כוונת בלק: בלק ביקש שבלעם יקלל את ישראל, וכך יקל על מואב להכות את ישראל במלחמה, ובפועל בלעם מגלה את העתיד, ומנבא שישראל הם אלה שיכו את מואב.

כאמור, נאום זה נחלק לשניים, אך מבחינה תוכנית הנאום דומה לחלוקה של שלושת הנאומים הקודמים, ושוב ניכרת ההתקדמות של בלעם בדבריו כנביא לטובת ישראל. נערוך כאן השוואה לנאום השלישי בלבד מפאת קוצר היריעה, ומשום הקרבה הגדולה בין שני נאומים אלה:

הנאום השלישי, כ"ד, ג-ט	הנאום הרביעי, כ"ד, טו-כד
(ג) וַיִּשָּׂא מְשָׁלוֹ וַיֹּאמַר	(טו) וַיִּשָּׂא מְשָׁלוֹ וַיֹּאמַר
נְאֻם בִּלְעָם בְּנוֹ בְעֹר, וּנְאֻם הַגֶּבֶר שְׁתֻם הָעָיִן:	נְאֻם בִּלְעָם בְּנוֹ בְעֹר, וּנְאֻם הַגֶּבֶר שְׁתֻם הָעָיִן:
(ד) נְאֻם שֹׁמֵעַ אִמְרֵי אֵל, אֲשֶׁר מַחֲזֵה שַׁדַּי יֶחֱזֶה נֹפֵל וּגְלוּי עֵינָיִם:	(טז) נְאֻם שֹׁמֵעַ אִמְרֵי אֵל, וְיֹדֵעַ דַּעַת עֶלְיוֹן מַחֲזֵה שַׁדַּי יֶחֱזֶה, נֹפֵל וּגְלוּי עֵינָיִם:

* הנושא של הפועל "וְיֵרְדְּ" אינו ברור, שכן הנושא האחרון היה ישראל בפסוק הקודם, וזה לא אפשרי כאן. רש"י, רשב"ם וראב"ע הבינו שמדובר ברודה עתידי שיבוא מיעקב. אפשר שמדובר בתקווה משיחית כללית, ראו גריי, עמ' 372.

** רש"י, ראב"ע, ריב"ש; פסוקים אלה גם נתפרשו על המלך המשיח כבר בדברי רבי עקיבא ביחס לבר כוכבא, ירושלמי תענית פ"ד, ה"ה; וכן דברים רבה א, כ; וכן רש"י (אף כי פסוק טז מתייחס לדעתו לדוד!), רשב"ם ורמב"ן; וכן מדרש אגדה כ"ד, יז, וראו דברי ראב"ע שמתנגד לפירוש זה. לדעת הרמב"ם מדובר גם בדוד וגם במלך המשיח, ראו בהלכות מלכים פרק יא הלכה א.

(ה) מַה טֹּבוּ אֹהָלֶיךָ יַעֲקֹב מִשְׁכְּנֹתֶיךָ יִשְׂרָאֵל: (ו) כִּנְחָלִים נִטָּיוּ, כְּגַנֹּת עֲלֵי נָהָר כַּאֲהָלִים נָטַע ה׳, כַּאֲרָזִים עֲלֵי מָיִם: (ז) יִזַּל מַיִם מִדָּלְיָו, וְזַרְעוֹ בְּמַיִם רַבִּים וְיָרֹם מֵאֲגַג מַלְכּוֹ, וְתִנַּשֵּׂא מַלְכֻתוֹ: (ח) אֵל מוֹצִיאוֹ מִמִּצְרַיִם, כְּתוֹעֲפֹת רְאֵם לוֹ	(יז) אֶרְאֶנּוּ וְלֹא עַתָּה, אֲשׁוּרֶנּוּ וְלֹא קָרוֹב דָּרַךְ כּוֹכָב מִיַּעֲקֹב, וְקָם שֵׁבֶט מִיִּשְׂרָאֵל
יֹאכַל גּוֹיִם צָרָיו וְעַצְמֹתֵיהֶם יְגָרֵם וְחִצָּיו יִמְחָץ: (ט) כָּרַע שָׁכַב כַּאֲרִי וּכְלָבִיא מִי יְקִימֶנּוּ מְבָרְכֶיךָ בָרוּךְ, וְאֹרְרֶיךָ אָרוּר:	וּמָחַץ פַּאֲתֵי מוֹאָב, וְקַרְקַר כָּל בְּנֵי שֵׁת: (יח) וְהָיָה אֱדוֹם יְרֵשָׁה, וְהָיָה יְרֵשָׁה שֵׂעִיר אֹיְבָיו וְיִשְׂרָאֵל עֹשֶׂה חָיִל: (יט) וְיֵרְדְּ מִיַּעֲקֹב, וְהֶאֱבִיד שָׂרִיד מֵעִיר:

ההקדמה בכל הנאומים זהה: "וַיִּשָּׂא מְשָׁלוֹ וַיֹּאמַר" (כ"ג, ז; יח; ג1, טו1). הרכיב הראשון זהה בשני הנאומים האחרונים, ובו בלעם מציג עצמו כנואם: "נְאֻם בִּלְעָם בְּנוֹ בְעֹר וּנְאֻם הַגֶּבֶר שְׁתֻם הָעָיִן" (ג2; טו2). הרכיב הבא שבו בלעם מציג עצמו כנביא זהה בשלושת מרכיבי המשנה שבו (ד; טז), אך בנאום הרביעי בלעם מוסיף ואומר על עצמו: "וְיֹדֵעַ דַּעַת עֶלְיוֹן" (טז2). בנאום הרביעי בלעם מרגיש עוד יותר קרוב לאלוהים מאשר בנאום השלישי. הרכיב השלישי בשני הנאומים מחזיק דברי שבח לישראל, וניצחונו על אויביו. בנאום השלישי השבח לישראל תופס מקום נרחב, ומתרכז בשגשוג ישראל וברוממותו של המלך העתידי של ישראל (ה–ח); לעומת זאת השבח לישראל בנאום הרביעי הוא קצר מאוד, ומתרכז בהופעתו של מנהיג ישראל (יז1). הרכיב הרביעי בשני הנאומים עוסק בניצחון על האויבים, אבל התיאור בנאום הרביעי הוא נדבך נוסף וחזק יותר של התיאור. בנאום השלישי הניצחון על האויבים מיוחס לה׳: הפעלים "יאכל" ו"יגרם" מתייחסים לאל, שהוא הנושא של פסוק ח; לעומת זאת, בנאום הרביעי הניצחון על האויבים מתייחס למנהיג מישראל המכונה "כוכב". יתר על כן, בנאום השלישי הניצחון הוא על גויים באופן כוללני, ובנאום הרביעי מדובר באופן ממוקד יותר על ניצחון על מואב, ועל עמים נוספים בעבר הירדן.

נבואות קצרות על עמלק, קיני, כתים, אשור ועבר, כ"ד, כ-כד

כ וַיַּרְא אֶת עֲמָלֵק וַיִּשָּׂא מְשָׁלוֹ וַיֹּאמַר

רֵאשִׁית גּוֹיִם עֲמָלֵק   וְאַחֲרִיתוֹ עֲדֵי אֹבֵד.

כא וַיַּרְא אֶת הַקֵּינִי וַיִּשָּׂא מְשָׁלוֹ וַיֹּאמַר

אֵיתָן מוֹשָׁבֶךָ   וְשִׂים בַּסֶּלַע קִנֶּךָ.

כב כִּי אִם יִהְיֶה לְבָעֵר קָיִן   עַד מָה אַשּׁוּר תִּשְׁבֶּךָּ.

כג וַיִּשָּׂא מְשָׁלוֹ וַיֹּאמַר

אוֹי מִי יִחְיֶה מִשֻּׂמוֹ אֵל.

כד וְצִים מִיַּד כִּתִּים וְעִנּוּ אַשּׁוּר   וְעִנּוּ עֵבֶר וְגַם הוּא עֲדֵי אֹבֵד.

פירוש העניין

מכאן עובר בלעם לשלוש נבואות קצרות: על עמלק (כ), על הקיני (כא-כב), ונבואה נוספת על כיתים, אשור ועבר (כג). כל נבואה ניכרת בפתיחה חדשה הכוללת את המילים "וַיִּשָּׂא מְשָׁלוֹ וַיֹּאמַר".

על עמלק נאמר שהוא ראשית גויים, ובלעם ניבא שאחריתו היא אבדון. עמלק נקרא "ראשית גוים" אולי משום שהוא הראשון שנלחם נגד ישראל לאחר שיצאו ממצרים (ראב"ע), או משום שהיו גיבורים ואנשי חיל (רמב"ן). אולי זה כינוי פואטי כניגוד להמשך הפסוק "אחריתו".[120] מכה גדולה בעמלק הייתה בימי שאול (שמ"א ט"ו), ואחר כך בימי דוד (שמ"א ל'). בדברי הימים נאמר כי בימי חזקיה הכריתו בני שמעון את שארית הפלֵטה של עמלק (דה"א ד', מב-מג).

הנבואה הבאה עוסקת בקיני (כא-כב). הקיני הוא עם הקשור לבני חובב חותן משה (ראו שופטים א', יא). לעיתים הוא מצטרף לעמלק (שמ"א ט"ו, ו). לעיתים קרובות הוא מוזכר בקשריו הטובים עם ישראל (שופטים א', טז; ד', יא; ה', כד; שמ"א כ"ז, י; ל', כט). בלעם מתאר את מושבו המוגן ("איתן מושבך") של הקיני בין הרים ("בסלע קנך"). תיאור דומה ביחס לאדום מצוי בעובדיה א', ג. יש משחק מילים בין השם קין ומקום מושבו "קִנֶּךָ". אך בלעם ניבא שגורלו הפוך, הוא יהיה לבער, היינו יהיה לכליה, ושהוא יובל בשבי על ידי אשור – "אשור תשבך".

בניגוד לשני הנאומים הראשונים ברצף הנוכחי, בנאום השלישי לא נאמר שבלעם ראה עם מסוים, ומיד הנאום פותח במילים "וישא משלו ויאמר". הנאום פותח בקריאה של קינה: "אוֹי מִי יִחְיֶה מִשֻּׂמוֹ אֵל". אם השורש של המילה "מִשֻּׂמוֹ" הוא שי"ם, במובן לשים ולהניח, והנושא של הפועל הוא אֵל, המשמעות של המשפט היא, מי יוכל לחיות ממה שישים לו ויעשה לו האל (כעין זה ריב"ש). אפשרות אחרת היא שנושאו של הפועל "מִשֻּׂמוֹ" הוא אשור שנזכר בנבואה הקודמת, ולפי זה המשמעות היא, מי יכול לחיות ממעשיו של אשור, שאותו שָׂם ה' בעולם (ראב"ע). מורג סבר שהוראת השורש שי"ם היא להטיל רעה על מישהו, 'היה בעל מזל רע', כמו השורש שא"ם בערבית.[121]

עתה עובר בלעם לדבר על כיתים, אשור ועבר (כד). יש שתי אפשרויות להבין את הנבואה: אפשרות אחת היא שעֵבר ואשור יְענו את כיתים. האפשרות המסתברת היא שכיתים באמצעות אוניות (צים), יְענו את אשור ואת עבר* (רש"י). קשה להבין את משמעה של הנבואה, ולְמה היא מתייחסת, ומדוע ניבא בלעם על עמים אלה דווקא. נראה שבנבואה זו ניבא בלעם בדבר נפילתה של אשור בידי כיתים, ונראה שהכוונה לקפריסין,[122] כשם כולל לאיי יוון (ראו ירמיה ב', י; יחזקאל כ"ז, ו). לאחר שניבא בדבר נפילת הקיני בידי אשור, הוא ממשיך ואומר שגם האימפריה האשורית הגדולה תיפול בידי כיתים.[123] ובסופו של דבר גם

* רש"י פירש שעֵבר מתייחס למקום שיושבים אשור, בעבר הנהר, אחרי הפרת. רמב"ן פירש שעֵבר מתייחס לישראל, והכוונה שהרומיים יְענו גם את ישראל.

כיתים יוחרבו: "וְגַם הוּא עֲדֵי אֹבֵד". הבנה זו של הפסוק היא ההדגמה של העיקרון שעלה בשורה הראשונה: "מִי יִחְיֶה מִשֻּׂמוֹ אֵל". נבואה זו קובעת שגם הכוח האדיר של אשור ייפול בסופו של דבר, דבר המדגים את כוחו הגדול של האל. אין הכוונה דווקא לאשור אלא לנפילה של השליט באזור מסופוטמיה על ידי כוחות יווניים, והכוונה ככל הנראה לנפילה של פרס בידי אלכסנדר מוקדון.[124]

מהו הקשר בן נבואות אלה לסיפור בלק ובלעם? הנבואות האחרונות לא עוסקות בישראל אלא בשליטתו של ה' על כל הכוחות ועל ההיסטוריה. מכיוון שבלעם נשׂכר כדי לקלל את ישראל, הכוונה הייתה להראות שלא ניתן להפעיל כוחות נגד ישראל בניגוד לרצונו של ה'. ה' הוא המגן על ישראל, וברצונו ישראל משגשגים, מנצחים, ונשמרים מכל מי שמנסה לפגוע. הנבואות של בלעם חותמות באמירות כלליות על כוחו המוחלט של ה' בעולם, באימפריות ובהיסטוריה, ועל ריבונותו המוחלטת של ה'.

חתימת הסיפור, כ״ד, כה

כה וַיָּקָם בִּלְעָם וַיֵּלֶךְ וַיָּשָׁב לִמְקֹמוֹ וְגַם בָּלָק הָלַךְ לְדַרְכּוֹ.

פירוש העניין

הסיפור חותם בהליכת בלעם ובלק כל אחד לדרכו (כה). סיומת זו מבטאת את כישלונו של בלק במשימתו. בלק קרא לבלעם, ופיתה אותו בפיתויים רבים, ואומנם בלעם הגיע, אך במקום לקלל את ישראל הוא בירך אותם. הניסיון של בלק להתחבר עם בלעם למזימה לא צלח, וכל אחד חוזר בנפרד לביתו.

חטא ישראל בשיטים, כ"ה, א-יח

א ב וַיֵּשֶׁב יִשְׂרָאֵל בַּשִּׁטִּים וַיָּחֶל הָעָם לִזְנוֹת אֶל בְּנוֹת מוֹאָב. וַתִּקְרֶאןָ לָעָם לְזִבְחֵי אֱלֹהֵיהֶן וַיֹּאכַל
ג ד הָעָם וַיִּשְׁתַּחֲווּ לֵאלֹהֵיהֶן. וַיִּצָּמֶד יִשְׂרָאֵל לְבַעַל פְּעוֹר וַיִּחַר אַף ה' בְּיִשְׂרָאֵל. וַיֹּאמֶר ה' אֶל מֹשֶׁה
ה קַח אֶת כָּל רָאשֵׁי הָעָם וְהוֹקַע אוֹתָם לַה' נֶגֶד הַשָּׁמֶשׁ וְיָשֹׁב חֲרוֹן אַף ה' מִיִּשְׂרָאֵל. וַיֹּאמֶר מֹשֶׁה
ו אֶל שֹׁפְטֵי יִשְׂרָאֵל הִרְגוּ אִישׁ אֲנָשָׁיו הַנִּצְמָדִים לְבַעַל פְּעוֹר. וְהִנֵּה אִישׁ מִבְּנֵי יִשְׂרָאֵל בָּא וַיַּקְרֵב
אֶל אֶחָיו אֶת הַמִּדְיָנִית לְעֵינֵי מֹשֶׁה וּלְעֵינֵי כָּל עֲדַת בְּנֵי יִשְׂרָאֵל וְהֵמָּה בֹכִים פֶּתַח אֹהֶל מוֹעֵד.
ז ח וַיַּרְא פִּינְחָס בֶּן אֶלְעָזָר בֶּן אַהֲרֹן הַכֹּהֵן וַיָּקָם מִתּוֹךְ הָעֵדָה וַיִּקַּח רֹמַח בְּיָדוֹ. וַיָּבֹא אַחַר אִישׁ
יִשְׂרָאֵל אֶל הַקֻּבָּה וַיִּדְקֹר אֶת שְׁנֵיהֶם אֵת אִישׁ יִשְׂרָאֵל וְאֶת הָאִשָּׁה אֶל קֳבָתָהּ וַתֵּעָצַר הַמַּגֵּפָה
ט מֵעַל בְּנֵי יִשְׂרָאֵל. וַיִּהְיוּ הַמֵּתִים בַּמַּגֵּפָה אַרְבָּעָה וְעֶשְׂרִים אָלֶף.

י יא וַיְדַבֵּר ה' אֶל מֹשֶׁה לֵּאמֹר. פִּינְחָס בֶּן אֶלְעָזָר בֶּן אַהֲרֹן הַכֹּהֵן הֵשִׁיב אֶת חֲמָתִי מֵעַל בְּנֵי יִשְׂרָאֵל
יב בְּקַנְאוֹ אֶת קִנְאָתִי בְּתוֹכָם וְלֹא כִלִּיתִי אֶת בְּנֵי יִשְׂרָאֵל בְּקִנְאָתִי. לָכֵן אֱמֹר הִנְנִי נֹתֵן לוֹ אֶת
יג בְּרִיתִי שָׁלוֹם. וְהָיְתָה לּוֹ וּלְזַרְעוֹ אַחֲרָיו בְּרִית כְּהֻנַּת עוֹלָם תַּחַת אֲשֶׁר קִנֵּא לֵאלֹהָיו וַיְכַפֵּר עַל
יד בְּנֵי יִשְׂרָאֵל. וְשֵׁם אִישׁ יִשְׂרָאֵל הַמֻּכֶּה אֲשֶׁר הֻכָּה אֶת הַמִּדְיָנִית זִמְרִי בֶּן סָלוּא נְשִׂיא בֵית אָב
טו לַשִּׁמְעֹנִי. וְשֵׁם הָאִשָּׁה הַמֻּכָּה הַמִּדְיָנִית כָּזְבִּי בַת צוּר רֹאשׁ אֻמּוֹת בֵּית אָב בְּמִדְיָן הוּא.

טז יז יח וַיְדַבֵּר ה' אֶל מֹשֶׁה לֵּאמֹר. צָרוֹר אֶת הַמִּדְיָנִים וְהִכִּיתֶם אוֹתָם. כִּי צֹרְרִים הֵם לָכֶם בְּנִכְלֵיהֶם
אֲשֶׁר נִכְּלוּ לָכֶם עַל דְּבַר פְּעוֹר וְעַל דְּבַר כָּזְבִּי בַת נְשִׂיא מִדְיָן אֲחֹתָם הַמֻּכָּה בְיוֹם הַמַּגֵּפָה עַל
דְּבַר פְּעוֹר.

פירוש העניין

הפסוק הראשון מתחיל במקום המושב של ישראל בשיטים, שזו תחנתם האחרונה לפני כניסתם לארץ; מהשיטים שולח יהושע מרגלים לרגל את יריחו (יהושע ב׳, א). בתחילת סיפור בלעם חנו ישראל בערבות מואב מעבר ליריחו, והעם לא עבר מקום מאז. לכן נראה כי השיטים הוא חלק מהאזור של ערבות מואב כעולה בפרק ל״ג, מח-מט: ״...וַיַּחֲנוּ בְּעַרְבֹת מוֹאָב עַל יַרְדֵּן יְרֵחוֹ. וַיַּחֲנוּ עַל הַיַּרְדֵּן מִבֵּית הַיְשִׁמֹת עַד אָבֵל הַשִּׁטִּים בְּעַרְבֹת מוֹאָב״.

במקום זה חטאו ישראל חטא גדול. גברים מישראל זנו עם בנות מואב ומדיין, ואלה קראו להם לאכול מהזבחים שזבחו לאלוהיהם, ובאמצעות הפיתוי המיני הם נגררו גם לעבוד את בעל פעור (ב), ודבקו בפולחן זה (ג). הפולחן הוא לאל הכנעני בעל (ראו הושע ב׳). פעור הוא שם המקום, ובדומה למה שמצאנו ״בעל צפון״ (שמות י״ד, ב); ״בעל מעון״ (במדבר ל״ב, לח); ״בעל גד״ (יהושע י״א, יז); ״בעל חרמון״ (שופטים ג׳, ג); ועוד. אכן השם מופיע בעצמו כשם מקום (כ״ג, כח; דברים ג׳, כט; ד׳, מו; ל״ד, ו; יהושע י״ג, כ). זיקה בין קשר מיני לבין עבודה זרה עולה במקומות רבים במקרא, למשל: שמות ל״ד, טו-טז; דברים ז׳, ג-ד; שופטים ג׳, ו; מל״א י״א, ד. החטא של העם בבעל פעור בעבודת הבעל נזכר גם בהושע ט׳, י (על זהות בין ׳בשת׳ לבין ׳בעל׳ ראו ירמיה י״א, יג); תהילים ק״ו, כח-לא. ידוע לנו שכמוש היה אלוהי מואב ולא בעל (כ״א, כט; שופטים י״א, כד; מל״א י״א, ז, לג; מל״ב כ״ג, יג; ירמיה מ״ח, ז, יג, מח). לא נאמר בכתוב מה טיבה של עבודתו של בעל פעור.

התגובה של ה׳ היא כעס (ג), ומסתבר שה׳ העניש אותם מיד (רש״י), כעולה אחר כך מהפסקת המגפה על ידי פינחס (ח). כדי להשיב את כעסו של ה׳, הוא מצווה את משה ״קַח אֶת כָּל רָאשֵׁי הָעָם וְהוֹקַע אוֹתָם לה׳״ (ד). הכינוי ׳אותם׳ מתייחס לנושא שאינו מפורש בפסוק, אך עולה מהפסוק הקודם, שהכוונה לאלה שנצמדו לבעל פעור (אונקלוס, רש״י, רשב״ם, ראב״ע).[125] אפשרות שנייה היא, שהכוונה היא להוקיע את ראשי העם, והכוונה לאלה שחטאו, שהם מכונים כאן ראשי העם.* משה פונה לשופטי העם ומצווה אותם להרוג את הנצמדים לבעל פעור (ה). נראה כי הציווי של משה לשופטי העם הוא ביצוע של מה שה׳ ציווה אותו בפסוק ד, אף שתיאור הביצוע חריג בשתי נקודות מהצו של ה׳. ה׳ אומר לו לפנות לראשי העם, אך נאמר שמשה פנה לשופטי ישראל; וכן ה׳ אמר לו ״הוקע אותם״, ואילו משה אומר לשופטי ישראל ״הרגו״.

נראה ששופטי ישראל אינם מספיקים לבצע את ציווי משה, משום שבינתיים החל אירוע חמור יותר:** איש ישראל בא עם אישה מדיינית, להציגה לפני משפחתו וקרוביו,*** וזאת

* ר׳ יהודה סבור שהמילה ״והוקע״, מתייחסת לראשי העם, ומשה נצטווה להוקיע את ראשי העם משום שהם לא מיחו בעם על מעשיהם. ראו במדבר רבה כ, כג: ״ר׳ יודן אמר, ראשי העם תלה על שלא מחו בבני אדם״; וכן בתנחומא בלק יט. קשה לשיטת ר׳ יהודה שמשה לא עשה כך, אלא פנה לשופטי העם ואמר להם להרוג איש את אחיו. לדעת ליכט, הציווי היה להוקיע את ראשי העם שחטאו, ליכט, במדבר ג, עמ׳ 48.

** רמב״ן, בניגוד לדעת ראב״ע שצו משה בוצע אך לא נרשם.

*** שד״ל. לפי תרגום השבעים ״ויקרב את אחיו אל המדינית״. לפי זה הוא הביא את הקרובים אל האישה להשתתף בפעילות המינית, וכן פירש רשב״ם.

בפומבי לעיני משה וכל העם, שבאו לבכות בפתח אוהל מועד (ו). המילה "והנה", מצביעה על הסבת תשומת הלב למה שעשה איש ישראל עם המדיינית, דבר שגרם לאי ביצוע הצו של משה. לא מסופר בשלב זה מי האיש, אולי משום שעדיין לא הבחינו בזהותו, וגם לא מסופר מה הם עושים, כנראה כדי לשמור על שפה נקייה. חומרת האירוע גדולה משום שהדבר נעשה לעיני כולם לאור השמש. כדאי להזכיר, שהמעשה נעשה בעוד מגפה משתוללת בעם, ובעוד העם בוכה בפתח אוהל מועד על המגפה ועל החטא.

החטא נעשה אומנם לעיני משה, אך הוא אינו מגיב.* על רקע העדר תגובה של משה פועל פינחס, ומביא לעצירת המגפה, ומתנהג באופן הדומה למה שה' ציווה את משה לצוות את ראשי העם. פינחס לוקח רומח ודוקר את האיש ואת האישה באוהל (בקובה). הוא דוקר את האישה אל "קֳבתה", היינו ברחמה של האישה, או באבר מינה. יש משחק מילים בין המילים 'קֻבה', ששם התרחש החטא ושם דקר אותם פינחס, לבין המילה "קֳבָתה" שהוא מקום הדקירה אצל האישה. מכל מקום המקרא עדיין אינו מספר במי מדובר.

פעולתו של פינחס מתוארת במספר פעלים ובקצב איטי, אף שהפעולה הייתה בוודאי זריזה מאוד, כדי להבליט את המעשה הדרמטי, ואת שבחו של פינחס: "**וַיַּרְא** פִּינְחָס בֶּן אֶלְעָזָר בֶּן אַהֲרֹן הַכֹּהֵן **וַיָּקָם** מִתּוֹךְ הָעֵדָה **וַיִּקַּח** רֹמַח בְּיָדוֹ. **וַיָּבֹא** אַחַר אִישׁ יִשְׂרָאֵל אֶל הַקֻּבָּה **וַיִּדְקֹר** אֶת שְׁנֵיהֶם אֵת אִישׁ יִשְׂרָאֵל וְאֶת הָאִשָּׁה אֶל קֳבָתָהּ" (ז-ח). תיאור רחב זה מבליט לא רק את גדולת מעשהו של פינחס מצד עצמו, אלא גם שמעשהו הביא להפסקת המגפה (ח). עיקר גדולת פינחס היא שהוא פועל בדומה למה שה' ציווה את משה, אך לא התבצע. במקום נקיטת עמדה ועשיית מעשה העם בכה, ועל רקע זה בלט פינחס שעשה את מה שה' רצה.

עיקר שבחו של פינחס עולה מדברי ה' אל משה על מעשהו של פינחס, ועל שכרו בשל כך (י-יג). קנאתו של פינחס השיבה את כעס ה', כיפרה על ישראל והצילה אותם. פינחס זכה להבטחת בריתו של ה', שהיא ברית שלום עם ה' (ראו ישעיה נ"ד, י; ל"ד, כו; ל"ז, כו; מלאכי ב', ד-ה). הכוונה היא כנראה ברית שמירה על פינחס, מאחר שפגע בזמרי, שהיה מראשי העם, ובכוזבי שהייתה בת מלך מדיין (ראב"ע, ריב"ש). מסתבר שהברכה אף רחבה יותר, על פי משמעות המילה שלום, הכוללת חוזק, ביטחון, בריאות, שקט ושלווה.** עוד מבטיח ה' לפינחס, ושמא זו המשמעות של ברכת ברית השלום, שהכהונה תהיה לו ולזרעו עד עולם. בדברי הימים א ה', כט-מא, יש רשימה של כוהנים מאהרן ואלעזר בנו, דרך פינחס ועד יהוצדק שהיה הכוהן הגדול בעת הגלות, ויהושע בנו בימי הבית השני.*** על פינחס עצמו מסופר בסיפור בניית המזבח על ידי שני השבטים וחצי השבט (יהושע כ"ב), וכן בסיפור פילגש בגבעה (שופטים כ').

* לפי המדרש זמרי טען בפני משה שהוא יכול לקחת את המדיינית שכן הוא עצמו נשא מדיינית; ראו בבלי סנהדרין פב ע"א.

** קדרי, מילון, ערך שלום, עמ' 1094. לעומת המקרא, בחז"ל יש ביקורת על פינחס: בירושלמי סנהדרין פרק ט הלכה ז (כז ע"ב) "פינחס שלא ברצון חכמים"; ובבבלי סנהדרין פב ע"א: "הבא לימלך – אין מורין כן". עמדה זו אולי נובעת מזהירותם של חכמים שלא יפעלו אנשים ללא בית דין.

*** אף כי עלי הכוהן הגדול לא היה משושלת פינחס אלא משושלת איתמר, דוד פינחס, ראו: דה"א כ"ד, ג, ו.

רק בסוף ההתרחשות זהותם של החוטאים מתגלית (יד-טו). האיש החוטא הוא זמרי בן סלוא, שהוא נשיא בית אב של שבט שמעון. הוא כנראה יורשו של שלומיאל בן צורישדי, שבוודאי מת עם שאר דור המדבר. האישה שהייתה עם זמרי היא כוזבי בת צור, שהיה אחד מחמשת מלכי מדיין (ל״א, ח). עתה מתברר שהחוטאים הם נכבדים ביותר, וכך בסוף הסיפור נוסף שבח גדול לפינחס שעמד מול אנשים גדולים, בישראל ובמדיין, ולא ירא לקנא לה׳ (רמב״ן, אברבנאל).

זמרי חטא עם אישה מדיינית, בעוד הסיפור מדבר בתחילה על זנות עם בנות מואב. יש להניח שהמדיינים היו מעורבים עם המואבים בעת הזאת. הקשר בין המדיינים לבין המואבים עלה כבר בתחילת סיפור בלעם. קיים קשר בין מדיין למואב גם בבראשית ל״ו, לה. התיישבותם של המדיינים באזור מואב עולה גם מיהושע י״ג, כא-כב.

מספר הניגפים במגפה הוא עצום, 24,000 אנשים (ט). אפשר כי רבים מהמתים היו מבני שמעון, שבטו של זמרי, שכן יש הבדל גדול בין מניין שבטו בשנה השנייה, 59,300 (א׳, כג) לעומת 22,200 בספירה בשנת הארבעים (כ״ו, יד).

סיפור חטא ישראל בבעל פעור מסתיים בציווי ה׳ אל משה להתייחס באיבה למדיינים ולהרוג אותם על כך שהחטיאו את ישראל, ובייחוד במעשה זמרי וכוזבי (יז-יח). כאמור, הבעיה המדיינית החלה בסיוע של מדיין למואב בניסיון לסייע לבלק (כ״ב, ד, ז).

קשה לדעת מדוע הציווי של ה׳ הוא רק ביחס למדיינים ולא ביחס למואבים, אף שהמדיינים והמואבים היו שותפים בקריאתם לבלעם, ובמיוחד משום שחלקו של בלק היה משמעותי הרבה יותר. אפשר אולי לשער שהחטָאַת ישראל על ידי נשים מדייניות הייתה משמעותית יותר, כפי שעולה ממקומה של כוזבי באירוע. ייתכן גם שאצל מדיין כוונת הזדון של החטָאַת ישראל הייתה מרכזית יותר, ואילו אצל מואב המניע היה בעיקר פחד.* ואולי יש גם להביא בחשבון שביחס למואב חל על ישראל איסור להילחם במואב (דברים ב׳, ט-טז).

הביצוע של צו זה יידחה רק לאחר ספירת העם (כ״ו), בקשת בנות צלופחד (כ״ז, א-יא), העברת המנהיגות ליהושע (כ״ז, יב-כג), חוקי קורבנות המועדים (כ״ח, א-ל׳, א) וכן פרשת נדרים (ל׳, ב-יז). מפאת המרחק הרב בין הצו כאן לבין הביצוע, שוב יחזור הציווי להילחם במדיין בפרק ל״א, ב. כפי שנראה להלן, עיקר סיפור המלחמה במדיין אינו מתרכז במלחמה, אלא בנושא חלוקת השלל. אַראה להלן, שנושא השלל רלוונטי דווקא שם, ולכן סיפור המלחמה הועתק מכאן לשם.

משמעות הסיפור בהקשרו

החטא של ישראל בבעל פעור הביא לאסון גדול בעם, והיה בזיכרון הלאומי כנקודת שפל בקורות העם במשך דורות רבים. חטא זה נזכר על ידי משה כאשר עודד את העם ללכת

* רש״י בפירושו לפרק ל״א, ב: ״ולא מאת המואבים, שהמואבים נכנסו לדבר מחמת יראה, שהיו יראים מהם, שיהיו ישראל שוללים אותם, שלא נאמר אלא ׳אל תתגר בם מלחמה׳ (דברים ב׳, ט), אבל מדינים נתעברו על ריב לא להם״.

בדרך ה', ולהימנע ממצבים שה' ישמיד שוב חוטאים כמו בבעל פעור, לעומת אלה שדבקו בה' ונותרו חיים: "עֵינֵיכֶם הָרֹאוֹת אֵת אֲשֶׁר עָשָׂה ה' בְּבַעַל פְּעוֹר כִּי כָל הָאִישׁ אֲשֶׁר הָלַךְ אַחֲרֵי בַעַל פְּעוֹר הִשְׁמִידוֹ ה' אֱלֹהֶיךָ מִקִּרְבֶּךָ. וְאַתֶּם הַדְּבֵקִים בַּה' אֱלֹהֵיכֶם חַיִּים כֻּלְּכֶם הַיּוֹם" (דברים ד', ג-ד). חטא בעל פעור מוזכר בסוף ספר יהושע כחטא אשר השפעותיו השליליות ומחיריו לא נעלמו גם שנים רבות אחר כך: "הַמְעַט לָנוּ אֶת עֲוֹן פְּעוֹר אֲשֶׁר לֹא הִטַּהַרְנוּ מִמֶּנּוּ עַד הַיּוֹם הַזֶּה וַיְהִי הַנֶּגֶף בַּעֲדַת ה'" (יהושע כ"ב, יז). גם כשהושע מזהיר שלא לעבוד עבודה זרה מאות שנים מאוחר יותר, הוא מזכיר את עבודת הבעל בבעל פעור: "כַּעֲנָבִים בַּמִּדְבָּר מָצָאתִי יִשְׂרָאֵל כְּבִכּוּרָה בִתְאֵנָה בְּרֵאשִׁיתָהּ רָאִיתִי אֲבוֹתֵיכֶם הֵמָּה בָּאוּ בַעַל פְּעוֹר וַיִּנָּזְרוּ לַבֹּשֶׁת וַיִּהְיוּ שִׁקּוּצִים כְּאָהֳבָם" (הושע ט', י). החטא מוזכר גם בסקירה ההיסטורית בתהילים ק"ו, כח.

המשמעויות של סיפור החטא בבעל פעור מתעצבות בכמה הקשרים: בהקשר של סיפור בלעם ובלק, בהקשר של סיום המסע ממצרים, ההליכה במדבר ולקראת הכניסה לארץ, ובהקשר של מות אהרן והפרדה מהנהגת משה.

העובדה שפינחס הוא זה שהביא להצלת ישראל ולכפרת העם היא משמעותית מאוד במקום זה בספר. אהרן הפסיק את המגפה בעם לאחר מרד קורח (י"ז, יב-יג), ובינתיים הוא מת. לאחר מות אהרן, העם רואה שגם פינחס נכדו, עושה פעולה המפסיקה מגפה בעם. אלעזר לא הרג את זמרי וכוזבי אולי משום שככוהן גדול היה אסור לו להיטמא (ראו ויקרא כ"א, י-יב). בדומה לכך אלעזר, ולא אהרן, נצטווה להרים את המחתות מבין המתים בסיפור קורח (י"ז, ב). מכיוון שכשכר על פעולתו מובטח לפינחס שהכהונה תהיה לצאצאיו לעולם, מבין העם שעל אף גדולתו של אהרן יש אפשרות לכוהנים ממשיכיו לפעול לטובת העם.

מעשה פינחס משמעותי גם ביחס למשה. פעולת פינחס כנגד זמרי וכוזבי היא על רקע פעולת משה שלא מובילה לתוצאה דומה, שהרי ה' ציווה את משה לצוות את ראשי העם להוקיע את החוטאים, אך הם לא עשו זאת. לאורך האירוע משה מתנהג בפסיביות, גם כאשר זמרי עושה את מעשהו לעיניו, ולא לחינם עניין זה הודגש (ו). על רקע אי הצלחתו של משה להביא פתרון למגפה, מזדקרת דמותו של פינחס שהצליח. העם חווה בצורה משמעותית את תקופת המעבר בין משה ואהרן לבין הדור הבא, והוא מתרגל לחשוב שהעם מסוגל לחיות את חייו בקשר עם ה' ללא משה ואהרן. עניין זה מצטרף לשתיקת המקרא בסיפור בלק ביחס למשה; העם לא ניזוק, ואין התערבות של משה בשום דרך.

חטא ישראל בבעל פעור בשנת הארבעים, מעט לפני הכניסה לארץ, מזכיר בכמה נקודות את החטא של ישראל בעגל, שהתרחש בזמן מעמד הר סיני בשנה הראשונה לצאת ישראל ממצרים. חטא העגל אירע בתחילת תקופת ישראל במדבר, והחטא בבעל פעור התרחש בסופה. חטא העגל התרחש לאחר מעמד הר סיני, וחטא בעל פעור התרחש לאחר דברי השבח של בלעם על ישראל. בסיפור חטא העגל בני לוי הרגו איש את אחיו בציווי ה' (שמות ל"ב, כז), ובסיפור בעל פעור קנאותו של פינחס הביאה להפסקת המגפה. חטא העגל מותיר רושם של אובדן המנהיגות של משה שהוציא אותם מארץ מצרים וחיפוש חלופה אלילית: "עֲשֵׂה לָנוּ אֱלֹהִים אֲשֶׁר יֵלְכוּ לְפָנֵינוּ כִּי זֶה מֹשֶׁה הָאִישׁ אֲשֶׁר הֶעֱלָנוּ מֵאֶרֶץ מִצְרַיִם לֹא יָדַעְנוּ מֶה הָיָה לוֹ"

(שמות ל"ב, כג). חטא בעל פעור היה חטא שנבע מחיבור עם תושבי הארץ, והעבודה הזרה שמדובר בה היא הבעל הכנעני, אשר ילווה את העם בכל שנותיו בארץ. בפעם הראשונה שהעם בא בחיכוך עם תושבי הארץ, הוא חטא בחטא שעליו הזהיר ה'. סיפור בעל פעור הוא סיפור מכונן מבחינה זו שהעם נחשף לכישלון ולמחירו של חטא ההתערבות עם בנות הארץ ועם אלוהי הארץ.

חטא העם בשיטים מזכיר גם את חטא המרגלים. שני החטאים התרחשו ערב הכניסה לארץ. בשני המקרים העם בכה (י"ד, א; כ"ה, ו), בשניהם הייתה מגפה בעם (י", לז; כ"ה, ט). החטא של העם בסיפור המרגלים הוא שהם לא רצו להיכנס לארץ, ואילו החטא של העם בבעל פעור היה הפוך במובן מסוים: התערבות יתר ביושבי הארץ. החטא הראשון מנע את הכניסה לארץ, ואילו השני לא מנע אותה. עתה אפשר להבין גם את משמעות החטא של ישראל בבעל. כאמור, הבעל הוא האל העיקרי שעימו יתמודדו ישראל בעת הישיבה בארץ, ועל כן לא בכדי החטא שעליו מדובר כאן מתחולל על רקע הכניסה לארץ וההתמודדות עם תושביה ועם עבודת הבעל.

החטא של ישראל בבעל פעור קשור לסיפור בלעם ובלק. המקום האחרון שבו בלק לקח את בלעם היה "ראש הפעור" (כ"ג, כח). ממקום זה ביקש בלק מבלעם שיקלל את ישראל, ובאותו מקום העם חוטא. חכמים ראו קשר גדול יותר בין הסיפורים. לדעתם בלעם הוא זה שיעץ לבלק שישלח את בנות מואב להחטיא את ישראל. לתפיסה זו יש אחיזה בסיפור הנקמה של ישראל במדיין במצוות ה', שבו מסופר שבני ישראל הרגו את בלעם: "וְאֶת מַלְכֵי מִדְיָן הָרְגוּ עַל חַלְלֵיהֶם אֶת אֱוִי וְאֶת רֶקֶם וְאֶת צוּר וְאֶת חוּר וְאֶת רֶבַע חֲמֵשֶׁת מַלְכֵי מִדְיָן וְאֵת בִּלְעָם בֶּן בְּעוֹר הָרְגוּ בֶּחָרֶב" (ל"א, ח). מדוע הרגו את בלעם, והרי בסופו של דבר בלעם בירך את ישראל? אפשרות סבירה היא שלצד הברכות בלעם הוא זה שעמד מאחורי החטאת ישראל, באמצעות העצה שנתן לבלק. כך ניתן לפרש את ל"א, טז: "הֵן הֵנָּה הָיוּ לִבְנֵי יִשְׂרָאֵל בִּדְבַר בִּלְעָם לִמְסָר מַעַל בַּה' עַל דְּבַר פְּעוֹר וַתְּהִי הַמַּגֵּפָה בַּעֲדַת ה'". כוונת המילים "בדבר בלעם" היא לדברי בלעם אשר אמר לבלק כיצד להחטיא את ישראל. פירוש זה מצוי למשל באבות דרבי נתן נוסחא א, פרק א, א:

> אלא זו עצה שיעץ בלעם הרשע על ישראל, דכתיב "ועתה הנני הולך לעמי לכה איעצך אשר יעשה העם הזה לעמך באחרית הימים" (במדבר כ"ד, יד). אמר לו: עם זו שאתה שונא רעב הוא לאכילה וצמא הוא לשתיה ואין להם שיאכלו ושישתו אלא מן בלבד לך ותקן להם קובות והנח להם מאכל ומשתה והושב בהן נשים יפות בנות מלכים כדי שיזנו העם לבעל פעור ויפלו ביד המקום. מיד הלך ועשה בלק כל מה שאמר לו בלעם הרשע.

וכן הוא בבבלי סנהדרין קו ע"א; וכיוון זה נקטו חלק מהפרשנים: רש"י על כ"ד, יד; ועל ל"א, ח; רשב"ם על כ"ד, יד. אולם ראב"ע אמר על פירוש זה שהוא רחוק (בפירושו על כ"ד, יד), ואף רמב"ן לא קיבל פירוש זה. הבנת ראב"ע ורמב"ן מתבססת על כך שהמקרא אינו

מפרש מה העצה שנתן בלעם לבלק, ולעיל גם הסברנו שהמשמעות של המילה "איעצך" היא אודיעך. מאידך גיסא, קושי גדול יותר הוא להסביר את סיבת האיבה לבלעם, ואת העובדה שישראל הרגו אותו, אילולא היה מעורב בהחטאת ישראל. ועם כל זאת יש להסביר מדוע התורה לא ביארה במפורש את מעורבותו של בלעם בעצתו ביחס לישראל בסיום ברכותיו לעם.

נראה כי התורה לא ביארה את עצת בלעם להכשלת ישראל כדי למקד את תשומת הלב לכך שהנפילה של ישראל היא בחטאם ובאחריותם למעשיהם, ולא בהכשלתם על ידי בלעם. מוקד הסיפור הוא אפוא ישראל ולא בלעם. הצירוף של פרשת בלעם ובלק, ומיד לאחר מכן סיפור החטא בבעל פעור הוא משמעותי מאוד. קיים פער עצום בין חוסר ההצלחה של בלעם ובלק לקלל את ישראל, לבין כישלון ישראל ומפלתם בהתערבותם במואבים ובמדיינים. סיפור בלעם בא ללמד שלא ניתן להפעיל על ישראל מערכת של קללות, כי הם מוגנים על ידי ה׳. כל הניסיונות לקלל את ישראל אינם מצליחים, כי אין בישראל קסם ונחש. בעוד בלק עמל בכיוון הזה, ובלעם משתדל להביא לקללת העם, ישראל יושבים רגועים לבטח באוהליהם. בסיפור בעל פעור נלמד שאף כי הגויים אינם יכולים לפגוע בישראל כי ה׳ שומר עליהם, אם ישראל חוטאים, ואם הם נדבקים במעשי הגויים האלה ובהם, הרי שאז תחול מגפה גדולה בישראל. ישראל מוגנים מפני קללת הגויים כשה׳ מגן עליהם, אבל אין הם מוגנים כאשר הם חוטאים במעשי הגויים.

סיכום אינטראקציות עם העמים:
סיחון ועוג, בלק ובלעם, בנות מואב ומדיין (כ״א-כ״ה)

שלושה סיפורים הקשורים בנוכרים כרוכים זה בזה: סיפור הניצחון של ישראל על סיחון ועוג, סיפור הניסיון של בלק ובלעם לקלל את ישראל וסיפור החטא של ישראל בבנות מדיין ומואב ובעבודת בעל פעור. הסיפור השני ממשיך את הראשון, והשלישי את השני. בעקבות כישלונם של סיחון ועוג להביא למפלה צבאית של ישראל, חושש מואב מהתמודדות ישירה כנגד ישראל, ומשתדל להביא את בלעם לקלל את ישראל כדי להחליש את ישראל לפני התמודדות כזו. לאחר שבלק מלך מואב ובלעם נכשלו גם בדרך זו להכניע את ישראל, בנות מדיין ומואב מחטיאות את ישראל ואף מביאות אותם לעבוד את בעל פעור, וה׳ מעניש על כך את ישראל ומביא עליהם מגפה קשה.

שלושת הסיפורים משקפים שלושה סוגים של אינטראקציות בין ישראל לבין עמים אחרים. מלחמה בין ישראל לבין עמים אחרים; ניסיון של עמים אחרים לקלל את ישראל; ועירוב מיני בין ישראל לעמים, והשפעת הנשים על ישראל לעבוד עבודה זרה. צירופם יחד בא ליצור הבחנה בין ישראל לעמים ולהגדיר את הגבולות. אם נצרף גם את הסיפור של אדום, הרי יש גויים שאל לישראל להילחם בהם כל עיקר. לעומת זאת ממלחמות עבר הירדן עולה שה׳ נמצא עם ישראל כאשר באים להילחם נגדו. מסיפור בלק ובלעם עולה שה׳ גם

מונע מאחרים להפעיל כוחות של נחשים וקסמים כנגד ישראל. אולם כאשר ישראל אינם מתנהגים כראוי לעם ה׳, כאשר הם מתערבים בעמים ועובדים את אלוהיהם, אז ה׳ אינו מגן עליהם ואף מעניש אותם. לאחר הסיפורים האלה, המספרים את תחילת העימותים בין ישראל לבין העמים, ישראל לומדים את עצם ההבחנה בינם לבין העמים, מתי ה׳ מגן עליהם, מתי העם ברוך, ומתי ההגנה של ה׳ מוסרת, כאשר הם הולכים בדרכי הגויים ומתערבים בהם.

לקראת הכניסה לארץ, כ"ו-ל"ו

פרקים אלה כוללים את ההכנות האחרונות לקראת הכניסה לארץ. הסימן העיקרי לכך הוא ששוב מצטווים משה ואלעזר הכוהן לספור את בני ישראל (כ"ו, א). ספירה זו מקבילה לספירה של העם בתחילת הספר בחודש השני בשנה השנייה לצאתם ממצרים. עקרונות הספירה דומים: נספר מי שהוא מבן עשרים שנה ומעלה כל יוצא צבא בישראל. ושוב כמו בתחילת הספר ישנה רשימה ארוכה של מנייני השבטים (כ"ו, א-נא). כמו בספירה הראשונה גם בספירה זו נספרים לצד ישראל גם בני לוי (כ"ז, נז-סב). ההבדל בין הספירה הראשונה לבין הספירה הזו היא שלאחר הספירה הראשונה התחיל העם במסע (י', יא), ואילו לאחר ספירה זו המסע אינו ממשיך. ההבדל הוא כמובן מכיוון שהספירה הראשונה נעשתה בסיני, הרחוקה מן הארץ, ואילו הספירה הזו נעשתה בערבות מואב שהיא התחנה האחרונה לפני הכניסה לארץ.

לאור ההבחנה שכאן מתחיל החלק האחרון של הספר לקראת הכניסה לארץ יש לעמוד על תוכנו הכללי של חלק זה, על מבנהו, ועל העקרונות המנחים בהכללת החומרים בו. ראשית נעמוד על תופעת פיזור החומר בפרקים אלה שנראה לכאורה לא מאורגן.

1. תלונת בני מנשה על כך שהחוק שבנות צלופחד יורשות פוגע בנחלתם (ל"ו), קשורה בקשר הדוק לחוק שנמסר בעקבות תלונתן של בנות צלופחד (כ"ז, א-יא). אולם לא ברור מדוע המרחק בין שתי התלונות והחוקים שנמסרו בעקבותיהם כה רב.
2. הציווי לחלק את הארץ מופיע בפרק כ"ו, נב-נו, אולם ציווי לחלוקת הארץ מופיע שוב בפרק ל"ג, נ-נו. בשתי ההופעות של ציווי זה, מופיע העיקרון של מתן גודל שטחים באופן יחסי לגודל השבט (כ"ו, נד; ל"ג, נד). מיד לאחר הציווי השני יש פירוט של יתר המצוות הקשורות בחלוקת הארץ: גבולות הארץ שיש לחלק (ל"ד, א-טו), הוראה מי יהיו מחלקי הארץ (ל"ד, ט"ז, כב); דין ערי הלוויים (ל"ה, א-ח); ערי מקלט (ל"ה, ט-לד). כל הדינים האלה הקשורים בחלוקת הארץ נמצאים רחוקים מאוד מההוראה הבסיסית והרחבה על חלוקת הארץ בפרק כ"ו.
3. המיקום של רשימת המסעות של בני ישראל במדבר עד הגיעם לערבות מואב בפרק ל"ג לא ברור. ההנחה המקובלת היא שזו רשימת סיכום של המסעות במדבר, אולם מדוע היא מופיעה בין העניינים השונים הקשורים בכניסה לארץ? והרי לכאורה מקומה היה צריך להיות בסוף הספר כולו.
4. שאלה נוספת הנוגעת לסידור החומר היא מדוע יש מרחק כה רב בין הצו הראשון של ה' לצרור את המדיינים בעקבות חטא בעל פעור בפרק כ"ה, טז-יח, לבין החזרה על אותו הצו וביצוע הצו בפרק ל"א?

נתחיל בכפילות הצו לחלוקת הארץ. הצו השני בא משום שלאחריו יש פירוט של חוקים הנוגעים בכך. אך הסבר זה אינו מסביר את קיומו של הצו הראשון, שכן היה הגיוני יותר

למקם את הצו המפורט הזה בפרק ל"ג, ומדוע אם כן מופיע הצו בפרק כ"ו? יש למצוא אפוא הסבר לקיומו של כל אחד מהצווים בהקשרו. מה ההבדל בין שני הציוויים האלה? הציווי הראשון של חלוקת הארץ בא מיד לאחר התיאור המפורט של משפחות השבטים. מיד לאחר זאת קובעת התורה: "לָאֵלֶּה תֵּחָלֵק הָאָרֶץ... אִישׁ לְפִי פְקֻדָיו יֻתַּן נַחֲלָתוֹ" (כ"ו, נג-נד). ניתן להסיק מצירוף פרשיות אלה, שמטרת חלוקת הארץ היא לתת נחלה לעם שיצא ממצרים. המטרה של החלוקה היא אפוא טובת העם.

לעומת זאת המצווה על חלוקת הארץ בפרק ל"ג, נד, באה בהקשר אחר. שם המצווה פותחת בהורשת יושבי הארץ, והשמדת העבודה הזרה שלהם (נב-נג). בהקשר זה כתוב מיד אחר כך גם לחלק את הארץ. נראה אפוא כי המטרה העיקרית של צו חלוקת הארץ כאן היא להעניש את תושבי כנען על חטאיהם, להורישם, ולהכרית את העבודה הזרה שלהם.

נראה אפוא שהכפילות של מצוות חלוקת הארץ נובעת משני היבטים שונים, ומשני טעמים שונים של כיבוש הארץ וחלוקתה. לפי טעם אחד כיבוש הארץ וחלוקתה נועדו לתת נחלה לעם, שאותו הוציא ה' ממצרים ולממש את ההבטחה לאבות בקיום חלקו של ה' בברית עם ישראל. לעומת זאת, קיימת מטרה נפרדת ושונה של כיבוש הארץ, והיא להכרית מתוכה את העבודה הזרה ואת עובדיה. על פי מטרה זו ישראל הם שליחיו של ה' להעניש חוטאים. על פי פסוקים אלה המטרה איננה רווחת העם כמו בטעם הראשון, אלא טהרת הארץ.

תיאור המסעות בפרק ל"ג, א-מט, מקדים את הצו של ה' לישראל להוריש את הגויים ולהשמיד את העבודה הזרה. לפיכך נראה שזו המטרה של תיאור המסעות. בעוד התורה חוזרת פעמים רבות על היציאה ממצרים ועל ההליכה במדבר לקראת כיבוש הארץ למען נתינתה לישראל, כאשר התורה באה להציג את המטרה של כיבוש הארץ וחלוקתה כחלק מרצון אלוהי להעניש את הכנענים ולבער עבודה זרה, היא מציגה שוב את היציאה ממצרים, ואת המסעות של ישראל במדבר לקראת הכניסה לארץ, וזאת כדי לממש את המטרה הזו.

הינה לפי זה קיבלנו שתי רשימות אשר לאחריהן שתי מצוות הקשורות בחלוקת הארץ. הרשימה הראשונה היא רשימת משפחות כל השבטים למניינן, ומיד אחרי רשימה זו באה הוראה לחלק למשפחות אלה את הארץ. הרשימה השנייה היא רשימת המסעות של העם החל מיציאת מצרים ועד הכניסה לארץ, ומיד אחריה ציווי לכבוש את הארץ ולהוריש את תושביה. וכך ניתן לחלק את כל החומר מפרק כ"ו ועד סוף הספר בפרק ל"ו לשניים: חלק ראשון – מספירת העם (כ"ו) עד סיפור בקשת שני השבטים וחצי השבט להתנחל בעבר הירדן המזרחי (ל"ב), הוא החלק העוסק בעיקר בהיבטים הקשורים בעם; וחלק שני – מרשימת המסעות (ל"ג) ועד סוף הספר (ל"ו) הוא החלק העוסק בהיבטים הקשורים בארץ.

על פי החלוקה הזו בין התמקדות בעם לבין התמקדות בארץ נוכל לעבור ליתר השאלות שהועלו קודם. אחת הבעיות המוזרות היא ההפרדה בין בקשת בנות צלופחד לרשת את אביהן לבין תלונת בני מנשה על כך שהחוק שהן יכולות לרשת, עלול לגרום לגריעה מנחלת השבט משום שבעקבות נישואיהן נחלת השבט עלולה לעבור לשבט אחר. על פי החלוקה שהצענו יש לומר שהתלונה של בנות צלופחד הייתה על הקיפוח של משפחת אביהן אם הן לא תקבלנה

נחלה. התחום של תלונה זו נתון במרחב החברתי והאנושי: מי הם האנשים שזכאים לרשת. ה' מצדיק זאת ומאפשר לבנות לרשת במקרה שאין בנים יורשים. המוקד כאן הוא אפוא הזכות של האנשים, ומקומו של נושא זה בחלק הראשון. לעומת זאת התלונה של בני מנשה אינה על זכותם של יחידים שנפגעים, אלא על נחלת השבט בכללותה, ועל החשש שחלקים מנחלת השבט יעברו לשבטים אחרים. נמצא שתלונתם היא על נחלתם בארץ, והמקום הראוי לכך הוא בחלק השני.

מכיוון שהפרקים החל מפרק ל"ג ואילך עוסקים בעיקר בנושא הארץ, בחלק זה באו הנושאים של נחלת הלוויים (ל"ה, א-ח), ונושא ערי מקלט (ל"ה, ט-לד). לעומת זאת הנושא של בקשת שני השבטים וחצי השבט לשבת בעבר הירדן המזרחי ולא לעבור את הירדן, הוא בעיקרו נושא הקשור בתחום הזכויות של האנשים וחובתם. וסביב עניין זה מתקיים הדיון כולו. הם רוצים לשבת במזרח כי יש להם מקנה רב, ומשה מתנגד בתחילה, משום שבכך הם אינם הוגנים כלפי שאר השבטים שיילחמו לבד. הפתרון הוא שהם יצאו להילחם עם אחיהם אל העבר המערבי של הירדן. לכן נושא זה מצוי בחלק הראשון העוסק בעם, ולא בחלק השני העוסק בהיבטים של הארץ.

שאלה שהעסיקה רבים היא ההפרדה בין הציווי לצרור את המדיינים מיד לאחר חטא בעל פעור, בפרק כ"ה, טז-יח, לבין הציווי המחודש של ה' ותיאור המלחמה בפרק ל"א. לאור ההבחנה שלנו בנושאים של הפרקים האלה הדבר מובן. פרק ל"א אינו עוסק בהענשת מדיין, אלא בשיטת חלוקת השלל והשבי בין הלוחמים לבין כל העדה, וכן גם לכוהנים וללוויים. הפרק עוסק אם כן בשאלה החשובה מה הזכויות של הלוחמים שלחמו ולקחו שלל, לעומת אלה שלא יצאו, ומה חלקם של הכוהנים והלוויים. הנושא הוא אפוא זכויות האנשים בשלל. מבחינה זו הפרק הזה שייך לחטיבת הפרקים הראשונה העוסקת בזכויות האנשים בנחלה, כמו בפרק כ"ו, וכן בזכויות בנחלה של קבוצות מיוחדות. כך גם פרק זה איננו עוסק בירושת נחלה, אלא בירושת שלל, הן של הלוחמים הן של הקבוצות המיוחדות שלא נלחמו.

נסב את תשומת ליבנו לכל אחד משני החלקים מפרק כ"ו ועד פרק ל"ו. החלק הראשון מתחיל כאמור בפרק כ"ו ומסתיים בפרק ל"ב. נוציא לעת עתה שלוש פרשיות הקשורות במותו של משה, היינו מפרק כ"ז, יב - ל', יז. שאר חלקי החלק הזה הם:

1. ספירת העם למשפחותיו, וספירת הלוויים (כ"ו, א-נא, נז-סב, סג-סה).
2. ציווי לחַלק את הארץ לאלה שנספרו (כ"ו, נב-נו).
3. תלונת בנות צלופחד וההוראה שהן תירשנה את אביהן (כ"ז, א-יא).
4. המלחמה במדיין (ל"א).
5. בקשת שני השבטים וחצי השבט להתנחל במזרח הירדן, והתנאים לאישור בקשתם (ל"ב).

כל הנושאים האלה קשורים בזכויות ובחובות של האנשים בנחלת הארץ, בשבי ובשלל. ההיבט הוא ההיבט של העם.

החלק השני מתחיל בסיפור המסעות בפרק ל״ג, ונמשך עד פרק ל״ו. חלקי החלק הזה הם:

1. תיאור המסעות של ישראל החל מיציאת מצרים ועד הגיעם לערבות מואב (ל״ג, א-מט).
2. הציווי לכבוש את הארץ מידי תושביה, הכרתת העבודה הזרה וחלוקת הארץ (ל״ג, נ-נו).
3. גבולות הארץ שיש לחלק, ומחלקי הארץ (ל״ד).
4. ערי הלוויים (ל״ה, א-ח).
5. ערי מקלט (ל״ה, ט-לד).
6. תלונת בני מנשה על החוק שבנות צלופחד יורשות (ל״ו, א-יב).

בחלק זה כל היחידות קשורות להיבט של הארץ. תיאור המסעות נועד להציג את כל היציאה ממצרים לארץ, בשונה מהסיפור המקראי שעד כאן, ומן ההיבט שבו העם פועל בשליחותו של ה׳ להכרית את תושבי הארץ, ואת העבודה הזרה שבה. עניין זה של הכרתת התושבים אינו למען העם כמו במקורות מקבילים כדי למנוע מהעם השפעה זרה, אלא הוא כדי שבארץ לא יהיו חוטאים, ולא תהיה עבודה זרה. שאר הפרשיות קשורות אף הן להיבט זה של הארץ. כך גבולותיה של הארץ, מחלקי הארץ, ערי הלוויים וערי מקלט, וכן תלונת שבט מנשה שהיא בעיקרה, כאמור, לא תלונה של אישים אלא של שבט, אשר דואג לנחלה השבטית.

מכיוון שהחלק הראשון, היינו פרקים כ״ו-ל״ב, עוסק בהיבט של העם, נוכל להבין גם את מיקומן של פרשיות פטירתו של משה, ובהמשכיות אחריו, שכן פטירת משה נוגעת להנהגת העם וראויה לבוא בחלק זה, וכן גם פרשיות קורבנות ונדרים, כפי שיבואר. אלה אפוא החלקים:

1. הכנות לקראת מותו של משה ומינוי יהושע במקומו (כ״ז, יב-כג).
2. קורבנות (כ״ח, א - ל״א, א).
3. נדרים (ל׳, ב-יז).

מותו של משה ושאלת ממשיכו, הם נושאים הקשורים לעם, ועל כן הם מופיעים בחלק הראשון. כפי שנראה להלן, גם נושא הקורבנות מצוי בהֶקשר זה כדי להראות שגם לאחר מותו של משה, הַקשר עם ה׳ ממשיך. נושא הנדרים שייך גם כן לכך, ראשית משום שהוא עוסק במושא הנדרים בהמשך לנושא הקורבנות בפרקים כ״ח-כ״ט, אך בעיקר כדי להדגיש סמכויות אחרות שפועלות ללא קשר למשה, ואלה ראשי המטות, וכן כל אב ובעל. על כך נראה בפירוט להלן.

המפקד של באי הארץ בערבות מואב ודיני ירושת הארץ, כ"ו, א - כ"ז, סה

א וַיְהִי אַחֲרֵי הַמַּגֵּפָה

ב וַיֹּאמֶר ה' אֶל מֹשֶׁה וְאֶל אֶלְעָזָר בֶּן אַהֲרֹן הַכֹּהֵן לֵאמֹר. שְׂאוּ אֶת רֹאשׁ כָּל עֲדַת בְּנֵי יִשְׂרָאֵל מִבֶּן
ג עֶשְׂרִים שָׁנָה וָמַעְלָה לְבֵית אֲבֹתָם כָּל יֹצֵא צָבָא בְּיִשְׂרָאֵל. וַיְדַבֵּר מֹשֶׁה וְאֶלְעָזָר הַכֹּהֵן אֹתָם
ד בְּעַרְבֹת מוֹאָב עַל יַרְדֵּן יְרֵחוֹ לֵאמֹר. מִבֶּן עֶשְׂרִים שָׁנָה וָמָעְלָה כַּאֲשֶׁר צִוָּה ה' אֶת מֹשֶׁה וּבְנֵי
יִשְׂרָאֵל הַיֹּצְאִים מֵאֶרֶץ מִצְרָיִם.

ה ו רְאוּבֵן בְּכוֹר יִשְׂרָאֵל בְּנֵי רְאוּבֵן חֲנוֹךְ מִשְׁפַּחַת הַחֲנֹכִי לְפַלּוּא מִשְׁפַּחַת הַפַּלֻּאִי. לְחֶצְרֹן מִשְׁפַּחַת
ז הַחֶצְרוֹנִי לְכַרְמִי מִשְׁפַּחַת הַכַּרְמִי. אֵלֶּה מִשְׁפְּחֹת הָראוּבֵנִי וַיִּהְיוּ פְקֻדֵיהֶם שְׁלֹשָׁה וְאַרְבָּעִים
ח ט אֶלֶף וּשְׁבַע מֵאוֹת וּשְׁלֹשִׁים. וּבְנֵי פַלּוּא אֱלִיאָב. וּבְנֵי אֱלִיאָב נְמוּאֵל וְדָתָן וַאֲבִירָם הוּא דָתָן
י וַאֲבִירָם קְרִיאֵי הָעֵדָה אֲשֶׁר הִצּוּ עַל מֹשֶׁה וְעַל אַהֲרֹן בַּעֲדַת קֹרַח בְּהַצֹּתָם עַל ה'. וַתִּפְתַּח
הָאָרֶץ אֶת פִּיהָ וַתִּבְלַע אֹתָם וְאֶת קֹרַח בְּמוֹת הָעֵדָה בַּאֲכֹל הָאֵשׁ אֵת חֲמִשִּׁים וּמָאתַיִם אִישׁ
יא וַיִּהְיוּ לְנֵס. וּבְנֵי קֹרַח לֹא מֵתוּ.

יב בְּנֵי שִׁמְעוֹן לְמִשְׁפְּחֹתָם לִנְמוּאֵל מִשְׁפַּחַת הַנְּמוּאֵלִי לְיָמִין מִשְׁפַּחַת הַיָּמִינִי לְיָכִין מִשְׁפַּחַת
יג יד הַיָּכִינִי. לְזֶרַח מִשְׁפַּחַת הַזַּרְחִי לְשָׁאוּל מִשְׁפַּחַת הַשָּׁאוּלִי. אֵלֶּה מִשְׁפְּחֹת הַשִּׁמְעֹנִי שְׁנַיִם
וְעֶשְׂרִים אֶלֶף וּמָאתָיִם.

טו טז בְּנֵי גָד לְמִשְׁפְּחֹתָם לִצְפוֹן מִשְׁפַּחַת הַצְּפוֹנִי לְחַגִּי מִשְׁפַּחַת הַחַגִּי לְשׁוּנִי מִשְׁפַּחַת הַשּׁוּנִי. לְאָזְנִי
יז מִשְׁפַּחַת הָאָזְנִי לְעֵרִי מִשְׁפַּחַת הָעֵרִי. לַאֲרוֹד מִשְׁפַּחַת הָאֲרוֹדִי לְאַרְאֵלִי מִשְׁפַּחַת הָאַרְאֵלִי.
יח אֵלֶּה מִשְׁפְּחֹת בְּנֵי גָד לִפְקֻדֵיהֶם אַרְבָּעִים אֶלֶף וַחֲמֵשׁ מֵאוֹת.

יט כ בְּנֵי יְהוּדָה עֵר וְאוֹנָן וַיָּמָת עֵר וְאוֹנָן בְּאֶרֶץ כְּנָעַן. וַיִּהְיוּ בְנֵי יְהוּדָה לְמִשְׁפְּחֹתָם לְשֵׁלָה מִשְׁפַּחַת
כא הַשֵּׁלָנִי לְפֶרֶץ מִשְׁפַּחַת הַפַּרְצִי לְזֶרַח מִשְׁפַּחַת הַזַּרְחִי. וַיִּהְיוּ בְנֵי פֶרֶץ לְחֶצְרֹן מִשְׁפַּחַת הַחֶצְרֹנִי
כב לְחָמוּל מִשְׁפַּחַת הֶחָמוּלִי. אֵלֶּה מִשְׁפְּחֹת יְהוּדָה לִפְקֻדֵיהֶם שִׁשָּׁה וְשִׁבְעִים אֶלֶף וַחֲמֵשׁ מֵאוֹת.

כג כד בְּנֵי יִשָּׂשכָר לְמִשְׁפְּחֹתָם תּוֹלָע מִשְׁפַּחַת הַתּוֹלָעִי לְפֻוָה מִשְׁפַּחַת הַפּוּנִי. לְיָשׁוּב מִשְׁפַּחַת הַיָּשֻׁבִי
כה לְשִׁמְרֹן מִשְׁפַּחַת הַשִּׁמְרֹנִי. אֵלֶּה מִשְׁפְּחֹת יִשָּׂשכָר לִפְקֻדֵיהֶם אַרְבָּעָה וְשִׁשִּׁים אֶלֶף וּשְׁלֹשׁ
מֵאוֹת.

כו בְּנֵי זְבוּלֻן לְמִשְׁפְּחֹתָם לְסֶרֶד מִשְׁפַּחַת הַסַּרְדִּי לְאֵלוֹן מִשְׁפַּחַת הָאֵלֹנִי לְיַחְלְאֵל מִשְׁפַּחַת
כז הַיַּחְלְאֵלִי. אֵלֶּה מִשְׁפְּחֹת הַזְּבוּלֹנִי לִפְקֻדֵיהֶם שִׁשִּׁים אֶלֶף וַחֲמֵשׁ מֵאוֹת.

כח כט בְּנֵי יוֹסֵף לְמִשְׁפְּחֹתָם מְנַשֶּׁה וְאֶפְרָיִם. בְּנֵי מְנַשֶּׁה לְמָכִיר מִשְׁפַּחַת הַמָּכִירִי וּמָכִיר הוֹלִיד אֶת
ל גִּלְעָד לְגִלְעָד מִשְׁפַּחַת הַגִּלְעָדִי. אֵלֶּה בְּנֵי גִלְעָד אִיעֶזֶר מִשְׁפַּחַת הָאִיעֶזְרִי לְחֵלֶק מִשְׁפַּחַת
לא לב הַחֶלְקִי. וְאַשְׂרִיאֵל מִשְׁפַּחַת הָאַשְׂרִאֵלִי וְשֶׁכֶם מִשְׁפַּחַת הַשִּׁכְמִי. וּשְׁמִידָע מִשְׁפַּחַת הַשְּׁמִידָעִי
לג וְחֵפֶר מִשְׁפַּחַת הַחֶפְרִי. וּצְלָפְחָד בֶּן חֵפֶר לֹא הָיוּ לוֹ בָּנִים כִּי אִם בָּנוֹת וְשֵׁם בְּנוֹת צְלָפְחָד מַחְלָה
לד וְנֹעָה חָגְלָה מִלְכָּה וְתִרְצָה. אֵלֶּה מִשְׁפְּחֹת מְנַשֶּׁה וּפְקֻדֵיהֶם שְׁנַיִם וַחֲמִשִּׁים אֶלֶף וּשְׁבַע מֵאוֹת.

לה אֵלֶּה בְנֵי אֶפְרַיִם לְמִשְׁפְּחֹתָם לְשׁוּתֶלַח מִשְׁפַּחַת הַשֻּׁתַלְחִי לְבֶכֶר מִשְׁפַּחַת הַבַּכְרִי לְתַחַן
לו לז מִשְׁפַּחַת הַתַּחֲנִי. וְאֵלֶּה בְּנֵי שׁוּתָלַח לְעֵרָן מִשְׁפַּחַת הָעֵרָנִי. אֵלֶּה מִשְׁפְּחֹת בְּנֵי אֶפְרַיִם לִפְקֻדֵיהֶם
שְׁנַיִם וּשְׁלֹשִׁים אֶלֶף וַחֲמֵשׁ מֵאוֹת אֵלֶּה בְנֵי יוֹסֵף לְמִשְׁפְּחֹתָם.

לח בְּנֵי בִנְיָמִן לְמִשְׁפְּחֹתָם לְבֶלַע מִשְׁפַּחַת הַבַּלְעִי לְאַשְׁבֵּל מִשְׁפַּחַת הָאַשְׁבֵּלִי לַאֲחִירָם מִשְׁפַּחַת
לט מ הָאֲחִירָמִי. לִשְׁפוּפָם מִשְׁפַּחַת הַשּׁוּפָמִי לְחוּפָם מִשְׁפַּחַת הַחוּפָמִי. וַיִּהְיוּ בְנֵי בֶלַע אַרְדְּ וְנַעֲמָן
מא מִשְׁפַּחַת הָאַרְדִּי לְנַעֲמָן מִשְׁפַּחַת הַנַּעֲמִי. אֵלֶּה בְנֵי בִנְיָמִן לְמִשְׁפְּחֹתָם וּפְקֻדֵיהֶם חֲמִשָּׁה
וְאַרְבָּעִים אֶלֶף וְשֵׁשׁ מֵאוֹת.

מב מג אֵלֶּה בְנֵי דָן לְמִשְׁפְּחֹתָם לְשׁוּחָם מִשְׁפַּחַת הַשּׁוּחָמִי אֵלֶּה מִשְׁפְּחֹת דָּן לְמִשְׁפְּחֹתָם. כָּל מִשְׁפְּחֹת
הַשּׁוּחָמִי לִפְקֻדֵיהֶם אַרְבָּעָה וְשִׁשִּׁים אֶלֶף וְאַרְבַּע מֵאוֹת.

מד בְּנֵי אָשֵׁר לְמִשְׁפְּחֹתָם לְיִמְנָה מִשְׁפַּחַת הַיִּמְנָה לְיִשְׁוִי מִשְׁפַּחַת הַיִּשְׁוִי לִבְרִיעָה מִשְׁפַּחַת הַבְּרִיעִי.
מה מו מז לִבְנֵי בְרִיעָה לְחֶבֶר מִשְׁפַּחַת הַחֶבְרִי לְמַלְכִּיאֵל מִשְׁפַּחַת הַמַּלְכִּיאֵלִי. וְשֵׁם בַּת אָשֵׁר שָׂרַח. אֵלֶּה
מִשְׁפְּחֹת בְּנֵי אָשֵׁר לִפְקֻדֵיהֶם שְׁלֹשָׁה וַחֲמִשִּׁים אֶלֶף וְאַרְבַּע מֵאוֹת.

מח מט בְּנֵי נַפְתָּלִי לְמִשְׁפְּחֹתָם לְיַחְצְאֵל מִשְׁפַּחַת הַיַּחְצְאֵלִי לְגוּנִי מִשְׁפַּחַת הַגּוּנִי. לְיֵצֶר מִשְׁפַּחַת הַיִּצְרִי
נ לְשִׁלֵּם מִשְׁפַּחַת הַשִּׁלֵּמִי. אֵלֶּה מִשְׁפְּחֹת נַפְתָּלִי לְמִשְׁפְּחֹתָם וּפְקֻדֵיהֶם חֲמִשָּׁה וְאַרְבָּעִים אֶלֶף
וְאַרְבַּע מֵאוֹת.

נא אֵלֶּה פְּקוּדֵי בְּנֵי יִשְׂרָאֵל שֵׁשׁ מֵאוֹת אֶלֶף וָאָלֶף שְׁבַע מֵאוֹת וּשְׁלֹשִׁים.

נב נג נד וַיְדַבֵּר ה׳ אֶל מֹשֶׁה לֵּאמֹר. לָאֵלֶּה תֵּחָלֵק הָאָרֶץ בְּנַחֲלָה בְּמִסְפַּר שֵׁמוֹת. לָרַב תַּרְבֶּה נַחֲלָתוֹ
נה וְלַמְעַט תַּמְעִיט נַחֲלָתוֹ אִישׁ לְפִי פְקֻדָיו יֻתַּן נַחֲלָתוֹ. אַךְ בְּגוֹרָל יֵחָלֵק אֶת הָאָרֶץ לִשְׁמוֹת מַטּוֹת
נו אֲבֹתָם יִנְחָלוּ. עַל פִּי הַגּוֹרָל תֵּחָלֵק נַחֲלָתוֹ בֵּין רַב לִמְעָט.

נז וְאֵלֶּה פְקוּדֵי הַלֵּוִי לְמִשְׁפְּחֹתָם לְגֵרְשׁוֹן מִשְׁפַּחַת הַגֵּרְשֻׁנִּי לִקְהָת מִשְׁפַּחַת הַקְּהָתִי לִמְרָרִי
נח מִשְׁפַּחַת הַמְּרָרִי. אֵלֶּה מִשְׁפְּחֹת לֵוִי מִשְׁפַּחַת הַלִּבְנִי מִשְׁפַּחַת הַחֶבְרֹנִי מִשְׁפַּחַת הַמַּחְלִי
נט מִשְׁפַּחַת הַמּוּשִׁי מִשְׁפַּחַת הַקָּרְחִי וּקְהָת הוֹלִד אֶת עַמְרָם. וְשֵׁם אֵשֶׁת עַמְרָם יוֹכֶבֶד בַּת לֵוִי
ס אֲשֶׁר יָלְדָה אֹתָהּ לְלֵוִי בְּמִצְרָיִם וַתֵּלֶד לְעַמְרָם אֶת אַהֲרֹן וְאֶת מֹשֶׁה וְאֵת מִרְיָם אֲחֹתָם. וַיִּוָּלֵד

סא לְאַהֲרֹן אֶת נָדָב וְאֶת אֲבִיהוּא אֶת אֶלְעָזָר וְאֶת אִיתָמָר. וַיָּמָת נָדָב וַאֲבִיהוּא בְּהַקְרִיבָם אֵשׁ זָרָה
סב לִפְנֵי ה׳. וַיִּהְיוּ פְקֻדֵיהֶם שְׁלֹשָׁה וְעֶשְׂרִים אֶלֶף כָּל זָכָר מִבֶּן חֹדֶשׁ וָמָעְלָה כִּי לֹא הָתְפָּקְדוּ בְּתוֹךְ
בְּנֵי יִשְׂרָאֵל כִּי לֹא נִתַּן לָהֶם נַחֲלָה בְּתוֹךְ בְּנֵי יִשְׂרָאֵל.

סג אֵלֶּה פְּקוּדֵי מֹשֶׁה וְאֶלְעָזָר הַכֹּהֵן אֲשֶׁר פָּקְדוּ אֶת בְּנֵי יִשְׂרָאֵל בְּעַרְבֹת מוֹאָב עַל יַרְדֵּן יְרֵחוֹ.
סד סה וּבְאֵלֶּה לֹא הָיָה אִישׁ מִפְּקוּדֵי מֹשֶׁה וְאַהֲרֹן הַכֹּהֵן אֲשֶׁר פָּקְדוּ אֶת בְּנֵי יִשְׂרָאֵל בְּמִדְבַּר סִינָי. כִּי
אָמַר ה׳ לָהֶם מוֹת יָמֻתוּ בַּמִּדְבָּר וְלֹא נוֹתַר מֵהֶם אִישׁ כִּי אִם כָּלֵב בֶּן יְפֻנֶּה וִיהוֹשֻׁעַ בִּן נוּן.

פירוש העניין

בשנת הארבעים לצאת ישראל ממצרים מצווה ה׳ את משה ואת אלעזר הכוהן לספור את בני ישראל. סיפור המפקד מתחיל במשפט: "וַיְהִי אַחֲרֵי הַמַּגֵּפָה" (א1). המשכו של משפט זה הוא הצו של ה׳ על המפקד (א2–ב). הקישור בין המפקד למגפה נובע מן הצורך לספור את העם לאחר שנספו רבים במגפה, ולבדוק את מספר הלוחמים לקראת העימותים בכניסה לארץ. אולם מסתבר שההמשך הישיר של המשפט הוא גם הביצוע של צו ה׳ לצרור את המדיינים בפרק ל״א. נראה אפוא כי שני העניינים השונים ממשיכים את הפסוקית הזו. מבחינת סדר העניינים הרי שהמפקד אכן בא מיד אחר כך וממשיך את הדברים, ומבחינת התוכן נראה שההמשך הוא פרק ל״א, שכן צרירת המדיינים היא ההמשך התוכני למגפה שבאה בעקבות החטא עם בנותיהם. לכך התכוונו אולי בעלי המסורה אשר סימנו פרשה פתוחה לאחר הפסוקית הזו ובאמצע הפסוק, ובכך לרמוז לכך שיש שני עניינים שונים הממשיכים את הפסוקית "ויהי אחרי המגפה".

הסמכת ספירת העם למגפה בבעל פעור מלמדת שהחטא של ישראל לא מנע את המשך הכניסה של העם לארץ. אף כי העם נכשל בהתמודדות הראשונה שלו עם פולחן זר, ה׳ ממשיך להוביל את העם לארץ. האתגר של המפגש עם תושבי כנען ואמונותיהם, ילווה את העם במשך שנים רבות קדימה.

התיאור הארוך של המפקד מתחיל בציווי ה׳ למשה ולאלעזר לספור את העם (א2–ב). נוסח הציווי דומה לציווי לספור את האנשים בשנה השנייה בתחילת הספר (א׳, ב–ג), אף כי הנוסח כאן מקוצר יותר. הצו בבמדבר א׳ ניתן למשה, ואהרן היה כלול במלאכת הספירה (ג), ולעומת זאת, הציווי כאן מופנה בדיבור ישיר של ה׳ למשה ולאלעזר, המוזכר בצירוף שם אביו וכינויו ככוהן. פניית ה׳ גם לאלעזר מדגישה את מעמדו כממשיכו של אהרן לאחר פטירתו. בנוסף לכך אלעזר שותף בספירה של העם, שמטרתה חלוקת הארץ לעם, משום תפקידו המרכזי בחלוקת הארץ לעם (ל״ד, יז; יהושע י״ד, א). משה לא ייכנס לארץ ולא יחלק אותה בפועל, ומכאן חשיבותו היתרה של אלעזר כאן. מעמדו החשוב של אלעזר בחלוקת הארץ, במקום שבו למשה כבר לא יהיה חלק, חייב להיות מובהר לעם, ועל כן, בשונה מפרק א׳, מודגש כאן שמשה ואלעזר מעבירים את הצו של ה׳ לעם (ג–ד), הרואה את תהליך הפרדה ממשה וכיצד ימשיך בלעדיו. בעוד המטרה העיקרית של המפקד בפרק א׳ הייתה לשם המלחמה והמסע לארץ, הרי שהמטרה העיקרית של המפקד השני, כפי שנראה להלן, היא לשם חלוקת הארץ למשפחות, ולאלעזר תפקיד מרכזי בזה.

למה מתייחסת הפסוקית "**הַיֹּצְאִים מֵאֶרֶץ מִצְרָיִם**" (ד)? הדעה הרווחת היא שכוונת הפסוקית היא, שהצו לספור את בני ישראל עתה הוא כמו הצו לספור את בני ישראל מבן עשרים שנה ומעלה בשנה השנייה לצאתם ממצרים (רש״י, ספורנו, שד״ל).[126] במשפט זה מפורשת בעצם ההשוואה בין ספירה זו לספירה הראשונה במדבר סיני, על משמעויותיה השונות.

המפקד השני של העם בא משום שהמפקד הראשון של העם שהתקיים שלושים ושמונה שנה קודם לכן, היה אמור להיות לפי התוכנית המקורית לפני הכניסה לארץ ולקראת העימותים עם יושבי כנען, אך העם לא נכנס לארץ בשל חטא המרגלים. דור החוטאים חלף, ועתה עומד דור הבנים לפני הכניסה לארץ, ועל כן בטרם היציאה לקרב יש לחזור ולספור את העם, כדי לדעת את מספר הלוחמים שעתידים להילחם בקרוב על הארץ. עניין זה עולה בבירור מהסיכום של הספירה, המסביר שאנשי הדור הקודם מתו (חוץ מכלב ומיהושע), כפי שתכנן ה׳, והנספרים עתה הם בני הדור החדש: ״וּבְאֵלֶּה לֹא הָיָה אִישׁ מִפְּקוּדֵי מֹשֶׁה וְאַהֲרֹן הַכֹּהֵן אֲשֶׁר פָּקְדוּ אֶת בְּנֵי יִשְׂרָאֵל בְּמִדְבַּר סִינָי. כִּי אָמַר ה׳ לָהֶם מוֹת יָמֻתוּ בַּמִּדְבָּר וְלֹא נוֹתַר מֵהֶם אִישׁ כִּי אִם כָּלֵב בֶּן יְפֻנֶּה וִיהוֹשֻׁעַ בִּן נוּן״ (סד-סה).

מעבר למטרה המשותפת של שתי הספירות כהכנה לקראת המלחמות, המטרה העיקרית של הספירה השנייה היא לשם חלוקת הארץ, כעולה מציווי ה׳ בסוף רשימת המפקד, לחלק את הארץ לנספרים במפקד: ״לָאֵלֶּה תֵּחָלֵק הָאָרֶץ בְּנַחֲלָה בְּמִסְפַּר שֵׁמוֹת״ (נג). בפרקים א׳-ד׳, הודגש מבנה המחנה, סדר החנייה של השבטים וסדר המסעות, שהיה רלוונטי לפני המסע לקראת הכניסה לארץ והמלחמה עליה שהיו אמורים להתרחש חודשים מספר לאחר מכן. יש להניח שגם נושא חלוקת הארץ עלה שם, אך נדחה בספר בגלל ההתפתחויות הבלתי צפויות, ולא היה טעם להשאיר זאת בהקשר המניין הראשון, והדבר נדחה למניין השני. לעומת זאת עניין החנייה והמסעות לא רלוונטי במניין השני מאחר שהעם סיים את המסע ועומד קרוב לירדן בטרם יעבור אותו.

בהתאם למטרת הספירה ליצור חלוקה נכונה של הארץ, הנתונים ברשימה זו שונים מהרשימה של הספירה הראשונה. רשימה זו כוללת פירוט של משפחות כל השבטים, והמניין של האנשים בכל שבט. נתונים אלה נצרכים לשם חלוקת שטח הארץ לכל שבט לפי משפחותיו. יש להניח שהמספר הכולל של כל שבט היה חשוב בספירה זו לשם חלוקה צודקת של הארץ על פי גודל השבטים (נד). אם כן רישום המשפחות בספירה זו לעומת העדר רישום המשפחות בספירה שבפרקים א׳-ד׳, נובע מכך שאחת המטרות של הספירה כאן היא חלוקת הארץ לעם, ולשם החלוקה היה צריך לדעת גם את החלוקה הפנימית של השבטים למשפחות. מסיבה זו בסמוך לספירה של העם, יש גם ספירה של הלוויים, אבל רק לאחר הצו של ה׳ לחלק את הארץ לשנים עשר השבטים שנמנו. הספירה של הלוויים אינה לשם עבודתם במשכן כמו בפרק ג׳-ד׳, אלא לשם חלוקת ערי הלוויים להם כפי שיפורט בפרק ל״ה, א-ח.

סדר השבטים בשתי הרשימות הוא דומה חוץ מכך שברשימה הראשונה אפרים קדם למנשה, ואילו ברשימה כאן מנשה קודם לאפרים. הסדר של השבטים הוא סדר המחנות. להלן טבלת השוואה מספרית בין שני המפקדים:

השבט	המפקד בערבות מואב, כ"ו	המפקד במדבר סיני, א'
ראובן	43,730	46,500
שמעון	22,200	59,300
גד	40,500	45,650
יהודה	76,500	74,600
ישכר	64,300	54,400
זבולן	60,500	57,400
מנשה	52,700	32,200
אפרים	32,500	40,500
בנימין	45,600	35,400
דן	64,400	62,700
אשר	53,400	41,500
נפתלי	45,400	53,400
סך הכול	**601,730**	**603,550**

אין שינוי משמעותי במספר הכולל של כל העם בין שני המפקדים. שבט מנשה ברשימה זו בא לפני שבט אפרים, והפוך מן הרשימה בפרק א', אולי משום שבספירה בשנה השנייה אפרים היה גדול ממנשה, ובערבות מואב, שבט מנשה גדול מאפרים (ראב"ע). ואולי הסיבה לכך היא שהרשימה של מנשה כוללת התייחסות לצלופחד שמת בלא בנים, ובנותיו נזכרו בשמותן (לג), כרמז מקדים לתלונת בנות צלופחד, וההחלטה שהן תירשנה (כ"ז, א–יא), ומפאת מרכזיות העניין הוזכר מנשה לפני אפרים. גם במספר של כל שבט ושבט ברוב השבטים אין שינויים משמעותיים בדרך כלל, חוץ משבט שמעון שקטן בהרבה, ושבט מנשה שגדל באופן משמעותי. ייתכן שהקיטון במספר של שבט שמעון נבע מפגיעה רבה בשבט זה במגפה בבעל פעור, בהנחה שעם זמרי בן סלוא ראש שבט שמעון, היו עוד רבים משבט זה (רש"י על יג).

בתוך הרשימה מוזכרים דתן ואבירם שמתו בסיפור קורח ועדתו. אזכור זה מסביר איך קרה שלאליאב שהיו שלושה בנים נותר רק נמואל (ט–י). אגב זה גם מסופר שבני קורח לא מתו, בניגוד למה שניתן היה לחשוב שכל משפחת קורח מתו גם כן (ט"ז, לב). משפחת קורח הפכה למשפחת לוויים חשובה, כעולה ממזמורים רבים הנושאים את השם בני קורח בכותרתם (תהילים מ"ב, מ"ד-מ"ט, פ"ד, פ"ה, פ"ז). הם אף שירתו כשוערים במקדש – דה"א ט', יט.[127]

רשימת המשפחות של השבטים דומה מאוד לרשימת שבעים הבנים של יעקב שירדו למצרים בבראשית מ"ו, ח-כז, אף כי סדר השבטים שונה בשתי הרשימות. בבראשית מ"ו, סדר השבטים הוא על פי סדר האימהות, והסדר בבמדבר כ"ו, הוא על פי סדר החנייה, בדומה למופיע בפרקים א׳-ד׳ (חוץ מהיפוך מנשה ואפרים).[128] העובדה שהגדרת המשפחות כמעט שלא השתנתה מהרשימה בבראשית היא משמעותית. הרשימה של המשפחות בבמדבר כ"ו, נשענת על הרשימה בבראשית מ"ו כפי שעולה מעצם הדמיון של המשפחות בשתי הרשימות, אך בעיקר משום שמשפטים מסוימים שאינם רלוונטיים לבמדבר כ"ו, לקוחים מבראשית מ"ו, ושם הם רלוונטיים. כך למשל המשפטים "בְּנֵי יְהוּדָה עֵר וְאוֹנָן וַיָּמָת עֵר וְאוֹנָן בְּאֶרֶץ כְּנָעַן" (יט), "וְשֵׁם בַּת אָשֵׁר שָׂרַח" (מו), אינם רלוונטיים בעת הכניסה לארץ. נראה אם כן שהרשימה בפרק כ"ו, הכוללת את רשימת המשפחות הנכנסות לארץ, סוגרת מעגל של משפחת יעקב שירדה למצרים. השבעים היורדים עם יעקב יצאו ממצרים, ועתה נכנסים לארץ שנים עשר שבטים, המחולקים לאותן משפחות של היורדים למצרים. עתה נוכל להבין את הניסוח המשונה בכל הפרשה, שמוזכר שם הבן ואז כינוי המשפחה עם סיומת הכינוי (ביו"ד), למשל: "לחנוך משפחת החנֹכי לפלוא משפחת הפלואי". השם חנוך מתייחס לחנוך האיש שירד למצרים, ולו עתה יש משפחה על שמו, משפחת החנוכי, ועל זה הדרך כל הרשימה. כל זה מורה כיצד נסגר המעגל, וכמובטח על ידי ה׳, משפחת יעקב שירדה למצרים חוזרת עתה לארץ בחיל גדול.

צו חלוקת הארץ, כ"ו, נב-נו

לאחר ספירת האנשים באה הוראה של ה׳ לחלק את הארץ למי שנמנה בספירת העם לעיל (נג). ניתנו שתי הוראות ביחס לחלוקה של הארץ בין השבטים: ההוראה הראשונה היא שיש לחלק את הארץ באופן יחסי, לגדול יש לתת נחלה גדולה, ולקטן נחלה קטנה (נד). ההוראה השנייה היא לחלק את הנחלות בגורל (נה-נו). יש מתח מסוים בין שתי ההוראות. ההוראה הראשונה פונה לשיקול אנושי: נתינת שטח גדול לשבט גדול ושטח קטן לשבט קטן. לעומת זאת הגורל הוא מסירת ההחלטה בדבר הנחלות לה׳. החשוב בשתי ההוראות והמשותף להן הוא העיקרון של צדק ושוויון. החלוקה היא יחסית לגודל השבטים, וכל אחד מקבל חלק שווה על פי גודלו ביחס לאחרים. ועם זאת, כל חלוקה של שטח לא יכולה להיות שוויונית לחלוטין, בגלל האופי השונה של הקרקע וטיבם של האזורים השונים, ועל כן באה הוראה שנייה שהחלוקה תיעשה על פי גורל, כך שאין עדיפות מראש לשבט זה או אחר, והגורל יקבע באופן לא מוטה את חלוקת הנחלות בין השבטים.

אף כי עקרונות החלוקה ברורים, וניכר גם עקרון השוויון העומד בתשתיתה, אין די מידע בפסוקים לדעת מה בדיוק הכוונה של הוראות חלוקת הארץ, ולא ייפלא שרבו הפירושים בעניין זה. מחלוקת אחת היא אם הארץ נחלקה לחלקים שווים או באופן יחסי לפי גודל השבט ואופי הקרקע, וכדלקמן. לדעת רש"י הארץ נחלקה לחלקים לא שווים, ולשבטים עם אוכלוסייה גדולה ניתנה נחלה גדולה יותר, ולשבט קטן ניתנה נחלה קטנה

יותר (רש"י לבראשית מ"ח, ו; לבמדבר כ"ו, נד). קשה על רש"י, שהציווי "לרב תרבה... ולמעט תמעיט" מופנה לעם, ולכאורה לא הגורל התאים את הגדלים אלא הכרעה אנושית. לדעת רמב"ן הארץ נחלקה לשנים עשר חלקים שווים, ובתוך כל שבט, נתנו למשפחה גדולה שטח גדול יותר ולמשפחה קטנה שטח קטן יותר (רמב"ן לבראשית מ"ח, ו; לבמדבר כ"ו, נד).* עיון בגבולות של נחלות השבטים כפי שהן עולות מספר יהושע בפרקים י"ד-י"ט, ועל אף הקושי לעיתים קרובות לזהות גבולות של שבטים, מלמד בבירור שהיו פערים משמעותיים בין שטחי נחלות השבטים. בניגוד לרש"י הסבור שהארץ נחלקה בגורל לשנים עשר חלקים בלתי שווים, ועל פי הגורל נקבע בדיוק מה היה שטחו של כל שבט, סבורים ראב"ד ואברבנאל שהגורל ייעד את המיקום לכל שבט, ואז בני האדם דייקו את הגבולות של כל מחוז לפי גודל השבט (ראב"ד בשיטה מקובצת על בבא בתרא קיז ע"ב; אברבנאל לבמדבר כ"ו, נב),[129] ועל פי איכותו של השטח.[130] דעה זו נראית פשוטו של מקרא. לפי זה נתקיימו שני הכללים, הגורל קבע את האזור של כל שבט, ואילו הדיוק של גודל השבט נעשה בהכרעה אנושית על פי הכלל "לרב תרבה נחלתו ולמעט תמעיט נחלתו" יש לתת נחלה קטנה.

מחלוקת נוספת היא אם החלוקה נחלקה על פי היוצאים ממצרים או שהיא נחלקה על פי הבאים לארץ. בכך חלקו ר' יאשיה ור' יונתן, ור' שמעון בן אלעזר בבבא בתרא קיז ע"א - קיט ע"א.

מפקד שבט לוי, כ"ו, נז-סב

שבט לוי נספר בנפרד, ולפי שיטה אחרת של ספירה. הם נספרים מבן חודש ומעלה (סב). כך כזכור גם היה בספירה של הלוויים בשנה השנייה בתחילת הספר (ג', מ). הספירה הנפרדת של לוי, ומיקומה של רשימת המפקד של לוי לאחר הציווי לחלק את הארץ, הם משום שלוי לא קיבל נחלה בארץ (סב). הספירה של לוי היא כנראה למטרה של התנחלותם בארץ, שכן אף שאינם נוחלים נחלה שלמה, הם נוחלים ערים בפיזור בקרב כל השבטים, כפי שיעלה להלן בפרק ל"ה, א-ה. אולי לוי נמנה כאן גם לשם שלמות מפקד העם (רמב"ן על פסוק נז העלה את שני הטעמים). עם זאת מכיוון שהספירה היא מגיל חודש, ברור שמטרת הספירה אינה לשם העבודה במשכן, נושא שלא עולה כאן כלל.

שלוש המשפחות של לוי כאן תואמות את הנאמר במקומות אחרים (בראשית מ"ט, יא; במדבר ג'-ד'). אולם רשימת הבנים של בני לוי אינה תואמת בדיוק את חלוקת משפחות בני לוי בפרק ג', יח-כ. בפרק ג' בני גרשון הם לבני ושמעי, בני קהת הם עמרם, יצהר, חברון

* הגמרא שואלת אם "ארץ ישראל לשבטים איפלוג או דלמא לקרקף גברי איפלוג". ומכריעה שלשבטים נחלקה; ראו בבלי בבא בתרא קכא ע"ב - קכב ע"א. רשב"ם מפרש את השאלה, אם הארץ נחלקה לשנים עשר חלקים שווים, או לקרקף, היינו שהחלוקה הייתה שווה. לפי זה הכרעת הגמרא היא כשיטת רמב"ן. אולם בשיטה מקובצת מסביר את השאלה אחרת. לדעתו השאלה היא אם החלוקה בגורל הייתה רק על החלוקה של השבטים או גם על החלוקה לאנשים. ההכרעה היא שרק החלוקה של השבטים הייתה על פי גורל, וכאמור לשיטתו הדבר נגע רק לחלוקת האזורים, אבל הדיוק של הגבולות נעשה באופן יחסי לפי גודל השבט.

ועוזיאל, ובני מררי הם מחלי ומושי – בסך הכול שמונה משפחות. ברשימה בפרק כ"ו נכללה משפחת הלבני בלבד מתוך גרשון, החברוני היא היחידה מבני קהת, ומשפחות מחלי ומושי נכללו מתוך מררי. עליהן נוספה משפחת הקורחי שאינה מוזכרת כלל בתחילת הספר. כך שמרשימת שמונה המשפחות של לוי בפרק ג׳, כאן נרשמו ארבע בלבד, ועוד נוספה משפחה שלא נרשמה במקומות אחרים – משפחת הקורחי. רמב"ן מסביר שמשפחת הקורחי היא המשפחה היחידה ממשפחת היצהרי ולכן נקראה עתה בשם זה. קשה להסביר מדוע לא נרשמו כל משפחות הלוי. אפשר כי הרשימה כאן אינה שלמה.[131] ייתכן שבינתיים מבנה משפחות לוי השתנה, וכך סבור ראב"ע, שלשמעי לא היו בנים, או שהיו ומתו.

במקום להזכיר את משפחת העמרמי, חזרה התורה לתאר את תולדות עמרם ואת צאצאיו (נח2–סא). רשימה זו חוזרת לקהת בנו של לוי, ומתייחסת רק לעמרם בנו של קהת, ולבני עמרם: אהרן, משה ומרים. אחר כך מצוינים ארבעת בני אהרן, נדב ואביהוא אלעזר ואיתמר, ומותם של השניים הראשונים. רשימה זו היא מוזרה, שכן אין כמותה בכל מפקד בני ישראל בפרק כ"ו. אזכור של עמרם הוא לשם אזכורם של משה ואהרן. אולם מדוע היה צורך לתאר כאן את הגנאלוגיה של משה ואת אהרן ובניו? נראה כי המטרה של האזכור של משה ואהרן קשורה לדרך שבה אישים אלה מוצגים. אין ברשימה זו שום ייחוד ביחס למשה ואהרן, ואזכורם אינו משליך על קבלת הנחלה של הלוויים. ונראה שהכוונה בכך היא להציג את בני עמרם באופן רגיל. משה ואהרן לא ייכנסו עם העם לארץ כנען, וכפי שראינו בפרקים האחרונים, הכוונה היא להראות שהעם יכול להמשיך ללא משה, וכך הם מוצגים באופן רגיל כחלק מרשימות יחס.

השוואה בין התיאור המשפחתי של משה ואהרן כאן לעומת תיאור תולדותם בבמדבר ג׳, א–ד, מוכיחה שאכן הכוונה היא להציג את משה בבמדבר כ"ו ללא הדר וייחוד. כך מוצגים משה ואהרן, ג׳, א–ד:

> וְאֵלֶּה תּוֹלְדֹת אַהֲרֹן וּמֹשֶׁה בְּיוֹם דִּבֶּר ה׳ אֶת מֹשֶׁה בְּהַר סִינָי. וְאֵלֶּה שְׁמוֹת בְּנֵי אַהֲרֹן הַבְּכֹר נָדָב וַאֲבִיהוּא אֶלְעָזָר וְאִיתָמָר. אֵלֶּה שְׁמוֹת בְּנֵי אַהֲרֹן הַכֹּהֲנִים הַמְּשֻׁחִים אֲשֶׁר מִלֵּא יָדָם לְכַהֵן. וַיָּמָת נָדָב וַאֲבִיהוּא לִפְנֵי ה׳ בְּהַקְרִבָם אֵשׁ זָרָה לִפְנֵי ה׳ בְּמִדְבַּר סִינַי וּבָנִים לֹא הָיוּ לָהֶם וַיְכַהֵן אֶלְעָזָר וְאִיתָמָר עַל פְּנֵי אַהֲרֹן אֲבִיהֶם.

ההבדל בין המקורות ברור. בבמדבר ג׳ אבות התולדות הם משה ואהרן. לעומת זאת בבמדבר כ"ו הראשון בתולדות הוא קהת, ואז עמרם, אהרן ומשה רשומים בחוליה אחת בהמשך הרשימה הגנאלוגית. גם בבמדבר ג׳ וגם בבמדבר כ"ו מוזכרים הבנים של אהרן שמתו, נדב ואביהוא, אולם בבמדבר ג׳, נאמר גם שהבנים האחרים כיהנו בחיי אביהם. אין אזכור כזה בבמדבר כ"ו. המטרה באזכור משה ואהרן כאן, היא להציגם כחוליה בשרשרת, וייחודם פחות מודגש לעומת הדגש על חשיבותם בבמדבר ג׳. הכוונה ברשימה בפרק כ"ו היא להראות, שעל אף גדולת משה ואהרן, הם חוליה בשרשרת בלבד.

סיכום המפקד, כ"ו, סג-סה

הסיכום בא להדגיש שגזרת ה' התקיימה, הדור הראשון מת במדבר, ועתה במפקד החדש של העם בתחנה האחרונה לפני הכניסה לארץ לא היה איש מהדור הקודם לבד מכלב ויהושע, בדיוק כפי שגזר ה' בעקבות חטא המרגלים (י"ד, כט-לב).* המבנה הדומה של פסוק סג ופסוק סד מבליט נקודה זו. פסוק סג מדבר על המפקד בשנת הארבעים, ופסוק סד מדבר על המפקד בשנה השנייה:

אֵלֶּה פְּקוּדֵי מֹשֶׁה וְאֶלְעָזָר הַכֹּהֵן
אֲשֶׁר פָּקְדוּ אֶת בְּנֵי יִשְׂרָאֵל בְּעַרְבֹת מוֹאָב עַל יַרְדֵּן יְרֵחוֹ (סג).

וּבְאֵלֶּה לֹא הָיָה אִישׁ מִפְּקוּדֵי מֹשֶׁה וְאַהֲרֹן הַכֹּהֵן
אֲשֶׁר פָּקְדוּ אֶת בְּנֵי יִשְׂרָאֵל בְּמִדְבַּר סִינָי (סד).

הפסוקים מעמידים את שני המפקדים זה מול זה באותה תבנית: המפקד של העם בשנה השנייה במדבר סיני שנעשה במדבר סיני על ידי משה ואהרן (סד), לעומת המפקד בשנת הארבעים בערבות מואב שנעשה על ידי משה ואלעזר (סג). מעבר לשינוי באישים שערכו את המפקד ובמיקומו של המפקד, פסוק סד מדגיש את חילופי הדורות: "וּבְאֵלֶּה לֹא הָיָה אִישׁ מִפְּקוּדֵי מֹשֶׁה וְאַהֲרֹן הַכֹּהֵן". המפקד השני מכשיר את האפשרות להיכנס לארץ, לאחר שלא נותר איש מהדור הקודם, ומאחר שגזרת ה' התקיימה, ניתן להיכנס לארץ.

* בבבלי בבא בתרא קכא ע"ב נאמר שהלוויים לא היו כלולים בעונש של העם בחטא המרגלים; וכן ראב"ע על פסוק סד, ורמב"ן על פסוק סג. רש"י (על פסוק סד) אומר שגם על הנשים לא נגזרה הגזרה.

תלונת בנות צלופחד על ירושת אביהן, כ"ז, א-יא

א וַתִּקְרַבְנָה בְּנוֹת צְלָפְחָד בֶּן חֵפֶר בֶּן גִּלְעָד בֶּן מָכִיר בֶּן מְנַשֶּׁה לְמִשְׁפְּחֹת מְנַשֶּׁה בֶן יוֹסֵף וְאֵלֶּה
ב שְׁמוֹת בְּנֹתָיו מַחְלָה נֹעָה וְחָגְלָה וּמִלְכָּה וְתִרְצָה. וַתַּעֲמֹדְנָה לִפְנֵי מֹשֶׁה וְלִפְנֵי אֶלְעָזָר הַכֹּהֵן
ג וְלִפְנֵי הַנְּשִׂיאִם וְכָל הָעֵדָה פֶּתַח אֹהֶל מוֹעֵד לֵאמֹר. אָבִינוּ מֵת בַּמִּדְבָּר וְהוּא לֹא הָיָה בְּתוֹךְ
ד הָעֵדָה הַנּוֹעָדִים עַל ה׳ בַּעֲדַת קֹרַח כִּי בְחֶטְאוֹ מֵת וּבָנִים לֹא הָיוּ לוֹ. לָמָּה יִגָּרַע שֵׁם אָבִינוּ מִתּוֹךְ
ה מִשְׁפַּחְתּוֹ כִּי אֵין לוֹ בֵּן תְּנָה לָּנוּ אֲחֻזָּה בְּתוֹךְ אֲחֵי אָבִינוּ. וַיַּקְרֵב מֹשֶׁה אֶת מִשְׁפָּטָן לִפְנֵי ה׳.

ו ז וַיֹּאמֶר ה׳ אֶל מֹשֶׁה לֵּאמֹר. כֵּן בְּנוֹת צְלָפְחָד דֹּבְרֹת נָתֹן תִּתֵּן לָהֶם אֲחֻזַּת נַחֲלָה בְּתוֹךְ אֲחֵי
ח אֲבִיהֶם וְהַעֲבַרְתָּ אֶת נַחֲלַת אֲבִיהֶן לָהֶן. וְאֶל בְּנֵי יִשְׂרָאֵל תְּדַבֵּר לֵאמֹר אִישׁ כִּי יָמוּת וּבֵן אֵין
ט י לוֹ וְהַעֲבַרְתֶּם אֶת נַחֲלָתוֹ לְבִתּוֹ. וְאִם אֵין לוֹ בַּת וּנְתַתֶּם אֶת נַחֲלָתוֹ לְאֶחָיו. וְאִם אֵין לוֹ אַחִים
יא וּנְתַתֶּם אֶת נַחֲלָתוֹ לַאֲחֵי אָבִיו. וְאִם אֵין אַחִים לְאָבִיו וּנְתַתֶּם אֶת נַחֲלָתוֹ לִשְׁאֵרוֹ הַקָּרֹב אֵלָיו
מִמִּשְׁפַּחְתּוֹ וְיָרַשׁ אֹתָהּ וְהָיְתָה לִבְנֵי יִשְׂרָאֵל לְחֻקַּת מִשְׁפָּט כַּאֲשֶׁר צִוָּה ה׳ אֶת מֹשֶׁה.

פירוש העניין

סיפור בנות צלופחד הוא המשך של סיפור מניין העם. כאמור, מטרה עיקרית של המניין הייתה חלוקתה של הארץ, ובהקשר זה עולה השאלה מה חוק הירושה של נחלת אדם שמת ללא בנים. לאחר הצו על חלוקת הארץ על פי הנספרים במפקד, ניגשות בנות צלופחד אל משה להביע את קיפוחו של אביהן בירושת הארץ, שכן שלא היו לצלופחד בנים אלא בנות בלבד, ומשום כך הן מבקשות לקבל את נחלת אביהן (ד). ההנחה של הסיפור היא שרק בנים יורשים אך בנות לא. סיפור בנות צלופחד כבר נרמז בסיפור המפקד, ששם נאמר שלצלופחד לא היו בנים כי אם בנות, ופורטו שמותיהן של חמש הבנות (לג). הבסיס לבקשת הבנות הוא שאביהן מת במדבר, לא היו לו בנים, ולא היה שותף במרד של קורח. התלמוד מסיק מכאן כי נשללה הזכות לנחלה בארץ מאלה שהשתתפו במרד קורח (בבא בתרא קיח ע״ב). אולם נראה לפי הפשט כי אין סיבה להניח שדברי בנות צלופחד משקפים דין קיים בנוגע למשתתפי מרד קורח, אלא רק את דעתן (ראב״ע, רמב״ן, רלב״ג). נראה שמי שחטא לא פקעה ממנו זכות נחלה בארץ, ובנות צלופחד אמרו זאת מדעתן, כדי לחזק את עמידתן וזכותן.

משה אינו יודע את התשובה לשאלתן, והוא מעבירה לה׳, וה׳ מצדיק את טענת בנות צלופחד, ומצווה את משה להעביר את נחלת צלופחד לבנותיו (ז). מתוך כך ממשיך ה׳ ומעביר למשה חוקי ירושה במקרה שאין לאדם בנים. במקרה כזה הבת היא ראשונה לרשת (ח). אם אין בנות אז אחי המת יורשים אותו (ט). ואם אין למת אחים, אז יש להעביר את הנחלה לאחי אביו של המת (י). ואם אין לו דודים מצד האב, אז יש להעביר לשאר הקרוב ביותר (יא). בעת חלוקת הארץ בנות צלופחד באות לפני יהושע ואלעזר ובפיהן חוק זה, ובהתאם לכך ניתנת להן נחלה (יהושע י״ז, ג-ד).

סיפור בנות צלופחד הוא בעיקרו השלמה לחוקי חלוקת הנחלות. לאחר שנפסקה הלכה שבנות יורשות במקרה שאין להן אחים, נוצרה בעיה חדשה שאותה מעלים בני יוסף (בבמדבר ל״ו), שנחלה תעבור משבט לשבט, אם בנות יורשות נחלה תינשאנה לבני שבטים אחרים. בשאלה מדוע שני החוקים האלה הקשורים זה בזה הופרדו עסקנו לעיל ונשוב ונעסוק בעיוננו לפרק ל״ו.

יש היבט נוסף לסיפור, והוא נוגע לתפקידו של משה. סיפור זה הוא אחד מחמישה מקרים שבהם משה לא ידע את ההלכה, והוא פנה לה׳, הנותן הכרעה בדין: סיפור המקלל (ויקרא כ״ד, י-כג); סיפור פסח שני (במדבר ט׳, ו-יד); סיפור המקושש עצים בשבת (במדבר ט״ו, לב-לו); בנות צלופחד (במדבר כ״ז, א-יא); ותלונת בני יוסף על החלטה זו (במדבר ל״ו, א-יב). סיפור הבקשה של בנות צלופחד דומה במיוחד לסיפור של תלונת הטמאים שלא עשו את הפסח, ולתלונת בני יוסף בעקבות ההחלטה שבנות צלופחד תירשנה. בשלושת המקרים האלה מדובר בתלונה של אנשים החשים מקופחים בגלל חוק ה׳ שניתן, ולשון תלונתם דומה: ״למה נגרע / יגרע״; ״ומנחלתנו יגרע״ (ט׳, ז; כ״ז, ד; ל״ו, ג). בשלושת המקרים משה אינו יודע את התשובה, ובשלושתם ה׳ נותן חוק המעדכן את החוק הידוע ובכך נפתרת הבעיה (ט׳, ט-יד; כ״ז, ו-יא; ל״ו, ה-יב).

לצד הדמיון בין הסיפורים יש גם הבדלים בעלי משמעות. בסיפור פסח נאמר: "ויקרבו... ויאמרו" (ט', ו-ז), בסיפור בני יוסף נאמר "ויקרבו... וידברו" (ל"ו, א), ולעומת אלה בסיפור בנות צלופחד הצירוף הוא "ותקרבנה... ותעמדנה". הבחירה במילה "ותעמדנה", במקום פועל מתאים יותר כמו דב"ר או אמ"ר, בא להציג את עמידתן האיתנה מול הנוהג של דיני ירושה. ייחודי גם שהן עמדו לפני משה, אלעזר, הנשיאים והעדה. ציון עמידתן מול "פתח אהל מועד", מעיד על האמונה בדרכן גם אל מול ה' (ב). כל זה מעמיד את העוצמה שבה באו בנות צלופחד בבקשתן, ואפיון סיפורן בעמידתן האיתנה מול משה והנהגת העם.

אף כי עמידת הנשים מרשימה, ועשויה ללמד על מקומן של הנשים בחברה, מטרה חשובה מאוד היא להציג את דמותו של משה. בסיפור הפסח משה אינו יודע מה התשובה לשאלת הטמאים, והוא עונה ואומר להם לחכות עד אשר ישמע את דבר ה' (ט', ח). משה עומד כמתווך בין העם לבין ה', שברצותו הוא מקבל מה' תשובות לשאלותיו. לעומת זאת בסיפור בנות צלופחד מקומו של משה הוקטן, ואין הוא עונה לשאלתן כלל, ומיד הוא פונה לה' (ה). נראה כי העמדת דמותן המרשימה של בנות צלופחד, אל מול המעטה בדמותו של משה ביחס לסיפור הפסח היא חלק מהמגמה של התורה בפרקים אלה, להכין את העם לחיים מבלעדי משה לאחר מותו. למרות גדולת משה, קרבתו אל ה', והיכולת שלו לקבל את דבר ה', יכול העם להמשיך ולחיות חיים של קרבה אל ה' גם אחרי לכתו.*

אם כן פרשת בנות צלופחד היא חלק מהותי מפרשת מפקד האנשים אשר יהיו זכאים לנחלה בארץ. בנוסף לכך, כמו בפרשת המפקד, גם בפרשת בנות צלופחד יש כוונה להמעיט בדמותו של משה, כדי להרגיל את העם לחיים ללא מנהיגם הדגול. מעבר לזאת, סיפור בנות צלופחד קשור לסיפור מינוי יהושע במקום משה בסיפור הבא (כ"ז, יב-כג). שני הסיפורים עוסקים במקרים שבהם אדם מת, והשאלה אם יש מי שיורש אותו, ומיהו היורש אותו. צלופחד מת ללא בנים, והשאלה היא מה ייעשה בנחלתו מבחינת דיני ירושה; משה ימות, והשאלה היא מה יקרה לאחר מותו. משה מבקש מה' שימנה מנהיג במקומו, וה' מסכים ואומר שיהושע יבוא במקומו.

* מדרש במדבר רבה (כא, יב) הדגיש את הענווה של משה, שגם כשלא ידע, אמר שיִפנה הדבר לה'.

העברת ההנהגה ממשה ליהושע, כ"ז, יב-כג

יב וַיֹּאמֶר ה׳ אֶל מֹשֶׁה עֲלֵה אֶל הַר הָעֲבָרִים הַזֶּה וּרְאֵה אֶת הָאָרֶץ אֲשֶׁר נָתַתִּי לִבְנֵי יִשְׂרָאֵל.
יג יד וְרָאִיתָה אֹתָהּ וְנֶאֱסַפְתָּ אֶל עַמֶּיךָ גַּם אָתָּה כַּאֲשֶׁר נֶאֱסַף אַהֲרֹן אָחִיךָ. כַּאֲשֶׁר מְרִיתֶם פִּי
בְּמִדְבַּר צִן בִּמְרִיבַת הָעֵדָה לְהַקְדִּישֵׁנִי בַמַּיִם לְעֵינֵיהֶם הֵם מֵי מְרִיבַת קָדֵשׁ מִדְבַּר צִן.

טו טז יז וַיְדַבֵּר מֹשֶׁה אֶל ה׳ לֵאמֹר. יִפְקֹד ה׳ אֱלֹהֵי הָרוּחֹת לְכָל בָּשָׂר אִישׁ עַל הָעֵדָה. אֲשֶׁר יֵצֵא לִפְנֵיהֶם
וַאֲשֶׁר יָבֹא לִפְנֵיהֶם וַאֲשֶׁר יוֹצִיאֵם וַאֲשֶׁר יְבִיאֵם וְלֹא תִהְיֶה עֲדַת ה׳ כַּצֹּאן אֲשֶׁר אֵין לָהֶם רֹעֶה.
יח יט וַיֹּאמֶר ה׳ אֶל מֹשֶׁה קַח לְךָ אֶת יְהוֹשֻׁעַ בִּן נוּן אִישׁ אֲשֶׁר רוּחַ בּוֹ וְסָמַכְתָּ אֶת יָדְךָ עָלָיו. וְהַעֲמַדְתָּ
כ אֹתוֹ לִפְנֵי אֶלְעָזָר הַכֹּהֵן וְלִפְנֵי כָּל הָעֵדָה וְצִוִּיתָה אֹתוֹ לְעֵינֵיהֶם. וְנָתַתָּה מֵהוֹדְךָ עָלָיו לְמַעַן
כא יִשְׁמְעוּ כָּל עֲדַת בְּנֵי יִשְׂרָאֵל. וְלִפְנֵי אֶלְעָזָר הַכֹּהֵן יַעֲמֹד וְשָׁאַל לוֹ בְּמִשְׁפַּט הָאוּרִים לִפְנֵי ה׳ עַל
כב פִּיו יֵצְאוּ וְעַל פִּיו יָבֹאוּ הוּא וְכָל בְּנֵי יִשְׂרָאֵל אִתּוֹ וְכָל הָעֵדָה. וַיַּעַשׂ מֹשֶׁה כַּאֲשֶׁר צִוָּה ה׳ אֹתוֹ
כג וַיִּקַּח אֶת יְהוֹשֻׁעַ וַיַּעֲמִדֵהוּ לִפְנֵי אֶלְעָזָר הַכֹּהֵן וְלִפְנֵי כָּל הָעֵדָה. וַיִּסְמֹךְ אֶת יָדָיו עָלָיו וַיְצַוֵּהוּ
כַּאֲשֶׁר דִּבֶּר ה׳ בְּיַד מֹשֶׁה.

פירוש העניין

ה׳ מצווה את משה לעלות להר העברים, לראות את הארץ ולמות שם (יב-יד). ציווי זה הוא המשך סיפור חטאם של משה ואהרן במי מריבה (כ׳, ז-יג). אהרן כבר עלה אל מותו (כ׳, כג-כט), אך משה היה צריך להנהיג את העם עד להשלמת המסע לגבול ארץ כנען. עתה שמשימה זו הושלמה, והגיע העם לתחנתו האחרונה לפני מעבר הירדן (כ״ב, א), מצטווה משה על מותו. ה׳ מאפשר למשה לראות את הארץ בטרם ימות (יב).

הביצוע של צו ה׳ למשה לעלות להר העברים, לראות את הארץ ואז למות, מתרחש רק בסוף ספר דברים (ל״ד, א-ב). קיים פער זמנים בין הצו לבין הביצוע, ובעיקר יש חומר רב בתורה ביניהם. בספר במדבר כלולות אחר כך בעיקר הוראות שונות הקשורות לארץ, וכל ספר דברים כולל נאומי פרדה של משה מהעם. בגלל המרחק הרב בין הצו לביצוע, חוזר הציווי למשה לעלות להר העברים ולראות את הארץ לפני מותו בדברים ל״ב, מח-נב, כמעט מילה במילה ובהרחבות מסוימות. הצורך לחזור על הציווי בדברים ל״ב, הוא כדי לסמוך זאת לסיפור מותו של משה. אך מדוע הציווי מופיע כאן אם הוא עתיד לחזור במקומו בדברים? מסתבר כי הקטעים החוזרים מתאימים להקשר המיוחד של כל אחד מהם.* ההקשר של הקטע בדברים הוא עליית משה להר שבו ימות (דברים ל״ד, א-ב), ולפני כן באה אפוא הבשורה על מותו. הסיבה להכללת הקטע בבמדבר כ״ז, רחוק כל כך מיישומו, היא עיסוקם של הפרקים בספר מכאן ואילך במותו של משה. לאחר הבשורה שמשה לא יכניס את העם לארץ, מצניע הכתוב במוטיב חוזר את מקומו של משה בהתרחשויות, ובכך מעביר מסר שהעם יכול להתנהל גם ללא הנהגתו. בתוך כך יש צורך לבשר לעם מה תהיה טיבה של ההנהגה לאחר ימי משה. בהתאם לכך לאחר הצו של משה לראות את הארץ ולעלות למות, משה מבקש מה׳ שימנה מנהיג במקומו, וה׳ מצווה אותו למנות את יהושע (טו-כג). לקטע זה אין מקבילה בהמשכו של הקטע המקביל בדברים. אף כי ברור בדברים שיהושע ינהיג במקומו של משה (דברים ל״א, ז-ח, יד), וסמיכת ידיו של משה נזכרת בדברים ל״ד, ט. המינוי של יהושע כאן בא להראות כי אף שההנהגה של משה באה לסיומה, העם ימשיך עתה בהנהגת יהושע. סיפור זה מצטרף לסיפור העברת הכהונה של אהרן לאלעזר בנו בפרק כ׳, כג-כט.

בבקשת משה מה׳ למנות מנהיג במקומו במענהו לצו ה׳ (טז-יז), הוא מכנה את ה׳: ״אֱלֹהֵי הָרוּחֹת לְכָל בָּשָׂר״. כינוי זה מופיע בעוד מקום אחד בלבד – בתגובה לרצונו של ה׳ להכרית את העם בסיפור מרד קורח (ט״ז, כב). משה טוען כלפי ה׳ שֶׁאַל לו להכרית את מי שלא חטא ביחד עם החוטאים, ובהקשר ההוא משמעות ההיגד היא שה׳ הוא אלוהי הרוחות לכל בשר, ומכיר כל איש ואיש, ועל כן יכול להבחין בין מי שחטא למי שלא חטא (ט״ז, כב). בהקשר של בקשת משה למנות מנהיג יש לפרש את דברי משה באופן הבא: מכיוון שה׳ מכיר את בני האדם ואת רוחם, על ה׳ לבחור את האדם המתאים לתפקיד המנהיג.[132] אכן אחר כך

* הסבר מדרשי אחד הוא שלאחר שה׳ נתן למשה את פרשת הנחלות, ואמר לו לתת נחלה לבנות צלופחד, סבר משה שה׳ נתרצה וינחיל לישראל את הארץ, לכן מיד אמר לו ה׳ שהוא לא ייכנס; ראו במדבר רבה כא, יג.

נאמר על יהושע שה' בחר בו: "אִישׁ אֲשֶׁר רוּחַ בּוֹ" (כ"ז, יח). בניגוד לפנייה של משה אל ה' בגוף שני בסיפור קורח, הפנייה של משה אל ה' כאן היא בגוף שלישי: "יפקד ה'". ההסבר לכך נעוץ בתחושת הריחוק של משה מה', בשל חטאו ועונשו שלא ייכנס לארץ.[133]

משה מגדיר את המנהיג שיבוא במקומו בכינוי שלא מופיע במקום אחר: "אִישׁ עַל הָעֵדָה" (טז). אין פלא שמשה מכנה את המנהיג בניסוח כללי ומעורפל, שהרי הוא שימש בתפקידים רבים, ואין כינוי אחד הולם את תפקידו. משה מתאר את התפקיד המבוקש: "אֲשֶׁר יֵצֵא לִפְנֵיהֶם וַאֲשֶׁר יָבֹא לִפְנֵיהֶם וַאֲשֶׁר יוֹצִיאֵם וַאֲשֶׁר יְבִיאֵם" (יז). תיאור זה מורה על תחילתה וסופה של פעילות (דברים כ"ח, ו; זכריה ח', י; תהילים קכ"א, ח), בייחוד פעילות של מנהיג (מל"א ג', ז; דה"א א', י), ובייחוד ביחס להנהגה צבאית (דברים ל"א, ב-ג; יהושע י"ד, יא; שמ"א י"ח, יג, טז; כ"ט, ו; מל"א ג', ז; מל"ב י"ט, ט; דה"א כ"ז, א). יש להסיק מכך שהתחום הצבאי הוא עיקר התפקיד של יורשו המיועד של משה. משה מסיים את דבריו בהצדקת בקשתו: "וְלֹא תִהְיֶה עֲדַת ה' כַּצֹּאן אֲשֶׁר אֵין לָהֶם רֹעֶה" (יז). הדימויים של עם לצאן ושל מנהיג לרועה נפוצים מאוד (מל"א כ"ב, יז; יחזקאל ל"ד, ה; זכריה י"א, ד-יא; י"ג, ז), ומתייחסים לעיתים להנהגת ה' והשגחתו (בראשית מ"ח, טו; מ"ט, כד; ירמיה כ"ג, א-ד; מיכה ז', יד; תהילים כ"ג, א; פ', ב). דימוי זה מתבסס על תלות העדר ברועה, שבלעדיו העדר בסכנה. משה מביע את חששו לגורל העם אם יישאר חלילה ללא מנהיג.

כאן עולה הבעיה העיקרית של הסיפור: מדוע ה' אינו מודיע מיד שיהושע יחליף את משה כמנהיג, ורק לאחר בקשת משה קובע ה' שיהושע יחליף אותו? בעיה זו בולטת לאור העובדה שבסיפור המקביל, שבו מצווה ה' שאהרן יעלה להר אל מותו, הוא מיד מצווה על העברת תפקידו לבנו אלעזר, והצו שם כולל את אופן העברת התפקיד: הפשטת בגדי אהרן והלבשתם את אלעזר.[134] מִבַּקשת משה שה' לא ישאיר את העם ללא רועה, בשל הסכנה הנשקפת לעם במצב זה, ברור כי משה הבין שה' אינו מתכוון למנות לו יורש. הדגש על כך שיוזם המינוי הוא משה מובע במבנה משפט הפתיחה "וַיְדַבֵּר מֹשֶׁה אֶל ה' לֵאמֹר" (טו), מבנה ההפוך למבנה הרווח בתורה. השימוש בתבנית בסדר הפוך מבליט את הפלא בכך שלא ה' הוא שיזם את מינוי המנהיג אלא משה.[135]

לפי המדרש בספרי יוזמת משה מלמדת על אופיו, כמי שדואג לצורכי העם בשעה שבה ניתן היה לצפות שידאג לצרכיו.* משה אכן מתגלה כאן בגדולתו, אך הסבר זה אינו עונה על השאלה מדוע ה' אינו ממנה מנהיג תחת משה מיד, לפני שמשה מספיק להגיב.

נראה כי ההסבר לכך שה' לא ציווה על מנהיג במקום משה בתחילה הוא שכוונתו הראשונית של ה' הייתה, שלאחר הסתלקותו של משה לא יתמנה מנהיג כלל. כאמור, כך מבין משה את ה', כאשר הוא מזהיר: "וְלֹא תִהְיֶה עֲדַת ה' כַּצֹּאן אֲשֶׁר אֵין לָהֶם רֹעֶה" (יז). לפי תפיסה זו משה הוא המנהיג האחד והיחיד של ישראל. אכן לאחר מותו של יהושע לא מתמנה מנהיג תחתיו (יהושע כ"ד, כט-לג), והעדר זה בולט על רקע הדיווח באותו קטע על

* ספרי פיסקא קלח (מהדורת הורוויץ, עמ' 184): "להודיע שבחן של צדיקים שכשם שנפטרים מן העולם מניחים צורך עצמן ועוסקין בצורך ציבור"; וכן רש"י.

מותו וקבורתו של אלעזר הכוהן הגדול בן דורו של יהושע, ומיד נרמז שם שהכהונה עברה לפינחס בנו, אשר בנחלתו נקבר אלעזר (כ"ד, לג). לאחר מות יהושע העם נשאר באמת ללא מנהיג ריכוזי אחד, והמנהיגות עוברת לזקנים המקומיים (יהושע כ"ד, לא). מצב זה היה אמור להתחיל מיד לאחר מות משה אילו היה נכנס משה לארץ, אך תוכנית זו השתבשה משום שמשה נענש ונמנעה ממנו הכניסה לארץ. תפיסה זו משתקפת בסיפורנו, בכך שה' אינו ממנה מלכתחילה מנהיג במקום משה.

איך תוסבר התוכנית המקורית של ה' שלא יתמנה מנהיג במקומו של משה? התפיסה ביסוד העניין היא שהמנהיג הבלעדי של ישראל הוא ה'. ה' ריבון העולם, ומציאות של מנהיג אנושי העומד בראש העם פוגמת בריבונות זו. האידיאל העולה כאן הוא שלא תהיה דמות של אדם המתווכת בין ה' לבין ישראל, וכי ה' הוא המנהיג הישיר של ישראל. הנהגת אדם סותרת אפוא את הנהגת ה'. משה הוא היוצא דופן, מפני שהוא הראשון, ועליו מוטלת המשימה ליצור את הקשר ההתחלתי בין העם לה', לתווך בין ה' לבין ישראל, להיות שליח של ה' להוצאת העם ממצרים, לכרות ברית בין ה' לבין ישראל בסיני, ולהכניס אותם לארץ. אולם אחרי שישלים את משימותיו, לא היה אמור להתמנות במקומו מנהיג, והעם היה אמור לחיות בשלום בארצו תחת הנהגה ישירה של ה', בעוד הזקנים מטפלים בעניינים המקומיים בניהול העם. ואכן כאמור, לאחר מות יהושע לא התמנה מנהיג.

לכן אל ייפלא שאין תואר לתפקידו המנהיגותי של משה במקרא. הוא לא נקרא מלך, נשיא, שר או נגיד. בהתאם לכך גם בבקשתו של משה מה' למנות מנהיג במקומו אין הוא מספק תואר לתפקיד, ובמקום זאת הוא מכנה את המנהיג: "איש על העדה" (טז). תיאור התפקיד הוא פונקציונלי: "אשר יצא לפניהם ואשר יבֹא לפניהם ואשר יוציאם ואשר יביאם". בדבריו נמנע משה מלמסד תפקיד זה, אפילו במתן תואר לתפקיד. בעוד כוונת ה' הראשונה מייצגת את המישור האידיאלי, שלישראל לא אמור להיות מנהיג אנושי שיעמוד בראש העם, דברי משה משקפים את המישור המציאותי, שהעם אינו יכול להתקיים ללא מנהיג אנושי: "וְלֹא תִהְיֶה עֲדַת ה' כַּצֹּאן אֲשֶׁר אֵין לָהֶם רֹעֶה" (יז).

ה' נענה לבקשת משה ואומר לו למנות את יהושע בן נון (יח-כא), ומכנה אותו "אִישׁ אֲשֶׁר רוּחַ בּוֹ" (יח). אפשר כי הכוונה לרוח חוכמה, כמבואר בדברים ל"ד, ט: "וִיהוֹשֻׁעַ בִּן נוּן מָלֵא רוּחַ חָכְמָה כִּי סָמַךְ מֹשֶׁה אֶת יָדָיו עָלָיו". יש שהבינו שמדובר ברוח נבואה (אונקלוס, יונתן, רלב"ג). בישעיה מתוארת הרוח ביחס לחוטר שיצא מגזע ישי: "רוּחַ חָכְמָה וּבִינָה רוּחַ עֵצָה וּגְבוּרָה רוּחַ דַּעַת וְיִרְאַת ה'" (י"א, ב), ואפשר כי מדובר על אומץ, כמו ביהושע ב', יא; ה', א, ואולי הכוונה ליכולת וכישרון מאת ה', כמו אצל יוסף (בראשית מ"א, לח). ראב"ע הבין שהכוונה צנועה יותר – רוח חיים, כמו שיש בכל אדם. והמשמעות היא כמו "וְחָזַקְתָּ וְהָיִיתָ לְאִישׁ" (מל"א ב', ב).

על פי תפיסת המנהיגות שעלתה בסיפור, מתבארים פרטים ייחודיים באופן המינוי של יהושע. ה' מצווה את משה לסמוך את ידו על יהושע, ובפעולה זו מתמנה יהושע לתפקיד – "וִיצַוֵּהוּ" – מינה אותו (כג). מינוי יהושע באמצעות סמיכת ידיים הוא חריג, ואין מקרה אחר

במקרא שבו מנהיג הוסמך לתפקיד בדרך זו. הטקס המוכר ביותר הוא המשיחה בשמן: בטקס זה מינו מלכים (שמ"ב ב', ד-ז; ה', ד; י"ט, י; מל"א א', לד, מה; מל"ב י"א, יב), וכן כוהנים (שמות כ"ט, ז; מ', יג-טו; ויקרא ח', יב, ל).[136] מינוי אהרן ובניו היה באמצעות לבישת בגדי כהונה (שמות כ"ט, ה-ו, ח-ט, כט-ל; מ', יג-יד; ויקרא ח', ז-ט, יג), ואלעזר לבש את בגדי אביו כשהפך לכוהן גדול (כ', כח). הבגדים מסמלים את התפקיד, ולבישת הבגדים מסמלת את הכניסה לתפקיד.[137] מה המשמעות של סמיכת ידיים על יהושע, ומדוע הוסמך בדרך זו? על דרך ההכללה נוכל לומר שבסמיכת ידיים מעביר הסומך דבר מה אל הנסמך.[138] משה העביר מהודו ליהושע (כ), וכן רוח חוכמה (דברים ל"ד, ט). ומעין הדברים בסמיכת ידי אהרן על השעיר המשתלח ביום הכיפורים, שהוא מעביר על ראש השעיר את עוונות ישראל (ויקרא ט"ז, כא), אף אם אין הכוונה שהוא מעביר את העברות ממש בפעולה זו.[139] במקרים אחדים הניסוח ההולם יותר הוא שהסומך מייפה את כוחו של הנסמך, עושה את הנסמך מעין עצמו, הופך אותו לתמורתו. יש שהבינו כך את הסמיכה בקורבנות, שבאמצעותה הבהמה היא תמורתו של המקריב.[140] בסמיכת הלוויים על ידי ישראל הם נעשו מחליפיהם בעבודת הקודש (ח', י).[141] על פי זה אפשר כי משמעותה של סמיכת ידיו של משה על יהושע היא מינויו של יהושע למחליפו של משה, אל מעין משה השני, ושמנהיגותו של יהושע באה מכוחו של משה.*

המינוי המיוחד של יהושע נובע מפשרה בין התפיסה האידיאלית המיוצגת על ידי ה' בקטע, לבין הגישה הפרקטית המיוצגת על ידי משה. התפיסה האידיאלית היא שלא יהיה מנהיג לאחר משה, אך תוכנית זו השתבשה כאשר משה לא נכנס לארץ ולא השלים את תקופת מנהיגותו. הצורך המציאותי במנהיג הצריך מינוי של מנהיג נוסף, אבל המינוי של יהושע אינו אלא לתפקיד ממלא מקומו של משה. ולכן הסמכות של יהושע באה מכוחו של משה, והדבר מתבטא בסמיכת הידיים. מכאן גם נבין את טעם בחירתו של יהושע דווקא. על יהושע נאמר: "וּמְשָׁרְתוֹ יְהוֹשֻׁעַ בִּן נוּן נַעַר לֹא יָמִישׁ מִתּוֹךְ הָאֹהֶל" (שמות ל"ג, יא). יהושע היה מקורב למשה, והיה המועמד הטוב לשמש כהארכה של מנהיגות משה, ולא כמנהיגות חדשה.

כך נבין גם את ההיגד החריג: "וְנָתַתָּה מֵהוֹדְךָ עָלָיו" (כ). משה אינו מעביר את תפקידו למשה אלא הוא מעביר ליהושע מהודו, הוא מאציל מעצמו, מכבודו, ואולי הכוונה מכוחותיו הרוחניים.[142] כדי שלא למסד את תפקיד המנהיג העומד בראש העם, יהושע מתואר לא כנושא תפקיד או תואר. העברת אישיותו של משה ליהושע נותנת ליהושע את תוקף מעמדו בעיני העם. ביהושע יעלה שהעם מצפה שה' יהיה עם יהושע כמו שהיה עם משה (יהושע א', יז).

בהתאם לתפיסה שעלתה, התפקיד העיקרי שלמענו ביקש משה שה' ימנה מנהיג במקומו הוא המצביא ('לצאת ולבוא לפני העם'). מכיוון שמשה לא השלים את כיבוש הארץ, הקושי של התמודדות עם המלחמה הוא זה שעמד לנגד עיני משה, ובעיקר לשם כך מונה יהושע. ואכן התיאור הכמעט בלעדי של יהושע הוא כמי שהוביל את העם בכיבוש הארץ, ועם זקנתו

* ראב"ע ורלב"ג (לפסוק יח) סברו שסמיכת הידיים היא פעולה שמטרתה להראות לישראל שהמנהיגות עוברת ממשה ליהושע. בהתאם אפשר לפרש שמטרת סמיכת הידיים על המקלל בוויקרא כ"ד, יד, היא להעיד שהמקלל אשם; ראו רייט, סמיכת ידיים, עמ' 435.

של יהושע, המערכה העיקרית של כיבוש הארץ הסתיימה, ואין תיאור המשך להנהגתו מעבר לתחום הכיבוש וההתנחלות.

על אף שיהושע הוא ממשיכו של משה ובא מכוחו, נראה כי יש ירידה במעמדו ביחס למעמד הכוהן. ה׳ מצווה להעמיד את יהושע לפני אלעזר הכוהן ולפני כל העדה ואז למנות אותו. ההעמדה שלו לפני כל העדה היא כדי שהם ידעו כי הוא המנהיג הנבחר, יקבלו אותו כמנהיגם ויצייתו לו "לְמַעַן יִשְׁמְעוּ כָּל עֲדַת בְּנֵי יִשְׂרָאֵל" (כ). אולם ההעמדה שלו לפני אלעזר הכוהן היא ככל הנראה משום שיהושע צריך להיעזר באלעזר כדי לקבל את דבר ה׳ באמצעות האורים והתומים: "וְלִפְנֵי אֶלְעָזָר הַכֹּהֵן יַעֲמֹד וְשָׁאַל לוֹ בְּמִשְׁפַּט הָאוּרִים לִפְנֵי ה׳" (כא). אומנם בפסוק כתוב רק "האורים", אבל יש להניח שהכוונה היא לאורים ולתומים. בניגוד למשה שקיבל את דבר ה׳ ישירות מה׳, ולא נזקק לתיווך, יהושע לא יקבל את דבר ה׳ באופן ישיר אלא באמצעות האורים והתומים, ועליהם היה מופקד הכוהן, שנשא אותם על גופו בחושן המשפט (שמות כ״ח, ל). עניין זה עולה בעת חלוקת הארץ, ששם נזכר אלעזר לפני יהושע (יהושע ט״ו, א). נראה שירידת סמכותו של יהושע ביחס למשה, יחד עם העובדה שהוא קיבל את סמכותו מתוקף סמכותו של משה, מהותיות להבנת המינוי של יהושע. מכיוון שהתוכנית המקורית הייתה שלא ימונה מנהיג אחרי משה, הצורך במנהיג הביא לשינוי בתוכנית ולמינוי יהושע, אך כדי שלא תהיה חריגה גדולה מדי מהכוונה המקורית, הוסמך יהושע כממשיכו של משה וכבא כוחו. יחד עם זאת, כדי לשמר את העיקרון שה׳ הוא המנהיג של ישראל, יהושע הורד במעמדו ביחס למשה, והדרך שיקבל את דבר ה׳ מבליטה יותר את הסמכות האלוהית על חשבון גדולה אנושית. יהושע יקבל אפוא את דבר ה׳ באמצעות האורים והתומים, ולא בקשר ישיר מה׳.

פסוקים כב-כג מתארים את הביצוע של צו ה׳ למנות את יהושע. משה סומך את ידיו עליו "ויְצַוֵּהוּ" – היינו מינה אותו. מודגש שיהושע עומד לפני אלעזר ולפני כל העם, כדי שמנהיגותו תהיה מקובלת עליהם, על אלעזר, ועל העם שצריך להישמע לו (כא). בתיאור הביצוע מודגש פעמיים שמשה עשה כמו שה׳ ציווהו: "וַיַּעַשׂ מֹשֶׁה כַּאֲשֶׁר צִוָּה ה׳ אֹתוֹ וַיִּקַּח אֶת יְהוֹשֻׁעַ... וַיְצַוֵּהוּ כַּאֲשֶׁר דִּבֶּר ה׳ בְּיַד מֹשֶׁה" (כב-כג).

הרעיון של העדר מנהיג אנושי יבוא לידי ביטוי בהעדר מנהיג יחיד לאחר מות יהושע, ובצורת ההנהגה של הזקנים. הארכת מנהיגותו של משה באמצעות יהושע תסתיים עם מות יהושע, ואז יתיישם לראשונה הרעיון של עם ללא מנהיג אנושי ריכוזי. רעיון זה יתגלגל שוב בפולמוס סביב שאלת המלוכה ויבוא לידי ביטוי בהתנגדות העקרונית למלוכה כפי שהיא בוטאה היטב על ידי גדעון: "לֹא אֶמְשֹׁל אֲנִי בָּכֶם וְלֹא יִמְשֹׁל בְּנִי בָּכֶם ה׳ יִמְשֹׁל בָּכֶם" (שופטים ח׳, כג). אך בסופו של דבר הצורך המציאותי במנהיג יגבר על האידיאולוגיה, שביטוייה פרושים בסיפור כאן, בסופו של ספר יהושע ובספר שופטים.[143]

גם דרך ההצגה של יהושע בספר יהושע מובנת לאור תפיסת ההנהגה העולה בסיפור מינוי יהושע בבמדבר. יהושע מוצג בספר יהושע בעיקר כבבואה של דמותו של משה, וכמעט שלא ניתן לעמוד על אישיותו הייחודית.[144] כך מתממש הרעיון שהמנהיגות של משה היא חד פעמית, אך התרחבה באופן חד פעמי גם ליהושע.

קורבנות הציבור במעגל השנה, כ״ח, א - ל׳, א

א ב וַיְדַבֵּר ה׳ אֶל מֹשֶׁה לֵּאמֹר. צַו אֶת בְּנֵי יִשְׂרָאֵל וְאָמַרְתָּ אֲלֵהֶם אֶת קָרְבָּנִי לַחְמִי לְאִשַּׁי רֵיחַ נִיחֹחִי
ג תִּשְׁמְרוּ לְהַקְרִיב לִי בְּמוֹעֲדוֹ. וְאָמַרְתָּ לָהֶם זֶה הָאִשֶּׁה אֲשֶׁר תַּקְרִיבוּ לַה׳ כְּבָשִׂים בְּנֵי שָׁנָה תְמִימִם
ד שְׁנַיִם לַיּוֹם עֹלָה תָמִיד. אֶת הַכֶּבֶשׂ אֶחָד תַּעֲשֶׂה בַבֹּקֶר וְאֵת הַכֶּבֶשׂ הַשֵּׁנִי תַּעֲשֶׂה בֵּין הָעַרְבָּיִם.
ה ו וַעֲשִׂירִית הָאֵיפָה סֹלֶת לְמִנְחָה בְּלוּלָה בְּשֶׁמֶן כָּתִית רְבִיעִת הַהִין. עֹלַת תָּמִיד הָעֲשֻׂיָה בְּהַר סִינַי
ז ח לְרֵיחַ נִיחֹחַ אִשֶּׁה לַה׳. וְנִסְכּוֹ רְבִיעִת הַהִין לַכֶּבֶשׂ הָאֶחָד בַּקֹּדֶשׁ הַסֵּךְ נֶסֶךְ שֵׁכָר לַה׳. וְאֵת הַכֶּבֶשׂ
הַשֵּׁנִי תַּעֲשֶׂה בֵּין הָעַרְבָּיִם כְּמִנְחַת הַבֹּקֶר וּכְנִסְכּוֹ תַּעֲשֶׂה אִשֵּׁה רֵיחַ נִיחֹחַ לַה׳.

ט י וּבְיוֹם הַשַּׁבָּת שְׁנֵי כְבָשִׂים בְּנֵי שָׁנָה תְּמִימִם וּשְׁנֵי עֶשְׂרֹנִים סֹלֶת מִנְחָה בְּלוּלָה בַשֶּׁמֶן וְנִסְכּוֹ. עֹלַת
שַׁבַּת בְּשַׁבַּתּוֹ עַל עֹלַת הַתָּמִיד וְנִסְכָּהּ.

יא וּבְרָאשֵׁי חָדְשֵׁיכֶם תַּקְרִיבוּ עֹלָה לַה׳ פָּרִים בְּנֵי בָקָר שְׁנַיִם וְאַיִל אֶחָד כְּבָשִׂים בְּנֵי שָׁנָה שִׁבְעָה
יב תְּמִימִם. וּשְׁלֹשָׁה עֶשְׂרֹנִים סֹלֶת מִנְחָה בְּלוּלָה בַשֶּׁמֶן לַפָּר הָאֶחָד וּשְׁנֵי עֶשְׂרֹנִים סֹלֶת מִנְחָה בְּלוּלָה
יג בַשֶּׁמֶן לָאַיִל הָאֶחָד. וְעִשָּׂרֹן עִשָּׂרוֹן סֹלֶת מִנְחָה בְּלוּלָה בַשֶּׁמֶן לַכֶּבֶשׂ הָאֶחָד עֹלָה רֵיחַ נִיחֹחַ אִשֶּׁה
יד לַה׳. וְנִסְכֵּיהֶם חֲצִי הַהִין יִהְיֶה לַפָּר וּשְׁלִישִׁת הַהִין לָאַיִל וּרְבִיעִת הַהִין לַכֶּבֶשׂ יָיִן זֹאת עֹלַת חֹדֶשׁ
טו בְּחָדְשׁוֹ לְחָדְשֵׁי הַשָּׁנָה. וּשְׂעִיר עִזִּים אֶחָד לְחַטָּאת לַה׳ עַל עֹלַת הַתָּמִיד יֵעָשֶׂה וְנִסְכּוֹ.

טז יז וּבַחֹדֶשׁ הָרִאשׁוֹן בְּאַרְבָּעָה עָשָׂר יוֹם לַחֹדֶשׁ פֶּסַח לַה׳. וּבַחֲמִשָּׁה עָשָׂר יוֹם לַחֹדֶשׁ הַזֶּה חָג שִׁבְעַת
יח יט יָמִים מַצּוֹת יֵאָכֵל. בַּיּוֹם הָרִאשׁוֹן מִקְרָא קֹדֶשׁ כָּל מְלֶאכֶת עֲבֹדָה לֹא תַעֲשׂוּ. וְהִקְרַבְתֶּם אִשֶּׁה עֹלָה
כ לַה׳ פָּרִים בְּנֵי בָקָר שְׁנַיִם וְאַיִל אֶחָד וְשִׁבְעָה כְבָשִׂים בְּנֵי שָׁנָה תְּמִימִם יִהְיוּ לָכֶם. וּמִנְחָתָם סֹלֶת
כא בְּלוּלָה בַשָּׁמֶן שְׁלֹשָׁה עֶשְׂרֹנִים לַפָּר וּשְׁנֵי עֶשְׂרֹנִים לָאַיִל תַּעֲשׂוּ. עִשָּׂרוֹן עִשָּׂרוֹן תַּעֲשֶׂה לַכֶּבֶשׂ הָאֶחָד
כב כג לְשִׁבְעַת הַכְּבָשִׂים. וּשְׂעִיר חַטָּאת אֶחָד לְכַפֵּר עֲלֵיכֶם. מִלְּבַד עֹלַת הַבֹּקֶר אֲשֶׁר לְעֹלַת הַתָּמִיד
כד תַּעֲשׂוּ אֶת אֵלֶּה. כָּאֵלֶּה תַּעֲשׂוּ לַיּוֹם שִׁבְעַת יָמִים לֶחֶם אִשֵּׁה רֵיחַ נִיחֹחַ לַה׳ עַל עוֹלַת הַתָּמִיד יֵעָשֶׂה
כה וְנִסְכּוֹ. וּבַיּוֹם הַשְּׁבִיעִי מִקְרָא קֹדֶשׁ יִהְיֶה לָכֶם כָּל מְלֶאכֶת עֲבֹדָה לֹא תַעֲשׂוּ.

כו וּבְיוֹם הַבִּכּוּרִים בְּהַקְרִיבְכֶם מִנְחָה חֲדָשָׁה לַה׳ בְּשָׁבֻעֹתֵיכֶם מִקְרָא קֹדֶשׁ יִהְיֶה לָכֶם כָּל מְלֶאכֶת
כז עֲבֹדָה לֹא תַעֲשׂוּ. וְהִקְרַבְתֶּם עוֹלָה לְרֵיחַ נִיחֹחַ לַה׳ פָּרִים בְּנֵי בָקָר שְׁנַיִם אַיִל אֶחָד שִׁבְעָה כְבָשִׂים
כח בְּנֵי שָׁנָה. וּמִנְחָתָם סֹלֶת בְּלוּלָה בַשָּׁמֶן שְׁלֹשָׁה עֶשְׂרֹנִים לַפָּר הָאֶחָד שְׁנֵי עֶשְׂרֹנִים לָאַיִל הָאֶחָד.
כט ל לא עִשָּׂרוֹן עִשָּׂרוֹן לַכֶּבֶשׂ הָאֶחָד לְשִׁבְעַת הַכְּבָשִׂים. שְׂעִיר עִזִּים אֶחָד לְכַפֵּר עֲלֵיכֶם. מִלְּבַד עֹלַת
הַתָּמִיד וּמִנְחָתוֹ תַּעֲשׂוּ תְּמִימִם יִהְיוּ לָכֶם וְנִסְכֵּיהֶם.

כט א וּבַחֹדֶשׁ הַשְּׁבִיעִי בְּאֶחָד לַחֹדֶשׁ מִקְרָא קֹדֶשׁ יִהְיֶה לָכֶם כָּל מְלֶאכֶת עֲבֹדָה לֹא תַעֲשׂוּ יוֹם תְּרוּעָה
ב יִהְיֶה לָכֶם. וַעֲשִׂיתֶם עֹלָה לְרֵיחַ נִיחֹחַ לַה׳ פַּר בֶּן בָּקָר אֶחָד אַיִל אֶחָד כְּבָשִׂים בְּנֵי שָׁנָה שִׁבְעָה
ג ד תְּמִימִם. וּמִנְחָתָם סֹלֶת בְּלוּלָה בַשָּׁמֶן שְׁלֹשָׁה עֶשְׂרֹנִים לַפָּר שְׁנֵי עֶשְׂרֹנִים לָאָיִל. וְעִשָּׂרוֹן אֶחָד

ה ו לַכֶּבֶשׂ הָאֶחָד לְשִׁבְעַת הַכְּבָשִׂים. וּשְׂעִיר עִזִּים אֶחָד חַטָּאת לְכַפֵּר עֲלֵיכֶם. מִלְּבַד עֹלַת הַחֹדֶשׁ
וּמִנְחָתָהּ וְעֹלַת הַתָּמִיד וּמִנְחָתָהּ וְנִסְכֵּיהֶם כְּמִשְׁפָּטָם לְרֵיחַ נִיחֹחַ אִשֶּׁה לַה'.

ז וּבֶעָשׂוֹר לַחֹדֶשׁ הַשְּׁבִיעִי הַזֶּה מִקְרָא קֹדֶשׁ יִהְיֶה לָכֶם וְעִנִּיתֶם אֶת נַפְשֹׁתֵיכֶם כָּל מְלָאכָה לֹא
ח תַעֲשׂוּ. וְהִקְרַבְתֶּם עֹלָה לַה' רֵיחַ נִיחֹחַ פַּר בֶּן בָּקָר אֶחָד אַיִל אֶחָד כְּבָשִׂים בְּנֵי שָׁנָה שִׁבְעָה
ט תְּמִימִם יִהְיוּ לָכֶם. וּמִנְחָתָם סֹלֶת בְּלוּלָה בַשָּׁמֶן שְׁלֹשָׁה עֶשְׂרֹנִים לַפָּר שְׁנֵי עֶשְׂרֹנִים לָאַיִל
יא הָאֶחָד. עִשָּׂרוֹן עִשָּׂרוֹן לַכֶּבֶשׂ הָאֶחָד לְשִׁבְעַת הַכְּבָשִׂים. שְׂעִיר עִזִּים אֶחָד חַטָּאת מִלְּבַד חַטַּאת
הַכִּפֻּרִים וְעֹלַת הַתָּמִיד וּמִנְחָתָהּ וְנִסְכֵּיהֶם.

יב וּבַחֲמִשָּׁה עָשָׂר יוֹם לַחֹדֶשׁ הַשְּׁבִיעִי מִקְרָא קֹדֶשׁ יִהְיֶה לָכֶם כָּל מְלֶאכֶת עֲבֹדָה לֹא תַעֲשׂוּ
יג וְחַגֹּתֶם חַג לַה' שִׁבְעַת יָמִים. וְהִקְרַבְתֶּם עֹלָה אִשֵּׁה רֵיחַ נִיחֹחַ לַה' פָּרִים בְּנֵי בָקָר שְׁלֹשָׁה עָשָׂר
יד אֵילִם שְׁנָיִם כְּבָשִׂים בְּנֵי שָׁנָה אַרְבָּעָה עָשָׂר תְּמִימִם יִהְיוּ. וּמִנְחָתָם סֹלֶת בְּלוּלָה בַשָּׁמֶן שְׁלֹשָׁה
טו עֶשְׂרֹנִים לַפָּר הָאֶחָד לִשְׁלֹשָׁה עָשָׂר פָּרִים שְׁנֵי עֶשְׂרֹנִים לָאַיִל הָאֶחָד לִשְׁנֵי הָאֵילִם. וְעִשָּׂרוֹן
טז עִשָּׂרוֹן לַכֶּבֶשׂ הָאֶחָד לְאַרְבָּעָה עָשָׂר כְּבָשִׂים. וּשְׂעִיר עִזִּים אֶחָד חַטָּאת מִלְּבַד עֹלַת הַתָּמִיד
יז מִנְחָתָהּ וְנִסְכָּהּ. וּבַיּוֹם הַשֵּׁנִי פָּרִים בְּנֵי בָקָר שְׁנֵים עָשָׂר אֵילִם שְׁנָיִם כְּבָשִׂים בְּנֵי שָׁנָה אַרְבָּעָה
יח יט עָשָׂר תְּמִימִם. וּמִנְחָתָם וְנִסְכֵּיהֶם לַפָּרִים לָאֵילִם וְלַכְּבָשִׂים בְּמִסְפָּרָם כַּמִּשְׁפָּט. וּשְׂעִיר עִזִּים
כ אֶחָד חַטָּאת מִלְּבַד עֹלַת הַתָּמִיד וּמִנְחָתָהּ וְנִסְכֵּיהֶם. וּבַיּוֹם הַשְּׁלִישִׁי פָּרִים עַשְׁתֵּי עָשָׂר אֵילִם
כא שְׁנָיִם כְּבָשִׂים בְּנֵי שָׁנָה אַרְבָּעָה עָשָׂר תְּמִימִם. וּמִנְחָתָם וְנִסְכֵּיהֶם לַפָּרִים לָאֵילִם וְלַכְּבָשִׂים
כב כג בְּמִסְפָּרָם כַּמִּשְׁפָּט. וּשְׂעִיר חַטָּאת אֶחָד מִלְּבַד עֹלַת הַתָּמִיד וּמִנְחָתָהּ וְנִסְכָּהּ. וּבַיּוֹם הָרְבִיעִי
כד פָּרִים עֲשָׂרָה אֵילִם שְׁנָיִם כְּבָשִׂים בְּנֵי שָׁנָה אַרְבָּעָה עָשָׂר תְּמִימִם. מִנְחָתָם וְנִסְכֵּיהֶם לַפָּרִים
כה לָאֵילִם וְלַכְּבָשִׂים בְּמִסְפָּרָם כַּמִּשְׁפָּט. וּשְׂעִיר עִזִּים אֶחָד חַטָּאת מִלְּבַד עֹלַת הַתָּמִיד מִנְחָתָהּ
כו וְנִסְכָּהּ. וּבַיּוֹם הַחֲמִישִׁי פָּרִים תִּשְׁעָה אֵילִם שְׁנָיִם כְּבָשִׂים בְּנֵי שָׁנָה אַרְבָּעָה עָשָׂר תְּמִימִם.
כז כח וּמִנְחָתָם וְנִסְכֵּיהֶם לַפָּרִים לָאֵילִם וְלַכְּבָשִׂים בְּמִסְפָּרָם כַּמִּשְׁפָּט. וּשְׂעִיר חַטָּאת אֶחָד מִלְּבַד
כט עֹלַת הַתָּמִיד וּמִנְחָתָהּ וְנִסְכָּהּ. וּבַיּוֹם הַשִּׁשִּׁי פָּרִים שְׁמֹנָה אֵילִם שְׁנָיִם כְּבָשִׂים בְּנֵי שָׁנָה
ל לא אַרְבָּעָה עָשָׂר תְּמִימִם. וּמִנְחָתָם וְנִסְכֵּיהֶם לַפָּרִים לָאֵילִם וְלַכְּבָשִׂים בְּמִסְפָּרָם כַּמִּשְׁפָּט. וּשְׂעִיר
לב חַטָּאת אֶחָד מִלְּבַד עֹלַת הַתָּמִיד מִנְחָתָהּ וּנְסָכֶיהָ. וּבַיּוֹם הַשְּׁבִיעִי פָּרִים שִׁבְעָה אֵילִם שְׁנָיִם
לג כְּבָשִׂים בְּנֵי שָׁנָה אַרְבָּעָה עָשָׂר תְּמִימִם. וּמִנְחָתָם וְנִסְכֵּהֶם לַפָּרִים לָאֵילִם וְלַכְּבָשִׂים בְּמִסְפָּרָם
לד כְּמִשְׁפָּטָם. וּשְׂעִיר חַטָּאת אֶחָד מִלְּבַד עֹלַת הַתָּמִיד מִנְחָתָהּ וְנִסְכָּהּ.

לה לו בַּיּוֹם הַשְּׁמִינִי עֲצֶרֶת תִּהְיֶה לָכֶם כָּל מְלֶאכֶת עֲבֹדָה לֹא תַעֲשׂוּ. וְהִקְרַבְתֶּם עֹלָה אִשֵּׁה רֵיחַ נִיחֹחַ
לז לַה' פַּר אֶחָד אַיִל אֶחָד כְּבָשִׂים בְּנֵי שָׁנָה שִׁבְעָה תְּמִימִם. מִנְחָתָם וְנִסְכֵּיהֶם לַפָּר לָאַיִל וְלַכְּבָשִׂים
לח בְּמִסְפָּרָם כַּמִּשְׁפָּט. וּשְׂעִיר חַטָּאת אֶחָד מִלְּבַד עֹלַת הַתָּמִיד וּמִנְחָתָהּ וְנִסְכָּהּ.

לט אֵלֶּה תַּעֲשׂוּ לַה' בְּמוֹעֲדֵיכֶם לְבַד מִנִּדְרֵיכֶם וְנִדְבֹתֵיכֶם לְעֹלֹתֵיכֶם וּלְמִנְחֹתֵיכֶם וּלְנִסְכֵּיכֶם
ל א וּלְשַׁלְמֵיכֶם. וַיֹּאמֶר מֹשֶׁה אֶל בְּנֵי יִשְׂרָאֵל כְּכֹל אֲשֶׁר צִוָּה ה' אֶת מֹשֶׁה.

פירוש העניין

תוכנה של הפרשה בהשוואה לפרשת המועדות בוויקרא כ״ג

פרשה זו עוסקת בקורבנות השונים של כל מועדי השנה. הפרשה מתחילה בקורבנות התמיד שבכל יום (כ״ח, ב-ח), השבת (כ״ח, ט-י), ראשי חודשים (כ״ח, יא-טו), ואחר כך המועדים: שבעת ימי חג המצות (כ״ח, טז-כה), יום הביכורים (כ״ח, כו-לא), יום התרועה באחד לחודש השביעי (כ״ט, א-ו), יום הכיפורים בעשור בו (כ״ט, ז-יא), החג המתחיל בחמישה עשר לחודש השביעי (כ״ט, יב-טז), כל יום בו משבעת ימי החג, ויום העצרת שביום השמיני (כ״ט, יז-לט).

ניתן לסווג את הקורבנות לשני סוגים: הסוג הראשון הוא קורבנות אישיים, הבאים כנדבה, מתוך רצונו של האדם (ויקרא א׳-ג׳; ו׳, א-טז; ז׳, יא-לח), או קורבנות חובה, שאדם מביא לכפרה על חטאיו או על טומאתו (ויקרא ד׳-ה׳; ו׳, יז - ז׳, א-י; במדבר ט״ו, יט). הסוג השני הוא קורבנות קבועים שהציבור מביא, ובכך עוסקת פרשתנו.

פרשה זו מקבילה לפרשת המועדים בוויקרא כ״ג, ואף פסוקים רבים זהים כמעט מילה במילה: במדבר כ״ח, טז-יט1, כה = ויקרא כ״ג, ה-ח; במדבר כ״ח, כו2 = ויקרא כ״ג, כא; במדבר כ״ט, א = ויקרא כ״ג, כד-כה; במדבר כ״ט, ז-ח = ויקרא כ״ג, כז-כח; במדבר כ״ט, יב, לה-לו = ויקרא כ״ג, לד-לה; במדבר כ״ט, לט2 = ויקרא כ״ג, לח2. עם זאת ההבדל בין שתי הפרשות גדול. ויקרא כ״ג מתרכז במאפיינים של כל אחד מהמועדים, ורק באופן כללי ישנה התייחסות לקורבנות. לעומת זאת בבמדבר כ״ח-כ״ט, המאפיינים הייחודים של כל חג לא רשומים, או כתובים בקצרה בלבד, ואילו פירוט קורבנות כל אחד מהחגים בא באריכות. כך למשל פרשת המועדים בוויקרא כ״ג מתייחסת גם לאירועים הנחגגים מחוץ למקדש. על שמירת השבת ואיסור מלאכה ביום הכיפורים נאמר שנוהגים ״בְּכֹל מֹשְׁבֹתֵיכֶם״ (ג, לא). כמו כן יש התייחסות לכך שהעם קוצר את קציר אדמתו (י), ולהבאת לחם התנופה ״מִמּוֹשְׁבֹתֵיכֶם״ (יז). ישנה התייחסות לקציר הארץ, הכוללת הוראה לכל העם לא ללקוט את הפאה ואת הלקט בעת הקציר ולהשאיר אותם לעניים (כב). וכן נזכרת חובת כל האזרח לשבת בסוכות, והכוונה בכל מקום (מב). לעומת זאת, העיקר כאן בבמדבר כ״ח-כ״ט הוא הקורבנות הקרבים בזמנים השונים של השנה. על כן יש להסיק שפרשתנו אינה פרשת מועדים כמו ויקרא כ״ג, אלא עניינה הוא קורבנות ציבור שמקריבים על המזבח. פרשה זו היא אפוא השלמה לפרשת המועדים בוויקרא כ״ג.

טענה זו מזדקרת ועולה כבר בתחילת הפרשה, הפותחת בקורבנות התמיד שבכל יום (כ״ח, א-ח), קורבנות השבת (כ״ח, ט-י), וקורבנות ראשי חודשים (כ״ח, יא-טו). אין מקבילה לפרשות אלה בפרשת המועדים בוויקרא כ״ג. קורבן התמיד המוזכר כאן מקביל לנאמר בשמות כ״ט, לח-מא. פירוט הקורבנות הייחודיים בכל יום, בשבת ובראשי חודשים, מוכיח שפרשתנו היא פרשת הקורבנות הקבועים בשנה לפי לוח השנה, ולא פרשת מועדים כמו ויקרא כ״ג. טענה זו מתאששת מתוך השוואה בין פסוקי הפתיחה והסיום של שתי הפרשות. פרשת המועדים בוויקרא כ״ג פותחת ״מוֹעֲדֵי ה׳ אֲשֶׁר תִּקְרְאוּ אֹתָם מִקְרָאֵי קֹדֶשׁ אֵלֶּה הֵם

מוֹעֲדָי" (כ"ג, א); ופתיחה נוספת מצויה בפסוק ד שם: "אֵלֶּה מוֹעֲדֵי ה' מִקְרָאֵי קֹדֶשׁ אֲשֶׁר תִּקְרְאוּ אֹתָם בְּמוֹעֲדָם". סיום ראשון של הפרשה מצוי שם בפסוק לז: "אֵלֶּה מוֹעֲדֵי ה' אֲשֶׁר תִּקְרְאוּ אֹתָם מִקְרָאֵי קֹדֶשׁ". ובחתימת הפרשה שם: "וַיְדַבֵּר מֹשֶׁה אֶת מֹעֲדֵי ה' אֶל בְּנֵי יִשְׂרָאֵל" (מד). ארבע פעמים, פעמיים בתחילת הפרשה, ופעמיים בסופה, מודגש בוויקרא כ"ג שזוהי פרשת מועדים. לעומת זאת, הקדמה או סיכום כאלה נעדרים מפרשתנו, שהינה פרשת קורבנות ציבור, ולא פרשת מועדים. אומנם פעם אחת באה המילה מועד בפרשה: "אֵלֶּה תַּעֲשׂוּ לַה' בְּמוֹעֲדֵיכֶם" (כ"ט, לט); וכן גם בפתיחת הפרשה, במסגרת ההוראה שיש לעשות את קורבן התמיד במועדו: "תִּשְׁמְרוּ לְהַקְרִיב לִי בְּמוֹעֲדוֹ" (ב). ויקרא כ"ג מציג את המועדים עצמם, ואילו פרשתנו מציגה את הקורבנות שעל העם לעשות במועדים. לכן אף שחובת שמירת השבת מצויה מספר פעמים, ובכלל זה בוויקרא כ"ג, א-ג, רק בפרשתנו, מכל אזכורי השבת, מדובר על הקורבנות שיש להקריב בשבת, ומכלל זה מובן מדוע בפרשתנו אין גם אזהרה על שמירת שבת. ראש החודש שאינו חג ואינו שבתון אינו מוזכר בשום מקום אחר בתורה, ומוזכר רק כאן, ורק משום הקורבנות שבימים אלה.

לאור זאת יש להבין שפרשת קורבנות הציבור בפרשה זו אינה הכפלה של פרשת המועדים בוויקרא כ"ג, חרף הקשרים והזיקות בין הפרשות. אדרבה הדמיון בין הפרשות מלמד שפרשת הקורבנות כאן מסתמכת על פרשת המועדות בוויקרא כ"ג. ההבדל בין הפרשות הוא בתכליתן. כך כבר נאמר בספרי דברים פיסקא קכז: "ד"א, שמור את חדש האביב – בשלשה מקומות מזכיר פרשת מועדות, בתורת כהנים מפני סדרן, חומש הפקודים מפני קרבן, במשנה תורה מפני הצבור". מעבר לכך העולה מכאן הוא שהקורבנות שבאים בקביעות על המזבח באים מהציבור. עניין זה עולה בפנייה של משה לעם: "צַו אֶת בְּנֵי יִשְׂרָאֵל וְאָמַרְתָּ אֲלֵהֶם" (כ"ח, ב).* כך נאמר גם בסיכום הפרשה: "וַיֹּאמֶר מֹשֶׁה אֶל בְּנֵי יִשְׂרָאֵל כְּכֹל אֲשֶׁר צִוָּה ה' אֶת מֹשֶׁה" (ל', א). ואף מעשה הקורבן הוא של העם: "וְאָמַרְתָּ לָהֶם זֶה הָאִשֶּׁה אֲשֶׁר תַּקְרִיבוּ לַה'" (כ"ח, ג; וכן בהמשך יא, יט, כג, כד, כו, כז, לא; כ"ט, ב, ח, יג, לט). כך עולה במפורש גם בנחמיה י', לד.

הפרשה בהקשרה

העיסוק המרכזי מפרק כ' עד סופו של הספר הוא בהכנות לכניסה לארץ. מיקומה של פרשת הקורבנות נראה חריג ובלתי קשור להקשר הנוכחי.** מדוע הוכנסה פרשה זו במקומה הנוכחי? התשובה לשאלה הזו תתקבל לאור השוואה בין קורבן התמיד כאן לבין מצוות קורבן התמיד

* ספרי זוטא כח ב (מהדורת הורוויץ, עמ' 322): "צו את בני ישראל: משל ציבור התמידין באין אינן באין לא משל יחידין...". רמב"ם, הלכות כלי המקדש פרק ח הלכה ז.

** לדעת רמב"ן (בתחילת פרק כ"ח) נאמרה פרשה זו כאן לפני הכניסה לארץ, לאחר שה' ציווה על חלוקת הארץ. מילגרום מסביר שההכנה לקראת הכניסה לארץ היא הקושרת את הפרשה הזאת לסביבתה. לדעתו בכניסה לארץ היה צורך לקבוע את הפולחן בכל ימות השנה; ראו מילגרום, עמ' 237. אלא שאת הקשר בין הפולחן לארץ הוא מבסס דווקא על פרשת הקורבנות בוויקרא כ"ג.

בשמות כ"ט, לח-מב. הסיבה העיקרית להכפלה של פרשת התמיד כאן היא הרצון להציג בפרשת הקורבנות תמונה שלמה, שכוללת את כל קורבנות הציבור, ובכלל זה את קורבנות התמיד שבכל יום. אולם השוואה מדוקדקת בין פרשת התמיד בשני המקומות תאפשר לראות טעם נוסף לכך, והוא ישמש מפתח להבנת מיקומה של פרשת הקורבנות בהקשרה בספר במדבר.

פרשת עולת התמיד בשמות כ"ט, לח-מב זהה בכל הפרטים, ובאופן כמעט מילולי, לתיאור קורבן התמיד כאן בבמדבר כ"ח, א-ח. אולם הסיומת של פרשת התמיד בשמות חסרה בבמדבר. פרשת התמיד בשמות מסתיימת בהתגלות ה' (כ"ט, מב-מו):

> עֹלַת תָּמִיד לְדֹרֹתֵיכֶם פֶּתַח אֹהֶל מוֹעֵד לִפְנֵי ה' אֲשֶׁר אִוָּעֵד לָכֶם שָׁמָּה לְדַבֵּר אֵלֶיךָ שָׁם. וְנֹעַדְתִּי שָׁמָּה לִבְנֵי יִשְׂרָאֵל וְנִקְדַּשׁ בִּכְבֹדִי. וְקִדַּשְׁתִּי אֶת אֹהֶל מוֹעֵד וְאֶת הַמִּזְבֵּחַ וְאֶת אַהֲרֹן וְאֶת בָּנָיו אֲקַדֵּשׁ לְכַהֵן לִי. וְשָׁכַנְתִּי בְּתוֹךְ בְּנֵי יִשְׂרָאֵל וְהָיִיתִי לָהֶם לֵאלֹהִים. וְיָדְעוּ כִּי אֲנִי ה' אֱלֹהֵיהֶם אֲשֶׁר הוֹצֵאתִי אֹתָם מֵאֶרֶץ מִצְרַיִם לְשָׁכְנִי בְתוֹכָם אֲנִי ה' אֱלֹהֵיהֶם.

באמצעות התגלות ה' בשכינתו במשכן ידע העם את ה'. התגלות ה' היא כנראה בירידת ענן על אוהל מועד, כמתואר בסוף פרשת המשכן (מ', לד-לח). ובהקשר זה נאמר שה' מדבר עם משה: "אֲשֶׁר אִוָּעֵד לָכֶם שָׁמָּה לְדַבֵּר אֵלֶיךָ שָׁם". פעמיים כתוב שה' נועד עם בני ישראל: "אֲשֶׁר אִוָּעֵד לָכֶם שָׁמָּה"; "וְנֹעַדְתִּי שָׁמָּה לִבְנֵי יִשְׂרָאֵל". אף כי ה' נועד לבני ישראל בעצם התגלותו, נראה שהדיבור הוא אל משה, כנציגו של העם, ובאמצעותו ה' נועד עם העם. השראת השכינה והדיבור אל משה הם פועל יוצא של קורבן התמיד, כפי שעולה מפסוק מב, הקושר בצורה מרשימה את הנושאים זה לזה: "עֹלַת תָּמִיד לְדֹרֹתֵיכֶם פֶּתַח אֹהֶל מוֹעֵד לִפְנֵי ה' אֲשֶׁר אִוָּעֵד לָכֶם שָׁמָּה לְדַבֵּר אֵלֶיךָ שָׁם". הפעילות של ישראל במזבח, בהקרבת קורבן התמיד, היא המאפשרת את ההתגלות. העם מקריב, ובכך עושה פעולה ארצית לה', ובתמורה נגלה ה' לעם באמצעות משה ואהרן. לכן מודגש גם מקומו המרכזי של משה בפרשת קורבן התמיד בשמות. הזיקה בין קורבן התמיד לבין ההתגלות אל משה בשמות באה לידי ביטוי בכך שהצו על הקורבן כתוב בדיבור ישיר של ה' אל משה בגוף שני: "וְזֶה אֲשֶׁר **תַּעֲשֶׂה** עַל הַמִּזְבֵּחַ כְּבָשִׂים בְּנֵי שָׁנָה שְׁנַיִם לַיּוֹם תָּמִיד. אֶת הַכֶּבֶשׂ הָאֶחָד **תַּעֲשֶׂה** בַבֹּקֶר וְאֵת הַכֶּבֶשׂ הַשֵּׁנִי **תַּעֲשֶׂה** בֵּין הָעַרְבָּיִם... וְאֵת הַכֶּבֶשׂ הַשֵּׁנִי **תַּעֲשֶׂה** בֵּין הָעַרְבַּיִם כְּמִנְחַת הַבֹּקֶר וּכְנִסְכָּהּ **תַּעֲשֶׂה** לָּהּ לְרֵיחַ נִיחֹחַ אִשֶּׁה לַה'". חמש פעמים נאמר שמשה צריך לעשות את פעולת קורבן התמיד.

לעומת זאת, בפרשת התמיד בבמדבר כ"ח, ב-ח, אין התייחסות לשכינת ה', או לדיבור של ה' עם משה. מסתבר שהעדר ההקשר של הקורבן לדיבור עם משה והשראת השכינה הוא הסיבה העיקרית להכפלת דין קורבן התמיד כאן. פרשה זו מופיעה מיד לאחר שה' אומר למשה שהוא עומד לקראת מותו, ומיד עולה השאלה מה יקרה לקשר של ה' עם ישראל לאחר מותו של משה, שעד עתה היה באמצעות התוועדות ה' עימו? שאלה זו מתגברת לאור העובדה שיהושע לא יהיה קשור עם ה' כמו משה, ויצטרך לאלעזר כדי לשאול את ה' באמצעות האורים והתומים (כ"ז, כא). במענה לתמיהה זו באה פרשתנו מיד לאחר הדיווח על מותו הקרוב של

משה, ומצווה על המשך הבאת קורבנות התמיד ושאר קורבנות הציבור. על אף היעדרותו של משה על העם להמשיך ולבטא את הקשר עם ה׳ באמצעות קורבנות התמיד, ושאר קורבנות המועדים. על אף שמשה אינו בין החיים, ואין ה׳ נועד עימו באוהל מועד עוד, מכל מקום הקשר של העם עם ה׳ אינו מפסיק, ואדרבה, פרשת הקורבנות מתארת בפרוטרוט את כל קורבנות הקבע שמבטאים את הקשר של העם עם ה׳. למרות הקשר האינטימי שמשה קיים עם ה׳, ובאמצעות זאת קישר בין העם לבין ה׳, מותו משנה את אופן הקשר, שכן כבר לא יהיה אדם שיוכל לקיים קשר כזה עם ה׳. אולם עדיין מצווה ה׳ להמשיך ולהביא את הקורבנות ובכך לקיים אותו הקשר עם ה׳. ואכן בפרשת קורבן התמיד כאן אין מדובר על התגלות או התוועדות של ה׳ לאחר הקורבן.[145]

לפי טענה זו, לא מפתיע שלעומת ההדגשה החוזרת חמש פעמים על עשיית קורבן התמיד על ידי משה בשמות, הרי שבקורבן התמיד בבמדבר, ה׳ מצווה את משה לצוות את בני ישראל לעשות את הקורבן: ״צַו אֶת בְּנֵי יִשְׂרָאֵל וְאָמַרְתָּ אֲלֵהֶם״ (ב), ושוב הדבר מודגש: ״וְאָמַרְתָּ לָהֶם״ (ג). פרשיית קורבן התמיד מופנית בשמות למשה ואילו בבמדבר היא מופנית לבני ישראל. בפרשתנו, הקשר התמידי בין העם לבין ה׳ כבר לא נעשה דרך משה, אלא באופן בלתי אמצעי עם ה׳. כך גם יש להבין את משמעותו של פסוק ב. הרי רק בפסוק ג מצווה ה׳ למשה לצוות את העם על פרטי קורבן התמיד בהוראה שמתחילה במילים ״וְאָמַרְתָּ לָהֶם״. מה אם כן נאמר בפסוק ב? מדוע נצרכה הוראה כללית למשה לצוות את בני ישראל שישמרו להקריב את קורבן התמיד במועדו? התשובה לכך נעוצה בכך שהציווי הראשון על קורבן התמיד בשמות כ״ט נאמר למשה, ואילו עתה עם מותו של משה, ה׳ מצווה שקורבן התמיד יהיה תקף גם לאחר מותו של משה: ״אֶת קָרְבָּנִי לַחְמִי לְאִשַּׁי רֵיחַ נִיחֹחִי תִּשְׁמְרוּ לְהַקְרִיב לִי בְּמוֹעֲדוֹ״ (ג). אם כן ההכפלה של דין קורבן התמיד בבמדבר על הנאמר בשמות, אינה רק העתקה של הדין משום ההקשר השונה, אלא הוא עדכון וחידוש על הנאמר שם.

מתוך כך ניתן להציע שמטרת פרשת הקורבנות במקום זה היא להביע בדיוק את הרעיון העולה מקורבן התמיד כאן: בהעדר משה הקשר עם ה׳ לא נפגע. עתה אנו מבינים מדוע פרשת הקורבנות באה כאן לאחר הציווי של ה׳ אל משה לעלות למותו. הקורבנות ממשיכים לשמש צינור קשר של העם לה׳. ואכן יש להביט על חוקי הקורבנות במעגל השנה כאן הבאים בסמיכות לסיפור מינוי יהושע. כמו במקומות רבים אחרים בספר, באים חוקים לאחר סיפור, וביחד יוצרים משמעות רחבה יותר או מורכבת יותר. במקרה זה נושא הקורבנות בא כאן לאחר הבשורה על מותו של משה, וזאת כדי להציג בפני העם ערוצי תקשורת עם ה׳, שבהם משה לא מעורב.

אכן הפרשה מסתיימת בדיווח על העברת הציווי של ה׳ על המועדים לבני ישראל. ציווי זה עשוי להיראות מיותר, אולם מכיוון שהמטרה היא להדגיש שהקורבנות מאפשרים את הקשר של העם עם ה׳ ללא משה, הרי שישנה חשיבות מיוחדת להדגיש את היות משה מתווך בין ה׳ לבין העם, וזה מודגש בשני פסוקי הסיום של פרשת המועדות, האחד שחוזר ומצווה את העם לעשות ככל הכתוב בפרשה (כ״ט, לט): ״אֵלֶּה תַּעֲשׂוּ לַה׳ בְּמוֹעֲדֵיכֶם לְבַד

מִנִּדְרֵיכֶם וְנִדְבֹתֵיכֶם לְעֹלֹתֵיכֶם וּלְמִנְחֹתֵיכֶם וּלְנִסְכֵּיכֶם וּלְשַׁלְמֵיכֶם". הפסוק מדגיש במעין חריזה, שהנדבות, העולות, המנחות, הנסכים והשלמים, כל אלה של העם, ואותם הם צריכים לעשות לה'. הפסוק מבליט שהקורבנות האלה הם של העם; העם הוא זה שעומד בפני ה'. ושוב חוזר הכתוב באופן מפתיע בפסוק האחרון, ומדווח שמשה העביר את הדברים אל העם כפי שה' ציווהו (ל', א). פסוק חתימה זה חוזר באופן מפתיע על תחילת הפרשה, כ"ח, א-ב:

> <u>וַיְדַבֵּר</u> ה' אֶל מֹשֶׁה לֵּאמֹר. צַו אֶת בְּנֵי יִשְׂרָאֵל <u>וְאָמַרְתָּ</u> אֲלֵהֶם (כ"ח, א-ב).
> <u>וַיֹּאמֶר</u> מֹשֶׁה אֶל בְּנֵי יִשְׂרָאֵל כְּכֹל אֲשֶׁר צִוָּה ה' אֶת מֹשֶׁה (ל', א).

החזרה של הביצוע של משה כמובן מבליטה את משה כמי שמציית לדבר ה'. אבל בהקשר הנוכחי, מעבר למסר ברור זה, פירוט ביצוע הצו נועד להראות שהצו מיועד לעם, שיקיימו את קורבנות המועדות גם ללא משה.

פירוט הקורבנות ודיניהם

הרשימה מסודרת לפי סדר תדירות הקורבנות. ראשית נזכר קורבן התמיד, לאחר מכן קורבנות השבת, ראש חודש, והקורבנות במעגל השנה לפי סדר החודשים החל בחודש הראשון בחג המצות, יום הביכורים, יום התרועה באחד לחודש השביעי, יום הכיפורים בעשור בו, ושבעת ימי החג החל מחמישה עשר לחודש השביעי, וחג עצרת מיד אחר כך.

עם כל קורבן מפורט שיש להביא מנחה, העשויה מסולת מעורבת בשמן, ויין שמנסכים על גבי המזבח. בכל קורבן, כמויות הסולת, השמן והיין משתנות לפי גודל הקורבן, על פי הנאמר בבמדבר ט"ו, ב-טז. על קורבנות ציבור מן הבקר יש להקריב שלושה עשרונים (שלוש עשיריות) של איפת סולת, שהיא בלולה בשמן בכמות של חצי הין, ויין חצי הין. עם קורבן איל יש להביא שני עשרונים סולת בלולה בשמן בכמות של שלישית הין, ושלישית הין יין. עם קורבן מן הצאן יש להביא עשירית איפת סולת בלולה ברביעית הין שמן, ויין רביעית הין.

קורבן התמיד, כ"ח, ב-ח

בכל יום מקריבים שני קורבנות עולת תמיד, הנקראים כך משום שמקריבים אותם בכל יום. קורבנות התמיד הם שניים, כבש אחד בבוקר, וכבש אחד בין הערביים (כ"ח, ב-ח). מודגשת כאן הקביעות של הפעולה, בוקר וערב, בכל יום בשנה. כאמור, פרשייה זו היא הכפלה של הנאמר בשמות כ"ט, לח-מב, ולסיבת הישנות הדברים כאן עמדנו לעיל.

קורבן התמיד מוגדר "לחמי", ודומה ללחם שמקריבים לה' בכל יום. אולם כדי שלא יובן מכך שאכן ה' זקוק ללחם הזה, ושזה לחם יומו, נאמר: "קָרְבָּנִי לַחְמִי לְאִשַּׁי". היינו שלחם זה עולה כליל על המזבח ונשרף באש ("לאשי"), והוא אינו לצורך ממשי של ה'. הקורבן הפיזי

הופך להיות לריח ניחוח "רֵיחַ נִיחֹחִי", ובפעולות אלה ה׳ מתרצה לטובת ישראל (כך למשל בראשית ח׳, טו).

עניין זה עולה גם מהכמות הקטנה של הקורבנות שעולים בכל יום. הכבש הוא בהמה קטנה וזולה, ובכל יום מקריבים בסך הכול שני כבשים. על הכמות הקטנה של הקורבנות בכל יום ניתן לעמוד מתוך השוואה יחסית לקורבנות ראש חודש, שמספרם הוא אחד עשר – שני פרים ששוויים רב, איל אחד, שבעה כבשים, וכן שעיר אחד. ההשוואה למספר הקורבנות בחג הסוכות תבליט זאת עוד יותר. בניגוד למצופה אין מקריבים כמות גדולה של בהמות וגם לא בהמות יקרות. מכאן עולֶה שמה שחשוב הוא עצם הפנייה אל ה׳, ואת זה אפשר לעשות ברב או במעט.

חלקו פרשנים במשמעות ההיגד: "עֹלַת תָּמִיד הָעֲשֻׂיָה בְּהַר סִינַי" (ו). אפשר כי המילה "הָעֲשֻׂיָה", מכוונת לקורבן עולה שהקריבו בהר סיני.[146] ואפשר שמדובר בקורבנות שנעשו בימי המילואים (רש"י). בעת שעלה משה להר סיני וחטאו ישראל בעגל, נאמר שהם הקריבו עולות (ל"ב, ו). קשה להניח שלכך הכוונה, ראשית משום שלא הייתה הזדמנות שמשה היה יכול להורות לעם את דיני הקורבנות, ושנית, משום שקורבנות אלה נעשו בחטא, ולא ייתכן שדין קורבן התמיד מתייחס לכך. האפשרות הסבירה היא שהפנייה כאן היא לחוק קורבן התמיד שמצווה ה׳ את משה במסגרת ההוראות על בניית המשכן והקדשת הכוהנים (שמות כ"ט, לח-מו). לפי פירוש זה צריך להסביר את המילה "העשֻׂיה", באחד משני אופנים: אפשרות אחת, שאף שהדבר לא נכתב, מיד עם השלמת הבנייה של המשכן, התחילו להקריב את קורבן התמיד, והמילה "העשֻׂיה" מתייחסת להקרבת הקורבן מאז. אכן ההקרבה המיוחדת בימי המילואים, הייתה לבד מהקרבת עולת התמיד (כפי שעולה מוויקרא ט׳, יז), ומשמע אפוא שקורבן התמיד כבר הוקרב. וכן נאמר שמשה הקריב עולה ומנחה מיד לאחר שהעמיד את המשכן בשמות מ׳, כט.[147] אפשרות שנייה היא, שהמשמעות של המילה "העשֻׂיה" כאן היא לא על מעשה הקורבן, אלא על ייסוד דין קורבן התמיד.* ההפניה של פרשת התמיד כאן לפרשת התמיד בשמות כ"ט, מבליטה את ההבדל הגדול שבין הפרשות, כפי שעמדנו על כך לעיל בהרחבה.

שבת, כ"ח, ט-י

בכל שבת מקריבים את קורבנות התמיד שבכל יום, ואחר כך** מקריבים בנוסף את קורבנות השבת שהם שני כבשים (כ"ח, ט-י). כך יש להסביר את המינוח: "**על** עולת התמיד", היינו בנוסף לקרבן התמיד. גם מספר הקורבנות בשבת, תוספת של שני כבשים, תואם את מיעוט הקורבנות לה׳ – קדושת היום אינה גוררת תוספת משמעותית של קורבנות.

* זו שיטת רבי אלעזר בבבלי חגיגה ו ע"ב: "דתניא 'עולת תמיד העשויה בהר סיני', ר׳ אלעזר אומר מעשיה נאמרו בסיני והיא עצמה לא קרבה. רבי עקיבא אומר: קרבה ושוב לא פסקה".

** ספרי פיסקא קמד (מהדורת הורוויץ, עמ׳ 192): "על עולת התמיד ונסכה – מגיד שאין מקריבים מוספים אלא בינתיים"; וראו בבלי יומא לג ע"א.

לא נזכר כאן איסור מלאכה בשבת, אלא רק מה קרב בשבת. גם עובדה זו מלמדת על האופי של הפרשה, שהיא פרשת קורבנות במהלך השנה, ולא פרשת מועדים.

ראש חודש, כ"ח, יא-טו

לעומת קורבנות התמיד שבכל יום, והתוספת הלא גדולה של קורבנות בשבת, בראש חודש יש תוספת משמעותית. בראשי חודשים מקריבים את קורבנות התמיד הקבועים, ועל זה מוסיפים קורבנות לפי הפירוט הבא:

פרים	אילים	כבשים	שעיר עיזים לחטאת
2	1	7	1

תוספת הקורבנות בראש חודש גדולה בהשוואה לשבת, אף שקדושת ראש חודש פחותה משל שבת. כמות קורבנות ראש חודש וסוגם דומים למה שקרב בשאר החגים: ראשית יש קורבנות של פרים, שאלה קורבנות יקרים מאוד, איל, שבעה כבשים, ושעיר עיזים לחטאת. כדי להבין את התוספת הגדולה הזו יש להבין את משמעותו של ראש החודש במקרא. ראש חודש כלל לא נזכר בפרשת המועדים בוויקרא כ"ג, וגם לא בפרשות המועדים האחרות בשמות ובדברים, ואילו כאן, כמו ביחס לשבת, ישנה התייחסות רק לקורבנות הקרבים, ולא למהותו של היום. ראש חודש נזכר במקורות מעטים מכדי להסיק מסקנות נחרצות. הקביעה בבמדבר י', י, שיש לתקוע בחצוצרות במועדים ובראשי החודשים כדי להיזכר לפני ה', מורה על ממד של תחנונים ובקשה מה' בראש חודש. ניתן להניח שהדבר קשור בירח המתחדש, שסימן פוטנציאל של חידוש ושפע. ראש החודש היה יום של שמחה וסעודה (שמ"א כ', ה, כד, כז; מל"א ד', כג; ישעיה א', יג; עמוס ח', ה, העולה מכאן שגם היה איסור מסחר ביום זה), ולעיתים קרובות החודש מוזכר יחד עם השבת (מל"ב ד', כג; ישעיה א', יג; הושע ב', יג; עמוס ח', ד; ועוד). בראש חודש מקריבים גם שעיר לחטאת. אף שכאן הדבר לא כתוב, תכליתו היא לכפר, וכפי שנזכר ביחס לקורבן חטאת במועדים אחרים: "ושעיר חטאת אחד לכפר עליכם" (כ"ח, כב, ל; כ"ט, א).[148] קורבן החטאת כאן עניינו חיטוי המזבח, והוא מתאים ביותר בעת ההתחדשות של החודש.

חג המצות, כ"ח, טז-כה

לפני הפירוט של קורבנות חג המצות (יז-כה), בא אזכור של הפסח ביום ארבעה עשר בחודש הראשון (טז). קורבן הפסח עצמו אינו מוזכר משום שאינו קורבן ציבור, ואזכור הפסח כאן נובע מהזיקה בין הפסח לבין חג המצות. הקורבנות של חג המצות, אשר מתחיל בחמישה עשר לחודש הראשון, שווים לקורבנות ראש חודש. מקריבים קורבנות אלה בשבעת ימי החג,

ובכל יום מקריבים אותם קורבנות, ובכלל זה ביום הראשון וביום השביעי שהם ימי מקרא קודש, ואסורים במלאכת עבודה (כ״ח, יז, כה).

לא נאמר שזה חג שבעת ימים, כמו שנאמר בסוכות, אלא שיש לאכול מצות במשך שבעה ימים (יז). דיוק זה גם עולה בוויקרא כ״ג, ו. מכאן שרק היום הראשון נקרא חג, בשונה מחג הסוכות ששבעת הימים שלו נקראים חג (כ״ט, יב; ויקרא כ״ג, לט).[149] מסקנה זו גם עולה מדברים ט״ז, ז, שבבוקר לאחר הפסח העולים לרגל שבים למקומם. עם זאת בעזרא ו׳, כב, נאמר שהחג הוא שבעת ימים.

יום הביכורים, כ״ח, כו-לא

הקורבנות של יום הביכורים שווים לקורבנות חג המצות, וכמובן גם במקרה זה מדובר בתוספת לקורבנות התמיד (כ״ח, כו-לא). אין תאריך ליום הביכורים, והסיבה לכך נרמזת כאן בשם הנוסף של החג – ״בְּשָׁבֻעֹתֵיכֶם״. על סמך ויקרא כ״ג, טו-כב, אנו יודעים שיום זה הוא היום החמישים מיום הנפת העומר, ושם מדובר על הקרבת לחם התנופה ביום זה. נאמר כאן שיום הביכורים הוא יום שבו מקריבים את המנחה החדשה, אבל אזכור זה הוא רק כדי להגדיר את היום המדובר על פי הידוע כבר, וכאן הכוונה רק לציין את הקורבנות הקרבים ולא את שאר ענייני החג, הכוללים את הקרבת המנחה החדשה, ואת הספירה של שבעה שבועות מיום הנפת העומר עד יום הביכורים (ויקרא כ״ג, טז; דברים ט״ז, ט-י). השם שבועות אינו מופיע בוויקרא אלא בדברים, ובשמות ל״ד, כ.

קורבנות העוֹלָה של חג המצות ויום הביכורים דומים לשל ראש חודש: שני פרים, איל אחד, ושבעה כבשים. בוויקרא כ״ג, יח נכתב: פר אחד, שני אילים ושבעה כבשים. על פי הספרא הקורבנות בוויקרא הם קורבנות הנלווים להקרבת שתי הלחם, ואילו הקורבנות בבמדבר הם לשם היום.* נראה כי אפשר להצדיק את ההסבר הזה בכך שוויקרא כ״ג אינו מונה את הקורבנות של החגים, אלא רק בשבועות ובהנפת העומר (כ״ג, יב). דבר המוכיח שהקורבנות המנויים בזמנים אלה הם קורבנות לצד הקרבת העומר והקרבת שתי הלחם, כדעת חכמים.

מעניין כי מספר הקורבנות של יום התרועה שהוא ראש השנה וכן של יום הכיפורים הוא פחות מאשר בראש חודש, חג המצות ויום הביכורים. בראש השנה וביום הכיפורים מקריבים פר אחד במקום שניים. הסיבה לכך היא משום שבראש השנה מקריבים גם את קורבנות ראש חודש (כ״ט, ו), ומה שנאמר על ראש השנה הוא תוספת. בדומה לכך גם ביום הכיפורים, הקורבנות המנויים הם רק תוספת על קורבנות היום המנויים בסדר העבודה שבוויקרא ט״ז.

* ספרא אמור יג, ו: ״...אלא אלו קרבו בגלל לחם ואילו קרבו בגלל היום״; ראו עוד בבלי מנחות מד ע״ב – מה ע״א; וכן הופמן, ויקרא כרך ב, עמ׳ קנה-קנז. ראב״ע מזכיר שיטה, שהדבר היה מסור להחלטתו של הכוהן, אם להקריב כמו בוויקרא כ״ג, או במדבר כ״ח. הוא חולק על שיטה זו, ומפרש (בוויקרא כ״ג, יח), שבוויקרא נמסרה ההלכה לשנה הראשונה, ואילו בבמדבר נקבעה ההלכה לדורות. אלא שבסוף דבריו הוא אומר שבבמדבר הוא יפרש האמת, ושם נקט כשיטת חכמים בספרא ובמנחות.

יום התרועה בראש השנה, כ״ט, א-ו

החודש השביעי עמוס במועדים. באחד לחודש יום תרועה (כ״ט, א-ו), בעשור לחודש יום עינוי (ז-יא), ובחמישה עשר לחודש חג במשך שבעה ימים (יב-לד), וביום השמיני עצרת (לה-לח).

האחד לחודש השביעי הוא יום מקרא קודש, ואסורה בו מלאכה (כ״ט, א), והוא מכונה ״יום תרועה״. לא כתוב כאן מה אופיו של יום זה, ובפרשה המקבילה בוויקרא כ״ג, היום מכונה ״זכרון תרועה״. התקיעה בחצוצרות בראשי חודשים היא כדי להיזכר לפני ה׳ (י׳, י), וידיעה זו באה מיד אחרי הציווי לתקוע בחצוצרות לפני היציאה למלחמות כדי להיזכר לפני ה׳ ולהיוושע במלחמה (י׳, ט). האחד לחודש השביעי הוא גם ראש חודש, אבל בהיותו ראש לחודש השביעי הוא גם יום מקרא קודש ויום איסור מלאכה, ותוקפו של היום כיום אשר מריעים בו כדי להיזכר לפני ה׳ ולהיוושע עצום יותר. התקיעה בראשי חודשים ובמועדים גם מובחנת ונבדלת מהתרועה באחד לחודש השביעי. לגבי ראשי חודשים ומועדים נאמר: ״ותקעתם בחצוצרות״, ולעומת זאת ביחס לאחד בחודש השביעי לא באו המילים תקיעה וחצוצרה אלא תרועה בלבד, ״יום תרועה״ (א), ״זכרון תרועה״ (ויקרא כ״ג, כד). ההבחנה של חכמים היא שהתקיעה באחד לחודש היא בשופר ולא בחצוצרה מבוססת על פשטי מקראות (ראו גם תהילים מ״ז; צ״ח).

באחד לחודש השביעי מקריבים (ב):

פרים	אילים	כבשים	שעיר עיזים לחטאת
1	1	7	1

זאת בנוסף לקורבנות העולה של ראש החודש (ו), שהם כזכור שני פרים, איל אחד ושבעה כבשים. עם זאת, הקריבו רק שעיר אחד לחטאת, משום שאין מקריבים בשום זמן יותר מקורבן חטאת אחד (רמב״ן על כ״ט, ו), מלבד יום הכיפורים, כפי שנראה להלן. בכך עולה שראש חודש של החודש השביעי הוא המיוחד שבראשי החודשים. החודש השביעי ביחס לשאר ראשי חודשים מקביל ליחס בין שבת לשאר ימי החול. מלבד קורבנות התמיד מקריבים אפוא בסיכום כולל:

פרים	אילים	כבשים	שעיר עיזים לחטאת
3	2	14	1

יום הכיפורים, כ״ט, ז-יא

העשור לחודש הוא יום מקרא קודש אף הוא, ואסורה בו מלאכה, והוא מתייחד בכך שהוא יום עינוי נפש (ז). יום זה גם נזכר בוויקרא ט״ז, כט; ל״ג, לא. עינוי נפש היינו צום, כעולה מישעיה נ״ח, ג, ה, י; תהילים ל״ה, יג: ״ענתי בצום נפשי״.[150] טיבו של יום זה לא נזכר כאן,

אך הוא עולה בוויקרא ט״ז. שם מפורש שיום זה הוא שבת שבתון (לא), ושהוא יום כפרה על המקדש, המזבח, הכוהנים, ועל כל ישראל מכל חטאותם (לג-לד).

קורבנות העולה של יום הכיפורים דומים לקורבנות הייחודיים של האחד לחודש השביעי (כמובן בלי קורבנות ראש החודש).

פרים	אילים	כבשים	שעיר עיזים לחטאת
1	1	7	1

בכל המועדים הקריבו קורבן חטאת אחד, אולם יום הכיפורים מתייחד בכך שיש יותר מקורבן חטאת אחד. כאן נכתב שמה שנמנה הוא חוץ מאשר חטאת הכיפורים (יא), שלא פורטה כאן, אלא בוויקרא ט״ז ובשמות ל׳, י. בנוסף לשעיר החטאת כאן, שם מדובר על פר לחטאת (יא-כ).

סוכות, כ״ט, יב-לד

החג הבא הוא בחמישה עשר לחודש השביעי, חג בן שבעה ימים. החג אינו מכונה כאן סוכות, כמו שהוא מכונה במקומות אחרים (ויקרא כ״ג, לד; דברים ט״ז, יג). בשמות הוא גם נקרא חג האסיף (שמות כ״ג, טז; ל״ד, כב). לעיתים הוא נקרא חג סתם (במל״א ח׳, כב; י״ב, לב), דבר המעיד שמדובר בחג המשמעותי ביותר, כפי שגם עולה מכמות הקורבנות בחג זה, שהיא גדולה משמעותית משאר המועדים (כ״ט, יב-לד):

	פרים	אילים	כבשים	שעירים לחטאת
ביום הראשון	13	2	14	1
ביום השני	12	2	14	1
ביום השלישי	11	2	14	1
ביום הרביעי	10	2	14	1
ביום החמישי	9	2	14	1
ביום השישי	8	2	14	1
ביום השביעי	7	2	14	1

כבר חכמים תמהו על החריגה בקורבנות חג הסוכות, והסבירו ששבעים הפרים הקרבים על המזבח במשך כל ימי החג, הם כנגד שבעים אומות העולם; ראו בבלי סוכה נה ע״ב.[151] הקושי בפירוש זה הוא שאילו המוקד של העניין היה המספר שבעים, יש להניח שמספר זה היה מצוין ומודגש בכתובים. יתרה מזאת, הסבר זה לא מנמק את הירידה במספר הקורבנות מדי יום; אילו העיקר היה ההגעה למספר שבעים היה אפשר גם להקריב עשרה פרים מדי יום. על פי פשוטו נראה שהעניין קשור להיות סוכות החג האחרון של

השנה, הבא על האסיף שחלף, ועיקרו הודיה לה׳ על כל אשר נתן בשנה החולפת. לצד זה הוא גם עומד בתחילתה של שנה חדשה,[152] בדיוק לפני החורף והגשם הראשון. ריבוי הקורבנות קשור אפוא בכך שחג סוכות מצוי בסוף הקיץ, מסיים את השנה החקלאית, וגם עומד בפתחה של שנה חקלאית חדשה, ובריבוי קורבנות החג יש גם משום תפילה לגשם.* סוכות הוא אפוא חג מעבר בין תקופת סוף השנה החקלאית ותחילת השנה החדשה.** לפי זה אולי נוכל להבין את הירידה במספר קורבנות הפרים שבכל יום. נראה כי אין משמעות למספר הקורבנות המוקרבים ביום הראשון, שלושה עשר, אך יש משמעות למספר הקורבנות המוקרבים ביום האחרון, שבעה. נראה אפוא שתכלית הירידה במספר היא להגיע למספר שבע. העמידה הכרונולוגית בסוף השנה גורמת לכך שהאמצעים הולכים ואוזלים, והחדשים יבשילו רק באביב, על כן היה עניין לסיים את השנה בתחושה של שלמות ולא העדר. לכן היה חשוב לשקף את סיום השנה בירידה במספר הקורבנות בהתאמה לתחושה היורדת לקראת סיומה של השנה החקלאית, אך לסיים במספר שבע, המבטא שלמות ולא העדר.

שמיני עצרת, כ״ט, לה-לח

בשונה מחג המצות שהוא שבעה ימים, ומהם היום הראשון והשביעי הם מקראי קודש, ואסורים במלאכה, הרי שבסוכות, היום הראשון הוא מקרא קודש, אך היום השביעי איננו מקרא קודש. היום השמיני הבא אחריו והקרוי עצרת הוא יום מקרא קודש ואסורה בו מלאכה. יחסו של שמיני עצרת לסוכות הוא אמביוולנטי. מצד אחד קורבנות החג אינם בהמשך הסדר היורד של שבעת הימים, ומוכח מזה שהוא חג נפרד. בעיקר יש לציין שנאמר במפורש שהחג הוא שבעה ימים (כ״ט, יב). מצד שני המקרא קורא לו יום שמיני – והוא שמיני למניין ימי החג. גם בחגיגות של שלמה יש הבחנה בין שבעת ימי חג הסוכות ועצרת ביום השמיני (דה״ב ז׳, ז-ט). נראה אפוא שחג הסוכות הוא בן שבעה ימים, והיום השמיני הוא חג נפרד שנספח לחג הסוכות ונקרא משום כך שמיני.

היום השמיני נקרא עצרת, ומשמעות המילה כנראה יום של כינוס, היאספות (וזו המשמעות במל״ב י׳, כ; ישעיה י׳, יג).*** אפשר להבין את המילה עצרת גם במובן של עצירה, היינו חג מסיים (רמב״ן על ויקרא כ״ג, לו), או חג שעוצרים בו ממלאכה (רש״י, רשב״ם, ראב״ע על ויקרא כ״ג, לו). בשמיני עצרת הקורבנות הם כמו בראש השנה, לפי הפירוט הבא, כמובן לבד מאשר הקרבת עולות התמיד (כ״ט, לה-לח):

* כך במשנה ראש השנה פרק א משנה ג: ״בחג נידונין על המים״. וראו את הסברו של רבי עקיבא על ניסוך המים בחג הסוכות, בספרי פיסקא קנ (מהדורת הורוויץ, עמ׳ 196): ״ר׳ עקיבא אומר נאמר הביאו עומר בפסח שתתברך לכם תבואה שבשדות, ונאמר הביאו ביכורים בעצרת כדי שיתברכו לכם פירות האילן, אף ניסוך המים בחג כדי שיתברכו לכם גשמי שנה״.

** זמנו של חג הסוכות מכונה ״תקופת השנה״ (שמות ל״ד, כב), ביטוי המורה כנראה על מעגל הזמן של השנה, ראו BDB ערך קוף.

*** כך תרגום אונקלוס: ״ביומא תמינאה, כנשתין תהון לכון״.

פרים	איל	כבשים	שעיר חטאת
1	1	7	1

חתימה, כ"ט, לט - ל', א

הסיכום של הפרשה מבליט את מהותה: "אֵלֶּה תַּעֲשׂוּ לַה' בְּמוֹעֲדֵיכֶם" (לט). כל הקורבנות המדוברים בפרשה הם קורבנות שהציבור מביא בכל יום ובמועדים המיוחדים. רשימה זו אינה כוללת את מה שהיחידים מביאים: "לְבַד מִנִּדְרֵיכֶם וְנִדְבֹתֵיכֶם לְעֹלֹתֵיכֶם וּלְמִנְחֹתֵיכֶם וּלְנִסְכֵּיכֶם וּלְשַׁלְמֵיכֶם", שכן קורבנות אלה פורטו בעיקר בוויקרא א'-ז'. הפרשה נחתמת בהודעה שמשה העביר את תוכנה של הפרשה לבני ישראל כפי שה' ציווה אותו. גם פרשת המועדות בוויקרא כ"ג, מד, מסתיימת באותה צורה.

דיני הפרת נדר ושבועה, ל׳, ב-יז

ב ג וַיְדַבֵּר מֹשֶׁה אֶל רָאשֵׁי הַמַּטּוֹת לִבְנֵי יִשְׂרָאֵל לֵאמֹר זֶה הַדָּבָר אֲשֶׁר צִוָּה ה׳. אִישׁ כִּי יִדֹּר נֶדֶר
לַה׳ אוֹ הִשָּׁבַע שְׁבֻעָה לֶאְסֹר אִסָּר עַל נַפְשׁוֹ לֹא יַחֵל דְּבָרוֹ כְּכָל הַיֹּצֵא מִפִּיו יַעֲשֶׂה.

ד ה וְאִשָּׁה כִּי תִדֹּר נֶדֶר לַה׳ וְאָסְרָה אִסָּר בְּבֵית אָבִיהָ בִּנְעֻרֶיהָ. וְשָׁמַע אָבִיהָ אֶת נִדְרָהּ וֶאֱסָרָהּ
אֲשֶׁר אָסְרָה עַל נַפְשָׁהּ וְהֶחֱרִישׁ לָהּ אָבִיהָ וְקָמוּ כָּל נְדָרֶיהָ וְכָל אִסָּר אֲשֶׁר אָסְרָה עַל נַפְשָׁהּ
ו יָקוּם. וְאִם הֵנִיא אָבִיהָ אֹתָהּ בְּיוֹם שָׁמְעוֹ כָּל נְדָרֶיהָ וֶאֱסָרֶיהָ אֲשֶׁר אָסְרָה עַל נַפְשָׁהּ לֹא יָקוּם
וַה׳ יִסְלַח לָהּ כִּי הֵנִיא אָבִיהָ אֹתָהּ.

ז ח וְאִם הָיוֹ תִהְיֶה לְאִישׁ וּנְדָרֶיהָ עָלֶיהָ אוֹ מִבְטָא שְׂפָתֶיהָ אֲשֶׁר אָסְרָה עַל נַפְשָׁהּ. וְשָׁמַע אִישָׁהּ
ט בְּיוֹם שָׁמְעוֹ וְהֶחֱרִישׁ לָהּ וְקָמוּ נְדָרֶיהָ וֶאֱסָרֶהָ אֲשֶׁר אָסְרָה עַל נַפְשָׁהּ יָקֻמוּ. וְאִם בְּיוֹם שְׁמֹעַ
אִישָׁהּ יָנִיא אוֹתָהּ וְהֵפֵר אֶת נִדְרָהּ אֲשֶׁר עָלֶיהָ וְאֵת מִבְטָא שְׂפָתֶיהָ אֲשֶׁר אָסְרָה עַל נַפְשָׁהּ וַה׳
יִסְלַח לָהּ.

י וְנֵדֶר אַלְמָנָה וּגְרוּשָׁה כֹּל אֲשֶׁר אָסְרָה עַל נַפְשָׁהּ יָקוּם עָלֶיהָ.

יא יב וְאִם בֵּית אִישָׁהּ נָדָרָה אוֹ אָסְרָה אִסָּר עַל נַפְשָׁהּ בִּשְׁבֻעָה. וְשָׁמַע אִישָׁהּ וְהֶחֱרִשׁ לָהּ לֹא הֵנִיא
יג אֹתָהּ וְקָמוּ כָּל נְדָרֶיהָ וְכָל אִסָּר אֲשֶׁר אָסְרָה עַל נַפְשָׁהּ יָקוּם. וְאִם הָפֵר יָפֵר אֹתָם אִישָׁהּ בְּיוֹם
שָׁמְעוֹ כָּל מוֹצָא שְׂפָתֶיהָ לִנְדָרֶיהָ וּלְאִסַּר נַפְשָׁהּ לֹא יָקוּם אִישָׁהּ הֲפֵרָם וַה׳ יִסְלַח לָהּ.

יד טו כָּל נֵדֶר וְכָל שְׁבֻעַת אִסָּר לְעַנֹּת נָפֶשׁ אִישָׁהּ יְקִימֶנּוּ וְאִישָׁהּ יְפֵרֶנּוּ. וְאִם הַחֲרֵשׁ יַחֲרִישׁ לָהּ אִישָׁהּ
מִיּוֹם אֶל יוֹם וְהֵקִים אֶת כָּל נְדָרֶיהָ אוֹ אֶת כָּל אֱסָרֶיהָ אֲשֶׁר עָלֶיהָ הֵקִים אֹתָם כִּי הֶחֱרִשׁ לָהּ
טז יז בְּיוֹם שָׁמְעוֹ. וְאִם הָפֵר יָפֵר אֹתָם אַחֲרֵי שָׁמְעוֹ וְנָשָׂא אֶת עֲוֹנָהּ. אֵלֶּה הַחֻקִּים אֲשֶׁר צִוָּה ה׳ אֶת
מֹשֶׁה בֵּין אִישׁ לְאִשְׁתּוֹ בֵּין אָב לְבִתּוֹ בִּנְעֻרֶיהָ בֵּית אָבִיהָ.

הפרשה בהקשרה

מיד לאחר דיני קורבנות הציבור בא נושא הפרת נדרים ושבועות לנשים. אין הגבלה על נדרי גברים, אך לא כן נשים, שבהיותן תחת אביהן או בבית בעליהן אינן לגמרי עצמאיות לנדור ללא הסכמה או לכל הפחות הסכמה שבשתיקה לקיום הנדר.

הפתיחה שבה נאמר שמשה אומר את הדברים לראשי המטות היא חריגה (ב), שכן בדרך כלל, ה׳ פונה למשה או למשה ואהרן להעביר לישראל. נראה שמשה פועל ביוזמתו, ומעביר את הצו לראשי המטות ולא לעם. איך להסביר את החריגה הזו?* השאלה השנייה היא על דבר מיקומה של הפרשה בהקשרה.

נתחיל בשאלת הקשרה של הפרשה. הסבר נפוץ הוא שדין נדרים נסמך לפרשת המועדות המסתיימת באזכור נדרים בפרק כ״ט, לט (רשב״ם ורמב״ן). אכן זמן הבאת הנדרים היה בעיקר במועדים בעת העלייה לרגל. לדעת ראב״ע זמנה של פרשת הנדרים הוא לאחר מלחמת מדיין (ל״א) ולפני סיפור בקשת שני השבטים וחצי השבט להתנחל בעבר הירדן (ל״ב). בסיפור השבטים נאמר שהם פנו למשה ולאלעזר ולנשיאי העדה (ל״ב, ב), ובסוף הפרשה משה מעביר את הסיכום שלו למול השבטים, לאלעזר הכוהן ולראשי אבות המטות (ל״ב, כח). אבות המטות, שהם הנשיאים, מוזכרים גם בפנייה של משה בראש פרשתנו. משה מצווה את השבטים לעמוד בדיבורם ואומר להם: ״וְהַיֹּצֵא מִפִּיכֶם תַּעֲשׂוּ״ (ל״ב, כד), וזאת על סמך הכתוב בפרשתנו ביחס לכל נודר: ״כְּכָל הַיֹּצֵא מִפִּיו יַעֲשֶׂה״ (ל׳, ג).

ספק אם הסברים אלה מספקים תשובה מהותית לשאלה, שכן פרשתנו עוסקת בחובת הבאת נדרים ובחובה של האדם לעשות את היוצא מפיו רק בפסוק הראשון של הפרשה, אך עיקרה באה להגדיר את ההגבלה של תוקף נדרי נשים בהיותן בבית אביהן או בבית בעליהן, לעומת מקרים של גרושות או אלמנות.

מדויקת ביותר הצעתו של ריב״ש הקושרת את פרשת הנדרים למותו של משה והיפרדותו מהעם: ״וידבר משה אל ראשי המטות – לאחר שצוה את יהושע וזרזו והזהירו על ישראל (ראה במדבר כ״ז, כב-כג), דבר גם אל ראשי המטות, להנהיג את ישראל דרך ישר...״. פרשת המועדים נועדה לתת לעם אפשרות של קשר עם ה׳ גם ללא משה, ופרשת נדרים באה לשם מטרה דומה. על פי חוק הנדרים שכאן לכל איש יש סמכות בביתו להפר נדרים של אשתו ושל בתו. לפני מותו מבטא משה ביזור סמכויות. כך גם יש להבין את העובדה שמשה מעביר באופן חריג את הדין הזה לראשי המטות (ב).[153] עם מותו של משה מודגש שגם לראשי המטות יש מעמד בהעברת הדינים לעם. אשר על כן מקומם של ראשי המטות עולה דווקא כאן, לאחר שמשה מתבשר על מותו. מכל מקום הפרשה מסתיימת בהדגשת משה כמתווך אשר מעביר את החוקים מה׳ אל העם: ״אֵלֶּה הַחֻקִּים אֲשֶׁר צִוָּה ה׳ אֶת מֹשֶׁה בֵּין אִישׁ לְאִשְׁתּוֹ בֵּין אָב לְבִתּוֹ בִּנְעֻרֶיהָ בֵּית אָבִיהָ״ (יז).

* רשב״ם מסביר שזו הייתה יוזמה של משה. רמב״ן סבר שהוא אמר את דין הפרת נדרים לראשי המטות דווקא, כדי שלא ינהגו העם קלות ראש בנדרים.

פרטי החוקים

הפרשה נפתחת בקביעה שאם אדם נודר או נשבע אַל לו לחלל את דברו, ועליו לעמוד בהתחייבויותיו (ג). ההבחנה הבסיסית בין נדר לשבועה מתבארת מהנאמר ביחס לנדר שהוא "נדר לה'", וביחס לשבועה נאמר "שְׁבֻעָה לֶאְסֹר אִסָּר עַל נַפְשׁוֹ". נדר נודרים לה', ואילו שבועה היא מה שאדם נשבע לאסור על עצמו דבר מה, או להתחייב לעשות דבר מה (שד"ל על פסוק ג). בדרך כלל נדר הוא התחייבות של אדם להביא קורבן לה', או נדר להביא קורבן לה' בערכו של הנודר (ויקרא כ"ז). גם נזיר הוא סוג של נדר, שבו האדם המתחייב להיות נזיר מקדיש עצמו לה'. כל ההופעות של המילה נדר מתאימות להבחנה זו. כך למשל גם ההתחייבות של ישראל בנדר להחרים את הערים של ערד אם ה' ייתן אותן בידיהם (כ"א, א-ג). לעומת זאת, שבועה יכולה להיות התחייבות בכל תחום, ובדרך כלל אדם אוסר על עצמו משהו בשבועה ("לאסר אסר על נפשו"). חכמים הבינו שיש נדר שהוא נדר של איסר. לדידם ההבדל בין נדר לשבועה הוא ששבועה היא התחייבות של אדם על עצמו, למשל אדם מתחייב שהוא יביא קורבן, ואילו נדר הוא התחייבות של אדם על חפץ מסוים, על מושא הנדר, כגון שבהמה זו תהיה קורבן.

כדאי להבהיר את המהות של נדר לעומת המהות של שבועה. המשותף לשניהם הוא שמה שמוציא אדם בלשון נדר ושבועה מקבל תוקף אלוהי, ומעתה אם לא יקיים את דברו הרי שחטא כנגד ה', ומכאן חומרת העניין וחשיבות הזהירות בכך. אך יש הבדל בין נדר לשבועה, שכן הנודר מקדיש משהו לה', ואז אם הוא אינו עומד בדיבורו, הוא השאיר אצלו מה ששייך לה' ונהג בו חולין, וכאילו גזל מה'. לעומת זאת הנשבע בשם ה', אם הוא חילל את דברו, הוא חילל את שמו של ה', שבו הוא נשבע. הנשבע בשם ה' מזמן את אמיתותו של ה' לתוך דבריו, וכשלא עמד בדיבורו כאילו הכחיש את מציאותו של ה'. אם כן על אף הדמיון בין הנדר לשבועה, מהותם שונה.

מכאן החומרה של הפרת נדר ושבועה. החוק בספר דברים מזהיר לשמור על הנדרים, ואף שאין חיסרון, ואולי אפילו יש יתרון, בהימנעות מלנדור: "כִּי תִדֹּר נֶדֶר לַה' אֱלֹהֶיךָ לֹא תְאַחֵר לְשַׁלְּמוֹ כִּי דָרֹשׁ יִדְרְשֶׁנּוּ ה' אֱלֹהֶיךָ מֵעִמָּךְ וְהָיָה בְךָ חֵטְא. וְכִי תֶחְדַּל לִנְדֹּר לֹא יִהְיֶה בְךָ חֵטְא. מוֹצָא שְׂפָתֶיךָ תִּשְׁמֹר וְעָשִׂיתָ כַּאֲשֶׁר נָדַרְתָּ לַה' אֱלֹהֶיךָ נְדָבָה אֲשֶׁר דִּבַּרְתָּ בְּפִיךָ" (דברים כ"ג, כב-כד). בקוהלת חוזרת האזהרה לשלם את הנדרים, והמלצה מפורשת לא לנדור כלל: "כַּאֲשֶׁר תִּדֹּר נֶדֶר לֵאלֹהִים אַל תְּאַחֵר לְשַׁלְּמוֹ כִּי אֵין חֵפֶץ בַּכְּסִילִים, אֵת אֲשֶׁר תִּדֹּר שַׁלֵּם. טוֹב אֲשֶׁר לֹא תִדֹּר מִשֶּׁתִּדּוֹר וְלֹא תְשַׁלֵּם" (ה', ג-ד).

הדין העיקרי של החובה לקיים את הנדר כתוב בקצרה וכרקע למקרים שבהם ניתן לאב או לבעל להפר נדר הבת או האישה (ג). הדין מניח את האפשרות של אדם לנדור או להישבע,[154] וקובע כאן שברגע שהוא עשה זאת, עליו לקיים את דברו. מצד אחד התורה נתנה אפשרות לכל אדם להישבע ולנדור וכן גם לנשים. מצד שני התורה אפשרה לאב בתנאים מסוימים להפר את נדרי בתו, ולבעל את נדרי אשתו.

הקטע מדבר על ארבעה מקרים:

נערה בבית אביה, אביה יכול להפר את נדריה – פסוקים ד-ו.
נשואה שנדרה בעודה בבית אביה, בעלה יכול להפר את נדריה – פסוקים ז-ט.
אלמנה וגרושה – אי אפשר להפר את נדריה – פסוק י.
נשואה שנדרה בבית בעלה, בעלה יכול להפר את נדריה – פסוקים יא-יג.

במקרה הראשון מדובר בנערה, היינו שהיא אינה קטנה, שכן קטנה אין בה דעת לנדור ולהישבע, אך היא עדיין אינה בוגרת (רש"י), והיא בבית אביה, היינו ברשותו, ולא נישאה (ד-ו). לפי דעת חכמים מדובר בנערה אשר גילה קצוב מגיל שתים עשרה, או אפילו אחת עשרה אם היא יודעת למי נדרה, ועד לפני שתהיה בוגרת בגיל שתים עשרה וחצי. מגיל זה ואילך אביה אינו יכול להפר נדריה.* אם היא בגיל של הפרת נדרים על ידי אביה הוא יכול להפר את נדרי בתו רק ביום ששמע את נדרה. סמכותו של האב מוגבלת ואינה טוטלית. אם לא הפר את נדרה אז היא מחויבת בנדריה. אם הפר את נדריה ביום שומעו, הנדר לא חל, ומודגש "וה' יסלח לה", היינו שאין לה עוון על כך שנדרה ולא קיימה את נדריה.** אפשר לפרש גם שנדר מופר אינו נעקר לגמרי, ועדיין יש בכך משום חילול מה שיצא מפיה, ולכן הדבר דורש סליחה.[155]

המקרה השני עוסק באישה נשואה (ז-ט), כפי שהמקרא פותח: "וְאִם הָיוֹ תִהְיֶה לְאִישׁ". ואולם רק במקרה הרביעי מדובר באישה נשואה הנודרת בבית בעלה: "וְאִם בֵּית אִישָׁהּ נָדָרָה" (יא), ומכאן שהמקרה השני (ז-ט) הוא אחר. הבבלי בנדרים סז ע"א, ובעקבות זאת רש"י, פירשו שמדובר בנערה המאורסה, שעדיין לא נישאה, ושבמקרה זה גם הבעל וגם האב מפירים את נדריה. לעומת זאת רשב"ם מפרש על דרך הפשט, שהפסוק "וְאִם הָיוֹ תִהְיֶה לְאִישׁ וּנְדָרֶיהָ עָלֶיהָ", מדבר באישה שנדרה בעודה בבית אביה, והוא לא הפר את נדריה, וכשנישאה ונכנסה לבית בעלה נדריה שמכבר היו עליה, היינו שהייתה מחויבת באותם נדרים שנדרה בבית אביה. במקרה זה שנדריה ישנים, ואז נכנסה לרשות בעלה, הוא יכול להפר את נדריה (וכן: ראב"ע, ריב"ש ואברבנאל).*** גם במקרה זה יכול הבעל להפר את נדריה ביום ששמע שיש עליה נדרים. אם לא הפר באותו יום נדריה קיימים, אך אם הפר את הנדרים הם מופרים, ואין עליה עוון – "וה' יסלח לה".

המקרה השלישי מדבר באישה אלמנה או גרושה שנדרה, שנדריה קיימים (י). במקרה זה שאין לה בעל היא אינה חוזרת לסמכות אביה, ולכן גם הוא אינו מפר את נדריה.

המקרה הרביעי הוא מקרה של אישה שנודרת או נשבעת בהיותה נשואה (יא-יג). לשיטת חז"ל שהבאנו, שבמקרה השני מדובר בנערה מאורסה, כאן מדובר בנשואה. בדומה לכך, לשיטת

* ספרי פיסקא קנג (מהדורת הורוויץ, עמ' 200); משנה נידה פרק ה משנה ו; רש"י.

** רש"י מסביר שהיא לא יודעת שהנדר מופר, ועברה על הנדר. לפי שיטה זו יוצא שאם יש כוונת עבירה, אפילו שאין עבירה, בכל זאת יש פגם. ספורנו מפרש שה' יסלח לה על עצם הנדר שנדרה ולא היה בכוחה לקיים.

*** חז"ל היו מודעים לפירוש זה, אך דחו אותו; ראו בבלי נדרים סז ע"א.

רשב"ם שמדובר שם בנשואה שנכנסה לנישואין ויש עליה נדרים קודמים, הרי שהמקרה הרביעי עוסק בנשואה שנדרה בהיותה תחת בעלה. ראב"ע ואברבנאל שנקטו כרשב"ם, שהמקרה השני מדבר בנשואה שנכנסה לנישואין בנדרים קודמים, מפרשים שהמקרה הרביעי מדבר באלמנה או גרושה, שנדרה בעודה תחת בעלה, ועכשיו שהיא לא תחתיו, עדיין מה שעשה בעלה בחייו תקף, ואם לא הפר את הנדר היא ממשיכה עתה בנדרה, וכן לאידך גיסא, אם הפר את נדרה, עכשיו שהיא לא תחתיו, עדיין נדריה בטלים. המחשבה הייתה שמא הוא זה שמנע את קיום הנדר, ועתה שהיא אינה תחתיו נדריה חוזרים לתוקפם, והתורה קובעת שלא כן. נראה שהם נדחקו לפירוש זה מכיוון שהמקרה של אישה נשואה הנודרת, שהבעל מפר את נדריה, עולה מהמקרה השני, שבו הבעל מפר נדרי אשתו המוקדמין, וכל שכן את נדריה שנדרה בנישואיה.

פסוקים יד-טו חוזרים על עיקר הדין, שהבעל מפר את הנדרים והשבועות של אשתו רק ביום שומעו, ואם הוא לא מפר את הנדר אז הנדר תקף. במשפט הסיכום נוסף ביטוי שלא נאמר עד עכשיו: "וְכָל שְׁבֻעַת אִסָּר לְעַנֹּת נָפֶשׁ" (יד). פשוטו של מקרא הוא כנראה, ששבועה יש בה פעמים רבות אלמנט של עינוי נפש, כגון צום, והימנעויות שונות מתענוג (ראב"ע: "לענות נפש – אפילו לענות נפש"). חכמים פירשו זאת בכך שלבעל מותר להפר נדרי אשתו רק אם יש בהם עינוי נפש, והוסיפו על כך מקרים של נדרים שיש להם השלכות על התחום שבינו לבינה. אבל מקרים שאין בהם עינוי נפש לאישה, ואז אין זה עלול להיות בניגוד לטובתו של הבעל, אין לבעל סמכות להפר נדרי אשתו.*

בפסוק טז מתחדש הדין שאם בעל הפר את נדר האישה לאחר יום שומעו, ובגלל זה האישה הפרה את הנדר, האחריות היא עליו, והוא נושא את עוון הפרת הנדר (אותו דין מתייחס כנראה גם לגבי אב).[156] לפי רוב הפרשנים הוא הטעה אותה לחשוב שיש בסמכותו להפר את נדרה במקרה זה, ולכן הדבר באחריותו; אולם אם היא יודעת את הדין, האחריות עליה, וכך דעת רמב"ן. אבל ראב"ע (ושד"ל) סבר, שאם הוא אוסר עליה לקיים את הנדר גם לאחר היום שבו שמע, עליה לשמוע בקולו מכיוון שהיא ברשותו, ואת העוון של אי קיום הנדר הוא נושא.

* ספרי פיסקא קנה (מהדורת הורוויץ, עמ' 207); בבלי נדרים עט ע"א; רש"י ורמב"ן. לדעת הספרי גם האב יכול להפר רק נדרים של עינוי נפש ודברים שבינו לבינה, ספרי פיסקא קנה (מהדורת הורוויץ, עמ' 207). וכן מפורש בירושלמי נדרים פרק יא הלכה א, וכן דעת רמב"ן על פסוק יד. אבל הרמב"ם פסק שאב יכול להפר את כל הנדרים של בתו, ראו הלכות נדרים פרק יב הלכה א.

המלחמה במדיין, ל"א, א-נד

א ב ג וַיְדַבֵּר ה' אֶל מֹשֶׁה לֵּאמֹר. נְקֹם נִקְמַת בְּנֵי יִשְׂרָאֵל מֵאֵת הַמִּדְיָנִים אַחַר תֵּאָסֵף אֶל עַמֶּיךָ. וַיְדַבֵּר
מֹשֶׁה אֶל הָעָם לֵאמֹר הֵחָלְצוּ מֵאִתְּכֶם אֲנָשִׁים לַצָּבָא וְיִהְיוּ עַל מִדְיָן לָתֵת נִקְמַת ה' בְּמִדְיָן.
ד ה אֶלֶף לַמַּטֶּה אֶלֶף לַמַּטֶּה לְכֹל מַטּוֹת יִשְׂרָאֵל תִּשְׁלְחוּ לַצָּבָא. וַיִּמָּסְרוּ מֵאַלְפֵי יִשְׂרָאֵל אֶלֶף
ו לַמַּטֶּה שְׁנֵים עָשָׂר אֶלֶף חֲלוּצֵי צָבָא. וַיִּשְׁלַח אֹתָם מֹשֶׁה אֶלֶף לַמַּטֶּה לַצָּבָא אֹתָם וְאֶת פִּינְחָס בֶּן
ז אֶלְעָזָר הַכֹּהֵן לַצָּבָא וּכְלֵי הַקֹּדֶשׁ וַחֲצֹצְרוֹת הַתְּרוּעָה בְּיָדוֹ. וַיִּצְבְּאוּ עַל מִדְיָן כַּאֲשֶׁר צִוָּה ה' אֶת
ח מֹשֶׁה וַיַּהַרְגוּ כָּל זָכָר. וְאֶת מַלְכֵי מִדְיָן הָרְגוּ עַל חַלְלֵיהֶם אֶת אֱוִי וְאֶת רֶקֶם וְאֶת צוּר וְאֶת חוּר
ט וְאֶת רֶבַע חֲמֵשֶׁת מַלְכֵי מִדְיָן וְאֵת בִּלְעָם בֶּן בְּעוֹר הָרְגוּ בֶּחָרֶב. וַיִּשְׁבּוּ בְנֵי יִשְׂרָאֵל אֶת נְשֵׁי מִדְיָן
י וְאֶת טַפָּם וְאֵת כָּל בְּהֶמְתָּם וְאֶת כָּל מִקְנֵהֶם וְאֶת כָּל חֵילָם בָּזָזוּ. וְאֵת כָּל עָרֵיהֶם בְּמוֹשְׁבֹתָם
יא וְאֵת כָּל טִירֹתָם שָׂרְפוּ בָּאֵשׁ. וַיִּקְחוּ אֶת כָּל הַשָּׁלָל וְאֵת כָּל הַמַּלְקוֹחַ בָּאָדָם וּבַבְּהֵמָה.

יב וַיָּבִאוּ אֶל מֹשֶׁה וְאֶל אֶלְעָזָר הַכֹּהֵן וְאֶל עֲדַת בְּנֵי יִשְׂרָאֵל אֶת הַשְּׁבִי וְאֶת הַמַּלְקוֹחַ וְאֶת הַשָּׁלָל
יג אֶל הַמַּחֲנֶה אֶל עַרְבֹת מוֹאָב אֲשֶׁר עַל יַרְדֵּן יְרֵחוֹ. וַיֵּצְאוּ מֹשֶׁה וְאֶלְעָזָר הַכֹּהֵן וְכָל נְשִׂיאֵי הָעֵדָה
יד לִקְרָאתָם אֶל מִחוּץ לַמַּחֲנֶה. וַיִּקְצֹף מֹשֶׁה עַל פְּקוּדֵי הֶחָיִל שָׂרֵי הָאֲלָפִים וְשָׂרֵי הַמֵּאוֹת הַבָּאִים
טו טז מִצְּבָא הַמִּלְחָמָה. וַיֹּאמֶר אֲלֵיהֶם מֹשֶׁה הַחִיִּיתֶם כָּל נְקֵבָה. הֵן הֵנָּה הָיוּ לִבְנֵי יִשְׂרָאֵל בִּדְבַר
יז בִּלְעָם לִמְסָר מַעַל בַּה' עַל דְּבַר פְּעוֹר וַתְּהִי הַמַּגֵּפָה בַּעֲדַת ה'. וְעַתָּה הִרְגוּ כָל זָכָר בַּטָּף וְכָל
יח אִשָּׁה יֹדַעַת אִישׁ לְמִשְׁכַּב זָכָר הֲרֹגוּ. וְכֹל הַטַּף בַּנָּשִׁים אֲשֶׁר לֹא יָדְעוּ מִשְׁכַּב זָכָר הַחֲיוּ לָכֶם.
יט וְאַתֶּם חֲנוּ מִחוּץ לַמַּחֲנֶה שִׁבְעַת יָמִים כֹּל הֹרֵג נֶפֶשׁ וְכֹל נֹגֵעַ בֶּחָלָל תִּתְחַטְּאוּ בַּיּוֹם הַשְּׁלִישִׁי
כ וּבַיּוֹם הַשְּׁבִיעִי אַתֶּם וּשְׁבִיכֶם. וְכָל בֶּגֶד וְכָל כְּלִי עוֹר וְכָל מַעֲשֵׂה עִזִּים וְכָל כְּלִי עֵץ תִּתְחַטָּאוּ.

כא וַיֹּאמֶר אֶלְעָזָר הַכֹּהֵן אֶל אַנְשֵׁי הַצָּבָא הַבָּאִים לַמִּלְחָמָה זֹאת חֻקַּת הַתּוֹרָה אֲשֶׁר צִוָּה ה' אֶת
כב כג מֹשֶׁה. אַךְ אֶת הַזָּהָב וְאֶת הַכָּסֶף אֶת הַנְּחֹשֶׁת אֶת הַבַּרְזֶל אֶת הַבְּדִיל וְאֶת הָעֹפָרֶת. כָּל דָּבָר
אֲשֶׁר יָבֹא בָאֵשׁ תַּעֲבִירוּ בָאֵשׁ וְטָהֵר אַךְ בְּמֵי נִדָּה יִתְחַטָּא וְכֹל אֲשֶׁר לֹא יָבֹא בָּאֵשׁ תַּעֲבִירוּ
כד בַמָּיִם. וְכִבַּסְתֶּם בִּגְדֵיכֶם בַּיּוֹם הַשְּׁבִיעִי וּטְהַרְתֶּם וְאַחַר תָּבֹאוּ אֶל הַמַּחֲנֶה.

כה כו וַיֹּאמֶר ה' אֶל מֹשֶׁה לֵּאמֹר. שָׂא אֵת רֹאשׁ מַלְקוֹחַ הַשְּׁבִי בָּאָדָם וּבַבְּהֵמָה אַתָּה וְאֶלְעָזָר
כז הַכֹּהֵן וְרָאשֵׁי אֲבוֹת הָעֵדָה. וְחָצִיתָ אֶת הַמַּלְקוֹחַ בֵּין תֹּפְשֵׂי הַמִּלְחָמָה הַיֹּצְאִים לַצָּבָא וּבֵין כָּל
כח הָעֵדָה. וַהֲרֵמֹתָ מֶכֶס לַה' מֵאֵת אַנְשֵׁי הַמִּלְחָמָה הַיֹּצְאִים לַצָּבָא אֶחָד נֶפֶשׁ מֵחֲמֵשׁ הַמֵּאוֹת מִן
כט הָאָדָם וּמִן הַבָּקָר וּמִן הַחֲמֹרִים וּמִן הַצֹּאן. מִמַּחֲצִיתָם תִּקָּחוּ וְנָתַתָּה לְאֶלְעָזָר הַכֹּהֵן תְּרוּמַת
ל ה'. וּמִמַּחֲצִת בְּנֵי יִשְׂרָאֵל תִּקַּח אֶחָד אָחֻז מִן הַחֲמִשִּׁים מִן הָאָדָם מִן הַבָּקָר מִן הַחֲמֹרִים וּמִן
לא הַצֹּאן מִכָּל הַבְּהֵמָה וְנָתַתָּה אֹתָם לַלְוִיִּם שֹׁמְרֵי מִשְׁמֶרֶת מִשְׁכַּן ה'. וַיַּעַשׂ מֹשֶׁה וְאֶלְעָזָר הַכֹּהֵן
לב כַּאֲשֶׁר צִוָּה ה' אֶת מֹשֶׁה. וַיְהִי הַמַּלְקוֹחַ יֶתֶר הַבָּז אֲשֶׁר בָּזְזוּ עַם הַצָּבָא צֹאן שֵׁשׁ מֵאוֹת אֶלֶף

לג לד לה וְשִׁבְעִים אֶלֶף וַחֲמֵשֶׁת אֲלָפִים. וּבָקָר שְׁנַיִם וְשִׁבְעִים אָלֶף. וַחֲמֹרִים אֶחָד וְשִׁשִּׁים אָלֶף. וְנֶפֶשׁ
לו אָדָם מִן הַנָּשִׁים אֲשֶׁר לֹא יָדְעוּ מִשְׁכַּב זָכָר כָּל נֶפֶשׁ שְׁנַיִם וּשְׁלֹשִׁים אָלֶף. וַתְּהִי הַמֶּחֱצָה חֵלֶק
הַיֹּצְאִים בַּצָּבָא מִסְפַּר הַצֹּאן שְׁלֹשׁ מֵאוֹת אֶלֶף וּשְׁלֹשִׁים אֶלֶף וְשִׁבְעַת אֲלָפִים וַחֲמֵשׁ מֵאוֹת.
לז לח וַיְהִי הַמֶּכֶס לַה׳ מִן הַצֹּאן שֵׁשׁ מֵאוֹת חָמֵשׁ וְשִׁבְעִים. וְהַבָּקָר שִׁשָּׁה וּשְׁלֹשִׁים אָלֶף וּמִכְסָם לַה׳
לט מ שְׁנַיִם וְשִׁבְעִים. וַחֲמֹרִים שְׁלֹשִׁים אֶלֶף וַחֲמֵשׁ מֵאוֹת וּמִכְסָם לַה׳ אֶחָד וְשִׁשִּׁים. וְנֶפֶשׁ אָדָם שִׁשָּׁה
מא עָשָׂר אָלֶף וּמִכְסָם לַה׳ שְׁנַיִם וּשְׁלֹשִׁים נָפֶשׁ. וַיִּתֵּן מֹשֶׁה אֶת מֶכֶס תְּרוּמַת ה׳ לְאֶלְעָזָר הַכֹּהֵן
מב מג כַּאֲשֶׁר צִוָּה ה׳ אֶת מֹשֶׁה. וּמִמַּחֲצִית בְּנֵי יִשְׂרָאֵל אֲשֶׁר חָצָה מֹשֶׁה מִן הָאֲנָשִׁים הַצֹּבְאִים. וַתְּהִי
מד מֶחֱצַת הָעֵדָה מִן הַצֹּאן שְׁלֹשׁ מֵאוֹת אֶלֶף וּשְׁלֹשִׁים אֶלֶף שִׁבְעַת אֲלָפִים וַחֲמֵשׁ מֵאוֹת. וּבָקָר
מה מו מז שִׁשָּׁה וּשְׁלֹשִׁים אָלֶף. וַחֲמֹרִים שְׁלֹשִׁים אֶלֶף וַחֲמֵשׁ מֵאוֹת. וְנֶפֶשׁ אָדָם שִׁשָּׁה עָשָׂר אָלֶף. וַיִּקַּח
מֹשֶׁה מִמַּחֲצִת בְּנֵי יִשְׂרָאֵל אֶת הָאָחֻז אֶחָד מִן הַחֲמִשִּׁים מִן הָאָדָם וּמִן הַבְּהֵמָה וַיִּתֵּן אֹתָם
לַלְוִיִּם שֹׁמְרֵי מִשְׁמֶרֶת מִשְׁכַּן ה׳ כַּאֲשֶׁר צִוָּה ה׳ אֶת מֹשֶׁה.

מח מט וַיִּקְרְבוּ אֶל מֹשֶׁה הַפְּקֻדִים אֲשֶׁר לְאַלְפֵי הַצָּבָא שָׂרֵי הָאֲלָפִים וְשָׂרֵי הַמֵּאוֹת. וַיֹּאמְרוּ אֶל מֹשֶׁה
נ עֲבָדֶיךָ נָשְׂאוּ אֶת רֹאשׁ אַנְשֵׁי הַמִּלְחָמָה אֲשֶׁר בְּיָדֵנוּ וְלֹא נִפְקַד מִמֶּנּוּ אִישׁ. וַנַּקְרֵב אֶת קָרְבַּן ה׳
נא אִישׁ אֲשֶׁר מָצָא כְלִי זָהָב אֶצְעָדָה וְצָמִיד טַבַּעַת עָגִיל וְכוּמָז לְכַפֵּר עַל נַפְשֹׁתֵינוּ לִפְנֵי ה׳. וַיִּקַּח
נב מֹשֶׁה וְאֶלְעָזָר הַכֹּהֵן אֶת הַזָּהָב מֵאִתָּם כֹּל כְּלִי מַעֲשֶׂה. וַיְהִי כָּל זְהַב הַתְּרוּמָה אֲשֶׁר הֵרִימוּ לַה׳
נג שִׁשָּׁה עָשָׂר אֶלֶף שְׁבַע מֵאוֹת וַחֲמִשִּׁים שָׁקֶל מֵאֵת שָׂרֵי הָאֲלָפִים וּמֵאֵת שָׂרֵי הַמֵּאוֹת. אַנְשֵׁי
נד הַצָּבָא בָּזְזוּ אִישׁ לוֹ. וַיִּקַּח מֹשֶׁה וְאֶלְעָזָר הַכֹּהֵן אֶת הַזָּהָב מֵאֵת שָׂרֵי הָאֲלָפִים וְהַמֵּאוֹת וַיָּבִאוּ
אֹתוֹ אֶל אֹהֶל מוֹעֵד זִכָּרוֹן לִבְנֵי יִשְׂרָאֵל לִפְנֵי ה׳.

הסיפור בהקשרו, חלקיו ותוכנו

הסיפור מתחיל בציווי ה׳ למשה לנקום במדיין (ב). ציווי זה הוא הכפלה של ציווי ה׳ מיד לאחר סיפור בעל פעור לצרור את המדיינים על שהחטיאו את ישראל בבעל פעור (כ״ה, יז-יח): ״צָרוֹר אֶת הַמִּדְיָנִים וְהִכִּיתֶם אוֹתָם. כִּי צֹרְרִים הֵם לָכֶם בְּנִכְלֵיהֶם אֲשֶׁר נִכְּלוּ לָכֶם עַל דְּבַר פְּעוֹר וְעַל דְּבַר כָּזְבִּי בַת נְשִׂיא מִדְיָן אֲחֹתָם הַמֻּכָּה בְיוֹם הַמַּגֵּפָה עַל דְּבַר פְּעוֹר״. מכיוון שיש פער גדול בין הציווי לביצוע שכאן, היה צורך לחזור על ציווי ה׳ שוב. אך מדוע יש פער כה גדול בין הציווי של ה׳ לבין המלחמה במדיין? בין הציווי הראשון לבין המלחמה מצוי המפקד של העם, ציווי ה׳ לחלק את הארץ, מפקד בני לוי (כ״ו, א-סה); בקשת בנות צלופחד (כ״ז, א-יא); מינוי יהושע (כ״ז, יב-כג); קורבנות הציבור (כ״ח - ל׳, א); נדרי נשים (ל׳, ב-יז). מדוע כל הנושאים האלה נכנסו בתווך? כדי להבין זאת נעמוד ראשית על תוכנו של הסיפור ועל חלקיו. הסיפור נחלק לחמישה חלקים:

א-יב – ציווי ה׳ להילחם במדיין, ההתארגנות למלחמה, המלחמה והניצחון.
יג-כ – גערת משה שהעם החיה את הנשים, והציווי להרוג את הנשים והטף ולהיטהר.
כא-כד – ציווי אלעזר על כל הורג נפש במלחמה להיטהר, ולטהר את הבגדים והכלים.
כה-מז – ציווי ה׳ לחלק את השלל בין הלוחמים לבין כל העדה, והחובה לתת מכס ללוויים ולכוהנים.
מח-נד – קורבן שרי הצבא.

כפי שעולה ממבנה הסיפור ומתוכנו, הנושא העיקרי אינו המלחמה במדיין, המופיע בקצרה בתחילת הסיפור (ו-יב), אלא מה שקורה במחנה ישראל לאחר המלחמה: היחס לשבויים ולשלל, עניין טהרת הלוחמים, טיהור הכלים, חלוקת השלל, וקורבן שרי הצבא לה׳ משלל המלחמה. סיפור זה בא כאן כחלק מהכנת העם לקראת המלחמות בכנען, וסיפור הנקמה במדיין הוא הרקע של הסיפור ולא המטרה שלו. נראה להלן, שהעיסוק המרכזי של הסיפור הוא בשלל ובשבי ובנקמה במדיין, מתוך כוונה להציג את הלוחמים כשומרים על קדושת המחנה, נמנעים מחמדנות, ומחלקים את השלל בין כולם. המלחמה מתנהלת מתוך מודעות לכך שהיא מלחמת ה׳. יסודה של המלחמה הוא בחטא של העם, ומתוך מודעות לכך אין להשאיר נשים בשבי, ויש לחלק מהשלל לכוהנים וללוויים, ולתת לה׳ את תכשיטי הנשים כקורבן.

ציווי ה׳ להילחם במדיין, התארגנות למלחמה, המלחמה והניצחון, ל״א, א-יב

ה׳ מצווה את משה לנקום במדיין לפני שימות (ב), והוא מעביר את הציווי לעם (ג). אך יש מתח בין דברי ה׳ לבין דברי משה לעם. ה׳ מתייחס למלחמה במדיין כנקמה של בני ישראל: ״**נְקֹם נִקְמַת בְּנֵי יִשְׂרָאֵל** מֵאֵת הַמִּדְיָנִים״ (ב); לעומת זאת משה מדבר על נקמת ה׳:

"הֵחָלְצוּ מֵאִתְּכֶם אֲנָשִׁים לַצָּבָא וְיִהְיוּ עַל מִדְיָן לָתֵת **נִקְמַת ה' בְּמִדְיָן**" (ג). הפגיעה של מדיין בישראל בגין חטאם בבעל פעור היא גם פגיעה בעם וגם בה', בגלל יחסי הברית של ישראל עם ה'; כישלון של ישראל הוא פגיעה גם בה'. אף שה' העניש את העם, הוא עומד לצידם גם כשהם חוטאים, וגם כאשר שמו נפגע בשל חטאם.

משה מצווה שמכל שבט יצאו אלף איש להילחם (ד). שוב ממשיך הכתוב ומדגיש שכך היה, ונמסרו, כנראה למשה, אלף אנשים מכל שבט, סך הכול שנים עשר אלף חיילים: "וַיִּמָּסְרוּ מֵאַלְפֵי יִשְׂרָאֵל אֶלֶף לַמַּטֶּה שְׁנֵים עָשָׂר אֶלֶף חֲלוּצֵי צָבָא" (ה). עניין זה מובלט שוב בכך שמיד נאמר שמשה שלח אלף למטה למלחמה: "וַיִּשְׁלַח אֹתָם מֹשֶׁה אֶלֶף לַמַּטֶּה לַצָּבָא אֹתָם" (ו). אם כן, שלוש פעמים חוזר עניין שליחת אלף אנשים לקרב. במלחמות הקודמות של ישראל נגד סיחון ועוג (כ"א, כא-לה), אין נתונים לגבי מספר הלוחמים מכל שבט, ופרט זה נעדר ממלחמות רבות המתוארות במקרא. מדוע נתון זה בא כאן ובאופן כה מודגש?

לצד דגש זה, ובניגוד למלחמות כנגד סיחון ועוג, נמסר שמשה שלח את פינחס למלחמה, וכן את כלי הקודש ואת החצוצרות (ו). לא ברור מהם כלי הקודש. אפשרות אחת היא שמדובר בארון, ואפשרות אחרת היא שמדובר בבגדים הקדושים של הכוהן.* יש להניח שגם במלחמות אחרות עשו זאת, אבל עובדות אלה לא נמסרו בכתובים. המעורבות האלוהית במלחמה ניכרת גם בדברים כ', ב-ד, שהכוהן מעודד את החיילים לבל יפחדו כי ה' הולך עמם ויילחם בעבורם.

הפירוט של נקודות אלה בולט על רקע הקיצור בפרטי המלחמה עצמה, הכתובה בשני פסוקים בלבד (ז-ח). אין שום פרט על המלחמה עצמה, אלא רק שהם הרגו את כל הזכרים, את חמשת מלכי מדיין, ואת בלעם בן בעור. על פי יהושע י"ג, טו-כג, השטח של מדיין ניתן לבני ראובן, ומלכי מדיין היו תחת שלטון סיחון (כא). התורה דילגה על תיאור הקרב, ועברה מיד לתיאור הניצחון. בפסוקים ט-יב, נאמר שוב שישראל החריבו את ערי מדיין (י), אך התיאור הנרחב הוא של השלל ושל השבי שהעם לקח (ט, יא-יב). התיאור של המלחמה במדיין, המתרכז בשליחת מספר מצומצם של לוחמים, ובשבי ובשלל, מתאים מאוד להמשכו של הסיפור הממוקד בדיוק בנושאים האלה: מה לעשות בשלל, ומי זכאי לקבל ממנו. הקביעה של משה שהשלל יתחלק בין אלה שיצאו להילחם לבין אלה שלא יצאו, נרמזת כבר מתחילה בקביעה שהחיילים שנשלחו נבחרו על ידי השבטים, והם נציגי העם במלחמה. עיקרון זה עולה גם מהעובדה שכל שבט שלח אלף חיילים באופן שווה בין השבטים, והם לוחמים בשם העם. המכס שהעם נותן מתוך השלל לטובת הלוויים והכוהנים קשור לכך שמשה שולח לשדה הקרב גם את פינחס, את כלי הקודש והחצוצרות. העובדה שהמלחמה היא מלחמת ה', ואליה נשלחים פינחס וגם החצוצרות, מחייבת כללים שונים הן בנוגע לשאלה במי יש לפגוע, הן בהיטהרות שלאחר המלחמה.

* ספרי פיסקא קנו (מהדורת הורוויץ, עמ' 210); ראב"ע. רש"י אומר שזה הארון והציץ. לפי תרגום יונתן הכוונה לאורים ולתומים, וכן שד"ל. ובבמדבר רבה כב, ד, שיטת רבי יוחנן היא שאלה בגדי כהונה שהם האורים והתומים.

יוצא אפוא שנושא הסיפור אינו המלחמה במדיין גופה, אלא בראש ובראשונה בהדגמה של עקרון חלוקת השלל בין הלוחמים לבין העם, ושהמלחמות הן מלחמות לאומיות. הציר השני הוא שהמלחמה היא מלחמת קודש של ה׳. האופי הכפול של המלחמה עולה כבר מתחילת הסיפור כאשר המלחמה מוגדרת על ידי ה׳ כנקמת בני ישראל (ב), ועל ידי משה היא מוגדרת כנקמת ה׳ (ג). עובדת היות המלחמה מלחמת העם, באה לידי ביטוי בחלוקת השלל בין הלוחמים לבין אלה שיצאו למלחמה. מאידך גיסא, עובדת היות המלחמה מלחמת קודש באה לידי ביטוי בהצטרפות של פינחס למלחמה במקום הכוהן הגדול, ושם הוא גם תוקע בחצוצרות. חכמים כינו כוהן זה משוח מלחמה.[157] ברור כי גם העובדה שפינחס גרם להפסקת המגפה בעם, יוצרת זיקה גדולה בין פינחס דווקא לבין המלחמה במדיין.[158] בפרק י׳ מופיע דין התקיעה בחצוצרות בעת המלחמה, וכאן הוא נזכר בפועל לראשונה כדי להבליט את החלק של הכוהנים במלחמה, ומאותה סיבה גם נאמר ששלח את ״כלי הקֹדש״. הפועל היוצא של היות המלחמה מלחמת ה׳ הוא החובה להמית את הנקבות, שהן החטיאו את העם; ושנית, החובה לחזור למחנה רק לאחר טהרת הלוחמים, טיהור הכלים, וחלוקת השלל עם הכוהנים והלוויים, וקורבן ראשי הפקודים למקדש ה׳. הלחימה אפוא אינה לחימת בודדים, אלא מלחמה לאומית מחד גיסא, ומלחמת ה׳ מאידך גיסא.

לאור זאת נוכל להבין מדוע המלחמה רחוקה מהציווי בפרק כ״ה, יז-יח. הנושא שם הוא לצרור את המדיינים על מה שעשו לישראל, והסיפור כאן הוא ביצוע של הצו שם. אולם הנושא כאן הוסב ליחס כללי למלחמה כמלחמת כל העם וכמלחמת ה׳, ומה שנובע מכך הוא היחס לשלל המלחמה ולהיטהרות של החיילים, לנושא השבויים והשלל, ולשאלת היחס בין הלוחמים לאלה שלא נלחמו, כמו גם החלוקה בין העם לבין הקודש.

המקרא מפרט את שמות חמשת מלכי מדיין, וכן את בלעם, שנהרגו על ידי ישראל (ח). בלעם ביקש לקלל את ישראל, ואף שלבסוף בירך אותם, הוא נשאר אויב, בשל כוונותיו הנמרצות להזיק לכתחילה. בנוסף לכך, כפי שהעלינו לעיל, אפשר שבלעם הוא שנתן את העצה להחטיא את ישראל, כפי שעולה מפסוק טז. אולי כך נבין גם את העובדה שאף שמקומו הוא פתוֹר, בכל זאת הוא נמצא בעת המלחמה במדיין. בלעם היה חלק מהתוכנית להחטיא את ישראל, וכנראה הוגה התוכנית, ועל כן נשאר בשטח.* נראה כי בסוף סיפור בלק לא צוין בפירוש שבלעם הגה את הרעיון להחטיא את ישראל, כדי שלא תוסר אחריות מישראל על חטאם. פעילותו של בלעם הייתה בתחום האנושי, ולא בקסמיו, ובתחום הזה הביקורת היא על ישראל.

הלוחמים שבים מהמלחמה, ומודגש בפירוט שהם שבים למשה ולאלעזר ואל כל עדת ישראל עם שבויים, מלקוח ושלל (יב), ובכך עולה שוב שהם שלוחי העדה, והם שבים לשולחיהם, ומשום כך נערכת חלוקת השלל בין הלוחמים לבין אלה שלא נלחמו.

* הבבלי בסנהדרין קו ע״א מסביר שכששמע שעצתו הצליחה הוא חזר למדיין לגבות את שכרו. הדבר מצוטט גם בראב״ע לפסוק ח.

גערת משה שהעם החיה את הנשים, והציווי להרוג את הנשים והטף ולהיטהר, ל״א, יג-כ

החיילים אינם חוזרים לתוך המחנה, משום שהם טמאים (יט; ה׳, א-ד), ולכן משה ואלעזר וכל נשיאי העדה יוצאים לקראתם אל מחוץ למחנה (יג). ואולי הם יוצאים לקראתם כדרך המקבלים את פני הלוחמים, וכך מתיישם שוב העיקרון שהמלחמה היא מלחמת כל העם. אפשר גם כי פרט זה משמעותי, משום שהלוחמים היו צריכים לתקן את אשר עיוותו, ולא להכניס למחנה את מי שאינו ראוי, ולטהר את שצריך בטרם ייכנסו למחנה.

משה גוער בלוחמים על שהם החיו את הנשים (יד-טו). כיצד יכלו השרים לדעת שאסור להם להחיות את הנקבות, והרי משה לא אמר להם זאת? כדאי לציין שהחוק בדברים כ׳, יד, מאפשר לקחת נשים וטף כשלל במלחמות שאינן בערי כנען (וראו בראשית ל״ד, כח-כט). נראה כי משה ציפה שהעם יפעל לפי ההיגיון: מכיוון שנשים החטיאו את ישראל, לא ייתכן להחיותן. הפנייה אל ההיגיון עולה מניסוח דבריו: ״הֵן הֵנָּה הָיוּ לִבְנֵי יִשְׂרָאֵל בִּדְבַר בִּלְעָם לִמְסָר מַעַל בה׳ עַל דְּבַר פְּעוֹר וַתְּהִי הַמַּגֵּפָה בַּעֲדַת ה׳״ (טז).*

משה אומר להם להרוג את כל הזכרים לרבות הקטנים, כנראה כדי שלא יתקוממו נגדם כשיגדלו, וכן את כל הנשים הגדולות חוץ מן הצעירות, שאותן יכלו לקחת כשלל המלחמה.**

הלכה נוספת שמשה מצווה את העם היא שכל מי שהרג אדם במלחמה ייטהר, כדרך שנטהרים מטומאת מת, ומאותה סיבה יש לטהר גם את השבויים. הלכה זו היא יישום של ההלכה להיטהר במקרה של מגע עם מת בשדה (י״ט, טז). ראב״ע מסביר שהצורך בטיהור הוא משום הכבוד השוכן בתוכם (יט), ולכן כל עוד הם טמאים אין הם יכולים להיכנס למחנה. כמו כן מצווה משה לחטא את הבגדים, את כלי העור, ואת הכלים העשויים משערות של עיזים, וכן יש לטהר כל כלי עץ.

ציווי אלעזר על כל הורג נפש במלחמה להיטהר, לטהר את הבגדים והכלים, ל״א, כא-כד

הציווי של אלעזר הוא תוספת על שאמר משה בפסוקים יט-כ. אלעזר מכנה את החוק ״חֻקַּת התורה״ (כא). חוץ ממקום זה הגדרה זו מופיעה רק ביחס לחוק פרה אדומה (י״ט, ב), שניתן למשה ואהרן. ניכר כי כוונת פרשה זו להראות כי גם אלעזר, כמו משה ואהרן, מעביר את חוקי התורה מה׳, במקום משה ובשמו (כא).[159] גם בפרשת פרה אדומה תפס אלעזר מקום מרכזי, ומאותו טעם (י״ט, ג-ד).*** העובדה שהחוק שמוסר אלעזר הוא רחב ומקיף, לעומת

* אין סיבה לדמות את המלחמה במדיין למלחמה בעמלק או למלחמה בשבעת העממים כדברי רמב״ן על פסוקים יד-יח.

** הגמרא ביבמות ס ע״ב דנה בשאלה אם המיתו את הנשים שידעו משכב זכר, או כל אישה שראויה למשכב זכר, וריב״ש מביא את שני הפירושים.

*** כך ראב״ע: ״כי חקת פרה לאלעזר נתנה, ומשה אמר להם מלת כלל: ׳תתחטאו׳, ואלעזר פירש להם״.

החוק שנתן עתה משה בצורה חלקית וחסרה, נועדה להראות שהיעדרו של משה אינו פוגע באופן עקרוני בהעברת הציוויים של ה׳.*

אלעזר מעביר לעם הלכות הקשורות בטיהור כלים. הוא מבחין בין כלי מתכת, שהשימוש בהם בבישול הוא באש, וצריך להכשירם באמצעות העברתם באש, לבין כלים שאינם מתכת, ואותם יש להעביר במים. פעולה זו אינה הטיהור מטומאת המת, ולכן נאמר שפעולות אלה נעשות בנוסף לחיטוי במי נידה (כג).** מהות הפעולות של העברה באש ובמים הם הכשרת הכלים מהשימוש בהם בדברים האסורים לישראל באכילה.[160] כמו שנאמר בפרק י״ט, יט, גם כאן צריך לטהר את הבגדים של הלוחמים מטומאת מת במי אפר פרה אדומה ביום השלישי וביום השביעי, וכאן רק נזכר הכיבוס של היום השביעי, השלב המטהר את הבגדים (כד). אי אפשר לטהר כלי חרס, ולכן יש לשבור אותם ולא להשתמש בהם (ויקרא ו׳, כא).

כפי שראינו קיים דגש גדול על הטהרה בסיפור זה, הן טהרת הלוחמים שחזרו משדה הקרב, הן ביחס לשבויים, וביחס לכלים שנלקחו שלל. דגש זה בא לידי ביטוי בכך שמשה ואלעזר באים לקראת הלוחמים עוד לפני שהם נכנסים למחנה. משה מצווה על הדינים האלה, ואחר כך בא גם ציווי אלעזר. הדגש הגדול הזה בא דווקא בפרשה העוסקת בהרחבה בלקיחת שלל ושבויים. פעולות אלה, שהן הרווח של הלוחמים בקרבות בעולם העתיק, היו יכולות להיעשות מתוך רמה אנושית נמוכה ומהשחתת מידות. הדגש של הפסוקים על הטהרה של הכלים, ואחר כך הנתינה של חלק מהשלל לקודש, בא למתן הידרדרות אנושית של העם, ולוודא זיקה של הלחימה לעולם של קדושה ומידות.

ציווי ה׳ לחלק את השלל בין הלוחמים לבין כל העדה והמכס הניתן ללוויים ולכוהנים, ל״א, כה-מז

בפסוקים כה-ל, מצווה ה׳ את משה, אלעזר ואת ראשי העדה, לקחת את מה שהלוחמים לקחו בשבי ובשלל, ולחצות הכול באופן שווה בין הלוחמים לבין כל העדה, אלה שלא יצאו במלחמה. אף דוד ייסד חלוקה בין הלוחמים לאלה שישבו על הכלים (שמ״א ל׳, כ-כה), אף שדרך החלוקה היא שונה (חלוקת שלל הלוחמים עם אלה שלא נלחמו מצויה גם ביהושע כ״ב, ח). הניסוח של הצו של משה מחזק את שאמרנו לעיל, שהיסוד החשוב העומד כאן הוא שהמלחמה היא לאומית, ולכן השלל צריך להתחלק בין הלוחמים, שהם שליחי העם ונציגיו במלחמה, לבין העם כולו. זה מדויק בניסוח דברי משה שהשלל צריך להתחלק בין תופשי

* רש״י בשם הספרי מסביר: ״משה רבינו לפי שהיה בכעס בא לכלל טעות״; ראו ספרי פיסקא קנז (מהדורת הורוויץ, עמ׳ 213). הספרי בשם יש אומרים נותן טעם נוסף. משה נתן רשות לאלעזר להורות את ההלכה, כדי שיראו שאלעזר נתן לעם הוראות עוד בחיי משה, והמטרה כנראה לחזק את מעמדו של אלעזר לפני מותו של משה.

** רש״י, ראב״ע. חכמים למדו מכאן, שאין מדובר על מי נידה, היינו מי פרה אדומה, אלא מים שהנידה נטהרת בהם, היינו מי מקווה. ומכאן למדו על החובה להטביל כלים שבאו מהגויים, אף אם לא נעשה בהם איסור; וכן רש״י וריב״ש. אך רמב״ן כבר אמר שזה אינו פשוטו של מקרא, וחכמים למדו דין טבילת כלים בדרשה. עוד הוא מסיק שטבילת כלים היא דרבנן, והסמיכו זאת על הפסוקים כאסמכתה.

המלחמה היוצאים לצבא לבין כל העדה. הלוחמים הם חלק מכל העדה, והמושג "כל העדה" אינו מגדיר אפוא במדויק את הקבוצה שלא נלחמה באופן מובחן מאלה שנלחמו. ובכל זאת משה משתמש במינוח לא מדויק זה כדי להבהיר את העיקרון שעומד מאחורי הצו. העיקרון הוא שהמלחמה היא של כל העדה, ולכן הלוחמים צריכים לחלוק איתם את השלל. זאת בניגוד לצו של דוד המשתמש בניסוח מדויק, שיש לחלק את השלל בין הלוחמים לאלה שישבו על הכלים ולא נלחמו. שם העיקרון הוא עיקרון מוסרי, שיש תפקידים שונים של האנשים, וחלק צריכים לשמור וחלק להילחם, אבל כולם הם חלק ממערכה משותפת אחת, ולכן יש לחלק את השלל באופן שוויוני. כאן החלוקה היא על בסיס לאומי.

לאחר החלוקה לשניים בין הלוחמים לבין אלה שלא נלחמו, משה מצווה שהלוחמים ייתנו מחלקם אחד מחמש מאות תרומה לכוהנים, ואילו העם צריכים לתת מחלקם אחד מחמישים ללוויים. התרומה לאהרן מוגדרת כתרומת ה': "וְנָתַתָּה לְאֶלְעָזָר הַכֹּהֵן תְּרוּמַת ה'" (כט). ביחס ללוויים נאמר: "וְנָתַתָּה אֹתָם לַלְוִיִּם שֹׁמְרֵי מִשְׁמֶרֶת מִשְׁכַּן ה'" (ל). על ההבחנה בין מתנות כהונה שהן מתנות לה', והכוהנים מקבלים זאת עבור ה', לעומת מתנות הלוויים, שהן ניתנות להם כשכר על עבודתם במקדש, דיברנו בהרחבה בעיוננו לפרק י"ח. החלוקה של השלל בין העם לבין ה' על ידי נציגיו, קשורה לקביעה שבראש הסיפור שהנקמה ממדיין היא גם נקמה של ישראל וגם נקמה של ה'. אשר על כן השלל נחלק לשני הצדדים הנוקמים.

אף שטענו שחלוקת השלל בין הלוחמים לבין אלה שלא נלחמו משקפת את התפיסה שהמערכה היא של העם כולו, עם המתן של התרומה לכוהנים וללוויים, נשאר בידי הלוחמים הרבה יותר מאשר אלה שלא נלחמו. הלוחמים נתנו רק חלק אחד מחמש מאות לכוהנים (כט), לעומת סכום גדול בהרבה שנתנו שאר העם ללוויים, חלק אחד מחמישים (ל). מפסוק לב עולה ש"הבז" לא התחלק, ואותו לקחו הלוחמים. "הבז" מכוון למיטלטלין, ולעומת זאת "המלקוח" מכוון לשבי של האנשים ולבהמות. את המלקוח הם חלקו עם העם שלא נלחם ועם הכוהנים והלוויים.

פירוט מה שנלקח הוא: צאן 675,000, בקר 72,000, חמורים 61,000, נשים 32,000. המקרא מפרט את החשבון של המחצית שניתנה לעם, ואת הכמויות המדויקות של חלק אחד מחמש מאות שניתנו לכוהנים. לעומת זאת לא פורטו בפסוקים הכמויות שניתנו ללוויים.

קורבן שרי הצבא, ל"א, מח-נד

בסיום המלחמה, מפקדי הצבא פונים ביוזמתם אל משה ומתנדבים לתת תכשיטים שלקחו כשלל המלחמה לאוהל מועד (מח-נד). קורבן זה של השרים מראה שאכן המלחמה לא באה למלא את תאוות הלוחמים לקחת את שלל האויבים באופן בלתי מבוקר, והם מבקשים להתנדב קורבן לה' ממה שלקחו כשלל.

מה טיבו של קורבן זה ומדוע נתנוהו לאוהל מועד? בהביאם את הקורבן הם אומרים: "עֲבָדֶיךָ נָשְׂאוּ אֶת רֹאשׁ אַנְשֵׁי הַמִּלְחָמָה אֲשֶׁר בְּיָדֵנוּ וְלֹא נִפְקַד מִמֶּנּוּ אִישׁ. וַנַּקְרֵב אֶת קָרְבַּן ה'..."

(מט-נ). אפשר כי הקורבן בא כהכרת תודה על כך שכולם חזרו ואף אחד לא מת (שד"ל), ומכיוון שהדבר נראה כמו נס הם מביעים הודאה מיוחדת. אפשר אפוא שהקורבן הוא הכופר שהם נתנו על אשר ה' מנע אותם מלמות בקרב (רמב"ן). רשב"ם סבר שהדבר קשור בספירה שבמפקד שבפסוק מט, והוא רואה זאת ככפרה על חטא ספירת העם כשגילו שאף אחד לא מת,* אולם אין נראה שהספירה נחשבה להם לחטא.

קרוב ביותר להבנת העניין הוא הסברו של ספורנו, שהם מבקשים כפרה על כך שהם לא מחו בחוטאים על חטא פעור: "לכפר על נפשותנו – על דבר פעור שלא מחינו בחוטאים" (פירושו לפסוק י). הסבר זה עולה מתוך כך שהתכשיטים המפורטים בפסוק נ, הם תכשיטי נשים (חוץ מאצעדה). כך אפשר להסביר גם את הכינוי הכולל "כל כלי מעשה", כתכשיטים של נשים שבהם השתמשו הנשים במעשה בעל פעור (ספורנו), בניגוד להסבר הדחוק של רוב הפרשנים, שמדובר בכלים שניתן לעשות בהם מעשה של שימוש, כלומר שהם עדיין שימושיים. המגפה הסתיימה לאחר שפינחס הרג שני חוטאים מראשי העם, ובכך שיכך את כעסו של ה', אך בכך לא הייתה כפרה שלמה על החטא והתרחקות שלמה ממנו. להפך, בתחילת הסיפור הנוכחי שררה קהות חושים של העם ביחס לחטא, כאשר הם הביאו את הנשים בשבי, ועל כך גער בהם משה. וכאן השרים הולכים צעד נוסף קדימה, ומבקשים כפרה על חטאם, ועל כן, לאחר שהם הוציאו מקרבם את הנשים, הם גם לא רוצים להשאיר אצלם את תכשיטיהן. הם תורמים את התכשיטים האלה למקדש ה', ובכך הם מביעים חרטה על מעשיהם, ומבקשים כפרה.

משה ואלעזר הביאו את התכשיטים שנתנו השרים לאוהל מועד, ומהם נעשו כנראה כלים למקדש. לפי רמב"ן, הכלים ניתנו לעם לצרכים פולחניים. הבאת הכלים לאוהל מועד הייתה "זִכָּרוֹן לִבְנֵי יִשְׂרָאֵל לִפְנֵי ה'". אפשר להבין זאת בשני אופנים, או שבהבאת הכלים לאוהל מועד הכוונה היא שה' יזכור את בני ישראל, או שישראל יִזְכְּרוּ. רשב"ם בהמשך לשיטתו סבור שהזיכרון הוא לה', שלא יעניש על ספירת העם. חיזוק לפירוש זה הוא שעניין ספירת העם, וכן המוטיבים של כפרה וזיכרון, מצויים כולם במצוות לקיחת מחצית השקל: "וְלָקַחְתָּ אֶת כֶּסֶף הַכִּפֻּרִים מֵאֵת בְּנֵי יִשְׂרָאֵל וְנָתַתָּ אֹתוֹ עַל עֲבֹדַת אֹהֶל מוֹעֵד וְהָיָה לִבְנֵי יִשְׂרָאֵל לְזִכָּרוֹן לִפְנֵי ה' לְכַפֵּר עַל נַפְשֹׁתֵיכֶם" (שמות ל', טז). לוין מסביר שהתרומה של שרי הצבא למקדש נועדה להיות לזיכרון על המסירות של העם וקיום מצוות ה'.[161] אפשרות שנייה היא כאמור, שהכלים ישמשו לכך שישראל יִזְכְּרוּ את חטאם (רמב"ן), שעוון פעור יהיה לזיכרון לישראל (ספורנו). פירוש זה מתיישב טוב יותר עם אותו ביטוי המופיע בציפוי המזבח במחתות השרופים במעשה מרד קורח. שם ברור שהביטוי "זִכָּרוֹן לִבְנֵי יִשְׂרָאֵל" הוא שישראל יִזְכְּרוּ, כמתפרש מיד אחר כך, "לְמַעַן אֲשֶׁר לֹא יִקְרַב אִישׁ זָר... לִפְנֵי ה'" (י"ז, ה). אף אפשר שהכוונה היא שישראל יִזְכְּרוּ את גודל הניצחון (רלב"ג).

* רש"י בעקבות הבבלי בשבת סד ע"א, אומר שאף שהם לא חטאו בחטא עם נשי מדיין עכשיו, הם חטאו בהרהור עבירה ולכן הביאו קורבן לכפר, אולם אין רמז בכתוב לחטא זה.

התנחלות שני השבטים וחצי השבט בעבר הירדן המזרחי, ל״ב, א-מב

א וּמִקְנֶה רַב הָיָה לִבְנֵי רְאוּבֵן וְלִבְנֵי גָד עָצוּם מְאֹד וַיִּרְאוּ אֶת אֶרֶץ יַעְזֵר וְאֶת אֶרֶץ גִּלְעָד וְהִנֵּה
ב הַמָּקוֹם מְקוֹם מִקְנֶה. וַיָּבֹאוּ בְנֵי גָד וּבְנֵי רְאוּבֵן וַיֹּאמְרוּ אֶל מֹשֶׁה וְאֶל אֶלְעָזָר הַכֹּהֵן וְאֶל נְשִׂיאֵי
ג ד הָעֵדָה לֵאמֹר. עֲטָרוֹת וְדִיבֹן וְיַעְזֵר וְנִמְרָה וְחֶשְׁבּוֹן וְאֶלְעָלֵה וּשְׂבָם וּנְבוֹ וּבְעֹן. הָאָרֶץ אֲשֶׁר הִכָּה
ה׳ לִפְנֵי עֲדַת יִשְׂרָאֵל אֶרֶץ מִקְנֶה הִוא וְלַעֲבָדֶיךָ מִקְנֶה.

ה וַיֹּאמְרוּ אִם מָצָאנוּ חֵן בְּעֵינֶיךָ יֻתַּן אֶת הָאָרֶץ הַזֹּאת לַעֲבָדֶיךָ לַאֲחֻזָּה אַל תַּעֲבִרֵנוּ אֶת הַיַּרְדֵּן.
ו ז וַיֹּאמֶר מֹשֶׁה לִבְנֵי גָד וְלִבְנֵי רְאוּבֵן הַאַחֵיכֶם יָבֹאוּ לַמִּלְחָמָה וְאַתֶּם תֵּשְׁבוּ פֹה. וְלָמָּה תְנִיאוּן אֶת
ח לֵב בְּנֵי יִשְׂרָאֵל מֵעֲבֹר אֶל הָאָרֶץ אֲשֶׁר נָתַן לָהֶם ה׳. כֹּה עָשׂוּ אֲבֹתֵיכֶם בְּשָׁלְחִי אֹתָם מִקָּדֵשׁ
ט בַּרְנֵעַ לִרְאוֹת אֶת הָאָרֶץ. וַיַּעֲלוּ עַד נַחַל אֶשְׁכּוֹל וַיִּרְאוּ אֶת הָאָרֶץ וַיָּנִיאוּ אֶת לֵב בְּנֵי יִשְׂרָאֵל
י יא לְבִלְתִּי בֹא אֶל הָאָרֶץ אֲשֶׁר נָתַן לָהֶם ה׳. וַיִּחַר אַף ה׳ בַּיּוֹם הַהוּא וַיִּשָּׁבַע לֵאמֹר. אִם יִרְאוּ
הָאֲנָשִׁים הָעֹלִים מִמִּצְרַיִם מִבֶּן עֶשְׂרִים שָׁנָה וָמַעְלָה אֵת הָאֲדָמָה אֲשֶׁר נִשְׁבַּעְתִּי לְאַבְרָהָם
יב לְיִצְחָק וּלְיַעֲקֹב כִּי לֹא מִלְאוּ אַחֲרָי. בִּלְתִּי כָּלֵב בֶּן יְפֻנֶּה הַקְּנִזִּי וִיהוֹשֻׁעַ בִּן נוּן כִּי מִלְאוּ אַחֲרֵי
יג ה׳. וַיִּחַר אַף ה׳ בְּיִשְׂרָאֵל וַיְנִעֵם בַּמִּדְבָּר אַרְבָּעִים שָׁנָה עַד תֹּם כָּל הַדּוֹר הָעֹשֶׂה הָרַע בְּעֵינֵי ה׳.
יד וְהִנֵּה קַמְתֶּם תַּחַת אֲבֹתֵיכֶם תַּרְבּוּת אֲנָשִׁים חַטָּאִים לִסְפּוֹת עוֹד עַל חֲרוֹן אַף ה׳ אֶל יִשְׂרָאֵל.
טו כִּי תְשׁוּבֻן מֵאַחֲרָיו וְיָסַף עוֹד לְהַנִּיחוֹ בַּמִּדְבָּר וְשִׁחַתֶּם לְכָל הָעָם הַזֶּה.

טז יז וַיִּגְּשׁוּ אֵלָיו וַיֹּאמְרוּ גִּדְרֹת צֹאן נִבְנֶה לְמִקְנֵנוּ פֹּה וְעָרִים לְטַפֵּנוּ. וַאֲנַחְנוּ נֵחָלֵץ חֻשִׁים לִפְנֵי בְּנֵי
יח יִשְׂרָאֵל עַד אֲשֶׁר אִם הֲבִיאֹנֻם אֶל מְקוֹמָם וְיָשַׁב טַפֵּנוּ בְּעָרֵי הַמִּבְצָר מִפְּנֵי יֹשְׁבֵי הָאָרֶץ. לֹא
יט נָשׁוּב אֶל בָּתֵּינוּ עַד הִתְנַחֵל בְּנֵי יִשְׂרָאֵל אִישׁ נַחֲלָתוֹ. כִּי לֹא נִנְחַל אִתָּם מֵעֵבֶר לַיַּרְדֵּן וָהָלְאָה
כִּי בָאָה נַחֲלָתֵנוּ אֵלֵינוּ מֵעֵבֶר הַיַּרְדֵּן מִזְרָחָה.

כ כא וַיֹּאמֶר אֲלֵיהֶם מֹשֶׁה אִם תַּעֲשׂוּן אֶת הַדָּבָר הַזֶּה אִם תֵּחָלְצוּ לִפְנֵי ה׳ לַמִּלְחָמָה. וְעָבַר לָכֶם כָּל
כב חָלוּץ אֶת הַיַּרְדֵּן לִפְנֵי ה׳ עַד הוֹרִישׁוֹ אֶת אֹיְבָיו מִפָּנָיו. וְנִכְבְּשָׁה הָאָרֶץ לִפְנֵי ה׳ וְאַחַר תָּשֻׁבוּ
כג וִהְיִיתֶם נְקִיִּם מֵה׳ וּמִיִּשְׂרָאֵל וְהָיְתָה הָאָרֶץ הַזֹּאת לָכֶם לַאֲחֻזָּה לִפְנֵי ה׳. וְאִם לֹא תַעֲשׂוּן כֵּן
כד הִנֵּה חֲטָאתֶם לַה׳ וּדְעוּ חַטַּאתְכֶם אֲשֶׁר תִּמְצָא אֶתְכֶם. בְּנוּ לָכֶם עָרִים לְטַפְּכֶם וּגְדֵרֹת לְצֹנַאֲכֶם
וְהַיֹּצֵא מִפִּיכֶם תַּעֲשׂוּ.

כה כו וַיֹּאמֶר בְּנֵי גָד וּבְנֵי רְאוּבֵן אֶל מֹשֶׁה לֵאמֹר עֲבָדֶיךָ יַעֲשׂוּ כַּאֲשֶׁר אֲדֹנִי מְצַוֶּה. טַפֵּנוּ נָשֵׁינוּ מִקְנֵנוּ
כז וְכָל בְּהֶמְתֵּנוּ יִהְיוּ שָׁם בְּעָרֵי הַגִּלְעָד. וַעֲבָדֶיךָ יַעַבְרוּ כָּל חֲלוּץ צָבָא לִפְנֵי ה׳ לַמִּלְחָמָה כַּאֲשֶׁר
אֲדֹנִי דֹּבֵר.

כח וַיְצַו לָהֶם מֹשֶׁה אֵת אֶלְעָזָר הַכֹּהֵן וְאֵת יְהוֹשֻׁעַ בִּן נוּן וְאֶת רָאשֵׁי אֲבוֹת הַמַּטּוֹת לִבְנֵי יִשְׂרָאֵל.
כט וַיֹּאמֶר מֹשֶׁה אֲלֵהֶם אִם יַעַבְרוּ בְנֵי גָד וּבְנֵי רְאוּבֵן אִתְּכֶם אֶת הַיַּרְדֵּן כָּל חָלוּץ לַמִּלְחָמָה לִפְנֵי ה׳
ל וְנִכְבְּשָׁה הָאָרֶץ לִפְנֵיכֶם וּנְתַתֶּם לָהֶם אֶת אֶרֶץ הַגִּלְעָד לַאֲחֻזָּה. וְאִם לֹא יַעַבְרוּ חֲלוּצִים אִתְּכֶם
וְנֹאחֲזוּ בְתֹכְכֶם בְּאֶרֶץ כְּנָעַן.

לא לב וַיַּעֲנוּ בְנֵי גָד וּבְנֵי רְאוּבֵן לֵאמֹר אֵת אֲשֶׁר דִּבֶּר ה׳ אֶל עֲבָדֶיךָ כֵּן נַעֲשֶׂה. נַחְנוּ נַעֲבֹר חֲלוּצִים לִפְנֵי
ה׳ אֶרֶץ כְּנָעַן וְאִתָּנוּ אֲחֻזַּת נַחֲלָתֵנוּ מֵעֵבֶר לַיַּרְדֵּן.

לג וַיִּתֵּן לָהֶם מֹשֶׁה לִבְנֵי גָד וְלִבְנֵי רְאוּבֵן וְלַחֲצִי שֵׁבֶט מְנַשֶּׁה בֶן יוֹסֵף אֶת מַמְלֶכֶת סִיחֹן מֶלֶךְ
הָאֱמֹרִי וְאֶת מַמְלֶכֶת עוֹג מֶלֶךְ הַבָּשָׁן הָאָרֶץ לְעָרֶיהָ בִּגְבֻלֹת עָרֵי הָאָרֶץ סָבִיב.

לד לה לו וַיִּבְנוּ בְנֵי גָד אֶת דִּיבֹן וְאֶת עֲטָרֹת וְאֵת עֲרֹעֵר. וְאֶת עַטְרֹת שׁוֹפָן וְאֶת יַעְזֵר וְיָגְבְּהָה. וְאֶת בֵּית
לז נִמְרָה וְאֶת בֵּית הָרָן עָרֵי מִבְצָר וְגִדְרֹת צֹאן. וּבְנֵי רְאוּבֵן בָּנוּ אֶת חֶשְׁבּוֹן וְאֶת אֶלְעָלֵא וְאֵת
לח קִרְיָתָיִם. וְאֶת נְבוֹ וְאֶת בַּעַל מְעוֹן מוּסַבֹּת שֵׁם וְאֶת שִׂבְמָה וַיִּקְרְאוּ בְשֵׁמֹת אֶת שְׁמוֹת הֶעָרִים
לט מ אֲשֶׁר בָּנוּ. וַיֵּלְכוּ בְּנֵי מָכִיר בֶּן מְנַשֶּׁה גִּלְעָדָה וַיִּלְכְּדֻהָ וַיּוֹרֶשׁ אֶת הָאֱמֹרִי אֲשֶׁר בָּהּ. וַיִּתֵּן מֹשֶׁה אֶת
מא הַגִּלְעָד לְמָכִיר בֶּן מְנַשֶּׁה וַיֵּשֶׁב בָּהּ. וְיָאִיר בֶּן מְנַשֶּׁה הָלַךְ וַיִּלְכֹּד אֶת חַוֹּתֵיהֶם וַיִּקְרָא אֶתְהֶן חַוֹּת
מב יָאִיר. וְנֹבַח הָלַךְ וַיִּלְכֹּד אֶת קְנָת וְאֶת בְּנֹתֶיהָ וַיִּקְרָא לָה נֹבַח בִּשְׁמוֹ.

הקדמה

סיפור זה מספר על בקשת שבטי ראובן וגד, לקבל את נחלתם בעבר הירדן המזרחי, בשטחים שכבש העם מידי סיחון ועוג, במקום לרשת נחלה עִם העַם בעבר הירדן המערבי. הסיפור הוא המשכו של סיפור כיבוש עבר הירדן המזרחי (כ"א, כא-לה), והוא מניח את הציווי של ה' על חלוקת הארץ בגורל בין השבטים (כ"ו, נב-נו). גבולות ארץ החלוקה לא נמסרו עדיין, שכן אלה יבואו בפרק ל"ד, א-טו. הסיפור מניח שהשטח בעבר הירדן המזרחי אינו חלק משטח הארץ המובטחת, ואינו כלול בשטח החלוקה, ומשום כך ביקשו שבטים אלה את בקשתם החריגה. משה חרד שבקשת השבטים תגרום לרפיון בעם, ובשל כך לא ירצה העם להיכנס לארץ, בדומה למה שקרה בסיפור המרגלים (ז). מדברי משה בפסוק ל עולה האפשרות שאם השבטים לא יעברו חלוצים לפני העם, אז לא יוכלו לנחול בעבר הירדן המזרחי, ואז ינחלו "בארץ כנען". דברים אלה מלמדים שהעבר המזרחי של הירדן אינו כלול בהגדרה של ארץ זו. גם ממקורות רבים מחוץ לסיפור זה עולה מסקנה זו. למשל: העונש של משה ואהרן שהם לא יביאו את העם אל הארץ שה' הבטיח, משמעו שעבר הירדן המזרחי אינו כלול בארץ שה' הבטיח לבני ישראל. כך עולה גם מציווי ה' למשה למות בהר נבו, ולראות את הארץ שה' נותן לישראל, אך בלי להיכנס אליה (דברים ל"ב, מח-נב), אף שהוא מצוי בעבר הירדן המזרחי, ושם מת. תחנוניו של משה להיכנס לארץ וסירובו של ה' בדברים מלמדים על היחס לעבר הירדן המזרחי כאל שטח שמחוץ לגבולות ההבטחה (דברים ג', כג-כט).

השטח ממזרח לירדן נכבש באופן מקרי ולא בתכנון מראש. משה ביקש לעבור דרך ארצו של סיחון כדי להתקדם לעברו המערבי של הירדן (כ"א, כא-כב), אולם סיחון לא הסכים, ובמקום זאת יצא כנגד ישראל למלחמה (כ"א, כג), ואחר כך גם עוג פתח במלחמה כנגד ישראל (כ"א, לג). אילולא פתחו מלכים אלה במלחמה בישראל, השטח ממזרח לירדן לא היה נכבש על ידי ישראל.

פרשת תיאור גבולות הארץ, והציווי על חלוקתה בפרק ל"ד, מניחה את הסיפור כאן בפרק ל"ב, ומבהירה שהארץ תיחלק לתשעה שבטים וחצי שבט מכיוון ששבטי ראובן, גד וחצי שבט מנשה כבר קיבלו את נחלתם (ל"ד, יד-טו), כמסופר כאן.

עם זאת, השטחים בעבר הירדן המזרחי נתפסו על ידי ישראל, ולא הייתה כוונה לעוזבם. אנו מוצאים שלאחר שהעם נכנס בעל כורחו למלחמה כנגד סיחון, הוא המשיך לכבוש באופן יזום אזורים סמוכים (כ"א, לב-לג). ולאחר הכיבושים של שטחי העבר המזרחי של הירדן נאמר במפורש שהעם ישב באזורים שנכבשו (כ"א, כה, לא, לה). אילולא הבקשה של שני השבטים וחצי השבט, כנראה שטחים אלה היו שייכים לעם בכללותו, ללא שיוך שבטי. מעין זה אנו מוצאים בתקופת המלוכה, כאשר מלכים כבשו שטחים מעבר לשטח הארץ שנחלקה בין השבטים, והם היו שייכים ככל הנראה למלכות.

ברמה הפשוטה של הסיפור הוא בא ללמד כיצד קרה שהשטח ממזרח לירדן, שלא היה מיועד לכיבוש על ידי ישראל, נכבש על ידם והפך נחלתם של שני השבטים וחצי השבט.

אולם יש גם רובד משמעות נוסף. ההתנגדות של משה לבקשת השבטים היא רק בגלל החשש שהדבר יגרום לרפיון של העם בכניסה לארץ כנען, ולכן משעה שהוסכם שהשבטים מתחייבים להילחם עם אחיהם בעבר המערבי של הירדן, משה מסכים שהם יתנחלו שם. היה אולי אפשר לצפות שהרצון של השבטים האלה לנחול מחוץ לגבולות הארץ, יעורר התנגדות עקרונית, ואולם מסתבר שלא כן. כך אנו עדים לתופעה מרתקת, שאף על פי שארץ כנען המערבית היא הארץ המובטחת על ידי ה׳, הינה לאור הנסיבות הגבולות האלה גמישים, ובסופו של דבר גבולות הארץ מתרחבים וכוללים גם את עברו המזרחי של הירדן. כך עולה מתיאור הגבולות של הארץ, שאותה יש לחלק לשבטים, ומן ההתייחסות לנחלת שבטי עבר הירדן המזרחי, שכבר קיבלו את נחלתם כנחלה לכל דבר ועניין (ל״ד, יג-טו). גם לפני החלוקה של הארץ בספר יהושע ישנה התייחסות לשטחי עבר הירדן המזרחי שניתנו כבר לשני השבטים וחצי השבט (יהושע י״ג, ח-לג). נמצא אפוא שבסיפור זה שב ועולה המוטיב אשר עלה הרבה מתחילת הספר: קביעת גבולות, הרחבתם וצמצומם. נושא המדרג תפס מקום מרכזי בתחילת הספר; וכך גם ביחס לגבולות הארץ, ישנו מדרג בין שטחי עבר הירדן המערבי, לבין שטחי עבר הירדן המזרחי. אפשר להיווכח בכך בסיפור בניית המזבח של שבטי ראובן, גד ושבט המנשה, שהשבטים האחרים העלו את הסברה שהטומאה של ארץ נחלתם היא שהביאה אותם לחטוא (יהושע כ״ב, יט). אם כן ככל הנראה הייתה הבחנה בין שני עברי הירדן, ועם זאת, באמצעות בקשתם של שני השבטים והסכמת משה, שטחי הארץ הורחבו. משמעות נוספת של הסיפור תתברר תוך כדי עיון בסיפור.

רוב הסיפור הוא דיאלוג ארוך בין שבטי ראובן וגד לבין משה. הסיפור נחלק לפי שלבי הדו שיח לחלקים הבאים:

א – הקדמה.

ב-ה – בקשת השבטים ממשה שינחילם בעבר המזרחי של הירדן.

ו-טו – תוכחה של משה לשבטים שבבקשתם הם גורמים לעם רפיון מלעבור את הירדן.

טז-יט – הצעת השבטים להילחם ביחד עם שאר השבטים.

כ-כד – משה מקבל את הצעת השבטים, ומתנה איתם את קבלת השטח בעבר המזרחי.

כה-כז – השבטים מקבלים את ההסכם המוצע על ידי משה.

כח-ל – משה מעביר את פרטי ההסכם לעם.

לא-לב – קבלת השבטים את ההסכם, כנראה במעמד העם.

לג-מ – משה נותן לשבטים את שטחי סיחון ועוג, בניית השטח ותפיסתו על ידי השבטים.

הסיפור רווי בחזרות במהלך הדיאלוג בין השבטים למשה. חזרות אלו הן חלק הכרחי בשינוי התוכנית המקורית של חלוקת הארץ. לאחר התוכחה של משה את שני השבטים, הם חוזרים אליו ומציעים את עיקרי התוכנית המחודשת שלהם, שהם יצאו למלחמה יחד עם אחיהם, ויקבלו את נחלתם בעבר המזרחי של הירדן. משה מקבל את התוכנית, ומגדיר אותה בפירוט

כיאה לכל הסכם, ואת זה הוא עושה תוך כדי תיקונים בהצעה ודיוקים רטוריים. השבטים מסכימים להצעתו של משה, ואז משה מציג את התוכנית לאלעזר, יהושע וראשי המטות, ומדגיש בפניהם את זכותם ואת חובתם של השבטים, ומה לעשות אם לא יקיימו את תנאי ההסכם. השבטים מביעים הסכמה בפני ראשי העם. החזרות נובעות מחידוד תנאי ההסכם, ומהצורך לשתף את ראשי העם בכך. להלן נעמוד בפירוט על הניסוח המיוחד בכל שלב.

תחילת הסיפור, ל"ב, א

הסיפור מתחיל בדברי המספר שלשבטי ראובן וגד מקנה רב, ושהם ראו שהארץ מזרחית לירדן היא ארץ טובה למקנה (א). אף שאותה ידיעה תבוא בדברי השבטים (ד), נראה כי הסיפור פותח בידיעה זו מפי המספר, כדי לתת הצדקה אובייקטיבית מראש לדבריהם, שדבריהם מעוגנים במציאות, ושעילת בקשתם אינה תירוץ כדי שלא להיכנס לארץ. טעם זה הוא היחיד המובא בדברים ג׳, יט. כך הקורא מזדהה עם השבטים, ומראש יודע שאין כוונתם לגרום לרפיון בעם. המספר מציג את השבטים באור חיובי, בניגוד ליחס של משה אליהם מתחילה. המספר אינו נותן לקורא לעבור את הליך הבירור של כוונת השבטים כפי שעובר משה, כנראה משום שלכתחילה התורה אינה רוצה להעלות ספק שמא הדור השני חוזר לחטאו של הדור הראשון במאיסת הארץ. דווקא החשש של משה והדיאלוג שלו עם השבטים ותלונתו כלפיהם באים לתת צידוק לשבטים.

בקשת השבטים ממשה שינחילם בעבר המזרחי של הירדן, ל"ב, ב-ה

שבטי גד וראובן פונים אל משה, אלעזר ונשיאי העדה, משום שהם אחראים על החלוקה של הארץ (ל"ד, טז-כט; יהושע י"ד, א). אף שיהושע גם הוא בין מחלקי הארץ, הוא ימלא תפקיד זה לאחר מות משה. גד רשום לפני ראובן, וכך בדרך כלל בסיפור זה, דבר המעיד על חשיבותו היתרה של גד ביחס לראובן.

המבנה של דברי השבטים הוא הדרגתי. פתיחת דבריהם ברשימה של תשע ערים היא משונה (ג). במשפט השני (ד) הם נותנים משמעות לרשימת הערים, ומגדירים את הערים האלה כארץ שה׳ היכה לפני ישראל, ומצביעים על היות הארץ טובה למקנה, ולהם יש מקנה. במשפט השלישי (ה) הם מבקשים שהארץ תינתן להם, ומסיימים בבקשה שמשה לא יעביר אותם את הירדן.

פתיחת הדברים ברשימת ערים, שלכאורה אינן נתונות במשפט שלם כלשהו, היא כנראה תוצאה של דיבור לא מהוקצע שנובע מחשש השבטים מהתגובה שבקשתם תעורר.[162] במשפט השני הם מבטאים את תפיסתם שה׳ הוא שכבש את הארץ למען ישראל, ומשום כך ראוי לשבת באזור זה, כמו שעתיד ה׳ לכבוש את הארץ המערבית לירדן. כמו כן באמירה "הָאָרֶץ אֲשֶׁר הִכָּה ה׳ לִפְנֵי עֲדַת יִשְׂרָאֵל" (ד), משתקפת כוונתם שבקשתם לא תתפרש כפקפוק בהצלחה

בכיבוש הארץ, אלא להפך הם מאמינים שה׳ היכה עבורם את הארץ, והסיבה היחידה להישאר בעבר הירדן המזרחי היא ריבוי המקנה שלהם. הינה במשפט השני הם הדגישו שטיב בקשתם הוא כלכלי וחקלאי בלבד. רק במשפט האחרון הם מציגים את בקשתם שהארץ שכבש ה׳ עבור ישראל תינתן להם לאחוזה. השימוש במילה אחוזה ביחס לעבר הירדן המזרחי משקף את תפיסתם, שירושת ארץ זו היא חלק ממימוש הבטחת ה׳ לתת להם את הארץ לאחוזה (בראשית י״ז, ח; מ״ח, ד). משמעות בקשתם היא הרחבה של ארץ האחוזה. רק במשפט האחרון הם אומרים במפורש את כוונתם: ״אַל תַּעֲבִרֵנוּ אֶת הַיַּרְדֵּן״ (ה). בקשה זו היא בעלת קונוטציות שליליות מאוד. לא פעם במדבר תמהו העם על המעבר לארץ המובטחת ופקפקו בו. כך בתחילת שנת הארבעים מתלוננים העם בפני משה ואהרן למה הוציאו את העם ממצרים למות במדבר, ושהם לא הביאו את העם לארץ טובה (כ׳, ד-ה), וכן בדברי דתן ואבירם (ט״ז, יב-יד), וכמובן בטענת המרגלים שהארץ אינה טובה (י״ג, לב). בדומה לזה אומרים עתה שני השבטים, שעבר הירדן המזרחי טוב עבורם, משמע שארץ כנען טובה פחות. הם מבינים את משמעות דבריהם והמשתמע מהם, ועל כן הרטוריקה ההדרגתית של דבריהם, ורק בסופם באה בקשתם שלא לעבור את הירדן.

תוכחה של משה לשבטים שבבקשתם הם גורמים לעם רפיון מלעבור את הירדן, ל״ב, ו-טו

משה מגיב בתקיפות רבה לדברי השבטים (ו-טו). בדבריו שתי תמיהות, המשמשות כשתי טענות כנגד בקשת השבטים. התמיהה הראשונה הפותחת בה״א השאלה היא: ״הַאַחֵיכֶם יָבֹאוּ לַמִּלְחָמָה וְאַתֶּם תֵּשְׁבוּ פֹה״ (ו). טענת משה היא שיש לשבטי גד וראובן מחויבות מוסרית כלפי שאר השבטים, שהרי הארץ צריכה להיכבש על ידי כולם, ולא ייתכן שהם יישארו בעבר המזרחי של הירדן בעוד שאר השבטים יכבשו את העבר המערבי לבדם. הטענה השנייה של משה היא ארוכה יותר, ואף היא מתחילה במילת שאלה ״ולמה״ (ז). בטענה זו משה מאשים את השבטים שהם יגרמו לרפיון שאר העם, ועלולים גם הם לא לרצות להיכנס אל הארץ (ז). בפסוקים הבאים (ח-יג) מפרט משה בהרחבה, שהחשש נובע מהתקדים של סיפור המרגלים (ח). אירוע זה היה טראומטי עבור העם ומשה. משה אינו מפרט את כל האירוע, ומדלג מהר מהגעת המרגלים לנחל אשכול לכך שהניאו את לב העם, וגרמו לעם שלא לבוא אל הארץ שה׳ נתן להם, ומכאן חומרת מעשיהם שבגללה הם לא נכנסו אל הארץ שה׳ ביקש לתת להם (ט). בקשת השבטים דומה מבחינה מסוימת לטענת המרגלים, שכן גם הם אינם רוצים להיכנס לארץ, והם מציגים את החבל המזרחי של הירדן כטוב יותר. מכאן חששו של משה שבקשת השבטים תגרום שוב לרפיון העם ולסירובם להיכנס לארץ. משה רואה את בקשת השבטים כהמשך דרכם של המרגלים, ולכן מכנה את המרגלים ״אבותיכם״, מבחינה זו שהם הולכים בדרכם. ניכר גם שמשה מתייחס לנושא מתוך נגיעה אישית ותסכול באומרו ״בְּשָׁלְחִי אֹתָם״.

מכאן עובר משה לתאר את העונש של ה׳ על חטא העם (י-יג). דברים אלה נחלקים

לשניים, הפותחים באותו משפט: "וַיִּחַר אַף ה'" (י, יג). פסוקים י-יב הם התוכנית של ה' להעניש את העם, ואילו פסוק יג מתאר את העונש בפועל. הדגשת העונש פעמיים, פעם כתוכנית של ה' ופעם כביצוע ה' את העונש, נותנת משנה תוקף וחומרה למעשה. חומרת העונש ועוצמתו באות לידי ביטוי אף בכך שמשה מצטט את העונש מפי ה' בגוף ראשון (י-יא). הדגש על העונש עולה גם ממשחק מילים: נו"א / נו"ע. החטא של המרגלים היה שהם הניאו את לב העם, "תניאון", מהשורש נו"א, במשמעות הפרה, ובדברי משה עונש הנדודים במדבר מתואר באמצעות המילה "ויניעם" (יג). מילה זו לא מופיעה בסיפור המרגלים, וכאן היא באה ליצור משחק מילים, המבטא רעיון של מידה כנגד מידה. גם בסיפור המרגלים ראינו את הרעיון של מידה כנגד מידה, של העונש כנגד החטא.

פסוקים יד-טו הם מסקנת משה, הפותחת במילה "והנה". משה קובע שלאחר האירוע של המרגלים והעונש החמור של ה', הם קמו בעקבות אבותם להיכשל באותו חטא, ולהוסיף לכעסו של ה'. ואם זה מה שיקרה הרי ששוב יעניש ה' את העם בעונש דומה "וְיָסַף עוֹד לְהַנִּיחוֹ בַּמִּדְבָּר", ואסון יבוא על העם כולו: "וְשִׁחַתֶּם לְכָל הָעָם הַזֶּה".

התפיסה העולה מדברי משה היא שהמלחמה על הארץ ויישובה הם משימות לאומיות, שכל העם חייב להשתתף בהן. חובת ההשתתפות במשימות אלה כוללת גם את האחריות שלא לפגוע במורל הלאומי.

תשובת השבטים, ל"ב, טז-יט

בהצעה אחת פותרים השבטים את שתי הבעיות שהעלה משה. הם מציעים שיצטרפו לכל העם לכבוש את הארץ המערבית, ורק לאחר מכן יחזרו לשבת בנחלתם בעבר הירדן המזרחי (יז-יח). אין כאן בעיה מוסרית, שכן הם ייחלצו חושים למלחמה לפני העם, ולא יגרמו לרפיון, שהרי יעברו את הירדן ויילחמו עם אחיהם.

נראה כי מראש כוונת השבטים הייתה שלא לעבור את הירדן כלל, ולא להילחם יחד עם שאר השבטים בעבר המערבי של הירדן. דבר זה עולה בראש ובראשונה מבקשתם: "אַל תַּעֲבִרֵנוּ אֶת הַיַּרְדֵּן" (ה). בתגובתם למשה נאמר: "וַיִּגְּשׁוּ אֵלָיו וַיֹּאמְרוּ", כלומר הם לא ענו מיד, אלא ניגשו אליו שוב, ובפיהם הצעה מחודשת. חששו של משה היה אפוא מוצדק, והשבטים הבינו שאין הם יכולים לקבל את מבוקשם אלא אם כן הם יפתרו את הבעיות שהעלה משה.

אף כי תשובת השבטים מספקת, נראה כי היא עדיין לא מושלמת, ולא תתקבל מיד על ידי משה אלא בתיקונים, הן רטוריים הן מהותיים. ראשית הם לא פותחים בהתחייבות שלהם, אלא במה שהם מקבלים: "גִּדְרֹת צֹאן נִבְנֶה לְמִקְנֵנוּ פֹּה וְעָרִים לְטַפֵּנוּ" (טז). לאחר הצעתם שהם יצאו למלחמה עם אחיהם, הם שוב חוזרים על ישיבת טפם בעבר המזרחי: "וְיָשַׁב טַפֵּנוּ בְּעָרֵי הַמִּבְצָר מִפְּנֵי יֹשְׁבֵי הָאָרֶץ" (יז). הם חותמים באמירה שהם לא ינחלו בעבר הירדן המערבי, כי הם כבר קיבלו את נחלתם בעבר הירדן המזרחי (יט). משפט זה מסגיר את מחשבתם שהם בעצם מקבלים את נחלתם מיד. אף שהשבטים מציעים פתרון טוב, משה מיד יתקן ויסייג את רצונם לקבל את נחלתם מראש לפני שיעמדו בהתחייבויותיהם.

משה מקבל את הצעת השבטים, ומציע להם הסכם, ל״ב, כ-כד

משה מקבל את הפתרון המוצע של השבטים ומנסח אותו בצורה של הסכם מחייב, ומציג את שני צדדיו. הוא פותח דווקא בקיום ההתחייבות של השבטים לעבור את הירדן ולהילחם, ורק אז יוכלו לרשת את השטח בעבר המזרחי של הירדן כאחוזה (כ-כב). אחר כך הוא מנסח את ההסכם בלשון שלילה, שאם לא יעמדו בהבטחתם הדבר ייחשב חטא לפני ה׳ (כג). פעמיים בפסוק משה חוזר על כך שהם חוטאים: ״הִנֵּה חֲטָאתֶם לַה׳ וּדְעוּ חַטַּאתְכֶם״ (כג). הניסוח הכפול של ההתחייבות, לחיוב ולשלילה, מציב באופן מדויק את שתי האפשרויות.[163]

בניגוד לשבטים שפתחו בניסוח דבריהם ראש לכול את אשר הם מקבלים (טז), משה מתקן את סדר הדברים ומקדים את התחייבותם של השבטים לעבור את הירדן ולהילחם (כ), ואת כל משך המלחמה כנגד האויבים עד להכרעה: ״וְעָבַר לָכֶם כָּל חָלוּץ אֶת הַיַּרְדֵּן לִפְנֵי ה׳ עַד הוֹרִישׁוֹ אֶת אֹיְבָיו מִפָּנָיו״ (כא), ורק אז יוכלו השבטים לחזור לעבר הירדן המזרחי (כב). בינתיים מאפשר להם משה לבנות ערים לטפם וגדרות לצאן (כד), אך השטח לא ניתן להם אלא באופן זמני עד אשר הם יקיימו את התחייבותם. הבדל נוסף הוא בשאלה כלפי מי ההתחייבות של השבטים. בעוד השבטים ניסחו את ההתחייבות שלהם כלפי שאר שבטי ישראל: ״וַאֲנַחְנוּ נֵחָלֵץ חֻשִׁים לִפְנֵי בְּנֵי יִשְׂרָאֵל עַד אֲשֶׁר אִם הֲבִיאֹנֻם אֶל מְקוֹמָם״ (יז), משה מדגיש שהמלחמה שלהם וההתחייבות שלהם היא לפני ה׳: ״אִם תֵּחָלְצוּ לִפְנֵי ה׳ לַמִּלְחָמָה״ (כ); ״וְעָבַר לָכֶם כָּל חָלוּץ אֶת הַיַּרְדֵּן לִפְנֵי ה׳״ (כא). בדברי משה האויב הוא של ה׳. שבע פעמים בפסוקים כ-לב מופיע הביטוי ״לפני ה׳״ (כ, כא, כב*2, כז, כט, לב). משה קובע אם כן שההסכם הוא חובה דתית של השבטים לה׳, ושבירה של ההסכם היא חטא לה׳ (כג), ואם ישמרו על ההסכם הם יהיו נקיים גם מה׳ וגם מישראל: ״וִהְיִיתֶם נְקִיִּם מֵה׳ וּמִיִּשְׂרָאֵל״ (כב). אם כך יעשו השבטים הרי שנחלתם בעבר המזרחי של הירדן תהיה לאחוזה לפני ה׳: ״וְהָיְתָה הָאָרֶץ הַזֹּאת לָכֶם לַאֲחֻזָּה לִפְנֵי ה׳״ (כב). במילים אלה משה אומר שהארץ המזרחית לירדן תהפוך להיות אחוזה לפני ה׳, כמו עבר הירדן המערבי שהיא ארץ אחוזת ה׳.

השבטים מקבלים את ההסכם המוצע על ידי משה, ל״ב, כה-כז

השבטים מקבלים את ההסכם שהוצע על ידי משה (כה-כז). במשפט הראשון הם מצהירים: ״עֲבָדֶיךָ יַעֲשׂוּ כַּאֲשֶׁר אֲדֹנִי מְצַוֶּה״ (כה), ובדומה לכך הם חותמים את דבריהם: ״כַּאֲשֶׁר אֲדֹנִי דֹּבֵר״ (כז). עם זאת, במקום לנסח את ההסכם בניסוח הדומה לדברי משה, היינו לפתוח קודם בהתחייבות שלהם ורק אחר כך לעבור לקבלת שטחם ממזרח לירדן, שוב הם מקדימים את זכויותיהם להתחייבותם (כו). ועם זאת יש שינוי ממה שהם אמרו קודם. בהצעתם הקודמת הם אמרו שיבנו גדרות צאן וערים לטף (טז), ועתה הם אינם מדברים על בנייה אלא על ישיבה בלבד: ״טַפֵּנוּ נָשֵׁינוּ מִקְנֵנוּ וְכָל בְּהֶמְתֵּנוּ יִהְיוּ שָׁם בְּעָרֵי הַגִּלְעָד״ (כו). כך מבהירים השבטים שהישיבה שלהם בעבר הירדן המזרחי היא זמנית עד קיום הבטחתם.

יחד עם זאת השבטים מאמצים את העיקרון שהתחייבותם להילחם לצד אחיהם, היא התחייבות כלפי ה'. בעוד לכתחילה הם דיברו על כך שהיחלצותם למלחמה היא עזרה לישראל, עתה הם משתמשים בניסוח של משה, שהמלחמה היא מלחמת ה': "וַעֲבָדֶיךָ יַעַבְרוּ כָּל חֲלוּץ צָבָא לִפְנֵי ה' לַמִּלְחָמָה" (כז).

משה מעביר את פרטי ההסכם לעם, ל"ב, כח-ל

שוב מעביר משה לשני השבטים את פרטי ההסכם, אך הפעם בנוכחות אלעזר, יהושע, וראשי המטות של שבטי ישראל. מכיוון שביצוע ההסכם יהיה לאחר מותו ולאחר כיבוש הארץ, צריך משה לומר לראשי העם, ולאלה שיחלקו את הארץ (ל"ד, טז-כט; יהושע י"ד, א) את פרטי ההסכם ותנאיו. שהרי אם יעמדו בהסכם אזי הם יקבלו את נחלתם בעבר המזרחי של הירדן, ואם לא יעמדו בהסכם, דבר שלא נאמר עד כה, הרי שיקבלו את נחלתם בעבר הירדן המערבי. יתרה מזאת, מכיוון שהלחימה על הארץ היא עניין לאומי, הרי שההסכם צריך להיות לעיני העם, ועליהם לקבל את ההסכם. ההסכם שמוסר משה לאלעזר, יהושע וראשי המטות, לא כולל את השלב הראשוני של השארת הנשים והטף בעבר המזרחי של הירדן. ושוב אפשר לראות שהשימוש במילה אחוזה (כט), משקף את הכללת עבר הירדן בשטח של הארץ המובטחת.

הניסוח שמעביר משה לראשים ולעם מפורש מאוד, וכולל שוב את שני צדדי ההסכם, אם יעברו חלוצים את הירדן (כט), ואם לא (ל). אלא שמלוא הצד השני של המטבע נאמר כאן לראשונה. עתה אומר משה לראשי העם, שאם השבטים לא יעברו חלוצים לפני העם למלחמה, אז השטח ממזרח לירדן לא יינתן להם, והם יקבלו את שטחם בעבר המערבי של הירדן. אף שעניין זה השתמע לאורך הדיון בין משה לבין שני השבטים, הוא לא נאמר במפורש. בפעם הראשונה אומר זאת משה עתה לאלעזר, יהושע ולראשי המטות. לשני השבטים הוא מבהיר את חובתם לעמוד בהסכם, ואם לא אזי הם יהיו חטאים לה'. לראשי העם משה אינו מפרט את החטא אלא את ההיבט המעשי כיצד לחלק את הארץ בכל מקרה – אם שני השבטים יילחמו, הרי נחלתם תהיה ממזרח לירדן, ואם לא יצאו חלוצים הרי שלא יקבלו את נחלתם ממזרח לירדן, ובמקום זאת, הם ינחלו ממערב לירדן כשאר אחיהם. החשיבות להגיד זאת לשבטי עבר הירדן המערבי היא שאם שני השבטים לא יעברו חלוצים, לא רק הם יפסידו את מבוקשם לרשת את עבר הירדן המזרחי, אלא עתה יצטרכו כל השבטים להתנחל בעבר המערבי, ולקבל שטחים קטנים יותר לכל שבט. על כן דגש זה בא דווקא בנוגע לשבטי עבר הירדן המערבי.

המשתקף כאן שוב הוא הממד הלאומי של כיבוש הארץ ונחלתה. אם השבטים לא יעמדו בהסכם, הם יתנחלו בעבר המערבי של הירדן על חשבון שטחי נחלת שבטי עבר הירדן המערבי. היה אפשר לחשוב, שאי עמידה בהסכם תשפיע רק על מי שלא עמד בו, כלומר על שבטי עבר הירדן המזרחי. העיקרון הלאומי של ההסכם מחייב שכל השבטים יישאו בתוצאות אי עמידה בהסכם.

קבלת השבטים את ההסכם במעמד העם, ל"ב, לא-לב

דברי משה האחרונים נאמרו בפני אלעזר, יהושע וראשי המטות, ותגובת שני השבטים היא באותו מעמד. דברי השבטים כאן קצרים מאוד, והם משקפים קבלה מלאה של דברי משה: "וַיַּעֲנוּ בְנֵי גָד וּבְנֵי רְאוּבֵן לֵאמֹר אֵת אֲשֶׁר דִּבֶּר ה' אֶל עֲבָדֶיךָ כֵּן נַעֲשֶׂה" (לא).

מעניין כי בפעם הראשונה עולה שדברי משה הם דברים שאמר ה' למשה, אף שאין לכך אינדיקציה בפסוקים. להפך, נראה היה לכאורה שכל דברי משה הם משלו. משה אינו שואל להכרעה של ה' כפי שעשה למשל בסיפור בנות צלופחד (כ"ז, ה). לעומת זאת לא נאמר שמשה מדבר בשם ה', כמו בתלונת שבט מנשה על ההחלטה בדבר בנות צלופחד (ל"ו, ה). נראה אפוא שההסכם היה עם משה וקיבל אשרור אלוהי.

במשפט אחד שני השבטים מקבלים את ההסכם שהוסכם עם משה בפני ראשי העם: "נַחְנוּ נַעֲבֹר חֲלוּצִים לִפְנֵי ה' אֶרֶץ כְּנָעַן וְאִתָּנוּ אֲחֻזַּת נַחֲלָתֵנוּ מֵעֵבֶר לַיַּרְדֵּן" (לב). שני השבטים מבטאים את ההתחייבות שלהם לעבור חלוצים, ובתמורה הם מקבלים את אחוזתם מעבר לירדן. בפעם הראשונה השבטים פותחים קודם בהתחייבות שלהם ורק אחר כך ממשיכים ומבטאים את מה שיקבלו בתמורה. אפילו בהסכם עם משה, לאחר שמשה תיקן את הניסוח הראשוני שלהם, הם ציינו קודם את זכותם ורק אחר כך את חובתם (כה-כז). נראה שבמעמד המחייב מול אלה שיבצעו את ההסכם הם אומרים זאת בסדר הנכון. לצד זאת הם משקפים את מה שמשה אמר להם, שהם יקבלו את הנחלה עוד לפני שהם עוברים להילחם, כדי להושיב שם את אלה שלא יילחמו. כאן הם מדגישים, שכאשר הם עוברים חלוצים למלחמה – "וְאִתָּנוּ אֲחֻזַּת נַחֲלָתֵנוּ מֵעֵבֶר לַיַּרְדֵּן" – איתם כבר נמצאת אחוזת נחלתם בעבר המזרחי. משפט זה מבטא את ביטחונם ונחישותם שהם אכן יעברו להילחם עם שאר השבטים, ולכן דווקא צד זה של ההסכם הוא שיתבצע, אך גם עולה מכאן הרווח של שאר השבטים מההסכם, אם הם יקבלו אחוזת נחלה בעבר המזרחי, הרי שנחלת אחוזתם של שאר השבטים תהיה גדולה יותר.

שוב מודגש שנחלת השבטים בעבר הירדן המזרחי היא אחוזה. בכך מובעת התפיסה שאף שנחלה זו לא הייתה מיועדת מתחילה לחלוקה בין השבטים, הרי שעם קבלת שטח זה בהסכם עם משה השטח הופך להיות חלק מהארץ המובטחת, חלק מארץ אחוזה. מעניין כי במילים "מֵעֵבֶר לַיַּרְדֵּן", שני השבטים מקבלים בלשונם את נקודת התצפית של תושבי העבר המערבי, שמתייחסים לעבר המזרחי כ"מעבר לירדן". קבלת נקודת התצפית שהארץ המרכזית היא הארץ המערבית, והעבר המזרחי הוא הרחבה של המערבי, ושהם יוצאים עם כל העם לכבוש את הארץ לפני ה', היא חלק מהתהליך של השבטים לתפוס באופן נכון את מהות קבלת נחלתם בעבר המזרחי של הירדן.

משה נותן לשני השבטים וחצי השבט את שטחי סיחון ועוג, בניית השטח ותפיסתו על ידי השבטים, ל"ב, לג-מב

הסיפור עובר עתה לשלב הביצוע. שני השבטים היו צריכים להתיישב עוד לפני הכניסה לארץ כנען, משום שאי אפשר היה להשאיר את השטח ללא אדם, ומשום שלא היה אפשר להעביר את כל מי שלא נלחם, בעיקר נשים וטף. לכן בפועל השבטים קיבלו את נחלתם עוד לפני כיבוש מערב הירדן, אם כי השטח יינתן להם מבחינה חוקית רק לאחר שהם יילחמו. לכן אין סתירה לפסוקים כ-כב, שבהם מתן הארץ המזרחית לשבטים מותנה בכך שהם יילחמו עם אחיהם. בשלב ראשון הפסוק מצהיר על מסירת השטח של עבר הירדן המזרחי לשבטים: "וַיִּתֵּן לָהֶם מֹשֶׁה לִבְנֵי גָד וְלִבְנֵי רְאוּבֵן וְלַחֲצִי שֵׁבֶט מְנַשֶּׁה בֶן יוֹסֵף אֶת מַמְלֶכֶת סִיחֹן מֶלֶךְ הָאֱמֹרִי וְאֶת מַמְלֶכֶת עוֹג מֶלֶךְ הַבָּשָׁן הָאָרֶץ לְעָרֶיהָ בִּגְבֻלֹת עָרֵי הָאָרֶץ סָבִיב" (לג). עתה צריכים השבטים לבנות ערי מבצר כדי שהערים האלה תהיינה מוגנות. בפסוקים לד-לה נמסרה רשימת הערים שבנו בני גד; ובפסוקים לז-לה רשימת הערים שבנו בני ראובן.

בכל הסיפור עד כה ההסכם היה עם בני גד ועם בני ראובן, אולם בשלב הביצוע נאמר שמשה נותן את השטח גם לחצי שבט מנשה (לג), ובפועל אזור הגלעד ניתן לחצי שבט מנשה (מ-מא). אף שהעניין לא מסופר, סביר שלאחר ההסכם עם שבטי גד וראובן, חצי שבט מנשה ביקש להצטרף להסכם. היות שבט מנשה מפוצל בין השטח ממערב הירדן לבין השטח ממזרחו, מקשר את שני חבלי הארץ.

פסוקים מא-מב מתארים את כיבוש השטח של חוות יאיר על ידי יאיר, ואת כיבוש קנת על ידי נובח. כיבושים לצד ההתנחלות קיימים גם בסיפור ההתנחלות של הארץ בספר יהושע, ובשופטים א' כפי שהראיתי בכמה מקומות.[164] הארץ בימי יהושע לא נכבשה כולה. עיקרה נכבשה, ולאחר מכן חולקה בין השבטים, ואז היה על כל אחד מהשבטים להשלים את כיבוש שטחו לבדו. וכך עולה גם כאן. משה נתן למנשה את הגלעד, אולם הכיבוש לא הסתיים בנתינת השטח, ולאחר קבלת השטח היה על כל אחד מהשבטים להמשיך ולכבוש את שטחו. ולכן אנו מתוודעים כאן לאנשים משבט מנשה הכובשים ערים בשטח שניתן להם.

סיכום ומסקנות: משמעות הסיפור ומקומו

סיפור זה חושף שני עקרונות שעלו גם בסיפור המלחמה במדיין (ל"א).* עיקרון ראשון במלחמת מדיין היה שמלחמה היא מלחמה לאומית, שעקרונותיה הם הגינות ושותפות. ולכן השלל צריך להתחלק בין הלוחמים לבין אלה שלא לחמו. עיקרון שני הוא שהמלחמה היא מלחמת ה', ונגזרים מכך הלכות של טומאה וטהרה, חלוקת השלל עם הכוהנים והלוויים, וקורבן של המפקדים לה'. שני עקרונות אלו עלו בסיפור מדיין ביחס למלחמה. בסיפור ההתנחלות

* קישור מדרשי בין שני הסיפורים מצוי במדרש במדבר רבה כב, ח: "תדע לך, כשבקש שיעשירו בני ראובן ובני גד, הפיל את המדיינים לבני ישראל כדי שיעשירו בני גד ובני ראובן. מה כתיב למעלה – 'וישבו בני ישראל את נשי מדין ואת טפם וגו'', ואחר כך – 'ומקנה רב'".

של שבטי עבר הירדן עולים אותם שני עקרונות שוב, אך הפעם בתחום של ההתנחלות. היסוד הלאומי עומד גם בתשתית ההתנחלות של השבטים בארץ, ולכן גם ההתנחלות של השבטים צריכה להתבסס על עיקרון של הוגנות ושותפות. לכן שני השבטים וחצי השבט לא נוחלים בעבר הירדן המזרחי, אלא אם כן יהיו חלק מהמאמץ הלאומי לכבוש את העבר המערבי. העיקרון הלאומי עולה גם מן האחריות של השבטים שלא לגרום לרפיון בעם. ההתנחלות בארץ היא גם חובה דתית, ולכן ההיאחזות בשטח זה היא לפני ה': "וְהָיְתָה הָאָרֶץ הַזֹּאת לָכֶם לַאֲחֻזָּה לִפְנֵי ה'", ועמידה בהסכם משמעה שהם יהיו "נְקִיִּם מֵה' וּמִיִּשְׂרָאֵל" (כב). אם לא יעמדו בהסכם יהיה בכך חטא כלפי ה': "וְאִם לֹא תַעֲשׂוּן כֵּן הִנֵּה חֲטָאתֶם לה'" (כג). שוב עולה מסיפור זה שהמלחמה של השבטים בעבר הירדן היא מלחמה "לפני ה'" (כז, כט, ל).

עקרונות אלה של המלחמה וההתנחלות עולים בטרם הכניסה לארץ. הם עולים גם בנוגע למלחמה במדיינים שאינם חלק מתושבי כנען שעימם נצטוו ישראל להילחם, וגם בנוגע לעבר המזרחי של הירדן, שלכתחילה אינו שייך לגבולות הארץ. באופן זה העקרונות של שוויון והוגנות במלחמה, וכן בהתנחלות, וכן היות המלחמה וההתנחלות רצון ה', נקבעים עוד בטרם התחילה המערכה העיקרית על עבר הירדן המערבי, ותהליך הלמידה נעשה טרום הכניסה לארץ, כיבושה וחלוקתה. משנקבעו קביעות עקרוניות אלה יכול העם להיכנס לארץ, ובתודעתו עקרונות הכיבוש וההתנחלות הראויים.

ומכאן אל נקודה נוספת שעלתה בסיפור. ראינו בתחילת הספר את העיקרון של קביעת גבולות ופריצתם. כך ראינו למשל בהגדרת המעמדות השונים בעם, ישראל, לוויים, וכוהנים, וכך מאידך גיסא ראינו כיצד גבולות אלה נפרצים, למשל בהלכות נזיר, המאפשרות לכל אדם להיות קדוש, כמעין כוהן, ובמעמד הנשיאים. גם כאן סיפור זה עוסק בגבולות ובפריצת גבולות. גבול הארץ ממזרח הוא הירדן, אלא שלא כפי התוכנית, הארץ ממזרח לירדן נכבשת על ידי משה. עתה עולה השאלה, אם גם חבל ארץ זה יוגדר כאחוזה כמו הארץ המובטחת. סופו של הסיפור קובע שעבר הירדן המזרחי נכלל למעשה בגבולות הארץ, וחבל ארץ זה הוא מקום ישיבה לגיטימי, בתנאי שתושביו ימשיכו להילחם יחד עם העם בכיבוש העבר המערבי של הירדן.

מסעות בני ישראל במדבר, ל"ג, א-מט

א ב אֵלֶּה מַסְעֵי בְנֵי יִשְׂרָאֵל אֲשֶׁר יָצְאוּ מֵאֶרֶץ מִצְרַיִם לְצִבְאֹתָם בְּיַד מֹשֶׁה וְאַהֲרֹן. וַיִּכְתֹּב מֹשֶׁה אֶת
מוֹצָאֵיהֶם לְמַסְעֵיהֶם עַל פִּי ה׳ וְאֵלֶּה מַסְעֵיהֶם לְמוֹצָאֵיהֶם.

ג וַיִּסְעוּ מֵרַעְמְסֵס בַּחֹדֶשׁ הָרִאשׁוֹן בַּחֲמִשָּׁה עָשָׂר יוֹם לַחֹדֶשׁ הָרִאשׁוֹן מִמָּחֳרַת הַפֶּסַח יָצְאוּ
ד בְנֵי יִשְׂרָאֵל בְּיָד רָמָה לְעֵינֵי כָּל מִצְרָיִם. וּמִצְרַיִם מְקַבְּרִים אֵת אֲשֶׁר הִכָּה ה׳ בָּהֶם כָּל בְּכוֹר
וּבֵאלֹהֵיהֶם עָשָׂה ה׳ שְׁפָטִים.

ה וַיִּסְעוּ בְנֵי יִשְׂרָאֵל מֵרַעְמְסֵס וַיַּחֲנוּ בְּסֻכֹּת.

ו וַיִּסְעוּ מִסֻּכֹּת וַיַּחֲנוּ בְאֵתָם אֲשֶׁר בִּקְצֵה הַמִּדְבָּר.

ז וַיִּסְעוּ מֵאֵתָם וַיָּשָׁב עַל פִּי הַחִירֹת אֲשֶׁר עַל פְּנֵי בַּעַל צְפוֹן וַיַּחֲנוּ לִפְנֵי מִגְדֹּל.

ח וַיִּסְעוּ מִפְּנֵי הַחִירֹת וַיַּעַבְרוּ בְתוֹךְ הַיָּם הַמִּדְבָּרָה וַיֵּלְכוּ דֶּרֶךְ שְׁלֹשֶׁת יָמִים בְּמִדְבַּר אֵתָם וַיַּחֲנוּ
בְּמָרָה.

ט וַיִּסְעוּ מִמָּרָה וַיָּבֹאוּ אֵילִמָה וּבְאֵילִם שְׁתֵּים עֶשְׂרֵה עֵינֹת מַיִם וְשִׁבְעִים תְּמָרִים וַיַּחֲנוּ שָׁם.

י וַיִּסְעוּ מֵאֵילִם וַיַּחֲנוּ עַל יַם סוּף.

יא וַיִּסְעוּ מִיַּם סוּף וַיַּחֲנוּ בְּמִדְבַּר סִין.

יב וַיִּסְעוּ מִמִּדְבַּר סִין וַיַּחֲנוּ בְּדָפְקָה.

יג וַיִּסְעוּ מִדָּפְקָה וַיַּחֲנוּ בְּאָלוּשׁ.

יד וַיִּסְעוּ מֵאָלוּשׁ וַיַּחֲנוּ בִּרְפִידִם וְלֹא הָיָה שָׁם מַיִם לָעָם לִשְׁתּוֹת.

טו וַיִּסְעוּ מֵרְפִידִם וַיַּחֲנוּ בְּמִדְבַּר סִינָי.

טז וַיִּסְעוּ מִמִּדְבַּר סִינָי וַיַּחֲנוּ בְּקִבְרֹת הַתַּאֲוָה.

יז וַיִּסְעוּ מִקִּבְרֹת הַתַּאֲוָה וַיַּחֲנוּ בַּחֲצֵרֹת.

יח וַיִּסְעוּ מֵחֲצֵרֹת וַיַּחֲנוּ בְּרִתְמָה.

יט וַיִּסְעוּ מֵרִתְמָה וַיַּחֲנוּ בְּרִמֹּן פָּרֶץ.

כ וַיִּסְעוּ מֵרִמֹּן פָּרֶץ וַיַּחֲנוּ בְּלִבְנָה.

כא וַיִּסְעוּ מִלִּבְנָה וַיַּחֲנוּ בְּרִסָּה.

כב וַיִּסְעוּ מֵרִסָּה וַיַּחֲנוּ בִּקְהֵלָתָה.

כג וַיִּסְעוּ מִקְּהֵלָתָה וַיַּחֲנוּ בְּהַר שָׁפֶר.

כד וַיִּסְעוּ מֵהַר שָׁפֶר וַיַּחֲנוּ בַּחֲרָדָה.

כה וַיִּסְעוּ מֵחֲרָדָה וַיַּחֲנוּ בְּמַקְהֵלֹת.

כו וַיִּסְעוּ מִמַּקְהֵלֹת וַיַּחֲנוּ בְּתָחַת.

כז וַיִּסְעוּ מִתָּחַת וַיַּחֲנוּ בְּתָרַח.

כח וַיִּסְעוּ מִתָּרַח וַיַּחֲנוּ בְּמִתְקָה.

כט וַיִּסְעוּ מִמִּתְקָה וַיַּחֲנוּ בְּחַשְׁמֹנָה.

ל וַיִּסְעוּ מֵחַשְׁמֹנָה וַיַּחֲנוּ בְּמֹסֵרוֹת.

לא וַיִּסְעוּ מִמֹּסֵרוֹת וַיַּחֲנוּ בִּבְנֵי יַעֲקָן.

לב וַיִּסְעוּ מִבְּנֵי יַעֲקָן וַיַּחֲנוּ בְּחֹר הַגִּדְגָּד.

לג וַיִּסְעוּ מֵחֹר הַגִּדְגָּד וַיַּחֲנוּ בְּיָטְבָתָה.

לד וַיִּסְעוּ מִיָּטְבָתָה וַיַּחֲנוּ בְּעַבְרֹנָה.

לה וַיִּסְעוּ מֵעַבְרֹנָה וַיַּחֲנוּ בְּעֶצְיֹן גָּבֶר.

לו וַיִּסְעוּ מֵעֶצְיֹן גָּבֶר וַיַּחֲנוּ בְמִדְבַּר צִן הִוא קָדֵשׁ.

לז לח וַיִּסְעוּ מִקָּדֵשׁ וַיַּחֲנוּ בְּהֹר הָהָר בִּקְצֵה אֶרֶץ אֱדוֹם. וַיַּעַל אַהֲרֹן הַכֹּהֵן אֶל הֹר הָהָר עַל פִּי ה׳ וַיָּמָת
לט שָׁם בִּשְׁנַת הָאַרְבָּעִים לְצֵאת בְּנֵי יִשְׂרָאֵל מֵאֶרֶץ מִצְרַיִם בַּחֹדֶשׁ הַחֲמִישִׁי בְּאֶחָד לַחֹדֶשׁ. וְאַהֲרֹן
מ בֶּן שָׁלֹשׁ וְעֶשְׂרִים וּמְאַת שָׁנָה בְּמֹתוֹ בְּהֹר הָהָר. ס וַיִּשְׁמַע הַכְּנַעֲנִי מֶלֶךְ עֲרָד וְהוּא יֹשֵׁב
בַּנֶּגֶב בְּאֶרֶץ כְּנָעַן בְּבֹא בְּנֵי יִשְׂרָאֵל.

מא וַיִּסְעוּ מֵהֹר הָהָר וַיַּחֲנוּ בְּצַלְמֹנָה.

מב וַיִּסְעוּ מִצַּלְמֹנָה וַיַּחֲנוּ בְּפוּנֹן.

מג וַיִּסְעוּ מִפּוּנֹן וַיַּחֲנוּ בְּאֹבֹת.

מד וַיִּסְעוּ מֵאֹבֹת וַיַּחֲנוּ בְּעִיֵּי הָעֲבָרִים בִּגְבוּל מוֹאָב.

מה וַיִּסְעוּ מֵעִיִּים וַיַּחֲנוּ בְּדִיבֹן גָּד.

מו וַיִּסְעוּ מִדִּיבֹן גָּד וַיַּחֲנוּ בְּעַלְמֹן דִּבְלָתָיְמָה.

מז וַיִּסְעוּ מֵעַלְמֹן דִּבְלָתָיְמָה וַיַּחֲנוּ בְּהָרֵי הָעֲבָרִים לִפְנֵי נְבוֹ.

מח וַיִּסְעוּ מֵהָרֵי הָעֲבָרִים וַיַּחֲנוּ בְּעַרְבֹת מוֹאָב עַל יַרְדֵּן יְרֵחוֹ. וַיַּחֲנוּ עַל הַיַּרְדֵּן מִבֵּית הַיְשִׁמֹת עַד
מט אָבֵל הַשִּׁטִּים בְּעַרְבֹת מוֹאָב.

פירוש העניין

מטרתה של רשימת המסעות

פרשה זו כוללת רשימה של מסעות בני ישראל, החל מצאתם מרעמסס במצרים ועד הגיעם לערבות מואב. הועלו השערות רבות ביחס לטעמה של הרשימה. לפי המדרש הכוונה ברשימה זו להזכיר את המקומות שבהם הכעיס העם את ה׳.[165] מדרש אחר והרמב״ם מסבירים שהכוונה היא להזכיר את הניסים שעשה ה׳ לישראל במדבר.[166] הדרך לקבוע את מטרתה של הרשימה היא מתוכה. יש שלושה טעמים על פי העולה מהכתובים.

רשימת המסעות רואה את כל המסע הארוך במדבר כמסע מתוכנן, מנקודת המוצא ועד נקודת היעד – החל מהיציאה ממצרים ועד התחנה האחרונה לפני הכניסה לארץ. ישנה הרחבה בתיאורים של התחנה הראשונה וגם האחרונה, דבר המלמד שתכליתה הראשונית של הרשימה היא להראות שהמסע במדבר שהחל ביציאה ממצרים הושלם עם ההגעה לארץ.

פתיחת הרשימה היא בפסוקים ג-ד:

> וַיִּסְעוּ מֵרַעְמְסֵס בַּחֹדֶשׁ הָרִאשׁוֹן בַּחֲמִשָּׁה עָשָׂר יוֹם לַחֹדֶשׁ הָרִאשׁוֹן מִמָּחֳרַת הַפֶּסַח יָצְאוּ בְנֵי יִשְׂרָאֵל בְּיָד רָמָה לְעֵינֵי כָּל מִצְרָיִם. וּמִצְרַיִם מְקַבְּרִים אֵת אֲשֶׁר הִכָּה ה׳ בָּהֶם כָּל בְּכוֹר וּבֵאלֹהֵיהֶם עָשָׂה ה׳ שְׁפָטִים.

והרשימה מסתיימת בהגעה לערבות מואב על הירדן בפסוקים מח-מט:

> וַיִּסְעוּ מֵהָרֵי הָעֲבָרִים וַיַּחֲנוּ **בְּעַרְבֹת מוֹאָב עַל יַרְדֵּן** יְרֵחוֹ. **וַיַּחֲנוּ עַל הַיַּרְדֵּן** מִבֵּית הַיְשִׁמֹת עַד אָבֵל הַשִּׁטִּים בְּעַרְבֹת מוֹאָב.

מעבר לכך הרשימה מבקשת להדגיש את ההנהגה של ישראל במדבר. הרשימה נפתחת בשתי הקדמות. בפסוק א באה הקדמה לכל המסעות של בני ישראל מאז יצאו ממצרים, בהנהגת משה ואהרן:

> אֵלֶּה מַסְעֵי בְנֵי יִשְׂרָאֵל אֲשֶׁר יָצְאוּ מֵאֶרֶץ מִצְרַיִם לְצִבְאֹתָם בְּיַד מֹשֶׁה וְאַהֲרֹן.

פסוק ב מבאר שהמסעות והחניות שכתב משה היו על פי צו ה׳:

> וַיִּכְתֹּב מֹשֶׁה אֶת מוֹצָאֵיהֶם לְמַסְעֵיהֶם עַל פִּי ה׳ וְאֵלֶּה מַסְעֵיהֶם לְמוֹצָאֵיהֶם.

המילה ״מוצאיהם״ מכוונת לתחנת המוצא של העם לפני היציאה למסע הבא, למשל: ״ויסעו מאתם״. אפשרות אחת היא שה׳ ציווה את משה לכתוב את הרשימה (רמב״ן), אולם ההסבר הסביר הוא שה׳ הוא זה שקבע כמה זמן ישהו בכל תחנה, ומתי ייסע העם ולאן ייסע, וזאת באמצעות הענן, כמתואר בפרק ט׳, טו-כג (ראב״ע, ריב״ש). נראה כי כל אחת משתי ההקדמות מדגישה היבט שונה של המסע של בני ישראל במדבר. ההקדמה הראשונה (א) מדברת על ההנהגה האנושית של משה ואהרן, וההקדמה השנייה (ב) מדברת על ההיבט האלוהי של

ההנהגה. הצגת ההנהגה הכפולה של ישראל במסעות במדבר מתבטאת בסמיכות הפרשיות של הענן והחצוצרות בפרק ט׳, טו - י׳, ח. אם כן טעם נוסף לרשימת המסעות הוא להאדיר את ההנהגה של ה׳ ולצידה את ההנהגה האנושית של משה ואהרן במסעות במדבר.

סגנונה של הרשימה תומך במסקנה זו. המבנה הקבוע של הפסוקים הוא: ויסעו מ **א** ויחנו ב **ב**; ויסעו מ **ב** ויחנו ב **ג**. קיים ריתמוס פיוטי ברור במבנה זה. אשר על כן יש לראות ברשימת המסעות סיכום פואטי של המסעות של ישראל במדבר שבא לפאר את הדרך אשר הלכו בה. פאר המסע הוא לה׳, אשר הוביל את ישראל במדבר, וגם להנהגה של משה ואהרן, כמודגש בשתי ההקדמות של הרשימה. קטע פואטי זה חוגג את הצלחת המסע, ושיר ניצחון על ירושת הארץ מצוי ביהושע י״ב. מכיוון שהכניסה לא הייתה מיידית, וארכה במקום זאת ארבעים שנות דור, יש טעם לסכם את תקופת הנדודים בשיר המציין את התחנות השונות ואת המסעות בין התחנות.

הקשרה של רשימת המסעות מעלה משמעות שלישית לעניין מטרתה של הרשימה, משמעות שלא נחשפה עד כה. רשימת המסעות קשורה לציווי של ה׳ להכרית את תושבי הארץ, ציווי שיבוא מיד אחרי הרשימה (נ-נו). קשר זה עולה מהזיקה בין הציון של התחנה האחרונה, לבין הציון של אותו מקום שבו ה׳ נתן למשה את הצו על הכיבוש של הארץ (מח-נא):

> וַיִּסְעוּ מֵהָרֵי הָעֲבָרִים וַיַּחֲנוּ **בְּעַרְבֹת מוֹאָב עַל יַרְדֵּן** יְרֵחוֹ.
> **וַיַּחֲנוּ עַל הַיַּרְדֵּן** מִבֵּית הַיְשִׁמֹת עַד אָבֵל הַשִּׁטִּים בְּעַרְבֹת מוֹאָב.
> וַיְדַבֵּר ה׳ אֶל מֹשֶׁה **בְּעַרְבֹת מוֹאָב עַל יַרְדֵּן יְרֵחוֹ** לֵאמֹר.
> דַּבֵּר אֶל בְּנֵי יִשְׂרָאֵל וְאָמַרְתָּ אֲלֵהֶם **כִּי אַתֶּם עֹבְרִים אֶת הַיַּרְדֵּן** אֶל אֶרֶץ כְּנָעַן.

ברוב הפעמים בתורה שבהם יש ציווי של ה׳ אל משה, לא רשום מקום הציווי, אולם בתחילת ההוראה על הכרתת עמי כנען, נתון זה נרשם – "**בְּעַרְבֹת מוֹאָב עַל יַרְדֵּן יְרֵחוֹ**", ומקום זה הוא המקום האחרון שנזכר ברשימת המסעות (מח). קישור זה בין סופה של רשימת המסעות לבין המעבר לכנען, והציווי של ה׳ מיד אחר כך באמצעות ציון המקום, מלמד שיש כאן יחידה אחת: היא מתחילה ביציאת מצרים, במסעות במדבר עד הכניסה לארץ, ועתה בא הציווי לגבי הכיבוש. יש להבין אפוא באור הזה את רשימת המסעות. המסעות נרשמו כדי לסכם את המסע של ישראל עד הגיעם אל סף הכניסה לארץ, כדי לתת להם את ציווי הכיבוש. וכך עולה שהתכלית של היציאה ממצרים והמסעות במדבר היא לכבוש את הארץ ולהכרית מתוכה את העבודה הזרה. הטעם של כיבוש הארץ לשם הכרתת העבודה הזרה מתוכה, תעלה ביתר הרחבה ודיוק בעיוננו לקטע זה בפרק הבא.

נמצא כי שלוש מטרות לתיאור רשימת המסעות במדבר החל מהיציאה ממצרים ועד בואם אל סף ארץ כנען. מטרה אחת היא להראות שהיציאה ממצרים והמסע במדבר הגיעו לידי השלמה, עם הגיע העם אל סף ארץ כנען. מטרה שנייה של התיאור הפואטי של המסע במדבר היא להאדיר את ה׳ ואת הנהגת משה ואהרן. מטרה שלישית היא להציג את היציאה ממצרים והמסע במדבר כמכוונים להכרתת תושבי כנען והכרתת העבודה הזרה מהארץ.

מהלך המסע

רבים מהמקומות המוזכרים אינם מוכרים לנו, וגם אחרי שנים של מחקר הרבה לוט בערפל. אומנם הרשימה בכללותה מקבילה למה שמסופר על המסעות בסיפורים בספרי שמות ובמדבר, אולם מספר לא מבוטל של תחנות הנזכרות ברשימה אינן מופיעות בסיפורים, וכמו כן יש מקומות שנזכרו בסיפורים ואינם מופיעים ברשימה בפרק ל"ג, למשל תבערה (י"א, ג), נחליאל ובמות (כ"א, יט). הטבלה הבאה מדגימה את היחס בין הרשימה בפרק ל"ג, לבין שמות מקומות החנייה בספרי שמות ובמדבר:

	במדבר ל"ג	שמות / במדבר
1	סוכות (ה)	סוכותה (שמות י"ב, לז)
2	אתם (ו)	אתם (שמות י"ג, כ)
3	פי החירות (ז)	פי החירות (שמות י"ד, ב)
	מעבר ים סוף (ח)	מעבר ים סוף (שמות ט"ו, כב)
4	מרה (ח)	מרה (שמות ט"ו, כג)
5	אילימה (ט)	אילימה (שמות ט"ו, כז)
6	ים סוף (י)	
7	מדבר סין (יא)	מדבר סין (שמות ט"ז, א)
8	דופקה (יב)	
9	אלוש (יג)	
10	רפידים (יד)	רפידים (שמות י"ז, א) = מסה ומריבה (שמות י"ז, ז)
11	מדבר סיני (טו)	מדבר סיני (שמות י"ט, ב)
12	קברות התאווה (טז)	מדבר פארן - קברות התאווה (במדבר י', יב; י"א, לד)
13	חצרות (יז)	חצרות (במדבר י"א, לה)
		מדבר פארן - קדש (במדבר י"ב, טז; י"ג, כו)

13 תחנות אלה מקבילות לחלק הסיפורי בספרים שמות ובמדבר עד חטא המרגלים. כמעט לכל 13 התחנות אשר מוזכרות בחלקה הראשון של הרשימה בפרק ל"ג, יש מקבילה בחלק הסיפורי, זאת חוץ מן התחנות 8 ו 9, דופקה ואלוש, אשר אינן מוזכרות בספר שמות. בסיפור בספר במדבר לאחר שהייה בחצרות (י"א, לה) מסופר על הגעתם למדבר פארן היא קדש (י"ב, טז; י"ג, כו). אולם לאחר חצרות בפרק ל"ג (תחנה 13), לא מסופר על התחנה המשמעותית במדבר פארן-קדש. בכך נעסוק להלן.

מסיפור חטא המרגלים לא מוזכרות בסיפורים בספר במדבר התחנות של ישראל עד שנת הארבעים. בתקופה זו הרשימה בפרק ל"ג מונה 18 תחנות (מהתחנה ה 14 ועד התחנה ה 31):

14. רתמה (יח); 15. רימון פרץ (יט); 16. לבנה (כ); 17. ריסה (כא); 18. קהלתה (כב); 19. הר שפר (כג); 20. חרדה (כד); 21. מקהלות (כה); 22. תחת (כו); 23. תרח (כז); 24. מתקה (כח); 25. חשמונה (כט); 26. מוסרות (ל); 27. בני יעקן (לא); 28. חור הגדגד (לב); 29. יוטבתה (לג); 30. עברונה (לד); 31. עציון גבר (לה).

התחנה הבאה ברשימה היא מדבר צין - קדש, שאליה הגיעו ישראל בתחילת שנת הארבעים, ומתחנה זו ואילך יש לכך אזכורים בסיפורי ספר במדבר.

	במדבר ל"ג	במדבר כ'
32	מדבר צין היא קדש (לו)	מדבר צין - קדש (כ', א)
33	הור ההר בקצה ארץ אדום (לז)	הור ההר (כ', כב)
34	צלמונה (מא)	
35	פונון (מב)	
36	אובות (מג)	אובות (כ"א, י)
37	עיי העברים בגבול מואב (מד)	עיי העברים במדבר אשר על פני מואב מזרח שמש (כ"א, י)
38	דיבון גד (מה)	
39	עלמון דבלתיימה (מו)	
40	הרי העברים לפני נבו (מז)	הר העברים (כ"ז, יב)
41	ערבות מואב על ירדן ירחו, על הירדן מבית הישימות עד אבל השיטים בערבות מואב (מח-מט)	ערבות מואב (כ"ב, א)

יש חפיפה רבה בין התחנות 32 עד 41 לבין החלק הסיפורי, אף כי נרשמו כמה תחנות ברשימה בפרק ל"ג שאין להן ייצוג בסיפור: 34. צלמונה (מא); 35. פונון (מב); 38. דיבון גד (מה); 39. עלמון דבלתיימה (מו).

אף שעיקרה של הרשימה כולל את המסעות והחניות של ישראל במדבר, ישנם פה ושם בתוך הרשימה אזכורים קצרים של אירועים שונים. הרשימה נפתחת בשבח לה' אשר היכה את בכורי מצרים ואת אלוהי מצרים, ובזכות זה יצאו ישראל ביד רמה ממצרים (ג-ד):

וַיִּסְעוּ מֵרַעְמְסֵס בַּחֹדֶשׁ הָרִאשׁוֹן בַּחֲמִשָּׁה עָשָׂר יוֹם לַחֹדֶשׁ הָרִאשׁוֹן מִמָּחֳרַת הַפֶּסַח יָצְאוּ בְנֵי יִשְׂרָאֵל בְּיָד רָמָה לְעֵינֵי כָּל מִצְרָיִם. וּמִצְרַיִם מְקַבְּרִים אֵת אֲשֶׁר הִכָּה ה' בָּהֶם כָּל בְּכוֹר וּבֵאלֹהֵיהֶם עָשָׂה ה' שְׁפָטִים.

התחלה זו תואמת את המגמה של הרשימה לפאר את ה', אשר הוציא את ישראל ממצרים.

בהמשך הרשימה כלולות חמש הערות קצרות:

וַיִּסְעוּ מִפְּנֵי הַחִירֹת וַיַּעַבְרוּ בְתוֹךְ הַיָּם הַמִּדְבָּרָה וַיֵּלְכוּ דֶּרֶךְ שְׁלֹשֶׁת יָמִים בְּמִדְבַּר אֵתָם וַיַּחֲנוּ בְּמָרָה (ח).

וַיִּסְעוּ מִמָּרָה וַיָּבֹאוּ אֵילִמָה וּבְאֵילִם שְׁתֵּים עֶשְׂרֵה עֵינֹת מַיִם וְשִׁבְעִים תְּמָרִים וַיַּחֲנוּ שָׁם (ט).

וַיִּסְעוּ מֵאָלוּשׁ וַיַּחֲנוּ בִּרְפִידִם וְלֹא הָיָה שָׁם מַיִם לָעָם לִשְׁתּוֹת (יד).

וַיַּעַל אַהֲרֹן הַכֹּהֵן אֶל הֹר הָהָר עַל פִּי ה׳ וַיָּמָת שָׁם בִּשְׁנַת הָאַרְבָּעִים לְצֵאת בְּנֵי יִשְׂרָאֵל מֵאֶרֶץ מִצְרַיִם בַּחֹדֶשׁ הַחֲמִישִׁי בְּאֶחָד לַחֹדֶשׁ. וְאַהֲרֹן בֶּן שָׁלֹשׁ וְעֶשְׂרִים וּמְאַת שָׁנָה בְּמֹתוֹ בְּהֹר הָהָר (לח-לט).

וַיִּשְׁמַע הַכְּנַעֲנִי מֶלֶךְ עֲרָד וְהוּא יֹשֵׁב בַּנֶּגֶב בְּאֶרֶץ כְּנָעַן בְּבֹא בְּנֵי יִשְׂרָאֵל (מ).

אחד הנושאים שגרמו למבוכה בקרב פרשנים רבים הוא הניסיון להבין את האירועים שכלולים ברשימה, לעומת אלה שלא נכללו. ניכר מאוד שמתן תורה בסיני לא מוזכר, כמו גם שליחת המרגלים או סיפור מרד קורח.

ההסבר הטוב ביותר הוא שהרשימה לא כוללת סיכום של קורות ישראל במדבר, אלא בעיקר כוללת אירועים המפארים את ה׳, את משה ואת אהרן, על ההובלה של העם במדבר, והנסיעה לקראת הכניסה לארץ. על כן נזכרו אירועים שיש בהם פתרונות של בעיית המים האופיינית למדבר, והמעבר של ים סוף בכניסה למדבר. אין הכוונה להראות אפילו את כל הניסים, אלא את מה שעשה ה׳ בעזרת משה ואהרן לסיפוק צורכי המים במדבר. דווקא נושא המים עולה רבות ברשימה, משום שהימצאות המים הייתה קשורה לחניות. כשהיה מים העם חנה, וכשחנו ולא היו מים, עשה ה׳ ניסים לעם. לפיכך לא הוזכר נושא המן, שהרי הוא אינו קשור למקום חנייה מסוים, אלא הוא נס שליווה את העם בכל שנותם במדבר. מכיוון שהנושא של הרשימה הוא לפאר את גדולת המנהיגים, מסופר גם על מותו של אהרן. האזכור על מלך ערד מתקשר לכך שמטרת הרשימה היא לתאר את ההליכה במדבר ועד לכניסה לארץ לשם ירושתה. המלחמה בערד היא המלחמה הראשונה של ישראל עם מלך כנעני בגבולות הארץ, והיא מוקדמת לכניסה לארץ, ועל כן נזכרה. ולכן הודגש בפסוק זה שמקומו של מלך ערד הוא בנגב בארץ כנען, ואף הודגש ״בבוא בני ישראל״, להורות על כוונת ישראל להיכנס לארץ.

מובן עתה מדוע לא מוזכר חטא המרגלים. הרשימה לא באה לציין את כל האירועים, אלא רק אירועים מן הסוג שהוזכר לעיל. אולם הקושי מבחינת תיאור המסע הוא שהתחנה במדבר פארן - קדש ששם שהו לאחר חצרות הושמטה מהרשימה. ההסבר לזה עשוי להיות, שהתורה ביקשה לציין דווקא את המסע המוצלח של ישראל במדבר החל מיציאתם ממצרים ועד הכניסה לארץ, ואילו התחנה במדבר פארן - קדש היא חלק מהמסע הכושל, שלא הסתיים בכניסה לארץ. מטרת תיאור המסע, כאמור, אינה לספק מידע היסטורי וגיאוגרפי, אלא לתאר את המסע המוצלח לעבר ערבות מואב.

הציווי על ירושת הארץ והכרתת תושביה, ל"ג, נ-נו

ג נא וַיְדַבֵּר ה׳ אֶל מֹשֶׁה בְּעַרְבֹת מוֹאָב עַל יַרְדֵּן יְרֵחוֹ לֵאמֹר. דַּבֵּר אֶל בְּנֵי יִשְׂרָאֵל וְאָמַרְתָּ אֲלֵהֶם
נב כִּי אַתֶּם עֹבְרִים אֶת הַיַּרְדֵּן אֶל אֶרֶץ כְּנָעַן. וְהוֹרַשְׁתֶּם אֶת כָּל יֹשְׁבֵי הָאָרֶץ מִפְּנֵיכֶם וְאִבַּדְתֶּם
נג אֵת כָּל מַשְׂכִּיֹּתָם וְאֵת כָּל צַלְמֵי מַסֵּכֹתָם תְּאַבֵּדוּ וְאֵת כָּל בָּמוֹתָם תַּשְׁמִידוּ. וְהוֹרַשְׁתֶּם אֶת
נד הָאָרֶץ וִישַׁבְתֶּם בָּהּ כִּי לָכֶם נָתַתִּי אֶת הָאָרֶץ לָרֶשֶׁת אֹתָהּ. וְהִתְנַחַלְתֶּם אֶת הָאָרֶץ בְּגוֹרָל
לְמִשְׁפְּחֹתֵיכֶם לָרַב תַּרְבּוּ אֶת נַחֲלָתוֹ וְלַמְעַט תַּמְעִיט אֶת נַחֲלָתוֹ אֶל אֲשֶׁר יֵצֵא לוֹ שָׁמָּה הַגּוֹרָל
נה לוֹ יִהְיֶה לְמַטּוֹת אֲבֹתֵיכֶם תִּתְנֶחָלוּ. וְאִם לֹא תוֹרִישׁוּ אֶת יֹשְׁבֵי הָאָרֶץ מִפְּנֵיכֶם וְהָיָה אֲשֶׁר
תּוֹתִירוּ מֵהֶם לְשִׂכִּים בְּעֵינֵיכֶם וְלִצְנִינִם בְּצִדֵּיכֶם וְצָרְרוּ אֶתְכֶם עַל הָאָרֶץ אֲשֶׁר אַתֶּם יֹשְׁבִים
נו בָּהּ. וְהָיָה כַּאֲשֶׁר דִּמִּיתִי לַעֲשׂוֹת לָהֶם אֶעֱשֶׂה לָכֶם.

פירוש העניין

ה׳ מצווה את משה להוריש את יושבי הארץ ולאבד את העבודות הזרות שאותן הם עובדים (נב). וכן מצווה ה׳ להוריש את הארץ ולשבת בה לאחר חלוקתה, על פי העיקרון של נחלה גדולה לאוכלוסייה גדולה ונחלה קטנה לאוכלוסייה קטנה (נג-נד). ה׳ מזהיר שאם לא יורישו את יושבי הארץ, הם יהיו להם למכשול ולנזק, ויהיו להם לאויבים (נה), ואז יעשה ה׳ לישראל מה שתכנן לעשות לעמי כנען (נו).

כאמור לעיל, הציון המורחב של המקום של ישראל בערבות מואב בסוף רשימת המסעות, והציון של המקום של צו ה׳ באותו מקום, מלמדים שרשימת המסעות משמשת כחלק מהצו לכבוש את הארץ. הכוונה היא להראות רציפות בין היציאה ממצרים והמסעות במדבר עד הכניסה לארץ, כיבושה, והשמדת תושביה ועבודתם הזרה. בכך מתבטאות תכליותיהם של היציאה ממצרים ושל המסע לעבר הארץ – כיבוש הארץ והישיבה בה. עניין זה יובהר יותר לאחר שנעמיק בצו.

קטע זה כולל שלושה ציוויים שונים: הציווי הראשון הוא: "וְהוֹרַשְׁתֶּם אֶת כָּל יֹשְׁבֵי הָאָרֶץ" (נב) – להילחם בתושבי הארץ, לגרשם ולהשמידם. הציווי השני – לאבד את העבודה הזרה של תושבי הארץ (נב). הציווי השלישי הוא "וְהוֹרַשְׁתֶּם אֶת הָאָרֶץ וִישַׁבְתֶּם בָּהּ" (נג). יש להבחין בין הציווי 'והורשתם' בשני הציוויים. בציווי הראשון הפועל "והורשתם" מתייחס ל"יושבי הארץ", ועל כן משמעותו להרוג ולהשמיד. בציווי השלישי הפועל "והורשתם" מתייחס לארץ, ועל כן משמעותו לנחול את הארץ (רמב"ן). אכן מיד לאחר הציווי הזה בא השלב הבא של חלוקת הארץ בין השבטים (נד): "וְהִתְנַחַלְתֶּם אֶת הָאָרֶץ".

החלק האחרון של הצו הוא איום שאם לא ימלא העם את הצו להוריש את תושבי הארץ, הם יכאיבו לישראל (כמו שיכים וצנינים) ויהיו להם לאויבים (וצררו אתכם): "וְאִם לֹא תוֹרִישׁוּ אֶת יֹשְׁבֵי הָאָרֶץ מִפְּנֵיכֶם וְהָיָה אֲשֶׁר תּוֹתִירוּ מֵהֶם לְשִׂכִּים בְּעֵינֵיכֶם וְלִצְנִינִם בְּצִדֵּיכֶם וְצָרְרוּ אֶתְכֶם עַל הָאָרֶץ אֲשֶׁר אַתֶּם יֹשְׁבִים בָּהּ" (נה). לאחר התוצאה של חטא ישראל בהשארת הגויים, מסיים הקטע בעונש של ה׳ על כך. ה׳ התכוון להשמיד את עמי כנען מפני ישראל, ואם ישראל לא יבצעו זאת, הרי שה׳ יעשה לישראל את מה שהתכוון לעשות לעמי כנען: "וְהָיָה כַּאֲשֶׁר דִּמִּיתִי לַעֲשׂוֹת לָהֶם אֶעֱשֶׂה לָכֶם" (נו).

נושא ירושת הארץ והכרתת תושביה מופיע בכמה מקורות במקרא, אך אופיו כאן הוא ייחודי. במקומות אחרים האיסור לכרות ברית עם יושבי הארץ והחובה להשמיד את העבודה הזרה שלהם נובע מהחשש להתחתנות עם תושבי הארץ, שעלולה לגרום להשפעה דתית על ישראל. כך בשמות כ"ג, כג-כד; ל"ד, יא-טז; דברים ז׳, א-ה; כ׳, טז-יח. לעומת מקורות אלה, בבמדבר ל"ג, נ-נו, לא נזכר החשש מההשפעה של עמי כנען. כאן טעמו של הצו להכרית את העמים הוא שונה, כפי שעולה בפסוק האחרון בקטע, המבאר את הטעם הייחודי (נו). אם לא יבצע העם את צו ה׳, ה׳ ישמיד את העם כפי שתכנן לעשות לעמי כנען. העולה מכאן שהכרתת העמים היא רצון ה׳ להעניש אותם, וישראל הם שליחיו לבצע זאת. אם במקורות

אחרים הכרתת העבודה הזרה והחרמת תושבי הארץ הן כדי שישראל לא יושפעו מהם, כאן הכרתת תושבי הארץ והעבודה הזרה היא עונש ה׳ לעמי כנען, וישראל הם שליחיו לעשות זאת. לכן מובן מדוע אם העם לא יכרית את הכנענים ולא יאביד את העבודה הזרה, הוא חוטא ועתיד לקבל אותו עונש שה׳ מייעד לכנענים. הסבר זה עולה בקנה אחד עם מה שעולה מספר בראשית, שהארץ ניתנת לישראל משום שהכנענים חטאו, ועל כן ה׳ הבטיח לאברהם את הארץ רק לזמן עתידי רב, משום שטרם שלם עוון האמורי באותו זמן (בראשית ט״ו, טז). בניגוד למקורות האחרים הסיבה של ההכרתה של העבודה הזרה כאן היא אידיאולוגית. ראוי לציין שאין בכך סתירה למקורות האחרים. ברור שגם במקורות האחרים קיימת התנגדות עקרונית לעבודה זרה, אלא שהדגש שם הוא החשש שישראל יושפעו, וזו סיבת הכרתת הכנענים. אולם הסיבה כאן להכרתת הכנענים היא חטאם, והכרתתם היא עונש ה׳, ואת העבודה הזרה צריך להכרית מהארץ. ייתכן שהציווי להכרית את העבודה הזרה מהארץ בדברים י״ב, ג-ד אף הוא אידיאולוגי. אולי מסיבה זו, בשונה מחלק מהמקומות האחרים, אין הבטחה לסיוע אלוהי בהורשת הארץ. במקומות אחרים ירושת הארץ היא לטובת ישראל, ועל כן ה׳ מסייע (שמות ל״ד, יא; דברים ז׳, א), ואילו כאן ירושת הארץ היא תפקיד של ישראל, ולכן אין מוזכר סיוע אלוהי.

לאור ההסבר הזה נוכל להבין מדוע הציווי לחלק את הארץ בפרק כ״ו, נב-נו, נשנה כאן בפסוק נד. הניסוח של הציווי לחַלק את הארץ דומה בשתי הפסקאות: בשתיהן מופיע עקרון החלוקה שלגדול נותנים יותר ולקטן מעט (כ״ו, נד; ל״ג, נד2), ובשתיהן נזכר שהארץ תיחלק בגורל (כ״ו, נה; ל״ג, נד1). שם הציווי בא לאחר ספירת העם, וזאת כדי לקבוע למי תיחלק הארץ. כאן הציווי בא לפני תיאור הגבולות של הארץ העתיד לבוא בפרשייה הבאה, ועל כן יש טעם לחזור על הציווי של חלוקת הארץ. אך עדיין יש לשאול מדוע הרשימה של מקבלי הארץ רחוקה כל כך מרשימת הגבולות של הארץ שאותה יש לתת בנחלה.

נראה שהציווי הכפול לחלק את הארץ מתאים לשני הקשרים שונים שבהם הציוויים מצויים, בהתאם לשתי המטרות השונות שלהם. בפרק כ״ו הציווי על חלוקת הארץ בא לאחר ספירת העם למשפחותיו, לשם חלוקת הנחלות לשבטים. לעומת זאת, הציווי על חלוקת הארץ כאן הוא חלק מציווי על גירוש הכנענים והשמדתם והכרתת העבודה הזרה. במקום הכנענים החטאים ישבו ישראל בארץ לאחר שיורישום. יש כאן שתי מטרות שונות לציווי: מטרה אחת היא לשם יישובם של ישראל בנחלה שהובטחה להם (כ״ו, נב-נו), והמטרה השנייה היא חלק מהענשת הכנענים על חטאם (ל״ג, נ-נו). שתי מגמות אלה עולות בשני סיכומים לכיבוש הארץ ביהושע י״א: פסוק כג שָׁם עוסק בכיבוש לשם הנחלה, ופסוק כ לשם השמדת הכנענים.[167]

חלוקת הארץ, ל״ד-ל״ו

לאחר שבאים הציוויים על כיבוש הארץ, הורשת תושביה וההתנחלות בארץ (ל״ג, נ-נו), עתה המקרא עובר לתיאור גבולותיה של הארץ שתיחלק בין השבטים (ל״ד, א-טו), ולרשימת האנשים שיחלקו אותה (ל״ד, טז-כט). לאחר מכן בא הציווי לתת ערים ללוויים, שאינם יורשים נחלה (ל״ה, א-ח). החלוקה של הארץ מצריכה גם הקצאת ערי מקלט, ועל כן באות הלכות רוצח (ל״ה, ט-לד). ולסיום באה תלונת שבט מנשה שנחלתם עלולה להילקח מהם לשבט אחר בעקבות החוק שבנות צלופחד יירשו נחלה (ל״ו). כל הפרשיות האלה עוסקות בעניינים הקשורים לחלוקת הארץ, או נובעות ממנה.

גבולות הארץ הנחלקת בין השבטים, ל"ד, א-טו

א ב וַיְדַבֵּר ה׳ אֶל מֹשֶׁה לֵּאמֹר. צַו אֶת בְּנֵי יִשְׂרָאֵל וְאָמַרְתָּ אֲלֵהֶם כִּי אַתֶּם בָּאִים אֶל הָאָרֶץ כְּנָעַן
ג זֹאת הָאָרֶץ אֲשֶׁר תִּפֹּל לָכֶם בְּנַחֲלָה אֶרֶץ כְּנַעַן לִגְבֻלֹתֶיהָ. וְהָיָה לָכֶם פְּאַת נֶגֶב מִמִּדְבַּר צִן
ד עַל יְדֵי אֱדוֹם וְהָיָה לָכֶם גְּבוּל נֶגֶב מִקְצֵה יָם הַמֶּלַח קֵדְמָה. וְנָסַב לָכֶם הַגְּבוּל מִנֶּגֶב לְמַעֲלֵה
ה עַקְרַבִּים וְעָבַר צִנָה וְהָיוּ תּוֹצְאֹתָיו מִנֶּגֶב לְקָדֵשׁ בַּרְנֵעַ וְיָצָא חֲצַר אַדָּר וְעָבַר עַצְמֹנָה. וְנָסַב
ו הַגְּבוּל מֵעַצְמוֹן נַחְלָה מִצְרָיִם וְהָיוּ תוֹצְאֹתָיו הַיָּמָּה. וּגְבוּל יָם וְהָיָה לָכֶם הַיָּם הַגָּדוֹל וּגְבוּל זֶה
ז ח יִהְיֶה לָכֶם גְּבוּל יָם. וְזֶה יִהְיֶה לָכֶם גְּבוּל צָפוֹן מִן הַיָּם הַגָּדֹל תְּתָאוּ לָכֶם הֹר הָהָר. מֵהֹר הָהָר
ט תְּתָאוּ לְבֹא חֲמָת וְהָיוּ תּוֹצְאֹת הַגְּבֻל צְדָדָה. וְיָצָא הַגְּבֻל זִפְרֹנָה וְהָיוּ תוֹצְאֹתָיו חֲצַר עֵינָן זֶה
י יא יִהְיֶה לָכֶם גְּבוּל צָפוֹן. וְהִתְאַוִּיתֶם לָכֶם לִגְבוּל קֵדְמָה מֵחֲצַר עֵינָן שְׁפָמָה. וְיָרַד הַגְּבֻל מִשְּׁפָם
יב הָרִבְלָה מִקֶּדֶם לָעָיִן וְיָרַד הַגְּבֻל וּמָחָה עַל כֶּתֶף יָם כִּנֶּרֶת קֵדְמָה. וְיָרַד הַגְּבוּל הַיַּרְדֵּנָה וְהָיוּ
יג תוֹצְאֹתָיו יָם הַמֶּלַח זֹאת תִּהְיֶה לָכֶם הָאָרֶץ לִגְבֻלֹתֶיהָ סָבִיב. וַיְצַו מֹשֶׁה אֶת בְּנֵי יִשְׂרָאֵל לֵאמֹר
יד זֹאת הָאָרֶץ אֲשֶׁר תִּתְנַחֲלוּ אֹתָהּ בְּגוֹרָל אֲשֶׁר צִוָּה ה׳ לָתֵת לְתִשְׁעַת הַמַּטּוֹת וַחֲצִי הַמַּטֶּה. כִּי
לָקְחוּ מַטֵּה בְנֵי הָראוּבֵנִי לְבֵית אֲבֹתָם וּמַטֵּה בְנֵי הַגָּדִי לְבֵית אֲבֹתָם וַחֲצִי מַטֵּה מְנַשֶּׁה לָקְחוּ
טו נַחֲלָתָם. שְׁנֵי הַמַּטּוֹת וַחֲצִי הַמַּטֶּה לָקְחוּ נַחֲלָתָם מֵעֵבֶר לְיַרְדֵּן יְרֵחוֹ קֵדְמָה מִזְרָחָה.

פירוש העניין

לאחר הציווי לרשת את הארץ מידי תושביה הכנענים (ל"ג, נ-נו), בפסוקים אלה יש ציווי לחלק לשבטים את הארץ המתוארת לגבולותיה. תיאור הגבולות פותח בדיבור של ה' אל משה לצוות את העם על גבולות הארץ הנחלקת (א-ב):

וַיְדַבֵּר ה' אֶל מֹשֶׁה לֵּאמֹר. צַו אֶת בְּנֵי יִשְׂרָאֵל וְאָמַרְתָּ אֲלֵהֶם כִּי אַתֶּם בָּאִים אֶל הָאָרֶץ כְּנָעַן **זֹאת הָאָרֶץ** אֲשֶׁר תִּפֹּל **לָכֶם** בְּנַחֲלָה אֶרֶץ כְּנַעַן **לִגְבֻלֹתֶיהָ**.

הצו חותם באופן דומה, כך נוצר מבנה מעטפת (יב):

זֹאת תִּהְיֶה **לָכֶם הָאָרֶץ לִגְבֻלֹתֶיהָ** סָבִיב.

לאחר תיאור גבולות הארץ (ג-יב1) וציווי ה' לחלק את הארץ, משה מעביר את הצו לבני ישראל כאשר צווה: "וַיְצַו מֹשֶׁה אֶת בְּנֵי יִשְׂרָאֵל לֵאמֹר זֹאת הָאָרֶץ אֲשֶׁר תִּתְנַחֲלוּ אֹתָהּ בְּגוֹרָל אֲשֶׁר צִוָּה ה' לָתֵת לְתִשְׁעַת הַמַּטּוֹת וַחֲצִי הַמַּטֶּה" (יג). הוא משתמש במילים של ה', ובזה ניכר שהוא צינור נאמן להעברת רצונו: "זֹאת הָאָרֶץ אֲשֶׁר תִּפֹּל לָכֶם בְּנַחֲלָה אֶרֶץ כְּנַעַן לִגְבֻלֹתֶיהָ" (יב).

תיאור גבולות הארץ כולל את תוואי הגבול, החל בצד דרום (ג-ה), ועם כיוון השעון, מערב (ו), צפון (ז-ט) ומזרח (י-יב). תחילה הפסוקים מתארים את גבול דרום, החל מהקצה המזרחי ועד הקצה המערבי שלו (ג-ה). אף שאין ודאות לגבי זיהוין של כל נקודות גבול זה, התוואי של הגבול הדרומי בדרך כלל מוסכם. הגבול הדרומי מתחיל בצד מזרח בנקודה הדרומית של ים המלח (שהיא דרומית מאוד לדרום ים המלח שבימינו), ועובר דרך מעלה עקרבים אל צין, ועד דרומה לקדש ברנע (הכלולה בשטח הארץ),[168] שיש לזהותה עם עין קודיראת, ועד נחל מצרים, שהוא נחל אל עריש,[169] או נחל הבשור מדרום לעזה.[170] התוואי של הגבול הדרומי חופף את הגבול הדרומי של שבט יהודה בספר יהושע (ט"ו, א-ד). הגבול המערבי הוא הים התיכון (ו). הנקודה הצפונית של הגבול המערבי הוא "הֹר ההר", אלא שהזיהוי של מקום זה אינו ודאי, והוא כנראה באחת מהפסגות של הרי הלבנון.[171] קו הגבול הצפוני עובר בלבוא חמת. היו שסברו שהמשמעות של השם הוא בואכה חמת,[172] אולם היום מוסכם ששם המקום הוא "לבוא", שהינה עיר חשובה בגבול ממלכת חמת, ומזוהה עם לבוה, היושבת על אחד ממקורות האורונטס מצפון למה שמוכר היום כבעל-בֶּךּ, בצפון בקעת הלבנון.[173] יש המזהים את המקום עם העיר חמה שבסוריה התיכונה.[174] קו הגבול הצפוני ממשיך לכיוון מזרח אל צדד, שאותה מזהים עם כפר צדאד, שנמצא כחמישים ק"מ מצפון מזרח ללבוה,[175] ואחר כך ממשיך תוואי הגבול הצפוני למקומות שקשה לזהותם – זפרון וחצר עינן (ז-ט). מזר העלה שקו גבול זה משקף את קו הגבול בין מצרים לבין חת במאה השלוש עשרה לפנה"ס.[176] הגבול המזרחי (י-יב) בחלקו הצפוני לא ברור, אך בחלקו הדרומי הוא קו הכינרת המזרחי, הירדן וים המלח.

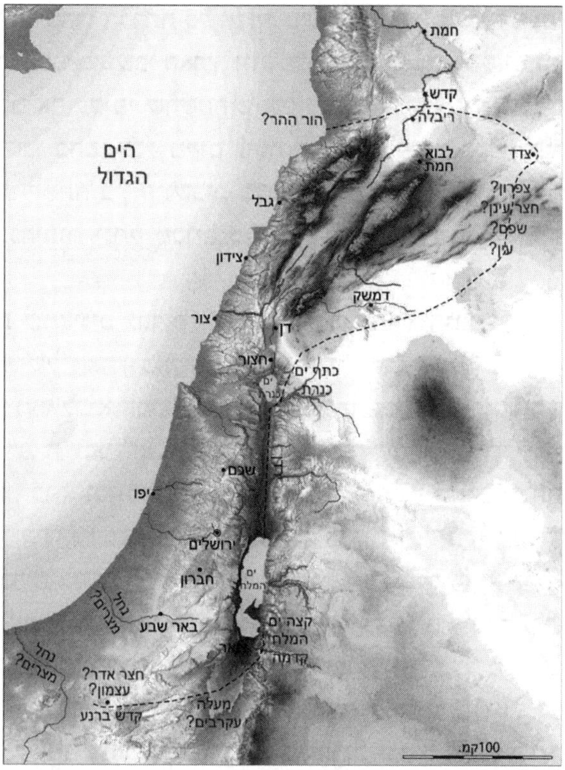

גבולות הארץ אינם כוללים את עבר הירדן המזרחי. בסופה של רשימת הגבולות באה הידיעה שהארץ הזאת תיחלק לתשעה שבטים וחצי שבט, משום ששני שבטים וחצי שבט, ראובן, גד וחצי שבט מנשה כבר קיבלו את נחלתם בעבר המזרחי של הירדן (יד-טו). אך מעבר לכך, השטחים של עבר הירדן המזרחי אינם כלולים בארץ המובטחת. כפי שהעלינו לעיל, כבשו ישראל שטחים אלה שלא כפי התוכנית הראשונית, לאחר שסיחון ועוג פתחו במלחמות כנגד ישראל (כ"א, כא-לה), ולמעשה ישבו בהם שבטים מישראל, אף ששטח זה לא היה כלול מעיקרו בגבולות הארץ.* ברור שישראל לא נכנסו לארץ עד שעברו את הירדן, כפי שעולה מכך שמשה לא עובר את הירדן, וחרף הגיעו לערבות מואב הוא נחשב כמי שלא נכנס לארץ. סיפור בקשת שני השבטים וחצי השבט ממשה שלא להיכנס לארץ, מתבסס על ההנחה שעבר הירדן המזרחי אינו חלק מהארץ (ל"ב). למעשה, בסופו של דבר שטחים אלה נחשבו לשטחי שבטי ישראל, ולכן במקומות המקראיים מכאן ולהבא השטח של עבר הירדן המזרחי כלול בגבולות הארץ (ל"ד, א-ג; דברים ב', לא). מכיוון שבפועל השטח נחשב חלק מהארץ, הוחל ויושם על השטח הזה החוק שיש להכרית כל נשמה, ולא רק את הגברים (דברים ב', לד-לה;

* וכך גם בספרי דברים פיסקא רצט (מהדורת פינקלשטיין, עמ' 318): "כי באתי אל הארץ... רבי שמעון אומר: פרט לעבר הירדן שנטלתו מעצמך".

ג׳, ו-ז). והדבר הגיוני, שהרי הכרתת כל נשמה בשטחי הארץ (בשונה מעמים רחוקים), נובעת מהחשש שישראל יתחתנו בתושבי הארץ, ויושפעו מהם, וחשש זה קיים גם ביחס לשטחי עבר הירדן המזרחי. אולם אף על פי שהשטחים של עבר הירדן המזרחי נכללים בגבולות הארץ לאחר שהשבטים ישבו בהם, מכל מקום שטח זה נחשב פחות בקדושתו מאשר עבר הירדן המערבי, דבר שגרם למתח בין היושבים בעבר הירדן המערבי, לבין היושבים בעבר הירדן המזרחי, שהרגישו נחיתות ונתק מסוים מהעם היושב במערב הירדן, כפי שעולה מיהושע כ״ב.[177]

ישנם מקורות שמציגים גבולות רחבים הרבה יותר מהגבולות של הארץ המתוארים כאן. הגבול הצפוני של הארץ כאן הוא לבוא חמת, וכפי שגם עולה מתחום הריגול של המרגלים מנחל צין ועד לבוא חמת (י״ג, כא). גבול זה גם עולה כנקודה הצפונית של הארץ הנשארת ביהושע י״ג, ה, ובמל״א ח׳, סה, וכן בתיאור הכיבושים של ירובעם בן יואש חוזר גבול זה (מל״ב י״ד, כה), וכן בדה״א י״ג, ה. אולם גבולות הארץ הרחבים יותר הם מהים התיכון במערב ועד הירדן במזרח, ומנהר מצרים בדרום ועד נהר פרת בצפון. כך בתיאורי הארץ המובטחת בברית בין הבתרים בבראשית ט״ו, יח: ״בַּיּוֹם הַהוּא כָּרַת ה׳ אֶת אַבְרָם בְּרִית לֵאמֹר לְזַרְעֲךָ נָתַתִּי אֶת הָאָרֶץ הַזֹּאת מִנְּהַר מִצְרַיִם עַד הַנָּהָר הַגָּדֹל נְהַר פְּרָת״. גם בשמות כ״ג, לא, גבול הארץ הוא מהים התיכון עד נהר פרת: ״וְשַׁתִּי אֶת גְּבֻלְךָ מִיַּם סוּף וְעַד יָם פְּלִשְׁתִּים וּמִמִּדְבָּר עַד הַנָּהָר״. הגבול הצפוני עד נהר פרת מצוי גם בדברים א׳, ז: ״פְּנוּ וּסְעוּ לָכֶם וּבֹאוּ הַר הָאֱמֹרִי וְאֶל כָּל שְׁכֵנָיו בָּעֲרָבָה בָהָר וּבַשְּׁפֵלָה וּבַנֶּגֶב וּבְחוֹף הַיָּם אֶרֶץ הַכְּנַעֲנִי וְהַלְּבָנוֹן עַד הַנָּהָר הַגָּדֹל נְהַר פְּרָת״; י״א, כד: ״כָּל הַמָּקוֹם אֲשֶׁר תִּדְרֹךְ כַּף רַגְלְכֶם בּוֹ לָכֶם יִהְיֶה מִן הַמִּדְבָּר וְהַלְּבָנוֹן מִן הַנָּהָר נְהַר פְּרָת וְעַד הַיָּם הָאַחֲרוֹן יִהְיֶה גְּבֻלְכֶם״; יהושע א׳, ד: ״מֵהַמִּדְבָּר וְהַלְּבָנוֹן הַזֶּה וְעַד הַנָּהָר הַגָּדוֹל נְהַר פְּרָת כֹּל אֶרֶץ הַחִתִּים וְעַד הַיָּם הַגָּדוֹל מְבוֹא הַשָּׁמֶשׁ יִהְיֶה גְּבוּלְכֶם״.

מה היחס בין הגבולות המצומצמים, שמגיעים בצפון עד לבוא חמת, לבין הגבולות הרחבים יותר עד נהר פרת? נראה כי יש להבחין בין המטרות השונות של תיאור הגבולות. המטרה של תיאור הגבולות בפרק שלנו הוא לצייר את תחום הארץ אשר נחלקת בין השבטים השונים.[178] תחום זה של הארץ הוא התחום שהעם אמור לכבוש בכניסתו לארץ, ואותו יש לחלק בין השבטים. הגבולות הרחבים של הארץ מנהר מצרים ועד הפרת הם גבולות רחבים עתידיים, אך אינם גבולות של גוזמה, או גבולות אוטופיים,[179] שכן הם נזכרים כגבולות שישראל עשויים להגיע אליהם, ובכך תתממש בידם ההבטחה של ה׳ (דברים א׳, ז; י״א, כד), ושטחים אלה יהיו בגבולם: ״כָּל הַמָּקוֹם אֲשֶׁר תִּדְרֹךְ כַּף רַגְלְכֶם בּוֹ לָכֶם יִהְיֶה מִן הַמִּדְבָּר וְהַלְּבָנוֹן מִן הַנָּהָר נְהַר פְּרָת וְעַד הַיָּם הָאַחֲרוֹן יִהְיֶה גְּבֻלְכֶם״. אולם שטחים אלה מלבוא חמת בצפון ועד נהר פרת לא מתחלקים לשבטים. הסיבה לכך היא שלא הייתה אפשרות ריאלית שישראל יכבשו את השטחים האלה, יתפסו אותם ויתיישבו בהם. ישראל לא היו רבים דיים, ולא היה ביכולתם למלא את כל השטח הזה. הדבר עולה במפורש מדברי ה׳ לעם בשמות כ״ג, כט-ל: ״לֹא אֲגָרְשֶׁנּוּ מִפָּנֶיךָ בְּשָׁנָה אֶחָת פֶּן תִּהְיֶה הָאָרֶץ שְׁמָמָה וְרַבָּה עָלֶיךָ חַיַּת הַשָּׂדֶה. מְעַט מְעַט אֲגָרְשֶׁנּוּ מִפָּנֶיךָ עַד אֲשֶׁר תִּפְרֶה וְנָחַלְתָּ אֶת הָאָרֶץ״. עיקרון זה חוזר בדברים ז׳, כב:

"וְנָשַׁל ה' אֱלֹהֶיךָ אֶת הַגּוֹיִם הָאֵל מִפָּנֶיךָ מְעַט מְעָט לֹא תוּכַל כַּלֹּתָם מַהֵר פֶּן תִּרְבֶּה עָלֶיךָ חַיַּת הַשָּׂדֶה". התורה מכירה אפוא בחוסר היכולת של ישראל לכבוש את כל הארץ בבת אחת, והיא מתארת תהליך ממושך. הגבולות של הארץ בפרק ל"ד, אינם הגבולות של הארץ, אלא הגבולות הריאליים שה' מצווה את משה לכבוש ולחלק לשבטים.[180] כאשר יתאפשר הדבר יוכלו ישראל להרחיב את גבולם לגבולות הרחבים של ההבטחה, כפי שמסופר על דוד בכיבושיו בארם צובה, ארם דמשק ובחמת (שמ"ב ח', ג-טו; דה"א י"ח, ג-יד – שכאן מוזכר הפרת במפורש בפסוק ג; שמ"ב י', ט-יט; דה"א י"ט, טז-יט; תהילים ס', ב). גבולות ההבטחה האלה מתוארים כגבולות של מדינת שלֹמה (מל"א ה', א).

מה ייעשה בשטחים האלה מלבוא חמת ועד הפרת כאשר ייכבשו? נראה ששטחים אלה יהיו שייכים לכלל השבטים, או אם שטח זה ייכבש על ידי מלך, כפי שהיה בימי דוד, יהיו למלכות. אותו הדבר היה קורה בעבר הירדן המזרחי אילולא ביקשו השבטים שטח זה. במקרה זה השטח היה נשאר בידי כלל השבטים, ולא היה מתחלק בין השבטים. אם כן אין התורה מתכוונת כאן לתאר את הגבולות הרחבים של הארץ אלא את הגבולות של הארץ שיש בכוחם של ישראל לכבוש ולתפוס ובהתאם לכך לחלק. שטחים אחרים רחבים יותר, אם ייתפסו על ידי העם, ייכללו בארץ אך לא במסגרת שבטית.

בפועל ספר יהושע מציג תמונה אפילו מצומצמת יותר. יהושע לא כבש את הארץ בצפון עד לבוא חמת, אלא עד בעל גד בלבד (י"א, יז; י"ג, ה), וגם לא את ארץ הפלשתים, עד השיחור שבגבול מצרים. שטחים אלה נקראים הארץ הנשארת, ואותם ציווה ה' את יהושע לחלק לשבטים (י"ג, ו), בהתאם למה שה' מצווה את משה בפרשתנו. אלא שבפועל יהושע לא חילק את שטחי הארץ הנשארת בצפון, מבעל גד ועד לבוא חמת. השטח של נפתלי, השבט הצפוני, אינו ברור, אך נראה שהוא כולל בצפון את עמק החולה ואת העיר דן עד החרמון ועד נהר החצבאני.[181] מסתבר שלמרות הציווי של ה' לחלק את הארץ הנשארת, יהושע לא עשה זאת, משום שהשבטים התרפו בכיבוש (יהושע י"ח, א-י), ועל כך הוא גוער בהם. אך בשל רפיונם הוא לא חילק להם את הארץ הנשארת כפי שצווה, ובמקום זאת חילק להם רק את שטחי הארץ הנכבשת עד בעל גד בצפון.[182]

מנחילי הארץ, ל״ד, טז-כט

טז יז וַיְדַבֵּר ה׳ אֶל מֹשֶׁה לֵּאמֹר. אֵלֶּה שְׁמוֹת הָאֲנָשִׁים אֲשֶׁר יִנְחֲלוּ לָכֶם אֶת הָאָרֶץ אֶלְעָזָר הַכֹּהֵן
יח יט וִיהוֹשֻׁעַ בִּן נוּן. וְנָשִׂיא אֶחָד נָשִׂיא אֶחָד מִמַּטֶּה תִּקְחוּ לִנְחֹל אֶת הָאָרֶץ. וְאֵלֶּה שְׁמוֹת הָאֲנָשִׁים
כ כא לְמַטֵּה יְהוּדָה כָּלֵב בֶּן יְפֻנֶּה. וּלְמַטֵּה בְּנֵי שִׁמְעוֹן שְׁמוּאֵל בֶּן עַמִּיהוּד. לְמַטֵּה בִנְיָמִן אֱלִידָד בֶּן
כב כג כִּסְלוֹן. וּלְמַטֵּה בְנֵי דָן נָשִׂיא בֻּקִּי בֶּן יָגְלִי. לִבְנֵי יוֹסֵף לְמַטֵּה בְנֵי מְנַשֶּׁה נָשִׂיא חַנִּיאֵל בֶּן אֵפֹד.
כד כה כו וּלְמַטֵּה בְנֵי אֶפְרַיִם נָשִׂיא קְמוּאֵל בֶּן שִׁפְטָן. וּלְמַטֵּה בְנֵי זְבוּלֻן נָשִׂיא אֱלִיצָפָן בֶּן פַּרְנָךְ. וּלְמַטֵּה
כז כח בְנֵי יִשָּׂשכָר נָשִׂיא פַּלְטִיאֵל בֶּן עַזָּן. וּלְמַטֵּה בְנֵי אָשֵׁר נָשִׂיא אֲחִיהוּד בֶּן שְׁלֹמִי. וּלְמַטֵּה בְנֵי
כט נַפְתָּלִי נָשִׂיא פְּדַהְאֵל בֶּן עַמִּיהוּד. אֵלֶּה אֲשֶׁר צִוָּה ה׳ לְנַחֵל אֶת בְּנֵי יִשְׂרָאֵל בְּאֶרֶץ כְּנָעַן.

פירוש העניין

ה׳ מצווה את משה מי יהיו האנשים שינחילו את הארץ: אלעזר הכוהן ויהושע בן נון, ובנוסף להם עוד עשרה נשיאים, אחד מכל שבט. אין נשיאים משבט ראובן ומשבט גד, כי אין הם נוחלים ממערב לירדן. יש נשיא משבט מנשה (כג), מכיוון שחלקו של השבט יקבל את נחלתו בעבר המערבי של הירדן. אין נציג לשבט לוי, אשר לא נוחל נחלה (י״ח, כג), אף שיקבל ערים מכל שבטי ישראל לשבת בהן (ל״ה). העובדה שהנשיאים הם רק מהשבטים הנוחלים בארץ, מלמדת על שיקול הדעת שיש למנחילים, וכל נשיא מייצג גם את האינטרסים של שבטו, כדברי רש״י (על פסוק יז): ״כל נשיא ונשיא אפוטרופוס לשבטו, ומחלק נחלת השבט למשפחות ולגברים ובורר לכל אחד חלק הגון, ומה שהם עושים יהא עשוי כאילו עשאום שלוחים״.

שמו של אלעזר קודם כאן לשמו של יהושע. שניהם מחליפים את משה ואהרן, ובדרך כלל בתורה משה קודם לאהרן. סדר זה שבו אלעזר קודם ליהושע משתקף גם בחלוקת הארץ ביהושע י״ד, א. הקדמת אלעזר ליהושע נובעת מכך שיש לגורל תפקיד מרכזי, והגורל נעשה באמצעות הכוהן.

סדר נשיאי השבטים הוא: יהודה, שמעון, בנימין, דן, מנשה, אפרים, זבולון, יששכר, אשר נפתלי. סדר השבטים הוא בקירוב לפי סדר ההתנחלות של השבטים בארץ, מדרום לצפון.

הנשיאים, חוץ מכלב, אינם נשיאי הארץ שנמנו בתחילת הספר (א׳, ה–טז), משום שהם מתו במדבר כעונש על חטא העם בעקבות דברי המרגלים. אך כלב ויהושע דיברו טוב על הארץ ועל ה׳, לא נענשו, ולא מתו במדבר (י״ד, יא–לח), ונשארו ברשימת מחלקי הארץ, כלב כנשיא של יהודה ויהושע כמנהיג העם, ונבחר קמואל במקומו של יהושע לשמש נשיא של שבט אפרים (כד).

רוב השמות של הנשיאים מנחילי הארץ הם תיאופוריים (הכוללים את שם ה׳). כך אלעזר ויהושע, שמואל (נשיא שמעון), אלידד (נשיא בנימין), חניאל (נשיא מנשה), קמואל (נשיא אפרים), אליצפן (נשיא זבולון), פלטיאל (נשיא יששכר), פדהאל (נשיא נפתלי).

ערי הלוויים, ל״ה, א-ח

א ב וַיְדַבֵּר ה׳ אֶל מֹשֶׁה בְּעַרְבֹת מוֹאָב עַל יַרְדֵּן יְרֵחוֹ לֵאמֹר. צַו אֶת בְּנֵי יִשְׂרָאֵל וְנָתְנוּ לַלְוִיִּם מִנַּחֲלַת
ג אֲחֻזָּתָם עָרִים לָשָׁבֶת וּמִגְרָשׁ לֶעָרִים סְבִיבֹתֵיהֶם תִּתְּנוּ לַלְוִיִּם. וְהָיוּ הֶעָרִים לָהֶם לָשָׁבֶת
ד וּמִגְרְשֵׁיהֶם יִהְיוּ לִבְהֶמְתָּם וְלִרְכֻשָׁם וּלְכֹל חַיָּתָם. וּמִגְרְשֵׁי הֶעָרִים אֲשֶׁר תִּתְּנוּ לַלְוִיִּם מִקִּיר הָעִיר
ה וָחוּצָה אֶלֶף אַמָּה סָבִיב. וּמַדֹּתֶם מִחוּץ לָעִיר אֶת פְּאַת קֵדְמָה אַלְפַּיִם בָּאַמָּה וְאֶת פְּאַת נֶגֶב
אַלְפַּיִם בָּאַמָּה וְאֶת פְּאַת יָם אַלְפַּיִם בָּאַמָּה וְאֵת פְּאַת צָפוֹן אַלְפַּיִם בָּאַמָּה וְהָעִיר בַּתָּוֶךְ זֶה
ו יִהְיֶה לָהֶם מִגְרְשֵׁי הֶעָרִים. וְאֵת הֶעָרִים אֲשֶׁר תִּתְּנוּ לַלְוִיִּם אֵת שֵׁשׁ עָרֵי הַמִּקְלָט אֲשֶׁר תִּתְּנוּ
ז לָנֻס שָׁמָּה הָרֹצֵחַ וַעֲלֵיהֶם תִּתְּנוּ אַרְבָּעִים וּשְׁתַּיִם עִיר. כָּל הֶעָרִים אֲשֶׁר תִּתְּנוּ לַלְוִיִּם אַרְבָּעִים
ח וּשְׁמֹנֶה עִיר אֶתְהֶן וְאֶת מִגְרְשֵׁיהֶן. וְהֶעָרִים אֲשֶׁר תִּתְּנוּ מֵאֲחֻזַּת בְּנֵי יִשְׂרָאֵל מֵאֵת הָרַב תַּרְבּוּ
וּמֵאֵת הַמְעַט תַּמְעִיטוּ אִישׁ כְּפִי נַחֲלָתוֹ אֲשֶׁר יִנְחָלוּ יִתֵּן מֵעָרָיו לַלְוִיִּם.

פירוש העניין

ההוראות בפרשה זו בדבר הערים שיש לתת ללוויים, הן המשך ישיר של הציוויים על כיבוש הארץ, בפרק ל״ג, נ-נו, וחלוקת הארץ לשבטים, בפרק ל״ד, א-כט. גם בפרק כ״ו, כאשר ה׳ ציווה על חלוקת הארץ (כ״ו, נב-נו) למשפחות שבטי ישראל שפורטו בספירת העם (כ״ו, א-נא), באה מיד אחר כך הספירה של משפחות הלוויים (נז-סב), והציון שהם לא קיבלו נחלה בתוך בני ישראל (כ״ו, סב).

בדיני זכויות הלוויים בבמדבר י״ח, נאמר שהלוויים יעבדו באוהל מועד, ויקבלו מעשר מתבואות העם וזה יהיה להם נחלה, ומשום כך הם לא ינחלו בארץ יחד עם שאר העם (י״ח, כג-כד):

> וְעָבַד הַלֵּוִי הוּא אֶת עֲבֹדַת אֹהֶל מוֹעֵד וְהֵם יִשְׂאוּ עֲוֹנָם חֻקַּת עוֹלָם לְדֹרֹתֵיכֶם וּבְתוֹךְ בְּנֵי יִשְׂרָאֵל לֹא יִנְחֲלוּ נַחֲלָה. כִּי אֶת מַעְשַׂר בְּנֵי יִשְׂרָאֵל אֲשֶׁר יָרִימוּ לַה׳ תְּרוּמָה נָתַתִּי לַלְוִיִּם לְנַחֲלָה עַל כֵּן אָמַרְתִּי לָהֶם בְּתוֹךְ בְּנֵי יִשְׂרָאֵל לֹא יִנְחֲלוּ נַחֲלָה.

החוק שהלוויים לא יקבלו נחלה מופיע כמה פעמים: הוא עולה כבר בוויקרא כ״ה, לב, לד. במדבר כ״ו, סב; דברים י״ב, יב, יח; י״ד, כז, כט; י״ח, א-ב, וכן בבראשית מ״ט, ז. כאן מבואר כיצד חוק זה יתממש. אין הכוונה שלא יהיה להם מקום ישיבה כלל, אלא שהם לא ינחלו בשטח רחב ועצמאי הכולל שטחי חקלאות נרחבים כמו שאר השבטים (רש״י ויקרא כ״ה, לג). כמו כן הם לא קיבלו את נחלתם בעת החלוקה של הארץ. רק לאחר שהשבטים יקבלו את נחלתם, כל אחד מהם ייתן ללוויים ערים לשבת בהן. יש להדגיש כי מעתה הערים תהיינה שייכות ללוויים. ניתנו ללוויים סך הכול ארבעים ושמונה ערים:[183] שש ערי המקלט (ו), ועוד ארבעים ושתיים ערים. צו זה יתבצע ביהושע כ״א, א-מ, והערים יינתנו להם באמצעות גורל (יהושע כ״א, ג, ד, ח, י, כ, לח).

מתן הערים מהשבטים ללוויים ייערך לפי עקרון החלוקה של הארץ לשבטים, היינו השבטים הגדולים ייתנו ללוויים ערים רבות יותר, והשבטים הקטנים פחות (פסוק ח והשוו אל כ״ו, נד). בפועל מסופר ביהושע כ״א, שמשבטי יהודה ושמעון ניתנו תשע ערי לוויים, מנפתלי שלוש ערים, ומכל אחד משאר השבטים ארבע ערים (בשטח מנשה המערבי שתי ערים ובשטח מנשה המזרחי שתי ערים), סך הכול ארבעים ושמונה.[184] נראה כי בפועל חלוקה זו אינה משקפת את העיקרון שנקבע כאן, שנותנים ערים רבות יותר משבט גדול ופחות משבט קטן, אלא אם כן נאמץ את שיטת רמב״ן שההבדל בין הערים היה בערכן.

כל עיר ניתנה עם המגרשים שסביבה (ד-ה). לפי פסוק ד נותנים אלף אמה מהקיר של חומת העיר לכל כיוון, ושטח זה הוא מגרש לעיר. אולם בפסוק ה נאמר שיש למדוד לכל אחד מהכיוונים אלפיים אמה. כבר הסוגיה בסוטה כז ע״ב, שואלת על היחס בין שני הפסוקים, ומציגה שתי תשובות, של רבי עקיבא ושל ר׳ אליעזר בנו של ר׳ יוסי הגלילי, אולם הבבלי שם מסביר שההבדל בין השיטות נוגע לשאלת תחום שבת אם הוא דאורייתא או דרבנן.

פרשני ימי הביניים העלו שלוש תשובות מרכזיות: לדעת הרמב"ם, יש סך הכול שלושת אלפים אמה מסביב לעיר לכל כיוון, האלף הראשון הוא מגרש לעיר, ועוד אלפיים לשדות ולכרמים (הלכות שמיטה ויובל פרק יג הלכה ב). לדעת רש"י ורשב"ם אלף האמה שהם מגרש בפסוק ד כלולים בתוך האלפיים המוזכרות בפסוק ה, וסך הכול יש אלפיים אמה לכל כיוון מסביב לעיר, מהן אלף מגרש ואלף שדות וכרמים. לשיטת הרמב"ן, הריבוע הראשון כולל את מתחם העיר עצמה, ולכל כיוון חמש מאות אמה, וכך הריבוע הפנימי המחזיק את מתחם העיר הוא אלף על אלף בסך הכול. מעבר לזה, מודדים עוד חמש מאות אמה לכל כיוון, כך שבין שני הכיוונים המנוגדים, מזרח ומערב, צפון ודרום, יש אלפיים אמה.

כאמור, שש ערי המקלט היו חלק מארבעים ושמונה ערי הלוויים. חז"ל הבינו מהניסוח "וַעֲלֵיהֶם תִּתְּנוּ אַרְבָּעִים וּשְׁתַּיִם עִיר" (ו), שגם ערי הלוויים משמשות כערי מקלט.[185] אך רמב"ן פירש כפשוטו שהיו רק שש ערי מקלט, וערי הלוויים לא היו ערי מקלט; ראו פירושו לפרק ל"ה, יד.

ערי מקלט, ל"ה, ט-לד

ט וַיְדַבֵּר ה' אֶל מֹשֶׁה לֵּאמֹר. דַּבֵּר אֶל בְּנֵי יִשְׂרָאֵל וְאָמַרְתָּ אֲלֵהֶם כִּי אַתֶּם עֹבְרִים אֶת הַיַּרְדֵּן
יא אַרְצָה כְּנָעַן. וְהִקְרִיתֶם לָכֶם עָרִים עָרֵי מִקְלָט תִּהְיֶינָה לָכֶם וְנָס שָׁמָּה רֹצֵחַ מַכֵּה נֶפֶשׁ בִּשְׁגָגָה.
יב יג וְהָיוּ לָכֶם הֶעָרִים לְמִקְלָט מִגֹּאֵל וְלֹא יָמוּת הָרֹצֵחַ עַד עָמְדוֹ לִפְנֵי הָעֵדָה לַמִּשְׁפָּט. וְהֶעָרִים
יד אֲשֶׁר תִּתֵּנוּ שֵׁשׁ עָרֵי מִקְלָט תִּהְיֶינָה לָכֶם. אֵת שְׁלֹשׁ הֶעָרִים תִּתְּנוּ מֵעֵבֶר לַיַּרְדֵּן וְאֵת שְׁלֹשׁ
טו הֶעָרִים תִּתְּנוּ בְּאֶרֶץ כְּנָעַן עָרֵי מִקְלָט תִּהְיֶינָה. לִבְנֵי יִשְׂרָאֵל וְלַגֵּר וְלַתּוֹשָׁב בְּתוֹכָם תִּהְיֶינָה
טז שֵׁשׁ הֶעָרִים הָאֵלֶּה לְמִקְלָט לָנוּס שָׁמָּה כָּל מַכֵּה נֶפֶשׁ בִּשְׁגָגָה. וְאִם בִּכְלִי בַרְזֶל הִכָּהוּ וַיָּמֹת
יז רֹצֵחַ הוּא מוֹת יוּמַת הָרֹצֵחַ. וְאִם בְּאֶבֶן יָד אֲשֶׁר יָמוּת בָּהּ הִכָּהוּ וַיָּמֹת רֹצֵחַ הוּא מוֹת יוּמַת
יח יט הָרֹצֵחַ. אוֹ בִּכְלִי עֵץ יָד אֲשֶׁר יָמוּת בּוֹ הִכָּהוּ וַיָּמֹת רֹצֵחַ הוּא מוֹת יוּמַת הָרֹצֵחַ. גֹּאֵל הַדָּם הוּא
כ יָמִית אֶת הָרֹצֵחַ בְּפִגְעוֹ בוֹ הוּא יְמִתֶנּוּ. וְאִם בְּשִׂנְאָה יֶהְדָּפֶנּוּ אוֹ הִשְׁלִיךְ עָלָיו בִּצְדִיָּה וַיָּמֹת.
כא אוֹ בְאֵיבָה הִכָּהוּ בְיָדוֹ וַיָּמֹת מוֹת יוּמַת הַמַּכֶּה רֹצֵחַ הוּא גֹּאֵל הַדָּם יָמִית אֶת הָרֹצֵחַ בְּפִגְעוֹ בוֹ.
כב כג וְאִם בְּפֶתַע בְּלֹא אֵיבָה הֲדָפוֹ אוֹ הִשְׁלִיךְ עָלָיו כָּל כְּלִי בְּלֹא צְדִיָּה. אוֹ בְכָל אֶבֶן אֲשֶׁר יָמוּת בָּהּ
כד בְּלֹא רְאוֹת וַיַּפֵּל עָלָיו וַיָּמֹת וְהוּא לֹא אוֹיֵב לוֹ וְלֹא מְבַקֵּשׁ רָעָתוֹ. וְשָׁפְטוּ הָעֵדָה בֵּין הַמַּכֶּה וּבֵין
כה גֹּאֵל הַדָּם עַל הַמִּשְׁפָּטִים הָאֵלֶּה. וְהִצִּילוּ הָעֵדָה אֶת הָרֹצֵחַ מִיַּד גֹּאֵל הַדָּם וְהֵשִׁיבוּ אֹתוֹ הָעֵדָה
אֶל עִיר מִקְלָטוֹ אֲשֶׁר נָס שָׁמָּה וְיָשַׁב בָּהּ עַד מוֹת הַכֹּהֵן הַגָּדֹל אֲשֶׁר מָשַׁח אֹתוֹ בְּשֶׁמֶן הַקֹּדֶשׁ.
כו כז וְאִם יָצֹא יֵצֵא הָרֹצֵחַ אֶת גְּבוּל עִיר מִקְלָטוֹ אֲשֶׁר יָנוּס שָׁמָּה. וּמָצָא אֹתוֹ גֹּאֵל הַדָּם מִחוּץ לִגְבוּל
כח עִיר מִקְלָטוֹ וְרָצַח גֹּאֵל הַדָּם אֶת הָרֹצֵחַ אֵין לוֹ דָּם. כִּי בְעִיר מִקְלָטוֹ יֵשֵׁב עַד מוֹת הַכֹּהֵן הַגָּדֹל
כט וְאַחֲרֵי מוֹת הַכֹּהֵן הַגָּדֹל יָשׁוּב הָרֹצֵחַ אֶל אֶרֶץ אֲחֻזָּתוֹ. וְהָיוּ אֵלֶּה לָכֶם לְחֻקַּת מִשְׁפָּט לְדֹרֹתֵיכֶם
ל בְּכֹל מוֹשְׁבֹתֵיכֶם. כָּל מַכֵּה נֶפֶשׁ לְפִי עֵדִים יִרְצַח אֶת הָרֹצֵחַ וְעֵד אֶחָד לֹא יַעֲנֶה בְנֶפֶשׁ לָמוּת.
לא לב וְלֹא תִקְחוּ כֹפֶר לְנֶפֶשׁ רֹצֵחַ אֲשֶׁר הוּא רָשָׁע לָמוּת כִּי מוֹת יוּמָת. וְלֹא תִקְחוּ כֹפֶר לָנוּס אֶל עִיר
לג מִקְלָטוֹ לָשׁוּב לָשֶׁבֶת בָּאָרֶץ עַד מוֹת הַכֹּהֵן. וְלֹא תַחֲנִיפוּ אֶת הָאָרֶץ אֲשֶׁר אַתֶּם בָּהּ כִּי הַדָּם
לד הוּא יַחֲנִיף אֶת הָאָרֶץ וְלָאָרֶץ לֹא יְכֻפַּר לַדָּם אֲשֶׁר שֻׁפַּךְ בָּהּ כִּי אִם בְּדַם שֹׁפְכוֹ. וְלֹא תְטַמֵּא אֶת
הָאָרֶץ אֲשֶׁר אַתֶּם יֹשְׁבִים בָּהּ אֲשֶׁר אֲנִי שֹׁכֵן בְּתוֹכָהּ כִּי אֲנִי ה' שֹׁכֵן בְּתוֹךְ בְּנֵי יִשְׂרָאֵל.

מבנה הפרשה ותוכנה

במסגרת העיסוק בנחלות (ל"ג, נ - ל"ו, יג), כלול גם החוק של הקצאת שש ערי המקלט לרוצחים בשגגה (ל"ה, ט-לד). גם בספר יהושע פרשת ערי מקלט באה בהקשר של חלוקת הארץ וערי הלוויים (י"ג-י"ט – חלוקת הארץ; כ' – ערי מקלט; כ"א, א-מ – ערי הלוויים). ההקשר להכנות שלקראת הכניסה לארץ עולה כבר בפסוק הפתיחה: "כִּי אַתֶּם עֹבְרִים אֶת הַיַּרְדֵּן אַרְצָה כְּנָעַן" (י).

הפרשה בנויה במבנה הבא:

1. י-טו – הקצאת ערי מקלט לרוצח בשגגה.
2. טז-כט – דיני רוצח במזיד ובשגגה.
3. ל-לב – פירוט נוסף לדיני רוצח.
4. לג-לד – חתימה על חומרת דין רוצח.

דין הקצאת ערי המקלט תופס מקום קטן יחסית, ועיקרה של הפרשה עוסק בעצם דינו של רוצח בשגגה, לעומת רוצח במזיד שדינו מוות. ראיה לכך שדגש עיקרי בקטע הוא על דיני רוצח, עולה גם מתוספת ההלכות בפסוקים ל-לב. תוספת זו לאחר פסוק החתימה (כט) היא מוזרה אלא אם כן נבין שעיקר הקטע עוסק ביחס לחיי אדם ונטילתם.

סופה של הפרשה מסכם את החומרה של דיני רוצח: "וְלֹא תְטַמֵּא אֶת הָאָרֶץ אֲשֶׁר אַתֶּם יֹשְׁבִים בָּהּ אֲשֶׁר אֲנִי שֹׁכֵן בְּתוֹכָהּ כִּי אֲנִי ה' שֹׁכֵן בְּתוֹךְ בְּנֵי יִשְׂרָאֵל" (לד). רוצח שופך את דמו של נרצח על הארץ ובכך גורם לטומאת הארץ, שבה שוכן ה', ומכאן החומרה היתרה של הרצח. ראינו שהחל מפרק ל"ג התורה מתרכזת בנושא הארץ, במה שנוגע לכיבושה וחלוקתה. העם עתיד בקרוב להילחם עליה, והדבר כרוך בהרג רב. התורה ביקשה כאן להציג את האידיאולוגיה המחמירה ביחס לחיי אדם דווקא לפני מלחמות הכיבוש על הארץ. הזהירות מפני טומאת הארץ מופיעה גם בוויקרא כ', כב-כז, אלא ששם מופיע האיום שאם העם לא ילך בדרך טובה, תקיא הארץ את ישראל מתוכה. כאן אין איום כזה, הכוונה היא לחזק את העם סמוך לפני הכניסה לארץ, ולהכין אותם לכניסה מוצלחת לארץ מבלי להדגיש את הצד השלילי, אף שזה משתמע כאן.

דין רוצח נזכר בקצרה וללא פירוט בשמות כ"א, יב-יד: "מַכֵּה אִישׁ וָמֵת מוֹת יוּמָת. וַאֲשֶׁר לֹא צָדָה וְהָאֱלֹהִים אִנָּה לְיָדוֹ וְשַׂמְתִּי לְךָ מָקוֹם אֲשֶׁר יָנוּס שָׁמָּה. וְכִי יָזִד אִישׁ עַל רֵעֵהוּ לְהָרְגוֹ בְעָרְמָה מֵעִם מִזְבְּחִי תִּקָּחֶנּוּ לָמוּת". החוק בשמות קובע ראש לכול שדינו של רוצח הוא מוות, ואז מבחין בין רוצח מזיד לבין שוגג. רוצח שוגג ינוס למקום אשר ה' ייעד, ואילו רוצח מזיד דינו מוות, ואף אם ימצא מקלט במזבח יש לקחתו משם ולעונשו. אין כאן פירוט של דין ערי מקלט, אבל נאמר בקיצור שה' ייעד מקום לכך. הקיצור נובע מכך שהכניסה לארץ עוד רחוקה. החוק בשמות פותח בדין מזיד, ואילו כאן החוק אינו פותח במזיד אלא מתרכז ברוצח בשוגג שלא נתפרט בשמות. מתוך כך יש להסיק שהחוק כאן נסמך על החוק בשמות,

ובא להוסיף עליו. מאותה סיבה דין רוצח האוחז בקרנות המזבח שבא בשמות, לא מוזכר כאן.

הקצאת ערי מקלט לרוצח בשגגה, ל״ה, י-טו

החוק פותח בצו לייעד ערי מקלט (1א). מטרת החוק היא שהערים תהיינה מקלט לרוצחים בשגגה (יא2). מובנה של המילה מקלט בעברית מודרנית הוא מקום של הגנה. אולם המשמעות במקרא היא לקלוט, להכיל. הערים האלה נועדו לכך שייכנס אליהן רוצח בשגגה, כדי שגואל הדם לא ימית אותו בטרם יעמוד למשפט (יב). חוק זה בא להסדיר את הנוהג של הנקמה של משפחת ההרוג. משמעה של המילה גואל היא פודה (ויקרא כ״ה, כה-כו, כט-לא, מח-נד; ירמיה ל״ב, ז-יב; רות ג׳, יג). גואל הדם הוא זה שממית את הרוצח המזיד (יט), ובהמתת הרוצח המזיד, בשפיכת דמו על הארץ, מתכפר לארץ מטומאת המתת אדם בה (לג-לד). בכך גואל הדם גואל את הארץ מטומאתה שנטמאה על ידי הרוצח המזיד.[186] העיקרון שמתחדש בחוק הוא שגואל הדם אינו מתנקם במי שרצח את קרובו, אלא הוא עושה דין של צדק באמצעות המשפט לפני העדה, ועל פיו נקבע אם הרוצח רצח במזיד או בשגגה. בשלב הראשון, עיר המקלט, שאליה נס הרוצח, מגינה עליו עד אשר ייערך המשפט, ובו יוכרע אם עשה זאת בשוגג או במזיד (יב). המשפט ייערך לפני העדה, היינו לפני הנציגות של כל העם. עיקרון זה מתאים לחומרת העבירה שגורמת לטומאת הארץ שבה שוכן ה׳.

יש להקצות שש ערי מקלט (יג), שלוש ערי מקלט בעבר הירדן המזרחי, ושלוש בעברו המערבי (יד). הפסוק מכנה את עבר הירדן המזרחי ״מעבר לירדן״, אף שעכשיו הם יושבים בעבר המזרחי של הירדן. הפסוק כתוב בפרספקטיבה של היושבים בעבר המערבי של הירדן, מכיוון ששטח זה הוא ארץ כנען העיקרית, ומשום כך הכתוב מדייק ומכנה שטח זה ״ארץ כנען״.

לא כתוב מהן הערים שתהיינה ערי מקלט, גם לא אלה שבעבר הירדן המזרחי, אף ששטח זה כבר נכבש. זאת משום שהקצאת הערים תהיה בבת אחת לאחר כיבושה של הארץ במסגרת חלוקתה של הארץ (יהושע כ׳). עם זאת נאמר בדברים ד׳, מא-מג, שמשה בחר את ערי המקלט שבעבר הירדן המזרחי: ״אָז יַבְדִּיל מֹשֶׁה שָׁלֹשׁ עָרִים בְּעֵבֶר הַיַּרְדֵּן מִזְרְחָה שָׁמֶשׁ...״. ובדברים י״ט, א-ב, הוא מצווה את העם לבחור עוד שלוש ערים כאשר הם יכבשו את הארץ: ״כִּי יַכְרִית ה׳ אֱלֹהֶיךָ אֶת הַגּוֹיִם אֲשֶׁר ה׳ אֱלֹהֶיךָ נֹתֵן לְךָ אֶת אַרְצָם וִירִשְׁתָּם וְיָשַׁבְתָּ בְעָרֵיהֶם וּבְבָתֵּיהֶם, שָׁלוֹשׁ עָרִים תַּבְדִּיל לָךְ בְּתוֹךְ אַרְצְךָ אֲשֶׁר ה׳ אֱלֹהֶיךָ נֹתֵן לְךָ לְרִשְׁתָּהּ״. המשנה במכות (פרק ב משנה ד) מסבירה שמשה רק ייעד את הערים, אך הן הפכו לערי מקלט פעילות רק לאחר שכבשו את עבר הירדן המערבי. ויש בכך היגיון, שכן הישיבה בעבר הירדן המזרחי מותנית בכך ששבטי עבר הירדן המזרחי ייחלצו להילחם בעברו המערבי, ולכן רק לאחר השלמת הכיבוש יתבצע השלב הפורמלי של קביעת הערים במזרח כערי מקלט פעילות לאחר שמשה החליט מכבר על זהותן.

הפיזור של שש ערי המקלט, שלוש במזרח ושלוש במערב, הוא כדי לאפשר מרחק סביר

של בריחה של הרוצח לעיר המקלט מכל מקום שיהיה בארץ. כפי שנאמר בדברים י"ט, ג: "תָּכִין לְךָ הַדֶּרֶךְ וְשִׁלַּשְׁתָּ אֶת גְּבוּל אַרְצְךָ אֲשֶׁר יַנְחִילְךָ ה' אֱלֹהֶיךָ וְהָיָה לָנוּס שָׁמָּה כָּל רֹצֵחַ".

דיני רצח נוגעים לכל ישראל, וכן לגרים היושבים בארץ (טו).

דיני רוצח במזיד ובשגגה, ל"ה, טז-כט

העיקרון המרכזי העולה כאן הוא ההבחנה בין רוצח מזיד לרוצח שוגג. אם יתברר שהרוצח רצח במזיד, דינו מיתה, והמתתו תבוצע על ידי גואל הדם (יט); אם יתברר שרצח בשוגג, דינו הוא שינוס לעיר מקלט. הבירור יהיה במסגרת משפט שייערך (יב). התורה אינה מגדירה מזיד ושוגג, אלא מציגה את ההבדל באמצעות דוגמאות שונות. דין המזיד מודגם באמצעות חמישה מקרים: שלושה מקרים (טז-כא) שבהם כלי ההריגה מעידים שהרצח היה במזיד, ועוד שני מקרים, שיחסו המוקדם של הרוצח אל הנרצח מעיד שהמעשה היה במזיד. שלושת המקרים הראשונים מסתיימים בגזר הדין במילים – "מות יומת" (טז-יח):

> וְאִם בִּכְלִי בַרְזֶל הִכָּהוּ וַיָּמֹת רֹצֵחַ הוּא מוֹת יוּמַת הָרֹצֵחַ.
> וְאִם בְּאֶבֶן יָד אֲשֶׁר יָמוּת בָּהּ הִכָּהוּ וַיָּמֹת רֹצֵחַ הוּא מוֹת יוּמַת הָרֹצֵחַ.
> אוֹ בִּכְלִי עֵץ יָד אֲשֶׁר יָמוּת בּוֹ הִכָּהוּ וַיָּמֹת רֹצֵחַ הוּא מוֹת יוּמַת הָרֹצֵחַ.

כלי גורם בדרך כלל לפגיעה חמורה, בייחוד כלי הברזל שהינו חזק במיוחד, ולכן השימוש בכלי זה על ידי רוצח מעיד על כוונה להרוג. יש להניח שאם כלי הברזל הוא קטן מאוד, ואין בו כדי להמית, אז אין ביטחון שלפנינו זדון. כלים מאבן ומעץ אין בהם תמיד כדי המתה, ולכן קובעת התורה "אשר ימות בו" – היינו כלי שבכוחו להרוג. המקרים האלה נכתבו כדי לספק קריטריונים לשיקול דעת מהו כלי ממית, ולפי זה לדון בשאלה אם לפנינו מזיד או שוגג.

שיקול נוסף הוא כאמור בחינת כוונת הרוצח. אחת הדרכים לקבוע את כוונתו היא לבחון אם המעשה היה מתוך שנאה, או מעשה בצדייה, היינו בעורמה, או שהיכה אותו מתוך איבה (כ-כא). בכל אחד מהמקרים האלה מדובר בפעולה שיש בה כדי להמית, והאופן שהמעשה נעשה מוכיח כוונת זדון. בכל אחד מהמקרים האלה אין עיר המקלט מצילה את הרוצח מידי גואל הדם, שכן דינו מוות, וגואל הדם יבצע את גזר הדין: "גֹּאֵל הַדָּם הוּא יָמִית אֶת הָרֹצֵחַ בְּפִגְעוֹ בוֹ הוּא יְמִתֶנּוּ" (יט).

אופן ההריגה יכול להצביע גם על חוסר כוונה להמית: אם הדבר נעשה בפתע היינו פתאום, וניכר שלא הייתה כוונה מוקדמת (כב); או שהרוצח השליך דבר מה, אך לא ראה את הנפגע; ואפילו אם יש באבן כדי להמית, אך ניכר שהפעולה לא נעשתה מתוך כך שהוא אויב לנרצח – בכל המקרים האלה מוכח שמדובר בשוגג (כג). כמו בפסוק כג, גם בדברים י"ט, ד, אם הרוצח לא שנא את הנרצח זו אינדיקציה שהרצח לא היה במזיד.

תפקידה של העדה הוא לשפוט אם הרצח נעשה בזדון או בשוגג. ההידיינות היא בדרך כלל בין הרוצח לבין גואל הדם ממשפחת הנרצח: "וְשָׁפְטוּ הָעֵדָה בֵּין הַמַּכֶּה וּבֵין גֹּאֵל הַדָּם עַל

הַמִּשְׁפָּטִים הָאֵלֶּה" (כד). העולה מכאן, וזה ברור גם מצד ההיגיון, שכל רוצח בורח בשלב ראשון לעיר מקלט, ושם קולטים אותו קליטת ביניים זמנית, ואחריה עורכים לו משפט. אם יוכרע שהרצח היה בשוגג, משיבים את הרוצח לעיר המקלט (כה); אם הרג במזיד דינו מוות (יט).

הרוצח בשגגה חייב להישאר בעיר המקלט עד מותו של הכוהן הגדול (כה). הכוהן הגדול הוא האחראי על כפרתם של ישראל בחייו (ויקרא ט"ז, כא; שמות כ"ח, לו-לח), ונראה כי מיתתו של הכוהן הגדול מכפרת על הרוצח שהרג בשוגג.* מכיוון שהפסוק קובע שהרוצח חייב להישאר שם עד מות הכוהן הגדול, ולא עד אשר סכנת הנקמה מצד גואל הדם חלפה, ברור שמטרת הישיבה בעיר המקלט אינה הגנה על הרוצח בלבד, ויש לה מטרה נוספת של עונש וכפרה. אף שמדובר ברוצח בשוגג עדיין הוא הרג אדם, ועל כך מגיע לו עונש, והוא זקוק לכפרה על חטאו באמצעות הישיבה בעיר המקלט.

דבר זה עולה במפורש מההלכות העולות בהמשך, על דינו של רוצח שוגג שיצא לפני מות הכוהן הגדול מעיר המקלט (כו-כח). אם הרוצח יצא לפני מות הכוהן, וגואל הדם הרג אותו מחוץ לעיר המקלט, אין לו דם, היינו שאין לגואל הדם דין של מי ששפך דם. ההסבר לכך הוא שהרוצח נמצא בעיר מקלט המגינה עליו מגואל הדם, אבל עיר המקלט משמשת גם כעונש,[187] ואם הוא יצא מהעיר הרי שאין איסור על גואל הדם להורגו, או לכל הפחות אם גואל הדם הרגו אין עליו דין שופך דם. האמירה החיובית שיֵשב בעיר המקלט עד מות הכוהן הגדול, ורק אחר כך יוכל לשוב לביתו, מצביעה על כך שהישיבה בעיר המקלט היא עונש.

נמצא שלעיר המקלט שלוש מטרות שונות:

1. עיר המקלט היא הגנה על רוצח בשגגה מפני גואל הדם.
2. עיר המקלט משמשת עונש לרוצח בשגגה, ואם יצא מעיר המקלט וגואל הדם הרגו, אין גואל הדם אשם ברצח.
3. החובה להישאר עד מות הכוהן הגדול מצביעה על יסוד הכפרה שיש בשהותו של הרוצח בשגגה בעיר המקלט.

הפרשה חותמת בקביעה שדינים אלה הם חוקת עולם: "וְהָיוּ אֵלֶּה לָכֶם לְחֻקַּת מִשְׁפָּט לְדֹרֹתֵיכֶם בְּכֹל מוֹשְׁבֹתֵיכֶם" (כט).[188]

* בבלי מכות יא ע"ב: "מידי גלות קא מכפרא מיתת כהן גדול הוא דמכפרא"; וראו רש"י וראב"ע. בספרי פיסקא קס (מהדורת הורוויץ, עמ' 220), מופיעים הסברים אחרים: "[וישב שם עד מות הכהן הגדול] ר' מאיר אומר רוצח מקצר ימיו של אדם וכהן גדול מאריך ימיו של אדם [אין בדין שיהא מי שמקצר ימיו של אדם לפני מי שמאריך ימיו של אדם]. רבי אומר רוצח מטמא את הארץ ומסלק את השכינה וכהן גדול גורם לשכינה שתשרה על האדם בארץ אין בדין שיהא מי שמטמא את הארץ [ומסלק את השכינה] לפני מי שגורם להשרות את השכינה על אדם בארץ". לדעת רבי מאיר ההיגיון של השארת הרוצח בשוגג עד מות הכוהן הגדול הוא משום שהרוצח קיצר ימיו של אדם, והכוהן הגדול באמצעות כפרתו על האדם מאריך ימיו של אדם, ולכן ראוי שהרוצח ישב בעיר המקלט עד מותו של הכוהן הגדול. לדעת רבי הרוצח בשוגג טימא את הארץ ברצח אדם, ובכך טימא את הארץ, ועליו להישאר בעיר המקלט כל עוד הכוהן הגדול חי, שכן הכוהן גורם להשרות את השכינה בארץ. הרמב"ם סבור שמותו של הכוהן הגדול הוא שעה של צער לאומי, ובעת הזאת נרגע גואל הדם; ראו רמב"ם מורה נבוכים חלק שלישי פרק מ.

פירוט נוסף לדיני רוצח, ל״ה, ל-לב

לאחר החתימה בפסוק כט, באות הלכות נוספות בדין רוצח. הדין הראשון הוא שדינו של רוצח במזיד הוא מוות (ל). דין זה הוא יישום של אותו דין הכתוב בבראשית ט׳, ה-ו: ״וְאַךְ אֶת דִּמְכֶם לְנַפְשֹׁתֵיכֶם אֶדְרֹשׁ מִיַּד כָּל חַיָּה אֶדְרְשֶׁנּוּ וּמִיַּד הָאָדָם מִיַּד אִישׁ אָחִיו אֶדְרֹשׁ אֶת נֶפֶשׁ הָאָדָם. שֹׁפֵךְ דַּם הָאָדָם בָּאָדָם דָּמוֹ יִשָּׁפֵךְ כִּי בְּצֶלֶם אֱלֹהִים עָשָׂה אֶת הָאָדָם״. דינו של רוצח ייחרץ רק באמצעות שני עדים שיעידו על המעשה. דין דומה לזה מופיע בדברים י״ז, ו; י״ט, טו.

הדין השני הוא שאסור לקחת כופר כספי במקום להמית רוצח (לא). לקיחת כופר על רצח מידי רוצח במקום המתתו של הרוצח הייתה נוהג מקובל (יש לזה זכר בישעיה מ״ג, ג, ובמשלי כ״א, יח). העומד להיהרג יעדיף כמובן לשלם את כופר נפשו, ואולי גם גואל הדם יעדיף לקבל כסף מהרוצח. האיסור לקחת כופר נרמז בדין המוחלט, שדינו של רוצח הוא מוות בשמות כ״א, יב. האיסור לקחת כופר נובע מההערכה הגדולה שיש לחיי אדם, ולכן מיושם כאן העיקרון של מידה כנגד מידה, שמי שרצח במזיד עונשו בהכרח מיתה. לקיחת כופר כספי במקום זאת מבטאת חלילה זילות בחיי אדם.

אסור לתת כופר לגואל הדם גם במקרה של רוצח בשוגג במקום שייכנס לעיר המקלט וישהה בה (לב). כאמור, ישיבת רוצח שוגג בעיר מקלט אינה רק הגנה עליו, שאם כך, אפשר היה אולי גם לפצות בכופר את גואל הדם. הישיבה בעיר המקלט היא עונש וכפרה לרוצח השוגג, ועל כן פיצויו של גואל הדם אינו מועיל.[189] דין זה שונה מדינו של בעל שור אשר הרג את האדם, ובמקרה זה גם לבעל השור יש דין מוות, אלא שבמקרה זה הוא יכול להציל עצמו באמצעות כופר (שמות כ״א, כט-ל). ההבדל בין המקרים הוא שבעל השור לא רצח בעצמו אלא ברשלנות שמירת שורו.[190]

חתימה, ל״ה, לג-לד

שפיכת דם איננה בעיה פלילית בלבד הפוגעת בבני אדם, אלא היא עבירה דתית. היא מחניפה את הארץ, מזהמת אותה ומטמאת אותה, ועל כן ריצוי משפחת הנפגע אינו יכול להציל את הרוצח מדין מוות במקרה של רוצח במזיד, או להצילו מעונש של ישיבה בעיר מקלט במקרה של רוצח בשוגג (לג-לד). הרצח הוא פגיעה בארץ, משום שה׳ שוכן בה, ובתוך בני ישראל. ועל כן דינו של רוצח במזיד הוא בהמתתו, ודמו של הרוצח הנשפך לארץ בהמתתו מכפר עליה מדמו של הנרצח שנשפך בארץ.

תלונת בני גלעד על ירושת בנות צלופחד, ל״ו, א-יב

א וַיִּקְרְבוּ רָאשֵׁי הָאָבוֹת לְמִשְׁפַּחַת בְּנֵי גִלְעָד בֶּן מָכִיר בֶּן מְנַשֶּׁה מִמִּשְׁפְּחֹת בְּנֵי יוֹסֵף וַיְדַבְּרוּ לִפְנֵי
ב מֹשֶׁה וְלִפְנֵי הַנְּשִׂאִים רָאשֵׁי אָבוֹת לִבְנֵי יִשְׂרָאֵל. וַיֹּאמְרוּ אֶת אֲדֹנִי צִוָּה ה׳ לָתֵת אֶת הָאָרֶץ
ג בְּנַחֲלָה בְּגוֹרָל לִבְנֵי יִשְׂרָאֵל וַאדֹנִי צֻוָּה בַה׳ לָתֵת אֶת נַחֲלַת צְלָפְחָד אָחִינוּ לִבְנֹתָיו. וְהָיוּ לְאֶחָד
מִבְּנֵי שִׁבְטֵי בְנֵי יִשְׂרָאֵל לְנָשִׁים וְנִגְרְעָה נַחֲלָתָן מִנַּחֲלַת אֲבֹתֵינוּ וְנוֹסַף עַל נַחֲלַת הַמַּטֶּה אֲשֶׁר
ד תִּהְיֶינָה לָהֶם וּמִגֹּרַל נַחֲלָתֵנוּ יִגָּרֵעַ. וְאִם יִהְיֶה הַיֹּבֵל לִבְנֵי יִשְׂרָאֵל וְנוֹסְפָה נַחֲלָתָן עַל נַחֲלַת
הַמַּטֶּה אֲשֶׁר תִּהְיֶינָה לָהֶם וּמִנַּחֲלַת מַטֵּה אֲבֹתֵינוּ יִגָּרַע נַחֲלָתָן.

ה ו וַיְצַו מֹשֶׁה אֶת בְּנֵי יִשְׂרָאֵל עַל פִּי ה׳ לֵאמֹר כֵּן מַטֵּה בְנֵי יוֹסֵף דֹּבְרִים. זֶה הַדָּבָר אֲשֶׁר צִוָּה ה׳
לִבְנוֹת צְלָפְחָד לֵאמֹר לַטּוֹב בְּעֵינֵיהֶם תִּהְיֶינָה לְנָשִׁים אַךְ לְמִשְׁפַּחַת מַטֵּה אֲבִיהֶם תִּהְיֶינָה
ז לְנָשִׁים. וְלֹא תִסֹּב נַחֲלָה לִבְנֵי יִשְׂרָאֵל מִמַּטֶּה אֶל מַטֶּה כִּי אִישׁ בְּנַחֲלַת מַטֵּה אֲבֹתָיו יִדְבְּקוּ בְּנֵי
ח יִשְׂרָאֵל. וְכָל בַּת יֹרֶשֶׁת נַחֲלָה מִמַּטּוֹת בְּנֵי יִשְׂרָאֵל לְאֶחָד מִמִּשְׁפַּחַת מַטֵּה אָבִיהָ תִּהְיֶה לְאִשָּׁה
ט לְמַעַן יִירְשׁוּ בְּנֵי יִשְׂרָאֵל אִישׁ נַחֲלַת אֲבֹתָיו. וְלֹא תִסֹּב נַחֲלָה מִמַּטֶּה לְמַטֵּה אַחֵר כִּי אִישׁ
י יא בְּנַחֲלָתוֹ יִדְבְּקוּ מַטּוֹת בְּנֵי יִשְׂרָאֵל. כַּאֲשֶׁר צִוָּה ה׳ אֶת מֹשֶׁה כֵּן עָשׂוּ בְּנוֹת צְלָפְחָד. וַתִּהְיֶינָה
יב מַחְלָה תִרְצָה וְחָגְלָה וּמִלְכָּה וְנֹעָה בְּנוֹת צְלָפְחָד לִבְנֵי דֹדֵיהֶן לְנָשִׁים. מִמִּשְׁפְּחֹת בְּנֵי מְנַשֶּׁה בֶן
יוֹסֵף הָיוּ לְנָשִׁים וַתְּהִי נַחֲלָתָן עַל מַטֵּה מִשְׁפַּחַת אֲבִיהֶן.

פירוש העניין

הסיפור האחרון בספר וההלכה החדשה שנקבעה בעקבותיו, נסמכים על סיפור תלונת בנות צלופחד על כך שלאביהן לא היה בן, ועל בקשתן לרשת את נחלתו (כ"ז, א-יא). הפִסקה שם עסקה בירושת בנות כשאין בן יורש, ועל הרעיון שהנחלה תישאר ברשות המשפחה. כאן הפִסקה עוסקת בבעיה שנחלה לא תעבור לשבט אחר כאשר בת יורשת, במקרה שתינשא לבן שבט אחר. שָם ה' פסק שתלונת בנות צלופחד מוצדקת, ובמקרה שאין בנים, הבנות תירשנה את אביהן. בעקבות פסיקה זו באים בסיפור זה ראשי האבות של משפחת גלעד אל משה והנשיאים בתלונה על כך שהפסיקה הזו פוגעת בנחלות שבטם, שכן עתה, אם תתחתנה בנות צלופחד עם אדם משבט אחר, נחלתן תעבור לנחלת בעליהן (ב-ג), ונחלת השבט תקטן. מכיוון שירושה לא חוזרת ביובל, נחלה זו תיגרע משבטם לעולם (ד). משפט זה מסתמך על דיני יובל בוויקרא כ"ה, ח-טז; כ"ז, טז-כד.

תלונת בני יוסף למשה נטולה האשמה כלפיו, והם מדגישים: "וַיֹּאמְרוּ אֶת אֲדֹנִי צִוָּה ה' לָתֵת אֶת הָאָרֶץ בְּנַחֲלָה... וַאדֹנִי צֻוָּה בַה' לָתֵת אֶת נַחֲלַת צְלָפְחָד אָחִינוּ לִבְנֹתָיו" (ב). פנייה זו חריגה במיוחד. ראשית, הם חוזרים פעמיים, ובלשון דומה, שה' ציווה את משה בדבר בנות צלופחד. שנית, הפנייה למשה בכינוי "אדֹנִי" היא נדירה (רק בפרק י"א, כה, על ידי יהושע; על ידי אהרן בפרק י"ב, יא, וכן בשמות ל"ב, כב; ועל ידי ראשי השבטים ראובן וגד בפרק ל"ב, כה, כז). ההדגשה של בני יוסף שאין להם טענה כלפי משה חשובה במקום זה, מאחר שאנחנו כבר יודעים על סיום תפקידו של משה כמנהיג. פוטנציאל המשבר עם מותו של משה הוא גדול, ולכן מודגש שמשה אינו אלא כלי להעביר את דבר ה', ובהיעדרו העם יוכל להמשיך לתפקד כעם. לכן מודגש כאן פעמיים שה' הוא אשר ציווה שבנות צלופחד יירשו, ושאת הצו הזה ה' העביר באמצעות משה. דגש זה מתאים ביותר בסיום ספר במדבר, והוא עתיד לחזור שוב בחתימה של הספר כולו (יג).

משה מעביר בשם ה' את הפתרון לטענתם הצודקת של בני יוסף (ה). הפתרון לבעיה אינו ביטול החוק, אלא צמצומו. מצד אחד אם אדם מת ללא בנים הדין הוא שבנותיו יורשות נחלתו. מצד שני התקבלה גם הטענה של בני יוסף, שלא הגון שנחלה תעבור משבט לשבט. וכדי לקיים את שני הצדדים ה' קובע שכל בת שיורשת תתחתן דווקא בתוך השבט, וכך הן תוכלנה מצד אחד לרשת את נחלת אביהן, אך מצד שני הנחלה לא תעבור לשבט אחר (ו-ט).* הסיפור ממשיך לספר שאכן כך היה, ובנות צלופחד נישאו לבני הדודים שלהן, וכך נחלתן לא עברה לשבט אחר (י-יב).

הזיקה בין פרשה זו לבין סיפור בנות צלופחד היא הדוקה. בשני הסיפורים באים העותרים בטענה למשה ולנשיאים, שם בנות צלופחד וכאן בני מנשה; בשני המקרים ה' אומר שהטענה

* בבבלי בבבא בתרא קכ ע"א נקבע שהדין של הגבלת נישואיהן של נשים יורשות היה רק בדור של ההתנחלות ולא בדורות הבאים. וכן מסביר גם הרמב"ן (בפירושו לפסוק ז), ועוד הוא אומר שייתכן שאישה כבר נישאה ורק אחר כך ירשה את אביה!

צודקת; ובשני המקרים ה׳ פותר את הבעיה על ידי חקיקת חוק חדש. שני הסיפורים פותחים באופן דומה:

ל״ו, א: ״**וַיִּקְרְבוּ** רָאשֵׁי הָאָבוֹת לְמִשְׁפַּחַת בְּנֵי גִלְעָד בֶּן מָכִיר בֶּן מְנַשֶּׁה מִמִּשְׁפְּחֹת בְּנֵי יוֹסֵף **וַיְדַבְּרוּ לִפְנֵי מֹשֶׁה וְלִפְנֵי הַנְּשִׂאִים** רָאשֵׁי אָבוֹת לִבְנֵי יִשְׂרָאֵל״.
כ״ז, א–ב: ״**וַתִּקְרַבְנָה** בְּנוֹת צְלָפְחָד בֶּן חֵפֶר בֶּן גִּלְעָד בֶּן מָכִיר בֶּן מְנַשֶּׁה לְמִשְׁפְּחֹת מְנַשֶּׁה בֶן יוֹסֵף וְאֵלֶּה שְׁמוֹת בְּנֹתָיו מַחְלָה נֹעָה וְחָגְלָה וּמִלְכָּה וְתִרְצָה. **וַתַּעֲמֹדְנָה לִפְנֵי מֹשֶׁה וְלִפְנֵי אֶלְעָזָר הַכֹּהֵן וְלִפְנֵי הַנְּשִׂיאִם** וְכָל הָעֵדָה פֶּתַח אֹהֶל מוֹעֵד לֵאמֹר״.

גם בנות צלופחד וגם בני מנשה טוענים טענת קיפוח בלשון דומה:

ל״ו, ג–ד: ״וְהָיוּ לְאֶחָד מִבְּנֵי שִׁבְטֵי בְנֵי יִשְׂרָאֵל לְנָשִׁים **וְנִגְרְעָה** נַחֲלָתָן מִנַּחֲלַת אֲבֹתֵינוּ וְנוֹסַף עַל נַחֲלַת הַמַּטֶּה אֲשֶׁר תִּהְיֶינָה לָהֶם וּמִגֹּרַל נַחֲלָתֵנוּ **יִגָּרֵעַ**... וּמִנַּחֲלַת מַטֵּה אֲבֹתֵינוּ **יִגָּרַע** נַחֲלָתָן״.
כ״ז, ד: ״**לָמָּה יִגָּרַע** שֵׁם אָבִינוּ מִתּוֹךְ מִשְׁפַּחְתּוֹ כִּי אֵין לוֹ בֵּן תְּנָה לָּנוּ אֲחֻזָּה בְּתוֹךְ אֲחֵי אָבִינוּ״.

כמו במקרה של טענת בנות צלופחד, גם בסיפור זה ה׳ מצדיק את העותרים:

ל״ו, ה: ״וַיְצַו מֹשֶׁה אֶת בְּנֵי יִשְׂרָאֵל עַל פִּי **ה׳ לֵאמֹר כֵּן** מַטֵּה בְנֵי יוֹסֵף **דֹּבְרִים**״.
כ״ז, ו–ז: ״וַיֹּאמֶר ה׳ אֶל **מֹשֶׁה לֵּאמֹר. כֵּן** בְּנוֹת צְלָפְחָד **דֹּבְרֹת**...״.

לאור שיתוף הנושא, והעובדה שטענת בני יוסף היא תוצאה ישירה של החלטת ה׳ בעניין תלונת בנות צלופחד, וכן לאור הזיקה הסגנונית בין שתי הפרשות, השאלה המסקרנת שכבר הזכרנו לעיל היא, מדוע פרשה זו אינה צמודה לפרשת בנות צלופחד בבמדבר כ״ז? כאמור, וכפי שהשבנו, פרשת בנות צלופחד בבמדבר כ״ז עוסקת בתחום של העם, ובאותו ההקשר עלתה הטענה הנוגעת לזכויות של אנשים בודדים בירושת הארץ. לכן היא נכללה במקבץ פרקים העוסקים באנשים הפרטיים יורשי הארץ. כאן בבמדבר ל״ו לעומת זאת, הנושא הוא נחלתו של השבט, כלומר הפרשה עוסקת בארץ, ועל כן היא מופיעה בפרקים העוסקים בעניין הארץ.

הבחנה זו תסביר עוד נקודה מעניינת. הפנייה של בנות צלופחד הייתה אל משה, אלעזר, הנשיאים והעדה (כ״ז, ב), לעומת זאת בני יוסף פונים אל משה והנשיאים, אך לא אל אלעזר.[191] תלונת בנות צלופחד עוסקת בשאלה מי יקבל נחלה, ועל כן אלעזר כלול בפנייה, כי הוא בין האחראים על חלוקת הארץ. תלונת בני יוסף אינה עוסקת בחלוקת הארץ, אלא במציאת דרך לכך שנחלת בנות יורשות לא תעבור משבט לשבט, והפתרון הוא שבנות צלופחד תתחתנה עם בני שבטן, ולעניין זה אלעזר לא קשור.

חתימה, ל"ו, יג

יג אֵלֶּה הַמִּצְוֹת וְהַמִּשְׁפָּטִים אֲשֶׁר צִוָּה ה' בְּיַד מֹשֶׁה אֶל בְּנֵי יִשְׂרָאֵל בְּעַרְבֹת מוֹאָב עַל יַרְדֵּן יְרֵחוֹ.

פסוק זה אינו חלק מנושא תלונת בני יוסף, אלא חתימה לכל המצוות שנאמרו בערבות מואב. סוֹפֵּר שהעם הגיע לערבות מואב בפרק כ"ב, א, לפני פרשת בלק ובלעם. המצוות שנאמרו בערבות מואב הן אפוא: 1. ספירת העם (כ"ו, א-נא, נז-סה); 2. מי נוחל בארץ (כ"ו, נב-נז); 3. ירושת הבת (כ"ז, ו-יא); 4. הקורבנות (כ"ח, א - ל', א); 5. נדרי נשים (ל', ב-יז); 6. טיהור כלי נוכרים (ל"א, כא-כד); 7. חלוקת שלל המלחמה והשבי (ל"א, כה-ל); 8. כיבוש הארץ, הכרתת העבודה הזרה וחלוקת הארץ (ל"ג, נ-נו); 9. גבולות הארץ (ל"ד, א-טו); 10. מי יהיו מנחילי הארץ (ל"ד, טז-כט); 11. מתן ערים ללוויים (ל"ה, א-ח); 12. ייעוד ערי מקלט, ודיני רוצח (ל"ה, א-לד); 13. בת יורשת שתתחתן בתוך שבטה (ל"ו, ה-ט).

סיכום של המצוות בערבות מואב בא להדגיש שהמצוות שנזכרו הן ציוויים של ה' אשר עברו באמצעות משה – "**בְּיַד מֹשֶׁה** אֶל בְּנֵי יִשְׂרָאֵל". מקור המצוות הוא אלוהי, והן נמסרו באמצעות משה. דגש זה בולט לאור סיום דומה של ספר ויקרא (כ"ז, לד): "אֵלֶּה הַמִּצְוֹת אֲשֶׁר צִוָּה ה' אֶת מֹשֶׁה אֶל בְּנֵי יִשְׂרָאֵל בְּהַר סִינָי". סיומו של ספר ויקרא מסמן את החתימה של החוקים שניתנו בסיני, וסיומו של ספר במדבר מסמן את חתימת החוקים שניתנו בערבות מואב. הניסוח של הסיומים כמעט זהה, אך תוספת מילה קטנה בבמדבר היא משמעותית: "אֲשֶׁר צִוָּה ה' **בְּיַד** מֹשֶׁה", לעומת ויקרא: "אֲשֶׁר צִוָּה ה' אֶת מֹשֶׁה". הדגש בבמדבר על משה כמתווך המעביר את הציווי של ה', הוא גדול יותר מאשר בסיום בוויקרא.

בחתימת ספר במדבר חשובה האמירה שהדבר היה בערבות מואב, שהרי ידוע לעם שמשה לא יעבור את הירדן אלא ימות וייקבר בערבות מואב, והוא מוסר אפוא את המצוות האחרונות אשר ה' נותן לו. ועם כל זאת העם יודע שה' ימשיך להיות עימם.

הערות

הלוויים: ספירתם, תפקידם במשכן, ומיקומם במחנה

1. רש"י פירש על דרך הדרש (כפי שטוען רמב"ן במקום) שהכוונה הייתה לבאר את תולדות אהרן, אך נקראו גם על שם משה מפני שלימדם תורה.
2. מספר זה הוא באופן משמעותי קטן יותר מהמספר של שאר השבטים המנויים בפרק א', ובמיוחד לאור העובדה, שבפרק זה נמנו הלוויים מגיל חודש ומעלה.
3. וכן במדבר רבה ד, ט.
4. מספר זה של הבכורות נראה נמוך מאוד ביחס לסך מספר הגברים של העם 603,550.
5. במדבר רבה ד, יח.
6. במדבר רבה ד, יג.
7. הספרי פיסקא ב (מהדורת הורוויץ, עמ' 4) מתייחס לתוספת הדין של גוזל את הגר, ואינו מתייחס לדין הווידוי. "למה נאמר פרשה זו לפי שהוא אומר נפש כי תחטא ומעלה מעל בה' (ויקרא ה', א) או מצא אבידה וכיחש בה ונשבע על שקר. אבל בגוזל הגר ונשבע לו ומת שישלם קרן וחומש לכהנים ואשם למזבח. זו מידה בתורה: כל פרשה שנאמרה במקום אחד וחיסר בה דבר וחזר ושנאה במקום אחר לא שנאה אלא שחיסר בה דבר אחד. ר' עקיבא אומר שנאמר בה לאמר צריך לידרש".

חוקים: הוצאת הטמאים מהמחנה, אשם גזלות, סוטה, נזיר וברכת כוהנים

8. לחז"ל בספרי פיסקא ד (מהדורת הורוויץ, עמ' 7), פירוש אחר בעניין, ובעקבותיהם רש"י, ובגוון אחר רמב"ן.
9. בניגוד למה שהיה מקובל בתרבויות אחרות, כמשתקף בחוקי ח'מורבי חוק 132.
10. רש"י בעקבות הבבלי בסוטה ח ע"א.
11. ספרי פיסקא י (מהדורת הורוויץ, עמ' 16); רש"י; רשב"ם.
12. חוק 132 בחוקי ח'מורבי.
13. אפשרות אחרת היא שפסוק יז הוא מאמר מוסגר, ואז החזרה על העמדת האישה בפסוק יח היא חזרה מקשרת לרצף הפעולות שהחל בפסוק טז. כך מילגרום, עמ' 39.
14. כן דעתו של מרקס, קורבן חטאת, עמ' 183–198.
15. יש כמה סוגי אשם מעבר למה שהוזכר למעלה. אשם תלוי (ויקרא ה', יז-יח); אשם מצורע (ויקרא י"ד, יב, כא); אשם שפחה חרופה (ויקרא י"ט, כ-כב). מצורע צריך להביא אשם מכיוון שהוא יצא מכלל המחנה, הוא נתפס כמת, ויש בכך חילול האדם. כאשר הוא חוזר לחברת האדם הוא חייב קורבן אשם על יציאתו מהמחנה. ביחס לאשם תלוי הסביר לי פרופ' יונתן גרוסמן, שהוא מביא אשם כאשר יש לו ספק אם חטא, ולכן אינו מביא קורבן חטאת מספק על כך שאולי אכן חייב חטאת, אלא הוא מביא אשם, כעין מעילה בכך שלא הביא את החטאת. איני יודע להסביר מדוע הבא על שפחה חרופה חייב אשם.
16. ליכט פירש, "יביא אותו" היינו יביא את נזרו (במדבר א, עמ' 92).
17. משנה נזיר פרק א משנה ג; פרק ו משנה ג.
18. משנה נזיר פרק א משנה ב. לפי הברייתא בתוספתא נזיר פרק ג הלכה טז, אבשלום היה נזיר עולם. וכן במכילתא דרבי ישמעאל, מסכתא דשירה ב (מהדורת הורוויץ, עמ' 123). מכילתא דרשב"י בשלח ט"ו, א (מהדורת אפשטיין-מלמד, עמ' 75).
19. וראו גם אברבנאל בפירושו, ו', א.

קורבנות הנשיאים וחנוכת המזבח

20. במדבר רבה יג, טו; רמב"ן בפירושו לפסוקים ב–ג; ריב"ש על פסוק יא.
21. ראו *TDOT*, vol 9, p. 46–49.

נרות המנורה

22. כך מפרש רש"י בשמות כ"ז, כ: "להעלות נר תמיד – מדליקו עד שתהא שלהבת עולה מאליה"; וראב"ע שם: "להעלות – בעבור שמנהג אור הנר להעלות להב, כי הוא מגזרת האש".
23. במדבר רבה טו, ו. וכן רש"י, ורמב"ן על פסוק ב.

הסמכת הלוויים וגיל שירותם

24. מילגרום, עמ' 62, 444–447; וראו על קורבן חטאת באופן רחב יותר: מילגרום, קורבן חטאת, עמ' 1–8.
25. מילגרום, התנופה, עמ' 38–55.
26. לפי מילגרום, כמו במקומות אחרים בספר, יש כאן הבחנה בין שמירה לבין עבודה, שהיא עבודת משא. ראו מילגרום, עמ' 66. אך ראינו לעיל כמה פעמים שהמשמעות של המילה "משמרת" אינה שמירה, אלא תחום אחריות. גם כאן הכוונה היא כך, שאסור להם לעבוד עבודה בעצמם, אלא רק לסייע לשאר הלוויים במשמרתם, בתחום אחריותם. כך שההבחנה אינה בין עבודה לשמירה, אלא בין עבודה של הלוויים בגיל השירות לבין עבודת סיוע של אלה שפרשו לאחיהם הלוויים שעדיין בגיל עבודה.
27. בסיפור מניית הלוויים על ידי דוד מסופר כי הלוויים נספרו מגיל שלושים (דה"א כ"ג, ג), אולם בפסוקי הסיום נאמר שהם באו לעבודת ה' מגיל עשרים ומעלה (פסוקים כד, כז).

פסח: סיפור וחוק

28. ראו עסיס, ממשה ליהושע, עמ' 113–114.

הענן והחצוצרות

29. כך משלים תרגום השבעים.

הענן והחצוצרות

30. חכמים הבינו שיש לתקוע לא רק לפני מלחמות אלא לפני כל צרה, ספרי פיסקא עו (מהדורת הורוויץ, עמ' 70–71). רמב"ם תעניות פרק א הלכה א.

הנסיעה מסיני

31. מושקוביץ, עמ' קיד.
32. אהרליך, במדבר, עמ' 256; מילגרום, עמ' 81.

החטאים בתבערה ובקברות התאווה

33. אם כי רש"י מצא לכך חיזוק לפירושו שהם ביקשו עלילה.
34. בעניין זה דנו תנאים בתוספתא סוטה פרק ו, ז–ח.
35. לא עולה מכאן שאוהל מועד היה מחוץ למחנה.
36. ספרי פיסקא צה (מהדורת הורוויץ, עמ' 95). וכן פירשו רש"י, ראב"ע, ריב"ש.

מרים ואהרן מדברים סרה במשה

37. ולכן לא משתמע כאן שאוהל מועד היה מחוץ למחנה.
38. המדרש בספרי פיסקא צט (מהדורת הורוויץ, עמ' 98) קושר את הסיפורים באופן מדרשי.

פרשת המרגלים

39. מושקוביץ, עמ' קעב.
40. 'סר צלם' יכול להיות לשון פיגורטיבית לכך שהאלים של התושבים סרו מעליהם, ושאינם איתם עוד, ראו גריי, עמ' 154.

חוקים: מנחה ונסך, חלה, חטאת, מזיד, מקושש עצים וציצית

41. פירוש זה כבר מצוי בפרשנות הקראית – אהרן בן אליה, כתר תורה, גוזלווא, פירושו לפסוק כב ואילך.

סיפור קורח

42. אברבנאל בתחילת פירושו לפרק ט"ז.
43. חוקרים מתעלמים משום מה מהאפשרות שדמויות בסיפור לא ידברו אמת, או ישתמשו בטענות ולא יתכוונו אליהן, וזאת מהתעלמות מהמציאות הפוליטית והאינטרסנטית המשתקפת בסיפור המחלוקת, ומתוך הנחה בלתי מציאותית שכל מילה שדמות מוציאה מהפה, חייבת לשקף אמת הגותית, ולכן ראו חוקרים אלה מתחים מיותרים בפסוקים.
44. על הזיקה בין דברי קורח לתשובת משה באותה לשון ראו בבלי סוטה יג ע"ב וכן במדבר רבה יח, יח.
45. מבנה פחות מדויק כבר העלה ונהם, עמ' 152 הערה 33.
46. על תופעה זו: עסיס, כיאסמוס, עמ' 274.
47. המזבח היה מצופה נחושת (שמות כ"ז, ב), ואותו ציפו פעם שנייה באמצעות ריקועי המחתות. לעומת זאת בשמות ל"ח, כב, תרגום השבעים קובע שציפוי הנחושת של המזבח היה באמצעות המחתות של האנשים שמרדו עם קורח, ושהמקראות בשמות מניחים את הסיפור כאן.
48. ליכט, במדבר ב, עמ' 119.
49. מילגרום, עמ' 142.
50. פירושי התורה לר' יהודה החסיד (מהדורת שמשון לנגה), ירושלים תשל"ה, עמ' 178–179.

חוקים בעקבות פרשת קורח

51. כבר המדרש נתן תשובה זו, ראו ספרי פיסקא קיז (מהדורת הורוויץ, עמ' 134–135): "לכל קדשי בני ישראל, כרת הכתוב ברית עם אהרן על כל קדשי הקדשים לגזור דין ולכרות להם ברית, לפי שבא קרח כנגד אהרן וערער על הכהונה. משל למה הדבר דומה: למלך בשר ודם שהיה לו בן בית, ונתן לו שדה אחת במתנה, ולא כתב ולא חתם ולא העלה לו בערכיים. בא אחד וערער כנגדו על השדה. אמר לו המלך, כל מי שירצה יבוא ויערער כנגדך על השדה, בוא ואני כותב ואני חותם ואני מעלה לך בערכיים. כך בא קרח וערער על הכהונה כנגדו, אמר לו המקום, כל מי שירצה יבא ויערער כנגדך על הכהונה, בוא ואני כותב ואני חותם ואני מעלה לך בערכיים, לכך נאמרה פרשה זו סמוך לקרח".
52. לוין, במדבר א, עמ' 441. אין הכוונה כאן לעבודת שמירה, כדעת מילגרום, עמ' 147.
53. רש"י וריב"ש. אהרליך סבר שעבודת הכוהנים אינה מתנה להם, ולכן פירש, שתמורת עבודתם במקדש, ה' נתן להם מתנות כהונה, כפי שיפורט בהמשך. אהרליך, במדבר, עמ' 275.
54. רשב"ם וראב"ע על שמות כ"ט, כט, ורשב"ם על במדבר י"ח, ח. לעומת זאת אחרים פירשו שהמשמעות של המילה כאן היא מידה, והמשמעות כאן היא שהמתנות ניתנו להם כמנה. ראו גריי, עמ' 222; מילגרום, עמ' 149. ראו BDB ערך משחה.
55. אך ראו יהושע י"ג, יד, ל.
56. אבן ג'נאח, ספר השורשים, ערך חרם (עמ' 169–170) ; רד"ק, ספר השורשים, ערך חרם (טור רלו).
57. רש"י על יחזקאל מ"ד, כט. וראו TDOT vol 5. p. 184, 188. במשמעות דומה גם במואבית במצבת מישע,

שם עמ' 190-189. האטימולוגיה המקורית של המילה באכדית היא להפריד, שם, עמ' 189-188. וראו לוין, במדבר א, עמ' 447-446.

58. על פי הבבלי בבכורות יב ע"ב, אפשר לפדות מהלידה, ולא מגיל חודש.

59. מבנה זה מצוי לראשונה בספרי פיסקא קיח (מהדורת הורוויץ, עמ' 142): "יש פרשיות שכולל בתחילה ופורט בסוף, פורט בתחילה וכולל בסוף, וזו כוללה בתחילה וכוללה בסוף ופורט באמצעו".

60. מילגרום, עמ' 154.

61. וכן מופיעה הרשימה בניסוח אחר בתוספתא חלה פרק ב הלכות ז-י; ובדומה לתוספתא בבבלי בבא קמא קי ע"ב; חולין קיג ע"ב.

62. אין סתירה בין העיקרון שאין ללוויים נחלה, לבין הייעוד של ארבעים ושמונה ערי הלוויים (במדבר ל"ה, א-ח), שכן הלוויים היו צריכים בתים לשכון בהם, והערים האלה היו מיועדות לכך. ערים אלה לא כללו שטחי חקלאות ומרעה משמעותיים.

63. מילגרום, עמ' 155.

64. דברי רשב"ם בלשונו בפירושו לפסוק ב: "זאת חקת התורה – ולפנינו מפרש באיזו תורה הוא מדבר, דכתיב 'זאת התורה אדם כי ימות באהל' (יד); כלומר: חקת ה'תורה' שאמר למטה 'זאת התורה'".

65. אין הגבלה כזאת בתורה, וחכמים קבעו זאת להלכה, ספרי פיסקא קכג (מהדורת הורוויץ, עמ' 153).

66. רעיון זה טמון בדברי הספרי פיסקא קכג (מהדורת הורוויץ, עמ' 154): "...שאם לא הוקם המשכן או אם קיפלה הרוח את היריעה לא היתה פרה נעשית חטאת". לוין העלה את האפשרות שההזאה של הדם מטרתה לטהר את המקדש מפני הטומאה שדבקה בו. הוא מציין שהזאת דם של הקורבן נועדה לטהר גם במקומות אחרים: ויקרא ד', ו, יז; י"ד, ז; ט"ז, יד-טו; במדבר ח', ז. אולם במקרה זה, המקדש לא נטמא, שכן מדובר בהכנת אפר הפרה לשימוש עתידי במקרה של טומאה. לכן אף על פי שבמקומות אחרים הזאה מטרתה לטהר או לכפר, אין זו המשמעות של ההזאה במקרה של הזאת דם הפרה.

67. מילגרום, ויקרא א-טז, עמ' 853.

68. לוין, במדבר א, עמ' 461.

69. תרגום יונתן.

70. וכבר הרמב"ם במורה נבוכים חלק שלישי פרק מז: "עד הזמן הזה איני יודע טעם לדבר מזה, ולא מה טעם לעץ ארז ואזוב ושני תולעת בפרה אדומה... לא מצאתי דבר שאסתמך עליו בייחוד מינים אלה".

71. ספרי פיסקא קכד (מהדורת הורוויץ, עמ' 156).

72. ספרי פיסקא קכז (מהדורת הורוויץ, עמ' 157): "בא הכתוב ולימד על העוסקין בפרה מתחילה ועד סוף שיהיו טעונים תכבוסת בגדים ורחיצת הגוף והערב שמש". משנה פרה פרק ד משנה ד; בבלי חולין כט ע"ב.

73. וכן מילגרום סבר שאפר הפרה מחטא מטומאה כמו שקורבן חטאת מְחַטֵּא מֵחֵטְא. מכיוון שאפר הפרה סופג, לדעתו, את הטומאה, מי שמתעסק בה טמא. מקבילה לכך הוא מוצא בכך שדם החטאת מטמא את הבגד הנוגע בו (ויקרא ו', כ), ומי ששורף את שעיר החטאת של יום הכיפורים נטמא (ויקרא ט"ז, כח), וכן המשלח את השעיר המשתלח נטמא (ויקרא ט"ז, כו), וכן גם השורף את פר החטאת ואת שעיר החטאת ביום הכיפורים נטמא (שם כח). מילגרום, ויקרא א-טז, עמ' 404-403. נראה כי דם החטאת שנוגע בבגד, דורש את כיבוס הבגד במקום טהור, לא מפני שהוא טימא את הבגד, אלא להפך, משום שלא ייתכן להוציא מחוץ למקדש את דם החטאת אשר על הבגד, כפי שהסביר רמב"ן. לטענה בדבר המשלח את השעיר ראו למעלה.

74. מדן, כי קרוב אליך, במדבר, עמ' 399.

החלק השלישי: שנת הארבעים בדרך לארץ

75. סדר עולם רבה פרק ט (מהדורת רטנר, עמ' כ); אבן עזרא ורשב"ם על פסוק א.

76. על פי זה לוין טען שסיומו של הדור הראשון ותחילתו של הדור השני הוא בפרק כ"א, יב. ראו לוין, במדבר א, עמ' 495.

מי מריבה

77. ראב"ע על פסוק א.
78. וכן מדרש אגדה, חקת כ', ב (מהדורת בובר, עמ' קכד-קכה).
79. מובא בפירוש ראב"ע, ובאור החיים פירוש ה'.
80. הרמב"ם, הקדמה לאבות, פרק ד' (מהדורת שילת, עמ' רמ).
81. פירוש רבי משה הכהן, מובא בראב"ע, ובאור החיים פירוש ח'.
82. וראו מושקוביץ, עמ' רלה.
83. המדרש בבבלי סנהדרין קו ע"א, עמד על ההקבלה בין בלעם לבין יתרו: "וירא את הקיני וישא משלו, אמר לו בלעם ליתרו: קיני, לא היית עמנו באותה עצה, מי הושיבך אצל איתני עולם? והיינו דאמר רבי חייא בר אבא אמר רבי סימאי: שלשה היו באותה עצה, אלו הן: בלעם איוב ויתרו. בלעם שיעץ – נהרג, איוב ששתק – נידון ביסורין, ויתרו שברח – זכו בני בניו לישב בלשכת הגזית, שנאמר ומשפחות סופרים יושבי יעבץ תרעתים שמעתים שוכתים המה הקינים הבאים מחמת אבי בית רכב, וכתיב ובני קיני חתן משה עלו מעיר התמרים".

מקדש לערבות מואב

84. עסיס, מאבק, עמ' 21-27, וראו שם ביבליוגרפיה נוספת.
85. רמב"ן בפירושו לדברים י', ו-ז.
86. כמו העולה בשמ"ב י"ב, כג. וראו רד"ק לבראשית כ"ה, ח.
87. וראו ראב"ע על בראשית כ"ה, ח: "יאסף אל עמיו – יש אומרים שעל כבוד הנפש אומר, כי בהיותו מתעסק עם הגוף הוא כחלק נפרד, ובהפרד הגוף, יאסף הכבוד אל עמיו. ויש אומרים, כי זה משפט הלשון, והטעם: על לכתו בדרך אבתיו כאילו יתחבר אליהם".
88. HALOT ערך 'אסף'.
89. למרות דברי רד"ק כי הביטוי מתייחס גם לצדיקים וגם לרשעים. ראו רד"ק לבראשית כ"ה, ח: "ויאסף אל עמיו – אל בני משפחתו שמתו, נאסף אליהם. וזה הלשון נהוג במקרא, יהיו אבותיו צדיקים או רשעים".
90. בפירושו לפרק כ"א, א: "השלים עוד בכאן לספר, כי החרימו ישראל גם 'את עריהם' אחרי בואם בארץ כנען ואחרי מות יהושע, לקים את נדרם אשר נדרו, ויקראו שם הערים 'חרמה' (פסוק ג). והוא מה שנאמר בספר שופטים 'ובני קני חותן משה עלו מעיר התמרים את בני יהודה מדבר יהודה אשר בנגב ערד' (שופטים א', טז), ושם כתוב 'וילך יהודה את שמעון אחיו ויכו את הכנעני יושב צפת ויחרימו אותה ויקרא את שם העיר חרמה' (שופטים א', יז); ושם נִשלַם הנדר הזה, אבל השלים הכתוב להזכיר הענין בכאן. וזה כענין הפרשה שאמרה ברדת המן 'ויניחהו אהרן לפני העדות למשמרת. ובני ישראל אכלו את המן ארבעים שנה עד בואם אל ארץ נושבת את המן אכלו עד בואם אל קצה ארץ כנען' (שמות ט"ז, לד-לה) - והוא לאחר מיתתו של משה - עד 'ממחרת הפסח' (יהושע ה', יא)".
91. בפירושו לפסוק א. אהרוני מצא בכתובת של פרעה שישק שני מקומות שנקראו ערד במקום זה – תל ערד נקראת בכתובת ערד-רבת, ומקום נוסף שנקרא ערד-ירוחם. ראו: אהרוני, כתיבה מחדש, עמ' 71-74. וכן אליצור, שופטים (דעת מקרא), עמ' יב.
92. וינר, ביקורת התורה, עמ' 121-129. קוטס הראה שהקטע אינו מדבר על כיבוש האזור, אלא על החרמת תושביו בלבד, ולכן סבור שאין מדובר בקטע המתאר כיבוש אלא זהו אירוע במהלך המסע במדבר, ראו: קוטס, מסורות כיבוש, עמ' 182-183. ונהם סבר שקודם העיר נכבשה על ידי משה, אחר כך על ידי יהושע, ואז חזרו למקום, ורק בשלב מאוחר יותר שוב העיר נכבשה על ידיו כמתואר בשופטים א', ראו ונהם, עמ' 174.
93. אברמסקי, "מתכות", אנציקלופדיה מקראית, ה, טורים 652-656. בן יוסף, נחושת, עמ' 31-71.
94. בראשית רבה לא, ח: "...עשה לך שרף לא נתפרש, ר' יודן בשם ר' איבו אמר (משלי א') ישמע חכם ויוסיף לקח זה משה שאמר הקדוש ברוך הוא לו למשה עשה לך שרף ולא פירש, אמר אם אני עושה אותו של זהב אין

הלשון הזה נופל על לשון זה, של כסף אין הלשון הזה נופל על לשון זה, אלא הרי אני עושה אותו של נחושת לשון נופל על הלשון שנאמר (במדבר כ"א) ויעש משה נחש נחשת, מכאן שניתנה תורה בלשון הקודש".

95. וכן תרגום יונתן.

96. מילגרום, עמ' 174. כמובן ישראל לא חשבו שיש כוח מרפא בנחש, שהרי המקרא רווי בהיגדים שה' הוא המרפא: בראשית כ', יז; שמות ט"ו, כו; במדבר י"ב, יג; דברים ל"ב, לט; מל"ב ב', כא; מל"ב כ', ה, ח; ישעיה י"ט, כב; ל', כו; נ"ז, יח, יט; ירמיה י"ז, יד; ל', יז; ל"ג, ו; הושע ו', א; ז', א; י"א, ג; י"ד, ה; תהילים ו', ג; מ"א, ה; ק"ג, ג; קמ"ז, ג; ועוד).

97. דילמן, עמ' 122; אליצור, אטלס דעת מקרא, עמ' 34; אליצור, מקום בפרשה, תל אביב תשע"ד, עמ' 327-319.

98. רלב"ג על פסוקים יד-טו: "...ולזה נתבאר מזה שאלו המקומות כולם הם בגבול מואב. וזהו אמרו: על כן יאמר בספר מלחמות ה' וגו' – להביא עדות שארנון היה גבול מואב. ומזה המקום יתבאר שישראל היו הולכים סביב ארץ מואב ולא רצו עבור בגבולו, ולזה אמר בלק 'והוא יושב ממולי'".

99. יש שפירשו ש"עז גבול עמון", מתייחס לסיבה מדוע ישראל כבשו את השטח ממזרח ליבוק. מילגרום, עמ' 180. לפי זה, בניגוד למתואר בספר דברים הסיבה שנמנעו ישראל להילחם עם עמון, היא משום חוזקם של העמונים.

100. שטח זה נכבש על ידי האמורי מידי מואב כנראה בשיתוף פעולה עם החיתים לאחר שהם ניצחו את רעמסס השני (1237-1304 לפנה"ס) במערכה הגדולה של מלחמת קדש אשר על נהר ארנת שבסוריה התיכונה, ראו מזר, כנען וישראל, עמ' 96-97.

101. כך בבלי חולין ס ע"ב; במדבר רבה יט, לה.

סיפור בלעם

102. המדרש העלה שהמדיינים והמואבים היו בעימות ביניהם, אך כשבא ישראל הם חברו יחדיו נגדם. ספרי פיסקא קנז (מהדורת הורוויץ, עמ' 209).

103. ראו אולברייט, מולדת בלעם, עמ' 386-390; בעקבותיו ראו גם ב' מזר, אנציקלופדיה מקראית, ב, טור 178. וראו יהודה המציין כי ארץ עמאו נזכרת בכתובות מצריות ואכדיות, ראו יהודה, מולדתו של בלעם, עמ' 547-551. רש"י פירש "ארץ בני עמו" – עמו של בלק; ורמב"ן פירש ארץ בני עמו של בלעם. בתרגום השומרוני, בפשיטתא ובוולגטה גרסו: עמון.

104. על הכתובת ושחזורה ראו: פרנקן, טקסטים, עמ' 480-481; הופטיצר וון דר קוי, דיר עלא; הופטיצר, הנביא בלעם, עמ' 11-17; רופא, ספר בלעם, עמ' 59-70; הקט, הטקסט של בלעם; דיקסטרה, בלעם, עמ' 43-65.

105. רמב"ם (מורה נבוכים חלק שני פרק מב) נתן לסיפור הסבר רציונלי, והעלה שהוא מתרחש בחלומו של בלעם.

106. כאמור למעלה, ככר בתחילת הכתובת הוא מוגדר כ"איש חזה אלהין".

107. גריי, עמ' 367.

108. מילגרום, עמ' 189.

109. גריי, עמ' 347.

110. משפט זה לכאורה עומד בסתירה לנאמר בשמות ל"ב, יד, שמשה משכנע את ה' שלא לכלות את העם. רשב"ם מסביר שה' לא חוזר מברכתו שבירך את ישראל "בשעה מועטת כזו, שהרי לא פשעו אחר הברכה שברכתי אותם היום". העולה מדבריו שה' אינו משנה את דעתו רק משום שבלעם יקלל את העם, מבלי שהעם חטא בינתיים. יש לחלק בין שינוי בדעת ה' כדי להביא גורל רע, שכן אי אפשר להשפיע על ה', לבין השפעה על ה' לחזור בו מלהעניש, שבמקרה זה ה' עשוי לחזור בו מכוונתו הרעה.

111. הנוסח בפשיטתא ובוולגטה הוא "לָקחתי".

112. רש"י, ראב"ע, רמב"ן. בוולגטה עולה שהכוונה בעמל ואוון היא לעבודה זרה.

113. גריי, עמ' 353. אפשרות נוספת שהעלה לוין היא שבעמל ואוון הכוונה היא לתוצאות החטא, היינו לנזק שנגרם לחוטא, ולא לחטא עצמו, כמו בחבקוק א', יג; ראו לוין, במדבר ב, עמ' 183–184.
114. גריי, עמ' 352. כמו הגרסה בשומרוני: "לא אביט עון ביעקב". אלא שגריי סבור ששאר הפעלים צריכים להיות בגוף ראשון, בעוד בשומרוני רק פועל זה הוא בגוף ראשון.
115. ליכט, במדבר ג, עמ' 32.
116. נות, במדבר, עמ' 187; יש שפירשו שכוונת הפסוק היא שישראל אינם משתמשים בנחש ובקסם, ובשאר אמצעים להגדת העתיד. ראו רש"י, רשב"ם; וראו גריי, עמ' 355–356.
117. על החילוק הבסיסי בין נחש וקסם לבין כישוף, ראו: קויפמן, תולדות ב, עמ' 350 הערה 1. על השימוש בשמות קסם ונחש לעיתים גם במשמעות של כישוף: שם, עמ' 458 הערה 1.
118. ואולי מדובר על פוריות הארץ, גריי, עמ' 362.
119. HALOT; רש"י פירש מהבארות שלו.
120. גריי, עמ' 374.
121. מורג, בלעם, עמ' 20–21.
122. גריי, עמ' 378.
123. לפי דה וו, מדובר על הפלישות של גויי הים במאות השלוש עשרה והשתים עשרה לארץ; ראו דה וו, עמ' 297.
124. גריי, עמ' 379.

חטא ישראל בשיטים

125. כך היא גם גרסת השומרוני.

המפקד של באי הארץ בערבות מואב ודיני ירושת הארץ

126. בניגוד לדעת ראב"ע שפירש שבין הנספרים היו גם אנשים שיצאו מארץ מצרים, והוא משער שמדובר במחצית הנספרים.
127. השם קרח מופיע בחרסי ערד, 49. אחיטוב, הכתב, עמ' 134–137.
128. בתרגום השבעים סדר המשפחות בבמדבר כ"ו הוא לפי סדר הלידה בבראשית כ"ט-ל', ל"ה, כג-כו.
129. לדעת לינדבלום וקויפמן, השבטים הגדולים הגרילו ביניהם את השטחים הגדולים והשבטים הקטנים את השטחים הקטנים. ראו: לינדבלום, הטלת גורל, עמ' 168; קויפמן, יהושע, עמ' 211.
130. כדברי הספרי (מהדורת הורוויץ, עמ' 175): "על פי הגורל תחלק נחלתו בין רב למעט – מגיד שלא נתחלקה ארץ ישראל אלא במיון בית הכור כנגד בית סאה ובית סאה כנגד בית הכור".
131. ש' ליוונשטם, "קהת, בני קהת", אנציקלופדיה מקראית, ז, טור 87.

העברת ההנהגה ממשה ליהושע

132. במדבר רבה כא, טו; ראב"ע.
133. גרינברג, תפילה, עמ' 23.
134. גם בסיפור הסתלקותו של אליהו מצווה ה' שימנה את אלישע תחתיו, מל"א י"ט, ט.
135. על תופעה זו עמד המדרש בספרי זוטא טו: "וידבר משה אל ה' לאמר, אין בכל התורה כולה וידבר משה אל ה' לאמר אלא כאן, אמר לו הודיעני אם אתה ממני תחתי וזה אחד מן הדברים שאמר משה לפני המקום הודיעני אם אתה עושה לי אם אין אתה עושה לי".
136. ואולי אפילו נביאים: מל"א י"ט, טז; ישעיה ס"א, א. אך אפשר שאלישע לא נמשח, מכיוון שהעברת נבואה באופן זה סותרת את התפיסה הבסיסית של המקרא על ההינבאות, ואין מקרה אחר שנביא נמשח. ייתכן

שהמושג משיחה ביחס לאלישע, וכן בישעיה ס״א, א, הוא מושאל במשמעות של מינוי. למשל: ווסטרמן, ישעיה מ׳-ס״ו, עמ׳ 365-366.

137. אף כי ה׳ ציווה את אליהו למשוח את אלישע (מל״ב י״ט, טז), ייתכן כי הרמת אדרת אליהו על ידי אלישע מסמלת את העברת הנבואה אליו (מל״א י״ט, יט-כא; מל״ב ב׳, א-יח); ראו מונטגומרי, מלכים, עמ׳ 315-316. ישיבה על כס מלך היא פעולת כניסה לתפקיד של מלך; ראו מל״א ב׳, יב.

138. ליכט, ״סמיכה״, אנציקלופדיה מקראית, ה, טורים 1053-1054. מכאן מסיק ליכט ״שכל סמיכה שבחטאות משמעה העברת העוונות״.

139. הופמן, ויקרא א, עמ׳ 89.

140. ליכט, ״סמיכה״, אנציקלופדיה מקראית, ה, טור 1054. אפשרות אחרת היא שבסמיכת ידיים על הקורבן, הבעלים מראים שהקורבן שלהם, רלב״ג על פסוק יח.

141. ליכט, שם: ״הזדהות: הסומך מזדהה עם הנסמך, עושה אותו למעין עצמו, לשליחו או לתמורתו״. פטר הבחין בין סמיכה ביד אחת בקורבנות, שמשמעותה היא שהמקריב מזהה את עצמו כבעל הקורבן, לבין סמיכת שתי ידיים, שמשמעותה העברת סמכות וכוח; ראו פטר, סמיכת ידיים, עמ׳ 52. פארן מבחין בין הביטוי ׳סמך יד על ראש׳, המופיע תמיד במקרים של המתת הנסמכים, לבין ׳סמך יד על׳ שמופיע תמיד במקרים של מינוי. פארן, סמיכת ידיים, עמ׳ 115-119.

142. יונתן תרגם: ״ותתן מזיו יקרך עלוי״.

143. ראו: עסיס, שופטים, עמ׳ 607-614.

144. על נושא זה ראו בהרחבה: עסיס, ממשה ליהושע, עמ׳ 17-20, 33-52, ועוד.

קורבנות הציבור במעגל השנה

145. מעין זה כתב אברבנאל בפירושו לתחילת הפרשה (עמ׳ קמ).

146. תרגום השבעים מתרגם שהקריבו את הקורבן בהר סיני.

147. מילגרום, עמ׳ 240.

148. משנה שבועות פרק א משניות ד-ה. המושג ״חטאת לה׳״, נדרש בבבלי שבועות ט ע״א, לכך שמביאים חטאת על כך שה׳ מיעט את אור הלבנה. הרמב״ם הסביר שמודגש שהחטאת היא לה׳, כדי להוציא מכך שהקורבן הוקרב לירח; ראו מורה נבוכים חלק שלישי פרק מו.

149. נצי״ב על פסוק יז.

150. ראב״ע על ויקרא ט״ז, כט.

151. הרב מדן הציע ששבעים הפרים הם כנגד שבעים המשפחות של בני ישראל, שנמנו בעת הירידה ממצרים, והמשפחות המנויות במפקד השני של ישראל בבמדבר כ״ו. מדן, כי קרוב אליך, עמ׳ 588. הקושי שציינו לעיל קשה גם על פירוש זה.

152. גינסברג סבור שגם בשמות כ״ג, טז, הקובע שחג האסיף הוא בצאת השנה, הכוונה לתחילת השנה (כמו צאת השמש, והכוונה לתחילת היום). גינסברג, מורשת ישראלית, עמ׳ 49. לוין סובר שהמושג ״בצאת השנה״, יכול גם להיות במשמעות של סוף השנה, וכך מסתבר, משום שחג הסוכות מוזכר אחרון בכל מקום; ראו לוין, במדבר ב, עמ׳ 409.

דיני הפרת נדר ושבועה

153. הגמרא בנדרים עח ע״א מבינה שזה נאמר לראשי המטות כדי ללמד הפרת נדרים ביחיד מומחה, ושלושה הדיוטות.

154. כך למשל יעקב נדר נדר לה׳ בבראשית כ״ח, כ-כב. הדין בוויקרא ה׳, ד, מניח את דין הנדר ומחדש הלכה במקרה שהדבר נעלם ממנו. דין הנזיר שעליו עמדנו בעיוננו לעיל לפרק ו׳ הוא סוג של נדר.

155. ליכט, במדבר ג, עמ' 108.
156. ספרי פיסקא קנו (מהדורת הורוויץ, עמ' 208); רש"י ורמב"ן.

המלחמה במדיין

157. משנה סוטה פרק ח משנה א; בוויקרא רבה כ', ב, נאמר שפינחס היה כוהן משוח מלחמה.
158. אולי משום כך לפי המדרש פינחס הוא זה שהרג את בלעם; ראו בבלי סנהדרין קו ע"ב.
159. הנוסח השומרוני המוסיף שמשה מצווה את אלעזר ואת אנשי הצבא, הוא משני, משום שלפי התוספת הזו, אין צורך בציווי של אלעזר את אנשי הצבא, אם משה כבר ציווה.
160. כך בבבלי עבודה זרה עה ע"ב; וכן רמב"ן (על פסוק כג) האומר על דברי חכמים: "וזה אמת בלא ספק".
161. לוין, במדבר ב, עמ' 463.

התנחלות שני השבטים וחצי השבט בעבר הירדן המזרחי

162. על נושא זה ראו עסיס, כיאסמוס, עמ' 274.
163. חכמים למדו מכאן שכל תנאי חייב להיות כפול; ראו משנה קידושין פרק ג משנה ה, ובבלי שם סא ע"א, וכן ההלכה ברמב"ם הלכות אישות פרק ו הלכה ב.
164. עסיס, עד אנה, עמ' 1–25; עסיס, שופטים, עמ' 29–32.

מסעות בני ישראל במדבר

165. במדבר רבה כג, ג.
166. במדבר רבה כג, א; רמב"ם, מורה נבוכים חלק שלישי פרק נ.
167. עסיס, ממשה ליהושע, עמ' 195–202.

חלוקת הארץ

168. על הבעיה שבסיפורי במדבר קדש ברנע היא מחוץ לגבולות הארץ, אך כלולה בתיאור גבולות הארץ בבמדבר ל"ד, ובמקומות אחרים, ראו לוין, גבולות ארץ כנען, עמ' 66–76.
169. אהרוני, ארץ ישראל, עמ' 49, 55.
170. ראו נאמן, נחל מצרים, עמ' 138–158.
171. אהרוני, ארץ ישראל, עמ' 57.
172. גרינץ, מוצאי הדורות, עמ' 145–158. לדעתו גבול חמת הוא הפרת, וגבול ארץ כנען לפיכך הוא בגבול עם חמת. לפיכך הגבולות של הארץ כאן תואמים את הגבולות של ארץ ההבטחה לאבות בבראשית. דעה זו תואמת את התלמוד הבבלי בגיטין ח ע"א. וכן תרגום יונתן מזהה את המקום באותו אזור – "טורוס אמנוס", ובכיוון זה גם רש"י (ח), שפירש שלבוא חמת היא אנטיוכיה.
173. מזר, ערים וגלילות, עמ' 167–181; אהרוני, ארץ ישראל, עמ' 55–56; קלאי, גבולות ארץ כנען, עמ' 28.
174. אופנהיימר, במדבר, עמ' 156; אליצור, שופטים, עמ' לד.
175. אהרוני, ארץ ישראל, עמ' 56.
176. מזר, כנען וישראל, עמ' 47.
177. על כך ראו בהרחבה עסיס, יהושע כ"ב, עמ' 528–541; עסיס, עד בנותינו, עמ' 208–231.
178. בניגוד לדעה הגורפת בקרב החוקרים שגבולות אלה מתארים את הגבולות של הארץ המובטחת. רש"י ראה פרשה זו כמגדירה את גבולות הארץ, ואשר בתוכם נוהגות מצוות התלויות בארץ; ראו רש"י בפירושו לפסוק א.
179. ראו למשל קויפמן, תולדות, כרך א, עמ' 190–193; ליכט, במדבר ג, עמ' 161.

180. מלבי"ם בתחילת פרק ל"ד; אליצור, מקום בפרשה, עמ' 140–141.

181. קלאי, נחלות שבטי ישראל, עמ' 191, 201–202.

182. על כך ראו בהרחבה: עסיס, עד אנה, עמ' 1–25.

183. אפשר כי מספר הערים, ארבעים ושמונה, הוא כנגד ארבע ערים לשנים עשר שבטי ישראל, ראו: קויפמן, יהושע, עמ' 232.

184. רשימת ערים מצויה בדה"א ו', לג-סו, אך יש שינויים מהפרטים ביהושע כ"א. וראו המיוחס לר' יוסף קרא בפירושו לדברי הימים.

185. מכילתא דרבי ישמעאל נזיקין פרשה ד (מהדורת הורוויץ, עמ' 262): "...ערי לוויים קולטות...". כך גם בבלי מכות י ע"א, וכן פסק הרמב"ם, הלכות רוצח פרק ח הלכה ט; וכן ריב"ש בפירושו לפסוק ו.

186. מילגרום, עמ' 291–292.

187. גרינברג, עיר מקלט, עמ' 127–129. ההוכחה שיש אשמה גם ללא כוונה היא מקרה של שור תם שנגח, שאז ממיתים את השור – שמות כ"א, כח.

188. לעומת זאת ליכט סבור שפסוק זה אינו חתימה לפסוקים הקודמים אלא פתיחה לפסוקים הבאים; ראו ליכט, במדבר ג, עמ' 197.

189. אין בשום קובץ חוקים במזרח הקדום איסור לקחת כופר; ראו מילגרום, עמ' 510.

190. ליכט, במדבר ג, עמ' 180. המקרה של דוד והגבעונים הוא מקרה של כופר כסף שעולה כאפשרות שניתן להציע אותה לקרובי ההרוגים, והם יכולים לסרב לקבל כופר זה. אולם זהו מקרה יוצא דופן, שאינו תואם את החוק בבמדבר, ולא לחינם מודגש שמדובר שם במקרה של אנשים שאינם מבני ישראל.

תלונת בני גלעד על ירושת בנות צלופחד

191. תרגום השבעים הוסיף כאן "אלעזר", כדי להתאים לפרק כ"ז, ב. אך זו תוספת לשם הרמוניה, ואינה מקורית, כפי שיוסבר טעם הדבר להלן.

ביבליוגרפיה

(רוב הפירושים לספר במדבר באים בהערות השוליים בשם המחבר בלבד)

אבן ג'נאח, ספר השורשים = ר' יונה אבן ג'נאח, ספר השרשים, ברלין תרנ"ו

אברבנאל = דון יצחק אברבנאל, פירוש על התורה (מהדורת צילום המבורג תמ"ז), ירושלים תשל"ו

אהרוני, ארץ ישראל = י' אהרוני, ארץ ישראל בתקופת המקרא: גיאוגרפיה היסטורית, ירושלים תשמ"ח (מהדורה מתוקנת)

אהרוני, כתיבה מחדש = Y. Aharoni, "Nothing Early and Nothing Late: Re-writing Israel's Conquest", *Biblical Archaeologist* 39 (1976), pp. 56–76

אהרליך = א' אהרליך, מקרא כפשוטו, כרכים א-ג, ניו יורק (מהדורה ראשונה 1899-1901)

אולברייט, מולדת בלעם = W. F. Albright, "The Home of Balaam", *JAOS* 35 (1917), pp. 386–390

אופנהיימר, במדבר = ב' אופנהיימר, במדבר (תנ"ך עם פירוש חדש מאת ש"ל גורדון), תל אביב תשל"ב

אחיטוב, הכתב = ש' אחיטוב, הכתב והמכתב, ירושלים תשס"ה

אליצור, מקום בפרשה = יואל אליצור, מקום בפרשה: גיאוגרפיה ומשמעות במקרא, תל אביב 2014

אליצור, שופטים = י' אליצור, ספר שופטים (דעת מקרא), ירושלים תשל"ו

אור החיים = הרב חיים בן עטר, ספר אור החיים על התורה, ירושלים תשמ"ט

במדבר רבה = מדרש רבה (מהדורת מ"א מירקין), תל אביב תשט"ז-תשכ"ג

בן יוסף, נחושת = E. Ben Yosef, R. Shaar, L. Tauxe, H. Ron, "A New Chronological Framework for Iron Age Copper Production at Timna (Israel)", *BASOR* 367 (2012), pp. 31–71

בן נון, קהל שוגג = י' בן נון, "קהל שוגג ומי שחזקתו שוגג או טועה", אקדמות י (תשס"א), עמ' 522–762

ברטלט, אדום = J. R. Bartlett, *Edom and the Edomites* (JSOTSup, 77), Sheffield 1989

גזניוס = *Gesenius' Hebrew Grammar* (second English edition by A. E. Cowley), Oxford 1910

גינסברג, מורשת ישראלית = H. L. Ginsberg, *The Israelian Heritage of Judaism* (Texts and Studies, 24), New York: JTS, 1982

גריי = G. B. Gray, *A Critical and Exegetical Commentary on Numbers* (ICC), Edinburgh 1903

גרינברג, עיר מקלט = M. Greenberg, "The Biblical Conception of Asylum", *JBL* 78 (1959), pp. 125–132

גרינברג, תפילה = M. Greenberg, *Biblical Prose Prayer: A Window to the Popular Religion of Ancient Israel*, Berkeley 1983

גרינץ, מוצאי הדורות = י"מ גרינץ, מוצאי הדורות: מחקרים בקדמוניות המקרא, תל אביב תשכ"ט

דה וו = J. de Vaulx, *Les Nombres* (Sources Bibliques), Paris 1972

דילמן = A. Dillmann, *Numeri, Deuteronomium und Josua* (Kurzgefasstes exegetisches Handbuch zum Alten Testament, 13), Leipzig 1886

דיקסטרה, בלעם = M. Dijkstra, "Is Balaam Also Among the Prophets", *JBL* 114 (1995), pp. 43–65

הופטיצר וון דר קוי, דיר עלא = J. Hoftijzer and G. van der Kooij, *Aramaic Texts from Dier 'Alla*, Leiden 1976

הופטיצר, הנביא בלעם = J. Hoftijzer, "The Prophet Balaam in a 6th Century Aramaic Inscription", *Biblical Archaeologist* 39 (1976), pp. 11–17

הופמן, דברים = רד"צ הופמן, ספר דברים (שני כרכים), תל אביב תשכ"א

הופמן, ויקרא = רד"צ הופמן, ספר ויקרא (שני כרכים), ירושלים תשל"ו

הקט, הטקסט של בלעם = J. A. Hackett, *The Balaam Text from Deir 'Allã* (Harvard Semitic Monographs, 31), Chico 1984

הראל, ארץ ישראל = מ' הראל, קדמוניות נופי ארץ-ישראל: הביוגרפיה של העם על פי הגיאוגרפיה של הארץ, אור יהודה תשס"ה

וסטרמן, ישעיה מ'-ס"ו = C. Westermann, *Isaiah 40-66, A Commentary* (OTL, tr. D.M.G. Stalker), London 1969

וינר, ביקורת התורה = H. M. Wiener, *Essays in Pentateuchal Criticism*, Oberlin 1909

ונהם = G. J. Wenham, *Numbers* (Tyndale Old Testament Commentaries), Leicester 1981

טרוור, זרע כוסברה = J. Trever, "Coriander Seed", *IDB*, 1, pp. 681-682

לוין, גבולות ארץ כנען = Y. Levin, “Numbers 34:2-12, The Boundaries of the Land of Canaan, and the Empire of Necho”, *JANES* 30 (2006), pp. 55–76

לוין, במדבר א-ב = B. Levine, *Numbers* 1-20 (AB), New Haven and London 1993; *Numbers* 21-36 (AB), New Haven and London 2000

ליכט, במדבר א-ג = י' ליכט, פירוש על ספר במדבר א-י, ירושלים תשמ"ה; פירוש על ספר במדבר יא-כא, ירושלים תשנ"א; פירוש על ספר במדבר כב-לו, ירושלים תשנ"ה

לינדבלום, הטלת גורל = J. Lindblom, “Lot-Casting in the Old Testament”, *Vetus Testamentum* 12 (1962), pp. 164–178

מדן, כי קרוב אליך, במדבר = י' מדן, כי קרוב אליך: לשון מקרא ולשון חכמים, במדבר, תל אביב 2021

מונטגומרי, מלכים = J. A. Montgomery, *The Book of Kings* (ICC), Edinburgh 1951

מורג, בלעם = ש' מורג, "רובדי קדמות: עיונים לשוניים במשלי בלעם", תרביץ נ (תשמ"א), עמ' 1–42

מושב זקנים = ספר מושב זקנים על התורה: קובץ פירושי רבותינו בעלי התוספות ז"ל, ההדיר סלימאן ששון, ירושלים תשמ"ב

מזר, כנען וישראל = ב' מזר, כנען וישראל: מחקרים היסטוריים, ירושלים תש"ם

מילגרום = J. Milgrom, *The JPS Torah Commentary: Numbers*, Philadelphia 1990

מילגרום, ויקרא א-טז = J. Milgrom, *Leviticus* 1-16 (AB), New York 1991

מילגרום, התנופה = י' מילגרום, "התנופה", זר לגבורות, ירושלים תשל"ג, עמ' 38–55

מילגרום, קורבן חטאת = י' מילגרום, "תפקיד קרבן החטאת", תרביץ מ (תשל"א), עמ' 1–8

מרקס, קורבן חטאת = A. Marx, “Sacrifice de reparation et rites de levee de sanction”, *ZAW* 100 (1988), pp. 183–198

מושקוביץ, = י"צ מושקוביץ, ספר במדבר (דעת מקרא), ירושלים תשמ"ח

מלבי"ם = מאיר לייבוש, ספר ארץ חמדה על חמישה חומשי תורה, וילנה תרע"ג

מקראות גדולות = מקראות גדולות הכתר, ספר במדבר (מהדיר ועורך: מ' כהן), רמת גן תשע"ב

נאמן, נחל מצרים = נ' נאמן, "נחל מצרים והמדיניות האשורית באיזור הגבול עם מצרים", שנתון למקרא ולחקר המזרח הקדום ג (תשל"ה), עמ' 138–158

נות, במדבר = M. Noth, *Numbers, A Commentary* (OTL; trans. By J. D. Martin), London 1968

נצי"ב = נפתלי צבי יהודה ברלין מוולוז'ין, במדבר, רביעי לתורת אלהים, העמק דבר, ירושלים תשנ"ט (וילנה תרל"ט)

סדר עולם רבה = מדרש סדר עולם (מהדורת דוב בר רטנר בתוספת השלמות ש"ק מירסקי), ירושלים תשמ"ח (הוצאת מקור, מהדורת צילום וילנה תרנ"ד-תרנ"ז)

ספורנו = תורת חיים, חמישה חומשי תורה, ירושלים תשנ"א

ספרי = ספרי דבי רב (מהדורת חיים שאול הורוויץ), ירושלים תשכ"ו (לייפציג תרע"ז)

עסיס, כיאסמוס = E. Assis, "Chiasmus in Biblical Narrative: A Rhetoric of Characterization", *Prooftexts* 22 (2003), pp. 273–304

עסיס, יהושע כ"ב = E. Assis, "The Position and Function of Joshua 22 in the Book of Joshua", *ZAW* 116 (2004), pp. 528–541

עסיס, מאבק = א' עסיס, מאבק על זהות: העימותים בין יעקב לעשו, ישראל ואדום, אלון שבות תשע"ח

עסיס, ממשה ליהושע = א' עסיס, ממשה ליהושע ומנס לטבע: ניתוח ספרותי של פרקי הכיבוש בספר יהושע, ירושלים תשס"ה

עסיס, עד אנה = E. Assis, "'How Long are you Slack to Go to Possess the Land' (Jos. xviii 3): Ideal and Reality in the Division Descriptions in the Book of Joshua (Chap. xiii-xix)", *Vetus Testamentum* 53 (2003), pp. 1–25

עסיס, עד בנותינו = E. Assis, "'For It Shall Be a Witness Between Us': A Literary Reading of Jos. 22", *SJOT* 18 (2004), pp. 208–231

עסיס, שופטים = א' עסיס, שופטים: בין כיבוש למלוכה, ירושלים 2022

פארן, סמיכת ידיים = מ' פארן, "שני סוגים של סמיכת ידיים", באר-שבע ב (תשמ"ה), עמ' 119-115

פירושי התורה לר' יהודה החסיד (מהדורת שמשון לנגה), ירושלים תשל"ה

פרנקן, טקסטים = H. J. Franken, "Texts from the Persian Period from Tell Deir 'Alla", *VT* 17 (1967), 480–481

קדרי, מילון – מ"צ קדרי, מילון העברית המקראית: אוצר לשון המקרא מאל"ף עד תי"ו, רמת גן תשס"ו

קוטס, מסורות כיבוש = G. W. Coats, "Conquest Traditions in the Wilderness Theme", *JBL* 95 (1976), pp. 177–190

קויפמן, יהושע = י' קויפמן, ספר יהושע, ירושלים 1963

קויפמן תולדות = י' קויפמן, תולדות האמונה הישראלית, א-ג, ירושלים ותל אביב תש"ך

קלאי, נחלות שבטי ישראל = ז' קלאי, נחלות שבטי ישראל: מחקר בגיאוגרפיה ההיסטורית של ארץ-ישראל, ירושלים תשכ"ז

קרא (המיוחס לר׳ יוסף קרא) = בפירושו לדברי הימים, בתוך: מקראות גדולות הכתר ספר דברי הימים (מהדיר ועורך מ׳ כהן), רמת גן תשע״ח

ראב״ע = ר׳ אברהם בן עזרא, ראו מקראות גדולות

רד״ק, ספר השורשים = ר׳ דוד קמחי, ספר השרשים, ברוליני 1847

רופא, ספר בלעם = א׳ רופא, ספר בלעם, ירושלים תש״ם

ריב״ש = רבי יוסף בכור שור, ראו מקראות גדולות

רלב״ג = רבי לוי בן גרשון, ראו מקראות גדולות

רמב״ם, מורה נבוכים = רבי משה בן מימון, מורה נבוכים (מהדורת מיכאל שוורץ), שני כרכים, תל אביב 2002

רמב״ן = רבי משה בן נחמן, ראו מקראות גדולות

רשב״ם = רבי שמואל בן מאיר, ראו מקראות גדולות

רש״י = רבי שלמה יצחקי, ראו מקראות גדולות

שד״ל = ש״ד לוצאטו, פירוש לחמישה חומשי תורה, תל אביב תשכ״ו (פאדובה תרל״א)

תנחומא = מדרש תנחומא, מהדורת שלמה בובר, וילנה תרמ״ה

AB = Anchor Bible

BDB = F. Brown, S. R. Driver and C. A. Briggs, *A Hebrew and English Lexicon of the Old Testament,* Oxford 1907

HALOT = *The Hebrew and Aramaic Lexicon of the Old Testament,* vol. 1-5, Leiden 1994-2000

ICC = International Critical Commentary

JANES = *The Journal of the Ancient Near Eastern Society*

JAOS = *Journal of the American Oriental Society*

JBL = *Journal of Biblical Literature*

JPS = Jewish Publication Society

OTL = Old Testament Library

SJOT = *Scandinavian Journal of the Old Testament*

TDOT = G. J. Boettrweck, and H. Ringgren (eds.), *Theological Dictionary of the Old Testament,* Grand Rapids 1974-2006

VT = *Vetus Testamentum*

ZAW = *Zeitschrift für die alttestamentliche Wissenschaft*

[illegible]

BDB = Brown, Driver and Briggs, A Hebrew and English Lexicon of the Old Testament, Oxford [illegible]

HALOT = The Hebrew and Aramaic Lexicon of the Old Testament [illegible]

ICC = International Critical Commentary

[illegible]

[illegible]

[illegible]

OTL = Old Testament Library

[illegible]

[illegible]

VT = Vetus Testamentum

ZAW = Zeitschrift für die alttestamentliche Wissenschaft